U0660617

俄国哲学史

瓦·瓦·津科夫斯基 著

张冰 译

上卷

人民出版社

目　　录

上　　卷

序

在这本我写作了数年的书即将付梓之际，我认为有必要为它写一个简短的序。

写作一本俄国哲学史这是我的夙愿。从 1910 年起，我就开始为写作此书收集资料，并且即使在寓居国外时也未中断这一工作。而在这方面，俄国文学史讲义对我具有特殊重要的意义，因为我曾为神学院高年级班讲授过几轮。正是因为有这个讲义，我才有可能对我作为研究工作之结果而形成的主要观点进行多次检验。在本书即将付梓之际，我重新仔细校订了所有的引文和出处——仅以我力所能及为限——作为这一既琐细又繁难的工作的一个结果，我对俄国哲学思想发展史所持的基本观点变得更加坚定。

也许有人会指责我不光叙述和分析俄国哲学家的体系，而且还把这些体系与俄国生活的一般条件联系起来。然而，作为一位历史学家——而且，尤其是哲学思想史家——却不能不这样做。因为尽管俄国哲学与西欧思想有着无可置疑的联系甚至取决于后者，但在俄国哲学中也不乏一些独立体系，它们不光与理念的逻辑相关联，而且也与俄国生活的需求和条件密切相关。我在多大程度上得以揭示俄国哲学发展进程的这一内在统一性和辩证关系，也便努力在多大程度上在这部书中以最大限度的客观性呈现这一进程。

我认为自己有义务向所有为我提供资料的人——在这方面我尤其得益于下述人员的帮助，他们是 Л. A. 赞德、B. Л. 亚切诺夫斯基、

А. П. 斯特鲁威、В. 季莫费耶夫神父和 В. Л. 伊万诺夫——表达我真挚的谢忱。

我还要向决定出版我这部书稿的青年基督教运动出版社表达我深深的感激之情。

大司祭瓦·津科夫斯基
1948 年 6 月 21 日于巴黎

瓦·瓦·津科夫斯基：为俄罗斯与东正教服务之路

　　俄国哲学家、神学家、教授、东正教大司祭瓦西里·瓦西里耶维奇·津科夫斯基（1881—1962）之所以在读书界享有盛名，首先是因为他所著著名两卷本《俄国哲学史》，而摆在读者面前的，就是该书的一个新版。这一基础性研究著作就其所涉及人物的广泛性和所分析哲学观的深刻性而言，迄今仍然是一部不可替代的教学辅助读物。这部著作最可宝贵的优点，既取决于俄国哲学本身的天才魅力，也取决于作者本人的多方面的才华和禀赋。

　　瓦西里·瓦西里耶维奇·津科夫斯基将自己的大半生时间都献给了教学和科研工作，而多达数百部业已出版的著作就是其结果。但他又最不适合被称之为书斋型学者。对于要求离群索居孤独自处的哲学思辨的癖好以及最大限度地把精神凝聚在某一个思考对象身上的能力，与常常促使他同时干几件事和同时照顾许多方面问题的干练的天性，在他身上得到了完美的统一。哪怕只是简要回顾一下瓦·瓦·津科夫斯基的生平，也会使我们惊讶不已。

　　瓦西里·津科夫斯基 1881 年 7 月 4（16）日生于乌克兰的普罗斯库罗夫（现为赫梅利尼茨基）。作为神父的孙子和中学教师和教堂长老的儿子，他是在正统东正教精神和俄语文化环境下长大成人的。他先是在基辅古典中学完成中学教育，中学毕业后成为一个对自然科学有着浓厚兴趣的信仰坚定的无神论者。1900 年考入圣弗拉基米尔皇家大学物理数学系的自然科学专业。

瓦西里·津科夫斯基属于我们所说的为俄罗斯的宗教复兴担负责任的那一代人。少年时代他的精神经验的内容是摒除宗教取向，成年后又开始向教会内部自觉的宗教生活回归，这是绝大多数他那一代代表人物最重要的心理特征（如谢·布尔加科夫、尼·别尔嘉耶夫、亚·卡尔塔舍夫等人）。1902 年他一边独立研究教会中东方教父的本土著作和俄国文学作品，一边又受到格·伊·切尔帕诺夫教授所开心理学和德国哲学课的影响，这使他重新获得了信仰，重新为自己发现教会的人生经验。与此同时，他对自然科学主题的兴趣开始减弱，并且促使他在 1904 年作出决定，转到历史语言学系，以便能把主要精力投入到研究心理学问题上来。除此之外，这样做也得以使天性干练的他够在社会服务领域发挥其才干。瓦西里·津科夫斯基发表了众多论著，并从事了大量的组织工作。1905 年，他和谢尔盖·布尔加科夫一同创办期刊《民众》，当然该刊很快就被审查机关取缔。也是从 1905 年起，他开始积极参与基辅宗教与哲学研究学会的工作，并在 1910 年成为该学会的主席。

1909 年他以优异成绩从大学毕业，被留在系里作为从事教学工作的储备力量。1913 年他被派往国外留学以写作其硕士学位论文。但随即开始的世界大战，使得这次国外留学猝然中断。津科夫斯基克服了千难万险，终于回到俄国，并开始在基辅大学讲授心理学和逻辑学课程。1915 年他在莫斯科的格·伊·切尔帕诺夫教授的指导下，出色地通过了以《心理学因果律问题》为题的硕士论文答辩，并被遴选为基辅大学哲学教研室客座教授。

瓦·费·阿斯穆斯在其回忆录里描绘了这位受到学生爱戴的教师的鲜明形象："从第一节课起津科夫斯基就给我们留下了令人震惊的印象。对于其宗教倾向性和哲学理念的唯心主义内涵，他从不隐瞒。而且他甚至还是这些理念的激情洋溢的宣传者。……。他讲课非常投入，有的时候甚至逸兴遄飞。他在心理学领域有着非常精深的造诣。……。他讲课的特点在于善于把心理学当哲学讲授。他对心理学理论和术语的辨析，常常能使之达到哲学原理、哲学基础和哲学本源的地步。他善于广泛地、大量地同时又十分巧妙地利用哲学材料，并用哲学观点来阐述心理学学说……"[1]

1917年革命后，津科夫斯基教授不得不终止其学术工作，并且，尽管他极其厌恶政治活动，也不得不在1918年接受提议，担任盖特曼帕·帕·斯科罗拔德斯基[2]政府的宗教信仰部部长职务。他在政治领域里为了有利于俄罗斯安定乌克兰而忘我工作，并与乌克兰分离主义和仇俄现象做斗争，这使得他在斯科罗拔德斯基政府垮台后，已经不再可能继续在苏维埃俄国生活。他一生漂泊漫游的漫长时期从此开始。

1919年瓦·瓦·津科夫斯基移居南斯拉夫。从1920年到1923年间，他在贝尔格莱德大学讲授哲学。津科夫斯基历史观中最重要的内容即形成于这些年间。在一篇名为《正教文化的理念》（柏林，1923）的短文中，这位俄国哲学家对其以后全部工作的基础性命题和主要宗旨，均做了阐述。对于今天如此重大而又迫切的欧洲危机问题，以及俄罗斯如何在世界文化中获得地位的问题，在瓦·瓦·津科夫斯基笔下，得到了概念性的解决："我们的确彻底吸收了西方文化，但我们又并非仅靠西方文化为生；俄国天才的特点早在一个半世纪以前就已成功地得到了鲜明的反映，以至于犹豫不决的西方会把充满希望的目光恰好转向我们而非其他地方。我们就其文化而言是欧洲人，但又不光是欧洲人；我们身上还有某种独有的特质，对此不光西方不理解，而且或许连我们自己也未必理解。我们所以能吸引西方的，也恰好正是我们身上的这一特质，这一特质使我们有可能不光把西方的悲剧深刻地体验为自己本身的悲剧，而且还使我们有力量自由而又独立地解决西方问题。我们拥有我们自己的、

---

① 瓦·费·阿斯穆斯：《基辅大学1914—1920年间的哲学》，《哲学问题》，1990，第8期，第91、92页。

② 1918年德帝国主义占领乌克兰时扶持的傀儡。——译注

尚不为西方所知的支点，我们拥有我们自己的、西方仅只偶尔和秘密地给予的营养源。俄国文化正在日甚一日地发展成为一种新型的世界文化，发展成为一种新型文化。"并不背对西方，也不回避世俗文化，而是直接走入文化之中使文化教会化，使世界文化正教化，而首先是使业已世俗化了的西方文化正教化，这就是俄国和正教的使命。津科夫斯基把西方文化的危机当作西方基督教的危机，对西方因而也就是对我们而言——因为我们和西方是一体的——摆脱危机的出路或许只能在宗教层面，亦即只能在正教的栖身之所里才能找到。"①

瓦·瓦·津科夫斯基对俄罗斯思想的进一步思考，是在其针对俄罗斯—塞尔维亚听众的讲座中实现的，该讲座的题目是《俄国思想家对欧洲文化的批判》。这些演讲最先采用塞尔维亚—克罗地亚语以《俄国思想家与欧洲》（扎格勒布，1922 年）为题出版，1926年，又被修订为概述，用俄语在巴黎出版。

1923 年津科夫斯基移居捷克斯洛伐克，担任在那里的布拉格高等师范学院实验心理学与儿童心理学教研室主任。从 1923 年到1927 年，他担任俄罗斯国外中学教学管理委员会主任。1923 年起他担任俄罗斯大学生基督教运动的常任主席。他仍然继续发表其有关教学法、心理学与神学研究的论文，但他的主要兴趣仍然在哲学领域。

1925 年 4 月 30 日，东正教圣谢尔盖神学院在巴黎正式揭牌，瓦西里·津科夫斯基嗣后的全部工作，都与这一学院紧密相连。1925年秋季，瓦·瓦·津科夫斯基同时承担该神学院和布拉格师范学院的教学工作，直到 1926 年，才彻底移居法兰西。在法国巴黎，除在圣谢尔盖神学院的教学和教研室的行政管理工作外，他那干练的天性使他总是能为自己找到数不胜数的、大大小小的操心事。1926 年，

---

① 《正教文化的理念》，《基要》，1997，第 14 期，第 327 页。

他开办了高等妇女神学讲习班，组建了宗教教学办公室。1927 年，他担任《宗教教化和教育问题》杂志编辑。而从 1927 年到 1961 年期间，他编辑《宗教教学通讯》杂志，从而得以与尼古拉·别尔嘉耶夫首创的某些事业联合。而他在哲学和神学研究领域里的研究工作和文学创作，则远比这更加成果卓著。

第二次世界大战爆发后，他意外地被法国政府逮捕。蹲监狱的经历，促使瓦西里·津科夫斯基作出一个极其重大的决定——背起牧师角色这副重担。1942 年在巴黎解放和回返巴黎后，由都主教耶夫洛吉耶为他做了晋升为神父教职的按手礼。在他的所有功绩中，最重要的，是成为一个全心全意为教会服务的忠诚的、正直的好神父。

1944 年神学院院长谢尔盖·布尔加科夫逝世后，瓦西里·津科夫斯基神父被遴选担任这一空缺的职位。

1946 年，津科夫斯基开始撰写其关于俄国哲学史的煌煌巨著，经过两年聚精会神而又令人精神疲倦旷日持久的劳动，出版了该书的上卷，然后又过了两年，出版了名著《俄国哲学史》的下卷。该书作者的文学才华和哲学禀赋使得这样一部论著，成为一部高水平的哲学史研究专著，同时又是叙事通俗易懂的教学参考书，它既包括了广泛的和大量的经验素材，同时又不失大胆无畏的理论概括，而我国当代哲学思想界，则在理论概括方面最为贫乏，也最为薄弱。

瓦·瓦·津科夫斯基所推出的历史学理念，既在俄国思想史上诸多个别问题的研究中，也在一些具有广泛概括性的理论研究论著中，进一步获得观念化的形式①。

1962 年 8 月 5 日，经过病魔的长期折磨，瓦西里·津科夫斯基

---

① 参见《我们的时代》，1952；《论俄国思想史上乌托邦主义的特点》，1955；《论俄国科学界和哲学界虚拟的唯物主义问题》，1956；《论果戈理》，1961；《为基督教教义辩护》，1961；《基督教哲学原理》，1961—1964，第 1—2 卷。

阖然长逝，他被安葬在巴黎的德·布阿圣日内瓦公墓。

阿·瓦·特鲁汉

谨将此书献给
我的朋友兼同事
亚历山大·谢尔盖耶芙娜·切特韦里科娃

导　论

1. 本书的宗旨是向读者介绍以其史料的完整全面,以其内在的辩证关联和历史的编年顺序见长的俄国哲学史。我国文学中有不少关于个别俄国思想家甚或俄罗斯思想的整个流派的著作,但却迄今没有一本用俄语写作的俄国哲学通史。本书理应填补这一空白,并为俄罗斯思想的研究提供可靠的指导。

2. 在俄国,哲学领域里的独立创造——确切地说,是独立创造的最初萌芽——我们只在 18 世纪下半叶才有所发现,而在 19 世纪,才开始了一个决定了哲学在俄国的发展道路的哲学思潮高度紧张、日趋激烈的时代。

但是,如果以为在 18 世纪下半叶以前,俄罗斯人的心智都与哲学的需求无缘的话,那就大错特错了——实际上对哲学的需求出现得足够频繁,除非常罕见的偶然和例外,对哲学的需求往往会在宗教世界观中获得满足。在这方面,18 世纪以前的俄国宗教文化就其风格而言与以宗教定势为主要趋向的中世纪的西欧十分相近。要知道哲学史上一个共同的事实是(在印度、希腊以及中世纪的欧洲都曾是这样)作为独立而自由的精神创造的一种形式的哲学,是从宗教世界观的内核中诞生出来的。宗教意识如能使所有的精神力量都富于创造力,则其必然而又确定无疑会产生哲学的创造——而且我们根本不必认为哲学思考无论何时也无论何处都起源于怀疑,哲学思维在更多情况下是靠最初的直觉推动的,而直觉尽管它的根深深地扎在宗教世界观里，但却带有其自身的母题和灵感。但在这里，重要的问题在于哲学思维只有在研究自由——而且内心自由的重要性丝毫也不亚于外部的自由——的条件下才能生长。

在西欧，哲学创造除了这两个来源以外，还有一个其从古代世界继承而来的恢弘的哲学遗产。西方当然能够意识到他们自己乃是与其有着千丝万缕血肉关联的古代哲学遗产的继承者——尤其是因为拉丁语原本就是一种教会的语言。这使得早期中世纪人就已经能够掌握一种现成的哲学术语体系（尽管从另一方面说，这一术语体系也常常是导致哲学迷误的根源）。

而我们发现俄国走过的道路与西方截然不同：当哲学思维开始在俄国苏醒之际，那时的俄国人发现他们西方的邻居们正过着紧张激烈而又热情奔放的哲学生活。这种生活不仅以其丰厚的过去，而且也以其鲜活的当代哲学如此丰富如此充满力量地耸立在俄罗斯人的大脑前，它不光激发起了俄罗斯人对哲学的兴趣，而且也压迫和挤压着俄罗斯人。俄罗斯人必须花费大量的劳动，才能在自己身上把必要的学徒身份与其自身的自由创造融为一体。

因此在俄国哲学史上将哲学创造的上述三种因素结合起来的途径与西方截然不同。一方面，俄罗斯思想从始至终（永永远远地）与其宗教自发势力，与其宗教土壤相关联，俄罗斯哲学思想发展进程的根本特点以及各种复杂化进程的主要根源，端赖于此。另一方面，俄罗斯人的大脑又永远珍重自由的灵感，在俄国，几乎永远不是教会，而是国家在扮演禁锢的审查机关的领路人角色——而如果在教会内部产生了自己的限制性倾向，而且，由于来自国家的压力，而使这一倾向达到很大力度的话，那么，自由的精神在教会意识的核心永远都是不会熄灭的。哲学创造所需要的这两种因素（宗教世界观与理性的自由）在俄国一直都存在，而当俄国战胜了鞑靼人的统治，随后（在 17 世纪初）又在所谓的"混乱时代"，俄国终于开始走上了独立发挥文化作用的道路。但第三种因素，即丰富而又具有创造性的哲学生活在西方的存在，既有正面意义，也有负面意义。一方面，对西方哲学文化的了解，使得俄罗斯人似乎缩短了自己攀登哲学思维之高峰的路程，使其迅速进入自己那个时代复杂的哲学问题的核心。在这方面一个足以令人感到惊奇的现象是，比方说，俄国学者们①居然能够在如此短的时间里迅疾地登临自己那个时代的哲学高峰。但也应看到，俄罗斯人自身在哲学领域里的创造，与其在西方的发现相比，毕竟还是受到严重限制。整整一代又一代俄罗斯人，沦落成为西方的俘虏，开始激情洋溢而又热烈奔放地追随西方人的创造和探索之路，总之，俄国是在以鲜活的回声的方式，对西方所发生的一切做出反应的。俄罗斯人以自己天才的力量最先是在文学领域初露锋芒的：在对西方的数十年模仿以后，先是杰尔查文，然后是茹科夫斯基的时代，直到普希金的出现，在他身上，俄罗斯人的创造开始走上了自己的发展之路——它并未离异于西方，而是对西方的生活做出积极的回应，而与此同时却又在自由和灵感中，将自身与俄罗斯精神最深的深处以及俄罗斯的"自发势力"结合了起来。继文学之后又出现了其他艺术形式（戏剧、绘画、后来还有音乐），而且哲学在俄国也很快就找到了自己的发展之路——它同样也并不与西方格格不入，甚至经常而又勤奋地向西方学习，但仍然还是以自己的灵感和自己本身的问题为生。19世纪为俄罗斯人插上了哲学的翅膀，俄国终于走上了独立发展哲学思维之路。

3. 在此，我们必须对一种误会稍做解释，因为我们不止一次发现新近的哲学史家有这种误解，这对于俄国的哲学研究可能会产生非常不利的后果。我指的是这样一种观点，这种观点认为关于认识的学说（即人们通常所说的认识论）乃是哲学最必要和最重要的组成部分。这种观点在康德之后的哲学史上变得尤为牢固，所以，一种思想不止一次得到了表述，即哪里没有认识论，那里就没有哲学。

---

① 如18世纪中叶的罗蒙诺索夫，19世纪前30年中的洛巴切夫斯基及许多其他人。

当然，如今任何人都不会断然否认认识论对于哲学所具有的头等重要的意义——而且，的的确确，在西方，整个新式哲学都是在认识论的标志下进行的。然而，我们却无论如何也不可能赋予认识论以判别什么可以，什么不可以进入哲学领域的决定性作用。这里我们只需提及西方近代哲学史门坎上的两位天才人物——乔·布鲁诺①和雅·伯麦，就足以让我们认识到，仅以认识论的有无是不足以确证思维的哲学品格的。有时候形而上学被推出以取代认识论作为哲学最必然和最必要的一部分——但也依然还是无法赋予其以这样一种决定性意义。哲学不是只有一个根，而是有几条根，哲学的全部特点端在于此。哪里有在精神生活理性化的道路上对其统一性的探索，那里就有哲学的各种形式的经验（不光感性经验、外在经验、心理经验、社会经验，还有非感性经验，如伦理经验、审美经验和宗教经验）为我们的思维提出了诸多问题，要求采用理性的方式对其予以解决。这些问题的答案在直觉洞察力方面即已初现端倪，但哲学尽管以直觉为营养源并靠直觉来推动，却只有在理性力量也被使用来揭示直觉的地方才会出现。哲学不可能成为一种职业（профестический）；这是对术语的滥用；职业化写作可能对哲学文化有重大意义，可以开辟新时代，但哲学并不是在发表预言，而是在说服，它不光为听众或读者而存在——它是在为自己寻求理性形式，寻找说服力，也就是说，它在寻找能在逻各斯方面为我们呈现理由和根据的东西。经验自身尽管其无限丰富而多样，但对经验的描述还不能构成哲学，经验只能为哲学意识提出问题，而哲学创造则只能来自于哲学意识。而且，创造本身对于其自身而言本身当然就是问题——对于认识，对于认识的手段及其潜能的批判分析，就是这样伴随着逻辑必然性诞生的。

4. 非常重要的一点是要指出，哲学创造永远都趋向于体系的建

---

① 乔·布鲁诺（1548—1600）意大利泛神论哲学家和诗人。主要著作有《论原因、本原和一》、《论无限性、宇宙和诸世界》等。——译注

构。这也就是逻各斯层面，在这一层面里，从精神的深处所诞生的一切，从精神涌现出来的一切，不管其答案如何，"都应被纳入一种体系中，并在该体系里寻找到自己的位置。在这一（心理学）意义上，哲学创造是一元论的——然而，问题当然并不在于整个体系是否是从某一或某几个最初论点推导出来，而在于要赋予精神生活全部内涵以体系性。即使哲学创造并非总是能达到体系，但它毕竟永远都在奔向体系。

在我们着手研究俄国哲学，也就是历史地研究俄国哲学以前，做一番这样的思考于我们来说是完全必要的。俄国哲学的研究者们已经不止一次发现，俄国哲学的重大缺陷在于它对认识论问题缺乏兴趣，这一指责正如我们上文所述，是错误的，然而，即便情况真的是这样，——如某些历史学家所描述的那样——我们能否认为对认识论缺乏兴趣乃是哲学不成熟的标志呢？正如我们已经指出过的，这么说绝对没有任何根据：认识论并非哲学的核心学科。我们可以把认识论故意放在哲学的中心位置，然后一切从它出发（正如西欧在最近的两百年中所做的那样），然而，审慎认真的历史研究会告诉我们，在几乎所有的哲学家那里，占据其创造核心位置的，恰好正是普通的、最初的直觉——正是它们（而非认识论）决定着思维的进程和体系的逻辑。我无意以此来贬低认识论的意义，贬低认识论对于尤其是在康德之后笼罩在哲学中的批判主义精神所具有的重大影响力，然而，认识论毕竟不具有正面意义，而只具有负面意义——它只能帮助我们摆脱哲学的幼稚病，防止我们把从一个哲学领域里得出的归纳概括和体系极不慎重地移用于另一个。在此我要刻意强调这一点，不是为了与认识论的信徒们展开论战，而是为了恢复历史的清醒和公正。尽管在纯先验论体系的建构上精雕细刻，但谁能否认伦理主题在费希特哲学创造的各个时期所具有的重要意义呢？而忙于建构一种能够摆脱康德体系之矛盾的认识论的，不正是费希特吗！还有一例：我们能否不承认克尔凯郭尔的哲学家称号？

我们是否该把尼采称为政论家？

俄国哲学——就其 150 年的发展历程我们可以如此断言——有某种独异的特点，一般说它足以把认识论推到次要位置。俄国哲学家中除一小伙正统的康德主义者外在解决认识论问题时都倾向于所谓本体论，也就是说他们都认为认识并非人身上占据首位和具有决定性意义的因素。换句话说，认识仅被认为是我们在世上所做活动的一部分或一种功能，是生活进程中的某个事件，因此，它的意义、任务及其可能性，都取决于我们对世界的总的态度。但我们却殊无必要采用一度被詹姆斯（W. James）以如此动人的天真烂漫予以表达的原始的实用主义精神，来对此加以阐释。——正如我们在下文中将要读到的那样，俄国哲学思想中的本体论具有截然不同的意义。在为下文将要进行的分析做预告的同时，在此，我们只想简单提示一句：俄国本体论所表达的，不是现实对认识所占有的优势地位，而是认识对于我们对世界的态度，对于我们在世界上的"活动"的参与性。

5. 我之所以会涉及俄国哲学中的本体论问题，只是为了表明下述意见是站不住脚的，这种意见认为俄国哲学似乎尚未成熟，因为它尚未对认识论问题进行过足够充分的研究。但是我却不愿意自己被人们在这种意义上来理解，即似乎我认为本体论是俄罗斯思想所具有的突出的特点（如文学中已经不止一次被人强调指出过的那样）。如果非得给俄国哲学以一种总的描述，而且描述自身也从不觊觎准确性和完整性的话，那我宁愿把俄国哲学探索中的人类中心主义置于首位。俄国哲学非以理论为中心（尽管它的相当一部分代表人物本质上具有深刻的宗教性），也非宇宙中心论的（尽管自然哲学问题很早就开始吸引俄国哲学家们关注）——俄国哲学研究最多的是关于人的主题，关于人的命运和道路，关于历史的目的和意义的主题，这首先表现在伦理取向在很大程度上时时处处都占有显著优势地位（甚至在抽象问题里）：这是俄国哲学思维最有效益，最具有创造性的来源之一。列夫·托尔斯泰以极其巨大的力量在其哲学著作中加以表达的泛伦理学主义，以其众所周知的正当性，以其众所周知的局限性，几乎可以在所有俄国思想家身上找到，甚至在那些本身没有作品，而以直截了当的方式论述道德伦理问题的俄国思想家（如基列耶夫斯基）身上也能找到。对社会问题的密切关注即与此相关，但它却更加无比鲜明地表达在对于历史理论问题的极其特殊的、具有决定性意义的密切关注上。俄罗斯思想从始至终渗透着历史理论，它往往十分关注历史的意义、历史的终结这样一类问题。16世纪的世界末日论与19世纪的乌托邦主义，与各种各样思想家的历史理论思考遥相呼应。对历史哲学的这样一种独异的，我们可以说是超乎寻常的密切关注，当然不是一种偶然现象，它显然植根于和导源于俄国的过去，导源于俄罗斯灵魂的总的社会特点的精神取向。这里我们不能不指出的一点是，这种情况对于纯哲学在俄国的发展并非十分有利——对历史哲学问题的关注使得思维不得不面对最复杂、最令人困惑，同时也最繁难的史料。另一方面，那种所谓主观方法（这是以尼·康·米哈伊洛夫斯基为首的整整一派俄国历史学家所引进的一个术语，可参阅本书下卷第九章关于他的论述），一言以蔽之，亦即在历史现实的分析中引入评价立场。稍有不慎，就会产生把在实用领域显得很危险有可能为社会生活中的某种有害潮流辩护的某种内在审查机制带到哲学创造中来的结果。这一内在审查机制当然会压制自由的哲学探索，产生极其危险的理论体系迎合当前大家都关注的事情的倾向。在哲学工作在俄国存在的整个过程中——从18世纪末哲学的萌芽到我们今天——不止一次出现过这样的危险倾向，但如果我们在指出哲学不应迎合现当代的同时，却并未察觉所有这一切后面更深刻的一面，那也会是极其肤浅的。在思维的人类中心主义里有一个非常深刻的母题，那就是理论领域和实践领域是不可能分开的。上文提到过的那位尼·康·米哈伊洛夫斯基在注意到俄语单词"правда"的特点时，极其出色地表达了这一思想。"每次当我大脑里蹦出'правда'这个单词时,"他这样写道。"我都不能不为这个单词难以言喻的内在之美而惊叹不已……好像只有在俄语中 истина(真理)和 справедливость(正义)被用同一个单词来指称,致使二者仿佛融合成为一个伟大的整体。Правда——就此词最深广的内涵而言——永远都是我探索的目标……"俄国哲学思想最重要的灵感之一,就在于理论与实践、抽象思维与生活的不可分割性,易言之,就在于完整性的理念之中。除罕见的例外,俄国哲学家们所孜孜探索的,正是完整性,是现实所有方面以及人类精神所有活动的综合和统一。完整性这一口号在历史存在中,比在自然或抽象思维的纯概念研究中更必要,更不可取代。俄国哲学的人类中心性永远都在引导哲学去揭示我们所天赋的和给定的完整性。

6. 俄国哲学不止一次被人指责为缺乏独创性①。"俄罗斯所曾经拥有的一切以及它所提供的哲学的东西,"我们在一位俄国哲学史研究家②的笔下读到这样的话。"全都或是产生于直接模仿,或是产生于无意识的屈从外来的影响,或是产生于把若干种别人的思想折中主义地拼贴在一起的意向"。如果这段话真地符合实际的话,那我们当然也就无法认认真真地讨论什么哲学了,因而,研究俄国哲学也就没有什么用了。但在各民族文化史上,我们总是能找到那样一些作品,它们充满了模仿和外来影响,而在研究著作中人们提及此类作品的目的,仅仅是要人们不要忘了在历史的荧屏上,也有一些黑暗的篇章。

指责俄国哲学缺乏独创性的判断,如果不是为了大言欺世,那就是对俄国思想的一种有意敌视和蓄意诋毁。我并不打算反驳这一论断——我的这部著作本身完完整整地表明上述论断是站不住脚的。但我仍然认为有必要在此,在导论这一章里,着手消除某些误解,这些误解尽管没有采用上述那段话语那么尖锐的形式,但在俄罗斯

---

① 这种观点最激烈的表述者是撰写了大部头俄国哲学史著作的 Б·雅科文科。
② Б·雅科文科:《俄国哲学史概论》,1922,第 5 页。

思想界屡屡出现，尤其是在那些初次涉足俄罗斯思想的人中。

我根本无意论述俄国真地为了模仿西方而写作的东西——要知道关于学生的练习作业是不值一提的。我也不会去讨论俄国思想家的"所谓"折中主义问题——这种指责仅只表明他们对俄国思想家的综合化构思完全缺乏了解：未完成的和未尽全功的综合化实验，在肤浅的眼光看来，是很容易被当作折中主义的。但所有这一切我都先放在一边，而仅只谈谈西方哲学家对俄罗斯的影响问题。

"影响"这一概念只能被使用在哪怕有一定成分的独立性和独创性的场合——没有它们是不可以侈谈影响的：要知道我们不可能对旷野发生影响。因此在历史研究著作中，人们也研究影响问题，尤其是那些以其独立性而扬名青史的人所受到的影响：例如，对亚里士多德的研究使我们得以确证，他自己的体系是从在柏拉图那里进行的讨论发展而来的。笛卡尔在其开创近代唯心主义流派的奠基性著作中，力求找到与中世纪哲学的关系，而在布特鲁（Boutroux i-i-21）的独创性体系中却可以发现孔德（Comte）的影响，等等。

甚至在围绕一位大思想家产生了一个流派的情况下，我们也不能把整个流派的工作完完全全归结为该流派创始人的影响。在柏拉图之后的发展过程中曾经经历了若干时期的学院，就可以作为说明这一点的绝佳例证——如学院里的怀疑情绪，尽管已偏离了柏拉图的基本路线，但实质上却仍然忠实于这一路线。但我们却不能，比方说，把"柏拉图主义"与"柏拉图学派"混为一谈，即使仅仅为了掌握新柏拉图主义这一新术语，而我们可以把柏拉图哲学纳入柏拉图学派的范畴，那么，在被基督教教条主义创造性改造和丰富过了的教父哲学里的柏拉图主义，却无论如何也无法被纳入"柏拉图学派"这一概念里。同样，托马斯·阿奎纳与亚里士多德哲学极其相近这一点，并未使我们有权将托马斯主义纳入"亚里士多德学派"的范畴。而若以现当代哲学为例，则如果我们可以把整个马堡学派（柯亨，纳特罗普等人）以及李凯尔特派纳入"康德学派"（如新康德主义学派一样）的话，那么谢林尤其是黑格尔则由于其全部根深蒂固的康德式先验唯心主义无论如何也无法被纳入"康德学派"。

所有这一切都使得有关影响概念的问题，变得复杂化起来——影响有各种等级，各种级别。所有影响都不仅不排除独立性或独创性，而是还必然会以之为前提条件。如果说从历史上我们无法把伊壁鸠鲁和德谟克利特、把斯宾诺莎和笛卡尔，把费希特与康德割裂开来的话，那么，我们是否可以怀疑其无可置疑的独立性和独创性呢？严格地说，作为一种完全新颖的理念的独创性，在哲学史上罕见到了如许程度，以至于如果只有独创性体系方可进入研究领域的话，则在阐述哲学史时我们所能找到的文字，严格地说，不过数十段而已。而在真实的历史生活中却充满如许多的相互制约、交错影响以及特定时代整个哲学文化对个别思想家的影响和作用，以致显而易见的是，某些思想家的重大意义和影响作用并不是因为他们接受了各类影响而被根本一笔勾销和有所损减。全部问题在于：某位思想家是否可以被认作不过是一位以再现别人已经研究过的哲学主题为业的作家还是真的是一个思想家，亦即是他本人在思考，而非他人著作的一个选家。当然，在这种情况下，总是会有产生争议的时候：某位研究者认为某个哲学家足够独立了，故而可以称其为哲学家了，而对另一位研究者来说，这位作家却无论如何也无法被界定为一个哲学家。俄国哲学中有这么一个评价具有显著差异的例子——我指的是别林斯基（参阅下卷第五章关于他的论述）。他具有文学才华这谁都无法否认，但说他也属于俄国哲学史一说却行之不远。一些历史学家认为，别林斯基有权荣膺他那个时代普及推广俄国哲学思潮的称号，而另一些人却认为他是一个真正的哲学家。

所有这些议论恰好对于俄国哲学有着特殊重要的意义。在将近百年的历史进程中，俄国思想家们不得不作真正意义上的西方哲学家的学生，也不得不备尝艰辛，筚路蓝缕地为自己开辟一条哲学工作之路。因此在俄国哲学史上屡屡出现与西方哲学的影响问题。虽然如此，如果说俄国思想家很早就开始为自己披荆斩棘、开辟道路（并非总是能将其构想进行到底），并以此采用辩证方法为在较晚时期独创性哲学体系的诞生做好准备，而这当然也就意味着俄国哲学思想的辩证和历史的统一，并以此足够雄辩地证明其独立性因而也就是独创性。

某些研究者们不愿讨论俄国哲学，而宁愿讨论哲学在俄国，他们想以此表达这么一种思想，即在俄国哲学体系中丝毫也没有一点独属于俄国的东西，俄国哲学尚未成为一种民族哲学，也就是说，它还没有上升到足以展现和表达俄罗斯灵魂的基本探索的水准。这种观点当然是错误的，经过对各个思想家的系统深入研究，我们便足以确证这一点。

7. 从刚才那番扩展议论我们也可以看得很清楚，一个历史学家没有评价是搞不成研究的。历史学家没必要成为一个只会对个别思想家发表一些迟到的和毫无必要的意见的法官，但他却不能没有评价性论断。历史学家的客观性并不在于评价不能进入他的叙事。李凯尔特①和他的学生们强调价值因素在史料研究中的重要性，这种历史知识理论是正确的。然而，评价因素在历史学家那里的存在及其正当性，并不意味评价可以任性而为：从本质上说，任何评价都在觊觎被别人所接受，亦即都在觊觎以此证实其超个人的本质。我们所进行的评价的根源，当然具有深刻的主观性，但其意图却绝对是超个人的——因此，我们当中的每个人无论在生活中还是在历史判断中，都应尽力避免成见，避免偶发性议论和未经证实的评价，都应尽力摆脱灵魂中那样一些，比方说，与党性隐秘相关的活动，尽力彻底摆脱宗派主义心理学。评价的广阔性和正义性会赋予我们的判断以力量，而别人或迟或早总是会赞同的……

笔者在本书中不得不屡屡以自己的价值判断为依据，因为这是

① 李凯尔特（1863—1936），德国哲学家，新康德主义弗赖堡学派创始人之一。他抛弃了康德的"自在之物"，把存在归结为人的意识，认为哲学是关于价值的学说。

研究本身所需要的。笔者希望一个不带成见阅读此书的读者，终究会承认笔者没有任何偏好，并且真诚希望以一种真实却并非总是明晰但却足以使人信服的内涵，再现了俄国哲学史的发展过程。

8. 任何东西都不像发展的存量那么明白无误地证实了俄国哲学的独立性和独创性。任何发展都只能是一个有机的过程，也就是说，我们可以从这一过程中追踪到一种辩证关联，而不单单只是一种历史的连续性而已。

其实，俄国哲学的发展只是从 19 世纪才开始（加上 18 世纪的最后两个十年），但在独立的哲学创作初次出现以前，曾经有过一个可以称之为俄国哲学序幕的漫长的时期。我指的是整个 18 世纪，那时的俄国如疾风暴雨般举国若狂地汲取欧洲文化的成果。对西方的入迷（有时甚至达到名副其实地被西方所俘虏的地步）涉及西方人生活的内外在形式，尤其热情洋溢地钦羡和羡慕包括诸多流派和诸多探索的西方丰富的精神世界。18 世纪下半叶的俄国为我们展现了一幅举国若狂的，有时肤浅有时又会比较深入地把握西方文化的恢弘壮丽的景象。这里面既有简陋的模仿，也有如醉如痴的入迷，有创造精神的类型，与此同时，也有自身创造力的觉醒。按照普希金的说法，成群结队的才华卓著之士都力求"与时俱进"。18 世纪是召唤俄国人首先向西方学习的启蒙运动的真正的春天。有趣的是，尽管俄国人的创造在 19 世纪达到了辉煌境界，但俄国人身上这种勤奋的"学生身份"特征却一直保持到了我们今天，它不仅证实了我们值得赞美的谦虚品质，同时或许也证实了 19 世纪上半叶俄国作家们所说的那种"全人类追求"的存在。俄国天才的发展并未使其走向孤立，走向自我封闭。值得指出的是，比方说，尤其是在 18 世纪中叶大为兴盛的大规模的翻译工程，（尽管这一工程远在此前的几个世纪前就已开始——请参阅第一章），各个文化领域里都涌现出许许多多独创的俄国作品的 19 和 20 世纪非但没有削弱，反倒更趋紧张激烈起来，而更重要的是，更加系统化了。但也正因如此我们才不能把 18 世纪的俄国看作是一个不曾有过任何独立创造的世纪。相反，我们可以断言 19 世纪臻于成熟的一切，全都是早在 18 世纪即已开其端倪的。当然，要想完整揭示这一点，我们便不得不远远跨越纯哲学领域的边界，但我们也不能放任自己去偏离自己的主旨。

我们还应做出另外一个提示，在整个文化领域其中也包括哲学思维领域里，18 世纪的俄国并非与此前各个时代是完全割裂的。彼得大帝的改革诚然在 17 和 18 世纪之间划下了一条无可置疑的边界，但历史研究早已就证明了这样一个事实，即 18 世纪以前的俄国就已处在疾速发展之中。实话说，从 15 世纪中叶起，各类创新性活动就已开始在俄国展开，就已开始与西方接近，但与西方的联系却被长达两个世纪之久的鞑靼人的统治所打断。在哲学思想领域里有一种运动同样也在进行，它起初限制在宗教世界观的范围内，嗣后逐渐摆脱了其束缚。

为我们的研究得以进行起见，我们必须把 18 世纪以前的情况做一个简单的介绍。俄国哲学的序幕可以分为两部分：1）从 15 世纪中叶到彼得大帝时代这一完整时期；2）18 世纪。而在此之后一个独立的哲学思维阶段开始后，刚开始时哲学创造力仅被用来探究自己的任务究竟何在，什么才是自己的独立道路问题。甚至就连 19 世纪上半叶最睿智的哲学大脑——伊·瓦·基列耶夫斯基——当然，由于一系列外部环境的不利因素，他刚刚走到创建哲学体系的门坎上——也只写了许多草稿，却未能把已经想好的构思贯彻到底。这种情形一直持续了半个世纪多，但从 70 年代起（即从弗拉基米尔·索洛维约夫最初的著作开始问世起），俄国哲学开始走上体系建构之路。我们认为俄国哲学史的第二个时期一直持续到 19 世纪末。20 世纪俄国哲学不仅与西欧哲学平行发展，而且开始逐渐地，尤其是在俄国革命之后，走上世界影响之路。

因此，我们对纳入本书的材料做了这样的外部划分：

（1）俄国哲学的序幕；

    a）彼得大帝以前；

    b）18 世纪；

（2）第一时期——体系诞生前（即 19 世纪 70 年代以前）；

（3）第二时期——体系诞生（19 世纪末到 20 世纪头 20 年）；

（4）第三时期——20 世纪（1917 年以后）。

9. 我们还需要对俄国哲学史基本著作做一个简明的巡览。[①]

（1）唯一含纳俄国哲学史全部材料的著作，是上文已经提到的Б·雅科文科于 1939 年用捷克语出版的那部大作。此前（1922 年）Б·雅科文科就已经用俄语出版过一个小册子：《俄国哲学概论》（128 页）。Б·雅科文科的巨著材料宏富，但材料的分配不尽平衡，Б·雅科文科的阐述的弊端在于其总的立场——关于这一点我们已经谈到过——作者指责俄国哲学家们完全缺乏"独创性"。雅科文科在转述某位思想家的思想时，往往并不给出应有的哲学分析。实话说该书作者并非历史学家，他既感觉不到俄国哲学思想发展的内在关联性，也感觉不到哲学与一般文化的关系。作者对俄国哲学家的"错误"的频频指责也成为此书之累。

（2）写作俄国哲学史总论的，计有：

埃·拉德洛夫（Э. Радлов），《俄国哲学史概述》，第 2 版，1920，共 98 页。

拉德洛夫的这本小书是所有俄国哲学简史中最好的一部。此书文献索引做得非常丰富：对个别哲学家思想体系的阐述虽简短但却几乎总是很精彩，使读者对哲学在俄国的发展有一个清晰的概念。

埃·拉德洛夫的另外两篇文章也是概述性的：《18 世纪俄国哲学文献纵览》。（《思想》杂志，彼得堡，1922，第 2、3 期）。这两篇文献索引同样很丰赡，但内容上比上述所说的那本书贫乏得多。

[①] 我们在本章中提供了一个俄国哲学图书总目。专业图书文献（有关个别思想家的）将分别附在各章的末尾。

А·韦坚斯基，《哲学在俄国的命运》，《哲学概论》，布拉格，1924，第 41 页。

А·韦坚斯基此文值得重视的一点在于它试图划分俄国哲学发展的各个阶段，但文章过分短小的结果是使此文缺乏事实依据。

М·叶尔绍夫，《俄国哲学发展之路》，弗拉基沃斯托克，1922，共 67 页。

叶尔绍夫的概论同样含纳了整部俄国哲学史。作者的评价非常客观。

（3）两位法国作者的文章（就其总和而言）可以归入俄国哲学史总论的范畴：

Lqnnes Coup doeil sur Lhistoire de lq philosophic en Russie（Revue de Philos，1891，1892）．

Seliber lq philosophic russe conte，）porqine（Rev Philos，1912）．

拉纳的两篇文章对 18 世纪末稍稍有所涉及，文章主要对 40 年代以前的俄国哲学做了一个内容丰富的概述（以巴枯宁作结）。拉纳的阐述文字准确，导向明确。Seliber 的两篇文章非常简括——以弗拉·索洛维约夫开头，以别尔嘉耶夫结尾。Seliber 的评述十分精当但相当简括。这两位作者总体而言尽管疏略了许多人物，但仍然还是为俄国哲学史提供了丰富的史料。

（4）Я·科鲁博夫斯基起初用俄语发表文章（见宇伯威格译著《哲学史》的附录部分）《俄国哲学史论》，后以更加简明的形式予以发表（Vt. Uberweg. Geschichte der philosophic. 12 Auflage，1928），题目是 Russiche Philosophic，c. 13。

科鲁博夫斯基的概论与宇伯威格译著的风格相近，文字简洁，首要关注的是文献征引是否完整。

（5）Th. Massark 在其两卷本的 Zur russichen Geschichts und Religionsphilosophie（Iena，1913）中，尽管以论述俄国哲学史为主，但事实上也涉及许多一般俄国哲学，其中包括 20 世纪初的史料。马萨在俄国史上下过很大功夫，因而力求尽可能采取一种客观的叙述法，但遗憾的是，他并非总是那么成功。但马萨的著作仍然还是十分有益的。

（6）伊万诺夫·拉祖姆尼克撰写了《俄国社会思想史》（1—2卷），但他的著作实际上只涉及俄国思想史上与社会和历史编撰学的研究有关的部分。此书的阐述有些做作，常常带有公式化和术语的弊病，但在哲学方面仍然提供了许多极其珍贵、深思熟虑的评述①。

（7）拉波·达尼列夫斯基在其见于《俄国的现实生活及其问题》（*Russian Realities and Problems*（剑桥，1917）文集的概论性文章《科学与知识在俄国的发展》（*The development of science and learning in Russia*）中，对俄国哲学史发表了许多珍贵的议论。拉波·达尼列夫斯基的这篇文章有许多经典但却稍嫌简括的评述，但是含括了俄国哲学史发展的全程。

（8）格·弗洛罗夫斯基大司祭在其长文《俄国神学之路》（巴黎，1937）中，自始至终关注俄国的哲学派别——从哲学最初的萌芽直到俄国革命的时代。作者是一位对俄国哲学有精深造诣的学者，他的评述和批评意见往往总是鞭辟入里，但评价上的主观主义以及对众多作者极不适当的训诫令此书大大减色。

（9）德·奇热夫斯基1939年出版了一部著作：《黑格尔在俄国》。此书题目尽管特殊，但实际上却几乎涉及了俄国思想史上的绝大部分现象。

（10）在我的《俄国思想家与欧洲》（巴黎，1927）这一专题著作中，提供了许多从其萌芽直到俄国革命的俄国哲学史史料。

（11）尼·别尔嘉耶夫，《俄罗斯理念》，巴黎，1945，对俄国思想中的个别问题进行了评述。该书有许多旗帜鲜明的评论，但需读者对俄国思想家们有很好的了解为前提。

---

① 伊万诺夫—拉祖姆尼克此书的第一卷我在此书出版之际仍未在巴黎找到，此处的评述以我此前草拟的论述伊万诺夫—拉祖姆尼克著作的意见为依据。

上文所述截止现在的所有出版物，都程度不同地涉及整个俄国哲学。现在让我们谈谈与某一个别时期或个别派别有关的著作。

（12）E·博布罗夫以《哲学在俄国》（1889—1902）为题出版了6册研究著作，而他的3卷本的《19世纪俄国的文学与启蒙运动》研究专著亦应归入这一范畴。两大系列都由个别专论组成，主要涉及19世纪初，但也有关于18世纪末《论拉吉舍夫》和19世纪末《论科兹洛夫》的专论。E·博布罗夫的著作虽然某些地方有些陈旧，但仍不失为一部重要著作，尤其是在作者详尽剖析俄国思想家的国外来源之处。

（13）阿希姆·加夫里尔修士大司祭著《俄国哲学史》（巨著《俄国哲学史》，第2版，喀山，1839年版的第6卷）。修士大司祭加夫里尔的这部著作，就时间而言是第一部俄国哲学史。加夫里尔修士大司祭的著作无太大价值，然此书的优点在于详尽列举了从18世纪末到19世纪最初10年所出版的哲学著作。该书作者毫无道理地把许多神学作家和压根不曾写过哲学书的人纳入哲学家行列。

（14）格·施佩特，《俄国哲学发展史论》，第1卷，彼得格勒，1922，共340页。

施佩特的这部著作遗憾的是只出了上卷，但却是关于俄国哲学史最弥足珍贵、论证最翔实的研究专著。上卷内容包括从哲学的开端到40年代初这一阶段。作者非常熟悉这一时期，他的著作全部建立在第一手资料的基础之上，所提供的叙事几乎总是准确而又明晰。遗憾的是，作者的博士腔调使本书减色，而居高临下的语调（施佩特是胡塞尔的弟子）又令人以为讥讽的语调似乎出自另一位作者。这一点削弱了作者对历史的沉思。虽然作者的嘲讽和时而出现的带有鄙视意味的意见是完全不适当的，但施佩特的著作依然不失为一部非常珍贵的俄国哲学史著作。施佩特还出版过两本俄国哲学史专著，一本论尤尔凯维奇，一本论赫尔岑。

（15）德·奇热夫斯基，Філософія на Україні，第1版。布拉

格，1929，共 125 页。这是一本非常珍贵的概论，书中附有充实的文献索引：对俄国哲学史而言，德·奇热夫斯基所收集的所有史料都具有头等重要的意义。此书包括从 17 世纪到 18 世纪末（以斯科沃洛达收尾）这一时期。

（16）Al. Koyer. La philosophie et le probleme national en Russie au debut du XIX siede（巴黎，1929）。

Koupe（科伊列）的这部著作对从 19 世纪初到 40 年代末的俄国哲学进行了缜密详尽的研究，该书的主要价值在于它对书中所述著作做了详尽阐述和认真审慎的分析。

（17）帕·米留科夫，《俄国历史思想的主要流派》，第 3 版，1913。

帕·米留科夫的著作仅只涉及俄国作者笔下的哲学史问题，其中最主要的是它的恰达耶夫专论。米留科夫多卷本的俄国史著作（尤其是他那部著名的《俄国文化史概论》第 2 和 3 卷）常常涉及与哲学相关的题目。

（18）米·菲利波夫，《俄国哲学的命运》，第 1 和第 2 卷，1894。遗憾的是此书我始终搞不到，作者只叙述了哲学在俄国的创始阶段。

（19）O. Lourie. La Philosophie russe contem poraine（巴黎，1892）。这是一部关于 19 世纪末几位俄国哲学家（弗·索洛维约夫，列·托尔斯泰等人）的一部无多大价值的著作。

（20）伊·伊·伊万诺夫，《俄国批评史》，第 1—3 卷，1898。伊万诺夫在其巨著中屡屡涉及 18 世纪和 19 世纪俄国哲学中的各个流派。

（21）瓦·图卡列夫斯基，《18 世纪俄国社会中哲学思潮史论》，《人民教育部学报》，1911。这是一部非常有趣引证翔实的专论。载于大型文集《共济会今昔》，莫斯科，1914。

（22）J. Gourvitch 撰写了 Russische Geschichts philosophie 一文载于 Preus 杂志 1920 年 2 月号。这篇论文我未能见到。

最后，我们终于可以提及几部与俄国哲学史有关的俄国科学史著作了。

（23）科尔库诺夫，《法哲学史》，第6版，彼得堡，1916。该书有一部分是论述法哲学在俄国的发展历程的。[①]

（24）亚先科编撰了《俄国古代哲学史文献长编》（1915）。

（25）A·布龙佐夫出版了《19世纪期间俄国的道德神学》（以前发表于《基督教读本》杂志）。

（26）E·阿尼奇科夫在《审美学说发展概论》一书中列专章论述了俄国美学史（参阅《创作理论与心理学问题》，第6册，1915）。

（27）布利奇撰写了《俄国语言学史》。

（28）塔拉谢维奇撰写了《19世纪前叶俄国科学运动史》（俄国史，格拉纳特出版社，第6卷）。

我们对俄国哲学史[②]文献总目的评论就到此为止。

---

① 科尔库诺夫的这部著作，和下文将要提到的几乎所有著作一样，都是令我望洋兴叹的。

② 我们的浏览不企求完整全面，或许在苏维埃俄国已经出版了许多新的俄国哲学史著作，但我们能够搞到的新版书我们已经全提到了。

第一篇

在哲学的门槛上

第一章
前彼得大帝时代

1. 上文我们已经提到直到 18 世纪以前我们在俄国找不到任何带有哲学性质的独立著作或草稿，从这个意义上说俄国哲学史只应当从 18 世纪起开始研究。然而，如果我们以为在此之前俄罗斯人的生活中没有哲学，他们不曾以哲学需求为生的话，那可就大错特错了。我们在现实生活中可以找到哲学兴趣苏醒的各种片段迹象，只不过这些迹象全都可纳入宗教世界观的框架里，因而不能把理性的工作引导上独立自在的哲学思维之路。哲学的世俗化（指哲学从宗教意识中的分化）在俄国发生得远比西欧晚，而最主要的是与西欧截然不同。在某种意义上，这种世俗化早就在教会意识的核心本质中甚至在其之外也在进行着，但无论如何它不曾把自己与教会意识对立起来，也不是在与教会做斗争（如在西方那样）。古罗斯到处流行着数不胜数的各类选本，它们常常混杂着教会以及古代哲学家哲学体系里的断简残编。这些材料不管多么零散，却总是能滑到表层上来，现仍保存下来的多得不胜枚举的特别尖锐的提出很多哲学问题的①选

---

① 例如，比方说，《季奥普特拉》（Диоптра）文选，其最古老的抄本所署日期是 1305 年（有关这个问题可参考别佐布拉佐娃的手稿。见《人民教育部学报》，1893 年）。在鲁缅采夫博物馆（莫斯科），该文选有 9 个抄本，分属于不同的时代。这个文选（系从希腊语译为教会斯拉夫语，显然是在保加利亚翻译的）中，除神学性质的一个部分外，还有宇宙学，而尤为详尽的是人类学部分。其总观念与亚里士多德非常接近，而最有趣的有关人的身体对于灵魂的意义的学说（"没有身体灵魂一筹莫展"等等）还可参阅米·米·沙赫玛托娃的文章《柏拉图在古罗斯》（载布拉格俄国历史学会丛刊）。关于与亚里士多德的接触在许多论及"犹太人的异端邪说"的研究著作中多有提及。库尔勃斯基同样也对亚里士多德颇有兴趣。

本书目，就雄辩地证明了这一点。

　　基督教来到俄国时不光作为一种宗教，而且是作为适应各类主题的、内涵无比丰富的一种世界观。但有一个情况必须指出，即有许多非基督教甚或伪经文本也从拜占庭和斯拉夫土地上，渗透进我们这里来。伪经与传奇是基督教神话的一个类别，这里也渗透着各种通灵术知识，而且这类知识在占星术中尤为流行和普及①。然而，虽然基督教世界观足够深入地渗透进了俄罗斯人的灵魂里，但历史学家们仍然不止一次地面对这样一个事实而感到困惑莫名，即罗斯尽管毫无疑问为宗教感到精神振奋，但这一产生了无数修道院，推出了难以计数的圣徒和意识的宗教能量，不知为何居然未能唤醒宗教逻各斯从事创造，居然没有发展出神学思想。"在俄国思想史上，"一位研究家②这样指出，"有过许多神秘不解之谜。首要的是俄国这种长达数世纪之久的，十分漫长而又过分拖延的沉默，究竟意味着什么呢？对俄罗斯思想这种为时已晚的、业已迟到的觉醒究竟应该如何解释呢？"众所周知，正如19世纪俄国首批哲学家之一的 П. Я. 恰达耶夫针对这一点而尖锐指出的那样："仿佛置身于时间之外的我们（俄罗斯人）竟然未被全世界对人类的教育所触动，"——他这样写道③。基督教启蒙运动发展的微弱势头（对恰达耶夫而言甚至可以说从未有过）是否意味着俄罗斯置身于历史之外呢？"我们没有给人类思想的总量里贡献一个思想，也未给人类理性的进步提供一

---

　　① 如在那个时代的西欧那样。可参阅 E. B. 阿尼奇科夫的研究著作：《罗斯的多神教》。在古罗斯在圣经之外最受人们喜爱的读物恰好是伪经，而所谓"神学诗"也与伪经相关。伪经和神学诗里通常都会提出一些宗教哲学问题，而在对此类问题的解答过程中，基督教母题会与外基督教母题非常奇异地交织在一起。所有这类问题都尚未被从哲学方面予以相当深入的研究。相关文献里我们要特别指出 A. H. 维谢洛夫斯基院士的旧作《神学诗领域里的探索》、《基督教传奇史论》等等。还可参阅 Г. П. 费多托夫的简要专论：《神学诗》（巴黎，1935）。

　　② 指大司祭弗洛罗夫斯基：《俄国神学之路》，第1卷。

　　③ 参阅其《哲学书简》第一封信。见《恰达耶夫全集》，第1卷，莫斯科，1913，第77页。

丁点儿帮助，"他继而写道①。"望着我们，你甚至可以说，人类的一般法则在针对我们时却被取消了。无论如何在道德秩序方面我们构成了一个空白……"

恰达耶夫的这种极端怀疑主义在俄国文学中成了空谷绝响，但他之所以值得关注，原因在于那一直到19世纪以前都在支配着有关俄国精神生活的错误判断的错误前提，在他身上表现得极为鲜明。所有那些面对"俄罗斯思想很晚才苏醒"这一事实曾经有所思考的人，都常会受到把8到17世纪的俄国与同一时期的西方进行尖锐对比的诱惑，因此而对历史事实进行一些完全错误的评价。要克服这种诱惑，要历史清醒地评价俄国神学发展史，就必须搞清楚俄国和西欧在上述时期中的道路有何不同，就必须摒弃这样一种想法，即以为西欧的历史似乎是就类型和速度而言唯一合理的进步发展模式。

在西方，基督教是从罗马扩散开来的，而罗马与欧洲各民族人民之间并不曾有过任何隔断，相反与之有着非常密切的联系，而在俄国，基督教是从遥远的异国泊来的②。罗马曾经是西方各族人民操心的母亲，此外，西方教会的统一同时也在下述事实上得到了体现和重要的补偿，那就是对于西方来说，同一门拉丁语对于教会和文化都是共同的，而与此同时它又把西方与古代直接联系了起来。随着古代文化被逐渐掌握，西方人能够感到它是自家文化。

而俄国的一切又与之不同。俄国在政治上过着与拜占庭截然不同的生活，而在教会方面她却又受制于拜占庭。因此俄国教会很早就开始谋求在教规上摆脱希腊教会而独立，而在康斯坦丁诺波尔陷落——这件事深刻地震撼了整个欧洲后，这种疏离拜占庭的倾向越发得到了强化。当伊凡四世对罗马教皇使节说："……我们的信仰是

---

① 《哲学书简》，第1卷，第84页。关于恰达耶夫，可参阅本书下文第2卷，第2章。
② 在此我无法对有关罗斯是从谁那里接受的基督教这一争议——Lugie 以及其他人正如此热切而又不失偏激地进行这场争论——做详细考察。俄国所有历史学家都在反驳 Lugie 的体系。有关罗斯受洗问题在当前学术界的状况，请参阅 Г. П. 费多托夫发表在《道路》上的文章。

基督教的，而非希腊的"时，他准确地表达了那个时代俄国的教会意识。希腊语在罗斯并未成为为神祇服务的一种语言①，而俄罗斯世界在语言上的这一孤立状态在俄罗斯文化的道路问题上，当然有着自身的意义，它预先就决定了她的觉醒"要迟到很久"。然而这一状况却在一定程度上被减弱了，因为在部族上统一而在语言上又有着亲缘关系的南方和北方斯拉夫人，在上述时期中却经历了一次神学文化的大繁荣——因此俄国由于与其的关联而事实上从未处于绝对孤立于西方的状态。排除语言的孤立状态外，俄国在对西方关系中所表现的宗教信仰上的高度警觉也对俄国的命运产生了影响，这种影响在弗洛连季教堂以及在那签署的教会合并协议被俄罗斯人民否决以后得以更加强化了。这一被拜占庭长期工作植入俄罗斯宗教信仰的警觉性，长期妨碍俄罗斯人的神学探索，束缚了思想的自由。这是不是因为在与西方的交往加强以后，如许多的俄罗斯人义无反顾地成了西方人的俘虏的缘故呢？

拜占庭对于俄国的影响当然非常重要也非常深刻，但对这一影响迄今仍未进行彻底的研究和不带偏见的评价。有一点我们不应忘记，即在罗斯皈依基督教的时代，拜占庭的文化创造却正处于巅峰状态，但也毫无疑问的是，在此之后她也很快就走向衰落了。她的全部希望，全部目光全都向着当时的西方，因为拜占庭曾经指望在与土耳其人的斗争中，能从那里得到增援——值得注意的是，在康斯坦丁诺波尔陷落后，所有希腊文化名人全都逃往他们以其灿烂辉煌的文化为之服务的西方，而却没有人移居信仰上与之亲近，而且又总是那么慷慨好客的俄罗斯！伊凡三世与索菲娅·帕列奥洛格的婚姻，同样也没有把俄国与希腊撮合起来，而是与西方世界相联系……但在教会寻求精神活力的那些俄罗斯人，却仍然对希腊传统充满向往……

---

① 某些历史学家如施佩特喜欢把这视为"俄罗斯思想很晚才觉醒"的主要原因，他写道（《俄国哲学发展史论》，第12页）这一事实具有"宿命"的意义。

2. 对于我们理解俄国为什么以及在多大程度上形成了与西方不同的历史道路而言，以上所说的一切并没有多么重要，但仅凭这一点也无法向我们解释"俄罗斯思想延迟觉醒"之谜。弗洛罗夫斯基就此所说完全正确，他说"古罗斯从无文化中发展而来这一难点是无法解释的。"这一危机是文化危机而非无文化危机……这次危机是内部困难或 апория① 的结果和表现②。弗洛罗夫斯基本人以非常神秘的语调补充了一句，说这是"拜占庭文化以俄罗斯精神方式爆发的一次危机"——他的这种说法，显而易见，应当这样来理解，即拜占庭文化非但没有释放和唤醒俄罗斯人身上的创造力，相反倒是压抑了它。这种说法，或许有一部分是对的，但也仅仅只是一部分而已——要知道我们不曾在任何地方看到过俄罗斯精神对拜占庭主义实施重大抵抗的征象。而我认为，除语言孤立，除与古代缺乏直接关联，最后，除对一直处心积虑想要在教会事务上使俄国屈服于罗马的西方长达数世纪之久的疑虑外，在俄罗斯人的教会意识里，在"俄罗斯信仰"的风格和类型里，逻各斯在这种教会意识里觉醒缓慢则另有原因。在这方面一个非常值得我们关注的现象是，分裂教派运动③把一大批虽思想保守，但个性鲜明、精神坚毅的人从教会中分裂了出去，从而释放了俄国教会的创造力：我们看到 18 世纪有过一次真正的教会精神的复兴（尽管恰好也正是从 18 世纪起教会开始受到政府的挤压）。分裂教派运动把教会中的保守势力隔开后，分裂教派运动中后来也出现了创造性探索，它证明俄罗斯人民身上蕴藏着巨大的精神力量。这一切告诉我们沉默时期（尽管这一特征描述总体而言并不准确。诚如我们将在下文中看到的那样）其实是精神力量蓄积期，而根本就不是什么精神力量沉睡期。与独立思维在俄国的缓慢发展形成奇特而又神秘，但也因此而更加雄辩的对比的，

---

① 难题——古希腊埃利亚学派提出的难题，如飞矢不动辩等。——译注
② 弗洛罗夫斯基：《俄国神学之路》，第 1 卷，第 2 页。
③ 指 17 世纪中叶俄国宗教的分裂运动。——译注

是同一时代俄国圣像画术的急遽发展。鲁布廖夫的天才画作（14 世纪末和 15 世纪初）当然与拜占庭圣像画术有着十分密切的关系，但它们同时也是俄罗斯自身创造力觉醒和发展的一个证明。我们发现这些画作具有如此深厚的艺术感染力，对于宗教意识的禁区有如此深刻的洞察力（鲁布廖夫最优秀的作品是圣三位一体圣像），以致连我们也不能不附和 E. 特鲁别茨科依伯爵的意见，称此类圣像杰作为"色彩里的思辨"①。这种创造向我们呈现的是逻各斯的宣言——这些圣像画作全都充满了神学的直觉②。一位历史学家③公正地指出皈依基督教在俄罗斯人心里掀起的一场声势浩大的神学热潮和名符其实的奔放激情。当然，在罗斯，基督教在城市范围以外的渗透是十分缓慢的，但这却并未削弱创造热情高涨这一事实本身，而这一创造热情根本就不是毫无结果的和根本不是在逻各斯之外进行的。无论如何，早在古罗斯，我们便发现其基督教意识具有道德和社会因素优先的特征，我们发现这一特征在 19 世纪俄国哲学中有着极其鲜明的体现。基督教世界观恰好是在上述方面给这一创作运动以推动，而与此同时（从最初开始）俄罗斯人在罗斯以极大的力度欣悦地接受了基督教极其所具有的美。如今被当作传奇的那件事——即编年史上关于圣徒弗拉基米尔的使者被拜占庭礼拜仪式之美所俘虏的故事，对于说明确确实实伴随着基督教在罗斯出现全过程的审美感受力而言，是十分重要的：即使编年史上的这则故事只是个传奇，但它的产生本身就是对基督教给予俄罗斯人灵魂的赠礼的一个宝贵的证明。对拜占庭圣像画术的掌握，激发起了如此蓬勃旺盛的创造力，

① 参阅其《色彩里的思辨》（*Умозрение в красках*，莫斯科，1916）。可惜的是，被特鲁别茨科依在其专著中涉及的这一巨大主题，还只是轮廓初现，尚未得到发展。可参阅俄国艺术史书籍——尤其是 *Mouratov, les icones russes*，巴黎，1928，第 153—194 页。"什么都无法破坏这幅圣像，"穆拉托夫写道："在音乐上的完整性，什么也无法削弱和淡化其神秘的力量"。

② 在弗拉·索洛维约夫及其学生们那里，在所谓的"索菲娅学"（Софиология——参阅下卷），它与对献给索菲娅——神的智慧——的圣像的阐释有着十分密切的关系。

③ 米留可夫（Милюков）：《俄国文化史议》，第 2 卷，第 1 册，1931。

使得鲁布廖夫的天才创造力成为可能。我们如果追溯一下圣像绘画艺术在罗斯的发展过程，有关圣像艺术的文献，为圣像画中的"真理"而展开的争论和激情洋溢的捍卫言论（反对外部的"现实主义"）①，最后，是我国分裂教派运动中对这一奇妙艺术的精心呵护——所有这一切都是宗教—美学思辨对俄国人民内心深处的渗透——而仅此一点即足以说明，俄罗斯宗教意识在古罗斯时代根本非自外于逻各斯。而当教条主义运动的时代在拜占庭已经结束，此时基督教在罗斯出现这一事实告诉我们，为什么俄国宗教意识会把基督教学说作为一种业已完结无须加以分析的东西予以接受的。

3. 我们刚才涉及的这一问题，恰恰对于正确理解俄国哲学文化是极其重要的，因此我们应当对这一业已涉及的主题进行深入探讨，以便搞清楚为什么俄罗斯思想之路，会如此不同于西方。俄国哲学创造——今后我们还将重复多次地确证这一点——之根是如此深深地根植于古代俄罗斯宗教自发势力之中——以至于一般说来与宗教彻底决裂了的那些流派，却原来也与这一宗教自发势力藕断丝连（尽管是以否定的方式）。

我们经常碰到一种意见，认为俄国接受基督教的基础从最初起就是一种夸大了的禁欲主义和对世界的一种潜藏的蔑视。虽然禁欲主义真的已经深深地渗入了俄罗斯人的灵魂（以致有一位批评家竟然写了一大篇论述"俄国知识分子的禁欲主义病"的文章②），但这种意识仍然还是不正确的。俄罗斯人身上的禁欲主义永远都只是一种派生现象。我认为朝圣现象（Богомольство）以其尖锐的二元论，以其专心致志地沉思恶的问题，却几乎根本不曾污染俄罗斯宗教意识——虽然它与俄罗斯地域相近，与保加利亚有着经常而又密切的

---

① 关于这一点可以参阅布斯拉耶夫虽然有些陈旧但却相当有趣的说明，如他的载于《俄国文学艺术概论》第 2 卷中的《17 世纪俄国美学》一文。布斯拉耶夫这部两卷本的研究专著非常珍贵。

② 见斯卡比切夫斯基的文集。

关系，虽然南斯拉夫对俄罗斯有重大影响事实俱在——这一事实，是非常值得关注的，甚至是具有决定性意义的（就对“俄罗斯信仰”的历史评价而言）。① 俄罗斯禁欲主义并未提升到否定世界、鄙视肉体的地步，而是走向与之完全不同的另一点——走向清晰地直观天国的真理和美并以其万丈光芒不可辩驳地照亮笼罩尘世间的清清楚楚的非正义，以此召唤我们摆脱世间的束缚。充当禁欲主义之基础的，是正面因素而非负面因素。对天国真理及美的直观为禁欲主义提供了灵感……而俄罗斯教会意识中为什么会如此青睐“光明”这一意象由此看来也就迎刃而解了——人民喜欢把自己的信仰称为“无比光明的东正教”。而把俄罗斯人的宗教性与神圣祖国联系起来的宇宙母题——把世界当作完全被上帝之光所照亮和渗透的世界来接受——的根源亦在于此。表现光明战胜黑暗的复活节之所以会在俄罗斯教会供奉神灵的生活中占据如此特殊的地位，也绝非偶然，而果戈理曾经说的任何地方（甚至在东正教的东方）这一节日也没有像在俄罗斯那样被人们隆重庆祝，同样也是正确的。在复活节体验的光辉里接受世界成为俄罗斯人宗教意识的核心本质，非此不足以理解俄罗斯人的宗教意识。因此，构成 12—14 世纪教会文学主要内容的对日常生活非正义性的揭露，从不宣扬弃绝生活，而总是与借助于神的力量来改造生活的信仰相关联。在这方面那些明确表现了人既恭顺地意识到了自己的罪孽却又对上帝的恩惠充满光明期待的神学诗是多么有趣呀！在神学诗《大地的哭泣》中天主在安慰大地（为人的罪恶而感到忧愁的大地在天空面前“嚎啕痛哭”）：

天主亲自对大地说：

“妈，忍一忍吧，

再忍一会儿，大地！

有罪的奴隶会向上帝

---

① 关于这一点可参阅费多托夫及其正确而又重要的见解（《神学诗》，第 14 页，以及该书的结论部分）。

真诚忏悔吗？

他们如果来，我就给他们增加

天国的自由之光；

他们如果不来，我就会减少

他们的自由之光"。

关于最后的审判，关于在上帝面前任何非真都将真相大白，任何罪恶都将像板上钉钉的学说，也可以这么说，它是俄罗斯人所有宗教与哲学思维的根本支点，它防止他们把大地的直观真理和天国的真理，把人的自发势力和天的自发势力混为一谈。但在避免把两者混淆的同时，最后审判的理念却根本不是在引导我们将它们两者分开。因此，俄罗斯教会意识根本不曾背离基督教神权政治观的基础，但对这一观念的阐释却与西方截然不同。稍后我们还将详尽涉及这一问题，此刻我们仅只强调指出一点，即在俄罗斯宗教意识中永远也找不到一种由禁欲主义的片面性引发的对基督教学说的歪曲。甚至就连在分裂教派运动中导致个体自焚事件的极端形式的禁欲主义，也绝非出之于对世界的弃绝，而是出于纠缠不休的反基督带来的理念……

对于人的世界与神的世界"不可分割性"和"不可融合性"的清醒感觉，对于俄罗斯皈依基督教而言的确非常之重要。这种感觉首先决定了教会意识对待国家政权的关系——这种关系的性质应该说至今尚未彻底搞清楚——但关于教会意识中的政权问题我们在描述全部历史学问题时还会谈到（第6—8章）。眼下我想回到在对14—17世纪俄国精神生活的评价中，俄国的圣像画术及其意义问题。有一位历史学家说得好，他说"俄罗斯圣像以其物质的无可争议性证明古罗斯精神经验的真正雅致、复杂性和深度"①。的确，圣像礼拜不仅受到俄罗斯人的特别珍重，与此同时它也被铭刻在意识中，并在自身中保留着神人的秘密。"没有一个俄罗斯神学—论战论文，"

---

① 弗洛罗夫斯基：《俄国神学之路》，第1页。

茨维塔耶夫①指出，"会不捍卫俄罗斯人如此真实的圣像礼拜的"。有一次当有人提意见，说"神圣画像之美也有诱惑力"时，"圣像画家"约瑟夫立即奋笔疾书对这种意见进行激烈反驳②，谈到这事我们就不能不想起一个叫维斯科瓦特的人的悲惨命运。他曾经是个政治活动家（任伊凡四世的书记③）有一次他极其狂热地卷入了一场有关圣像画术和某一新流派问题的争论中。教会人士的心灵和理智如此珍贵的圣像礼拜，是神思（Богомыслие）的一种形式，在这种形式中，审美要素被淹没在了"对理性的赞美中"。我们应当好好读一读，比方说，圣谢尔基行传，学习他从少年时代起就奋不顾身地向上帝献身的精神，以便触摸一下俄罗斯人身上所特有的这根灵魂之弦。人们以直觉方式从中所能学到的东西如以个别思维的方式表述便是这样：所有物质的东西都是表达最高之真和最高之美的手段。而如果用哲学术语来表达的话，则我们在此所遇到的，乃是一种神秘现实主义，它把整个现实生活当作一种经验现实，但同时又看出在其之后还有另外一种现实；这两种存在领域都真实，但在品味等级表上却不平等；经验存在的支撑点仅仅在于它"参与了"神秘现实。而基督教神权政治的理念恰恰在于它肯定了通过将其与神秘领域相关联而对所有有形物、所有经验进行启蒙的必要性——所有历史存在，生活中的一切个性都应当通过上帝力量的改造作用被照耀进经验领域里……

　　4. 让我们还是暂时先回到俄罗斯的宗教性这一总题目上来——在嗣后的研究中这一切对我们都将十分重要。我们首先应该特别关注一下俄罗斯的最高纲领主义，它犹如一条红线贯穿了整整一部俄国神学生活史。这一最高纲领主要就其自身而言毫无疑问不具有宗教来源，而是与俄罗斯人灵魂的天然特性相关，这些特性是在俄国

---

① 茨维塔耶夫：《前改革时代俄罗斯的清教徒与清教》，第520页。
② 弗洛罗夫斯基：《俄国神学之路》，第2卷。
③ Дьяк——14世纪前古罗斯王公的侍从兼文书。——译注

历史的整个过程中逐渐形成的。俄罗斯广袤无垠的空间，俄国内地又缺少高山，所有这些"地缘政治"因素都决定了俄罗斯人灵魂的特性。但既然是"天然的"，同时又决定着精神生活的风格与形式，则俄罗斯人灵魂的特性从与之生长缠绕在一起的基督教的某些特征那里被分外强化。我指的是赋予基督教以激进主义色彩的完整性母题，它教会我们害怕任何形式的"中庸"和适度以及任何形式的不冷不热不咸不淡。须知基督教就其自身本质而言是面向所有的人的，它想拥抱所有人，它想启蒙和照亮所有人的灵魂。这一母题在西方基督教中当然也起过并且仍在起着十分巨大的作用（无论是在天主教还是清教信仰中），因此该母题与基督教的本质自身相关。这一母题在俄罗斯人的灵魂中获得了一种特殊的力量，"不是一切就是一无所有"的二元对立，不是生活理智所能节制的，也不是只要对实际结果比较关注便可以对之实施监管的，从而把灵魂置于与日常生活中的清醒状态格格不入的地步。但相反的是，在俄罗斯人的宗教意识里，精神的清醒性有着很高的价值。这种精神的清醒性绝然不同于在精神生活中给想象以空间：它既与宗教幻想性，也与通过想象力的支配堕入"迷人的魅力"都不相关。值得指出的是，从不惧怕任何艰难险阻而勇于建立功勋的俄罗斯圣徒，却从来就不懂得在西方导致圣痕[①]、导致异常幻想、导致神秘礼拜（"耶稣之心"）、"效法"基督那样一种精神生活方式。俄罗斯圣徒和苦修者们对所有这一套全都是格格不入的。与想象在精神生活中的支配力格格不入，同时又严格践行精神的清醒性的俄罗斯圣徒和苦修者们对精神力量可以"化身"的理念根本不予否认，但在有关精神与物质，天国与尘世因素的相关关系这一细致问题上，却始终在避免两种极端性——即把两个存在领域混淆或是分离开来。所有那些能够导致物质因素稍有些超重的一切（即能将二者短期予以混淆的一切），都会

① Стигма——圣痕，圣斑，中世纪宗教狂信者把身上出现的溃疡说成是像被钉在十字架上的基督身上的溃疡。——译注

被当作是精神存在的粗俗化，他们之所以，比方说，拒绝在教堂里树立雕像，而与之相反却会无条件地对圣像画顶礼膜拜，其源端在于此。对于教堂里之所以会抑制器乐而逐渐发展出了教会合唱音乐，亦应作如是观。对俄罗斯宗教中的上述现象我们可以做出多种不同的解释，但所有这一切，当然都来源于逻各斯，而非自外于逻各斯，它们全都充满了深刻的和成效显著的直觉。这一切体现在对可以节制天然的最高纲领主义的日常生活中的清醒性的鄙视之中，体现在审美因素里的"精神尺度"这一原则里。

但在所有这一切之中也存在诱惑。在精神与物质的结合中寻求应有之平衡的神秘的现实主义，也可能会堕入想在它本不在的地方发现它的诱惑。但是此意识也有可能被某种乌托邦所意外地俘虏——例如，对于俄罗斯教会人士狂热的探索和寻求沙皇政权的神圣的意义这件事，我们也应当这样看。

正如下文中我们还将会看到的，16 到 17 世纪的政治意识形态，正是由教会人士完完整整地臆造出来的，他们的目的根本不是为了帮助国家，而是为了一些教会内部的原因，为了探索一种对历史存在实施祝圣仪式的方式。死乞白赖地背诵沙皇政权的神圣意义，所有这些关于"莫斯科是第三罗马"的美妙绝伦的"长诗"，所有这些在神权政治的统治方案里的乌托邦之花，全都是从想要在尘世实现上帝之国的狂热愿望中滋生出来的。这是一个美妙绝伦的神话，是从把天国与尘世，神性与人性在具体现实中加以结合的需要中产生出来的。教会思想刚一走出神秘现实主义的深处，便即着手思考历史的秘密，思索起外部历史现实最珍贵最神圣的一面来……

我们马上会看到，对教会思想的这种寻求和探索究竟能凝固成怎样的具体形式，但在探讨这一问题之前，我们还得在俄罗斯宗教的某个特点问题上稍事逗留，我指的是，"为了基督而是圣愚"（юродство о Христе）

5. 圣愚现象（而在我们的时代也有部分遗存）在俄国十分普

及——并非所有圣愚都可以上升到神圣的程度，但所有圣愚或几乎所有的圣愚都是俄罗斯宗教生活中的显著现象①。的确，圣愚现象早在希腊教会时就曾经有过，但与俄罗斯教会现实生活比，他们那里的圣愚是非常罕见的现象②。

圣愚鄙视一切世间的享受，其行为往往有违人们正常的理解——而是为了最高真理。圣愚自愿承担了故意装疯卖傻这一功勋的责任，以便能够摆脱人世间的诱惑而获得自由——但在圣愚身上连一丁点儿鄙视世界或否认世界的影子也看不到。首先圣愚对于扰扰攘攘的外在面评价极低，鄙视在生活细节上取悦自己的行为，害怕日常生活中的舒适、财富，但并不鄙视人，也不会把人与生活肆意割裂。圣愚向往通常被日常生活中的零七八碎所蒙蔽了的最高真理，但这一切仍然还算不上唯灵论，而仍然还只是同一个为了天国而牺牲尘世的神秘现实主义。圣愚向往真与爱，因此必然走向对人们中间任何非真的揭露，尤其会频繁地猛烈抨击对其伟大的精神顶礼膜拜的国家政权（这一点在伊凡四世身上尤为显著）。从本质上说圣愚并非歇斯底里，他身上有着毋庸置疑的高度清醒性，但被束在单一的尘世本质的范围内他感到窒闷，他有一种强烈的渴望，既在个别人身上，也在整个世间证实精神真理的优先性。圣愚是激进而又勇敢的，他身上焕发着真正的，所有人都不得不钦佩的宗教灵感的火花。

圣愚现象表达了这样一种理念，即在神性和人性，天国和尘世的结合中，任何时候都不应让天国屈从于尘世。即使天国无法表达，那也不能让伪善行为大行其道，让人们醉心于世俗生活中的诗意，而忘记了天国之美与我们的生活格格不入。这不是什么柏拉图主义，而是对品位等级原则亦即尘世服从天国的原则的一种确认。

圣愚直觉地排斥基督教以任何或虚拟或部分或名义上的"化身"

---

① 关于圣愚现象可参阅费多托夫：《古罗斯圣徒》，巴黎，1931，第13章。
② 按照费多洛夫的说法，整个希腊教会总计只有6个圣愚（见上书第105页）。

形式发出的诱惑。当有关"莫斯科系第三罗马"的意气风发的、把俄罗斯现实与"神圣罗斯"天真的混为一谈的乌托邦长诗刚刚开始时，也恰好正是圣愚现象获得特殊发展的时期。神圣罗斯的理念同样也给圣愚们以鼓舞，但他们同时也无比清醒地认清了现实生活的所有非真性。

6. 在对俄罗斯宗教性做了一番扼要概括后，让我们回到我们的基本主题——搞清楚在教会意识框架里究竟是什么导致了哲学思维的发展。

教条主义的大命题以及与其相关的哲学的，非以其对哲学问题的冷漠超然，而以其绝对的不可动摇性，因而无法唤醒精神的生命活力。17世纪末当雅·伯麦与路经俄国的崇拜者奎林·库利曼[①]（是一个来自布列斯拉夫尔的德国人）出现在莫斯科，开始宣传其学说（以一种当时西欧十分盛行的锡利亚学派[②]的精神），结果被抓，随即痛苦地死在狱中。能够在俄罗斯教会意识中激起生动而又激烈的活动的，不是基督教的总原则（以其对教会人士的绝对不可动摇性），而是以个人和历史形态出现的具体基督教问题。至于前者，即在个人生活中实现基督教的问题，则与最后的审判理念相关，每个人都将在这个法庭上为自己的言行和心态负责。根据这种方式，尘世的荣华富贵和日常操劳乃是实现基督教真理路上的严重障碍。因此而在俄罗斯人中常常可以看到这样一种思想，即真正的基督教只有在出家人中才能实现，也就是说，只有彻底弃绝尘世的荣华富贵和日常操劳才可以实现。但这种对出家生活的向往和追求，作为基督教人生的唯一道路，并不含有对世俗的鄙视和厌恶，而只是尖锐地意识到了笼罩尘世的罪恶而已。俄罗斯出家人的确为我们提供了

---

① 关于他，可参阅季洪拉沃夫全集中的专文（我手头有德文译本，里加，1873）。

② 锡利亚式幻想（Хилиазм），又名"千年王国"说，"千禧年"说，基督教神话所说将由基督做主一千年的世界。——译注

不可企及的精神力量、心灵纯洁和摆脱尘世束缚的自由的榜样①，而俄罗斯修道院则曾经是古代俄国精神生活的中心：它们常常令人想起应从内部与尘世相关联的那一天国之真理，世界应当被清洁和照亮，以便能将其改造为上帝之天国。按照民间信仰，修道院里过的才是真正的生活，因此俄罗斯人才会如此喜爱朝拜圣地，因为他们渴望在那里见识一下显现在大地上的天国。照亮修道院的也是非此世的光，而大地如能把罪恶的赘疣铲除，那整个尘世间也将被这样的光照亮。

而这仍然还是我们已经熟知了的神秘现实主义的思想路线。但在修道院里面，在修道院精神修练的活动自身中，他们不光没有忘了这个世界，而且相反，有关世界，有关大地的思绪，燃烧得愈加鲜明、炽热了。修道院创办了大型慈善事业，他们心中牢记人民的需求和苦难，而且，正是在修道院里，形成了民族意识形态，发展了以修道院为中心的教会文化。圣像画术也是在修道院里得到发展和巩固的；修道院还是历史记录的中心，俄罗斯在那里受到启蒙，而且，在俄国15—17世纪之间所有的意识形态论战都或直接或间接地与修道院有关。伊凡四世（16世纪下半叶）的一位历史学家公正地指出"教会内部的论争和爱好鲜明地反映了精神生活的丰富性，反映了在伊凡四世统治的初年在这位沙皇周围的知识分子中，有许多才华卓越之士"②。所有这些知识分子全都受过神学和神学思维方式的教育，我们只需举出那个时代一位杰出政治家——库尔勃斯基伯爵——一个人的名字为例就够了。俄国教会界所有意识形态探索的主要课题是历史主题，这是一种从基督教神学政治的总的原则中滋生出来，被以上文所述神秘现实主义精神理解为一种有关世界（和历史）存在具有两重性结构的学说的历史主题。

当然，教会人士所架构起来的全部意识形态的基础，是早已由

---

① 参阅费多洛夫：《古罗斯圣徒》。
② 尤·维珀：《伊凡雷帝》，1922，第35页。

拜占庭奠基好了的，而这些基础性原理在热烈而又奔放地向往历史学主题的俄罗斯人的心灵里，植下了鲜活的根。于是，教会逻各斯便沿着这个方向一头扎下去，在这方面，教会有着真正的激情，它勇敢而又激进。

在俄国，基督教的神权政治主题不是像在西方那样，是在精神统治优于世俗统治的意义上得到发展的，而是沿着国家政权掌握神圣弥赛亚的方向发展而来的。这不是一个走向政教合一①的运动，——而是教会自己在迎合国家，以便向其注入一种吉祥的祝圣力量。国家政权在历史中是天意所系的着力点——政权的全部"秘密"，政权与神秘领域的关联，端在于此。而正因如此，教会意识在发挥基督教会中神权政治理念的同时，力求寻找到一条向政权实施祝圣仪式的道路。政权理应承担教会的任务，而反过来研究教会思想就是研究民族意识形态的建构问题。政权后来终究会接受由教会所创立的这一意识形态，并把它作为自己的官方信条的，然而，这一意识形态无疑就其出身还是内容而言，完完全全是属于教会的。教会逻各斯热烈而又急切地一头扎进历史编撰学主题中去，把迄今仍未抛开这类主题的未来的俄国哲学，遗赠给了我们。

7. 我们刚才谈到的那种特殊的国家政权观，最初成熟已经是在拜占庭了，随后在南部斯拉夫苗出嫩节，而在俄罗斯教会里，政权负有"神圣弥赛亚"的理念是在康斯坦丁诺波尔陷落（1453）后才开始蓬勃兴盛起来的。拜占庭很早以前就有过一种理念，即在整个基督教世界里只能有一个沙皇——该理念受制于这样一个拜占庭思想家们所普遍具有的信念，那就是康斯坦丁诺波尔作为取代了前罗马的"第二罗马"是基督教世界的中心。14世纪末当莫斯科大公瓦西里一世拒绝向拜占庭皇帝俯首称臣时，他得到了康斯坦丁诺波尔

---

① Цезарепапизм——把政权和教权集中于一人之手所形成的一种政治制度。——译注

大牧首极有特点的答复："基督徒们不可能有教会，"大牧首在致瓦西里一世的信中写道。"而没有沙皇，因为王国和教会处于密切联盟和相互交往中，因此，二者是不可能被分割开来的。神圣的沙皇在教会里也占据高位——他可不是什么有领地的国王和公爵"。引用这套学说与预言家丹尼尔有关四个天国的预言有内在关联（该预言在西方和东方历史哲学的发展史上都产生过十分重大的影响），它包含这样几句话："……在天国时代天主兴起了一个王国历经数百年也未颠覆，反倒是它把所有王国都毁灭和颠覆了，而它自己却永久挺立"（丹尼尔，11，44）。在拜占庭作家笔下永恒王国（继早期阐释者之后被理解为罗马王国）① 理念指的正是拜占庭，而且它占据了一个非常牢固的地位，但在拜占庭帝国存在的最后几个世纪中，这一观念已经开始失去根基了。而当拜占庭毁灭后，在俄罗斯教会意识中，一个思想开始挥之不去了，即认为只有俄罗斯王国才是"神祇优选"的王国。而在弗罗伦萨教会合并（1439）以后俄罗斯教会人士开始彻底确立了对同意合并的希腊人的不信任，俄罗斯教会开始认识到自己仍是纯洁地保存基督真理的唯一宝地。恰在此时一个有关"白色僧帽"的美丽传说产生了，它确认了俄罗斯王国被上天选为保存基督真理的宝地。15 世纪末僧侣菲洛费长老②在书信中发挥了莫斯科是"第三罗马"的著名理论。这理论仍是一整套历史学观念，可以直接引领我们进入哲学领域。在对未来哲学探索的教会根源进行研究的过程中，对我们来说，这一理论包含着许多值得注意的要素，它显然与那个时代的末日论期待十分接近（按照那个时代的计算，世界的末日应当在 1492 年发生）。世界的末日同时也就是历史的终结，亦即天国的降临，这一思想在那个时代俄罗斯的教会意识中牢

---

① 马里宁的《菲洛费长老和他的书简》（基辅，1901）一书对此事的记叙最详尽。

② 参见上文所述马里宁的那本书，还可参阅 Hild. Schader Moskau der drive Rom, Hanb，1929 年的新著。

固地树立了起来（与其在所有基督教世界里一样）①。可是，当1492年过去后，末日论观念必然会采取一种新的形式：一方面人的思维仍然倾向于确定世界末日的特定日期，因而产生了世界末日应在7000年以后到来，亦即在8000年之际到来②。寻求摆脱历史学死胡同之路的另一类思考，则比这更广阔，而且还为新的思考和新的理念开辟了空间。这种思考否定了历史中的天意之路可以被认知的可能性：一般天命论并不会因此而被削弱，而对我们来说准确认知天意在历史中的实现方式问题的不可知性，却也得到了证实。这种把思维与天命论的简化模式割裂开来的观点，会同时引导我们的思维承认历史中的"圣物"，历史神秘的逻辑，并非与其经验主义的一面平行的：历史中的天意与其外表不同是一个大秘密。换言之，天命论就其基本原理来说是正确的，但其历史具体性却是对我们封闭的。

教会思想从天命论的总的观点里首先推导出这样一种思想，那就是世界的终极命运仅与基督教民族身上所发生的一切相关。对菲洛费长老而言，历史的脉搏只能在上帝与"优选民族"的相互关系中跳动③。并非所有基督教民族都是优选民族，在对优选性的确定中"基督教沙皇"的理念起着决定性作用。随着拜占庭的陷落"漂泊王国"的理念被大力确认：前两个罗马（罗马和康斯坦丁诺波尔）都陷落了，新的、第三个罗马又在何方呢？俄罗斯思想坚定而又自信地认为莫斯科即第三罗马，因为按照俄罗斯人的意识，只有在俄国尚且保留了纯洁的基督教信仰。与以前的末日论理念相关的，是又出现了另一种观点："第四罗马是不可能的"，也就是说，俄罗斯

---

① 萨哈罗夫有一本专著（图拉，1879）是专门论述古罗斯的末日论母题问题的，但它仅只涉及民间文学作品。

② 编写8千年复活节日期计算表的都主教佐西姆写道："那时我们可以嗅到基督降临全世界的气息"。在库尔勃斯基、马克西姆·格列克的书里也可以碰到类似的思想。

③ 这实质上是一种圣经观念，可参阅马里宁上书第315页。晚近以来把所有民族主义分成为"历史"与"非历史"民族的历史哲学体系的主要来源，是不是应当在这里寻找呢？这种体系在18世纪末的西方和俄国思想家中都非常流行。

王国将延续到世界的末日。

8. 在诸如此类的历史哲学观中，值得指出的是俄罗斯民族，俄罗斯王国负有特殊使命的理念。有关神圣罗斯、有关俄罗斯具有普遍世界意义的学说恰好是在 16 世纪提出来的①。另一方面，与另一个为人所钟爱的俄罗斯理念——"君主专制政体"意识形态和与之相关的教会与国家之关系学说——有关的整个教会—政治意识形态，也与历史哲学观有着密切的关系。俄罗斯教会界从拜占庭拿来了沙皇政权赋有神圣弥赛亚的理念，而且，早在 17 世纪，东方宗教就论证俄罗斯沙皇是按照继承关系从拜占庭皇帝那里获得政权的②。神职人员效忠沙皇的杰出理论家是约瑟夫·沃洛科拉姆斯基（下文我们还将涉及时人就另一个问题对他进行的反驳），他是 15 世纪末 16 世纪初一位杰出的教会活动家和作家。"沙皇就其人性和任何人是一样的，"他写道。"而据其职位和权力而言则与至高无上的上帝相仿。"根据他的思想，沙皇不仅要在上帝面前为自己个人负责，而且也要为其王国内的每个人负责。而伊凡四世则极其鲜明有力地表达了沙皇政权的教会性质和教会功能。早在菲洛费长老的书信中，沙皇就被尊称为"东正教信仰的守护人"，这也就是说，沙皇具有教会的任务以及教会的权利，而都主教马卡里（伊凡四世的同时代人）甚至得出这样的公式："王国，上帝以你代他，把你从地上选出来，放于宝座上，把整个伟大的东正教的恩惠和生命托付在你的肩上。"③下文中我们不打算深入讨论这个问题的详情细节，我们只想指出一点，即我们只在大牧首尼康那里，发现与关于沙皇在教会所占位置问题

---

① 充斥于 19 世纪上半叶历史哲学体系的关于俄罗斯赋有"全人类"使命的一类学说，其源盖在于此（而且也仅在于此）（而且在个别思想家那里，这种观念甚至一直持续到我们今天）。参阅本书下卷第 3—5 章。

② 他们把这与这样一种希望联系起来，即希望俄罗斯能把康斯坦丁诺波尔从土耳其的统治下解放出来。详情请参阅卡普捷列夫：《尼康大牧首与阿列克谢·米哈伊洛维奇沙皇》，第 1 卷，第 44—45 页。未来的俄罗斯之所以如此觊觎康斯坦丁诺波尔，起源盖在于此。

③ 详情请参阅马里宁第 600—613 页。还可参阅季阿科诺沃的《莫斯科国王们的统治》和瓦尔德贝格的专著：《菲洛费长老和他的书简》、《古罗斯关于沙皇政权问题的学说》。

的传统观点的彻底决裂。大牧首尼康的观点与西方神权政治的理念十分相近，即认为神职权利高于世俗权力①，而其他整个教会思想界却绝对与这一观点格格不入。

关于沙皇政权也是教会礼拜的一种形式的学说；通常被界定为"政教合一"学说（цезарепапизм）（以与罗马学术中的 папоцезаразм 相对）。当然，支持这种界定的材料多得很，但实际上这一界定仍然还是未能把握教会政治意识形态最本质的核心。沙皇政权尽管与人们的尘世生活相关，但在这种意识形态里，它却只是教会内部秩序的一个事实。教会有义务在这个问题上帮助沙皇，因此，在俄国，由此而发展出一种十分有趣的原则，叫"忧心"——即教会在沙皇面前实施祖护。俄国历史上有过一个为真理而"忧心忡忡"的鲜明形象，他就是菲利普神父，莫斯科都主教，他因不愿意缓和与伊凡四世的严峻关系而受苦受难②。提升沙皇政权并非什么乌托邦，教会的卑躬屈节当然也不是什么卑躬屈节（须知是教会学术界自己发明的有关沙皇政权的意识形态呀），而是一种神秘主义历史观的表现。如果历史的意义是超越现实的（是在为进入天国做准备）的，那么，这一历史进程本身虽也与之相关，但这关联却是人的大脑所无法洞悉的。沙皇政权是历史存在与神的意志的相会点。还是那位约瑟夫·沃洛茨基，如上文所述，曾经如此称颂沙皇政权，坚定地宣扬什么一个非正义的沙皇，"不是神的仆人，而是魔鬼"。这种有关沙皇的学说并非什么乌托邦，也不是什么罗曼蒂克，而是一种独特的历史学，许多19世纪俄罗斯思想家们都曾殚精竭虑地致力于揭示其意义。沙皇涂油登极的盛典包含一系列专门为此撰写的祈祷词，而且，对于教会意识而言，沙皇当然根本就不是什么凯撒本质的载体：相反，在沙皇身上，凯撒本质与神的意志的对立已然被克服了。在沙皇身上，"神秘的"，

---

① 详情可参阅卡普捷列夫：《尼康大牧首与阿列克谢·米哈伊洛维奇沙皇》，第2卷，第4章。

② 关于此人可参阅 Г. П. 费多托夫的杰作：《菲利普神父》，巴黎，1928。

亦即理性所无法认识的神的本质与人的本质的结合得到了证实，历史存在被照亮了。这种意识形态把整个历史当作是朝着某种教会化运行，把尘世间的统治变为教会统治的一个过程，因而更为教会意识所珍重：按照这种意识形态，说实在的，"沙皇"也只不过是一种"教衔"。

　　这里有一个教会神学中有分歧的问题值得提出，这个问题早在15世纪末即已产生，嗣后更是成了两种类型的宗教哲学思维的基础。我指的是有关教会财产——即从基督教观点看教会允许不允许拥有财产的问题——的争论。约瑟夫·沃洛茨基为了教会的社会宗旨（弗洛罗夫斯基语〈引文见第18页〉正确地指出，约瑟夫·沃洛茨基像服某种社会徭役，像做一种宗教—尘世礼拜一般仔细考察和亲身体验了僧侣的生活，指出他的理想就是"一种走入民间"的理想〈在这方面他是19世纪所谓"民粹派"的先声〉。）之故，他激烈地为教会财产辩护，而这正如我们刚才在考察有关沙皇政权的学说时所看到的那样，实质上与教会存在和国家存在原则上的接近有着十分密切的联系。正如沙皇在为教会事业服务一样，教会也并未把自己与国家分开，而是在为国家服务。所谓的"扎沃洛日长老们"（заволожские старцы），首先是他们的头儿尼尔·索尔斯基[1]，就是那个到过阿索斯，传承了阿索斯新的神秘主义—神学传统（即所谓伊西哈斯特）的人则发挥了与其相反的观点。[2] 而与此同时，尼尔·索尔斯基又与圣谢尔吉·拉多涅日斯基[3]有关的那一传统相联接。但我们应当指出的一点是，从圣谢尔吉·拉多涅日斯基引出了

---

　　[1]　尼尔·索尔斯基（Нил Сорский，约1433—1508），本名尼古拉·马伊科夫（Николай Майков），俄国禁欲主义的创立人和领导人。发展了道德自我完善和禁欲主义思想。反对教会土地占有制，主张在隐修生活和修道士本人参加的劳动的基础上对修道院进行改革。——译注

　　[2]　关于尼尔·索尔斯基，可参阅阿尔汉格尔斯基的未完成的著作，还可参阅 Г. П. 费多托夫的《古罗斯圣徒》一书。

　　[3]　圣谢尔吉·拉多涅日斯基（Сергий Радонежский，约1321—1391），谢尔吉圣三一修道院的创立人和院长。倡导在俄国修道院中建立供给大会的制度。积极支持德米特里·顿斯科伊公爵的统一和民族解放政策。与公爵个人交往密切。——译注

直通约瑟夫·沃洛茨基①（通过圣帕夫努季）的一条线，但圣谢尔吉观点中最主要的部分，在扎沃洛日长老们的观点中得到了表达②。就其对国家的关系而言，教会的任务是以祈祷的方式关心国家，但根据教会意识，这两种范畴的存在无论如何也不应贴得太近，也不应忘记教会的神秘本质。在此，始终悬搁在活跃于教会内部的基本神权政治思想趋向之上的诱惑，被坚决克服。当然，圣谢尔吉和尼尔·索尔斯基派是与都主教尼康的学说完全对立的，后者认为在历史尽头教会应对国家实施统治。教会高于国家，但不是在历史层面，而是在神秘方面。这不是一种历史主题从宗教意识中脱落的"与世隔绝"的基督教观。关于这个派别人们常说③，"对静观内省的精神生活的优势关注往往与一定程度上的忘怀世界有关"，但这却是对这一神学学派的一种片面因而也就是并不正确的描述，因为它根本未把僧侣生活与非僧侣生活断然分开。这一派别的实质在于，他们维护神秘生活的纯洁性并非出于对世界的鄙视，而是为了把教会与世界区分开：教会需要改造世界，但在对于未经改造的世界的关系而言，僧侣们必须节制自己，远离世俗的尘嚣。难怪这个派别被称为"禁欲派"④。尼尔·索尔斯基已经面临着使教会世俗化的危险——因此他坚决表示修道院绝不应拥有财产，以及从事农业生产等等。源自尼尔·索尔斯基（或更确切地说，是源自圣谢尔吉）的整个这

---

① 约瑟夫·沃洛茨基（Иосиф Волоцкий，1439/44—1515），世俗名伊万·萨宁。约瑟夫—沃洛科拉姆斯克修道院的创始人和院长，约瑟夫派领袖、作家。领导了对诺夫格罗德—莫斯科异端教派及禁欲派的斗争。《启蒙者》和许多书的起草人。——译注

② О. С. 布尔加科夫说的正是这一点，他说"圣谢尔吉时代之后的那个时代，可以称之为'俄罗斯精神和创作史中的谢尔吉时代'"（见《圣谢尔吉给俄罗斯神学的慈恩遗训》，《道路》，1926，第 5 期）。

③ 见弗洛罗夫斯基，Цит，ст，第 21 页。

④ Нестяжатели——禁欲派：15—16 世纪俄国的一个宗教派别。——译注

一流派经过派西娅·韦利奇科夫斯基（参阅下一章）直到奥普塔①，而独立于我们上文所描述的那一教会—国家意识形态。这两种截然不同的神学风格，两种绝然迥异的基督教神权政治观（虽然它们在反对天主教所发展起来的那种神权政治观上是一致的）。

9. 值得指出的一点是，在俄国 18 世纪下半叶极其兴盛并且一直持续到 19 世纪的所谓"自然法"学派最初的萌芽，也与尼尔·索尔斯基学派有关。维珀②认为在 16 世纪那个时代俄罗斯政治家和教会活动家那里常能见到的"自然法"理念，是"从罗马法学宝库中拿来的"。或许维珀是对的，可是，如若把"自然"（每个人生来具有的）法理念的最初萌芽归因于基督教世界观，似乎也不无理由。无论如何，在 16 世纪俄罗斯文学中坚定地贯穿着一种上帝赋予人人以自由的思想。16 世纪才华卓著的政论家库尔勃斯基公爵在与伊凡四世的论战中，谴责伊凡四世"封闭了俄罗斯大地，也就是封闭了人的自由本性于地狱般的堡垒里"。类似的思想我们还可以在俄罗斯最早的一批"自由思想者"之一的马特维·巴什金（16 世纪）那里找到，他以雷霆万钧之力奋起反抗奴役制（写于农民地位被巩固之前）。巴什金全文引用了福音书的遗训："基督管所有人叫兄弟，而我们这儿却还有奴仆。（亦即蓄奴）"。那时的一位政治家为了社会正义而捍卫专制独裁政治的佩列斯韦托夫③写道："上帝造人时就赋予人以专断独立的性格，而同时又纵容自己成为统治者而非奴隶。"但需指出的是，佩列斯韦托夫在外国（波兰、匈牙利、捷克）生活了好多年，他可以在那里吸取异域的思想，而他自己独特的政治意识形态却是与激烈捍卫人民法权相联系在一起的。

---

① （圣母进堂）小修道院（Оптина Пустыня）——距科泽利斯克市 2 公里的男修道院。由奥普塔（马卡里）于 14 世纪修建。果戈理、陀思妥耶夫斯基和列夫·托尔斯泰都参观过该修道院附近的隐修士修道处（建于 1821 年）。十月革命后，该修道院撤销，保存有 18—19 世纪的建筑物。——译注

② 维珀：《伊凡雷帝》，第 19 页。

③ 关于此人可参阅基泽维杰尔载于 П. Б. 司徒卢威纪念文集中的文章。

10. 我们还得谈一谈彼得大帝时代以前俄罗斯教会意识中最后一种重大现象，即分裂教派运动，当然，我们只是谈该运动与意识形态流派的分化有关的那一面。如今对于分裂教派运动在教会意识中恰好属于意识形态探索现象这一点，已经不会有任何怀疑了。虽然绝大多数历史学家仍然倾向于认为分裂教派运动的实质，在于在礼仪方面和更改教会书籍方面所产生的分歧，但即使对分裂教派运动有这样的评价，历史学家们也赞同一点，即分裂教派运动表现出了人民对其信仰的积极态度。然而，分裂教派运动当然是一种比我们平常所想的要更为深刻的现象。曾经给予分裂教派运动以最好、最深刻全面之评价的 A. B. 卡尔塔舍夫[①]指出，"俄罗斯精神中那样一种绷紧的张力被大大地缓和了，这种张力曾经是俄罗斯人自我意识之轴，它可以被归之于第三罗马理念，亦即捍卫东正教真理之纯洁性的世界性使命"。这一"捍卫"使命根本不落后反动，甚至也不是什么知性愚昧或无知的表现。旧礼仪派领袖及其后来的活动家，都是头脑十分敏锐的人。有一位历史学家，旧礼仪派以其"遁入礼仪"表现出"面对日常生活的瓦解的一种迟到的自我保护"，这是不公正的[②]。也是这位历史学家自相矛盾地说，"分裂教派的问题不是旧礼仪，而是王国问题"（此处被理解为神圣王国）[③]。这已经接近于真理了，一如他下面的这段话："……根本不是什么礼仪，而是反基督，才是俄罗斯分裂教派的问题和秘密"。此时在教会意识中尚未彻底熄灭的末日论主题，则随着历史本身提出的神权政治原则越是尖锐，其意义也就越大。卡尔塔舍夫在上文提到的那本专著中，对这个问题做了无比正确无比深刻的评价，把分裂教派的主要问题，与第三罗马这一意识形态——亦即对于"第四罗马绝无可能"的深

---

① 参阅其在 П. Б. 司徒卢威纪念文集里所发表的文章《旧礼仪派的意义》，布拉格，1925。关于分裂教派运动的论著，有卡普捷列夫的著作（上文注 29 谈及），《沙波夫全集》，第 1 卷；还可参阅 Pascal, *Avvakoum et les debuts du raskol*, Paris, 1938。

② 弗洛罗夫斯基，此引文出自《沙波夫全集》，第 1 卷，第 57—58 页。

③ 同上书。

刻信仰，也就是说，世界的命运，历史的终端，将与俄罗斯的命运息息相关——联系在一起。对于旧礼仪派而言，这里解放的不是地方性、外省性问题，而是整个世界史问题——因此，在旧礼仪派的神学意识中，反基督问题绝非一个偶然和肤浅的问题。旧礼仪派的追求带有历史学的意味，它担心教会会被非正义地世俗化，担心教会会感染世俗的精神。它的正面意义当然不在于教规礼仪，也不是简单地保留古风旧习，而是捍卫教会的纯洁性。卡尔塔舍夫就此所说非常正确，他说"旧礼仪派把纯洁与污浊划分得一清二楚，只在古以色列才有此先例。俄罗斯人民，"他指出，"把基督教当成救世主降临大地的启示，当成关于凭借教会虔诚的力量创造一个彻底神圣的世界，以取代这个罪恶的、不洁的世界的启示"①。这一理想也就是"俄罗斯的 Civitas Dei，即完整全部地包括了生活的丰富多彩性——罪孽除外——在内的天堂式的存在"。我们应当把所有这一切都当作是乌托邦困境，关于"神圣王国"的理想的困境，但乌托邦自身却是从全体基督教所珍重的神权政治理念中发育并兴盛起来的。在有着惨痛而又充满了宗教灵感有时又是歇斯底里，有时又是对"无法无天之谜"（反基督）的痛苦感受的旧礼仪派中，在所有这一切教会势力的致命而又悲剧性的离散中，俄罗斯教会意识为了自己的理想，为了乌托邦式的基督教神权政治的理念，付出了昂贵的代价。东正教方面清醒谨慎的历史感更多一些，而在旧礼仪派中，从东正教走向一边去的不是神权政治的理念本身，而是"自然主义"的诱惑，也就是说，是把"天然的"虽经教会所照亮但却并非神圣的历史秩序与上帝之国的神秘秩序等同视之。实质上与旧礼仪派一同走到一边去的，还有"神圣罗斯"乌托邦，它被理解为业已体现于历史中的一种现实实在。对于东正教来说神权政治的构想依然受到珍重，但是作为一

---

① 这段话极其准确地披露了旧礼仪派神圣理念的根基本身。

种理想，作为一种对未来改造的展望而珍重的——这一历史立场在教会意识中复苏了教会的神秘本质与其历史存在之间的协调关系。对国家政权观（彼得大帝时代的）世俗化的可怕考验已经逼近，在这场考验中，第三罗马的理念只能获得一种亵渎的帝国主义性质。东正教并未规避第三罗马理念，但也不曾从世俗化的国家政权中发现反基督，从而为天命论与历史现实主义在清醒精神中新的结合提供了可能。

所有这些母题在未来的一个半世纪以后却将以哲学的形式复活，而彼得大帝的事业（"政权的世俗化"）也将依旧是历史学争议的一个题目。

11. 我们上文说过，分裂教派运动促进了凝聚于教会内的创造力的释放。这一总的评价所涉及的，已经不单是 17 世纪——尽管这一进程在 17 世纪即已十分明显——而是 18 世纪。因此，下一章中我们将回到这个题目上来，而此刻我们只想证实一下本章开头所说的那个论点：那就是在俄罗斯教会意识里，根本不曾有过任何空白或是沉默。教会逻各斯的工作也日益激烈和多样，但也是在这一时期中，历史学及与其相关的道德意识问题的首要意义，也开始有了突出的呈现。然而，与这一主要的思维定势平行，对于圣像画术和圣像礼拜的宗教思辨也有了发展。而俄罗斯人精神向美的极端趋向性也在此有所表现——但这美却并非遗世独立的和理想的，而是历史具体的。圣像以神学的方式记录了神秘现实主义最重要的基督教理念，对融合在天主耶稣基督身上应有关系中的两种存在秩序的认可。上帝现身的秘密（是圣像礼拜的基础）是在趋向于王国的天意的领导下实现的一种历史进程和秘密。但教会意识却难以维持神性与人性本质的应有平衡，而在关于第三罗马、神圣的沙皇政权及其宇宙使命的历史学长诗中，教会意识具有一种使这两种存在秩序接近并最终融合的倾向。"自然的"历史进程作为一个"神圣王国"既然显然无法被理解，那就必然成为一个反基督王国。旧礼仪派奉献于神圣理想祭坛上的巨大的牺牲品足以证实，在教会意识中积聚了多少对于"神圣王国"的无限忠诚、精神的统一性和热情的力量啊。和对历史的非清醒态度的决裂是在徒劳无益的痛苦折磨中进行的，但却为针对所有以后历史的新态度开辟了前景。世俗化时期——18 世纪——来到了。

第二章

18 世纪

教会意识中的转变

格·谢·斯科沃罗达的哲学

1. 在俄国18世纪是一个世俗化的时代。在此期间，产生了独立的、与教会意识无任何关系的世俗文化，——另一方面，在此期间，在教会意识内部也在发生深刻的转变。教会意识与有关国家神圣使命的理想彻底决裂，开始更加紧张地探索纯教会的真理，摆脱教会政治意识形态的种种诱惑。此前的文化统一性被打破，教会意识以及教会意识以外的创造工作，非沿着某一统一轨道，而是沿着两个不同的方向进行。这一发生在18世纪的过程带有双重性，它的速度异常之快，快得有几分神秘，但也只是一眼看上去感觉神秘罢了，而实际上不过是在这一过程中那一早已（从16世纪末起，而尤其是在整个17世纪中）就在俄国生活的核心中进行的一切得以显现而已。

我们已经说过，把顽固坚持古风旧习的那一阶层从教会中分裂出去的分裂教派运动发挥了良好的作用，即粉碎了教会关于"神圣王国"的理想。该运动以此而把被教会政治问题所俘虏了的教会中的创造力解放了出来，而另一方面，国家政权也显而易见地向着世俗化的道路阔步前进。教会意识怀着悲伤和痛苦，清醒地认识到了这一点，于是，它走上了一条新路——不过这条路早已由尼尔·索尔斯基和"禁欲主义者们"指出过了。教会意识转而深入自己的内心，开始面向一些纯教会的问题，并在探索着教会思想和生活的纯洁性；有的人在过去的教会思想中寻找，另一些人尝试寻找到一条新路，这两种人都已在散发出自由精神的气息。而神学教育也在发展中：1685 年莫斯科创办了古希腊—现代希腊语学校，1700 年改为斯拉夫—拉丁学院，1775 年更名为斯拉夫—希腊—拉丁学院。教会意识逐渐增长导致的一个结果是，它为导源于基督教原则的哲学思维的发展，在其内在核心部分开辟了广阔空间，这种哲学思维在创造方面，在真理的探索方面是自由的。这一进程在其身上，自由基督教哲学首次得到充分显现的格·谢·斯科沃罗达的哲学著作中，得到了最充分的表达。这也就是不与教会分离的、教会内部意识的世俗化进程。

另一方面，正如上文所说，这一进程同时也在教会之外，在不取决于教会的条件下进行，有时候，该进程甚至会有意识地把自己与教会意识对立起来：为俗人的乐趣和娱乐开辟了广阔空间的世俗文化由此产生。摆在我们面前的是两种截然不同的创造洪流，两种风格和两种思维的路径。例如，早在 18 世纪的俄国，就有两种主要的文化流派得以强劲表现，它们至今仍在相互不闻不问地独立平行地发展之中。

2. 为正确理解全俄罗斯教会意识中所发生的转变，就必须对 16—17 世纪乌克兰教会生活中所发生的事情，稍作提示。在 17 世纪中叶以前，乌克兰在政治上一直与波兰结盟，而恰恰是这种情况，成为肇始于 16 世纪乌克兰的教会复兴运动的推动力。这一运动为南部罗斯带来了最为丰硕的果实；而当 17 世纪中叶乌克兰最终成为俄罗斯之一员时，它已与俄罗斯不仅在政治经济上融为一体了，而且，在宗教领域里，它把已经在乌克兰酝酿成熟或正在成熟的一切，全盘奉送给了莫斯科。当然乌克兰在教会方面并未立即与莫斯科联合，可到 17 世纪末，莫斯科甚至对乌克兰来说也已成为教会中心，而教会教育从乌克兰向莫斯科渗透的进程也具有特别重要的意义。当然，形形色色的、与东正教本质上格格不入的①"罗马拉丁语风"也渗透进全俄罗斯教会势力中来，但基本事实当然不在这些方面。

乌克兰教会复兴与保护自己不受天主教势力侵略的必要性有关②。16世纪末掀起了一个东正教书籍出版热潮，在奥斯特曼日斯基公爵身边形成一个人数众多的"爱智者"（哲学家）群体，拟定了创造学术中心（以希腊人为定向）的计划，产生了建立东正教学院的理念，翻译活动也蓬勃旺盛地开展了起来。随着教会意识的增强，一个思想也越来越清晰，那就是东正教和天主教有本质上的差别，这使得教会界内部产生了向往清教的倾向③。基辅与德国清教中心的关系变得日益密切，因此必然导致其活动远远超出纯神学的范围的结果。另一方面，教会合并④在乌克兰教会和社会贵族上层所制造的分化，导致了著名的将城市居民团结起来捍卫东正教的兄弟会运动。兄弟会开办学校，组织翻译活动，以便在与东正教之敌的斗争中把它们当做武器。兄弟会研究古希腊语和拉丁语，从而为西方神学—哲学文献广泛渗透乌克兰敞开了门户。在佩切尔大寺院（基辅）和在基辅创办东正教兄弟会（1615）的同时，还创办了一家大型的教会出版社。基辅兄弟会学校里人们开始密切关注和研究天主教书籍，继而自己的著作也相继涌现，但此类著作仍彻头彻尾渗透着天主教的精神，而且就连以反对天主教为主旨的著作也不例外。在这方面一个非常值得关注的人物是基里尔·斯塔夫茨基出版于1618

---

① 关于这一点在大司祭弗洛罗夫斯基的《俄罗斯神学之路》（第2—4章）中可以找到最多的线索。

② 关于这个问题可以特别参阅阿尔汉格尔斯基的著作：《16—17世纪西部俄罗斯文学史概论》。

③ 1599年在维尔诺（即维尔纽斯）甚至召开了东正教信徒和加尔文宗信徒团结起来与天主教斗争为宗旨的代表大会。关于这次运动请参阅弗洛罗夫斯基《俄罗斯神学之路》第36页以下。

④ Уния——教会合并，16世纪末波兰某些地方东正教与天主教的合并。——译注

年的著作《神学之镜》①，此著和萨科维奇之《议灵魂》（О душе，1625）②一样，都渗透了托马斯主义的深刻影响的痕迹。宗教思维变成了一种哲学思维，而哲学则又以极其宏大的规模而整体转变为一种神学体系。当彼得·莫吉拉在 1631 年把兄弟会学校改造成为基辅—莫吉良公会（1701 年又易名为学院）时，神学本身是被纳入到哲学中的。彼得·莫吉拉本人在求学岁月曾经到过巴黎③，熟谙经院哲学和文艺复兴哲学，此人无疑是一位西欧派，他按照天主教耶稣会教徒学派的风格对兄弟会的学校进行了一番改造。

　　基辅—莫吉良公会中涌现了一大批学者和作家。他们的著作中几乎还谈不到有什么独立思想，但这一运动在神学启蒙和哲学文化发展中的意义却是不容低估的。归属于这一运动的史料还鲜有人问津④，然而，五花八门的教材和指南⑤，不仅广泛传播最基本的哲学知识，而且也在教会人们的大脑要学会如何进行系统性思维。当然当时几乎整个罗斯南部的学术界都完全处于西方的俘虏之下，而此时的西方则与基督教最主要的东方根基完全绝缘，但是，如果我们对罗斯南部学术起先对乌克兰，嗣后则对整个俄罗斯的理性生活所做出的巨大贡献有所低估的话，便会犯一个绝大的历史错误。虽然罗斯南部学术界尚处于极端不自由的阶段，但有关自由思想、思维所具有的内在力量的最初表述，却出自于一位 18 世纪的莫斯科学

---

① 原文为 Зеркало Богословия 句中，Зеркало，意为"守法镜"，在顶上有双头鹰的三棱镜，旧时帝俄官方中的陈设物，贴有彼得大帝敕令守法的谕旨，作为守法象征。——译注

② 参阅弗洛罗夫斯基《俄罗斯神学之路》第 43 页以后，还可参阅奇热夫斯基的著作《哲学在乌克兰》，第 2 版，第 57 页。——译注

③ 舒拉特的推断（见《乌克兰哲学史史料汇编》，里沃夫，1908），即说什么彼得·莫吉拉曾在笛卡尔·瓦龙（Varon）门下求学，是毫无根据的，参见奇热夫斯基《哲学在乌克兰》，第 74 页，注 24。

④ 可参阅奇热夫斯基《哲学在乌克兰》，第 11 章。

⑤ 诸如 Opusfofius philosophiae（1745—1747）吉泽利等教材。

者，基辅学院的后人①。拜基辅公国之赐，不仅形式哲学文化得以逐渐发展，而且，一些创造性构思也无疑得以生发。下文我们将介绍斯科沃罗达哲学，这一哲学既是时代的高峰，同时，它也的确仅仅只是与基辅公国②有关的那一哲学运动的一个结果而已。

3. 莫斯科曾经贪婪地汲取着乌克兰所曾拥有的一切③，但西方的影响还是通过北方（通过诺夫奇罗德和普什科夫）④ 渗透进了莫斯科。如果说伊万四世早已就想到要创办一所拉丁语与德语学校⑤的话，如果说早在 1560 年俄国僧侣伊万·亚历山大罗夫就已在杜宾根大学编纂了《拉丁—俄语辞典》⑥ 的话，那么，在"混乱时代"之后，西方对于莫斯科及其知识界的直接影响，开始以极其飞快的速度增长，尤其是，在阿列克谢·米哈伊洛维奇沙皇统治时期。许多外语著作的译本出自乌克兰和白俄罗斯人之手，而 17 世纪初莫斯科人对基辅心存疑窦，而到了 17 世纪下半叶，却与之恰好相反，一变而为尽量吸引更多罗斯南部的学者来莫斯科访学。当然，莫斯科仍在不遗余力地寻找古希腊语学者（即利胡德兄弟等人⑦），但"向往俄罗斯的一切之风尚"最终占了上风。

---

① 此类最初表述有："尽管我们尊敬所有的其中又以亚里士多德为主的哲学家，但……出于追求纯粹真理的热望，我们不会以任何人的话语为前提。哲学的本性在于它更信任任理性，而非权威……真理对所有人都是敞开的，它尚未被人们所穷尽，未来的人类尚有许多工作可做。"参阅阿尔汉格尔斯基：《彼得大帝统治下的俄国之神学教育和神学书籍》（1882）。

② 参见奇热夫斯基（《哲学在乌克兰》，第 2 版，第 59 页）关于这一问题的正确见解。

③ 对于这一运动最完整的描述可参见什利亚普京：《德米特里·罗斯托夫斯基圣徒和他的时代》，1891。

④ 可参阅 C. Ф. 普拉东诺夫的总结性著作：《莫斯科与西方》（1926），还可参阅阿列克赛·维谢洛夫斯基的基础性论著：《近代俄罗斯文学中的西方影响问题》，1910，第 4 版。

⑤ 什利亚普京《德米特里·罗斯托夫斯基圣徒和他的时代》，第 67 页。

⑥ 什利亚普京《德米特里·罗斯托夫斯基圣徒和他的时代》，第 78 页。

⑦ 兄约翰·尼基·利胡德（1633—1717），弟索弗罗尼·利胡德（1652—1730），俄国教育家，祖籍希腊，求学于意大利。1685 年起在俄国斯拉夫—希腊—拉丁语言学院等院校任教。编有教科书、词典；还有军事和历史方面的译著。——译注

但我们仍需注意的一点是，如果说南俄之向往西方是在宗教土地上发生的（在那里，宗教意识毫无疑问的蒙昧无知决定了这一点）的话，而莫斯科对西方的兴致却完全是在宗教领域以外发生的，而且甚至还时常伴随着宗教界对其的抵抗。而这一实质上就已经是一种世俗化了——意指世俗文化潜移默化的发展，而且这种发展丝毫也不受制于教会意识。当然，莫斯科及其他城市里外国人人数的日益增长不可能不对宗教领域产生影响，更何况在教会意识的核心中，在旧礼仪派离开后，与教会政治意识形态的彻底决裂也在潜滋暗长。教会意识在其边缘地带——即从前曾经燃烧着关于国家神圣使命之理想的地方——似乎变得赤裸裸了。炮制了形形色色有关世界末日之具体预言的史料研究中的不可知论，使思想界得以摆脱按照天命论路线实施不结果实之思辨的道路。在教会是否应参与国家事务问题上的分歧，旧礼仪派中教会政治意识形态的急遽尖锐化，以及旧礼仪派急遽转而论证使国家政权成为反基督之奴仆之必要性——所有这一切都在使教会意识匀齐化，让其采用理性方式为自己获得足够的独立性做好准备。当莫斯科开始创建神学院以及神学与哲学教育中心后，莫斯科便开始逐渐摆脱南俄的影响从而找到一条自己的发展之路。

4. 除此之外，还有一个十分重大的事件，那就是在彼得大帝统治期间彻底完成了的国家政权决绝而又彻底的"不洁化"（обмирщение）。使彼得成为俄罗斯的全权统治者的那一悲剧性事件，使其终身都对神学界保持不信任态度。在总主教阿蒙里安去世后，彼得抵制新总主教的选举，针对教会实施了所谓的"东正教最高会议"委员会制，而沙皇委派的官员在其中逐渐占据领导地位。而由教会界为其创造了意识形态的俄罗斯专制制度，在阿列克谢·米哈伊洛维奇与总主教尼康冲突后，完全摆脱了教会的影响，而在彼得大帝统治期间成为绝对君主专制制度。这样一来，教会不光丧失了其影响力，而且自身也被置于沙皇的统治之下，教会逐渐沦落到极端屈辱而又危险的受制于最高政权的境地。与此前教会意识形态的彻底决裂就是这样发生的，这一意识形态一度曾经被国家政权所吸收现在却从国家那里，获得了一种新的不洁之意。关于神圣王国的神权政治理想，后来却在自由哲学思想界获得了再生。与此同时，另外一个进程，即民族意识的世俗化也开始进行，"神圣罗斯"之理念成为了一种修辞公式，伟大俄罗斯的理想已经开始给民族意识以巨大的鼓舞。所有这一切的总和决定着在19世纪即以最终形成的俄罗斯文化的新风格。

而离开教会政治主题的教会意识，却将其全部创造力用于思考和从生活上对教会活动的新道路进行论证。这是一条"走向内心"之路，走向专注于教会神秘主义一面之路，而我们所说的教会意识内部的世俗化即源出于此。我们指的是那样一种自由的精神，它洋溢在教会思想的两个方面：一方面教会开始以一种新的、自由的方式来对待国家，而另一方面，也正因为此它才为教会思想界开辟了一个广阔的空间。至于前者，我们应当承认这样一个值得关注的事实，那就是，尽管对彼得大帝以暴力方式所实施的教会改革从内心深处是坚决不会同意的，但教会思想界却对这种与此前不久刚刚发生过的分裂教派强力运动那么相似的改革一直都未做出任何严重的抵制。而这是为什么呢？人们往往倾向于用宗教界上层的奴颜婢膝来加以解释，这有部分真实性，但也仅仅是部分而已：产生这一现象的最根本的原因在于在教会意识内部所发生的那一深刻转变，而由于有了这一转变，教会界开始把国家政权视为一种异己的，与之格格不入的领域。国家政权的世俗化如今正与新的教会意识相适应，而教会意识之所以会屈服于外在的权力，正因为它是外在的，因而在精神王国是一种异己的，教会领域是内心生活的领域，而对待政权的态度却是关涉到教会的边缘，而非其实质。

5. 在此，我们没必要深入探悉这一进程的历史细节，因为对此的描述属于俄国教会史的范畴，但理解对教会本质合唱中的这一新的音调获得一种更加真切的了解，我们谨对俄国 18 世纪教会生活中两位杰出的代表人物——圣季洪·扎东斯基和派西·韦利奇科夫斯基长老。

圣季洪·扎东斯基（1724—1783）生于诺夫哥罗德一个贫寒的诵经士家庭。16 岁进宗教学校学习，他的学业如此出色，以致尚未修业期满时就受命在同一学校讲授古希腊语。他 34 岁剃度为僧，并很快被任命为他在其中讲授哲学的那所学校的校长。37 岁任主教，并在沃龙涅日就职，4 年半后退职，隐遁于扎东修道院，终老于此院。

就其天性，圣季洪喜欢过隐士的生活，喜欢过幽居独处、静观养性的僧侣生活，他始终向往彻底避开尘世的喧嚣……这不仅是圣季洪的个性特点，而且也是那个时代的特征。他心灵的激情、宗教意识的全部活动，无论如何也非与进行中的历史生活相关。他的宗教意识里没有任何傲慢自大的有关"神圣王国"的理想，而是似乎已完全置身于历史之外，而深深根植于 guand meme（法文：无论怎样的）精神生活问题的深处。但这并不意味着对生活的冷漠，而仅仅标志着精神在摆脱生活桎梏后的自由。在他的思维中全部尘世如此独立于教会，以致不仅根本没有什么把两者"融合"的念头，而是相反：一个生活在尘世中的基督徒，永远都应在精神上远离尘世。圣季洪一部杰出论著——其标题非常引人注目——《搜集于尘世间的精神宝藏》——的基本思想，即在于此。这是一部洋溢着新精神气息的论著，书中的教会意识不仅不回避尘世，而且也不为尘世所俘虏，它不涉及如何更好地安排尘世的问题，而是时时处处，通过其所叙述的所有事件，力求在精神上战胜尘世。圣季洪的著作是在教导教会人士学会善于洞悉外部事件后面的永恒真理，摆脱尘世浮华和过眼烟云似的俗世生活的束缚。圣季洪在某处这样写道："须知有一种醉酒状态并非由于酒，而是由于人把这个尘世间的爱，以及纷纷扰扰的念想喝过了头所致"。外部世界中的一切都是象征性的，一切的一切都与"精神的宝库"有着神秘的关联，或相反，而与人身上的"深藏不露的毒物"相关。圣季洪让自己潜身于生活中全部现象的内部，以便得以能逐渐深入洞悉在其自己身上以象征的方式所包含的一切，从而探究现存世界最深刻的意义。而这，按照圣季洪的观点，也就是"福音书和基督教哲学"，它与"外在的爱智者学说"有天壤之别。这也不是什么世界的唯灵化，但我们仍然应当在尘世的五光十色之后，在其外在表面的浮华之后，寻找事件真实的核心。这里我们首次碰到为通过对生活的神秘领悟来改造生活之理念奠基的思想，教会之光在此发出了新奇之光。不是生活的神圣化，而是改造生活，教会意识中展现了如此这般的新的前景。此外还有一种思想始终贯穿于圣季洪的全书，那就是有关"正确和勤奋推论"的必要性及其价值的思想，在这方面，值得注意的是圣季洪执着地指出一点，即"没有神性启示的理性是盲目的"，理性只有在基督之光照耀下才会睁开双眼。

有人曾多次提出这样一种观点[1]，认为圣季洪处于德国寂静主义，其中包括阿恩特[2]（圣季洪与之相识）的影响下。但也有人公正地指出[3]，说圣季洪的著作是我国"活的神学的首次尝试"，说他的著作"从头到尾都充满了独创性"[4]。圣季洪的神秘主义某些地方非常接近于西方的神秘论（如他对天主之激情的生动而又深刻的体验），但实际上，他的神秘主义完全是被东方基督教神秘主义所固有的光所照亮的。

这是对基督在世上之光的一种生动的体验，圣季洪的复活节经验之所以会如此鲜明，其源亦在于此。凡此种种都不难令人感受得到教会意识在摆脱尘世束缚后的自由——这是一条使精神得以在世

---

① 如弗洛连斯基，第 123 页。

② 阿恩特（1769—1860），德国作家。他的爱国抒情诗和政论文文章推动了德国民族自我意识的形成。——译注

③ 如弗洛连斯基，第 125 页。

④ 此评论出之于菲拉列特·切尔尼戈夫斯基大主教的《俄国教会史》一书。

上有所作为之路，一条改造世界（而非使世界神圣化）之路。基督教神学政治的理念从使历史神圣化和政权的神圣使命理念向宣扬改造世界的过渡，表达了教会意识中所发生的那一转变的实质，这一实质在 18 世纪力量的内在大繁盛中，已经得到了充分的显现。

6. 比圣季洪走得更远的是派西·韦利奇科夫斯基长老（1722—1794），整个俄国长老制的历史，尤其是著名的奥普塔圣母进堂小修道院①的历史，皆与之有关。尚未从基辅神学院结业的他，毅然到莫尔达维亚的隐修修道院的僧侣生活中寻求对生活的指导，从那里又去了阿芳（Афон），在那里得以与闻古老的阿芳神秘主义传统。正是在阿芳，他开始以非凡毅力勤奋钻研古希腊语神父著作，并开始对俄国修道院一直对之不甚了了的教会教父们的古斯拉夫语译本，重新进行评估。派西长老成了一位殚精竭虑研究各类手稿本的真正的学者，从事学术工作的笃定和真诚成为派西长老精神构造中最显著的特征，对待一切事物都清醒冷静，好学深思，同时又深刻严谨。在阿芳围绕派西形成了一个人数众多的僧侣群体，他们都万分渴求从他那里获得指导（将近 700 人）。由于在阿芳不具备开展其学术和长老工作的条件，派西最终移居莫尔达维亚，并终老于异乡。

然而，比起其对俄国僧侣生活的复兴所发挥的特别重大的影响来，派西长老杰出的学术功绩似乎也略显逊色。拥有杰出教学才能的派西长老，身上积聚了一位长老的智慧，察人观世的一双慧眼，同时还具有一种坚定的认识，即每个人一生的第一要务是妥善安排好自己的精神生活。出自派西长老门下的他的数不胜数的学生们散落于整个俄国②。下文中我们还会屡屡提到俄国长老制最主要的中心——奥普塔圣母进堂小修道院——而该修道院在 18 世纪末的复兴

---

① 关于这个修道院可参阅 C. 切特卡里科夫大司祭的详尽论著：《派西·韦利奇科夫斯基长老》，第 1—2 册，佩切拉，1938（该书更为完整的一个版本是用罗马尼亚语出版的）。

② 详情可参阅 C. 切特韦利科夫大司祭那本书的第 2 册。

使其在 19 世纪结出了丰硕的果实,这恰好也与派西长老的学生们有关。19 世纪东正教中那一可被称之为"奥普塔"运动的、与俄国哲学中的宗教流派密切相关的事件,是教会意识中所发生的基本变动的更为显著的表现。这一事件在哲学研究的所有领域里都有其十分重大的表现,而且不但如此,它还与 19 世纪俄国所有的宗教运动有关。教会的神权政治理念最终被认为是一种通过人的内部更新而改造人的理念。教会意识在彻底摆脱有关"神圣王国"之理想的束缚以后,在其自身深处把蕴藏在人身上的全部创造力也在保有精神完整性的同时,释放了出来。19 世纪俄国哲学思想不止一次地带着悲剧性的紧张感,对业已在 18 世纪形成的一切,加以折磨,但由于教会政治的诱惑在教会意识中已走向边缘,故此也就为精确意义上的"基督教哲学"开辟了广阔的空间,而这乃是一种受到基督教鼓舞的哲学。我们认为 Г. С. 斯科沃罗达即这一发展过程的最初表现。

7. 格里戈里·萨维奇·斯科沃罗达(1722—1794)以精确意义上的罗斯第一位哲学家而知名。研究其哲学创作本身就意义非凡,而如从历史观点出发来研究,则更是意义重大。抛开历史背景,抛开南俄在基辅公国时期所形成的全部哲学文化,要想理解斯科沃罗达是不可能的。斯科沃罗达的出现证明学园研究西方思想绝非徒劳无功——我们应当把斯科沃罗达自创的和独立的体系当做精神能量都被动员起来研究哲学问题时,俄罗斯人的宗教灵魂里所产生的最初的果实。斯科沃罗达是一个深刻的信仰者,而与此同时他又是一位内心非常自由的人。他在其内心自由中,在其思维勇毅有时甚至不无胆大妄为的飞翔中,他往往会站在传统教会学说的对立面。而在其对真理的炽热追求中,他是无所畏惧的。在信仰与理性的内在平衡(斯科沃罗达本人并未将其与另一者分开)中,斯科沃罗达以对圣经的寓意式阐述法为主要依据。但即在此处他也十分勇敢,他常常会为了他自以为正确的阐释的缘故,而走到名符其实地彻底否定圣经的地步。在某种意义上可以说他在此陷入了某一 circulus vifio-

sus（怪圈，поройный круг）：他的思维将他带到了如此遥远的地方，以至于他为了能停留在圣经启示的范围内而不惜采用寓意式阐释法——而在另外一些场合下寓意阐释法还曾是他灵感的来源。在他心中信仰永远都在闪亮，他是一个最好意义上的神秘论者，但他的理性一旦在自由灵感的状态下便会无拘无束，而理性主义的特征往往也是其所固有的。

尽管斯科沃罗达在其发展过程中与乌克兰教会生活有密切联系，但他却又远远超越了这一界线，而实质上他是与全俄罗斯的精神生活相契合的。而这就是他的全俄罗斯意义之所在，就是他在俄国哲学史撰写中的合法地位之所在。

斯科沃罗达的宗教—神秘论世界观以令人惊异的直截了当性而在其一生中得到了体现。他的生平的的确确十分独特，人们有时会把他称作俄国的苏格拉底，想以此强调指出他与那位古希腊智者的相似之处。不过他本人也曾这样写道："我凭借理性思考问题，并有意成为罗斯的苏格拉底。"[1] 斯科沃罗达的个性与列·托尔斯泰十分接近，和他一样，他同样追求简朴，想要生活在人民中间，拥戴和尊崇人民的道德伦理。

斯科沃罗达出身于波尔塔瓦省的一个普通的哥萨克家庭。正如其传记作者科瓦林斯基所言，他从幼年起就表现出宗教倾向，爱好学问，追求"精神的坚定不移"。16 岁时进入基辅学院学习，但其学业很快就因应招到彼得堡加入宫廷合唱团一事所打断（少年斯科沃罗达有一副金嗓子）。但两年后他仍然还是重返基辅，并在 28 岁上从学院毕业。拒绝了僧侣身份的斯科沃罗达，以教堂歌手的身份，随同一位名叫维什涅夫斯基的将军，前往匈牙利履行外交使命。斯科沃罗达访问过匈牙利、奥地利、波兰、德国、意大利，而且常常靠步行旅行。足迹所到之处，只要条件许可，他都会认真考察当地

---

① 引自泽列诺戈尔斯基的文章《斯科沃罗达的哲学》，见《哲学与心理学问题》第 23 期。

民俗，并到大学听课。按照其传记作者的说法，他能娴熟掌握拉丁语和德语，懂得古希腊语和希伯来语。斯科沃罗达所受的教育是非常全面的，关于斯科沃罗达的一部大型专著①的作者埃恩公正地指出，他对经典作家的了解"在18世纪俄国是十分突出的"。古代经典作家中，斯科沃罗达熟知柏拉图、亚里士多德、伊壁鸠鲁、菲洛、普鲁塔克和塞内加；他还认真钻研过教会神父们的著作（尤其是迪奥尼修—阿雷奥帕格、马克西姆（忏悔者）②、格列高利（纳西盎的）、博戈斯洛夫③）。至于说他对欧洲哲学的了解究竟有多深，这也很难说得准④，但有一点毫无疑问，那就是他熟知许多经典作家——并显然与其中某些人有争议。我们可以毫不夸张地说斯科沃罗达在哲学和神学领域里的博览群书，学问渊博的确达到了惊人的地步。而且，哪怕只是粗略浏览一下斯科沃罗达的著作，便能感受得到他那无可争议的独创性——这种独创性不是说他从未受到过任何外来影响，而是说他永远都是独立完成其对一种理念的思考（哪怕这种理念是从旁人那里植入其内心的）。他是一位真正的哲学家⑤，在40岁以后，他首次开始着手阐述自己的直到其生命的终点都一成不变的体系。

斯科沃罗达的语言非常独特，因而常令读者为难，但我们却不应像奇热夫斯基那样⑥，肆意夸大这一点。斯科沃罗达十分酷爱使用象征和对比反衬，但其著作最主要的难度与俄国哲学术语体系尚不

---

① 埃恩：《斯科沃罗达》，第62页。

② 约580—662，拜占庭神学家，意志论派的主要反对者；653年被逮捕，倍受折磨，被流放。——译注

③ 约330—约390，希腊诗人，散文作家，宗教活动家，思想家，教父学派代表人物，小亚细亚纳西盎城的主教。——译注

④ 详情可参阅奇热夫斯基《哲学在乌克兰》第7章的论述。

⑤ 施佩特（概论第69—70页）傲慢地驳斥了说斯科沃罗达是位哲学家这种观点，声称"我在斯科沃罗达著作里找到的哲学数量少到极端可怜的地步"。但撰写了一部出色的俄国哲学史著作的施佩特，几乎是一概否认所有俄国思想家的思想具有哲学性。作为胡塞尔的一位狂热信徒，按照施佩特的观点，只有符合胡塞尔哲学观的一切才具有哲学性。

⑥ 见其颇具价值的《论斯科沃罗达的哲学》一文，《道路》第19期。

够完善有关，不过，话说回来，他所自创的许多术语又未能在俄国哲学中保留下来①。

让我们回头再谈一谈斯科沃罗达的经历。当他从国外回来时（在国外度过将近3年后），他接受了在外省一家神学校任教的机会，但却因为琐事而与教会当局发生争执（起因源于他所讲授的诗歌理论）而不得不辞去公职，而为一位富裕的地主当私人教师。可由于他个性太强，独立不倚，性情耿直，致使他这个职位也不得不放弃。无职一身轻的斯科沃罗达来到莫斯科，到了谢尔吉圣三一大修道院，有人建议他留在这家神学院当教师。但斯科沃罗达却婉拒了这一提议，动身回到南方，再次被人邀请担任从前那位地主的私人教师。这次主仆关系调整得十分真挚，于是斯科沃罗达在此停留了四年之久。看样子就是在此期间他经历了一次危机，致使他的宗教—哲学立场得以最终形成。他绝大部分诗歌作品都写于这一时期（《神曲之国》），对此我们下文还将会谈到。

1759年斯科沃罗达受邀到哈尔科夫学校（成立于1727年）任教。斯科沃罗达再次遇见了少年М. И. 科瓦林斯基，并热烈而又真挚地、终其一生地爱上了他。这一场特殊的"精神恋爱"（духовный роман）使斯科沃罗达的内心充满了精神上的喜悦：终其一生，他都对这位少年友人充满了最真挚感人的爱情，而后者也还之以相同的依恋，而在斯科沃罗达去世后，他为其撰写了一本出色的评传。

斯科沃罗达在这所学校并未待多久，可过了不久他又重新回到这所学校，以便于就近指导自己这位少年友人。但他的观点重又遭到反对和迫害他的浪潮，迫使他在1765年永久性地辞去公职。他一生中漂泊漫游的时期开始了，直到临终，斯科沃罗达都居无定所。他在某处这样写道："什么是生活？生活就是漫游：信马由缰，不要

---

① 此处指拉吉舍夫所创造的哲学术语（关于他可参见本书下一章）。

问到哪儿去，做什么。"漫游中的斯科沃罗达肩扛背袋而行（袋里总是装有一本希伯来语圣经），实际上形同乞丐。有时他会在他那些为数众多的朋友和崇拜者们家里长期当食客，有时又会突然不辞而别。他的禁欲主义达到十分严峻的地步，但他的精神力量却更加坚毅不拔。斯科沃罗达总是会花费大量时间用于祈祷。

斯科沃罗达的哲学创造正是在漫游岁月里达到极致的，他所有的对话（他的全部哲学著作都是用对话体写的）都写于这一时期。临终前不久，他专程前往奥廖尔省会见其忘年至友科瓦林斯基，向其托付其全部手稿。回归南方后仅过了两个月，斯科沃罗达就逝世了。在他的坟前树立着由他本人亲自撰写的墓志铭："世界曾想把我抓住，但却未能把我抓住"①。

8. 在转向斯科沃罗达哲学研究之前，我们首先要指出一点，即对其哲学迄今为止不曾有过被学界普遍认可的阐释。泽列诺戈尔斯基②认为斯科沃罗达首先是一位道德家，并由此出发来对其体系进行阐释。埃恩③撰写了迄今为止第一部有关斯科沃罗达的大部头的专著，则是从斯科沃罗达的人类学出发，对其体系进行再建构的。最后，奇热夫斯基在其具有总结意味的《论斯科沃罗达哲学》一文中④，从斯科沃罗达学说的二律背反性贯穿其全部观点之依据的经常性的对比出发来加以立论。至于说泽列诺戈尔斯基的论点，那么我们可以说，它严重不符合斯科沃罗达著作的实际，——斯科沃罗达

---

① 有关斯科沃罗达的文献十分丰富，但对其哲学著作仍研究得很不够。对有关斯科沃罗达的乌克兰文献的概述，可参阅奇热夫斯基的《哲学在乌克兰》一书。俄语文献中最有价值的当属埃恩的《斯科沃罗达评传》（莫斯科，1912，第342页）一书。还可参阅泽列诺戈尔斯基关于斯科沃罗达的文章（《哲学与心理学问题》，第23期、第24期），以及奇热夫斯基的其他各类成果。

斯科沃罗达著作最完整的版本是写了许多有关斯科沃罗达的论著的巴加利版（1894）。比之较晚同时也更加细致缜密的邦奇·勃鲁耶维奇版，仅只出版了1卷。

② 弗洛罗夫斯基，Цит，ст，第197页。

③ 埃恩：《斯科沃罗达》，第214页以后。

④ 奇热夫斯基载于《道路》第19期第34页及以后的文章。

的著作中当然永远存在着道德问题，但正如我们下面将要确证的那样，道德问题根本就不是其创造的中心。奇热夫斯基实际上是用对斯科沃罗达方法的描述，取代了对其哲学的分析，奇热夫斯基自己也承认，斯科沃罗达笔下的对比仅只决定着他的思维方式①。真正尝试对斯科沃罗达体系加以重构的，我们认为只有埃恩，而我们之所以不认同他的阐释，只是因为斯科沃罗达自己本身毫无争议的构成其核心的人类学，归根结底，又是受到其比之更一般的认识论立场所制约的，而其认识论立场从其自身而言，又取决于他对世界与人的宗教感受。因此，我们应当从斯科沃罗达的宗教世界，从其宗教理念出发来研究斯科沃罗达。斯科沃罗达之所以能成为哲学家，是因为他的宗教体验提出了这样的要求，——他是被其基督教意识中对人和世界中并不曾受到任何约束，他身上的精神自由带有宗教绝对律令的特点，而非怀疑或不信任的理性的暴乱。这一对自由的认识证明鼓舞理性从事勇敢的创造活动的教会内部的思辨，究竟能走出多远——而且不需要仇恨或怀疑教会。如果说斯科沃罗达对教会的个人关系有时会引发人们推断斯科沃罗达实质上业已背离教会的话，② 那这也是不正确的。斯科沃罗达曾是一位自由的教会思想家，他感到自己就是教会的一员，但同时又坚定捍卫思想的自由，——对探索性思维的任何一种限制在他看来都是对教会真理的背离③。他的全部著作全都准确无误地说明了他对教会所怀有的感情，他的思维永远都不会脱离圣经，他的思维之眼望得越远，他便会觉得圣经中的叙事，其意义越深邃。他晚年所著的一部对话录中的一句话，

---

① 弗洛罗夫斯基，第28—29页。

② 埃恩的观点便系如此（《斯科沃罗达评传》，第325页："原则上斯科沃罗达并不仇视教会，但这并不妨碍他暗中与之处于无意识的对立状态中"）。斯科沃罗达著作的出版家邦奇—勃鲁耶维奇走得更远，他以斯科沃罗达的个别论述为依据，试图表明他是如何接近教派分裂运动的。

③ 斯科沃罗达笔下有时会冒出激烈抨击"中学神学家"，辛辣嘲讽"僧侣们的假面舞会"的言论，其源盖在于此。

可以说明，具体的教会生活，于他而言，是如此亲近："……圣餐意识之谜多少次令我对上帝依依不舍呀"①。但他那清晰而又紧张的思维使他在一般笃信宗教者中鹤立鸡群。从其学生兼友人的科瓦林斯基笔下我们得知，斯科沃罗达常有精神焕发的体验，即精神达到一种迷狂的状态。斯科沃罗达曾亲自给自己这位青年友人写信，对这种神秘体验进行了如下描述："……于是我开始漫步园中。我的心灵所能感受到的最初的体验，是一种闲散和放松，自由自在和神清气爽……我感到自己体内有一种强烈的冲动，它使我浑身上下充满了莫名的力量。一股甜蜜的热浪瞬息间充溢于我的心头，令我浑身上下燥热如火。我眼前的整个世纪全都消失不见了，只有爱、祥和与宁静，永恒之感温暖着我全身。泪如泉水一般涌出我的眼眶，一种令身心谐和四肢骨骼无比畅美的热流涌遍全身……"在致科瓦林斯基的另一封信中他又写道："许多人问斯科沃罗达正在干什么？我在为天主、为上帝、为我的救主而欣悦无比，欢喜无限。永恒的圣母在抚慰着我的暮年"。只需略读几页斯科沃罗达的著作就会使人确信，诸如此类的所有说法绝非一种修辞手法，更不是对某位神秘论者亦步亦趋的模仿，而是一种真诚的内心体验。而如果一定要说斯科沃罗达很像神秘论者的话，那也不像西方神秘论者（虽然，他与英国的西里西亚，比方说，有着惊人的相似）②，而是与东方神秘论者十分相似。

斯科沃罗达以信仰为生命——在自由思想的歧路上丧失信仰迷途彷徨的恐惧与他是格格不入的。"僵死心灵之巧智，"他叹息地写道。"是在基督身上展开哲思的障碍"③。

他还在一首诗中这样写道：

---

① 《斯科沃罗达全集》，第 445 页（此书引文全部引自邦奇—勃鲁耶维奇版）。
② 关于这一点可参阅奇热夫斯基的专著《斯科沃罗达与德国神秘论》，布拉格俄罗斯科学学院著作丛刊，1929。
③ 《斯科沃罗达全集》，第 313 页。

Не хочу я наук новых, кроме здравого ума,

Кроме умности Христовых, в коих сладостка душа.

……О свобода! В тебе я начал мудреть……

До тебе моя природа, в тебе хочу я умереть.

除了健全的理性，我不稀罕什么新式学问，

我的心灵，惟在基督的智慧里方能得到安宁。

……呵，自由！拥有你我才开始成熟……

我全身心地向往你，并愿搂着你爬进坟墓。

斯科沃罗达在某处地方信心十足地声称"真理属于天主，而非魔鬼"①，这也就是说，谁在真理之中，谁也就在上帝之中。这一理念（该理念与近代哲学中的马勒伯朗士②十分相近）是斯科沃罗达得以以一种那个时代任何人任何地方都不曾有过的方式（而那些坚持相对论思想路线的人当然除外），来感受多神教——对斯科沃罗达来说，多神教自身就是在基督身上得以完全揭示元真理的一种预示③。在自由探索存在之谜的道路上，在对圣经的关系问题上，斯科沃罗达看起来似乎最初常常沦落入斯宾诺莎笔下，继而又在18世纪的欧洲得到强劲发展的理性化批判主义的掌握之中。但正如我们下文将要看到的那样，此处的相似仅仅是表面的。

9. 斯科沃罗达从对宗教的凝神关注、静思默想中，从对祈祷的时刻沉湎中，形成了他对生活与世界的新观点，对人的新感受及有关认识之路的学说。在神秘体验方面，斯科沃罗达有一个执拗的念

---

① 《斯科沃罗达全集》，第328页。

② 马勒伯朗士（1638—1715），法国唯心主义哲学家，偶因论主要代表人物之一，与斯宾诺莎的泛神论相反，认为万物包含于神之中。主要著作有《真理的探索》（1674—1675）。——译注

③ 尤其要参见《斯科沃罗达全集》，第355页。斯科沃罗达经常表述这样一种信念。

头，即"整个人世都在瞌睡中"①，我们可以在他的短歌中屡屡见到有关世界的，只可以采用宗教方式予以感受的隐秘生活的论断——斯科沃罗达对于人世间隐秘的哀伤、隐秘的眼泪有着深刻的感受。他早在叔本华之前，就已对世界的痛苦（在印度教的影响之下），有着非凡的感悟，因而，他常常涉及世界的悲哀这一主题：

О премстный мир! Ты—океан, пучина,

Ты мрак, вихрь, тоска, кручика...

（美妙的世界啊！你是海洋，是深渊，

你是黑暗，风暴，悒郁和忧伤……）

还有：

Мир сей является вид благолечный,

Но в нём таится гервь неусычный;

Горети, мире! Смех мне являещь,

Внутрь те душой тайно рыдаешь.

（这个世界何其壮丽而又辉煌，

可世上也不乏芸芸众生在扰扰攘攘；

这个世界多么哀伤！你向我展现的是笑意，

可内心深处，你的灵魂却在隐秘地哭泣。）

就这样，在宗教感受的基础上，在斯科沃罗达身上滋生了对世界的疏离感——在他眼前的人世生活呈现为两种样态。存在的现实性在表层和深处都各有不同，斯科沃罗达由此得出了位于其哲学之核心的认识论上的二元论。既有一种在存在之表层匍匐的认识，也有一种"在上帝中"的认识。（在这一点上斯科沃罗达再次与马

---

① 这一思想常见之于斯科沃罗达笔下。可参阅其早期著作和晚期的对话录（《全集》第 51 至第 250 页多处涉及）。

勒伯朗士相近)①。斯科沃罗达坚决主张精神认识和感性认识的心理优先权。他写道:"你如果想要知道某种真理,就需要先观察肉体,也就是外貌,这样你就会从中看出显示出未知而又隐秘的绝顶智慧的神的痕迹"②。这种高端认识,这种对"神的痕迹"的洞悉,是通过灵魂的光照实现的,而灵魂的光照又是每个善于使自己摆脱感性之束缚的人都可以问津的。他还写道:"如果神的灵魂(进入我心),如果我们的双眼都被真理的精神所照亮,那么你所看到的一切的一切便将分为两个,你手下的所有造物都将分为两部分……当你用新的眼睛发现上帝时,你将会如在镜中一样,发现隐藏在他身上的一切,——所有这一切永远都存在于上帝身上,而你却从未见识过"③。斯科沃罗达断言:"我们必须到处都发现两重性,它意味着不可相互混淆,因此,也就意味着感性和非感性认识的独立性"。

对存在的如此深入观察之路,首先应在对自己本人的态度中寻找。在我们自己本身中揭示了存在之两个"层面"的自我认识,即使肉体—心理体验之后揭示了精神生活的自我认识,使我们始终都把存在视为具有双重性质。在此,认识论转化成为有关存在自身之双重性质的学说,而这在下文中我们还将在斯科沃罗达的人学和形而上学中见到。因此之故,认识自我也就成为智慧的开端:"不首先衡量自己,"斯科沃罗达指出,"你又如何能从对其他生物尺度的了解中获益呢?……谁知道尘世和天国……材料的计划究竟是什么……如果他不能事先先搞清楚自己的肉体的话?"④。"所有科学的种子都隐藏在人的身上,其秘密的来源即隐藏于此,"斯科沃罗达断

---

① 然而,我们却绝对没有任何根据断定斯科沃罗达读过马勒伯朗士,尽管他对同时代法国哲学文献多少有所了解,这从他对其时代精神的简短评论中可以看得出来。

② 《斯科沃罗达全集》,第309页。

③ 同上书,第96页。

④ 同上书,第88页。

言①。"我的躯体，我悟得，建立在永恒的规划之上，"他这样写道，"你在自己身上所能看见的，就只是尘世的肉体，却看不见精神的肉体"②。这一命题听上去十分符合柏拉图主义的精神，亦即它承认把存在"二重化了的""理念世界"。但斯科沃罗达有一种把向"精神之眼"呈现的一切，给予神秘主义阐释的倾向（"认识自我和认识上帝都需要花费心力"）。但要即刻就得出这种结论也未免草率。斯科沃罗达常常会把"真空的"人（在精神顿悟时在我们身上所揭示了的）与基督混为一谈，而且还会与下列，比方说，思想混为一谈："一旦你对自己有了很好的了解，你就能一眼认出基督。"③ 下文我们还将回头来分析这一主题。

10. 首先我们应当从斯科沃罗达的认识论转而讨论其人学问题。人的问题、人的本质和命运以及人生命的意义问题，是斯科沃罗达思考的焦点和中心问题。斯科沃罗达在其有关人的学说中从方方面面予以分析的一个最重要的概念，就是心灵的概念，而在这个问题上，斯科沃罗达比在别处更加坚定地站在圣经关于心灵的学说的立场上④。根据斯科沃罗达的思想，人身上最重要最核心的东西是人的心灵。"任何人都与心灵在其身上的样态同一。"他这样写道。"心灵在人身上是一切的主宰——它也就是真正的人"⑤。在人身上心灵是这样一个中心，"我们身上所有的四肢骨骼的本质都在其中有所体现"⑥。斯科沃罗达甚至走得比这更远："人身上所有的外在形象都不是什么别的，而是面具，是用以掩盖仿佛以种子的方式珍藏于内

---

① 《斯科沃罗达全集》，第 257 页。

② 同上书，第 89、91 页。

③ 《斯科沃罗达全集》，第 13 页。

④ 如我所知，圣经心理学只有一本古志，但迄今为止也是唯一一本的德利奇（Oelifsch）的书，即 *System d. biblischen Psychologie*，1856。此书我手头有一本爱丁堡的英文译本，1875 版。还可参阅惠勒·罗布姆森：《基督教关于人的学说》。

⑤ 《斯科沃罗达全集》，第 238 页。

⑥ 同上书，第 94 页。

心中的每个肢体的面具"①。这似乎有点儿像是一种通灵术学说，但我们不要忘记一点，即按照"看出一切的双重性"原则，斯科沃罗达教导我们，我们"既有尘世的肉体，也有精神、隐秘的、珍爱的和永恒的肉体"，——因而，也就相应地有两颗心灵。当斯科沃罗达说什么有一道"包容一切涵纳一切的深渊"，反过来就什么也无法含纳它时，他所指的，正是"精神"的心灵。我们姑且从斯科沃罗达关于此问题的众多话语中再援引一句："心灵如果不是灵魂又会是什么呢？而灵魂如若不是一个无底的思想的深渊的话又会是什么呢？思维如果不是我们全部的肉体—血缘及其他外貌之根、之种子和籽粒的话，又会是什么呢？……思维是我们这部肉体机器最隐秘的弹簧"②。

所有这一切就是一种特殊的人的形而上学，它与无疑回荡着菲洛人学之回声的圣经人学③，十分接近，而也与以人身上的无意识概念的结构而先被终结的 18 世纪的同类学说十分相近④。斯科沃罗达在此表现为一个人的天性的研究者，虽然我们可以从他的各种论断中，听出其他思想家的回声。例如，斯科沃罗达笔下就有柏拉图人学的回声——其中包括有关我们之追求之情欲本质问题的学说。"心灵在看不见美的情况下是不会发生爱的"，斯科沃罗达在一处文字中这样写道⑤。这一美学公式则又与构成斯科沃罗达伦理学之基础的另一学说有关，即就其深层本质而言，我们实际上只爱那些与我们"亲近"者——亦即"遵循人之本性的隐秘的不成文法则"。如下文所见，此即斯科沃罗达的伦理学，这与斯多葛派的按照本性生活的原则十分相近。

但在斯科沃罗达人学中，也有一些将其引领到远离原初之圣经

---

① 《斯科沃罗达全集》，第 171 页。
② 同上书，第 238—239 页。
③ 参阅赫尔穆特·施密特著作（1933）中对菲洛人学问题的详尽分析。
④ 参阅奇热夫斯基在《论斯科沃罗达的哲学》一书的第 44 页对这一问题的评论。
⑤ 《斯科沃罗达全集》，第 75 页。

基础的母题。斯科沃罗达在对心灵的描述中，仅用了一部由梅伊斯特·埃克加尔特引入（先在神秘主义中，继而又在总体文学中）的一个概念，即"埋葬在人身上"的"神的火花"概念①。在埃克加尔特人学和本体论中，这并不只是一种 maniere de parler②，而是与其有关存在的学说，与 Seinsmonismus 其身上包含着对于埃克加尔特神学最为致命的特征——的全部学说都有密切关联③。斯科沃罗达继而断言人身上不仅有"神的火花"即梅·埃克加尔特之（"Funklein"），而且还"隐藏着神的精神"。早在第一篇对话录《纳喀索斯》④中，他就断言经验的人仅仅只是"真"人的"影子"和"幻梦"，每个人身上都"隐藏着神的精神"和"神的力量"——而且我们在阅读斯科沃罗达时常常也会觉得"真"人（我们始终在自己的内心深层拥有之）作为人在其对许多个别人的关系中人的"理念"在所有人身上都是"统一"的。如果这种阐释——斯科沃罗达笔下有许多证明这种阐释的资料——是正确的，这也就意味着单独个人之存在的现象性。任何人真实的、"本真的"、亦即任何人的"本质"，作为所有人中具有唯一编号的"本质"，在现象领域的界限之外便会失去任何意义的个别性。"真人（在我们的精神视域里我们一直都在向其上升着）在我们所有人身上都是统一的，在每个人身上都是完整的，"——斯科沃罗达如是说⑤。

凡此种种都应给予应有的阐释，以避免陷入把这视为屈服于泛神论倾向之诱惑的斯科沃罗达的人学。但斯科沃罗达根本不曾教导我们，说什么上帝在每人身上都表现为一种"实体"。上文引述的那

① 《斯科沃罗达全集》，第 75 页。
② 法语："只不过是一种说法而已"。——译注
③ 有关这一问题可参阅埃布林关于梅伊斯特·埃克加尔特的最新著作。
④ Narcissos 希腊神话中的美少年，河神克菲索斯之子。因拒绝仙女埃科求爱受阿佛罗狄忒惩罚，使他爱上自己在水中的侧影（"孤芳自赏的纳喀索斯"一语便源于此），因爱情得不到回报郁郁而死，死后被诸神化为水仙花。——译注
⑤ 《斯科沃罗达全集》，第 112 页。

句话与体现为和化身为人的神学——逻各斯——有关。逻各斯在其人的存在中是个别的，同时又是全人性的。在我们每个人身上"真人"都是我们个别性的保障，但他却已与"天人"（небесный человек）——与天主——不可分割了。但斯科沃罗达却几乎根本不去分析构成我们每个人身上之"真人"，个别性和全人类性之间的相互密切关联性问题。当斯科沃罗达特别在其晚年的对话录中涉及恶的问题（试与下文中有关这一问题的论述相比较）时，他坚定地教导我们，说每个人身上都有一个"神的王国"和"恶的王国"。"这两个王国，"他写道，"在每个身上都形成了永恒的斗争"①。但这也仍不允许我们把个别性因素从"真人"概念中排除，因为每个参与统一的神之王国的人，都可能离开神的王国而堕入恶的王国，而非满足个人因素的超经验的坚定不移性。但应当对，比方说，斯科沃罗达的这样一些公式，给予正确的阐释，如："生命之树长在我们的肉体中间"②。"生命之树"也就是天主耶稣基督。神的化身说（боговоплощение）把全人类与上帝联系了起来，因此，在神的化身之后"真人在所有人和每个人中都是统一和完整的"。天主不可分割，虽然他存在于所有人身上，他在每个人身上都是完整的，而与此同时他又存在于所有人身上。斯科沃罗达在此所涉及的，不仅是人学中最困难的问题，而且也是形而上学——关于存在中个别和普遍因素的相互关系问题的学说——中最困难的问题，——但斯科沃罗达只是走近这些问题，却并未解决它们。但是，如果我们从我们业已接受了的对斯科沃罗达人学的阐释观出发的话，则对其思维业已走入了泛神论人学死胡同这一点，便不会再有任何怀疑了。按照斯科沃罗达的观点，人身上最重要的双重性会贯穿其全部个性，也就是说会被纳入个性的范围之内。个性并非仅是经验层面上的现实性，但却也在其界限之外保留其力量。

---

① 《斯科沃罗达全集》，第 417 页。
② 同上书，第 442 页。

11. 现在我们来谈谈斯科沃罗达的形而上学。在这个问题上他也同样捍卫二重性（二元论），但在这个问题上的泛神论特征却带有更多确定性了。斯科沃罗达写道："整个世界由两种天性组成：一种是可见的天性创造物，另一种是不可见的造物即上帝。上帝能洞明和包容所有的造物"。而我们所能读到的他的另一段文字是这样的："万物之存在皆有赖于上帝：在树上他是本真的树，在草上他是本真的草……在我们如草芥般的肉体中他是新的肉体……他存在于万物之中"①。上帝是"我们肉体的根基和永恒的规划"②，是"万物身上的两种天性——神性与肉体性"③，因此，"什么都不可能毁灭，万物就其本质而言都是永恒的和不容伤害的"④。所有这类说法与梅伊斯特·埃克加尔特何其相似！而且它们多么接近于泛神论啊（而在神秘论者那里其形式是多么繁琐呀）。在一处文字中斯科沃罗达干脆把自然和上帝概念混同起来⑤，而在这方面斯科沃罗达的思想与斯多葛派的活力论宇宙学非常之接近。

尽管一系列文字足以使我们无根据地采用泛神论术语理解斯科沃罗达的形而上学，但如果把立场完全转移到这上来，那也仍然会是一个绝大的错误。斯科沃罗达实质上与机会主义（马勒伯朗士一类的）非常接近。上帝是存在中一切力量的来源，上帝是"万物隐秘的弹簧"⑥。一旦注意到这一点，我们也就能得出斯科沃罗达笔下无疑具有的非宇宙论（акосмизм）成分应有的意义了，也就能得出对仅仅只是本真存在之"阴影"之经验现实性的负面评价了。但在斯科沃罗达笔下，有关上帝在世并有所作为的思想只会得到更加执著的贯彻。这不是什么唯灵论，因为肉体存在以及全部可见自然都不

---

① 《斯科沃罗达全集》，第 86 页。
② 同上书，第 90 页。
③ 同上书，第 243 页。
④ 同上书，第 244 页。
⑤ 同上书，第 245 页。
⑥ 同上书，第 331 页。

是什么幻影和幽灵，但整个经验现实都是靠上帝支撑和运行的。"上帝是造物永恒的头颅和隐秘的法则，"上帝是"生命之树"，其余的一切则都是"影子"①。

在晚年对话录的某段文字中，斯科沃罗达采用了柏拉图式的方式对其形而上学二重性思想进行了表述，而且他甚至还倾向于一种物质永恒的思想②，这一思想导致他对创造理念的排除。这与其善与恶有着内在统一性的新学说有关，我们还会在下文中对此进行分析，届时我们也会对斯科沃罗达在这方面的形而上学问题进行评价。

奇热夫斯基和埃恩都固执地认为，象征主义是斯科沃罗达形而上学固有的特征。但我们必须区分两种象征主义，一种是作为思维之方式，思维之形象性的象征主义，另一种则是本体论意义上的象征主义。斯科沃罗达笔下两种象征主义都有，但本体论象征主义（尤其是在论述作为一个特征世界的圣经学说中）在他那里毕竟不十分深刻，而且也与其形而上学的本质无多大关联。

12. 现在我们该涉及斯科沃罗达的伦理学了。

在斯科沃罗达的一生中，道德问题在其世界观中占据如此重要的地位，以致如我们所知，有时候人们倾向于认为他更多的是一位道德家。而由于道德思考在斯科沃罗达身上丝毫未能降低和减弱其哲学创造，因此，即便这种说法是错误的，那么我们毕竟也不能不在斯科沃罗达那里，感受到一种名符其实的道德激情和无处不在的道德严峻性。按照我们的观点，或许正是我们所说的这种认识论上的二重性本身，也取决于斯科沃罗达所固有的在道德上疏远外在世俗生活的空虚无聊，以及他对更深刻富于精神性生活的痴迷。然而，将斯科沃罗达的创作归结为道德的根源，我们却没有根据——而从另一方面说，我们又无论如何无法否认，即斯科沃罗达的道德观受

---

① 《斯科沃罗达全集》，第320页。
② 同上书，第507页。

制于其人学和形而上学，而非反之。如果处理世界问题的道德方法可以在心理上决定斯科沃罗达的创作的话，那么又为什么仅只表现在创作的最初阶段呢？斯科沃罗达的伦理学不是创作伦理学，而是我们的精神屈从于"隐秘"法则的顺从伦理学。这当然不是什么寂静主义（квиетизм），但毕竟道德上的鼓舞在多大程度上推动人前进，便也在多大程度上决定着人与自然的斗争。人身上本来就有"极乐之性的"隐秘"指导"，我们需要做的，只是不要干预"潜藏在我们身上的智慧"而已①。人的道德之路和心灵的安顿，应能导致蕴藏在人身上的神秘力量的胜利——而人身上的经验力量（首先是意志）因而也会妨碍道德的养成，它们往往使人困惑。"不要归罪于世道——这个死人是无罪的！"——斯科沃罗达感慨道，罪恶之根源在人自身和撒旦身上。因此道德的养成也就是我们的心灵、人身上精神的本质与经验的运动之间的斗争。"意志是不知餍足的毒药！"——斯科沃罗达感慨道。"一切人于你而言都是毒药，你对所有人也是毒药！"②"任何崇拜自己意志的人，都是神之意志的敌人，是不可能进入神之王国的"③。

在每个人（精神）的深处都潜藏着其成长的隐秘法则——因此我们首先应当做的是"找到自我"（найти самого себя）。人所经历的一切痛苦磨难之所以会发生，是因为一个人的生活方式与其诞生的目标正相反对的缘故。斯科沃罗达说道："辛苦劳作干一件与己格格不入的事，那是多么痛苦的一件事呀"。"亲近性"概念还是遵循自己的使命，成为斯科沃罗达伦理学中的核心概念。"自然与亲缘性，"他说。"意味着与生俱来的神的祝福，是支配所有造物的上帝法则"④。我们应当"首先在自己身上寻找神性真理的火花，而这火

---

① 《斯科沃罗达全集》，第 354、364 页。
② 同上书，第 454 页。
③ 同上书，第 449 页。
④ 同上书，第 339 页。

花一旦照亮了我们的黑暗后，就会把我们带到神圣的 Силоам① 前，也就是说，它能净化我们"。

斯科沃罗达非常敏锐地感受到了把我们锁定在经验世界之中，妨碍我们上升到永恒真理之上的那种力量。有一次（在其生命的暮年）他居然说："噢，我的天父啊！我们很难把心灵从尘世自然势力的笼子里解放出来！"② 然而臣服于俗世这并不仅只是把我们固定在俗世中的我们的感性的弱点，——这一事实远比这更复杂也更深刻。它与世上之恶从四面八方包围着人这一现实性有关。斯科沃罗达忧心忡忡而又痛苦万状地感受着这一恶的王国。"但愿俗世之深渊不会把我压迫，"他如是祈祷道③。但斯科沃罗达越是年长，越是经常思考恶的现实性问题。如果说起初他还曾提出下述思想，即"之所以会给我们黑暗，乃是为了展现光明"④，——则这一有关善与恶有着隐秘关联的学说，最终转变成为善与恶尖锐对立不可调和这一事实，也仅只涉及经验领域这一学说，——易言之，即善与恶在经验范围以外的差别被抹煞了。

"你知道么，"他这样写道。"有这么一条蛇，——而你要知道，它也就是上帝"⑤。这一出乎意料的与古代诺斯替派⑥的分支之一是如此相似的公式，被斯科沃罗达发展成为整整一套理论。"蛇只有当它在地上爬来爬去时才变得有害，也就是说，只有当它停留在经验领域里时才会有害：我们也在地上爬来爬去（也就是陷足于世俗非真的泥潭里）"，"像婴儿一般，而蛇却在我们身后爬"。但只要我们把它给"奉献出来"，"它的拯救力量便会展现无遗"⑦。因此可以说

---

① 《斯科沃罗达全集》，第 237 页。
② 同上书，第 499 页。
③ 同上书，第 286 页。
④ 同上书，第 286 页。
⑤ 同上书，第 512 页。
⑥ 随同奴隶社会的崩溃而发展起来的颓废思想潮流之一。——译注
⑦ 《斯科沃罗达全集》，第 512—513 页。

对恶的克服是通过对其经验方面的克服而实现的："如果我们始终都把蛇当做纯粹的恶和肉体，它也就会持续不断地伤害我们"。这一学说的意义不仅在于恶为我们开辟了一条向善之路，——而且其意更在于善与恶具有某种同一性。"这两半儿，"斯科沃罗达就此问题写道①。"构成了同一个整体。天主创造了死亡与生命、善与恶、贫穷与富裕，并把它们溶为一体"。换句话说，即经验世界里的双重性不会扩展到经验以外，但欲要让恶中的拯救力量得以展现，就必须摆脱经验的统治，也就是说要在精神上克服它。而这也就是改造之路（这篇对话录的最后一章与此同名）。斯科沃罗达说："你要努力让神的真理能在你那充满谎言的大地上闪光，以使其永恒的一面能展现于经验的深处，——以此为依据，我们就可以摆脱经验存在之谎言的束缚，而走上改过自新之路……"由此可见，在世界范围内，恶无疑是现实的，恶并非幻影和幽灵，而世界自身以其现有的一切才是虚幻的。伦理二重性是通过把可见变为不可见，把造物变为神物的途径被克服的。斯科沃罗达具有一种特殊的神秘主义和乐观主义，它面向潜藏在世上的光明，它追求透过黑暗看见光明，追求对生活的改造。"我不喜欢身上烙满死亡之印迹的生命！"斯科沃罗达某次这样感慨道，但随即又做了补充。"它自身（按即经验生命）就是死亡"②。世界如若未经改造它就会充满痛苦，它就不会为斯科沃罗达所需，——灵魂在祈求对世界的改造，改造理念即便是在预示中也能赋予我们的精神以力量。"把整个这个肉体上的脓包（按照烙满了死亡之印迹的生命）全都丢掉吧，"——斯科沃罗达呼吁道③。——"离开大地，奔向苍穹去吧……从腐败的世界奔向初生的世界去吧……我不需要这轮太阳（我们所共见的）——我要奔往一轮更美好的太阳……它让我浑身上下充满喜悦，它是我的中心，

① 《斯科沃罗达全集》，第 520 页。
② 同上书，第 193 页。
③ 同上书，第 406 页。

它使我无物可见而感受可能的心灵的深渊……啊，我的心灵的神呀！我身上最甜蜜的部分！你就是我的秘密，我的整个肉体都是你的庇荫之地……"

在行将结束对斯科沃罗达伦理学的阐述时，我们还要指出一点，即以其全体精神面向历史经验体的整个18世纪，在斯科沃罗达眼里是渺小琐碎和无足轻重的。外在进步和平等的理念于他是格格不入的，他常常针对这一点而语含讽刺。下文即其中之一："我们丈量了海洋、地球、空气和天空。我们为了取矿而搅扰了地心，找到了数不胜数的矿物，建造了多少莫名其妙的机械……现在几乎没有一天没有新的实验和新的发明。如今我们什么不会干吧，什么干不了吧！可不幸的是，尽管如此，仍有一种莫大的缺憾存在着"[1]。

13. 综上所述，不难看出斯科沃罗达的哲学是如何具有内在的完整性和无可争议的独立性的。这是一种神秘主义哲学，它来自一种坚定的感受，即存在的本质在感性现实性之外。虽然斯科沃罗达并未宣称经验存在的虚幻性，但存在隐秘的一面到底还是如此深入地把经验领域推入阴影之中，从而使人产生强烈的神秘主义的印象。这只能是一种神秘主义，因为本真存在只有"在基督身上"逗留才得以诞生，才会展现在我们精神的面前。我们不能说斯科沃罗达的学说是纯现象学的——他并未宣称经验世界是虚幻的，——但感性存在于他而言毕竟只是阴影，是一种弱化了的，非独立的现实。但肉体却可以反抗精神，并为其现实性提供证明。

至于斯科沃罗达的神秘主义形而上学，它在他那里并未完成——主要因为本真存在中普遍与个别因素的相互关系问题无法解决之缘故。作为一位无神论者的斯科沃罗达，频繁地向泛神论靠近，幻想改造人格，为此他描绘了这样一条道路，在这条路上，人格的本质自身开始表达其形而上的稳定性。与此同时斯科沃罗达继续坚

---

① 《斯科沃罗达全集》，第224页。

决主张基督教形而上学，它始终是其从事探索的根本基础。斯科沃罗达的力量及其创作的可贵一面，在于对经验主义的克服，在于对感性存在的非完整性和非真性的揭示。在这一负面因素问题上，斯科沃罗达坚定地以基督教为依据，以圣经在其身上植入的灵感和启示为依据。使斯科沃罗达灵感勃发的，只能是圣经——因此，他针对拘泥于字句的圣经观所做的批评，他坚定不移坚持的对圣经的寓意式阐释法，与早在18世纪即已在西方有着鲜明表现的理性主义圣经批评，可谓有着天壤之别。不妨让我们重申一句：圣经使斯科沃罗达灵感勃发，是圣经令他对存在的理解更加精确，也是圣经加深了他对人的理解，引导他对本真存在加以研究。斯科沃罗达是从基督教走向哲学的，——但他并未彻底离开基督教，只不过是踏上了一条自由思想之路。我们不要忘记，脱离感性存在转而研究本真世界的斯科沃罗达是作为一个研究者而前行的，而忘记这一点在历史上是极不公正的。他关于存在分化为对立面（善与恶，生命与死亡等等）的勇敢的理论体系，只在经验领域是正确的，但并不意味着一种形而上二重性，易言之，此类经验主义的二元对立在神秘主义领域里则会被"取消"，——所有这一切恰恰只能是斯科沃罗达的一种研究，而非某种主观武断的定论。

斯科沃罗达的哲学无疑是其个人创造的产物，但这么说根本不意味着我们否认可能对其施加的一系列影响。在这个问题上，根据我们目前所掌握的资料，我们根本不可能得出任何不容置疑的论断，但也正因为此，指出斯科沃罗达的体系与马勒伯朗士体系极其相近这一点，显得更加重要了。区别仅在于斯科沃罗达的阐述方式不同，而且，其逻各斯理念也非像我们在马勒伯朗士那里所看到的那样，清清楚楚明明白白地处于该体系的核心位置。其次，这两位哲学家否认感性存在的方式，也取决于截然不同的两种理由：斯科沃罗达按照圣经方式来运思，而马勒伯朗士则时时处处都是一个理性主义者。但这两位哲学家的体系十分接近这一点，毕竟处处可见。

斯科沃罗达在其自由创造活动中是坚定不移的，但他却又与任何意义上的暴动和叛乱格格不入；相反，支配他的是这样一个信念，即在其对真理的探索过程中，他始终与上帝在一起，因为"真理属于天主，而不属于魔鬼"。斯科沃罗达从未脱离教会，但又永远都是在走一条自由思想之路。因此，斯科沃罗达在俄国哲学史上占有一个显著的地位，他是宗教哲学的第一位代表人物。与此同时，我们面前的斯科沃罗达也是思维在教会内部世俗化这一事实的表征。而这也正是为什么中世纪人的公式——fides guaerens infellecfum——于此也十分适用的缘故吧。

现在，我们该转而去讨论思维的世俗化是如何在教会界限之外——即在彼得大帝当政后最终在俄国生活中形成的世俗知识分子群中是如何进行的问题。

第三章

世俗文化在俄国的起源

18 世纪俄国的哲学运动

    1. "世俗"文化无论在西欧还是在俄国，都是在此之前的教会文化衰败后产生的现象。世俗文化源自宗教之根的这一出身表现在，在世俗文化而尤其是在其逐渐分化的过程中，总会有一种宗教的自发势力，也可以说，总会有一种独特的（教会以外的）神秘主义。的确，世俗文化的创作总是受到一种明确而又鲜明的理想——在此世，在大地之上建设"幸福"生活的理想——的鼓舞。这种创造原则上说是"彼岸的"，但也正因为此，"宗教内在论"也在其身上演绎得更加激烈。鼓舞世俗文化的那一理想当然不是什么别的，而恰好就是关于神性王国的基督教学说，——但这已然完全是尘世的，并且是在没有上帝参与的条件下由人建造而成的。但也恰好因为这一点，文化运作心理学必然包含有乌托邦主义的精神，这是指一种热切期盼理想在大地之上能够完整而又全面、自由而又欢快地得以实现的追求。而世俗文化就其本质而言之所以会打上抹也抹不掉的浪漫主义的烙印，其源亦在于此。在世俗文化中，科学的、社会的及其他理念与社会—政治理想融为一体。

    文化永远都在形成着自己的"先进阶级"，其中凝聚着时代的创造力和时代的追求，而在这一"先进阶级"代表人物的身上，逐渐形成一种特殊的心理，它与教会性有着深刻的差别。通常文化活动家们在其创造性生活的基础和深处，是如此之外在于教会，以致在他们中间（无须经历严肃的转折）无论是热爱教会还是仇恨教会，都有同样的可能性。但在这两种情况下世俗文化都在自发地走向把教会从生活中排挤出去这一方向。教会与文化的这种内在冲突（至少在西欧）是在与教会的背离和决裂中，而非在与基督教的背离和决裂中发生的。而这也就是为什么在文化创造的态势中，在文化的发展过程中，会有一场持续数百年之久的与教会的官司，它犹如或显在或隐在的火团，始终在燃烧的缘故。

在俄国这一背离教会整体性的和"俗世"生活新方式建立的过程，大约早在 15 世纪末（即伊凡三世统治时期）即已开始，但早在当时，这种新的生活方式便是在西方世俗生活的影响下形成的，西方世俗生活的吸引力，而后来则为魅力，对俄国人产生了十分巨大的影响。这一进程在"混乱时期"（смутное время）以后，即在 17 世纪上半叶以后，可以说开始采取了鲜明而又尖锐的形式，但该进程的全部力量及其几乎全部的自发势力，却是在彼得大帝及其继任者们时期，才迸发出来的。起初是沙皇们自己及其近臣们的日常生活，随后逐渐也包括了围绕他们的那些人的日常生活，开始发生了激烈而又迅疾的变化。不光西方人日常生活中五花八门的舒适技术，而更多的是西方人日常生活中的关系，以其无以言喻的力量俘虏了俄国人的心灵。俄国早在 17 世纪就开始有了剧院，而在彼得大帝时代，在他的直接监督和严格禁令下，西方人日常生活的多种形式得以移植（服装、剃胡须、大跳舞会①，以及女性对于舞会的自由出入等等②）。这些变化当然十分符合在俄罗斯人灵魂里所发生的那一内在变动，——而且它首先须符合为其外在表达创造了必要性的内

---

① ассамблем 特指彼得大帝时代的大跳舞会。——译注

② 有关这一点可参阅豪曼特（Haumant）著作 *La culture francaiseen Russie* 中的丰富资料。而在阿列克谢·维谢洛夫斯基的《俄国文学中的西方影响》（第 4 版）中也可以找到许多有趣的材料。

心的世俗化进程。这一进程在西方也同样如此，而且西方的这一进程并非没有榜样（这一榜样于其而言即古典文化）的，但这一进程在西方却持续了约两个世纪之久。而在俄国，魅力无穷的、活生生的西方"模式"的在场，排除了（至少是在最初时）独立创造新生活方式的必要性。而这也就是为什么在俄国，生活方式在社会的高等阶层中会以极其迅疾的速度形成起来，以致仅仅数十年后旧的日常生活方式便只完整地保留于外省，即遗留在民间和旧礼仪派信徒那里。

当然，发生变化的，不光是生活的外在形式，而且，就连对于用以取代旧的（教会的）的新的"意识形态"的需要也在增长中。到处都产生了对教育而且尤其是对彼时彼刻尚在西方的世俗教育的渴望。在这方面，罗蒙诺索夫的经历最为典型。他是一个教堂执事之子，只身来到莫斯科，考入神学院，出了国，后来成为闻名遐迩的大学者！18世纪许多俄国人的生平传记里，都有与此相似的外在特征——处处都令人惊叹不已的早熟，迅速掌握西方文化中全部重要内容。而后来成为科学院院长的年轻的女公爵达什科娃，就是一例：她受过广泛的教育，懂得数种语言，在西欧逗留期间，她曾与那个时代许多著名作家过从甚密……[1]俄国人掌握西方文化最重大成果，并一个接一个地迅速走上独立创造之路的速度，的确快得惊人。但这种高速中也有其问题：俄国人由于与教会生活方式脱节，所以最初总是沦落成为无条件地屈服于西方的地步，却并未起而创造独立的生活方式。这也就是为什么罗斯长期以来盲目模仿西方的现象如此之多的原因，按照霍米亚科夫晚期的说法，罗斯有过许多达到荒谬地步的"喜剧式的欢天喜地的气氛"。

2. 俄国人也非常乐于接受西方的哲学文化。西方哲学理念对俄

---

[1]　可参阅其《札记》一书。赫尔岑所讲述的有关她的生平传记，是最生动最有趣的，而且，迄今仍不失为对其的最好的描述。达什科娃传中最有趣的是讲她与狄德罗的友谊一节。

国的深入渗透（主要是法兰西，但也包括德意志和英国）很早就已开始了，有关这一点我们有大量文献资证，但有关18世纪俄国整个哲学运动的完整图景，尚付阙如①。这一哲学运动十分复杂，甚至有些混乱不堪。天真挚朴与博大精深，恢宏壮观与微不足道全都混在一起，融合在一种过分简化了的折中主义精神之中。但如果把整个18世纪俄国哲学的基调描述为折中主义，便会犯绝大的错误。而且18世纪的各种流派对于整个俄国哲学的未来而言，也非常具有典型性——其所表现的种种特征嗣后表现得更加清晰，同时也更加富有规律性。

我们不可能把本章变成整整一部专著，而且由于篇幅的关系而不得不尽量简洁，而只以18世纪哲学运动中的主要流派为限，仅止顺便提及这些流派的代表人物。我们只在阐述拉吉舍夫的观点时，对之做略为详尽的分析。总而言之，18世纪俄国哲学运动中主要有下述几个流派：①是可以称之为"俄国的伏尔泰主义"，其中又有"怀疑派"和"自由思想派"与比较严肃的"伏尔泰主义"之别。这一在俄国文学（和生活）中得以确立的术语，极不准确而又极其片面地表达了这一派别的本质，嗣后从此派别中既形成了思想上的激进主义，也形成了与之有着本质差别的"虚无主义"。②鉴于从前

---

① 这里我只例举一些关于18世纪俄国的哲学运动的最一般性的著作。我们只在拉德洛夫、部分地也在施佩特那里，可以找到对18世纪俄国哲学史的一般性指南和概述，而绝大多数一般性论著则总是只能对18世纪做出极端肤浅的概论而已。拉德洛夫还写有一部专门论著《18世纪俄国哲学文献概述》（载于彼得堡哲学学会会刊《思想》第2、第3期〈彼得堡，1922〉）。遗憾的是，拉德洛夫的这篇论文十分单薄。而西波夫斯基的论著（1.《18世纪俄国的伏尔泰主义者们》，载《过往的年代》，1914；2.《18世纪俄国长篇小说中的哲学情绪与理念》，《国民教育学报》，1905；3.《Н. М. 卡拉姆津评传》〈1899〉）是18世纪研究中的珍贵论著。В. Н. 图卡列夫斯基的《18世纪俄国社会中的哲学流派史钩沉》（国民教育部学报，1911）既珍贵又有趣。在 П. Н. 米留科夫的《俄国思想史主潮》（第2版，莫斯科，1898）一书中，我们也可以找到许多重要的资料。还可参阅与18世纪（关于俄国与法兰西关系问题的）有关的《文学遗产》专门分卷（第29—30卷，莫斯科，1933）。还可参阅第9—10分卷（关于歌德的分卷《歌德在俄国》同样资料丰实）。最后，我们还要提到 В. 博格柳博夫的著作《Н. И. 诺维科夫及其时代》（莫斯科，1916），该书包含大量十分珍贵的史料。

的教会意识形态的破产，创造新的民族主义意识形态的必要性，促成了第二个流派的产生。有些人在"自然法"中寻求民族主义的新根据，还有些人则沿着"启蒙主义"路线寻求民族主义的新根据（此即18世纪俄国的人文主义）。③同样沿着世俗化道路前行的第三个流派，则在教会之外对宗教—哲学问题的社会需求中寻求满足——俄国共济会即属此类。该流派如下文所见，除宗教—神秘主义倾向外，还非常执拗地表现出一种自然哲学倾向。

凡此种种都是一种思维世俗化倾向，它们标志着一种自由哲学探索的肇始。对西方思想的某些流派学生式地亦步亦趋并不会妨碍自己的思想开始工作，但我们当然才刚刚站在哲学的门坎上。需要当即指出的一点是，除上述哲学运动——在神学院（基辅、莫斯科）和大学（暂时只限于1755年开设了大学的莫斯科）里以外，一种"中学"哲学也得以发展起来，它为哲学文化的发展做出了独特的贡献。但有关这一切我们将在本书的下一章里谈到。

3. 让我们首先谈谈一般被称为俄国的伏尔泰主义的这一流派。俄国人仅用一个伏尔泰的名字，就表征了整整一个特点鲜明的思想和情绪派别。的确，伏尔泰的名字就是一面旗帜，在其之下，集合了所有对"古风旧习"——日常生活的、思想意识的和宗教神学上的——持无情批判而且常常甚至是鄙夷至极态度的人们，有的人无情嘲弄披着传统外衣的一切；有的人力主最勇敢无畏的革故鼎新举措。而对乌托邦的兴致①就是这样逐渐在不分青红皂白否认过去的基础上发展起来的。可当我们要讨论伏尔泰对俄国的影响问题时，首先应该想到的，应是他的文学作品，而且，正如西波夫斯基所已出色地谈到的那样②，其中包括他的长篇小说。对社会制度的怀疑、嘲

---

① 对费纳隆（〈1651—1715〉，法国作家、大主教。——译注）的入迷为这种兴致奠定了基础，关于这一点可参见下文。

② 参见其《18世纪俄国长篇小说中的哲学情绪与理念》一文，《国民教育部学报》，1905。

讽和抨击，讽刺迷信，崇拜理性，坚决否认奇迹，对一切"自然物"的顶礼膜拜，最后还有有关恶的问题，这些都是打着"新思想"之旗帜的俄国文学中的基本主题。对俄国人来说，伏尔泰毕竟是"新意识"的主要代表人物。而且，叶卡捷琳娜二世对伏尔泰更是毕恭毕敬（她在致格里姆的信中称其为"我的导师"）这一点也不应该忘记。根据 Д. Д. 亚济科夫的研究[1]，整个 18 世纪到 19 世纪初，伏尔泰著作有 140 种译著。还需补充的一点是，根据同时代人的证词，"伏尔泰的著作被大量引进，充斥于所有书店的书架上"。另一方面，正如总主教叶甫盖尼（博尔霍维托诺夫）所证实的那样，"当时书写体中的伏尔泰和印刷体中的伏尔泰一样闻名遐迩"[2]。就连外省也出版伏尔泰的书。例如，坦波夫省有个地主叫拉赫玛尼诺夫，竟然出版了一套伏尔泰著作全集（1791 年该书甚至出了第 2 版）。当然，法国革命发生后，叶卡捷琳娜二世下令取缔和没收书店里所有的伏尔泰的书（而坐落于宫中的伏尔泰本身胸像也被丢弃在了地下室）。

俄国的伏尔泰派思想一方面发展了极端主义，但却有其自己独特的表现，正如冯维辛所证实的那样，在某些哲学小组中，所谓"做学问"（занятия）就是"亵渎神圣和诅咒神灵"。克柳切夫斯基[3]就此写道："俄国普通的伏尔泰信徒在失去其上帝以后，并非简单地抛离其圣殿一走了之，而是作为圣殿里的多余人，他会像一个发怒的农奴一般，喜欢在离开之前，无恶不做，砸烂一切，胡说八道，胡涂乱抹一番"。我们不难看出这也就是肆无忌惮的，已经十分牢固地成为 19 世纪俄语常用语的虚无主义最初的萌芽。关于俄国"伏尔泰派思想"这一流派，还是那位克柳切夫斯基的说法比较公正："人们对新思想像对丑闻和闹剧一般，像一部诱人的长篇小说里

---

① Д. Д. 亚济科夫：《俄国文学中的伏尔泰》见题献给斯托罗仁科教授的论文集《在科学旗帜下》，1902。还可参阅阿列克谢·维谢洛夫斯基编撰的关于伏尔泰的图书目录索引《俄国文学中的西方影响》，第 4 版，1910，第 75—76 页。

② 参阅维谢洛夫斯基上文第 76 页。

③ 参阅 B. 克柳切夫斯基：《概述与演讲》，第 2 卷，第 255 页。

面的插图一般趋之若鹜。哲理之笑令我国的伏尔泰主义者们摆脱了神之法和人之法的束缚，释放了他们的精神和肉体，使其面对任何除了警察制度以外的恐惧都能无所畏惧"……①。我们应当把俄国纨绔子弟、没头没脑地迷恋"法兰西的一切"——语言、风度、时装、日常生活方式等等——的法国迷们，与"虚无主义"流派相提并论。在叶卡捷琳娜统治时期，当俄国新闻业鼎盛时期，凡此种种怪象往往会采取一种令人匪夷所思的喜剧形式，而俄国作家和新闻记者们，则对这一荒谬绝伦、狂热崇拜和迷恋"一切来自法国的东西"的现象，进行了不懈的嘲讽和抨击。这一现象最鲜明的表现，当然要数冯维辛了，在其《旅长》一剧中，剧中主人公伊万诺什卡神采飞扬地声称："即便其肉体出生于俄国，那他的灵魂也属于法兰西王位……"

这种与亲爱的祖邦的隔离初看上去似乎令人费解，而且，这样来描述 18 世纪的俄国人似乎也有点不够好（这种疏离现象还持续了好久，一直持续到 19 世纪中叶）。这么想当然也很对，但这一知识本身却远比其外表更形复杂。这一完整的虚无主义的知性结构是由于丧失旧有的精神基础而形成的，也是由于在新的文化条件之下，缺乏一种心灵为之感到亲近，灵魂赖之得以滋养的亲近的环境所致。人们与不久前还曾占据其全部心灵的教会，已经失去了任何联系：生活在摆脱教会以后急遽地世俗化了，——于是这里便出现了整整一道深渊。如果说部分俄国人依旧炽热地渴望宣扬一种新信仰，而完全采取了欧式生活方式的话，另一些人则遁入了廉价怀疑主义和虚无主义式的自由思想。

4. 俄国伏尔泰派思想以其特有的虚无主义而在俄国社会中依然还是长久地留下了印迹，但它却更多属于俄国的日常生活现象，而非俄国文化现象。而伏尔泰派思想中，那些十分严肃，并且也为作

---

① B. 克柳切夫斯基：《概述与演讲》，第 2 卷，第 256 页。

为俄国政治思潮和思想思潮的俄国激进主义开先河的一翼，却要远比这重要得多。但在这里，伏尔泰的意义，当然却又不那么重要了——俄国人曾经迷恋卢梭、狄德罗、百科全书派和晚近的唯物主义者们。在《俄国作家辞典》（18世纪）里，与伏尔泰并列的，有狄德罗、洛克和莎士比亚。在许多俄国人心目中，享有很高声望的是贝利（Bayle），而在另外一些俄国人心目中，则是孟德斯鸠[①]。总主教叶甫盖尼谈到过一位神父，他在神学院里的一位同事，总是手捧卢梭的著作爱不释手，——煞像后来的列夫·托尔斯泰，胸前总是挂着卢梭的肖像，而非十字架。俄国人不仅翻译了百科全书中的个别辞条，甚至把整卷百科全书都译了过来——众所周知，俄国政论家和历史学家博尔京把百科全书翻译到了字母"K"卷。1767年在莫斯科，还形成了一个由19个人组成的，由赫拉斯科夫担任主编的百科全书翻译出版小组[②]。俄国驻法国公使 Д. А. 戈利岑公爵，是狄德罗的至交（正是他安排了狄德罗的俄国之行），他也是爱尔维修[③]，在其去世后，其著作《论人》（De l'homme）出版者。顺便说到这位戈利岑公爵的儿子，摒弃了荣誉和上流社会生活，皈依了天主教，去美洲播种知识。此人乃是另外一位摒弃了故乡和信仰的皮却林教授——下文中我们还会再次谈到他——俄国人的最有趣的原型。

从18世纪一位最著名的僧侣 И. В. 洛普欣的叙述中我们得知，他曾经"兴味盎然地品读伏尔泰分子们嘲弄宗教，反驳卢梭一类的著作"。洛普欣在阅读哥德巴赫[④]的名著《论自然体系》（Systeme de la nature）——此书把唯物主义思想与无可争辩的十分真诚的道德

---

① 孟德斯鸠（1689—1755），法国启蒙思想家、法学家、哲学家。主要著述有：《波斯人信札》（1721）、《论法的精神》（1748）。——译注

② 维谢洛夫斯基：《俄国文学中的西方影响》，第4版，1910，第67页。

③ 爱尔维修（1715—1771），法国唯物主义哲学家、革命的资产阶级思想家。主要著作有：《论精神》（1758）、《论人》（1773）。——译注

④ 巴赫（1690—1764），数学家、彼得堡科学院首批院士之一、德意志人。写有数论和数学分析方面的著作。1742年提出了所谓哥德巴赫问题（即哥德巴赫猜想）。——译注

主义融为一体——他是如此沉湎于这部书，以致把全书的绪论部分译成俄语，甚至毅然开始推行他的译本。但据他所说，他在完成一个长段的誊抄后，忽然感到良心的刺痛，以致他直到把译稿彻底烧掉后，才获得安宁，才得以安眠如故……

不承认任何权威的俄国激进主义，倾向于走极端和以过激的方式提出问题，而这一切恰好开始于这个时代。也正是由于与历史的这种断然决裂，由于这种激进主义，在俄国人的理性思维中，一种趋向于幻想性亦即乌托邦的倾向，开始达到极致。这一在18世纪的哲学探索中颇具特点并留有痕迹的现象，值得我们对之略加讨论。

5. 俄语文献中所曾经出现的第一个乌托邦，是费纳隆[①]的长篇小说《忒勒马科斯历险记》。特列季亚科夫斯基很早就曾尝试把这部长篇小说用诗体翻译过来（按即著名的《忒勒马希达》）。关于自己，特列季亚科夫斯基态度很谦虚："我无意与如此名震遐迩的歌手相媲美……"

《忒勒马科斯历险记》的确非常适合俄国公众的口味，从而引发了如潮的模仿之作。值得注意的是，18世纪末（1789）托马斯·莫尔[②]的《乌托邦》俄语译本问世（题目为《优良管理的图景或乌托邦》）。当然，把文明与自然生活方式尖锐对立起来的卢梭，给予乌托邦思维的发展以极大的推动。这一有关事物自然状态的概念对于乌托邦思维的发展起到了巨大的发酵式的作用。我们还将不止一次地看到自然生活的理念对于俄国人的影响是如何的强烈——它消解了对于俄国人同样也具有很大影响力的对西方式外部秩序、日常生

---

① 费纳隆（1651—1715），法国作家、大主教。哲理空想长篇小说《忒勒马科斯历险记》（1699）是其代表作。——译注

② 托马斯·莫尔（1478—1535），英国人文主义者、国务活动家、作家，伊拉斯谟（鹿特丹的）的朋友。著有《乌托邦》对话集（1516），描写了幻想的乌托邦岛（此名称由莫尔发明）的理想社会：没有私有财产；生产与生活社会化；劳动是所有人的义务，按照需要进行分配。——译注

活中的美学、以及启蒙运动之成果的迷恋。把某种虚构的自然生活方式与现实生活中实际存在的西方生活方式对立起来的做法，把俄国人从他们已经坠入其中的，醉心于西方式生活方式和理念的俘虏状态中解放了出来。而俄国人所赖以批判西方的最初基点就系于此[①]但当 Haumant[②] 说"俄国人尚未具备诅咒文明特别是西欧文明所必备的品味"时，他部分地是正确的。但在西方，把实际生活方式与虚构的自然生活方式对立起来的做法，与其说是与对当代生活方式的不满有关，倒不如说与永远都在充当对神性王国之宗教渴求之代用品的乌托邦思维定势有关。而对俄国人来说，乌托邦精神乃是对宗教思维的一种独特的替换方式，后者在衰落之际便只能用幻想加以填充。我们的确不能不注意到这样一个事实，即在 18 世纪的俄国，乌托邦的幻想是与对西方的强烈崇拜同时并存，平行发展的[③]。我们由此可以得出这样一个结论，即这种乌托邦幻想并非来自对现代欧洲的批判（相反，我们业已发现乌托邦精神中包含着对西方的批判态度），而是有其另外的根源。乌托邦主义的这一根源即抽象的激进主义[④]，除了这种激进主义乌托邦外，无法把其他任何东西拿来与神性王国之理念进行对比……值得注意的是，在诺维科夫主编之《晨光》（《Утренний свет》）杂志（其中充斥着宗教—哲学思想）中，还曾登载孟德斯鸠《波斯人信札》中关于特罗格洛季特的乌托邦民间故事的译本[⑤]。叶卡捷琳娜二世时代的历史学家兼政论家谢尔

---

① 冯维辛从国外寄回来的书信，差不多就是此种批判的最初表现了。但维亚泽姆斯基公爵早在其书中指出，此类批判的源头实际上来自西方。关于这一点可参阅维谢洛夫斯基的正确意见（见同上书，第 87、90 页）。Haumant（文集第 119 页）把各类俄国人身上的"憎恶法兰西"和崇拜英格兰联系起来看的做法是正确的。

② 《全集》，第 112 页原注。

③ 关于这一点可参阅切丘林的《18 世纪俄国的社会小说》一文（载《国民教育部学报》，1901），以及基泽维杰尔关于谢尔巴托夫乌托邦的专著。

④ 这一概念与特恩（Ten）对 18 世纪法国思想界的著名评论十分相近，他说的就是 18 世纪思维中的古典主义。

⑤ 关于这一点可参阅博格柳博夫的《诺维科夫与他的时代》的第 14 章。

巴托夫——下文中我们还将与之见面——自己也写了一部乌托邦著作——《奥菲尔大地之游》——书中对其有关俄国未来的理想，进行了描述。曾从费纳隆、摩莱里①的乌托邦《自然法典》、梅尔西爱②《2440 年》③的谢尔巴托夫，根据弗洛罗夫斯基④的正确说法，草拟了一个"一种独特的神权政治制度的纲领"，纲领规定了神父作为主要监督人的地位……最后，我们还可以在下文将要讲到的拉吉舍夫的《旅行记》中与乌托邦民间故事相遇。

我们似乎稍稍偏离了正题，但对 18 世纪俄国思想整体运动过程中乌托邦思潮的研究，对于以后的论述并不是多余之举。

6. 现在我们从俄国伏尔泰派思想及其虚无主义和激进主义变体问题，转而讨论与建构新的民族意识形态的必要性密切相关的那样一些思潮⑤。我国一切思考均以"尘世"旨趣和理念为旨归的新知识分子是从彼得大帝统治时期开始形成的。这些兴趣和理念围绕其得以形成的那一结晶体的核心，并非像从前那样是以全宇宙的宗教使命这一理念（即捍卫东正教的纯洁性），而是伟大俄罗斯的理想。彼得大帝的人格本身及其永不懈怠的方方面面的创造，为一个那时已经开始有些衰败的国家，引入了一种新的生活方式，所有这一切变革都令人眼花缭乱，在俄国人心中点燃了俄罗斯的力量和俄罗斯之伟大的骄傲的意识。与"伏尔泰主义者们"平行，产生了一种新型知识分子，他们受过真正的教育，密切关注西欧尤其是法国所发生的一切，而致力于创造俄罗斯自身的民族意识形态——远离教会

① 18 世纪法国空想共产主义代表人物。主要著作有：《自然法典，或自然法则的真正精神》（1755，出版时未署名）。——译注
② 梅尔西爱（1740—1814），法国作家。作品有空想长篇小说《2440 年》等。——译注
③ 可参阅维谢洛夫斯基：《俄国文学中的西方影响》，第 4 版，1910，第 119 页。
④ 弗洛连斯基：《俄国神学之路》，第 534 页注。
⑤ 伏尔泰派思想在俄国一直持续存在到 19 世纪，但它对俄国思想的运动过程并不具有任何严肃的意义。可参阅帕夫洛夫·西尔万斯基的著作《20 年代的唯物主义者们》（载《18—19 世纪俄国史概述》一书）。

思想的和完全"尘世化了的"一种意识形态。在这方面卡捷米尔这个人便显得既有趣也很有特点，他是一位常住伦敦和巴黎的外交官，和许多杰出作家过从甚密，曾把孟德斯鸠的《波斯人信札》和方特内尔①《Entretiens sur la plaralite des mondes》（《大千世界纵横谈》）译为俄语（这本书后来在东正教最高会议的斡旋下被取缔销毁）。他还写了《关于自然和人的书信》，这是一本普及自然科学基础知识的尝试之作②。但对我们来说，塔季舍夫③的活动似乎远比他更重要得多。塔季舍夫是俄国第一位历史学家。他受过十分良好的教育，他的灵感更多地来自于霍布斯④及其关于国家的学说。但塔季舍夫在努力探索为"新知识分子"寻找理论基础的过程中，却以 18 世纪十分流行的"自然法"学说为根据。这一学说以承认个性独立的不可动摇性为基础：无论教会还是国家，都无法削弱该独立性的意义。在《谈谈科学与学校的益处》一文中，塔季舍夫对尘世生活大事颂扬，同时坚决主张"人期冀幸福的愿望是根植于上帝的，也是无可厚非的"。塔季舍夫首次在俄国文学中发展了一种来源于"理性个人主义"（разумный эгоизм）的实用主义体系……塔季舍夫的类似观点描绘了一种生活世俗化以及把生活从教会监管下解放出来的理论。把上帝与教会对立起来这种在所谓"自然宗教"拥护者们那里十分常用的做法，对于整个 18 世纪来说是十分典型的。塔季舍夫认为如果教会"禁止人使用神性法则所赋予其的权利"的话，这从教会方面来说就是一种权利的滥用，他由此得出一个完全符合该时代整体思辨理性水平的结论，那就是教会应当服从国家监管观。教会法有

---

① 方特内尔（1657—1757），法国作家，普及科学知识的学者。《大千世界纵横谈》（1686）阐述了哥白尼的学说。《求神降示的故事》（1687）批判了迷信和宗教狂。——译注
② 指维谢洛夫斯基（《俄国文学中的西方影响》〈第 4 版，1910〉，第 57 页）说，这些书信的手稿保存在公共图书馆内。
③ 关于塔季舍夫可参阅 H. 波波夫和米留科夫的著作《俄国文化史概论》，第 3 卷，第 2 部，第 2 章。
④ 霍布斯（1588—1679），英国哲学家，机械唯物主义第一个完整体系的创造者。主要著作有《利维坦》（1651）、《哲学基础》。——译注

可能不符合神性法，一旦遇到这种情况，国家政权就应当"为了体面"而对教会法实施限制。罪过这一概念本身仅只表示实行某种于人"有害"的行为——而要避免有害行为，人就必须认识自己，就应当让理性能统帅情欲。他这样写道："上帝为所有反自然的罪行设定了惩罚，而且让每一件罪行之后都有自然惩罚相随"。这类思想与斯宾塞①引入"自然学科"学说中的概念非常相近，它们为我们描述了塔季舍夫的道德理论，它完完全全建基于尘世生活的独立基础之上。把作为神性法的自然法从其来源上就与教会法对立起来的做法本身，十分鲜明地表达了"新意识"的特征。如果说俄国读者早从 17 世纪那个时代的中篇小说（译本）中，就已掌握了"尘世生活"摆脱教会法则干涉的自由理念②的话，如果说在 18 世纪的报刊杂志里始终贯穿着这样一种思想，即"赋予我们生命原本是为了让我们欢乐的"的话，那么，在塔季舍夫的道德哲学里，这一观点获得了一种更加完善的表达方式。对"自然法"（与教会法正相对立的）原则的附庸成为新意识形态的重要因素——俄语文献中涌现出大量的"自然法"方面的翻译著作，而到了 1764 年，一个叫作佐洛特尼茨基出版了一部编著《益于俄国社会的各类作家有关自然法的言论简编》。此外，还必须指出的一点是，早在彼得大帝改革的热情洋溢的歌颂者费奥凡·普罗科波维奇笔下，就已开始公开宣扬政权的世俗化和"君主意志的真理"，而其发表议论的基点，正是那同一个"自然法"的理念。费奥凡·普罗科波维奇的人格曾受到严重的诋毁——历史学家们在把他描述为"佣工和冒险家"③ 时，总是不吝辞色，但他却仍然不失为他那个时代最富于教养，同时也最具有哲学思维的人之一，这一点无论如何也是不容否认的。在他身上，

① 斯宾塞（1820—1903），英国哲学家和社会学家，实证论创始人之一，社会学中的有机学派奠基人。主要著作有《综合哲学纲要》（1862—1896）。——译注
② 见维谢洛夫斯基：《俄国文学中的西方影响》，第 4 版，1910，第 20 页。
③ 例如可参见弗洛罗夫斯基文集第 89 页及以后各页。

机会主义与对论敌的仇恨融为一体，以及把卖力地处处想要适合"时代精神"①的愿望与原则上的世俗政权高于神权的主张相融合，所有这一切都是确定无疑的，但也正是一批像费奥凡·普罗科波维奇一类的人，才表达了"新的意识"。无论如何，"自然法"理念乃是建构世俗意识形态，以及为"尘世生活"辩护的原则性基础。塔季舍夫并未提倡废止宗教和教会，而且他也不需要走到这一步——他只是想把它们往旁边稍微推开一点，以便能把首要位置留给"自然法"。作为一位熟知当代哲学思想的学者，塔季舍夫力图使读者相信，"真正的哲学是无罪的"，哲学非但有益而且必要。而（相邻）时代的其他一些杰出人物，如谢尔巴托夫，也坚持类似的立场。但谢尔巴托夫只在某一点上，背离了自然法学说——他是人类平等观的反对者。他在其《历史》一书中把有关罗斯生活理想化了，同时还不无忧心忡忡地声称，近代以来"迷信的地盘缩小了，但同时信仰也萎缩了"，为了俄国，他不仅呼吁理性的进步，而且还要求实施"道德上的启蒙"。然而，实际上就连谢尔巴托夫也是以"原始的"法的学说为理论依据的。对待教会他采取了他那个时代十分典型的不信任态度；他说："我国的神父和教徒们并未受过多少教育，他们不懂得道德，实际上是一些处于国家里的极其有害的人群。"但同时他又撰写了这样一些论文：《论道德在俄国的复兴》、《试论灵魂之不朽》（其中洋溢着自然宗教的精神）。一般说一些俄国哲学史家和俄国哲学书籍的作者们往往把"自然宗教"与自然神论混为一谈，后者的主旨在于承认世界是上帝创造的，但却否认上帝参与世人的生活。"自然宗教"并不包含什么特别的学说，只是一般性地承认神祇的现实性而已。正如泽林斯基（Cicero im Wandeljahre）所表达的

---

① 弗洛罗夫斯基曾恶狠狠地指出，"他总是在用一支出卖了的笔来从事写作"，见《俄国神学之路》，第90页。

那样，欧洲所有"自然宗教"体系全都导源于西塞罗①的《De natu-ra deorum》。他还草拟了《各门学科教授大纲》，其中表达了这样一种思想，即"哲学的价值在于它有助于改善风习"。塔季舍夫、谢尔巴托夫、罗蒙诺索夫、博尔舍——作为俄国首批历史学家②都曾受到力求在先前的教会意识形态之外为自己寻求理论根据的民族自我意识的鼓舞。一般说，他们一方面坚决主张"世俗生活"，另一方面，他们又能在对俄国往昔的研究中使其对故乡的新感情获得一种满足。他们既以自然法理念为依据，又参照他们那个时代西方的哲学流派，努力建构 18 世纪世俗化人的"新意识"。而那些可以称之为俄罗斯人文主义代表人物的那些人，又将这一工作继续往前推进了下去。

7. 早在 18 世纪俄国首批重要诗人——罗蒙诺索夫和杰尔查文——笔下，我们即可找到与人文主义相结合的、世俗化了的民族主义。鼓舞这批诗人的，已经不再是神圣罗斯，而是伟大的罗斯、民族史诗、对俄罗斯之伟大的深情赞美，这些全部属于不需要任何历史论证的俄罗斯的经验存在领域。对待俄国的这样一种态度，当然也是反对盲目崇拜西方、鄙视俄罗斯所有的一切的一种反应，这在俄国的伏尔泰派代表人物笔下有着鲜明的表现。罗蒙诺索夫是一位热情的爱国者，他深信：

俄罗斯大地将会产生

无数的、自己的柏拉图

和头脑敏捷的涅夫冈。

作为"俄国荣誉"的真正"歌手"的杰尔查文，终身捍卫人的自由与尊严③，在为叶卡捷琳娜的孙子（即未来的亚历山大一世皇帝）诞辰所写的诗中，他赞美道：

① 西塞罗（公元前 106—前 43 年），罗马政治活动家、演说家和作家。拥护共和制。——译注

② 关于俄国历史学在 18 世纪的发展可参阅米留科夫：《俄国主流历史学思想》。

③ 参阅霍达谢维奇所著出色的杰尔查文传（巴黎，1931）。

你一定要节制自己的情欲，

做一个皇位上的好人。

这一纯人文主义的母题日益成为新意识形态结晶体的核心。为不致泥足深陷于与此有关的材料的汪洋大海之中，我们这里只对18世纪俄国人文主义的两个杰出代表人物诺维科夫（专指其第一阶段中的工作和活动）和拉吉舍夫。

诺维科夫（1744—1818）出身于一个并不富裕的地主家庭，所受家庭教育相当薄弱，却在自我教育上花费了大量劳动。25 岁时开始着手出版《雄蜂》（Трутень）杂志，表现为一个具有敏锐社会嗅觉的人，俄国生活各类非正义现象的酣畅淋漓的揭露者和一个热情的空想家。在与那个时代盲目崇拜西方现象斗争，嘲讽俄国生活的残酷风习的同时，维诺科夫怀着深沉的哀伤对俄国农民的艰难处境做了描述。在其出版的下一份杂志《画家》中，还登载了《旅行记》——一个对农民的悲惨处境刻意加以细致描写的书——里的片段："呵，人类啊！"他感慨道。"人们在这些村落里是认不出你来的。"这一片段出自拉吉舍夫那部名著（《从彼得堡到莫斯科旅行记》）①。从此时开始，一个社会问题——真正人性在生活关系中的位置问题——始终处于俄国人文主义的中心。诺维科夫心目中所出现的理想的人的形象是这样的："他是一位理性而又善良的先生，他尽一切可能为所有人做好事。他认为上天之所以赋予其理性，就是要他为国家服务的，赋予他财富就是要他去赈济穷人，而他之所以生而为人，就是为了有益于众生"。但在捍卫人人平等时，维诺科夫却又不像他那个时代人们通常的做法一样，求助于自然法的理念，而是把平等理念与基督教联系起来。但当他为捍卫俄国人的生活必要条件而发言时，他的话语会达到非常激昂慷慨的程度，他会在精神上忠实于自己祖国的同时向其他民族借鉴许多有益的东西。而这

---

① 博戈柳博夫：《诺维科夫和他的时代》在第 69 页中公正地指出，诺维科夫的这篇文章，是"拉吉舍夫《旅行记》以前在报刊杂志上反对农奴制最强有力的一次发言"。

也就是为什么他会着手（在叶卡捷琳娜二世的庇护下）出版《俄罗斯古籍书库》的原因，它的目的是让俄国人都能在认识过去的同时，"见识我们祖先的胸怀是如何广阔雄伟"。这一思想工作以及对新的民族自我意识的研究，是作为对当时的"西欧派"的一种反应进行的。但在 18 世纪俄国人的人文主义中，道德的基本含义越来越频繁地被推至前台，甚至道德优于理性论也在被到处宣扬。在"创造新型人类"的教育理想中，被放在首位的是"发展优美雅致的心灵"，是发展"向善的思想趋向"，而非理性。冯维辛在《纨绔子弟》中甚至说出这样的名言警句："理性由于它充其量也不过是理性而已，是最微不足道的，赋予理性以真正价值的是良德美行。"这番话非常典型地表达了一种道德观，它成为俄罗斯人意识中一种新的特征[①]。而在这里，西方的影响——我不光指卢梭[②]，而且也指英国的道德学家——只是部分原因，但这里也有一种独特的道德优先论倾向（而在 19 世纪一直到托尔斯泰的"泛道德主义"，我们将会经常遇到这种倾向）。

诺维科夫的出版活动（他一共出版过 448 种名称的刊物）很快就转移到了莫斯科，但却开始带有另一种特征：诺维科夫与莫斯科的共济会员们情投意合，打成一片，连带其精神生活的兴趣，也完全从社会转移到宗教—哲学以及纯道德领域里来。凡此种种都已超越了纯人文主义的范围，因此，下文在对共济会的评述中，我们还会回到维诺科夫这个题目上来。现在让我们谈谈 18 世纪俄国人文主义的另一位鲜明表现者——A. H. 拉吉舍夫，他笔下的哲学内容更丰富。

8. 拉吉舍夫的名字笼罩着殉教者的光环（和诺维科夫一样），

---

① 值得注意的是，在 1764 年出版于莫斯科的首份大学生杂志里，基督教美德布道辞往往与有关人生来平等而又自由的自然法相关联。

② 这对曾激烈抨击西方的冯维辛而言是十分准确的。参阅维谢洛夫斯基：《俄国文学中的西方影响》，第 4 版，1910，第 86 页。

但除此之外，对于嗣后几代俄国知识分子来说，拉吉舍夫还是一面旗帜，一个个性鲜明观点激进的人文主义者，同时还是一个社会问题首位性的热情拥护者。但是，尽管有关拉吉舍夫的专著和论文浩如烟海，但仍然还是有一个传说始终萦绕着他——人们有时把他当作社会主义在俄国的创始人[1]，有时又把他视为俄国第一位唯物主义者[2]。而实际上诸如此类的论断之缺乏根据，一如当年叶卡捷琳娜二世令拉吉舍夫蒙受残酷惩罚之缺乏根据一样。拉吉舍夫对农奴制的尖锐批判压根算不得什么新颖，——在那个时代的长篇小说[3]以及上文所引发表在维诺科夫《画家》杂志上的《旅行记》一样的片段报刊文章中，充斥着此类话语。可那毕竟是一个不同于其他时代的时代，即前法国革命时代。那时的叶卡捷琳娜二世对俄国激进主义的各类表现还比较宽容，还不想对其施加压力，更别说对其作者加以迫害了。而拉吉舍夫问世于 1790 年的那部书，却恰巧赶上欧洲政治生活最紧要的关头。俄国已经开始出现了法国侨民[4]，到处都令人感觉得到一种惶惶不安的情绪。叶卡捷琳娜二世的神经万分紧张，总觉得革命的传染病正在到处蔓延，为了"杜绝"这一传染病，她断然采取了一些极端措施。起先受苦的只有拉吉舍夫一个人，他的书被禁止出售；后来诺维科夫也成了受难者，其事业被彻底销毁。

先对拉吉舍夫的生平稍做交代。他于 1749 年出身于一个富裕地主家庭，先就学于莫斯科，后为彼得堡。1766 年，他和一群年轻人被派往德国学习。他在德国（莱比锡）总共待了 5 年，学习很勤奋，读书很广博。在为纪念他在莱比锡的同学和朋友乌沙科夫而写的一

---

① П. Н. 萨库林：《俄国文学与社会主义》，莫斯科，1922，第 63 页。
② 参阅博佳耶夫论文：《论拉吉舍夫的政治观和哲学观》，《在马克思主义的旗帜下》，莫斯科，1938，第 8 期。
③ 可参见上文所提及的西诺夫斯基的那篇文章（《国民教育部学报》，1905 年）。
④ 在 K. K. 米勒的《在俄国的法国侨民》一书中，对俄国的法国侨民史进行了十分详尽的研究。遗憾的是，此书只出了第 1 卷。

段不长的文字中，拉吉舍夫回忆起他们二人如何为爱尔维修①而入迷的情形。拉吉舍夫的哲学教育是在当时颇负盛名的普拉特涅尔教授的指导下进行的，这位教授是一位并无多少独创性的折中主义者，但他讲授哲学课却既清晰又引人入胜。拉吉舍夫对于自然科学和医学颇下了一番功夫，1771 年，他携着广博的知识储备和从事系统思维的技能回到俄国。拉吉舍夫的文学活动开始于把马布利②的著作（《*Observatious surl'nistore de la Grece*》）译为俄语；译著后附有拉吉舍夫的注释，拉吉舍夫在注释中热情捍卫和发展"自然法"的理念。1790 年他出版了他第一个大部头著作——《从彼得堡到莫斯科旅行记》，这本书显然受到斯特恩《感伤的旅行》的影响③，书一面世便不胫而走，可刚过了几天，就被宣布禁止出售，并且针对作者的侦讯调查也开始了。叶卡捷琳娜二世亲自审阅了拉吉舍夫的著作，（她对此书的有趣评论保存至今）并当即断定，此书显然是在"传播法兰西瘟疫"。"该书作者"，她的评论这样写道。"感染和充斥着法兰西式的谬误，千方百计想要降低对政权的尊重"。虽然该书封面并未印作者名，但人们当然很快就搞清作者是谁了，于是拉吉舍夫被关进要塞监狱。在审问中拉吉舍夫承认自己"有罪"，承认该书"有害"，并说自己是在"神经错乱"中写了这本书，从而要求对其实施宽恕。拉吉舍夫案被移交审理的那家刑事法庭以对女皇"图谋不轨"为名判决拉吉舍夫死刑，但叶卡捷琳娜二世却下旨将死刑改为流放西伯利亚 10 年。拉吉舍夫在西伯利亚得以与其家人会合，还可以从那里函购书籍，他还被允许可以订阅德法两国的报刊杂志。拉吉舍夫在流放地写了几篇关于经济问题的文章，还写了一篇题为

---

① 爱尔维修（1715—1771），法国唯物主义哲学家，革命的资产阶级思想家。主要著作有：《论精神》（1758）、《论人》（1773，死后出版）。——译注

② 马布利（1709—1785），法国空想社会主义者。提出小资产阶级平均主义措施：限制需求、杜绝奢侈等等。——译注

③ 拉吉舍夫本人也承认这一点。可参见维谢洛夫斯基：《俄国文学中的西方影响》，第 4 版，1910，第 107 页。

《论人及其速朽性和不朽性》的长篇哲学论文。保罗一世于1796年把拉吉舍夫从流放地释放出来，并允许他回其故乡的乡村，从亚历山大一世统治时期开始，他的所有权力被彻底恢复。拉吉舍夫甚至被吸收参与新法典编撰委员会的工作，写了大型呈文——可由于作者观点激进，呈文非但未被采纳，反而招致委员会主席的严厉训斥。身心疲惫已到极点的拉吉舍夫遂自杀（1802）。

这个无疑具有卓越才华的人，就是这样过完了悲惨的一生。拉吉舍夫原本是一位严肃的思想家，换一种条件下，他满可以在哲学领域做出许多杰出贡献的，只可惜他命途多舛。而且，在嗣后几代人那里，对拉吉舍夫的创作大都进行了片面的解读：他成了俄国激进主义运动的"英雄"，成了为解放农民而奋斗的战士，同时又是俄国革命民族主义的代表人物。所有这些特点他身上当然也都具备。在他之前已经被世俗化了的俄国民族主义，在拉吉舍夫那里又吸收了"自然法"的偏激结论，成为首次鲜明表现于卢梭笔下的革命性酵母的发祥地和温床。可此时此刻，在距拉吉舍夫的《旅行记》问世150年的今天，而既然我们敢于贸然斗胆地称自己首先是历史学家，那我们就得承认上文所引对拉吉舍夫的评价，是非常片面的。要想对拉吉舍夫的《旅行记》给出一个正确的评价，就必须先了解其哲学观，尽管其哲学观在其著作中并未获得完整的表现，但其著作中的确就是讨论拉吉舍夫的观点。[1]

9. 这里我们要对拉吉舍夫在哲学领域里知识渊博这一点略谈几句。我们已经提到拉吉舍夫认真听过曾为普及莱布尼茨做出过贡献的普拉特涅尔的课。而我们也常常能在拉吉舍夫的论著里，找到莱布尼茨影响的痕迹。虽然拉吉舍夫并不认同莱布尼茨形而上学中的

---

① 见拉普申：《论拉吉舍夫的哲学观》，布拉格，1922。在整个18世纪文学—社会运动史上，总是会给拉吉舍夫以适当地位。而在这方面我个人从米留科夫著作（《俄国文化史概论》，第3卷）、博布罗夫（《哲学在俄国》，第3册）、米亚科京（载《俄国社会史论》）著作中所发现的资料，显得尤为珍贵。

基本思想（单子论），但我们却根本不能由此得出结论（一如我们在拉普申那所能发现的那样①），说什么拉吉舍夫与莱布尼茨并无多少瓜葛。另一位研究者走得更远，竟然实实在在地论证下述观点："我们没有任何根据认为拉吉舍夫熟悉莱布尼茨本人的著作②"。对这种观点我们的反驳也可以尽量简短，即此种观点同样也绝对查无实据。与此相反，如果我们认为曾经认真仔细地上过莱布尼茨分子普拉特涅尔讲的课程的拉吉舍夫，竟然从未对莱布尼茨本人发生过兴趣，那岂不是一件咄咄怪事了嘛。顺便说说，恰好是在拉吉舍夫来到莱比锡的前一年，莱布尼茨关于认识论（Nouveaux essais）最重要的著作首次出版。拉吉舍夫在莱比锡留学期间，莱布尼茨的这部著作曾是哲学界的新秀，而一般说总要花费大量心力研究哲学的拉吉舍夫，竟然会没读过莱布尼茨的这部著作（而其影响，我们在拉吉舍夫的认识观里无疑都感觉得到），这简直是天方夜谭。在拉吉舍夫的各种论战性言论里，都可以找到他曾阅读"单子论"甚至"神正论"的痕迹。最后，拉吉舍夫熟知博内特③，后者跟在莱布尼茨主义者罗宾内特之后亦步亦趋，否认莱布尼茨的纯粹动力学（这一点我们发现在拉吉舍夫身上也有），从而对拉吉舍夫熟知莱布尼茨，提供了间接的证据。

在德国思想家中，拉吉舍夫最迷恋赫尔德④，⑤其名字屡屡出现于拉吉舍夫的哲学论著中。但法国思想家似乎更对拉吉舍夫的心思。在其关于自己友人乌沙阔夫的那个片段文字里，我们得知他对爱尔维修是如何兴致勃勃。拉吉舍夫常常与爱尔维修论争，但与此同时又总是对他十分看重。拉吉舍夫对法国 18 世纪形形色色的感觉论耳

---

① 拉普申：《论拉吉舍夫的哲学观》，布拉格，1922，第 4 页。
② 米留科夫：《俄国文化史概论》，第 3 卷，第 448 页。
③ 米留科夫也承认这一点。《俄国文化史概论》，第 3 卷，第 451—452 页。
④ 赫尔德（1744—1803），德国哲学家、评论家、美学家。"狂飙突进"派理论家，歌德的朋友。写有论语言起源的专著和哲学史著作（"历史是人道的体现"）。——译注
⑤ 参见拉普申的有趣的对比。同上书，第 24 页及以下。

熟能详，而一般说来感觉论对那些承认物质世界的完整现实性的思想家，都颇有兴趣。当然，仅此一点尚不足以使我们有权认为拉吉舍夫是一个唯物主义者，如别嘉耶夫①所小心翼翼竭力想要证明的那样。研究自然科学使拉吉舍夫身上的实在论（而非唯物主义）得到了巩固，而恰好是这一点使拉吉舍夫与莱布尼茨（在其形而上学中）得以有所区别。

最后，还需提及的一点是，拉吉舍夫还曾认真拜读过一些英国哲学著作②。

10. 姑且让我们从认识论观开始阐述拉吉舍夫的观点。他有关认识问题的言论相当偶然，散见于各处，但全都带有曾给予莱布尼茨及其《lVouveaux essais》以灵感的，把经验主义与理性主义综合一体的烙印。拉吉舍夫首先坚决主张"经验是全部自然知识的基础"的观点③。拉吉舍夫本着法国感觉论精神指出："既然你是用肉体器官来从事思考的，你又如何能想象一种外在于肉体的东西呢？"但由于认识的这一感觉基础应由理性所带来的东西所填充，因此，拉吉舍夫对感性经验与理性经验做了区分④。拉吉舍夫继而指出："我们认识的全部力量在其存在方面是难以区分的，这一认识力是统一和不可分割的"。拉吉舍夫的类似思想是忠实于莱布尼茨的，而且，他还继莱布尼茨之后，承认"充足理由律"⑤。

对莱布尼茨亦步亦趋的拉吉舍夫，发展了自己有关如何认识外部世界的思想。"物质本身是人所未知的"，他完全本着莱布

①　别嘉耶夫：《拉吉舍夫的政治观与哲学观》，见《在马克思主义的旗帜下》，1938年第 8 期。

②　洛克（1632—1704），英国唯物主义哲学家，自由主义思想及政治原理的创立人。在《人类理解力论》（1690）中探讨了经验论的认识论。普利斯特列（1733—1804），英国化学家，唯物主义哲学家，自然神论拥护者。——译注

③　《拉吉舍夫全集》，第 2 卷，第 156 页（引文摘自 B. B. 卡拉什主编之 1907 年两卷本）。

④　同上书，第 171 页。

⑤　同上书，第 198 页。

尼茨的精神论证道。"事物的内在本质我们是无从知道的,有一种力量本身这也是我们所无法知道的;从原因中会引出什么样的行动,这同样也是我们无从知道的①"。而在关于不间断法则(закон непрерывный)的学说方面,他也与莱布尼茨十分接近。"我们尊重这样一个已经证实的事实",拉吉舍夫说道,"即在自然中有一种显而易见的循序渐进性②"。这一"阶梯法则"——正如拉吉舍夫在某处文字中所表达的那样,也正好就是莱布尼茨所曾论证过的同一个原则。

拉吉舍夫在其有关认识问题的诸如此类的思想中,是完全忠实于莱布尼茨的,可当他转而探讨知识内容本身的问题时,却开始决绝地与莱布尼茨分道扬镳——而首先是在有关物质本质的问题上。对莱布尼茨来说,物质自己本身是不可知的这一论点,曾在其有关存在的一般学说和有关物质(phenomenon bene fundatum)的学说中,充当其唯灵论和现象学的基础,而拉吉舍夫却在有关物质的问题上,坚决主张实在论,正如我们在法国莱布尼茨主义者罗宾内特那里所看到的那样③。

拉吉舍夫的哲学论著表明,他显然对自然哲学颇感兴趣,对当代法德两国自然哲学领域里的文献有精深造诣(他认为自己尤其从普利斯特列那里受益匪浅④)。但他却很难彻底接受物质动力学理论(和追随著名物理学家博斯科维奇的普利斯特列那样)。"在分割物质的属性时,"拉吉舍夫指出。"我们一定得小心翼翼不要让它彻底

---

① 《拉吉舍夫全集》,第2卷,第279页。

② 同上书,第275页。

③ 拉普申在其论述拉吉舍夫的专著中认为这里有拉吉舍夫的确熟知的英国哲学家普利斯特列的影响。但在拉吉舍夫的现实主义中,十分鲜明地表现出一种活力论的物质观,而且不仅博内特,就连罗宾内特都具有这种观点。例如,拉吉舍夫赋予矿物以生命有机体的特征(比如性别特征!),在此他显然追随罗宾内特。参见拉普申主编:《拉吉舍夫全集》,第8—10页。

④ "在诸如此类的推论中,是普利斯特列在充当我们的向导。"——他这样写道。《拉吉舍夫全集》,第2卷,第205页。

消失①"。接下来拉吉舍夫语气坚定地宣扬物质的现实性说，指出
"关于物质无所作为这种观点是站不住脚的"：他们（与罗宾内特一
样）认为物质是活的。当然，拉吉舍夫在此并不是在和唯心主义的
机会论者论战，而不过是在追随罗宾内特的足迹。拉吉舍夫有关人
的学说，是以自然的活力论统一性作为出发点的。"人是地上一切活
物的异父同母的亲戚，"他写道，"不光对野兽、飞鸟……而且对植
物、蘑菇、金属、石头、土地也都是这样。②"

　　让我们讨论一下拉吉舍夫的人学。他把人与整个世界相关联，
同时对人所独具的特点，其中最主要的是评价能力都谙熟于心。"人
是大地上唯一懂得好坏善恶的生物"——拉吉舍夫写道③。在另一
处地方他又指出："人所独有的特点是无论完善自我还是纵欲腐化都
有可能达到极致"。与卢梭不同，拉吉舍夫对人身上的社会动机评价
很高，并坚决反对让孩子与社会隔绝（如卢梭在《爱弥儿》中所宣
扬的那样）。"人是富有同情心和会模仿的生物"，拉吉舍夫写道。
拉吉舍夫认为自然社会性乃是其道德的基础——在此，他与从"爱
自己"中引导出社会动机的法国道德家们，有了鲜明的区别。热情
拥护"自然法"理念的拉吉舍夫，总是喜欢为人身上一切自然的因
素而辩护。"在人身上……自然的权力是从不失效的，"他说道。因
此，对他来说"彻底抑制情欲是丑陋的"④。"情欲之根是好的——
它能导致人身上产生一种善意的恐慌，无此则人就会沉醉入睡"⑤。

　　在起而捍卫心灵的自然动机权的同时，拉吉舍夫激烈反对任何
"天然"的压迫。而拉吉舍夫的社会—政治激进主义，正是由此而
来。他的名著《从彼得堡到莫斯科旅行记》在多大程度上是对社会
不平等、政治和官僚主义独断专行刚愎自用的激烈抨击，也就在多

---

① 《拉吉舍夫全集》，第 2 卷，第 203 页。
② 同上书，第 149 页。
③ 同上书，第 157 页。
④ 同上书，第 216 页。
⑤ 同上书，第 261 页。

大程度上是以捍卫受社会压迫者之一切天然权力为宗旨的一种独特的乌托邦。乌托邦定势异常鲜明地体现在，比方说，一个人梦见他就是沙皇这样一篇与梦有关的故事中，他讲述了沙皇身边那些亲侍和近臣们，如何对沙皇阿谀奉承、百般谄媚，而他则向沙皇披露了严酷的"真相"，从而使沙皇如醍醐灌顶、茅塞顿开。

在哲学论著《论不朽》中，拉吉舍夫使个人不朽论拥护者和反对者针锋相对。他个人的好恶明显倾向于肯定的答案。在有关宗教的问题上，拉吉舍夫倾向于17和18世纪"自然宗教"说教所特有的相对论（但却根本不是人们常以为的自然神论，从而把自然神论概念与"自然宗教"学说相混淆）①。

11. 我们就此结束了对拉吉舍夫哲学观的阐述，现在，我们可以对其世界观做出总的描绘了，并且也可以对其在俄国哲学史上的地位，做出描绘了。无论拉吉舍夫在俄国社会—政治思想发展中所起的作用有多么重要而伟大，如果我们把对拉吉舍夫的全部关注点都只与他在这方面的活动相关联，则也会是非常不公正的。拉吉舍夫的悲惨命运固然使其有权赢得研究18世纪俄国民族运动的历史学家们的优势关注——他毫无疑问是这一运动的巅峰现象，是激进主义一个鲜明而热情的代表人物。18世纪俄国思想的世俗化进程非常迅疾，从而在从前曾拥护教会激进主义的嗣后几代人中，引起一种世俗激进主义。拉吉舍夫比其他人更加旗帜鲜明而又完整全面地以自然法理念为依据，而后者在整个18世纪中，与卢梭主义，与对当代不公正现象的批判，相互缠绕。但当然拉吉舍夫在这一点上并非孤立的——他只不过比其他人更鲜明地表达了一种新的意识形态，比其他人更完整全面地论证了社会和道德主题在新意识形态的建构中的优势地位。但我们应当首先把拉吉舍夫与后一项任务——建构一种自由的，存在于教会以外的世俗化了的意识形态——相关联。这

---

① 例如可参阅登载于《俄国社会史》论文集中的米亚科金论拉吉舍夫的论文。

种意识形态把提供理论基础已经提上了日程——于是，拉吉舍夫首次尝试为其提供理论基础（他当然仍是以西方思想家为据，只不过是以自己的方式对其加以综合罢了）。在民族主义和人文主义界限内谋求发展的同时，拉吉舍夫浑身充满了自由和恢复事物之"天然"秩序的炽热激情。拉吉舍夫当然不是一个有时会被人以为的一个折中主义者①，但在他那里也有一些出自其自身的，想要把18世纪占统治地位的理念综合在一起的最初的尝试：他以莱布尼茨的认识论为基础，为未来将在这一领域里构造的体系（赫尔岑、皮罗戈夫等）铺平了道路。但在本体论方面，拉吉舍夫却是现实主义热情的捍卫者，这使他比较倾向于喜欢法国思想家。拉吉舍夫身上具有一种非常强烈的倾向，那就是敢于以激进的方式来解决哲学问题，但在他身上，喜欢哲理沉思的倾向同样强大。他论述不朽性的整篇论文都证明，他在提出如不朽性主题这类难题上，在哲学上表现得是多么的诚实呀……无论如何阅读拉吉舍夫的哲学论著都使我们确信，俄国哲学的成熟期已经逼近，从事独立哲学创造的可能性已经具备……

12. 我们现在从18世纪俄国哲学思潮中的这一流派，转向同样也带有宗教—哲学性质的第三个大的流派。这是一个沿着世俗化路线前行的流派——它并未与基督教分离，却与教会相疏远和相分离。我们认为俄国自由的宗教—哲学思想最初的表现，是在杰出的俄罗斯学者 M. B. 罗蒙诺索夫身上发现的，关于他一直有一个准确的评论，说"俄国首次把科学与宗教的原则结为一体的理论尝试"与之相关②。

罗蒙诺索夫是一个天才的学者，他多方面的学说和发明（如物

---

① 拉普申（见《拉吉舍夫全集》，第27页）同样也得出一个结论，即我们在拉吉舍夫那里所找到的，"不是折中主义地从逻辑上把不可结合物结合起来，而是进行独立的探索式思想实验"。

② 波波夫：《论罗蒙诺索夫世界观中的科学与宗教》，载西波夫斯基主编：《罗蒙诺索夫论文集》，彼得堡，1911，第2页。

质不灭定律）使其远远超出于自己的时代，但却并未受到其同时代人的相当重视。那时的罗蒙诺索夫同时还是位诗人，是一个深爱自然之美的诗人，这在他为数甚多的优秀诗作中均有所表现。罗蒙诺索夫（1711—1765）在德国受过严格的科学教育，在著名的沃尔弗①名下研习哲学，但他对莱布尼茨的著作也十分熟谙②。罗蒙诺索夫在哲学上正是以莱布尼茨为定向的，他一直坚持这样一种思想，即实验法则必须充实以"哲学认识"。罗蒙诺索夫熟知笛卡尔，并在物质定义里对其亦步亦趋，但有一次他表达了这样一个思想，"我们之所以对笛卡尔尤为感激，是因为他鼓动学者们起而反抗亚里士多德及其他哲学家——是因为他主张学者有争论权，这也就为自由的哲学探索开辟了道路"。对于罗蒙诺索夫来说，思想和研究的自由是如此之"自然而然"，以致他甚至都不屑于去捍卫此种自由，而只是将其付诸实现而已。作为生来就具有宗教信仰的人，罗蒙诺索夫反对一个学科对另一个学科的挤压，顽强主张和贯彻科学和宗教应和平共处的理念。"如果一个数学家，"他指出。"想用圆规来丈量上帝的意志，这无疑是错误的，而一个神学家如果以为凭赞美诗就可以学好天文学或是化学的话，那他也是错误的"。法国作家对宗教的猛烈抨击（一位最新式的作家③尝试把罗蒙诺索夫表现为一个宗教的反对者，其理由和根据是如此之勉强，以至于我们甚至不值得与这位作者的理由和根据进行争议。另一位新式作者马克西莫夫的论断，其缺乏证明也不亚于此（《俄国自然科学中为唯物主义斗争之概

---

① 沃尔弗（1679—1754），德国唯心主义哲学家，唯理论的代表，把莱布尼茨的思想加以通俗化和系统化。在康德的《批判的哲学》出现前，沃尔弗及其学派的哲学在德国的大学里一直占统治地位。——译注

② 图卡列夫斯基在其《论罗蒙诺索夫世界观最主要的特征（莱布尼茨与罗蒙诺索夫）》一文以及在那同一本论文集中，为提出莱布尼茨对罗蒙诺索夫有直接影响的问题而提供了许多材料，但饶是如此，他也仅仅只是提出了问题而已，却并未给这一问题以彻底的分析。

③ 莱尔米斯坚科：《罗蒙诺索夫的哲学观》，见《在马克思主义的旗帜下》，1938，第9期。

述》》）①。对罗蒙诺索夫而言不仅格格不入，而且令人反感，反之，对另一类承认上帝之存在的学者（如牛顿），他却充满万分敬意。他有一个说法尽人皆知："对个性实施考验是很艰难的，但也很愉快，很有益，同时也很神圣"。在这种对自由科学研究之"神圣性"的认可中，包含着一个世俗化思想的基本命题：即思维活动本身在此被视为"神圣的"。这也就是思维本身，即在与其他精神力量的关联之外的思维本身"自主性"的原则。

罗蒙诺索夫的宗教世界同样十分有趣。在一部精心撰写的，以《论罗蒙诺索夫对于圣经的借用问题》为题的研究专著②中，非常清晰地表明，罗蒙诺索夫为数众多的以宗教为题的诗歌作品中，专门取法于旧约，——在他笔下从未出现过新约中的母题。这当然绝不会是偶然的，而是与18世纪教会人士的总的教会外定势有关。指出罗蒙诺索夫有意在宗教上疏远有关偶然性的引语这一点是十分有趣的：

　　呵，你们所有人呵……
　　都已习惯把偶然归咎于瞎子，
　　可你们别忘了……
　　统治万物的，是天意。

　　总之，罗蒙诺索夫有一种趋向于"天定和谐"③理念的倾向。在他眼里自然充满了生命力——在这个问题上罗蒙诺索夫与莱布尼茨完全同一。

罗蒙诺索夫非常鲜明而有力地表现了他对自然的美学欣赏——这种欣赏对他来说是与科学研究、与宗教思考不可分割的。在所有

---

① 见《罗蒙诺索夫论文集》，第31—54页。
② 参见达罗瓦茨卡娅的文章（由西别夫斯基主编的论文集）。
③ 图卡列夫斯基：《论罗蒙诺索夫世界观最主要的特征——莱布尼茨与罗蒙诺索夫》，第29页。

自然科学中罗蒙诺索夫最喜欢化学，他重视化学是因为化学"为自然这座最神圣的宝库揭了幕"。罗蒙诺索夫的这种思想使其成为晚近另一位俄国天才化学家——Д. И. 门捷列夫——化学哲学观的先声。

在我们看来对俄罗斯人来说罗蒙诺索夫代表着一种新的宗教—哲学立场，其中思想的自由丝毫也不会于诚挚的宗教情感有任何妨碍，——但这种情感实际上已经是一种教会外情感了。那些在共济会中对其探索寻求满足的俄国宗教人士的立场似乎稍有不同，18世纪中他们以非凡的力量吸引了俄国社会各界的关注。

13. 俄国18世纪和19世纪初的共济会运动在从精神上动员和整合俄国的创造力方面，发挥了巨大作用。共济会运动一方面吸引了那些寻找足以与18世纪的无神论流派相抗衡的势力的人的注意，在这个意义上，该运动成为这一时期中俄国人宗教需求的一种表达。另一方面，以其唯心主义和为人类服务的高尚理想而使人着迷的共济会，其自己本身也是一种外教会宗教性，摆脱了任何教会权威的现象。共济会一方面把人们从"伏尔泰主义"引开，另一方面从教会引开，恰好因为这一原因，共济会在罗斯乃是18世纪在俄国所发生的世俗化的主流进程本身。共济会在把俄国社会相当多阶层吸引过来的同时，无疑也提升了人们心中的创造动机，从而成为培养人文主义的一所学校；而与此同时也唤醒了人们的知性兴趣。为精神的自由探索提供了广阔空间的共济会，也从肤浅和卑俗中拯救了俄国的伏尔泰主义。

通过 Н. Н. 诺维科夫这一历史人物，我们已经对从共济会中汲取营养的人文主义有所了解了。这种人文主义本质上是对这个时代片面的唯智论的一种反动。这个时代人们最喜欢说的一句口头禅是："没有道德理想的教育是有毒的"。这种说法当然与卢梭的说教与对感性的歌颂十分相近，——但也不妨说它是西欧的与英国道德家、与"审美的人"（尤其是英国和德国）①，亦即与预示着浪漫主义在

———————

① 参阅 Obernauer 那本有趣的著作 Deraesthetishe Mensch。

欧洲的出现有关的流派的回声。但这里当然也有恰好在欧洲启蒙运动鼎盛时期抬头的各种通灵术流派的影响①。

在与共济会有关的俄国人文主义中，纯道德母题起着十分重要的作用。在这方面18世纪的人文主义与19世纪俄国政论的道德激情有着十分紧密的联系。但对我们来说当下最重要的，是讨论一下共济会的其他一些方面——即其宗教—哲学和自然哲学部分。无论前者还是后者都对19世纪哲学创造的准备期具有十分重大的意义。

在讨论共济会里的宗教—哲学流派之前，我们要指出一点，即共济会在我国是在18世纪中叶开始传播开来的，即在伊丽莎白统治时期。在此期间的俄国上流社会已经彻底抛弃了亲近的古风旧习。正如博尔金所说的那样，有人痴迷于廉价的"伏尔泰主义"，有人遁身于民族利益，纯人文主义，极偶然地，还会遁身于科学研究（尤其是痴迷俄国史）。但也有一些具有异样气质的人，他们有其自己的精神需求，对于抛弃教会意识后而形成的空虚有着病态的体验。共济会在俄国社会的成功表明这样的人非常之多：共济会为他们走向一种凝神贯注的生活，走向一种严肃的真正的唯心主义，甚至走向一种宗教生活（但是在教会以外），开辟了道路。俄国共济会员中有一些名符其实的文人（其中最杰出的是 С. И. 加马列亚），他们当中也有许多真挚而深刻的唯心主义者。俄国共济会员们当然都是些"西欧派"，他们都期待从他们欧洲的"兄弟"那里来的启示和教诲，而这也就是为什么俄国共济会员们会撰写大量著作，以教会俄国人学习西方浩如烟海的宗教—哲学文献。

在翻译和原文的共济会文献②中，有一个主题相当明显的是宗教—哲学的基本问题：隐秘生活在人身上的意义，一般生命的隐秘意

---

① 参阅 Viatte 宝贵的巨著 *les sources occultes du romantisme* 。

② 参阅佩平在论著中的概述：《18世纪的共济会组织》（1916）；《共济会组织的过去和今天》（论文集，第1、第2卷，由西多罗夫和梅利古诺夫主编，1916）；Г. В. 维尔纳茨斯基：《叶卡捷琳娜二世统治时期的俄国共济会组织》（1917）；巴尔斯科夫：《18世纪共济会员的通信》（1915）；博戈柳博夫：《诺维科夫及其时代》（1916）。

义。理论和实践意义在此都融为一体：该学说不受制于官方教会学说的独立性，赋予这一神秘形而上学以一种特殊的吸引力，而与此同时也赋予其以一种与该时代流行的科学—哲学学说相比的明显的优越性。这一神秘人学和形而上学的秘传性，以及对其的知不能一蹴而就，而只能循序渐进的"领悟"，所能给人的印象，当然不亚于共济会有关真理保存在他们的传说，而非教会学说中的信念（所能给人的印象）。对于俄国社会来说，共济会所宣扬的学说——在其比较深刻的学派中——正是当代性的一种表现。有关所罗门圣殿的传奇故事，书籍和仪式中的象征色彩之所以能给人以强烈印象，绝不是因为人们认为它们来自久远的往昔，而是因为在他们身后站着当代人，他们身上往往带着神秘和力量的烙印。共济会组织与所有世俗化文化一样，也同样相信"黄金时代就在前方"，相信进步，号召人们从事创造和"慈善事业"。俄国未来"先进的"知识分子的左右基本特征都是在共济会组织中形成的——在此占据首位的，是道德的优先性、服务于社会的责任意识和一般的崇尚实践的理想主义。这是一条思想生活和真诚为理想服务之路。科学、世界观问题以及宗教的"内心"生活（亦即不再遵从教会的自由生活）——所有这一切都合为一体，创造了一种特殊的生活方式和思维方式。

对于相当大一部分共济会会员而言，对被"外部"教会所遮蔽的、基督教"秘传"一面加以洞悉的希望，是异常吸引人和异常珍贵的。在这条路上共济会组织号召信仰和认识要实施统一——理性没了信仰就无法认识存在神秘的一面，而信仰没了理性便会堕入迷信的泥坑。在这两种场合下，自由都是必不可少的，——无论理性还是隐秘生活"都因自由而繁盛"，在科学与神秘操作的相互关系中，自由也是必不可少的。值得指出的一点是，在诺维科夫的《晨光》杂志（已经具有共济会倾向）中所发表的一篇社论文章中，论证卢梭学说的荒谬性：假使人能堕入"与自然相似的状态"，那人也不会是怡然和幸福的，而会是"一帮骗子和混蛋"。卢梭的另一个思想，即认为教育（文明）会导致"风俗的败坏"，也受到了严厉的反驳。我们可以从共济会员们捍卫文化和教育的声音里，听出诺斯替派的音调：必须发展启蒙教育（当然得是"真正的"），以便能在道德上成长。精神生活的最高层级只有经由神秘主义的修炼才会呈现，这是一条上升之路，实际上也是一条没有终结的路。我们这个时代的一位历史学家①关于共济会乌托邦的话说得非常之对（"……终极生物可以达到如此完善地步，以致有关整个世界的详尽概念也得以实现"，——俄国思想最深刻的共济会员们施瓦尔茨如是说）。而施佩特关于俄国共济会"使得哲学在其良好风习中被淹死"②的说法，则是完全无益和绝对错误的，——应当说的恰好与之相反：对道德的通灵术的、神秘主义的理解要求实施"启蒙教育"，但这当然是指与善的理念统一一体的启蒙教育而言。在共济会对待科学和真理的，从其所接受的在其之中的人类学（参见下文）推导而来的道德定向，原来与俄国人的意识十分亲近——有关"真"知与善的理念不可分割的学说，如一条从未间断的链条一般持续到我们今天。

与共济会组织中与"真正的启蒙教育"的号召相并列的，还有另外一个口号，那就是"心灵的呼唤"。在这方面，通灵术中的禁欲主义传统，即要求"弃绝情欲"、"不要强奸意志"（无之则不足以释放自己身上的"内在人"）传统，也有所渗透。弗洛罗夫斯基公正地指出③，在此"值得予以关注的，与其说是对恐惧，倒不如说是对不洁的尖锐感受"（不洁乃是妨碍灵魂向上飞翔的一重障碍）。在共济会所遵从的神秘主义人学中，原罪说以及"完美的"亚当说具有十分巨大的意义。这一对于"原初完美性"的"复活"在19世纪有关"超人"学说以及在"人神……"构想中，开始带有日益

---

① 指米留科夫，见《概论》，第3卷，第428页。
② 施佩特：《俄国哲学发展概论》，第6页。
③ 弗洛罗夫斯基：《俄国神学之路》，第119页。

浓厚的自然论色彩①。

　　我们没必要详尽探讨有关宇宙与人的神秘主义学说了，也没必要探讨这一学说是如何在俄国共济会出版物的篇章中渐次发展的②。但不妨让我们还是举一个足以在原则上对整个人类中心主义思潮加以论证的一段文字为例吧。"没有人整个自然都会是死寂的，"我们在此读到③。"全部秩序不是别的，正是混沌。葡萄藤无法自己把自己抚慰，花朵无法感知自己的美丽，没有它宝石会被包裹在硅石里面毫无价值。在我们身上一切都是统一的，而我们也在一切中发现了睿智、和谐和第一点美……""人是万物的灵长"（человек есть экстракт из всех существ），——我们在共济会那里读到如是说法。

　　对于整个这一思潮非常重要的，是探索中的灵魂的自由，它贪婪地把谜语、"启示"及各种奇思妙想，全都吸纳进来，以便洞悉"隐密修为"的领域。而如果说某些人实际上是被从宗教生活中带走了的话，那么，另一些人（第二类人最鲜明的代表者是 И. B. 洛普欣）却被这洗礼变成为一种最新式的"基督教混合主义"，该主义早在塞巴斯蒂安·弗兰克时代起，就开始作为基督教的代用品开始在西欧流传开来④。整个 18 世纪（甚至就连 17 世纪）都是在为了"普遍基督教"而实施基督教信仰的"和解"的旗帜下进行的。

　　18 世纪那些正是有过宗教需求的俄国人，感到这样一种"对基督教的内在理解"，尤其是在这方面上文刚提到过的 И. B. 洛普欣（无怪乎是他写作了一部名为《论内在教会》的著作）这一光辉形象，很对他们的口味。关于他如何与"伏尔泰主义"决裂的事，我们上文已经提到过了。作为一位具有道德说教和感伤主义倾向的人，洛普欣感到教会不过是一个正在过时的"机构"……正是由于共济会的努力，数

---

①　关于这一点可参阅 Obernauerà 的上述著作。

②　在佩平和博戈柳博夫的著作里可以找到许多资料。

③　引文来自博戈柳博夫的著作，同上书，第 299 页。

④　关于这一点可参阅 Dilthey 的绝妙论点。Weltanschauungund Analyse d. Menschen seit Renaissance und Reformation（尤其是关于塞巴斯蒂安·弗兰克的论述）。

不胜数的西方神秘论著、通灵术者（一直到"古义钩沉学"的捍卫者）们著作的俄文译本，才得以出现，这一点不足为奇。而最具有影响力的，当然是伯麦，还有圣马丁伯爵（其出版于 1775 年的著作《论迷途和真理》于 1785 年出版了洛普欣的俄文译本）、Mme Guyon、Poiret、西里西亚的天使、Арндт Пордечь Вал Вейгель 等人。

14. 关于俄国共济会中的自然哲学学派，我们还有几句话说一说。这一流派主要是与施瓦尔茨的名字相关的，此人于 1778 年作为一个富裕地主孩子们的家庭教师来到俄国的。在莫斯科他加入了共济会在那里的分会，随后彻底定居于莫斯科，并成为莫斯科大学的教授。莫斯科诸分会派他出差到国外，以与其在外国的分会建立联系，返回莫斯科后，其于 1782 年创建了"Орган розен кребцеров"。

施瓦茨是一个迷信通灵术的热情的积极分子，并以其痴迷之情感染他身边的每个人（只有一向觉得自然哲学与自己格格不入的诺维科夫除外）。通灵术即使是在西方也与科学性的自然知识接近，向其充实了一些奇思妙想，这一点与在我国的情形是一样的。但也和在西方一样，通灵术成为另外一种更为严格的"自然哲学"（指谢林及其整个浪漫主义自然哲学学派）的先声，同样，在我国，通灵术以其好追根问底的，对于"自然秘密"的追求，以其对自然活生生的统一性的预感，使哲学对自然的关注得以成型。按照一个还是古基督教的学说，通灵术教导我们说，自然在当下的面容是作为对其的损毁呈现给我们的：由于人犯了原罪的缘故，就连自然"也穿上了粗陋的自然力的外衣"。认识的任务在于，打破由堕落编织而成的腐朽的外衣，把"自然灵魂的可见之外壳，把从中创造了新天和新地的物质"从中拯救出来。

在其稀奇古怪的种种体系中的这一通灵术自然哲学，有时会与比方说，科学，发生激烈的碰撞，而否认 Уран[1] 的现实性（因为它

---

① 希神，乌剌诺斯（天王，天神，提坦）。——译注

与有关七大行星，以及对七这个数字的神秘主义学说发生牴牾）。但总的说来，自然哲学的奇思妙想早在19世纪就已在谢林主义中找到其新的，更严峻表现形式的那一哲学运动做了准备。

15．要想结束对俄国18世纪哲学流派的研究，我们就必须首先认识一点，即18世纪俄国的哲学文化是由位于莫斯科的神学院和大学带来的。但这一点留待下一章讲述似乎更便当。此刻让我们对上文所说做一个小结，并对18世纪俄国理性运动中的若干事实，做一个梳理。

（1）第一个最具有决定性意义的事实，在于世俗风格文化的产生。这种风格在18世纪仅只在其各个方面开始形成，但构成其动力的，乃是思想自由观。

（2）对思想自由的论证在俄国伏尔泰主义中，在18世纪的人文主义中和共济会中，是以各种方式发展起来的（以其虚无主义和纯激进主义的方式），但形式的多样性足以使自己得到巩固和充实。

（3）在所有这类思潮流派中，对哲学的关切都被唤醒了起来，它们主要以西方丰厚的哲学文献为营养基，而在个别富于天赋的代表人物那里，这些种子开始发芽，从而为哲学领域里未来的独立尝试奠定基础。

（4）除俄国伏尔泰主义中的虚无主义分支以外，其余思想流派在保持自由，并坚定捍卫"自由的哲学探索"的同时，不光不与基督教做斗争，反而竭诚论证信仰与认识和平共处的可能性和必要性问题。

（5）在那些给俄国人以特别的灵感，自身也具有哲学倾向的主题中，占据首位的应当是道德问题，其中也包括社会主题。而与此相邻的，就是思想上总的人类中心主义，但此主题对自然哲学的兴致相比而言似乎较弱。

（6）教会世界观的垮台导致历史编撰学主题缺乏思想基础的结果，而使得历史学问题开始被人采用乌托邦形式加以阐释——值得予以关注的未来思想界的乌托邦定势，即由此而来。

第二篇

19 世纪

第一章
　　高校中的哲学及其命运
　　19 世纪初的神秘主义
　　早期谢林主义
　　新人文主义

　　1. 在 19 世纪俄国哲学文化的发展中，神学和其中讲授哲学的
世俗高校，占有十分重要的地位。当然这都是些普通的学校教
学——按照教材照本宣科，但此类教学不光教会学生掌握了一些术
语，不光对哲学史资料有所了解，而且也唤醒了他们的哲学需求。
对于高校的这样一种从外部很难察知的活动，我们在研究哲学运动
在俄国究竟是如何发展的问题时，都不能不予以考虑。

　　第一所世俗类高校是莫斯科大学（始建于 1755 年）。当时哈尔
科夫还有另外一所学院，19 世纪初被改造为大学，但在 18 世纪时，
它却与一所神学院无多大差别①。但就连以俄国教授为代表的莫斯科
大学也受制于神学院，而俄国第一批大学教授即来自于神学院。这
样一来，18 世纪通过高校发展哲学文化的主要任务，就落在了两个
神学院——一在基辅，一在莫斯科——的头上。但除此之外，从 18
世纪初起，还有一些中等宗教学校（整个 18 世纪全俄共有 44 所这
样的学校）散布于各个城市，此类学校都讲授哲学，而且常常会有

----

　　① 　神学课早在 1734 年就被列入哈尔科夫学院的教学大纲。

一些优等生被选拔出国（去德国），以便为取得教授职衔而做准备。

神学院以及宗教学校里的哲学课程长期采用拉丁语讲授，课上或采用译本，或采用各国哲学教材的修订本。此类课程的多样性仅只取决于采用何种教材为样板——是天主教的还是清教的。但最重要也最成功的课程，是由费奥凡·普罗科波维奇编撰的神学教材，此文我们上文已经谈到过。他的教材在俄国十分普及。

对神学院的哲学课我们不应评价过低。我们从有关斯科沃罗达的那一章中已经了解到，基辅神学院的哲学研究已经如何坚实厚重了。上面提到的那位费奥凡·普罗科波维奇不仅对古代哲学，即使对近代哲学（从笛卡尔直到普罗科波维奇的同时代人）也十分熟谙，尽管他本人在许多方面都效法萨乌列茨。稍晚一些时候，包梅斯特尔（此人系沃尔夫的追随者）的教材开始在神学院占据统治地位。而德国虔信主义就是这样，先是通过神学校普及到俄国中学生，继而又传播到广大的社会各界中去的。在这方面表现非常突出的是西蒙托尔斯基①。这个人，他曾在基辅神学院教书，随后去了哈勒（当时曾是虔信主义的中心）。他曾在此把在 18 世纪和 19 世纪初对俄国有很大影响力的 И. 阿恩特的著作《论真正的基督教》译成俄语。而比他更重要而且更具有影响力的，是普拉东·列夫申（莫斯科总主教），而且此人对于他同时代的法国哲学文献（伏尔泰、卢梭、爱尔维修等人），有很深造诣，关于此人，曾经访问俄国的奥地利皇帝约瑟夫二世②曾赞扬说，他 plus philosophe gue pretre。关于他，弗洛罗夫斯基曾不无讥讽地说，他充其量可以算是一个"教会内部虔信主义"的代表人物③。虔信主义的确对教会里的俄罗斯人具有很大吸引力，这一点在 19 世纪初，当所谓"圣经学会"也在俄国产

---

① 关于他，比方说，可以参阅弗洛罗夫斯基：《俄国神学之路》，第 105—107 页。他的生卒年月为 1701—1754 年。

② 约瑟夫二世（1741—1790），1780 年起为奥地利大公，1765 年起为神圣罗马帝国的皇帝。推行所谓开明专制制度。——译注

③ 弗洛罗夫斯基：《俄国神学之路》，第 166 页。

生时，就有所表现了。而在总主教普拉东身上，虔信主义的影响力则在其神学中有所表现①。

哲学在神学校里的发展，不仅取决于它要受制于西方哲学流派这一点，而且也取决于它们所承担的教会使命。而这既决定着，同时也挤压着哲学思维的发展——而一个绝非偶然的事实是，自由而又勇敢地发展其基督教哲学的斯科沃罗达，不愿意在学校里搞教学（如我们所知，只有短期的教学实习课是个例外）。神学校里的哲学创造活动只是在 19 世纪才开始，而且此类哲学创造活动最鲜明最重要的第一位代表人物，是莫斯科神学院教授戈卢宾斯坦（1795—1854），关于此人以及与此人相关的学院派哲学，我们将在下章中讨论。

2. 莫斯科大学发展哲学的条件显然比较自由。而我们认为，如比方说像施佩特②那样认为"大学里的哲学，在跨出了自己的第一步以后，便堕入瘫痪状态"，这种说法当然是错误的。这样一种论断只能说明施佩特研究俄国哲学发展的方法本质，是非历史主义的和带有倾向性的。莫斯科大学的首批俄国教授（关于外国人教授下文里还将会谈到）——波波夫斯基、西连伊希科夫、辛科夫斯基、阿尼奇科夫、布良采夫——的确是采用西方的教材讲授其课程的，但在他们当中已经形成两个截然不同的流派：一些人倾向于在那个时代十分普及的伏尔泰主义；另一些人则倾向于英国哲学，亦即纯粹经验主义。需要当下就予以指出的一点是，讲授哲学通常会与其他学科的讲授结合在一块——比方说，阿尼奇科夫教授除讲授哲学外，还得讲授数学。"自然法"的教学与哲学关系最近，关于作为 18 世纪俄国人文主义者意识形态支柱之一的"自然法"，我们已经提到过不止一次了。但在 18 世纪末，"自然法"的教学因为"培育革命瘟疫"而受到怀疑。一位有趣的学者，曾留学英国，休谟和亚当—斯

---

① 详情可参阅弗洛罗夫斯基：《俄国神学之路》，第 110—112 页。
② 施佩特：《俄国哲学发展概论》，第 88 页。

密以前的崇拜者杰斯尼茨基成了受害者（他曾是莫斯科神学院毕业的学生，从国外回来后成为莫斯科大学教授。早在法国革命前他就被迫离开教席，这一切和嗣后 19 世纪中，彼得堡大学另外一位才华横溢的"自然法"教师库尼岑的经历，何其相似）。

上面提到的那些哲学教授们，并不以具有哲学才华而著称，但他们却不该受到历史学家针对他们时常常会流露的轻蔑态度的对待①。我们认为，如施佩特那样的说法②，说什么"18 世纪大学里的教授们只不过是在哲学旁边开心取乐了一番而已"，这显然是不对的。有一点我们不应该忘记，在 18 世纪下半叶的俄国社会里，在其最广大的人群中，对哲学问题的兴趣非常之浓厚，正如我们在上一章中所读到的那样，而大学里的教授们无论如何也绝不致于低于这样的一般水平。但我们应当承认，俄国科学院院长多马尔涅夫在致访问俄国（1777）的瑞典国王的欢迎辞中所说的话："我们的时代，"他说。"配得上哲学时代的称号，因为哲学的精神业已成为了时代的精神，成为法律和风习的神圣基础"，——是完全正确的。

当然，这样一种"哲学精神"常常会因患有简化了的折中主义之病而苦，但上述大学教授们至少不曾罹患将复杂问题简单化处理的毛病。有一点我们不要忘记，即这些教授们的教学活动和学术论著，总是时刻不停地处于警觉的监督之下。当阿尼奇科夫出版了（早在 1769 年）他的以"自然宗教"为题的学位论文（恰好与统治西欧的思潮相适应）时，他的书被指控为无神论而烧毁。必须承认此时的俄国社会，反倒比教授们享有更多的自由！这话听起来荒谬，但实情就是如此。志愿"保安们"常常会密切关注教授们的教学活动——而加之于杰斯尼茨基身上的惩罚，针对阿尼奇科夫学位论文所采取的严厉措施，绝非罕见的，而是屡屡复现。神学院里的哲学

---

① 例如，可参阅 Koyre 有关的轻蔑议论。La philosophie et le probleme national en Russie au debut de ⅩⅠⅩ siecle, 1929. c. 47。

② 施佩特：《俄国哲学发展概论》，第 57 页。

教学由于受到学院里具有教会性质这一点的保护，因此，对教授们的教学活动，监督的力度一般说当然比较松弛。而大学里的教授们却往往成为人们警觉监视的对象（而且某些教授往往也会参与监视活动），这就严重制约了创造性工作的展开。下文我们便将看到，比方说，俄国第一位谢林主义者 Д. 韦兰斯基，就是被自己的同事和教授们，排挤出门的。

尽管如此，要想遏止哲学思维的成长，也是不可能的。19 世纪初康德著作的几种译本（当然这都只是些二流译本）[1] 开始涌现，可是，比方说，后来当了教授的纳杰日金就说过[2]，当他考入莫斯科神学院时（1820 年），那里的人们正相互传阅康德《纯粹理性批判》（译本的手稿本）。从卡拉姆津的《一位俄国旅行家的书信》中可知，早在 18 世纪的 80 年代，莫斯科人就在热烈谈论作为一位杰出哲学家的康德。可如果说俄国社会在哲学思潮的选择上尚有一定自由的话，那么，大学教授们的这种自由却常常会受到监督机制的挤压。因此，那些不追逐德国思想新潮（恰好是他们常常被指责的无神论）的教授们的哲学意向，可以得到高度自由的表达。而这也就是为什么在我国从 18 世纪起，人们就开始害怕公开宣称自己是康德的学生，尽管人们一直在研究康德，同时也熟悉康德。而与之相反，倒是英国经验主义的信徒们可以平心静气地表述其观点而无所顾忌。的确，举例说，我们有一些资料，是关于哈尔科夫大学的数学教授奥西波夫斯基的，他是一位杰出学者，在其著作中，他居然公然批判康德，并且公然嘲笑"apriori（以先验方式）思考自然"的人[3]，另外一位数学家兼天文学家（莫斯科大学）佩列沃希科夫，为捍卫

① 对康德哲学的完整概述，出现在一本出版于 1807 年的法文译著中。在此之前从原文翻译的著作有：《道德形而上学基本原理》（1803）和《论美与崇高》（1804）。

② 参阅科柳帕诺夫：《А. И. 科舍廖夫评传》，第 1 卷，第 426 页。科柳帕诺夫这本书涉及 19 世纪初哲学文化在俄国的发展状况的事实，异常丰富翔实。

③ 关于奥西波夫斯基，可参阅 1876 年《俄罗斯古风旧习》杂志有关他的那篇文章里的有趣资料。还可参考著名俄国数学家洛巴切夫斯基的哲学立场。

经验主义而从讲坛上与康德学说进行斗争……

凡此种种，在我们对 18 世纪和 19 世纪初俄国哲学文化在高校的发展状况进行评估时，都是必须加以考虑的因素。因此有一点无须惊奇，即我们常常会发现，那个时代教授们手中的哲学，往往带有折中主义特征，因为从表面看这么做要"方便得多"。当然也有过一些折中主义者和 bona fide（拉丁语：善意、诚意）心持善意者，但更多的人只是用折中主义来保护自己而已。这是俄国哲学运动史上一个非常令人感到悲伤的一面，它长期高悬在哲学思想界的头顶，有时甚至会演变成真正的迫害，对此我们还将有机会多次见识。这一点要求我们在对大学哲学教学进行历史评价时，要分外谨慎才是。

3. 在俄国哲学发展中，18 世纪当然只是个"序曲"而已。但早在 18 世纪即已初现端倪的各种流派（参阅上一章）却绝非偶然，后来它们——那已是在 19 世纪了——以更成熟更清晰的形式，全都得以再现。无论如何 18 世纪在俄国已为哲学一劳永逸地争取到了一个特殊的地位，其世俗性质也得到了彻底的巩固。而基列耶夫斯基用以描述 19 世纪初精神氛围的那番话，完全适用于 18 世纪。"哲学话语，"某一次他提笔写道。"（当时）似乎拥有某种魅力"①。哲学激发起了远远超出于其可能性范围以外的希望，人们期待哲学的，与其说是希望它对理性的理论需求提供答案，倒不如说希望它能为生活问题的解决提供指导。这不是在排除理论问题，而是对与宗教所能提供的极其相似的、完整综合的一种需求。因此哲学才成为创造性探索的一个主要向导，同时也被人当作是教会世界观的世俗取代物。但在这里需要立刻加以指出的是，此时的世俗化倾向，以及对哲学思维不受任何压迫之自由权的捍卫，根本不是必定与理性主义思潮有关。例如，在那些主张感性重于理性的人那里，我们也可以看到同样的现象。而我们如果想理解为什么"哲学"这个词似乎

---

① 《基列耶夫斯基全集》，第 2 卷，1911 年版，第 132 页。

包含"某种魅力",把这一点放在心中是十分重要的。感性的需求（如下文所见，这主要是一种审美需求）在哲学探索中，占有一个十分重要的位置。19世纪初俄国哲学青年所特有的蓬勃热情，其源盖在于此。

我们不妨先来谈谈神秘主义在19世纪初俄国社会中的种种表现问题。共济会在叶卡捷琳娜二世统治末期的被粉碎，被神秘主义者保罗一世短期执政期间以及尤其是在亚历山大一世执政期间的复兴和繁荣所取代。总之神秘主义非常之顽固……神秘主义流派在俄国社会的顽固性（我们在此始终都是在讨论教会以外的神秘主义）当然不可能用某种外国的影响或外部历史条件来加以解释——显然，有一种俄罗斯灵魂的需求，它无论是在教会还是在一般文化中，都无法达到自身的满足。而这又是怎样的一种需求呢？我认为从心理学角度看，这正是我们在阐释旧礼仪派时已经多次与之碰面，在此派中它的表现最充分，对之我们可以称之为驱遣鬼神的法术的那一宗教特征发生的变形。问题的焦点不在于有关上帝认知的问题，也非上帝"感情"的问题，而是关于在上帝身上的积极性问题，其中包括改造生活的问题。也正是在这一交界点上，驱遣鬼神之法术的构想才会如此轻而易举地与巫术关联，并且不知不觉地转化成为巫术。我们已经指出过，在俄国旧礼仪派（从前则在整个教会神学界里）中，关于把自然秩序改造成为神圣的，神的王国的理想，是以对"虔信宗教的力量"的信仰为依据的（参阅上卷第2和第10章）。这种改造生活的理想一度也曾任由所积聚的力量尽情宣泄，发泄成为一种实质上同样也是驱遣神鬼之巫式的理念，它燃烧着如此明亮的光芒——关于"莫斯科即第三罗马"，关于神圣的"永恒的王国"。但在经过100多年后（从17世纪初到18世纪中叶），当从前关于"神圣王国"的理想在俄罗斯人灵魂中开始熄灭之时，一种带有世俗化性质的新运动，在人们心中点燃了对"虔信宗教之力量"的希望，——于是乎刚刚成型的精神上的空虚导致心灵的疲惫，导致对 guand meme（拉丁语：即全）只是创造动力机制的一种强烈的需求，哪怕是在教会之外也罢。在教会核心里，在寂静的修道院里，所进行的，难道不正是对这种巫术期待进行浓缩的过程，并且在由于派西·韦利奇科夫斯基的"精神事业"（参阅本书上卷第 2 章第 6 节）而到处渗透的那一过程的一种表现吗？在此，在教会意识的核心内部里，神权政治的理念（以有关"神圣政权"之学说的形式）终于被分化了，教会意识因此而把神权政治的诱惑彻底清除一空，——而谢拉菲姆·萨罗夫斯基长老及其对"把神圣精神"如生活的目的一样拉紧而加以强调的现象，也恰好出现于这个时代。于是发生了也可以说是一种独特的巫术理念的极化进程：关于用"虔信宗教的力量"把历史存在改造为天国的理想从教会意识里脱落了，——而巫术需求却已进入已经不再洁净的意识里，而且还携着新的力量，只是已经不再指望"虔信宗教的力量"，而是对这种那种生命的力量抱有希望，这种力量从此往后已经不再带有"神圣"（却系非教会）力量的性质。在此占据首位的，是 19 世纪初的各种神秘主义流派。那时这类流派的数目十分之多①，但对我们来说其中只有两个神秘论者，是十分重要的，他们是拉布津和斯佩兰斯基。

4. A. Φ. 拉布津②（1766—1825）很小时就展露出过人的才华（尤其是数学——他直到生命的最后一天一直都在坚持高等数学的研究工作）。16 岁时受到我们已经知道的那位共济会员、施瓦茨教授（莫斯科玫瑰十字会社 Ордена розенкрейцеров③ 的创立者）的影响，

---

① 关于这一点可参阅佩平：《亚历山大一世统治期间的宗教运动》。

② 有关拉布津的文献并不多。除发表在《锡安画讯》上他自己的一篇文章外，还可参阅莫扎列夫斯基发表在《俄罗斯图书馆目辞典》的文章，杜布罗温发表于 1894—1895 年间《俄罗斯古风旧习》上的系列文章，Ш. A. 德米特里耶夫，维特贝格、斯图尔扎关于他的回忆文章，此外还可参阅科柳帕诺夫《A. И. 科舍廖夫评传》以及佩平的上述著作。

③ 玫瑰十字会系 17—18 世纪德国、俄国、荷兰和其他某些国家的一些秘密会社（主要是宗教秘密会社）。据说会社创始人为 14—15 世纪的传说人物罗森克罗兹（意译为玫瑰十字），会社因而得名。或可能因该会的玫瑰和十字标记而得名，与共济会接近。——译注

并在其指导下开始大量研究哲学，并对哲学生发了极大的兴趣。有关他如何痴迷于施瓦茨的通灵术思想缺乏一定的史料，尽管，比方说，佩平就认为拉布津"在文学中标志着罗森克罗兹的继续"。拉布津还翻译并出版具有神秘内容的书籍（和埃卡尔茨豪译的《打开自然之谜的一把钥匙》〈1804〉、《对人类心灵万分珍重的象形文字》〈1803〉一类的书），1806年他开始出版《锡安通讯》，一问世就取得非凡的成功。但这份杂志很快就被查封，直到1817年才复刊，因为当时的亚历山大一世实施了倾向于神秘主义的急剧变革。俄国建立了不列颠圣经协会分会，并且开始自上而下地灌输一种曾遭到西方宗教批评界的官方封禁的"普世基督教"。我们可以从这个时代整个精神氛围中感受得到"非教会基督教"大获全胜，而这种基督教在当时的鲜明代表，就是在亚历山大一世统治以及那个时代的整个宗教运动中及其成功的公谊教会①。拉布津正是在这样一种氛围下，恢复了他的《锡安通讯》杂志，该刊开始热烈宣扬"内心基督教"思想，号召俄国人民"觉醒"。但按照拉布津的观点，这种"觉醒"根本不要求有"外部事务"的参与——为了"让心灵和整个人都得以完善"，为了"与天国的世界交流和沟通"，我们必须与物质世界对人灵魂的侵犯做斗争。而按照拉布津的说法，从事此种斗争的工具和手段就是把灵魂从对肉体的依附中解放出来的磁性②。拉布津坚决反对一切宗教教会和信仰的区分，他甚至走得比这更远，断言基督的信仰"并不区分信教者和非信教者"，"旧约的人和新约的人"；断言"基督教从创始以来即已存在"；断言"基督的教会是不加区分的把人类全体都纳入其中"。关于圣经拉布津说，圣经"是用符号指明居住在人心灵里的导师的无言的教师"。因此"外在教会就是由一群没头没脑、下贱卑劣的、如浑身脓疮的约伯一样的基督徒所组成的人群"。在这种从世俗化中鲜明流露出来的永远意在与教

---

① 基督教信教宗派之一，主要分布于美、英等国，又名贵格会。——译注
② 有关这一点可参阅杜布罗温：《俄罗斯的古风旧习》，1895，第57页。

会斗争的对外在基督教的大肆宣扬中，拉布津直率公开地步公谊会之后尘①。在一封辩护信（当他由于受到审查机构的挤压决定关闭其杂志时）中，他承认他的"典范和榜样"是伯麦、施蒂林格和圣马丁②。

如果以为在拉布津那里不曾给理性以任何角色的话，那就错了，他的神秘主义并不否认理性在精神启蒙的"低级"阶段中的作用和意义。他这样写道："人们以为信仰要求牺牲理性，这就侮辱了信仰，不，错了，理性是信仰的底色……信仰只是对理性理解得不十分清晰的东西，加以证实罢了"。但"理性只不过把人带到圣地的门口，却无法把人领进圣地。信仰有可能缺失，而理性却永远存在，因为人永远都是一种理性的动物"③。拉布津的此类论断之所以有趣，在于它们揭露了拉布津与这个时代理性主义流派十分接近④，而同时它又是巫术构想那一最初的萌芽，此类构想想要认识"自然之谜"（如当时人们都趋之若鹜的磁性），想要找到理解（在教会之外）最高启示的钥匙。

拉布津一生的结局很悲惨：他被流放（因为一句与沙皇近臣有关的尖刻的话）到穷乡僻壤的外省，可在流放地，他却找到了一群热情的崇拜者，这给他暮年的生活增添了色彩。

5. 亚历山大一世杰出的助手 M. M 斯佩兰斯基（1772—1834）的神秘主义，却带有别样的特征。他的一生遭遇了许多罕见的急剧变故……来自民间的他很早就在中学表现出非凡的才华。从彼得堡神学研修班（后易名为神学院）毕业后，学业优异的斯佩兰斯基，却没有走上学术研究之路，而是参加了国家公务，并且早在青年时

① 《俄罗斯的古风旧习》，第 59 页。
② 同上书，第 79 页。
③ 最后一段引文是从科柳帕诺夫那儿借用来的，见同上书，第 170—176 页。
④ 拉布津的朋友 A. M. 德米特里耶夫在其回忆录中证实了这一点："他的理性"，关于拉布津，他这样写道："清晰而又简单地表象着一切，把一切建立在必然律和把可见与非可见，大地与天空结合为一的定律之上。因此，我认为宗教科学是存在的……"

代就成了亚历山大一世最亲近的助手和性格独特的"主角"。1812年受人诬陷的他被免除所有职务，发配到边远省份。此后他逐渐为自己恢复了名誉，甚至重返国家公务员职位，而在尼古拉一世统治时期，担任法典编撰这样一项极其重要又十分繁难的工作①。

斯佩兰斯基在彼得堡神学院所受的哲学教育，并未足以使他树立完整的世界观：他那长于数学和抽象体系的大脑，在法律思维领域里表现最佳（正是凭借这一点，他仕途异常顺利，很快就完成了从公务级别的普通级别到最高级别的升迁过程）。但与此同时他灵魂中的宗教本能也并未被压抑，和他那个时代的许多杰出的俄罗斯人一样，他身上有一种十分强烈的宗教需求，但具体而微的教会性却对他没有多大吸引力，就连教会学说本身在他眼里也枯燥乏味，而并未表达深入介入道德伦理中的基督教的全部深层。"内心之路"，他在一封信中这样写道。"与绝大多数基督徒所采用的外在之路，有很大区别。我把世俗神学将神的学说排挤出去的道德宗教，称之为外在之路。我把浑身上下盖满了全都是感性世界之花的，被丑化了的基督教，称之为外在之路。我把与政治如响斯应的，给肉体和情欲以安慰的……软弱的，模棱两可的，讨好自我的，与多神教道德说教的区别仅仅在于话语有所不同的基督教，称之为外在之路"。以后我们还将，比方说，在赫尔岑那里碰到类似的严厉的话语，这番话是斯佩兰斯基在彻底献身于神秘主义很早以前写的，但我相信我国许许多多激进派分子都会心甘情愿在这段话后，署上其自己名字，而这会使这番话更加值得注意。对教会基督教观的背叛迫使斯佩兰斯基（和与他同时代的许多人一样）去探索"纯粹"基督教（非

---

① 科尔夫的两卷本的《M. M. 斯佩兰斯基伯爵的一生》（1861）对其生平做了出色的叙述。但其宗教—哲学尚未得到彻底研究。首先可参阅费奥凡主教的《关于精神生活的书信》（第 4 版，1903）。叶利恰尼诺夫神父的文章，载《新路》（1903，杂志），《神学通讯》（1906，第 1、2 卷）；奇斯托维奇发表在《基督教读本》（1871）杂志上的文章。对于斯佩兰斯基观点的研究者来说，他写给女儿的书信（单行本出版于 1896 年）和其朋友蔡伊耶尔（《俄罗斯档案》，1870）的书信，是十分重要的。

"模棱两可的"和"非讨好自我的"),也即是"内心的"基督教。在写作上述那封信的同一年,即1804年,斯佩兰斯基与我们已久闻其大名的神秘主义者И. В. 洛普欣(哲学论著《论内心教会》及其他著作的作者,参阅上一章)结为至交,而后者则开始对斯佩兰斯基的神秘主义自我教育,实行指导。斯佩兰斯基也就从伯麦、圣马丁及其他通灵术—神秘主义者渐次转到 Me Guyon, Fénelon,以后又转到教父们。就这样斯佩兰斯基形成了一种新的世界观——这使他开始以批判的态度对待妨碍人们感受生活之"谜"的"常识"。他甚至在一封写给女儿的信中[1],对"幻想性"大事宣扬,因为它能使人脱离"生活的算计"。"我们大家全都活得像群疯子",在给女儿的另一封信中他这样写道[2]:"因为我都完完全全地沉浸在此刻当下的生活中,对永恒根本连想也不想"。这种对永恒的追求并不意味着摆脱尘世生活,而仅只意味着与对生活的肤浅感受相脱离。在给其朋友蔡耶尔的信中,他写道:"天国在我们心中,但天国里却没有我们自身——因此,我们必须回到那里"。在把"真正的"和"虚假的"基督教观加以区分的问题上,斯佩兰斯基走得更远。下面引述的,就是一个极其富于特点,充满对教会的激烈尖锐抨击的话。敌基督[3]"更换了自己的防卫服——他赋予其防卫者完整的基督战士的外观,要其战士们相信,他们实际上就是真正的基督战士……他为他们发明了自己的基督理想……把内心岗位与外在岗位,用心灵的祈祷与废话连篇杜撰了整整一大套虚假基督教观"。对当代教会基督教的这样一种揭露,揭示了那个时代世俗宗教思想一个非常值得加以关注的特征,即他自认为自己乃是"真正"基督教的体现者。他们情愿(像斯佩兰斯基一样)重弹旧礼仪派谴责的基调,把教会当作是一种敌基督现象!而在俄国宗教—哲学探索中,我们还将不

---

① 《给女儿的信》,1869,第130页。
② 同上书,第236—237页。
③ 《纪念 M. M. 斯佩兰斯基伯爵》文集中标题为"敌基督"的一则注记。

止一次地与之相会（而且只需指出列·托尔斯泰一个名字就够了）。

斯佩兰斯基在批判作为"虚假的基督教体系"的教会的同时，却并不否认教会的神秘性——但在这里他的意识二重化了，某些研究者们倾向于从中得出一个结论，即斯佩兰斯基对教会的批判，仅仅涉及对教会的歪曲，而非教会的实质①。然而这个时期的整个时代，尤其是在俄国，正处在一种普世的和超然于教会之上的基督教统治之下——在这一点上，斯佩兰斯基与其时代是完全吻合的。但我们切勿以为斯佩兰斯基完完全全地仅只投身于"内心的"基督教了，而在内心的基督教里，在俄国（世俗）宗教思想界里，社会生活的基督教化理念开始初现端倪，而这种现象，嗣后又被称之为"社会基督教"。法国宗教思想界里那些倾向于社会基督教的流派，宣扬其主张那已是后来的事了，因此斯佩兰斯基在这个问题上，完全是独创的。其体系中的这些方面之所以值得关注，因为它在俄国思想界里，显得异常的稳固。斯佩兰斯基关于这一问题的最重要的话，在其给蔡耶尔的信中可以找到②。斯佩兰斯基在给他的信中写道："人们错了，他们断言似乎天国的精神与政治社会的本质是格格不入的。"继而又写道："我不知道有哪个国家问题是不可以归结于福音书里去的。"斯佩兰斯基在此似乎忘记了就是在福音书里，对"神之王国"和"恺撒天国"做了严格的区分。但这当然不是什么幼稚，也不是什么偶然的错误。斯佩兰斯基在捍卫"本着神之王国的精神"改造政治生活的理念的同时，实质上是让俄国（世俗）思想重归我们早已熟知的那种乌托邦——即"神圣王国"之乌托邦。关于"莫斯科即第三罗马"的理想本身，即包含着对"永恒"的一种期待，而"永恒"亦即正义王国——而专制制度意识形态就来自于这一信念，它渗透着这样一种信仰，即在受过登极涂油仪式的君

———————————

① 尤其可参阅费奥凡助教对斯佩兰斯基的善意评价，如《关于精神生活的书信》一书的第7页。

② 《俄罗斯档案》，1870。

主——沙皇——身上，上帝王国与恺撒王国的二元对立已经被取消了。但受到这一理想之鼓舞的教会灵感早在18世纪就已枯萎了。而在18世纪末（卡拉姆津及其他人），在世俗的历史编纂学领域里，则产生了政权具有"神圣性"的思想。这种思想在卡拉姆津那里发展成为整整一套保守主义纲领，并在其《关于古代和近代俄国的札记》中，获得了表述。对于为了捍卫政权"神圣性"思想而从事的首次历史编纂尝试中的种种矛盾，欲言又止的情形，佩平在其书中做了非常详尽的揭露①，而后来在俄国历史学中，出现了许多"说理缜密"的理论体系。但在斯佩兰斯基那里，我们也可以找到正在产生中的历史理论乌托邦的另外一种变体，他倾向于这样一个思想，即政权（最高政权）乃是一种司祭阶层（给蔡耶尔的信②）——但这却并非什么"社会寂静主义"③，也不是 guand méme④ 不管怎么样都要承认国家是神圣的（像卡拉姆津那样），而是探索改造国家之路。在此我们不应忘记那样一些与——不是单单只在亚历山大一世治下——"神圣同盟"有关的神秘主义期待。有一句话说得好，"在亚历山大治下期间国家重新意识到自己的神圣和圣洁"⑤。

斯佩兰斯基的神秘主义不如拉布津厚重而深邃，但此二人尽管采用的方式不同，却都为世俗宗教思想铺平了道路。在这一精神运动中，有许多与充满了神秘主义的紧张和激动的时代本身相关联的因素，但也有某种对俄国自身内在的精神辩证法而言富于征兆性的东西。在教会内部和围绕着教会，一种深刻的骚乱正在进行——许多大主教（如莫斯科总主教、著名的菲拉列特）和世俗社会里各个阶层的人士，都

---

① 参阅上述书的整个第4章。
② 《俄罗斯档案》，1870，第188页。
③ 流行于17世纪，宣扬对生活持消极冷淡，听天由命的态度。——译注
④ 拉丁语：仍然，迄今，尽管，不管怎么样。——译注
⑤ 弗洛罗夫斯基：《俄国神学之路》，第133页。为了说明这一时期，与克吕德纳夫人对亚历山大一世的影响力有关的那些神秘主义期待，是非常之有趣的。还可参阅科捷利尼科夫教派，见佩平：《亚历山大一世统治期间的宗教运动》，第2—4章。

热衷于从事宗教探索——时而本着"普世"亦即超越于教会的基督教精神，时而又本着有关"内心教会"的理念之精神。毫不惊奇的是，在教会意识里很快就出现了敌视任何新生运动的态度，一种激烈的反动产生了，后来这一势力变得越发强大和富于侵略性。而对于俄国的整个生活一直具有至关重大意义的、贯穿于整个 19 世纪的"进步派"和"反动派"的二分法，最初就形成于此，或说肇始于此。

6. 在拉布津和斯佩兰斯基的神秘主义中，神秘探索与一般精神变革——这种精神变革与俄罗斯思想走上自由的，亦即超然于教会之上的体系建构有关——的关系，比那个时代俄国其他神秘主义派别，表现得更加鲜明。而在 19 世纪初的纯哲学探索派别中，这种关联的表现则比这还要更鲜明，当然，此类探索更多地倾向于谢林①，只不过是特指谢林及其自然哲学罢了。俄国谢林主义者们这一特点——后被对谢林美学和整个德国浪漫派的迷恋所取代——恢复了18 世纪末俄国共济会员（施瓦茨及其朋友）那里在 19 世纪初哲学运动与自然哲学兴趣之间的联系。

要想搞清楚 19 世纪初俄国的信徒们在谢林那里学到了什么以及是怎样学到手的，我们就必须首先对 18 世纪末和 19 世纪初德国哲学渗透进俄国的过程，做一个简单的回顾。正是由于 18 世纪下半叶哲学文化在俄国有所发展，尤其是高校哲学教学的增长，使得人们对纯抽象主题的兴趣越来越浓厚。刚才我们已经谈到康德及其弟子们的俄文译本（多为手稿本）的事，但从 19 世纪初起，俄国的大学校园里甚至涌现出一大批那个时代十分严谨而又杰出的德国哲学的代表人物。自从他们纷纷涌现后，俄国青年开始花费越来越多的时间来研究哲学。最值得一提的是莫斯科的布尔（Buhle）教授和哈尔科夫的沙德教授。布尔是一位知识渊博的学者，说起什么都头头是道，兴致盎然，可在俄国他却以研究文学问题为主业。他的学生，

① 谢林（1775—1854），德国哲学家，德国古典唯心主义的代表人物。著有《先验唯心主义体系》（1800）等。——译注

我们还将与之见面的达维多夫教授，评价布尔的学说是"明智的唯心主义"，意在指明布尔并非一个狂热而又激进的超验唯心主义的信徒。但对康德的研究虽然缓慢，但仍然还是不可遏止地渗透进了大学和神学院校门里来。

比他们更重要性格也更鲜明的人物，是沙德。1816 年涉及彼得堡、喀山和哈尔科夫三地大学的取缔哲学事件，沙德也是受害人[①]。身为哈尔科夫大学的前哲学教授，沙德曾在 5 年内（1811—1816）是费希特[②]的学生，在俄国哲学史上留下了显著的痕迹，正如其学生所说的那样[③]。而一个尤其值得予以指出的事实，是在俄国 30 年代的哲学运动中曾经发挥过巨大作用的帕夫洛夫教授（关于此人可参见下文），恰好也是在沙德门下开始主修哲学的。在哈尔科夫沙德门下求学期间，他对哲学和哲学研究兴致勃勃，而也正是在那些年里，哈尔科夫有一位上文已经提到过的数学家，叫奥西波夫斯基，此人对一般和个别的德国唯心主义，均持一种无情嘲讽和严厉批评的立场，他还嘲笑沙德把思维与现实同一的观点是"幼稚的"。从奥西波夫斯基所捍卫的经验主义观点看，这的确显得很幼稚。

但其实早在沙德自己那里，费希特主义便已转变成为谢林的自然哲学，而对俄国哲学的命运而言，异常贪婪地关注谢林（即自然哲学）的这种热情，恰恰正是一种异常现象。实际上俄国的谢林主义者直至今天都未销声匿迹，要说明这一点，我们只需指出谢林在弗拉基米尔·索洛维约夫世界观中所具有的巨大意义就够了，而后者的意义直至今天都鲜活如昨。

---

① 关于沙德，可参阅《Koyre 文集》，第 52—65 页；《施佩特文集》，第 110—118 页；博布罗夫：《哲学在俄国》。还可参阅泽列诺戈尔斯基的文章，见《哲学与心理学问题》第 27 期、第 30 期。

② 费希特（1762—1814），德国哲学家，德国古典唯心主义的代表人物。——译注

③ 详情可参阅施佩特：《俄国哲学发展概论》，第 114—118 页。

7. Д. 韦兰斯基（1774—1874）[①] 出身于普通人家，15 岁时考入基辅神学院，但还没毕业，就又转学到彼得堡医学院。医学院毕业后被派往德国深造，在国外学习时开始对哲学研究十分痴迷，回到彼得堡后，便想执教于哲学教研室。由于医学院没有哲学教研室而改任于植物学教研室。其学位论文是关于《论医学与物理学理论的变革》问题的。由于找不到论文评阅人（尽管曾三次发出海报进行公开的论文答辩），所以，只得在未经答辩的情况下获得学位。按照其学生罗赞诺夫的说法，他曾是一个非常优秀的演讲人，"韦兰斯基的个性完完全全像是一团燃烧的火焰"——这与其对谢林思想的狂热痴迷有关。他对谢林的忠诚终生不渝。有一位历史学家[②]认为韦兰斯基并不是一个真正的谢林分子，因为他始终停留在谢林的自然哲学，并未亦步亦趋地深入研究导师晚年的著作。这种观点奇特之极，似乎一个人既然接受了谢林的一种学说，就得同时也宣扬他的其他所有的学说。韦兰斯基诚然是一位从事自然科学的学者，但同时他也是以哲学方式提出科学问题的积极拥护者。如果说 Koyré 此刻谴责韦兰斯基没有追随谢林追根究底地研究其导师整个体系的话，那么，反过来，彼得堡科学院也曾两次恰好因为其科学里所包含的"哲学性"而拒绝授予其院士称号。韦兰斯基曾在给帕夫洛夫教授（同样也是一位谢林分子）的信中写道："我在俄国学术界嚎叫了 50 年了，像旷野的呼告。"他的确很孤独，尽管这段时期里的俄国人，对自然哲学颇感兴趣。这里部分原因在于韦兰斯基所用的语言非常晦涩，还有部分原因是由于：他所追求的，与其说是为了普及谢林（这方面帕夫洛夫做得好极了，在俄国谢林主义的发展过程中，他的作用

<hr>

[①] 关于韦兰斯基的文献有：博布罗夫：《哲学在俄国》；K. 维谢洛夫斯基：《俄国哲学家 Д. 韦兰斯基》，《俄罗斯古风旧习》，1901；费利波夫：《俄国哲学的命运》，《俄罗斯财富》，1894；科柳帕诺夫：《A. И. 科舍廖夫评传》，第 1 卷；《施佩特文集》，第 124—132 页；Koyré 的文集，第 91—99 页。还可参阅：罗赞诺夫：《回忆韦兰斯基》，《俄国信使报》，1867。

[②] Koyré 的文集，第 98 页。

是非常重要的），倒不如说是为了科学的"变革"（本着谢林的哲学精神）。但需要指出的是，韦兰斯基曾经有过许多狂热的崇拜者。科柳帕诺夫①证实，早在40年代时，《对自然的改造和创造性的生物学研究》（出版于1812年）一书，"就使得中学高年级学生们绞尽脑汁，苦思冥想"。在韦兰斯基的学生里，最值得一提的，是他的忘年交亚斯特列布佐夫，他在其《忏悔录》中写道："韦兰斯基以其自然哲学算是把我彻底征服了。"亚斯特列布佐夫后来从自然哲学转向一般哲学问题（他曾对科学中"对事实的崇拜"鄙夷不屑），晚年则成了一位信仰的捍卫者②。

韦兰斯基是一个自然哲学家，但自然哲学家毕竟也是一种哲学家。1824年他在给奥陀耶夫斯基（关于此人可参见下章）的信中写道："20年前是我首次向俄国公众通报了有关自然世界的，建立在神智学概念基础上的新知识，这种认识肇始于柏拉图，但却是在谢林那里才开始形成和成熟起来的。"③ 的确，韦兰斯基不仅从谢林那里拿走了自然哲学，而且在很大程度上还拿走了他的先验论。但不光韦兰斯基，而且在德国和俄国的谢林思想界里，谢林身上最富于影响力的事件，是他的现实主义转向。谢林分子们的先验论似乎在颦眉蹙额了，这是对谢林基本哲学立场的一次有趣的变形（деформация），而谢林本人早在德国时就已为此提供了许多事实。在韦兰斯基笔下，继其对谢林的现实主义阐释之后，处于首要位置的是以现实主义方式所理解的自然哲学。但我们也不应贬损韦兰斯基笔下一般哲学材料的意义——实质上他毕竟不失为一个先验论者（采用谢林之"同一系统"精神的）。他一度还曾设想要写一部哲学

---

① Koyre 的文集，第 1 卷，第 445 页。

② 关于亚斯特列布佐夫可参阅《施佩特文集》，第 305—309 页；遗憾的是；和通常一样，施佩特那种鄙夷不屑的语调使其阐述大为减色。

③ 参阅《博布罗夫文集》，第 2 册，第 221 页。

一般理念概论①，因为我们很难想象一个（像韦兰斯基那样）严谨求实的学者，会有执鞭哲学教研室的想法。但我们仍然可以从他的著作里提炼出有关认识论和形而上学的相当缜密翔实的概论来。韦兰斯基是思辨与经验统一论的捍卫者："思辨认识和经验认识"，他这样写道，"都是片面的，单独看每一个都不完整……思辨尽管有其所有的优点，但没有经验也是不够的"。但真知道不在于理念，也不在于感性资料，虽然经验已经把自然界中许多隐蔽现象都揭示了出来，但却并未对其中任何一个的实质性意义进行说明。经验和观察涉及的是事物的过渡形式和有限形式，却未涉及其无限的和永恒的本质。在另一处地方韦兰斯基写道，科学的任务不在于经验主义地"拥抱个别物体"，而是要寻求自然的一般统一性。这样一些认识论体系，显然取决于谢林在其自然哲学中所发挥的形而上学观念，即力求把自然当作活的生物来认识的观念。"自然是普遍生活的一件作品"，韦兰斯基写道。"是作为创造精神而发挥作用的一件作品。所有活的和无灵魂的物质都有同一种绝对观念在其中"②。时间、空间、物质——它们实质上也都是无限永恒之现象。因此，"总体生活"既非物质，也非力量，而是我们通过思辨方式能了解的这两种东西的理想本质。

这一从谢林那里拿来的仅取其一半的形而上学观念，不光使韦兰斯基着迷，而且使他领悟到了世界最珍贵的创造之谜。这种悟性使其科学论著充满了灵感。韦兰斯基对上述观念的价值深信不疑，——他被它完全俘获并对之赞美不尽。这样一来，韦兰斯基也就成了谢林学派的一员，并且本着谢林学说的精神研究科学与自然的问题。有关世界灵魂、自然中的极性原则，世界的有机构成和普通性学说，他全都一概接受。实即绝对精神（Абсолют）的那一"至高无上的"本质，同时也是世界不可穷尽的生命力之源，一切经

---

① 有关这一点可以韦兰斯基致帕夫洛夫的信为证，《博布罗夫文集》，第 2 册，第 225 页。

② 引文来自《生物磁性》，参见《博布罗夫文集》，第 3 册，第 39 页。

验存在全部都根植于绝对精神。韦兰斯基的认识论立场，即来自于对世界及其生命的这样一种基本接受，因为对他来说，我们的理性"仅仅只是构成总体生活之本质的绝对理性精神的反映而已"。

而谢林的思维方式却与此背道而驰——他是从先验唯心主义出发，而非走向先验唯心主义，——但不光韦兰斯基一个人，而且包括所有谢林分子实际上都受到谢林形而上学的鼓舞，并且也正是为了它的缘故而接受了先验论。但韦兰斯基对先验论既有严肃的一面，也不无犹豫动摇的一面，并深知其在逻辑上所占的首要地位。（施佩特非常粗鲁地说什么韦兰斯基之学习自然哲学，"是从尾巴，而非从哲学原理，从头开始的"①），但即便是在这里韦兰斯基也丝毫不亚于其他那些著名的谢林分子——奥肯②、卡鲁斯③等人④。以不久前刚出版的题名为《*Romantische Naturphilosophie*》⑤的论文集为例，该文集表明，谢林对于浪漫主义中对自然哲学研究方式的影响是如此之大，以致我们不得不承认，韦兰斯基体系理应也在其中占据一个合法而又显著的地位。

韦兰斯基对于俄国哲学思想发展的意义是十分重大的。如果说他的直接影响并不十分重大的话⑥，那么，当时——即早在 20 年代——就已在现在的莫斯科，而后在圣彼得堡形成了许多"爱智者"

① 《生物磁性》，第 125 页。

② 奥肯（1779—1851）原姓奥肯富斯，德国自然科学家，自然哲学家。谢林的信徒。——译注

③ 卡鲁斯（1789—1869）德国生物学家，医生，心理学家、自然哲学家、风景画家。无意识心理学创始人之一；发展了表情学说。——译注

④ 他们全都以先验论原理为出发点，努力将谢林原则应用于自然哲学和人类学等学科。施佩特在另一处地方（《施佩特文集》，第 132 页）说韦兰斯基"极不敏感，因此对于基本原理的哲学内涵漠不关心。说"他未能揭示科学和认识的哲学原理……因为他并非一个哲学家"。这些判断显然是不公正的。

⑤ Romantische Naturphilosophie. Ausgewahit von ch. Bernoulli a. H. Kern. Jena, 1926。

⑥ 但需要指出的是，韦兰斯基所讲授的课程往往令某些听众达到"浑然忘我"和"迷狂"的境界（参阅《博布罗夫文集》，第 2 册，第 67 页）。但他的影响力有时十分有限，原因在于他讲课的地方只限于医学院。

小组，而所有小组成员全都承认韦兰斯基是俄国谢林主义者的领袖人物。莫斯科谢林小组的领袖帕夫洛夫，对韦兰斯基更是毕恭毕敬。而在此之后又经历了数十年后，在年轻人心目中，韦兰斯基却已成为"落后"思潮的代表人物①，这诚然不假。无论如何，在对俄国哲学思想成就极其辉煌的俄国谢林主义思想运动中，韦兰斯基有权占据首要位置——这不光在编年史意义上，而且也是因为他在自然哲学领域里严谨扎实，长期不懈的努力所致。

8. 人们一般公认 19 世纪初俄国另外一位谢林分子，是彼得堡师范学院与彼得堡大学的双料教授 A. И. 加里奇（1783—1848）。但这并不准确：加里奇从来就不是谢林分子，而且一般说他也并未建构任何体系，而要按照 Koyre 恶毒的说法，则他曾不过是一个"哲学教授"而已。但也正因如此，有关其在俄国哲学文化发展中的意义，却也不能不提及。

加里奇毕业于宗教学校（在塞夫斯克城），后来成为彼得堡大学教授 П. Д. 洛迪的弟子②，并被教授派往国外进修。返回俄国后加里奇先当上了师范学院教授，然后又是彼得堡大学教授。他最普及的著作有《在外国人指导下完成的哲学体系史》（1819）、《高雅科学论稿》（1825）、《人的图像——哲学人类学概论》（1834）。加里奇的命运十分悲惨：当与哲学斗争（以反对德国唯心主义的追随者们为主旨的）狂潮掀起后，加里奇成了第一批受害者之一（人们指责他的过错在于"只会照猫画虎转述德国人的体系，而不加以反驳"）。被从大学开除后，加里奇失去了生活来源，而他悲惨的命运到此并不算完，他已准备付梓的著作手稿，也被烧成灰烬。

---

① 关于这一问题可参阅塔拉索维奇关于俄国自然科学发展史的专著，见《俄国史》，石榴石出版社，第 6 卷。

② П. Д. 洛迪系《逻辑学教本》一书的作者。关于他可参阅施佩特：《俄国哲学发展概论》，第 137—138 页。

加里奇的《哲学体系史》虽然不是一部独立著作，但在对哲学萌发兴趣的当时（即 20 年代里），却仍然能为俄国青年了解哲学提供良好的服务。而他有关美学问题的著作则比这更有意义。关于美学对俄国思想界的认识究竟具有什么样意义的问题，我们在介绍 18 世纪时已经有所指出。下文中我们将要讲到的那一"美学人文主义"，已经扎下了越来越深、越来越广的根系。从 19 世纪最初几年起，美学教材的各种译本就开始在我国流行，美学问题不仅处于最重要的位置，而且也赋予其他哲学问题以色彩和特点。其中部分原因不仅在于这是对西方所发生事件（主要在德国）的一种反映，而且它也说明，在俄罗斯人的灵魂中，业已扎下根来了的美学问题自有其独特的优越地位。感伤主义以及后来的浪漫主义所带来的，不光是一种旨趣，而且也在所有世界观上，打上了自己的烙印。俄国谢林派中最初只有韦兰斯基一个人研究自然哲学，只是到了 30 年代，谢林派的这一方面才开始重新吸引更广大的人群对之予以关注。但在 19 世纪初，浪漫主义美学，其中包括谢林的美学唯心主义、谢林对艺术的崇高化及其关于艺术创造的学说，已经开始令俄罗斯人的灵魂如醉如痴。19 世纪最初的数十年间，有关美学问题的书籍文献和报刊文献的发展状况究竟如何，尚未有足够详尽的调查和统计。无论如何，此类问题引起了人们的普遍关注——而另一个重要原因在于，此类问题也与文学界所谓古典主义和浪漫主义流派之间的论战相关。加里奇的美学著作，虽不以具有独创性见长，有些地方甚至不无晦涩之嫌，但它毕竟还是把美学问题提高到了哲学的高度，并且它无疑在 20 和 30 年代的美学探索史上，留下了不可磨灭的印记①。在此我们不妨顺便提一句，加里奇的《人的图像》一书乃是哲学人类学的最初尝试，而且它同样也非独创性的（虽然该书包含许多珍贵资料，尤其是该书中与"情欲"有关的，显然受到斯宾诺

---

　　①　如可参阅扎莫京：《20 年代的浪漫主义》，1911，第 1、第 2 卷。关于加里奇还可参阅扎莫京：《20 年代的浪漫主义》，第 1 卷，第 105—117 页。

莎的影响）①。

至于其他俄国谢林主义者们，我们这里首先要提及的，是 М. Г. 帕夫洛夫（1793—1840），他曾在沃罗涅日读过宗教学校，随后就学于哈尔科夫大学（师从沙德门下），又从那里转学到莫斯科大学。大学毕业后他被派往德国进修，归国后摇身一变，成了谢林和奥肯的热情洋溢的崇拜者。主持农艺学和物理学研究室后，帕夫洛夫开始在其所主持的教研室讲课，但他很快就赢得了非凡的名望，不光在各系的大学生群中，而且也广泛包括俄国社会各界人士。善于清晰准确而又令人兴致盎然讲述的帕夫洛夫，既始终如一地探讨认识论问题，也谈论有关自然哲学的一般原理问题。帕夫洛夫讲授的这些课程，对于在才华横溢的青年人中发展哲学兴趣而言，起过极大的作用（有关 20 年代各类哲学小组的活动可参阅下一章）。1828 年，帕夫洛夫创办了一份杂志叫《阿提尼》（Атень），并在其上发表了几篇著名论文：《论思辨与经验知识之间的关系》、《论高雅艺术与科学之间的区别问题》②。他还出版了几部专业著作，其中尤其值得一提的是《物理学原理》。

帕夫洛夫在认识论尤其是在自然哲学中，表现为是谢林的忠实信徒③，但在认识论里，他其实并未远离先验论的一般原则，而只是在自然哲学领域里，才稍稍勇敢了一点。在那个时代哲学思潮的运动过程中，他的那篇《论高雅艺术与科学之区别问题》的文章，具

---

① 关于他可参阅施佩特的草率议论。见《施佩特文集》，第 133—135 页。还可参阅 Б. Г. 阿纳尼耶夫的著作：《18 世纪和 19 世纪俄国心理学史概述》，莫斯科，1947，第 74—79 页。

② 在此很久以前帕夫洛夫就曾在奥陀耶夫斯基主编的以书代刊文集《记忆女神》里，发表过一篇《论研究自然的方法》一文。关于帕夫洛夫，可参阅博布罗夫：《哲学在俄国》第 1 和第 2 册；《施佩特文集》，第 286—299 页；《Koyre 文集》，第 126—136 页；赫尔岑：《往事与随想》，第 1 卷；萨库林：《奥陀耶夫斯基伯爵评传》第 1 卷，第 115—127 页。

③ 施佩特认为帕夫洛夫充其量只是一个准谢林主义者（《施佩特文集》，第 127 页）。萨库林（《奥陀耶夫斯基伯爵评传》，第 127 页）写道："我们只有带有极其勉强的保留条件承认帕夫洛夫是一位谢林分子，或更确切地说，是一位奥肯分子。"

有十分重大的意义，帕夫洛夫在此文中本着谢林的精神，对美学问题进行了阐释。但帕夫洛夫的所有这些论文，都只证明了一点，即他本人是如何浑身上下都渗透了谢林哲学，却又并不具备他讲的那些课程所无疑具备的深刻意义。

可以划入谢林主义者的（但任何时候都是有所保留的），还有达维多夫教授（1794—1863），他是上文曾提及到的那位布列教授的弟子。他的博士论文的题目是关于培根的，从此出发——接下来毫无理据地——他得出一个倾向于经验主义的结论①。当在神性与哲学的青年人中（参阅论述各种哲学小组活动的下一章）开始出现对谢林的公然崇拜现象时，达维多夫遂也对谢林十分青睐，并为其在大学贵族专修班的学员们提供谢林著作供他们阅读。达维多夫与上文提及的那位热情而又真挚的谢林分子帕夫洛夫并肩战斗的同时，他实质上又是一个不纯正的谢林体系的折中主义者，在这方面，在谢林主义在莫斯科的发展历程中，他立下了显著功勋，——对此，我们不妨回忆一下，未来的历史学家 M. 波戈金——下文我们还将与之见面的——是如何醉心和迷恋于谢林主义的，也就足以说明问题了。可当米留科夫严厉谴责达维多夫时，他也是对的。他写道："原来达维多夫在哲学中，和他在日常生活方面一样，都表现为同样的一个机会主义者，——达维多夫居然认为有必要使其自己的观点与谢林哲学相吻合，仅此一点就足以令我们得出这样一个结论，即谢林主义业已成为一种时尚"②。当俄国政府各部门争相为官方民族主义提供论据时，达维多夫却著文反对把俄国哲学与德国唯心主义挂钩……达维多夫熟谙哲学史，他本人也具有一定的哲学洞察力，这

①　最初表达这种观点的，是 M. M. 菲里波夫（《论俄国哲学的命运》，见《俄罗斯财富》杂志 1894 年第 8 期）。继菲里波夫之后尘而表达同一种观点的，有 Π. H. 米留科夫（《主流》第 196 页），但米留科夫更倾向于将其归入机会主义者。萨库林也对菲里波夫亦步亦趋。施佩特公正地指出如此评判达维多夫是缺乏根据的。

②　米留科夫：《主流》，第 296 页。

些都是无可否认的①，但所有这一切加起来，却未能结出任何具有创造意义的珍贵果实。达维多夫的贡献只限于他对年轻人的影响——此人在俄国哲学史上的地位即取决于此。

9. 要对俄国的谢林主义思潮做总体评价，目前尚缺乏经过分析鉴别的材料——只有对莫斯科和彼得堡各种哲学小组，对 B. Φ. 奥陀耶夫斯基伯爵及其他思想家们的创作有所了解之后，我们才能对俄国的谢林主义思潮，做出总体评价。而当下，在本章即将结束之际，我们仅只对属于 19 世纪最初数十年间的、俄国早期谢林主义思潮的几个代表人物，略加讨论。

首先应当提及的，是在奥德萨贵族学校教书的 K. 泽列涅茨基（1802—1858），他曾出版过一本名为《若干理论问题研究实验》的书，书中收录的系列文章对先验论理念做了一番发挥——近似于谢林而非康德。泽列涅茨基还在一篇有关逻辑学的专文中，与黑格尔进行争论②。

在奥德萨，当时还有另外一位教授，叫 Π. Π 库尔良采夫（1802—1838），当时还只是一个谢林著作的翻译家（《思辨物理学导论》），翻译过著名谢林主义者舒伯特（《宇宙学的主要特征》）和斯蒂芬斯（也是一位谢林主义者）的著作：《论自然的阶梯式发展模式》。

韦兰斯基的学生、赫拉·埃克勃列德（1808—1877）出版了（于 1872 年）《人类精神能力的生物——心理学研究概览》一书。作者自己也承认该书的基本思想取自韦兰斯基的课程。

帕夫洛夫的学生 M. A. 马克西莫维奇（1803—1873）起初是一位植物学家，后做文学史家，曾任基辅大学教授。除大量专业著作③外，他还写有几部自然哲学方面的专著——本着谢林哲学的精神而写。

哈尔科夫大学教授杜德罗维奇（1782—1830）是沙德的学生和养

---

① 课参阅施佩特和 Koyre 对达维多夫观点的详尽分析。
② 关于泽列涅茨基详情可参阅《施佩特文集》，第 104—110 页。
③ 关于此人可参阅奇热夫斯基上文，第 101 页（第 44 节）。

子，在课堂上发挥了谢林的思想。同样的话也适用于哈尔科夫另一位语文学教授 *И. К.* 克龙涅贝格（1788—1838），但他一方面大力普及了乔治·布鲁诺，而在其论述美学问题的专著中，则接近于谢林①。

10. 在韦兰斯基之后一代人中的谢林主义者中，出现在首要位置的是谢林的美学哲学，无论如何，美学哲学处于哲学思考的焦点与核心位置。当然，在这个领域里，德国浪漫主义的整体影响力仍然十分强大，但我们不应忘记的一点是，早在 18 世纪俄国的哲学思潮中，美学因素就已扮演着十分重要的角色。但在此之中我们应当对那种可以称之为"美学人文主义"问题予以特别关注，它与所谓的"感伤主义"有着十分紧密的联系。感伤主义绝对不是只为 18 世纪高雅文学所具有的一种现象——如人们常常会以为的那样。文学中的感伤主义仅仅只是更加广阔的艺术现象的一种表现而已，而无论根据其起源还是其内容，感伤主义都在欧洲文化中构成了一个特殊的时代，如欧洲 17 和 18 世纪宗教运动的勃兴一样②。

对于俄国感伤主义而言，恰恰正是它那审美化品格显得异常之重要。这里当然也有过西方的影响（尤其是在西方哲学史上首次把道德情感与审美领域贴近起来的舍夫茨别利③），这一倾向在席勒关于"美丽的心灵"的著名学说中，也得到了反应④，但在俄国感伤主义作家们那里（我指的是卡拉姆津和茹科夫斯基⑤），美学因素是与其人文主义有机的融为一体的。而俄国感伤主义的上述两类代表

---

① 关于此人可参阅《施佩特文集》，第 325 页。

② 这一点 M. Wieser 的著作（Der sentimen—fale Mensch）（1924）说得很清楚。

③ 舍夫茨别利（1671—1713），伯爵，英国哲学家，美学家，道德论者，自然神论者。

④ 关于舍夫茨别利对德国思想界的影响（在上述文本的意义上），可特别参阅 Obernauer 那本十分有趣的书。可参阅 Die Problemarik d. astheti—schen Menschen und deutsch. litera-ture. 1923；还可参阅 Unger. Hamann und die Aufklarung（lie Auf. 1911，C. 63，passim）；还可参阅 B. A. 科热夫尼科夫那部非常好的书——《18 世纪的感性与信仰哲学》。遗憾的是此书只出了第 1 卷。

⑤ 有关把茹科夫斯基归入感伤主义时代这一点，可参阅亚历山大·维谢洛夫斯基：《茹科夫斯基——情感、真挚的想象力之诗》（1904）。

人物，他们的意义正在于，在他们那里，18 世纪人文主义开始有了新的根据和新的品格。在混乱不堪的俄国精神运动的复杂发展过程中，审美要素具有如此重大的意义，以致我们不得不对在俄国首次出现于卡拉姆津和茹科夫斯基笔下的那种美学人文主义，稍做描述。

H. M. 卡拉姆津（1766—1826）是在莫斯科的沙坚[①]教授的指导下，受到过高雅的教育。他对德国文学，法国文学以及英国文学，均有很深造诣，而且，他了解的不光是上述诸国的文学，也包括其哲学。他的主要灵感来源是卢梭，但却不是那个具有社会—伦理激情的卢梭，而是感情权利的热情捍卫者卢梭。卡拉姆津严格本着审美规范，"热情洋溢"地对卢梭顶礼膜拜，他甚至全盘接受了共和主义，而顺便说说，他对之可以说是终生不渝——尽管剧烈的思想上的变革，使其最终成为俄国专制制度的拥护者。而后来连赫尔岑也说，对他以及他那一代人来说，"共和制"这个字眼似乎具有"道德的含义"，也就是说，与其说它是一种政治观念，倒不如说它是来自道德观念的一种要求。而这样的说法也适合于卡拉姆津本人，在他的共和主义里，并不包含任何政治的和道德的内涵，——但正如他本人所说，他"出于感情"为了共和主义那审美的和形式上的和谐美妙性，而对其顶礼膜拜。他在给 И. И. 德米特里耶夫的信中写道："出于感情我是一个共和主义者，——但与此同时我还是俄国沙皇忠诚的臣民[②]"。还有一次在给维亚泽姆斯基伯爵的信中他写道："我在内心里是一名共和主义者并至死不渝。"而 H. И. 屠格涅夫作证道，当卡拉姆津得知罗伯斯庇尔的死讯时，竟号啕痛哭[③]。

---

① 卡拉姆津在莫斯科与德国诗人伦茨（Lenz）（此人系狂飙突进〈Sturm und Drang Periode〉或所谓 Genizeit 的代表人物），后来终老于莫斯科。关于卡拉姆津接受的各类影响，可参阅西波夫斯基的《H. M. 卡拉姆津》（1889）一书，还可参阅阿列克赛·维谢洛夫斯基的《俄国文学中的西方影响问题》，第 4 版，第 127—133 页。

② 见西波夫斯基：《卡拉姆津》，第 109 页。

③ 参阅 H. И. 屠格涅夫：《俄国与俄罗斯人（关于卡拉姆津的札记）》，俄文译本，1915，第 339—344 页。

当然，有一点很清楚，即卡拉姆津的共和主义对他而言与历史现实绝对无关，这不过是一种带有审美色彩的甜蜜幻想罢了，而构成美学人文主义之基础的，恰好正是此种幻想（美学人文主义的不负责任性，不是由于其轻浮，而是由于其虚幻缥缈）。表现于感伤主义中的这一幻想性并非仅为了逗乐，即使感伤主义对其自身体验有过"甜蜜的陶醉"，则它毕竟也是面对现实的，而且，它也是从审美角度来对现实加以评价的。正因为此，比方说，哲学上的折中主义者在他身上，也就显得"十分自然"。这种折中主义并非无原则性，而是一种从美学要素与占据首要位置这一点而引发出来的不负责任性。卡拉姆津在某处文字里，表达了常常被 18 世纪西方人（如 Hemsterhuis，Hamman，Jacobi）所发挥的一种思想："……富于情感的心灵乃是一眼丰硕的思想之泉[1]"。"所有美的事物都能令我愉悦，"他不止一次如是所云道，并且也最终被淹死在了这样一种"泛审美主义"的洪水中。（而"泛审美主义"却并非他一个人所专有的）

卡拉姆津在其生命的所有时期——甚至在他完全投身于《俄国国家史》的写作中——时，这些美学因素在他身上也始终一成不变地发挥着作用[2]。因此我们可以把卡拉姆津当做我国美学人文主义的代表人物[3]。对此毋庸置疑，而那些有关卡拉姆津的不无偏激的言论（如佩平[4]）和议论，只能徒劳无益地把问题搅混。卡拉姆津在早期一篇文章中说："我们爱卢梭，是因为他对人类有着炽热的爱心。"但卡拉姆津自己却在某处文字中，却把也表现在他本人身上的这种

---

[1] 《卡拉姆津文集》，1838 年版，第 9 卷，第 236 页；文章标题是：《感性的与冷漠的》。

[2] 米留科夫也敏锐地指出在卡拉姆津的历史研究中美学原则占据首要位置（《主潮》第 165 页）。

[3] Obernauer（见同上书，第 267 页）正确地把 B. 洪堡（В. Гутбольдт）——因为他能摆脱一切历史的杂质——而当做美学人文主义最鲜明的代表人物。而在卡拉姆津身上，此类"杂质"则是足够多的。

[4] 关于卡拉姆津，佩平不无嘲讽地说："在抽象概念的领域里，卡拉姆津是人类最温柔体贴的友人"，见《亚历山大一世统治期间的社会运动》，第 2 版，1885，第 199 页。

"对人类的爱心"，定义为一种"温存的道德感"。而这也正是席勒用"美丽的心灵"这样的语词所定义的同一个理想，同时它也是同一种美学乐观主义，它坚信善必将胜利，而且这种信仰得到了审美体验的支持。"在人的心灵里蕴含着一颗向善的种子，而且它永不丢失"，——卡拉姆津继卢梭之后这样声称道，但在卡拉姆津那里，这种乐观主义受制于一些纯美学人文主义的母题。须知他身上的乐观主义是不可能与下述幻想式的期待——即期待"人类正在趋向于完善"，因为"神性即寓于人的内心中"① ——相分开的。卡拉姆津借《美利多尔和费拉列特通信录》中某位对话人之口，宣称："天国之美令我的视觉愉悦，使我的心灵充满了温柔的爱情。我的灵魂正在甜蜜的陶醉中向它奔去"。这当然是一种感伤主义，但在其后还隐藏着一种特定的精神定势：即证实一种美学伦理。某次他甚至写下了这样的字句："按照卢梭的说法，只有现实生活中没有的东西才是美的。所以，如果这东西是美的，那它一定轻灵得犹如一个幻影，永远在躲避着我们，而我们也只能在想象中把握它。"以美的方式保护，美的魅力，在此成了一项十分重要的任务，而对这项任务，就连现实生活的严峻真理，也得退避三舍。

在作为一个历史学家的卡拉姆津身上，政权具有"神圣"性质这样一个理念，也开始复活复苏，这种理念是16世纪乌托邦意识形态所激活了的，但它当然并不带有教会的激情。在卡拉姆津的保护性爱国主义②中，政权学说的教会依据又被对俄罗斯之荣誉俄罗斯之力量之伟大的问题所取代了。这种对从前教会理念的世俗化以对俄国生活和俄国历史的审美欣赏，取代了教会的激情。在这个问题上佩平当然是对的，他谴责卡拉姆津激发了民族虚荣心，促进了历史学中的感伤主义的兴趣，而把俄国生活的现实需求问题摒除在一边，而盲目陶醉在俄罗斯伟大恢弘的直觉之中。但卡拉姆津在其时代精

---

① 引文摘自《美利多尔与费拉列特间的通信》一书。
② 关于他值得关注的《有关古代的近代罗斯的札记》，可参阅佩平的著作第4章。

神迷误的运动过程中所占的历史地位，也恰好正在于此，在建构美学人文主义体系的同时，他向知识分子意识形态体系中，植入了一个新的因素，并向生活世俗观方向，迈出了一大步。

11. 美学人文主义的另一位代表人物——诗人 B. A. 茹科夫斯基（1783—1852），其作用却表现在另外一个方面。茹科夫斯基距离哲学相当遥远，但他却在俄国精神探索的发展过程中，占有一席之地——在他身上，美学原则的优先性比在卡拉姆津身上还要明显，而与此同时，茹科夫斯基比其他俄国人出力更多地促进了德国浪漫主义对于俄国生活的影响力的深入渗透。茹科夫斯基崇拜卢梭与夏多布里昂①、席勒②以及早期德国浪漫派。茹科夫斯基本来对席勒的美学哲学是感到格格不入的③，但他却对席勒美学与伦理范畴相接近的学说——"美丽的心灵"的理想——感到很亲近。在写于 1809 年的一篇文章中，他写到在 Schöne Seele（美育）理论中的趣味说中"诗歌所具有的道德益处"问题。德国浪漫主义中的那样一些向所有的极限值漫延，爱歌咏"心灵中夜的一面"，以及自然和人身上的"无以言喻性"的流派，尤其受到他的青睐。这也无怪乎为什么早在 1806 年，他就起意要出版俄语版的卢梭全集，因为"心灵的文化"是他全部思考和心理体验常常凝聚的中心。而且早在茹科夫斯基那里，便已为后来由基列耶夫斯基所发挥的有关人的学说（参见本卷第 4 章），奠定了基础④。

一件非常值得予以关注的事，是茹科夫斯基常常赋予艺术以宗教的使命。这是整个浪漫主义（但主要是德国）的一个特征——即停留

①　参阅亚·维谢洛夫斯基：《西方的影响》，第 141 页。
②　关于席勒的影响，可参阅扎莫京：《20 年代的浪漫主义》，1911 年，第 1 卷，第 87 页。
③　席勒美学哲学对俄罗斯思想界的影响，在整个 19 世纪也一直持续着。但遗憾的是，人们对这种影响的研究还远远不够充分。参阅彼得森的《Schiller 在俄国》，慕尼黑，1934。
④　格尔申宗早已指出茹科夫斯基对基列耶夫斯基具有影响。参阅其《历史札记》一书，第 15 页。

在宗教、道德伦理和社会关系中的审美方面。席勒及其在这一领域里的天才洞见，毫无疑问处于这一进程迄今为止也尚未达到其发展的极致的在欧洲文化中所达到的顶峰。但崇尚艺术，竭力从艺术中寻找"启示"，赋予艺术以"神圣"的品格，均与世俗化进程有着深刻的关联。在茹科夫斯基笔下我们可以找到一个非常富有特点的公式：

诗是处于大地之神圣理想中的上帝

（Поэзия есть Бог в святых мечтах земли 〈Поэма《Камоенс》〉）

同一思想以略为不同的方式表达在下列一段话里："天国宗教之诗乃是尘世之诗的姐妹"——这一套话要比第一种温和、含蓄得多，因为在前一句中，诗歌自己本身就是宗教性的。德国浪漫派们同样也把（尤其是诺瓦利斯、Ф. Р. 施莱格尔）诗歌和宗教混为一谈。茹科夫斯基在赋予诗歌以独特的宗教力量（不取决于教会）这一点上，与德国浪漫派并无不同。因为在茹科夫斯基那里，历史的本然秩序自身便已带有神圣的品格①，所以在茹科夫斯基那里，诗和一般的艺术，都是神圣的。所有这一切都与俄国文化中其全部宗旨在于为凝结新的世俗意识形态而工作的那一进程，如响斯应，高度谐调。我们从卡拉姆津和茹科夫斯基的美学人文主义——实质上是游移不定的和缺乏责任心的——此刻转向俄罗斯思想中的那样一些流派，在这些流派里，审美因素仍然在其中占据主导地位。但在这里却已经既没有什么缺乏责任性，也没有什么含糊和游移不定性了。谢林以及德国浪漫主义中比较深刻的一些派别也就适时发挥了他们的影响力。早在 20 年代即已出现的——并且首先是在哲学小组中出现的——谢林主义思潮中的这一新浪潮中，其中一部分主要从谢林哲学汲取营养，而对于另外一些人来说，谢林哲学在走向黑格尔的过程中，仅仅只能起到一种过渡的作用。

---

① 卡拉姆津某次写道："革命对思想做了说明——于是我们发现，公民守则是神圣的，甚至就连最个别性或具有最最偶然缺陷的公民守则，也是如此。"

第二章

"档案馆里的青年人"

Д. В. 韦涅维季诺夫

В. Ф. 奥陀耶夫斯基伯爵

П. Я. 恰达耶夫

1. 后来的名为"解放战争"的 1812 年战争，极大地推动了俄国思想和社会生活的发展。随着俄军向西方的推进，数不胜数的俄国人得以直接感触欧洲生活，而对于鲜活的西欧的这种认识，其对俄国人灵魂的影响力，远比出现于 18 世纪的迷恋西方热更加强烈得多。对俄国政治力量的这种感悟，不仅大大提高了俄国人自身的尊严感，而且也提出了这样一个十分尖锐的问题，即应当如何使西方在政治上给俄国人留下深刻印象的一切，能够深入贯彻到俄国生活中来。从 1812 到 1814 年间，俄国开始了一个日益显著的政治活动凝聚化过程，而十二月党人起义（1825），就是这一过程的尾声。与此同时，俄罗斯的"独一无二性"这一主题，也开始以新的力量，突现出来——但这次已经不再如 18 世纪人常常所做的那样，是为了能回归旧俄的生活，而是为了能够揭示迄今为止一直隐藏在"人民精神的深处"的"俄罗斯理念"、"俄罗斯本质"。而早在 1803 年，我们已经对之有所认识的卡拉姆津就这样写道："我似乎觉得我们在思考有关我国人民的尊严这一问题时，表现得过分恭顺了。"可以理解的是，在 1812—1814 年战争以后，希望鲜明表达民族自我认识的心理需求，有了急遽伸长①。那个年代里的自由派和保守派们，唯独在这个问题上高度一致——在所有的小组里，认识到俄罗斯的力量和"成熟"成为一种共识②。

早在 1812 年战争爆发以前，俄国社会就已开始了政治上的分化——这种政治上的分化最初仅仅表现在文学领域，但在最初的 10 年中，文学论战的基本含义却恰恰取决于政治上的分化。在这方面，有一场争议值得注意：争议的一方以卡拉姆津为代表，主张采用能够表达新概念、新关系的新词，来丰富俄语（的表达手段）；争议的另一方则以希什科夫为首，想要把俄语的发展限制在旧有形式的范围内。而早在那时所发生的这场争论中，俄国生活中最主要的分化过程，即已初现端倪。而到了 1812—1814 年战后，这一分化进程开始猛然加速，并很快达到极致。早在这些年中，不光在具体问题上，而且也包括在意识形态领域里，就已形成了观点相互对立的两大阵营。而在这一进程中，亚历山大一世本人多次发表的、洋溢着热情宣扬激进改革精神的（如在 1818 年在波兰议会开幕仪式上发表的那次著名演讲中，亚历山大一世宣称："人民的统治者们应当用全民自愿通过的决议来取代强制性决议"。未来的十二月党人洛列尔在聆听这次演讲时被感动得涕泪交流……③）旗帜鲜明的演讲，发挥了巨大的作用。这些演讲的内容还包括取消农奴制④，这就极大地促进了本书上一章中我们已经部分涉及的神秘主义流派的增长，而这一时期中的神秘主义运动屡屡发出非常高昂的反动的调门。

实际上 19 世纪早期俄国的所有派别，都与 18 世纪的相应派别

① 关于这个问题可特别参阅佩平的著作：《亚历山大一世治下的俄国社会运动》、《文学观点评述》。

② 作为十二月党人之一的 A. A. 别斯图热夫非常出色地表达了这一思想情绪："当拿破仑侵入俄国以后，俄国人平生头一次感觉到了自己的力量。俄国的自由思想就是这样开其端的"。

③ C. 梅利古诺夫：《亚历山大时代的人与事》，第 267 页。

④ 参阅佩平：《社会运动》，第 287 页。

直接相关，或许只不过是都采取了更加激进的方式而已①。但在 20
年代里，最重大的影响，非来自于法国，而是来自于德国思想家，
正如我们在前一章里已经看到的那样。对于俄国青年来说，德国
唯心主义成了最强有力的召唤者，因而，从 20 年代开始，大批哲
学小组开始组建，它们对哲学文化在俄国的发展，具有十分重大
的意义。

2. 1823 年在莫斯科同时有两个小组诞生：第一个是纯文学小组，
由塔索②长诗的俄文译者 C. E. 赖奇领导。第二个是哲学专业小组，
名为爱智者（亦即哲学家）协会③。而即使是在前一个文学小组里，
有时也会看到与哲学题目有关的信息④，但对我们而言，当然是后一
个小组更有意义。第二个小组的成员有：В. Ф. 奥陀耶夫斯基伯爵
（主席）、Д. В. 韦涅维季诺夫（秘书）、И. В. 基列耶夫斯基（未来
的斯拉夫派——关于此人可参阅第 4 章）、С. П. 舍维廖夫、М. П.
波戈金（此二人后来都成了莫斯科大学的教授）、А. И. 科舍廖夫等
数人。爱智者协会只活动了两年（到 1825 年末，当十二月党人起义
的消息引起协会成员的警觉后，他们关闭了该协会）。协会成员多数
是一些在莫斯科的外交部档案馆共事的年轻人，他们在那里相互结
识，成为至交，因而也被称为"档案馆里的年轻人"。这些人当时都
非常年轻（奥陀耶夫斯基 20 岁，韦涅维季诺夫 18 岁，И. В. 基列耶
夫斯基 17 岁），他们全都受过高雅的家庭教育，几乎所有人都具有
卓越的才华。当他们所有人都相互熟识了以后，便立刻把兴趣集中
在哲学上来。例如，从 А. И. 科舍廖夫的笔记中我们得知，他曾和

---

① 有关俄国早期的激进主义可参阅帕夫洛夫·西尔万斯基的文章《20 年代的唯物
主义者们》，载《18 和 19 世纪历史概论》一书。

② 1544—1595 年，意大利文艺复兴时期诗人，作品有英雄长诗《被解放的耶路撒
冷》（1580）等。——译注

③ 俄语单词"любомудрие"，我们早在讨论 18 世纪时即已见过，它是对属于
"哲学"（философия）一词的确切翻译（以俄文词根为基础）。

④ 可参阅萨库林：《俄国唯心主义史论》。见《В. Ф. 奥陀耶夫斯基伯爵》，莫斯科，
1913，第 1 卷，第 1 编，第 104 页。

基列耶夫斯基（与其同年）一块阅读洛克①，随后两人又转而阅读德国哲学家的著作②。恰在此时我们已经熟悉的谢林主义者帕夫洛夫从国外回来，开始在大学向大学生和大学贵族学校的学员们热情宣扬谢林哲学。而同样也已为我们所熟知的达维多夫教授，也在做着同样的事情。根据科舍廖夫的说法，爱智者协会的集会是秘密进行的。科舍廖夫写道："协会里占统治地位的，是德国哲学③，也就是康德、费希特、谢林、奥肯、格雷斯（Геррес）等人。有时我们也会读一些我国的哲学著作——但对我们所读过的德国哲学家著作的讨论，却次数最多，数量最大。全部人类只是赖以奠基于其上的本质问题，构成了我们学术研讨的最重要的题目。在我们眼里，基督教学说只对人民大众是适用的，却不会有益于我们这些哲学家们。我们非常推崇斯宾诺莎，并认为他的著作要远远高于福音书及其他圣经文本。主持会议的是奥陀耶夫斯基伯爵，但演说最多的却是 Д. 韦涅维季诺夫，他的发言常常会令我们无比欣喜。"对于这个时期的总体氛围，奥陀耶夫斯基伯爵在其《俄罗斯之夜》④ 中，做了出色的描述。他写道："我的少年时代就是在这样一个时代度过的，在这个时代里，形而上学如如今的政治学一样，构成了它的总体氛围。我们当时笃信绝对精神理论的可能性，借助于这种精神，我们可以创造自然中的所有现象——这和如今的人们完全相信有一种可以完全满足人的所有需要的社会形式的可能性一样……无论如何，当时在我们这些人的眼里，整个自然和人的全部生活，全都如此透明而又清澈，以致我们都有些不太愿意正眼去看那些只会一味在'粗陋

---

① 　洛克：经验主义哲学家，自由主义思想及政治原理的创立人。在《人类理解力论》（1690）中探讨了经验主义的认识论。他否认天赋观念，肯定人的全部知识都来源于经验。洛克的思想对 18 世纪法国的唯物主义者和 19 世纪初的空想社会主义都有很大影响。——译注

② 　可参阅 А. И. 科舍廖夫：《札记》，1889，第 7 页。

③ 　А. И. 科舍廖夫：《札记》，1889，第 12 页。

④ 　奥陀耶夫斯基：《俄罗斯之夜》，1913，第 8 页。

的材料'里抠抠索索的物理学家和化学家们了……"

让我们先来讨论一下 Д. В. 韦涅维季诺夫吧。

3. 根据大家的反映，Д. В. 韦涅维季诺夫具有卓越才华。朋友们对他的个人魅力，对他卓越才华的直接感受是如此之深刻，以至于在他去世后（他死时年仅22岁）的许多年里，人们还会每年在他的忌日聚会来悼念他。Д. В. 韦涅维季诺夫在爱智者协会里占据首要位置，而他也的确疯狂地喜欢哲学，并时时以其热情感染着其他人。根据他本人的说法，"哲学是真正的诗"——这席话即出色地表达了对哲学的崇拜和热爱，也传达了那个年代笼罩着大学青年学子们的整体氛围和思想情绪。几乎可以说这是一种对哲学的宗教式态度，而实际上对许多年轻人来说，哲学已经完全取代了宗教的地位。

韦涅维季诺夫存留下来的片断文稿①数量少得可怜，使我们无法据以判断22岁就溘然长逝的韦涅维季诺夫的哲学构想——但这些片断文稿也完全清晰地证实了一点，即如果更假以年，韦涅维季诺夫的哲学才华必将放射出灿烂的光芒。他曾下苦功夫研究哲学史②，还曾把奥肯的著作翻译为俄文（可惜译本未能保留下来）③。和德国浪漫派一样，韦涅维季诺夫认为"真正的诗人永远都是深刻的思想家和哲学家"。他是本着先验论的精神来理解哲学走过的道路的，按照他的观点，"认识论"是哲学的任务所在④。但与此同时，韦涅维季诺夫又顽强地坚持这样一种思想，即必须建设独立的俄罗斯哲学。他对盲目模仿西方的做法持否定态度，为了能够"以哲学的牢固基础为依据"，寻找到一条俄罗斯自己的创造之路，他甚至情愿暂时中

---

① 可参阅新的精装版 Д. В. 韦涅维季诺夫文集（学术版，1934）。

② 在韦涅维季诺夫的书信里，对他在这方面所下的功夫，有所述及。例如，在给科舍廖夫的信中，他写道："我已能相当自如地阅读柏拉图，他总是能令我惊喜不断"（《文集》，第302页）。

③ 精装版 Д. В. 韦涅维季诺夫文集，第308页和第491页。

④ 参阅《论哲学的一封信》，见《文集》，第203页。

断与西方的联系："俄罗斯终将在哲学中找到自己的根基、自己的独特性和道德自由的保障的"①。

按照韦涅维季诺夫的思想，作为一个理论学科的美学，乃是联接艺术与哲学的一个中介环节——他把世界的构造本身视为一种美学原则②。韦涅维季诺夫的美学论文（如《雕塑、绘画与音乐》等文章），其谋篇布局都是为了让人能从中得出一般的哲学结论来设计的。他有几句诗，用在他本人身上，可谓再合适不过：

他浑身散发着美的热量，
理智和感情在他身上和谐交响。

韦涅维季诺夫坚决主张直觉是思想的来源，这绝非偶然（"感情产生思想"，——他如此这般地声称道）……③。

可以在谢林那里找到其哲学依据的审美本质的优先地位，非常对年轻的俄国哲学家们的胃口。如果说在韦涅维季诺夫那里，我们所能发现的仅仅只是对此种观点的一种吞吞吐吐的暗示的话，那么，在同属于这同一个爱智者协会的 B. Ф. 奥陀耶夫斯基伯爵的哲学体系里，对这种观点的表达已经具有更大的力度和广度。不妨让我们来探讨一下他的思想。

4. B. Ф. 奥陀耶夫斯基伯爵活了很久（1803—1869），经历了十分复杂的哲学演变过程（其哲学创作可以分为三个阶段），作为文学家他非常之多产，一生中常常出版各类文集和杂志。此人多才多艺又精明干练，虽然他的兴趣和工作五花八门，纷繁多样，但他始终不失其为一个思想家，并在其哲学建构中永远都追求体系上的完美

---

① 参阅《论哲学的一封信》，见《文集》，第 220 页。
② 博布罗夫：《哲学在俄国》，第 2 册，第 5 页。
③ Koyre 在其著作（《文集》，第 139—145 页）对韦涅维季诺夫文章的内容，做了详尽的阐述。

无缺严谨缜密。对他在俄国哲学发展史上的意义，从前的人们估计不足，萨库林论述他的详尽专著问世以来[1]，有一点可以确定，即应当认为奥陀耶夫斯基在俄国哲学发展史上占有一个十分显著的地位。

奥陀耶夫斯基身上最令人惊奇的特点，是他兴趣的多样性。他与后来的赫尔岑一样，对自然科学兴味盎然，并且如其本人所说的那样[2]，他是从自然科学走向哲学的。而且，还有一点应予指出的，是在自然科学中，他所感兴趣的是事实和一般理念：他对事实的关注兴趣永远都带有实在论的根本特点——坚定无畏地遵循正确知识的教导。而他对自然科学一般理念兴趣则进而发展成为一种对哲学的兴趣——须知他是生活在一个自然哲学的发展高唱凯歌的时代呀。奥陀耶夫斯基终生痴迷于哲学，精密科学，但他同时终其一生也是一位文学家。奥陀耶夫斯基在文学方面的天分并不是很高，但他仍然还是写了许多作品——而在他所完成的作品中，也不乏许多成功之作。有一点颇有意思，即奥陀耶夫斯基居然还是一个非常好的儿童文学作家（如所周知，这样的作家难得一见）：他的《伊里涅伊爷爷的故事》至今葆有其价值。需要特别加以指出的，是他对美学问题的兴致之浓——其中包括音乐，他在音乐方面造诣颇深，写有许多有关音乐的著作。最后，还需要指出的是，奥陀耶夫斯基平常总是花费大量时间关注社会和经济问题：在其《俄罗斯之夜》里有许多长篇大论，证明他对此类问题在于近代所具有的头等重要的意义，有很深的感受。

兴趣的广泛和多样表现了奥陀耶夫斯基精神的广度，但与此同

---

[1] 可参阅 П. Н. 萨库林：《В. Ф. 奥陀耶夫斯基伯爵——俄国唯心主义史概论》（莫斯科，1913）情况有所改变。可遗憾的是，萨库林终究未能完成（只出了第 1 卷和第 1、第 2 卷合集 606—459 页）。关于奥陀耶夫斯基伯爵的文献非常丰实。尤其值得指出的是，库巴索夫在《俄罗斯名人传记辞典》写的关于奥陀耶夫斯基伯爵的出色概论，但在萨库林的著作出版后（此人大量引用了尚以手稿形式存在的奥陀耶夫斯基的作品），此前所有的研究著作和文章便都失去了意义。

[2] 见《俄罗斯之夜》，第 9 页。

时，他又总是力求追求哲理的综合——有时甚至达到冒险的地步，因此，我们无论如何不能责备他犯有折中主义。在其一生发展的所有阶段里，一些"核心"信念在他身上得到了鲜明的表现，他总是力求围绕这类"核心"信念来建构其体系，即便这有时并非总是那么清晰①，即他是如何把向四面八方衍射的观点统合为一个整体的，但他有走向体系化这种意向本身，却是毋庸置疑的。

奥陀耶夫斯基很小时（13 岁）就学于莫斯科的大学贵族学校。该学校的校长是普罗科波维奇—安东斯基，是 18 世纪已然为我们所熟知的共济会活动家——施瓦茨——的学生。虽然普罗科波维奇—安东斯基本人不是共济会员。但根据萨库林的公正看法②，共济会的思想传统当然是通过他，才为学员们所传承的。在此我们无论如何也不能否认历史的继承性问题……该校教师中有我们已经熟悉的达维多夫，后来，谢林主义旗帜鲜明的宣传者——帕夫洛夫教授——也来到该校任教。奥陀耶夫斯基在校期间就开始研究哲学，翻译了许多古代和近代哲学家的著作，其中当然也包括夏多布里昂③的《*le genie du Christianisme*》（《基督教真谛》〈1802〉）。他还花费许多时间研究音乐（其中包括音乐理论），——并立即显示出他对音乐的品位不凡的鉴赏力④。中学毕业后，奥陀耶夫斯基加入了莱奇的文学小组，在小组聚会时朗读了奥肯译作，嗣后，如我们所知，他和其他少年学生们共同组建了爱智者协会，他则担任该协会的主席。在同一年，奥陀耶夫斯基和屈谢尔贝克尔起意出版《记忆女神》杂志——这本出版物有点像是周期性出版的文选。在《出版者的话》

① 需要注意的一点是奥陀耶夫斯基的绝大多数哲学著作都还是手稿并且直到现在仍未出版，而我们只是根据萨库林在其书中所做的引文，才得以掌握这些材料的。

② 萨库林：《В. Ф. 奥陀耶夫斯基伯爵——俄国唯心主义史概论》，莫斯科，1913，第 1 卷，第 14 页。

③ 夏多布里昂（1768—1848），法国作家，浪漫主义者。——译注

④ 奥陀耶夫斯基少年时代曾写过一篇热情洋溢的有关音乐的著作——完全是一个名符其实的音乐赞美诗。有关这一点可参阅萨库林的著作《В. Ф. 奥陀耶夫斯基伯爵——俄国唯心主义史概论》，莫斯科，1913，第 1 卷，第 92 页。

一文中，奥陀耶夫斯基指出《记忆女神》的宗旨，是"为我国偏爱法国理论家们的现象划定一个界线"①，是"传播闪现于德国的若干新思想"，而与此同时，吸引读者去关注"就处于我们身边的那座宝库"（亦即为独立的俄国创造铺平道路）。在《记忆女神》的出版终止后，爱智者们又出版了另一份杂志《莫斯科公报》（由当时迷恋于谢林主义的 М. П. 波戈金担任主编），该刊存在于 1827—1830 年间。在奥陀耶夫斯基积极参与下出版的这份杂志，为哲学文化在俄国的发展做出了许多贡献——该刊发表了许多哲学美学方面的论文。

奥陀耶夫斯基很快就移居彼得堡，与韦兰斯基结为至交。此时他先是潜心研究了奥肯，后又钻研了谢林学说。在《记忆女神》的最后一期里，奥陀耶夫斯基起而捍卫"认识所有科学的活的关联问题"的必要性，换句话说，即捍卫从个别方面出发研究构成存在这一"完整和谐之大厦"的必要性。他设想要出版一部哲学辞典，为此已经积累了一些资料，——于是，在《记忆女神》的第四编里，出版了他论述埃利亚学派的论著。在《记忆女神》的另一编里，则揭示了从谢林的绝对精神概念推导而来的知识之理念。内容与此类似的还有一系列未刊论著，萨库林在其著作里，已对其进行了介绍和阐释②。奥陀耶夫斯基在这类本着谢林精神撰写的著作里，所研究的已然不是什么自然哲学问题，而是人类精神的问题——即伦理学、美学和认识论的问题。而他的美学理念则尤为有趣。应当指出的是，早在认识谢林以前，奥陀耶夫斯基就曾力求建立一种美学体系③，——而与谢林的认识，给奥陀耶夫斯基的美学观带来了实质性

① 关于俄国 19 世纪最初的数十年间风行一时的崇拜法国和仇视法国风潮，可参阅上文已经提及的 Haumant 的那部著作：*La culture francaise en Russie*. Haumant 认为法国文化的影响力在 1789—1815 年间的俄国达到了最高的顶点。

② 参阅萨库林：《В. Ф. 奥陀耶夫斯基伯爵——俄国唯心主义史概论》，莫斯科，1913，第 144—176 页。

③ 同上书，第 153、155 页。

的变化。在此之后他开始在美学中力求以绝对精神概念为出发点，——而在音乐哲学中则特别应用了极性原则①。

在这一时期的文学作品中，奥陀耶夫斯基对神秘论持否定态度②，而且，在这段时期中，他对待社会生活问题的态度，也非常谨慎节制。在忠实于人文主义原理的同时，奥陀耶夫斯基在此期间又用一些抽象的伦理学观点，对其进行了加固③。20 年代里的奥陀耶夫斯基便是这样，这是他迷恋谢林的时期，也是他以先验论为基础，力求创立认识论、伦理学和美学的一般观念体系的时期。但从他移居彼得堡（1825），以及从他结婚起，他哲学探索中的一个新阶段开始了——他开始逐渐背离谢林而倾向于神秘主义。

5. 萨库林在其论述奥陀耶夫斯基的著作里，指出神秘主义在俄国的发展经历了三个阶段："叶卡捷琳娜时代的神秘论里，慈善事业在其中占据主导地位，而在亚历山大时代占主导地位的，是宗教的直观，而 30 年代里则被纳入了社会性的成分"④。这一公式化的说法的确说得非常准确，因为问题仅仅在于在不同时期的俄国神秘主义里，究竟什么占主导地位而已，当然，上面所说的所有成分，在所有的各个时代里，都曾有过，问题仅仅在于以怎样的比例存在过而已。

从 30 年代初起，奥陀耶夫斯基完全潜心于神秘主义文献的研究——阿恩特、埃卡高泽（Эккартсгаузен）、圣马丁、Пордеджа、Баадера。他还研究巴兰沙（Балланша）——此人我们下文在讨论恰达耶夫时还将与之见面。奥陀耶夫斯基还研究教父们的著作（根据著名文集《爱善》（Добротолюбие）所提供的摘录），而那些神秘论

---

① 可参阅《В. Ф. 奥陀耶夫斯基伯爵——俄国唯心主义史概论》，莫斯科，1913，第168 页注 2。在奥陀耶夫斯基这个时期的美学观里，有许多与韦涅维季诺夫相似的地方（参阅萨库林同上书，第 170 页注 1）。

② 同上书，第 205 页。

③ 同上书，第 297—298 页。

④ 同上书，第 342 页。

者兼神学家们，如西梅翁①、格列高里、西纳伊特②之流，于他尤其具有吸引力。在此期间奥陀耶夫斯基新建构的体系和趋于成熟的理念被他统统写进冠名为《心理学札记》的系列文章和名之为《俄罗斯之夜》的一部书里去了。那些从未出版但在萨库林著作中以摘要形式存在的材料和札记，对于研究这段时期，具有十分重要的意义。

在这一新的时期中，奥陀耶夫斯基主要研究人类学和历史学问题，而且，在此，谢林主义仍然葆有其作为基础的意义，或不如说是种子的意义，因为种子能从外部吸取营养而长成新的植物。

如今奥陀耶夫斯基的出发点和根据，是"人身上有三种自然力——信仰、认识和审美——融为一体"，因此，哲学不仅必须以科学，还要以宗教和艺术，作为自己的基础。文化的内涵也就寓于这三种自然力的完整统一中，而它们的发展也就构成了历史的意义。在对基本问题的这样一种提法中，占据首要位置的，当然是人本身，因为只有在人身上，以上所说的三大领域，才能找到其统一。但在有关人的学说中，奥陀耶夫斯基所遵循的，首先是基督教关于原罪的学说，该学说早在18世纪便由于圣·马丁的努力，而在神秘主义的著作里获得了新的力量。对于圣·马丁而言，基督教关于人的本性"易于受到伤害"的这一久已被人忘记的学说，反而具有奠基性意义。18世纪和19世纪初俄国所有的世俗神秘论者③（拉布津、斯佩兰斯基），也都在圣·马丁的影响下，把有关原罪的学说放在首位，这种学说告诉我们，原罪不但侵入人的身上，还通过人而成为人的本性。奥陀耶夫斯基同样也十分执拗地发挥着同一个思想。他提醒人们不要忘了圣保罗（《新约·罗马书》第8章第19节）的明示，"受造之物切望等候，神的众子显出来"，因此，他特别强调指出，"卢梭说人的本性自身就是美的这一思想，一半是言不尽意，一

---

① 西梅翁（949—1022），拜占庭宗教作家，诗人、神秘主义哲学家。——译注
② 13世纪60年代至14世纪40年代，拜占庭思想家，教会活动家。——译注
③ 在18世纪俄国的神学文献中，当然也同样总是会对原罪说，加以特别强调的。

半是谎话"。"人只有当其违逆自然而行之时，才成其为人"。人赋有为"疲惫不堪的自然力提供帮助"的使命，但与此同时，人由于其所负有的原罪，自己本身也服从于自然力，而这也正是"人的弱点及人身上之恶的来源"。奥陀耶夫斯基写道："在作为神性之部分的人的灵魂里，假使人不是被迫从自然中获得生存的资料的话，则根本不会也不可能有恶的存在"。简言之，受制于人在犯下原罪之后堕入其中的自然这一特点，乃是人嗣后仍然受到伤害的原因。奥陀耶夫斯基指出："像英国人那样只会一味地夸耀自然，只能杀死人身上有关自然与人一起堕落的思想"。奥陀耶夫斯基进一步指出："自然的存在（毕竟）取决于人的意志。假使人摒弃其称号（亦即摒弃其在自然中的统治地位——作者）——则迄今为止一直都只能被人勉强予以克服的粗陋的自然力，便会给人戴上其镣铐……自然也就会日见其盛地把人征服"。奥陀耶夫斯基对这一问题的继续思考，则以下述观察为依据，即人一旦得了某些疾病身上便会有结晶体（盐）的沉积，于是，奥陀耶夫斯基提出这样一个问题："肉体机体不是什么别的，'是不是'也是一种精神的疾患？"从另一方面说，人如果在认识和爱中，能够逐渐摆脱原罪所造成的那一状态的话，那么，"在人的审美发展中，一种未来的生活样式会以象征和预言的方式得以形成……而这种未来生活样态则能够赋予亚当以犯下原罪以前其所曾拥有的完整性"。最后一个命题与席勒在人类学中的天才洞见十分接近（席勒恰好认为审美领域是人的"更新"的力量所在），奥陀耶夫斯基首次在俄国哲学中提出了一个后来屡屡出现的思想，即关于作为内心修养之理想使命的人的完整性问题。

奥陀耶夫斯基[①]的人类学思想主要是对圣·马丁[②]理念的一种发

---

① 我们这里的所有引文都来自于萨库林根据手稿整理的那份材料。见《В.Ф.奥陀耶夫斯基伯爵——俄国唯心主义史概论》，莫斯科，1913，第444—461页。

② 在 Viatte 的详尽缜密的著作（Les sources occultes du romantisme）中，有力地揭示了圣·马丁在18世纪末19世纪初法国文学中的巨大影响力。但圣·马丁的影响力在德国哲学文献中也很强大。

挥，我们应当把这种思想，与其在哲学论著中所表述的自然观——这些著作中的若干摘录由萨库林在其著作中予以公布了①——联系起来加以考虑——诚如奥陀耶夫斯基本人所指出的那样，他在这些方面受到了波尔杰季的启发，但谢林主义影响的痕迹也卓然可观。尤为重要的，是关于一种现象"反映"另一种现象之法则的自然中的象征主义观。奥陀耶夫斯基说道："在自然中，一切都是一者对另一者的隐喻"。在这一问题上（如同在有关"理念—物质"的学说以及"一切根据的根据"学说一样），奥陀耶夫斯基与歌德的形而上学十分接近。

6. 奥陀耶夫斯基在其有关人的内心世界问题方面所写的一切中，表现得最富于独创性和独立性。在为未来的柏格森体系开了先河的同时，奥陀耶夫斯基断言文化会使人身上的本能遭到削弱（即奥陀耶夫斯基所谓的"本能的力量"）：按照奥陀耶夫斯基的观点，原始人具有强大的本能力量。"古人"由于具有一种超强的本能的视力而"知道得远比我们更多"——但由于理性能力的发展，这种力量渐渐减弱了。"只为自己本人呈现的理智只能产生一种混合主义——人不可能比之走得更远了"。

奥陀耶夫斯基尤其关注下述问题，即他那个时代的当代科学在其探索过程中，由于"巫术"亦即通灵术知识的帮助，已经达到了以前的人类达到的知识水平。他进而提出这样一种思想，即"虚假的理论已经致使炼金术士们做出了数不胜数的发现，其所发现的数量远比当代化学家们所有那些循规蹈矩，意图良善的探索多，而这正是因为从前的人曾经拥有远比今人多得多的本能的力量"。

奥陀耶夫斯基笔下的这一"本能力量"概念，也比柏格森的直觉概念广泛，但此二人的学说，都是卢梭主义在有关人的认识能力问题的学说中的独特表现罢了：人的"自然"结构在此总是会与文

----

① 参阅萨库林：《В. Ф. 奥陀耶夫斯基伯爵——俄国唯心主义史概论》，莫斯科，1913，第462—469页。

明给人的认识能力所带来的一切，两相抵触。顺便说说，在奥陀耶夫斯基那里（和在柏格森那里一样）"本能的力量"这一概念已经超出了仅仅只是认识功能的范围——它与人身上的生物圈问题相关联。奥陀耶夫斯基在此问题上对谢林以及当时所有的自然主义者们亦步亦趋，对催眠术和梦幻症的研究尤为关注①。

但在奥陀耶夫斯基那里，本能力量与理智的对立，亦不像比方在柏格森那里一样，具有如此尖锐的意义。按照奥陀耶夫斯基的观点，二者理应走向综合才是。他这样写道："理解本能，这是一项伟大的事业"。"必须让理性有时候也能够松弛下来，不再力求超越自身，以便深入地认识自身，给'本能力量'以发展的空间"。奥陀耶夫斯基的这一学说揭示了一个后来在斯拉夫派及一系列俄国哲学家的学说中，被推至前台的主题，——即在认识之路上再现完整性。奥陀耶夫斯基的公式："应当把理性提升至本能"，与为精神生活树立了"把理性提升至心灵"之目标的教会学说，十分相近②，因此，对他而言，思维过程也就在于要掌握这一与生俱来的财富。除此之外，奥陀耶夫斯基还教导我们，当我们静心反省我们自身时，我们会忽然看到一个"蓦然展现在我们眼前的新的理念的世界"③。

有趣的是，奥陀耶夫斯基以直觉的方式，捍卫从能量中推导出物质性的思想。在一段对 20 世纪思想预先加以直觉式的赞美的文字中，他这样写道："或许，我们与能够表现由非物质力量而来的物质作品的那一发现，只隔着一天的距离。"我们不妨再援引他的与此主题有关的另外一段话："如果有一天人们发现仅靠电的作用就足以使一种物体变成另一种的话，那么，物质又该是什么呢？"

奥陀耶夫斯基的下述信念，与对物质的"去物质化"之可能性

---

① 奥陀耶夫斯基有关梦的，与德国浪漫派理论如响斯应的极其有趣的学说，即与此有关。对后者同类学说的概述，可参见 *Begain lame romantigue et le reve 1939*。

② 奥陀耶夫斯基称之为"前知"（предзнание），见萨库林同上书，第 573—574 页。

③ 《俄罗斯之夜》，第 43 页，注。

的预测有关，它认为整个当代自然科学界，是建立在与整体相分离的条件下孤立研究事实的错误基础上的。一般说经验主义不懂得何谓"整体"，因为"整体"只向"本能的力量"呈现①。因此，奥陀耶夫斯基所期待的，是能够克服专业化而掌握如整体，如活的统一体的自然的"新科学"。奥陀耶夫斯基认为卡鲁斯②、歌德和罗蒙诺索夫，就是这种"新科学"的先声。"科学应当具有诗意，"——奥陀耶夫斯基如是说。在支持这一观点的诸种理由中，他援引了这样一个理由，即没有艺术才华，也就不可能掌握世界的秘密。正如任何证明都并非仅只建立在理智材料的基础上一样，它们也要求具有一种情感的共鸣，因此，我们在掌握科学所达到的成就的同时，也还要善于唤醒一种"富于好感"的共鸣，也就是说，我们还必须学会"以诗的方式"来接受科学的体系。人类的全部话语尽管无比丰富，但如果它无法引起诸如此类的"诗意"的共鸣的话，便是不完善的——话语的理想是达到我们能在艺术中所找到的那样一种表现力……由此可见，美学因素会使一切知识，一切理解得以扩容，——审美接受是体系的至高点。对奥陀耶夫斯基来说，诗的鉴别力如果不被其他因素毁坏的话，便足以引导我们走向真理：当一个人被一种本能的力量所支配时，他就永远不会犯错误。

在美学中，奥陀耶夫斯基赋予音乐以最崇高的地位，而且处于最崇高地位的不光音乐，还有全部艺术，凡是能够发展人的审美文化的一切，都带有最高价值。根据奥陀耶夫斯基的思想，在艺术里发挥作用的那种力量，或许以前的所有人都曾经拥有过，但都由于理智的发展，而被后来的人类给丧失了③。奥陀耶夫斯基这样写道："我们在艺术中所寻找的，正是这种力量，诗的自然力是人的灵魂里

---

① 可与 Th Gomperza 关于"整体印象"的学说相比较。

② 卡鲁斯（1789—1869），德国生物学家，医生、心理学家、自然哲学家、风景画家。无意识心理学创始人之一，彼得堡科学院国外通讯院士（1833）。——译注

③ 后来俄罗斯文学中的弗拉基米尔·索洛维约夫也起而捍卫这些思想（在其论述美学问题的文章中）。

最值得珍贵的力量①"。在这一公式中得以表达的审美的人道主义（作为世俗化世界观的最高表现），如我们所知，最初出现于卡拉姆津和茹科夫斯基笔下，但在这里才得到了合法的表述。按照奥陀耶夫斯基的观点，道德生活即来源于美的本质——奥陀耶夫斯基在其有关审美和道德领域具有本质统一性（此乃审美人道主义的基本命题）的学说中，与席勒的"Schönr Seele"理念十分相近。奥陀耶夫斯基在某段文字中这样写道："道德并非诗的目标，但我敢肯定的是，一个诗人必定得是一个道德的人"。

奥陀耶夫斯基的伦理观与参与了对最高成就认知过程的那一本能的力量有关。奥陀耶夫斯基承认"对善与恶的本能认识"，并以此认识为指导，对处于物质关切之束缚中的当代社会，进行了严厉的谴责……奥陀耶夫斯基还对当代国家的军事性质进行严厉谴责——他还猛烈抨击了"军事教育"②。但作为其历史学思想组成或部分之一的，奥陀耶夫斯基论述当代社会的学说，在其《俄罗斯之夜》一书中，得到了最清晰的表现。

7. 按照奥陀耶夫斯基本人的说法，"《俄罗斯之夜》里所描述的那个时代，恰好处于19世纪那样一个关头，即谢林式哲学已经不复能令真理探索者们感到满意，人们纷纷在私下里徘徊的时候"。在奥陀耶夫斯基的书里有许多与各类哲学主题有关的成功的表述，而我们却只讨论一下他对历史学问题的相关阐述。首先应当指出的一点是，在俄国文学中，《俄罗斯之夜》为批判西方文化开了先河：在此之前的俄国文学中，尽管批评西方的言论屡屡可见，但奥陀耶夫斯基却是以更加系统的方式论述这一主题的第一人，而这个主题不但当时曾经，而且至今仍令俄国思想界为之激动不已。奥陀耶夫斯基

---

① 在所有这些问题上，奥陀耶夫斯基都比其他所有人都更深入地接近席勒的天才观。试与下一章中果戈理论述美学因素在人身上占据显著地位的学说做一比较。

② 萨库林：《В. Ф. 奥陀耶夫斯基伯爵——俄国唯心主义史概论》，莫斯科，1913，第573—574页。

通过《俄罗斯之夜》里一位名叫浮士德①的主人公的口，表达了西方"灭亡"的思想，表明西方从前一度曾拥有的力量，现已开始从内部分崩离析了。与"理性的复归一体的力量"相脱节的科学，被分割成为一系列专门的学科，致使对"整体"的理解成为一种不可能之事。艺术衰落了，因为诗人一旦对自己失去了信心，也就失去了创造力。而宗教感情也是会消亡的。"我要斗胆说出这样一句话，这句话此时此刻可能会令许多人感到奇特，但过一段时间后却又会觉得它太简单了，这句话就是：西方正在衰落"②。然而，正如基督教曾经为已经日薄西山的古代世界输入过新生力量并使生活得以更新一样，如今要想使欧洲得以拯救也只有一种可能，即一个拥有新生力量的新的民族走上历史的舞台。按照奥陀耶夫斯基的想法，俄罗斯人就是这样的民族，因为"我们被置于两个世界——过去与未来——的交界线上，我们是崭新的民族，我们不曾参与古老欧洲所犯的罪孽：一部奇妙而又神秘的戏剧正在我们眼前展开，这部剧的谜底或许隐藏在俄罗斯人精神的深处"③。实际上这一思想并非浮士德本人的，而是他从一部手稿里摘引的，但浮士德本人也有一些议论："我的朋友有关西方的想法都有所夸大，因而不妨让我们听听西方作家们自己的说法……听一听在（西方）当代文学中响彻的绝望的呐喊……在此我们发现一种统治着西方的已然无法治愈的悒郁症，发现一种没有指望的希望，一种没有任何肯定的否定……我发现西方正在毫无节制地浪费力量……已经满足于其自然势力世界中的西方，正在小心翼翼地对付这些势力；西方的努力可谓奇迹，并且产生了一些奇妙的结果。西方产生了它的自然力所能产生出来的一切，但在它那永不安宁、加速增长的生产活动中，它任由一种自然力扼

---

① 俄国的浮士德与其德国的同名者相距甚远，只有热情奔放地探索真理这一点证实他们名字的相同性不为无因。

② 《俄罗斯之夜》，第 341 页。

③ 同上书，第 344 页。

杀另一种自然力：其结果是失去了平衡。为使全人类最重要的自然力能达到完全彻底与和谐统一的发展，西方仅仅拥有其自己的一个彼得大帝是不够的，因为彼得大帝只会把强大而又新鲜的斯拉夫东方的液体，移植到它身上"。至于说这里所提到的俄国，则奥陀耶夫斯基常说的一段话，后来屡屡被斯拉夫派所引用，——他特别强调"俄罗斯人的精神具有一种无所不包的多面性"，俄罗斯精神"具有一种普世性的，或不如说是兼容并蓄的自然力"①。

8. 在奥陀耶夫斯基世界观发展过程中的整个第二阶段，其创作以及其个性中的主要特征，得到了最为充分地揭示，并且也决定着奥陀耶夫斯基在俄国哲学思想发展史中的意义。奥陀耶夫斯基所继续发扬的，首先是人道主义路线，它理应赋予俄国知识分子以一种有生气的意识形态，这种意识形态一度曾是16—17世纪时期教会政治的一种理想。如所周知，早在18世纪，知识分子就在首先忙于研究这样一个任务：在塔季谢夫、谢尔巴托夫和罗蒙诺索夫之后的那个时期里，诺维科夫和拉吉舍夫就在为新的意识形态提供伦理学上的依据。但仅有道德激情是远远不够的——道德激情还必须充实以美学因素，只有它才能使这一世俗化意识形态体系达到圆满地步（首次在卡拉姆津那里才达到这一步）。在奥陀耶夫斯基那里，我们发现不但有美学原则的首选地位，而且还有对其的论证（在有关对被理智所排挤但却隐含着审美和伦理启示之来源的"本能的力量"的学说中）。美学原则首选地位毕竟也被纳入真正人文主义的系统中来，只不过这里的道德因素并非简单地与美学因素接近，而是与之同一化了。

不久前有一位批评家②对奥陀耶夫斯基人文主义的真实性产生了怀疑：按照他的意见，奥陀耶夫斯基"只限于在地主与农奴的关系

---

① 后一段引语摘自《俄罗斯之夜》的序言。
② 可参阅鲍·科兹明为《奥陀耶夫斯基的日记》所写序言，载于《文学遗产》，莫斯科，1935，第22—24卷，第81—83页。

领域里宣扬人道主义"，但"却并不认为有消灭农奴制之必要"。这位批评家指出奥陀耶夫斯基在其乌托邦（奥陀耶夫斯基的乌托邦作品名为《4338 年》）中，"承认富人与穷人，主人与仆人的存在"，"否定了 18 世纪那些幻想家们关于在人们之间实现平等之可能性的荒谬虚构"。在这一奥陀耶夫斯基完全不该遭受的指责中，唯一真实的一点仅仅在于，在尼古拉一世去世前，奥陀耶夫斯基始终未曾发表过书面言论，讨论消灭农奴制的必要性问题。但如果我们仔细读一读他的日记①，便会清楚奥陀耶夫斯基曾以怎样的喜悦之情，怎样热情奔放地从那个年代俄国人中极少见到的方式，欢呼农民的解放的。他直到其生命的最后一年都年年庆祝 2 月 19 日，亦即农民解放日。他经常关注和思考的问题，是如何用启蒙之光来照亮，用艺术来丰富人民的生活，他是一位热情洋溢的"民粹派"②。无怪乎奥陀耶夫斯基会在数年当中不间断地为农民出版《乡村读本》这份杂志。必须当即予以指出的一点是，奥陀耶夫斯基的人道主义并非一种抽象的纲领，而是永远都以能对所有为社会制度的不公正所苦的人提供实际有效的帮助为特点。他在披载于《俄罗斯之夜》里的，指斥当代社会制度的不公正的，热情洋溢而又充满真挚愤怒的言论，即其人道主义精神的鲜明表现③身为俄国最显赫的贵族家族中的一员，奥陀耶夫斯基从未忘记这一点，即究竟谁才是社会不公正这一重担的真正承担者④。

兴趣的广泛多样性是奥陀耶夫斯基固有的特点，这使得他知识非常之渊博（他以同样的喜爱之情研究自然科学、法学、历史学，而对艺术更是始终不渝）；也正是这种渊博的知识，使得奥陀耶夫斯

---

① 在《文学遗产》中所披载的部分日记，涵盖了 1859—1869 年这一时段。
② 关于作为俄国人道主义意识形态之光辉表率的"民粹派运动"，可参阅有关赫尔岑的第 5 章。
③ 参阅《俄罗斯之夜》，第 354—364 页。
④ 请读者读一读库巴索夫撰写的那部出色的奥陀耶夫斯基传（《俄罗斯传记辞典》），此书中奥陀耶夫斯基性格中的这一面得到了充分的揭示。

基几乎不可能聚精会神地只钻研某一门学科。的确，他的才华无论在哪个领域里都未能燃起熊熊火焰，但其兴趣的广泛和多样，他那种不知餍足的"对知识的渴求"，——如他本人关于自己所说的那样——决定了他永远都在追求涵盖一切的大综合，追求完整性和内在的和谐。我们可以毫不夸张地把这一点归结为他的内心的唯美主义，即在统一与和谐中珍藏"一切"的这样一个特点。谢林之所以一度曾经吸引奥陀耶夫斯基的内心，就是因为他能为他把各种形色不同的追求和谐地统一起来，提供思想的基点。在对谢林的迷恋稍稍消退一点后，奥陀耶夫斯基也步入了其哲学发展的第二个阶段，而在该阶段中，人类学开始成为其体系的核心①。对上文所引的他的思想粗略浏览一下既可证实，奥陀耶夫斯基的创作的确是沿着研究人及其构成，多方面生活的路线前行的。即便在这个问题上，谢林也没有被他忘记，但重心已然转移到对人的研究和考察上来。奥陀耶夫斯基在此阶段开始走上独立创作之路，并且发表了许多出色的思想，它们往往成为后来的斯拉夫派言论的一种先声，如陀思妥耶夫斯基，部分地包括索洛维约夫。对奥陀耶夫斯基来说，在这条新路上，人在其审美领域——"本能的力量"之火在这一领域里才燃烧得最炽烈——的现实性的力量，始终都是统合一切的核心理念。吸引奥陀耶夫斯基的注意力的，不是抽象的美的问题，而是这一问题的人类学方面——即人身上的美的本质问题，然而，认识客观世界中的最后的谜，以及关于人的谜底，却隐藏在美学因素中，人在人身上的内在和谐及其完整性，只有通过美学因素的大获全胜才能占据主导地位。人道主义和唯美主义是其个性中的两大焦点，但这两大焦点并不是相互分离的，而是通过审美领域最终的核心性而从等级秩序上相互关联。而这也就是"审美的人道主义"，它当然带有一定的神秘自然论的色彩，而后者则赋予这个时代的所有意识形态

---

① 与萨库林不同，我们认为这一阶段的核心是人类学，而非神秘唯心主义。但萨库林说的却是奥陀耶夫斯基"人类学中心主义"（антропоцентризм）（引文见第 469 页）。

以世俗的品格。

9. 在奥陀耶夫斯基创作的第三个时期中，他的理论思维多少有些减弱①，但他却在实践中做了许许多多涉及方方面面的大量工作，同时又依然一如既往地对其生命体验进行哲学思考。自然科学的发展，以及导致有关自然的科学在 19 世纪成就辉煌的实验和反复求证精神，开始越来越吸引他的关注。奥陀耶夫斯基脱离唯心主义阵营而成为一个实在论者（此类因素在他身上其实一直都是很强大的），只不过此时此刻的实在性，首先而且更多地是"在事实中"为我们呈现的，而非以直觉的方式。而早在《俄罗斯之夜》里，浮士德即对"事实崇拜"（фактомания）大肆嘲笑，而此时此刻的奥陀耶夫斯基，所最为珍惜的，却恰好正是如何积累事实。这不是实证主义，而是实在论：奥陀耶夫斯基并未否认形而上学，但如今他更倾向于彼时彼刻的哈特曼所称的"归纳式形而上学"（индустивная метафизика）。

奥陀耶夫斯基生前并不声名显赫，死后更是声名寂寂，但如今，当我们已经开始拥有大量被萨库林从保存于彼得堡公共图书馆里的、奥陀耶夫斯基的文件中发掘出来的大量材料，我们可以毫不犹豫地在 19 世纪前叶俄国哲学的发展史上，为其保留一个十分重要的位置。以奥陀耶夫斯基为例，比以其他任何人为例，能更好地搞清楚谢林影响俄罗斯思想界的真实意义何在。俄罗斯人从谢林那里拿来的，不光是一个细致缜密的先验唯心主义、自然哲学和美学体系，而且也从他那里获得一种巨大的哲学启迪，在追随谢林的人那里，也发挥了相应的作用。例如，比方说 П. Я. 恰达耶夫，我们马上便将转入对其哲学创造的研究，此人无论如何也无法被归入谢林分子群，但根据其本人的证词，他又在许多方面受惠于谢林。奥陀耶夫斯基在其创作的第一个阶段里曾是一位谢林的热情崇拜者，而唯心

---

① 可遗憾的是，该时期的许多作品迄今仍未能正式出版，而萨库林的研究著作又只以其第二个阶段为限。

主义的气质（尤其是表现于其美学方面的）使得奥陀耶夫斯基的思想颇为多产。甚至在那样一些时期（即第二个时期）中，当奥陀耶夫斯基的兴趣已从自然哲学转到人类学方面，当他开始投入大量时间和精力潜心研究人的内心世界之时，奥陀耶夫斯基也从未有一刻抛弃自然的统一性理念，从未有一刻抛弃认识论唯心主义理念，虽然他也提出了"信仰、知识与艺术的三位一体说"。而且有关"人身上的本能领域问题"的学说中，奥陀耶夫斯基也走了一条与德国的谢林学派（尤其是卡鲁斯）两相平行的研究路径，尽管在研究和探索中他是完全独立的。应当予以指出的是，在30—40年代的俄国哲学文献中，我们常能碰到的，正是奥陀耶夫斯基所创造的这一术语——"本能领域"，这极其绝妙地证明了他对俄罗斯思想界的影响。关于奥陀耶夫斯基的历史学探索（对西方的批判"兼容并包的大综合"问题），我们可以说，他在此方面为后来在40年代中获得鲜明表现的斯拉夫派思想，开辟了道路。

*　　　*　　　*

在对俄国哲学的评论中，我们还将长久地与谢林的影响屡屡相会，而在其身上或多或少反映了谢林之影响的第一位思想家，就是我们这里将要予以讨论的 П. Я. 恰达耶夫。

10. П. Я. 恰达耶夫（1794—1856）总是引起俄国思想史学家的高度关注，在这方面他比俄国思想史上的任何人都更幸运。当然，对恰达耶夫的这种特殊兴趣，通常只与其创作中的一个方面有关：那就是他对待俄国的怀疑主义态度，这种态度在作者生前出版的唯一一部著作《哲学书简》中，得到了淋漓尽致的表现。这封信（1836）在出版物上公开亮相以来围绕着恰达耶夫所掀起的那场轩然大波，乃是那么样的不同寻常。发表这封信的那份杂志很快被查封；恰达耶夫本人很快被公开宣布是疯子，并责成对其实施必要的医学监护（持续将近一年之久）。恰达耶夫命运的非同寻常，再加上他的个性一般说来也是那么离奇，凡此种种导致在其生前，就有许多有关他的传说在流传。

赫尔岑把恰达耶夫归入（但却没有任何根据）"革命者"阵营；而其他人却把他当做一位皈依天主教的转信者。某些人把恰达耶夫当做 30—40 年代自由主义最鲜明的代表人物，而另一些人却视他为神秘主义的代表人物。直到其生命的最后一刻，其《哲学书简》的余本都不为人所知，一直到 1935 年，《文学遗产》（第 22—24 卷）才发表了此前不为人所知的 5 封信，从而得以首次展现恰达耶夫的宗教哲学观。无论如何，现在我们已经拥有足够丰富的材料来介绍恰达耶夫的观点体系了[①]。

让我们先来谈谈他的生平经历。

彼得·雅科夫列维奇·恰达耶夫生于 1794 年。幼年时即失去父母双亲，他和弟弟米哈伊尔由姑妈 A. M. 谢尔巴托娃公爵小姐（即 18 世纪那位著名历史学家兼作家的女儿）抚养长大，姑妈与其兄弟谢尔巴托夫公爵，共同为这两个孩子提供了高雅的贵族式教育。恰达耶夫于 1809 年考入莫斯科大学，1812 年与普希金相识（后者当时还只是一个中学生），并且终其一生都是普希金最亲密的朋友之

[①]（1913 年由格尔申宗主编的《П. Я. 恰达耶夫文集》，以及《文学遗产》〈莫斯科，1935，第 22—24 卷〉），可以看做是我们资料的主要来源。还可参阅《环节》文集，该文集的第 3—4 期合刊发表了恰达耶夫的文章《l'univers》，而在第 5 期发表了恰达耶夫的三封信件（其中包括含有批判黑格尔之内容的致谢林的信）。有关恰达耶夫最优秀的著作出之于格尔申宗之手。《П. Я. 恰达耶夫——生平与思考》（彼得堡，1908）。在 Ch. Quenet 的 *Tchaadaeff et ses lettres philosophigues*（Pairs，1931）中，对恰达耶夫的生平做了详尽的考证。Moskoff 有关恰达耶夫的英文著作（纽约）未能提供任何有价值的见解。Winklen 论述恰达耶夫的著作（柏林，1927）我终究未能找到。还可参阅伊万诺夫—拉祖姆尼克的著作。《俄国社会思想史》，第 1 卷第 7 章。佩平：《文学观点评述》第 2 版（1890）第 4 章。Н. И. 普扎诺夫：《П. Я. 恰达耶夫》，（基辅神学院学术著作丛书，1906）。科兹明：《纳杰日金》（1912）第 533—552 页。赫尔岑：《往事与随想》，第 2 卷。Koyre C：《恰达耶夫与斯拉夫派》《斯拉夫评论》，1927（Ⅲ）。Massaryk，Zurruc. *Geschichts und Religions philosophie.* 萨库林：《俄罗斯文学与哲学书简》（《在马克思主义的旗帜下》，1938 第 1 期）。还可参阅格尔申宗：《В. C. 佩切林的一生》（莫斯科，1910）。奇热夫斯基：《黑格尔在俄国》（巴黎，1939）。米留科夫：《俄国历史思想界的主要流派》，第 374—396 页。

一①。恰达耶夫心性成长得非常之快，很早就表现出一种正直爽朗，坚定无畏的性格，对人的尊严有着超强的敏感②。1812年初，恰达耶夫退役——关于此事同样流传着几种传闻，但都无法彻底说清其退役的真实原因。从此直到1823年以前，在恰达耶夫身上发生了第一次精神危机——此次危机带有向宗教转向的性质。在此之前就已博览群书的恰达耶夫，在此期间开始对神秘论书籍分外迷恋，而尤以容格·施蒂林格的著作对他的影响最大。由于过分紧张劳累的精神劳动，他的健康状况开始恶化，于是他被迫出国以恢复健康，这样他在国外一直待到1826年（这竟然使得他免于一死，因为他与那些最著名的十二月党人领袖们过从甚密）。回国不久恰达耶夫就被逮捕，但很快被释放，并得以回到莫斯科，在那里他经历了平生第二次精神危机——若干年内他成了一名闭门不出的隐士，全身心地沉浸在一种非常复杂的脑力劳动之中。在这些年间（直到1830年）的闭门独居生活中，恰达耶夫开始形成完整的哲学和宗教世界观，这些观点在以书信方式写成的——以一个虚拟的受信人为对象——的一系列论著中得到了表达。以前有人推断这些书信是写给一位叫潘诺娃的女士的，但现已证实，她根本不是什么收信人。恰达耶夫只不过是选择了书信体方式来表达自己的观点而已，而这在当时是相当常见的一种方式。这些书信曾长期在人们手中流转，直到一位颇有事业心的论者（Н.И.纳杰日金），《望远镜》杂志的前主编将其中一封信公开发表为止。这事发生在1836年，这封信的发表非出于恰达耶夫本人的意愿，虽然经过了他的首肯。这封信的发表犹如引爆了一颗炸弹——恰达耶夫对俄国的无情而又严厉的谴责，以其在对俄国历史命运的评价上的阴暗的怀疑主义情绪，令读者大吃一惊。虽然这封信早已经就在人们手中流传，可当时根本就不曾引起任何

---

① 普希金写有数首就其内容而言与恰达耶夫相关的优秀的诗歌佳作。

② 格尔申宗在其《十二月党人克里夫佐夫》这部出色的书中，对这个时代以及年轻人在这个时代的早熟，做了栩栩如生的描述。

反响，而当它一旦被公开发表，便立刻引发了"暗夜里的一声枪响"（赫尔岑语）的效果。一小群激进派青年（与赫尔岑一样的）被恰达耶夫勇敢的抨击和揭露所鼓舞，后者的挥斥方遒的力量和庄重古朴的尊严姿态令他们欢心鼓舞，但俄国社会的广大公众，对待这封信的态度却截然不同。就连自由派阵营也对此感到震惊，而在保守派阵营里更是充满了极其愤懑的怒火。如我们上文已经提到的那样，政府连忙取缔了这家杂志，编辑被逐出莫斯科，书报审查官被停职查办，而恰达耶夫本人，正如他本人后来所说的那样，"逮了个便宜"——他被公开宣布是一个疯子。医生每天都来查看他的病情，他处于被软禁中，每天只有权出门散步一次……过了一年半以后，所有迫害措施才被取消（其条件是他"不得写作任何东西"）。恰达耶夫直到临终都一直住在莫斯科，积极参加了在莫斯科举办的，汇集了那个时代所有杰出人物（霍米亚科夫、基列耶夫斯基、赫尔岑、康·阿克萨科夫、萨马林、格拉诺夫斯基等人）的所有带有意识形态性质的回忆。嗣后在回忆恰达耶夫时，赫尔岑写道："恰达耶夫那忧郁而独特的姿态，在暗淡沉闷的莫斯科上流社会中显得很不协调，似乎是对它的一种悲痛的谴责。……不论人群如何密集，眼睛马上可以发现他；他身材端正，未因年龄而变形，穿得总是十分整齐；当他沉默不语的时候，他那柔和苍白的脸毫无表情，仿佛这是蜡制的面具……像否定的化身，像活的抗议一样，凝视着周围那扰攘不休、追名逐利的芸芸众生"[1]。霍米亚科夫在恰达耶夫死后这样写道："或许任何人也不像曾经把他当作敌人的人那样，感到他与自己是那么的亲近"。"饱受教养的理性、敏锐的艺术感和高尚的心灵……正是这些品质把人们吸引到他身边来。在那样的时刻，当思想界显然已被浸泡在万劫不复、种种束缚的噩梦中时，他显得尤为可贵，因为他自己一个人是清醒的，并且还在唤醒着他人……对他身边的朋

---

[1] 《往事与随想》：北京：人民文学出版社 1998 年版，第 154 页。——译注

友而言，他那常常是如影随形的始终伴随着他那活跃的大脑的清醒状态的忧郁感，显得尤为珍贵"。闭门隐居期间的恰达耶夫，所思考的仍然还是同样一些题目——这些题目不光涉及历史学，而且也涉及一般哲学问题。我们可以在格尔申宗精心出版的恰达耶夫的通信中，找到其思考的痕迹（但现已查明这些通信也并不完整）。一些特征开始渐渐地从恰达耶夫的世界观中，尤其是从其俄国观中，突现出来，尽管在恰达耶夫的意识中，一些基础理念始终都是一如既往，不可动摇的……恰达耶夫死于1856年，其时亚历山大二世已登基。

11. 在分析和研讨恰达耶夫的世界观以前，我们要先谈谈其独特体系所受到的外来影响问题。

恰达耶夫无疑与19世纪最初数十年间俄国的自由主义和激进主义，有着深刻而又密切的关联。在那些年间，在俄国人的大脑里，俄国生活急需变革的思想，开始以一种特殊的，甚至可以说是狂暴的力量，成熟起来。上文已经说过，即早在1812年以前，政府——从亚历山大一世本人起——就开始自上而下地宣扬自由主义。而当在亚历山大一世内心中，一种倾向于对历史以及自己在历史中所起作用的神秘主义观点（"神圣同盟"这一神权政权的构想即源出于此）的急剧变革思想开始形成时，俄国社会上的自由主义和激进主义思潮，已经不可遏制地形成起来。这个时代的思想和精神氛围中，尚留有许多广阔的空间和自由，而热血沸腾的年轻人们，也尽可以激情洋溢而又热情奔放地投身于改造俄国的社会理想。而在1812年与战争相关的爱国主义热潮，也进一步强化了改革的情绪：对战胜天才统帅的伟大胜利的全民欢庆，使人们重新感到自己拥有强大的历史力量。但除了对俄罗斯的强大而陶醉外，1814年以后回到俄国的年轻人们，还带回一种对社会和政治主动积极性的活跃需求，也正是在此基础之上，青年社群团体便纷纷涌现出来[①]。在意识形态方

---

① 佩平对此类活动的描述最为详尽，见其《亚历山大二世治下时期的社会运动》一书。

面部分青年还在从法国启蒙主义文学的思想中汲取营养①，而绝大多数青年人却又在意识形态上倾向于德国浪漫主义，并通过德国浪漫主义走向德国哲学。尤其值得予以指出的，是席勒在这些年及其后时期中，对俄国的哲学探索产生了巨大影响，可遗憾的是，对此迄今为止尚未给予足够的研究。

恰达耶夫无疑与所有这些运动有着十分深刻的联系。像格尔申宗②那样，断言恰达耶夫与此期俄国自由派过从甚密乃是一个"误解"，却是绝对不可能的。当然，与自由派的这种关联丝毫无助于向我们展示恰达耶夫的内心世界，但普希金正确的巨大资源——普希金的《恰达耶夫题像诗》里的诗句是众所周知的：

> Он высшей волегюо небес
>
> Рожден в оковах службы царской
>
> Он в Риме был бы брут, в Афинах—Периклес,
>
> А—здесь—он офицер гусарский
>
> （出于上天的最高意志
>
> 他生来就戴着为沙皇服役的镣铐
>
> 在罗马，他该是勃鲁托斯，在雅典——伯里克利，
>
> 而在这里，他却只是个骠骑兵军官。）
>
> 而写作了著名的《致恰达耶夫》的，也是普希金：
>
> Мы ждели, с томленьем упования,
>
> Минуты вольности святой...
>
> （我们忍受着期望的折磨，
>
> 等候那神圣的自由时光）

无论如何，俄国自由主义和激进主义的许多方面，都是恰达耶

---

① 可参阅上文已经提到的帕夫洛夫—西利万斯基的文章。

② 参阅格尔申宗：《恰达耶夫：生平与思想》，第3卷。

夫非常熟稔的，尽管后来的他又以严厉谴责的态度对待十二月党人起义这一事件。

如果我们着手对恰达耶夫所曾受到的其他影响加以研究的话，我们首先应该予以涉及的，是天主教的影响问题，在那个岁月里，天主教在俄国上流社会取得了很大的成功。这里首先应当提到的，是曾长期待在彼得堡（作为撒丁岛的使者）的德·梅斯特尔①，许多史学家都乐于讨论德·梅斯特尔对恰达耶夫的巨大影响问题。当然，对于德·梅斯特尔旗帜鲜明、气魄恢弘的体系，恰达耶夫是不可能不有所耳闻的，但在现实生活中，在恰达耶夫思想的演变史上，曾经发挥过巨大作用的，却并非梅斯特尔，而是伯纳德②和夏多布里昂，而恰达耶夫对整个法国传统主义学派，可谓耳熟能详。而夏多布里昂的意义也有必要予以特别指出（夏多布里昂在其对基督教"天才"的诗意化的、审美化的描述中，在其社会基督教转向中）③，此外还有就连恰达耶夫本人也曾谈到过的巴兰沙④。

德国学派也是恰达耶夫无从规避的。在新发现的恰达耶夫书信的最新一版（见《文学遗产》）中，发表了在恰达耶夫图书室找到的几本书中的几页照片插页，上面有恰达耶夫本人的说明——照片里有康德（《纯粹理性批判》与《实践理性批判》）。而恰达耶夫当然不会不知道谢林与黑格尔。我们从《哲学书简》里可以发现，恰达耶夫显然用功钻研过近代哲学。而谢林对恰达耶夫的影响尤其值得指出。在有关恰达耶夫的文献中，这个问题已经多次引起讨论⑤，而不同作者对此问题有不同的解答：对谢林的影响问题，有人肯定，

---

① 德·梅斯特尔（1753—1821）伯爵，法国政论家，政治活动家，宗教哲学家。——译注

② 伯纳德（1754—1840），法国政治家，政论家，唯心主义哲学家。——译注

③ 关于这个问题可参阅 Viatte. le catholicisme chez les romantigues. 1922。

④ 参阅《恰达耶夫文集》，第1卷，第188页。

⑤ 根据加加林伯爵（恰达耶夫文集的首位出版家）的说法，谢林本人亲口说恰达耶夫是 un des plus remarguables. gu'll eut rencontruc。关于谢林对恰达耶夫的影响问题，可参阅 Quenet，《恰达耶夫文集》，第1卷，第165—172页。

有人反对。而在阐述恰达耶夫体系时，我们还将有机会涉及这个问题，此刻我们只想指出，如果说在恰达耶夫学说的内容中，谢林的影响还很少出现的话①，则谢林的启发式作用的影响（即"同一律"体系），是完全无可争议的。

而恰达耶夫熟知并研究过的英国哲学，却并未在其创作中留下任何痕迹。

12. 现在我们讨论恰达耶夫的学说。

通常人们在阐释恰达耶夫学说时，总会把他对俄国及其往昔的评价放在首位。这当然是他最有名的学说，甚至或许还是恰达耶夫所曾写过的东西中，旗帜最鲜明，锋芒最毕露的学说，当然，实际上他的俄国观压根儿不处于其学说的中心地位，而是相反，它们只是从其基督教哲学一般理念里所推导出来的合乎逻辑的结论而已。把注意力完全集中在恰达耶夫怀疑主义的俄国观上，不仅无法为我们搞清他的世界观，而且，会反过来妨碍我们对他的正确理解。另一方面，就连恰达耶夫自己，在选择书信体阐述其观点时，也感到很难向读者阐明其体系——必须对体系重新进行一次建构（正如格尔申宗所首次尝试的那样）。在我们看来，只有把恰达耶夫的宗教定向置于其全部学说的核心，我们才能走进他的体系——恰达耶夫的宗教体验是打开其全部观点的一把钥匙。在有关恰达耶夫的研究文献里，人们常常指出恰达耶夫"不曾是一位神学家"。格尔申宗认为，从恰达耶夫的角度看，他未能彻底皈依天主教是"一个触目惊心的矛盾"②。而弗洛罗夫斯基③认为恰达耶夫身上"最令人费解之处在于他的宗教性"，认为"在他的世界观中宗教性的成分最少

---

① 关于这个问题，恰达耶夫本人曾在给谢林的信中这样写道（1832）："研究您的著作是启发我进行成效卓著、令人入迷的思考的灵感之源，但也请您允许我斗胆地说一句，尽管我始终亦步亦趋地追随您走在同一条崇高的道路上，可归根结底我却常常被道路引领到一个非您所在的方向"。本书的所有引文摘自书信的法文文本。

② 格尔申宗：《恰达耶夫文集》，第104页。

③ 弗洛罗夫斯基：《俄罗斯神学之路》，第247页。

的"；认为"基督教在他那里已经干缩成理念了"。恰达耶夫本人也在一封信中写道："感谢上帝，没有让我当一名神学家、法律家，而不过是一名基督教哲学家罢了。"[1] 的确，恰达耶夫是在以基督教所给世界带来的一切为依据，力争成为一名哲学家的，但他毕竟同时也是一位神学家，无论他自己如何表白也罢。他并未创立一个神学体系，但他却创立了一种文化神学：而这已然不是一种基督教哲学（恰达耶夫的整个体系就是一种基督教哲学），而是一种关于历史哲学和文化哲学问题的神学体系。

我们首先必须对恰达耶夫的宗教世界做个说明。关于这一点，格尔申宗讲得很好，也很详尽——从他的书里我们得知，早在 1820 年（亦即在恰达耶夫开始沉浸在并苦心钻研神秘主义文献的时期以前），他的"转向"就已经发生了。作为一个喜欢苦心孤诣钻研问题，性格奔放热情的人，恰达耶夫（如同从其书信和各类文章中可以看出的那样）以异常深刻的方式，从内心经历了这次"转向"。在恰达耶夫的早期书信（即在 1823 年从国外写的书信）中，我们常常会碰到作者对自己的自我揭露，如果不把这些段落与后来的书信做一比较，你甚至会觉得这些段落写得极不真诚。有一次恰达耶夫说得非常之好[2]："当一名基督徒的方法只有一种：那就是彻头彻尾，彻里彻外"。恰达耶夫宗教世界的内在完整性有其非常深刻的根源，而且，它们也根本不是仅从理性的要求而来。我们没有任何理由怀疑恰达耶夫的宗教性——如弗洛罗夫斯基那样——相反，教会主题已如此深入地被植入于恰达耶夫的内心，以至于在整个俄国宗教哲学领域，堪与其一比的，恐怕只有霍米亚科夫一个人。上文我们已经说过，恰达耶夫建构了一套文化神学，但它同时也是教会神学的一部分（即"旧约传道书学"（экклезиология））。实际上恰达耶夫不仅不想抛弃东正教，而且，当他的朋友之一（А. И. 屠格涅夫）

---

[1]　弗洛罗夫斯基：《俄罗斯神学之路》，第 1 卷，第 236 页。
[2]　同上书，第 1 卷，第 218 页。

称他为天主教徒时，他还提出过抗议①）。恰达耶夫从未与东正教割断联系，而且，到了晚年，按照加加林伯爵的证词②（此人系其非常要好的朋友），他还不止一次参与圣密仪式。

恰达耶夫自己认为他的宗教"与神学家们的宗教并不吻合"，他甚至称其宗教世界为"未来的宗教"（religion de làvenir），"而当今之世所有火热的心灵和深刻的灵魂，都开始转向它"③。这段话里流露出一种（宗教的）孤独感，恰达耶夫终生都未能摆脱这种感觉，而要想理解这一点，就必须更深一步地研究一下其宗教世界。我们已经说过，恰达耶夫天性是一个喜欢苦心孤诣地钻研问题，而又热情奔放的人，现在我们还要补充一句：他还是一个始终寻觅非外在的，非琐碎的，非偶然的，同时又是完完全全、彻彻底底被基督教所鼓舞的事业的人。如果说基督教东方最伟大的神秘主义者之一的圣伊萨克，西里阿宁曾经深刻感受到"事物之火焰"的话，那么，下面这段出色的话，也就完全可以用在恰达耶夫身上了：他深刻地感受到了"历史的火焰"，以及历史神圣的流向及其神秘的王国。对历史的预言式接受和理解，其总和就构成了恰达耶夫的独特之处和特点。在论述俄国宗教探索中的预言因素问题的前几章里，我们已经说到过：当俄国人的全部世界观都还是教会世界观时，这种预言式的调门就已在有关"莫斯科是第三罗马"的理想中在俄罗斯人的灵魂里（15—17世纪）回荡。那时的俄罗斯人以作为改造因素的"虔诚的力量"为依靠，并以此为基础，努力建设着神圣王国的乌托邦和把俄罗斯改造成为神圣罗斯。根据预言定向，天国只有在人的积极参与下才能建成，而俄罗斯式的虔诚以及期待虔诚能成为一种改造的力量，在俄国会发展到如此极端的地步，其源亦在于此。无

---

① 见1835年那封信（即《哲学书简》正式出版前）。见《恰达耶夫文集》，第1卷，第189页。

② Pr. Gagarine, *les tendances catholiques dans la societe russe*，p. 27。

③ 见同一封给屠格涅夫的信（1835年），《恰达耶夫文集》，第1卷，第189页。

论在教会界内部还是其外，随着教会意识的衰落和世俗化进程的胜利进军，这种精神定向并未消失，反而开始以新的形式出现。俄国18和19世纪的人道主义（以其所具有的道德和美学形式）恰好正是从这根预言之根上生长而来，从"服务于真理之理念"的宗教需求中生长而来。而这同一个预言母题，则既在俄国共济会的通灵术探索中，也在亚历山大一世时期各类神学运动的神秘的扰攘中，寻求表现，——该母题也同样极其有力地表现于恰达耶夫的笔端。我们可以说恰达耶夫生来就注定成为"历史的主角"。——而普希金（试读其上文所引与恰达耶夫有关的那些诗句）对他在另外一种历史环境下将会有怎样的命运，也有敏锐的感觉。恰达耶夫在1829年给普希金的一封信中激动地写道：说他有一个"炽烈的愿望，那就是能亲眼看见普希金对时代的秘密心知肚明"。这段话既非常典型也十分重要。预言家般的不安和不耐的期待，渴望知会"时代之谜"，亦即在外部历史事件的掩盖下见证上演的这部神圣的神秘剧，这一切携住了恰达耶夫的全副身心，尽管并未在其外部活动中表现出来（但有一次却突然暴露了——有一次他突然想恢复公职，但未能如愿这是在《哲学书简》发表以前的事）①。

恰达耶夫最主要的神学思想是天国的理念，但这理念并非与尘世生活两相脱离，而是像教会一样，是在历史中体现的②。因此，恰达耶夫也才会经常地、执拗地大谈基督教的"历史性"问题。"基督教不光是一种道德体系，而且也是一种在精神世界里普遍发挥着作用的永恒的神的力量……基督教的历史一面"，恰达耶夫即刻又写道。"在于它包含着整个基督教哲学。关于对统一教会之信

---

① 参阅《恰达耶夫文集》，第1卷，第173—178页。

② 以下这段话即带有恰达耶夫特有的特点（第8封信的末尾，见《文学遗产》第62页）："真理是唯一的：天国，大地上的天空（就是）……得以实现的道德法则。这是……一切的边界和目标，是人之天性的最后一个阶段，是世界戏剧的终结，是末日论意义上的大综合"。恰达耶夫批判把圣经当做万物之本原的清教，对恰达耶夫来说，万物的本质是教会，包括其神秘以及其改造世界的力量。

仰的教条，其真实含义正在于此……在基督教世界里，一切都应当有助于——而也的确一切都是完美制度的促进者——天国——在尘世间的建立"①。

基督教在历史中的作用在许多方面还是个谜，按照恰达耶夫的思想，因为基督教发挥作用的力量在于"其神秘的统一体中"②（以及在教会中）。"诸多世纪以来教会的使命，"恰达耶夫后来写道。③"就是为世界提供一种基督教文明"——这一思想构成了其历史哲学的基础。历史进程并不在于人们通常从中看出意义的那些地方，——恰达耶夫在此不知疲倦地批判着他那个时代的历史科学："时代的理性要求具有一种新的、完美的历史哲学"④。这种"新历史哲学"当然也是一种天命论，只不过是一种比人们通常的理解理解得更神秘也更具体的天命论罢了。恰达耶夫笔下的某段文字，酷似黑格尔有关"历史理性之狡计"的学说，而在恰达耶夫的此类文字里，他却在教给我们天意在历史中的神秘作用。我不妨引一段以作例证（摘自《哲学书简》的第一封信）："基督教把人们的所有利益都转化成为自己的利益"。恰达耶夫的这番话是想说明，即使当人们在寻求"自身利益"时，即使在人们忙于自己个人的蝇营狗苟、琐细微小的琐事时，神圣的教会之火也会将人们的主观能动性锻冶得有益于天国。作为一个对"西方的一切都系基督教创造的"笃信不疑的人，恰达耶夫这样解释道："当然，欧洲各国也并非一切都渗透着理性、美德、宗教，远非一切——欧洲各国的一切都神秘地听命于一种已在那里独断地统治了如许多世纪的力量"。

我们只要稍加留意就不难从所有这番有关文化神学的议论里，听出预言的调子。恰达耶夫立场坚定地捍卫人的自由，捍卫人的历

---

① 《恰达耶夫文集》，第1卷，第86页。
② 同上书，117页。
③ 《给梅谢尔斯卡亚伯爵夫人的信》，见《恰达耶夫文集》，第1卷，第242页。
④ 恰达耶夫对历史科学的批判及其对"新历史哲学"的要求，终究是米留科夫所完全无法理解的（《主潮》，第379页）。

史责任感（尽管历史进程以神秘的方式受到天意的推动），因此也才会立场坚定地反对"上帝每日每时都在干涉人事的迷信思想"。恰达耶夫越是强烈地感受到历史的宗教含义，就越会执拗顽强地捍卫人的自由和人的责任感。但在这里他的哲学体系受到其人类学的深刻制约，为了能随后再次讨论恰达耶夫的历史哲学问题，我们此刻先来谈谈他的人类学问题。

13. 恰达耶夫在《哲学书简》中的一封信①中这样写道："（作为一种）精神生活的（人）的一生，包括两个世界，而我们所知的，仅仅只是其中的一个世界。"人一方面属于自然，而另一方面又高于自然，但在人身上从（生物本质）到（神性本质）的"进化却是根本不可能的"，因此，恰达耶夫对于自然科学想要把人完全归诸于自然追求，颇为鄙夷不屑："哲学一旦研究生物人，那它就已不复是人的哲学，而成为了动物哲学，成为动物学中人的脑袋了"②。

人身上的高级本质首先是由于社会环境才形成的——恰达耶夫的这一学说（曾经给格尔申宗提供了口实，让他得以把恰达耶夫的整个哲学，描述为一种"社会神秘主义"，这种哲学不适当地把某一个别特征，当作是整个哲学体系）把他自己完全归入法国拘泥于传统者的阵营（主要与 Ballanche 接近）。人与社会有着千丝万缕的深刻关联，并与社会共同担负着同一种生活。"与（他人）融合的能力——同情心，爱心和怜悯感……——是我们天性中最突出的特点，"——恰达耶夫如是说。没有这种"与人融合"和与他人的交往，我们便会从童年期就丧失理性能力，而与动物无异："如果不会与其他造物交往那我们便只能安安静静地啃草吃"③。从人的极端重要而又深刻的社会性观点出发，恰达耶夫得出了若干极其重要的结

---

① 见《文学遗产》，第 27 页。
② 《片断》，见《恰达耶夫文集》，第 1 卷，第 160 页，写于 1829 年。
③ 这一命题在恰达耶夫笔下屡屡出现。可特别参阅《文学遗产》，第 34、36、50、53 页。

论。首要的结论是，人类理性的"来源"只有承认社会交往本身即已包含精神的本质这一点才能理解——换言之，不是集体化自由本身在新的人类生物身上创造出理性，而且理性之光是通过社会环境才得以保存和传承的。"在造人的那一天上帝曾与人对话，而人也谛听并且领会了上帝的话，而这就是理性的真正来源"。当原罪在人与上帝之间树起了一道墙时，对神言的回忆都并未被丢弃……"上帝对人说的这番话语代代相传，引导人走入意识的世界，并把人变成一种会思维的生物"。由此可见，说人生来就带有"现成"的理性之光，这种说法是错误的：个体理性取决于"普遍（在此场合下实即社会——作者）理性"。"如果不承认个体人的思维实即人的类的思维的话，也就根本不可能理解什么是思维了"①。这一出色的公式，为 C. 特鲁别茨科依关于"人类意识的聚和性本质"这一深刻的理论体系，开了先河，并且首先确证了任何把意识孤立起来的做法，都是错误的，也确证了理性自主性学说是无法成立的。一方面个体的经验意识（恰达耶夫称其为"主观"意识）当然可以以自我夸耀为目的认为自己是"独立的"，但这样一种"具有致命危害性的'我'"②在深入到"个性本质"中去的同时，只会使一个人与其周围所有人隔离开来，而使所有物体都蒙上一层云翳。另一方面，在与他们交往过程中被纳入一个人身上的一切，究其本质而言实际上来自于高于人的地方，即上帝。恰达耶夫断言："理性的全部力量，认识的全部手段都建基在人对这一最高光明的服从之上，因为在人的灵魂里，除了上帝搁进去的那一真理外，没有任何其他的真理"。在人身上，"除了服从（上帝）这一理性外，更没有其他的理性"。"（我们身上的）全部主观能动性仅仅只是迫使我们被纳入一般秩序和受制约秩序中去的那种力量的表现罢了"。在我们的"人工的"（亦即把自己隔绝开来的）理性里，我们总是随心所欲地替换

---

① 《文学遗产》，第 53 页。
② 同上书，第 34 页。

世界理性中分配给我们自己的那部分——因此，个体的理性绝不就是基本现实性，当然也不会是普通的集体性，而是"世界意识"，这是一种"理念的大洋"，我们常常会向它求教。一个人如果"能把自己对于（最高光明）的服从性提升到彻底放弃其自由的地步，那么，如今人与自然的分裂状态就不复存在了，人也就会与自然融为一体了"①，"那样一来，世界意志感兴许便会在人身上复苏，人就会深刻认识到自己的确参与到了整个创世的过程中了"。

从人的这种双重依赖性（依赖于社会环境，依赖于上帝）中，不光引导出理性在人身上的觉醒，而且，人的道德意识的根源，也在于此。恰达耶夫针对康德这样断言道②："道德律法之光从遥远和未知的领域照耀着我们，人类永远都只能是在神性之光的照耀下前行"。"我们的思维和行为的绝大部分取决于某种绝对不属于我们人的东西。在我们身上所进行的，对我们来说是最好的、最崇高和最有益处的东西，根本就不是我们自己产生出来的。我们所实施的一切福利，都是我们身上所固有的臣服于未知力量之能力的一种直接结果"。而这种"不为我们所知但却对我们施加作用"的力量，却从不犯错，它甚至在引导整个宇宙去完成自己的使命。因此，主要问题在于："如何才能揭示高等力量对我们的本性发挥作用的方式"③。

在恰达耶夫那里，这种超自然论根本不会转变成为偶因论④，恰达耶夫似乎亲自把人的积极性归结为偶因论原则（Prinsipe occasion-nel），但这种思想的含义，不是否定人的积极性（如在真正的偶因论里那样），只不过是在承认人的软弱和无力罢了）或某种必然的结局——相反，恰达耶夫总是千方百计证实人的自由的现实性问题。

---

① 《文学遗产》，第 34 页。
② 同上书，第 35 页。
③ 同上书，第 24、31 页。
④ 在某处文字，同上书，第 43 页。

当然，他关于自由的学说，于今看来，并不那么清晰，但对他来说，自由的现实性是无可争议的。恰达耶夫说："我们的自由仅仅在于我们意识不到我们的自由在受制约"①，——也就是说，如果只有自由的"理念"，也就不会有现实中的自由。可是，数行文字以后，连他自己也称人的自由是"一种十分可怕的力量"，并说："我们总是会时不时地热衷搞一些恣意妄为的行为，并且每次我们也都能动摇整个创世的进程。"当然，接下来他就又谈起"带有欺骗性的自负令人目盲"的话题。恰达耶夫在另一处地方写道："人自身的行为只有当行为符合法则时，才可能是出于他自愿的。"但在这种情况下，自由不仅是现实的，而且也是一种可怕的力量，既然世上的秩序仅只靠"法律"维系。我们接着便可读到下述一段话："如果上帝不曾告诫我们（也就是说如果上帝他不把存在纳入一种秩序中）的话……难道说一切的一切不都会变为混沌吗？"这就等于说，要想不让破坏性力量对所造物的自由发生作用，就必须有一种自上而下的力量经常发挥其作用。"把自己交给自己掌握的人永远只会沿着无限堕落之路前行"②。

在恰达耶夫那里，这一有关自由是一种"可怕"力量的学说，与关于人与整个自然都极易受到伤害的学说——即关于人的原罪及其在自然中之反映的学说③，整个基督教人类学都与这一学说有关，但该学说却在欧洲意识中逐渐变得暗淡了，并在这一进程中发展到了人类学田园诗的地步，而我们发现卢梭关于人类本性的"激进的善"学说，即其发展的顶峰。新教直到最近都在坚定而又顽强地固守着人类学悲观主义，而在西方所谓的"中性"文化中，大获全胜

① 《文学遗产》，第44页。
② 同上书，第1卷，第104页。
③ 正如使徒保罗首先予以发挥的那样（《罗马书》第8章，第20—22节。按：《圣经新约·罗马书》原文是）："因为受造之物服在虚空之下，不是自己愿意，乃是因那叫他如此的。但受造之物仍然指望脱离败坏的辖制，得享神儿女自由的荣耀。我们知道一切受造之物一同叹息、劳苦，直到如今"。——译注

的恰好是乐观主义。如我们已经指出过的那样，关于人与整个自然都极易受伤害的学说的产生，与圣·马丁有关。18世纪俄国的神秘论者（共济会们），如我们所知，顽固坚守着这一原则，因此恰达耶夫也才会与之深深地认同。而这也就是为什么对于恰达耶夫来说，"主观理性"充满了"骗人的自负"，个人主义的意识形态从根本上就是错误的，因此恰达耶夫毫不犹豫地（如后来的托尔斯泰那样）声称："人的使命是消灭个人的存在，并用完全彻底的社会或无人称存在来取代个人的存在"[①]。这是对个体文化的有意否定："……我们此时此刻的'我'压根就不是某种法则为我们预先规定好了的——是我们自己亲手将其植入灵魂中的"。恰达耶夫问道："人究竟能否得以在某个时候掌握那种普遍意识，——由于有了它，人会常常感到自己是一个伟大精神整体的一部分——而非他此时此刻在自己身上所找到的那种个体的和孤立的意识呢？"恰达耶夫对此问题的回答是肯定的："显而易见，最高级意识的萌芽也蕴藏在我们身上——它构成了我们人的本性的本质"。我们不能不看出对"最高级意识"假说的这样一种独特的迷恋，乃是先验论的一种回声，后者一般地把经验之"我"仅仅当作是先验功能得以表现的一个条件罢了……

与尤其是黑格尔先验论的辩证法完全平行，表现在赋予个人主义以占有"工具"功能的特点，恰达耶夫正是把"最高级的意识"放在主要位置，但这是一种永远特殊的，永远都是"最高级"的意识（或即来自绝对精神的"世界意识"或"普遍意识"）。一方面，人身上有一束"超自然的光"（它来自上帝，是从天上降到大地上来的）[②]；另一方面，人身上又有一种作为其本性中比较深刻的一个层面的"最高级医师的萌芽"。这种"最高级意识"的"天然的"亦即坚固的领域，与德国唯心主义体系里的"先验领域"极其相似。

---

① 《文学遗产》，第121页。
② 同上书，第28页。

我们只有通过这样的比对才能理解，比方说，恰达耶夫的这样一个论点："上帝并未创造时间——但他允许人去创造了它，"——但"创造时间"的，不是"经验的"意识，而只能是"高级意识"（即先验意识——作者）。"我们的存在于世界的存在融为一体……便预示着对我们本性的彻底更新，预示着理性生物努力的最后一道边界和精神在世上的终极使命"①。

由此可见，人的易受伤害性（和原罪的作用一样）是在把人与"普世生物"（亦即把人与作为一个整体的世界）虚假的孤立开来中表现出来的，因而导致"与自然决裂"，创造出所谓个人存在的个别性的幻想，虚构了完全虚假的个人主义意识形态。要想克服这种孤立的幻影，就必须恢复与世界整体的内在关联，个人就必须摒弃孤立状态，以便能在"高级意识"中找到自我。这已经不是什么神秘论，而是一种人的形而上学，它在恰达耶夫那里，是以独特方式混合了谢林有关世界灵魂和博纳里德和巴兰沙的社会形而上学学说，才最终形成的。恰达耶夫写道："在生物的一切总和中有一种绝对统一性，而这也正就是我们竭尽所能力求去加以证实的东西"。但这是一种客体统一体，它完全自外于我们所能感知的现实生活以外，向伟大的万物投去一束极其强烈的光，但此万物却与绝大多数当代哲学家们所宣扬的泛神论无任何共同之处。要想深入理解恰达耶夫的这些思想，我们必须当即强调指出一点，即在数行文字之后，恰达耶夫又尖锐而又准确地批判了形而上学的多元论——对恰达耶夫也像对帕斯卡尔一样（他也援引过帕斯卡尔的话），——人类（在其一代又一代人的连续交替过程中）"实即一个人"，而我们当中的每个人，都是"（高级）意识工作的参与者"。这种高级的（世界）意识恰达耶夫愿意按照其与世界质料的相似性对其加以思考②，但它并非"主体"，而只是"理念的总和"，而这种"理念的总和"实即

---

① 《文学遗产》，第35页。
② 同上书，第49—50页。

"宇宙的精神本质"①。

人类学在此已经变成了宇宙学，但也正是在这个转折点上可以清晰地看出，"宇宙"与其"精神的本质"——世界（全人类）意识，自行在世界本质——上帝——之上运转。恰达耶夫的存在学说便是如此建构的：上帝在"万物"之上（万物以小写字母打头，亦即在受造的世界之上），投向世界的创造之光即来源于上帝。世界的内核就是能够接受这束光的全人类的世界意识②。上帝以下是个别人，如今，由于原罪的缘故，个别人已经表达了与整体相关联的意识，而又与自然相分离。再往下就是整个前人类时的自然了。

恰达耶夫的附带予以表达的认识论观点，取决于他对康德主义的批判（与"纯粹"理性学说做斗争这一方面），另一方面，又取决于对笛卡尔只停留在经验意识立场的批判。按照恰达耶夫的说法，经验意识"是一种被人的任意所歪曲、所丑化、所扭曲了的本质"。与此同时，恰达耶夫又坚决反对亚理士多德把我们的认识从感性经验的材料中抽取出来的做法：对恰达耶夫来说，"意识的冲突"才是认识的来源，换言之，即认识来源于人的相互作用。恰达耶夫当然不会否认经验认识，但全部感性材料都受理性之理念的指导（不取决于经验）。恰达耶夫极其精细地指出："自然科学一个出色的方法之谜在于它实际上真地可以对观察对象进行观察。"恰达耶夫坚决把"终极认识"与"非终极认识"区分开来，在前一种认识中我们总是会用到后一种，因为我们的理念是从"我们沉浸于其中的理念的大洋里"发光照耀我们的，换言之，即"我们在我们的认识中利用

---

① 《文学遗产》，第50页。

② 恰达耶夫本人把这一概念（已经是在历史哲学中）与 Weltgeist 概念拉近了距离。他在给屠格涅夫的信中写道："这么说的确有一种笼罩在世界之上的宇宙精神，亦即谢林对我说过的那个 Weltgeist。"《恰达耶夫文集》，第 1 卷，第 183 页。至于他如何反对把造物主与造物混淆，可参见其猛烈抨击的文字，见《文学遗产》，第 46 页。

了世界的理性"①。由于隐藏在精神本性之深处的"那一神秘的现实",即那一作为全人类"普遍的"和世界理性"理念之大洋"重于一切,由于当代所有的知识界非常有赖于基督教,所以基督教是世上最高现实的一种启示。在此,恰达耶夫以其典型具有的人类中心主义,写道:"哲学家们未能在应有的程度上对研究纯粹的人类现实问题感兴趣——他们对此问题的态度是过分轻蔑的:本着习惯对超人类的作用力实施观察的他们,却并未察觉正在世上发挥着作用的那些自然力。"

在恰达耶夫的宇宙学里,颇有几个有趣的体系②。而此刻我们就要谈到它们,回头阐述其历史学思想,在研究完他的人类学思想以后,其历史学思想已经变得足够清晰了。

14. 如果说"高级意识"的现实性高于个别人的意识的话,那么,理解这一问题的关键,则除了人的形而上学本身以外,还有作为一种特殊形式之存在的历史存在的在场性问题。

我们已经知道,恰达耶夫笔下常常强调这样一种思想,即基督教只有在历史(而非个体)存在中,才能得以揭示,而且,我们不能抛开历史来理解基督教。恰达耶夫得出了相反的结论:历史存在本身是不可能在基督教之外获得理解的。我们应当把在科学界占据主导地位的对外部历史事实的迷恋抛弃,而转向历史中的那些"神圣"的进程,因为这里面包含着历史最基本和最重要的内容。按照恰达耶夫的观点,历史真正的统一性,亦即其宗教的统一性,只有到那时才会得到揭示。恰达耶夫所追求的目标,也正是黑格尔一直致力于研究的任务,那就是确定隐藏在外部事实的外壳之下的历史的主要内容。对于恰达耶夫来说,当然有一部"全世界历史",其

---

① Н. И. 皮罗戈夫在其论述人类精神的出色学说中已经非常接近于这个观点了。当然,他不可能了解恰达耶夫的认识论(这一学说是在《文学遗产》中首次公布的)。关于皮罗戈夫可参阅下文第10章。

② 《文学遗产》,第38—45页。

"主体"就是全体人类，——但"全世界历史"的实质并非把各个民族混合成为一种世界主义的混合体，而在于各民族各自的命运，在于不同民族的不同的道路——每个民族都是一个"道德个体"。

历史的意义是"靠世世代代统治人民，引导人类走向终极目标的神的意志"实现的（其第二封信就是以讨论一般哲学史为内容的①）。而这也就是一种天命论观念，因此，恰达耶夫也才会以如此嘲讽的语气，谈及通常人们对历史的理解问题，这种观点从人类精神的自然发展中推导出所有的结论来，就好像从未发现过有神的意志干涉的征象似的。恰达耶夫以更加激烈的嘲讽态度，对待被他描述为一种"必然完善"学说的进步理论。为了反对这种肤浅的历史学决定论，恰达耶夫提出了他自己的一种学说，即认为"有一种在人的意识之外发挥作用的神秘动机，在支配和左右着人们"②。

历史究竟在创造着什么呢？我们究竟应该从历史存在中汲取哪些具体内容呢？根据恰达耶夫的观点，历史正在创造一个天国，因此，我们只有以天命论为线索，才能以天意的方式理解历史进程。可正如我们已经知道的那样，对恰达耶夫来说，天国是在大地上创造的——因此，基督教本质上是历史的，我们对其的理解不能"彼岸化"。而这也就是为什么恰达耶夫的历史学观念，要求其以具体的历史材料为依据，揭示历史的一般理念的原因。在这个问题上，恰达耶夫即便并未追随夏多布里昂，——此人对基督教的美学方面的强调似有过分强烈之嫌，——则也毕竟采用了夏多布里昂的风格，对基督教史进行了描述。但对恰达耶夫来说（这一点是其历史学的逻辑所要求的）历史的宗教统一要求以教会的统一为前提：既然神的力量已经通过教会进入了历史存在，那么，教会自身的统一性也便由此得以确定。在这个问题上，恰达耶夫无条件地承认作为一种历史存在的西方基督教，认为它能最大限度地实现天意。恰达耶夫

① 《恰达耶夫论文集》，第1卷，第94—119页。
② 《文学遗产》，第33页。

怀着毫不做作的激情，真挚而又激动地、热情洋溢地描写了基督教在西方的"奇迹"——完全与伊万·卡拉马佐夫关于西方的热烈颂扬如出一辙，与霍米亚科夫说西方是"奇迹的国度"的言谈如响斯应。俄国文学中除了恰达耶夫外，任何人都不曾像他那样，从宗教意义上接受西方——恰达耶夫总是怀着喜悦和赞美之情，热情奔放地全盘接受西方的历史进程。"西方的一切都是基督教创造的"。"欧洲各国即便并非一切都渗透理性、美德和宗教，则至少那里的一切都神秘地服从一种已在那里统治了许多世纪的力量"。甚至还说"欧洲世界尽管仍有诸多的不完整、不完善和罪过之处……我们也不能否认，天国已在一定程度上在那里得到实现了"。

　　对西方基督教的高度评价与对新教最尖锐最一针见血的批判相结合，这一切在恰达耶夫身上，都取决于他那无所不包的历史学观点，而非教条主义观点。可以这么说，这正是理解他何以会从教会之外接受基督教的一把钥匙。天主教使恰达耶夫意兴湍飞精神焕发，——但却根本不是以其神秘主义和教条主义的一面，而是以其在西方对历史进程所发挥的作用。恰达耶夫捍卫天主教，完全仰赖于他把基督教思想（对历史而言）给"中心化了"，仰赖于他本人就是一个"统一的可见标志同时也是联合的象征符号"。在讨论霍米亚科夫时我们将会看到，"教会统一"概念的逻辑引导他得出了一些与之完全相反的结论，但应当承认，在恰达耶夫那里，"教会统一"这一概念，是以辩证的方式被历史学（而非教条主义的）观点所推动的。恰达耶夫一方面承认"政治上基督教已经寿终正寝"，如今的基督教应当成为"社会的基督教"，并且应"比以往任何时代都更应生活在精神的领域里，并从那里照亮世界"；另一方面他仍然认为过去的基督教"必须形成强大的势力"，如果没有这种势力支撑，教会也就无法为世界提供基督教文明了。恰达耶夫坚定捍卫对他而言决定着文化神学之面貌的那一原则。所以，他用文化的成就来衡量基督教的力量本身这一点，也就不值得令人感到惊奇了。恰达耶夫之所以批判俄罗斯，原因正在于此。

在恰达耶夫那里，激烈尖锐怒气填膺地揭露俄罗斯根源有好多，其中没有一种理念是处于支配地位的。无论如何，恰达耶夫无法把俄国纳入西方历史所充斥的天命论模式里去。恰达耶夫公然承认天命论这一理念本身包含着一种奇怪的缺陷。他在某个地方这样说道："天意把我们从其对人类理性的善意作用中排斥了出去……千方百计地让我们独立出来。"① 他甚至还有比这更严厉的说法："天意似乎根本就不关心我们的命运。"可这又如何可能呢？首先对天命论体系我们只能认为它是普世性的；而恰达耶夫本人也认为天意对各个民族，是在基督教之外发挥其作用的。我们应当如何理解恰达耶夫关于我们的下列说法呢，他说："天意似乎拒绝干涉（俄国）的事了？""似乎"一语清楚地表明，恰达耶夫自己心里也明白，他关于俄国的说法里有一些未解之谜。难道各民族可以逃离天意吗？恰达耶夫的思想在某些方面倾向于这一结论：按照他的说法，俄国"在大地上迷了路了"。而他之所以会频繁地哀伤地指责俄国人，起源亦在于此："我们只生活在现在……没有过去也没有未来，我们没有从人类世代相传的理念里接受任何东西，历史经验对我们来说根本就不存在"等等。所有这番话听起来之所以像是谴责，因为按这番话推断，"我们"即俄罗斯民族，本来可以走上另一条道路，却不愿意走。正因为此恰达耶夫才会显得与其时代那么合拍：须知俄国激进派的精神定势正是这样的，而对激进派的揭露，才使俄国人转向了自由选择较好生活之路。

但在恰达耶夫的俄国之谜中还有另一处更正，天命论体系里有另一个疏漏。俄国的落后性（"人类的普世教育不曾触动"）是否也具有天命论的意义？如果是这样的话，俄国的落后性也就不可能成为指责我们的事实，而是隐藏着一种高深的意义。恰达耶夫早在

---

① 此处引文摘自《哲学书简》中的第一封信。

《哲学书简》的第一封信（写于1892年中）就说："我们属于那样一些民族，其存在仅仅是为了给世界提供一个重要的教训"。这一母题后来在恰达耶夫那里裂变成一系列有关俄国的思想。1835年（亦即在《哲学书简》发表以前）恰达耶夫在致屠格涅夫的信中写道："您知道我所持的观点是，俄罗斯赋有从事无限广阔之理性事业的使命：她的任务是总有一天，给欧洲争论中的所有问题，提供一个答案。置身于在（欧洲）那里被理性所裹挟的急遽运动之外的俄罗斯，注定赋有总有一天为人类之谜提供谜底的使命"①。这番话不仅指出了俄罗斯的天赋使命，但同时它也使得《哲学书简》所提出的对俄国的指责失效。接下来恰达耶夫的这类思想开始变得越来越清晰，以致使他得出这样的信念，即俄国还没到该走入历史并发挥其作用的时候。此时此刻的恰达耶夫认为摆在世界面前的新的历史使命，也就是俄国未来的使命所在。从前（即在1835年以前）每谈及俄国，恰达耶夫总会使用恶毒的嘲讽语气，"人类的一般法则对她不起作用"，"在世界道德秩序领域里，我们只是个空白"；"在俄罗斯人的血液里，有一种与真正的进步两相敌视的东西"。"我无法不为我们在社会存在领域里的空前萧条而尽情地惊叹……我们被封闭在我们所处的宗教孤立状态无法自拔……伟大的世界性伟业与我们无关……而基督教社会理念就是在那里滋生和发育起来的"②。而在不久前才刚刚公布的那批书信中，我们可以发现与此有关的论述东正教的严厉思想："为什么基督教在我们这里都未能产生如在西方那样的后果？为什么宗教在我们这里却只能起相反的作用？我觉得仅此一点就足以迫使我们对我们所感到自豪和骄傲的东正教感到怀疑了"③。

正如我们从上文所引的给屠格涅夫新的片段里已经看到的那样，

① 《恰达耶夫论文集》，第1卷，第181页。
② 引文摘自《哲学书简》的第一封信。
③ 《文学遗产》，第23页。

从 1835 年起，恰达耶夫对俄国的评价开始发生转变。在致屠格涅夫的另一封信（写于 1835 年同一年）[①] 中，他写道："俄罗斯必须明白其使命，她应当把引导所有伟大思想的首选权承担起来，因为她没有欧洲人的偏激、情欲，理念和利益。"值得注意的是这里所说到的俄罗斯，已经开始有了一种特殊的使命，因而，俄国并未外于天意。"天命叫我们如此伟大，致使我们不能满足于只做一个利己主义者，天命让我们置身于各民族[②]利益之处，并把全人类的利益加之于我们肩上"。恰达耶夫在最后一段话里，赋予俄罗斯以"全人类事业"的伟大使命。但接下来恰达耶夫思想的发展则更加出于意料之外："我们的使命是教会欧洲许多她绝对无法了解的食物。你们不要笑，你们也知道：这是我的一个深刻信念。终有一天我们会成为欧洲的理性中心……这才是我们长久以来孤独自处的一个合乎逻辑的结果……我们的全宇宙使命业已企动"。恰达耶夫还在其未完成的作品《疯人颂》里这样写（1837）道："我们命中注定要解释绝大部分的社会问题……并回答苦恼着人类的许多重大难题"。如今恰达耶夫承认："我很幸运，因为我有机会承认这一点，说：是的，向一个伟大民族（按即俄罗斯）所提出的起诉状未免有不无夸张之嫌……面对如此之恭顺的，有时又是如此之英勇的（东正教）教会，如予起诉是一种夸大不实"。而在致 Sircour 伯爵的信（1845）中，恰达耶夫写道："我们的教会实质上是一种禁欲主义的教会，而你们的教会却是社会教会……这是基督教领域里的两极，它们围绕着各自的绝对真理的轴心而旋转不已"。我们不妨再援引几个片段，只是为了"证实自我"，并排除以前几种片面的观点。"我以自己的方式热爱我的祖国（写于 1846 年，即在恰达耶夫被判刑后的整整十年后）"。他这样写道。"而担负一个仇恨俄国者的罪名，于我来说，远比我所

---

① 《恰达耶夫论文集》，第 1 卷，第 185 页。

② 这样一来，从前被用来指责俄国和俄罗斯人的一切，如今反而成了天命本身的伟大事业了。

能表达得更加沉重，可是，无论对祖国的爱有多么真挚，也还有另外一种比它更真挚的爱，那就是对真理的爱。通天之路所穿过的，不是故乡，而是真理"。这种对真理的坚定而又充满信心的追求，然后又通过真理对上天的追求，绝妙地描述了恰达耶夫精神结构的根本特征。

15. 现在该做小结了。

如上文所述，在评价恰达耶夫的哲学体系时，我们应当把恰达耶夫的"西欧派观点"放在次要位置，因为只有当我们具体运用其一般理念时，才会具有意义。当然在一度被认为是已经丢失了的（在所有8封）5封信公之于世（直到1835年）以前，这一点很难被人所接受，可事到如今，当恰达耶夫的全部著作都已摆在我们眼前时，有一点变得很清楚了，即其体系的核心在于人类学和历史哲学。我们之所以要把恰达耶夫的学说描述为一种文化神学，正是因为他能深刻地感受到文化的宗教问题，感受到他在致普希金的那封出色的信里所谈到的那一"时代的秘密"。恰达耶夫全身心面对的，不是历史的外在方面，而是历史那"神圣的神秘剧"，是那一应在历史中得以实现的最高意义。基督教不可能与历史存在相脱节，而历史存在也不可能与基督教相脱节。这是基督教中心主义的历史观的一种尝试，是一种远比我们在霍米亚科夫历史学中所能找到的历史观更完整的历史观。决定着恰达耶夫对西方和俄国评价的"教会统一体"激情的谜底，正在于此——而同时它也是他之所以会以一种预言家式的态度对待历史问题的原因所在。人拥有足够的自由，以便能为历史担负起责任，——而正是这种紧张的责任感，正是这种在恰达耶夫那里常常会演变为历史神秘论的"炽热的历史火焰"感，使其（远比其对俄国的整个批判都更多地）与俄国激进派知识分子相接近，而后者总是如此激情洋溢而又热情奔放地体验着自己不仅对俄国，而且也对整个世界的命运，所担负的"责任"。恰达耶夫思想的普世性，他能摆脱狭隘的民族主义的自由，他那"通过真理，而非故乡奔向天空"的精神追求，所有这一切，不光极大地提升了恰达耶夫体系的价值，而且也引导他去探索"文化神学"问题。恰达耶夫正是沿着这条道路发挥着他对个人主义的以及各种一般的"孤立"定向的批判，在这条路上，恰达耶夫对生活的社会方面问题的感受，远比别人更深刻——因此，天国的理念对他而言也就成为理解历史的一把钥匙。历史正在向也只能在向天国运动：天意的作用就体现于此，而"引导历史进程的那一神秘势力"的作用的内容，也体现于此。但恰达耶夫又与极端天命论格格不入——他为人的自由留下了足够的空间。但人的自由并不意味着他是完全独立的，也不意味着人可以不受绝对精神的制约：只有当我们遵循最高本质时，自由才会得到创造性的体现。假如我们不遵循上帝的教导，自由的"可怕力量"以及其破坏的性质……便会得以显现。这种观点与弗拉基米尔·索洛维约夫在其创作的晚期所提出的那一公式，十分相近：人的自由是在人向恶而非向善运动时才体现的……。但按照恰达耶夫的观点，这样一种对自由"可怕力量"（"震撼全部创作过程"）的歪曲揭示的最终根源，在于任何个人主义和任何孤立主义的虚伪和谎言。个人主义的精神之根不在其自身，而在于"崇高的"（世界）意识，因此，当这种精神与这种崇高的意识相脱节时，在其身上发挥作用的，便是从其精神的怀抱从自然两相脱节的"使人致命的'我'"。这一切也就是使人的本性受到根本伤害（原罪）所导致的恶果，它创造了一种孤立的个人主义存在的海市蜃楼。只有摒弃"使人致死的'我'"，并听从崇高意识的声音，人才能找到自己的真正的路，到那时，人也才能成为来源于上帝的最高本质的贯彻者。

在历史中实现上帝之意图的，不是以过分自然主义的方式对这一处境进行阐释的集体主义，而是作为一种仁慈的社会性的教会，因此，只要我们服从外部历史存在的天国理念这一点，就可以引导我们洞悉"时代之谜"。对恰达耶夫来说,这也就是一种真正的现实主义,是负责任的走入历史进程,参与历史神圣的一面的行为。

恰达耶夫体系的全部意义(对于俄罗斯思想而言)恰好在于,俄国整整一系列大思想家,全都必须回归到恰达耶夫的主题上来虽然对他的这类问题的解决方式,并未拥有多少支持者。

第三章
回归教会世界观
尼·瓦·果戈里
"斯拉夫派"的起源
А·С·霍米亚科夫

1. 开始于 17 世纪下半叶，而在 18 世纪达到顶峰的与教会世界观的决裂，如所周知，终于把创造新意识形态的任务，提上了日程。这一新意识形态的最初出现的一些体系，推出了以纯道德而且更多的是以"自然法"为依据的人道主义纲领。但到 18 世纪末，道德人道主义由于美学原则的被纳入而更加复杂化了，而这种形式的人道主义溯源于席勒的"美好的心灵"理念，成为长期统治俄国的一种意识形态。俄国那些与教会脱离的知识分子，真正开始在审美人道主义中寻求灵感，并在其所从属的社会活动中以此为依据。但如所周知，俄国知识分子身上残留着来自以往教会意识的一种特征——我们称其为"预言理念"。"预言家式的不安和焦虑"使思维和良心维持在历史学普遍主义的态度，而俄国知识分子之所以始终面向"全人类"的主题，以极其紧张而又颇有些忙忙叨叨的速度忙于探讨"全"人类问题的这一特点，也是在这一基础之上发展和巩固起来的。

这种历史普遍主义就其实质本身而言，隐含着一种回归宗教的必然性，无论如何，它唤醒并为灵魂中的宗教力量提供了滋养。的确，尽管世俗化精神有了鲜明而又凯歌般的发展，但早在同一个 18 世纪中，我们就已可看出对宗教世界观的回归，而到了19世纪，拉布津、斯佩兰斯基以及亚历山大一世时代的各种神秘主义运动，全都执拗地推出了宗教理念作为新意识形态的基础。最后，在恰达耶夫的创作中，教会理念获得如此深刻的奠基性意义，以致就连历史的意义本身也无法在教会理念之外得到彻底揭示。但需要注意的只有一点，即恰达耶夫的体系由于其著作始终未能全部出版（除《哲学书简》的第一封信以外），——因而，仅仅由于作为一种历史力量的教会，按照恰达耶夫的观点，仅止在西方得以有所表现，而在俄国（在恰达耶夫最初的体系中）则始终身处于天意的作用之外，因而得以从"时代之谜"中脱落。但在这种情况之下，恰达耶夫的宗教立场也就未能给俄国意识形态的建构提供任何东西，因而我们才看到一些人皈依了天主教：因为在俄国他们无事可做……①但在恰达耶夫之后又出现了另外一些思想家，他们也同样热烈而又意兴遄飞地捍卫了教会理念的优先地位，只不过他们并不认为天主教是"真正的"教会，而认为与俄罗斯一同成长的东正教才是这样的教会而已。这样一种情形使得上述思想家的宗教立场有可能使得俄国知识分子的意识形态探索在创造性上成效显著。而情形的确如此，那些把自己与东正教会紧密联系起来的宗教思想家们，成为一个非常富于创造性的，非常勇敢无畏的大的运动的领袖人物和鼓舞者，该运动在教会意识中寻找着能够回答所有复杂而又痛苦的生活的问题的答案。而这也就为俄国哲学中的一种极其深刻而又成效显著的流派，奠定了基础。

在这些新派人物中，占据首位的，我们认为是尼·瓦·果戈里，这不光出于编年史上的考虑，而且也是因为在他身上比在别人身上更鲜明地表现出了道德和审美人道主义解体的过程，我们可以毫不夸张地称果戈里是一位东正教文化的预言家。果戈里对于俄国哲学思想发展进程的参与及其在19世纪俄国精神生活发展过程中的伟大

---

① 在这方面，佩切林（关于他上文我们已经略有提及）创作的命运尤其具有悲剧意味。关于他还可以参阅格尔申宗那本出色的著作。

意义正在于此。

2. 尼古拉·瓦西里耶维奇·果戈里（1809—1825），是俄罗斯近代文学的奠基者之一，是一位天才的作家，但其在宗教探索领域里的建树，也不容小视。长期以来，他不仅不为俄国社会所理解，甚至也不为俄国教会思想界所接受①，而果戈里对于俄国思想宝库的重大贡献，直到 20 世纪才开始显现。果戈里的文学声望曾长期妨碍人们对其思想创作的接受，很少有人不曾谴责果戈里背离了基本创作的正路的！发生在果戈里身上的，与其全部精神活动有着深刻关联的焚烧《死魂灵》第 2 卷的悲剧事件，所有人几乎永远都认为这是"一次精神疾病发作导致的结果"，而未能察觉果戈里在其身上代他人经历的那场悲剧性冲突的本质。在俄国神学生活史上，没有任何人可以在这个问题上与果戈里并列，因为果戈里不光在理论上，而且以其全部个性，曾经为教会与文化的关系问题而苦恼，而备受折磨。与果戈里姻缘最近的，到底还是恰达耶夫，因为他——按恰达耶夫自己的话说——同样也总是"庄重而又专注"，但恰达耶夫对于"教会与文化"问题的悲剧内涵，不曾有过任何感受，而果戈里却以非凡的力量，体验到了这一点。

人们往往不承认果戈里是一位思想家，而他却毫无疑问真的是一位思想家，在 C·A·文格洛夫关于果戈里的论著问世后，对果戈里"教养欠缺"的指责可以休矣。但果戈里似乎是在他所生活的那个时代之外独立发展而成的，说果戈里是自己为自己开辟了一条道路的，这种说法也有其一定道理。但果戈里无疑曾经受到德国浪漫派的影响，因为他对发表在俄国报刊杂志上为数众多的德国艺术作品和哲学论著的译本，十分熟悉。

果戈里的外部经历并不十分复杂。他出身于一个乌克兰作家的

----

① 在那些能够深入理解果戈里基本思想的为数寥寥无几的教会作家中，占据首要位置的是东正教修士大司祭布哈列夫（可参阅其出版于 1861 年的《尼·瓦·果戈里的三封信》）。关于布哈列夫还可以参阅本书第 7 章。

家庭，很早就失去了父亲，在母亲的抚养下长大，从小就具有深刻而又真挚的宗教感情。在接受了一定的宗教信仰后，果戈里考入了涅仁贵族学校，毕业后又考入彼得堡，寻求声望。他的文学处女作（一个诗体长诗）并不成功，但隔了不久，他就出版了一个短篇小说集（《狄康卡近乡夜话》），当即引起文坛的普遍关注。他的文学创作开始由此加快了步伐。果戈里是公认的一流作家，与普希金，茹科夫斯基及其他文学家过从甚密。一段时期以来他还曾对学术发生了兴趣，并当上了彼得堡大学的历史教授，但他最终感到学术工作不对他的胃口，因而又很快离开了大学。在1831—1835年间，果戈里出版了几部中篇小说，几篇理论札记——其艺术和思想创作的一个核心主题因而得以在此形成，那就是人身上的美的本质问题。在此果戈里在俄国思想史上首次涉及了美学非道德主义问题，并以极其尖锐的方式，提出了在人身上美学和伦理生活的分离这一命题。在果戈里身上，审美人道主义意识形态已经开始解体，而美学领域里的问题也首次得以揭示。果戈里就其性格特点而言非常倾向于一种略有些抽象而又严峻的，对他本人而言又几乎是死缠不休的和十分严厉的道德家的观念。但在他身上，与道德观念平行的，还有一种对艺术的炽热奔放、激情洋溢和吞噬一切的爱，可以说他是挟着一种不可遏制的力量爱着艺术的。对审美领域特殊的非道德的认识（详见下文）致使果戈理开始着手创造一种审美乌托邦，它显然无从实现，同时又受到向自己本人证实艺术之"有益性"的需求所支配。这一乌托邦的破产（从外表看与其天才喜剧《钦差大臣》在舞台上的上演有关）在果戈理的精神世界里，造成了空前强烈的震撼，暴露出任何人道主义的全部的摇晃不稳定性，从而为宗教转向清理了地基——在果戈理身上，真地就开始了（从1836年即其27岁时起）一个回归宗教生活的既深刻而又强烈的心理历程，而且这一过程在他身上实在说从未止息过。渐渐地，果戈理开始形成一种新的生活观和新的文化观。果戈理在其艺术创作领域著书不辍，出版了《死魂灵》第1卷，但与此同时，他又开始日渐其甚地沉湎于宗教生活。他萌生了一个出版理论著作的计划，想探讨教会与文化的问题，——于是，1847年，他出版了《与友人书简选》。这本书中不乏一些勇敢无畏、富于创造性精神的新思想，但却通过一种幼稚的，有时甚至是自命不凡的，更有时竟采取一种难以为人所接受的形式表达出来，从而使其不为俄国社会所理解，并引发了不可调和的严厉批评（别林斯基那封著名的致果戈理的信，就是其最鲜明的表现）。果戈理相当沉重地承受了这次失败，但也无法断然摒弃其固有的宗教世界观，而对于教会与文化悲剧性不可联合性的意识，依然以非凡的力量和从前一样压迫着他的内心。在严重的疑心病发作时，果戈理烧掉了《死魂灵》第2卷，此后便陷入极端颓丧的状态，并很快就死了……果戈理只活了43岁，但他却在有生之年，不但以其天才的创作丰富了俄罗斯文学，而且还为俄国生活引入了那样一个主题，它至今仍是俄罗斯人探索的核心主题之一——即文化回归教会主题和建设新的教会世界观——即"东正教文化"的主题。

要想历史地公正地评价作为一位思想家的果戈理，显然时机还不十分适宜——这或许是因为果戈理所提出的问题，都仍然在使我们这个时代和所有的俄罗斯人激动不已，忧心忡忡。仅此一点就足以揭示果戈理所经历的转变其意义是何等巨大。在此我们当然不会详尽分析其全部思想，而仅只涉及其与俄罗斯哲学探索的运动过程有关的一个部分[①]。

3. 先来说说果戈理对道德人道主义的批判问题。在果戈理本人

<hr />

[①] 关于作为思想家之果戈理的文献并不很多。可参阅笔者的论文：《果戈理与陀思妥耶夫斯基》（А·Л·贝姆主编：《论陀思妥耶夫斯基文集第1辑》，布拉格，1929）。*Gogol als Denker, Golos aesthetische Utopie*（Zeitschrift fur Slav Philologie），以及笔者所著《欧洲与俄国思想家》中关于果戈理的专章。还可以参阅莫丘利斯基的《果戈理的精神生活》、梅列日科夫斯基：《果戈理与鬼》、奥夫相尼科—库利科夫斯基：《果戈理》、尚比纳戈：《俄国浪漫主义三部曲》。还可以参阅格尔申宗：《历史札记》（第2版，1923年），其中有论述果戈理的一篇出色的文章。除果戈理的著作外，他的四卷本书信集也十分重要。还可以参阅申罗克：《果戈理传》（1932），但相当肤浅。

身上，如我们上文所说，道德意识是非常强烈和紧迫的——而在这个问题上，他与绝大多数俄国思想家并无二致。果戈理的道德意识虽然非常强烈而又敏锐（"……果戈理在道德方面颇有些天赋"，——其传记作者之一这样写道)①，但他身上却带有毒药——确切地说，是他对当前道德意识的全部悲剧性问题，有着非常深刻的感受。顺便说吧，他"为之着魔"②的那一道德理想，都被他自己本人当作一种不现实的甚至是不自然的理想，是一种在灵魂的天然构造里缺乏依据的修辞。果戈理对这一理想问题的最令人痛苦万分也最激烈的体验，是在那对于整个欧洲和俄国人道主义如此基本的一个主题上——即在有关如何对待他人，对待"自己兄弟"的问题上。果戈理写道："……可我们又该如何爱兄弟们呢？该如何爱别人呢？灵魂想要去爱的，只有美丽的东西，而穷人们却又是那么不完善，他们身上美的东西少得可怜。"原来道德原则是软弱无力的，因为在现实生活中，推动灵魂运转的不是道德，而是美的启示。换言之，即处于目前状态下的人类灵魂根本无力从事任何真正符合道德的行为，即爱人的行为。"19 世纪的人会把兄弟从自己身边推开……他情愿拥抱整个人类，也不愿搂抱自己的兄弟"。因此，道德理想只不过是一种修辞学……但与此同时所有的人之间又有着如此深刻的相互关联，以致于的的确确是"众人有错谁都不冤"。这一后经陀思妥耶夫斯基进一步加以推敲的公式，在果戈理笔下虽然找不到，但其实质却也在其笔下得到表述了。他常常发挥这样一个思想③，那就是我们全都"间接的"（亦即非常直接的，不知不觉地）与所有人相关，我们的所有行为甚至思想都会影响到他人。换言之，道德主题，善的主题是不可规避的，不可排除的，它以其全部可怕

---

① 莫丘利斯基：《果戈理的精神生活》，第 87 页。

② 格尔申宗曾公正而又深刻地指出过这一点。《历史札记》，第 2 版，1923，第 175页。

③ 此处引文全都来自《与友人书简选》。

而又令人恐惧的规模矗立在每个人的眼前，但它却在人的灵魂的当下构造中，缺乏支撑点。果戈理在一处文字中这样写道："可怕的是我们在善行中找不到善，也就是说，即便有真的善，我们也无法将其当作真的善来加以接受。"①

　　按照果戈理的观点，当代人身上"天然"的非道德主义，原因在于审美本质在其身上占据主导地位。我们可以这么说，即果戈理终其一生都在研究，或说都在为一个问题所困扰，那就是人身上美的本质属性及其与道德主题的关系问题：果戈理自己本身就是一个热烈奔放、激情洋溢的艺术的崇拜者，但他同时又以完全彻底、勇敢无畏的真实性，揭示了美的本质的神秘的悲剧性的内涵。果戈理在此问题上已经走进了审美人道主义的最深处，该主义从卡拉姆津时代起，就已在俄罗斯人的灵魂里，深深地扎下了根。果戈理在中篇小说《涅瓦大街》里，描写了这样一位艺术家，他灵魂中充满了对审美和道德本质统一性的深刻信仰，但这一信仰在刚与生活相遇时就被瓦解了。艺术家在街上碰见一位女士，美艳惊人，但却与淫窟有关。艺术家陷入绝望中，他竭尽全力劝说那位美人儿抛弃她的生活方式，可美人儿却以鄙视和嘲弄对待他的话语。可怜的艺术家终究无法忍受外表之美与内心之恶之间这种可怕的悖论而发了疯，并在疯狂发作的状态下，自杀了。在另一部中篇小说《塔拉斯·布尔巴》里，果戈理从另外一个角度着手描写审美道德领域的分歧：青年哥萨克安德烈，出于对人类的热爱，抛弃了家庭、故乡、信仰，而转入敌人阵营，同时内心不曾有过任何窘迫和不安。在安德列身上占据一切的首要因素是审美本质，而这是一种自发的和非道德的因素。安德列清晰地表达了审美世界观的基本原则："我们心在哪儿？那里就是我的故乡"。这不光是对道德原则本身的一种弃绝，而

---

　　① 这一主题也是列·托尔斯泰一本非常出色而又才气横溢的书《我们到底该怎么办？》（*Так что же делать？*）的主题。弗拉基米尔·索洛维约夫已为我们所知的那本书，也是以为善"辩护"的主题写作的。

且也是对自发力量，对摒弃了所有道德属性之障碍的审美动机方式予以讲述的那种人类学——即关于人的灵魂的混沌性和非道德性的学说——的基本原理，已然初现端倪……

果戈理越是深刻地认识到人的灵魂中审美与道德在本质上的不可调和性的悲剧实质，美和艺术的主题于他而言就越来越成其为问题。正因为此，无限热爱艺术的果戈理，也才会建构一种审美乌托邦，并想以之把自己从上述冲突中解救出来，——他内心燃烧着这样一种信仰，即艺术可以在人心中唤醒一种真正的向善的冲动。果戈理创作了喜剧《钦差大臣》——这是一部在舞台上大获成功的天才之作，但它当然同样未能在俄国生活中，促成任何道德上的变革①（按：美和艺术可以致善。——旁白）。这一点果戈理是理解的，他对自己这种希望的乌托邦性心知肚明，但也正是这一点，构成了他嗣后继续探索的出发点。实际上，美与善的分立意味着善与人道主义的全部非现实性，而且只有比美与善都更深刻的本质——亦即宗教——才能把二者真正统一起来（只有宗教能把美善统一起来——旁白）。果戈理的宗教探索始终围绕这样一个主题：对果戈理来说，宗教赋有改造人的天然结构，改造其文化和创造的使命。果戈理在转向宗教的同时并未背离文化，相反，他的目的是在宗教中寻求终极文化问题的解决方案。果戈理沿着这条路走向把全部文化与教会相关联的地步，——如今他也以同样方式提出了意识形态主题问题，并一劳永逸地向俄国思想界引入了"东正教文化"这一理念。

4. 在果戈理笔下，我们可以找到许多关于西方文化的深刻而又重要的批判性思考②，但果戈理体系的基本意义不在于此，而在于他肯定"东正教会包含着彻底解决当前尖锐地摆在全体人类面前的所有问题的可能性"这一命题。而这也正是后来成为整整一大批俄国思想家出发点的那一新思想。在此文化概念脱离了与其西方形式的

---

① 关于这一点可参阅我的专著《Gogols aesthetische Utopie》。
② 关于这一点可参阅拙著《欧洲与俄国思想家》。

内在关联——在果戈理笔下，一种思想首次在此出现（但形式尚不十分清晰地同类思想此前也曾在俄国思想界屡屡闪现），那就是俄国的道路本质上不同于西方的道路，因为东正教的精神与西方基督教的精神大相径庭。这一有关俄国有着"不同"道路的思想，我们只能在斯拉夫派，赫尔岑以及俄国民粹派中找到，但也见之于社会—政治思想界整个一个晚近流派笔下（尼·康·米哈伊洛夫斯基等人）。与此同时，回归教会理念在此已经不再意味着否定世俗文化（如在15—16世纪中那样），而意味着提出了有关对文化实施基督教的变容和神圣化问题（如所周知，尤其是在斯科沃洛达那里，俄国思想界此前也一直在朝着这个目标前进）。果戈理号召人们用东正教精神来改造全部文化，因而，他的确可以算得上是一位东正教文化的预言家。果戈理还深刻而又透彻地思考了有关艺术的神圣化，有关艺术如何为基督教服务的问题——要知道在俄国思想史上，他是在鞭挞当代生活中的鄙俗性的同时，又对该生活进行审美批评的第一人。（对当代性的审美批判，纳博科夫直接继承之并赋予艺术以语言之使命——旁白）。嗣后以如此巨大的力量，赫尔岑、列昂季耶夫、陀思妥耶夫斯基得以推演的对"精神市侩"的尖锐批判，早在果戈理笔下，就以巨大的力量得以表现，以其早期（即所谓彼得堡时期）的中篇小说，到后来的《罗马》、《死魂灵》无不如此。但果戈理自始至终强调人应当如何拯救人身上的审美本质，如何指引人向善，而当代生活在其美学运动中已经脱离了善的目标。而这也就是为什么果戈理会执拗地把巫术的任务赋予艺术的原因："我们不能重复普希金，"——他如此这般地说道，这也就是说，我们不能"为了艺术而创造艺术，无论这样的服务有多么美也罢"。如今"艺术面临另外一个任务"，那就是，鼓舞人类为了天国而斗争，也就是说，我们要把自己的创作，与教会所特有的服务于世界的宗旨结合起来。果戈理始终把教会本身视为其神秘力量与其对世界的历史影响力的一种生动的结合："东方教会保持着一种完整全面的生活观——它不仅为人的灵魂和人的心灵，而且也在其最高的力量方面为理性留下了足够的空间"。对果戈理来说，"教会就是所有人最高的审级"①。"教会单凭自己就足以有力解决我们所有的难题、困惑和问题"。"在我们的大地内部有一个不是所有人都能看得见的调解者，它就是我们的教会……教会包含着新的即将到来的事物秩序的规则和舵盘，——我越是以自己的心灵，理性和思考深入它的内部，就越是会为它那善于调和一切矛盾的可能性而惊讶不已，而如今的西方教会却无力调和这些矛盾……西方教会只会把人类推得远离基督"。

如所周知，这是一个以"空间"——即以自由对待基督的态度——为基础，采用东正教精神建设文化的完整纲领。这是一种果戈理热切期望的"光彩熠熠的视野"，——按格尔申宗的说法②，"对事物新秩序的关照"，如修士大司祭布哈列夫所说③，东正教在这种观照中向世界显现出统治全部宇宙之意义的全部光明。"而果戈理本人所推出的，恰正是"基督教爱人法则的全世界性"④，基督对于万物的普适性，以及其在生活的每一个地方及所有现象中的启蒙作用。因此，果戈理的宗教意识摆脱了神权政治的色彩——他接受所有的文化形式⑤，他甚至把目前的人类"尚无力与基督直接相会"的一切都细加考量，他把灵魂对此次相会的觉醒视为艺术的教会使命。

果戈理以这样一种完整的立场不光为意识形态提出了新的原理，而且一般地说，它还意味着文化意识与教会自由靠拢的新的时代即使还没有到来，那也为时不远了。然而，如果东正教文化的理念始终都只停留在纲领阶段的话，则其发展过程也就不会有任何成效了。

---

① 《作家忏悔录》，柏林版，第 10 卷，第 59 页。
② 格尔申宗：《历史札记》，共 175 页。但格尔申宗却把这段话归之于果戈理的道德理想——果戈理的宗教世界，根据他本人的坦诚（见同上书，第 177 页）它于他而言始终是封闭的。
③ 修士大司祭布哈列夫：《给果戈理的三封信》，1861 年，第 64 页。
④ 《作家忏悔录》，柏林版，第 10 卷，第 54 页。
⑤ 例如，可特别参阅其在《与友人书简选》中为戏剧激烈辩护的一段文字，见《全集》第 9 卷，第 87—104 页。

一群所谓的斯拉夫派，以 А·С·霍米亚科夫和 И·В·基列耶夫斯基为首，首先着手于在具体系统中对其予以揭示，现在我们转而对它进行一番讨论。

5. 在对教会斯拉夫派霍米亚科夫、基列耶夫斯基、康·阿克萨科夫、萨马林的研究中，我们应当千方百计地规避的，仍是同一种风格化手法。虽然他们所有的人都处于一种非常密切的精神交往中并且常常互相影响，但有一点我们不要忘了，即他们当中的每个人都具有一种鲜明的个性，而其发展也就始终完全彻底的个性化了。正因为此我们不会讨论一般的"斯拉夫派哲学"[①]，而是逐一讨论每一个思想家的哲学观点。

我们应当把 А·С·霍米亚科夫放在第一的位置，因为他是整个团体的领袖、鼓舞者和主要代表人物。虽然他主要的哲学论著似乎都是对 И·В·基列耶夫斯基文章的继续发挥，因此基列耶夫斯基也才常常被人们当做斯拉夫派哲学体系的创始人，而实际上霍米亚科夫的世界观早在基列耶夫斯基经历宗教转向之前就已经形成。下一章中当我们讨论基列耶夫斯基体系时，霍米亚科夫毋庸置疑的威望也会变得十分清晰了。

А·С·霍米亚科夫（1804—1860）是个性格极其完整全面鲜明独特，才华横溢，兴趣广博的人。他曾是一名相当不错的诗人、剧作家，甚至身上也不乏政论家的火花。作为一个"非职业化"学者，也就是说他没当过教授，但却极其富于教养，知识渊博，博览群书，涉猎极广。作为一位神学家，他对教父典籍有很深造诣，熟知教会史。作为一位哲学家，他对晚近哲学家了如指掌。作为一位历史学家（他留下了一部颇有趣的三卷本的《全世界史札记》），可以说他

---

① 例如，正如 Gratieux 在其论述霍米亚科夫的著作（Gratieux, *A·C·Khomiakoffet to meuvement slavophile Vol.* 1—Ⅱ）中所做的那样。还可参阅潘诺夫的专著：《论作为一种哲学学说的斯拉夫派》，《民众教育部学报》，1880，№11，或 М·Ф·Гaубe 的《论斯拉夫学派的认识论》，彼得格勒，1912。还可参阅佩平：《文学观点描述》，第 2 版，1890，第 6 和第 7 章。科柳帕诺夫：《斯拉夫派哲学体系概论》，《俄国评论》，1894。

具有百科全书式的广博知识。但霍米亚科夫同时也是一位乡村地主，兴致盎然而又精明干练地管理着庄园的经营，总是能为庄园经营搞些什么小发明。而就其天性和气质而言，他又是一个"战士"——一个勇敢、正直而又坚强的战士。

霍米亚科夫的母亲（娘家姓基列耶夫斯卡娅）在其一生中起过十分重大的作用——她具有深刻的宗教性、坚定的信仰和精神的完整性。被理性所照亮的理性的力量和坚定，使得霍米亚科夫在俄国所有的宗教思想家（其中很少有谁是不曾经历过一个怀疑期的）鹤立鸡群，这种信仰的力量和坚定，与霍米亚科夫从小就生活于其中的精神氛围有关。他少年时代流传下来的一个有趣的小故事，就说明他的观察力是如何的敏锐。他曾在一个叫 Boivin 的天主教修道院院长那里学习拉丁语，并曾跟此人把罗马教皇训谕译成俄语。小男孩霍米亚科夫发现训谕里有一处书写错误，于是便嘲弄地问那位修道院院长，既然连教皇也会犯拼写错误，你是否还是认为他是永远不会犯错误的呢……当他和弟弟被带到彼得堡时，小男孩们觉得自己好像到了一座多神教的城市，这里的人都在强迫他们改变信仰，于是，孩子们痛下决决心，宁愿忍受痛苦和折磨，也不愿屈从于异己的信仰……诸如此类的小故事出色地揭示了霍米亚科夫的性格，他的勇敢坚毅，他的无所畏惧，以及他捍卫真理的热情。17 岁时他觉悟想要离家出走，为的是参加解放希腊的战争。

霍米亚科夫 18 岁时参加了军队，几年后遇上了战争，因表现得十分勇敢而受奖。从少年时代直至终其一生，霍米亚科夫都严格恪守所有斋戒，节假日参加所有礼拜活动。他不知道什么叫宗教疑虑，但他的信仰里没有丝毫伪善，没有一丝伤感，而总是燃着平静、明亮而又强烈的火焰。为了对霍米亚科夫的性格做一番描述，我这里援引了几位熟悉他的人对他的评价。对霍米亚科夫并不十分友好的赫尔岑关于他是这样写的："这人头脑发达，灵活，办法多，而且不择手段，记忆力强，思维敏捷，一辈子就是在热烈而不知疲倦地与人论争，这个精力充沛的勇士，不停地攻打和刺杀，进犯和追击，讽刺挖苦，引经据典"①。接下来："这个才能非凡、学识渊博的人，像中世纪的骑士守卫圣母一样，连睡觉也不卸下武装"②。就是在此赫尔岑称霍米亚科夫是一个"喜欢争斗的辩证法家"③。而这是来自一个一般说对霍米亚科夫并不友好的人的反应。再看其朋友 М·П·波戈金对他的评价："这是一个多么才华卓越，特立独行的人呐！他的大脑里包含了无往不胜的理性，天性活泼，思维活跃，活像一眼永不枯竭的泉水！多少知识如百科全书似的丰富多彩，五花八门，加上非凡的语言天赋，话语从他的嘴里汩汩流淌！有什么是他不知道的呢？没有一门科学是霍米亚科夫对之不具备广博知识的，是他无法与专门家就此学科进行长时间讨论的"。而与此同时，他还草拟了农民解放法案，为美洲的各个共和国划定了边界，为寻找富兰克林的船舶指引航程，详尽无遗地条分缕析地剖析了拿破仑指挥的某次战斗，他会整页整页地背诵莎士比亚、歌德或拜伦，阐述埃达④学，和佛教的宇宙进化论……知识的多面性，兴趣的广泛性，以及不放过任何题目的头脑的衍射性，虽然并不就意味着霍米亚科夫对什么都是浅尝辄止，蜻蜓点水而已，但毕竟也会妨碍他凝神专注，聚精会神。还需要补充的一点是，霍米亚科夫是一位一流的辩证法家，非常喜欢与人争论和对话交谈，而且，他记忆力非凡超群，过目成诵，在辩证法的搏斗中往往十分敏捷敏锐。生动的交谈完全占据了霍米亚科夫的身心，而对写作却不那么热心。他的哲学观点都是他在 apropos（随手信笔的状态下）写下来的，而且就连这也并不是有闻必录地全部笔录了下来。在其生命的最后岁月里他所写的文章，显得最有条理，——但霍米亚科夫本人从未亲手把自己的观点归纳为一个完整的体系。在他的完整全面中包含着一种混沌性。但也

---

① 中文版《往事与随想》中第 173 页。——译注
② 同①。
③ 同①。
④ 收集古代冰岛神话传说和英雄事迹的诗歌。——译注

正因为此，他也才是一位真正的哲学家，也是一位深刻的神学家，因此，对于霍米亚科夫在微不足道的小事上花费了如许多的精力和时间，我们不能不表示惋惜……

霍米亚科夫有过家庭，而且其家庭生活十分幸福。作为一位名副其实的地主老爷，他一生从未在任何地方供职，除服兵役外。除此之外他是一个真正的"来自土地的人"，虽然对社会问题颇感兴趣，但对政治却十分冷淡冷漠。他一方面深刻而又完整全面地忠实于东正教，另一方面又强烈地感受到了东正教与天主教和新教的区别和差异。当天主教神学家帕利梅尔对东正教发生兴趣，一度甚至想要皈依东正教时，霍米亚科夫与之频繁通信，这些书信在神学方面非常有意义。一般说霍米亚科夫总是十分关注西方人对东正教的评论，并以此为题写了好几篇文章。顺便说一点，他所有的神学著作（包括其出色的哲学论著《教会只有一个》）首次问世时并不是在俄国，而是在柏林（在霍米亚科夫逝世后的 1867 年），直到 1879 年，该书才获准在俄国出版。

根据尼·别尔嘉耶夫得意的说法，霍米亚科夫是一位"教会的骑士"——而且的确，我们从他对待教会那种直率的、自由的、纯真的如儿子般的和非常奴隶般的态度里，能感觉到的，不光有力量和忠诚，而且还有一颗与教会息息相关的一同伴生的活的灵魂。萨马林在其为霍米亚科夫神学著作写的那篇出色的序言里，毫不犹豫地给他一个崇高的称号——"教会的导师"，而这一评述虽然不无夸张之嫌，但也还是比较准确地抓住了霍米亚科夫神学著作的基本特点。他当然给俄国神学带来了一泓清泉，我们甚至可以说，是一种新方法①，这一点几乎得到所有俄国神学家的认可②。无论如何，霍

———————

① 参阅弗洛罗夫斯基：《俄国神学之路》（第 257 页）中说："在霍米亚科夫笔下，'神学性即方法'"——（"在教会中这是神学认识最必要的前提条件"）。这一点忠实地传达了霍米亚科夫的基本信念。

② 我们只在弗洛连斯基那里发现了对霍米亚科夫的尖锐而不公正的批评，而这位批评者本人也是一位杰出的神学家。关于弗洛连斯基还可参阅本书的第 4 卷。

米亚科夫在俄国神学史上也有其地位，他的著作永远也不会被人忘记①。

霍米亚科夫生命是猝然中断的——他死于霍乱发作②。

6. 在霍米亚科夫研究中有一个首先产生的问题就是关于他所受到的影响的问题。我们已经讲述霍米亚科夫所受到的教育是如何宽阔而又多样。他一生读了许多神学和哲学书。可在他的文章和专著里，我们只能找到此类读物的偶然印迹，要想确定他是如何以及是在谁人的影响之下形成其世界观的，仅凭这一点是不够慎重的。由于霍米亚科夫的性格自身无可置疑的完整性，也由于在其整个一生的文学活动中他的观点具有无可争议的统一性，因而我们可以推断，对其所发生的最重要和具有决定性意义的影响，应当发生在他一生的早期阶段（即 40 岁以前）。如下文所述，既然对于霍米亚科夫的整个体系来说，他的宗教观点具有核心意义，所以，我们也应当在这一领域里寻找最重要的决定性的影响的来源。

首先需要指出，是霍米亚科夫对关于教父的著作有很深的造诣。

---

① 对霍米亚科夫神学进行评述的主要著作有：弗洛罗夫斯基：《俄国神学之路》、萨马林：《霍米亚科夫神学著作出版序言》、卡尔萨文：《霍米亚科夫研究著作出版序言与注记》。《教会只有一个》（柏林，1926）、Grieve，O theojogii Homiakova. Bog. Vestn. 1934. Ljubljana. 罗赞诺夫：《新路》，1904、В·特洛伊茨基：《信仰与理性》，1869。佩夫尼茨基：《基辅神学院著作丛书》，1869. 利尼茨基：同上书，1881—1882。戈尔斯基：《上帝信仰》，1900，第 11 期。弗洛连斯基：《神学通讯》，1916 年。还可参阅扎维特涅维奇巨著（参见注20）第 2 卷。

② 《霍米亚科夫著作全集》出版于 1900 年。（哲学著作收入第 1 卷，第 3 和第 8 卷也很重要——最后一卷收入了霍米亚科夫的通信。

有关霍米亚科夫的文献，值得一提的是扎维特涅维奇的基本著作（见于《基辅神学院著作丛书》，有单行本，第 1 卷第 1 章，第 2 卷第 2 章）。利亚斯科夫斯基：《霍米亚科夫》，1897（此书有趣而且重要的方面在于它从霍米亚科夫的著作中，分门别类地援引了全部重要的引文，但此书的哲学门类部分，却十分薄弱）。别尔嘉耶夫：《霍米亚科夫》（1912），以及 Grafieux 上文已经提到的论文。非常重要的著作，还有：科柳帕诺夫：《A·U·科舍廖夫传记》，第 1—2 卷。巴尔苏科夫：《M·П·波戈金生平与著述》。科亚洛维奇：《俄罗斯自我意识史》。佩平：《文学观点述评》（第 6 和第 7 章）。斯捷蓬：《生平与创作》（论文《德国浪漫主义与斯拉夫派》）。Arseniew，KHomia Kov und Mohler. Una Sancta，1927（尤其是 Ostkirche 版）。

霍米亚科夫对此类著作是如此熟稔，对其精神是如此之心领神会，以致于正是在此，即在对教父著作的研究中，形成了他最基本的神学观。当然，在这一领域里，霍米亚科夫首先是一个自学成才者，但他的不曾上过神学校这一点，对其创作反倒只能成为一个有利因素。他的思想非来自于教科书，也不是从他那个时代的繁琐神学中汲取营养，而是来自教父著作。教会著作为他思考个人深刻而有机的宗教信仰，和名符其实的教会生活提供了视野。而弗洛罗夫斯基[①]则提出这样一个推断，即圣·奥古斯丁的著作对霍米亚科夫发生了重大影响，这是因为在与西方派言论斗争的论战中，霍米亚科夫始终站在"爱"与"不和"两相对立的基点之上，而这也正是当年圣·奥古斯丁的立场。这种推断当然也许有道理，但道德因素在上帝认识——而对上帝的认识，这在霍米亚科夫身上，无疑早在其论战性的小册子出版前即已形成了——的意义，霍米亚科夫决不可能会到圣·奥古斯丁那里去寻找的，而且后面的神识论也根本不把此因素当做核心因素。因此，我们应当不是在某一孤零零的教会神父那里，而是应当在全部教义文献中，寻找霍米亚科夫神学灵感的来源。

除教会神父们外，霍米亚科夫还十分细心地研究过教会史，详尽地考察过宗教史（其《世界史札记》就足以证实这一点了，在这3卷本著作里，主要对宗教信仰的形式进行了分析，而霍米亚科夫对其历史学中关于自由和必然性两大体系的基本概括，也取自该书）。与此同时他还时刻关注着他那个时代的宗教、哲学和神学文献，而他那些带有论战性的神学论文，即证实了这一点。有一点我们不应忘记，即霍米亚科夫与一大批当代杰出人才（恰达耶夫、基列耶夫斯基兄弟、奥陀耶夫斯基、亚历山大·屠格涅夫，嗣后则还有赫尔岑、波戈金、舍维廖夫等人）都有密切交往，而这些人也全都毫不

---

① 弗洛罗夫斯基：《神学通讯》，1916，第 278 页。

间断地密切关注着西方的宗教—哲学文献。著名天主教神学家 Mo-bler 及其早期著作（1825 年）Die Einheitd. Kirche① 对霍米亚科夫发生影响的问题，很值得我们予以特别关注。显然，霍米亚科夫对这位杰出神学家的全部著作都了若指掌，但也还是犯不着去讨教什么 Mobler 对霍米亚科夫的影响问题。虽然他们两人都完完全全依赖于伟大的教会教父们，虽然 Mobler 对教会（此乃霍米亚科夫全部体系中的一个核心概念）的定义与霍米亚科夫的发挥极为接近，但即便两人非常相近，但他们无疑也有很大差别。那种可以被命名为"教会视野"的东西，在霍米亚科夫那里，远比它更内心化，或可说精神化。当弗洛连斯基把霍米亚科夫有关聚和性的学说当作是对"全人类主权"论的回声或暗示时，他是完全说错了，可是，如果是针对梅列尔，则此种疑心却完全可能。对他来说如对霍米亚科夫那样，教会当然首先是一个有机体，但对梅列尔来说，教会与此同时还必定得是一种组织，而在霍米亚科夫那里，我们甚至还可以找到（其实就是从个别语句的上下文中抽取出来）对待教会定义的"无政府主义方法"的因素②。

关于霍米亚科夫所受纯哲学影响的问题，则远比这更复杂也更形混乱，首先应当强调指出的，是整个德国浪漫派的无可置疑的影响。霍米亚科夫当然对德国浪漫主义中的神秘主义流派会感到格格不入的，但他是采用其宇宙形成学理念（在其生命的最后一个阶段里，他曾发展过这一学说，但遗憾的是，他是片片断断地做的），沿着浪漫主义自然哲学的路径从事思考的。那种有时被人称之为霍米亚科夫的唯意志论③的东西，远比叔本华那货真价实的唯意志论（霍米亚科夫对此一无所知，但他笔下毕竟还是有许多文字与之有十

---

① 该文译本（载 Collection《Una Sancta》），出版于 1938 年。

② 霍米亚科夫非常喜欢帕斯卡尔，根据萨马林的证词，他甚至称其为自己的导师。

③ 关于这一点可参阅别尔嘉耶夫论述霍米亚科夫的著作以及弗洛连斯基的相关著作。

分有趣的接触点）与浪漫主义的宇宙形成论更相近。

我们可以认为谢林的影响尤为重要——尤其是他的先验论（而人们却往往察觉不到这一点）和他的自然哲学。在对黑格尔的批判（霍米亚科夫为此花费了许多笔墨）中，霍米亚科夫实际上走的是谢林的路子。霍米亚科夫思维中的核心范畴是"有机体"，贯穿了他的认识论、人类学、美学、历史哲学，而且，他同时无疑也与谢林的自然哲学有关联。别尔嘉耶夫不需提供特别理由就敢于断言①，谢林主义不曾在霍米亚科夫的发展中起过重大作用，因为"对他来说自然哲学母题并非主要的"。而如下文将要讲到的，恰好是后者错了。别尔嘉耶夫本人曾正确地指出，"霍米亚科夫的历史哲学是在19世纪初世界浪漫主义精神高涨的气氛里形成起来的"②。还需指出霍米亚科夫还与雅各比十分相近（尤其是在有关认识论的问题上）。关于霍米亚科夫是如何认识"信仰哲学家"的，缺乏任何资料，但我们如果注意到俄国学院派神学家和哲学家中，人们对雅各比极感兴趣这一点（关于这一点可参阅第7章），则我们可以认为说霍米亚科夫从雅各比那儿汲取了某些东西这种说法，说是或然的则更可信一些，——当我们下文开始阐述霍米亚科夫的认识论体系时，读者自己便会证实这一点。

在阐述霍米亚科夫的各种体系的起源问题时，应当指出的一点是，他的许多思想是在他分析和批判别人思想的过程中形成的。这一无可置疑的事实说明霍米亚科夫的理性思维具有一个特点，那就是它具有一种辩证法的倾向，喜欢在某种程度上在自己和他人观点的给人以灵感的辩证对立中思考。从这个意义上说，则霍米亚科夫所有的哲学（与神学）论文和专著，几乎全都是"就"别人文章或著作"为题"而写，就不是偶然为之了。显然，霍米亚科夫的气质多少有些沉闷，因此，他非常需要有来自外面的刺激，以便能坐下

---

① 参阅别尔嘉耶夫：《霍米亚科夫》，1912，第142页。
② 同上书，第146页。

来投身于论著的写作。

现在让我们讨论一下霍米亚科夫的体系。

7. 我们前文已经说过，即在霍米亚科夫那里，我们是找不到他针对自己哲学思想的哪怕十分简要，但却比较系统的一篇概述。此刻我们准备向读者提供这样一个有关霍米亚科夫"体系"的概述，这会不会使我们走上"解构"和自由阐述的歧途呢？我们还说过，说"风格化"方法以及思想把斯拉夫派当作一个统一流派予以介绍的所有尝试，都是不可取的……但是，为了能千方百计的避开风格化，我们应当——如果我们所研究的那位思想家的创作中包含着这样的理由和根据的话——揭示其思想的内在关联。

霍米亚科夫哲学创作的第一个特点在于他是以教会意识为出发点来建构哲学体系的。这对他来说是一个自觉的原则，因为他认为教会包含了完满的真理，认为教会是照亮我们及所有造物的那道光明的来源。他不是从研究世界以及对世界进行哲学阐释中走向信仰之光的，而是相反——教会所发出的那道光，已经为他照亮了一切。霍米亚科夫是一位货真价实的"基督教哲学家"，因为他以基督教为出发点。这当然是其哲学分析的"一个前提"，但有一点我们不要忘了，即在其坚定地，永远被理性所照亮，或确切地说，总是在呼吁理性的信仰本身中，霍米亚科夫是十分自由的。他浑身上下没有丝毫伪善或盲信，而且，正如下文所见，就连教会对霍米亚科夫来说也不是什么权威，而只是光明之源而已。在霍米亚科夫的内心世界里，信仰具有崇高的威望，对他来说，信仰不是思维的"对象"，也不是讨论的"对象"，而是精神世界里原现实（первореальность）的基础。霍米亚科夫从基督教意义出发，认为基督教的基础在于教会，但霍米亚科夫心目中的教会概念，与恰达耶夫截然不同。对恰达耶夫而言，教会是一种在地上建设天国的力量，教会这一概念中最主要的和最重要的原现实，早已就被包含在精神生活这一事实中了。霍米亚科夫的整个神学学说就是围绕着这一概念发展而来，而且它同时也是其哲学体系的基础。

根据霍米亚科夫的学说，教会是一种在可见（"历史的"）的"肉体"中化身的"精神有机体"，但教会的实质本身，以及教会的基础，正好就是精神有机体："……生活在众多中的神赐的理性造物身上的神赐的统一体"。教会具有"多重身份"，但教会里的所有成分是有机统一的，而非外在的和相互关联的。教会的实质就包含在这两种因素（精神和有机体）的统一之中，这是"一笔从极乐的使徒那里继承下来的遗产"①，因此，教会不是一个简简单单的"集体"②，也不是某种"理念"，某种隐藏在教会的外部生活中，但又十分抽象而又完整的精神现实，它在其活的和具体的统一性中，含纳了可见和不可见两个方面。霍米亚科夫写道："甚至在大地之上教会过的也不是尘世间人的生活，而是过着一种神性的和仁慈的生活……指导艺术生活的不是奴役法，而是自由法。"③ 教会作为一个统一完整的有机体，是不可能被分成可见和不可见的——"这不是两个教会，而是同一个教会有两副面孔"。也正因为教会是一个神人统一体，所以它是一个完整的有机体。

在霍米亚科夫的这一神学体系中，最重要的一点是："可见教会是存在的④"。但也正是因为这种教会臣服于不可见教会⑤这一点，所以，它才会同意为后者的显现而服务⑥。霍米亚科夫学说的基本原理即在于此——这一学说极其勇敢而又鲜明，它声称："教会不是权威……因为权威对于我们来说是一种外在的东西。教会不是权威，而是真理……"我们在另外一处地方读道："以为教会要求强迫的统

---

① 《霍米亚科夫全集》，第 2 卷，莫斯科，1900，第 237 页。在晚近俄国神学中，М·М·塔列耶夫发挥了这一在非历史主义方面更为尖锐的思想（关于他可参阅弗洛连斯基的著作。《神学通讯》，第 349 页）。关于塔列耶夫可参阅本书第 3 部分，第 4 章。

② 按霍米亚科夫的说法，即"一个生命集合体"（第 2 卷，第 58 页）。

③ 《霍米亚科夫全集》，第 2 卷，第 17 页。

④ 即作为教会，而非作为"机构"。——译注

⑤ 按：即上帝的精神。——译注

⑥ 《霍米亚科夫全集》，第 2 卷，第 225 页。

一和强迫的服从，这是极其不公正的，相反，它鄙视这两种东西：在信仰问题上，强迫统一是谎言，强迫服从是死亡"。在霍米亚科夫那里，从对教会"权威"的否定出发，他进而坚决否定任何"教会的首脑"，只有基督本人除外。但霍米亚科夫也是最不可能被怀疑是以有关教会自由的学说为依据提倡无政府主义：个别人与教会的相互关系是这样的，教会自由压根儿就不是一种个性化了的或恩赐给个别人物的一种功能。自由属于作为一个整体的教会，而根本不属于个别教会里的每个成员。霍米亚科夫写道："如果信徒的不自由不承认在其之上有任何权威的话，那么，对此种自由的论证就在于要与教会保持思想一致。"① 个别人一旦离开教会就与其在会时截然不同："每个人都能在教会里寻找到自我，但找的不是在精神孤独中软弱无力的自我，而是有能力与其兄弟，与其救世主保持精神之统一的自我。他在其中找到的是在完善之中的自我，或它确切地说，他在其中找到的是在他自己本身上的完善"②。我们不准备继续深入探讨霍米亚科夫教会学说的种种细节了——我们涉及它仅以霍米亚科夫在其哲学体系中以之为依据的程度为限。在其学说的教会概念里，唯灵论同样遭到了否定，而且对教会可见的、历史的一面，也给予了十分有力的强调。教会是原现实——个别人是与闻原现实的过程中才揭示出自身的，但不是在偶然的经验表现中，而是在其真正深刻的本质中。

8. 在讨论霍米亚科夫的哲学观点以前，我们先来讨论一下他的人类学。在霍米亚科夫那里，人类学是神学与哲学之间的中介学科，是其认识论的基础。霍米亚科夫从其教会学说中引出了有关人格的学说，而此学说决绝地否定了所谓的个性（личность——индивидуализм）。霍米亚科夫写道："个人是一种完全无能为力而

---

① 《霍米亚科夫全集》，第 2 卷，第 237 页。
② 同上书，第 111—112 页。

在内心又不可调和的不协调"①。人只有在与社会整体的生动、道德和健康的关联中，才能获得力量——如果如我们所知恰达耶夫是把人与"世界意识"相关联的话，那么，对霍米亚科夫而言，人要想完整有利地展现自身就应当与教会相联。霍米亚科夫坚决否定环境理论（意为"围绕人的个性的偶然性的总和"）②，坚决反对把个别人孤立和绝对化了的个性说。只有在教会中，也就是说，只有在为了基督的名义而与他人结为一体，并充满着自由真挚的兄弟之爱中，只有这样，人才能获得自己的全部才华和完整全面的个人财富。理性、良心、艺术创造尽管也在个别人身上表现，但实际上它们是教会的功能——这也就是说，理性、良心和艺术创造一旦离开社会，对实现自身来说总是部分的和不完全的。霍米亚科夫之所以是俄罗斯"村社制"的热情崇拜者，正是因为村社鲜明地表现出社会整体的首选地位。

值得注意的是霍米亚科夫有关个人的两种根本类型的问题学说，它构成了其历史学的基础：在个别人身上时刻都在进行着一场两种对立本质的斗争，其中一种因素占上风就会形成这样那样的类型。这些本质就是自由与必然。霍米亚科夫在某处地方这样写道："自由与必然构成了那样一种神秘的本质，以致人的所有思维全都围绕着它以各种各样的外形聚集起来。"这就是说，自由是一种不容易掌握的天赋，因此，我们的精神可以离开自由。霍米亚科夫称（在其《全世界史札记》中）以对自由的探索为主导因素的类型，是伊朗型；而以对必然性的服从为主导要素的是库希特型（кушитский）。对他来说，一般说全部历史就是在这两种类型的标志下运行的。但这只可以说是一种"自然"类型学，它并非一成不变的和绝对不易的，但在自然秩序下想要克服对必然性的奴役是不可能的。仅有对自由的探索（指伊朗型）也还是不能彻底展现自身，而只有以基督

---

① 《霍米亚科夫全集》，第 1 卷，第 161 页。
② 同上书，第 161 页。

教为基础，或具有在作为神思的有机体的上帝的精神在其中发挥作用的教会中，自由的天赋才会获得全胜。在霍米亚科夫的人类学中这里有一个重大疏漏——他没有有关什么是人身上的恶，以及恶从何而来的问题学说。他清楚地看到未被照亮的自由带有混沌的本质，但究竟为什么自由的本质却与恶的路径十分相似呢，这个问题霍米亚科夫从未涉及到。

在霍米亚科夫的人类学中，有关人类身上的完整性的学说被大力推出。这被基列耶夫斯基更深刻更集中地予以发挥了的学说，构成了霍米亚科夫人类学的主要核心，而他就是从此之中引导出认识论和历史哲学等体系的。

人身上的完整性是灵魂的等级结构：存在着一种"我们的神性理性的核心力量"，我们精神的全部力量都应围绕它而分布①。这一等级结构并不稳定：这里发生着一场灵魂的中心与边缘力量的角逐。霍米亚科夫赋予离开自由以特殊重要的意义，因为它决定这样一个悖论，即人们既然赋有追求自由的使命，既然赋有这样一种力量，因而他们可以自由地去寻找必然性在其中占据统治地位的生活方式和思维方式。人类生活的全部悲剧性正寓于此——我们注定只能在教会中寻找自我，但我们却常常走出教会，以便做自然或社会必然性的奴隶。这里的问题不在于"情欲"，像一般人们所认为的那样，而在于理性的堕落。霍米亚科夫某次在书信中不小心透露了这样一个思想："理性使一切得到管理，而一切却靠情欲活着"。因此，灾难不在于情欲，而在于"内心的安帖"在理性中的丧失以及灵魂中的完整性的必然丧失②。

霍米亚科夫人类学的基本思路便即如此。现在让我们讨论一下最吸引他关注的认识论问题。

9. 霍米亚科夫的认识论观表明在其精神世界里有一场非常复杂

---

① 参阅《霍米亚科夫全集》，第1卷，第288页。
② 《论完整的灵魂》还可参阅《霍米亚科夫全集》，第1卷，第272页。

而又混乱的斗争。一方面他响应教会意识的召唤并由此出发建构了认识论，但与此同时（就连他自己也没有察觉自己身上这一点，而其哲学的研究者们也未曾注意到）却又处于他无力克服或无力抛弃的先验论的无穷魅力之下。他对黑格尔顽强的，有时甚至是吹毛求疵的同时又十分重要的批判（他的哲学论文中充斥着此类内容），取决于他对晚近德国哲学唯心主义的深刻抵制，——正是在此，霍米亚科夫充满信心而又立场坚定地为认识论中的本体论，开辟着道路。但他的认识论思想体系以及有关所谓"理性认识"致命错误的全部学说，不仅与先验论的术语学，而且也与其精神本身相关。这里在霍米亚科夫的认识论里不仅有未完结性和言不尽意性，而且也有发展到内部矛盾地步的深刻的不协调性。

霍米亚科夫的灵感来源，当然是他的宗教认识论，在他那里，这种认识论显然与其有关教会的学说的本质问题相关，但后来（或许并非没有И·В·基列耶夫斯基的影响）他把自己的理念扩展到所有认识上来，并建构了一种有关"活的认识"的学说，后者成为滋养俄国哲学中形形色色各种成效显著之体系的一粒种子。霍米亚科夫从其教会学说中得出一个其认识论的基本论断，即认识真理和掌握真理并非个人意识，而是委托于教会的一种功能。这一论断不是一种简单的社会认识观，因为问题不在于使个人意识充实以社会环境所能提供的内容，而在于要在如神赐般的社会有机体的教会中寻求个体性的充实。霍米亚科夫这样写道："对个别思维而言真理是不可认识的，真理是能为与爱相关的思维的总和所认识的。"① 这就是说，只有"教会理性"② 是认识完全真理的器官。但在着手解释构成霍米亚科夫认识论之基础的"完整理性"这一概念前，我们要大家关注这样一点，即既然"完全"真理具有"教会理性"才能认

---

① 《霍米亚科夫全集》，第 1 卷，第 283 页。

② "教会理性，——霍米亚科夫写道。是人类理性的最大可能性。"见《霍米亚科夫全集》，第 1 卷，第 284 页。

识，那么这也就是说，个人的、单独的理性便注定只能认识一些个别的和不完整的知识——在此"半真"很容易变成"非真"。这些作为个人理性之财富的个别真理应当被提升到——实话说不是提升到"理性"水平，因为理性应当是"完整的"，而且不可能是不完整的。未被教会所充实的单独的个人意识，要知道一般人们认为它非与理性相关，而是与"理智"相关，在霍米亚科夫那里，这一当时十分流行的理智认识概念与完整精神是对立的，正因为此，我们必须说明有关"理智认识"的问题（来自于当时十分流行的诸种体系）是如此之深地占有了霍米亚科夫。理智认识的理念果然成为批判西方，批判西方文化的核心。

需要当即予以指出的一点是，作为"理性主义"凯旋之标志，被人们常常用以谴责整个西方的西方文化这一定义，最初是在 18 世纪的西方，在"前浪漫主义"时代（先在法兰西，后在德意志）产生的，随即又作为"不言而喻的自明真理"转移到了俄国思想家中。但在这里具有决定性意义的，是"理智"和"理性"在认识论上的差别，被康德当作其全部体系的基础（区别在于作为纯粹逻辑演化之功能的 Verstand 和作为理念之源的 Vernurft 上）。在康德之后，主要由于席勒的影响①，在费希特、谢林和黑格尔的先验论里，这一区别持续葆有奠基性的意义。而在俄国思想家那里，则发生了把作为一般文化性质之现象的理性主义与理智认识同化的事情。而与雅各比无疑相近（如上文所述，他的声望从 18 世纪起就开始在莫斯科神学界急邃增长，从而不可能不引起以某种方式与教会界有关的思想家们的关注）也是可以理解的，于是乎，理智认识与"完整理性"的对立，便与理智认识与"信仰"的对立融为一体了。而正是由于霍米亚科夫和基列耶夫斯基批判的主要对象是西方文化中的宗教方面，因此这一思想运动也就显得自然而然了。把西方基督教与理性

①　关于在这一点可参阅比方说不久前 Schwayz 的论著 *Hegels philosophische Entwicklung*，1938。

主义的整个系统同一化，在霍米亚科夫那里，显然发生得还很早，而且，它一旦形成，便对他本人以及后来的基列耶夫斯基的哲学工作的整个进程，产生影响。按照我们的观点，对这两位思想家认识论的起源问题，就应当这样加以理解。现在让我们系统分析一下霍米亚科夫的认识论。

可见，对他们来说，最高真理只有在教会中才能对之理性地加以掌握和认识，但其条件是教会葆有自由，而且还不能用权威取代自由。这也就是说，我们在教会中所认识的真理，正是作为非教会所强加于我们的真理而向我们发射光芒的。霍米亚科夫在肯定这一论断的同时，他所指的是要克服"天主教"，而后者却要求个人意识要恭顺和屈从于教会，而非在个体人身上发展其认知工作甚至压倒它。但霍米亚科夫在肯定自由研究者拥有全部权力的同时，还以不亚于此的力量否定清教所倾向的个人主义，后者宣称个人理性完全有权力有能力认识真理。要想取得真正的认识，就必须"给许多人举行涂圣油仪式"，就必须有一种共同的因爱而显得温暖而又光明的认识工作。这种"聚和性"是取得真正认识的必要条件，后来 C·特鲁别茨科依伯爵做了详尽阐释，成为任何认识活动的一个特点（即使在其做出错误论断的时候）。无论如何，对于霍米亚科夫来说，问题不仅在于要使集体认识劳动高于个体，而且还在于有能够证明灵魂的道德力已共同参与了认识活动的"爱的交往"的在场。必须使灵魂能完完全全地面对认识主题。霍米亚科夫写道："为了要理解真理，理性本身应当与精神世界的所有法则……在对精神的全部活的和道德力的关系方面相协调。因此，思维中一切最深刻的真理都只能为理性所认识，而这种理性在其自身内部是协调的，并且与无所不届的理性处于道德上完全协调的状态。"[①] 因此，对霍米亚科夫来说，具有意义的不是在认知性精神中创造了主体统一性的心理整

---

① 《霍米亚科夫全集》，第 1 卷，第 282—282 页。还可参阅第 98 页。

体，而是与来自"无所不届的理性"之道德要求相关的客体整体性。下文中我们将会看到，霍米亚科夫鉴于 11 世纪的教会分裂而对天主教所发出的指责，恰恰在于采用了新的教条（filiogue）的西方教会，在不征求东方教会认可的情况下，违反了认识的道德条件，因此而与真理相脱离，堕入了理性主义的支配下[①]。萨马林在其为霍米亚科夫神学著作写的前言中，无比鲜明地表达了这一思想。他写道："理性主义是一种与道德本质分立的逻辑认识。"[②] 这完全符合霍米亚科夫的基本学说，它同时也向我们表明，霍米亚科夫的认识论观点在这方面究竟在多大程度上受制于其对西方基督教的宗教批判……

根据霍米亚科夫的观点，我们需要精神的完整性，不仅是为了克服理性认识的片面性，而且，它在认识的最初几个阶段——在认识过程由以开始的最初的活动中，也是十分必要地。霍米亚科夫称这些最初的活动为信仰，而且，在霍米亚科夫那里，作为认识之初级阶段的信仰概念，具有广泛的意义，与雅各比一样，也就是说，信仰概念的意义不仅在于宗教信仰，而且也在于完整全面的和"直接"参与现实性这一意义。在这个问题上霍米亚科夫与雅各比十分接近，虽然两人总的哲学立场在许多方面是截然不同的。雅各比是非理性主义的和认识论感性主义的拥护者，与德国前浪漫主义的时代都有着十分密切的联系。但也恰好在雅各比那里，我们发现了与理性认识的尖锐斗争，发现生活与理性的尖锐对立。而霍米亚科夫呢，这一点必须注意到，却恰好把信仰与理智认识对立起来，而非与理性相对立：按照他的思想，信仰本身就是理性（完整的）一种功能。霍米亚科夫写道："我把理性的那样一种接受实际（现实）资料并对之进行分析和理智认识的能力，称之为信仰。"[③] 这样的信

---

① 按：这也正是俄国思想道德优先论（在认识论）的原因。——译注

② 《霍米亚科夫全集》，第 2 卷，第 30 页。

③ 见给 Ю. Ф. 萨马林哲学的第二封信（《霍米亚科夫全集》，第 1 卷，第 327 页）。霍米亚科夫自己在此强调指出，他只是竭力"对由 И. В. 基列耶夫斯基所完成的那一大步骤进行一番阐述"，这只是"在沿着他所指出的道路继续发扬他的思维业绩"而已。

仰也就是我们全部认识由以建构的原初材料，这些初级资料"先于逻辑认识"，它们构成了一种"无须论证和无须提供理由的生命意识"①。这一对"信仰的初级认识并非与所认识的现实生活隔绝，而是被现实生活所渗透……在它身上生命的所有脉搏都在跳动，它从生活中汲取了她全部的丰富色彩，并且自己也被生活的意义所充实，它理解所认识的，尚未在原初得到体现的现实生活的关联……它并不觊觎理智的领域，但也正是它供给理智以全部为要从事独立活动所需的资料，并且以其全部财富使双方得以丰富，它就是最高阶段的活的认识和最高程度的无以言喻"②。霍米亚科夫在别处③这样写道："这一活的认识要求具有常在的完整性和人的心灵的恒久不变的协调性"。这一"活的认识"本身"还不是完整的理性"，因为理性在其完整性中还包含全部理智的领域④。换言之，"完整理性"是认识过程的顶峰，它肇始于信仰，持续于理智的工作中，而在"完整理性"中达到其完满状态。需注意的是信仰是这一完整理性的一种功能，因此，我们也就可以理解霍米亚科夫的下述公式了："理性在信仰中以对现象的接受为生（关于'现象'概念可参阅见下文），而在理智中，它又以摒弃自身（亦即摒弃自身的'完整性'——作者）的同时，自己对自己发生作用"。从这段引文中首先可以弄清一点，即"活的认识所要求"的那一完整性显然与已经是终结性的"完整理性"并不吻合："对信仰的原初活动所必需的那一完整性，显然不可能由于似乎可以脱离道德领域这一点而发生动摇。如所周知，最初的信仰活动还不能把认识主体所认识的现实生活分开——

---

① 这和下面另一个思想一样，完全符合雅各比的理念。遗憾的是，我们没有任何材料足以证明雅各比对霍米亚科夫和基列耶夫斯基有直接影响。但他们之间不光在理念而且在术语方面所表现出来的相似性，常常令人惊讶不已。可参阅书中的一处提示，它表明作者非常熟知雅各比的著作。《霍米亚科夫全集》，第 1 卷，第 179 页。

② 《霍米亚科夫全集》，第 1 卷，第 278—279 页。

③ 同上书，第 254 页。

④ 同上书，第 279 页。

在最初的信仰活动中这样一种本体性中包含着理性在此阶段的完整性。顺便说说，霍米亚科夫本人感到"信仰"这一术语在用于最初认识活动时极不方便：须知信仰概念当其面对一个不可见的世界时同样也可以用于理性的高级状态。霍米亚科夫在一处文字①中建议把信仰概念用于高级状态，而按照他的想法，对于最初认识活动，则应采用"内心认识"或"活的认识"这样的术语。

当灵魂掌握了认识的原初材料以后，理智的工作便宣告开始了。在这个问题上霍米亚科夫的术语并非总是那么耐得住推敲，而且，这首先与"理智与意识"这些概念相关。他这样写道："逻辑理智构成了意识最重要的方面之一。"② 逻辑分析似乎不可分割地进入了意识概念。无论如何，霍米亚科夫是在教导我们有各种各样的意识，起初就只是欣赏对象（这是否就是雅各比的"Geulessen"这一术语呢?），随后沿着上升的阶梯进入高级阶段。霍米亚科夫在一处文字③中建议人们"更深入地探究意识对理性的关系问题"，但他本人却不曾一试身手。"意识是在其反映性、磨难性或其感应性中的理性"——这就是我们能在霍米亚科夫最后一篇哲学论文中找到的定义④。但请注意一点，即按照霍米亚科夫的学说，人身上的意志属于"前对象领域"，因此，它本身是不可能被认知的，但在意识中，意义却可以把"来自我的"和"非自我的"加以区分，也就是说，它在进行着把主体与客观世界加以区分的基础性工作⑤。

意识在其原初（低级阶段时是无法与"作用"相区分的，尽管它也可以与之分开。霍米亚科夫把这样一种意识与从中导出或与其伴随的行动和作用融为一体密不可分的）称为"完全意识"⑥，而且

---

① 《霍米亚科夫全集》，第1卷，第282页。
② 同上书，第252页。
③ 同上书，第248页；同上书，第249页。
④ 同上书，第345页。
⑤ 同上书，第276—278页。
⑥ 同上书，第248页。

理智的功能也恰好尚未在其中出现。而"活的认识"活动所需要的那种"完整性",恰在于此:在此意识并未把自己与其所指向的东西相分开。正是在这种意义上霍米亚科夫说道:"意识并未意识到现象",也就是说,"现象是意识所不可认识的,即现象即现象:意识可以认识现象的法则,其与其他现象之关系,甚至其内在的含义"——但却不会比这更多了。这意味着什么呢?这首先意味着理性在"活的认识"或"感受阶段尚未与意志相分离,也未与客体相分离,甚至也未与客体之后的东西相分离(霍米亚科夫称之为"未加表现的原初本质")。这也就是本体论的基本观点,是霍米亚科夫以全部力量将其与现实性相脱节的唯心主义加以对立的那种学说。但由于霍米亚科夫接下来对逻辑分析做了一番描述,说这种分析已经是在与"现象"打交道了,所以,霍米亚科夫是在其术语学中,就已经从根本性的认识论本体论立场上退了下来,而站在了唯心主义其中包括先验主义认识论的立场上来了。的确,从理性开始发挥其作用的那一刻起,主体与客体最初的对立就已经开始出现,客体已经(似乎)脱离了"未加表现的原初本质",并成为一种有其虚拟独立性、有其纯现象性的"现象",因此使得现实性在现象中消失。在对理智认识中会与现实性脱节这一点感到不解,在理智分析时我们已经与"现象"打过交道,而非与现象性打交道,因此可以说这一命题,这一学说构成了霍米亚科夫在其神学论述中如此必要的理性主义的全部批判的基础。下文就是他的原话:"理智认识并不包含所认识的现实生活,我们从中认识到的,已经不再包含包括其全部力量和完整性的原初本质了"①。但这又是为什么呢?为什么认识的原初本体性(在"活的认识"的最初活动中)在理智刚一开始工作时就会被蒸发掉?在从笛卡尔开始的唯心主义体系里,这是循序渐进进行的,因为认识的原初活动被他们理解成是现象学的,而

① 《霍米亚科夫全集》,第1卷,第278页。

非本体论的。但以如此强调的方式大力论证"活的认识"的最初活动之本体性的霍米亚科夫，嗣后更掌握了唯心主义的术语学，却未察觉自己已经离开了他自己本人所确定的认识之本体性的土壤。这种本体性应该能在某个地方重新出现，而且，它的出现不需要任何理由和根据，如同它在理智分析中不需要任何理由和根据的失踪一样，这都是可以理解的。这已经是我们熟知的"完整理性"及其综合性功能的一个阶段。

霍米亚科夫认识论中最主要的不连贯性即在于此。他一方面首次在俄国哲学中表达了本体论在认识论中的立场，并从信仰（即"活的认识"）活动开始其认识工作，在这种认识活动中，认识与所认识的存在是不可分割的。另一方面，霍米亚科夫早在认识论领域里便想揭露理性主义那一可以追溯到宗教根源（亦即"天主教"之特点）的根本错误，他因而格外强调指出理智的缺陷性，该缺陷就在于它把信仰的材料（尚未与存在相分离的）制造成"现象"。我们要重申一句的是，霍米亚科夫却未能察觉这样一个奇特现象，在理智的工作中不知为何与现实性的关联竟然丧失了，对理智此种功能的这样一种描述是完完全全沿着先验论的轨道在运行。要知道理智与理性的对立不仅在历史上曾在先验论里繁盛一时，而且它也正是在先验论里，同时也只能在先验论里，获得其严肃的内涵。但在反映了东正教在神学界的优势地位的对新哲学立场的探索过程中（以及在神学和文化哲学方面），霍米亚科夫想要表明哲学对于先验论（尤其是黑格尔的不可接纳性），是理性主义的体现和花环。霍米亚科夫当然可以以本体论为由，来否定所有先验论者尤其是黑格尔的唯心主义，但问题在于霍米亚科夫自己也无力摆脱先验论的网罟。霍米亚科夫经常赞扬黑格尔严谨的模式①，但他却必须揭露黑格尔全

---

① 霍米亚科夫写道："黑格尔的现象学至今仍是一座无可挑剔的严谨缜密、循序渐进之辩证法的不朽丰碑。关于它，任何时候人们谈到它都不能不崇敬万分。"见《霍米亚科夫全集》，第 1 卷，第 264 页。

部体系里的内在错误，必须表明黑格尔"在其现象学中走到了自行消灭哲学的地步"。霍米亚科夫的这一思想来源于其精神的最深处——即其本体论，以及认识论中有关聚和性问题的学说①，还来源于对神学和哲学理性主义的疏离。但霍米亚科夫在力求表明唯心主义的内在错误的同时，自己本身也站到了先验论的立场上去了——无论如何，在霍米亚科夫那里，对理智认识的描述与先验论者的类似论述十分相近（尤其在同一本书中第 266 页与所阐述的谢林相近）。因此，霍米亚科夫有关理智认识的学说已二重化了：他一方面承认理性认识是认识发展过程中的一个必然和必要地阶段（霍米亚科夫在某处文字中②甚至这样说道："分析工作是必要地，但还不够，它还是神圣的"）；另一方面，他又认为理性主义致命的错误恰好在于理智认识，在于理智认识与存在的脱节及其把"客体"当成了"现象"。当然，霍米亚科夫常说这样的话，说当"理智割裂了认识和精神内在完美性的联系"时，理智才会获得其致命的内涵。可这样一来有错的就不是理智功能本身，而是其与"精神完整性"割裂的孤立状态，因而责备黑格尔却大可不必。批判黑格尔要求克服先验论本身，而这却恰好是霍米亚科夫所无法提供的，因为他恰好是按照先验论来描述理智认识的。在这个意义上，在霍米亚科夫的认识论里，无疑有着一定的不协调性，如果说有关认识本体论的学说已经被他进行到底了的话，那么，霍米亚科夫为了其神学基本母题的名义而与之进行如此顽强斗争的理性主义，则根本就不是理智认识的产物。作为西方精神生活和西方文化之致命产品的理性主义，的确非与理智的统治地位和背离整体性精神相关，而是与西方的社会病有关。西方人当其认识到理性主义的弊病时，也不止一次

① 例如，可参阅其"关于人类集合性精神这一神秘概念"的略带嘲讽的评论霍米亚科夫将这一学说，与认识论中关于聚和性问题的学说对立了起来。还可参阅《霍米亚科夫全集》，第 1 卷，第 144 页。

② 《霍米亚科夫全集》，第 2 卷，第 242 页。

地很好地理解了这一点。像霍米亚科夫那样利用基列耶夫斯基的公式，肯定"理智哲学只能了解可能性真理，而非实在真理"①，这也就意味着捍卫本体论（作为对认识现实日常生活的一种追求），但却是在借助于先验论的反本体论观点的支持下进行的（反复阐释认识材料的意义在于它能拥抱"现象"，亦即存在之"阴影"及其"法则"，而非"现实生活"，其逻辑架构而非现实性）。

我们揭示霍米亚科夫认识论观中两种倾向的斗争，绝非意在抹煞其所提出的两种基本正面理念的价值。有关全部认识的一般本体论和在认识论里否定唯心主义的学说，对作为"信仰"活动的认识的最初活动（"活的认识"）所做的描述，最后，还有对认识之聚和性本质的肯定，这些全都是一些具有崇高价值的体系，它们在俄国认识论嗣后的发展过程中得到了成效显著的反映。但霍米亚科夫对于先验论的依赖性也在我们面前表现得更加鲜明，这种依赖性引导他对理智认识进行了吹毛求疵似的批评。尽管关于黑格尔霍米亚科夫谈了许多珍贵的意见，但我们不得不承认，他对黑格尔的批判并不十分成功，这首先是因为在否定黑格尔唯心主义的同时，霍米亚科夫自己本身也无法找到一条摆脱先验论的出路。无论如何，霍米亚科夫的认识论无疑是对俄国纯思辨哲学发展史上一个宝贵的伟大的贡献。

10. 这里简要谈谈霍米亚科夫在其论文中就其他哲学命题——首先是关于本体论和宇宙形成学问题所发表的看法。虽然此类言论都十分简短而且 apropos（随意），但也因此显得更加有趣——例如，霍米亚科夫拒绝承认物质是本体论的出发点，因为这样一来他就得把物质作为万物的"本原"而想象为无限大的。但"物的无限大"是含有内在矛盾的，因为物质是可分的，可测量的，永远都是有终点的。在否定作为有关存在主义之本性的学说的唯物主义的同时，

---

① 《霍米亚科夫全集》，第 1 卷，第 273—274 页。

我们必须承认，存在的"基础"必须被视为是无限的，以此才能不再是物质的。霍米亚科夫说："物质性是不具有物质属性的非物质性的抽象性。"① 存在的动力机制可以说是把物质性给吞噬了，而对世界也不得不采用力量的术语来加以想象。如果说在第一次接近时"呈现在理性面前的世界犹如空间中的物质和时间中的力量"的话，那么在此之后物质性也就不再是一个原初概念，而成为力量的一种功能。霍米亚科夫说："时间是在其发展过程中的力量，空间是在其相互组合中的力量。"② 霍米亚科夫继而指出："理性赋予世界现象可见性的本质以'力量'这么一个总的名称"，但他承认泰纳的意见是正确的（此人此时此刻忠实地表现了最新自然科学的趋向），那就是"力量不具有独立性，而总是表示另外一种东西的属性"。再往后霍米亚科夫得出这样一个结论，Lotze 在其 *Mikro Kosmos*（微型宇宙中）在他那个时代和稍晚于他那个时代，曾强有力地表示"每种现象存在的力量或原因在于'一切'"③。但这"一切"不是数字，不是现象的总和，按照霍米亚科夫的观点，"一切"在此对于宇宙形成学而言是一个非常适当的重要主题："个别的不会被总结成为无限的'一切'——反之，任何现象的本质又恰好寓于这个'一切'之中"④。这样一来，"一切"（作为整体）先于个别现象，它是一切个别者之根，因为任何现象都是"从一般中抽取"的某物。实质不仅在于认识分析的顺序——在分析界限之外，二是其在本体论上要先于现象——"摆在我们面前的本质也同样摆脱了现象"。接下来："……作为现实性的现象不可能被认为是'一切'运行中的一个因素，什么是本质呢？本质拥有自由（因为必然性只为现象所固有，而非其'根'所固有）。"必然性仅仅只是一种他人意志，而由于任

---

① 《霍米亚科夫全集》，第 1 卷，第 306 页。
② 同上书，第 326 页。
③ 同上书，第 335 页。
④ 霍米亚科夫在此与库萨的尼古拉的形而上学观念十分接近。

何客体化都是思维（摆脱）它的自主和自我异化，因此必然性也就是表现出来的意志①。本质是理性的，本质是"自由的思维"，是"意志的理性"。霍米亚科夫在其本体论方面旗帜鲜明地倾向于唯意志论，而在此他在许多方面成为哈特曼②体系的先声，当然霍米亚科夫的唯意志论和宇宙有关，和造物的存在有关，也就是说，它不会把我们引向世界的绝对化，即泛神论，这是毫无疑问的。但霍米亚科夫的话在此仍然是言犹未尽的，如果说他以其宇宙形成学思想走到与20世纪方才表现出来的那些索菲娅学形而上学（弗洛连斯基、布尔加科夫）体系十分接近的地步的话，那么，在霍米亚科夫本人那里，其宇宙形成学思想到底还是吉光片羽似的。

11. 我们已经引述过霍米亚科夫关于灵魂的等级化结构（参见上文）的论述，但这种结构并不稳定。灵魂的健康要求它始终处于与他人灵魂的"爱的交往"之中，那么，背离这一规范的现象又是如何发生的呢？霍米亚科夫并未回答这个问题。他有关两种精神结构类型的学说（"伊朗式"和"库希特型（кушишский）"），只有将其当作对历史观察的一种总结概括时才具有效力，而从人类学看，却尚未成形。如果说崇拜必然性的倾向可以被克服的话，那就意味着在人身上存在着某种统一的基础，而个别人以及整个民族究竟如何以及为何会向我们呈现出统一的精神基础被分化的画面，这个问题霍米亚科夫既未曾提出也未及研究。值得指出的一点是，他从不涉及恶的主题，考虑到霍米亚科夫对人身上的自由有着深刻的体验，而且认为现实的偶然性寓于存在中，从而在历史学体系里从不贬低责任感这一因素的意义的话，就更令人感到奇怪了。

霍米亚科夫就美学问题所发表的言论，我们就不进行阐述了。这类言论太过草率，但都无一不与其有关社会整体优于个人个体性

① 《霍米亚科夫全集》，第1卷，第344页。
② 哈特曼（1842—1906）德国唯心主义哲学家，泛心论的拥护者。认为绝对无意识的精神因素——世界意志（《无意识的哲学》）是万物的基础。——译注

的学说相关。姑且让我们讨论一下霍米亚科夫哲学思想中最后一个栏目——历史学。需要指出的是，霍米亚科夫是以完全不同于恰达耶夫的方式对待历史问题的。而且，他也和恰达耶夫一样，终其一生都一直在思考历史学问题——《全世界史札记》以及有关这一题目的个别论文，便是明证。霍米亚科夫首先对历史存在中自然而然的规律性予以认可。这并不排除天意在历史里的作用，但霍米亚科夫的天命论远比恰达耶夫的谦抑平和。仅其有关两种历史学发展类型（一种在一切领域里对必然性本质加以肯定，另一种则只肯定自由本质）的概括，便是对历史存在之独立的精神本性的一个指示。对霍米亚科夫来说历史所创造的是"全人类的事业和命运"，而非个别民族的。虽然个别民族"像每个人那样，也都以真人的面目出现"。然而，正是（在那个时代很平常）把整个民族与个别的存在相类比这一点才强调指出，在历史中发挥作用的是"天然必然性"，历史运行的"法则"也是可行的。这也就以自由和人在其自我建构方面的责任的名义，向天命论体系输入了限制性条件。霍米亚科夫在克里米亚战争前所写的那首针对俄国的名诗，可谓家喻户晓：

Но помни: быть орудьем Бога
Земным созданьям тяжело;
Своих рабов Он судим строго,
А на тебя, увы! Так много
Грехов ужасных налегло.

Молись молитвою смеренной
И раны совести растленной
Елеем плача исцели!
要记住：时间的造物很难
充当上帝的工具；

他对其奴仆的判决很严厉，

而你呢，哎呀呀！身上又背负

如此可怕的罪孽。

让我们恭顺地祈祷吧

用橄榄油医治哭泣

和良心的伤口吧！

历史中的天命论不仅不能削弱人的责任感，而且相反，也包括其自由，天命论似乎正是以人的自由为依托的。正因为此，历史是在凭借自由和与自由相反的力量——走向必然性之镣铐的自由之追求——而进行的。因此，历史进程就其实质而言是一个精神过程，而历史的主要动力则是信仰，即在民族精神的深处活动的宗教力量。别尔嘉耶夫对霍米亚科夫的历史哲学大加肯定，说在他的历史哲学里"有一个宗教—道德前提，都没有天命论的纲要"①。这一论断似乎走得过远了一点，而霍米亚科夫也真的给这种说法提供了几分理由。假如我们援引霍米亚科夫的如下思想的话②："作为一门学科——的历史迄今为止除了混沌的事件外，尚未提供任何东西"的话，则一眼看上去会以为这段引文是来自于肯定历史的非逻辑性的赫尔岑的呢。但只需认真研读一下引文由来所自的上下文就足以使我们确信，霍米亚科夫仅仅是在指责历史学科无力透过"混沌的事件"深入思考"人类的命运"（它恰好才正是全世界史的主体）。霍米亚科夫在另一处地方写道③："……历史的逻辑向西欧的精神生活宣布了自己的判决。"

这些思想使我们明白历史中真地是在进行着（根据历史发展的

---

① 《霍米亚科夫全集》，1912，第 154 页。
② 《霍米亚科夫全集》，第 1 卷，第 38 页。
③ 同上书，第 148 页。

逻辑）对各民族及整个人类自由创造的一场审判。在这个问题上，霍米亚科夫当然与黑格尔，比与恰达耶夫更近。霍米亚科夫的历史哲学是形式的，而就其精神，则又与黑格尔的模式十分相近。霍米亚科夫对历史内涵的思考当然有所不同，但有关"历史逻辑"及有关历史内在规律性的学说，则与黑格尔的原则完全吻合。霍米亚科夫甚至也采用辩证方法来阐释历史进程。

我们不打算深入探究霍米亚科夫历史学体系的具体细节了——即对西方和与西方相对立之俄国的批判。这是整个斯拉夫派中一个非常重要的和创造性的主题，但在哲学上，这里重要的不是批判西方的具体内容，重要的仅仅在于一种期待——甚至可以说这是一种万分紧张而又令人激动不已的期待，即期待东正教能通过俄国对整个文化体系进行变革。霍米亚科夫断言①："全世界的历史发展要求我们神圣罗斯将其从中成长起来的那些全面本质都表达出来。"我们在同一篇文章里②读到这样的句子："历史号召俄罗斯要走在世界文明的前列，历史用其所拥有之本质的全面性和完整性而赋予俄国以这样的权力。"

曾把西方称之为"神圣奇迹之国度"的霍米亚科夫，曾经写过有关英国的深思熟虑的书信，自己本人也曾到过国外，但却并未因此而成为一个"仇恨西方者"。但他又深刻地认识到，俄国不仅有着一条特殊的道路，而且还有一种全世界的使命。这一世界性使命就是他把人类从历史在西方影响之下而开始的片面而又虚假的发展过程中解放出来③。

霍米亚科夫的社会哲学同样也建基在"有机性"的原则之上——对"村社"的崇拜以及与当代种种个人主义倾向作斗争，都

①　《霍米亚科夫全集》，第 1 卷，第 169 页。
②　同上书，第 174 页。
③　同上书，第 148 页。霍米亚科夫断言："西欧不是在基督教，而是在天主教的影响下，亦即在一种被片面理解了的基督教的影响下发展起来的。"

是由此而来。但对自由的热烈捍卫，也源出于此。教会已经提供了社会生活的理想，即在爱的基础上在自由中统一，——这就从内而外地决定了霍米亚科夫何以会坚定不移矢志不渝地宣扬自由了。在霍米亚科夫那里，从对社会生活的有机理解中，引导出他对国家的态度。在他笔下，甚至对无政府主义的否认国家连一丁点儿暗示也没有，但却有一种学说，与卢梭有关民权的学说极其相似。对于霍米亚科夫来说，在历史现实性序列中，人民远比国家意义更重大也更重要。最高政权自身赖以建立的基础，就在于人民承认其政权。霍米亚科夫写道："人民的服从是'unacte de souverainete'。作为政权之来源的人民，将这一政权委托给了沙皇，让他来承担'政权的负担'。而人民则为自己保留了'提意见的自由'。"

12. 在对上文所述进行小结时，我们首先要指出的一点是，霍米亚科夫不是在口头上，而是在行动中实际追求建设一种"基督教哲学"体系——就其全部思想而言，对教会的活的感受对其意义的理解，具有决定性意义。霍米亚科夫已然完全置身于世俗化倾向之外了——他自觉地和毫不犹豫地力求站在教会为其所揭示的东西的立场之上。然而自由哲学研究的精神在哪里也不如在他身上那样，受到如此深重的压迫——他的教会意识本身也渗透了自由的精神，而正是这种内心的自由，以及不需要在教会里树立权威，才决定了霍米亚科夫的精神类型，也决定着其思维的基本路径。

霍米亚科夫从教会意识中推导出我们不可能固守个人主义立场的结论——他首先着手用"聚和性"精神研究人类学问题。我们当然可以说霍米亚科夫所加之于教会的那一学说，与德国唯心主义中的先验"领域"极其相似，知道通过走向先验本质本能"最终找到自我"。这里的相似性当然只限于形式，但也还是有一个重要的差别，即教会对霍米亚科夫而言是一种"原初现实性"。在认识论、道德和创造中克服了个人主义的"聚义性"原则就其实质而言是本体性的。——正因为此，"聚和性"才不是什么"集体"，而是教会，亦即是一种深深扎根于绝对精神的原初现实性。认识本体论如其在霍米亚科夫那里所展现的那样，是与作为"神人统一体"的教会不可分割的，——这一点是霍米亚科夫本体论与后来的俄国哲学中类似体系的重大区别之处。

我们在霍米亚科夫那里所看到的在其对"理智"认识的偏激态度中所表现出来的内在的双重性，以及本体论与先验论的不可调和性表明，并非其哲学中的一切都来源于教会意识。霍米亚科夫本人也未能察觉自己身上思想固着于先验论本质这一特点，同时他也未能彻底搞清在其内心深处，先验论究竟在多大程度上与西方的宗教传统有着极其深刻关联的问题。霍米亚科夫深刻地感觉到了这一点，因此他相信以教会的理念为基础，哲学中另一种不同于西方的定向是完全可以成立的。但在对西方的批判中，他还是十分强调西方的"理性主义"，并把理性主义与"理智"认识相关联，他的诸如此类的描述只会令其所面对的问题更加混乱，更加模糊。霍米亚科夫的主题是要从教会理念（在东正教对其的理解）中汲取哲学和整个文化的基础，——但在这条路上，它却不知不觉偏离了教会的立场，而站在了与其格格不入的世俗体系（在一般说已是世俗化意识之最高成就的先验论理念中）的立场上了。霍米亚科夫体系的未完结性不应在我们眼中贬低其在研究哲学问题时所迈步骤的重大意义。

第四章

И. В. 基列耶夫斯基

Ю. Ф. 萨马林

К. С. 阿克萨科夫

1. 在 A. C. 霍米亚科夫哲学创造中起主导作用的那一理念——如其在东正教中形成时那样，以教会意识为基础建构完整的世界观——既非他个人的创造，也非他个人的纲领。一系列思想家在其之前，与其同时或在其之后直到我们今天，一直都在发挥着这样一种思想，即自身包含着对与其在西方所形成的基督教截然不同之接受和理解的东正教，可以称为处理文化和生活问题的新方法的基础。这产生过并且仍在产生着一种期待，也可以说是一种对新的"宙"①的预言家式的追求，对末日论式的全部文化重估。这个这一流派的不可救药的双重性即源出于此——它在探索着创造的新路，因为它认为旧路已经毁坏了：在此正面的任务不可能脱离对过去之"宙"的批判或评价。在此新体系的激情与破坏旧体系的激情不可分割，然而，旧体系的支配力往往在其被隆重地埋葬之后仍然顽强地存在。"旧的"一度曾在世俗化的总的精神氛围中得到最鲜明的表现，并以十分巨大的力量统治着西欧。"东正教文化"的宣扬者们首先从事的，就是与世俗化精神的斗争便已转变为世俗化运动在其内部得以

———————————

① （эон——地质史）形成字一级底层的时段，包括若干代。——译注

发展的那一精神世界的斗争，即与西方基督教的斗争。而斗争的方法在于表明由于西方基督教的特征，因而世俗化的出现具有内在的必然性。在东方的决裂在此被当作是西方病的恶果。我们已经知道此病的名称：此即理性主义。在这一点上，正如我们业已指出的那样，对过去之"宙"的批判（通过对理性主义的克服）转变称为一个哲学和全部文化体系奠定新"基础"的实验。但在此尤其值得注予以关注的恰好是哲学，按照基列耶夫斯基的说法，"全部知性生活的命运决定着哲学的命运"① 和整个文化的命运。

霍米亚科夫担当领袖和鼓舞者的那一团体，根据一些偶然性特征，后来得到了"斯拉夫派"这么个名称。"斯拉夫主义"压根就不是该团体所有奠基人所固有的特征，而基列耶夫斯基某次甚至在信中非常严肃地与之划清界限。② 而宁愿称自己这一派为"东正教—文学"或"斯拉夫—基督教"派③。但也许称此派为"东正教—俄罗斯派"或许更正确也更精确吧。在东正教与俄罗斯的组合中，包含着一个该团体所有思想家都能认同的一个共同的节点。

除了霍米亚科夫外，属于"老年"斯拉夫派的，还有基列耶夫斯基、萨马林和阿克萨科夫。基列耶夫斯基也多面向哲学，因而我们也就从他来开始本章的讨论。

2. 在所有团体成员中哲学天赋最高的基列耶夫斯基的命运，十分悲惨，甚至可以说是悲剧的。具有活泼的文学天赋的他几乎失去了发表其文章任何可能性：他曾三次想要发表文学作品，而他发表作品的那家杂志也因为他的文章而倒闭关门。这件事对基列耶夫斯基产生了致命影响，以致他一连好多年什么也没写，或是只写些草稿。但在他身上"为哲学寻求新基础"的需求已经成熟并要求予以

---

① 《基列耶夫斯基全集》，第 1 卷，第 177 页。

② "我只部分地赞同斯拉夫派的思维方式，我认为该派的另一个部分离我比格拉诺夫斯基（著名西欧派）更远"。参阅给霍米亚科夫的一封信（1844），《基列耶夫斯基全集》，第 2 卷，第 133 页。

③ 同上书，第 1 卷，第 161、173 页。

表现，而他实际上却只能 en passant（顺便）地说一说而已。赫尔岑在其日记里①写道："伊万·基列耶夫斯基有一个多么美妙而又强大的人格呀，他身上埋藏着多少已经成熟的思想啊。他倒下时就像一颗伟岸的橡树。他凋萎了，可在他身上进行的斗争仍暗中默默地进行着，并销蚀着他的生命力。"但在他身上创造性的工作直到其临终之时也未曾停止过。

让我们先来说说他的经历。

伊万·瓦西里耶维奇·基列耶夫斯基（1806—1856）出身在一个具有高度文化教养的家庭。其父受过良好的高等教育，并与 18 世纪的共济会人员过从甚密②。他背负着"怪人"的名声，但实际上他只是在知性生活中兴趣广泛好奇心重而已，而且，他对哲学也有浓厚的兴趣。他是伏尔泰狂热的反对者，有一次甚至把自己庄园里搜集的所有的伏尔泰著作，付之一炬……他死的时候，И. B 还只是个小男孩。孩子的教育（И. B 有一个弟弟叫彼得，是一个道德纯洁，个性纯粹的人，是民间创作的著名的"收集家"，此外，他还有一个妹妹）由母亲亲手掌管——其母是一位性格坚强以虔诚著称的女人。她与其亲戚，众所周知的著名的茹可夫斯基友善，并在其影响下，称为德国浪漫主义的热情崇拜者。当了寡妇后，她旋即二次嫁人，嫁给了叶拉金——一个康德和谢林的崇拜者（叶拉金还曾把后者的著作译为俄语）。伊万·基列耶夫斯基就是在这样一种充满了知性和精神兴趣的环境下成长起来的。在全家移居莫斯科后，伊万·瓦西里耶维奇开始在家教指导下学习，他非常精深地研究了几种古代语言和新语言，听了大学教授们开设的公共课（其中包括谢林分子帕夫洛夫）。后经过考试，基列耶夫斯基进入外交部所属的档案馆工作，并在那里遇到了一群才华卓著的年轻人（他与 A. H. 科舍廖夫友谊尤笃），如我们所知，他和他

① 《赫尔岑全集》，第 1 卷，1875 年，第 91 页。
② 已为我们所熟知的著名共济会活动家 И. B. 洛普欣是我们这位哲学家的教父。——原注

们一起创立了一个爱智者协会。这个哲学小组几乎只专门研究德国哲学。随着小组的关门（1825），基列耶夫斯基在继续哲学研究的同时，开始发表论文（文学批评性质的），并开始引起社会的普遍关注。在此期间基列耶夫斯基对西方全部文化产生了狂热的兴趣，我们甚至有一定权利说此时的基列耶夫斯基狂恋西方①。

　　1831 年动身到德国去听黑格尔的讲座课（他与黑格尔认识），拜访施莱尔马赫②在柏林，随后去慕尼黑拜见谢林。有关莫斯科出现虎列拉的消息以及对亲人的担心，迫使基列耶夫斯基离开德国回到俄国。回国后他着手创办一份名为非常有特点的杂志：《欧洲人》，并宣称以促进俄国和西方文化的接近和双赢为宗旨。这正是对普遍综合理念分外入迷的时期，这种理念曾给予早期德国浪漫派以极大的鼓舞③。但基列耶夫斯基的杂志之所以被当局取缔正是因为他那篇名为《19 世纪》的文章，后经过茹科夫斯基的大力斡旋，基列耶夫斯基本人才未受到惩罚，茹科夫斯基此时系皇储（未来的亚历山大二世）的老师（太傅）。此事过后的 12 年中，基列耶夫斯基始终不声不响……1834 年他结婚，他的妻子不仅具有虔诚的宗教信仰，而其对神学文献有广泛涉猎（顺便说说，她还曾是逝世于 1833 年的圣谢拉费姆·萨罗夫斯基的教女）。于是，基列耶夫斯基开始与莫斯科的俄罗斯教会界建立了广泛的联系。他的庄园距著名的奥普塔圣母进堂小修道院仅 7 俄里远，一种所谓"长老的生活方式"此时正臻盛时④基列耶夫斯基开始对圣教父们产生了浓厚的兴趣，并参与了肇

---

　　①　关于这一点可特别参阅 Koyre 的文集，第 6 卷。

　　②　1768—1845，德国文学史家、哲学家。接近耶拿浪漫派。——译注

　　③　关于德国浪漫派对斯拉夫派的影响一般说可参阅斯捷蓬的著作《生平与创作》（1923）以及文章《德国浪漫派与俄国斯拉夫派》，尤其是第 15 页以后。——原注

　　④　与派西·韦利奇科夫斯基长老（关于他可参见本书第 1 篇第 2 章）相关的俄国的长老的生活方式，正是在奥普塔小修道院达到繁荣时期。关于长老的生活方式可参阅谢·切特韦里科夫修士大司祭的著作《奥普塔小修道院》（巴黎）和他的文章 Das russ, Starzentum（＜Ostkirche＞，Sonderheft d.＜Una Sancta＞，1927），还可参阅 Smolitsch, *Das Starzentum* 一书。——原注

始于奥普塔小修道院的出版教父著作的工作。1845年他曾短期回归杂志工作，担任《莫斯科人》杂志的实际主编，但很快又离开杂志，原因是与出版商（即米·帕·波戈金教授）意见相左。这些年里基列耶夫斯基曾试图在莫斯科大学担任哲学教席而未果。1852年，基列耶夫斯基的《论欧洲教育的性质及其与俄国教育之关系问题》一文发表于所谓的《莫斯科文选》里。由于这篇被认为是"不怀好意"的文章，《莫斯科文选》嗣后的出版被中止了。尽管这件事再次令基列耶夫斯基十分难受，但他头脑里酝酿的创造构思却仍在进行。1852年他写信给科舍廖夫说："我仍然不失其志，一旦可能，就写一本哲学教程……俄国早就该在哲学领域里建言立说了。"①

尼古拉一世驾崩后莫斯科开始出版一份叫《俄罗斯谈话》的杂志（由基列耶夫斯基的挚友科舍廖夫主编）。杂志的创刊号上刊登了基列耶夫斯基的文章《论哲学新开端的可能性和必要性》。这竟然成了一篇作者死后发表的文章——基列耶夫斯基早在文章问世前就因霍乱去世②。

这里我们稍稍谈一下基列耶夫斯基所受到的各种影响的问题。首先应当指出的，是德国浪漫派的影响——这种影响的输入者是基列耶夫斯基的母亲和茹科夫斯基。自基列耶夫斯基最早写的一封

---

① 《基列耶夫斯基全集》，第1卷，第74页。

② 我的引文出自基列耶夫斯基著作的最新版本。第1—2卷，莫斯科，1911。有关基列耶夫斯基的文献我要列举的有：I. Smolitsch, *I. V. Kireevsky*，Breslau，1894，其文章《伊·瓦·基列耶夫斯基》，《道路》1932年第33期。Koyre, *Oc. cit. Ch*. Ⅵ，Massaruk. Russland und Europa. B. T. 利亚斯科夫斯基：《基列耶夫斯基兄弟》（1883）。格尔申宗：《历史札记》，第2版，1923。奇热夫斯基：《黑格尔在俄国》，第15—25页。Setschkareff, *Schellings Einfluss in rus*。

Literatur. Leipzig，1939，帕·维诺格拉多夫：《伊万·瓦西里耶维奇·基列耶夫斯基与莫斯科斯拉夫派》，《哲学与心理学问题》，1892。米留科夫：《主潮》。斯捷蓬：《生平与创作》。lanz.《基列耶夫斯基的哲学》（*The philosophy of Kireevsky*）（《斯拉夫评论》），1925—1926——原注）

（致科舍廖夫——1827 年）的信中①，我们可以读到这样几行有趣的文字，它们洋溢着德国浪漫派十分入迷的普遍综合的精神："我们送还真正宗教权，我们优雅地赞同道德感（按即"Schöne Seele"——作者），我们以敬重法律和高于纯洁语言的生活的纯洁性，来取代愚蠢的自由主义。"在基列耶夫斯基年轻时代的幻想中，值得人们予以关注的，正是这种对综合的探索——这是对其较晚时期有关精神"完整性"的核心理念的一种先声。但在赫尔岑的日记②里我们却可以读道："基列耶夫斯基是一个斯拉夫派，但却总想着与西方搞好关系——一般说他是个狂热患者和折中主义者。"当然，赫尔岑关于基列耶夫斯基是个折中主义者的判断根本是错的，但在德国浪漫派精神的影响下追求无所不在的大综合的学术愿望，在他身上却的确是从存在的深处本身滋生出来的。在基列耶夫斯基那里，对感情的高度评价也与浪漫主义有关。早在 1840 年，在致霍米亚科夫的一封著名的信里③，基列耶夫斯基就完全采用浪漫主义风格，捍卫感情的"不可言喻性"："一个人在其内心发现的谜越多，则其对自身的认识也就越深……完全被说出来的感情就已经不再是感情了。"从这番话里我们可以听出曾在浪漫派那里如此具有影响力的感情崇拜的回声，需要注意的仅仅只是当后来基列耶夫斯基创立有关"灵魂的内在焦点"学说时，很显然他早年受到的浪漫派的影响，便大量地渗透进了这一学说。

关于谢林对基列耶夫斯基的影响问题是很难分说的——许多研究者理由充足地否定他的影响力④，但首先应当予以指出的是基列耶

---

① 《基列耶夫斯基全集》，第 1 卷，第 8 页。
② 1844 年 11 月，《赫尔岑全集》，第 1 卷，1875，第 255 页。
③ 《基列耶夫斯基全集》，第 1 卷，第 61 页。
④ Setschkarew，第 57 页；奇热夫斯基，第 19 页。——原注

夫斯基对谢林崇拜得是五体投地①。按照基列耶夫斯基的想法，谢林的最终体系"可以称为从对体系的借用到独立哲学迈进的最适当的一个阶梯"。无论如何，基列耶夫斯基非常认真地研究过谢林，对他进行过深入的思考。他还以有同样的关注度研究过黑格尔。他向自己的继父建议订购黑格尔的《百科全书》，并这样写道："您可以在此书中找到如此多有趣的知识，那么多的知识就连整个当代德国文学加在一起也无法提供。此书理解起来很难，但因此才值得一读。"基列耶夫斯基一般说非常关注德国哲学②，并曾深入思考过它的各个流派，但曾经给他以灵感，提升灵魂的创造力的，却不是德国哲学。基列耶夫斯基的灵感来源于教父著作，他曾对之下过很大功夫。基列耶夫斯基曾经十分哀伤地指出："东方教会教父们的精神哲学竟然是西方思想家们根本一无所知的。"③ 基列耶夫斯基本人也承认要想"把教父们的哲学按照其生存时代的原样来予以恢复，那是不可能的"④。但他的哲学毕竟来源与它们，其哲学理念也是由它们提供灵感的（如可与下述论点做一比较，即"哲学流派在其最初产生阶段取，决于在圣三位一体中我们拥有一个什么样的概念"⑤。他就此问题所发表的某些思想依旧未能彻底显现，而另一些思想则表达得过分简括。但总的说来，基列耶夫斯基自己的体系的确是在力求从哲学上揭示和阐释当代所提供的神圣教父们关于人和世界的基本思想。教会意识以其从浪漫派继承而来的，对当代教育进行崇高的和弥足珍贵的总结的综合化理念，基列耶夫斯基直到生命的终点都备加珍惜。基列耶夫斯基在这一点上与理应取西方而代之的东正教文化完

---

① （基列耶夫斯基在其最后一篇文章）。他在《论新开端》中写道："根据其天赋才华以及深刻哲思异常发达的程度看，谢林不是属于数百年，而属于数千年才能诞生的伟人"《基列耶夫斯基全集》，第1卷，第261页。——原注
② 在这方面他的《当代文学现状评论》一文尤其值得一读。同上书，第1卷，1845年。——原注
③ 同上书，第1卷，第199页。
④ 同上书，第1卷，第253页。
⑤ 同上书，第1卷，第74页。

全相关。他这样写道："俄国必须让东正教启蒙①。把握当代世界知性发展的整个过程，以便基督教真理在丰富了世俗智慧以后，能够更完整而又庄严地表现其对人类理性相对真理的统治权。"②）。

3. 与恰达耶夫或霍米亚科夫比，基列耶夫斯基更有条件被称之为"基督教哲学家"。他曾是一个名符其实的哲学家，从不在任何问题上让理性的工作受到挤迫，但作为认识器官的理性这一概念，在他那里完全取决于他在基督教中业已形成了的那种深化了的观点的制约。

让我们先来探讨一下基列耶夫斯基的宗教世界。

如所周知，基列耶夫斯基成长于一个对待宗教极其虔诚的家庭。他母亲就是一个对宗教有着真感情，甚至不无虔敬色彩的人（пиэтизм——德国基督教路德教会中的一派。——译注）。而就其深刻和真挚，同样也不无虔敬派色彩而言，则茹科夫斯基也不亚于她。她对基列耶夫斯基的精神结构毫无疑问有着巨大的影响力。但青年时代的基列耶夫斯基显然过的并不是一种积极的宗教生活，无论如何，宗教生活并未处于其精神劳动的中心。有关这一情况的有趣资料，我们是在一本从基列耶夫斯基文件中找到的，题名为《伊·瓦·基列耶夫斯基的转变过程》的札记③中找到的。札记是朋友亚·伊·科舍廖夫以记述其妻讲述的口气撰写的。基列耶夫斯基刚一结婚，在他和妻子之间，就开始屡屡因宗教问题发生冲突——妻子热烈虔诚，专心致志的宗教信仰显然引起了基列耶夫斯基很不愉快的感受。于是夫妻之间相互约定，基列耶夫斯基当着妻子的面永远不许"亵渎神圣！"。当基列耶夫斯基向妻子提议要她读一读伏尔泰时，她告诉他任何严肃读物她都愿意读，但嘲讽和亵渎宗教的读物她无法忍受。后来他俩开始一起阅读谢林——这时基列耶夫斯

---

① 基列耶夫斯基的这种表述法与"东正教文化"概念是完全吻合的。——原注
② 《基列耶夫斯基全集》，第1卷，第271页。
③ 这本札记的完整文本见同上书，第1卷，第285—286页。

基的妻子令他大吃一惊，妻子告诉他谢林笔下表述的那些思想，"她早就从神圣教父们的著作中就已耳熟能详了"。渐渐地在妻子的影响下，基列耶夫斯基自己也开始阅读神圣教父们的著作，随后他开始与神学界人士建立起了良好的关系。基列耶夫斯基家的庄园距奥普塔小修道院很近这一点具有特殊重要的意义。在赫尔岑笔下我们可以找到一个有趣的故事，无疑是基列耶夫斯基亲口讲述，由赫尔岑亲手记录的。故事描述了他站在一个小教堂里，面对一个能创造奇迹的圣像所体验到的种种情感[1]。基列耶夫斯基对他讲述道："这尊圣像数百年来一直吞噬着人们激情洋溢的赞美的洪流，悲哀的或不幸的祈祷，因而她应该积蓄了足够多的力量……她已经成为一个活生生的器官，一个造物主和人们相会的地方……我跪在地上开始真挚地祈祷起来……"

基列耶夫斯基在其宗教生活中，的确不光以宗教思维，而且也以宗教情感为生。他的整个人格，他的整个精神世界，都充满了宗教意识的光芒。他曾经有过真正深邃的宗教经验，为了思考这些经验，他与奥普塔小修道院向他展现的恢宏壮观的精神财富，建立了密切联系。在这个意义上可以认为基列耶夫斯基比别的什么人都更像是一位身上所存教会意识的表达者。如果说霍米亚科夫更多地是从其个人教会意识的深处汲取经验的话，那么，基列耶夫斯基则主要以他在修道院里，在长老们那里所得的经验为依据。基列耶夫斯基在某种意义上比霍米亚科夫离教会更近，尤其是在与奥普塔小修道院长老们的关系上。如果说霍米亚科夫的核心概念（不仅在神学，也包括在哲学中）是教会概念的话，那么，对于基列耶夫斯基的思想而言，则这样的核心概念是精神生活概念。基列耶夫斯基哲学思考的出发点即在于此，在某种意义上，他的主要体系也正是建基在精神经验这一概念上的。但这却并非某个大脑经由劳动杜撰生产的

---

① 赫尔岑：《往事与随想》，第2卷，1921，第319页。

一种产物，基列耶夫斯基理念的全部毋庸置疑的重大意义在于它们是从在其身后的现实性中生长出来的。我并不想以此断定这些理念与其从中生发而来的那一现实性是同一和等值的，但重要的问题在于，我们无论如何无法把它们统统当作是一些简单的"产品"。它们在把根子深深扎入真实的精神经验中的同时，它们仍然还是在以后融化成了某种体系：我指的是基列耶夫斯基（与霍米亚科夫一样）认识到精神经验的这些资料，总是被迫与其西方基督教相对立，而对这两位思想家来说，西方基督教完全可以被纳入理性主义体系之中。我们上文已经提到在基列耶夫斯基活动的第一个时期（即结婚前）中，他曾深深地沉浸在西方的主题和理念中，我们甚至可以毫不夸张地说，西方式的教育就体现在他本人的身上。难怪基列耶夫斯基在其最后一篇文章中大谈"把东正教世界的知性的生活从无关教育的歪曲性影响下解放出来"的必要性问题①。他身上就带着它们的印迹，例如，在霍米亚科夫身上，就残留着先验论的特征，但基列耶夫斯基远比霍米亚科夫更广泛而且也更深入地带有西方的烙印。当然，为了从内心克服世俗化精神——它已经站在"基督教哲学"体系的门槛上了——这是非常适时之举：基列耶夫斯基不是拾别人之牙慧，不是从外边，而是由内而外地了解了西方的"歪曲性影响"的。

把真正的基督教启蒙与理性主义对立起来真的成为了基列耶夫斯基思维活动全都围绕其旋转的一个轴。但这却并非"信仰"和"理性"的对立——而是两种教育体系的对立。基列耶夫斯基一般说不把自己身上的哲学意识与神学意识②加以区分——他不认可任何一种形式的信仰与理性、教会与文化的二元论：他在探索精神和理念的完整性。这一完整性理念对他而言不光是一种理想，而且他还把

① 《基列耶夫斯基全集》，第1卷，第352页。
② 但对来自人类思维的启示却严格地分而论之，《基列耶夫斯基全集》，第1卷，第247页。

它当作是建构理性的基础。而基列耶夫斯基也正是在这一层面上提出了有关信仰与理性之关系的问题，对他来说，只有二者的内在统一才是打开完全彻底的真理的一把钥匙。但为此就必须对通常哲学中有关理性的概念进行一番加工——基列耶夫斯基在本国的圣父文献中找到了态度鲜明，鼓舞人心的指示。从这一有关理性的新学说推导而出的认识论结论，并非该学说的基础，而仅仅只是结论而已，基列耶夫斯基有关理性问题的学说本身具有独立的和重要的性质。因此，为了能正确理解基列耶夫斯基的全部学说，我们正是要从其人类学开始讨论。

4. 早在霍米亚科夫那里我们已经见到过，当然了，是没有任何细节的关于灵魂的阶梯式结构，关于灵魂的"核心力量"的学说。霍米亚科夫没有进一步明确指出，他的这一学说究竟意有何指，而什么又是灵魂的"核心力量"呢。在基列耶夫斯基那里，这一学说与本国圣徒的人类学有关。基列耶夫斯基把"内在人"与"外在人"的区别，作为全部体系的基础，而这也就是自古已然的①、基督教的人类学二元论。基列耶夫斯基对此学说做了这样的表述："在灵魂的深处有一个理性的所有个别力量汇聚的活生生的总的焦点，它隐藏在人的精神的通常状态下。②"在稍稍往上的几行文字中，基列耶夫斯基谈到"把理性提升到其通常水平之上"，"在灵魂的深处寻找理解的内在之根，在那里，所有个别的力量全都汇聚到同一个活跃而又完整的理性视野之中"的必要性问题。

首次对基列耶夫斯基有关"精神的内在焦点"学说表示关注的格尔申宗，采用感情论对其做了阐释③。据我们所知，这是不对的，而且也不可能被人们所接受。实际上在基列耶夫斯基的人类学中，

---

① 使徒彼得，彼得前书第 3 章第 4 节也说道："这在神面前是极宝贵的"；而使徒保罗的说法则更明确。——原注译注

② 《基列耶夫斯基全集》，第 1 卷，第 250 页。

③ 格尔申宗：《历史札记》第 20—21 页及以后。——原注

精神而非"感情"概念才是核心概念，——基列耶夫斯基在此只不过是在传承传统基督教关于人的学说而已，而对于这种学说来说，"精神"与"灵魂"，"内在"与"外在"是最重大的区别。当基列耶夫斯基大谈"理性所有个别力量汇聚的"共同隐蔽"之焦点时，对他理解的人身上的"这一内核"（诚如格尔申宗成功地予以描述的那样），应当理解为人身上的全部精神领域。如果我采用当代心理学术语来表达基列耶夫斯基的思想的话，那么，他是把心灵的"经验"领域及其繁复多样的"个别"功能与处于意识的门槛之下，其核心点可以称之为'深层之我'的心灵领域分而论之的。"心灵的经验领域的确是各种功能的总和，而完整性的本质是一种自身隐藏着个体性及其特殊条件的本质，——而这种本质是我们所看不到的，我们应当在自己身上找到它，以便能从中汲取营养。问题不在于人身上的"形而上学方面"，而在于精神的那样一种力量，它们已经被罪恶推到了人的深处：内在人之所以有别于外在人，不是由于他们在本体论方面的差异。在这方面这两个领域并不是相互隔离的，因此我们才可以而且也应该在自己身上"寻找""内涵"。由于罪恶的统治，内在人是隐蔽的，——因此，人身上的认识带有各种特点，但却取决于罪恶在人身上究竟是否占统治地位。基列耶夫斯基认为与本土教父的术语学吻合是获得业已丧失之完整性的途径，也就是说，是"内在焦点"即"心灵力量的凝聚"在我们身上走上统治之路。走向自己的核心，将其放在全部经验生活的核心，如基列耶夫斯基所说①，是"每个探索者都能完成的"一个任务，但这也需要劳动，需要对自己进行精神劳作，需要用不懈怠地为了只能在内在人眼前展现的"精神任务"而对人的"自然"倾向进行校正。因此，基列耶夫斯基的人类学不是静态的，而是动态的——人的意义并不能用他"存在着"这一点所穷尽和描绘。人在其经验构成中可

① 《基列耶夫斯基全集》，第 1 卷，第 250 页。

以也应该修正自己以便使自己提升到经验构成之上，并使经验领域服从于内在的核心和"深层之我"。基列耶夫斯基在某处文字中这样表达了他的人的观点①："信徒思维的一个主要特点在于力求把新的力量凝聚成为一个力，在于寻求到一个核心点，让理性、意志、感情、良心、美与真、惊讶与期冀，公正与仁慈，总之，让精神的全部能量能凝聚成一个活的统一体，于是，在其原初不可分割性中的本质个性也就得以复元了"。顺便说说，这段名言与本土教父们的思想十分接近，基列耶夫斯基肯定"人身上的内在焦点"身上隐藏着不会被罪恶伤害的统一性，只需将心灵的经验领域与这一内在核心结合起来就可以了"②，但这却给了格尔申宗以一个（虚拟）的借口断言，在基列耶夫斯基笔下有明显的自然主义，因为他似乎从未在任何地方把有关心灵的完整性的学说，与基督联系起来③。如此的断信认为基列耶夫斯基似乎只是简单确立了精神力量在人身上、隐蔽在深处的在场性，但却是以当代人类学所说为依据的。这种对基列耶夫斯基人类学的阐释显然是不正确的——我们可以说他的人类学充满了基督教的人观。基列耶夫斯基的整篇论文《论哲学中新开端的可能性和必然性》都是用来研究信仰与理性之关系的，它的宗旨是要在与西方基督教的对立中发展东正教学说。与此同时，基列耶夫斯基又将其全部体系与本土教父思想联系起来：按照他的学说，"教父们深邃的、生动的纯洁的爱智行为构成了崇高哲学本质的萌芽：其与当代科学现状相符合的，与当代理性的要求和问题相适应的简单的发展，构成了一种新的思维科学"④。

---

① 《基列耶夫斯基全集》，第 1 卷，第 275 页。
② 在此，基列耶夫斯基人类学的动力机制得到了清晰的表达："人不是一种不变物，他'时时都在成为'新的生物，不是按照其意志不受制于演变的法则，而是由于意志的调节"。在当代心理学中，Delacroix 针对其著作《Les grands mystigues chreetiens》所确立的神秘发展法则最符合这一观点。——原注
③ 格尔申：《历史札记》，第 34 页。
④ 《基列耶夫斯基全集》，第 1 卷，第 270 页。

基列耶夫斯基有关心灵在矛盾对立中发展的思想是很值得关注的。在致霍米亚科夫的书信中，基列耶夫斯基发挥了这样一种思想，即"理性的发展与意志的发展正好相反"①。基列耶夫斯基即刻指出："在意志对理性的关系中有某些谜迄今都没有被人解开。"在另外一封信里（很早的一封信），基列耶夫斯基表达了这样一个他一生都始终坚持的思想，"谁如果不会用情感来理解思想，那他就根本不会理解那个思想，而这就如同一个人单单只凭情感来理解思想一样。"② 但尤为重要的，是基列耶夫斯基有关道德领域在人身上占有十分重要地位的学说（该学说同样也表达了神圣教父们的理念）。这并非什么精神范畴之一："人身上的道德范畴的等级特征表现在人身上所有其他方面是否健康，首先受制于道德范畴的健康与否。在一个灵魂中已经不再有与灵魂力量的'自然'分化做斗争的人身上，道德健康已经无从谈起了。"基列耶夫斯基谴责西方文化由于使"教育建基在分化了的理性力量之上的，因而与一个人的道德情绪没有什么实质性关系了。"他就此指出在这种认识力和道德力分化的条件下，"教育便不会高于或低于其内在的高度或低度。"③ 这是一个很有意思的想法，但基列耶夫斯基的教育的"非道德性"观点传达了一种独特的固执（这种固执是与创建精神取决于道德领域的精神的动态机制的丧失有关的）。基列耶夫斯基即刻写道："神学教育则相反，这是一种活的（因而也就是一种不稳定的——笔者）知识：它会随着对道德高度和完整性的内在追求而日益增强，同时也会随着这种追求的减弱而消失，而将其徒有形式的外表留在大脑里。"神学教育"不稳定性"就是其之所以会消失的原因。基列耶夫斯基感觉到"自主"理性的"非道德"定向是一种游戏。"远离心灵追求

---

① 写于 1840 年的信。《基列耶夫斯基全集》，第 1 卷，第 67 页。基列耶夫斯基说错了，他把这里的问题说成是有关"逻辑理性"的问题的了。——原注

② 格尔申宗《见历史札记》，第 18 页。正确地把基列耶夫斯基有关情感的学说与俄国浪漫主义，其中包括茹科夫斯基联系到了一起。

③ 《基列耶夫斯基全集》，第 266 页。

（亦即远离精神的完整性的）的思维，"我们在《断片》①里读到。
"是一种心灵的娱乐，这样的思维实质上能使人越深刻越重要，显然
也就越轻浮"。

总之，我们应当从"自然"理性"上升到"精神理性。基列耶
夫斯基写道："东正教思维的主要特点在于它始终在追求一种能够把
那理性本身提高到高于其寻常水准的东西。自然理性全部本质链
条……在于它低于信教者的理性。"②"在内在的、心灵观察的最高
度发展中经受过考验的……自然理性则与寻常只局限于其外在生命
之发展的理性不同，它完全是另外一种样子。"我们在同一篇文章③
中读到下列这句话："理性是统一的，它的本质也是统一的，但它发
挥作用的方式却各个不同，犹如其所得结论一样——这要取决于它
所处的位置以及它身上所蕴藏的动力和所发挥的作用"。

我们已经走近基列耶夫斯基的认识论了，但我们还必须对基列
耶夫斯基人类学中的一个话题稍事逗留一下，这就是他有关个人与
社会领域相互关系问题的学说。

基列耶夫斯基写道④："人灵魂中最重要的一切在其身上是社会
性地成长起来的。"基列耶夫斯基以这一命题把自己与其说是霍米亚
科夫，到不如说是与恰达耶夫，而又通过恰达耶夫与法国社会浪漫
派（首先是 Ballanche）联合了起来。但基列耶夫斯基只是偶然闪闪
烁烁地发挥过这一话题。在《断片》里我们可以找到这样的格言：
"向善之力不会在孤独中成长——杂草中的一根黑麦是会被窒息的"。
此外还有："一个基督徒灵魂里的每一次道德胜利，都不啻是所有基
督教世界的胜利，每一种在同一个人身内部实施创造的精神力量，
都会暗中吸引人，并推动着整个道德世界的全部力量"⑤。这种关于

①　《基列耶夫斯基全集》，第1卷，第249页。
②　同上书，第251页。
③　同上书，第263页。
④　同上书，第254页。
⑤　同上书，第273、277页。

所有人都具有精神关联的意识在基列耶夫斯基身上毫无疑问是从教会的理念中推导出来的。在同一本《断片》中基列耶夫斯基还表达了这样一种思想，即当一个个别人在为提升自己的精神构造而工作时，"实际上他不是一个人也不单单只为他一个人而在工作，——他是在为整个教会的共同事业而工作"。基列耶夫斯基由此得出这样一个结论："为了发展独特的东正教思维不需要有特殊的天赋……发展这种思维应当成为全体信教者思考着的共同事业"①。这里基列耶夫斯基已经非常接近于我们在讨论霍米亚科夫曾经提到的那个关于聚义性的学说。

5. 和霍米亚科夫一样，基列耶夫斯基对于认识问题给予极大关注——这一问题要求其在对于西方哲学和西方文化方面，持有自己的特定的立场。可以这么说即此二人都对西方哲学毕恭毕敬，而与此同时此二人又都十分深刻而又尖锐地认识到在精神上在基督教里，有其与西方完全不同的根子的俄罗斯思想，拥有足够多的资源，足以在哲学上推出"一些新的本质"。这与那个时代的许多俄罗斯人的共同理念相吻合，正如奥陀耶夫斯基所说的那样，19 世纪属于俄国，也就是说，俄国通过创立新的意识形态和哲学的新的本质而为基督教世界的发展开辟了一个新时代。德国唯心主义强力体系令他们感到不安。而对于"独特的"俄国哲学的这两位奠基人来说，批判地克服这些体系具有十分重大的意义，从另一方面说，就是要展现俄国哲学与整个西方文化体系的内在关系。

    基列耶夫斯基（和霍米亚科夫一样）认为西方哲学的主要罪过，或更确切地说，其主要病症在于其唯心主义，在于其与现实生活失去了生动的关联，在于其这样一种观点，即"世界的一切存在都是透明的理性自身的辩证法，而理性则是全世界存在的一种自我认知。"②基列耶夫斯基认为自己的任务就是要摆脱唯心主义的网络，

---

① 《基列耶夫斯基全集》，第 1 卷，第 270 页。

② 同上书，第 244 页。

也就是说，要为建构这样一种有关认识的、不会把我们与现实生活割裂开来的学说而寻找支点。对于基列耶夫斯基（对于霍米亚科夫也一样）的认识论探索而言，这一支点就是阐释认识的本体论，即肯定认知是我们"在存在的意义上"上升到现实的一部分或功能，也就是说，我们不是光靠一种思想，而是靠我们的全部存在"参与"对现实的认知。而要在认知中与存在保持接近的最主要条件，在于认识过程与人身上全部精神领域的关联，也就是一种精神的完整性，这种精神的完整性只要一减弱或是一丧失，以及认识工作刚一转变为"自动化的"——"逻辑思维"，结果，必然导致致命的与现实生活无缘的"理性"便诞生了。基列耶夫斯基写道："把精神的完整性打碎成碎片，和把对真理的高级意识呈现在特定的逻辑思维面前，我们也就在与现实生活无任何关联的处境下处在自我意识的深层断裂了"①。众所周知，这种断裂"是在自我认知的深层里"（这是先验论的一个术语）发生的，也就是说，是在人的内在核心中进行的。这意味着参与现实不是思维本身的功能，而是个性的完整整体。"对于抽象思维来说本质性一般说是不可问津的，因为本质性只与本质的相关"②。这意味着因为逻辑思维具有不取决于心灵其他领域的独立性，因而早在个性本身中就已对其"本质性"有所伤害。"只有那些理性自由的个人才在世上具有本质性，"基列耶夫斯基这样写道。"而且也只有从在完整个性身上意义的内在发展中才能生长出本质性意义来。"实际上这几句含义模糊的话已经将认识本体论和盘托出。脱离实际会导致个性本身产生一些病态症状，从而导致根本的完整性丧失。"认识"的力量，"把握"现实的可能性，不取决于认识能力本身，而取决于意义的微光，取决于意义在人的"内部核心"的实现。当我们脱离与现实生活的原初关联时，则不仅我们的思维会变得"抽象"，空洞，而且"就连人本身也会变得成为一

---

① 《基列耶夫斯基全集》，第 1 卷，第 244 页。
② 同上书，第 274 页。

种抽象的生物。"人也会与其原本所在的存在失去相互关联。最明显不过也最悲惨的是，这种致命的疾病还会感染到"信仰"——亦即人的精神与绝对的神秘关联——领域。按照基列耶夫斯基的说法，"在人类理性的基础深处（即在"个性的内部核心"——笔者），在其本质自身中，潜藏着其与上帝的根本关系的意识"，亦即信仰"的可能性。"信仰根植于个体精神与上帝的深刻的联合之中，但精神有其完整性。因此，"信仰并非与人身上的个别领域有关……而是会把人的全部完整性都抱在自己的怀抱里。因此，信仰者思维的主要特点在于追求把心灵全部个别的力量凝聚成为一种合力。"这也就是说，对现实的参与，作为个人的一种功能，是赋予"每个信仰者的思维的"。这又是为什么呢？这是因为"人用来理解神性的那种理性，同时也为人以及对真理的一般认识服务[1]。认识现实即认识上帝的功能，而在信仰领域里刚刚开始初露端倪的与现实脱节，就是一种信仰病。这也就是说，"抽象思维"、逻辑理性以及一般说来"理性"世界观的全部体系的产生，已然是第二级事实，第一级事实要比它更深刻。"与其他认识力量相分离的逻辑思维，构成了理性的与其完整性相脱离了的自然性质"[2]。精神完整性所受到的第一次伤害，与原罪有关，作为完整性之表现的信仰，由于它始终保留在"精神的内部核心"，所以，它能完成理性的自然工作——"信仰能赋予与其道德完整性相背离的智慧以理性"[3]，并以此帮助我们上升到思维的"自然进程"。在有信仰的情况下，在信仰者的思维里进行着一种"双重工作：一方面它密切关注着理性的成长，与此同时也关注着思维方式本身，时时刻刻想要提高理性的水平，以便使理性能够同情信仰。"对于理性的这一自古已有的终极边界的内在意识，

---

[1] 《基列耶夫斯基全集》，第1卷，第246页。
[2] 同上书，第276页。
[3] 同上书，第250页。

或有时只是一些模糊的感觉会时刻不停地出现在理性的每个活动中"①。"信徒的理性"的力量来源于在理性自身中有一种上升到其高级形式去的动机。这里没有发生任何针对已经由于脱离'第一自然完整性'而受到伤害的理性'自然'工作的暴力，因为信仰是从内部为我们打开视野的，"因此自然理性的发展只是通向高级活动的一个个台阶罢了。"这样一来，我们理性的易受伤害性，由于脱离了"第一自然完整性"，则会被补充被纳入我们精神的信仰中去。这也就是为什么"处于高级思维阶段的东正教信徒能够轻易而又不无危害地搞清楚来自低级理性阶段的人思维的所有体系，看出他们的局限性以及相对真理性。但对于处于低级阶段的思维来说，高级阶段思维是不可理喻的，因而也是非理性的。"

基列耶夫斯基的基本认识论问题——即关于信仰和在其思维源头本身中的理性的内部协调问题，认可承认思维'自然'进程是远远不够的问题，以及关于上升到精神理性高度的问题——就是这样获得解决的。认识就其性质而言无论是在低级（"自然而然的"）和高级思维形式中，都是非同一性的和非同等性的（根据其价值，也根据其参与现实的能力）。问题不在于让理性服从信仰和压迫理性，——这不会赋予精神视野以广阔的天地——问题在于要从内而外地让思维提升到它的高级形式上来，以便让信仰和理性不致于相互对立抵牾。在走向精神整体性的过程中，脱离现实的危险性和唯心主义的危险性并未消失：沿着正常轨道发展的认识会把我们带入现实中并把我们与现实联系起来。

然而，既然如此，我们又该如何解释唯心主义认识论在最初也以信仰为生的西方世界产生的问题呢？按照基列耶夫斯基的观点，这里的问题在于信仰本身受到了伤害②，"由于这种伤害最初在信仰内部滋生了繁琐哲学，随后信仰本身进行了改革，最后，是诞生了

① 《基列耶夫斯基全集》，第 1 卷，第 252 页。
② 同上书，第 226 页。

外在于信仰的哲学。"这一公式构成了基列耶夫斯基对西方文化全部批判的基础：西方教会用等级制度的外部权威取代了内部权威（它这样做是独断专行，并未征求东方的同意就更改了信仰的符号）这件事，导致了"理性的自动思维"——即理性主义，也就是"独立自主的"理性的凯旋日。这一理性的自足运动的至高点就是超验主义，在这种主义中，全部现实已经被融化进了理性的辩证的自我运动过程中了。因此我们应当把"逻辑"认识与"超逻辑"认识区别开来，在后一种认识形式中，我们并未被与现实分离开来，而是被沉浸在现实之中。唯心主义揭示了全部理性主义的非真理性，在理性主义中唯心主义是必然的，因为逻辑理性自己本身使我们停留在内在于范畴意识的界限内（在以逻辑思维为生的同时，"我们实际上是生活在计划中，而非生活在自己家里，——而且，我们一旦拟定了计划，便会自以为已经建造好了整幢建筑了"。① "全部问题在于，"基列耶夫斯基在《片断》② 中这样写道，"伴随着理性主义的胜利而产生的全部秩序，会把我们的思维引导到逻辑思维的个别性中来。正因为此信仰会高于自然理性，而理性也会将自己降低到低于其最初水平的地步"。"思考中的人当然应该让其认识通过逻辑的监督，"基列耶夫斯基指出，"也就是说，我们必须不是否认而是克服当代思想界——俄国哲学之路不在于否定西方思想，而在于要以自己在高度精神视野中所揭示的东西来补充和丰富西方思想。"精神的完整性在原罪中丧失，而在"高级认识"中重新得以确立，随后又在西方基督教中由于逻辑思维的胜利而受到伤害的"高级知识"的生动经验，即"精神理性"的生动经验，构成了基列耶夫斯基认识论的基本观点。逻辑思维不会引导我们走入现实生活中，而只会揭示存在的逻辑结构，真正的认识和信仰一样，则会把我们与现实生活联系起来。

---

① 摘自给霍米亚科夫的信。《基列耶夫斯基全集》，第 1 卷，第 67 页。
② 同上书，第 276 页。

基列耶夫斯基的认识论便是如此。

6. 我们还需要讨论一下基列耶夫斯基对于历史学问题的观点。

基列耶夫斯基对黑格尔的历史哲学——或许这是黑格尔体系中最富于魅力的部分——十分熟稔。和霍米亚科夫一样，他反对关于在历史中发挥作用的，是一种内在于历史的理性这样一种思想。"如果我们把人类思维的发展与偶然性的影响隔离开来，我们就会对其形成一种错误的概念，"基列耶夫斯基这样写道，"没有什么比把现实生活中的每个事实都当作是理性必然性的必然结果更省事的事情了，但也没有什么比这一关于理性必然性的虚假法则更能曲解和歪曲真正的历史观的了。"基列耶夫斯基一方面并不否认历史的因果律，但却把人的自由意志放在首位。在否认历史学理性主义的同时，基列耶夫斯基也否认了绝对的天命论，而这同样也是为了人的自由的名义，并且他还屡屡警告人们不要把天意和人的本质混为一谈①。基列耶夫斯基不仅承认人的本质的自由，而且也承认历史的内在关联性②，他承认"这一内在的因果律会服从于一种可见的……事物发展的总的伦理秩序的发展过程"③，承认历史中有天意存在。基列耶夫斯基强调指出，历史的"意义"涵盖着整个人类。在一篇早期文章中他这样写道："评价一个民族的教育不是看他知识的总和有多少……而是看他自己本身是如何参与对于整个人类进行的教育，而且还要看他在人类的整个发展进程中所占据的地位"④。此外，基列耶夫斯基关于全世界历史思想的继承性联系的思考，也很值得我们关注："每个民族都会在特定时代走到历史的前台。虽然进步只有人类努力的总和才能取得的，但各个民族都有其历史繁荣的阶段，在

①　例如可参阅《基列耶夫斯基全集》，第 1 卷，第 247 页。
②　"在历史中……我们可以看到一种人类理性的永不间断的关联和连续不断的进程。"同上书，第 104 页。
③　《基列耶夫斯基全集》，第 1 卷，第 242 页。
④　同上书，第 104 页。

这些阶段里①，他们'在这一进程中'吸取了其他民族的生活成果。"

但基列耶夫斯基关于具体历史哲学问题的观点远比这更重要也更有趣。在这方面具有特殊意义的，是他对于新的历史"区域"，即一般说来在浪漫主义中异常发达的对新时代的期待②，这种观点在俄国文学中常常可以看到。在这个问题上，基列耶夫斯基并非那么独特，而不过是在"响应"这一整体定向而已，该定向在他以及在其他俄国思想家们身上，与一种深刻的信念结合在一起，即这一新的"区域"将与弘扬"俄罗斯理念"相关联。但新"区域"的到来却意味着旧"区域"的终结。对于基列耶夫斯基来说，和对于许许多多他的同时代人一样，这一点是"不言而喻"的，在基列耶夫斯基那里，对西方的真挚的爱、包括对欧洲文化的综合理念是与俄罗斯本质，与对西方的严厉批判，和批判西方在精神上已经步入死胡同结合在一起的。但基列耶夫斯基对西方的批判是独特的——他不是重复别人的余唾，而是为了那样一种构成其朝思暮想之理想的"完整性"的理念，这种理念是从浪漫主义的根系里生发出来的，又在神圣祖国对于人的观点中获得了巩固。"目前欧洲教育已经达到了发展的极致……"③基列耶夫斯基写道，"但这一极致的结果引发的却是普遍的不满和希望受挫感……人们心中之所以会有不满和无欢的空虚感是因为欧洲理性的胜利本身揭示了其根本追求的片面性，事实是尽管生活的外部完善已经达到了舒适的极致，但生活本身仍然缺乏本质的意义。许多世纪以来的冷酷分析，破坏了欧洲教育从其发展的一开始就赖以奠基的全部基础，结果使得其自身的根本本质（即基督教）对其本身成了无关的和异己的了，而这一破坏其根基的

---

① 正如米留科夫对于基列耶夫斯基这一学说所做的成功描述，米留科夫：《主流》，第373页。

② 关于这一点可以参阅维诺格拉多夫的观点。见《基列耶夫斯基与莫斯科斯拉夫主义的开端》，第121页。

③ 引自《论欧洲教育的特征》、《基列耶夫斯基全集》，第1卷，1852，第176页。

分析本身——这一自动运行的理性之刀除了自己和个人的经验以外不承认任何价值，这一自我独断的理性，这一与所有人的其他认识力量全都脱节的逻辑活动——却成了他的直接所有物。"这样一来，按照这种业已成为著名的长篇大论的观点，我们已经熟知的理性主义和精神完整性的必然崩溃，便成为西方精神沉荷和所有灾难的来源。我们在同一篇文章的另外一处地方①可以读到下列话语："西方人把自己的生活分割成为个别的小的追求：在其心灵的某个角落里生活着宗教感情……而在另外一个角落里——是单独自处的理性的力量……在第三个角落里——则是对感官享乐的追求等等。理性很容易转变成为狡猾，真挚的感情转变成为盲目的情欲，美变为理想，真理成为意见，实质成为想象的借口，美德成为自满自足，表演成为生活中须臾不可或离的伴侣……如同幻想性充当其内在面目一样。二重分裂性和理智成为西方文化最后的表现……"对西方文化的这样一种片面而且在许多方面并不公正的观点，实际上始终是针对西方哲学而言，针对西方的非宗教性或背离基督教而言。基列耶夫斯基在其最后一篇文章②写道："很难理解欧洲教育究竟会达到什么结果，如果人民中间没有发生任何变化的话……在西方只有一种东西对人来说成为一件十分严肃的事情，那就是工业，生理意义上的个人完整保存下来就是为了工业的缘故……我们可以说，哲学的最后一个时代以及工业的无限统治（现在）才刚刚开始……"我们看到，基列耶夫斯基始终对西方的社会经济问题感到格格不入（而如所周知，奥陀耶夫斯基对此类问题却非常熟悉）。因此，应当与东正教文化的繁荣一起开始的新的"区域"，基列耶夫斯基主要是采用"教育"和恢复"完整性"这样的术语来加以描绘的。他认为"必须让从人类全部以前的理性生活中落到她头上的东正教教育掌握所有当代世界的理性发展过程。"

---

① 《基列耶夫斯基全集》，第 1 卷，第 210 页。
② 同上书，第 246 页。

7. 我们已经谈到过在其文学演讲中曾经数次令基列耶夫斯基感到吃惊的那种窘迫感，但是，这种窘迫感当然对于他的思维工作来说并不是致命的。然而，尽管如此我们还是不得不认真对待在他去世以后留下来的材料匮乏以及叙述极度简单的问题。无论如何，基列耶夫斯基具有真正的哲学才华这一点是不容争议的，而且他的哲学体系尽管高度简洁，表达高度简括但其价值同样也是不容争议的。基列耶夫斯基的思想是如何在嗣后思想家们那里得到发展的，当然足以证实其价值，但也只是在人类学和认识论领域里。关于心灵的层级结构的学说，关于人身上的作为人之核心的，人的精神的根本统一性得以在其中恢复的"内在焦点"学说，以及在经验领域里克服精神的分裂性学说，此外还有关于道德领域具有特殊意义（在其对"内在焦点"的追求中）的学说，还有关于精神生命（不光是形式）的两层"阶梯"（"自然"和"精神"理性）的所有学说，还有由此而来的在人类学中的根本动态性——所有这一切都不止一次地在后来的俄国哲学中复活。基列耶夫斯基的认识论体系还与精神的完整性学说有关——首先是精神与理性的"自主独立性"的斗争，以及为恢复作为认识中实在性之条件的完整性的斗争。更有甚者的是，对于基列耶夫斯基来说，认识的实在性是与其本体论性质不可分割的，这种性质从根本上决定着对信仰的证明，它们构成整个认识过程的基础。对于基列耶夫斯基来说，认识上帝是世界认识的基础——因此对现实生活的认识应当具有信仰所具有的那样一种类型：认识真理就应当生活在真理之中，亦即不光使之成为理性的问题，而且还是整个生命的问题。认识是整个个性的功能，而不仅仅只是理性的功能，——基列耶夫斯基对于纯粹理性认识的不信任感即来源于此，纯粹理性认识只有在完整参与作为原初现实的真理时才是合法的。我们不能否认基列耶夫斯基（和霍米亚科夫一样）在其对恢复完整性的期望中具有一定的乌托邦因素：这不是自然主义（如格尔申宗所以为的那样），而恰恰就是认识论中的乌托邦主义。恢复完整性和本体论成分在认识论中的胜利，亦即不仅从理性方面去掌握关于存在之真理——也就是把哲学改造成为智慧，也就是神祇的王国所梦寐以求的"普遍完整性"的胜利。被对理性主义的批判所吸引而尖锐地强调理性主义对于"东正教教育"亦即未来的东正教文化的背反性的基列耶夫斯基（与霍米亚科夫一样），恰好是沿着历史乌托邦主义（在认识论领域里的运用）的路线前进的。在此，浪漫主义关于普遍综合的理想转变成为了完整的东正教文化乌托邦，对于此种文化来说，老实说，对于历史而言已经没有什么发展的余地了。这两位在其宗教意识中分外清醒的思想家（尽管每个人都非常富于个性），在认识论乌托邦方面，在其对"完整精神"的炽热的顶礼膜拜中却不失为浪漫主义者，而"完整精神"的力量却被当代文化的"分裂性质"给排除掉了。

无论如何，在这两位思想家身上，思辨精神是无立足之地的——甚至就连教会本身，也被他们当作是对自由的证实，是自由的真正的福音。这两位思想家的教会意识都倾向于涵盖所有主题，涵盖精神的全部追求，揭示充分的空间，但同时通过摆脱"数百年来"禁欲主义的管制来照亮它们，从而转变成为活生生地沉浸在教会之中的自由。精神的启蒙已然就是教会良善力量的作用了，因此真理只有通过"教会方式"——亦即在教会中，和教会一起，通过教会——才可以获得。这两位思想家体系的全部激情即在于此，但对"认识论乌托邦"的迷恋以及对"理性主义"略有几分草率的谴责也源出于此。总之，我们仅仅只是刚刚站在"基督教哲学"的门槛上，虽然这两位思想家的确都可以称得上是基督教哲学家。

这两位思想家还有一个共同特点值得指出，那就是他们两位都与"预言家的焦虑"格格不入，这种特点我们已经在恰达耶夫身上发现过。我们已经看到这种焦虑在他身上是如何滋长成为俄罗斯的以赫尔岑为发端的激进主义的（参阅第6章）。无论是霍米亚科夫还是基列耶夫斯基都与这种预言家的焦虑格格不入，而如我们即将看到的那样，在康·阿克萨科夫身上，甚至形成了嗣后俄罗斯思想界不止一次有所表现的著名的非政治倾向的公式。

基列耶夫斯基作为一个作家，作为一个思想深刻的人，他的作用几乎是难以描述的，如果可以把他当作一个"不走运者"的话，那也仅仅是因为曾经有过许多外在条件妨碍他表现自己，但从他头脑里以及从他精神世界里涌现出来的思想，却成为了名符其实的种子，后来都结出了累累硕果。

×　　　×　　　×

我们还得讨论一下霍米亚科夫和基列耶夫斯基的两位战友——尤·萨马林和康·阿克萨科夫——的哲学观点。

8. 尤里·费多罗维奇·萨马林（1819—1876）和康·阿克萨科夫将会把我们引导到对俄国黑格尔主义的研究中来——他们两个人几乎从未受到过谢林的影响（那个时代的其他黑格尔主义者也是如此），而是把自己的"初恋"给了使他们最初的哲学探索硕果累累的黑格尔。虽然这两个人身上（尤其是在萨马林身上）黑格尔的这种影响后来变得几乎很微弱了，但他们的的确确属于与经受过谢林影响的那些人截然不同的另外一种哲学思考的类型。在这方面最值得注意的，是自然哲学问题的完全脱落，在他们的著作中，占据主导决定性地位的是历史哲学问题。更何况萨马林和阿克萨科夫与所谓"斯拉夫派"有着密切关联：霍米亚科夫在他们一生和思想发展中发挥过特殊的作用，而基列耶夫斯基的影响则要比他小得多。

萨马林曾经受过良好的家庭教育，15岁时考入莫斯科大学，大学毕业后开始为应考副博士学位做准备。此时他开始了与康斯坦丁·阿克萨科夫的密切交往，在后者的影响下，他完全摆脱了早年的他曾经对之十分入迷的法国文化的影响。从1840年起，萨马林开始了与霍米亚科夫和基列耶夫斯基的密切交往，首先是接受了捍卫独特性理念的思想。萨马林身上的民族意识总的说来是非常鲜明和强烈——他是一个激情洋溢而又有着深刻思考的人。在这些年中，萨马林写作了关于俄国神学史——即关于圣雅沃尔斯基和菲奥凡·普罗科波维奇——的学位论文。在写作学位论文期间曾深受黑格尔影响的萨马林，以其决绝和激进的性格，断言"有关教会的问题取决于哲学问题，而且教会的命运密切地、不可分割地取决于黑格尔的命运"[①]。"只有从无力支持其的德国引进科学（即指黑格尔哲学），[②] 只有这样的方式才可以在意识和生活之间实行和解，而那便将是俄国对西方的胜利，"——在（致波波夫的）一封信中[③]我们读到这样的文句。这段时期中的萨马林非常仔细认真地阅读过黑格尔的全部著作，现存的笔记证明了这一点。萨马林写道："东正教会离开黑格尔哲学是没法生存的。我们是在宗教与哲学斗争的年代里出生和成长起来的——这一斗争即使是在我们自己身上也还是在继续进行……很快便该确定哲学对待宗教的关系了：哲学所承认的宗教就是东正教，而且也只能是东正教。"[④]

这样一种借助于黑格尔哲学的帮助为东正教奠基的独特思想很快就在萨马林自己的眼里失去了价值，而这毫无疑问是在霍米亚科夫影响下产生的一个结果。萨马林渐渐走向了独立的哲学研究之路，幻想主持莫斯科大学的哲学教研室工作。但在父亲的影响之下，他却必须得放弃学业，而到彼得堡担任公职，随后又从那里被派遣到里加，在那里，他初次遇到了俄国的少数民族问题和农民问题。萨马林以其固有的全部激情，投身于此类问题的研究，写作了大量书信和报告。萨马林与当时针对波罗的海沿岸地区所实施的政策方针产生了尖锐冲突，对这些分歧，他在致莫斯科友人的书信中公开予以阐述。他以自己所特有的鲜明辛辣的语言写作的这些书信，引起了震动，被人们手耳相传，萨马林因此很快就被捕，旋即被关押在

① 《萨马林文集》，第5卷，第55页。1842年致波波夫的一封信。
② 同上书，第53页。
③ 同上书，第53页。
④ 同上书，第60、62页。

彼得保罗监狱，但很快又被释放了，重新安排了公职。稍晚些时候萨马林密切参与了为把农民从农奴制下解放出来而实施的准备工作。晚年他重新回到理论工作中来，其理论建树的代表作是他所写的各类文章①。他亲手写道（在临终的三周前）："抛弃一切而从地上把从先师霍米亚科夫手中脱落了的思考的线索重新拾起来这种想法屡屡占据着我的心头"②。但这一计划却未能予以实现。

萨马林是俄国哲学史无法绕开的人物，尽管由于他关于哲学的著作为数不多，导致他在哲学史上的地位不高。但他的学位论文在俄国哲学史上的地位却远比这重要——他关于民族问题的著作在俄国迄今仍然保留着其价值。顺便说说，在此我们得提一提他那出色的论战才华，这一点突出地表现在写给奥·马尔蒂诺夫的论述耶稣会士的出色的信件。赫尔岑对他辩证法的才华尤其赞赏，他甚至认为在这方面他要高于霍米亚科夫③。

9. 在霍米亚科夫的影响下，萨马林成为一个真正的东正教思想家。他在这一领域里所写作的东西里最值得关注的，他为霍米亚科夫著作第2卷所写的序言（该序言是为其神学著作所写），对于理解萨马林本人及其宗教世界也颇为有趣。关于霍米亚科夫，萨马林曾经说过，说他"像对真理一样珍视信仰"④，而这一评价对于萨马林自己也是有效的，因为在他身上，宗教世界也是其哲学观点的来源。而对于哲学人类学这种说法尤其适当，因为萨马林对于这一学科中

---

① 此期写作的文章被收集在文集第6卷里。

② 《萨马林全集》，第6卷，第11页。

③ 萨马林的著作是由他的兄弟出版的，而对于哲学来说最重要的是第1卷和第6卷。遗憾的是，并非萨马林所写的所有的著作都收进这个版本里。在有关萨马林的文献里，最值得关注的有：1. 其兄弟（Д. С）为 Б. Э. Нольде 鲁塞克传记家辞典所写的Ю. Ф. Самарин 传记和为第2卷及第3、5和6部分写的序言，该书对萨马林的社会活动给予了详尽的叙述。2. 格尔申宗：《历史札记》（是一部有关萨马林哲学观点的优秀著作）。3. 奇热夫斯基：《黑格尔在俄国》（第9章）。还可参阅佩平：《文学观点评述——赫尔岑的"日记"》、科留帕诺夫：《亚·伊·科舍廖夫传》。

④ 该序言再版于《萨马林全集》，第6卷。

的问题，所投入的精力最大。正是在萨马林那里，人类学（比在基列耶夫斯基那里更加鲜明地）预告了认识论和形而上学的出场——这一点当然既与关于认识的学说中一般本体论定向有关，也与早在20世纪便已宣告其诞生的"存在主义哲学"思维方式有关。

萨马林非常固执地想要把（在哲学人类学里是基础概念的）人格概念与已经转变成为评价万物之尺度的①、作为意识之器官的个性概念分而论之。对于萨马林来说，我们可以采用当代术语学来表示其间的根本差异，即把它们表现为人格主义与个人主义的对立。萨马林是个人主义最严酷的对手，常常论说个人主义的"无能为力"，以及个人主义"常常不得不承认人的个性令人备感可悲的无能为力性及其必然性"②。根据萨马林的思想，基督教是在号召人们弃绝自己的个性并要无条件地让个性服从整体。应当指出，在萨马林的黑格尔时期中这一主题曾经非常突出："个性"，他在其学位论文中这样写道，"是一个透明的介质，永恒的真理之光会穿透它，温暖并照亮人类。"③ 在个人头上矗立着最高审级——"村社"，而村社制度全部是建立在"个性自由和意识的崇高活动——禁欲中"。④ 这样一来，要在自由的禁欲活动中实现——在由内而外地，而非由外而内地——弃绝和禁欲。"村社制度……不是建立个性的缺失之上的，而是建立在自由而又自觉地弃绝自由的独断专横统治上。"⑤ 这也就是说，个性就其深层和创造力而言不是在封闭于自己本身的途径中，而只能在与他人交往并让自己服从与最高整体的途径中才能开放——而且是为了最高本质而非为自己本人而开放。换句话说，那一帮助个性从其自然而然的孤立状态下解脱出来的力量，作为一种

---

① 《萨马林全集》，第 4 卷，第 347 页。
② 同上书，第 1 卷，第 38 页。
③ 同上书，第 5 卷，第 343 页。
④ 同上书，第 1 卷，第 52 页。
⑤ 同上书，第 64 页。

最高力量，凝聚于宗教中。"'个人的'本质，"萨马林写道。[①]"是一种分裂的而非统一的本质，在个性本身之中，不存在关于人的概念的基础，因为这个概念与把大家团结在一起而非将人相互分开的概念有关。在业已使自己成为一切万物之无条件的尺度的个性之中，可以于其中奠基的就只有人工联想，但却无法从个性中以逻辑的方式推导出对于所有人和每个人都绝对有效的规范和法则来——就连历史也无法做到这一点。"个性的自我弃绝作为一种个性的自由活动，会把我们带到高于崇高原则的高度，它高于个性，甚至与个性恰相对立。这种个性可以将自己全部自由地和完整地向之奉献的崇高的本质，也就是宗教的本质。

个性（每个人）与上帝的关联——在其存在中是一种最原始的和最基本的事实，对神性的间接感受是原初的和无法根除的，而这也就是一种"照亮每个人心灵的个人的发现"。[②]"每个人来到世界上时，心灵里都带有这一光明，它来自于上帝并冲着上帝，只有在精确意义上承认上帝对于每个个别人的个别态度才能理解，"萨马林认为。[③]"为什么在我们的自我评价中总是有一种对'意义'的寻求，有一种寻找生命中的'理性'的追求"。而假如我们否认个别天意的这一前提，而在天意的位置上放上有关某种具有魔力的、仿佛能够决定人生命的进程的"必然性"的神话的话……不但如此——还要把整个外部经验也全都建构在这一原本的精神资本的基础（亦即神性交往）之上来对之加以思考——这样一来，由外部获得的全部材料便会在永不熄灭的火焰里（内心斗争中）被扑灭[④]，

---

① 《萨马林全集》，第 1 卷，第 40 页。
② 同上书，第 6 卷，第 505、515、519 页。
③ 同上书，第 507 页。
④ 同上书，第 1 卷，第 140 页。

在转化为知识体系时获得一种新形式①。

只有在具备"启示"的个别性或个别的——原初的和基本的——宗教经验的条件下，亦即每个灵魂都与生命的最初本源直接交往的条件下，才可以正确解释为什么在人的身上自由和责任的意识是不可摧毁的，而且比这更甚：是人能作为人格而意识到自己这个事实。从另一方面说，如果不承认人灵魂里的一切都被上帝所照亮的宗教经验的话，也就不可能让灵魂保持其完整性，而如果没有完整性，灵魂里就会产生一种不正确的观念，而这种观念必然会逐渐成长成为一种虚假的个人主义体系。

如我们所知，精神完整性学说构成了基列耶夫斯基人类学的核心观点，因而在此谈一谈基列耶夫斯基对萨马林的决定性影响就再合适不过了②。但在萨马林那里，这一学说却最终摆脱了在基列耶夫斯基那里所具有的乌托邦品味。萨马林教导说，"塑造道德人的完整形象是我们的任务"③。在这一公式中，有两个问题吸引我们关注：首先，如果"完整"形象是可以塑造出来的话，那么也就是说，完整性不是给定的，而是被给定的，亦即在现实生活中是没有完整性的（甚至在"内在核心里"——用基列耶夫斯基的话说——也没有），完整性需要在自己身上实现。我们在基列耶夫斯基那里看到的人类学里的那一动态性，在此处表现得更加明确。当然，完整性的保障是在灵魂的宗教（是在"上帝的形象里"）领域里提供的，但这不过就是个保障而已。从另一方面说，萨马林笔下的"精神的完整性"还要比霍亚科夫和基列耶夫斯基更强烈，并按照等级制而从属于人身上的道德本质，后者则构成了人格中最基本的核心。在霍米亚科夫和基列耶夫斯基那里，道德因素的意义之所以被大力加以

---

① 格尔申宗（《历史札记》第138页）阐释萨马林的这一学说如下："任何思维和任何知识从根上说都具有宗教性。"但这一公式并非准确传达萨马林的思想，萨马林坚持认为非感性认识和感性认识的现实性，但却并不认为后者来自于前者。

② 格尔申宗（同上书，第119页）态度坚决地肯定这一论点。

③ 《萨马林全集》，第1卷，第137页。

强调，仅仅只是为了一种认识活动而已，而在萨马林那里，道德领域一般说在人格中占据一个核心地位。萨马林毫不犹豫地把关于道德本质、道德不取决于外部世界以及道德的创造力题目与信仰①和灵魂里原初的宗教性相联系。萨马林特别着重强调的，正是在与康·德·卡维林的有趣论战（就其著作《心理学的任务》一书而展开）中所提出的，与道德本质的独特性相关的人格的双重性问题。而在另一章里我们将要谈到的卡维林就其观点而言属于半实证主义者：他捍卫伦理唯心主义，并以一种哲学式的天真认为唯心主义可以以实证的方法加以证明。萨马林十分清晰地揭露了②这类思想实质上全然不是那么回事——萨马林的这些思想在其致赫尔岑的那封有名的信里得到非常清晰的表达。他们两个在莫斯科时曾经一度是朋友，但在 40 年代里，当斯拉夫派和西欧派的阵营被清晰划分后，两人便分手了。临终前不久的并且此前一直待在国外的萨马林（是他主动提出的要求）想要见见赫尔岑，赫尔岑也为萨马林的提议而感到真挚的喜悦。两位从前的老朋友的会面持续了三天，气氛非常真挚热情，可是，随着一天天的过去一次次谈话的进行，两人也都意识到将他们割裂开来的深渊是越来越宽了。与赫尔岑分手后萨马林给赫尔岑写了一封信，这是一封就其深度和力度而言非常值得关注的长信。赫尔岑与卡维林一样也是一位半实证主义者，但比卡维林立场更鲜明也更有才华。萨马林异常清晰地揭露了赫尔岑观点的内在矛盾，这种矛盾就在于他把对自由的崇拜、伦理学唯心主义与对个性的纯自然主义观给结合起来了。萨马林强调指出个性问题是不能在抛开其对于绝对的关系来孤立地提出来的，在纯自然主义关于个性的学说里自由的意识和整个道德领域的问题是不可能得到阐释和认真严肃地提出来的。

---

① 《萨马林全集》，第 1 卷，第 141 页。
② 对萨马林和卡维林、格尔申宗的立场有过很好的说明，同上书，第 1 卷，第 141 页。

10. 萨马林只对人类学问题进行了详尽的阐释——在哲学的其他领域里他的言论大都很零散而不够系统。在有关认识的起源问题上，萨马林坚决而又成功地对感觉论实施了批判，并且发挥了一种有关直接认识"非物质环境"的学说——这种学说与社会认识和认识[①]更高的现实（宗教、道德、美学）有关。萨马林以极大的力量证实宗教经验的真实性——或不如说，是证实宗教生活是建立在经验的基础上的。

萨马林追随基列耶夫斯基坚持认为现实性（无论高级现实还是感性现实全都一样）是不可能得到"证实的"。也就是说不可能以理性的方式演绎而来：全部现实性只有在经验里，即在与认识对象的生动和真实的交往中才能向我们显现。这既与感性也与精神世界有关[②]，而且萨马林还把这两种方式都称为是"外在的"。早在学位论文里，萨马林就提出一种论点，认为"只有在感恩的生活中认识者与被认识的对象之间的分裂才会消失"[③]。这种分裂表明理性主义中所加以证实的存在与认识的同一不仅实际上根本不存在，而且正是由于理性主义才产生了这一分裂。很晚的时候（1846）[④]，萨马林再次谈到分裂的思想——但这次谈的却已经是"生活与意识的分裂"了，而且，我们从其上下文里，可以轻易得出结论，即这里说的是霍米亚科夫一度曾经发挥过的自我意识取决于社会生活的观点。因此，在萨马林那里我们找不到对认识的本体论阐释的进一步发展——他只是全盘接受了霍米亚科夫和基列耶夫斯基的立场，而特别强调灵魂与上帝交往的直接性而已。正是在这里，在神人交往中，认识与对作为一个认识追求之对象的上帝的生动态度密不可分，只有在自己身上保持宗教活动，我们才能一般地说保持在与世界的现

---

① 参阅《萨马林全集》，第6卷，第403页。
② 参阅同上书，第6卷，第509页。
③ 参阅同上书，第458页。
④ 参阅同上书，第1卷，第13页。

实性的生动的（而非抽象的）交往之中。如果说关于宗教经验我们必须说"上帝概念的核心包含着对上帝对每个人所发挥的作用的直接感受"①的话，那么，这句话对于外在经验而言也是正确的。这也就是为什么在萨马林那里，认识最根本的现实主义在于造物与上帝存在之间的关系②。现实性无论如何也是无法通过理性的工作而向我们显现的，——而且相反，任何现实性都应当在有关其的思维活动开始以前就被给定。我们不妨再重复一遍萨马林的话："事实的'现实性'只可以通过个人经验来接受。"③萨马林在此之中不仅不排除批判主义，而且还直截了当地证实这样一种情形的可能性，即感受器官（感觉的和非感觉的）"可以使客观事实变形并向我们传达虚假的事实"④，并非常机智地指出，认识中的现实性首先只有在上帝方面才能得到根本证实。

根据一位朋友的建议，萨马林从1861年起开始着手写作一本新的哲学论著——《论唯物主义书简》。但这部论著却终究未能写完，尽管写很颇有意思，令人感到万分遗憾的是萨马林写了一半就没有再写下去。他在此书中写道："我认为严谨规范的唯物主义会给未来带来很大益处。"⑤因为揭露其谎言还将伴随着"毫无色彩的、毫无骨气的、腐烂破败的人道主义"的破产，伴随着基督教真相的被揭露。萨马林以极大的力量再次论证个性的无法推论性和原初性："人身上有一个核心，它犹如一个焦点，一眼纯净的清泉从中汩汩流淌"⑥。人格主义当然无论如何也无法将其与唯物主义结合……但遗憾的是，《论唯物主义书简》只是勾勒，而非发展了其所论述的那个题目。

---

① 《萨马林全集》，第6卷，第485页。
② 参阅同上书，第6卷，第463页。
③ 同上书，第6卷，第509页。
④ 同上书，第6卷，第513页。
⑤ 同上书，第6卷，第544页。
⑥ 同上书，第6卷，第551页。

　　萨马林的哲学遗产如我们所知，不仅不丰富，而且其有关个性的学说，也只是在继续霍米亚科夫和基列耶夫斯基在人类学部分，也只是在认识论里所发展了的那些体系而已。作为对于个人主义之否定的人格主义导致个性与社会整体内在关联的确立。老一代斯拉夫派里最后一位代表康·谢·阿克萨科夫为研究霍米亚科夫、基列耶夫斯基和萨马林对于这类问题的研究，写下了新的一笔。

　　11. 康斯坦丁·谢尔盖耶维奇·阿克萨科夫（1817—1860）起初是尼·瓦·斯坦凯维奇（关于他可参阅下一章）小组成员，并且与该小组成员保持终生友谊。但早在大学时代阿克萨科夫就熟知了黑格尔哲学，并以其所特有的热情变成一位黑格尔分子，同时对其早年迷恋谢林时期毫不看重。按照契切林的说法，阿克萨科夫在此期间有一个信念，即"俄国人在所有哲学家中首先应该理解黑格尔"——也就是说，应该在自己内心给绝对精神以一定空间……和在此期间同样也是一位黑格尔分子的萨马林一样，阿克萨科夫本着斯拉夫派的精神对黑格尔进行宣扬、阐释和应用。

　　在其学位论文（论述罗蒙诺索夫）中，与在他论述历史和语文学问题的论著中一样，阿克萨科夫始终不失为一个好学深思性格独特的思想家，而且他尤其对于关于语言的学说有着浓厚的兴趣①。我们不打算阐述阿克萨科夫这一学说的详情，仍然还是鉴于阿克萨科夫的这类探索具有专门性质，我们仅指出一点，即黑格尔的精神果真在阿克萨科夫的历史模式和语文学思考中有所存在。我们能从他的各类言论中分辨出来的就只有那些与俄国哲学思想具有辩证关联的主要问题。我指的是个性问题——亦即人类学问题，虽然阿克萨科夫在这个问题上并没有任何与其他斯拉夫派相比新的贡献，但对待这一问题他却有他自己的一套办法。和萨马林一样，阿克萨科夫

---

① 　关于这一点可以特别参阅奇热夫斯基的著作：《黑格尔在俄国》，第166页。

认为在个性本质中有一种致命的双重性——这一双重性可以走一条自我孤立的道路，而这也是一条自我毁灭之路；但也可以走一条为了崇高的整体利益而自我限制之路。而（俄罗斯的）村社就是这种最高的审级，而其最帜热的诗人就是阿克萨科夫："俄罗斯村社制里的个人，"他写道，"并未受到压抑，而仅仅只是失去了自己的粗野狂暴的戾气，独特的个性和利己主义罢了……被浸没在村社制里的个人只有利己的一面受到了限制，而个性本人则象在合唱队里一样是自由的。"这种"合唱式"的个人生活为个人开辟了一条特殊的道路（亦即保留着个性的独特性，赋予个性以广阔的空间），但却使之服从于整体，就像在合唱队里每个歌手用自己的嗓子歌唱，同时又服从合唱队整体所完成的那一任务一样。阿克萨科夫在捍卫整个（村社）生活的范围里的个人自由的同时，非常明确地提出用国家社会领域来与之对立——如果说前者是珍贵而又本真的对个性的充实的话，那么，后者则相反，它与个人的内心生活格格不入。正是从这一观点出发，阿克萨科夫对西方文化进行了批判，因为在西方文化中，高度发达的国家体制与作为一种内在本质的在"法律"中得到表达的"真理"相互关联。"西方之所以发展法律，"阿克萨科夫写道。"是因为感到自己身上的真理不够多。在西方灵魂正在消殒，并且正在被国家体制的完善和警察制度的改良所取代，良心则被法律所取代，内心的激情则被章程和法则所取代……"阿克萨科夫以此来激烈地捍卫人的自由，而且自由理念对他来说不仅仅仅具有外在含义，而是与宗教本质相联系。

12. 上一章所陈述的不应把斯拉夫派看作一个整体派别的思想，在此我们不拟对斯拉夫派做总的哲学评价，——而只是指出它的两个为其所有成员都共同具有而且也被我们一再指出过的特点，我们在此不妨再强调指出一次，以便读者能把老斯拉夫派与俄国哲学探索的主要命题有着辩证关联这一命题牢牢放在心头。

首先，在斯拉夫派里有一种俄国思想以极其巨大的力量回归宗教的特点，甚至比这更多，是回归教会定向。对西方世俗化的全部内在逻辑有所了解后，斯拉夫派以其同样极为执拗的力量坚决证实这样一个观点，即世俗化在西方的必然性不是与基督教的本质本身相关，而是与西方对基督教的扭曲相关。而这也就是为什么我们会热烈而又激情洋溢地力求在东正教中寻求到对于基督教的那样一种观点，在这种观点支配下，不光世俗化的可能性荡然无存，而且与之相反，人类精神所有基本的和难以排除的探索也都会得到完全的满足和启蒙。而另外一种观点也由此而来，那就是西方文化的全部"领域"从内部而言是在走向终结之际，今天的文化应该在东正教的光照下重新进行建构。所有斯拉夫派代表人物都把俄国当作实现这一目标的具有领导作用的、创造性的力量。

但是决定斯拉夫派体系的并非只有回归教会世界观这一个需求，除此之外还有很多其他因素，而且这些因素多数正是在西方世俗化中以极其巨大力量首先鸣响的。斯拉夫派在这个问题上的立场不仅不与传统教会世界观相融合（正如其在17—18世纪曾经得到巩固一样），但这一立场却以其全部意识在东正教意识内部开辟了一条道路。这一切全都与一种真正的圣教传统，而同时又与近代一切珍贵的、在科学界和哲学界以及在一般文化领域里业已成熟的一切相关联。人们认为这一新的"领域"不是东正教与西方文化的综合，而是一种新的文化创造意识体系，一种从东正教—教会定向的原理中有机发展而来的体系。斯拉夫派以一种不无乌托邦色彩的信仰为生，相信西方全部真正的价值都会"幸存下来"，尽管这些价值从根上说与一切其他精神定向有密切关联。

回归教会定向和对具有新基础的新文化的期待，这也正是斯拉夫派为俄国思想界带来的最重大的成果。但在看看这些被斯拉夫派播下的种子是如何出芽的以前，我们还必须研究此段时期中俄国思想的其他一些现象。首先得研究一下俄国黑格尔分子这一现象。

第五章

黑格尔小组

尼·瓦·斯坦凯维奇

米·亚·巴枯宁、瓦·格·别林斯基

1. 现在我们来谈谈俄国思想界那样一个流派，该流派在30—40年代间亦即与斯拉夫派同时，在教会思想界以外发展而来，它追求巩固和确立一种审美人道主义，将其作为其全部世界观的基础。这一——如果可以的话——复活了的审美人道主义开始具有新的创造力，并作为俄国世俗化的基本原则显示出无可争议的活力。它的动力和灵气就来源于此，而它对于那些正在沿着世俗化的轨道前进并且坚决地把宗教领域与意识形态、与哲学思想分开来的俄国思想家的魅力和吸引力也在于此。该流派中的许多代表人物身上都带有真正深刻的和个人的宗教性，这种宗教性在某些人身上甚至能保持终生，——而这却决不会妨碍他们从独立自主性中获得灵感，也不妨碍他们以世俗化的精神来建构自己的体系。在这方面几乎所有的世俗化的捍卫者们全都同时也是"西欧派"——亦即公开和直截了当地支持西方世俗文化，竭力想把俄国思想之路与西方的问题联接起来——绝非偶然。该流派的另外一个突出特点是社会—政治激进主义，"预言家的焦虑"——一种特别的为历史而承担的责任感和为积极介入历史进程而寻找道路而承担的责任感——在其中得以以新的方式复活和深化。所有这些特点共同构成了俄国在教会之外进行思想的那些知识分子的意识形态，这个群体十分封闭，按照一位作家的忠实说法，他们是一个"骑士团"——在思维之路径方面有着深厚的传统，还有作为一个宗派的特殊心理——也是一个具有宗教狂色彩和不甘于忍耐的"骑士团"。

所有这些当然都是些不利于发展哲学本身的条件。一系列无可争议具有哲学才华的人（巴枯宁、赫尔岑、车尔尼雪夫斯基以及更晚一些的米哈伊洛夫斯基）他们全都将自己的灵感不是献给哲学，而是献给哲学政论（这种体裁在西欧也有鲜明表现）。接下来我们还将看到，这在某种程度上与某些重要因素有关，——其中包括把思维工作直接从理念过度到行动，过度到具体的历史活动。对于俄国思想界而言这种现象绝非偶然，我们早已熟知的完整性主题也在其中以新的方式显现出来。甚至就连那些从超验主义转到实证主义的思想家甚至他们实际上也停留在"半实证主义的"立场上，因为他们给自己的世界观里带来了不是从实证材料里推导而来，而是简单采用这种方法将其——或公然地或隐蔽地——与其实证主义联接在一起的唯心主义的因素。

在俄国西欧派和俄国社会政治激进主义的发展过程中，德国和法国思想以各种方式发挥了影响力，但审美人道主义则高居于所有这一切之上，将所有这一切都统一了起来。在世俗化和建构"独立""自主"的思想体系的道路上人们所追求的一个朝思暮想的终极理念，就是对"真理"和"美"的信仰，但这与其说是以席勒（Schöne Seele！）所赋予其的那种形式，倒不如说是以一种与之稍异的色彩色调（尽管这实质上也仍然还是席勒式的）。谢林与黑格尔两个人都极大地在席勒主义的框架下鼓舞了俄罗斯思想界（正如席勒当初也曾使他们两个受到启发一样）。当然，对于研究所有这一流派而言，重要的不仅在于个别思想家，而且还有当时他们所生活于其中的精神氛围。这是一种哲学文化的精神氛围，俄国社会各界热情洋溢地生活在哲学问题的包围之中。关于这一点赫尔岑在其回忆录

《往事与随想》里有过许多描述，屠格涅夫也曾屡次讲过这一点（例如在《罗亭》或《希格洛夫县的哈姆雷特》中）。从这个观点看，对巴枯宁一家①进行一番深入研究该会是一件非常有意思的事，而这个时期的许多杰出人士都与这一家有密切交往。

在哲学小组（主要活动在莫斯科）②里，主要聚集的是年轻人，但其影响力不仅限于青年时期，也会延伸到以后的岁月。关于与恰达耶夫、霍米亚科夫、基列耶夫斯基兄弟、萨马林和康·阿克萨科夫有关的那些小组，我们已经有所涉及。现在我们谈谈另外两个小组，一个以尼·瓦·斯坦凯维奇为首，另一个则以赫尔岑为首，但在人员组成上这两个小组相互之间关系十分密切。我们先来谈谈斯坦凯维奇小组，康·阿克萨科夫一度也曾隶属于这个小组，小组成员里还有马·亚·巴枯宁、瓦·格·别林斯基、瓦·帕·博特金和其他人等。现在让我们先来讨论一下该小组的"领袖"，小组里性格最鲜明最杰出的人——尼·瓦·斯坦凯维奇。

2. 尼古拉·弗拉季米洛维奇·斯坦凯维奇（1813—1840）在其短暂一生中写的著作很少，其中最重要的（与该时期其他思想家一样）是他的通信。③但就是通信也无法为我们提供有关斯坦凯维奇的完整概念——还必须深入阅读巴枯宁、别林斯基的通信，以及同时代人的各种回忆录，以便能够使我们感受得到这个人的全部重要性并理解其特殊影响力。

尼·瓦·斯坦凯维奇所受最初教育是在沃罗涅日，即在所谓的

---

① 关于这一点主要参阅科尔尼洛夫的著作第 1 卷和第 2 卷。

② 有关哲学小组其中包括黑格尔小组的活动，可参阅奇热夫斯基《黑格尔在俄国》。阿龙森和莱伊谢尔的《文学小组与沙龙》（1929）一书包含许多多余的材料。

③ 参阅《尼·瓦·斯坦凯维奇·通信》，莫斯科，1914。还可参阅《尼·瓦·斯坦凯维奇·诗作、悲剧、散文》一书，莫斯科，1910。有关斯坦凯维奇的重要文章有：帕·瓦·安年科夫：《回忆录第 3 章》，1881。格尔申宗：《年轻俄罗斯史》。奇热夫斯基：《黑格尔在俄国》Setchkareff（Schellings Einflussnin d. rusc. Literatur der 2030′jahre des ⅪⅩ Jahrhunderts；Leipyig，1939。）屠格涅夫在其长篇小说《罗亭》里，通过波科尔斯基的塑造，很好地描绘了斯坦凯维奇的形象。

"品行良好的寄宿学校"，17岁时考入莫斯科大学，借住在我们已经熟知的著名的谢林分子，教授巴夫洛夫家。在此其间斯坦凯维奇完全沉浸在德国浪漫主义的世界里——而对他影响最大的，是席勒的美学观点。这些年中的斯坦凯维奇这样写道："艺术对我来说是神祇创造的。"在其临终前这一公式又稍稍有所改变："艺术是认识上帝的第一个台阶"。所有这一切都与与浪漫主义有着如此深刻关联的审美本质特征如响斯应，若合符契。斯坦凯维奇终其短暂的一生当然始终都是一个浪漫派①，尽管在其身上后来严谨的思维也以极度的力量发展了起来。无论如何，在斯坦凯维奇身上（如同在那个时代其他俄国思想家身上一样），都有一种感觉，觉得自己与思维工作有着十分密切的关系，而正是这一点，其成为一个不可救药的浪漫派。

斯坦凯维奇颇有诗歌才华（是才具颇大的那种），但他的固有的个性是始终生气勃勃，这难以避免会对所有周围的人产生影响。他浑身充满了一种独特的诗歌的激情，他最喜爱的格言是："Es herrscht eine allweise Gute uber die Welt"。这就是对于笼罩着世界的"高度智慧的福音"的信仰，这是一种从其内心深处生发出来的生动的和谐感，正是它决定着他本人即其最高雅的代表的审美人道主义。应当指出的是，在斯坦凯维奇身上，在此期间，又增加了一种令人惊奇的善良和非常深刻生动的宗教性，这些因素赋予斯坦凯维奇的个性以一种特殊的魅力。

在巴甫洛夫，更有甚者的是在语文学教授尼·伊·纳杰日金的影响下，斯坦凯维奇对谢林生发了兴趣，但随后又在他刚刚认识的巴枯宁的影响之下，又对费希特生发了兴趣，而在此之后则又是黑格尔。在此期间，斯坦凯维奇的哲学兴趣开始坚决地走上前台。他

---

① 谢奇卡廖夫（见《尼·瓦·斯坦凯维奇·通信》，莫斯科，1914，第73页）和奇热夫斯基（见《尼·瓦·斯坦凯维奇·通信》，莫斯科，1914，第78页）的观点恰好与之相反，但这两位历史学家都没有对其激烈否定斯坦凯维奇浪漫主义的立场进行论证。

去了德国（这是他那岌岌可危的健康情况所要求的），到柏林听课。早在莫斯科时，斯坦凯维奇就一门心思想要参加哲学硕士考试，而在柏林时期他开始了自己的深造，但他的健康状况却每日愈下，于是他又去了意大利，在那里他抛弃了自己的学业。1840 年夏，他的生命中止了，他的哲学构想终究未能完成……

从哲学上说，斯坦凯维奇首先受到的是谢林的影响，按照他的说法，他是"在极其偶然的情况下"接触到谢林的。令人感到好奇的是，斯坦凯维奇本人也认为谢林"再次把他引到了美学本来也会把他引到的那条从前的道路上来"。正是谢林使斯坦凯维奇回到了完整感受世界和生活的道路："在我认识的世界里，我渴望完整和统一性，"在对谢林的影响加以回顾以后他这样写道，"我想要看到每个现象与整个世界的生命之间的关系，看到它的必然性以及它在一个理念发展中所发挥的作用"。在谢林那里（根据斯坦凯维奇本人的证实）他学会如何理解历史与自然的统一，学会了把存在的各个方面联接成为一个活的整体。与此同时斯坦凯维奇又从同一个谢林那里拿来了他的超验主义①和他的宇宙观。在尚且十分年轻的文本断片《我的形而上学》（写于与黑格尔相识之前）中，我们可以看到对谢林观点的呼应，——但在（这一时期的）斯坦凯维奇和比方说，奥陀耶夫斯基伯爵极其谢林时期之间，有着十分重大而要紧的区别——区别在于，在后者身上，自然哲学的母题与美学唯心主义被推到了前台，而在斯坦凯维奇那里，对超验主义自身的兴趣要远比这更加强烈得多。这一点最鲜明地表现在这样一个事实上，即在谢林之后斯坦凯维奇即刻开始研究……康德！这里值得指出的是斯坦凯维奇身上在此期间有一些无人称性的调子：他认为超验主义的我

①　因此断言什么（参阅奇热夫斯基：《黑格尔在俄国》，第 79 页）"在斯坦凯维奇书信里散见于各处的个别哲学见解全都完全处于黑格尔主义的框架之内"是错误的。实际上谢林的影响在斯坦凯维奇那里始终都未曾消失，因此要知道我们不该忘掉黑格尔和谢林在许多方面是十分接近的（但还是请参阅奇热夫斯基：《黑格尔在俄国》，第 80 页）。

非出发点，而出发点应该是理性（"理性先于一切"——他这样写道。）①。按照斯坦凯维奇的观点，即使以之即以超验之我为出发点，也只是因为"我对于当代理性是以非现金方式存在的"，（这些文字都是在开始着手研究费希特以前写下的）。最后需要指出的在斯坦凯维奇早期谢林时期的另外一个特点：那就是认为宗教高于哲学。"只有一个台阶有可能高于（谢林体系），"他写道，"那就是采用宗教来洞察这些体系：体系可以发展成为纯粹的基督教。"稍晚些时候斯坦凯维奇换一种方式讲道："只有哲学才能巩固宗教"（写于1835年——开始着手研究黑格尔的前一年）。但在这一公式以前，一种有关宗教等级性特征的思想获得了尖锐的表现："只有对于那些与上帝和解的灵魂而言……整个自然才会得以更新，理性所难以解决的沉重的道德问题，如今没有任何些微争议就被解决了，生活重新变得美好而又崇高了。"②"对于那些相信睿智的神赐的人来说，"盲目的ananke是不会感到存在是个负担的"。在这些年里的斯坦凯维奇承认理性的"自主独立性"，但却认为理性仅仅在只有宗教才能解决的问题方面自主（亦即quand meme哲学）是远远不够的。

从康德，斯坦凯维奇（在米·巴枯宁的影响之下——可参阅第四章里关于后者的费希特主义一节）又走向对于费希特的泛览。有人指出③，对于费希特的这种研究是很不够的——但无论是斯坦凯维奇还是巴枯宁抑或是别林斯基，对费希特的短暂迷恋都在那样一种道德优先性中得到了反映，对于这一学说的需求和真理他们怀抱终生。费希特的道德激进主义，在其体系里占据如此主导地位的大而化之的伦理学主题，是他们所有人都分外珍重的，并将其当作审美人道主义的第二个基本元素。无论如何，斯坦凯维奇而尤其是别林斯基，终其一生都信奉道德泛神论，而且，实质上，早在他们身上，

---

① 《通信》，第293页。
② 同上书，第283页。
③ 参阅奇热夫斯基：《黑格尔在俄国》，第78页。

对于"泛道德主义"的那种想望，就已经开始初显端倪了。这种倾向后来在托尔斯泰和尼·康·米哈伊洛夫斯基身上（不过是以另一种方式）都以极其特殊的力量表现了出来……对于斯坦凯维奇和他的朋友们来说，费希特主义中最值得尊重的是其有关个性的理念，此外还有关于个性的根源深植于超验领域里的理念，——这为他们开辟了摆脱浪漫主义主观主义的全部可能性。

正是这一因素为我们解释了整个斯坦凯维奇小组辩证发展中的那一悖论现象，那就是他们是通过费希特然后才从谢林走向黑格尔的。但所有这一切并不像初看上去那么荒诞悖谬。在俄国，早在其自然哲学和美学传来以前，人们就对其感兴趣；而斯坦凯维奇小组尽管也对谢林的自然哲学和把历史与自然联系起来的做法以及美学（稍稍有些）入迷，但最为之入迷的，却是他的超验主义。从另一方面说，有关个性的学说，在谢林那里一般说来是最软弱的，而且在以谢林为基础的土壤上它也根本不可能得到发展，也正因为此，斯坦凯维奇在此期间高于宗教哲学。而在费希特身上，从其特有的道德激情出发，斯坦凯维奇及其小组发现了一些在谢林那里找不到的东西——那就是个性的理念。在晚期的一封信中[1]，斯坦凯维奇在致巴枯宁的信中写道："现实生活是真正的人的战场，而只有那些软弱者才会生活在 jenseits 中。"这当然已经是黑格尔的影响了，但为了确证个人生活的真实性，具体性，斯坦凯维奇和他的朋友们通过费希特继续前行了。这一费希特主题即使是在迷恋黑格尔时期也得以保留了下来，并且一度曾经导致对于黑格尔的批判。别林斯基在这个问题上的表现尤其强烈，但在斯坦凯维奇身上我们也可以看到对于把个性融化在普遍性中这种做法的抗议[2]。

斯坦凯维奇曾经仔细而又热情地研究过黑格尔——他深刻体验到了黑格尔笔下那种综合化的全部力量。他曾经把威廉论述黑格尔

---

① 参阅《通信》，第 650 页。
② 参阅同上书，第 624 页。

的那篇还不算太糟糕的文章①翻译过来：除了黑格尔本人的论著外，他还研究了黑格尔学生们的著作，其中包括费尔巴哈②和车斯科夫斯基（一位波兰黑格尔分子，在论述赫尔岑的专章里我们还将论述到）。斯坦凯维奇亲手写作了《论作为一门科学的哲学的可能性》这篇文章，可不知为何文章却未能发表，而手稿也丢失了。

早在研究费希特时，斯坦凯维奇就已经对作为一门精密科学的哲学这种理念很感兴趣了，在给其好朋友涅维罗夫的信中，他亲手写道："费希特得以如此细腻的如此令人满意的方法将整个世界变成思想的变形而把思想本身变成为某种未知主体的变形……并用理性法则建构了完整的幽灵世界，又从理性建构了幽灵……从费希特那里，"他接着补充道，"我已经洞悉了另外一种体系的可能性"。在黑格尔身上，斯坦凯维奇不止一次地发现这种新的体系的可能性，对这种体系的研究，他投入了很多精力③。奇热夫斯基说得对，他说斯坦凯维奇完全摆脱了人们在阐释黑格尔的基本概念——"现实"——时常常会犯的一种误解，围绕着这个概念（在研究别林斯基时我们还将会看到这一点），曾经有过许许多多的误解。"在直接的外部存在意义上的现实，是一种偶然性，"斯坦凯维奇写道，"现实在其真实性上是一种理性，一种精神。"斯坦凯维奇非常细腻也非常准确地（在追随黑格尔的意义上）评价国家和整个历史的意义。

斯坦凯维奇在其通信中的言论，当然是片断性的，并且没有人会允许我们把在斯坦凯维奇笔下撰著的东西，重新编排为一种体系。但从斯坦凯维奇的通信中我们可以确证一点，随着斯坦凯维奇的逝世，俄国哲学毫无疑问失去了一位才华卓著的人，一个本来应该为我们贡献哲学创作的人。但斯坦凯维奇的意义仍然是巨大的，这恰恰是因为他曾经是整整一个年轻思想家团体的活跃而又散发着灵气

---

① 这篇译文刊载在他的全集里，莫斯科，1890。
② 如想了解其对费尔巴哈的评价，请参阅《通信》，第669页。
③ 关于这一点可参阅安年科夫的传记概论。同上书，第355页。

的一个领袖。他的精神影响以及对哲学的忠诚，不应当被研究俄国哲学史的人们所忘记。但尽管如此，在他身上，其最重大的意义在于他确立了审美人道主义，将其作为俄国知识分子世俗化意识形态的一个主要特征。对进步的信仰加上对美与艺术的热情崇拜，使俄国知识分子传承了那样一种乐观主义和纯真的唯心主义，后者则使其"预言家的焦虑"内容更丰富，更稳健。"对人类的信仰，"斯坦凯维奇某次这样写道。"是我最甜蜜的信仰之一"① ——而这种对于未来生活之美的迷恋富于特点地反映了世俗化的新形式，它们是在席卷全欧洲的浪漫主义的影响下形成的。

3. 让我们现在来谈谈米·亚·巴枯宁。巴枯宁的哲学创作数量并不多，而且主要包含在书信里②，对于正确理解哲学思维在俄国辩证发展的历程仍然具有十分重大的意义。如果说在斯坦凯维奇那里他的黑格尔主义与最初的本源足够接近，因而与审美人道主义的基本线索保持着良好而又和谐的结合状态的话，那么在巴枯宁那里，黑格尔主义却是被整体加以理解的，如同对于关于历史存在的学说，关于绝对精神在其历史自我演化过程中的辩证法的学说，也都是被整体地加以理解的那样。正是在这一点上俄国思想界的黑格尔主义者受到了极其巨大的创造性影响，而恰好巴枯宁成为其中的先驱和首倡者。他个人晚年向在哲学唯物主义的基础之上宣扬普遍毁坏、

---

① 《通信》，第290页。

② 参阅斯捷克洛夫主编的《巴枯宁著作书信选》（尤其重要的是第三章），以及巴枯宁与赫尔岑和奥加辽夫的通信（德拉戈曼诺夫版）。由瓦·波龙斯基编的《巴枯宁传记材料集》也非常重要（1923），书中出版了他的《忏悔录》，这是长时期以来曾经难以为人所问津的一份文件。有关巴枯宁可以参阅科尔尼洛夫：《米·巴枯宁的年轻岁月·俄国浪漫主义史的一页》，1915。同一作者还有：《米·巴枯宁的漫游岁月》，1925。维亚·波龙斯基：《巴枯宁》（1922，第1卷）。尤·米·斯捷克洛夫：《巴枯宁》。还可参阅米·德拉戈曼诺夫的由巴拉舍夫出版的大型概论（第112页）：《米·亚·巴枯宁》（1906）。还可参阅《关于巴枯宁和陀思妥耶夫斯基的争论》（列·格罗斯曼和波龙斯基论文集）一书（1926）。在奇热夫斯基的《黑格尔在俄国》中为巴枯宁设立了整整一大章，作者显然掌握了非常丰富的材料。还可参阅 Massaruk, *Yur rus Geschlehts und Religionsophie* 一书。

热烈捍卫无政府主义和虚无主义道德的转变过程，尚未得到彻底理解和阐释，但在巴枯宁和巴枯宁主义身上，我们已经发现有许多后来却在比方说列宁及其学生们身上发芽生长了的"种子"。但是，由于在此我们感兴趣的巴枯宁的哲学理念和体系，所以，我们应当撇开他的革命活动、他的浪迹天涯和冒险经历不谈才是——然而，为了理解巴枯宁身上的哲学本质，我们仍然必须稍稍涉及其生平传记。

米哈伊尔·亚历山大罗维奇·巴枯宁（1814—1875）出生于一个非常有文化和富裕的家庭①，是一个名符其实的"贵族之家"。父亲米·亚·是他那个时代极其富于教养的人（曾在意大利的巴杜亚大学学习），并且颇有一点诗人的才华。全家（家里有 11 个孩子）非常具有文化品味。而巴枯宁一家居住的普列穆希诺村长期以来一直是那个时代年轻才子们云集的地方（斯坦凯维奇、别林斯基、鲍特金等人）。14 岁时，米哈伊尔进入彼得堡军校，19 岁时从军校毕业后，米哈伊尔·巴枯宁成为一名军官。按照他本人的说法，后来为了"避免"服兵役时的"抑郁和冷淡"，巴枯宁转而从事紧张的脑力工作。他早在青年时期其性格的主要特点——极其发达的想象力，对迷狂的需求，极端主义，对某种理念的执著，爱好进行抽象思维的癖好——便得到充分的显示。他很快就抛弃了军职，瞒住父亲去了莫斯科，尝试想要过一种独立自主的生活。在莫斯科发生了在巴枯宁一生中具有决定性意义的会面，巴枯宁结识了斯坦凯维奇、别林斯基和赫尔岑。此时的巴枯宁在物质意义上生活过得很艰难（他到莫斯科时年仅 22 岁），但他却轻松裕如地应付了过去。早在迁居莫斯科以前巴枯宁就与斯坦凯维奇结识了，后者劝他研究康德（《纯粹理性批判》），而在莫斯科巴枯宁研究了费希特，并且一度成为热情洋溢的费希特学说的宣传者，并以其所特有的笃信信仰的热情，以此感染了自己身边的朋友（尤其是别林斯基）对费希特产生兴趣。

---

① 关于巴枯宁家庭的详情，可参阅科尔尼洛夫的著作。

有人正确地指出①，费希特风格和术语对巴枯宁语言风格具有极其巨
大的影响（指费希特的著作《Anweisung yum seeligen Leben》）。次年
（1837），巴枯宁平生头一次开始研究黑格尔，还包括谢林（当他到
了柏林后，再次回到谢林研究上来）。一般说这些年里的巴枯宁读书
非常之多，既读哲学书，也读历史书，神学书，甚至还专研神秘论
（比方说，奥·马丁，Эккартсгаузена）。他向往出国，经过长久斡
旋，他终于（在赫尔岑的物质帮助下）于1840年（26岁时）出国，
去了柏林。巴枯宁起初学习很勤奋，随后结识了一些黑格尔左派，
并于1842年在黑格尔左派杂志上发表了一篇旗帜鲜明的文章《德国
的反动》，署名 Жюль Элизара。这篇写得极其有力而又旗帜鲜明的
文章②，在国际学术界引起极大的反响，③ 而这篇文章也的确对于理
解不光是巴枯宁哲学发展中的辩证过程真的是非常关键。正是在这
篇文章里，包含着巴枯宁的那句名言："破坏的喜悦也就是创造的
喜悦。"

波龙斯基④正确地指出"一种对不同寻常的事业的向往把巴枯
宁驱赶到了西方"。对巴枯宁来说，重要的是迷狂，热情的燃烧——
当他确信"反动派"（此词的意义见下文）开始在德国大获全胜时，
便竭力想要离开德国。恰在此时他读到了 L. Stein Die Soyialisten in
Frankreich 这本书，给他留下了十分深刻的印象，并使他初次认识到
法兰西的社会运动⑤。随后巴枯宁去了瑞典，然后又从瑞典到了比利
时。漫游的年代开始了。这里我们就不再讨论巴枯宁在1848年以前
充满暴风骤雨的革命活动了，他如何参加布拉格的斯拉夫大会
（1848），如何被捕和被关押在要塞，以及人们是如何向俄国政府赎

---

① 参阅奇热夫斯基：《黑格尔在俄国》，第88页。
② 参阅其在全集中的译文（由斯捷克洛夫主编），第3卷。
③ Deutsches Jahrbuch Pyre 后来在一篇论巴枯宁的文章中指出，这篇文章"写得非常
出色"，参阅德拉戈曼诺夫的概论，第37页。
④ 参阅波龙斯基：《巴枯宁》，第87页。
⑤ 关于这一点可参阅《忏悔录》，《材料》，第105页。

买了起先被关押在彼得保罗要塞监狱（1851—1854）的他（他就是在那里写作了《忏悔录》），后来直到1859年被关押在施吕瑟尔堡要塞监狱，然后又从那里被发配到西伯利亚。我们也不讲述巴枯宁是如何逃亡美洲（1861）以及他嗣后在欧洲的漂泊流浪经历了。在此期间巴枯宁从迷狂的宗教信仰转向了无神论，从全斯拉夫共和国转到了无政府主义。在这一演变过程中，对于理解哲学探索在俄国之命运十分重要的东西，我们随后予以讲述。

让我们先来研究一下巴枯宁在其一生的各个阶段里的哲学理念。

4. 巴枯宁是一个真正的浪漫派，抛开这一点也就无法理解其非常复杂而又足够混乱的性格，也无法理解其充满了冒险的一生，最后，还无法理解其哲学思想的发展过程。他的浪漫主义一生（甚至在以无神论为原则的时期也是这样）带有宗教信仰的特点，但在巴枯宁的宗教信仰里，甚至在其灵魂最炽热地向往上帝的时期里，也没有一点点儿教会性。奇热夫斯基说巴枯宁的宗教信仰"如同基督教神秘论的伪变形"[1] 并非完全不对，但也并非彻底正确无误。在巴枯宁身上我们可以发现一种独特的，那种可以被称之为"世俗化的宗教信仰"——一种在教会之外发展起来的宗教信仰——的（非常鲜明和富于创造性的）表现。在巴枯宁的神秘主义言论（这样的言论可以写到数十页之多）里，有许多东西与中世纪"思辨神秘论"十分相似的东西（尽管后者带有教会性，而纯粹的思辨，纯思维在此则是体系的主要来源）。在这个意义上康·阿克萨科夫对于（30年代的）巴枯宁的观察（在其《回忆录》里）是十分准确的，说他"最重要的兴趣在于纯思维"。然而巴枯宁的宗教信仰却并不是仅仅停留在表面，它凝聚了他全身的力量，以真正燃烧的热情和火热的激情充实了他的内心，只不过这种信仰完全运行在宗教内在论的路线上（而这也就是"世俗化的、教会外的宗教信仰的"秘密所在）。

---

① 奇热夫斯基：《黑格尔在俄国》，第86页。

正如我们已经说到过的那样，费希特以其《Anweisung》对巴枯宁发生了巨大的影响……"生活的目的，"巴枯宁于 1836 年写道，"是上帝，却并非那个人们在教堂里对之祈祷膜拜的上帝，而是那个生活在人类中间，随着人类的崇高而崇高的上帝"。这一宗教内在论的主题在巴枯宁那里常常与基督教的布道结合起来（比方说，在给妹妹瓦尔瓦拉的信中），还与受难和自我牺牲的布道结合起来①。但内在论主题逐渐排挤了基督教的术语。"人类就是上帝，是被置于物质中的上帝，人类的使命是把天空，把包含在自己身上的上帝搬到地上来……改地换天"（1836 年的信）。"我感到自己身上的上帝，我能感觉得到灵魂里的天堂，"——在此期间巴枯宁这样写道，而我们只需读一读他在这个时期所写的信件，就足以确信他在这里表达了他的真实体验，只不过带有迷狂式的语调罢了。"我的朋友们，"我们从其 1836 年的信里读到，"大地已经不再是我们的祖邦，我们的幸福是天国的……我们的宗教是无限的……一切全都被它所照亮，一切都应当表现神性的人类向着神性的目标无穷地接近……""巴枯宁的布道辞（在这些年中的）使他拥有了许多热情洋溢的崇拜者，而且他们不光来自他们的家族内部，"——科尔尼洛夫如是说②。

在巴枯宁身上，不仅留下了来自费希特主义的对于内在论的神秘主义阐释的痕迹，而且还有人格主义伦理学的原则。"一切伟大、神秘和神圣的东西，都仅仅在于一种无法洞悉的简单的特点，这特点我们称之为个性。那些一般的、现成的和抽象的、独立不倚，自我完成的……都是僵死的。只有在启示中以个人的方式现身的上帝，只有被不朽的神灵所照亮了的人的个性特点和特征，才是活生生的真理。"③

---

① 波龙斯基正确地认为这段时期在巴枯宁的神秘论里是基督教时期（《巴枯宁》，1922，第 33 页），但这是指那种教会之外的基督教。

② 科尔尼洛夫，同上书，第 230 页。

③ 《巴枯宁全集》，第 3 卷，第 49 页。上文中的引文来自科尔尼洛夫。

可当巴枯宁开始专研黑格尔并且逐渐为黑格尔著作中所充斥着的哲学灵感的力量而入迷，——但此时的巴枯宁暂时还只是把先前的内容强加进黑格尔主义的术语和概念里来。如果说关于巴枯宁的费希特研究，研究者们都说这种研究是"远远不够"①的话，那么，这种评论如果放在他的黑格尔研究上，那就更合适不过了（指巴枯宁在莫斯科期间）。巴枯宁以其所特有的新入教者的热情洋溢和蓬勃热情，他到处在与他亲近的才华横溢的作家和记者们中间传播黑格尔主义学说（以他当时所知的为限），在这个意义上，他在俄国黑格尔主义传播史上占有一席重要地位。巴枯宁为研究黑格尔下了一番功夫，但却并非结束其研究，嗣后还一再重新回到研究中来，只是在柏林时期他才最终彻底走进黑格尔体系。但如我们下文将要看到的那样，他的黑格尔学说时期也就于此终结（在精确意义上的终结）。

黑格尔吸引巴枯宁的地方首先在于体系的严谨统一性，严谨缜密的内在论，对具体存在的深刻感受以及其唯心主义的阐释学，但更其重要的是，在巴枯宁身上，通过黑格尔，巴枯宁最终形成了"预言家的焦虑"，以及对待"历史之谜"②的负责态度。"我的个人之'我'，"巴枯宁写道（1837年）。"眼下并不为自我寻求任何东西，他的生命从此以后将会是在绝对中的生命……我的生命在一定意义上将与绝对生命同一化。"这的确是在用绝对之光照亮神秘的和宗教的内心世界，实质上，是在继续费希特的神秘主义阐释。在巴枯宁身上，对于伦理学定向如此重要的善与恶的对立完全消失了："没有什么恶，一切皆善"。我们从其一封信中还读道："一切实体都是精神的生命，没有什么东西是处于精神之外的。生活充满了可

---

① 科尔尼洛夫和波龙斯基也都同意这种说法。

② 在给 Ruge（《巴枯宁全集》，第 3 卷，第 213 页）的信中，巴枯宁写道（1843）："您获知了从其地心深处产生新时代的永恒力量之谜。"巴枯宁本人常常为这类"永恒力量之谜"的感觉所驱使，这决定了其精神的预言家定势的基本神经。

怕的矛盾……但生活依旧美好，她充满了神秘和神圣的意义，她为活生生的上帝的永恒存在所充实。"① 也是在此期间他提出了"新宗教的"问题，这将会是一个完完全全的内在论问题，——"关于生活和活动的宗教……这将是一个新的启示"②。"偶然事件是一个谎话，是个幽灵，在真正和真实的生活中是没有偶然事件的，那里一切都是神圣的必然性。""终极人是与上帝分开的，对他来说，真与善并非等同的，对他来说存在着善与恶的分别……但通过人的意识从无穷回归自己无限的存在体"。"对于宗教人来说没有什么恶，他从中能够发现幽灵，死亡和被基督的启示所战胜的有限性。神赐……驱散了把他与太阳分开来的迷雾"。

在这一"新的宗教"里，启示与理智在相互斗争，而在它们之间有一种思想在活动，它能"把理智改造成为理性，而对于理性来说，则不存在任何矛盾，对她来说，一切都是善与美"。"日常性是最可怕的一个幽灵，她会用琐碎猥琐的、强大而又看不见的锁链把我们束缚"。走向本然之真之路就在于要摆脱"日常性"，最初（还是在俄国时期）巴枯宁曾经由于俄国的真实而心灵充满了神秘的喜悦："应该与我们美好的俄国现实生活亲近，而把一切卑微琐屑的念头全都抛弃，要在自己身上最终感受到成为一个真实的俄国人的合法需求。"在别林斯基笔下我们也能找到对这类思想的呼应。

在此期间（1840）巴枯宁发表了他的理论文章《论哲学》（登载于《祖国纪事》上）③，在这篇纯理论文章中，出现了我们刚才从巴枯宁的宗教定向里已经发现了的那样一些主题。真理在于"普遍与特殊、无限与有限、一与多的理性统一"，在于"抽象终结与非抽象无限"的"理性统一"。认识应当能够"解释现实化之谜"，应当

---

① 《巴枯宁全集》，第 3 卷，第 72 页。
② 同上书，第 63 页。
③ 详情可参阅奇热夫斯基：《黑格尔在俄国》，第 96—98 页。

能够从普遍性中推导出惟一性和特殊性，从"唯一和普遍的思维里"通过"思维的发展，在不取决于经验的情况下"，推导出唯一性和特殊性来。黑格尔学说的气质开始在认识问题方面发挥作用了——这一点在巴枯宁的第二篇理论文章中，表现得更加明显①。巴枯宁在这篇文章里阐述了黑格尔的"精神现象学"。文章并非完全独创的，但其中有些地方对黑格尔的基本思想的阐释非常鲜明，如说唯一的自我意识是靠"普遍必然本质"所推动的。在巴枯宁的通信中，我们可以找到对这一总论点的人类学附录："死亡是对个性的彻底毁灭，"他写道，"有一种最高等级的圆满个性，因此死亡仅仅存在于……生命的最高时刻里"②。"个性要想成为人格就必须有所经历并消失"——在每个人个性的深处都有一个"深深植根于其身上的上帝"③。但"上帝的个性，和人的不朽与尊严只有在实践中才能被理解，只有通过自由事业的途径才能被理解……自然的事业在于（要知道）它能在自己内部证实上帝"④。这已经是新的主题了（与一系列俄国思想家共享的主题——关于这一主题的详情，请参阅关于赫尔岑的专章），这主题完全可以循序渐进地把人变成精神的"工具"因此而处于"事业"之外（亦即普遍性在具体现实中的"现实化"），因此不可以把精神生命的真实性放在一个人身上来思考。在此期间巴枯宁开始产生了一种思想，那就是"新的宗教应当在生活（"事业"）领域里，而非在理论领域里"。"生活（亦即"事业"）充满了神秘主义意义，充满了永恒和活生生的上帝的在场"。在所有这一切言论中，巴枯宁哲学发展史上一个新阶段的征象已经开始展现了——他已经开始逐渐明确地离开黑格尔，该时期很快便将以黑格尔学说的瓦解作结。这一过程对于世俗化在俄国土壤上的发展而

---

① 奇热夫斯基：《黑格尔在俄国》，第98—100页。

② 《巴枯宁全集》，第3卷，第90页。这里已经看得出"自我禁欲"这一主题，这在巴枯宁创作的下一个时期是基本主题。

③ 同上书，第81页。

④ 同上书，第112页。

言是太典型了，所以是不可回避的。

5. 巴枯宁哲学发展中的新主题与其历史学的基本理念有着辩证关联，但它们当然也毫无疑问有其纯心理学的根源。当他在文章中写道："请允许我们信任永恒的精神，它即使破坏和消灭，也仅仅只是因为他是任何生活所不可理喻的和永恒创造的源泉"①，那么，他当然会在这样一种思维循环中继续采用他的——尽管是在以一种片面的方式——黑格尔式的方法对待"历史之谜"。但他本人在《忏悔录》里关于自己的说法当然是很忠实的："在我的天性里总是有一种对于幻想、对于非同寻常的、闻所未闻的冒险经历，对于那些可以开辟无限的地平线的事业的向往和追求"②。他在同一本书中写道："我的政治狂热症更多只停留在幻想中，而非在心里"③，关于他自己本人，他说他是"堂·吉诃德"④。的确，巴枯宁的个性特点——对于迷狂的需求以及想象力的极度发达——都在发挥其作用，但其意义在此却只限于工具上的。在巴枯宁身上所发生的"实质"，亦即真正的深刻的变动，除了思想上的辩证法和个性的突出特点外，——都与世俗化精神向乌托邦方面的内在转化有关。在 18 世纪俄国土壤上，我们已经不止一次与乌托邦主义相遇了，在那里，乌托邦主义显然是作为宗教历史观的代用品出现的，——但在巴枯宁以前，我们所与之打交道的乌托邦主义，却是纯理论性的。在相当一部分俄国思想家那里乌托邦精神至今也始终是纯理论形态的，书房式的，也可以说，是文学性的，但在巴枯宁那里，乌托邦主义首次以带有革命动态特征的面目出现。的确，在某些十二月党人身上，已经出现了革命的乌托邦主义特点，但革命乌托邦主义的首次真正的表现，却是在巴枯宁身上出现的，并且从那以来，他就再也没有

---

① 《巴枯宁全集》，第 3 卷，第 148 页。
② 《忏悔录》（《材料》），第 175 页。
③ 同上书，第 138 页。
④ 同上书，第 132 页。

在俄国思想家那里消失，而且总是会不时地浮现出来，以其可怕的火焰尽情地燃烧。在巴枯宁那里，这与其思想上的辩证法相关，因此他以革命乌托邦主义走进了俄国哲学史①。因此不妨让我们略微浏览一下巴枯宁历史学思想的演变过程。

问题不仅在于纯哲学方面，而且恰好在于巴枯宁历史学演变观上。奇热夫斯基正确地指出②，"通向黑格尔哲学的绝对真理之路对于巴枯宁来说也就是走向上帝之路，但却是走向他的上帝之路"。这是正确的：巴枯宁思想的基本路线并非仅仅停留在纸面和话语上，实质上也具有宗教的意义（本着宗教内在论的意义）。早在 1841 年，巴枯宁就写道："生活是一种极乐，但却是暴风雨和乌云在其中肆虐以便将其结合成为高度和谐的极乐。"巴枯宁开始建构一种否定和斗争的神秘论——他不光接受了黑格尔关于辩证价值和否定的内在必然性的论点，而且也开始服膺否定具有优先权的思想，这一思想后来成为精神从事创造的本质的载体。他认为恰好是矛盾性具有完整性，亦即在对正面本质的否定中（因为在否定中"包含着"它作为否定指向之的正面因素）。"包容一切的本质（矛盾）的能量恰恰在于正面本质在纯粹否定的火焰里不间断地自我燃烧"。对否定的这样一种揄扬与前此已经指出的关于"事业"之意义的思想结合在一起，即思想如何转变成为现实。"上帝啊，把我们从一切可怜巴巴的爱世界中拯救出来吧，"他于 1841 年这样写道，他渴望"真正的事业"，这种事业"只有在真实的矛盾中才有可能存在"。"滚蛋吧，"他后来（1842）写道，"关于终结与无限的逻辑和理论的幻想，这种事物只有活的事业才能够加以捕捉"。这句话出之于一个爱好幻想和夸张的人之口，的确非常不寻常，在巴枯宁眼中，"事业的哲学"就正是

① 奇热夫斯基（见《黑格尔在俄国》，第 112 页）认为"巴枯宁晚年阶段上的反哲学虚无主义与哲学史无关"，但在俄国革命史上却有其自己的辩证法，这种辩证法思想曾经不止一次以狂暴的力量介入了俄国思想的发展进程。

② 同上书，第 101 页。

走向本真现实的出路所在。此外还要加上对其天赋使命的信仰。在巴枯宁身上，开始滋生出对"纯粹"哲学的批判这丝毫也不令人感到奇怪："哲学只能是理论的并且也只能在认识的框架下发展。"这就是哲学的边界和局限性所在："近代哲学，"巴枯宁于1843年写道，"意识到理论与实践的统一问题了，但也就在这个问题上走到了其极限，因为在界限的彼岸开始展现出……从原始社会自由人们的平等和交往的神性本质中生发出一种对构成基督教神性本质的东西在彼岸加以实现的实践"①。这里的后一句话以惊人的透明性披露了采取了一种乌托邦形式的宗教内在论。

屠格涅夫在长篇小说《罗亭》中通过罗亭这个人物，毫无疑问，是在描述巴枯宁的性格特征，作家非常准确地描写了罗亭的雄辩的口才，就像是一种"令人无法忍受的即兴创作"。在巴枯宁身上，的的确确有一种"令人无法忍耐的灵感"，推动他做出最出人意料的举动。他已经看出新的"领域"的逼近，猜测到在其时代的事件中这一"领域"正在逼近的征象。"整个世界，"他于1843年写道，"都在为一个新的美好世界的诞生分娩而经历着产痛。基督教为我们揭示并为我们保存至今的人性的伟大秘密，尽管她（亦即基督教——笔者）也曾有过失误……如今却即将变成现实中的真实"②。他有一段话（在给鲁格的信中所言）正是在此期间说的，我们已经援引过这段话，那就是关于"从新时代的内部核心中滋生出来的永恒力量之谜"。

巴枯宁决定不回俄国（"对俄国来说我已经被毁掉了，"他认为。"在这里〈在西欧〉我还可以采取行动"。）③，巴枯宁从此期开始把其全部精力用于推动"新时代的诞生"。我们不值得追溯其"漫游的年代"，但却应当稍稍留意一下他投身于革命活动究竟给他

---

① 《巴枯宁全集》，第3卷，第227页。
② 同上书，第187页。
③ 同上书，第120页。

带来了什么后果。他是如此忘我地投身于革命，如此奋不顾身，勇往直前，以致 Косидьер（巴黎 1848 年革命期间的警察局长）关于巴枯宁所说的那样："在革命的头一天这是个宝贝，可第二天就得把他给毙了。"[1] 我们需要提及的是巴枯宁与蒲鲁东学说的接近（1847年），巴枯宁曾向他详尽解说黑格尔辩证法的精微细节[2]。

在《论德国的反动》这篇在巴枯宁哲学发展过程中构成转折点[3]的文章中，他就已经在歌颂"否定"和"消灭"了。"自由与非自由的永恒对立，"他断言，"目前已经走到了最后的阶段和最高的顶点了，我们正处在新'时代'的前夜了。""精神是一只老鼹鼠，一只已经马上要完成自己在地底下的工作而很快就要像现实的法官一样出现的老鼹鼠。让我们信赖永恒的精神吧，"——巴枯宁如此这般地结束其文章说。"因为只有这样她才能够破坏，因为他是永不穷尽的和永远创造的任何生命的来源。破坏的欢乐同时也是创造的欢乐。"在最后一句话里，如此鲜明地表达了革命乌托邦主义的新情绪，表达了"否定哲学"的说教，甚至可以说已经达到了极致。需要指出的是，顺便说说，这篇文章中的这同一个主题时隔不久极其有力地又鸣响在赫尔岑的笔下，而过了数十年后——则又在康·列昂季耶夫笔下发出了最强音。巴枯宁在预言新时代（民主制）[4] 的到来的同时，巴枯宁还指出："民主制的胜利不仅意味着数量上的变化——犹如扩大化只会导致普遍庸俗化一样，——但也标志着质量的改变：新的、活生生的和真正的启示，新的天和新的地，年轻而

---

① 德拉戈曼诺夫：《米·亚·巴枯宁》，1906，第 48 页。

② 赫尔岑（在《往事与随想》中）有一段有趣的故事（根据康·福赫特的讲述），说是有一天晚上，倦于听无穷无尽的关于现象学的闲谈，他丢下巴枯宁和他的蒲鲁东，而到第二天早晨，当他走进巴枯宁房间时，却发现蒲鲁东和巴枯宁都在已经熄了火的壁炉旁：他们刚刚结束关于黑格尔的交谈……

③ 但当然，正如奇热夫斯基（《黑格尔在俄国》，第 108 页）所以为的那样，是"尚未完结的"。

④ "民主制标志着全世界的社会制度的全面转向并预告着一种历史上前所未有的新生活的开始……民主制度是宗教"，参阅《巴枯宁全集》，第 3 卷，第 129 页。

又美好的世界，在这个世界里，当代一切不和谐因素都会在和谐统一中获得最终的解决。"① 在赫尔岑和列昂季耶夫（此前是在果戈理身上）得到鲜明表现的那种对于"普遍庸俗化"的担心，揭示了巴枯宁笔下的美学主题，一般说这一主题在他笔下比较而言比较罕见。总之在此期间巴枯宁正在热烈捍卫着人格主义（而反对集体主义）。

实质上乌托邦也带有宗教的性质，并且在巴枯宁那里，则还带有他所特有的宗教词汇和用语，这一点也显得特别醒目。"我们正处在伟大的世界历史的转折点上……这个转折点将带有非政治的，是原则性的宗教的特点……这里说的与其说是在指一种新宗教，倒不如说是指一种民主宗教……因为问题不在于个别人身上，而仅仅在于交往和上帝的在场。"② "你们错了，"他在 1849 年这样写道，"如果你们以为我不信仰上帝，那就大大错了，但我完全反对借助科学和理论来接近上帝……我在人群中寻找上帝，在人们的自由中寻找上帝，而现在我在革命中寻找上帝。"这里这种独特的"通过革命寻找上帝"并非一种空洞的修辞法——对于巴枯宁而言，革命是潜在创造力的进发——是对上帝的启示。"让一切宗教和哲学理论都见鬼去吧，"早在 1845 年巴枯宁就曾这样写道，"真理不是理论，而是事业，是生活本身……认识真理并不仅仅意味着思考，也意味着生活，而生活是比思维意味得更多：生活是实现真理的奇迹的创造"。当我们下文读到（在第二卷里）尼·费·费奥多罗夫的《共同事业的哲学》时，我们将会看到同样一些特殊的实用主义认识论的主题在那里鸣响。但在巴枯宁那里，他的生活渐渐地已经不是在简单地推翻任何"理论"了。巴枯宁以异常激烈的言辞（在其晚期（1873 年）一篇著作《国家与无政府主义》中）讲述黑格尔及其学生们，说他们"的世界高悬在天空与大地之间，将其沉浸于反省思索中的居民的生活变成梦游症患者一连串幻象"。这一在认识论里所发生的向本体论的转向，我们已经在讨

---

① 《巴枯宁全集》，第 3 卷，第 137 页。
② 同上书，第 3 卷，第 230 页。

论霍米亚科夫、基列耶夫斯基、萨马林时看到过，然而，当我们看到在巴枯宁那里，他会如何急遽地出乎意料地向唯物主义和无神论①转向时，就连这一点也会显得黯然失色。革命活动培养了巴枯宁对于教会的敌视情绪，而他那种在教会之外的宗教信仰又急遽地转变成为了无神论。Massaryk②相当满意而其成功地把巴枯宁在捍卫无神论时举出的论据称之为"无神论的本体论证明"。"如果上帝存在的话，"巴枯宁断言，"那么人也就没有自由，人是奴隶，但如果人可以而且也应该自由的话，那么这也就是说，上帝是没有的"。"神圣的必然性"在黑格尔时期并未妨碍个性的自由，如今已经可以令人感觉得到，人们是如何否定自由的。巴枯宁已经不是在超验主义（他对之进行了尖锐的嘲讽，断言超验主义中的世界是"高悬在天空与大地之间"的）中寻找基础，而是在唯物主义和实证主义中寻找基础。在其晚年文章之一（《反对目的论》)③中，巴枯宁写道："上帝的存在逻辑上与人类理性的自我禁欲有关，这是对人类自由的一种否定。"世界的基础本质如今对他来说（摘自同一篇文章）就是"永恒的全世界性的外观变化……就是对天意的纯粹否定"。自然……的神秘论在宗教神秘主义中占据着一席之地（"全世界的因果律……就是永恒的创造和被创造"）④。在捍卫无政府主义和"普遍破坏"的同时，巴枯宁也为其"新伦理学"打下了基础。因为从唯物主义决定论里推导出了对意志自由的否定，那么通常社会从中得出惩罚权利的有关责任的概念也就脱落了。巴枯宁所建构的伦理学（如果可以将其当作"伦理学"的话），根据 Massaryk 公正的评论⑤，

---

① 屠格涅夫于 1869 年写信给赫尔岑说："早在 1862 年，当我最后一次见他时，他就对人格神上帝深信不疑……并谴责自己的不信。"（德拉戈曼诺夫：《米·亚·巴枯宁》1906，第 95 页）。但早在 1864 年，在《社会民主主义联盟》纲领中，巴枯宁就把无神论当作纲领的基础了。

② 参阅 Massaryk, *Yur rus Geschlehts und Religionsophi*，第 2 卷，第 15 页。

③ 参阅《巴枯宁全集》，莫斯科，1911，第 3 卷。

④ 见《反对目的论》一文，第 176 页。

⑤ 参阅 Massaryk, *Yur rus Geschlehts und Religionsophi*，第 2 卷，第 19—22 页。

诡辩和狡诈奇妙的混合物，从根本上说是马基雅维里式的。

6. 到此我们可以结束对巴枯宁体系的叙述了。巴枯宁思想的演变过程及其各个阶段并非只为巴枯宁个人所具有的某种特殊的现象，——与之相反，这一演变过程极其醒目，预先显示了俄国思想史上各种各样的辩证的"偏差"。如果我们把这一演变过程完完全全归咎于在俄国土壤上的世俗化精神那也不对，但该现象的出发点毕竟还是以世俗化倾向为根基。在巴枯宁身上无疑有一种对于宗教的心理需求，并且它构成了其精神探索的全部基础，在论述他的革命活动时，人们一再提到这样一个思想，那就是他的革命活动中渗透着一种特殊的（斯拉夫主义的）弥赛亚意识①。他曾经是并且终其一生都是一个浪漫派（甚至在临终前他倾向于"启蒙主义"陈腐纲领的那个时期中也是这样的浪漫派），但他的浪漫主义根植于他的宗教信仰，根植于以"无限"的绝对物为生的信念②。因为只有绝对物总是被内在地、在教会之外加以思考和体验的（不是只有巴枯宁一个人，而是一般说来在整个世俗化运动中）。在俄国激进主义运动中我们还将不止一次地碰到，激情洋溢的（正是激情洋溢的，并且轻易地就可以过度到狂热和教派狂）宗教信仰需求，由于缺乏教会的滋养，转变成为乌托邦主义——有时是书房式的，有时则是革命性的乌托邦主义。对于巴枯宁来说，在他走向革命的过程中起决定性作用的因素是黑格尔主义，在黑格尔主义的基础上，他（他把黑格尔的学说变得更尖锐也更加片面了）认为只有否定才具有创造力。"新时代的精神只有在暴风雨中才能发言和发挥作用"，某次他这样写道。在对新时代（一切全新的时代）的期待中，巴枯宁不仅埋葬了国家政体，而且也埋葬了"资产阶级"科学（"科学应当与她所

---

① Massaryk, *Yur rus Geschlehts und Religionsophi*，第 2 卷，第 25 页。

② 巴枯宁本人后来曾经嘲笑那样一个时代，在那个时代里，"人们都天真地以为人们永远期盼的绝对物已经被找到，而且可以采用批发和零售的方式在柏林出售"，但他自己本人直到生命的最后一天也同样只对绝对物感兴趣。

表现的世界一起消亡"①）——因此"在革命中寻找上帝"绝非空洞的言辞而已。这种革命的神秘论与历史学和宗教内在论有着辩证关联，"事业"哲学以及特殊的"实用主义"认识论从书房走向生活，从理论走向实践，但在这里它却出乎意料地让个性屈从于客观历史洪流，让其成为决定论的俘虏。乌托邦主义与决定论的结合一般说对于 19 世纪知识潮流而言，不仅在俄国，就是在西欧，也是非常典型的现象。② 现在，让我们从巴枯宁转到他的好友（在黑格尔小组时期）瓦·格·别林斯基。

7. 围绕着瓦·格·别林斯基的名字，在俄国历史文献里，早就延续着一场热烈的、至今也为止息的争论——主要是关于如何评价他在俄国思想史中的地位问题。还在不久以前，奇热夫斯基在其巨著《黑格尔在俄国》中就表达了这样一种思想，即别林斯基的名望是他完全"不配得到的"③。当然，我们不能否认别林斯基首先是一位政论家，甚至政论多于文学批评，但他的政论文不仅来源于哲学理念，而且也贯穿着哲学理念。研究别林斯基必须首先研究他的书信，因为他在书信中能够自由地表达其思想和探索——而在为杂志所写的那些总是有严格的框框限制的、而且还是在那个时代的书报审查制度条件下的文章里，他并未全然向我们祖露。不妨抛开其通信来研究一下巴枯宁、恰达耶夫以及所有斯拉夫派人士——他们的精神世界一下子会变得如此贫乏如此模糊不清起来。从另一方面说，研究俄国思想的历史学家们不要忘记，属于俄国思想界哲学家—政论家集团的，不光有想赫尔岑、别尔嘉耶夫这样的大家，而且也有像车尔尼雪夫斯基、米哈伊洛夫斯基、梅列日柯夫斯基这样规模较小的思想家。某种意义上就连弗拉·索洛维约夫、后来的斯特鲁威，

① 摘自《给青年的传单》（巴拉舍夫出版的《巴枯宁演讲集》，第 235 页）。

② 参阅帕·伊·诺夫戈罗德采夫在其著作中对这一现象的出色的历史分析，见《论社会理想》，第 3 版，1921。还可参阅 Massaryk 书中论述巴枯宁的专章（第 2 卷）。

③ 奇热夫斯基：《黑格尔在俄国》，第 113 页。

谢尔盖·布尔加科夫以及其他许多思想家，也都在哲学政论文体中贡献了他们的大量才智。如果说巴枯宁在从哲学转到"事业"，活生生的历史活动逐渐把他从哲学吸引过来的话，那么，在其他那些思想家那里，我们也能看到对"具体生活"的捕捉大大地缩小了他们的纯哲学兴趣。在西方对于许多像尼采、雨果和舍勒那样的作家来说，把他们的纯哲学体系与其"政论文"截然分开不光是很困难，而且也不正确。这是一种特殊的哲学论述方式，毫无疑问，这是一种"相关文体"，非自由的文体，因为它要受到具体生活的"压力的挤迫"，但它毕竟还是一种哲学论述文体类型。在俄国思想家中，类似这样的"偏差"我们经常可以见到，他们当中很少有人能够完全摆脱这种"偏差"。哲学在俄国不是 ancilla，但也不完全是自由的"女主人"，因为一般说来哲学工作在俄国（尤其是在 19 世纪和 20世纪）是与教会或明或暗的斗争相关联的，抑或相反，哲学想要走在教会前面，因为完全和真正的思想的独立自主我们即使是在欧洲（欧洲同样也无法摆脱基督教为世界所提出的任务）哪怕在任何地方也找不到。我无意写作一篇哲学政论文颂，我想说的仅仅是，由于政论文体的的确确与哲学思维有关并以哲学思维为营养源，所以，它也就走进了哲学史。无论如何，始终都在研究教会主题及其有关自由的福音、神祇的王国的主题的俄国哲学史上，有关神祇王国的主题（尽管人们是按照宗教内在论的线索阐释这一主题的），几乎所有思想家都经历过从"纯粹"思想转到具体问题，这种转向几乎处处都能见到。此外我还想强调指出的一点是：在俄国哲学政论文中（别林斯基、赫尔岑、车尔尼雪夫斯基、米哈伊洛夫斯基、别尔嘉耶夫），"预言家的焦虑"——这是一个直接对生活产生影响的问题，是一个直接影响历史进程、影响对历史所担负的责任的问题——发挥了十分重大的作用。这一因素如我们所见，成为 16 至 17 世纪教会世界观的重要成分。随着这种教会世界观的衰落，也随着虚假的神权政治体系被从教会世界观里清洗出去，教会思维中的预言主题并未消失，而是融化在了教会的总的理念中了——早在19世纪它就以一种纯粹的形态在俄国世俗思想运动中出现（而在18世纪则只有部分表现或偶然表现）。在别林斯基和赫尔岑那里正是这一预言主题构成了，这么说吧，他们的哲学政论文的根本神经。我们之所以在讨论这个问题时有意略事逗留，是因为预言主题正是在别林斯基那里才首次完全明确地进入俄国世俗思想运动和俄国社会政治激进主义运动中来。

如果需要把别林斯基与我们已经熟知的俄国思想家比附的话，我们大约会拿恰达耶夫来与之相比，就其无所不包毫无条件的真理探索的紧张激烈和豪情洋溢而言，这两个人可以说是"如出一辙"。对于别林斯基也像对于恰达耶夫一样，对上帝之国和真理的探索是其核心探索。他们两个人（而赫尔岑也可以归入这一类）都是俄国"西欧派"最主要和最重要的代表，也是沿着西方开辟的道路进行文化建设的先行者。但把他们两个联系起来的，是对俄国那种热情洋溢的、火热炽烈的、锥心刺骨和严峻严格的爱。

8. 维萨里奥·格里戈里耶维奇·别林斯基（1810—1848）一生十分短暂[①]。他的祖父是神父，父亲是轮船上的医生。别林斯基是在极端赤贫的条件下，是在穷乡僻壤的外省的贫寒的家庭环境中长大的。早在童年时代他就表现出他的主要兴趣是文学，文学不仅以其

---

① 关于他可参阅：佩平：《瓦·格·别林斯基：生平与通信》，第1、第2卷；利亚茨基主编：《瓦·格·别林斯基通信集》（第1、2、3卷）。列尔涅尔发表在《俄国传记辞典》的词条。伊·伊·伊万诺夫：《俄国批评史》、安年科夫：《辉煌的十年》（回忆录第3部）。伊万诺夫—拉祖姆尼克：《俄国社会思想史》，第1卷。米留可夫：《俄国知识分子史述评》。维特林斯基：《在40年代里》（1922）。还可参阅在伊·伊·帕纳耶夫、亚·阿·帕纳耶娃、伊·谢·屠格涅夫、康·德·卡维林、陀思妥耶夫斯基（《作家日记》第1卷）《回忆录》里有关别林斯基的材料（《全集》，第3卷）。奇热夫斯基著作《黑格尔在俄国》中有关于别林斯基的专章，上文已述及。还可参阅 Setchkareff: Schellings Einflusc…（第82—92页）。伊万诺夫—拉祖姆尼克的某些草稿（全集第5卷）。帕·尼·萨库林：《俄国文学与社会主义》（第3章）。还可参阅帕·科特利亚列夫斯基：《古老的肖像》（内含有关别林斯基的大块文章）。瓦·格·别林斯基的著作版本最好的是谢·阿·文格罗夫版，书中附有详尽的注释。此外还有多种版本，其中最完整的是帕夫列科夫版（共4卷本），还有伊万诺夫—拉祖姆尼克主编的3卷本。

艺术性，更以其总是以人为中心这一点而引起他的兴趣。文学成为他的内心世界，他的命运。别林斯基的头脑带有非科学性，但却也因此而更具有哲学气质①。但也正是在哲学中他最不需要并且对之感到格格不入的就正是哲学那形式主义的一面。使他感兴趣的是关于人的真理，是在一般世界观的统率下研究人的灵魂：对于如此这般的哲学论述而言文学作为一种归属于哲学的争论显得分外珍贵。

　　别林斯基从古典中学毕业后去了莫斯科上大学。大学时代的他写作了一个剧本（采用了浪漫主义的文体），对农奴制度做了针砭。该剧本表明作者受到席勒的强烈影响，一般说席勒在别林斯基的探索中留下了深刻的印迹，尤其是在他一生中除了个别短暂的时期外一直不倦地对之加以信奉的审美人道主义。正是在这些年中，别林斯基加入了斯坦凯维奇小组，关于该小组迷恋席勒这一点我们上文已经有所述及。但别林斯基却也正是在这里受到了最初沉重的打击——他被大学开除了（因为他在自己创作的剧本中表现的激进主义）。别林斯基于是当了记者，1834 年在《闲谈》杂志上发表了他的第一篇文章《文学的幻想》②。文章写得文采斐然，表现了作者对俄国文学有很深的造诣，因此一劳永逸地决定了别林斯基文学创作的形式——他的所有文章（除极个别的例外）都是论述文学的，但却是以一般哲学理念为基础对这些问题加以说明的。例如《文学的幻想》的哲学基础，是谢林的诗意盎然的自然哲学，但这篇文章也是对谢林哲学理念（对此类理念的阐述不够准确）的一种普及。不如说别林斯基对谢林的解读是一种对于谢林自然哲学的独特的再加工，在此之中，别林斯基对于人、对人的内心世界、对（人身上）"永恒理念的道德生活"以及充斥于整个人类和个别人生活中的善恶斗争问题分外加以强调。审美人道主义的全部纲领、所有激情，向

---

　　① 值得注意的是，比方说，奥陀耶夫斯基伯爵就承认林斯基是一个"具有巨大哲学头脑的人"。参阅 Setchkareff，第 86—87 页。
　　② 关于这篇文章给人的印象，可参阅伊·伊·帕纳耶夫的回忆录。

善和向着创造的灵气勃发的号召，填满了这篇文章的所有空间，并使其至今仍然以其真诚直率和热情如火的抒情性感人。

1836年别林斯基开始处于巴枯宁的影响之下，对费希特的伦理唯心主义产生了兴趣（巴枯宁给别林斯基讲述了费希特思想，正如后来别人为别林斯基讲述黑格尔一样：别林斯基本人并不懂德语）。别林斯基离开谢林而全身心地投入人格主义问题中来（这是一种巴枯宁版的费希特主义）。与此同时，他（和巴枯宁一样）为了一个"理念"世界而与经验现实割断了联系。1837年，巴枯宁以其特有的新入教者的狂热，引导别林斯基洞悉黑格尔体系的秘密，恰好在此期间（准确地说是在1839年末）别林斯基移居彼得堡，与斯坦凯维奇小组的联系中断使他变得更加独立了。早在莫斯科时，他就在黑格尔著名的同时也永远难以获得正确阐释的"一切现实的都是合理的"的公式影响之下，堕入极端历史神秘主义的陷阱。然而，对真实历史生活的关注使得别林斯基得以摆脱先前阶段那种幻想的和抽象的唯心主义——这是走向哲学和一般现实主义的转折点的开端，也是走向清醒地承认在个人和历史生活中经验领域之重要性的开端。的确，这一历史经验的意义在黑格尔主义里取决于绝对精神的辩证运动究竟在经验里体现为什么和揭示为什么，但现实的母题，生动的、直觉的对于具体存在的向往（在其绝对与经验因素的生动关联中）是黑格尔最基本的和决定性意义的特点。对于别林斯基来说，对黑格尔的入迷恰好等于一剂清醒剂，等于回归历史现实。别林斯基以其特有的喜爱走极端的特点堕入了一种特殊的黑格尔现实主义的浪漫主义氛围中——对其富于个性的细节我们下文中将会看到。但别林斯基很快就足够清醒地认识到，在黑格尔的体系里并没有对个性的真正评价，黑格尔的人格主义（虽然这种描述深化了他有关个性的学说）使别林斯基疏远了黑格尔，于是他坚决而又决断地割断了与"一切现实的都是合理的"这一公式的联系。对于别林斯基来说，人格主义问题被推至前台，而我们正应在此寻找他以后之所以会对社会主义发生兴趣的原因。

在彼得堡别林斯基结了婚，但长期半饥半饱的无着无落的生活在他的身体上打下了沉重的烙印——他患了肺病。人们送他到国外治病，但治疗却没有什么效果，别林斯基就又回了国，并且很快（1848）在38岁时逝世。

9. 别林斯基当然不是一个在准确和精确意义上的哲学家，但把他与俄国哲学截然分开同样也是不可能的，而且，这不是因为他在其著作中以其时代的哲学流派为依托，而是因为在俄国哲学探索的运动过程中他有其自己的，而且是更加重要的地位。这些探索——对此我们不止一次地予以指出过——只有将其作为世俗化精神的表现或是与世俗化精神的一场斗争才可以获得正确的解读。宗教主题——及其由基督教带到这个世界中的丰富圆满的理念——始终在决定着俄国思想的基本探索，但也正因为此这些探索带有哲学性，而非纯粹的宗教意义，它们建构着意识形态体系。俄国哲学探索的脉搏就是在这里跳动的（而且至今也仍然在这里跳动着），这一点当然根本就不排除也不会勾销只是以间接方式出现的其他哲学问题的意义，但这也仍然是因为与这些探索有关的这些理念本身的体系性的原因。

别林斯基（与斯坦凯维奇和巴枯宁，甚至也和早些时候下一章将要讲到的赫尔岑一样）也是一个天性深处具有真正的宗教信仰的人，但他的宗教需求并非来自教会，他和俄国知识分子的许多代表一样（还有就是遵循着"内心基督教"的遗训）固执地把基督教与教会分开。世俗化（和任何地方一样）主要针对和反对教会而来，它不仅不排除"内心的"宗教信仰，而且恰恰是在内心的宗教信仰中汲取着营养。但也正是因为这种教会以外的特点，天国主题在俄国（而且不光是在俄国）世俗化运动中被完全以内在论的方式予以阐释，转变成为通过历史进程得以实现的"地上天堂乌托邦"。从宗教意义上说这一体系是在"预言家的焦虑"的推动下运行的。

在别林斯基创作的第一个阶段（1834—1836）[①] 我们发现他是把席勒美学伦理学与谢林的自然哲学及其艺术哲学结合在一起了。"全部无限美妙的神的世界，"别林斯基的第一篇文章（《文学的幻想》）就是这样开的头。"是一个统一永恒的理念的呼吸，是唯一永恒的上帝的思维。这一理念没有终点，它不间断地活着。""整个世界都是靠爱的电的链条相互联接在一起的……整个意识的链条乃是认识生活在自然之中的不朽和永恒的精神的上升的阶梯……人是自然意识的器官……"谢林的自然哲学观在这些论点中以人类中心主义的方式得以显现，而整个观念的诗意色彩又明显反映了一种浪漫主义情绪。"不是凭头脑，而是靠心灵，"文格洛夫指出[②]，"年轻的谢林派泛神论哲学家们就是这样接受世界的。"对于早已在俄国世俗化运动中占据统治地位的审美人道主义意识形态而言，恰好是别林斯基在为了对他的进一步加工而下了很大功夫，并引人注目地提高了对人的关注，把人作为自然的最高一层台阶：这就是哲学人格主义的最初萌芽。

某些研究者们认为广负盛名的别林斯基的文章《文学的幻想》受到了纳杰日金（莫斯科大学教授）的影响，关于后者对于斯坦凯维奇的影响我们上文已经有所论及。可以认为这个问题研究得已经很充分的了——对于纳杰日金的影响应该予以坚决的肯定[③]。别林斯基全身心地投身于对世界的诗意感受，全身心地信仰人，当然，这更多地是受了斯坦凯维奇的影响[④]，但他身上也有其自己的道德灵感

---

① 对别林斯基世界观发展的各个阶段所做的最清晰的描述我们是在伊万诺夫—拉祖姆尼克的著作中找到的（见其为编辑《别林斯基全集》而写的序言）和各类有关别林斯基的文稿，见《伊万诺夫—拉祖姆尼克著作全集》，第5卷。

② 见文格洛夫主编的《别林斯基全集》，第2卷的一个脚注（第417页）。

③ 特别参阅米留科夫论别林斯基的文章（见《俄国知识分子史》一书）。

④ 又一次别林斯基关于斯坦凯维奇写了如下一段话："我见到了斯坦凯维奇并爱上了上帝"（书信第2卷，第85页）。

的来源。这部分地是因为他那深刻的（尽管是非教会的）宗教信仰，部分地是因为他天性中的道德气质①。在别林斯基的心灵里占据统治地位的因素是审美因素——正因为此，别林斯基的早年阶段明显曾受到席勒的影响。后来别林斯基称这个阶段是"抽象英雄主义"时期。佩平②部分地是正确的，在反驳此期间整个斯坦凯维奇小组里似乎笼罩着的"美学寂静主义"的同时，他指出"美学寂静主义"毕竟真地把人们心灵的全部力量向上引导，使之脱离经验生活。

当别林斯基于1836年结识巴枯宁并和他一起对费希特的唯心主义而入迷时，他身上"抽象的英雄主义"尚未得到加强。"理想的生活，"这段时间他写道，"恰恰也就是真实的生活，正面的生活，具体的生活，而所谓真实的生活却是否定、幽灵、琐屑、空虚"。但这种与经验生活的脱节倾向也强化了别林斯基身上的宗教信仰，在他身上唤起了道德灵感的激情。有一天他给自己的好朋友瓦·帕·鲍特金写下了下列这段话："永恒真理的精神，我向你祈祷，向你顶礼膜拜，我眼泪滂沱浑身颤栗地把自己的命运托付在你的手上：按照您自己理性的意愿来安排它吧。"稍晚些时候别林斯基在一篇文章中写道："有一本书，把话都说完了，把一切都决定了，这是一部不朽的书，一部神圣的书，一部永恒真理之书，永恒生命之书，这部书就是福音书。"只要细读一下别林斯基在此以及在接下来的那个时期写作的书信，我们就能感觉得到别林斯基这类话语的全部严肃性和真诚性。无论如何，在迷恋费希特期间采取了更紧张激烈更体系化形式的"抽象英雄主义"，在别林斯基嗣后的探索中留下了深刻的印迹。

1837年巴枯宁把黑格尔介绍给了别林斯基，这为他的精神生活打

---

① 安年科夫关于别林斯基有一段话说得非常好："别林斯基全部思想和著作的道德底蕴恰是来源于那样一种力量，凭借这种力量，他把一些情感炽烈的朋友和崇拜者们团结在自己周围……对别林斯基道德布道所做的概述，持续了其整整一生，那就是他的生平传记"（《回忆录》，1881，第54页）。

② 佩平：《别林斯基，他的一生和通信》，第1卷，第112页。

开了崭新的一页。普列汉诺夫正确地指出当别林斯基终于从自己那种不分青红皂白地迷恋黑格尔中摆脱出来（在1841年）后，也依然还是在许多方面忠实于黑格尔①。的确，黑格尔非常牢固地占据了别林斯基的大脑，而他本人也不止一次非常激情洋溢地讲述说，与黑格尔体系的认识给他增添了许多力量。人们不止一次责备别林斯基②，说他并未读过黑格尔的原著，是从别人口中了解他的，有时则是通过专门为他而做的摘要。但黑格尔的体系却完完全全地占据了别林斯基的全部身心，将他急遽地和无可挽回地从抽象唯心主义的怀抱里拖了出来，引导他走向哲学现实主义③。这也正是黑格尔主义在别林斯基那里所具有的主要意义。脱离"抽象"唯心主义这对别林斯基来说并不轻松——别林斯基曾在给巴枯宁的信中承认他在与先前的体系告别时他"曾痛苦地哭泣"。他甚至想写（仅剩一份提纲，但未写完）《两个朋友间的通信》：即"美好心灵"（Schöne Seele）与精神之间的通信，文中别林斯基谴责"美好心灵"（"抽象英雄主义"）对于历史现实中的斗争和痛苦因素毫无感觉。吸引他并使他激动的是真实的而非"理想"的现实："我看着先前曾被我如此鄙视的现实，"他在1837年这样写道。"浑身因充满神秘的喜悦而颤栗，认识到它的合理性"④。也是在那时他写信给鲍特金⑤："你向我表明思维是一种整体，一种整一的东西……在思维中一切都将从同一个共同的怀抱即上帝的怀抱里走出来，在创造中自己发现自己。"对精神（绝对者）

---

① 普列汉诺夫：《别林斯基论文集》，莫斯科，1923，第93页。参阅该文集中一篇非常有趣的文章：《别林斯基与合理的现实》，普列汉诺夫在文章中发挥了这样一种思想，即一般被人们当作是别林斯基的错误的（在对"合理的现实"学说的阐释中），实际上却与当时在德国占据统治地位的对于黑格尔的观点非常吻合。可与佩平在一本旧书中所表达的正确的观点做一个比较，见其《巴枯宁全集》，第1卷，第159页注2。

② 比方说，可以参阅奇热夫斯基稍嫌粗野半带讥讽的评论，见全集第117页及以后各页。

③ 伊万诺夫：《俄国批评史》，第3卷，第149页。别林斯基在其对黑格尔的理解中对于"实证主义"的言论是错误的，但显然他实际上指的正是黑格尔的现实主义。

④ 《别林斯基书信集》，第1册，第228页。

⑤ 同上书，第176页。

概念的宗教阐释在黑格尔那里新理念披着人们所熟知的宗教概念的外衣：“上帝的意志，”他在给鲍特金的信中这样写道。“和哲学中的必然性是同一个概念，这也就是现实。”伊万诺夫只在某些方面（而且也仅仅只在这些方面）是正确的[1]，他说别林斯基（在此阶段）“曾经想要用宗教取代科学，用直观取代知识，用启示取代研究，用理念的辩证发展取代人类生活和历史”。的确，对于别林斯基来说，在抽象理念脉搏中的日常生活现实中的感受和对“无限的感受”，成为理解世界和人的一把钥匙。“如今当我处于对无限的直观感觉中时，”他在一封信中这样写道[2]，“我深刻地理解到，任何人都是对的，谁都没有过错，没有什么意见是虚假的和错误的，但一切都是精神的因素。”这段话非常准确地传达了对于终极与无限的相互纠结、无限对于有限的相互渗透的一种纯粹哲学式的感受，这种感受构成了古典哲学通过库萨的尼古拉、莱布尼茨、黑格尔穿过近代哲学而遗留给我们的关于存在的最基本的谜底。对于别林斯基来说全部存在都被重新照亮了——而他有一次非常勇敢地（但也实质上非常正确地）写道[3]：“超出生活之充盈性的感觉本身在我看来是神秘的。”我们不会增加此类引文的数量了——对于这一阶段的别林斯基思想来说，这类引文的数量可以举不胜举。别林斯基（在黑格尔的帮助之下）开始在现实之谜的全部深处[4]“接受世界”，“接受”全部历史，经验现实甚至阐释黑格尔的“一切现实的都是合理的”的公式（即把“现实”的与“现存的”等同起来），从而远比通常人们的理解更加深刻地捕捉到了黑格尔主义的实质本身。对于黑格尔来说（犹如更早些时候对于巴门尼德来说那样），存在中所有“幽灵式的”、“偶然的”（但却是“非现实的”）都成为最神秘的了。

---

① 伊万诺夫：《俄国批评史》，第 2 卷，第 133 页。
② 《书信》，第 1 卷，第 218 页。
③ 同上书，第 1 卷，第 204 页。
④ 同上书，第 1 卷，第 204 页。

别林斯基在对于其体系的了解的意义上说他对黑格尔的阐释是不正确的，但在表述黑格尔关于尚未研究无限与有限相互交织的核心理念上却是正确的。当然奇热夫斯基也是正确的，当他嘲笑别林斯基对于黑格尔辩证法和认识论的"幼稚的转述"[①] 时，对别林斯基笨拙的哲学语言的这类嘲笑只能遮盖他那无可争议的哲学洞察力（尽管他所受的哲学教养可以说是再贫乏不过了）？

"对我来说没有通向 Jenseits 之路，"早在 1839 年别林斯基就这样写道[②]，——当然，早先就已经吸引过别林斯基的宗教意识的宗教内在论在其黑格尔时期获得了新的活力。"神的恩赐，"他这样写道，"不是从上天赐予我们的，而是如萌芽一般潜藏于我们自己身上。"这一宗教内在论以其特殊的力量不仅表现在其对待当代方面，也表现其对待历史方面。别林斯基如佩平所说堕入到了"原始保守主义"中去了，但这是因为他是在其逻各斯中，在其"神圣性"（这是别林斯基喜爱的一个术语）中感受历史上所有业已形成的存在的。"最明显不过的是，"在此别林斯基已经在其从逻辑上发挥黑格尔的理念上达到了极端地步[③]。——这也表现在有关国家的学说中，该学说也被宣称是以其全部现实性而言是神圣的"。别林斯基出乎意料地提出一个由 16 和 17 世纪继承而来的题目——关于沙皇政权的"神圣"意义问题[④]。当把沙皇政权与共和制相对立对比时，别林斯基表达起思想来总是十分明确："美利坚合众国的总统是一个备受尊重的人物，但却是非神圣的……"别林斯基怀着颤栗和恭顺之情谛听着总

---

① 奇热夫斯基：《黑格尔在俄国》，第 120—124 页。

② 《书信集》，第 2 卷，第 5 页。

③ 参阅普列汉诺夫关于这个问题的非常正确而又重要的意见，见《书信集》，第 126 页全篇。

④ 如果把俄国思想家们关于沙皇政权"神圣"意义的言论专门选集做一个比较，则别林斯基根据其在这个问题上所表达思想的深刻性和明确性，应该被放在最重要的位置之一。

的历史进程的秘密①，但却特别尖锐地提出了关于个性和社会的问题——这是一个在其发展过程中与其黑格尔历史学观念逐渐解体并使之过度到社会主义的问题。别林斯基暂时断言社会的优先地位，但个人问题在此时代里也令他寝食不安。在写于这个时期的一篇文章中别林斯基这样写道："人就其个性而言是个别和偶然的，但就其精神而言则是普遍的和必然的。"对他来说人是一个"活的整体的活的一部分"，但稍晚些时（在一封信中）他却又写道："人的个性是一个伟大而又可怕的谜。"别林斯基在这一点上比别人更加精细也更加深刻地克服了黑格尔。

10. 别林斯基在其直截了当地热恋黑格尔主义的高潮时期写道："世界或者是某种片断的东西，是自己本身充满矛盾的东西，或者就是某种统一完整的东西。"一元论的理念在这段话里直截了当地以逻辑的方式表达了出来。别林斯基甚至在一篇文章中嘲笑那些不承认存在中的偶然性的人（不是将其作为存在中的幽灵，而是将其作为必然性的边界）②。但是渐渐的生动的现实不仅以其"非逻辑性"，而且也以其非道德性开始使别林斯基头脑清醒起来。"客观世界是可怕的，"在一封信中他这样供认道，当有关斯坦凯维奇的死讯传来时，别林斯基感到特别悲伤，他对个性问题有了特别强烈的体验③。"关于个人不朽的问题，"别林斯基如今这样思考道，"是真理的ABC……我不会落后于那个被哲学称之为'一般'的摩洛④"的，而且我还要去问问他，他把它究竟搁到哪里去了？（斯坦凯维奇）⑤。这一主题渐渐在在别林斯基那里被推至前台——而关于人格主义的

① 别林斯基的各种言论与恰达耶夫的各种说法（如我们现在所知道的那样）非常相似，这一点很值得人们关注，但这会把我们带到一个过分遥远的地方。

② 这显然是在与赫尔岑争论，此时的赫尔岑正在捍卫历史学的非逻辑性观点。试比较伊万诺夫—拉祖姆尼克的推断（论别林斯基的文章，《全集》，第5卷，第229页）。

③ 详情请参阅佩平第2卷，第50—63页。

④ 摩洛，圣经神话中的火神。人们为了求他降恩，须烧死婴孩向他献祭。——译注

⑤ 《书信集》，第2卷，第159页。

形而上学根据问题，开始对他具有头等重要的意义。"当个性在受难时有一般存在可这与我有何干系，"他在稍晚些时候这样写道，而在另外一个地方他写道："如今对我来说人类的个性高于历史，高于社会，高于人类。""一般是人类个性的刽子手，它以一个可怕的死结窒息了它。拯救者本人也来到了地上，并为个体的人而受难"。但这种思维方式最尖锐激烈的表达是在给鲍特金的那封著名的信（1841年3月1日）①写的："主体在黑格尔那里并非目的本身，而是为了瞬间表达一般的手段……你想笑就笑去好了，可我还是要固执己见：主体、个体和个性的命运，以及黑格尔的 Allgemeinheit 要比全世界的命运重要得多……。有人对我说：发展你精神里的全部瑰宝以便能够自由地欣赏精神吧……我要恭顺地鞠一躬，叶戈尔·费多洛维奇（黑格尔）②……但即便我得以攀登上发展阶梯的最高一层台阶——即使是那样我也要敦请你们为我认真计算一下生活条件和历史所付出的全部代价，认真计算一下菲立普二世③之流的偶然性，迷信及宗教裁判所的全部代价，不然我会从最高一层台阶上一头栽下来。我的亲兄弟中哪怕有一个人不幸，我也不会心安理得，我企望幸福，但那是有条件的。据说，不和谐是和谐的条件，这对音乐迷来说也许是非常有益和使人宽慰的，而对那些命中注定要以自己的命运来表现不和谐之理念的人来说，则当然不同……"

从别林斯基以其全部力量但似乎过分激情洋溢地表达和确立个性的绝对价值的这一刻起，在别林斯基身上开始渐渐地发展出一种新的世界观，其中有许多与黑格尔主义相互呼应的东西④，但其主要强调的重点仍然是在肯定人格主义。正是人格主义主题促使别林斯基的思想倾向于社会主义——当然，这是一种乌托邦式的社会主义，

---

① 所有引文均来自《书信集》，第 2 卷，第 213 页。

② 这是那个时代俄国小组里给黑格尔起的诨名。

③ 腓力二世（1165—1223），1180 年即位的法国国王，是中央集权政策的推行者和第三次十字军远征的领导者之一。

④ 关于这一点可参阅普列汉诺夫的详尽阐述，见《书信集》，第 233 页。

因为在那个时代还不曾有过其他类型的社会主义，况且别林斯基也不可能向往另外一种其他类型的社会主义。"地上天堂乌托邦，"——正如诺夫戈罗德采夫在其《论社会理想》一书中对于19世纪所有社会主义体系所做的忠实描述那样①——吸引了别林斯基，就像当初曾经吸引了赫尔岑、鲍特金等人一样。为了个性的名义，为了个性的正常发展和保障"每个人"这种发展之可能性，别林斯基才会拥护社会主义理想的。"人是无法用形而上学的方式解读的，"——导致别林斯基疏离黑格尔体系的最初萌芽就孕育在这句话里（"人的诞生和死亡难道不是偶然的吗?"别林斯基在一封信里这样问道。"死沉沉的和无意识的自然……像后妈一样对待个体的人"）。然而，如果说自然是不懂得何谓怜悯的话，那么，就更别指望人会爱惜地关心每一个人。安年科夫公正地指出，早在斯拉夫派那里（在其对"村社"的歌颂）中，就已萌发了"俄罗斯社会主义"的幼芽②。但对社会主义的期待从20世纪起就已捕捉到了俄罗斯思想③。在19世纪俄国思想界所有这些运动的动力是对"每一"个体的关注，以及人格主义的主题，——在别林斯基身上，在其与"原始保守主义"决裂以后，社会主义乌托邦正是为了把个人从当代制度的压迫下解放的名义而发展起来的。毫不奇怪的是，别林斯基的社会主义在相当短的时间内就成为了倾向于社会改革的自由主义。别林斯基与赫尔岑都是经常把对"社会真理"的探索结合起来的俄国自由主义的奠基人。无论如何，别林斯基新世界观的基础是捍卫个性。在决绝地否定了黑格尔形而上学里无人称性因素以后，他再也不沉湎于形而上学：别林斯基的全部工作都转入伦理学领域。他身上社会激进主义之所以有所弱化其源盖在于此。"我知道，"他写道（在其生命的晚期）："工业是大恶之源，但它也是伟大福利的来

---

① 诺夫戈罗德采夫：《论社会理想》，1921，第3版。
② 《安年科夫全集》，第127页。
③ 参阅萨库林：《俄罗斯文学与社会主义》，1922。

源。老实说，工业只有不好的一面：资本统治下的恶，资本对于劳动的暴政。"[①] 别林斯基人格主义的纯伦理学特征是从启蒙人道主义中渐渐生发出来的——别林斯基开始赞颂伏尔泰，背弃卢梭，甚至背弃对 "souverainete du peuple" 的信仰。"在那儿什么时候人民解放了自己？"他问道。"一切永远都是通过个人完成的。""巴枯宁与斯拉夫派对我有很大帮助，"别林斯基在一封信中承认道。"帮助我抛弃了对人民的神秘主义信仰"。启蒙运动的因素开始强烈地感染着别林斯基的历史观。1845 年他写信给赫尔岑说："我从上帝和宗教这些语词里看到的只有黑暗、黯淡、锁链和皮鞭。"别林斯基启蒙理念最鲜明的表现是他就我们已经知道的《与友人书简选》写给果戈理的那封著名的信。"教会，"他在这封信里这样写道，"从前是现在也是不平等的捍卫者，是政权的恭维者，是兄弟博爱的敌人和迫害者"。别林斯基不仅自己堕入无神论，而且还断言俄国人民是"根本就是一个无神论的民族"。别林斯基致果戈理的一封信是未来时代的俄国启蒙主义运动真正的一份宣言，政论家别林斯基彻底把哲学性质的需求排挤到一边，或更确切地说，此刻他的哲学观点已经变成了简化了唯物主义（如最后阶段里的巴枯宁一样）。

关于别林斯基安年科夫写道："别林斯基全部思想和全部著作的道德底蕴构成了一种把炽热的朋友团结在他周围的力量。"在俄国哲学意识的发展史上，别林斯基比其他任何人都更与原则上的道德主义（принципиальный этицизм）相关。俄国思想家们所建构而又得到世俗化精神所响应的那一审美人道主义，在别林斯基那里开始带有某种新的特征，而且这种特征恰好始于其活动的最后一个阶段即现实主义阶段。别林斯基把个性问题推至前台，——而且在这一问题的视野里，他考察了他那个时代的哲学问题。这种人格主义成长为人道主义，启蒙要素消磨了审美因素，在别林斯基后期，后者开

----

① 参阅萨库林编撰的别林斯基论社会主义言论汇编本。

始多多少少屈从于人道主义的核心理念。但也正是在这个意义上，别林斯基在俄国思想的发展史的运动过程中意义也就在于此——将人格主义发展成为人道主义，艺术的服务角色，对教会愤怒的抨击，转变到无神论立场，而且与此同时，还有热烈而又激情洋溢地捍卫"每一个人"，炽热地号召改造社会关系，所有这一切绝非偶然，而是典型的（对于俄国思想界的一个流派而言）立场。世俗化成为思想的鼓舞着……而赫尔岑的创作虽以另一种方式，但总归还是在同一个方向进行的，现在我们就来讨论他。

第六章
亚·伊·赫尔岑（1812—1870）

1. 俄国早期的黑格尔主义者，如我们迄今所见到的那样，大都与处在德国文化影响下的团体和小组有关，——但赫尔岑却是我们碰到的另外一种类型的俄国黑格尔分子，他们与之接近的，不是德国文化，而是法国文化。的确，赫尔岑年轻时候曾经受过席勒的强烈影响，对于这件事，他曾多次在其回忆录里提到过（《往事与随想》）。但德国浪漫主义甚至神秘论他对之也不陌生。而且赫尔岑的精神气质的主要特点是在 18 和 19 世纪法国文学的影响下形成的。总的革命定向，对于在地上建构真理的宗教—乌托邦追求和社会理想——所有这一切在赫尔岑那里都是在法国的影响下形成的。在这个意义上，使赫尔岑"心灵的戏剧"加剧的对西方文化的失望，恰好与他对法国的印象的有关，而其印象中最重要的内容当与法国文化有关联。赫尔岑在其在国外时期创作的作品中以不可模仿的力量所描绘的对资产阶级（"小市民"）心理的极其厌恶，主要是由他的法国印象引发的。

俄国早期的黑格尔分子如我们在上一章中所知，几乎根本不触及黑格尔哲学的一般论点，而主要关注历史哲学问题。但对于个性问题的关注将人们的思想引导到了历史存在的界限以外，促使人们提出一些带有一般哲学性质的问题。巴枯宁是这样，别林斯基则更加明显，而斯坦凯维奇在其生命的最后一年也是如此，而且，实质上我们在赫尔岑那里所能发现的，也是如此。对于赫尔岑来说，历史哲学最初具有头等主要的意义，但对他来说，批判以及部分地克服黑格尔主义也与个性问题有关。所有这一切对于俄国哲学之路而言都是十分典型的——俄国哲学逐渐从西方哲学家的体系中汲取某种元素，以之为依据，随后则深入问题的核心，把全部注意力都凝聚在这些问题上，以这些问题为核心形成自己的全部创作探索。至于赫尔岑，他那具有独创性的哲学创造，他独有的真正的"哲学实验"都凝聚在个性和社会—伦理问题上了。赫尔岑青年时期受过良好的自然科学教育，在某种意义上甚至可以认为他是俄国实证主义的创始人（以其对自然科学的定向为基础），但赫尔岑最主要的哲学探索却是人类学中心主义的。在这个意义上赫尔岑与绝大多数俄国思想家非常接近。

与此同时赫尔岑又是沿着俄国世俗化思维的道路前行的，他也是俄国世俗化运动最鲜明也最激情洋溢的表达者。但贯穿于赫尔岑所有探索岁月里的那种充满阳刚之气的求真勇气，导致这样一个结果，即在赫尔岑身上，比在别人身上更加明显不过的是，世俗化精神已经走到了死胡同。我们看得出在赫尔岑国外生活期间的全部思想创作中，都带有悲剧的烙印，其源盖出于此。

出色的文学才华把赫尔岑置于第一流的俄国作家之列，帮助他得以很快找到一种特殊的赫尔岑式的风格文体，一种特殊的阐述和发挥自己思想的手段。但对于哲学史家而言，这一写作手段更多的是出难题，而不是让他们的工作变得轻松。赫尔岑的确经常地——甚至在发挥其最抽象的观点时——也会从纯粹分析转向艺术描写手段，用生动的、几乎永远都是鲜明的和与某人成功地对话的形式打断自己的议论，将议论变成"交换意见"。赫尔岑的哲学理念经常是被赫尔岑"en passant"天女散花一般胡乱抛洒，所以，需要将它们收集起来，加以系统化，并且有时候还需要代替他对其一般性论点加以表述。顺便需要指出的一点是，早在赫尔岑身上就已经完完整整地表现出了（而在他之前在奥陀耶夫斯基伯爵身上也有部分表现）

常常出现在俄国人身上的一个特点，那就是哲学思维与艺术思维的内在不可分割性，——我们在嗣后的托尔斯泰、陀思妥耶夫斯基甚至弗拉·索洛维约夫身上，至于 dii minores 像罗赞诺夫、列昂季耶夫等，那就更不用说了。在赫尔岑身上，艺术家常常介入思想家的工作，可以说即把纯粹思想工作所获得的成果拿来为我所用。虽然赫尔岑的艺术才华永远也未能提升到托尔斯泰、陀思妥耶夫斯基的创作所登攀上的高度，但赫尔岑毕竟也毫无疑问是一位真正的艺术家，他的中篇小说就证明了这一点，尤其是他的回忆录《往事与随想》。而且在赫尔岑身上，也和那个时代的其他思想家一样，许多珍贵资料包含在他的通信里①。

2. 赫尔岑的个人生活非常复杂，而且不光外在一面，也包括内在一面——打开其哲学思想的钥匙首先是他的传记。一般被称之为

① 赫尔岑著作最全的版本（包括其书信及其非常重要的日记）是列姆克主编的那个版本（共 22 卷）。这部完全按照编年顺序原则编写的著作，使用起来之所以不够方便，问题在于这个版本收集的不光是珍贵的和值得关注的资料，就连完全没有什么内容的公务书信、字条等也囊括无遗。对于研究者来说列姆克版本是不可取代的，但对于读者来说，这个版本实在是太不方便了。其他版本中除了早期的日内瓦版本外，我们认为值得一提的还有帕夫连科夫的彼得堡版，此外还有柏林的一个非常好的《往事与随想》的版本。
下面说说有关赫尔岑的文献。文献非常之多，我们只能捡最主要的说说。1. 赫尔岑传记中重要的有：特·帕·帕谢克：《回忆录》（3 卷本）。安年科夫：《辉煌的十年》（3 卷本回忆录）。《安年科夫及其朋友们》（彼得堡，1892）。Labry Herzen，维特林斯基：《俄国传记辞典赫尔岑词条》（1828）。Labry Herzen et Proudhon. 2. 赫尔岑创作研究类：施佩特：《赫尔岑的哲学世界观》（莫斯科，1920）。谢·布尔加科夫：《赫尔岑的心灵戏剧》（载《从马克思主义到唯心主义》文集）。普列汉诺夫：《赫尔岑论文选》（全集第 23 卷，莫斯科，1926）。奇热夫斯基：《黑格尔在俄国》第 10 章。弗洛罗夫斯基：《青年赫尔岑的探索》，载《当代人札记》第 39—40 期（1929）。斯特拉霍夫：《俄国文学中与西方的斗争》（1882）。维特林斯基：《亚·伊·赫尔岑》。伊万诺夫—拉祖姆尼克：《俄国社会思想史》第 1 卷。Massaryk. Zur Ruc. Relig. und Geschichtsphilosophie B. I. Koyre. Herzen Le monde slave, 1931. 萨库林：《俄国文学与社会主义》；Jakovenko, Gesch. d. Hegelianismus in Russland, 1938. 博古洽尔斯基：《俄国社会史》。尼·科特利亚列夫斯基：《解放的前夜》。还可参阅文集《赫尔岑》（莫斯科，1946，关于赫尔岑美学的一篇文章值得一看）。在马克西莫夫的《俄国自然科学界为唯物主义而斗争的历史概述》（Огиз，1947）以及瓦谢茨基的文章《赫尔岑的哲学观》见《哲学札记》第 1 卷，莫斯科，1946。赫尔岑被说成是一个唯物主义者，而他的谢林主义，以及他关于自然的活力论观点则被有意识地忽略了。

赫尔岑的"心灵戏剧"① 的,不仅与赫尔岑一个人的哲学探索运动过程有关,而要抛开赫尔岑的生平就不可能获得应有的理解。因此,让我们对赫尔岑的外在和内心生活做一个平行式研究。

亚历山大·伊万诺维奇·赫尔岑是一个富裕并享有名望的俄国贵族老爷和伊·雅·雅科芙列娃的儿子(系非合法婚姻所生)。父亲在儿子还是个幼儿时曾对他十分宠爱,但后来对他开始冷淡。作为一个"非婚生"的小男孩很早就开始意识到自己所处地位的双重性意义。在父亲图书室里所藏法国文学的影响之下,他很早就表现出走向政治和社会激进主义的倾向②。在年轻的赫尔岑那里早期共和主义与对农奴制最早也最尖锐的不义感交织在一起③。在一种非常浪漫的情境之下,15 岁的赫尔岑与一个颇有才华的少年奥加廖夫结为好友,并与之保持了密切的终生的友谊。与浪漫主义时代的精神完全吻合,赫尔岑执著于关于友谊的理想,并且直到自己生命的最后一刻,都忠实于这种理想……赫尔岑 18 岁时考入莫斯科大学自然科学系——而他对哲学最初生发的兴趣就是从此开始的,并且在我们已经熟知的谢林分子帕夫洛夫教授的影响之下,产生了学习哲学的愿望。而早在这之前,赫尔岑就(与奥加廖夫一起)对席勒十分入迷,在其一生创作的每年和每个时期里,他都一再热情地回忆席勒对他的影响。先是从席勒然后又从谢林,赫尔岑学到了伦理唯心主义以及理解人和自然的哲学方法,——而与此同时也学到了世俗化思维的基本特征。赫尔岑从小就是一个具有宗教信仰的男孩,关于这一点他在其回忆录里有过证词。

---

① 参阅谢·布尔加科夫:《赫尔岑的心灵戏剧》,载文集《从马克思主义到唯心主义》。

② 参阅《往事与随想》,第 1 卷。"政治理想从青年时代起就日日夜夜萦绕于我的心头"——他承认道。见《往事与随想》,第 1 卷,第 94 页。引文摘自《言论》一书。"早在 14 岁时(在十二月党人领袖被处死之后)我就发誓要向那些达官显贵报仇,宣誓要与皇位,与教会斗争……过了 30 年我也依然站在同一面旗帜之下"(同上书,第 92 页)。还可参阅日记(1843 年 6 月 17 日)。

③ 帕·克鲁泡特金伯爵在其《革命者札记》中对早期俄国激进主义(在对农奴制万分厌恶的影响下)的发展过程做了极其鲜明的描述。

"在我很幼小的时候，"赫尔岑写道①，"我常常流连忘返于伏尔泰主义，喜欢讥笑和嘲讽，但我不记得什么时候手上开始捧着福音书而感情却是冷漠的"。但教会生活在少年赫尔岑身边静静地流淌②，并未触及他的灵魂，但他心灵的宗教气质并未熄火，后来，在其未婚妻尼·亚·扎哈丽娜的影响之下，终于如花怒放。

赫尔岑在其大学时代与一大批富于才华的大学生交往，在其周围形成了一个小组，与斯坦凯维奇小组平行，但在社会政治兴趣方面与之截然有别。赫尔岑当时在大学学习很勤奋，毕业时他提交了一篇论文（论哥白尼体系），但却因为论文里"哲理太多"而未能使他获得金质奖章。大学毕业后赫尔岑继续科研工作，但却忽然被捕。当他的好友奥加廖夫被捕时（由于与一些大唱革命歌曲的学生走得比较近），警察在奥加廖夫身上搜出了赫尔岑的一封信——信的内容够尖锐够激烈的，所以赫尔岑同样也就被捕了（1834年）。经过长期关押以后，赫尔岑被判从莫斯科放逐——起先发配到彼尔姆，随后又发配到维亚特卡，过了两年到了莫斯科近郊的弗拉基米尔城。放逐一劳永逸地巩固了他反对当时的俄国社会制度，但也正是在这些年中，他与未来的妻子——尼·亚·扎哈丽娜——的罗曼史也有了显著发展。她是一个天生具有宗教信仰的女人，甚至带有一定的神秘主义倾向（同样属于教会外体系，具有那个时代浪漫主义宗教信仰的精神）。她以其对宗教的狂热激发了赫尔岑身上的类似反应，因而这个时期有某种东西在赫尔岑身上铭记终生。赫尔岑出色的通信（在其被流放期间）可以被公正地称之为"俄国浪漫主义最出色的纪念碑之一"③。赫尔岑的文学才华在此期间也得到了显著的发展。

当赫尔岑被允许回返莫斯科时（1836年），他是作为已婚者回来的，并且他很快就在"这杰出的十年"最杰出的人士中占据了一

---

① 赫尔岑：《往事与随想》，第1卷，第83页。
② 关于这一点可参阅特·帕·帕谢克：《回忆录》，第1卷，第134页。
③ 弗洛罗夫斯基：《青年赫尔岑的探索》。见《当代人札记》第39期，第338页。

个十分显著的位置。也正是在此期间，赫尔岑开始接触黑格尔，由于他懂德语，而且，更重要的是他具有良好的哲学素养，他比其他人更好也更加深刻地掌握了黑格尔哲学的基本原则。他随后从莫斯科到了彼得堡，但他在此的逗留很快就被迫中断了（他被起诉散布不利于政府的谣言），于是他被押送到了诺夫戈罗德。从那时起，赫尔岑就开始努力争取允许他出国，而且一旦出了国，就在国外一直待到生命的终点。还在动身离开俄国之前，赫尔岑就经历了许多沉重的打击（他的三个孩子死了，这件事不光对赫尔岑的一般情绪产生了重大影响，而且也对他所坚持的黑格尔式的"泛理论"带来了裂痕），但他还是出了国，怀揣着巨大的希望。对于这个时代的浪漫主义激进主义的最好的描述，也许是后来赫尔岑所说的这样一句话："'共和国'这个词，"后来在谈到他的出国问题时他这样写道，"对当时的我来说具有道德的内涵。"的确，在赫尔岑那里，与共和国这个概念相关的（而且当然也不是光和他一个人相关），不光有关于特定政治制度的观念，而且比这更重要的是，还有关于未来的观念，即如果不是说理想，那么无论如何也是在走向一种社会制度的途中的一种理想的未来有关。老实说，早在这一时期的赫尔岑身上，他的激进主义中社会因素优先性特征便已开始显现，尽管赫尔岑终其一生都在研究政治，但政治对他而言只具有工具的意义。赫尔岑是怀着对西欧的深刻信仰，相信西欧对于确立一种社会理想的真挚而又勇敢的追求一定能够实现的信仰去的西欧。可是，等他一出国，他的心头就涌现出令人痛苦的疑云——尤其是在1848年革命爆发时特别强烈。赫尔岑急急忙忙离开他那个时候所待的意大利去了巴黎。爆发革命的消息令赫尔岑分外激动，此时的他本来已经与西欧感伤主义的理想化倾向决裂了①，可是，当他到了巴黎，在那儿经历了6

---

① 对西欧的最初失望表现在《法兰西和意大利来函》（1847），《赫尔岑全集》，第5卷。斯特拉霍夫公正地指出，"赫尔岑在1848年革命爆发以前本来已经绝望了的"。（《俄国文学与西方的斗争》，第31页）。关于这一点还可参阅本文的下文。

月的日子以后，他对欧州资产阶级产生了深深的厌恶，这种厌恶甚至使他达到了绝望的地步，——他觉得自己就处于"道德死亡的边缘"①。这是赫尔岑以之为生的浪漫唯心主义所受的最后一次打击。但值得注意的是，早在40年代初，赫尔岑就已经开始疏离宗教世界观，而这种世界观在其被流放时期在未婚妻的影响下曾经达到鼎盛阶段。的确，基督教信仰的某些因素，尤其是对待福音书的严肃态度，在赫尔岑身上保留了一生②，下文中我们将会看到，赫尔岑晚年世界观的决定性基础终其一生都取决于基督教理想。

40年代初，赫尔岑不但实质上疏离了宗教世界观，完全接纳了无神论自然主义体系。只有伦理唯心主义是其牢固而又坚固的基础，但他却又与本质上的内在论，与全身心的沉湎于"彼岸"世界有着十分密切的联系。正因为此，社会—政治激进主义便成为赫尔岑伦理唯心主义唯一的表达形式。这一伦理唯心主义——我们下文中还将详尽地看到这一点——如今没有任何重要的根据，而完全依靠对于进步，对于西欧人为了自由和社会真理而斗争的乌托邦信仰为依托来支撑。这也就是为什么对西欧信仰的破灭会导致赫尔岑处于"道德死亡的边缘"的原因③。完全放弃对于理想及其真理的信仰这对赫尔岑来说不啻于在个人和历史生活中丧失任何意义，根据他本人的供认，"对俄国的信仰"把他从"道德的死亡"中拯救了出来。赫尔岑的创造力用于满怀激情地揭露西欧的精神制度和精神世界，而在他往往是吹毛求疵地对西欧的批判中，除了对于道德理想的要求外，一个具有特别力度的声音，就是审美主题。这个主题——这一点下文中我们将会看得更加详尽——永远鸣响在赫尔岑的心头，

① 《法兰西来函和意大利来函》，《赫尔岑全集》，第5卷，第110页。
② 参阅上文中摘自《往事与随想》中的引文。这里我们不妨将这段文字引得更全一些："我不记得我什么时候曾经手捧福音书，而感情却是冷漠的——这种感觉贯穿了我的一生。在各个年龄段，在各种事件中我都一再回头重读福音书，而每次都她的内容都能光降我的世界，她的恭顺都能潜入我的心灵"。《往事与随想》，第1册，第110页。
③ 《赫尔岑全集》，第1卷，第110页。

但他与西欧小市民的斗争，他激情澎湃地对小市民道德局限性和精神琐屑性的揭露，主要正是取决于审美厌恶。在这一点上赫尔岑同样与整整一大批俄国思想家——首先是果戈理、然后是康·列昂季耶夫、尼·康·米哈伊洛夫斯基、部分地还有陀思妥耶夫斯基，近期则还有别尔嘉耶夫有着深刻的联系。在今日之欧洲，按照赫尔岑的说法，"支配一切的是商人"，商业性质的价值取代了精神价值，对于赫尔岑来说，这成为精神深度贫乏化的一个突出征象，其世界观如今带有了悲剧的烙印。他依旧需要信仰某种伟大而又光辉的东西，信仰导致西欧沮丧绝望的"价值的重估"，如今对于赫尔岑来说他唯一的支撑点就是捍卫个性。早在杰作《来自彼岸》——和《法兰西和意大利来函》中一记录了赫尔岑的内心转折和"精神戏剧"，这一点就被明确地显现了出来。在赫尔岑那里历史学中人格主义和原则上的非逻辑论凝结成为一种独特的悲剧性的哲理格言，从中足以表明他依然还是一个浪漫派。在对欧洲文明信仰破灭后所保留的悲剧式的恭顺立场，一方面取决于真实性主题（"出于对真理的恐惧我连对自己也不敢撒谎"），而另一方面，是对全宇宙的悲观主义感受，在这种感受中偶然事件在赫尔岑心目中具有重要而又可怕的地位。正是这种存在的"非理性"本身才更加鲜明地提出了人独立于世界的权利问题。人类精神的理想需求与自然的盲目和在自然中占据统治地位的偶然性处于不可调和的对立状态，但人类精神与自然分离的状态也决定着赫尔岑对人的温情和他的探索与需求，它们共同构建出一种对于美与艺术的感伤主义式的热爱。有一次，赫尔岑针对当代写下了（"……世界活得马马虎虎……它不是在寻求安顿自己，而是寻求遗忘自己。"）① 这样一段话，而这首先针对的是他本人。"艺术，"后来他这样写道②，"和个人幸福的朝霞一起构成了我们唯一的幸福"。我们所面对的，依然是与教会决裂了的俄国思想家

---

① 《往事与随想》，第 5 册，第 203 页。
② 同上书，第 368 页。

们用以抚慰其心灵但却无法压抑我们身上对于理想的心理需求的那种审美人道主义。

我们已经知道，对俄国的信仰把赫尔岑从"道义的死亡中拯救了出来"。当然这里说的是一种热烈的对俄国之爱，赫尔岑身上永远都怀着一颗这样的爱心，也怀着对俄国的信仰（和从前对于西欧的信仰一样），但这爱心和信仰与其说取决于民族感情，不如说取决于社会探索。赫尔岑把自己全部的社会理想全都寄托在俄国村社（在这方面赫尔岑甚至比斯拉夫派更其是一个所谓的民粹派创始人，关于这个问题可以参阅本书下文第 8 章）。赫尔岑和托尔斯泰、陀思妥耶夫斯基、列昂季耶夫一起拒绝了历史上先前那个"时代"（亦即拒绝了欧洲那个时代）。对欧洲文明的批判在赫尔岑那里渐渐不再吹毛求疵，而是完全仅仅受制于对于过去错误和非真实的沉思。赫尔岑的全部文学活动都被用来写作政论，这些政论带有哲理性，通篇都渗透着对于历史，对于进步问题的一般（新）观点。在其活动的最后一段时期，赫尔岑把自己列入"虚无主义者行列"[①]，但他的阐释却不是把他与其同时代的巴扎罗夫拉近了距离，而是相反，加大了他与巴扎罗夫的距离。与新一代人的代沟在赫尔岑晚年使他心情抑郁，更何况他的心情抑郁还有着足够充分的理由。新一代人——在论述车尔尼雪夫斯基的第 8 章里我们还将会讲到他们的——捍卫现实主义（包括其足够原始的形式）。而赫尔岑呢，尽管他曾经是一个实证主义者，尽管也曾向往哲学上的现实主义，但却直到临终都是一个浪漫派。这两方面人的精神定向尽管在世界观的个别点上十分接近，但在深层次上却有着很大差异——对于由此而来的分裂状态有着病态体验的，并非只是赫尔岑一个人。

赫尔岑一生中在国外生活的时代（1847—1870）都与出版杂志有关——赫尔岑出版了一份又一份自由俄罗斯思想杂志。他和他那

---

① 《往事与随想》，第 5 册。

个时代所有杰出的政治活动家都保持着良好的关系，自己也处于国际革命运动的中心地位。在《往事与随想》的篇章里有关这一点他自己也谈得很清楚了。自身也拥有重要手段的赫尔岑非常乐意资助一些带有激进性质的杂志的出版。有一段时期他和蒲鲁东交往密切，后者的书早在他还在俄国时就曾得到过他的高度评价。但与蒲鲁东的友谊很快就中断了……①赫尔岑个人生活里也充满了坎坷和艰难，有关这些苦难，在他的《往事与随想》中他都做了坦诚的披露。赫尔岑逝世于 1870 年。

3. 在转入对赫尔岑哲学观点的分析以前，首先需要指出的一点是，赫尔岑自己从未将其哲学观纳入一个体系（尽管它们的内在关联和统一性是毋庸置疑的）②。赫尔岑天性十分完整，而在思想领域里他也一直在追求完整性，他从纯哲学转入（这已经是在国外期间了）哲学政论这种情况，妨碍他把自己的哲学观纳入一个统一的体系。在此，一个历史学家的任务就是要把赫尔岑所有言论中最重要的摘取出来，然后当然不是刻板地按照其在创作时的时间顺序，对之进行重新编排，他应该在任何地方也不要超越我们在赫尔岑那里所能找到的界限。

赫尔岑的哲学观迄今为止只有两个人做过研究，即普列汉诺夫和施佩特（Massaryk 也做过一部分）。但普列汉诺夫实质上是始终都在做的一件事，就是表明赫尔岑"是在沿着从黑格尔主义到唯物主义的路线前行的"③，而施佩特则不原意在精确意义上谈论赫尔岑的哲学，而只想讨论赫尔岑的"哲学世界观"。但把哲学和哲学世界观截然对立起来的这种做法，仅仅是施佩特本人所采用的方法，这却不适用于赫尔岑，因为赫尔岑曾经不止一次地提出哲学"即科学"

---

① 关于这个问题可以参阅 Labry 写的专门著作：*Herzen et Proudhon*。

② "我没有任何体系，"赫尔岑在《来自彼岸》（1859）中写道。"除了真理以外，我不会对任何东西感兴趣，我怎么想就怎么说。"《赫尔岑全集》，第 5 卷，第 462 页。

③ 普列汉诺夫：《赫尔岑论文选》，《赫尔岑全集》，第 23 卷，第 368 页。

的理念，亦即哲学就其严格和准确的意义而言是一种基本理念系统①）。至于说到赫尔岑在其生命的下半段转入哲学政论写作这种情况，在理论上则与其"哲学事业"有关（即与巴枯宁投身"事业"，即理念在生活中的生动创造相等）。在这方面有一个哲学术语非常值得我们关注，该术语常见之于赫尔岑笔端（这个术语并未被俄国哲学术语学所接纳）："践行"（одействорение），"одействорять"——也许是对德文术语"Verwirklichen"的翻译吧。正如波兰黑格尔分子采什科夫斯基（Cieszkowsky）在其《*Proolegomena zur Historiosophie*》（1838）一书中以极其鲜明的方式所说的那样②，在黑格尔分子的发展道路上，有一个转折点就是要把理念体现于生活之中。这一从理论到实践，从理念到理念的体现的思想运动，与我们在上文中已经屡屡见到过的认识观中的"本体论"有着十分密切的关联。在对赫尔岑的研究中我们将会在适当的时候来谈论这个问题。除此之外还有一个在哲学上十分重要的问题就是赫尔岑转向政论这一主题，表明在他的存在观里纯理论和评价因素之间有过密不可分的关系。赫尔岑的确对"纯粹"认识这种理念感到格格不入——他永远到处都会把评价元素带入到认识中来，在这个意义上，赫尔岑是"主观主义方法"的先驱者之一，这种方法在尼·康·米哈伊洛夫斯基和与他十分亲近的思想家的体系里，十分兴盛。赫尔岑常常侈谈什么"不可收买的理性"，谈到接受事实的必要性，但实际上他对事实的陈述永远都离不开评价和判断，这些评价和判断热情洋溢而且往往还带有一定偏见。恐怕正是这个原因才令施佩特觉得他的观点与其说是哲学，不如说是"哲学世界观"吧？但要知道，无论如何，这是俄国思想总的根本特点之一——即将理论和价值（即评价式的）对待存在的方法结合起来。赫尔岑极度痛苦地体验过这两种定向"不相吻合"的痛苦，但此二者间极其深层次的不可分离性给他的痛

---

① 比方说可以参阅系列文章《论科学中的外行》第一篇。
② 这个问题可参阅施佩特书中关于他的一个附录。

苦也丝毫不亚于此。当然，这仅仅只是表明赫尔岑终其一生实质上都是一个宗教思想家罢了①，因为对于宗教定向而言（而且只是对于它而言），在对存在的理解中理论和价值因素在内在论上是不可分割。因此在研究赫尔岑时应当从分析其宗教意识和宗教理念出发，推导和重构其理念系统。

赫尔岑曾在给其未婚妻的一封信里写道："在1834年以前我不曾有过任何宗教理念，可在这一年，我一生中的另外一个时期开始了，有关上帝的念头出现了：世界在我眼里变得不够圆满了。"我们有足够证据证实赫尔岑在此之前的思维带有宗教性。在致奥加廖夫的信（18336月19日）② 中，当时深为圣西门极其有关"新基督教"的思想所吸引的赫尔岑写道："我们感到世界在期待更新……应当为欧洲社会奠定另外的基础。"在这同一封信里我们还可以找到对这段话的解释："让我们看看纯粹基督教的根基——它们是多么优雅多么崇高啊，可你再看看他们的后继者们——阴沉晦暗的神秘论而已"。从这段话里我们可以明显看出，赫尔岑对于教会基督教持不信任态度，——而且，的确，除了婚前的短暂时期以外，赫尔岑从未与教会有过实实在在的接近。基督教主题曾经吸引过他，而他实际上终生也是在以这类问题为生，正如我们已经多次对此加以证实的那样，但他却远离所谓的"历史基督教"（教会）。喜欢福音书的赫尔岑同时毫无疑问早在少年时代就以吸纳了18世纪和19世纪初的带有浪漫主义宗教信仰色彩的精神遗产，在这种遗产中，福音书的理念与通灵术和神秘主义（来自圣马丁的）以及"内心"基督教③交织在一起——这我们早已在上文有关俄国18世纪和19世纪初的共济会和神秘论的章节里有了足够多的见识了。当赫尔岑到了流放地以后，

---

① 赫尔岑创作中的这个方面在上文所述的谢·布尔加科夫的论著中被描述得十分突出。

② 同上书，第117页。

③ 参阅上文已经提到的 Viatte 的论文《*Viatte. Les sources occultes du rpmantisme*》。

他开始体验到了陷于迷狂中的扎哈丽娜（未婚妻）的和著名的维特别尔格（莫斯科基督拯救者宫殿的设计者）的强烈影响，此人曾经参加过拉勃金小组。赫尔岑从圣西门那里借用了"新时代"（"世界的更新"）这一理念①，而从神秘论里借用了对于这一"新时代"的阐释。赫尔岑从维亚特卡写信给朋友们，感谢他们给他寄来了斯维登堡②、巴拉赛尔苏斯③、埃克豪森（Эккартсгаузен）④ 的著作。赫尔岑在此期间成为二元论原则的捍卫者。在写于 1836 年 4 月 27 日的一封信中他写道："如今宗教思想高度紧张地占据着我的大脑——柳奇费尔⑤的堕落，就是一个巨大的隐喻，我甚至已经得出了极其严重的结论。"⑥ 几个月后，赫尔岑又激奋地写道（在 1836 年 9 月 22 日信中）："所有关于人类的理论全都是胡说八道。人类是堕落的天使（由此而来）……在我们身上有两个对立的潮流，它们以其相互斗争在使我们毁灭，在毒化我们：利己主义……黑暗——都是柳奇费尔的直接遗产，而爱、光明、扩张则是上帝的直接遗产"。赫尔岑认为"启示向我们表明"⑦，而在现实生活中这乃是在 18 世纪欧洲一度曾十分兴盛的神秘人类学的直接表达的产物。人作为"曾经的天使"⑧，在地上会感到烦闷无聊："天使不愿意成为人"⑨，"身体是在物质意义上说的，而利己主义则是在精神意义上说的，而这也就

---

① "（赫尔岑论述圣西门）的豪言壮语包含着人际之间新关系、健康、精神、美和道德天然性的世界，因此在道德上是纯洁的。""对于俄罗斯性来说如此独特的自然道德论，深深植入了赫尔岑的内心。"关于这个时期可以参阅弗洛罗夫斯基的论文（《现代人札记》）。

② 斯维登堡（1688—1772），瑞典哲学家。神秘主义神智学家。彼得堡科学院名誉院士（1734）。——译注

③ 巴拉赛尔苏斯（1493—1541），原名奥厄安，医学家和自然科学家，化学医学派的创始人之一。——译注

④ 参阅《赫尔岑全集》，第 1 卷，第 33 页、第 341 页。

⑤ 基督教神话中堕落的天使，即魔鬼。——译注

⑥ 同上书，第 271 页。

⑦ 同上书，第 325 页。

⑧ 同上书，第 367 页。

⑨ 同上书，第 367 页。

是柳奇费尔用以反对体现了的圣言而采用的武器"。过了一段时间赫尔岑又写道:"我为我那堕落的兄弟惋惜,在他的额头上,我看到的完全是一颗柳奇费尔之美的已被擦抹了的印迹……柳奇费尔在堕落以前是多么美好呀!"① 对于赫尔岑来说,整个宇宙都是被双重的光线给照亮了的:"请你看看这些山岳和悬崖,洒落满地的石头,"他在给扎哈丽娜的信中这样写道②,"这是不肯驯服的儿子的疲惫不堪的躯体,而也正是从这里生活直射进天父的眼睛:树木、苔藓、和这朵奄奄一息的小花顽强的生命力,——绝望的印记在小花们身上已经被擦抹掉了,它们身上洋溢着存在的欢乐。而在天父的视线和儿子的尸体之间有一个披着……堕落天使——人——之躯体的思想和感情。人命中注定要知晓高雅的宇宙,他善于为天空、为海洋、为女友的目光而欢乐,他不应该时辰未到先期离开大地,尤其是当他还没有知晓大地上所有的美妙之处时"。从我们摘引出来的这段话里我们可以轻松地看出来,这种阐释是符合 18 世纪神秘主义潮流的精神的(关于"原始存在的回复"),也是符合谢林主义的审美唯心主义精神的。"以爱心清洁心灵,把整个宇宙捂在我们的心口,我们也就履行了人的使命,"赫尔岑紧接着以几行文字书写道"到处收集高雅美好的问题……"。

和整个 18 世纪和 19 世纪初西方基督教(在其两种宣道形式中)里,自然哲学中的通灵术理念渗透进了基督教的基本理念的情况一样,在赫尔岑这个时期的宗教理念里,通灵术的双重音调也闯入了纯粹基督教的旋律中来。不久前还对圣西门主义和"恢复肉体"十分入迷的赫尔岑,写信给未婚妻(1837 年 6 月 17 日)说:"你说的对——肉体是个障碍。我将单单用爱把整个空间,整个无限的空间全都充实之。滚蛋吧,肉体!"③

---

① 《赫尔岑全集》,第 1 卷,第 409、484 页。
② 同上书,第 479 页。
③ 同上书,第 432 页。

我们将不再列举引文了——已经列举的引文已经足够让我们评价赫尔岑的早期的宗教信仰问题了。继法国和德国浪漫主义者之后赫尔岑开始接触到的，不是纯基督教，而是混乱模糊的通灵术这一潮流。这里重要的问题恰恰在于为赫尔岑所展现的基督教和宗教之路，不是一种纯粹的教会学说，而是被包裹在神秘潮流之内的来自18世纪的学说。这样一来，赫尔岑早在其第一篇论文《论人在自然中的位置》中，赫尔岑就部分在谢林哲学的影响下，部分在神秘论精神的影响之下，坚决地抛弃了唯物主义（他称之为"可怕的"和"贫乏苍白"的）。谢林主义以其对美的形而上学的确证（"自然充满了生命力和优雅"，——我们在同一篇文章中读到）而永久地植入赫尔岑的心灵，这一审美母题时常在赫尔岑笔下回响——1837年他在给扎哈丽娜的信里写道关于"到处收集优雅"[1]，直到临终，赫尔岑都始终忠实于对待生活的审美方法，这种方法起先是从席勒那里借用来的，后来则来自谢林。但在早期阶段这却与其带有迷狂和神秘色彩的宗教信仰融合在了一起。"为什么是我发现了（Эккартсгаузен）这个地方？"他在给未婚妻的信中写道[2]，"纯属偶然？胡说八道！没有什么是偶然！这纯粹是荒谬绝伦，是无信仰者的胡编乱造。"赫尔岑的这种思想（1836年信中）是随着宗教世界观的绝灭而产生的，这就分外值得注意，偶然性范畴就此成为赫尔岑哲学中基本主题之一。也是在这封信中，赫尔岑遵循18世纪的神秘主义思想而在另外（对于后来的赫尔岑来说这种做法非常典型）一番言论中他写道（带有对于Эккартсгаузен的直接引文）："需要的不是思考，不是研究，而是行动，是爱，这才是最重要的。"需要提醒大家注意的是，这一学说说的是认识必定要过度到"行动"（这是我们已从巴枯宁哲学中熟知的一个命题），而这一学说在赫尔岑那里，如所周知，有其18世纪神秘论的根源。"仅有文学活动太

---

① 《赫尔岑全集》，第1卷，第402页。
② 同上书，第76、80页。

少了，"后来赫尔岑在给其未婚妻的信中这样写道①。"文学活动缺乏肉体，现实性，缺乏实际行动"。和18世纪神秘论抛弃从理论上体验"自然"和历史"之谜"而急遽地转入"充满魔力"的练习和"行动"一样，赫尔岑身上也有他们那种通灵术，后者一般说乃是宗教生活的一种伪变形，它体现为一种"行动"、"活动"的需要，它不可能仅仅停留在爱的理论探讨上。正因为此，我们才会刻意强调在赫尔岑那里的"活动"主题取决于通灵术这一点，而且我们还将多次在通灵术的基础上遭遇"活动"这一主题的不良记录（最明显不过的例子见于尼·费·费奥多罗夫笔下，参阅第5章第11节）。

值得指出的是，早在这个时期，赫尔岑就已开始为个人及其命运的主题而不安了。在肯定（与相应的神秘自然哲学相符）"整个自然都是从堕落的回归"的同时，赫尔岑认为只有"一般法则"是无可争议的，而"法则的频率则是上帝的秘密"。赫尔岑连忙设问道，那些从未能够揭示其"可能性"的人，他们的存在又有什么意义呢，最后他给出结论："但他们的存在也不是徒劳无益的。我坚定地相信天意严谨不苟的秩序和英明。"②

赫尔岑早在流放期满以前就娶了尼·亚·扎哈丽娜，当已婚的他过了一段时间以后见到其好友奥加廖夫时，后者同样也结婚了——一种神秘主义的宗教情绪攫住了他们所有人。在赫尔岑的房间里，挂着一副基督在十字架上受刑的画，这两对儿夫妻四个人一起跪在画像前做感恩祈祷……可是赫尔岑身上的这种宗教情绪很快就又消退了③。早在1839年他在儿子降生以前写道："上帝把这个小家伙儿托付给了我，而我则引导他走向上帝"④，可刚过了一年，他

---

① 《赫尔岑全集》，第1卷，第480页。试比较第438、493页。

② 同上书，第1卷，第384页。参阅安年科夫在《30年代的唯心主义者们》（载《安年科夫及其朋友们》一书第19—29页，第51页）一文中关于这一时期的重要见解。

③ 安年科夫就此指出赫尔岑开始对"单调乏味的庄严语调"、对许诺给其妻子的宗教迷狂感到厌恶和厌倦（同上书，第76页）。

④ 《赫尔岑全集》，第2卷，第263页。

的感觉就变得面目全非了。在给安慰他的（当时的赫尔岑家里发生了许多不幸的事情——儿子的早产，婴儿的死亡，妻子得了重病。奥加廖夫安慰他说，这是"个别的偶然事件"，不会破坏存在的总体和谐的）奥加廖夫的信中，赫尔岑则写道："你的安慰是虚伪消极的僧侣的表现之一。"① 然而，关于死亡所具有的可怕力量的沉重思考的宗教解答依然回荡在赫尔岑心头："而这里的精神却被死神所战胜，疯狂的自发力量战胜了生命。是的，这里有宗教，只有宗教才能单独地带来安慰。哲学尚未掌握个别人的理念。"赫尔岑的这种说法，所针对的，当然是黑格尔，但有关人的命运之谜的不安思绪却经常光顾赫尔岑。当赫尔岑的三个孩子都死了时，赫尔岑开始了真正的心灵的反抗。在1842年4月的一篇日记里，我们可以读到如下关于"儿童—宗教信徒"的讥讽的见解："我甚至连嫉妒他们都不能，尽管我从心理为毫无出路的哀伤的循环往复，为迷信和幻想的信念伟大之谜而惊奇不已。"我们从他写于同年9月的另一篇日记里读到下列充满强烈感情的段落，谈到"一种使人备感压抑的忧郁，它生长着，生长着，——突然变作一阵钝疼，于是我们生活中一切恶劣的、悲惨的事情，便都清清爽爽，明明白白地展现在眼前……说实话我连死的心都有了"。显而易见，我们这是踏进了极端严重的精神危机里去了，危机带走的不光有黑格尔的好心肠的泛理论，也有宗教信仰。对存在悲剧性的尖锐感受从四面八法包围着赫尔岑，而在此期间他自己的哲学立场也开始形成了。这里藏着打开嗣后赫尔岑所有世界观之谜，打开把他先前的观点全都颠覆了的"偶然性哲学"之谜的钥匙。但在"偶然性哲学"最终占据赫尔岑大脑以前，他曾经非常深刻而且强烈地体验到黑格尔对他的影响。让我们对这个时期的赫尔岑做一个讨论。

4. 赫尔岑曾经系统地研究过黑格尔——对此他在日记中的记载，

---

① 《赫尔岑全集》，第2卷，第415页。

无比雄辩地证实了这一点，但他对黑格尔的诊断的确是非同凡响。奇热夫斯基①承认赫尔岑"从黑格尔的前提出发，却几乎任何时候都未曾体验过黑格尔的表述和黑格尔的模式"。普列汉诺夫②经常指责赫尔岑片面地理解了黑格尔，尽管他也承认赫尔岑从未"敢于轻视黑格尔"。认真仔细地研究赫尔岑以后使我们确信，的确，首要的一点是，赫尔岑实实在在地说根本从来就不是一个"黑格尔主义者"，——他不仅"以自由的方式"对待黑格尔体系，而且从其体系中只拿走了于他有用的东西。黑格尔体系对于赫尔岑来说首先是填充了在宗教世界观失落以后在他身上形成的那个空洞。赫尔岑内心所倾向的那种宗教内在论（从早年的"思辨的宗教信仰"），在有关活在世界和通过世界的绝对精神的学说里，获得了新的表述法。这一点在第一篇论文《论科学的门外汉》中，得到了生动而又富于诗意的揭示。"实体趋向于表现，无限趋向于有限，"赫尔岑在此写道。"在一切实体被吸纳进去的永恒的运动中，有一个真理活着……这就是生命脉搏的全世界一体的辩证地跳动"。赫尔岑非常感恩地暂时接受了对个性的那样一种与内在论体系相适应的理解。哲学在人身上发展着"摆脱了个性的普遍理性……理性不认得这个个性……它只认得一般个性的必然性……在科学中个性死亡了——但这却是从直接—自然成长为有意识的和自由—理性的个性的一个过程。"

这完全符合黑格尔的精神，但也会马上碰到另外一种意见，它有时候限制这一总的立场，有时又对它做出重要修正。赫尔岑在其自然观中虽然也赞美黑格尔③，但他距谢林远比距黑格尔近。当然，

---

① 奇热夫斯基：《黑格尔在俄国》，第10章，第195页。

② 普列汉诺夫：《赫尔岑论文选》，《赫尔岑全集》第23卷，莫斯科，1926，第359、361页、356页。

③ 参阅日记：1844年4月14日日记。同一年4月17日日记写道："黑格尔初次尝试想要认识自然的生活，包括其从自我繁殖的物质到个体化……到主体化的辩证发展过程，除了概念的逻辑运动外，不需引入任何代理者。"普列汉诺夫从其固有的观点出发否定赫尔岑具有唯物主义时，他当然说得对，按照他的说法，赫尔岑"只是在向唯物主义前进"。普列汉诺夫同上书，第368页。

赫尔岑的术语学带有黑格尔的特点，自然的发展在他那里"只是概念的逻辑运行"而已，这当然与谢林的自然哲学中的现实主义不符，但对黑格尔的阐释仅仅只是一个外壳，壳下跳动着谢林活力论的脉搏。关于这一点赫尔岑本人写道[1]："在有关自然发展的学说中，谢林领先于黑格尔，但谢林并未使科学性得到满足。"的确，赫尔岑如今往往是把纯粹谢林式的自然观包裹在黑格尔式的术语学里，将其与自然辩证过程观联系起来。但是，我们也可以把赫尔岑关于"在科学中自然得以复元，得以摆脱偶然性的统治，——在科学中自然以其逻辑必然性而被照亮"的固执思想，归咎于黑格尔的影响。这种说法当然散发着这样的理念，即发展不懂得"任何代理，除了概念的逻辑发展以外"。像赫尔岑那样一些个别的思想（散见于《论科学的门外汉》等文章中），如理性"不懂得这一个性，而只懂得一般个性的必然性"，也是在黑格尔的影响下写成的。但对自然和人在自然中的位置的一般描述却又并未超出谢林活力论的范围。对于赫尔岑来说自然有一种活生生的、其存在的力能之流用之不竭的、尚未得到彻底研究的源泉，自然哲学的非理性主义在赫尔岑那里常常在黑格尔自然哲学理性主义的外壳下露出马脚。而正是在这一点上，在理性主义的旗帜下，跳动着非理性主义本质的脉搏，而赫尔岑最重要的偶然性理念也开始结晶。"关注的目光，"我们从系列文章《自然研究书简》的第一篇文章中读到，"无需特别凝聚注意力，就能看到自然科学所有领域里的一种尴尬的情形……自然科学的每个部门都会得出一个沉重的认识，即自然中有一种无法捕捉的、不可理喻的东西"。后一种思想与自然哲学理性主义绝对不可相融。稍待片刻我们又读到更加清晰的一段文字："时间中的一切实体都具有偶然性，自发而生的底蕴，超越发展之必然性范围的和非从对象概念中推导而来的东西。"正是这种有关自然的，披着"概念的逻辑发

---

[1]　赫尔岑的日记（1844 年 4 月 19 日）。

展"的外衣的观念，在危机之后得以幸存，而这次危机是由于对偶然性在存在中的巨大意义的认识而引发的。在赫尔岑的著作里，从《来自彼岸》开始，偶然性理念无论对于历史来说，还是对于自然来说，都成了无法排除的了，如今人们都认为它不过是普通的存在之流，不取决于任何"概念的运动"。当赫尔岑写道"生活有其自己的胚胎发生学，一种与纯粹理性的辩证法的不相吻合的胚胎发生学"① 时，或是当他在同一本书中写道，说"理性在形成，而且形成得十分艰难——自然中或离开自然都没有理性的踪迹，应当达到理性"② 时，这种自然哲学的非理性主义里已经找不到黑格尔自然观的一丁点儿痕迹了。关于力量在自然中的盲目游戏恰好与一般说在谢林那里得到表达的浪漫主义思潮中显得十分强大的对自然的感受相吻合。"生活，"赫尔岑在同一本书中这样写道："就是目的，就是手段，就是原因，就是行动……这是活力蓬勃的、紧张激烈的物质的永恒的不安，它在寻求平衡，以便重新失去平衡"。如其本身所显现的那样，这压根儿就不是什么唯物主义③，甚至连对它的暗示也找不到，这是谢林精神下的活力论自然观（同时也是 Evolution Creatrice Бергсон 精神下的）。"自然主义者懂得很多，"赫尔岑在日记中写道④。"而在所有一切之中也都有他们所不知道的东西，——而这种东西远比他们所知道的东西更重要"。

如果我们探讨赫尔岑的人类学的话，便会发现，黑格尔在赫尔岑思想发展中的意义显然很小。在黑格尔的影响之下，赫尔岑长期以来一直认为个性的基本功能在于他是为绝对精神服务的——正是

---

① 《赫尔岑全集》，第 5 卷，第 401 页。

② 同上书，第 407 页。

③ 同上书，第 456 页。

④ 从赫尔岑国外期间的文字里我们屡屡见到如下话语，使人有理由相信似乎他是个唯物主义者（在此他不止一次堕入康·福赫特——他是赫尔岑的好朋友——所发展了的庸俗唯物主义的影响力下）。但实际上如果我们不吹毛求疵的话，赫尔岑其实始终是沿着活力论自然哲学的路径（以谢林的精神）来思考的。参阅普列汉诺夫关于赫尔岑的论文（《赫尔岑全集》，第 23 卷）。

通过"把一切实体变为思想"的认识——正如赫尔岑在其《自然研究书简》中所宣告的黑格尔主义的公式那样。但人在自然中的位置早在赫尔岑的大学时代就是他研究的选题，那时的赫尔岑只知道谢林。而如今在赫尔岑头脑里占据统治地位的是谢林的一般观念，但所披的却是黑格尔术语的外衣。赫尔岑的下述话语就是本着谢林的精神写的（见系列文章《自然研究书简》）："自然的一切追求和努力都以人作结，人是它们追逐的目标，自然堕入人，犹如堕入海洋。""人的理性并非外于自然，而是自然关于自己的理性"。接下来则已经是本着黑格尔的自然哲学的精神写的公式了："思维把现存于时间和空间中的思维予以解放，使其成为更适应其环境的意识"。赫尔岑把历史存在本身当作是存在的核心本质，这完全是处于黑格尔影响下的结果："历史把自然与逻辑联接起来"，"无论人类还是自然离开历史存在都无法获得理解"。从这个观点出发我们可以谈论历史存在的特殊的本体论优先地位问题——历史学应当在这一核心哲学学科的观照下进行。在赫尔岑那里正是如此，但赫尔岑本人的历史学思维却不是在黑格尔主义的框架下发展而来的，而是在与黑格尔主义相反的框架下进行的。这一对立，准确地说，这是对黑格尔主义的一次重大修正，而且恰好是由行为哲学做出的。赫尔岑以此为题写作了《科学中的佛教徒》一文，关于这些佛教徒，赫尔岑狠狠地说"就是用白面包也无法把他们吸引到真实生活的世界中来"。行为主题正如我们上文所见，早在其创作的早期间断就摆在了赫尔岑的面前——但那时的这一主题与一些宗教理念相关，而且还带着通灵术的框架。在这个框子里"行为"实际上与魔法等同——而在这一形式下，发展起了"预言家的焦虑"——这是一种已经世俗化了的、已经脱离了从前（16世纪）的"神圣王国"理念的，提出了有关带有责任心地参与历史进程的母题。在赫尔岑那里比在其他人那里更多地把这改造成为一种乌托邦，一种充满理历史魔力的乌托邦。我们已经听到过他自己的证词，说"共和国"这个词对他来说具有一种"道义"的意义，——或更确切地说，这是一种理想，一种包含着"魔力"的理想。巴枯宁与赫尔岑（早期阶段）之所以会对任何进步的魔力，对革命'事业'的魔力抱有一种无限的信仰，而且这种信仰至今仍然在点燃俄罗斯人的心灵，其根源即在于此。一般说人们往往会把有关"事业"的主题与采什科夫斯基[1]思想的影响联系起来，但实际上在赫尔岑那里，我们要再次强调指出一点，有其自己的根源，并与对于历史形式（"共和国"）"魔力"的信仰有着内在关联：这是赫尔岑笔下的前黑格尔主义主题，而在其黑格尔主义时期，与之相反，它在自己周围把无法被纳入到黑格尔性质的模式中去的一切都凝结了起来。我们知道[2]，"当代科学有另外一种意图（除了抽象认识以外）——它想离开自己的宝座走进生活。学者们想拦也是拦不住的——这一点无可置疑"。接下来我们可以读到："人的使命不单单在于逻辑，而且也还在于社会—历史世界"，"人只有在其理性的、道德的和自由的热情洋溢的和充满活力的活动中才能抵达真正的个性"。如果我们的理解不错的话，这段话包含着对于黑格尔的反抗，而这一点极其鲜明地在赫尔岑在《来自彼岸》一书中首次彻底予以表述的那种人观中得到了表现。"诗意、抒情的世界以及思维，在每个人的灵魂里昏睡着"，——赫尔岑在此所写的，是深藏在每个人身上的巨大财富，这财富处于自然之外和自然之上。这一财富的命运是偶然的，根据其内在力量，正是这一财富提高了人，使人高于盲目的自然存在之洪流，也高于盲目的历史进程。赫尔岑得出结论，即"人比人们一般所认为的那样更加自由……我们命运的很多一部分掌握在我们自己的手上"[3]。"人的道德独立性，"赫尔岑继而写道，"是一个如此不可替代的真理和真实，正如真实取决于环境那样，""在我们身外的一切都处于变化之中，

---

① 尤其是施佩特和奇热夫斯基。
② 参阅《自然研究书简》中《论科学中的门外汉》这篇文章。
③ 同上书，第472页。

一切都摇晃不稳，我们站在深渊的边缘，我们看着他如何下坠……我们除了在自己身上，在我们的无限的自由中，在我们的独立自在性之外，不会到别处去寻找港湾……"这已经是一种独特的为了人可以把自己与任何别的存在对立起来而唱的个性的颂歌和人性的礼赞。可以理解的是，个性变得高于历史（要知道它同样也是盲目的，因为它没有目的）存在，而赫尔岑甚至还写下了这样一段话："使个性服从社会，人民、人类、理念，这是人类献祭行为的继续……"

黑格尔主义以其使个性服从于绝对精神的路径倒向了新的生活观，这种观念在赫尔岑那里是从偶然性哲学中生发而来的。如果说在赫尔岑的某些认识论言论中可以令人强烈地感觉得到黑格尔主义（在《论科学中的门外汉》和《自然研究书简》等文章中）的话，如果说在赫尔岑的日记里我们可以找到许多对黑格尔顶礼膜拜的言论的话，那这也根本不能抵消这样一个事实，即黑格尔主义几乎完全从他那里消失不见了。相反，原则上的非逻辑论使赫尔岑又回到了先前的、按照谢林精神建构其学说的老路上来了。

5. 赫尔岑一度曾经激奋地谈到过"没有什么偶然性"的问题。在黑格尔的泛理论存在中的偶然性占据着一个非常卑微的地位，这个位置不属于"真实"。但在赫尔岑那里则很早就出现了关于偶然性的致命力量的思想。这里需要首先指出的是，与死神的日益频繁的相会导致死神冰冷的呼吸令心灵充满了恐惧。"一个秘密，一个可怕而又令人恐惧的秘密，"赫尔岑于 1842 年 10 月的日记中就其朋友瓦·帕谢克的去世一事写道。"一件事立刻变得清清楚楚明明白白了，那就是 Jenseits 是个理想，我们只有在身体里面和与身体在一起才算得上一个东西"。自己孩子的死亡（1842 年 12 月）再次令赫尔岑心灵震动，他在日记中写道："偶然性的统治是何等令人屈辱啊。"如今赫尔岑在存在中所能发现的，不是理性，而是非逻辑论："对我来说，显然支配个人生活的理性是缺席的"。但是，人类命运之谜和秘密，暂时尚未使得全部存在成为一个谜。1843 年 3 月他这样写道：

"抑郁，压抑……难道整个生活都应当是一场拷打和折磨吗？人的命犹如一粒沙，数不清的辛勤劳作，流血流汗积攒集聚，可无常一到，砰的狠狠的那么一下子就把你垒起的一切打得粉碎"。1844年（8月）赫尔岑就大儿子意外去世一事这样写道："人的生命被纳入其中的究竟是怎样一个无常的深渊呢。我意识到自己无力与与这种迟钝而又强大的、统治着个性和所有个体人的势力搏斗。"稍晚些时候则又写道："生命中一切最神圣最优秀的事物的脆弱性简直能令人发疯"（1844年11月）。过了一个月赫尔岑的表述即带有更广泛的性质了："不光生活中的幸福，就连生活本身也是脆弱不堪的，在这个复杂的化学过程中，哪怕只有一丁点儿的失衡，在这场机体与其构成部分的绝望的斗争中哪怕只有一丁点儿失衡，生命就会中断。生命在其最高级表现中是软弱的，因为为了达到这一高度全部物质的力量都已被耗尽了"。更晚些时候（在《往事与随想》中）[①] 赫尔岑开始以下列形式总结其思想了："一个荒诞的事实令我们生气……好像什么人曾经向我们许诺说世上的万物都是优雅的，公正的，一切都顺顺当当如履平地。我们为自然和历史发展的抽象睿智（！——笔者）而惊奇难道还不够吗，现在该我们猜一猜了，那就是自然和历史中也有许多无常和偶然，愚蠢和失败，颠倒错乱"。赫尔岑的非逻辑论在这段话里已经清清楚楚明明白白和盘而出了。自然和历史中的偶然和无常即便不否认、那也是从方方面面限制着理性的秩序，限制着理性秩序里的和谐组合。对偶然无常的真实性的信仰暂时还未使赫尔岑变成一个 quand meme 的怀疑论者，但却彻底摧毁了不光是黑格尔的泛理论，而且也摧毁了科学与哲学思想界一些比较卑微的观点，——最后，它当然也彻底摧毁了宗教生活观。当赫尔岑（还是在出国之前）读到费尔巴哈的著作（《*Das Wesen des Christentums*》）时，这只不过是对在赫尔岑身上及在其宗教世界里

---

① 《往事与随想》，第3册，第300、339页。

所进行的那一场破坏过程做了一个总结罢了……但也正是因为无意义的无常和偶然在一切事物中占据着如此重要的地位，所以，忠实于精神的浪漫主义定向的赫尔岑，其人类中心主义便由此得以巩固。这一人类中心主义带有悲剧的色彩，因为它是建构在偶然性哲学之上的，但它把赫尔岑从"对事实的崇拜"中，从为了"自然法则"而禁欲中解放了出来。"人身上和意识一起发展起来的还有从偶然和无常的旋风中拯救一些什么东西的需求……这也就是自我的尊严感，也就是保持自己个性在道德上的自主独立性"——赫尔岑在1848年这样写道①。这段话明显透露出一种赫尔岑的"主观唯心主义"（在道德意义上）：不顾"偶然和无常的旋风"，在被这些旋风所造成的废墟上，人可以而且也应该确证自己"在道德上的自主独立性"。在此期间以其业已得到确认的实证主义眼光看待认识的赫尔岑无论如何也无法把这种骄傲的"道德上的自主独立性"与偶然与无常的旋风对立起来②：确证"道德上的自主独立性"，当然是只应强烈指出统治世界的是"偶然与无常的旋风"。在他那里，对不朽的信仰完全破灭了："我们知道，"他后来写道③，"自然是如何支配个性的，——对它来说一切都无所谓，它依然故我。出路是没有的……我感到窘迫和不幸，当这个念头（关于缺乏个性之不朽的思想）开始造访我时，我想离开它跑掉，可一切又把我带到了对真理、对奋不顾身地接受真理的恭顺面前"。我们看到赫尔岑早在其黑格尔时期就在寻求"拯救"个性本质——即在"事业"中。"人不是只有接受这一种能力，而且还有意志，后者可以称之为创造的理性"。个性问题现在已经成为核心问题了。"个性是历史世界的顶峰，"赫尔岑

---

① 《赫尔岑全集》，第5卷，第212—213页。

② 我们已经提到过（第4章）赫尔岑是如何反驳萨马林的，后者责备他陷于内在矛盾——即把固执的实证主义与同样如此固执的人的"道德上的自主独立性"的确证统一结合起来。

③ 《往事与随想》，第3册，第359页。

在 1848 年写道①。"万物都向着它，一切都以它为生"。

人格主义，对于"道德上的自主独立性"和个性自由的确证，对个性独立性的确证在赫尔岑那里毕竟只是一个纲领，而要确证它赫尔岑却缺乏任何客观依据。在个性自然存在的洪流中，没有什么可以以之为据的，个性的内在丰富性无论有多么重要和深刻，它都得被盲目的洪流裹挟而去。如欲抵抗赫尔岑只能拿出个性的伦理价值来："对于那些自愿走向死亡的人我们无可奈何，——这种人是不可救药者"。——某次他这样写道②，而我们也从中读道："自由人自己创造自己的道德"，也就是说，自己攀登那一高峰，攀登那一在伦理学上（而非在形而上学上）矗立在盲目的洪流之上的高峰。现实存在与价值领域的分野在赫尔岑终究止于不可调和态，摆脱这一令人无法忍受的二元论的出路，也许只有在宗教的土壤上才有可能，对他来说是开放着的。赫尔岑既未堕入伦理学相对主义，也未堕入好幻想的唯心主义，他自始至终都站在伦理意识的至高点上。但存在和价值的二元论既然是无可解答的，也就导向深渊，导向悲剧的无出路，导向极端的悲观主义。赫尔岑既不想与自然主义分手，也不想和关于盲目的自然界的学说决裂，更不愿和道德意识的绝对律令分道扬镳，这就从内部决定了他在深渊边缘的无所事事。赫尔岑的人类中心主义并非从伦理学领域发展到形而上学层面——要知道他仍然想要对来自自然的人予以解释，而非解释来自人的自然……所有这一切都在赫尔岑的历史学里达到了极度尖锐的地步——黑格尔的逻辑论在此得到最深刻的破坏。

6. 如我们所知，赫尔岑以其早年的天意论完全否认了偶然和无常的可能性。40 年代里赫尔岑直接转到了黑格尔的历史观，把历史理解成为绝对精神的自我展开。自然与历史存在以其全部重要的差别，在其"实体性"基础方面则是统一的——赫尔岑认为它们之间

---

① 《赫尔岑全集》，第 5 卷，第 213 页。
② 同上书，第 225 页。

有着活生生的联系和重要的关联性。尽管在赫尔岑那里有关"偶然与无常的旋风"（不光在自然而且也在历史存在中）的思想越来越固执地涌上脑际，赫尔岑也依然还是捍卫着历史中的"理性"这一理念。他令人信服地写道，"科学（历史也可以被纳入其中）……发展了理性的真理，把它作为应有的真实：它把世界的思想从世界的事件中拯救了出来，把一切实体从偶然和无常中拯救了出来……揭示了时间中的永恒和有限中的无限，并把它们引向必然的存在。"这一对于科学（其中也包括历史）认识之路的表述是本着黑格尔主义的精神的，这里面此时还没有对于事实的无条件崇拜（"事实……以其存在的全部偶然性而提取的事实……是不足以与在科学中发光的理性对抗的"），但在这里在一切之中都有那个"理性主义的狂热"（如赫尔岑本人后来所说的那样）[1]，那一暂时完完全全决定着赫尔岑思维的"泛理论"。当各种怀疑把赫尔岑引向对于历史的非逻辑论的认可时，这是因为先前仅仅只为"事实"的存在而承认的"偶然和无常"，在对事实的哲学加工过程中却消失了，对于赫尔岑的思维来说，已经成了真正的现实。赫尔岑身上"泛理论"的破产正是在这个问题上发生的，此外还有一点，它无比鲜明地向我们表明和显现，正如我们所知道的那样，人的命运，即"偶然和无常对人的侮辱性支配"表现在人生的每一步。1845 年赫尔岑写道："人最不能也不愿与之和解的，就是他身上一切最美好的事物的极端脆弱和软弱性。"[2] 赫尔岑早在 1843 年就在给其好友奥加廖夫的信中写道："我感染了一种破坏一切的怀疑主义……外表上微不足道的事件使得时代内化了。"[3] 赫尔岑的历史学思维渐渐地被侵蚀了，但早在 1847年他就笔锋犀利地写了关于"当代人意识中的矛盾……它们曲解了全部道德的日常生活"的文字。这一矛盾在于有一种"想要保留具

---

[1] 《往事与随想》，第 4 册，第 97 页。
[2] 《赫尔岑全集》，第 3 卷，第 433 页。
[3] 同上书，第 238 页。

有其全部权利、有其对于独立自主理性的觊觎、想望操纵的真实性的科学"和"建立在不确定的情感和暗哑的嗓音基础上的、反对理性的浪漫主义战斗"①。我们上文已经引用过赫尔岑关于"从偶然与无常的旋风中拯救出一点什么来需求"的结论（这已经是 1848 年的事了）——而这一点最直接地关系到"偶然与无常的旋风"乃是不变的经常的历史存在。在致莫斯科友人的信（同样在 1848 年）②中，赫尔岑非常谨慎地说，偶然性是"历史中无比重要的因素之一，它要比德国哲学所能认为的要重要得多。"过了一年他又写信给格拉诺夫斯基说："历史与自然只是凭着意识的发展才与自然分离，但历史同样也没有目的。"③而这已经是在反抗黑格尔，而在《来自彼岸》一书中的 en toutes lettres，也就是哲学非逻辑论的发展。这里甚至关于自然的生命也在我们已经引用过的本文中有所论述："生命有其自身的，与纯粹理性的辩证过程不相吻合的胚胎发生学。"但最重要的打击落在了关于历史的学说上。"未来是没有的，未来是由数千种必然和偶然的条件的总和构成的，而且还要加上人的意志……历史是即兴式发展的……历史在利用任何非故意性，并且一下子敲响千座门……在历史中正在实施的一切都屈从于细节描写，阴暗的吸引力"——我们立刻读到这样的文字。赫尔岑在此还相信"历史发展的规律"④并坚定地相信"自然的独立性"，但渐渐地怀疑日益深化了。结果是使赫尔岑产生了一种非常独特的与对历史存在的'洪流'自然主义观混合在一起的历史神秘论。他的新的历史观与一位距我们最近的哲学家非常接近，后者认为历史就是"给无意义的存在注入意义"。历史是靠着神秘的 elan historique 运行的，历史存在"在流动中"，在运行中，但却无法被分割成为个别和独立的"板

---

① 《赫尔岑全集》，第 5 卷，第 13—15 页。
② 同上书，第 244 页。
③ 同上书，第 281 页。
④ 同上书，第 433 页。

块"。历史存在的这种完整性在赫尔岑那里始终是神秘的和无法索解的——这里面实质上还保留着黑格尔式的历史观,只要从历史那里剥夺其与逻各斯的关系,历史是一个完整的洪流。赫尔岑的思想已经决定性地承认了偶然性的力量,这样一来实质上也是在继续沿着浪漫主义自然哲学和历史学的轨道运行。正如自然是一种整体,历史存在也是一种在其完整性上具有某种神秘关联的、但却是盲目的洪流。赫尔岑写道:"无论是自然还是历史都不引导向任何地方,因此它情愿去往人们指给它的任何方向,如果这是可能的话。"赫尔岑非逻辑论的主要思想全在这段话里表现了出来:"历史没有目的","不去往任何地方"——亦即没有什么逻各斯,有的只是一大堆偶然和无常。在《开端与终结》这篇文章中,赫尔岑关于"火山在在地球内部(历史)所做的工作"写道,说这种工作与黑格尔的"鼹鼠"相仿和等值。赫尔岑毫不吝惜词汇,以便揭露历史洪流的非逻辑性,他喜欢谈论"历史即兴的随意散漫性"。但为什么老实说,赫尔岑需要以浪漫主义范畴为支撑呢,而且还要如此严厉地谴责存在,认为在存在中占据统治地位的是"即兴表演"?因为赫尔岑的整个隐秘的宗教理想,他有关理想必须在历史中,亦即在此岸,在大地上实现的社会制度的理想,全都与此相关。在赫尔岑把基督教完全排挤出去了的宗教内在论,他当然是以黑格尔主义的范畴对之予以思考的——正因为此赫尔岑对历史的"逻辑性"的失望才会如此深重如此痛苦。他的历史非逻辑论打破了自己宗教世界里的太多谎言谬论,但要拒绝宗教内在论他又做不到——因为他的哲学体系尚未完结,赫尔岑仍然只在确定历史的"即兴演出的散漫性"这一悲剧的小站上逗留。在《往事与随想》中有一段文字,赫尔岑在此非常令人关注地承认:"意识是理念的无助,是真理对于真实世界的必然力量的缺席,这使我们沮丧。攫住我们的是一种新型的摩尼教,我们准备相信理性的(亦即有意图的)恶,如同从前相信理性的善一样。"而这种"理念无助的意识"披露了赫尔岑一个隐秘的定向——他哪怕是在恶中，他也仍然在寻找着"理性"，亦即寻找着黑格尔主义在历史中的逻各斯。

我们不能不把注意力转移到历史非逻辑论在赫尔岑那里所具有的意义问题。这不仅意味着黑格尔主义的解体，而且也意味着世俗化意识形态的危机。谢·尼·布尔加科夫正确地认为赫尔岑是一个"宗教探索者"①，即使当他成为一个无神论者时，他也仍然不不失为一个"宗教探索者"。赫尔岑的基本主题是论述在将个性与死神的统治和"偶然和无常的旋风"隔绝开来的绝对精神中确立个性的问题的，这是一个宗教主题，是赫尔岑力争在世俗化（亦即推翻教会）的基础上予以解决的问题。黑格尔主义对于解决赫尔岑的某些问题来说毕竟不失为一种解决办法，因为他把个性与绝对精神关联了起来，力争揭示人身上的绝对精神。但由于个性的命运在此只能有一种虚假的解决办法，因此赫尔岑也不得不承认这一点。和别林斯基以及后来的托尔斯泰一样，赫尔岑无法把死亡的事实于黑格尔主义的宗教内在论联系起来，黑格尔主义的解体乃是在世俗化运动中发展而来的对待哲学的方法本身的失误……斯特拉霍夫断言赫尔岑"早在 1848 年革命以前就已彻底绝望"②的论断无疑是正确的——而赫尔岑在其《来自彼岸》一书中以极大力度首次表达出来的对西方文化的失望本身，首先仅仅只是赫尔岑宗教和哲学探索转折的完成罢了。

7. 赫尔岑对西方文化的批判处处都能看出一种偏激甚至怨恨的色彩。谢·尼·布尔加科夫公正地写道，说赫尔岑"无论怎样的欧洲和一般说怎样的现实生活，都注定无法令赫尔岑满意，因为任何真实性都无法容纳赫尔岑所寻求的理想"。赫尔岑批判西方的详情细

---

① 谢·尼·布尔加科夫：《赫尔岑的精神戏剧》，《从马克思主义到唯心主义》，第163 页。

② 斯特拉霍夫：《与西方的斗争》，第 81 页。

节我们就没必要深入下去了①，但我们应该对于赫尔岑作为总结所得出的结论做个介绍，因为他曾在自己的著作里对他所体验和经历的思想破产的过程有过总结。他本人把自己的立场描述成虚无主义，但"虚无主义"一词在赫尔岑嘴里所具有的，压根儿就不是人们常赋予它的那个意义。赫尔岑用虚无主义指称"一种完全的自由"②："虚无主义是一种没有教条的科学，是无条件地服从经验，并毫无怨言地接受所有的后果"。这就是否定任何形而上学，拒绝绝对道德，原则上的相对主义，同时激情洋溢地追求哪怕是一丁点儿意义，哪怕是短暂地对于成熟的人所面对的深渊的胜利。这是一种绝望、毫无希望和毫无信仰的哲学——是反抗晦暗的现实生活的一次浪漫主义暴动，是反对小市民沉湎于外在福利生活的一次暴动，是由只有在天国，只有在上帝身上才能找到安宁的宗教意识的残余所引发的一次暴动……

这次暴动毕竟还留下了一些什么——从在活生生的宗教信仰之光里残留的成分里可以发展出一种创造性力量。赫尔岑自己也曾警告过这一点，但要为其体系中的这种立场加以论证寻找根据他还缺乏支点——即思想对于超验的深入渗透……赫尔岑固执地寻找这个，以便能为个性在存在中寻找到一个坚固的支撑点，但却无法走出人的内心世界的范围。他本可以安心于人身上高级的超验性方面问题的确认工作的，但为此他又太现实了。赫尔岑剩下的只有捍卫"自主独立道德"的权利，而放弃更新这种变革道德的希望。的确，正如我们所见，赫尔岑早在关于人的"无限自由"学说以前就已有过协议，虽然他本人已经强调了"偶然和无常对人的侮辱性统治"问题。在《来自彼岸》同一本书中，我们读道③："我不建议你痛骂世界，而提议你过一种独立自主的生活，这种生活能够使你在自己身

---

① 关于这一点可参阅我的著作《欧洲与俄国思想家》，第 4 卷。
② 《往事与随想》，第 5 册，第 611—612 页。
③ 《赫尔岑全集》，第 5 卷，第 483 页。

上找到拯救的力量，即使当围绕着我们的整个世界都死去时"。而另外一个公式是这样的："在某种程度上停止命运的运行是可能的：历史不具有那种哲学家们所宣扬的严格的、一成不变的使命，在历史发展的公式里，还有许多已经被改变了的因素——首先是个人的意识和力量"。赫尔岑在"偶然和无常的旋风"中，像抓住一根稻草一样，紧紧抓住了可能性这一范畴，以便将其作为支撑点。这一"可能性"范畴实质上与哲学的偶然性有关，他帮助赫尔岑建构了有关俄国"可以"不经过资本主义阶段而直接过度到社会主义理想的学说。赫尔岑在此为俄国思想界各种乌托邦和理论体系（如米哈伊洛夫斯基及其团伙）开辟了一个非常迷人的天地，虽然他本人很少利用"可能性范畴"来建构一般哲学。

　　赫尔岑哲学探索的总结就是如此。这总结显得枯燥，但实质上又是极端消极的——因为他本人未从这个悲剧的死胡同里走出来过。相对主义，怀疑主义，以及始终都伴随着他的隐隐约约的神秘主义，非理性主义，和非逻辑论，所有这一切都破坏了自然观中的和谐体系，为哲学中的偶然性开辟了空间。这种偶然性哲学的确为决绝地确立个性对于"独立自主的道德性"的权力开辟了空间，但也仅此而已。道德世界与现实没有任何关系，它也因此才与后者呈现为对立状态，而不取决于后者。赫尔岑在偶然性哲学中发现了确证人的"无限自由"，和为将其伦理学唯心主义绝对化而必要的基点。但偶然性哲学对于如人类学这样崇高的学问来说当然非常脆弱，另一方面，也正是偶然性哲学使得赫尔岑得以揭示最主要的个性问题。个性的精神需求实质上是一个"颠扑不破的事实"，按照赫尔岑的思想，即使是在这里他也不会向实证主义退让半分的。因此他的一般立场就在于"半实证主义"，在于有关存在的学说中把实证主义和有关人的精神体制"不取决于"现实存在的学说，与否定实证主义十分荒谬怪诞地统一起来。对此还需要补充的一点是，在赫尔岑那里，对自由的炽热捍卫和对道德需求的无条件的遵循在赫尔岑身上以一种深刻的审美感情给结合为一体了。赫尔岑在美中寻找的不光是审美愉悦，而且也是在寻求对于心灵的浪漫主义探索的答案。在这一点上，赫尔岑是以新的方式建构了审美人道主义，在这种主义中，俄国世俗化思想很早就在寻找着能够取代宗教真理的代用品。以赫尔岑为代表，一种强大而又深刻的思想再次做出努力，在保留基督教主题的同时，把"彼岸"世界抛在一边，在宗教内在论的范围内，寻找解决这些基督教问题的办法。赫尔岑的失败以及他的"精神戏剧"，还有他对死胡同的悲剧感受——所有这一切都不仅是他个人生活中的事实，其中也包含着对于悲剧性的无出路性的一种预言和预告，而正是这一点激活了以后与教会决裂了的、但却无法摒弃基督教所遗留下来的问题的俄国思想界。

第七章

19 世纪上半叶高等神学校里的哲学运动
（戈鲁宾斯基、西顿斯基、斯科沃尔佐夫、
卡尔波夫、阿夫谢涅夫、果果茨基、尤尔克维奇等人）

　　1. 在前文中的某一章（第 2 章第 1 节）里我们已经知道在 18 世纪俄国的两所神学院（基辅、莫斯科）里，哲学文化开始不可遏止地发展了起来。19 世纪又建了两所神学院（彼得堡，后来还有喀山），这后起的两所神学院在教学人员构成方面当然大多受制于那两所旧的神学院。的确，基辅和莫斯科神学院里都形成了各自的哲学传统，该传统实质上与使中世纪西欧哲学受到鼓舞的那一传统非常接近。一方面，东正教教条和圣父文献决定着思维发展的基本路径和边界，另一方面，西欧丰富的哲学文献使得人们在建构"基督教哲学"时在各种哲学思潮之间作出选择成为一种可能。与此同时，正如我们上文在探讨斯科沃洛达时已经看到的那样，自己本民族的哲学理念正是首先在神学院里在以教会学说为依托的情况下萌芽的，但同时也对所采用的来自西欧哲学的理念进行了自由综合化的改造。我们知道，19 世纪初神学院里流行的是最新哲学文献译本（如康德、谢林等）。那样一种由伍尔夫所创立的、在德国无以数计的中学指南里都能找得到表现的一类哲学，成了普遍流行的、受到官方赞许的和教会也认为可靠的本子。然而这一业已成为传统的伍尔夫学说根本无法阻碍研究其他哲学流派的道路。给神学院教授们留下最

深刻印象的是雅各比，他批判理性主义，对信仰进行了原则上的确证，认为信仰是一种形式特殊的经验和"直接知识"，但康德以及整个超验主义都给他们的探索打下了深刻的烙印。信仰问题依然处于首要位置，它决定着哲学探索中的最基本的定向，关于信仰与理性的相互关系问题，在此对于在西方和在 Hochscholastik 有其对应体系的所有体系而言，开始具有决定性的意义。但在我国"东正教哲学"问题始终仍然都是在与西方基督教对立状态下被提出来的，为此而往往在西方基督教本身（在清教徒思想家和神学家那里寻找反对天主教的材料，而在天主教那里寻找反对清教的材料）中寻找资料。但所有这一切都不应该蒙蔽我们的眼睛，使我们看不见整个学院派哲学系列都单独具有的无可争议的独立性，尽管它们从哲学上说往往还只是站在体系的门槛之上而已，——如我们所知，正如那个时代整个俄国哲学所特有的那样。

根据哲学才华的力量而言，费·阿·戈鲁宾斯基高于所有人（他是莫斯科神学院教授，是学院创始人，他最有才华的学生瓦·德·库德利亚夫采夫—波拉东诺夫，是俄国首次尝试建立哲学体系的哲学家）。在第二排站立的，有来自基辅神学院的哲学家（瓦·尼·卡尔波夫、费奥凡·阿夫谢涅夫主教、谢·谢·果果茨基、帕·德·尤尔科维奇）。嗣后在彼得堡神学院则形成了自己的传统，如果不是学派的话（西顿斯基、还有取代他的被他抚养长大的他的学生基辅神学院里我们上文中提到的瓦·尼·卡尔波夫，再后来则有弗拉季斯拉夫列夫、才华横溢的米·伊·卡林斯基等人）。

让我们先来谈论一下费·阿·戈鲁宾斯基。

2. 费多尔·亚历山大罗维奇·戈鲁宾斯基（1797—1854）是诵经士，后来成为科斯特罗马城神父之子。从科斯特罗马文科古典中学——少年戈鲁宾斯基以杰出的才华和广博的知识成为该校的优秀生——毕业后，他被派遣到莫斯科神学院（时年 17 岁），而在此时（1814 年）的莫斯科神学院，一种理性精神昂扬奋发氛围正笼罩着那里。这种精神氛围的表现之一，是学生们自行组织了"学术座谈会"，而戈鲁宾斯基恰好正是该座谈会的秘书。值得予以指出的是，这事发生在我们已经知道了的爱智者协会成立前的好几年，而该协会如我们所知，乃是 19 世纪俄国社会里哲学探索的最初征象。戈鲁宾斯基早在大学时代就系统阅读过康德、谢林还有雅各比（在这方面他在许多方面有赖于当时莫斯科神学院的哲学教授瓦·伊·库特涅维奇）。精通许多门外语的戈鲁宾斯基，翻译了多种哲学史教科书（塔涅曼的、勃鲁克尔的及其他作者的）。1827 年从神学院毕业后当上哲学教师的戈鲁宾斯基，结了婚，1828 年剃度成了一名神父。戈鲁宾斯基的思维老到而又明晰，很早就为他赢得了名望，所以时隔不久他就得到了要他担任莫斯科大学哲学教研室主任的建议，但戈鲁宾斯基却不想离开神学院，因而拒绝了这一建议。戈鲁宾斯基终其一生都在神学院讲授哲学[①]。

人们常常把戈鲁宾斯基描述为一个柏拉图主义者，这当然是正确的，但戈鲁宾斯基的柏拉图主义带有圣父接受的痕迹。戈鲁宾斯基熟知新柏拉图主义，尤其是普罗泰戈拉，而且对 17—18 世纪的神学流派也并不陌生，其中包括 Poiret Bohme, St. Martin[②]。施佩特没有任何根据地把戈鲁宾斯基描述为一个沃尔夫派分子[③]，虽然他也承

---

① 戈鲁宾斯基的著作保留下来的非常少，但其听众之一纳扎列夫神父曾出版过细心整理过的他的授课讲义。虽然这些笔记都是概要式的，文字枯燥，语言简洁，但却准确地传达了戈鲁宾斯基的体系。在德·格·列维茨基的《世界与人的命运中的睿智与神恩》一书（莫斯科，1885）中，重印了戈鲁宾斯基的一篇文章《论终极原因》。业已出版的讲义的版本有：1.《哲学讲义》，莫斯科，1884，第 1、2 册；2.《哲学讲义》，第 2 和第 3 册；3.《本体论》，第 4 册；4.《思辨神学》；5.《思辨神学讲义》；6.《思辨心理学》。还可参阅：《戈鲁宾斯基与巴尔捷涅夫通信集》（俄罗斯档案，1880）。有关戈鲁宾斯基的文献，可参阅谢·格拉果列夫和阿列克谢伊·维杰斯基发表在《上帝信使》1897 年上的文章。神学百科全书（谢·格拉果列夫撰写的关于戈鲁宾斯基的词条）。斯米尔诺夫：《莫斯科神学院史》，第 185—191 页。Jakovenko Deiny ruske philosophie，第 43—45 页。费拉列特大主教：《俄国神学文献概览》，第 2 版，第 2 卷，第 271—273 页。

② 参阅谢·格拉果列夫：《上帝信使》，1897，第 458 页。

③ 参阅《施佩特全集》，第 176 页。还可参阅施佩特毫无根据的关于戈鲁宾斯基的怀疑主义的议论（见《施佩特全集》，第 179 页）。

认雅各比毫无疑问对他有过影响。法国宗教思想家 Bautain 的影响问题是谢·格拉果列夫提出来的[①]。戈鲁宾斯基还曾认真研究过巴杰尔，喜欢舒伯特（尤其赞赏其 Ansichten von der Nachtseite d. Natur 一书）和其他谢林分子（斯杰丰斯，梅耶尔）[②]。戈鲁宾斯基非常认真仔细地研究黑格尔，尤其注重他对哲学史上各个流派的评述部分[③]。

戈鲁宾斯基在哲学上的渊博学识的确非常广博深厚，他勇敢地从所有思想家那里拿来那些他认为正确的东西，但他本人却又最不像是一个折中主义者。相反，戈鲁宾斯基的思想非常完整，思想里呈现出一种内在统一性，他追求把自由哲学思想和宗教的启示综合起来[④]。

现在我们来探讨一下他的思想。

3. 戈鲁宾斯基有一个核心思想，对他来说，这一思想在把所有理念结晶化时最主要的理念之一，是在建构哲学体系（该体系的方案从其身后留下来的材料中可以明显看得出来）时的支撑点。这就是无限存在的理念，这是一种基本视觉，是一种主要直觉，它照亮了戈鲁宾斯基最混乱不堪的问题，并像一条阿里阿德涅线索一样伴

---

① 参阅谢·格拉果列夫：《上帝信使》，1897，第458页。

② 同上书，第461页。

③ 从赫尔岑笔下我们可以读到（1844年1月18日日记），似乎"大主教费拉列特授权戈鲁宾斯基反驳黑格尔，戈鲁宾斯基回答说，他大概对付不了这个柏林的巨人，说他无法无条件地把后者推翻。费拉列特要求至少能够起而反对他所不能苟同的那些方面。但戈鲁宾斯基回答说，黑格尔是如此严谨缜密，体系周详，因此必须或是全部推翻或是全盘接受。"在这则日记中，明显表现了当时在莫斯科风传的一些谣言，但在这里我们很难说出一些可靠而有肯定的话。在戈鲁宾斯基的讲义里，有许多文字，明显是针对黑格尔的。可参阅斯米尔诺夫所编文集第50页："根据戈鲁宾斯基的观点，黑格尔并未解决这个问题——（发展中的）新意即从中而来。只有当把完整的存在放置在发展的基础地位上以后，这个问题才可以获得解决，而在黑格尔那里存在就等同于非存在"。加克斯加乌森（著名旅行家，出版过许多有关俄国的书籍）关于戈鲁宾斯基议论谢林和黑格尔的记录非常之有趣。参阅谢·格拉果列夫（见同上书，第485—486页。）

④ 斯米尔诺夫（《莫斯科神学院史》，第51页）指出"戈鲁宾斯基赋予理性以比巴杰尔所研究的真理更多的特权"，而且"却又没有把哲学学说变为神学学说"。

随着戈鲁宾斯基在世界之谜的迷宫里所进行的研究。不难看出这一核心理念就发生学而言与宗教意识有关，但既然它已被提升到了理性形式的地位，它也就于他来说成为其哲学分析的出发点。戈鲁宾斯基以极其清晰的笔法，极其严格的分析表明这一理念在人理性中的存在和不可替代性①，但就其起源而言，这一无限理念又绝对无法从人的心理生活中予以解释。的确，无限的理念正如戈鲁宾斯基所表明的那样②，从逻辑上说先于任何个别认识。正因为此它不可能不是某种从某物中推导而来的③，它与人"共生"④，由于它"早在经验之前"就在我们的精神里存在，所以，认识本身才成为一种可能，这种认识即从有限走向无限，从有条件走向无条件。的确，认识的全部活动在我们身上都是由认识"绝对"和全称真理的构思所推动的——而这一构思作为全部认识过程的发动机和动力源，当然不可能不从感性中推导而出。甚至比这更甚：我们永远也无法在我们感受的构成中把自己作为感受的"主体"与其客观内容分割开来，如果我们没有对于无条件性的追求的话⑤。这是为什么呢？因为在感性本身（亦即在接受的构成）中，主观性和客观性（"我"和"事物"）是融合在一起的同一个不可分割的坐标点上的——对于绝对的追求的存在，毫无疑问，将把有条件的（我们之"我"）与在我们面前将其作为一个与我们对立的世界的绝对展现出来的那种东西分

① 戈鲁宾斯基笔下的"理性"概念完全符合"精神"概念，亦即不应该被加以纯知性的解释。

② "无限的理念，"我们从讲义（第 71 页）中读到，"是我们任何认识的第一个和最直接的本质"。还可参阅戈鲁宾斯基的意见（《哲学讲义》，第 68 页）："关于无限的理念不是一种明确的对于无限的知觉，而仅仅只是一种对它的晦暗的、隐秘的预感，前经验的对于理性的特定概念而言是一种取之不尽得到有关无边界性的某物的观念"。参阅《哲学讲义》，还可参阅《思辨神学讲义》，第 16 页。

③ 《哲学讲义》，第 71 页，此外还有第 80—83 页。

④ 同上书，第 82 页。

⑤ 同上书，第 74—75 页。

割开来。从另一方面说，在按照范畴①，加工感性材料的理性的功能中，同样也不可能有对无限的追求之根，因为范畴自己本身由于是附着在感性材料之后的，所以，无法将其从偶然性和假定性的特征中解放出来。一般说范畴只有在绝对理念的光照之下才会成为绝对原则的贯彻者。这样一来，我们的精神对于绝对认识（形成认识之意义本身）的追求只有在承认"我们的精神根据一种原始法则在追求无限"才可能获得解释②。

可对于我们身上无限理念的在场性和真实性，我们究竟应该如何来理解呢？当然，如果无限不以其全部直接性向我们的理性（＝精神）呈现的话，它就既不可能产生，而且也无法察觉自己的行动和力量了。在这一点上，戈鲁宾斯基完全与在我们的精神中也有其地位的雅各比关于"认识"的直接性（即信仰）学说接近。"真正的认识，"戈鲁宾斯基教导我们说，"应当是活的认识——应当让被认识对象的力量能够为认识者的精神所掌握"，以便使认识者的身上有一种活生生的"感觉"，有一种"像是用自己的全部存在——不光是理性，而且还包括意志和感情——拥抱认识对象的感觉"。

戈鲁宾斯基态度坚决地为认识论现实主义说话，态度坚决地否定认识论唯心主义。他认真而且又强烈地批判了从洛克开始的认识论唯心主义的论据，非常令人信服地坚持了外部世界的现实性，将其表现为其在我们感性接受中的那种样子。与此同时，戈鲁宾斯基非常详尽也非常仔细地分析了空间和时间问题，揭示了其现实性，同时也捍卫了这样一个观点，即"在现实生活中一个充满了物质的

---

① 在有关范畴的学说中，戈鲁宾斯基来自于康德，但他也批判康德。在客观存在中寻找统一（构成了范畴过程的基础）对于我们来说只有在离开经验和经验以前才有可能，因为那时心灵"具有关于作为自成实体的统一体的上帝的意识"。"成为唯一的这不属于心灵，"我们在讲义中读到（第57页），"心灵只是因为意识到自己的唯一的，也就是说它在自己身上拥有唯一者的形象，——没有这一形象则我们身上也就不会有关于我们自己本身的意识，即把我们当作周围事物的唯一的中心的意识"。《思辨神学讲义》，第82、87页。

② 《哲学讲义》，第70页。

空间不是无边际的"①。

4. 至于本体论问题，根据戈鲁宾斯基讲义笔记中有关这一点的论述判断，需要首先指出的是，戈鲁宾斯基教导说世界（与谢林不同，反倒是与斯多葛派的活力论相近）是一个活的整体。我们从讲义里可以读到下列话语②："在整个自然之中，永远都存在有生命，生命是在各种不同的过程中表现出来的，因为被死神拥抱的事物是不可能存在的……存在就是力量的运动和活动。"戈鲁宾斯基的另外一个学说也与此有关，这种学说认为在每个有终结的存在中都有其自己的"中心"。我们从讲义中读道："在每个有机体的存在中都应当有内在凝聚的本质，它经常呈现于各种外部现象中，——这也就是一种实体，或一种内在本质，一种自己从自己本身中发动行动，一种全部现象都以之为支撑的本质"③。而在另一处文字中我们读道④："终结性生物有其自身的和自主的行动作为自己的力量。"这段话表面看与莱布尼茨十分相像，但对戈鲁宾斯基来说，莱布尼茨关于物质的学说是不可接受的，因为他认为物质是 phenomenon（尽管是 bene fondatum）。戈鲁宾斯基的学说只是与斯多葛派关于 λογοι απερματιχοι 的观念接近而已。这里值得指出的戈鲁宾斯基随意说出的而他又十分坚持一种见解，即"关于生命的普遍力量不在于无限生物体"的观点⑤。然而，这种生命毕竟是"有的"，这是一个"普遍"事实。在此戈鲁宾斯基实质上已经接近于 20 世纪俄国形而上学者们所发挥的那种世界的索菲亚观念，这种观念正如我们已经不止一次确证的那样，始终在吸引着 19 世纪的俄国思想家们⑥。让

---

① 《哲学讲义》，第 49 页。

② 同上书，第 24 页。

③ 同上书，第 89 页。

④ 同上书，第 93 页。

⑤ 同上书，第 85 页。

⑥ 参阅康·莫丘利斯基笔下的弗洛连斯基关于费·亚·戈鲁宾斯基"身上带有深刻的索菲亚理念"的说法。弗拉基米尔·索洛维约夫，巴黎，1936，第 43 页。

我们从戈鲁宾斯基关于存在的讲义中摘引一个片断（与其是在说谢林，倒不如说是在说莱布尼茨的精神）。"我们不可以决断地说在矿物王国里发挥作用的就只有机械和化学力而没有自己的有机体……吸引力和排斥力在一种单一的秩序中支撑着整个天空……每颗星星和每个行星都应该在其中心拥有一个活动的共同本质吗？如果说在一棵小草身上都有一个常在的、维持甚至再生着这种植物的同样一种形式的核心的话，那么，在巨大的（天国的）天体中，不也应当有一个其他个别力量都以之为基础而建基于其上的内在的本质吗？例如，在所谓的非有机体王国里，在大地之上，我们看不见有机体……"①

根据讲义判断，戈鲁宾斯基没有专门研究过人类学，但在他笔下却到处散落着有关人类学问题的零星判断（以教父思维的精神）。对于戈鲁宾斯基来说，即使是在这里他也有意与超验主义作对——"心灵的自我意识不是原初本质"，心灵能够意识到自身是唯一的，并把自己与周围区别开来的来源在于神的意识。如我们所知，戈鲁宾斯基所说的"理性"恰好正是一种人类精神中的崇高力量，它创造了与神的领域直接交往的可能性。戈鲁宾斯基写道②："理性可以单独接受无限者，理性是一种崇高的力量，在这种力量中，所有其他能力全都找到了自己的根据，在我们身上蕴藏着无限生物体的生动形象。"戈鲁宾斯基把"理性"与比理性低一级的理性力量区别开来，把它作为一种构成概念的能力，——但理智的活动恰好是由理性所指引的。我们的理性就正是这样以其对于无限者的追求，以其对于我们意志和感情的追求而发挥其作用的。"我们精神的饥饿和饥渴只有在无限者中才可以得到满足"。

我们不能说戈鲁宾斯基在建构其体系的内在法则性和体系性上

---

① 《哲学讲义》，第 3 册，第 110—111 页。还可参阅《思辨神学讲义》，第 166 页、第 202—203 页。

② 《哲学讲义》，第 2 册，第 63 页。

不够严谨。对他来说，如同对于所有戈鲁宾斯基学派（我们指的是瓦·德·库德利亚夫采夫—普拉东诺夫、司祭尼康诺尔和阿列克谢·伊·维金斯基）[1] 而言，本体论，以及加速人在作为"无限生物体"的上帝身上的全部精神活动，是十分典型的。戈鲁宾斯基体系的另外一个特点是循序渐进地从第一个特点中生发出来的，这就是关于我们精神感悟神性的直接性问题的学说。就形式看，这一学说与雅各比的影响有关，其理念对于戈鲁宾斯基及其学生们摆脱超验主义来说非常有帮助，但就其实质而言，戈鲁宾斯基及其学派的学说与原初本体论有关联的：有关直接感受神性的学说之根正在于此。

5. 戈鲁宾斯基年轻的同时代人中有费·费·西顿斯基（1805—1873），是特维尔古典文科中学毕业生，后来就读于彼得堡神学院。神学院毕业后，他留校讲授英语，随后很快就执掌哲学教研室。1833 年，已经当了神父的他出版了一本书《哲学科学导论》（这本书荣获科学院全额杰米多夫奖金）。西顿斯基就神学和哲学问题写过许多著作，但他却不得不离开神学院的哲学教研室，但这一他不应该承受的惩罚并未中断他的科研工作。1856 年，科学院授予他以院士头衔，1864 年彼得堡大学授予其以荣誉（honoris causa）哲学博士学位，并邀请他执掌哲学教研室。

西顿斯基无疑处于德国唯心主义的影响之下[2]，但在他的体系里，永远给予经验以重要的位置，这使得我们有理由认为西东斯基（缺乏足够根据地）是英国经验主义的继承者。西顿斯基的确把哲学理解为是一种"经验形而上学"（这与"归纳形而上学"这种当代理解很接近）。哲学应该从经验（而且要从内在经验）出发，但却

---

[1]　关于他们可以参阅本书，第 2 卷。

[2]　关于这一点可参阅施佩特所写词条第 155 页。关于西顿斯基还可参阅俄国传记辞典中有关他的词条，科鲁勃夫斯基关于俄国哲学的概述。还有叶尔绍夫：《俄国哲学的发展之路》第 11—12 页。此外还有弗拉季斯拉夫列夫的词条（见《国民教育部通讯》，1874）。

需要从经验上升到理性。在这条道路（"经验形而上学"）上，按照西顿斯基的思想，我们没有理由和根据害怕与信仰真理的分歧，因为启示和理性同样都有其上帝的来源。宗教的"检验"从来就不可能具有任何意义，按照他的意见，它们只会动摇理性真理。对于一元论的追求本身是理性所特有的，它取决于对于作为普遍统一体的上帝的追求本身。

西顿斯基在哲学中区分出各种基本主题：（1）宇宙学的；（2）道德的；（3）认识论的。按照他的观点，宇宙论是核心观点。认识论只是宇宙论的入门知识。但应该成为哲学之基础的，不是外部经验，因为外部经验决定着存在的"内容"，却不是其"来源"。为了要能够活动，理性就应该在与实体（亦即自然——笔者）和原初实体的神秘统一中发挥作用。西顿斯基认为："哲学想要与神性相会，理性中有某种对于我们能在启示中所发现的东西的预感，因此理性有责任在启示中寻找其支点。"理性应该从抽象思维上升到宗教知觉（那样一来思维按照西顿斯基的表述就会变成"所指"，那样一来理性就可以获得"存在和对象起源的神秘形象"）。在这段足够隐晦的话语之后，我们仍然不难发现对超验主义的反映。西顿斯基以自己特有的方式对其进行了加工：他教导人们"关于理性是如何转变成为对象的生命的"学说①，理性是"宇宙生命在理想存在状态下的凝缩"。但是，西顿斯基常常回到有关理性体系在经验中加以"检验"的思想上来。

西顿斯基无疑拥有哲学才华，在哲学方面造诣很深，但他却对19世纪前半叶的俄国哲学文献贡献很少。

6. 伊万·米哈伊洛维奇·斯科沃尔佐夫（1795—1863），一个诵经士后来成为神父的儿子，出生于尼热格罗德省的阿尔扎马斯城。斯科沃尔佐夫18岁以前一直在尼热格罗德的中学读书，毕业后被送

---

① 这一表述与超验主义的表达法完全吻合。

到彼得堡神学院就学，但从神学院毕业后，却被任命为基辅教会学校的教授（基辅神学院在这些年里被关闭了）。1819年基辅教会学校被改造成为神学院，斯科沃尔佐夫（已经当了神父）在学院执掌哲学教研室。斯科沃尔佐夫写了许多哲学史（古代和近代）的著作①，但实质上有关哲学问题的言论却很少，并且其言论甚至不无怀疑论色彩。对他来说，认识的第一个台阶包含在信仰中，而信仰是"对真理的直接感受"，但这一学说在他那里却是在一种一般的泛泛而论和模棱两可的语调中说出来的，以致我们无法据此而就斯科沃尔佐夫的认识论观点得出任何明确的结论。按照他的思想，哲学应当从"自然的"（直接的）理性走向基督教，但哲学在其发展的道路上，起初并不自由②……

7. 而远比他更有才华也更为独特的是他的学生瓦·尼·卡尔波夫（1798—1867），他因为把柏拉图的所有著作（只有《法义》一书除外）译为俄语而获得荣名③。卡尔波夫出生于沃罗涅日省一个神父家庭。从沃罗涅日教会学校毕业后（那里的哲学课由谢林分子扎采平执教）后，进入基辅神学院学习，1825年毕业后，先在教会学校任教，继而又任教于神学院。1833年他受邀到彼得堡神学院担任由于西东斯基离职而空缺的哲学教研室主任一职。卡尔波夫的主要著作是他倾注了极大爱心和细心完成的柏拉图译本。这一译本迄今仍是柏拉图俄语版本中唯一最完整的本子。卡尔波夫还为每篇对话写了导读，简洁阐述和分析了对话的内容。卡尔波夫还尝试对"最新式的理性主义"（诚如其论述这一问题的文章标题所示）做出评述和分析，以康德和晚近超验主义为依据，但卡尔波夫的这项工作并未完结④。我们从卡尔波夫的这部著作中援引一段引文："从康

---

① 关于其著作和生平可参阅伊孔尼科夫：《基辅大学教授生平传记辞典》，第601—610页。

② 施佩特列举了一些详情细节（见词条第181—187页）。

③ 《法义》在此之前已经被瓦·奥勃连斯基译为俄语（莫斯科，1827）。

④ 该文（未加署名地）登载在彼得堡神学院院刊《基督教读本》1860年年刊里。

德的《纯粹理性批判》的观点看，人是一种由概念构成的生物（这种生物根据其如蛛网式的范畴或者上升或者下降（如果仅仅是生物的话），被封闭在纯粹的时空形式之中，以致竟然无法从中冲出或是偷窥一眼，但却能够意识到这种形式尽管能够无穷地扩展，但被锁在里面终归显得狭窄，不舒适，犹如笼中鸟"①。我们不能否认卡尔波夫的话语形象鲜明，他的批判也非常之准确——但在卡尔波夫这种激烈批判后面究竟隐藏着什么呢？通过对其《哲学导论》（1840）、《逻辑学》（1856）、《心理学教科书》（1868）的研究我们知道，卡尔波夫有一个非常完整统一的体系。卡尔波夫曾经受到过超验主义的影响这是无可置疑的②，但他在很大程度上是把它们改造成为纯粹的心理学问题了。无论如何，卡尔波夫哲学体系的出发点是认为"具体的"意识体现在其内容的完整性上。根据卡尔波夫的学说，认识真理的器官是"凝聚在信仰里并由信仰所照亮的所有心灵的力量"，是"理智和心灵绝不会一个取代另一个"。"在人身上可以发现全部存在的法则，可以聆听到把所有创世都联系到一起的神秘的象征"。他显然是在把超验主义改造成为人类学，但卡尔波夫却并未染上经验主义爱走极端的毛病。"心理学应当从研究人的存在开始其事业，而非从活动开始"，卡尔波夫断言。他以一种稍嫌天真的热情相信"对人的本性的不偏不倚的研究"就足以把我们的理性从迷误中解放出来，把思维与信仰的观点结合起来，因为人能从自己身上发现不光对于外部世界，而且也有对待最高世界的生动态度。卡尔波夫把心理学的这个部分称之为现象学——但也是在这里他确定了一系列有趣的差异，有些地方与胡塞尔的分析方法十分相像。在人身上不仅可以开辟一条通向外部现实、而且也可以开辟一条通

---

① 《基督教读本》，1860 年，第 1 卷，第 414 页。

② 卡尔波夫在一处文字（《哲学导论》第 133 页）中，亲口说过"超验综合"的问题，它应当是完整体系的最终结果。这部著作从头到尾渗透着意识优先性理念——只有卡尔波夫才坚决地否认了把具体意识与绝对等同起来的做法。（《哲学导论》，第 128 页）。

向所谓"超感性的"形而上学环境之路，认识它需要借助于"理念"，但人又与（通过宗教生活）"精神领域"有关，该领域则又有别于超感性或理念的存在。在认识的"理想现实主义"之上高悬着一个连认识也无法问津的领域，在这个领域里发挥作用的，已经是一种"精神知觉"的东西，即"被信仰照亮了的精神之眼"。只有在拥有把我们与上帝联系起来的信仰的条件下，哲学才不会回避真理。

这样一来，如同人身上有走入世界的三条道路一样（把我们与感性现实联系起来的外部感觉；把我们与形而上学——思维，按照卡尔波夫的术语学，即存在领域——联系起来的"理念"；以及把我们与神性联系起来的精神知觉），因而世界本身也应分为三"层"：感觉、形而上的和绝对存在。人身上这三种本质只有和谐融合起来使"一切展开来成为一副无限广袤的风景画，凝聚为一个统一的和弦，交汇成一首献给至高无上者的神圣颂歌"①。

在"哲学综合"这方面，正如卡尔波夫所说的那样，世界本身（感性的和"可以思考的"，亦即形而上学的）应当表现为其感性和联想两方面的统一，犹如一个统一的整体：应当找到"宇宙和谐存在的法则"。我们已经援引了卡尔波夫有关"把所有创世都统一起来的神秘关联性的符号"，——在此重音落在被造存在统一体的象征意义上，因为"真正的存在"——已经处于世界界限之外了。卡尔波夫坚决否定人的意识的"绝对"性质，亦即否定黑格尔原则上的内在论，以及全部德国唯心主义。"思维中的人的精神绝对不是无条件的生物，思维也不是一个绝对创造"。因此卡尔波夫——在此他与霍米亚科夫和基列耶夫斯基非常接近——相信"在基督教深处发展而来的哲学，不可能不成为一种理性主义的哲学"。如果说在西方理性主义毕竟还是发展起来了的话，那么这除了解释作语言观点再次在

---

① 但卡尔波夫宁愿把自己的立场描述为"形式现实主义的"。

基督教内部确定起来了以外，不可能有另外的解释……

我们对卡尔波夫观点的陈述就到此为止。

8. 彼得·谢苗诺维奇·阿夫谢涅夫（1810—1852），在僧侣中被称为阿尔希姆。沃罗涅日省一个神父之子。从沃罗涅日神学教会学校毕业后，进入基辅神学院（1829）学习，毕业后留校为基辅大学讲授哲学。1844 年剃度为僧，1851 年因病中止在神学院的教学，前往意大利，担任在罗马的俄罗斯教会的修道院长，但很快就去世了（1852）。

根据其听众的说法，阿夫谢涅夫讲授的，"思维与信仰的和谐"达到了令人叹为观止的地步——他关于哲学的讲座为其赢得了远远超出神学院和大学院墙以外的声誉[①]。他读书非常广博，他的哲学思想倾向于谢林其中包括著名的谢林分子舒伯特体系方面。在神学院人们大都因为其哲学思想，因为其喜爱伯麦，喜欢谢林派分子——比方说，关于他的某些思想，其中包括他关于世界灵魂的学说[②]，我们只能通过他与其听众之一的大司祭费奥凡·扎特沃尔尼克的通信来了解——而瞧不起阿夫谢涅夫。阿夫谢涅夫很少著述，但他的讲座有一些被作为基辅神学院纪念文集里印刷出来。从这些讲座里可以看出，阿夫谢涅夫捍卫这样一种观点，即人的灵魂"可以直接与外部世界沟通"，亦即不通过感觉器官。这已然不是雅各比，而毋宁说是 19 世纪末发展起来的直觉学说的先声了。阿夫谢涅夫教导说："我们的灵魂归属于一个无边无际的从四面八方包围着个别灵魂的精神存在之海洋。灵魂的这种开放性对于从外部而来的精神作用而言能够确证一切来自于"灵魂的昼间生活"（清晰的视觉，梦游病等等）界限以外的一切的现实性。遗憾的是，阿夫谢涅夫业已成熟的

---

① 关于他可参阅伊孔尼科夫：《基辅大学教授生平辞典》，第 611 页。引文出自第 187—193 页。奇热夫斯基还有一个简要札记，见《哲学在乌克兰》，布拉格，1926，第 95 页。

② 参阅圣者费奥凡通信全集，第 2 册，第 109—111 页。关于他以及阿夫谢涅夫的影响，还可参阅弗洛罗夫斯基：《俄国神学之路》，第 398—400 页。

思想中只有很少一些以某种方式得以保存在他所发表的文章中。

9. 阿夫谢涅夫的学生是西尔维斯特·西尔维斯特罗维奇·果果茨基（1813—1889）。果果茨基是神父之子，起初就学于波多尔斯克神学教会学校，20 岁时考入基辅神学院，毕业后，成为一名教师。后来他在基辅大学获得哲学硕士学位，以后便开始担任哲学教师。果果茨基著述很多，尤其值得一提的是他关于康德、黑格尔的著作，以及近代哲学史概述，最后，还有一部 5 卷本的《哲学辞典》①。在教学法方面，果果茨基也写过许多著作。

人们一般把果果茨基归入俄国黑格尔派，但这种归类法仅在部分上是正确的。果果茨基对于把（人身上的）个别现象与完整的历史进程联系起来的做法，给予高度评价，因为这种做法包含着一种特有的历史辩证法，它在人的意志里实现了神的本质的作用。但历史辩证法却不可能与纯粹的逻各斯等同起来——我们不可能在历史中看见绝对精神的自我揭示，因为尽管它在历史中发挥着作用但却处于历史的边界以外。因此果果茨基否定了黑格尔的原则上的内在论，并肯定有神论。但辩证方法却无法把我们引导到个别存在的秘密之中——它只能揭示本质，而非存在，也非主体的个别能量。这样一来，辩证法便从上到下（在上帝和在个别人身上）都是有限的了，但这却不会削弱它在分析历史进程时的力量。

果果茨基非常看重康德和他的《*Kritik der Urtheils kraft*》，并认为"这差不多是一部预言之书"，因为它把现象世界与绝对存在的领域联接了起来，确定了阐释存在的目的论原则。但果果茨基认为康德的根本错误在于他的认识论，它只局限于认识现象世界的力量。"康德的理性没有能力深入到事物的本质中去，而事物的本质则没有能力成为可以被理解的"。果果茨基因此而高度重视黑格尔，因为他

---

① 关于果果茨基最好参阅奇热夫斯基：《黑格尔在俄国》，第284—287 页。还有《施佩特全集》，第208—213 页。伊孔尼科夫：《基辅大学教授生平辞典》，第123—126 页。

克服了存在与认识之间的断裂，因为他把世界的本质自身阐释为精神，犹如一种为世界带来生命的活生生的本质。

属于基辅教会学校的还有伊·格·米赫涅维奇，他后来当了敖德萨寄宿中学的教师，善于极其清晰地讲述谢林，部分地倾向于黑格尔。属于这所学校的还有著述更加丰硕的米·诺维茨基（同样也是这所寄宿中学的哲学教师），他发展了关于理性的学说，把它作为一种超感性存在的一种知觉（在理念中）的能力。对理性的这种知觉是凭借心灵掌握的，而且在这一阶段，它成为感情，并且通过想象的加工转变成为建构概念的理智的引导。在这一阶段里，理性的知觉成为"明智的"，但那时它们不能把握知觉以其作为出发点的无限存在的特点会变得更突出。"对于认识来说无条件成为不可理喻的了"——因此我们的精神才需要启示，因为启示能把我们与存在真正的基础——上帝①——联系起来。

10. 现在我们开始讨论基辅学派最大的代表人物潘菲尔·达尼洛维奇·尤尔克维奇（1827—1874）。从波尔塔瓦教会学校毕业后，尤尔克维奇考入基辅神学院（1847），在校期间还听过阿夫谢涅夫的课。神学院毕业后（1851）留校讲授哲学。他的单篇文章，尤其是《论有关人类精神的科学》一文，是对车尔尼雪夫斯基（关于他可参阅下一章）研究的一种批判。尤尔克维奇的《哲学中的人类学原则》文章同样旗帜鲜明地"反对唯物主义"，并且立刻引起关注。1861 年他受邀执握莫斯科大学哲学教鞭，并在那里工作到生命的最后②。

---

① 关于米赫涅维奇和诺维茨基详情可参阅《施佩特全集》，第 193—208 页。

② 关于尤尔克维奇可参阅他的学生弗拉基米尔·索洛维约夫的文章，《尤尔克维奇全集》，第 1 卷（《论帕·德·尤尔克维奇的哲学著作》一文，第 162—187 页，第 8 卷，第 424—429 页。还可参阅施佩特 1914 年发表在《哲学与心理学问题》上的文章。叶尔绍夫：《俄国哲学的发展之路》，第 23—27 页。Jakovenko, *Deiny Ruske philosophie*，pp. 220—224。霍金茨基在 1914 年版《信仰与理性》的论述。科卢博夫斯基：《俄国哲学史材料》，《哲学与心理学问题》，1890，第 5 册。

尤尔克维奇的著述并不很多，但他的全部著作都非常有意义。我们首先要提到的是他的《心灵及其在人的生活中的意义》一文，随后再提一提《唯物主义与哲学的任务》、《论有关人的精神的科学》、《理念》、《柏拉图学说中的理念与康德学说中的经验》诸文。尤尔克维奇的某些文章和著作是关于教育问题的。顺便说说，尤尔克维奇对于唯物主义的批判，引起俄国报刊一系列语气尖锐粗鲁的文章和札记，因此，在俄国激进主义圈子里，尤尔克维奇的名字长期以来都与——没有任何根据地——"黑暗势力"的观念联系在一起，以致妨碍人们掌握尤尔克维奇的思想的杰出体系。但尤尔克维奇对唯物主义的批判至今仍然保持着其力量——因为它们是深刻的和实质性的。他写道："哲学可以做许多事，并不单单只是确定经验的尊严、意义和边界而已。"尤尔克维奇在此出色地表明唯物主义根本就无法把握存在的真正本质。尤尔克维奇并不否认物质领域的真实性，但却正确地指出围绕着对于物质领域的研究，却常常会产生一些如他所说的"新神话"。他设问道："事物从量变到质变难道不就是一种神话吗？"尤尔克维奇的这一意见毫无疑问恰好正中一切唯物主义的病灶。

先让我们来谈谈尤尔克维奇的人类学，他为之献出了有关心灵学说的杰出研究。尤尔克维奇的出发点是圣经中有关心灵的学说，圣经把人的心灵当作人生命的中心，尤尔克维奇试图采用科学资料重新来阐释这一学说。尤尔克维奇坚决反对近代的片面的唯理智论，这种理论认为思维是心灵最核心和最基本的力量，与此同时，语言本身（俄语）确立了某种"真挚的"亦即这样一种深度，它处于心灵的"后面"，如同一些心理学过程其中也包括思维这样的体系。为了这一深度产生的思维，也就是心灵，是精神生活的中心，思维亦即理性的全部工作都从这一精神中心汲取营养。心灵作为一个生理器官同样也是人身上的中心，因为在心灵里核心神经系统与心灵是面向人的中心和边缘的，而且也面向人的个性及其特点，这种特点不是在思维中，而恰好是在感情和反应中表现出来的。"不是认识树即生命之树"，——尤尔克维奇说道。也不是思维构成了人的"本质"，而正是心灵的生命，心灵直接的和深刻的体验，才构成了人的"本质"。如果理性是光明的话，那么我们就可以说，精神的生命的产生要早于这一光明——它产生于心灵的黑暗和昏昧之中，产生于心灵的深处。从这一生命中产生了理智的光明——由此可见，理性是高峰，而非精神生活之根。使徒保罗关于"人的宝贵心灵"的深刻话语正确地指出一种隐秘而又重要的精神生命的在场，从此之中"上层"意识汲取营养并从其中获得灵感。此为理解人的钥匙，理解和说明人心灵里最重要的活动和最有影响力的活动的钥匙，在人的心里。

在《论关于人的精神的科学》一文中，尤尔克维奇继续发挥了他关于人的心灵的深刻思考，以便表明唯物主义的全部缺乏根据性。尤尔克维奇在此写道："从物质出发来解释精神本质是不可能的，这是因为这一物质本质自身，我们可以根据我们自身的经验知道，只存在于与精神本身的相互作用中。"非物质本质之所以要否认，是因为"任何地方都看不到它们"，——这也就是说，我们无法理解什么是自我观察，后者乃是一种真正内在的经验。尤尔克维奇的这篇文章是旨在反对车尔尼雪夫斯基的引发了整整一场运动的"哲学中的人类学原则"——此文并非俄国哲学的荣誉，因为它那表面肤浅的唯物主义在这一场论战中表现得非常显眼醒目[1]。

尤尔克维奇的《柏拉图的理性学说与康德的经验学说》一文充满丰富的思想，因而很值得注意。尤尔克维奇从康德的超验唯心主义向着柏拉图精神的形而上学唯心主义迈出了决定性的一步——但要从可思考的存在走向"实体"的存在仅仅承认理念世界是不够的。逻辑理念并不能整体涵盖真实现实——"本质"所指的正是这一真

---

① 关于这场论战可参阅上述科鲁博夫斯基的文章（第29—42页）。

实现实。有已然不是"本质"，而是"实体"：在理念中呈现给我们的启示，无法引导我们进入个体存在的秘密中，而且也无法走进超实体的秘密之中，后者则是在把可能性（理念）转变成为有和存在（亦即真实现实性）。尤尔克维奇除此之外还有一个杰出的、我们在瓦·德·库德利亚夫采夫的另外一个版本（参阅第3部分第3章）中见到过的思想："那些可能（＝理念）的东西，转变成为有（＝真实现实），通过应有机制"。

尤尔克维奇关于"哲学不是人的事业，而是人类的事业"（我们已经在伊·基列耶夫斯基那里看到过这一思想）的思想非常有趣而且重要。

尤尔克维奇当然远远高于自己的时代，他之所以会对弗·索洛维约夫发生影响绝不是偶然的。只是令人遗憾的是，尤尔克维奇出色的著作对于读者而言几乎完全是不可问津的——它们从未再版过。如果今后有一天尤尔克维奇的哲学论著终于得以收集齐全并再版，他那深刻的思想定然会使俄国思想界重新活跃。而他那种具体唯心主义体系尤其值得予以揄扬[①]，后来在谢·特鲁别茨科依伯爵那里得到进一步发展（本书第4部分第2章）。

11. 神学院里哲学创作的继续发展就已然是19世纪下半叶的事情了。此时我们已经拥有了哲学体系，对此我们将在本书第2卷里加以探讨。但在此之前，我们先得给大家介绍一位莫斯科神学院最有才华也最独特的学者，修士大司祭费奥凡·布哈列夫的著作。有关"东正教文化"的深刻问题之被提出，就与他的创作有关。如我们所知，世俗化进程打乱了俄国思想界，但同时也促进了有关基督教与文化之关系的问题被尖锐地提了出来。在俄国人意识里，始终存在着一种固执地想要使文化与教会脱节的倾向，亦即一种纯粹的世俗化倾向，与此同时，又有一种时而天真时而深刻地想要在教会

---

① 叶尔绍夫：《俄国哲学的发展之路》，第27页。

和文化之间寻求和解的企图。早在果戈理时代就在深层的教会意识中开始涌动着一种为了基督而正面评价文化的倾向。这一被果戈理以预言的方式予以指出的基督教文化观，所能提供的"东正教文化"体系建构，影响力十分有限，而且比较而言也太小——而在此类体系建构中，修士大司祭费奥凡·布哈列夫占有一个十分特殊的地位。

亚历山大·马特维耶维奇·布哈列夫在僧侣界是一位修士大司祭。费奥凡（1824—1871）①，出生于特维尔省一个助祭家庭。从特维尔教会学校毕业后，考入莫斯科神学院，并在 22 岁那年毕业。在从神学院毕业前不久，布哈列夫剃度为僧，并且毫不犹豫。而在莫斯科神学院布哈列夫则执掌教鞭（讲授圣经），但从 1854 年起，担任喀山神学院教规教研室主任同时兼任神学院督学。四年后因与神学院院长的冲突抛弃教职，在彼得堡宗教事务审查委员会任职，也是在此期间，撰写了大部头的既有有关纯神学问题，也有有关一般问题的论著②。他在阐释末日论上也花费了大量精力。但乌云已经开始在他头顶上聚集——他的生活被一场很不体面异常尖锐的论战搞得灰头土脸，缘由是一位叫阿斯科钦斯基的家伙，挑起了反对他的论战。此人毕业于神学院（基辅），后来成为《家庭谈话》杂志的出版者③。当布哈列夫出版了一本汇集了他的多篇文章的题名为《论东正教与当代的关系》（彼得堡，1860）的书——关于这本书我们下文再谈——时，这件事引起了阿斯科钦斯基从四面八方的异常恶毒的攻击，阿斯科钦斯基还声称任何为东正教而战的人"如果敢于伸手当代文明，那他就是一个懦夫、叛徒和变节者"。这场论战对

① 关于布哈列夫的文献非常丰富。首先可参阅兹纳缅斯基的巨著：《喀山神学院史》。还可参阅他的小册子：《1860 年代关于东正教对当代生活的关系的神学大论战》。此外还有斯米尔诺夫：《莫斯科神学院史》，第 463—465 页。瓦·尼·卡尔波夫：《亚·米·布哈列夫》，载《道路》第 22 和 23 期。瓦·罗赞诺夫：《在教会的墙外》，第 1 卷（文章题目叫《阿斯科钦斯基与修士大司祭费奥凡·布哈列夫》。弗洛罗夫斯基：《俄国神学之路》，第 344—349 页。

② 布哈列夫著作清单可参阅兹纳缅斯基和斯米尔诺夫的书。

③ 可参阅弗洛罗夫斯基以及罗赞诺夫对此人的评论。

于大司祭费奥凡来说导致了悲惨的结果——他被迫离开审查官的职位，神学杂志也开始拒绝登载他的文章，而当他想要出版自己有关末日论的著作时，却由于阿斯科钦斯基的告密，宗教最高委员会严令禁止这本书的出版。这成为灌满他忍耐之杯的最后一滴水，于是他决定离开僧侣界——理由是自己意识到自己已经无法履行僧侣的誓言——听话和顺从。于是为了精神自由他离开了僧侣界（1863），很快结婚，在艰难的条件下又生活了 8 年，并和从前一样以炽热的感情捍卫着自己的观点。他的生命是在 47 岁那年夭折的。

这里，我们不打算对修士大司祭布哈列夫的神学观点做一般性评述了，而只讨论一下他对"世俗"文化的关系问题。布哈列夫身上最突出的一个特点是，在坚定地宣扬神的领域与"世俗"的自发势力（在其罪恶状态下）有着实质性的区别①的同时，他却又在世俗生活中时时处处能深刻感受得到神性之光。教会与文化的对立问题在此实际上已经脱落了，就像一个虚假的或是故意被吹嘘出来的问题：由于文化工作者大都是基督徒，因此这里是不可能发生什么真正的对立的。而这种对立正是因为后来为了掩盖基督教力量和真理在文化中所发射的光芒才被极大地夸大了。布哈列夫写道："我们应当捍卫人类的各个方面，像捍卫自己的基督一样……而压抑、压迫甚至否弃无论什么样的真正人性的东西——都已然是对基督的神赐的亵渎了。""东正教应当成为所有公民生活中、我们所有知识体系、艺术和公共服务体系中的一轮太阳"②。因此布哈列夫才把自己武装起来以反对想要在与基督教本质完全独立的状态下确立日常生活和公民事务的企图③。布哈列夫说出了有关"不愿意把基督当作自己真正的上帝的，在科学艺术社会和私人生活领域里无处不在

---

① 《给果戈理的三封信》，彼得堡，1861，第 58 页。
② 《论东正教与当代的关系》，第 316 页。
③ 同上书，第 197 页。

的……当下的阿里安教"① 的有趣而又深刻的思想。布哈列夫严厉抨击"在神性面前的这种胆怯心理"②，这种不愿意承认"创造力和理念不是什么别的，就是上帝的话语所引起的反光……"的现象。正是在这一点上他严厉谴责教会人士，谴责那些"把对只在基督一个人身上体现的真理的精神意识与以一种可怕而又无情的方式对待并不公然带有基督之烙印的一切的"③ 人。布哈列夫本人则正是在这里深刻地体验到了基督教会这种"隐秘的温暖"，亦即就其外表而言任何东西也与基督无关的地方，而他的任务就是要重新恢复这些虚假的外基督现象的"属基督性"。他说（显然是在说自己）到"一个走进思维之阴暗深处的人，一个在近代哲学里败坏了基督之真理"的人——此人"却被在此为信徒开辟了思路的基督之光的充盈和完满而震惊万分"④。问题在于正是为了让"思想上的信徒"能瞥一眼当代文化，——那样一来基督事业的"隐秘的温暖"便会在即使是根本没留下什么基督教痕迹的地方出现。布哈列夫还有一段话⑤对思想界从费希特到黑格尔的发展过程做了阐释，这段阐释像是对于神人类学说的一种不无片面而又不忠实的肯定——后来，谢尔盖·布尔加科夫在其杰出论著《Tragodie d. Philosophie》里，尽管是以另一种方式，但也发展了这一思想。因此布哈列夫不害怕说出这样一种思想，即"作为神的羔羊的基督，把哲学之罪也承担了起来"⑥，也敢于说出有关"基督对于人类思维的神赐"的极其有趣的神学思想⑦。

这些观点不仅为接受当代文化，而且也为基督徒在当代条件下

---

① 《论东正教与当代的关系》，第 64 页。
② 同上书，第 223 页。
③ 《给果戈理的三封信》，第 5 页。
④ 《论东正教与当代的关系》，第 42 页。
⑤ 同上书，第 43—45 页。
⑥ 同上书，第 45 页。
⑦ 同上书，第 45 页。

应当如何行动做了说明和提供了理由。布哈列夫本人以极其巨大的力量所感觉到的自由精神，摧毁了任何世俗话的土壤和基础，促使人们把教会与文化对立起来的做法看作是虚假的和故意吹嘘出来的。在文化中对于自由创造的任何迫害都被布哈列夫描述为"中断用心灵和思维为神服务"①……我们不应当把所有这一切都当作是一种感恩的乐观主义，这种主义想要从与基督教格格不入的东西中看出其基督教的意义来。与此相反：布哈列夫的基本定向恰恰在于看出当代文化的潜在的基督教内涵来，——而又并不否认其外基督教的表层。布哈列夫在心理上是与世俗化心理学绝缘的，而这正是其理念全部鼓舞人心的力量之所在。他相信②，"终有一天，我们这个时代的思想和道德斗争会在那样一个当年那些教父们废黜古代异端邪说者的生动基础上对之加以完全揭示和披露；终有一天，许多自认为自己是东正教徒的人，却原来与非东正教徒更加亲近一些"。对于布哈列夫来说，"揭露社会的溃疡和痂疤已经成为我们当前话语和写作最普通的对象，而就其实质而言——溃疡和痂疤的本质是基督教徒自身所患的精神麻风病而已"③。当代的不幸和欢乐就其真正的基础而言可以上升到当代基督教本质：灾难来源于对于这些本质的背离，而欢乐在来源于对其的接受和顺从。我们身上的真实人性只有在忠实于基督的条件下才能得到揭示："一个人如果品行端正方能经受得住对神之子基督的忠诚考验的话，那他也一定会忠实于自己的人的尊严的"④。

布哈列夫反对以高傲的态度对待西方世界："对我们自己本身来说最危险不过、也最贫乏不过的事情，就是拒绝与西方人民结盟，也不愿意利用来自这些民族的任何东西"⑤。"我们所拥有的东正教

① 《论东正教与当代的关系》，第65页。
② 同上书，第66—67页。
③ 同上书，第209页。
④ 同上书，第207页。
⑤ 同上书，第317页。

本身……是为了整个世界而赋予我们的……它使我们成为其他民族的债务人"。布哈列夫就是怀着对东正教"全世界"意义的这样一种信仰而有勇气走进西方基督教的。

弗洛罗夫斯基非常严厉地评价了布哈列夫的体系，责备他有许多感伤主义的东西，说他是个乌托邦主义者，说在他身上有许多"无可遏制的乐观主义"，最后，还说他"无法对他研究了一辈子的问题给予解答"[①]。弗洛罗夫斯基的这种谴责非常奇特而且缺乏根据。弗洛罗夫斯基所说的感伤主义，在布哈列夫身上实际上是一种深刻的"对于来自教会的"，能够温暖当代文化的"隐秘的温暖"的洞见。如果说果戈理曾经是一个"东正教文化的预言家"的话，那么，布哈列夫就已经是在为当代正面接受东正教打开了通道。嗣后俄国宗教思想界最珍贵的流派（弗拉基米尔·索洛维约夫包括其体系，尤其是谢尔盖·布尔加科夫），甚至在如罗赞诺夫那样似乎终生都徘徊在教会墙外的人身上，都直接继承了布哈列夫所建构的"神学文化"。恰达耶夫在我国也建构了文化神学，但他是在西方基督教鼓舞下并在法国"传统派"哲学的影响下建构文化神学的；而布哈列夫的文化神学从内在而言与东正教有关。布哈列夫的名字将会永远被人所铭记，其最主要的原因在于他是为了从内而外地克服世俗化而斗争过。

---

① 弗洛罗夫斯基：《俄国神学之路》，第 347、348 页。

第八章

（亚历山大二世时代）俄国生活中的转折

实证主义和唯物主义在俄国哲学中的萌芽

（车尔尼雪夫斯基及其后继者们）

激进主义在 70 年代的演变

（尼·瓦·柴可夫斯基和"神人类"）

1. 随着尼古拉一世的去世，俄国生活中发生了巨大的转折——即是内在的也是外在的转折。尼古拉一世统治的最后岁月里，以令人痛苦的反启蒙主义为特点——这一特点已经超越了人们的心灵所能与生活妥协和"与生活和解"而必须具有的忍耐和承受的极限。在警察制度令人窒息的氛围里，不光大学里的哲学教研室被关闭，而且就连福音书也能引起审查官对于能否将其全面普及的怀疑，——而在政治十分压抑、痛苦和紧张的氛围下，俄国生活和思想的主要潮流终于最终凝结而成。正是在尼古拉一世统治的最后十年中，俄国激进主义得到了最后一次历练（政治的和思想上的），随着制度的变革，他们坚决而又彻底地走上了历史舞台。但生活和思想中的其他流派也开始表现出他们在其所拥有的范畴方面与激进主义在心理上非常接近的、内在非常成熟的全部特征。思想探索仍在继续进行，它们的发展过程尚未结束，但它们已经如此成熟如此清晰，以至于几乎全都无一例外地准备发展成为系统的形式。这是在稍晚些时发生的（在 70 年代里），但是，就实质而言，这也是一个总的说来的系统的时代——如果说60年代人还没有什么完整的政治立场的话，那么，此时则树立政治立场的基础已矣具备。

至今仍保有其核心意义的宗教主题依然是重要的分水岭。俄国思想家从18世纪中叶起就在殚心竭虑苦思的世俗化运动，依旧具有那样一种其在19世纪上半叶即已获得的审美人道主义形式。但早在40年代里一种社会主义理念就已开始进入俄国世俗化运动中来——如今它已成为宗教世界观世俗化的同义词。与俄国生活向着民主化方向（农民在1861年的被解放）的变动相应，世俗化掌握了"启蒙运动"的特征，但俄国启蒙运动终究未能找到其在西方一度曾拥有的纯粹的表达方式。除自由派外，俄国生活各种世俗化流派都从未获得正经的成功，尽管它们都捍卫启蒙主义的理念，但它们的动力和创造意义却都不在于此①。这一意义完全与处于初级阶段的启蒙思潮无关，而与紧张的乌托邦探索相关，与满足宗教需求的需要有关，——不要基督教，或至少无论如何不要教会。世俗化或者成为反抗上帝，或者成为寻神派运动，甚至就连那些一般被称之为"虚无主义者"的人，一旦搞起什么无神论，也必定得是那种狂暴无羁的、激情洋溢的和迹近处于迷狂和宗教狂的教派。在赫尔岑身后，在他那悲剧性的弃绝宗教主题的行为之后，没有任何人跟随其后……宗教主题在俄国思想家的精神探索中不仅并未丧失其核心地位，而且相反，它令俄罗斯的大脑统统臣服于它的脚下。世俗神学家一个接一个涌现，19世纪下半叶俄国两位伟大的作家——托尔斯泰与陀思妥耶夫斯基——以其激烈炽热的话语从宗教上唤醒了整个俄国社会，而以比别人更加鲜明的方式为简化了的启蒙运动服务的俄国艺术家们、也常常令社会上的人们想起基督（克拉姆斯科依、格·波列诺夫等）。

----

① 因此把亚历山大二世时代的氛围描述为"启蒙主义的"，像比方说奇热夫斯基在《黑格尔在俄国》（第246页）所做的那样，是错误的。对这个时代最成功的描述出自尼·科特利亚列夫斯基的著作《解放前夜》（布拉格，1916）一书。詹希耶夫的《伟大变革的时代》很富于激情，书里也有许多有趣的资料。

2. 首先让我们研究一下激进派，该派在所有时代身上打下了自己的烙印。实际上早在尼古拉一世统治的最后岁月里他们就已经形成了，我们只需提一提"彼特拉舍夫斯基"小组就够了，该小组迷恋傅立叶及其他法国社会主义者，而陀思妥耶夫斯基也属于这个小组。除了彼特拉舍夫斯基小组外，还有一些其他的青年团体，当1854—1855年间的失败了的战争动摇了整个俄国社会时，俄国社会涌现出一个统一的自我揭露运动，参加该运动的年轻人采用了一种迄今为止俄国从未听到过的语言来发言。陀思妥耶夫斯基和托尔斯泰也属于这一代人，但属于这一代人的，还有一些虽然不曾获得全俄国的声望，但却很快就走上了舞台，很快就成为激进派甚至是具有革命情绪的派别的代表人物。

这一代人的突出特点（指的是在1855年这个转折年头年龄在20到30岁之间的那代人）是与上一代人尖锐对立的反对派立场，他们与热爱抽象思维，崇拜艺术的上一代人的"浪漫主义"做斗争。新一代人捍卫"现实主义"，在精密知识中寻求支柱——他们对于"精密"科学（即对自然科学）的崇拜（常常采用宗教顶礼膜拜的形式）其源盖于此。对艺术的崇拜消失了取代它的是对艺术的要求，要求它能为生活指明道路，总之一种道德的力量也与这种道德化倾向相适应，而对此种道德则主要采用实用主义术语来对之加以阐释。然而，道德以及世界观的最高原则，成为对个性的信仰，成为对个性创造力的信仰，也成为对灵魂中"自然"活动的保护，对于"合理的利己主义"的天真信仰。所有这一切都凝结成为一个心理统一体，被当作是"新人"和上一代人之间的区别所在。这种精神气质很快就形成了起来，速度惊人，而且，很快就在新旧两个时代之间形成了一道真正的深渊。所有这一思想潮流在思想上的领域和鲜明代表人物是尼·格·车尔尼雪夫斯基，他以其独特的个性，独特的思想和写作风格本身，极其鲜明地表达了这些年代里真正使整个俄国激进派运动富于特点的一切。

3. 尼古拉·加夫里洛维奇·车尔尼雪夫斯基（1828—1889）是萨拉托夫市一位神父之子。父亲本来希望他从事神职，但发现儿子非常有天赋以后，他给予儿子以优良的家庭（非常细心）的教育，而且儿子刚满 16 岁，便直接把他送进了神学教会学校的高年级学习。车尔尼雪夫斯基以渊博的知识而令老师和同学分外惊讶——他精通所有新的语言，还包括拉丁语、希腊语和希伯来语。他读书涉猎极广，凡此种种使他在同学中如鹤立鸡群。教会学校毕业后，车尔尼雪夫斯基并未进神学院，而是在征得父母同意后，上了彼得堡大学（时年 18 岁）历史语文系，并于四年后从那里毕业。车尔尼雪夫斯基的哲学和社会政治信念早在大学时代就已形成，而他之加入伊里纳尔赫·维杰斯基（1815—1855）小组一事也值得予以指出，他被当时人称为"虚无主义的奠基人"①。在维杰斯基的小组里，大家主要讨论社会政治问题，有时也有哲学问题，而此时的车尔尼雪夫斯基已经明确确立了喜欢社会主义的倾向。车尔尼雪夫斯基始终十分密切地主要关注着法国社会思想②。早在 1848 年他就在日记中③写道：他已成为一个"坚决的社会主义和共产主义者的游击队员"。1849 年车尔尼雪夫斯基在日记中写道："我似乎觉得自己已经几乎决定性的属于黑格尔……我预感到我会对黑格尔入迷的。"但很快他又在日记中写道："黑格尔是一个目前现状的奴隶，是当前社会体制的奴隶……他的哲学是一种远离暴风雨般的改造，远离对乌托邦的幻想迷恋的一种哲学。"车尔尼雪夫斯基的革命情绪由于研究社会主义乌托邦而得到强化，使他离弃了黑格尔。但也正是在 1849 年，车尔尼雪夫斯基读到了费尔巴哈的《基督教的本质》，这部书暂时还未能动摇车尔尼雪夫斯基的宗教观（关于他的宗教观请见下文），但他持续研究费尔巴哈，并且很快就成为费尔巴哈人本主义和唯物主义

① 关于车尔尼雪夫斯基与伊里纳尔赫·维杰斯基的关系，可参阅斯捷克洛夫：《尼·格·车尔尼雪夫斯基》，第 1 卷，第 32—38 页。还可参阅利亚茨基：《车尔尼雪夫斯基与伊里纳尔赫·维杰斯基》，《当代世界》，1910 年第 6 期。

② 尽管采取了最严厉的措施，在彼得堡还是可以找到所有的"禁书"。例如，某次抄某个书店时发现了超过 2500 册禁书，见斯捷克洛夫同上书，第 42 页注 5。

③ 参阅车尔尼雪夫斯基日记，《全集》，第 1—2 卷，莫斯科，1931。

倾向的热情而又信仰坚定的崇拜者①。

　　大学毕业后，车尔尼雪夫斯基在故乡萨拉托夫市古典文科中学当一名教师，他在这一职位上工作了两年多一点，在此期间结了婚。随后他移居彼得堡，在那里全身投入杂志工作，部分时间则献给了哲学科研工作。车尔尼雪夫斯基通过了（俄罗斯文学教研室的）副博士考试，并且开始着手撰写《艺术对现实的审美关系》为题的副博士论文。公开答辩是在大学大庭广众之下进行的，答辩被认为令人满意，但由于伊·达维多夫教授的告密（此即第1章里我们所曾提到过的那位谢林分子），部里没有认可车尔尼雪夫斯基的副博士学位。如今已经搞清楚了②，三年后新任部长仍然还是认可了车尔尼雪夫斯基的副博士学位——但直到生命的最后时光③，甚至就连车尔尼雪夫斯基的亲人也不知道这件事——在此期间，杂志工作如此繁忙以致吞噬了车尔尼雪夫斯基的全部身心，所以他甚至连对亲人也没有来得及通报他终于获得学位的事。

　　1853年车尔尼雪夫斯基开始参与那个时代两个大型杂志——《同时代人》和《祖国纪事》——的编辑工作，但过了一段时间后，又把全部身心放在《同时代人》杂志上。他在这8年中所写的文章在其后来的全集中占到了11卷之多。车尔尼雪夫斯基很快就成为了俄国社会激进派和社会主义阶层的领袖。在此期间，后来题名为《俄国文学果戈理时期概观》的著名的批评概述（单行本初版已经是在车尔尼雪夫斯基死后的事了，即在1892年）发表了。也是在此期间，车尔尼雪夫斯基还发表了长篇哲学论文《论哲学中的人本主义原则》④，是就帕·

---

　　① 稍晚些时候（1850）车尔尼雪夫斯基研究了爱尔维修的 De I Esprit 并且发现他那里有"许多思想是我用自己的大脑也曾想到过的"。

　　② 关于此事可参阅斯捷克洛夫：《尼·格·车尔尼雪夫斯基》，第1卷，第142页。

　　③ 参阅同一个斯捷克洛夫的书的第一版。普列汉诺夫也写有有关车尔尼雪夫斯基的书；科特利亚列夫斯基则写有《解放前夜》一书。

　　④ 车尔尼雪夫斯基的全部哲学论著（包括他的学位论文）如今已经汇编为特殊的一卷，题名为《哲学论著选》，莫斯科，1938。

列·拉甫罗夫（关于此人可参阅下一章）的哲学概论写的，此外还有车尔尼雪夫斯基对于我们业已熟知的帕·德·尤尔克维奇批评的答复。车尔尼雪夫斯基还撰写过许多论述社会和经济问题的著作。1862年车尔尼雪夫斯基被捕，逮捕他的理由是在逮捕一个叫韦托什尼科夫的人时发现他家有一张赫尔岑写的字条："我们准备和车尔尼雪夫斯基一起在此或在日内瓦出版《现代人》杂志"。《现代人》杂志在此期间被封闭8年之久，革命运动在俄国的发展变得日益紧迫，而车尔尼雪夫斯基被人们普遍认为是革命的领袖和鼓舞者。车尔尼雪夫斯基被判刑，判刑的理由更多地是因为他的著作（一度被审查机关所放行）。法庭承认车尔尼雪夫斯基在与赫尔岑的交往中无罪，但却认为他在撰写给农民的传单上犯有思想罪，因而判他监禁和苦役。法庭的判决甚至在保守派阵营里也引起了最沉重的印象，对激进派青年人们那就更不用说了吧①。车尔尼雪夫斯基被发配到西伯利亚的雅库特区，一些人士曾多次安排他从那里逃亡，但却都没有成功，——而这些企图只会使他的处境越来越糟糕。最后，1883年，他终于被允许回到俄国的欧洲部分，并被指定只能在阿斯特拉罕居住。6年后又允许他回到故乡城市萨拉托夫，但此时的车尔尼雪夫斯基已经年老力衰了，1889年他逝世于萨拉托夫。

4. 车尔尼雪夫斯基的哲学观究竟是在何种影响下形成的这个问题，目前暂时还不太清楚。通常人们把主要影响归咎于费尔巴哈②，

---

① 关于法庭审判的戏剧性细节和判决引起的印象，可参阅斯捷克洛夫：《尼·格·车尔尼雪夫斯基》，第2卷。

② 斯捷克洛夫是这一命题的捍卫者。见同上书，第1卷，第55页。《普列汉诺夫全集》，第5卷，第194页。科特利亚列夫斯基：《解放前夜》，第292页全文。Massaryk，Zur Ruc. Relig. —Geschtsphilosophie，第2卷，第39页。谢·布尔加科夫论述费尔巴哈的文章：《两个城》，第1卷第10—11页。Jakovenko. 同上书，第186页。利亚茨基：《当代世界》，1910，第10—11页。坚决反对这一命题的，并且也不乏根据的有施佩特论述拉甫罗夫的文章：《帕·列·拉甫罗夫论文集》，彼得堡，1922，施佩特的文章题目是《哲学史视野里的拉甫罗夫人本主义》。论述车尔尼雪夫斯基的，可参阅第91—95页。还可参阅奇热夫斯基：《黑格尔在俄国》，第262页。

而车尔尼雪夫斯基本人也为此提供了足够多的材料，尤其是在流放以及刚从流放地回来那段时期里写的书信和文章。1887年在给儿子们的信中，车尔尼雪夫斯基写道："如果你们想要了解按照我的观点什么是人的本性的话，那么，就去读我们这个世纪唯一的思想家的书吧，根据我的意见，他对这个问题的概念是完全正确的。我已经有15年没有重读他的书了——但在年轻时代我能熟读和背诵他著作中的每一页……并且始终都是他忠实的学生。"① 在另一处地方②，车尔尼雪夫斯基在承认关于人和认识的新学说符合人们的愿望的同时，说道："目前对人的求知欲这样一个所谓最基本的问题和科学概念的最好的阐述，是费尔巴哈的。"

从以上话语中我们可以得出一个结论，即车尔尼雪夫斯基非常尊重费尔巴哈，但却仅此而已。下文我们将会看到，车尔尼雪夫斯基在其哲学的基础本质方面（即捍卫唯物主义），按照马萨利克的说法③，乃是庸俗唯物主义的代表人物，而与此同时，费尔巴哈的唯物主义仅仅只是其人本主义的极限点而已④。

而关于车尔尼雪夫斯基实证主义的根源问题，有关的争议也不亚于此。马萨利克⑤指出车尔尼雪夫斯基是一个"孔德精神"意义上的实证主义者。车尔尼雪夫斯基本人也在其早期的一篇（政治）文章⑥中，也曾写到孔德，说他是"正面哲学——唯一忠实于科学精神的哲学体系——的奠基人，——是我们这个时代最有天才的人物之一"。的确，更早些时候（1848年）时，车尔尼雪夫斯基就在其日记里坚决表明他反对孔德关于思维发展三阶段论，但这一札记仅仅只涉及孔德《正面哲学》的第1卷，而在此之后车尔尼雪夫斯

---

① 参阅斯捷克洛夫：《尼·格·车尔尼雪夫斯基》，第1卷，第225页。
② 同上书，第10卷，第196页。
③ Massaryk.《全集》第2卷，第40页。
④ 可参阅施佩特在其上述文章中关于费尔巴哈唯物主义的正确论断。
⑤ 同上书，第38页。
⑥ 《尼·格·车尔尼雪夫斯基》，第4卷，第135页。

基则又读了他的其他各卷。但上书引文毕竟还是非常具有雄辩力的。可是，在1876年写给儿子们的一封信里①，车尔尼雪夫斯基写道："另外还有一个流派，这个流派几乎没有什么不好的东西，但对我来说却又十分可笑。这就是孔德主义。孔德自比为天才……补充了自己关于三种思维状态的公式——这是一个完全荒谬绝伦的公式。"这段话不容许我们认为车尔尼雪夫斯基曾经迷恋过孔德，但孔德的实证主义——就其实质而言——则又是不容置疑的。

应当承认，车尔尼雪夫斯基观点的来源在于他那个时代的总的科学哲学文献，而且首先在于对科学性的崇拜（"唯科学主义"），后者是19世纪典型具有的一般特征。车尔尼雪夫斯基（部分地也和赫尔岑一样）处于法国精神生活的影响力之下——此影响力完全占据了车尔尼雪夫斯基大脑和心灵，他的社会学观点，就来源于此。当然，车尔尼雪夫斯基的社会经济观点有其明显表达出来的伦理学之根②，这种伦理学对于"纯粹"科学性的优越性特征，以极其本质的方式决定着车尔尼雪夫斯基的精神定向。这就是对科学的真正信仰，对科学无限可能性的及其认识能力的无限信仰，而在俄国文学中从40年代中期便开始出现并有着鲜明表现的、被提出来以与"父辈"所代表的浪漫主义相对立的现实主义，则更加强了这一特征。一般说来俄国激进主义是在"现实主义"的旗帜下得到发展的，他们以一种天真的崇拜之情向往自然科学，把其作为真理和现实主义的保障——至少无论如何在50和60年代是这样的。但如果我们认为这一代人身上的浪漫主义都完全被风化了的话，那就错了：在现实主义的覆盖物下，保留着真正的浪漫主义基础。正因为此我国激进派身上的"唯科学主义"只是对科学"威力"的一种天真的信仰……但在最后一点基础之上，这一尚未熄灭的浪漫主义在"世俗化宗教信仰"中表现了出来，

---

① 参阅斯捷克洛夫：《尼·格·车尔尼雪夫斯基》，第230页。

② 马萨利克正确地指出过这一点（见同上书，第62页）。可与科特利亚列夫斯基《解放前夜》，第304页比较。

后者则是在现实主义甚至唯物主义的覆盖物下繁荣兴盛起来的。科特利亚列夫斯基正确地指出"对费尔巴哈的崇拜对于车尔尼雪夫斯基及其思想上的同道者而言，是一种带有宗教信仰色彩的诗意崇拜方式"。科特利亚列夫斯基的另外一个意见也是正确的，他说"费尔巴哈的著作（《论基督教的本质》）是产生于19世纪之初的"人类宗教学"的经典著作之一"①。与此相仿，比方说，我们也可以在车尔尼雪夫斯基身上发现对人和人类的日益增长的崇拜。

车尔尼雪夫斯基的宗教信仰领域从未有过急遽的变化，但实在说也从未消隐过②。的确，在车尔尼雪夫斯基实证主义和唯物主义观点的发展过程中，他不仅非常严格地遵循着教会的清规戒律，而且甚至长期保持着自己的宗教信念。他在日记（1848年）中写道："那么假如我们得等待新的宗教那又该怎么办呢？一想到此我的心里就发紧，灵魂就颤栗，我很想保持以前的……我不相信有什么新的，——可遗憾的是，我终归不得不与耶稣基督分手，他对我是那么善良，他的人格对我来说是那么可爱，他是那么造福于人类而且爱人类。"当车尔尼雪夫斯基开始有意识地发展唯物主义观点时，他当然开始抛弃宗教理念，但却并未停留在没有宗教崇拜对象的状态中，——这是一种宗教内在论，一种对于"生命圣物"的信仰，对于"自然"的信仰，对于在大地之上实现乌托邦理想的炽热忠诚。在这方面，涅克拉索夫论述车尔尼雪夫斯基的诗歌，非常值得我们关注，诗题名为《预言家》。该诗最后几句诗是这样的：

愤怒而又悲伤的上帝派他

向大地上的奴隶把基督提醒。

5. 现在我们讨论车尔尼雪夫斯基的哲学观。他的主要哲学论文

---

① 科特利亚列夫斯基：《尼·格·车尔尼雪夫斯基》，第295—297页。

② 切希欣一韦特林斯基正确地指出，车尔尼雪夫斯基从出身的家庭带来的"宗教信仰"在世界观转折关头所发生的变化，仅仅限于变换了对象而已。见《尼·格·车尔尼雪夫斯基》，布拉格，1923，第55页。

题目是《哲学中的人本主义原则》，是就帕·列·拉甫罗夫哲学概述而写的。文章写得很草率，在基本思想发展的体系化方面该文很难经得起考验①，而且作者还以轻蔑的态度不光对待拉甫罗夫援引的费希特（小费希特），而且如此对待叔本华。作者的自信表现在只有在与他本人相近的流派中，才有真理，这种论述在作者那里常常会变得语无伦次，并且对待所有与其思想不同者态度极不恭敬。车尔尼雪夫斯基在此之前以及他的学位论文等著作甚至包括文章和题目为《俄国文学果戈理时期概观》的文章汇编中，甚至对待那些哪怕是"早已过时了的"哲学观点和立场，也都远比这恭敬得多。而此刻的车尔尼雪夫斯基却成为一个令人无法忍耐的、好激怒的作者，其博士腔简直令人无法忍受。在"人类学原则"的名义下，所阐述的仅仅只是"新"人类学概述——与哲学没有任何关系，更确切地说，与实质上的哲学问题分析没有任何关系。关于人的学说当然属于哲学体系的内容，但只有当其作为一个部分才是这样，但对于车尔尼雪夫斯基来说，随着对"新"人类学的确证，整个哲学问题实际上是脱落了。车尔尼雪夫斯基天真地以一种决绝的方式想要把自己的体系装扮成无可争议的"当代科学的总结"——他对不同思想者的那种傲慢自大、毫不客气的态度即来源于此，这种态度是那种与科学中的批判定向格格不入者们所一般特有的。

车尔尼雪夫斯基激烈反对把人当作二重性的统一体的"哲学观"，反对把"精神"与本质对立起来。他写道："应当把人当作一个生物，从而不致于把人的生活——无论人的活动还是整个机体——割裂成为不同的部分，或是……与所有有机体相关联。"车尔尼雪夫斯基随即便以轻蔑的口气谈到"永远总是墨守成规的广大学术界人士仍然继续采用先前那种匪夷所思（！）的方式把人违反自然

①　施佩特正确地称此文为"混乱不堪"。他鄙视地写道："在这篇混乱不堪的文章里，我们可以找到一切，随便什么都有，唯独没有哲学"，见《论帕·列·拉甫罗夫文集》，第5卷，第93页。

地分割开来"。为了捍卫人的统一性,车尔尼雪夫斯基基本上是在生物学意义上思考人的这种统一性的,当然也本着庸俗唯物主义精神对其做了一些补充,这种补充与18世纪的法国唯物主义十分相近①。在暂时把有关"人是道德生物"的问题放置在一边后(可车尔尼雪夫斯基后来却再也没有回到这个题目上来),关于人,车尔尼雪夫斯基想说的却是人"是一种有胃和脑袋、骨骼和血管、肌肉和神经的生物"②。车尔尼雪夫斯基在此所阐述的,是在50、60年代里有关人的一种被简化了的,同时也被十分幼稚地语无伦次地宣称为"科学新成就"的学说。假使比方说车尔尼雪夫斯基能活到像 Alex. Carrel (Lhomme,cet inconnu)这部巨著出版的年代,他又该怎么说呢?在他的那个时代人之谜看上去是如此简单——例如,我们不是从同一本研究专著(《人本主义原则》)里可以读到下列话语吗"③:感觉与任何其他的化学反应过程十分相似……"。至于说他还说生命不过就是一种"非常复杂的化学反应过程"这一点我也就不说了吧。历史学家们说得一点儿也没错④,车尔尼雪夫斯基根本不愿让自己费力去论证自己的观点,而是在阐述自己的思想时直接把它们当作是"最新科学成就"来灌输给读者。尽管如此在研究专著《人本主义原则》里,车尔尼雪夫斯基仍然还是站在老实说唯物主义生物学立场上的,但却并非确切意义上的唯物主义。他认为他将其与所有形而上学对立起来的"哲学里的科学潮流"乃是"匪夷所思世界观的残余"⑤。后来车尔尼雪夫斯基的思想开始明显倾向于唯物主义,他声称"存在者即物质"⑥。换句话说,只有物质存在是存在……在研

---

① 关于车尔尼雪夫斯基是如何研究法国唯物主义的,请参阅斯捷克洛夫:《尼·格·车尔尼雪夫斯基》,第1卷,第211—218页。

② 科特利亚列夫斯基:《人本主义原则》,第66页。

③ 同上书,第67页。

④ 同上书,第303页。

⑤ 同上书,第39页。

⑥ 斯捷克洛夫援引了摘自《车尔尼雪夫斯基在西伯利亚》一书里的这段以及其他引文,却是我无以问津的。参阅斯捷克洛夫:《尼·格·车尔尼雪夫斯基》,第1卷,第234页。

究专著《人本学原则》里，车尔尼雪夫斯基的确承认心理存在的独立性，只是强调指出心理要服从因果律[1]，但在从西伯利亚写来的书信里[2]，车尔尼雪夫斯基却断言，"彩色印象实质上不过是能够达到人的大脑并在那里持续活动的以太的波动罢了"。这里并未发生任何"变化"，亦即心理过程实质上也依然是那种同样的物理摆动罢了……关于这种庸俗唯物主义观点，自己本身也是一位唯物主义研究家的斯捷克洛夫指出，这里把唯物主义的基本命题"推广到了逻辑的极端结论的地步了"。

为了简化车尔尼雪夫斯基泥足深陷于其中的生物学，当然要肯定天真幼稚的现实主义了。车尔尼雪夫斯基认为整个超验主义流派是"一场幻梦"——甚至比这更甚：对他来说，是"形而上学的胡说八道"。车尔尼雪夫斯基还以同样的方式尖锐地反对实证主义的结论，说什么处于经验之外的一切，都是认识所无以问津的，——而在此处，他当然仍然忠实于"科学的哲学体系"的精神，而捍卫科学从事假想的权利。车尔尼雪夫斯基的实证主义在于，他让"道德"领域，亦即让有关精神系列的所有问题都服从在物理—化学反应方面占据统治地位的那些原则。这是对世界问题的一种简化，它会导向一切哲学的空洞化。在发自西伯利亚的一封信[3]中，车尔尼雪夫斯基这样说到自己："我是坚定不移地捍卫科学观点的思想家之一。我的责任是从科学立场出发考察我所能想到的一切。"而在车尔尼雪夫斯基眼里，"科学观点"就是在认识活动中服从在物理—化学反应过程里所遵循的原则。这样一种让所有认识无条件地和不加任何批判地服从统治低级存在领域里的原则的做法，公正地说，曾经一度被人们评价为"非逻辑论"[4]。

---

① 科特利亚列夫斯基：《人本主义原则》，第 54 页。
② 斯捷克洛夫：《尼·格·车尔尼雪夫斯基》，第 243 页。
③ 同上书，第 235 页。
④ 施佩特同上书，文章见《帕·列·拉甫罗夫论文集》，第 93 页。

车尔尼雪夫斯基立场的强有力的一面当然在于他的现实主义和力求从"现实生活"出发的追求。后来，车尔尼雪夫斯基后继者皮萨列夫以一个著名的公式对此做了表达："话语与幻想会死灭，而事实永存"。这也正是那种所谓的"拜倒在事实面前"，而实证主义就是哲学形式的"崇拜事实"——这是一种简化了的、天真幼稚的、但却不符合时代总的倾向的主义。

6. 我们已经说过伦理学在车尔尼雪夫斯基的精神定向里占有核心地位，因为他是一个天性具有深刻道德性的人，只是稍稍有些喜欢说教，喜欢激进主义原则罢了。车尔尼雪夫斯基很早①就对社会主义十分入迷，关于从根本上改变社会制度的想法令他灵感勃发。继赫尔岑和斯拉夫派之后他对俄国村社制深信不疑——他甚至可以被认为是俄国社会主义民粹派的领袖。然而车尔尼雪夫斯基在伦理学领域里的理论观点却既没有什么独特性，也没有什么深度。他是实用主义伦理学的崇拜者，"合理的利己主义"体系的崇拜者，并且认为这一体系有其"伦理学的科学根据"。这听起来是很幼稚，但车尔尼雪夫斯基（以及整个俄国激进主义派别）却仍然固执和执拗地喋喋不休地谈论什么伦理学的"科学"根据，认为这一"根据"就在于特定的心理学。在关于俄国半实证主义的下一章里，我们还会发现此类思想的重现。我们从车尔尼雪夫斯基笔下可以读到下列语句②："自然科学已经发展到如许地步，从而为精密（！）解决道德

① 早在读到傅立叶著作（此人在车尔尼雪夫斯基伦理学中留下了深刻的印迹）前，车尔尼雪夫斯基就在其日记（1848 年 7 月）中写道："越来越坚信社会主义者的正确性。"车尔尼雪夫斯基还高度评价 Considerant 及其论著 La destine sociale。关于傅立叶对车尔尼雪夫斯基的影响，可参阅利亚茨基的文章见《当代世界》，1909，第 11 期。

② 研究车尔尼雪夫斯基伦理学时，必须非常清晰地记住一点，即在车尔尼雪夫斯基笔下，"道德的"一词与法语中的 morale（作为与 physique 不同的）概念是相互符合的。马萨利克对此做了根据充足的论证（见同上书，第 39 页）。在车尔尼雪夫斯基笔下这个具有广泛含义的"道德"（＝精神）概念非常明确地到处出现。例如可参阅《人本主义原则》第 28 页和第 51—52 页。写过论车尔尼雪夫斯基哲学的大多数作者，完全没有注意到这一点——普列汉洛夫和斯捷克洛夫正是这样。

问题提供了许多资料"。这里所说的不光是伦理学，而且也包括精神系列的所有问题①。例如，在对纯伦理学问题进行了一番漫长的讨论以后②，车尔尼雪夫斯基高傲地声称"本着自然科学精神分析道德概念的方法……为道德概念提供了最颠扑不破的根据"③。

在"本着自然科学精神"讨论问题时，车尔尼雪夫斯基首先（在此他曾受到傅立叶的强烈影响）热烈捍卫整个"自然"的完全自由。卢梭关于"人类天性的至善"定理——或直接或通过傅立叶——非常深地植根于俄国思想家心中，其中也包括车尔尼雪夫斯基（如从前在赫尔岑身上那样，稍后我们还将讲到，特别是在皮萨列夫身上，关于他可参阅下文）。某次④车尔尼雪夫斯基以一种非常有趣的方式描绘了"一个正面"人的形象——这是一个"完整的人"，亦即内在和谐而完整的人："正面品质"与泛滥的"病态的想象和情感力量及要求能量的减弱"正相吻合⑤。接下来车尔尼雪夫斯基紧跟着 18 世纪法国思想家的步伐，要我们相信人身上所有活动之根在于自私的本性。而无私的则和（诸如"爱自己本身"，"关于个人利益的思考"）是一丘之貉⑥，但紧接着便又补充说，所有活动的利己主义之根"并不会剥夺英雄主义和高尚的价值"⑦。这对于正确阐释车尔尼雪夫斯基的伦理学来说非常重要：他对伦理生活的"科学"解释并未排除精神评价力的独立性。和赫尔岑一样，车尔尼雪夫斯基毫不犹豫地承认"英雄主义"和"高尚崇高"的价值，而且当然不是从"科学"的立场出发（按照车尔尼雪夫斯基的说法，

---

① 车尔尼雪夫斯基明确地谈到这个问题，把"道德和形而上学问题"放在同等位置上考量。《人本主义原则》，第 65 页。

② 同上书，第 84—97 页。

③ 同上书，第 97 页。

④ 见《俄国文学果戈理时期概观》，第 288 页，出版于 1892 年。

⑤ 科特利亚列夫斯基对这段为"完整的人"的辩护文字所做的注释非常成功，见同上书，第 304—306 页。还可参阅斯捷克洛夫同上书，第 292 页。

⑥ 《人本主义原则》，第 84—90 页。

⑦ 同上书，第 89 页。

对于这种立场而言，一切的一切全取决于利己主义），而是从纯伦理学的、完全独立于"科学"的立场出发。这种对于纯伦理学范畴的走私式的利用（在赫尔岑那里，如我们所知，用的更加公开化罢了），在车尔尼雪夫斯基那里，是用将善与益处虚假的等同这一方法加以论证的。车尔尼雪夫斯基写道："我们想要表明善的概念并未动摇，而是相反，当我们揭示其真实的本质时，当我们发现善即益处时，它还获得了巩固。""道德上健康的人从本能上（!）感觉得到，一切不自然的东西都是有害的和沉重的"①。对"道德健康"的引语仅仅只是那种车尔尼雪夫斯基以之为生的伦理唯心主义的伪装，——无怪乎在他那里，伦理学里完全没有了道德责任感理念一说。"对人的天性无法赞美……也无法詈骂……一切都取决于如此情况：在某些场合下人变得善良，而在另外一些场合下则凶恶"②。可就在那时，车尔尼雪夫斯基身上那种永不消失的伦理激情的可能性消退了。斯捷克洛夫③，（继普列汉诺夫之后）认为车尔尼雪夫斯基的错误就在于理智化（在分析道德范畴时），这对于"启蒙主义"来说是很有特点的，但问题当然不在于克服伦理学建立在"计算"之上的原始理性，而在于要理解对道德范畴的所谓"科学的"阐释，根本无法掩盖这样一点上，即伦理学评价恰好是"自主"的，亦即根本就是毫无根据的……

车尔尼雪夫斯基在现实生活中热烈而又充满激情地捍卫个性对于自由的权力，科特利亚列夫斯基关于整个激进主义流派的说法非常成功，他说激进主义的基础是"对个性的几乎是创造奇迹的力量的一种信仰"④。车尔尼雪夫斯基的道德激情取决于他对所有处于生活条件压迫之下的所有人们的爱。社会主义和伦理学人格主义在车

① 《俄国文学果戈理时期概观》，第286页。
② 《人本主义原则》，第60—61页。
③ 参阅斯捷克洛夫同上书，第301、304页。
④ 科特利亚列夫斯基同上书，第39页。

尔尼雪夫斯基那里完全被艺术地引导到对人的"新的"理解上来。车尔尼雪夫斯基在此也和费尔巴哈一样，实质上是沿着唯心主义路线运行的——只有"为科学主义"的假设可以解释为什么在车尔尼雪夫斯基那里，伦理学唯心主义会披上一层并不适合归纳入那种认为把人的全部主观能动性归入利己主义……的平淡学说的一类系统中去……

7. 车尔尼雪夫斯基在其美学中的言论则还要比这更混乱，但也与此同时也更重要更有趣得多。弗拉基米尔·索洛维约夫撰写了一篇篇幅并不大，但却非常宝贵的论述车尔尼雪夫斯基美学思想的论文①，称车尔尼雪夫斯基的学位论文是"走向正面美学的第一步"。车尔尼雪夫斯基本人在为其学位论文的第三版写的前言中写道，说他自认为自己的功绩仅仅在于"他得以用俄语把费尔巴哈的某些理念传达出来，尽管费尔巴哈几乎没有任何与美学问题有关的著作。其结果是，车尔尼雪夫斯基本人对于其美学观点的根本价值也没有一个清晰的认识。的确，在同一篇前言里，车尔尼雪夫斯基写道，他（即当写作学位论文时）也不认为自己的美学思想"有多么了不起"，而重心放在了"范围更加广阔的思想上了"，而这些思想"全都……属于费尔巴哈"。

为了分析这些问题，必须先搞清车尔尼雪夫斯基学位论文里的一个核心思想：这个思想就在于否定唯心主义美学（这种美学认为艺术理念具有最高价值），在于承认具体现实生活高于艺术。正是这后一个命题得到了索洛维约夫的高度揄扬，因为索洛维约夫同样也在进行反对唯心主义美学的斗争，同样也在捍卫现实的意义，捍卫美的现实重要性②。在高扬与理想主义相对立的真实性的同时，车尔尼雪夫斯基认为价值不在于具体存在，而仅仅在于在这一存在中得

---

① 《索洛维约夫全集》，"社会利益"出版社，第 6 卷，第 424—432 页。
② 参阅《索洛维约夫全集》，第 6 卷，关于美学的文章。关于索洛维约夫可参阅第 2 卷，第 1—2 章。

到表达的那里理念。对追求这种生动的真实性的车尔尼雪夫斯基当然与费尔巴哈很接近，但也仅此而已。更加正确的做法是在车尔尼雪夫斯基和卢梭的观点之间画等号，车尔尼雪夫斯基认为艺术具有辅助性作用的观点，还主张回到卢梭一度曾竭力宣扬的"自然"中去。艺术是人工的，而现实生活则是美和真的来源。车尔尼雪夫斯基在某处文字中非常恶毒地谈论到"修整得齐齐整整的园林的原则"，并把这一原则与在其自然和自由中的"自然本身"对立起来。车尔尼雪夫斯基并不反对理想，而是反对美学感伤主义，因为理想甚至包括幻想性体系只能发生在现实生活中，它们具有一种真实的价值，犹如现实中活生生的一部分。但由于我们培养了理想并将其与现实生活对立了起来，由于我们往艺术中去，去往了一个杜撰出来的世界，亦即离开现实生活，所以我们便丧失了与美的关联。所有这一切都不过是在对艺术与现实的审美关系的理解中把卢梭主义的母题搬弄一番而已，而这里面来自费尔巴哈的东西是如此之少，以致令我们感到惊奇，因为车尔尼雪夫斯基本人曾经把自己"具有更大规模的思想"归结为受了费尔巴哈的影响。普列汉诺夫[①]或斯捷克洛夫[②]或认为车尔尼雪夫斯基美学或是揭示了（历史）唯物主义原则，或是"人本主义原则"的一次胜利。当车尔尼雪夫斯基写作其学位论文时，他当然曾经是费尔巴哈的崇拜者，但他已经开始转向唯物主义，而这也是毫无疑问的，但他的论文就其本身而言，——无论就其题目还是就其内在辩证法而言——却很少反映出这一特点。这篇论文是对我们在上面几章里不得不一再谈到的美学人道主义的一种深刻的新发展，——只是在车尔尼雪夫斯基那里，这一美学人道主义与哲学唯心主义彻底决裂了，而把自己与哲学现

---

① 普列汉诺夫（《普列汉诺夫全集》，第 5 卷，第 190 页）认为在车尔尼雪夫斯基的学位论文里他竭力"想要在唯物主义哲学基础上建构美学"，这一结论绝对是缺乏根据的。

② 《斯捷克洛夫全集》，第 1 卷，第 319 页。

实主义联系了起来。科特利亚列夫斯基①正确地指出，"新的美学是在对人……的歌颂……创立起来的……人被认为是自然最富于艺术意味的创造"。是的，这是正确的：而且，在车尔尼雪夫斯基的人道主义里，在其对人的"本性"的宗教式精心呵护中，毫无疑问反映了费尔巴哈的影响。但是，车尔尼雪夫斯基在其学位论文中所表达的东西，远比费尔巴哈笔下那种对人的宗教崇拜更广阔也更深刻。弗拉基米尔·索洛维约夫高度评价车尔尼雪夫斯基的学位论文无疑也是对的，尽管他的哲学立场与车尔尼雪夫斯基的观点相距十分遥远：车尔尼雪夫斯基的美学在捍卫美的现实性或——更准确地说——把现实美置于高于艺术美的地位的做法，为哲学美学开辟了新的远景。车尔尼雪夫斯基的美学人道主义把宗教内在论的气息也纳入自身之中，这种气息已经在 20 世纪俄国艺术家和思想家的美学探索中得到了丰富而又鲜明的反映，但车尔尼雪夫斯基的美学人道主义的其他方面则又与陀思妥耶夫斯基和索洛维约夫十分接近。

在车尔尼雪夫斯基的时代已经开始流行着一些关于"美学的毁灭"的言论（参见下文中的皮萨列夫），但车尔尼雪夫斯基根本就不是一个美学的毁灭者。而比方说，如果像马萨利克那样认为对于车尔尼雪夫斯基来说，"美学已经成为伦理学的辅助学科"的说法，同样也是不正确的②。实情难道不是恰恰相反吗？现实的颂歌，对"本性"的揄扬，决定着车尔尼雪夫斯基的美学观，而伦理学本身，从其自身方面说，却取决于车尔尼雪夫斯基究竟把什么当作真正重要的实质性的美。

8. 为了结束对车尔尼雪夫斯基哲学观的评述，应该在其历史观问题上稍做逗留。但在这个领域里，如果说车尔尼雪夫斯基笔下也有什么有趣的东西的话，那也仅仅只是因为他非常清晰而又有力地

---

① 《解放前夜》，第 316 页。
② 《马萨利克全集》，第 50 页。

表达了启蒙主义的历史理念①。在普列汉诺夫和斯捷克洛夫的著作里，我们可以找到以经济唯物主义的公式的形式对车尔尼雪夫斯基的观点的一种风格化表述，但我们必须承认，他们的做法都未成功——更何况在车尔尼雪夫斯基笔下，有时会有一些公式，明显带有唯心主义的特点②。有一个观点不仅对于车尔尼雪夫斯基十分重要，对其他人亦然，这就是那种把历史决定论与个人在历史中的作用学说奇特的组合在一起的学说。顺便说说，这与车尔尼雪夫斯基的"布朗基主义"有关，也与他对革命动力学的喜爱有关③。有人曾公正地指出，俄国精神流派中，没有一个像俄国虚无主义那样赋予个性以崇高的意义④，——而60年代放肆的虚无主义从发生学上与之相关的车尔尼雪夫斯基，毫无疑问，对于强烈的个性崇拜的确做了许多工作，这种个性在捍卫自己的为这个时代所特有的"天然"权利方面是勇敢而又激进的。

　　总之，在概述车尔尼雪夫斯基的哲学观时，我们重又不得不回到一个旧话题，即宗教主题在俄国哲学发展的运动过程中具有核心意义。俄国世俗化运动以极其激情洋溢、慷慨激昂的方式持续发展，并以此揭示这一运动从内在方面而言是无法与宗教主题分开的。车尔尼雪夫斯基对此的表达比他的前人们更加明确，并且推出了"人类学原则"。问题并不在于车尔尼雪夫斯基所发展的简化了的心理物理唯物主义（尽管唯物主义从他开始长期以来一直到我们生活的今天，渗透进了俄国思想界的某些流派里了），问题在于人的的确确在此变成了"万物的尺度"。在这方面，车尔尼雪夫斯基与费尔巴哈的

<hr>

　　① 关于这一点可参阅马萨利克同上书，第56页。另一个作者帕·鲍·斯特鲁韦正确地指出，车尔尼雪夫斯基"以一种在他之前或在他之后都无人采用的如此迷人而又清晰果断的形式"，表达了自己的历史学观点。参阅他的文章《论我国哲学发展史》，见《唯心主义问题》文集，莫斯科，1902。

　　② 比方说，可以参阅斯捷克洛夫：《尼·格·车尔尼雪夫斯基》，第359页。

　　③ 关于这一点，比方说可参阅科特利亚列夫斯基同上书，第406—408页。

　　④ 安德烈耶维奇：《俄国文学哲学试论》，1922，第220页。

"人神宗教"、"宗教人本主义"可以说是如响斯应，因此车尔尼雪夫斯基才会永远都怀着崇敬的心情只对费尔巴哈一个人顶礼膜拜，心存感念。但是，在其美学的发展过程中，鼓舞车尔尼雪夫斯基的是对于"现实生活"的一般倾向，继费尔巴哈以后，他也推出一些与其他倾向有关的理念，这就使得车尔尼雪夫斯基的全部哲学遗产无法既被纳入纯粹的费尔巴哈学派里，也无法被纳入历史唯物主义路线里（正如比方说普列汉诺夫和斯捷克洛夫以风格模拟的手法加以肯定的那样）。车尔尼雪夫斯基的哲学遗产也无法被纳入到"启蒙运动"路线，像另外一些人所做的那样。他的美学人道主义要比启蒙主义运动更广阔也更深刻，尽管"启蒙主义理念"在车尔尼雪夫斯基著述中占有一个不小的地位。他首先是俄国世俗化运动的最杰出的代表人物之一，力求在保留基督教向世界所启示的全部价值的基础上，更新宗教世界观。真正唯心主义的"隐秘的温暖"温暖着车尔尼雪夫斯基笔下常常显得平淡而又冷漠的公式，而在其对现实生活的审美歌颂中也出乎意料地照射进去了来自光明的宇宙论的光，它使东正教形而上的直觉具有特点（正如我们已经在布哈列夫那里所见到的那样）。车尔尼雪夫斯基常常喜欢描述俄国激进派的各个流派，但他本人却无法被纳入其中任何一种，他远比人们对他的归类更广泛。在此我们既无可能也无必要阐述车尔尼雪夫斯基的经济理念，但即使是在这方面，车尔尼雪夫斯基也无法被纳入经济唯物主义的模式里去，正如人们迄今以来所做的那样。他要比自己固执的常常为其社会乌托邦主义和政治激进主义所决定的信念更加广泛。甚至在其固执而又简化了的实用主义中，车尔尼雪夫斯基也如我们所知，有时也会突然地，对自己的原则不管不顾地捍卫起纯伦理学评价的真理来。世俗化使得车尔尼雪夫斯基的哲学才华被歪曲被贫乏化了，——这种贯穿车尔尼雪夫斯基全部创作的内在的不和谐，或许应当被视作是我们所能在他那里发现的最本质的东西。他成为了俄国实证主义和唯物主义的奠基人，并竭尽全力为它们服务，为它们牺牲了自己的哲学才华。车尔尼雪夫斯基创作中的内在的不和谐足以表明，他本人待在狭隘的实证主义和唯物主义框子里也感到很拥挤很不舒服。

9. 看来我们不可能不对德米特里·伊万诺维奇·皮萨列夫（1840—1868）多少说几句。皮萨列夫是一个才华横溢的作家，在他身上，哲学激进主义具有了一种虚无主义战斗精神[1]。皮萨列夫本人并不喜欢"虚无主义"这个词[2]，称自己这派是"现实主义"，歌颂"批判的思维个性"的理想，但当然也正是皮萨列夫最鲜明也最强烈地表达了虚无主义的气息。他的一篇文章（而且写作日期很早）就带有一个非常醒目的标题：《论19世纪的繁琐哲学》，对他而言，所有抽象问题——就是繁琐哲学，所以，"我"的问题，比方说，之所以也是经院哲学，是因为这个问题是不可解决的，因此是"大脑无所事事的游戏"。在车尔尼雪夫斯基的精神世界里起着动力作用的那次向现实主义，向具体现实生活的转向，在皮萨列夫身上竟然走到了极端，走到了把理性工作仅仅限制在有"生活的直接需求"所激发起来的那一部分的地步[3]。

青年时代的皮萨列夫曾经十分迷恋果戈理的《与友人书简选》，这是一部充满紧张的宗教探索和禁欲主义焦虑的书。皮萨列夫加入了"思想者协会"，该会的宗旨是"进行高尚的谈话和相互之间的道义支持"。有一位历史学家公正地把这个小组的倾向与亚历山大一

---

① 马萨利克（上书第79页）把皮萨列夫公正地描述为这一时期整个激进主义运动的 enfant terrible（肆无忌惮的人）。

② 我们上文已经指出，赫尔岑则相反，非常愿意接受这个词，并且像捍卫自由一样捍卫虚无主义，不让它受到权威和偏见的污染。

③ 《皮萨列夫全集》（帕夫连科夫版，1897），第1卷，第365页。有关皮萨列夫的文献我们所能提供的有：斯卡比切夫斯基：《文学回忆录》。斯卡比切夫斯基：《40年代的三个人》（《皮萨列夫全集》第1卷）。卡尔波金：《平民激进主义分子》。卡扎诺维奇：《德·伊·皮萨列夫》，《在马克思主义的旗帜下》，1938，第4期。伊·伊万诺夫：《俄国批评史》，第2卷。安德烈耶维奇：《俄国文学哲学试论》，第5章。马萨利克同上书，第2卷，第79—92页。

世时代的神秘主义团体相比①，这里需要指出的是，在此期间，皮萨列夫翻译了克洛卜施托克②的叙事体长诗《救世主》……但这一宗教信仰的色彩很快就消失于无形了，皮萨列夫开始转向其他信仰，并且也以同样的热情和全身心的投入和迷恋（甚至可以说迹近于疯狂）于其中，就和从前他投身于高尚谈话时一样。皮萨列夫新信仰的教义问答是在对于 60 年代俄国世俗化神话成分的典型环境中形成起来的——而且首先是"对于自然科学的全身心投入的信仰"。俄国激进主义直到苏联官方世界观里的哲学巨人主义，都与这一天真幼稚的，的确"神秘"的对于自然科学的信仰有关，尽管就其实质而言，俄国激进主义（包括对于巨人主义所寄予的希望）都具有深刻的唯灵主义色彩……所以，拥有了新的信仰的皮萨列夫成为义无反顾地唯物主义的崇拜者（谈到唯物主义他总是充满感激地歌颂"健康而又新鲜（！）的唯物主义"）③，这丝毫也不奇怪。通过对于唯物主义的信仰④，俄国激进主义与西方启蒙运动相接近了——皮萨列夫则比别人更加激烈地捍卫启蒙运动的主题。他的著作充满了那种历史乐观主义精神，而这种精神曾经是经典进步理论的基础。皮萨列夫不知疲倦地号召人们参加启蒙运动，树立"理性的世界观"。皮萨列夫身上特别强烈的道德激情也与启蒙运动有关。然而也正是在这里皮萨列夫的新浪漫主义特征中止了，启蒙主义也明显地被分解了，但过早的去世（皮萨列夫是在海里游泳时被淹死的）打断了在他身上进行的内在过程。

　　皮萨列夫的伦理学立场和车尔尼雪夫斯基一样，对于俄国世俗

---

　　① 参阅《弗洛罗夫斯基全集》，第 292 页。

　　② 克洛卜施托克（1724—1803）德国启蒙运动诗人，著有宗教叙事长诗《救世主》，以圣经故事和民族革命为题材的剧本。——译注

　　③ 参阅《皮萨列夫全集》，第 1 卷，第 356 页。

　　④ 这种对于唯物主义的信仰，曾经渗透了在那个时代米·亚·安东诺维奇记者的激进主义圈子里十分普及流行的观点中。关于他还可参阅比方说拉德洛夫：《俄国哲学中的拉甫拉德罗夫》见《帕·列·拉甫罗夫论文集》，圣彼得堡，1922。《科特利亚列夫斯基全集》，第 524 页。柯甘：《在马克思主义的旗帜下》，1939 年第 5 期。

化运动激进的一翼而言是十分典型的：这首先是指把人的全部行为归结为利己主义，对一切"出自本性"的顶礼膜拜，与此同时，对人的"自然而然"的高尚和善良充满信仰。皮萨列夫身上的卢梭主义母题十分强烈——而且他在精神上无论对谁都不如对于像列夫·托尔斯泰这样一个性格鲜明天才卓著的虚无主义者那么亲近。顺便说说，甚至就连对于科学的态度（狭义实用主义的）这两个人身上也表现得一模一样：托尔斯泰否定所有科学，只有人所关注的和他所建构的以外，而皮萨列夫也一样（例如，在《论19世纪的经院哲学》中），否定了那些与"生活的需求"毫不相关的科学探索的意义。而且，和托尔斯泰一样，皮萨列夫起而反对"精神贵族"："实在说一种大众都搞不懂的东西还算什么科学？一种其作品只有有少数专家欣赏的东西还算什么艺术？"① 这并不妨碍皮萨列夫成为一个——而这对于整个时代而言是十分典型的——极端个人主义的捍卫者（这给予马萨利克提供了一个将其与尼采拉近的理由）。皮萨列夫写道："应当解放人的个性，将其从各种压迫中解放出来，这种种压迫令他对自己的思想都感到害怕，还把传统的权威，对一般理想的追求和整整一座陈旧的妨碍活人自由地呼吸和向各个方向发展的宫殿，强加在个性身上。"② 这一极端人格主义的宣言便是这样，它以同等方式否定了任何"传统的权威"和任何一般的（亦即非个人的）理想，而鞭挞"思维的胆怯"。皮萨列夫的"虚无主义"③，是其激进个人主义的结果，也是其激烈捍卫个人全面完整的自由的结果。因此，作为一个极端的唯物主义者④，皮萨列夫和赫尔岑与车尔尼雪夫斯基一样，捍卫人的全面自由，亦即人对于任何"必然性"的独立及人的自主性，——他甚至都未能发现自己像所有俄国实证

---

① 同上文《论19世纪经院哲学》，《皮萨列夫全集》，第1卷，第366页。

② 同上书，第339页。

③ 皮萨列夫本人宁愿采用"现实主义"这个词。

④ 在一篇文章（论述莫列肖塔的书）中，皮萨列夫竟然说出这样的话："迄今为止人们还未能发明这样一具能够观察思维在活人大脑里的工作情形的显微镜"。

主义者和半实证主义者们一样在此所堕入的那样一种矛盾。皮萨列夫的伦理学恰恰正是一种具有极端形式的自由创造伦理学，他建构了那样一种后来曾以如此优雅也如此不无凌乱的方式在法国 Guyot 派那里建立起来的体系。他写道："责任概念应当让位给自由的吸引和直接的感情。"① 皮萨列夫以其少年的感情冲动捍卫着伦理印象主义②，与此同时，又出乎意料地回到了完整个性的③理想，并以新的方式接受了斯拉夫派的探索，但他把这一完整性纯粹从心理学上来加以理解，将其当作内在斗争的缺席，当作"一种独立自主和完全毫无意味的发展"，"努力过一种完整的生活吧"。

对于甚至连印象主义之网也不胆怯的美学创造的号召，在皮萨列夫那里（也像在整个俄国世俗化激进主义运动中一样），是与一种非常平淡的理性主义结合在一起的。皮萨列夫曾经灵气勃发地在其最优秀的一篇文章（《现实主义者》）中讲述过的"批判的思维个性"，"蔑视不能带来任何实际利益的一切"④。他认为追求理想就是"追求幻影"，但却又要我们相信，"精打细算的利己主义与最自觉的爱人类的结果是吻合的"⑤。

皮萨列夫当然在哲学上十分幼稚，但这一把理想主义的激情与基本的唯物主义，拒绝飞翔的实证主义⑥和对自由的顶礼膜拜，奋不顾身的相对主义与"自觉的爱人类"的非逻辑的组合，所有这一切对于俄国世俗化激进主义来说都是十分典型的。

---

① 《皮萨列夫全集》，第 1 卷，第 347 页。斯捷普尼亚卡—克拉夫钦斯基关于虚无主义者鲜明的个人主义的观点。《地下俄罗斯史》，第 2 卷，第 2 页。

② "我所有的根据都出自直接的感情"（第 1 卷，第 368 页）。"我在生活中所能看到的就只有过程，我排除目标和理想"（同上书，第 369 页）。

③ "人性最完整的表现只有在完整的个性中才有可能"（同上书，第 369 页）。

④ 《皮萨列夫全集》，第 4 卷，第 95 页。

⑤ 同上书，第 65 页。

⑥ 皮萨列夫常常回到这样一个思想上来，即只有直接的外观"现实生活最完整的和唯一的保障"（《皮萨列夫全集》，第 1 卷，第 361、369 页）。这是一种原始的感觉论，在我国，实证主义常常与之相关联。

皮萨列夫还有一个对于他那个时代（以及以后时代）非常典型的特有的矛盾：即所谓的"美学的毁灭"——与此同时热情澎湃地正是在生活中探寻美学方面，对鄙俗和小市民的厌恶。在车尔尼雪夫斯基和他所捍卫的现实生活优先于艺术论的影响下，皮萨列夫同样全付武装地反对"纯艺术"。皮萨列夫的一位崇拜者要我们相信，皮萨列夫全付武装不是为了反对艺术，而是反对艺术的"社会根据"。此人的话只对了一半：在《美学的毁灭》一文中，我们可以读到这样的论点："艺术万分情愿让自己变身为豪华奢侈的奴隶和仆人"。"纯艺术是一种来自异国他乡的植物，它常常以人类奢华的琼浆玉液来滋养自己"……但皮萨列夫最主要的关注点毕竟不在于为富人服务的艺术而斗争——而在于卢梭主义的母题，在于与文明的非自然的实际上是矫揉造作的表现做斗争。皮萨列夫本人对于海涅天才的抒情诗有着非常高的评价，并号召诗人要成为"撼动世纪之恶的大山的巨人"，——他说如若不然，诗人就会成为"在五彩斑斓的尘土里刨食的小瓢虫"。实际上，皮萨列夫要比车尔尼雪夫斯基还要精细一些，深刻一些，他的艺术观以及他的"美学的毁灭"观，压根儿不意味着美学因素从俄国人道主义意识形态里的脱落，而是相反，意味着对摆脱了不公正的社会制度的自由的新艺术的探索。而在这一点上，列夫·托尔斯泰与皮萨列夫十分相近。皮萨列夫在与濒临死亡的老爷艺术的斗争——比方说在与他竭力予以脱冕的普希金的斗争中——中，甚至已经走到了得出极端结论的地步，实质上，皮萨列夫所捍卫的是艺术中的那种艺术本应在自身携带的人性，那种真理的力量。在此皮萨列夫（要远比车尔尼雪夫斯基更加深刻的）依然接近于我们后来在弗拉·索洛维约夫那里找得到的艺术的"预言"观。

然而，我们也不要忘记，原始唯物主义以及即使是在这个问题上也向皮萨列夫提示了各种荒谬绝伦的东西，诸如"（目前）美学正在消失于生理学和卫生学"。

10. 俄国世俗化激进主义在车尔尼雪夫斯基和皮萨列夫之后结出

了丰硕的和令人感到非常意外的果实。一方面，他开始在所谓的"积极主动的民粹派"①下发展，另一方面，它推出了以帕·列·拉甫罗夫、尼·康·米哈伊洛夫斯基及其后继者们为代表的一个极其有趣的哲学流派。我们当然忽略了那些从早期激进主义运动中发展而来的纯粹政治的派别，——在意识形态方面该派没有任何有价值的东西存下来②。我们把对帕·列·拉甫罗夫和尼·康·米哈伊洛夫斯基哲学创作的研究放在下一章进行，而把上面几章所分析的俄国民粹派中与理念的内在运动过程直接有关的一切单独分开论述。我们将以一种非常快速的方式，探讨一下这个流派最鲜明的代表人物尼·瓦·柴可夫斯基。

　　尼古拉·瓦西里耶维奇·柴可夫斯基（1850—1920）③早在大学时代就以激进派青年人小组的领导者而闻名（在圣彼得堡），加入该小组的有许多后来都成为著名革命活动家。总之，"柴可夫斯基分子"小组倾向于"积极主动的民粹派"。在这些年里（1867—1870）皮萨列夫以及其唯物主义和捍卫"合理利己主义说"的影响力还很大，诚如柴可夫斯基本人所证实的那样④。在当时十分时髦的崇尚自然科学风潮的影响下，柴可夫斯基考入大学的自然科学系……在此期间，柴可夫斯基开始研究孔德，后者完全适合这个时期激进主义小组的一般的理性倾向。在这个小组里人们努力于自我教育，读书非常广博（甚至包括读马克思的书）——但小组的总的氛围则取决于"对于人民所负的无法补偿的债务"⑤。这是那个时代俄国各类社团普遍具有的一种"忏悔的贵族"（каюшийся дворянин）心态，这种现象不是在农奴解放（1861）后爆发的，而是在70年代初才产生的一种思想倾向。这种心态最

---

① 关于他可参阅博古恰尔斯基的《70年代积极主动的民粹派》一书（1912年）。

② 关于这个问题可参阅比方说《马萨利克全集》，第2卷，第111—113页。

③ 关于他可参阅《尼·瓦·柴可夫斯基》词条，巴黎，1929。

④ 参阅《柴可夫斯基回忆录》（此文集第36—37页）。

⑤ 尼·康·柴可夫斯基：《给友人们的一封公开信》（见上述文集第279页）。

好的表达者是尼·康·米哈伊洛夫斯基（关于他可参阅下一章）：
"我们明白对于人类普遍真理的认识……只是由于人民数百年来所
受的苦难才被赋予给了我们的"。关于向人民"偿还"的理念，认
识到对于人民的债务这些年中以丝毫也不亚于此的方式表达了此
类理念的，还有帕·列·拉甫罗夫（同样参阅下一章）。敏感的青
年人们深刻地吸收了这种对于人民负债的意识——由此而产生了
"走向民间"运动，怀着炽热的感情渴望把自己的力量奉献给人
民。根据柴可夫斯基的证词[1]，"柴可夫斯基分子"小组便成为了
一个特殊的"骑士团"，它具有鲜明的伦理学唯心主义特征——与
此同时也肯定唯物主义和实证主义。

　　但在几年后，柴可夫斯基步入了一个尖锐的意识形态危机时期。
但在这场危机中他并不完全是孤立的——整整一大帮年轻的真理探
索者们或和他在一起，或跟在他身后亦步亦趋。但需要注意的是，
这一导致柴可夫斯基走向宗教世界观的意识形态危机，影响并席卷
了俄国激进派团体的所有阶层，而且这一危机甚至很快就在俄国激
进主义肯定唯物主义的普遍运动中湮没无闻了。但毕竟柴可夫斯基
所曾体验的一切，是具有实质性意义的，因为它揭示了隐藏在表层
之下的对于宗教的需求，这种需求在俄国世俗化运动中从前和现在
都一直存在。

　　60 年代里无神论和唯物主义是俄国激进派的基本教条——而
这是一种真正的信仰（对科学，对进步）的信仰。一些头脑更加
深刻的人（柴可夫斯基也属于此类人）很快就明白过来，激烈热
情和积极主动地为人民服务无论如何也既非来自无神论，也非来
自唯物主义，——此时此刻几乎各种各样的人都同时爆发了一种
"创造新宗教"的愿望[2]。值得注意的是，这一"新宗教"的理念
始终都在沿着宗教内在论的轨道，像对人类的信仰一样，一直在

---

[1]　参阅《给友人们的一封公开信》，《柴可夫斯基回忆录》，第 279 页。
[2]　参阅波尔涅尔：《柴可夫斯基与神人论》，见同上书，第 97—167 页。

发展之中（如同在列·尼·托尔斯泰的年代里一样——参阅第 10章）。诚如格·帕·费多托夫[1]某次公正地指出的那样，我国的民粹派就和任何宗教运动一样，"是完全不可理喻的，这是长期以来集聚起来的、在强大的压力挤迫下被浓缩的、处于一种潜伏状态中的宗教能量的一次爆发"。某个叫马里科夫的人创立了"神人"教派（此人早在托尔斯泰之前就宣扬"不抗恶论"）[2]——当柴可夫斯基苦于无法为自己的民粹派找到宗教依据时，他恰好是在走向此人。柴可夫斯基的宗教观点经历了一个发展阶段[3]，我们不拟追溯这个过程了，而只从柴可夫斯基那里撷取几句引文，以便证实一下处在世俗化边界以内的宗教能量究竟是在朝着哪个方向发展。我们这里说的是"世俗化边界以内"，因为这里还根本谈不到接纳教会的问题。柴可夫斯基在《给友人们的一封公开信》里[4]（1826 年）写道："此刻，当我的 76 岁生涯即将告终之际，我想提出这样一个问题：我究竟找没找到一种完整的世界观，一种绝对的真理，一种绝对的善和主要的——一种绝对的爱呢？而我会勇敢而又坚决地回答你们：是的，我找到了……我们是不能在一个恺撒王国里仅仅凭借着假定的有益性，而却不拥有着上帝的绝对善的天国而活着……"柴可夫斯基本人[5]的神学观或许可以这样来阐述："世界的统一的，无限的和活生生的有机体……人只是这一有机体的一个部分，是它的一个器官——一个能感知和有意识的器官而已。这个有机体的灵魂只是世界灵魂的一个部分……当灵魂在其复活中与整个宇宙的灵魂融合为一时，我们便将会听到上帝的声音——首先是在我们自己身上，然后又在其他人身上，在自然

---

① 费多托夫（鲍格丹诺夫）：《俄国知识分子的悲剧》，《路程》1927 年第 2 期，第 171 页。

② 关于马里科夫可参阅波尔涅尔《柴可夫斯基与神人论》中的详情细节。

③ 参阅波尔涅尔：《柴可夫斯基与神人论》，第 143—156 页。

④ 《柴可夫斯基文集》，第 284 页。

⑤ 参阅波尔涅尔：《柴可夫斯基与神人论》，第 149 页。

中，在天空中，也就是说，我们能够感觉得到和思考得到宇宙，把它作为一个整体……宇宙就是活着的世界的上帝……"

　　柴可夫斯基的演变过程并不典型，但其宗教探索却十分典型，它揭示了潜藏在俄国世俗化激进派深层中的那一宗教渴望。甚至就连俄国无神论者的迷狂情绪实质上也曾受到火热的、纯宗教狂热情绪的感染，——而柴可夫斯基的精神危机史因为它揭示了这一隐秘的宗教能量，而且这一隐秘的宗教能量不仅潜藏在激进派民粹运动中，甚至也潜藏在整个俄国世俗化运动中。

第九章

19 世纪俄国哲学中的半实证主义

康·德·卡维林、帕·列·拉甫罗夫

尼·康·米哈伊洛夫斯基、尼·伊·卡列耶夫

1. 19 世纪下半叶俄国的世俗化运动已经达到创造性影响高度紧张的地步——但与此同时，这一运动自身也开始产生了一些极其内在的危机。俄国世俗化运动在不拒绝在教会之外以及在教会与天国和尘世之国之间的根本差异的情况下，创造完整的世界观的基本任务的条件下，自身却又极度充满了宗教探索。甚至就连拥有极端狂暴的力量的俄国虚无主义，也带有宗教色彩，而在那样一些从原则上宣言唯物主义，并且其宗教需求得以充分表现（而这不仅对于 19 世纪，而且对于我们这个时代来说都是确实的）的那些流派，也都带有宗教色彩。但在世俗化运动内部，在一系列表现鲜明的，几乎总是非常富于才华的体系中，宗教探索以一种异常清晰的方式生发开来，这一发展倾向，我们根据其所具有的基本的双重性质，将其描述为半实证主义。所有这一倾向都或多或少地清晰地以科学及其实证主义倾向为定向，他们以按照赫尔岑的说法——"大地村庄"——理念为自己的武装，也就是说，他们运行在宗教内在论的轨道上，因此几乎永远都是反形而上学的，而且他们还常常直接以孔德及其弟子们为依据。与形而上学唯心主义的斗争，对于科学精神的迷恋，无条件地宣扬科学相对主义等，但却并不妨碍在此之外，经常而又自觉地把科学精神与宣称自己对于绝对和无条件意义的权

利的意识对立起来。宗教感染而且往往是神秘感染的全部力量发现自己有可能在这种"泛道德主义"中，在这种道德积极性得以热情洋溢的、吞噬一切的和激情火热的、得意洋洋的中展现。自由的激情将构成世界科学成就之基础的必然性理念远远地抛在一边，个性的凯旋及其绝对价值并不把个性需要不可遏止地服从自然这一铁律放在眼里。这是在把没有灵感的实证主义和灵性勃发的伦理学积极热情奇特地组合在一起，这种做法常常会被以全力表现出来，但哲理思维却宁愿与这种内在的不和谐妥协——只要它不走出世俗化运动的边界即可。精神的这种内在的为自己锻造着镣铐的、害怕教会的不自由创造，维持着一种内在的戏剧性，而与此同时，为基督教主题所感染并且也只能为其所感染了的精神，对它们而言才是火热的创造之火。我们将会从所有这一流派的一系列各种各样的个人体系的各种各样的表现中有所发现，该流派的一种内在的狭隘性会妨碍那个时代的许多思想家们摆脱"这一时代的精神"。

我们首先讨论一下康·德·卡维林，在他身上，"半实证主义"特征首次以最为清晰的方式表现了出来。这些特征老实说早在赫尔岑身上就已有过足够鲜明的表现了，但赫尔岑毕竟还是与唯心主义的关系最为密切，而且在他的悲剧体系中，也不曾有过那种"唯科学主义"，该主义给俄国思想家们的探索中带来许多虚假的因素。卡维林在哲学领域里的创作并不很多，但却比其他人更多地把"半实证主义"引入发展过程中来。

2. 康斯坦丁·德米特里耶维奇·卡维林（1818—1885）考入莫斯科大学（17岁时），早在少年时代就与基列耶夫斯基及其亲人友善，但与此同时他也与别林斯基关系很好，后者曾经当过他的家庭教师。别林斯基的影响对他来说是决定性的，这致使卡维林终其一生都是一个"西欧派"。稍晚些时候他又结识了格拉诺夫斯基与赫尔岑，写作了一系列出色的论述俄国历史的文章，文中表达了他所特有的捍卫个性的理念。他留在彼得堡大学当教授，并且很快就被邀请为皇储当太傅。他与上层的关系在亚历山大二世统治时期得以巩固，而正是在此期间，解放农奴法案正在酝酿之中。

卡维林是俄国知识分子中也包括俄国自由主义中最杰出最优秀的代表之一。[①] 很长一段时期中看样子他似乎与哲学无缘，但从60年代初起，他出版了一系列专著，后来将它们结集为两本书：即《心理学的任务》和《伦理学的任务》[②]。第一部著作我们在阐述与卡维林陷于科研论争中的尤·费·萨马林的思想时已经有机会谈到过。

卡维林的哲学立场取决于40年代末所特有的反对德国"抽象"唯心主义，坚决转向于"精密"科学，转向于研究事实的运动。卡维林与孔德并不亲近，但无处不在的普遍的实证主义的精神氛围却笼罩着他们。而根本上的相对主义给他留下了深刻的印象，他可以说在每一步都要自己和读者相信，"世上没有绝对的本质或原则——世上万物都是有条件的和相对的"[③]。他写道："严密而又真正的必然性只在抽象思维领域里是正确的，而在面向现实的具体思维领域里，是没有绝对必然性的位置的"[④]。作为一位十分小心谨慎的思想家，卡维林反对对于科学实证主义的绝对肯定[⑤]，他甚至说出这样的话："唯一者与自然是现实，但它们之间是如何相互关联的——却笼罩着一层不可理喻的迷云。操纵着唯一者及其整个世界的那一最高力量则还要比这更加神秘。"[⑥]

这种在对待有关世界和人的判断中谨慎小心的做法，一般说对于半实证主义来说是很有特点的。在与"形而上学海市蜃楼"的斗争中，卡维林想要坚定地以事实为依据，而他也极其相信作为一门

---

① 参阅亚·费·科尼关于卡维林的文章，《卡维林全集》，第3卷。
② 卡维林的哲学著作被收集在其全集的第3卷里，彼得堡，1899。
③ 《卡维林全集》，第3卷，第881页。
④ 同上书，第641页。
⑤ 可与同上书，第631页比较。
⑥ 同上书，第929页。

科学的心理学，相信心理学能够逐渐揭掉蒙在人这个秘密身上的外衣。对于卡维林来说，他的人类中心主义当然是很典型的，他对人有兴趣，并且只对人有兴趣。在对心理学的稍稍有些激情洋溢的信仰中他是天真的，而且，他当然也未能避免"心理主义"这一危险。但是对于卡维林的整个哲学立场而言最重要的是他态度坚决地承认个性中创造性本质的现实性①，他声称："自我满足与自由是毫无疑问的心理学事实。"② 但是，即便是人身上的自由当然也是有条件的："正如在生活中没有无条件的必然性一样，生活中也同样没有无条件的自我满足"③。自由的意识更应当为了笼罩着自然界的必然性而被推倒或减小，因为世界的"客观性"本身是虚假的，它的来源在于人的心理生活④。"认识来源于人，认识只存在于人身上并只为人而存在。企图解释或更有甚者的是从生理中推导出心理生活和相反——都意味着堕入一个怪圈"⑤。对于卡维林，唯物主义和经验主义一样不可接受，——他在真正现实中的存在经验的意义上仍然是双重性的："心理与物质生活都在同一个一般的土壤上"⑥。这一土壤恰好就正是人的内心世界，因为"就只有心理能够解决那一无论哲学还是自然科学都无法解决的任务"⑦。卡维林在这一论断中情愿走到极端的地步（与马赫的认识论立场极其接近），对他来说，主观和客观世界已经失去了意义："外在现实的世界是个人的、个体和主观世界的延续"⑧。

这一哲学立场把卡维林从对自然科学的盲目崇拜中解脱了出来，这种崇拜在实证主义的基本定向中占据着一个十分重要的地位。对

---

① 参阅《卡维林全集》，第 3 卷，第 893、982 页。
② 同上书，第 919 页。
③ 同上书，第 920 页。
④ 同上书，第 1016 页。
⑤ 同上书，第 407 页。
⑥ 同上书，第 467 页。
⑦ 同上书，第 637 页。
⑧ 同上书，第 935 页。

于卡维林来说，人的伦理学领域里的主观真理的全部，无法取代性地都展现了出来。的确，他天真地相信伦理学的科学根据①，其依据是，目前，由于心理学的成功，"我们可以理解和研究存在最隐秘最珍贵的秘密"，但事实上丝毫也不会因为对伦理学事实的"科学研究"而感到窘迫。他那异常崇高的伦理学灵感，就其实质而言，是自主的和独立的。他的服从于科学不会超过承认"人身上的自由只有在一定条件下才有可能，自由并非某种自己本身无条件的东西"②，但在做出这一让步之后，卡维林随后已经是在自由而又勇敢地建构起唯心主义性质的伦理学来。"人对理想追求的来源和原因，"卡维林谨慎、并安慰自己的"科学"的说道。"是他的意识……要知道意识不是在与真实的事实打交道，而是在和我们的内心状态打交道"。伦理学唯心主义似乎因为这一观点而有了足够充足的根据了似的。"伦理学的真正本质在于，"我们在卡维林笔下的一处文字中读到③。"是伦理学为人的自觉生活和活动所树立的主观理想"。至于说这些理想是"主观的，"——这只是向科学性所致的一个请安礼罢了，但伦理学意识有权向人提出自己的任务（不取决于外部必然性的），这一点对于卡维林来说却是无可争议的。"道德发展和活动构成了人的这样一种真正实践的需求，与发展和活动的所有其他方面一样"④。

如果从一方面来说卡维林的伦理学是"精神的卫生学"的话，它取决于"心理的法则的话，那么，从另一方面说，卡维林又高度评价伦理学灵感，道德意识的纯洁性和崇高性。"对他来说，占据首位的是"对真理、真实和心灵之美的追求"⑤，顺便说说，美学母题、对鄙俗和粗野的厌恶，决定着他的审美人道主义风格。某次他

---

① 《卡维林全集》，第 3 卷，第 991 页。
② 同上书，920 页。
③ 同上书，第 961 页。
④ 同上书，第 982 页。
⑤ 同上书，第 961 页。

曾这样写道："我们再也不怕野蛮汗国的侵略了，但野蛮却已潜入我们身上导致我们道德上的腐败……（文化）之树花繁叶茂，而它的根系却已腐烂。"

卡维林对于现实生活的严厉的道德评价无论如何也无法从其"科学"伦理学推导出来，——这一评价实际上是从纯道德唯心主义里引导出来的，亦即无论就其实质还是就其起源，都与其虚拟的科学伦理学体系无关。

3. 现在让我们接下来研究一下帕·列·拉甫罗夫的哲学创作。

在俄国本土拉甫罗夫算是非常幸运的。先是被发配到沃洛格达，然后从那里逃亡国外，在国外他很快就成了革命出版机构的领袖人物，成为"共产国际"的成员——所有这一切都使他的名字长期以来在俄国成为禁区。拉甫罗夫最重要的著作即使是在俄国出版，那也只能顶着各种各样的笔名。其著作全集首次面世已经是在 1917 年革命以后了……迄今为止甚至就连一本或多或少比较体面一点的拉甫罗夫传记也没有。对拉甫罗夫的哲学评价长期以来同样也对他本人十分不利，在许多人心目中他的创作完全缺乏独创性，是折中主义的大杂烩。只是在关于拉甫罗夫的一部大型论文集出版（彼得堡，1922）以后，文集作者们对于拉甫罗夫的哲学都发表了颇有好评的文章，关于他的看法才渐渐有所扭转。但迄今为止，总体而言他的创作仍未有人研究。

拉甫罗夫是在与车尔尼雪夫斯基十分相似的精神氛围中成长起来的，对拉甫罗夫也像对车尔尼雪夫斯基一样，认识和创作的决定性基本原则，是"科学性"，是科学批判主义。但车尔尼雪夫斯基很早就转而从事政论写作，这种工作强化了他身上那种锐利而又敏捷地批判当代社会的能力，而把他（无可置疑）的哲学才华推到一边去了。在拉甫罗夫身上，那旗帜鲜明的革命活动丝毫也没有降低他在科研工作中的谨慎细心和深思熟虑。拉甫罗夫毫无疑问是一位真正的哲学家，但从四面八方挤迫他的，不是政论，而正是他的学究气，顺便说说，他也是一位真正的学者，可以说是学富五车，兴趣广泛。就其综合的广度和知识的体系性而言，可以说他可与赫·斯宾塞[1]、冯特[2]相媲美，而且在他的"半实证主义"中，也非常明确地表现出了他对科学的崇拜，尽管对其有所压抑但却丝毫也未能掩盖他的哲学才华。

讲到拉甫罗夫的传记[3]，如上文所说，迄今无人予以研究。我们这里先讲一讲他生平最重大的事件。

彼得·拉甫罗夫维奇·拉甫罗夫（1823—1909）出生于一个富裕的俄国地主家庭。其父是一个军人，于是也把儿子打发去了军校——年轻的拉甫罗夫进了炮兵军事学校。这些早年岁月里（拉甫罗夫 19 岁时从军校毕业）他就以博学鸿识而著称。此期他的兴趣主要倾向于数学和自然科学，但他也非常认真地研究过科学思维史。1844 年（21 岁时）拉甫罗夫成为炮兵军事学校的一名数学教员，几年后成为炮兵科学院数学教授。在拉甫罗夫身上，研究科学和研究历史与道德探索有着深刻密切的关联——在道德方面拉甫罗夫的道德定向是与俄国哲学家们的总定向是一致的，并且在俄国伦理学探索史上占有一个最显著的位置之一。毫无疑问，在拉甫罗夫精神成

---

① 赫·斯宾塞（1820—1903），英国哲学家和社会学家，实证论创始人之一，社会学中的有机学派奠基人，资产阶级自由思想家。发展了普遍进化的机械论学说，在伦理学方面是功利主义的拥护者。对原始文化的研究做出重大贡献，主要著作有《综合哲学纲要》（1862—1892）。——译注

② 冯特（1832—1920），德国心理学家，生理学家，唯心主义哲学家。彼得堡科学院国外名誉院士（1902）。实验心理学创始人之一。——译注

③ 主要材料有拉甫罗夫自传，《欧洲信使报》，1910 年第 9 期。还可参阅帕·维佳泽夫主编的《帕·列·拉甫罗夫传记资料》，布拉格，1921。科鲁鲍夫斯基：《俄国哲学史资料》，《心理学与哲学问题》，1898。拉甫罗夫文集革命后得以出版，但显然未出全（伊万诺夫·拉祖姆尼克：《70 年代以来的俄国文学》，《俄国社会思想史》，第 6 版（柏林，1923，第 414 页）。在伊万诺夫—拉祖姆尼克的书里包含有非常详尽的拉甫罗夫传记。在此我们首先要提到的是论文集《帕·列·拉甫罗夫》，彼得堡，1922，第 512 页。此外还有拉甫罗夫、莫基耶夫斯基、施佩特、卡列耶夫等人的文章。《马萨利克全集》，第 2 卷，第 132—149 页。卡姆科夫：《拉甫罗夫的历史哲学观》，1917 年。

熟的过程中，赫尔岑的影响发挥过很重要的作用①，无论如何，总而言之，拉甫罗夫的许多基本思想与赫尔岑十分相近（虽然他对赫尔岑悲剧性的历史观完全格格不入）。拉甫罗夫身上伦理学在原则上和心理上所占的优先地位终其一生都未曾改变丝毫，并构成了他的世俗化思想的基础，在他那里得到了尖锐而又系统的表达②。

拉甫罗夫很早就表现出对于哲学的兴趣，而这恰好与其对科学史的研究有关。拉甫罗夫整个被当时从40年代末以来就笼罩着欧洲的实证主义的整体氛围所裹挟，但他曾系统研究过德国唯心主义哲学，而他论述黑格尔的论文恰好就是这样一个里程碑式的著作③。有一个问题引起很大争议：在拉甫罗夫的哲学发展过程中，究竟影响对他来说具有什么样决定性意义？拉甫罗夫本人在其自传中曾严肃地谈论到普罗塔哥拉、孔德、费尔巴哈、兰格，但在对其观点的研究过程中我们才搞清楚，还有一系列哲学家都曾对他发生过非常巨大的影响——首先是康德、随后是古诺和安培④、斯宾塞、马克思⑤。如所周知，以上列举的这些作者是如此不同，以致难免令我们感到，我们所面对的，如果不是一个折中主义者，就显然是一个相反的有其独特的综合方法的人。然而实际上正是后一种推断不容我们怀疑，但到哪儿去寻找拉甫罗夫独特体系核心和基础呢——这却很难确定。但我们过后还会回到这个话题上来的。

拉甫罗夫曾经是并且终其一生也都是一个学者，但他最强烈的

---

① 关于这一点施佩特在其文章《论哲学史视野里的拉甫罗夫的人类学》（《帕·列·拉甫罗夫论文集》，第100页全文）写得最好。还可参阅马萨利克同上书，第2卷，第144页，可与《帕·列·拉甫罗夫论文集》第344页比较。

② 可特别参阅拉甫罗夫的公式，比方说，在《思想史试论》，第1卷，第1部（《思想史的任务》，日内瓦，1894，第1页。

③ 论文《论黑格尔主义》和《论黑格尔的实践哲学》，读书图书馆，1858，第5卷、第9卷，还可参阅1859年第3卷、第5卷。

④ 关于后两位哲学家的影响，可参阅上述施佩特的论文，见同上书，第100页：《论使拉甫罗夫接近于古诺的拉甫罗夫的理性主义》，还可与马萨利克的注释比较，第137页。

⑤ 拉甫罗夫本人也承认自己"是马克思的学生"见其自传，《欧洲信使报》，1910，第11卷，第90页。可与《帕·列·拉甫罗夫传记资料》第17页比较。

兴趣关注点，把他狂热地推到与俄国革命运动相接近地步的俄国生活中的进步潮流。值得予以指出的是，拉甫罗夫始终都不是在俄国激进派机关刊物上发表其文章，而把文章发表在比较温和稳健的纯自由派杂志上。他和俄国自由派领袖车尔尼雪夫斯基不曾有过相互亲近的时候，尽管他们两个人在许多观点上非常之相似。但拉甫罗夫似乎始终与车尔尼雪夫斯基和整个激进派别保持着一定距离①。更何况他在1866年被捕（由于与卡拉科佐夫的暗杀活动有关，但实际上他与前者不曾有任何干系）②，并被流放到沃洛戈达省。1870年对于被释放感到绝望的拉甫罗夫私自跑到国外③，并且照例只关注科研工作，因为在流放地条件下他要从事科研工作简直是不可想象的④。在国外他的的确确直到生命的最后一刻都在紧张地从事科学研究，但也很早就被卷入了革命活动中来。问题在于他逗留在沃洛戈达省期间，拉甫罗夫曾经写作了《历史书简》（以米尔托夫的笔名发表），此文对于俄国激进派青年产生了（出乎作者拉甫罗夫本人的意愿）的巨大影响⑤。1872年一群拉甫罗夫的崇拜者派出代表前往巴黎见他，请求和建议他在国外出版杂志，并领导社会革命运动。在此之前一直克制自己不去直接参与革命活动的拉甫罗夫（他毕竟还是想望有机会回到俄国从事安安静静的科研工作），在各种情况的影响下接受了青年们的请求，创办了《向前进》杂志，并以此永远地封闭了自己的回国之路⑥。但他仍然坚持在俄国发表文章，但永远都

---

① 拉甫罗夫显然不是官方所怀疑的革命社团"土地与自由社"的成员。参阅《帕·列·拉甫罗夫传记资料》一书，第80页注4。但拉甫罗夫在警察局的档案记载却始于1861年（参阅上书第84页）。

② 参阅《帕·列·拉甫罗夫传记资料》一书，第89页。

③ 参阅维佳泽夫文章《1870—1873年间的拉甫罗夫》（《帕·列·拉甫罗夫传记资料》），关于这件事的详细记载。

④ 参阅对于拉甫罗夫传记十分重要的他写给儿子的信。见《帕·列·拉甫罗夫传记资料》一书，第34—39页。

⑤ 这一《历史书简》，对于好几代人来说都曾是一部福音书。

⑥ 凡此种种，都在上述维佳泽夫的文章《帕·列·拉甫罗夫传记资料》里有详尽的叙述。

署笔名。参加国际和积极参加革命工作使得拉甫罗夫的名字本身成为俄国报刊杂志上严厉禁止的名字，因而拉甫罗夫的数量众多纯科研性质的著作，对于广大俄国社会公众来说是未知的和被遗忘的……拉甫罗夫逝世于 1900 年。

4. 现在让我们来阐述一下拉甫罗夫的体系，首先我们需要再强调一点，即拉甫罗夫无论如何也不能算一个折中主义者，至于说在他的观点里反映了康德和实证主义者古诺和费尔巴哈的影响这样一个情况，仅只意味着他的"批判现实主义"的广度而已。拉甫罗夫的总的基本信念取决于他对科学的信仰，取决于他的批判主义和对形而上学的否定态度。拉甫罗夫的整个时代都以具有如此这般的思辨为特征，因而拉甫罗夫也就毫不犹豫和怀疑地选择了与世俗化精神接近，因为 19 世纪整个都充满了世俗化的精神。这一基本的世俗化定向在拉甫罗夫身上一直持续到他生命的终点[1]，他始终忠实于自己的批判理性主义立场。被康德、古诺体系所深化了的实证主义（与只在经验领域里寻求真理），预先决定着拉甫罗夫的全部思维工作，并在其精神探索的过程中打下了自己的烙印。但还有一个领域，对其边界和窘迫，拉甫罗夫是深有所知的，那就是伦理学领域，在这个领域里，他的内在工作得以自由进行，而无需受制于他的理论体系。如果可以换一种说法的话，那就是在拉甫罗夫身上有一种真正的认识的激情，批判的研究态度，在他身上，伦理学的激情始终在燃烧着，虽然有时火势会小一些，但却永远都带有真正的灵感。这是一个天性极其忠实于理想的人，关于他，某次有人这样评论道[2]："道德责任的意识在他身上一直保持着宗教崇拜的理想高度并且一直保持到其生命的最后一刻"。我们在此所遇到的已经不单单是

---

[1] 拉甫罗夫的传记指出，他女友的死亡（恰普林奇娜小姐）在一段时间内令他精神失衡，最困扰他的一个问题是人类精神的不朽。但过了一段时间后，旧的理性主义重新占了上风。参阅维佳泽夫的文章，见《帕·列·拉甫罗夫传记资料》，第 21 页。

[2] 参阅短文《纪念帕·列·拉甫罗夫》，日内瓦，1900，第 29 页。

我们已经多次遇到过的那种作为俄国世俗化运动只有基本内容的人道主义了。在拉甫罗夫身上（也正如在米哈伊洛夫斯基身上一样，但却没有这么大的力度），有一种迹近于列·尼·托尔斯泰的"泛道德论"的东西。早在赫尔岑那里，道德情感的自主独立性便需以理性的实证主义定向为界限，而在车尔尼雪夫斯基身上我们一发现了同样的特征。但在拉甫罗夫身上显得异常清晰的，是伦理学的优先地位，——他的人类学（拉甫罗夫把这一理论当作是其体系的最有个性的一个特点）也是由此而来并且也只能由此而来。在其最早的一篇哲学文章——《关于哲学之当代意义的三次谈话》——中，这一特点得到了充分的表现，那一时期的其他文章也都是以同样的语调建构起来的。在其中一篇文章中我们读道①："哲学是对所有实在作为统一体的一种理解，是这一理解在艺术形象里和道德行为中的化身"。从这一公式当即可以看出，伦理学和美学领域②在此是与作为一个独立的精神领域的认识问题并列提出来的。我们下文将会看到，这一伦理学母题在一定意义上事先决定了拉甫罗夫的所有基本体系。但此刻我们还需强调一点，即无论是被拉甫罗夫在哲学探索体系中赋予其以第一地位的认识论，还是理性的批判史（这是拉甫罗夫科研中最喜欢的题目）都未曾向他关闭道德活动的"实现"这一问题。拉甫罗夫因此认为"完整的人"的概念是最基本的作为出发点的概念，它决定着他的"人类学"。这一"完整的人"的理念在形式上使拉甫罗夫与霍米亚科夫和基列耶夫斯基接近，但在这几位思想家身上，这一理念却具有与拉甫罗夫完全不同的含义。无论

----

① 《关于哲学家之当代意义的三次谈话》，见《祖国纪事》，1861 年第 1 期，第 141 页。

② 研究和分析一下拉甫罗夫美学言论该会是一件非常有意思的事，这些言论散见于他那丰富的处处挥洒的文字中，但在拉甫罗夫体系的形成过程中起决定性作用的当然是伦理学母题。

如何，拉甫罗夫很早就已意识到伦理生活的特点①，意识到只有伦理理想的在场才能为我们照亮历史的进程。在伦理学领域的这种不敢从"事实"中推导而来的不可分割的独立性中，包含着拉甫罗夫的"半实证主义"。

但让我们更为系统地分析一下他的观点吧。

5. 拉甫罗夫本人以下列三个原则表达了哲学人类学的基本立场：（1）个人意识的真实性，换句话说，"真实性的个性原则"；（2）现实主义原则："我们所意识到的一切，当我们在意识时，是找不到矛盾的，无论是在被意识到的概念本身中，还是在被重新意识到的类别中，都与先前的意识没有矛盾，因而被我们看作是真实的存在。（3）怀疑（在针对形而上学方面）原则："意识的过程（自己本身）并未提供决定的可能，如果这一意识过程自身是真实存在的结果的话，或真实存在是其产品的话"②。但拉甫罗夫在此处也做了一个富于特点的补充：在实践哲学中（亦即伦理学中）"怀疑本质是没有地位的"。"在建构实践哲学体系的过程中缺乏怀疑主义原则会赋予其以一种特殊的牢固性和独立于形而上学理论的自主性……个人的独立性就表现于此……个人意识到自己是自由的，愿意为了自己和自己所面对的责任。这是个人的自由原则"③。

需要立即指出的是，拉甫罗夫认为有关自由意志的问题（在形而上学的提法下）是不可解决的④，但他同样花费巨大的力量肯定

---

① 在拉甫罗夫的研究专著《论实践哲学问题》和《论当代有关道德的学说》中，这一点得到了最鲜明的表现。

② 《论哲学的文章》，第 2 册，第 64—68 页。

③ 同上书，第 69 页。

④ 答斯特拉霍夫：《祖国纪事》1860 年第 7 期，第 102 页。因此我们不能说——正如在拉甫罗夫那里所发现的那样（《俄国哲学中的拉甫罗夫》，见《帕·列·拉甫罗夫论文集》，第 7 页），说拉甫罗夫认为自由是幻想。这是不正确的——对于拉甫罗夫来说，关于自由的形而上学是不可解决的（仅仅是！），而对他来说自由的心理现实性却是最为重要的和不可动摇的事实。

自由意识的现实性。他说①："我们不能排除人身上的自我责任概念，对自我进行审判的概念……我的出发点是自由意识的事实，是理想创造的事实，和在这些事实基础上恶对道德过程关联体系的建构。"总而言之，在对认识中的内在论作出如此重要的补充之后，产生了伦理学中的内在论。伦理学对于拉甫罗夫的全部意义不取决于有关自由的"形而上学"现实性的问题——而这在拉甫罗夫那里并不是一种平淡的心理学主义，而正是他的人类学②。拉甫罗夫断言："只有在其生命的完整表现中的全人才是哲学的真正对象，而在个性的完整生活中个人的永远具有某种目标的创作，占据着显著的位置"。我们刚才已经看到，对于拉甫罗夫来说，对于伦理学领域怀疑原则是可以适用的。如果人"是存在和理想的统一体"，如果在对认识的关系中我们不能忘记"怀疑原则"的话，那么在人这一完整统一体中重心显然恰好在人的伦理学领域。拉甫罗夫在某处地方这样写道："进行哲理思考这就是在发展自己身上的作为统一和谐生物的人。"有一点很清楚，即这种发展的牢固基础是道德意识的在场，是让理想燃烧的能力，并按照理想指引的方向引导自己的行动。

拉甫罗夫的人类学起初（以其上述第一批三种原则的形式）看起来似乎直接与批判主义和实证主义有关（即康德和孔德理念的组合），但归根结底，突如其来地它却被实际上阐释为伦理学内在论。只有人被允许在其之中进行活动的东西才是现实的，——因此"历史也就是使 homo 有别于其他生物种类的本质特征"③。历史只会在有自由意识产生的地方才能开始，——在此之前我们所拥有的仅仅只是"自由的前夜"，人的现实性本身只有在历史的运动中才得以揭示④。但如果说历史的动力是人的取决于理想的创造性思维的话，那

---

① 《帕·列·拉甫罗夫论文集》，第 107 页。
② 拉甫罗夫的人类学在施佩特的文章中得到了最正确的阐释，见《帕·列·拉甫罗夫论文集》。
③ 《哲学论文选》，第 2 册，第 59 页。
④ 这就构成了一个巨大但却尚未完结的拉甫罗夫著作的题目——《人类生活》。

么，这也就是说，在人的意识里，为自由开辟了广阔的空间，亦即普通的必然性的框架被打开了，"可能性"的范围被扩大了①（不如此则"自由"的意识在逻辑上便是不可能拥有的了）。这样一来，有一点变得很清楚了，为什么整个存在秘密地集中在人身上，而且正是在人的道德意识中呢。道德意识从简单的"愿望"开始，创造出理想，并通过人的创造加以推动，把人从无意识的存在中拖出来，创造出历史的现实。如果说拉甫罗夫是这样总结其人类学的话②："人是自然的来源（因为人是根据特定经验再现"自然"的），历史的来源（为自己的理想而斗争，向周围世界的土壤里撒下种子），自我意识的来源（重新调试自己的内心世界）"，那么，显而易见，人在此就是作为一种创造的生物和道德的生物而被把握的。

上文我们已经对拉甫罗夫的人类学作为伦理学内在论进行了描述。的确，人的全部核心意义都取决于人身上伦理本质的在场③，但人身上的这一伦理学领域本身是专门在内在论范围内把握的④。甚至就连康德也认为伦理学领域所具有的超验领域的现实意义（在其天才的论述"实践理性的优先地位"学说中以及关于就此之中对"绝对"的追求是无可替代的论述中），而在此却完全被取消了。拉甫罗夫的反形而上学立场妨碍他思考道德领域里具有奠基意义的那样一个他本人也曾予以深刻揭示的核心事实，——而他的"半实证主义"即来源于此。拉甫罗夫的确在此非常接近于兰格，但他在其哲学构思方面仍然是完全独立自主的和独特的。

搞清楚拉甫罗夫人类学的实质，我们现在就可以以应有的方式

---

① "可能性"范畴同样也在米哈伊洛夫斯基体系里占据特殊的地位，诚如鲍·基斯嘉科夫斯基在《论可能性范畴》一文中所表明的那样（《唯心主义问题》）。

② 《关于哲学的当代意义的三次谈话》，《祖国纪事》，1861，第 1 卷，第 140 页。

③ 施坦因贝格就此问题说过许多重要的意见，见《论拉甫罗夫学说中历史的开端与终结》，《帕·列·拉甫罗夫论文集》。

④ 对此大司祭布哈列夫在关于拉甫罗夫的札记里有过公正的论断，见《给果戈理的三封信》，第 72 页。

来说明他主要的哲学观点了。

6. 但拉甫罗夫的最重要的人类学却并未给他对人的理解带来任何重要的意义，因此，当然也就会妨碍他的反形而上学立场。拉甫罗夫总是在一个狭小的"被意识到的"小圈子里兜圈子，"批判的意识"对他而言就是最珍贵的产品和个人和历史运动的创造性力量。在这个意义上我们可以谈论拉甫罗夫知性论的片面性问题。如果说他喜欢谈论完整的个性的话，那么这里的完整性概念指的是不可能把道德领域单独分割开来或是从与对世界的认识中分离出去。但在有关人的内在结构的学说中，拉甫罗夫对其的看法却非常之简单，并没有预感和考虑到陀思妥耶夫斯基人类学、整个弗洛伊德学派（阿德勒、荣格等人）的贡献：对于拉甫罗夫来说，人身上没有什么"混乱不堪之事"。的确，他曾不止一次谈到那些"具有高度文化水平的野兽"，但这一说法不是指人身上某种自发的行为，而是指的那样一些人，他们虽然也属于生活在历史生活中的人民，但却自行从历史中脱离了出来，置身于历史之外。按照拉甫罗夫的思想，参与历史，通过我们的意识对历史运动的参与（以"能够欣赏发展过程的能力"的形式）进行创造，只有"具有批判思维的个性"才能现实地走进历史生活中去。人身上的"个性"是人自己创造出来的，他不是给定的，而是再造的。在这个问题上，拉甫罗夫的下述思想很值得关注："道德领域不仅不是人身上与生俱来的，而且，远非所有的个性都能在自身中锻冶出道德动机——与此相仿（！），也远非所有的个性都能问津科学思维。人与生俱来的就只有对于享乐的追求，而发达之人的享乐之一就是对自己身上道德生活的欣赏，并把这当作享乐的阶梯上的最高一层阶梯。"如所周知，对于拉甫罗夫来说，人的内心结构就其基础而言，是极其简化了的①，如果说在他的体系里能够得出一个伦理学主义的话，如上文所述，这样一种强烈

---

① 可与上一章中车尔尼雪夫斯基和皮萨列夫的观点做一个比较。

而又充满灵性的表达法，显然，拉甫罗夫的伦理学思想完全不是从其人类学中推导而来。拉甫罗夫在其人类学中是一个相对主义者，他不懂得任何有关心灵里的"非生产性功能"的东西（道德领域即属于此类），对于拉甫罗夫来说只有人类思维才是坚定不移的，非相对性的，而且，也是的的确确无条件的支撑点。拉甫罗夫的知性主义就寓于此中①。

如果我们在个性的道德生活中来把握个性这个概念的话，则个性概念的含义会远比平常更丰富，而且在一定意义上也更醒目。实在说，只有在人身上道德领域已经出现和得到巩固了时，关于此人我们才可以说个性是"一个不可分割的整体"。例如，在"具有高度文化水平的野兽"身上，当个性并未有意识地参与历史运动（亦即非有利于"进步"）时，是没有道德生活的，有的只是完整性的内在母题。因此人身上的"完整性"是非本体性的，或者可以说，是一种历史范畴。在拉甫罗夫那里，实证主义定向无论在哪儿也不像在他那里那么狭隘，他居然狭隘到把道德领域和理性本身都转化成为演变的产物，转化成纯粹的历史范畴。他那部未完成的《历史思维试论》的整个宏大构思就建基于此。意识本身，个性最珍贵的品性，对于拉甫罗夫来说，是生物发展的产物（!）②，但是，试看他自己的说法又是何其矛盾啊："意识的生理来源无论是什么，意识现象与所有其他现象有着很大的区别，我们可以或是力求把这种区别比作群众运动。意识是不可能被归结为运动的，甚至采用一种假设的方法也不行③。既然如此，又何谈什么'意识的生理来源'呢"？诸如此类的矛盾贯穿于拉甫罗夫的全部人类学。例如，在人类的心理演变过程（在这同一部著作中对此做了非常深刻而又深思熟虑的描述）中，环境的影响是具有决定性意义的，可随后又突然冒

---

① 关于这一点可参阅吉泽基，见《帕·尼·拉甫罗夫论文集》，第 297 页。

② 参阅《意识的演变》，第 1 部，《在历史之前》，第 1 节；《人的生成》，第 3 章。

③ 同上书，第 259—260 页。还可与第 329 页比较。

出一个创造力之"我"，它以人的理想意识为依托（此即所谓二级或理想之"我"，获得了"自由代理人"的性质）①。一方面，在演变过程中是没有自由的地位的，在此一切都是因果关系，另一方面，自由的激情在个性的生活中获得了巨大的创造力性质，它能推动并改造人和历史。拉甫罗夫在某处文字中先于 Vaihinger 在其 Philosophic des Als ob 中的说法而这样说道："（在历史中）个性为自己提出的目标就是出发点，如果这个个性是独立自主的话。"甚至还说："道德理想是唯一的灯塔，它能够赋予历史以前景"——亦即只有存在中的道德才是历史现实。道德领域一方面是一种纯粹的主观现象，而与此同时也正是道德领域才是巨大创造力的因素，它构成了历史存在。

拉甫罗夫的从其"半实证主义"、从其自主伦理学与教条的束缚、通过科学决定论组合中而来的人类学，便是这样充满了矛盾。在人身上，在其虚假的自由中，所揭示出来的，已然不是什么虚假的，而是强有力的和真正的存在的现实的创造的因素。拉甫罗夫也因此才建构着（很早就着手了）②"个性理论"，以便表明在自由的意识中"存在着一种无法抹煞的创造的事实和对自己创造所担负的责任（！）"。拉甫罗夫推出了"批判思维个性的"理想，——而且正是在这一理念中，他不再是一个研究者，而变成了为了道德理想的缘故的一个"说教者"③。不光人类学，而且也包括其所有的哲学体系都最终都处于伦理作用的顶峰上，必然性在此让位于自由，实证主义让位于"理想的意识"。"伦理学内在论"的体系便系如此，这种"伦理学内在论"狂热地以创造的理想为生命之源，但对这一创造过程却没有任何宗教和形而上学的思考。拉甫罗夫身上的世俗

---

① 《意识的演变》，第349页。

② 《论个性理论》一文最初发表于《祖国纪事》1859年。下文中的引文也来自这篇文章，第232页。

③ 关于这一点可参阅奥夫相尼科夫—库里科夫斯基在《俄国知识分子史》中关于拉甫罗夫的那一章（第2卷，第238页）里的公正论述。

化达到了极致的高度，充满了深刻的矛盾，但也因此而在其基本定向方面是不可妥协的。

7. 从拉甫罗夫的伦理学中也可以推导出他的历史哲学——它完全取决于道德意识。而在这当中最重要的是向人民"偿还债务"的思想，这个思想最初是拉甫罗夫在《历史书简》里发挥出来的："为了让那么几位思想家可以在书房里侈谈什么进步，人类已经付出了惨痛的代价。如果我们计算一下……我们失去了多少条生命……我们当代人不得不为了每一个如今过着人的生活的个性付出的代价，只要一想到为了他们的发展而耗费了怎样的血汗劳动的资本……"在上文所引述的那段话里，对于70年代的意识形态探索而言，非常具有特点的是，拉甫罗夫本人在此伴随着其体系的深刻的母题一起出场了。"我解脱了自己身上的责任，"他当即这样写道，"解脱了自己为自己的发展而承担的血的代价，如果我把这一发展用于缩小现在和未来的恶的话"。拉甫罗夫思维中紧张的乌托邦主义即由此而来，他某次在其《布道词》中关于禁欲主义如此公正地评说道①。按照奥夫相尼科夫—库利科夫斯基的说法②，拉甫罗夫身上的革命家被"苦修者—启蒙主义者"所取代了。这里的"启蒙主义纲领"与西方的启蒙主义并不相像，而只有这种"启蒙主义纲领"完全取决于伦理学定向。在历史中，除了必然性以外，为"可能性"开辟了广阔的空间，因为"总结经验"才显得那么重要，经验应当被纳入历史进程中去。历史是在历史存在之外的创造性改造过程，尽管历史中存在着一种内在法则，但历史毕竟有足够的可塑性，为此需要使对历史的创造性介入成为富有成效的，更何况历史的动力，如我们所知，在于人的思维。拉甫罗夫对于我们在米哈伊洛夫斯基那里所发现的俄罗斯主义感到格格不入：历史的理想对他来说还在前面。

---

① 安德烈耶维奇的说法非常到位（俄国文学哲学试论，第299页）地从拉甫罗夫著作中援引了一系列引文，严厉而又固执地讲述批判的发达个性的"责任"问题。
② 《奥夫相尼科夫—库利科夫斯基全集》，第243页。

拉甫罗夫的社会主义信念非常深地植根于他的身上并顽强地生存着，而且它当然还会以一种道德意识时时在提醒着他，但拉甫罗夫必然会想到要以理性的方式为其社会主义奠基的。我们不应忘记的是，拉甫罗夫曾经受到过马克思的强烈影响，这一点他自己也曾多次强调过。正是于此相关，我们应当对拉甫罗夫一般的历史理性主义进行一番阐释：在拉甫罗夫的一系列观点中，我们可以听出经由马克思而接受但又不取决于马克思的黑格尔主义的回音[①]。在拉甫罗夫那里，无条件的决定论（与黑格尔及其追随者们一样）与对作为历史之动力的自由的宣扬结合在一起。拉甫罗夫这种必然性与自由的吻合有其特别的特点，与这一特点有关，他在议论中引入了"可能性"范畴，而后者在米哈伊洛夫斯基那里则成为历史学的核心范畴。但对于拉甫罗夫来说可能性范畴是与自由行为的心理现实性联系起来的。我们看到，对于拉甫罗夫来说，历史起始于"历史的自然进程开始被从自由意识中引导出来的东西搅得复杂化之处。如果说拉甫罗夫原则上承认历史学中的决定论原则的话，那么其全部历史著作和论文就都贯穿着一条红线，那就是号召"批判的思维个性"去从事自由的创造。拉甫罗夫更像是一位自由的使徒（因此他才成为广大探索中的青年人的领袖），而非历史进步之必然性的阐释家……在拉甫罗夫那里，其全部灵感勃发的力量的伦理学主义激情是朝着自由个性的，而他那火热而又不知疲倦的社会主义布道词身上也带有乌托邦思维的全部特征。奥夫相尼科—库利科夫斯基公正地指出，说在米哈伊洛夫斯基和拉甫罗夫思想中，有一种浪漫主义因素[②]。在这两位思想家实证主义的外壳里仍然不脱那样一种浪漫主义对于社会真理的追求的色彩，这对于俄国浪漫派来说是十分典型的，但仅对俄国浪漫派而言吗？

---

① 关于这一点可参阅亚·施坦因贝格非常扎实的文章：《拉甫罗夫学说中历史的开端与终结》，见《帕·列·拉甫罗夫论文集》。

② 奥夫相尼科—库利科夫斯基，同上书，第227页。

8. 我们已经勾画了拉甫罗夫体系中最重要也最独特的特征，我们必须多少说几句有关拉甫罗夫一般哲学观的话，在这方面，拉甫罗夫算不上独特，但他却以这些观点表达了这个时代的总的思想倾向。这首先与拉甫罗夫的认识论观点有关，他的这些观点体现了康德和最新的批判主义对他的影响。我们已经知道拉甫罗夫那里"现实的个人原则"，还有他的"怀疑主义"原则：我们所能问津的，就只有能够堕入意识中的东西。虽然拉甫罗夫毫不犹豫地站在现实主义世界观立场上，但怀疑主义原则却不允许他态度坚决地肯定现实主义。拉甫罗夫由于在认识论中相对主义的弱化而得到拯救，他介入了"理性的历史"，在那里找到了（当然是虚假的，但由于在他那里一切都在朝着 petitio principii 的方向运动）承认现实主义的坚定性，这种坚定性他是无论如何也无法从其相对主义的人类学中推导出来的。然而拉甫罗夫意识到在认识中对我们来说存在的规模在缩小（因为抽象概念挤压着生动的认识材料）。康德式的现象学①很早就把拉甫罗夫带到了反形而上学定向的立场上来，而他早在认识孔德以前，就已经在告诉人们人类思维的发展需经历三个阶段（他把它们描述为：（1）"民间信仰"；（2）"形而上学神话"；（3）"科学体系"）。

拉甫罗夫曾是唯物主义②和作为形而上学性质的体系的唯灵论③最坚定不移的敌人，但我们也早就指出拉甫罗夫在关于灵魂受制于身体的问题上前后并不一致。意识的"非生产性"并不妨碍他大谈

---

① 施佩特（《帕·列·拉甫罗夫论文集》，第108页）公正地指出，说拉甫罗夫早在他"回归康德以前就已经在向康德请教过了，而回归则在19世纪下半叶的德国发生的。"

② "物质一般而言是我们思维的抽象创造物。物质属于形而上学。"（《世界的机械理论》，《祖国纪事》，1859年第4期）。在此我们还可以读到这样的公式："唯物主义处于科学之外"（第483页），"唯物主义是一种形而上学体系"（第489页），"物质成为心的偶像"（第484页）。

③ 对于拉甫罗夫来说唯灵论（和一切宗教体系一样）是思维史上的特定阶段，对于当代意识而言它只有作为病理现象才会具有一定意义，特别参阅《历史思维试论》，第49页。

其"意识的生理来源"问题。

×　　　×　　　×

我们接下来要做的，就是结束对整个拉甫罗夫哲学的评述。

拉甫罗夫毫无疑问是一个头脑非常独特的人，但他很早就为自己所承担的那一综合化任务，对他施加各类影响而言可谓开辟了通道。拉甫罗夫的哲学探索在那个时代被笼罩着他的哲学的那种不分青红皂白的世俗化精神给搞得极其狭隘，——对"科学性"的迷恋在他的意识之眼前关闭了其他所有的题目，这些题目与对存在的哲学思考都有着辩证的关联。拉甫罗夫在其中丝毫也不受什么拘束的唯一领域就是伦理学领域，但即使是在这里，拉甫罗夫也固执地想要停留在伦理内在论的边界以内，而否认任何形而上学。这样一来便在其所有体系里形成了令人触目惊心的矛盾，而拉甫罗夫是多么想通过这些体系达到完整性呀。人的全部伦理生活完全取决于自由的意识并从中获得灵感，但这一自由的现实性对于拉甫罗夫来说仅仅只具有心理学上的意义。拉甫罗夫的伦理学意识是火热的、深刻的和决绝的，而哲学思考则很早就被思维的实证主义气质给弱化了。拉甫罗夫不仅未能取得完整性，而且他也未能（由于任性地否认任何"形而上学"的缘故）甚至以足够的深度揭示人的秘密。这种决绝和火热的伦理学主义与相对主义原则的结合，决定了拉甫罗夫的"半实证主义"。如果说拉甫罗夫本人并未感觉得到其体系在内部的不协调的话，那也是因为对于历史研究的兴趣遮蔽了他看出其体系中所存在的根本的不和谐之眼。把人的秘密和意义系列变为"历史范畴"，这种根本上的相对主义从内部削弱了拉甫罗夫的立场。在他的体系里相对主义精神显然仅仅只会使得能够随身带来的真正哲学（其中包括了伦理学）的灵感的东西被弱化和被狭隘化。

这样一种半实证主义，和决绝的伦理学主义与原则上的实证主义的不彻底的结合，我们在"半实证主义"的第二位杰出的代表人物——尼·康·米哈伊洛夫斯基身上——也可以看到，我们现在就转入对其的研究。

9. 尼古拉·康斯坦丁诺维奇·米哈伊洛夫斯基①，1842 年出生于一个不算富裕的贵族家庭。他是在矿冶科学院受的高等教育，但遗憾的是他未能正式毕业。早在 18 岁时，他就开始在各种杂志发表文章。这些年里，对他影响巨大的（在生物学兴趣方面）是青年学者诺任（早年就去世了）。1869 年米哈伊洛夫斯基成为《祖国纪事》杂志的常务编委，在这份杂志上，在长达 15 年中，发表了他最主要的文章，吸引了社会各界对他的关注。早在 1873 年，拉甫罗夫在创办《向前进》（参见上文）时，就曾邀请米哈伊洛夫斯基出国，但此时的米哈伊洛夫斯基正处在反对革命活动的立场上。但后来他开始密切参与革命小组的活动，成为社会主义革命者小组和团体的思想家。从 90 年代初开始，《俄罗斯财富》杂志创办以来（后来成为上述团体的机关刊物），米哈伊洛夫斯基开始成为该杂志的领袖。米哈伊洛夫斯基逝世于 1904 年。

米哈伊洛夫斯基的创造思想非常活跃：这是一个长于进行大范围概括，长于进行勇敢的体系建构，思维深邃，具有哲学才华的大脑。但米哈伊洛夫斯基从少年时代起就呼吸的那种整个精神氛围对于他的科研和哲学创作来说并不有利。作为一个天生具有宗教性信仰的人②（在此词的心理学意义上），他完全认同世俗化运动的总体定向，我们下文还将会看到，在这一基础之上，在米哈伊洛夫斯基身上很早就有一种内在的和深刻的断裂开始酝酿。和许多具有天生宗教倾向的人一样，米哈伊洛夫斯基一旦信任了世俗化的真理，他的宗教活动便开始在伦理学激情中寻找出路。米哈伊洛夫斯基（和与他同时的陀思妥耶夫斯基一样）开始成为人格主义最鲜明也最具有影响力的宣传者之一，哲学的嗅觉不允许他停留在简单地"宣扬"

---

① 关于米哈伊洛夫斯基迄今没有一部严肃的传记。他的美文概述《在中间状态》，提供了许多有价值的传记资料。

② 奥夫相尼科—库利科夫斯基很好地表达过这层意思。同上书，第 2 卷，第 230 页。

人格主义的层面上，如《为个性而斗争》、《门外汉札记》；他在社会学领域里的杰出建构也由此生发开来。米哈伊洛夫斯基的人格主义力求成为一种世界观，成为一种哲学体系，但我们不应忘记其伦理学之根及其人格主义最基本的伦理学意义。

从这一伦理学之根里生长出来了他那久享好誉的："主观主义"。和赫尔岑和拉甫罗夫一样，米哈伊洛夫斯基实质上是一个人类中心主义者，一般说他很少为研究"人之谜"做过什么工作，但在他的人类学里，也和在上文所述其他思想家里一样，他那个时代的实证主义和相对主义的影响已经在很大程度上变得毫无益处了。但和作为一个根本上的相对主义者而使得伦理学领域具有了一种无条件和决绝的特征的拉甫罗夫一样，米哈伊洛夫斯基在伦理学领域里同样也是绝不让步和态度决绝的。在米哈伊洛夫斯基身上，我们重新（如在陀思妥耶夫斯基身上一样）找到了席勒无可争议和深刻的影响力——影响力正是来自席勒的人类学。在米哈伊洛夫斯基那里，内在的完整性理想的表达远比拉甫罗夫更具体也更鲜明。米哈伊洛夫斯基本人竟然也无法走出实证主义的界限范围，以便从形而上学方面为人的道德探索奠定基础，——为此米哈伊洛夫斯基的体系才会如此和拉甫罗夫管的观点一样成为对"半实证主义"的一种表达。

现在让我们进而研究米哈伊洛夫斯基的体系，并且从研究其伦理学人格主义的一般本质入手进行，因为这里面包含着解开其全部体系的钥匙[1]。

---

[1] 我们的引文出自《米哈伊洛夫斯基全集》的第 3 版和第 4 版（1896 年和 1906 年版）。关于米哈伊洛夫斯基的资料我们想予以指出的有：对于米哈伊洛夫斯基的传记和人格评价而言，最重要的是他发表于 1904 年各类杂志——首先是《俄罗斯财富》——上的文章。关于米哈伊洛夫斯基的各种回忆录和他本人的书信可参阅伊万诺夫—拉祖姆尼克编得图书馆索引，第 2 卷，第 415 页。而要分析米哈伊洛夫斯基的基本思想可参阅别尔托夫（普列汉诺夫）：《论历史的一元论观的发展问题》，1895。别尔嘉耶夫：《社会哲学中的主观主义和个人主义》，1901。斯特鲁卫：《关于俄国经济发展问题的批评札记》，1894。伊万诺夫—拉祖姆尼克：《俄国社会思想史》，第 6 版，1923，第 3 章。《马萨利克全集》，第 2 卷。图书馆索引还可参阅伊万诺夫—拉祖姆尼克。

10. 米哈伊洛夫斯基的人格主义在俄国文学中接近于我国赫尔岑、拉甫罗夫所写的东西，当然毫无疑问，还有蒲鲁东的影响①，而米哈伊洛夫斯基的特点在于除了基本的伦理学观点外，他还以特殊的力量推出了个性在与社会压力的斗争中的权利问题，并把人格主义主题与自然形而上学联系起来。个人自身带有完整性的需求，他不愿意减弱或是压抑自己身上的任何一方面。"个人从来都不应该被用作牺牲，"米哈伊洛夫斯基写道②，"个人是神圣的和不可侵犯的，而我们大脑的全部努力都应指向下列这一点，即以最为细致的方式关注个性的命运，并设身处地地站在个人理应得胜的那一方面"。这一伦理学律令是不可动摇的，同时也是米哈伊洛夫斯基所有意识形态探索的创造性基础，米哈伊洛夫斯基的探索尽管有各种理论和道德意识上的歧异，仍然仔细认真地关注着如何捍卫个性的本质问题。与此同时米哈伊洛夫斯基坚信，理论真理在其深处永远不会与道德意识的真理相抵触——这个问题在米哈伊洛夫斯基身上以新的方式复活并鸣响着人身上的完整性主题和精神现实性自身的完整性主题。让我们列举一下米哈伊洛夫斯基关于后者的著名论述："每次当我想起'真理'这个词时，我都不能不为其令人惊异的内在之美而赞赏不已。我觉得在任何一种欧洲语言中，都没有这样一个词。我还觉得只有在俄语中，真实—真理和真理—公正被用同一个词来表示，而且仿佛已经融合成为一个伟大的整体。真理——在这个语词的巨大意义上——永远都构成了我探索的目标。当我直视着现实生活及其在真理—真实、客观真理中的反映时，我都不能不心怀怵惕，与此同时呵护着真理—公正，主观真理——这就是我全部生活的任务……从伟大的一分为二真理的观点看一切都是我所关注的"③。"米哈伊洛夫斯基，"别尔嘉耶夫不无几分嘲讽地指

---

① 对此马萨利克的观点比较公正。见《马萨利克全集》，第 2 卷，第 152 页。
② 《米哈伊洛夫斯基全集》，第 4 卷，第 451 页。
③ 同上书，第 1 卷，1906，前言，第 5 页。

出。① "整个一生都在为完整的真理而呼吸，并且一生都在追求和谐，但他却终究未能找到这一真理，并且永远都不懂得什么是和谐"。话说得不错，但更值得注意的是，米哈伊洛夫斯基真地一辈子都在寻找一分为二（двухединая правда）真理，而这毫无疑问会确证，寻找完整性是其探索的创造性基础。无论如何，他应当感到害怕的，不是"客观真理"，其意义是不容争议的，因为客观真理是以不可取代的事实的形式构成的，而应该为主观真理感到害怕，亦即为我们的意识很容易就会远离的道德真理而害怕。米哈伊洛夫斯基所始终坚持的所谓社会意识里的"主观主义"（关于这个问题可参见下文），恰好取决于对"二位一体"真理的呵护，亦即首先是在社会生活研究中其意义常常被忘记的道德真理。也正是这一点由于这种遗忘而从四面八方威胁着伦理学因素。无怪乎米哈伊洛夫斯基会在一处文字中指出②："我所想象的真理体系（当然指二位一体的。——笔者）要比哲学略宽一些"。在哲学中当然考虑到如何把伦理学原则也综合在一起，但这些因素一般情况下须服从对现实生活的理解，并从中进行演绎，而对于米哈伊洛夫斯基来说，这样做已经就是对伦理的伤害了，这种伤害不应该"服从"理论性真理，以便被纳入"二位一体"的真理体系中去。米哈伊洛夫斯基就此问题这样写道③："习惯于对自然现象进行专门研究的理性倾向于把铁的必然性、未经审核性的理念引导进伦理学领域中来。"这段话披露了两种真理在最重要和最基本的关键点上的分歧，与此同时，在认识论领域里，对于米哈伊洛夫斯基来说，必然性理念是无需进行争议的，而在伦理学领域里，自由理念则具有核心意义。但这里的冲突之一（关于米哈伊洛夫斯基是如何"解决"这一冲突的，请见下文）不仅局限在呵护二位一体真理的艰难性上。对于卡维林认为只有在哲学的基础之上才可以把理论和道德领域结合起来的信念，

---

① 别尔嘉耶夫：《社会哲学中的主观主义和个人主义》，1901，第18页。
② 《米哈伊洛夫斯基全集》，第4卷（关于真理与非真理的书简），第405页。
③ 《米哈伊洛夫斯基全集》，第1卷，第818页。

米哈伊洛夫斯基这样回答[1]："我认为仅仅这样是不够的。哲学并不能传达对理念的宗教式的忠诚，而但凭这种忠诚就可以破坏道德的松散性"。顺便说说，米哈伊洛夫斯基对于各种最新的想要"创立新的"宗教的尝试的反应是十分严峻的，他写道："在此类尝试中根本没有任何宗教特征——即支配人类行为的能力。"[2]

至于说"除了认识的需求以外还有道德审判的需求"[3] 这一点，按照米哈伊洛夫斯基的思想，是不可能最终由哲学予以解决的，因为真理的"二位一体"性显然会导向对真理自身的宗教理解观。米哈伊洛夫斯基清晰地意识到自己这种探索的真正（宗教）意义，但他却被世俗化的锁链束缚得太紧了，以致接受教会基督教对他来说不能不引起痛苦[4]。因此他的宗教探索转入对个性的绝对化，转入无条件的和决绝的人格主义：个性成为最高价值，但只是在全面而又完整的生活中才是这样。个性中揭示了其真正的和不可取代的力量，也只有当他支配一切时——由此出发，米哈伊洛夫斯基做了一个出乎意料的飞跃，摇身一变转入相对主义：个性是绝对的，一切是为了他而非为了自己，一切只在其对个性方面才具有价值，而个性也因而成为真正的"万物的尺度"。这一立场在对米哈伊洛夫斯基加以发展了的孔德关于人类发展三阶段论学说的独特加工中得到了最独特的表达：根据他的说法，第一阶段是"客观—人类学阶段"（在这一阶段里人天真地以为自己是世界的客观的中心）。第二阶段是"外向性阶段"（在这一阶段里人让自己服从的客观世界开始被赋予核心意义）。第三阶段是"主观—人类学阶段"（人及其伦理探索在

---

[1] 语出其佳作《门外汉札记》，《米哈伊洛夫斯基全集》，第3卷，第387页。

[2] 《门外汉札记》，第389页。

[3] 同上书，第394页。

[4] 参阅出色一文：《关于宗教的断片》（1901）。关于米哈伊洛夫斯基的宗教立场可参阅马萨利克。见：《全集》，第2卷，第176页。"民意"党创始人亚·德·米哈伊洛夫关于"新宗教"的理想也与此有关。例如，可参阅奥夫相尼科夫—库利科夫斯基。同上书，第2卷，第231页。还可参阅博戈丹诺夫（费多托夫）：《俄国知识分子的悲剧》，《路程》，1927年，第172页。

这一阶段里成为世界的中心）。人可以说："是的，自然对我无所谓怜悯，它不懂得在我和麻雀之间有何区别，但我本人却也将对它毫无怜悯，并以自己血腥的劳动让它臣服于我，迫使它为我服务，根除恶并创立善，我不是自然的目的……但我也有目的，而我必将达到自己的目的。没有什么东西是为人创造出来的，但人自己却可以凭借自己意识的力量成为自然的中心"①。这样一来"自己身上的真理"这个概念也就不复存在了。米哈伊洛夫斯基说道："没有绝对真理，在人的本性范围以外没有人的真理。"② 在这种人类学中理论知识概念被压缩了，但也因此而使得它获得了对于人而言具有的绝对意义——鉴于人本身的绝对意义（在他的伦理学领域里）。

米哈伊洛夫斯基的人格主义必然引导他走向把人从自然秩序中分化出来，引导他走向人与自然、与所谓"万物的自然进程"③（按照米哈伊洛夫斯基的说法，这一进程只有在人不干涉自然的地方才会发生）的斗争。在这场与自然的斗争中，必须从始至终不仅认识到个性有实现其目标的权利，而且也有必要克服个性在历史发展的第二个阶段出现的那样一种分裂状态。"谁如果愿意不妨让他像看某个在我头顶高高在上的某物的一部分那样看我好了，但我依旧会仍然把自己当做全人，当作完整的个性，我想要过一种我所能问津的全能的生活，而且只有到那儿去我才会是自觉自愿的，因为在那里我的全部生活的全面性和完整性和不可分割性均得到了保障"④。"人的福利就是其完整性和和谐"⑤。

米哈伊洛夫斯基的人格主义在其出色的关于"为个性而斗争"

---

① 《米哈伊洛夫斯基全集》，第 1 卷，第 222 页。
② 同上书，第 121 页。
③ 这是总名冠以《达尔文理论与社会科学》的系列文章中第五篇文章的题目（第 1 卷）。
④ 同上书，第 3 卷，第 336 页。
⑤ 同上书，第 1 卷，第 125 页。米哈伊洛夫斯基的完整性母题与席勒是如此接近，犹如在他身上也有卢梭主义的因素似的（在其对"自然完整性"的歌颂中）。关于卢梭可参阅：《米哈伊洛夫斯基·文学回忆录》，第 2 卷。

问题的研究专著中，扩展成了独特的自然形而上学。米哈伊洛夫斯基在自然中在有机世界里处处都能看到这种斗争，但在人身上，这一斗争随着历史的发展开始越来越具有狂热的特点：社会压迫个性，把个人变成奴隶，变成"一颗销钉"，剥夺了他的完整性和全面性。一般说来，早在家庭中性别的分化就已给个性的完整性带来了危害，在米哈伊洛夫斯基的一系列著作中，作者表明，最高级的个人化形式会吞噬低级形式。人类的个性由于自身就是个人化的一种高级形式，所以早在家庭中便可以见到，更别说在社会上了，都可以见识到高级（在个别人方面）的个人化形式。米哈伊洛夫斯基写道："让社会进步吧，但你们一定要记住，个性在进步的同时也在退步……社会以其发展过程本身在追求着个性的分化，它把某种单一的方向留给个性，而其余的则分给别人，把个性从个人变为器官。"① 米哈伊洛夫斯基在另外一处地方写道②："我宣布我将与威胁着将要吞噬我的高级个性化斗争。它的完善与我毫无关系，我自己也想完善呢。"这一为个性的完整性而斗争的母题问题牵涉到当代社会制度时，就变得十分尖锐，因为当代社会制度是建立在越来越广泛的劳动分工制上的："个性、个人正是在此才踏步不前的，个人自由、个人兴趣、个人幸福全都被以牺牲品的形式送上了祭台，具有最大生产力的被人正确或不正确理解的体系……我无法不高兴。"稍晚些时候我们读到这样的话："即为高级（在对个人的关系上）个人化的胜利而高兴。"③ 为反对个性的专业化和分化而为人的完整性斗争的米哈伊洛夫斯基，赞美"门外汉"，亦即那些还没有来得及丢掉其完整性的人……他写道④："门外汉主要是些这样的人，他们如果想要让自己配得上自己的名字的话，就得让科学来为他服务。"

---

① 《米哈伊洛夫斯基全集》，第 1 卷，第 477 页。
② 同上书《门外汉札记》，第 3 卷，第 423 页。
③ 同上书，第 1 卷，第 454，494 页。
④ 同上书，第 3 卷，第 354 页。

11. 在为个性的全面性和完整性而斗争中，米哈伊洛夫斯基所依靠的（和拉甫罗夫一样），是一种相当一般化和不深刻人类学。他甚至在人身上也未能从形而上学意义上感觉得到人及其珍贵的深层。例如，甚至就连人的意志（作为自由和责任的载体），对于他来说，也不过是"整个原因与结果链条里的一个环节而已"①。在米哈伊洛夫斯基有关集体心理学②尤其是在他涉及想象的功能问题的著作和出色的文章中，人的研究中的纯经验主义多少有些扩展。但也正因为此，在米哈伊洛夫斯基那里（如在所有实证主义者那里一样），承认人身上的自由，把它当作真正的和现实的创造力量这一点，还是令人感到出乎意料之外。这不是一个简单的确定人的确"具有自由选择活动的意识"的问题，这毋宁说是一个判断，即人真地可以而且也应该与"万物的自然行程"做斗争。"只有那些人在那样的情境下不会与万物的狂热进程做斗争，也就是说即当斗争变得非常不利时"③。"在活动进行的关头我意识到我为自己自由地树立了一个目标……个人的责任感和道德感以及道德审判的可能性都仅仅取决于这一点，而责任感、良心和道德审判的需求完全是心理生活的现实现象"④。接下来我们又读道："我们这些门外汉，认为有一种任何人永远也无法从我们这里夺走的神圣权利，这权利就是自己对自己进行道德审判的权利，认识善恶的权利，和称恶棍是恶棍的权利。人类活动要服从法律这是一个伟大的真理，但这一真理却不应亵渎这一权利。"但为什么不应，如果在数句话之后米哈伊洛夫斯基关于自由又这样写道："哪怕这是个梦也罢（!），但历史就靠推动来的？"⑤ 如所周知，米哈伊洛夫斯基的人类学为伦理学对其急于提供的基础实在是太不稳定了。根据奥夫相尼科夫—库利科夫斯基的公

---

① 《门外汉札记》，第 3 卷，第 14 页。
② 这些文章被收集在其全集的第 2 卷里。
③ 《米哈伊洛夫斯基全集》，第 3 卷，第 206 页。
④ 同上书，第 437 页。
⑤ 同上书，第 437 页。

正的意见，米哈伊洛夫斯基身上还是浪漫主义者占上风的①，而这种浪漫主义恰恰就破围而出成为了伦理学探索和觊觎的决绝性本身了。但米哈伊洛夫斯基比这走得更远，他是作为所谓社会科学中的"主观方法"最鲜明的表达者而出场的。这一学说我们应当向德国请教并注意和以 Problem d. Werturtheile 冠名的德国哲学那一伟大而成就辉煌的流派相并列②。"主观主义方法"这个名称本身当然很不成功，但正如马萨利克正确地指出的那样③，这是"对忠实事物的不忠实的指称"。"主观主义"的本质碍于承认"评价因素"在结构上而非"以调节的方式"进入了人的活动意识中来。根据米哈伊洛夫斯基的公式，"在社会现象领域里观察必然会以极为密切的方式与道德评价相关联"④。在这一公式而非别的什么公式中，我们必须看到"主观主义方法"的本质自身，亦即问题在于承认纯"理论"的、即毫无评价地简单接受一个人和他的活动不会为我们提供在社会事实中在场的全部材料。评价从"兴趣"、"喜好"或"理想"的观点看，对于"观察"同样也是十分重要的，正如一般说在"经验思维"（恐惧、嫉妒、信仰、爱等等）中，我们首次进入人身上的那样一些方面，没有这些方面人就是不可理解的一样。这是一个如今绝大多数心理学家都承认的一个事实。米哈伊洛夫斯基提出了这一事实中的纯人格主义因素（根据"我完全保留自己从我自己这个大脑的观点出发批评伟大的神的世界的权利"这个公式），⑤——提出了每个个性按照其理想的意识来生存和评价世界的最高权利。按照米哈伊洛夫斯基的思想，把"社会理想"这一观点带入到对世界的理解中来是十分重要的一个步骤。对于米哈伊洛夫斯基来说如此重

---

①　《米哈伊洛夫斯基全集》，第 2 卷，第 227 页。

②　关于这一问题在哲学文献中最重要的著作是 Meinong. Ueber die Annahmen。还可参阅 Mayer Ueber das emotionale Denken Ribot La Logique des sentiments，Reuschle. Werthurtheile。

③　《马萨利克全集》，第 2 卷，第 193 页。

④　《米哈伊洛夫斯基全集》，第 1 卷，第 87 页。

⑤　同上书，第 3 卷，第 151 页。

要的那种真理的、理论和道德的统一性，以及对社会领域的评价本身都不应该在准确的意义上是主观的——它应当来自于"高级"理想的二位一体的最高真理。但在米哈伊洛夫斯基那里这一最高理想究竟是从哪儿来的呢？当然，是从他的"民粹派观点"而来，对此，他自己也有过非常清晰的表述："同情和怜悯就活在我身上，并烧灼着我的灵魂。"① 要知道是米哈伊洛夫斯基把"忏悔的贵族"这种说法投入市场中来的——这种说法与拉甫罗夫关于向人民"偿还欠债"的公式具有异曲同工之效。斯特鲁卫公正地说②，"米哈伊洛夫斯基在其道德学说里差不多是整个 60—70 年代所有大政论家里最大的唯心主义者了"。这也就忠实地表达了那一火热的伦理学主义，它构成了米哈伊洛夫斯基探索的创造性来源。我们面前所看到的依然是对于许多俄国思想家而言十分典型的真正的"道德优先原则"。无怪乎我们会在米哈伊洛夫斯基那里看到那样一些非常接近于极端"泛道德论"（或伦理学人类学）的判断，其最鲜明的表现我们可以在列·尼·托尔斯泰那里找到。我们在《门外汉札记》中读到这样的话③："我只承认那样一种科学配得上科学这一神圣的美称，这种科学在为我清除着生活的道路。"早在其写作的第一篇大型论文《什么是进步》中，米哈伊洛夫斯基就否定"纯艺术"这一概念的有效性，而在另外一处地方他讥讽地嘲弄"思维不再是工具而成为了 Selbstzweck（目的本身）"这种观点④。接下来米哈伊洛夫斯基完全以一种关于各种意识形态的"阶级"本性问题的学说的精神写道，"那种被叫做'公正'、'美'的东西，不多不少正是为特定社会制度服务的一种伪装"⑤。这是对关于与人有关的问题的判断中，主观因素不可避免的思想的另

---

① 《米哈伊洛夫斯基全集》，第 4 卷，第 64 页。
② 见别尔嘉耶夫所写的前言，第 82 页。
③ 《米哈伊洛夫斯基全集》，第 3 卷，第 336 页。
④ 同上书，第 1 卷，第 141 页、第 221 页。
⑤ 同上书，第 2 卷，第 609 页。

外一种表达式罢了。自我意识的最高级阶段，如我们所知，按照米哈伊洛夫斯基的说法，被描述为"主观—人类中心主义"观点。而在评价的主观主义中正是伦理学因素具有（对于米哈伊洛夫斯基本人而言）核心意义。

同此一理，正如在米哈伊洛夫斯基那里火热的人格主义与贫乏的甚至简陋的人类学结合在一起一样，他那火热的伦理学主义又与足够简陋的伦理学领域的理解结合在一起：在米哈伊洛夫斯基身上，我们到处都可以看到在简陋的实证主义和深刻的精神探索之间这种令人吃惊的对比。他建构了"良心"和"荣誉"这一伦理学——世俗化伦理学体系，没有什么宗教根源，但却具有决绝和不可妥协的要求。他要求理论和道德真理的融合和统一，在这个问题上米哈伊洛夫斯基的伦理激情和伦理理念达到了特别的纯洁和力量。对自由的意识在人身上是一个最基本的创造的杠杆，不知疲倦地追求上升的基础（"即便这是一场骗局，但推动历史前进的恰恰就是它"——参见上文）。然而，对于米哈伊洛夫斯基来说，道德理想有着"经验"的来源①，还具有各种各样的形而上学，其以道德为基础，但米哈伊洛夫斯基不需调查就把它们抛弃了，认为"道德法则仅只存在于我们的意识中"②。正是从这一观点出发，米哈伊洛夫斯基得出一个结论，这结论使他得以成为（主观）伦理学绝对主义的捍卫者："因为自然没有目的，那么任何人都可以把任何目的强加在自然头上"。带有这样一个摇摇晃晃的根据的伦理学一下子变成了一种有意识的创作的"诗学"（取此词的亚里士多德的含义）——而对于绝对主义这里却缺乏根据。

12. 半实证主义在其最深刻的一点——伦理学——上的矛盾，便系如此。毫不奇怪的是，在同样有着摇摇晃晃的根据的主观主义的历史哲学中，推出了非常重要的、在伦理学上非常有价值的、但却

---

① 《米哈伊洛夫斯基全集》，第 2 卷，第 273 页。
② 同上书，第 151 页。还可参阅第 228 页。

没有任何严肃根据的体系。整个历史哲学在米哈伊洛夫斯基那里，正如鲍·基斯嘉科夫斯基根据十足地表明的那样①，是建基在"可能性"这一范畴之上的，而且可能性自身被依然采用纯主观主义的术语来加以解释。"可能性"范畴在赫尔岑的历史体系里占据十分显要的地位（在其有关俄国可以走一条不同于欧洲发展的另一条发展之路的学说中）——应当把老实说整个"主观主义"社会学流派（更确切地说，是历史学）都当作是来自赫尔岑。这里我们所面对的是一个把历史学原则贯彻到一般哲学体系中的例子。我们已经看到其在所谓"苏联哲学"中的发展的最高点。的确，对哲学决定论的限制或否定，要求我们减弱甚或抛弃一般的哲学决定论。我们已经看到过这类体系是如何在赫尔岑那里生发开来的了——在他那里，这些体系是与黑格尔"泛道德论"的破产相关联的。在米哈伊洛夫斯基那里，可能性范畴已经不是和批判泛道德论有关②，而来自于人格主义的一般定向，来自于对伦理学判断的自主独立性的肯定。对于米哈伊洛夫斯基的半实证主义来说，伦理学判断与对自由的意识相关，这种心理学（而且仅仅是心理学的）自由的现实从逻辑上会导向对于已经是客观的"可能性"（非决定论所决定了的）在个人和历史现实中的认可，这样一来思维的伦理学主义便打破了实证主义的框架……

关于米哈伊洛夫斯基是如何在"可能性"范畴的基础之上发挥其历史哲学的详情细节，我们就不打算罗列了，——这一工作在上文所述之鲍·基斯嘉科夫斯基的著作中做得更好也更彻底。但米哈伊洛夫斯基一系列关于如何采用在社会学中引入达尔文主义而与社会学中的"相似性方法"斗争的问题，其中包括所谓的社会学中的

① 鲍·基斯嘉科夫：《可能性的范畴》（《唯心主义问题》）。

② 在很大程度上70年代里俄国历史学思维已经不再是来自泛道德论的破产了，这一点最明显不过地表现在"主观主义"学派其他一些代表人物的历史学体系中——如尼·伊·卡列耶夫。关于他可参见下文。

有机学派（斯宾塞等人）斗争的问题，我们却不能不多说几句。在这些写得非常出色而且往往也很深刻的论文中，米哈伊洛夫斯基为整个人格主义，为把道德意识从历史学决定论的束缚中解放出来而清理了道路。他顽强地强调指出个人与社会的对立状态，并在发展的"阶段"和"类型"（有些民族的生活虽然属于"高级"类型，但根据其在这一类型中进步的程度却在外表上看起来似乎低于另外一些民族，这些民族虽然属于"低等"类型，但在其进步程度上却远远比前者先进得多）中间做了成效显著的区分。在捍卫人道主义立场的同时，米哈伊洛夫斯基却也敢于说出"为生存而斗争是自然法则根本就是错误的"这一论断①。他甚至还以其人类学精神说出更大胆的论断："事件的历史进程自己本身是毫无意义的②，"——这一历史非逻辑论论断（以赫尔岑的精神）如今已经得到了人格主义命题的补充："是个人而非一种神秘的力量在为历史设立目标"。因此个人并未受到任何事物的狂热进程的挤压，他有其与"事物的自然进程""进行斗争的逻辑和道德的权利"，因为道德法庭的权利同时也是干预事件进程的权利"③。这一干预（由于"可能性"范畴而可以客观地予以实现的），如所周知，由"道德法庭权利"赋予了口实。伦理学的优先地位在此得到了鲜明的表达。

13. 米哈伊洛夫斯基不但在一般认识论观点上停留在相当简单的实证主义基础之上，而未察觉他的基本世界观需要对存在和认识有另外一种理解。米哈伊洛夫斯基首先接受了"关于认识边界的基本观点"④，捍卫着"我们的所有知识及其对于万事万物的相关性和对其核心本质的不可洞悉性都有专门的经验来源"⑤。米哈伊洛夫斯基

---

① 《米哈伊洛夫斯基全集》，第 4 卷，第 415 页。众所周知，克鲁泡特金伯爵就此题目写过一部出色的著作：《论自然中的相互帮助》。

② 《米哈伊洛夫斯基全集》，第 3 卷，第 443 页。

③ 同上书，第 448 页。

④ 同上书，第 4 卷，第 99 页。

⑤ 同上书，第 1 卷，第 24、81 页。

以一种实证主义者常常特有的天真的自信重复了别人所说的一句斩钉截铁不容反驳的话："最大公理却原来是（！）经验和观察的结果"。"最抽象的思想归根结底植根于感性经验——人的本性便是如此（！）"，"人们到处和永远从外部世界中汲取着知识"①。所有这些论断都是作为不容辩驳的结论，作为"科学哲学的成果"提出来的。米哈伊洛夫斯基的确不愧为孔德、米勒、斯宾塞最听话的学生②。但在其相对主义和认识论客观主义方面，他要走得更远一些，例如，对他来说一句十分典型的话是："对于科学来说……对自然的认识本身是真实的还是虚幻的，这都无所谓，重要的仅仅只是要让这种认识能满足人的本性的要求。因此在有关真理的问题上，在比这个伪问题更高的位置上，科学提出了关于人类生活的条件的问题"……"在用'满足人的认识论需求'这些话取代'真理'一词时，我们所涉及到的，只是真理的标准问题，这一标准已经支配人类许多世纪了"③。对于米哈伊洛夫斯基来说，重要和有趣的不是"绝对真理"，而是"对人的真理"。

但和拉甫罗夫一样，米哈伊洛夫斯基在伦理学中摒弃了相对主义和怀疑主义不可知论，而成为火热的"二位一体真理"的宣传家。没有什么比这一伦理学激情更有趣也更典型的了（对于俄国实证主义者意义上的俄国思想界的内在运动过程而言），在整个相对主义运动中显得是如此不合时宜。理性的创造性工作本身在暗地里正是得到了伦理学激情的支持，在所有精神工作之上笼罩着"实践理性至上论"。

14. 为了研究俄国半实证主义，我们还得多少说几句话，谈谈尼·伊·卡列耶夫，他是彼得堡大学历史教授，是社会学和历史认

---

① 《米哈伊洛夫斯基全集》，第 1 卷，第 129 页，第 3 卷，第 52、359 页。
② 其所受影响还有来自亚·兰格的，部分地还有蒲鲁东。关于这一点可参阅马萨利克上述第 2 卷，第 150—152 页。
③ 《米哈伊洛夫斯基全集》，第 2 卷，第 347、349 页。

识论领域里"主观主义"的热情充沛而又顽强执著的捍卫者。

尼古拉·伊万诺维奇·卡列耶夫（1850—1931）是杰出的学者和历史学家，他那卷帙浩繁的著作和研究为其赢得了巨大的声誉和知名度。但也正是作为历史学家的卡列耶夫接触到了历史哲学问题，他对此类问题一直都具有强烈的兴趣[1]，但却不是从抽象的哲学观点出发，而是从具体的历史问题的角度出发。在其大型论著《论个人在历史中的作用》中，卡列耶夫对黑格尔和与其思想相互呼应的其他人的各种历史学体系进行了详尽彻底的批判。"历史不是一条直线，"他写道[2]，"不是一个线条规整的、建基于数学方案至上的花样，而是一个活生生的线条的织体，它曲曲弯弯极不规则，与各种各样的东西有着各种出乎意料之外的联系"。"全世界历史进程，"我们接下来读到，"不是经过计划的，全世界历史进程是各种偶然性以混沌的方式纠结起来的一种结果。我们应当给历史纳入偶然性这个概念"。

由于"个人是历史哲学的最高原则"，按照卡列耶夫的思想，那么，他喜好米哈伊洛夫斯基的人格主义，以及喜好米哈伊洛夫斯基在历史认识论中所捍卫的"主观主义"由此也就可以理解了（卡列耶夫自己也承认米哈伊洛夫斯基对他的影响）。"全部历史哲学，"卡列耶夫从其对于其他历史哲学体系的批判中得出结论说。"都是进步理念在人类命运上的运用，而历史的意义不在于它的绝对意义，而在于它对人的意义"[3]。因此在研究历史时评价是不可排除的（"……历史哲学是对历史的审判"，——卡列耶夫如是说）[4]。"理性，思维和理念都属于世界但不属于整个世界[5]，而属于在人的认识

---

① 在这方面非常珍贵的是一部篇幅虽小，但内容丰富的他的研究专著《论意志自由》（见《社会学与哲学研究》）。

② 《米哈伊洛夫斯基全集》，第1卷、第2卷，在最后一个版本中这两卷合为一卷。

③ 《米哈伊洛夫斯基全集》，第1卷，第246页。

④ 同上书，第242页。

⑤ 同上书，第326页。

范围以内的世界……世界是非理性的，世界不会思考，而在世界秩序的基础上也没有什么理念，但在世界的某些无限小的物质身上，思维和理性得到了发展，因而出现了理念"。和拉甫罗夫和米哈伊洛夫斯基一样，卡列耶夫恰好就是在承认宇宙秩序的非逻辑性的基础上断言个人有权利从道德上审判历史的。"排除主观评价这一因素，"卡列耶夫思考道，"就意味着，要冒风险，现象的意义对于我们来说是封闭的：在历史本身中，我们涉及的是（道德）意识，而这种意识是我们应予以研究的事实之一，因此它要求对其采取主观态度"①。

#　　　#　　　#

科学—哲学实证主义与带有绝对伦理学主义特点的相对主义的结合，这当然意味着世俗化意识形态的软弱无力。而那样一些思想家却要远比这更加彻底得多，这些思想家，正如我们在本书第 2 卷中将要看到的那样，他们敢于从一般哲学相对主义中在伦理学领域里得出相对主义性质的结论。但对于俄国意识而言，由于伦理学领域在其中占有一个稳固的优先地位，因此接受起这一论点来就远比停留在半实证主义的界限之内变得更加困难。毫不奇怪的是，探索思维的内在运动过程正是在朝着克服世俗化体系本身的方向运动的。这一对于世俗化运动的克服在各种精神基础至上中发展起来，但我们首先需要谈一谈那样一些思想家，在这些思想家那里，这一进程是在实证主义和自然主义的基础上进行的。

---

① 《米哈伊洛夫斯基全集》，第 1 卷，第 386、393 页。

第十章

在自然主义和实证主义基础上克服世俗化定向

尼·伊·皮罗戈夫、列·尼·托尔斯泰

1. 我们已经不止一次强调指出这样一个事实，即俄国世俗化运动是在西方的影响下发展起来的，但是，一旦其在俄国的土壤上产生，它就在俄国意识中植下了深深的根，并在此取得了某种独有的特征。作为反对教会的斗争的代表载体，世俗化运动即使是在西方也常常会转变成为一种独特的"新的宗教"——转变成为一种泛神论，一种宗教哲学内在论甚至神秘主义。但俄国世俗化运动具有一种非常鲜明的宗教色彩，几乎永远都披着一种特殊的教派形式的外衣。甚至在俄国世俗化与极端彻底的唯物主义纠结在一起的地方，它也仍然还是渗透着一种独特的宗教心理学。因此我们无须对此感到惊奇，说什么哲学意识形态的解体与世俗化倾向有关，在俄国土壤上这种观点常常会把我们带到接受基督教基本理念的地步，带到以基督教精神来重构整个世界观的地步。世俗化运动的这一内在解体在俄国思想界构成了一个非常富于特点和创造性的运动，它一直持续到我们今天，而在这方面最重要的问题恰恰在于回归基督教这一倾向，恰恰是在世俗化运动下降的基础上这一情境下产生的。

这一思想运动首次鲜明出现在俄国已经是在60—70年代的事了，我们已经部分地涉及这个问题，即在讨论尼·瓦·柴可夫斯基和与其相仿的"神人类"运动时。但在这个时代里最富于特点和最鲜明的是两位杰出人物——尼·伊·皮罗戈夫和列·尼·托尔斯泰——身上所发生的重大转折。前者是一位天才的享有世界声誉的外科医生，他可以说是创造了一种新型的俄国医生①。另一位是一个比前者更加伟大的天才，一个无可比拟的艺术家，一个狂热的道德家，其道德探索不仅把俄国人的而且也把世界各国代表人物的目光都吸引到自己的身上。这两位思想家（两人之间不曾有过任何私交）各以自己的方式但都以一种特殊的力量表现了在俄国世俗化运动内部所发生的那一转折。一个的出发点是科学世界观，另一个的出发点却是这个时代的总的文化自我意识，但两个人都曾在年轻时候是实证主义和自然主义世界观的载体，两人都曾体验到对这一运动的深深的失望，从而走向一种独特的宗教世界观。

让我们先来谈谈尼·伊·皮罗戈夫的哲学演变过程。

2. 尼古拉·伊万诺维奇·皮罗戈夫（1810—1881）出身于一个官僚的家庭②，最初是在家里受的教育。后来他进入私立学校，14岁时通过大学入学考试（当时大学只招收年满16岁的学生，但皮罗戈夫的父母谎称他已年满16岁了，虽然他当时的实际年龄只有14岁）。17岁时皮罗戈夫通过了大学的毕业考试，并被分配到部里参加教授资格的培训。23岁时皮罗戈夫通过了博士学位论文答辩，随后出国继续深造。26岁时担任医学院外科教研室主任，并很快就获得著名外科医生的名望，出版了一系列一流的著作。他出版的《外

---

① 在俄国有许多与皮罗戈夫有关的纪念碑和机构，但特别值得一提的是全俄皮罗戈夫医生大会（始于1885年）。

② 尼·伊·皮罗戈夫本人曾经写过一个简单的自传（参阅《皮罗戈夫全集》，第1卷，1910）。但他的《一位老医生的日记》（《皮罗戈夫全集》，第2卷）却要更加重要得多，这本日记对于评述皮罗戈夫的哲学思想来说是非常珍贵的。有关皮罗戈夫的文献最重要的文章是谢·雅·什特莱哈。参阅其论述皮罗戈夫的1923年的著作（格勒日宾出版社）。在传记方面，皮罗戈夫发表在俄罗斯科学院论文集第 XCY（1920）卷的通信，以及特别是1915至1916年发表在《俄罗斯的古风旧习》以及其他杂志上的通信，非常重要。关于皮罗戈夫的世界观只有谢·列·弗兰克的一篇文章（《道路》，1932第32期）。我关于皮罗戈夫哲学观点的概述，1940年发表在爱沙尼亚，但我自己却连样书也没有。

科诊所年鉴》一书尤其享有盛名，他在书中勇敢而又真实地描述了自己在外科手术中所犯的错误。1840 年，皮罗戈夫被被任命为军事医学科学院（在彼得堡）教授，在此期间，他的科研和社会活动开始增多。但俄——土战争爆发时，皮罗戈夫来到塞瓦斯托波尔，但只能在那里停留 6 个月，混乱无序和权利的滥用给他留下了极为恶劣的印象。过了一段时间以后他到底还是回到了克里米亚（在辛菲罗波尔），在那里一直待到战争结束。回到彼得堡以后，皮罗戈夫发表了几篇观点鲜明的有关教育问题的文章（文章总题目为《生命问题》）。这些热烈主张早期教育优先于高等教育的系列文章，渗透着崇高的人道主义精神，在俄国社会获得了极大的成功——文章被不同的各种版本予以重版。于是有人建议皮罗戈夫担任奥德萨学区督学的职位，但皮罗戈夫独立不倚的个性、直道而行的性格，以及自由主义观点又使他与当地行政部门发生了一系列冲突。于是上面又把皮罗戈夫调到了基辅担任同样的职务，但也就是在基辅，因为他勇敢和自由的演说，当地行政部门开始对他实施迫害。1861 年，皮罗戈夫由于"身体健康恶化"而被从这一职务上解脱出来，并去了自己家的庄园，并在那里一直不间断地生活到去世以前。1881 年 5 月整个俄罗斯庄严肃穆地庆祝皮罗戈夫科研—医学工作 50 周年纪念日，而皮罗戈夫本人却在那一年的 11 月逝世了。

3. 皮罗戈夫并不以为自己是个哲学家，也并不觊觎哲学家的名声①，但在现实生活中我们却可以在他那里发现许多珍贵的和深思熟虑的哲学观点。早在进入大学以前皮罗戈夫就曾全身心地钻研宗教世界观，但随着考入大学，他很快就掌握了那个时代的医学所渗透了的观点。这是一种清晰和又彻底的唯物主义，尽管皮罗戈夫涉及到他那个时代的自然哲学学说，但它们却根本不曾对他产生任何影响。唯物主义以其清晰简明的世界画面给他年轻的大脑留下了非常

① 《皮罗戈夫全集》，第 2 卷（1910 年基辅版），第 23、76 页。

深刻的印象："我是那样一些人中的一个，"皮罗戈夫在日记中写道①，"那些人刚一离开大学的板凳，就热情地投身于科学的经验主义方向，尽管在其周围仍然笼罩着自然论和黑格尔诊断学的密林"。皮罗戈夫终其一生都是一个经验主义者，一个研究事实的诚实的研究者，但他的认识论立场很快就扩展到了"理性经验主义形式"的水平——正如他自己表述的那样。我们接下来要讨论皮罗戈夫的认识论观点——这些观点与其关于思维的形而上学的学说完全有关——但在这里我们需要当即予以指出的是，与唯物主义的分裂在皮罗戈夫那里毕竟是在认识论的土壤上发生的。"我确信，"我们读到，"以信仰和真理为经验主义方向服务的同时，对我来说停留在……实证主义者是不可能的"。"我命中注定不会是一个实证主义者，"皮罗戈夫继而写道②，"我无力对自己的思维发号施令：不要到那个可能会迷路的地方去"。对于皮罗戈夫来说，理性的这样一种毫不间断的工作才是特有的，它不允许我们一劳永逸地固着在某些观点之上凝然不动。我们接着就读道："我们到处都能碰见横亘在我们头顶的……（只掩藏在）科学的名称之下的秘密。世界之谜从四面八方包围着我们。"皮罗戈夫首先搞清楚的一点是，唯物主义"缺乏根据"③，而最重要的是，对笼罩科学界的"偶然的魅力"开始感到不可忍受，正如他所表明的那样④。在科学中到处都赋予偶然性以如此不符合实际的地位，以致我们理性完全难以与这种情况妥协。而另一方面，有关物质的分子理论丝毫也无助于引导我们认识物质之谜。皮罗戈夫写道："要让我的思想停留在永恒运动和永恒存在的分子身上我是无论如何也做不到的"，"可以无穷分割的物质在运动中是没有什么形式的，而在运动过程中自己本身不知怎么偶然地变得

① 《皮罗戈夫全集》，第 2 卷，第 44 页。
② 同上书，第 76 页。
③ 同上书，第 178 页。
④ 同上书，第 169 页。对偶然性理念的批判在其他地方也有出现。同上书，第 172—173 页、第 178—179 页。

受到了局限开始有了一定的形式"。"分子是一个抽象概念";"我觉得一般说物质是如空间、时间、力和生命一样广阔无边的"。皮罗戈夫渐渐倾向于得出这样一个对于我们这个时代来说是如此普通的思想，即"物质可以由力量的凝聚而形成"①。

当皮罗戈夫确信不可能把生命概念归结为纯唯物主义的阐释时，纯唯物主义的不能令人满意的特点在他眼里也就变得越来越明显了。生命概念的不可生产性使得这一概念变成了思维基本范畴之一——这使得皮罗戈夫坚决而又果敢地走向这样一种世界观，如今这种世界观常常被人称之为生物中心主义。"在我的想象中，"他这样写道②，"是一个无边无际、生命在里面不间断地翻滚的生命海洋，这个海洋没有形状，它把整个宇宙都纳入怀中，它渗透了宇宙的所有分子，它把所有的分子时而集聚组合，时而又分割开来，让它们适用于各种不同的存在之目标"。这一有关世界生命的学说对于皮罗戈夫来说是以新的方式阐释了所有的认识论问题，引导他得出一种有关"世界思维"现实性的学说③。皮罗戈夫在这一学说中不但已然与形而上学唯物主义彻底决裂，而且还发展了一种对存在的新的观点。皮罗戈夫问道④："难道不正是因为我们的理性是在我们自身之外从事具有一定目的的创造的，因而理性自身不就是存在于全部宇宙中的世界生命本质的最高表现吗？"略晚一些时候他又写道："在整个宇宙中只有我们的大脑是唯一的思维器官，世上的一切除了我们的思维以外，都是没头没脑的和毫无意义的，这简直是不可思议的。在整个宇宙间只有我们的大脑是展现某个'我'的地方，而这个'我'却根本就不承认也不与自己的出生地认同，这简直是不可思议……因此我认为另外一

---

① 《皮罗戈夫全集》，第2卷，第21—22、39页。

② 同上书，第15页。《关于世界思维的基本文本》，第19、20、23、40、75—78、39页。

③ 同上书，第17页。

④ 同上书，第35页。《关于世界思维的基本文本》，第17、18、75、77页。

种推断倒是近似于真理，即我们的'我'是从外部而来的，他是不是一种世界思维，一种大脑里的由生命本身 ad hoc 艺术地装配出来并用于把世界理性从中分化出来的接受装置?"这也就是皮罗戈夫所建构的新的形而上学，按照这种学说，"我们的'我'不是化学和组织学元素的产品，而是对一般的全宇宙理性的一种拟人化和人格化产物"。"这是通过自己的大脑思维对于世界思维的一次发现……这也就是为什么我们的理性，"皮罗戈夫写道，"不能停留在……通过自身而无需他者、高级意识和思维……的参与能够感受和意识到自己的分子身上的缘故。对我来说，通过自己的器官选择了宇宙的高级世界思维，在渗透分子并把分子组合成为一定形式的同时，也使我的大脑成为思维的器官"。

这一关于世界思维的新学说如今已经成为皮罗戈夫的世界观的出发点。"世界意识，"他写道，"成为我的一种包含在神经中枢中的特殊机制的个人手段。这一机制是如何运行的，我们当然不知道。但对我来说有一点是毫无疑问的，即我的意识我的思维和我的大脑所特有的对于寻找目的和原因的追求，不可能是某种断断续续的和唯一单独的，与世界的生活没有任何关联的东西，也不可能是某种结束创世的，亦即不拥有任何高于自己的东西的东西"。

4. 这一向世界输入生命和理性的高于世界的本质，对于皮罗戈夫来说，暂时作为"世界思维"，作为"宇宙理性"而被开辟和展示出来。皮罗戈夫的这一建构与斯多葛派的泛神论关于世界逻各斯的学说十分接近。但他逐渐意识到"把支撑点建基在宇宙中，就意味着建基于沙子上"①。"我的可怜的大脑"，皮罗戈夫连忙写道，"往往会停步不前，对宇宙而不是对上帝顶礼膜拜，把宇宙当作一种无边无际和永恒的本质"。但宇宙"仅仅只是创造性思维的外化和表现，换句话说，是处于永恒运动和变化中的世界意识或

---

① 《皮罗戈夫全集》，第 2 卷，第 169 页。

世界理性，要想理解存在，就必须找到不变的、绝对的土壤"①。皮罗戈夫由此得出一个思想，即应当承认在世界意识之上有上帝存在："应当承认最高级理性和造物主的最高意志，它是通过世界理性和世界在物质中的生命来得到有一定目标的表现的"②。这样一来，皮罗戈夫也就一步一步地恢复了宗教世界观的基本论点，与此同时，在重视认识的同时，也赋予信仰以重要地位。他对那种"对于偶然性的迷恋"有着深深的厌恶并且深恶痛绝，按照皮罗戈夫的观点，它会使探索性思维永远处于被俘虏的状态③。对于皮罗戈夫来说，偶然事件这仅仅只是 asylum ignorantiae④，在精确的意义上，没有什么偶然性，也没有任何东西是没有原因的，但为了对一切在我们眼里都似乎是偶然性之组合的因果律原则加以肯定，必须承认支配世界的高级本质——世界理性——的现实性。在皮罗戈夫的形而上学里，非常重要的一点是要承认"世界理性"（上帝即绝对者即在其之上），这一世界理性概念实质上与世界灵魂是同一概念。这里我们必须指出皮罗戈夫的这一学说，开了宇宙论体系（从弗拉·索洛维约夫到我们今天）的先河，后者与所谓的"索菲亚学说"的理念有关。皮罗戈夫以其宇宙学真的与后来俄国的索菲亚学非常接近。

5. 作为一个严谨的学者，皮罗戈夫对于这些体系的假设性质很了解，但与此同时他也清楚地认识到不可能仅仅停留在事实基础上。皮罗戈夫写道："只有那一有过、有并且将来会有的事实，才是真理，但这样的事实我们还未曾见过。如果我们确信一向有过、现在也有、将来还会有的非事实存在的必然性或可能性的话，那么这种信念对我们来说便是真理，尽管显而易见是非事实的"。"当我们处

---

① 《皮罗戈夫全集》，第 2 卷，第 169 页。
② 同上书。
③ 关于偶然性问题还可参阅同上书，第 169—179 页。
④ 同上书，第 175 页。

处和总是看到空间的边界而开始想什么无限时，这已然不是什么经验主义了。"我们的思维面向"无限"的这种性质是皮罗戈夫认识论的核心理念①，他写道："我们致命地看不见也感觉不到无可计量和无边无际的东西，我们承认这些东西在事实上的存在，我们对无边无际和无可计量的东西是如此确信，犹如哥伦布在美洲被发现前就确信她的存在一样，——区别仅仅在于我们永远也不会像他发现美洲一样发现我们自己的美洲"。经验（对空间、时间和生命的感受）本身是建立在对于"无可计量和无边无际的存在"的最初感受之上的——这种对存在、时间和空间的最初感受"深深地隐藏在生命本质的生物中"②。

我们的思维"永远都是个体的，因为思维是大脑的、有机的……世界的思维，思维因为是世界的因而才不能不是有机的。我们的作为个体的和有机的理性，不可能高于对理性所固有的非有机的和无限的世界创造目的的理解。"这也就是为什么认识不可能仅仅以事实为依据，为了能在认识的道路上继续上升，还必须有"思辨"才行。皮罗戈夫把自己的立场描述为"理性经验主义"，按照皮罗戈夫的观点，我们的全部感受都伴随着无意识思维（从其产生之际就已开始）——而这种思维乃是我们之'我'及其完整性的一种功能③。对于皮罗戈夫来说，有一点是无可争议的，即现实生活中所有的个别感受都与我们身上的"我"相互有关，如皮罗戈夫所说，在其身上生活着一些"非事实的知识"。皮罗戈夫因此而区分出个人真理和统一和整一的真理④。在这一有关"整一真理"的学说中，皮罗戈夫走到承认与道德领域分离的纯粹理性的局限性的地步，这种局限性以一种特殊的力量表现于理性，把没有它的人类的精神当作

---

① 对此的有趣注释见之于弗兰克（《道路》第 32 期，第 78 页）。
② 《皮罗戈夫全集》，第 2 卷，第 29 页。
③ 参阅同上书，第 49 页。
④ 同上书，第 57 页。

幻想了。例如，没有它人就不可能生活和工作的自由的意识，在理性看来，是一种幻想，而更加重要的是，与此同时，理性会把我们带入一个"无限广袤、无边无际、亘古永存的领域"，活的感觉会把我们与这一高尚的领域分割开来，而与具体存在关联起来。这种对于流动中的和转瞬即逝的现实具体性的关注，在理性眼里，是一种误会，一种幻想，而且，人的全部创作及其道德领域，都正是朝着具体现实的（与此同时理性又把他带到那里）。这些"幻想"① 把我们从理性的局限性中解放了出来，并把完整性本质带到我们的精神世界中来，因此而为我们开辟了认识和道德生活的内在统一性。

我们的精神从纯粹理性的"有序性"中解放出来以后的一个最重要的结果，就是信仰。皮罗戈夫在其一封非常出色的信② 中甚至断言，信仰为我们开辟着认识之路。的确，从这一最原始的信仰核心本身中产生了一种疑心，它在我们身上形成了一种批判主义，而科学便与之有着密切的关系。但在经历过怀疑阶段，并从思维活动"有序性"的局限中摆脱以后，我们的精神就又回到信仰③ 上来。在这一高级阶段上信仰成为一种把我们与理想领域和上帝联系起来的力量。如果说"建基在怀疑基础之上的认识能力不允许信仰存在的话，那么，相反，信仰也不会受到知识的挤压……作为信仰之基础的理想，成为高于任何认识之物，并在认识之外，追求真理的获得"④。

例如，在信仰形成的精神的高度完整性中，信仰为精神的认识活动留下了空间和自由，人则取得了信仰和知识的自由和创造的组合。而在这个问题上，皮罗戈夫极其坚决地离开了作为一种纯粹理性的学说和体系的自然神论，而转向基督教。对于皮罗戈夫来说，

---

① 关于恢复了完整真理的"幻想"的学说，在同一本书中有所发挥，见第63—68页。

② 见《俄罗斯古风旧习》，1916年，第2期（1850年信）。

③ 同上书，第237页。

④ 《皮罗戈夫全集》，第2卷，第182页。

信仰意味着对上帝的活的感受，信仰是非历史的，而恰好是基督的神秘现实性从其精神中汲取营养，因此皮罗戈夫会捍卫宗教—历史研究的充分自由，因为基督教的本质"并不在历史之中"①。

再比如，从批判主义的沉思中，诞生了皮罗戈夫的不可能停留在实证主义土壤上而必须转到形而上学立场上来的认识——而从思维的形而上学中又产生了另外一个认识，即纯粹理性的"有序性"不会把我们带到完整真理上来。精神的"幻想"是一种导向完整统一真理的力量，信仰之火就是通过这种力量点燃的，宗教世界观的真理也是由此开辟的。

6. 在皮罗戈夫所体验的精神的这样一种复杂而激烈的斗争中，对他来说，实质上世俗化的精神定向传统已经訇然倒塌了。皮罗戈夫清晰地写道，说他感到非常困难，犹如一个医生，他总是与人身上的肉体方面打交道，却又不得不接受人身上的精神的最高现实，其中包括不朽的理念②。对他而言物质性问题要比以唯物主义精神简单予以处理离得更远。存在的"不可穿透的神秘性"在他眼里变得更加明显，而物质与精神本质的对立对他来说则失去了无可争议的性质③。皮罗戈夫甚至愿意建构一种独特的俗世形而上学④，让生活的本质与俗世的本质最大限度的接近起来。在这个问题上皮罗戈夫似乎站在各种形而上学假设的门槛上——在其日记中有许多草稿——足以充当这些新体系的基础——但所有这些记载大都是片断和零星的。

皮罗戈夫关于哲学人类学问题的思想尽管也是片断和零星的，但却非常有意思。他对陀思妥耶夫斯基称之为"地下室"——即心灵里那样一个人的各类追求的发源地的封闭的领域——的情形有着

---

① 《皮罗戈夫全集》，第 2 卷，第 187 页。
② 同上书，第 198 页。
③ 同上书，第 199 页。
④ 同上书，第 40、200—201 页。这令人部分地想起谢林，部分地想起中世纪的理念。

十分深刻的体验。皮罗戈夫甚至和人类学领域里在 20 世纪由 Klages 所表达的那一立场——即认为心灵由于对自己内在活动的全面认识而会失去许许多多的观点——非常接近。无论如何，皮罗戈夫极其深刻地在其出色的《存在即感知》一文中探讨了有关心灵的"自我风格化"的问题①。这篇文章探讨的是儿童剧院的结构问题，文中对儿童早期在"存在（有）"和"觉得（似乎）"中间分化的适宜性表示怀疑。意识对心灵生活的干涉常常会把"自我风格化"因素带进来，但在儿童身上，把这两种范畴区分开来的特点尚未得到充分表现——对某物的"感觉"其实也就是某物的"存在（有）"。而在成年人身上，内在分化性已经鲜明地表现了出来，真实的和貌似真实的存在泾渭分明，亦即谎言既对他人也对自己而言都是谎言。这种分化性，这一谎言与当代生活的谎言、诡辩和戏剧表演性有着深刻的关联。与此同时，按照皮罗戈夫的思想，在心灵的地下室本身，如同在深渊和黑洞里一样，一些"凶恶的、下流的和丑陋无比的动机"也会隐藏在里面，如他所说的那样②。恶一直都在暗中窥伺着人如何掌握自己的意识，如何学会操纵自己的生活③，——因此精神生活必然会过度到与一切可能隐藏在人的地下室里的一切进行一场内在的斗争。

　　皮罗戈夫从其有关世界意识、世界思维的假设出发，开始紧紧面对一个极其尖锐的被提出来的问题——超验主义——即关于个性中个人和全人类因素的区别的问题。按照皮罗戈夫的思想，我们的"我"本身仅仅只是世界意识的个人化而已，但由于我们意识到自己（而皮罗戈夫说过，这种意识本身，是"整一的和不可分割的"）④，我们已经在精神独立性中得到了巩固和加强。皮罗戈夫写道："令我

---

① 《皮罗戈夫全集》，第 1 卷，第 79—91 页。
② 同上书，第 2 卷，第 207 页。
③ 同上书，第 209 页。
④ 同上书，第 83 页。

吃惊的是，我们之'我'不可理喻的洋洋得意和完整性"①。皮罗戈夫如所周知一直在正视着人格形而上学问题，但他的思想却超出了对于个人不朽的信仰的范围。

7. 皮罗戈夫体系中最重要的一点当然是他与唯物主义及实证主义的决裂和从世俗化意识形态的出走。皮罗戈夫对于"世界的生物中心主义"所达到的理解，对世界理性的生动感受以及在这类理念的观照下对宇宙学和人类学问题的阐释——所有这一切都引导皮罗戈夫走向宗教生活。在皮罗戈夫那里，臣服于世俗化的痕迹在他身上保留了一辈子，虽然他过着一种火热而又深刻地信仰基督神人类的生活，但对历史教会，对于基督教教条学说，他的态度是自由和有所节制的。"虽然我的世界观与教会世界观有区别，"皮罗戈夫写道，"但我仍然还是承认自己是我国教会之子"。皮罗戈夫想要在"信仰"和"宗教"之间划出界限②，无论如何，他拥护对于神人的真正信仰和良心自由与理性之间的相容性。

皮罗戈夫的日记早在他逝世前便已为俄国社会各界所熟知，但皮罗戈夫所建构的独特的世界观体系，未能对俄国思想界产生直接影响。更何况他的精神探索，他对实证主义的克服，他与世俗化的决裂，都极其富于征象性的证明俄国思想界是如何才逐渐克服她曾长期被世俗化精神俘虏的状态。

不但如此，富于征象意义的，还有这样一个精神的转折——对此这个时代另外一个杰出人物——列·尼·托尔斯泰——也曾有所体验。现在我们就来研究他的思想。

8. 列·尼·托尔斯泰在俄国哲学史上（和陀思妥耶夫斯基一样）占据着一个特殊的地位。作为一个天才的艺术家，直到其生命的最后一息，他都没有抛弃艺术创作。列·尼·托尔斯泰同时还是一个深刻的尽管不无片面的思想家。在以特殊的力量和独特的表现

---

① 《皮罗戈夫全集》，第 2 卷，第 114 页。
② 同上书，第 221 页。

力表达其思想方面，任何人无法也不可能与列·尼·托尔斯泰相比。他的话语十分简单，但却充满了炽热的力度，话语里总是包含着一种深刻的不可辩驳的真实性。和其他俄国思想家一样，列·尼·托尔斯泰对他自己那些不符合其普罗克鲁斯特之床的一切主要思想都十分苛刻，但他那些不无夸张而又语锋尖锐的言词却不仅证明了他的最高纲领主义，直道而行的性格和常常是盲目的，像锋芒和刺刀一般扎人的他在其著作中所表现的真理。在某种意义上令人感到惊奇的是列·尼·托尔斯泰无可超越和不可复制的对于"生命的意义"的不倦探索，以及他对数百年来传统的英勇抵抗。他就像一个古代勇士步入"与这个时代之精神"的角力场——在这个意义上，他已经不单单属于俄罗斯及其问题，而且也属于全世界。托尔斯泰是一个"世界现象"，虽然也曾坚决地并在一切方面都以一个俄罗斯人典型的方式，以一种非俄国人感到不可思议和不可理解的方式进行着斗争。但是离开俄国——不但俄国，还包括东正教——虽然他也曾顽固而又坚强地与东正教会斗争过——我们是很难理解他的，他的内在的反常性，他思想的未完结性常常表现为话语的未完结性中，但他精神的感人力量也寓于此中。作为一个渗入到骨髓中的个人主义者，一个不假思索地把一切与自己格格不入的思绪都抛在九霄云外的人，他同时也是俄国哲学人格主义的最强烈最鲜明的表达者。作为一个极其特殊的艺术家，一个炽热的音乐发烧友，他写下了反对艺术的言词最尖锐、态度最挑剔、也最不公正的反对艺术的书。作为文化批评和歌颂心灵的"自然本能"的卢梭的追随者，他在其生命的后半段花费大量劳动研究如何理性地解决生命的问题，而把一切"自然"动机问题抛在一边或予以鄙弃……整个19世纪无论在俄国还是在欧洲都不曾有过另外一个如他这么杰出、这么强大、这么热情洋溢情感炽烈的"真理探索者"。他人格的伟大也必然会反映在他的思想中来。

现在让我们先粗略地探讨一下他的生平[①]。

9. 列夫·尼古拉耶维奇·托尔斯泰（1828—1910）出生于尼·伊·托尔斯泰伯爵之家。名著《童年少年和青年》很好地传达了他早年岁月的那个家庭的氛围。他父亲去世时小男孩年仅9岁，按照托尔斯泰本人的说法，这一死亡事件"首次在他心中植入了对死亡的恐惧感"（母亲在他年仅2岁时就逝世了）。小男孩是在充满爱意但却对他没有产生任何影响的女性社会里长大的。托尔斯泰是（和哥哥一起）在家受的教育，并准备参加大学的入学考试，随即考入喀山大学，可托尔斯泰对大学课程丝毫不感兴趣，并很早（19岁时）就离开大学，到了乡下，想在乡下用两年时间准备毕业考试。但托尔斯泰却在乡下待不住，而转到莫斯科，并在那里过起了纯粹的上流社会生活。1851年托尔斯泰抛弃了这种生活，前往高加索，并在那里过了3年，参加了战争。从高加索托尔斯泰又去了塞瓦斯托波尔，并在那里直接参加了战事。

早在1852年托尔斯泰就出版了短篇小说《童年》，并一举把他自己推进了文学圈。在高加索和塞瓦斯托波尔所写的短篇小说，尤其是他的《塞瓦斯托波尔故事》系列，为托尔斯泰赢得广泛声誉，当他1855年回到彼得堡时，他一下子堕入被关注、被赞美的氛围里，以致他头晕目眩。但也是在此期间，正如托尔斯泰本人在《忏悔录》里所讲述的那样，他感到自己与周围文学界那种矫揉造作自得自满的氛围格格不入。而他与屠格涅夫的关系变得尤其难受……1856年托尔斯泰出国，第一次出国的纪念品就是系列短篇小说，其中最值得一提的是天才的特写《鲁塞恩》，文中已经

---

① 研究托尔斯泰的生平的基本资料有托尔斯泰研究专家帕·伊·比留科夫编撰的传记（第1—4卷）。下列资料也很重要：1. 列·尼·托尔斯泰给妻子的信件；2. 谢·亚·托尔斯泰娅的信件；3. 特·亚·库兹明斯卡娅、列·托尔斯泰的孩子们以及戈尔德文格尔的回忆录；4. 列·尼·托尔斯泰的日记。关于托尔斯泰的传记概述最值得指出的有：特·伊·波尔涅尔：《列·托尔斯泰和他的妻子》，1928年。书末附有关于托尔斯泰学说的主要书目。

开始鸣响着揭露当代文化的最初音调。回到乡下后，托尔斯泰体验到了许多赏心乐事（音乐、育林等等），而他最感兴趣的事是开办学校，在自己的村里（雅斯纳亚·波良纳）开办一所模范学校。为了研究如何办学，托尔斯泰苦心钻研教育学，为此曾专门出国研究国外创办民办学校的问题。托尔斯泰甚至还出版了一份专门的教育学杂志，发表自己独创的论文，从而在世界各国引发了（稍晚些时候）整整一个"托尔斯泰教育学"流派（俄国晚于其他各国）。

1860 年托尔斯泰的哥哥尼古拉在国外去世。哥哥的去世给托尔斯泰留下了非常强烈的印象（"这一事件打断了我的生活……"——托尔斯泰在日记中这样写道）。死亡问题在托尔斯泰的精神探索中占据决定性地位的《忏悔录》里，托尔斯泰写道："尼古拉临终前苦挨了一年多最后还是在痛苦中死去了，临终时他都没搞明白自己是为什么而活，而为什么死那就更搞不明白了……任何理论都无法对我，对处于缓慢痛苦的濒死状态中的他，回答这些问题。"

1862 年秋天，托尔斯泰与索菲亚·安德烈耶芙娜·别尔斯结婚，并与夫人度过了漫长而又幸福的一生，他的一生只有最后的 25 年被蒙上了阴影。在家庭生活的最初岁月托尔斯泰创作了《战争与和平》——业已成为世界文学永远的经典之作。此后不久就创作了《安娜·卡列尼娜》。但早在 70 年代末托尔斯泰就开始了一场严重的精神危机，对此，他在《忏悔录》里进行了极其有力的描述。仍然还是那个死亡问题，但此刻已然是以一种不可遏止的力量横亘在托尔斯泰面前——在对这些问题的思考中，托尔斯泰渐渐表现出对他迄今为止一直全身心地生活于其中的世俗文化的不满。在死神的光照下生命以其全部脆弱性展现开来，死神那不可阻挡的统治使生活在他眼中变成了毫无意义的荒谬。托尔斯泰以如此巨大的力量极其痛苦地体验了死亡必不可免的悲剧，如此深刻地体验了生命的无意义，以至于差点儿就自杀了。在世界文学中未必能找得到另外一本像《忏悔录》那样写得如此有力的经典作品，书中的每句话都充满了火热的动能……托尔斯泰的精神危机以与世俗世界观彻底决裂，转向宗教生活观而告终。托尔斯泰本人关于自己曾这样说过（在《忏悔录》里），说他在此之前曾经是一个"虚无主义者"（"意为缺乏任何信仰"）——他补充道）。无论如何，托尔斯泰竭力想要与他生活的那个世界决裂，而转向普通人民，在《忏悔录》里他这样写道："我开始与穷人和没文化的普通人中的信徒交朋友，和浪游者、僧侣、分裂教派教徒和农夫们交朋友。"托尔斯泰从普通人身上思考着他们的生活的信仰，并以其所特有的激情和力量，竭力从目前信教的人们身上汲取营养，走进信仰的世界——首先是要跟随在人民之后转向宗教。在此期间与世俗化运动的决裂既充分又彻底，在这个阶段在托尔斯泰面前所出现的困难，他都借助于"自我贬抑和恭顺忍耐"的帮助克服了（《忏悔录》）。托尔斯泰在教会基督观的世界里并未逗留多久，即使在基督教的土壤里，托尔斯泰也与基督学说的教会阐释实施了决裂，为理性所难以接受的一切以及教条，都在使他疏远教会。他否认基督的神性，否认基督的复活，他决定以新的方式在许多地方修改福音书文本，以便保留按他的意见基督向世人的通告那部分内容。托尔斯泰在《宗教神学批判》第 4 卷里写了一篇长篇论文《我的信仰是什么》和《论生命》，紧张地思考着带有哲学性质的问题（此类痕迹在业已公布的托尔斯泰日记里表现得很清楚）。

托尔斯泰的精神世界此刻已经彻底形成——这是一个特殊的，由他自己本人所创造的神秘主义内在论体系——而在后一点上（在内在论里）托尔斯泰与近代理性主义精神完全合拍（即对于整个超验主义的否定）。但这毕竟仍是一种关于生命、关于人的神秘学说，这一把托尔斯泰引导到非常尖锐而又极端的内在论的因素，把他与当代世界截然划分开来，致使托尔斯泰在其学说中割断了与教会和与世界的关联①。

围绕托尔斯泰及其有关不以暴力抗恶的学说在世界各国开始形成追随者团体，并产生了"托尔斯泰村社"。新的朋友们往往比托尔斯泰本人还要更加狂热更加彻底极端。他们对于托尔斯泰的生活及其家庭生活中日益增长的冲突和矛盾（无论夫人还是孩子们都不同意托尔斯泰放弃文学劳动所得的报酬）的干涉，——所有这一切逐渐演变成为一场巨大而又严肃的悲剧。这悲剧延续了很久并最终以众所周知的托尔斯泰的出走作结。在出走的路上托尔斯泰患了感冒，并很快就因为肺部发炎而逝世。

#　　　　#　　　　#

托尔斯泰的宗教—哲学著作为数众多，但其中却有许多重复的东西。我们在此主要谈谈《忏悔录》、哲学论文《论生活》以及《我的信仰是什么》和《天国在我们心中》。

10. 首先让我们阐释一下托尔斯泰的哲学体系，然后再谈谈托尔斯泰在其一生当中所受到的各类影响的问题。托尔斯泰很早就开始"哲理思考和议论"，但并未在哲学方面受到过任何系统教育，这在其一生中都有所表现。在他一生中的这个或那个时期中，在他哲学爱好里有过许多偶然事件，这种偶然性往往指的是他偶然被一本落

---

① 在瓦·亚·马克拉科夫的篇幅不大的专题研究著作《论列·尼·托尔斯泰》（巴黎，1929）中，对托尔斯泰宗教探索的运动过程做了极好的揭示。顺便说说，我们需要在此指出的是有关托尔斯泰的文献。关于托尔斯泰宗教—哲学观点的最重要、最彻底、全面的著作是德·谢·梅列日科夫斯基的书《托尔斯泰与陀思妥耶夫斯基》（第1、2卷）。此外还有：亚·科兹洛夫：《列·尼·托尔斯泰的宗教及其有关生命和爱的学说》。阿尔希姆·约翰（沙霍夫斯基）：《托尔斯泰与教会》。舍斯托夫：《托尔斯泰与尼采学说中的善》。伊·亚·伊里因：《论不以暴力抗恶》。维亚·伊万诺夫：《托尔斯泰与文化》，见《犁与界》文集。《托尔斯泰的宗教》，莫斯科，1911。伊万诺夫—拉祖姆尼克：《俄国社会思想史》，第2卷，第4章。在关于托尔斯泰的各种文章中，值得一提的是尼·康·米哈伊洛夫斯基的文章。还可参阅尼·亚·阿斯塔菲耶夫：《列·尼·托尔斯泰的道德学说》《哲学与心理学问题》，第4册。还有：O. Lorie, La philosophic de Tolstoi, 1899. 洛斯基：《作为艺术家和思想家的托尔斯泰》（《当代纪事》第37期）。Dwelshauverc. Rousseau et Tolstoi, 1912 年。据我所知，论述托尔斯泰的广大文献概述迄今为止仍付阙如（可参阅 Ueberweg. Gesch. d. Philoc. B. Ⅳ. 12te Aufl. 1928, p. 348）。

在手里的书所吸引。但在其全部爱好中总是有其自己的爱好掺杂其间——那就是他自己的或者清晰或者模糊的追求[1]。例如，在托尔斯泰16岁时，便即摧毁了自身原有的传统观点，开始热烈地喜欢卢梭，并且在脖子上戴着有着卢梭肖像的金质奖章（以代替十字架）。在早年时期，在托尔斯泰那里，伦理学便已占据首要地位，"追求自我完善"，时时对自己不满，与"低级"欲望和情欲做斗争早在这个时期就已占据了他的整个内心世界。无论如何，从卢梭那里托尔斯泰接受了对于整个"自然本性"的崇拜，继承了他对当代的怀疑和不满，后者逐渐发展成为对任何文化的吹毛求疵和批判抨击。对于"简朴化"的追求在托尔斯泰那里压根儿不是对人民的"尚未偿还的债务"心理所使然，如我们在60—70年代各种形式的民粹派那里所看到的那样（试比较有关拉甫罗夫和米哈伊洛夫斯基的上一章）。托尔斯泰需要"简朴化"乃是为了他自己本人，为的是从身上摆脱充斥于所谓"文化"中的繁文缛节的压迫。托尔斯泰这种想要冲出重围回归精神活动的自由天地的心理需求不光是受了卢梭影响之故：这里也有两颗大脑在精神气质方面的相互接近的原因。卢梭所撒下的种子在托尔斯泰的心田里长出了丰硕的果实，我们在某种程度上甚至有权把托尔斯泰的全部观点放在卢梭主义的框架下来加以阐述，由此可见，卢梭主义在他身上的根直到其生命的尽头植得有多深。

托尔斯泰所受到的深深植入其内心中的其他人的影响，其中值

---

[1] 托尔斯泰的日记为研究托尔斯泰各类体系的起源提供了许多资料（尤其是《列·尼·托尔斯泰青年时期的日记》，莫斯科，1917）。托尔斯泰与尼·尼·斯特拉霍夫和亚·列·托尔斯泰的通信也非常有趣而又珍贵（《托尔斯泰纪念馆》，第1—2卷，1914）。科兹洛夫在其有关托尔斯泰的著作中，对其观点的起源没有提供具体材料，同时也缺乏严肃的根据。

得一提的是叔本华①。1869 年他写信给费特说："面对叔本华我真是喜不自胜，感到一系列我从未体验过的精神上的愉悦……我不知道我什么时候会改变看法，但此时此刻我却深信叔本华是人中最伟大的天才"。需要指出的是叔本华体系中的两大母题，与托尔斯泰十分相近，——首先是他的现象学和关于个人存在的形而上学透明度的学说，另一方面，托尔斯泰又与叔本华在悲观主义方面十分相近，但托尔斯泰的悲观主义很快就沾染上了乐观主义无人称色彩。还需指出的是（这里同样与其说是影响，不如说是精神气质的相近）托尔斯泰与叔本华对于音乐的看法也高度一致②。

托尔斯泰未曾受到过别的大的哲学影响，但他读书总是非常之多，贪婪地吸取他那个时代的各种精神营养。

11. 托尔斯泰的大脑里总是在思考着一些最基本的问题，它们在一个聚焦点上，在其伦理学探索中凝聚在了一起。对于托尔斯泰的思想的确将其评述为一种"泛道德论"体系十分适合。在俄国 19 世纪的探索过程中，我们已经多次指出在一系列思想家（从赫尔岑开始）那里，伦理学始终都在占据统治地位的实证主义和自然主义中的一个常在的"不可分解"的成分。在实在意义上真正理解实证主义和自然主义之意义的托尔斯泰那里③，伦理学不仅不会消失在关于存在的学说里，而且相反，它力求改造科学和哲学让它们都服从伦理学。这已然不是什么伦理学优先地位问题（如在康德那里那样）了，而是纯粹的伦理学专制。尽管理性主义尖锐而又固执，深刻地决定着托尔斯泰的宗教哲学体系，但在他的"泛道德论"里总有一

---

① 托尔斯泰本人就多次说过（在 90 年代末）与他同时代的俄国青年哲学家 Spir'a 对他的影响，但实际上斯皮尔的认识论理念并未将托尔斯泰带出他从叔本华那里所获得的现象学的范围。参阅比留科夫对于托尔斯泰在其平生的各个时期都异常珍重的那些书籍的详尽提示。

② 关于这个问题可参阅谢·列·托尔斯泰的《列·尼·托尔斯泰生活中的音乐》，古谢夫主编之纪念文集，莫斯科，1928。

③ 科兹罗夫在其书（如第 37、86、95 页全文中）关于这个问题讲过许多公正的意见。

种非理性的不可克服的东西。这不是简单的伦理学最高纲领主义，而是一种自钉十字架行为，托尔斯泰是其折磨着他的良心、毁坏着他的生活，他与家庭、亲近的人以及全部"文化"的关系的自身理念的受难者。这是一种精神本质在针对其他所有生活领域的关系方面的真正的专制暴力——托尔斯泰思想和创作的独特性不仅于此，而且，理解其对于整个世界的完全特殊的影响的钥匙，也在于此。他的布道震撼了整个世界，吸引了整个世界，当然，这不是因为自身的理念（这些理念很少有人赞同或分享），而是因为他描写的真诚和极为罕见的表现力——由于那种从其道德激情、从真正的和无条件的善中生发出来的魅力，这种魅力在谁身上也不像在托尔斯泰身上那样深刻。

托尔斯泰当然在其宗教探索中是一个具有宗教信仰的人——他渴求无条件的而非有条件的，绝对的而非相对的善。作为一个"命运的宠儿"，按照一位作家的说法，品尝过生活所能奉献给一个人的一切——欢乐、家庭的幸福，荣誉、优越的社会地位、创造的欢乐——以后，托尔斯泰开始为永恒、绝对和永不过时的善而抑郁思虑。没有这种"永恒的善"，生活对他来说就会变得失去了意义，因此托尔斯泰才成为回归宗教文化的布道者和预言家。在探索"绝对善"的视野里，在托尔斯泰眼前，这个世界曾经和现在所赖以生存的与绝对无关的生活，其非宗教性的全部无意义和动摇不定性便暴露无遗了。托尔斯泰在这个问题上的伦理学立场作为对于神秘伦理学的一种探索而展现出来。托尔斯泰本人处处都利用"理性意识"这一概念①，尽管这概念从外而内地赋予其伦理学以理性主义甚至知行主义的特征，但实际上它所建构的正是神秘伦理学体系。构成托尔斯泰具体伦理学之基础的基本的道德遗训②——论"不抗

---

① 对于这一概念的最鲜明的阐释见于论文《论生命》中。
② 对于构成托尔斯泰全部伦理学之基础的基本道德"遗训"体系的最明确的分析，见之于科兹罗夫关于托尔斯泰的著作。

恶"——带有彻底的神秘主义非理性主义的特征。尽管托尔斯泰不信任基督的神性，但却信仰基督所说的话，对这些话他像那些把基督视为上帝的人那样相信。这一遗训的"理性"明显与当代生活如此相悖，而对托尔斯泰来说仅仅意味着对于这一遗训的认识须以——显而易见——与我们在我们的生活中所具有的有所不同的另一个理性的维度为前提。托尔斯泰自己也承认，"高级"理性会"毒害"我们的生活①。这种高级理性"永远保存在人的身上，像被保存在种子里一样"——当这种理性在人身上被唤起时，它首先便会否定日常生活。"摒弃可见（亦即日常生活的——笔者）的有关生命的观念而投身于不可见的有关生活的意识是十分可怕的和令人恐惧的，假如一个婴儿能够感知得到自己的出生过程的话连他也会感到可怕和恐惧的吧，——但无可奈何，因为显而易见，可见的观念趋向于生活，但却只有不可见的意识才赋予生命"②。"这一不可见意识"、这一高级理性的神秘本性在哪儿都不如托尔斯泰在这条道路上所走到的无人称性中表现得那么充分。自身具有独特鲜明个性的，顽强而又固执地遵循着自己全部个人意识之路前行的托尔斯泰，得出必须坚决地否定个性的结论——在托尔斯泰那里，这一无人称性其全部学说③的基础，成为其人类学、哲学、文化和历史，成为其美学和伦理学的基础。

让我们首先探讨一下托尔斯泰所发挥的新的人类学。

12. 托尔斯泰在日记中写道④："令人惊奇的是我们是多么习惯于幻想自己独立的世界的特点呀。"但当你理解这一幻想时你就会感到惊奇，我们怎么会看不见这一点呢——即我们不是整体的一个部分，而仅仅是某种非时间非空间物的时间空间表现罢了。对我们的

---

① 《论生命》，柏林，1920，第368页。

② 同上书，第401页。

③ 参阅《托尔斯泰的宗教》论文集里关于托尔斯泰的我的论文（"道路"出版社，莫斯科，1911）。

④ 《日记》，莫斯科，1916年，第1卷，第137页。

个别性的认识以及个人的自我认识在准确的意义上，按照托尔斯泰的观点，仅仅与我们肉体的个别性相关，但这一肉体性领域本身及其多样性和可分性乃是透明的非现实的存在。在关于外部世界的现象学里，托尔斯泰处于叔本华的强烈影响之下，他关于 principium individuationis 的学说就是从他那里拿来的。但托尔斯泰却在个性中把个体性（即"生物个性"，按照托尔斯泰的说法）①，与以"理性的意识"为生的个性区别开来，然而，在关于个性的这一"高级"概念里，托尔斯泰并不完全否认独特性因素。"根本的和特殊的我的'我'"（《论生命》，第28章）……不取决于时空条件，而被我们（?!）从时空外领域送入世界，这种处在我的特定的、特殊的对于世界的关系中的"某物"，就是我真正的和真实的"我"。每个人身上都会有一种特殊的、只为他一个人所具有的对待世界的"态度"——而这态度也就是那在"生物个性"身上，作为个人特点最真实最后的一个源泉的而展现的东西。托尔斯泰的这一学说与康德的学说、与叔本华关于"知行死亡特点"的学说非常之接近，但"性格不是一种实体"，就此问题科兹洛夫公正地指出道②。

无论如何，在有关托尔斯泰"理性意识"的学说中，毫无疑问，在对意识的个人和非个人理解中，存在某种歧异。一方面，正如我们刚才所看到的，"理性意识"是"真正的和真实的，作为精神个性独特之载体的'我'的一种功能。"另一方面，理性后的理性意识在托尔斯泰的"全世界的、无人称的力量"那里，有其全部特征，诚如科兹洛夫公正地指出的那样。一方面，我们可以在《论生命》中读到："……人不应该摒弃个性，而应摒弃个人的福利"（第21章）。甚至还有："……生活的目的是无穷无尽的启蒙和世界生物的一体化"（第19章）——一体化不是融合无间，一体化也不允许个人本质的消失。另一方面，托尔斯泰又就"世界意识"问题有所论

---

① 托尔斯泰在论文《论生命》中，阐述了关于人的学说。

② 科兹洛夫：《列·尼·托尔斯泰的宗教及其有关生命和爱的学说》，第200页。

述，如所周知，他的论述与德国哲学的"超验主体"概念非常接近。我们从其日记里还能读道①："那个认识者，一体而充满，既在万物身上也在其自己身上，这就是上帝和……上帝的一分子，而这也就是我们真实的'我'"。托尔斯泰继而追问道："为什么上帝要在自己身上把自己区分出来呢？"并接着回答道："我不知道。"我们从日记中援引几段有趣的话②："如果人身上对于福利的欲望被唤醒了，那他作为生物就已经不是个别的肉体的生物了，而这就是对生命的意识本身，是对福利的愿望本身。对福利的愿望……就是上帝"。"生命的实质不是其个别的生物，而是上帝，封闭在人身上的……生命的意义只有当人承认自己是神性的本质时才会展现出来"。

因此在托尔斯泰那里也没有关于个人不朽问题的论述（对他来说作为个性恢复的复活则更是不可接受的了）③——他教导人们以精神生活的不朽（和费希特、冯特一样），此外还有的，就是论述人类的不朽（例如，托尔斯泰大谈人身上的永恒生命）④。

托尔斯泰的人类学便系如此。这一人类学与比方说基列耶夫斯基的人类学，与后者有关"精神理性"的学说，有关与"精神的分裂状态斗争的"学说，有关在人身上恢复其完整性的学说，都十分相近。但在基列耶夫斯基那里，没有丝毫否定个体存在的形而上学力量的迹象，而他关于精神生活的学说则公然和直接与圣教父们的神秘论相近。托尔斯泰已经在固执地称其有关"真实生活"的学说是"有关理性意识的"学说，并以这样一种称呼为自己的神学理性主义做说明或做辩护。他完全回避这样一个问题，即为什么人身上

---

① 《日记》，第73、75、105页。

② 《日记》，第28、33、58页。

③ 如所周知，托尔斯泰在其对福音书的转述中抛弃了所有有关拯救者复活的那些文字。

④ 托尔斯泰倾向于有时赋予人类的整体以特殊的存在方式（参阅《战争与和平》里的历史哲学，还可与日记第169页比较）。

的"理性意识"会被虚假的独立意识所抹煞或遮盖；为什么对我们来说"理性意识"，那一构成人灵魂中任何光明之来源的最理性的意识①，只有通过痛苦才开始展示；尽管它也在召唤人追求福利，同时也告诉我们，说这一切都无法实现的："唯一的福利向人展现为理性意识，其关闭也以之作结"②。上文我们援引了托尔斯泰的话，即"最高理性毒害着我们的生活……"

解开托尔斯泰那里的这些矛盾和抵牾的钥匙，当然在于其宗教意识③：他走上了宗教神秘主义之路，但却不愿承认其体验的神秘主义性质。他接受了基督的学说，但对他来说基督不是上帝，但他仍然还是追随着基督，正是把这作为追随上帝，他直到灵魂的深处都接受基督有关生活之路的话语。这种神秘主义的兴奋和感戴与十分平淡而又陈腐的理性主义的结合，这种热烈而又激情洋溢的对于基督的真挚忠诚之感和对基督身上超人世性的和神性的否认，揭示了托尔斯泰身上内在的不和谐性。有人曾经公正地说，托尔斯泰以其学说"不光与教会分道扬镳，而且也与世界分道扬镳了"④。托尔斯泰与教会的分歧毕竟是一次致命的误会，因为托尔斯泰曾经是一个热烈而又真挚的基督信徒，而他对教条的否定，对基督神性和基督复活的否定，都与理性主义有关，就内在论而言与其神秘主义经验完全无法协调。与世界及与世俗文化的分裂在托尔斯泰那里的确是十分深刻的和真实的，是用无论什么误解也无法予以说明的。

13. 的确，整个文化哲学正如托尔斯泰所建构的那样，是一种无情的、绝对的和不允许有任何妥协于世俗化文化体系的一种肯定。托尔斯泰以其神秘主义的内在论完全不接受世俗化的内在论：国家、

---

① "我们关于世界的知识是从我们对于福利的追求中来的"，亦即来源于"理性意识"，《论生命》，第8章。

② 《论生命》，第28章。

③ 马克拉科夫在其出色的论述托尔斯泰的专题著作（巴黎，1929）中出色地表明了这一点。

④ 马克拉科夫：《论列·尼·托尔斯泰》，第27页。

经济制度、社会关系、法庭条例——所有这一切在托尔斯泰的宗教观点看来，都失去了任何意义和根据。托尔斯泰由此走向神秘主义的无政府主义。但托尔斯泰非常严肃非常尖锐地在对待教育和家庭生活，对待美学和科学领域方面，贯彻着他的具有一定破坏性的理念：他在这些方面的伦理学主义专制到了极端的地步。至于托尔斯泰教育学思想的演变过程（这里我们将不对之加以叙述了）①，从最初的否认儿童教育权，否认教育无政府主义，托尔斯泰最终得出了一个与之相反的纲领——不是宗教的"普遍"教育，而是向儿童们灌输他本人所宣扬的那些学说。托尔斯泰在对待家庭关系方面的道德上的过分严肃的抗拒症，人们根据其《克莱采奏鸣曲》，尤其是该书的后记就可以略知一二。至于说托尔斯泰对待美的态度，这里尤其表现了其所特有的伦理学主义的内在的不可忍耐性。但话说回来，应该予以指出的是，托尔斯泰在此涉及的的确是一个十分尖锐和艰难的问题，是俄国思想家很久以前一直在思考的问题。在德国浪漫主义的影响下，而与此同时也与俄罗斯人的灵魂的深刻特点相一致，审美人道主义流派在我国从 18 世纪末起就已开始，而在 19 世纪更是达到繁荣地步，如所周知，该派以对美与善的内在统一性，对人身上的审美和道德领域的统一性的信仰为特点。所有如此深入地走入俄国创作中去的俄国的"谢林主义者们"，身上都渗透着这一理念。然而，早在果戈理那里，就已首次出现了审美和道德领域的内在本质歧异的主题，它们二者的统一在此被当作仅仅只是一种幻想，因为现实生活与审美本质是格格不入的②。很长一段时间以来果戈理都独立坚持这一观点，这才导致悲剧性的烧毁《死魂灵》第二部的事件，——但在托尔斯泰和陀思妥耶夫斯基的艺术—哲学创作中，这一主题重新浮现出来，而且对它的提法也变得更见尖锐了。

---

① 参阅我的特写《20 世纪的俄国教育学》（第 5—7 节）。《俄罗斯科学院驻贝尔格拉德分所学报》，第 9 辑（1933）。

② 关于这一点的详情可参阅第 3 章（第 2 部分）。

至于说托尔斯泰，那么他就此题目所说的一切则散布在各处——在其通信中、日记里，但尤其集中体现在《论艺术》这篇论文中。托尔斯泰在文中坚决地无条件地断言"善与美之间绝对没有任何共同点"。艺术致命的和恶魔般的力量（托尔斯泰尤其对音乐的影响力感到反感）在使艺术脱离善——因此而使艺术对他来说成为一种普通的"玩闹"①。在同一本我们从中援引这段描述艺术特征的日记中，令人感到好笑的是，还有这样一段话："审美愉悦是一种低级享受。"这也就是为什么他认为把艺术与科学与善放在并列地位是一种"亵渎"的原因②。

从托尔斯泰这样一位天才的艺术家的这一足够奇特的思辨中，可以推导出其《论艺术》一书的主旨。在此我们认为没必要深入分析这本书的细节，该书全部建基于对美本身毫无感觉的基础之上，建基在在社会接受度基础上确立新的"真实"艺术之标准的主旨（由于这一点而连莎士比亚、歌德和贝多芬也遭到了否定）。问题还不在于这些论断本身，而在于伦理学领域的专制独裁性。在善与美的歧路上，在这一毫无争议的和致命的分歧中，托尔斯泰根本看不出文化的悲剧性问题，他只是简单地把从善中脱落下来的一切都给抛弃了而已。

托尔斯泰对待科学的态度也同样如此之冷漠和无情，如果科学不直接屈从于伦理学本质的话。托尔斯泰认为当代科学的谎言在于它并未把有关生活道路的问题和关于生命的意义的问题置于其研究的中心。他某次这样写道："科学与哲学论述什么都可以，但就是不论述人本身应该如何才能更好，以及如何才能生活得更好的问题……当代科学具有许多知识，但都是我们所不需要的，——关于星星的化学成分，关于太阳对武仙星座的运动问题，关于人和物种的起源问题等等，但对关于生命的意义问题，它却无法说出任何意

---

① 《日记》，第 52 页。
② 同上书，第 44、55 页。

见来，甚至认为这个问题不属于他的权限。"在对艺术和科学的这种批判中，托尔斯泰涉及了世俗化运动最宝贵的基础：以其"泛道德论"为武装，让一切服从于善的理念的托尔斯泰，揭示了当代性和全部文化最主要的灾难——即把它分化为一系列相互独立的领域这一弊病。托尔斯泰寻求着从宗教上建构文化的途径，他的宗教立场尽管是以神秘主义的"理性意识"的理念为依据，但专门从伦理学立场对之进行阐释却是片面的。这也就是为什么会得出这样一个悖论，即在其对当代性的批判中，托尔斯泰再次以世俗化因素为依据，以"自然"的和道德的（理性的）意识为依据的原因。他提出与当代性对立的，不是精神的完整统一性和综合性，而仅仅只是精神力量中的一个（即道德领域）而已。

14. 托尔斯泰在俄国思想史上的意义是十分伟大的。他最极端的思想，他的最高纲领主义和让全部生活片面地服从于一种抽象的伦理本质的做法，使得俄国思想家一个最基本、最具有决定性意义的自发力量发展到了极致地步。托尔斯泰的"泛道德论"体系构成了一个界限，超越它已然是不可能的了，但与此同时，托尔斯泰所带给俄国思想界（而又不限于俄国）的东西，却永久存在于俄国思想中。对于统一世俗化文化体系的伦理学重新审视在托尔斯泰那里，从内心方面以一种真正的基督教的体验方式令他备受鼓舞，对基督的神性不予信仰的托尔斯泰，又追随着像上帝一样的基督。但托尔斯泰有力的地方不仅在于批判，在于否定任何世俗化，而更加重要也最有影响力的，是他对宗教文化理念的回归，旨在对历史本能和永恒真理实施综合，旨在揭示尘世生活里的天国。托尔斯泰的反历史主义原则就是由此而来，他对神权政治学的独特转向也是由此而来，这一转向揭示了其与东正教的深刻关联，因为托尔斯泰的神权政治理念绝对与国家主义无缘（而国家主义对于西方神权政治学而言是十分典型的）。托尔斯泰否定了在其历史现实中的教会，但他寻求的也只能是教会，寻求"显现了的"天国、寻求永恒和时代性的神人类式的统一。正是在这里包含着托尔斯泰神秘主义之谜，而他所受到的影响甚至神秘主义体验的压力，都应当归咎于其顽强的无人称主义。问题不在于如洛斯基所认为的那样[1]，说在托尔斯泰身上，对存在的艺术知觉和对其的哲学思绪呈不平衡状态，也不在于所谓的托尔斯泰曾是个"拙劣"的哲学家。托尔斯泰的哲学探索曾经服从于其特殊的辩证法，其出发点是直觉的，在对时代性和永恒性、相对性和绝对性的不可分化性、不可分割性的接受中，以直觉为依据。基督教神学所能给予托尔斯泰的一切，始终处于距其十分遥远的地方——他是在世俗化氛围里长大起来的，并曾经以世俗化氛围为生来着。托尔斯泰从世俗化的笼子里挣脱了出来，毁坏了这个笼子——他的这一功勋，他对于在宗教基础上建构文化的号召——全都是托尔斯泰具有伟大哲学意义的（而且不仅是对于俄国）贡献。"善可以是上帝，抑或它不是善……"——托尔斯泰的探索的总结便是如此，这也是他留给俄国意识的一个遗训。

---

[1]　洛斯基：《作为艺术家与思想家的托尔斯泰》，《当代纪事》，第 37 期，第 234 页。

第十一章

"根基派"。阿波罗·格里戈里耶夫

尼·尼·斯特拉霍夫

费·米·陀思妥耶夫斯基

1. 我们现在开始讨论从宗教世界观出发发展其哲学体系的思想家。这一流派的多样性尤其是在嗣后时代里的这一流派，原因在于在东正教的土壤上，任何时候也不会有教会人士必须具有的或是建议其具有的世界观。基督教东方对于柏拉图和柏拉图主义甚至对于拜占庭黄金时代哲学—神学创作的向往，也都不能排除亚里士多德的巨大影响。而在俄国土壤上，对于东正教基本教条的忠诚与各种哲学爱好——从锐利的理性主义到极端的神秘主义——很容易结合在一起。其至在高等神学校，正如我们部分地了解的那样，在各个思想家那里对教条主义原则的严格忠诚也与完全各异的哲学体系交织在一起。但我们首先是在费·亚·戈卢宾斯基（参阅上文第8章）和稍晚些时候在霍米亚科夫和基列耶夫斯基那里，看到他们想要以一种更加严格的方式来建构"基督教哲学"体系的尝试。这种想要建构哲学概念系统的尝试，与东正教的精神是吻合的，但却无法避免使用出现在西方的哲学理念的问题，因而常常被人们把这类理念当作是"东正教哲学"中占据领导地位的路线。

在我们现在所探讨的60—80年代中，出现了一系列鲜明而又独特的人物，他们在为从东正教精神里为哲学推导出基础原理的任务而殚精竭力。但我们仍然还只是站在了真正体系的门槛上而已，但却不是因为我们缺失建构体系的构思，而是因为各种其中主要是外部原因，它们妨碍把直觉和建构发展成为体系化形式。但我们在后面一个时代里的一系列体系中所能找到的种子，在 60 年代里甚至更早一些时候，竟然开始发芽了。

我们可以毫不勉强地把我们将要讨论的思想家分为两类。第一一类围绕着"根基派"理念形成，虽然他们很快就凋萎了，但一度曾经成为整个流派的口号，阿波隆·格里戈里耶夫、尼·尼·斯特拉霍夫、费·米·陀思妥耶夫斯基都属于第一类。第二类身上的基督教本质由于嫁接了"自然主义"而变得有些复杂（尽管每个人的情况又各有不同），康·列昂季耶夫和瓦·瓦·罗赞诺夫就属于此类。我们本来还应该有一章来谈论一下这个时期俄国诗歌中的哲理流派（丘特切夫、亚历山大·托尔斯泰、费特等人），但最后决定还是在另外一部著作中谈这个问题。

现在我们谈谈"根基派"，首先谈亚·亚·格里戈里耶夫。

2. 阿波隆·亚历山大罗维奇·格里戈里耶夫① 1822 年出生于莫斯科一个不算富裕但颇有文化的家庭。在经历过被他自己以多彩的文笔在自传中予以描述的家庭教育以后②，阿·格里戈里耶夫考入莫

---

① 关于阿·格里戈里耶夫的文献非常稀少。至于他的著作，在 1876 年出版过尼·尼·斯特拉霍夫主编的第 1 版以后（只出过第 1 卷），20 世纪有许多人都曾不止一次尝试出版——这样的版本有 16 册（1915 年版）和后来在 1918 年的版本（这两个版本都未完成）。还可参阅阿·格里戈里耶夫：《我的文学和道德漫游》（1915 年版。——此书还有伊万诺夫—拉祖姆尼克主编的一个较好的 1930 年版本）。关于阿·格里戈里耶夫的传记可参阅斯特拉霍夫在其关于陀思妥耶夫斯基的回忆录里记载，见《陀思妥耶夫斯基的传记、书信以及笔记本里的札记》，1883，第 202—212 页。还可参阅文格罗夫的文章：《"莫斯科人"的年轻编辑部》，《欧洲信使报》，1886，第 2 期。瓦·克尼亚日宁的书也十分重要：《阿·格里戈里耶夫传记资料》。为评价格里戈里耶夫，可参阅：列·格罗斯曼：《三个同时代人——丘特切夫、阿·格里戈里耶夫、陀思妥耶夫斯基》。弗洛罗夫斯基：《俄罗斯神学之路》，第 305—308 页。

② 阿·格里戈里耶夫的父亲曾就学于莫斯科操行美德寄宿中学，与茹可夫斯基和屠格涅夫是同学（《我的文学与道德漫游》，1915，第 55 页）。

斯科大学，并于 1842 年毕业。在这些年中，格里戈里耶夫为黑格尔痴迷，并参加了大学生小组活动，深入系统研究浪漫主义文学①。有几年时间他和俄国大诗人之一的费特住在一起过。大学毕业后格里戈里耶夫一度在学校任职（在图书馆工作），稍晚些时候他进了《莫斯科人》编辑部。这是一份老杂志，主编是波果金教授，是一位虽然很有才华但却只属于第二流的斯拉夫派（因其在思维和写作中所遵循的粗陋的编年纪事体而言）人士之一。在新编组的《莫斯科人》年轻的编辑部里，波果金只担任出版人，而编辑部成员中有如亚·尼·奥斯特洛夫斯基这样才华横溢的作家，有像埃德尔松这样学富五车的学者，有著名的教会活动家特·伊·菲利波夫，有作家皮谢姆斯基，波杰欣等。这是一个由刚刚加入斯拉夫派的年轻人组成的编辑部，他们主张发展独特的俄罗斯文化。这是一个新的已然摆脱了反西欧派立场的派别，他们把亚·奥斯特洛夫斯基当作自己的鼓舞者，因为后者在其剧作中描写了俄国商人形象，描写了一半属于小市民一半属于人民的日常生活，——在这些剧本中，对于"莫斯科人"小组而言，俄罗斯人灵魂中强大的伟力和俄国本身潜藏着的伟力似乎刚刚被发现。阿·格里戈里耶夫本人还在不久前仍受到黑格尔的影响，而现在却越来越痴迷于谢林，认为他这一代人处于"超验主义者（亦即纯粹的谢林分子——笔者）和虚无主义者之间"②（稍晚些时候在唯物主义影响下出现的一个思潮）。格里戈里耶夫的确倾向于为了心理学主义的名义而否认超验主义（在俄国这是一个短期受到别涅克影响的时期），但如格里戈里耶夫所说的③所谓"超验主义的克瓦斯"，在他身上，当然有所残留。在格里戈里耶夫身上，与浪漫主义，与自然和人身上深度和神秘性的感受的内在

---

① 在早年岁月中阿·格里戈里耶夫就曾耽迷于霍夫曼（《我的文学与道德漫游》，第 32 页）。

② 《阿·格里戈里耶夫》，莫斯科，1915，第 106 页。

③ 同上书，第 108 页。

关联具有决定性的影响力。但在年轻的《莫斯科人》编辑部里，除上述因素以外，还得加上"恢复灵魂中新的或最好说是复活对于грунт，对土壤及对人民的信仰，——还得加上在理性和心灵里重建所有直接性的因素"。在对"土壤"的这种崇拜中，这一出乎意料复活了的，或不如说是生发而来的对于"直接性"（雅各比）的崇拜起着决定性的作用——我们在陀思妥耶夫斯基那里也能找到。而在格里戈里耶夫那里，正如他本人栩栩如生地描述的那样[1]，与对所有与生俱来的为了生活隐秘的但又是无限深刻的"直接性"的名义而摒弃外在生活中一切矫揉造作的和虚假因素的迷恋，导致一种全新体验的产生。也正是在此期间，他成为了"绝对的探索者"，正如他后来关于自己所说的那样，一个"与完整性相关联的恢宏而又广袤的世界"[2]在他的灵魂面前展现开来，形成了他的基本理念和在整个存在中的"有机完整性"观及其所有生动的表现[3]，最后，正如在此期间与格里戈里耶夫同住的费特所证实的那样，他身上产生了宗教感情。在这一宗教感情觉醒的关头，民族包括审美因素[4]在其中起着十分重要的作用。对于格里戈里耶夫变得异常珍贵的东正教，于他而言，是与其他俄国的自发势力不可分割地联系在一起的。某次他甚至写下了这样一段有趣的话："我所指的东正教是一种自发—历史的本质，因此必定会生存下去并形成新的生活方式。"[5]必须把格里戈里耶夫的这一论断与他的其他论断加以对比："所有理想的东西都不是什么别的，而是现实的馥郁芬芳和五彩斑斓"[6]，以便能让人感觉得到在其宗教意识里的自然主义因素。这一因素曾经主要存

---

[1]《阿·格里戈里耶夫》，莫斯科，1915，第115—116页。

[2] 同上书，第116页。

[3] 当代俄国哲学家尼·奥·洛斯基的存在中的"有机完整性"理念的确是在其他人的影响下复苏的（同上书，第305页）。

[4] 后两个因素（虽然稍稍有些夸大）是弗洛罗夫斯基所推崇的（同上书，第305页）。

[5]《阿·格里戈里耶夫传记资料》（由克尼亚日宁主编的），第247页。

[6]《格里戈里耶夫全集》（斯特拉霍夫版），第202页。

在于谢林的核心观念里，此外在浪漫主义对他产生巨大影响的那一翼里，也有这一因素的存在。对于格里戈里耶夫来说，宗教领域恰好正是现实中最值得珍重的方面，是"现实的馥郁芬芳和五彩斑斓"，——这里鸣响着内在论的音调这是无可争议的。的确，我们在他那里还能找到这样的话语："无论我从哪里开始我都能找得到这样一个结论——对于信仰理想和 jenseits 的深刻的和痛苦的心理需求"①。阿·格里戈里耶夫无怪乎（也是公正地）会认为自己是绝对的探索者，但要知道就连黑格尔也实实在在是一位绝对的探索者呀，但这绝对对他而言是一种内在论的存在。这一如此强烈地渗透到了西方和俄国的浪漫主义流派中去的内在论气质，在阿·格里戈里耶夫身上的表现或许就是其早年迷恋黑格尔的一个回声吧。但我们在下文中将会看到，"基督教自然主义"②（尤其是在陀思妥耶夫斯基那里，详见下文）因素在所谓的根基派中一般说来是非常强烈的。内在论与对"理想"（即对 Jenseits）的追求的结合无论在阿·格里戈里耶夫还是在陀思妥耶夫斯基那里，都是只有在美学理念的土壤上才有可能形成。

无论如何，对年轻的《莫斯科人》编辑部的参与把格里戈里耶夫的思想越来越紧密地与东正教联系在了一起。他对大司祭布哈列夫文章的强烈入迷就是一个非常值得注意的动向，这一现象（关于这个问题可参阅上文第 7 章）十分强烈地表现了东正教意识对于世界和历史的接纳。1857 年，格里戈里耶夫利用人们的提议出了国（作为家庭教师）——莫斯科令他感到压抑，他的个人生活在此遭受到一次很大的挫折。回到俄国后，格里戈里耶夫接到了为《时代》杂志（该杂志是陀思妥耶夫斯基兄弟两人办的）撰稿的邀请，而恰在此时"根基论"学说也已完全在这家杂志的编辑部结晶成型，而

① 《阿·格里戈里耶夫传记资料》，第 5 页。
② 关于这一概念可参阅我的专著《陀思妥耶夫斯基世界观中的美的问题》（《道路》）。

格里戈里耶夫又是这个杂志非常希望拥有的合作者。但与编辑部的关系很快就恶化了①，格里戈里耶夫去了奥伦堡，在一家士官武备学校当教员。他42岁在奥伦堡逝世（1864年）。

3. 格里戈里耶夫首先是并且更多地是一位文学批评家，但他对哲学始终都有浓厚的兴趣。从黑格尔到谢林，格里戈里耶夫在其探索中始终都是独特的，他参与制定了"根基派"意识形态，并且毫无争议地是主要参与者。

从黑格尔那里传承到了对于从哲学上思考整个世界的趣味后，格里戈里耶夫却对其逻辑论格格不入。"对我来说生活是一种神秘的东西，"他在晚年一篇文章中这样写道②，"亦即是一种取之不竭、广袤无边的东西，逻辑结论在其中往往会像一滴浪花消失在海洋里一样"。这种生活的超逻辑性观点引导格里戈里耶夫推翻黑格尔的理性主义——他说他自己对于"所有从黑格尔逻辑学进程生发出来的一切都充满深深的仇恨"③。"法则的逻辑存在是毋庸置疑的，"他在另一处地方这样写道④，"根据这些抽象法则进行的世界性工作是完全正确的，而且这一工作在纯逻辑世界里也正在如此这般地顺利进行中，但在这一世界里却缺乏取之不竭的生命的创造"。在谢林身上，按照格里戈里耶夫的表述，"对人类抽象精神及其发展的崇拜被打碎了"。在给斯特拉霍夫的一封信中格里戈里耶夫关于"感受的神秘性和不确定性的无以言喻性"，亦即关于直接意识在逻辑以外的充盈性也有表述。

我们刚才已经提到，格里戈里耶夫身上对于"直接性"有一种特殊的崇拜，这种崇拜要比从中推导出来的逻辑意识要广阔和充分

---

① 陀思妥耶夫斯基（已经是在格里戈里耶夫去世后）写道："我认为格里戈里耶夫完全无法安安静静地待在世上任何一家编辑部，并且在那里相安无事的"（《传记，书信》，第212页）。

② 《格里戈里耶夫全集》（斯特拉霍夫版），第618页。

③ 同上书，第469页。

④ 同上书，第202页。

得多。这一切全都使得格里戈里耶夫的哲学立场与基列耶夫斯基的观点非常接近（他对后者高度尊重，并且认为他是"一个伟大的哲学家"）。格里戈里耶夫对谢林关于作为对超感性世界的直接参与的"知性直觉"学说尤其佩服得五体投地，——而且，也正是从谢林那里，格里戈里耶夫接受了他关于艺术的理念。"只有艺术能给世界带来新意和有机性"，——格里戈里耶夫如此教导我们说①。我们可以回想一下上文刚刚引过的一段话："一切理想的都是现实的馥郁芬芳和五彩斑斓"②。由于在艺术中我们与理想和现实中的具体统一性有关，所以只有在艺术中，我们才会拥有对生活本身的真正的创造。科学掌握着存在的理想比例成分，但却已然与活生生的现实脱节，这也就是为什么艺术要高于科学的原因。格里戈里耶夫写道："正如知识很快会成熟到生命的充盈性的高度一样，知识也在追求对于艺术形式的接纳。"③ 格里戈里耶夫完全以一种谢林式的精神相信，"只有艺术能够在其作品中实现那在时代的空气里所充满了的未知的东西"④，——格里戈里耶夫艺术哲学中关于艺术作品超越整个时代与历史进程的"有机"关联的基本理念即来源于此。我们在其笔下的另一处文字中⑤读道："我和谢林一样相信，无意识性会赋予创作的作品以不可穷尽的深度。"

阿·格里戈里耶夫的"根基论"即由此引发："根基这是人民生活的深处，是历史运动中最神秘的方面"。人民自我独特性的全部激情都指向对于这种人民性深处的深入，格里戈里耶夫因此对于西欧派和斯拉夫派之间的分歧很淡漠⑥，他在寻求新的历史学观

---

① 《格里戈里耶夫全集》，第 202 页。
② 同上书，第 615 页。
③ 《阿·格里戈里耶夫传记资料》，第 150 页。
④ 同上书，第 288 页。
⑤ 同上书，第 413 页。
⑥ 同上书，第 187 页。

念①。在这一新的历史学观念中，在东正教中包含着俄罗斯民族性之谜。他写道②："生命耗尽了，一个新的时代开始了，她来自于东正教：新世界即寓于这一力量之中。"③ 他否定赫尔岑"下流的无神论"（在《东正教不是 rehabilitation de la chair》中，他反对众所周知的赫尔岑赞美圣西门的一段话，即说这是灵魂的胜利），而对大司祭费·布哈列夫十分痴迷。当弗洛罗夫斯基写道："正是从格里戈里耶夫起俄国世界观中开始有了对东正教从美学方面进行重新阐释，并且在后来的列昂季耶夫身上表现得非常强烈。"④ 在格里戈里耶夫那里，重心不在于美学自身，而在于其与"直接性"的相似性，这种相似性只要存在，在"土壤"中才是活生生的有机完整性的。对于格里戈里耶夫来说，东正教的意义恰恰在于她揭示了俄罗斯精神的深层——我们上文所说过的那种"基督教自然主义"这根弦也是由此引出的，它在陀思妥耶夫斯基那里得以全力展开。

阿·格里戈里耶夫的体系勾画了俄国思想界审美人道主义的高度。作为一个真正的浪漫派，格里戈里耶夫相信美与善、艺术与道德在本质上的统一性⑤，但他的这一立场也体现了宗教意识（对于许多俄国思想家来说）是与世俗化意识不分家的。艺术的最高价值及其预言功能（参阅下文陀思妥耶夫斯基部分或上文果戈理部分）被俄国思想界的这两个相互敌视的流派所共同承认，但是，他们对于美的赞美的含义却又各个不同。格里戈里耶夫以其浪漫主义而给俄国思想界带来的，更多的不是对于艺术的崇拜，而是"根基派"

---

① 《格里戈里耶夫全集》，第 202 页。

② 斯特拉霍夫承认（《陀思妥耶夫斯基传》，第 205 页），"在阿·格里戈里耶夫的影响下，关于新派别的思想尤其占据了我的大脑"。

③ 《阿·格里戈里耶夫传记资料》，第 220 页。

④ 弗洛罗夫斯基：《俄罗斯神学之路》，第 305 页。

⑤ 参阅《格里戈里耶夫全集》，《论艺术中的真理与真诚》一文，第 137 页。还可特别参阅第 178 页（《艺术知觉就其实质而言是与道德不可分割的》）。在另一处地方（第 596 页）他写道："高度的艺术嗅觉可能是一种高度的人道感"。

哲学，是通过在世界知觉和历史创作中恢复"有机完整性"的途径来寻求"直接性"。

下面转向尼·尼·斯特拉霍夫。

4. 尼古拉·尼古拉耶维奇·斯特拉霍夫[①]（1828—1896）出生于一个神父家庭，就学于神学教会中学，毕业后进入彼得堡大学物理数学系。由于交不起学费无法结束学业而中途转到师范学院。1851 年从师范学院毕业后，担任自然科学教员（起先在敖德萨，后来在彼得堡），但在 1861 年抛弃了教学工作，完全投身于编辑杂志和文学活动。斯特拉霍夫的这条人生之路以及他的作为后者主编之杂志的常任编委的身份，使他与陀思妥耶夫斯基非常接近，稍晚些时斯特拉霍夫成为了列·尼·托尔斯泰的狂热的崇拜者，并且作为其密友终生保持着对其的感情。如斯特拉霍夫与托尔斯泰十分有趣的通信所表明的那样，他毫无疑问处于后者的强烈影响之下。1873 年斯特拉霍夫再次出任公职——起先在公共图书馆，随后在人民教育部学术委员会。

斯特拉霍夫著作等身[②]，而且论述的都是各种各样的题目。他很早就以一位文学批评家而暂露头角，其论述俄国文学的文章至今仍不失其意义和价值。他的一系列文章非常有价值（被收集为同题的

---

① 斯特拉霍夫的著作从未全部出齐过——大部分以单行本方式出版过他的报刊文章（例如，《作为一个整体的世界》一书，《俄国文学中与西方的斗争》、《文学虚无主义史论》）。他与托尔斯泰的通信十分重要（第 2 卷见托尔斯泰纪念馆论文集）。关于斯特拉霍夫的文献首先可参阅：《科鲁勃夫斯基》（《哲学与心理学问题》，1891 年第 7 期）。对于作为一个思想家的斯特拉霍夫的最好的评述，是瓦·瓦·罗赞诺夫发表在《哲学与心理学问题》（1890 年第 4 期）上的文章。该文后来在《文学流放者们》一书中重印。还可参阅：奇热夫斯基：《黑格尔在俄国》，第 3 册，第 266—284 页。罗赞诺夫：《理性自然科学理念（论斯特拉霍夫）》，见《俄国信使》，1892 年第 8 期。此外，重要的还有斯特拉霍夫关于陀思妥耶夫斯基的回忆录（《陀思妥耶夫斯基传记，书信、回忆录》中，有许多自传体札记。雅各文科在一本捷克语书《俄国哲学史》中，对于斯特拉霍夫有粗略的论述。还可参阅：弗拉·索洛维约夫：《俄国的民族问题》，第 2 册，第 4、5 页、第 7 册，第 5 页）。

② 详尽书目可参阅科鲁勃夫斯基的文章。

两本书）：《俄国文学与西方的斗争》；斯特拉霍夫就纯粹科学题材也写过许多文章，就中最重要的是他的《作为一个整体的世界》一书；以及他论述心理学、哲学人类学和纯哲学的著作。最后，还需指出的是他有关历史哲学问题的论文。

斯特拉霍夫著作的广度和多面性使他成为一个真正的百科全书型学者，但其著作带有"言犹未尽"的痕迹，正如他热烈的崇拜者瓦·瓦·罗赞诺夫所说的那样。体系缺乏完整性和未完结性总是妨碍我们以应有方式评价斯特拉霍夫的著作，并且围绕着他的名字常常形成了一些误会。例如，弗拉·索洛维约夫（当然，他是在论战的激烈关头）谴责斯特拉霍夫对"真理冷淡"[1]。这当然是完全错误的，但比方说罗赞诺夫在其论述斯特拉霍夫的出色的文章中所说的[2]："关注斯特拉霍夫思维的走向……我们会发现两个理念，它们虽然不是核心，但却距离他很近：而中心本身他却几乎从未用话语涉及到过。"罗赞诺夫认为斯特拉霍夫内心工作的这一中心主题是宗教问题，但这只是个猜测，是个假设，而非无可争议的事实。然而，如果读一读斯特拉霍夫与托尔斯泰的通信（罗赞诺夫在写这篇文章时还根本不可能读到这些通信）以后，则罗赞诺夫的假设便看起来非常接近于真实现实了。充满一种喜悦之感的对于托尔斯泰的崇拜本身，毫无疑问，与斯特拉霍夫内心世界中最基本最核心的东西相关——而在托尔斯泰身上，斯特拉霍夫最为珍重的，是他的伦理学神秘主义。和托尔斯泰一样，斯特拉霍夫无限珍重思想的自由，看起来他和托尔斯泰一样，也对教会采取一种十分自由的态度，但与此同时，在其心灵的深处，又对上帝有着很深的感情。又一次他谴责俄国思想家们，说他们"不善于理解最主要的德国思想家（可以把谢·布尔加科夫在其著作《Tragodie d. Philosophie》中对于德国哲学家的分析与之比较一

---

① 《弗拉·索洛维约夫全集》，第 5 卷，第 260 页。
② 罗赞诺夫：《哲学与心理学问题》，第 4 期，第 31 页。

番）的神学性质"。在给托尔斯泰的一封信中斯特拉霍夫写道，"黑格尔是个纯粹的神秘论者"①。所有这一切对于理解斯特拉霍夫来说都是很有特点的。

根据斯特拉霍夫在其著作和论文中的说法，我们常常可以发现他对于哲学主题研究方法和兴趣中具有一种双重性特征。一方面，他建构了一个"理性自然科学"体系（尤其可参阅《作为整体的世界》一书），初看上去，是一位在对待科学认识方面坚持顽固立场的黑格尔主义的捍卫者；另一方面（在同一本书中），斯特拉霍夫又承认"人经常不知为什么会与理性主义作对"，他接着连忙指出，"这种自满情绪不在于头脑，而在于人类灵魂的其他需求"。但这又绝不仅仅是头脑和心灵的对立问题——实际上对于斯特拉霍夫来说，真理是在非理性主义（尽管只是部分的）头脑中得以被开启的。对此最鲜明的表述出自斯特拉霍夫关于历史的言论中，出自他论述西方文化的言论中。实际上，斯特拉霍夫谴责的是西方文化中的世俗化体系，把它作为纯理性主义想要理解历史之谜的一种尝试（《俄国文学与西方的斗争》）②："欧洲启蒙主义这是一个强大的理性主义，是抽象思维的伟大发展"。但关于理性主义的内在缺点和困难他又这样写道（在《论永恒真理》一书中）："摆脱理性主义的任何出路都不可能在理性主义自己本身的范围内实现。"作为黑格尔科学认识论的坚定捍卫者③，斯特拉霍夫摒弃文化评价中的理性主义，而对阿·格里戈里耶夫的理念十分入迷，从而站在了"根基派"行列里和他们一起歌颂历史进程中的"无意识"成分。斯特拉霍夫在痴迷托尔斯泰时期在非理性主义里走到是那么远，以至于他甚至在给托尔斯泰的信中这样写道："我已

---

① 可与亚·伊·伊利因对黑格尔的论述比较。
② 《俄国文学与西方的斗争》，第 1 册，1882，第 11 页。
③ 关于黑格尔主义详情请参阅奇热夫斯基的《黑格尔在俄国》。

经摒弃了黑格尔……"①，而转向叔本华的形而上学唯意志论。斯特拉霍夫已经从理性主义范围以外接受了如许多的东西，以致于他甚至在给托尔斯泰的信中写道："只是在叔本华那里我才学会了如何理解宗教。"② 的确，他承认当他写作《作为整体的世界》一书时，还是个泛神论者，并连忙补充说（这些话都出自给托尔斯泰的这封信）③："……除了泛神论科学以外我们不懂得还有什么别的科学。"科学所带的这样一种宗教色彩显然尚未赋予其以宗教观——宗教观是叔本华带来的，但是，斯特拉霍夫宗教意识实质上渗透着托尔斯泰的神秘主义理念。他们两个人是如此相像，可以比方说从下面这段话里看的很清楚："任何生活，"我们从他给托尔斯泰的一封信中读道，"都来自于上帝……在我们的意识中永恒的精神本质能够意识到自身，而任何存在都寄寓于此。一切来自上帝者，又都会回归上帝，并在上帝身上完结"④。"我现在否认，"在另一封信中我们又读道⑤。"是理性在指导历史，否认历史是理念的发展"。这已然是一种纯粹的历史非理性主义了，在斯特拉霍夫那里，带有托尔斯泰人格主义精神特征的关于个人不朽的"不可理喻"和"颠顸无理"的话语脱口而出。

如果说西方文化是"理性主义的胜利"的话，那么，在斯特拉霍夫那里，否认理性主义只会强化对俄国独特性的崇拜之情。他因而成为一名热烈而又激奋的尼·雅·达尼列夫斯基关于多种文化历史类型学说之理念（见于其《俄罗斯与欧洲》一书中）的拥护者，因而此刻的他已经会因为有关"欧洲科学的强大发展"的议论而义愤填膺的。斯特拉霍夫的根基主义是在反对整个西方世俗化制度和无条件地遵循托尔斯泰宗教神秘主义文化观的斗争

---

① 《托尔斯泰纪念馆》，第2卷，1914，第23页。
② 同上书，第22页。
③ 同上书，第22页。
④ 同上书，第341页。
⑤ 同上书，第23页。

中形成的。

我们需要指出斯特拉霍夫体系的某些详情细节。

5. （其创作的早期中）令人感兴趣的首先是他的宇宙学理念，其中包括他的人类中心主义。

"世界，"斯特拉霍夫写道（在其《作为整体的世界》一书中），"是一个有关联的整体，——世上没有任何自己本身重要的东西。"这一有关世界的观念既与后来得以在索菲亚形而上学（在弗拉·索洛维约夫及其"流派"那里）中展开的观念不相吻合，也与我们在皮罗戈夫那里所能见到的"生物中心主义"世界观不相吻合。世界的"完整性"按照斯特拉霍夫的观点是他本着超验主义路线（以黑格尔为依据）所理解的统一性的结果。但如果说世界是一个整体的话，那么，这也就是说，世上毕竟还是有一个中心的，它决定着世界的"重心所在"。但世界的"物质"方面在服从于精神的同时，也在创造着一种有机生命的形式，而按照斯特拉霍夫的说法，"有机体"就是非实体性范畴，是一种现实存在着的，我们应该把"有机体"看作是一个过程，精神本质由于这种过程"从中分化出来"，通过有机体来掌握物质。这样一来，世界上的中心领域就是人，人是"创造世界的结，是世界最大的谜，但也同时是世界的谜底"。"自然在对人发挥作用的同时也在唤醒和揭露人身上隐秘的本质……人常常寻找摆脱这一整体的出路，力求把将其与这个世界联系起来的关联都打破"。人在从等级制上揄扬自然的同时，作为自然的活生生的中心，人也在揭示着（在其把自己与世界割裂开来的向心运动中）世界之谜和世界的秘密。解开这个谜底的钥匙却在世界之外——在上帝身上。

"但对于人在自然存在中的中心位置是不可以从宗教意义上予以阐释的，它导致人在自然中的分解。在宗教形而上学人类中心主义之外，人之谜是无解的，人的存在会失去自然在其存在中也在迎合它的那种东西，——即失去'意义'：人的灵魂最珍贵无比的活动会变成想象的游戏……在斯特拉霍夫的这一想象中，正如奇热夫斯基公正地指出的那样①，我们发现了反对"启蒙运动"的一场斗争。在不愿为了科学虚假的成果而出卖人类的首要地位的斯特拉霍夫的这一"浪漫主义"中，包含着他与西方文化中的理性主义斗争，与西方文化中的世俗化倾向斗争的原因，而这也就是为什么他会在其对于宗教根据和文化思考的探索中对托尔斯泰顶礼膜拜的原因所在。但斯特拉霍夫毕竟还只是刚刚走在走向这一目标的半路上，他首次出现在神秘主义的"根基性"里，已经越来越与理性主义的残余相安并处。例如，斯特拉霍夫的确也真的并未就什么是他探索的"中心"这一问题"坦诚布公"地道出来过……

　　一切都是鲜明的和深刻的，但在"根基派"最重要的思想家——费·米·陀思妥耶夫斯基那里，这种对立显得更加充分。

　　6. 费多尔·米哈伊洛维奇·陀思妥耶夫斯基（1821—1881）在多大程度上属于文学界，也就在多大程度上同样属于哲学界。任何东西也没有这一点表现得那么鲜明，即他至今仍在给哲学思维以灵感。陀思妥耶夫斯基的注释家们重新建构着他的理念，而此类注释的五花八门非取决于陀思妥耶夫斯基在表述其理念时的某种不清晰性，而是相反，取决于其理念的复杂性和深刻性。当然，陀思妥耶夫斯基并不是一个通常或庸常意义上的哲学家，他没有写过一部纯粹的哲学著作。他像一个艺术家那样思考，其思想的辩证发展过程体现在与各种"人物"的碰撞和风云际会中。这些人物的言论往往具有独立的思想价值，是不可以与其个性分割开来的。例如，拉斯科尔尼科夫并非受制于他的思想，作为一个个性，他是自己本身，他本身就吸引人们关注：我们不可以把他与他的思想分开，也不可以把他的理念与他的体验分开……无论如何，陀思妥耶夫斯基属于俄国，甚至更多：他属于世界哲学。

---

　　① 《奇热夫斯基全集》，第 2278 页。

陀思妥耶夫斯基的创作集中围绕着精神哲学问题展开，这是一些人类学、历史哲学、伦理学、宗教哲学问题。陀思妥耶夫斯基在这一领域里的思想丰富深刻得令人惊奇，他属于那样一些从事创作的大脑，他们因为思想的丰富而非贫乏而痛苦。并未受过系统哲学教育的陀思妥耶夫斯基读书非常广博，善于吸收他人的思想，也善于在自己的思考中对他人的思想进行回应。由于他曾尝试走出纯粹艺术创作的界限（而在他身上，毫无疑问，拥有巨大的天才和政论家的气质），他仍然还是在一切方面都既是思想家也是艺术家。他的《作家日记》就其风格而言是非常具有独特性的，书中到处都是纯粹的艺术随笔和素描。

让我们先谈谈他的传记。

费多尔·米哈伊洛维奇·陀思妥耶夫斯基出身于一个生活在莫斯科的军事医生家庭①。他的童年时代是在温馨和睦的氛围下度过的。我们不妨用陀思妥耶夫斯基自己的话来印证一下："我出生于一个规规矩矩的俄罗斯人家庭……我在我的家庭里几乎从一出生起就熟读福音书，我熟知俄国历史上几乎所有的故事时，年仅10岁。"从预科学校毕业后，陀思妥耶夫斯基和哥哥一起考入军事工程学校（在彼得堡）。这些年中他的家庭发生了严重变故——他的父亲被自己乡下的农民们给打死了（因其性格粗暴而对他实施报复）。"家族传说中说，"陀思妥耶夫斯基的女儿就此问题写道②，"陀思妥耶夫斯

① 关于陀思妥耶夫斯基的传记可参阅的书目首先是《陀思妥耶夫斯基传记、书信和笔记中的札记》（1883）。还有其女儿撰写的传记，《费·米·陀思妥耶夫斯基》，国家文学出版社，莫斯科，1922，其夫人的回忆录。陀思妥耶夫斯基的书信，可参阅《作家日记》（晚年岁月）。还可参阅梅列日柯夫斯基：《托尔斯泰与陀思妥耶夫斯基》，第1卷，第6章及之后的章节。洛斯基：《陀思妥耶夫斯基的个性·编年纪事》（"拥护教会"出版社，柏林，1941）。多里宁主编：《陀思妥耶夫斯基论文集》，第1卷、第2卷。关于陀思妥耶夫斯基个性的评价问题，值得推荐的有陀思妥耶夫斯基与屠格涅夫通信集（学院出版社，列宁格勒，1928）。还可参阅列·戈罗斯曼：《陀思妥耶夫斯基课堂讨论会》（1923）。别姆：《陀思妥耶夫斯基个性之谜》，《东正教与文化论文集》，柏林，1923。

② 《女人眼中的陀思妥耶夫斯基》，注释第17。

基就是因为初次得到父亲的死讯，才平生头一次犯了癫痫病"。在工程学校学习期间，陀思妥耶夫斯基与一个叫伊·尼·希德洛夫斯基的建立了友谊①，后者作为"一个（后来）转向宗教探索的浪漫派"（此乃其传记作家的表述法），对于陀思妥耶夫斯基无疑有着深刻的影响。"在和他（指希德洛夫斯基）共同阅读"，陀思妥耶夫斯基在给哥哥的信中写道，"读席勒的时候，我就确信他是一个行为高尚性格炽热的堂·卡洛斯和波扎侯爵……席勒的名字对我是那么亲切，那声音是那么充满魔力，它能引起我无穷的幻想……"②。陀思妥耶夫斯基在这些年中贪婪地吸收浪漫主义诗歌（其中包括维克多·雨果）的强烈影响③。

1843 年，陀思妥耶夫斯基从军事工程学校军官班毕业，在工程部获得一个职位，但他担任公职的时间并不长，很快就辞职了。他的日子总是过得很贫穷，甚至从家里得到相当巨大数额的资助时也是如此，而且这些钱很快就被他挥霍一空。1845 年，他发表了自己的处女作《穷人》，立即将他推入一流作家的行列④。从这时起，陀思妥耶夫斯基开始全身心地投身于文学创作活动——但是继《穷人》以后出版的那些作品，却引起其崇拜者们的失望和误解。

在此期间，在陀思妥耶夫斯基的生活中一个事件终于成熟了——他开始与彼特拉舍夫斯基小组接近，而就是此事后来导致他被发配到西伯利亚服苦役。在陀思妥耶夫斯基一生中这的确是一个真正的转折点——在其创作的第二个时期（由 1855 年的《死屋手记》发其端）里，我们已经可以看到另外一种思路，和对于生命的

———————————

① 关于此人可参阅米·阿列克谢耶夫的小特写：《陀思妥耶夫斯基早年的友人》，敖德萨，1921。

② 《传记》，第 3 册，第 15—16 页。

③ 同上书，第 16 页。关于席勒的影响，可参阅阿列克谢耶夫小册子的书目索引（第 22—23 页注释）。还可参阅奇热夫斯基的 Schiller und die Bruder Karamazov Ztach. f. Slav. Philologie, 1929.

④ 参阅陀思妥耶夫斯基关于这件事的有趣回忆见《作家日记》1877 年（1 月，第 2 章第 3 节）。

一种新的悲剧感受。应当注意的一点是,早在《穷人》面世以前,陀思妥耶夫斯基身上先前那种浪漫主义就已开始强烈地向社会主义发展,此时对他影响很大的,还有乔治·桑以及法国乌托邦社会主义学说①。应该认为陀思妥耶夫斯基早年的社会主义思想是非常重要的,某些方面在其精神探索中甚至可以说是具有决定性意义的因素:即这一社会主义不是什么别的,而正是一种"伦理内在论",正是曾经是并且现在也是构成任何进步理论,其中包括我们在托尔斯泰那里所见到过的生命哲学之基础的东西。这是对人类本性基本的和'本然'的善的一种信仰,是对真正的和全面的、因"自然"途径而被排除了的"幸福"之"本然"的可能性的一种信仰。这是关于人类本性"激进之恶"的学说的一种直截了当的和果决勇敢的否定,或用康德的术语说,即对通过基督带给人们的原罪说和救赎和拯救说的一次否定。在对待陀思妥耶夫斯基的精神探索方面,所有这一思维机制都应该被称作"基督教自然主义",它把全部希望寄托在基督教通过基督现身而进入世界的对人的启示上,并且在救世主的变容中找到了其最高表现。这就是不要各各他的基督教,这就是只要伯利恒和法老的基督教。当然这是一种独特的、以基督教的反映方式把卢梭主义与席勒主义相结合的结果,这是对于"自然本然"的信仰,对人类灵魂中自然的尽管是在外部表层之下的高尚的潜藏的"圣殿"的认可,或按照陀思妥耶夫斯基在关于乔治·桑的文章中的说法,是对"人类灵魂的完美性"的认可②。

陀思妥耶夫斯基把带有唯心主义色彩的社会主义与"彼特拉舍夫斯基分子"联系了起来③。"我早在1846年就已开始忠于(别林

---

① 陀思妥耶夫斯基关于乔治·桑的影响的回忆见于《作家日记》,1876年6月,第1章。俄国作家中萨尔蒂可夫—谢德林关于作家如何迷恋乔治·桑也有值得关注的回忆文字。

② 《作家日记》。

③ 参阅波克洛夫斯基:《陀思妥耶夫斯基与彼特拉舍夫斯基分子》(见多里宁主编:《陀思妥耶夫斯基论文集》,第1卷),文中列举了有关这个问题的全部文献。

斯基），"陀思妥耶夫斯基在日记中写道①。"就已相信未来"更新了的世界"的全部"真理"和未来共产主义社会的全部"神圣性"。"我在那时激情洋溢地接纳了所有这些学说，"陀思妥耶夫斯基在另一处文字中回忆这个时代道②。如我们下文所见，陀思妥耶夫斯基整个一生中都未曾离开这一"基督教自然主义"立场，也未抛弃对人类天性的潜在的，从不显现的、但却是真正的"完善"的信仰，这是他精神世界的两大中心。无论如何，参与"彼特拉舍夫斯基小组"的活动，对于陀思妥耶夫斯基来说结局是悲惨的：他被逮捕并被判决在流放地服4年苦役。但最初告知陀思妥耶夫斯基的是（别人也被这样告知过），他们是被判决处以死刑的。死囚们被带到绞刑台上，处死刑的一切准备工作都已就绪（枪决），可是，当一切就绪之时，又公布道，所有人都被赦免了，与死神的逼近不能不对陀思妥耶夫斯基的精神产生震撼③，但这次震撼只不过是进入那样一个恐怖的，他不得不加以体验的苦役营生活的一个开场白而已。正是在这里在陀思妥耶夫斯基身上发生了深刻的和内在的思想上的重大转折，它决定了他嗣后全部精神探索历程。

在从苦役营释放出来以后，陀思妥耶夫斯基又在西伯利亚待了几年，他在此结了婚，重返文学创作工作（此时他创作了《死屋手记》和一系列短篇小说）。过了几年以后，他终于被允许重返俄国的欧洲部分（1859年）——起先在特维尔，几个月以后，又到了彼得堡。1861年，他和哥哥出版了一份杂志《时代》，其办刊宗旨是要发展新的"根基派"意识形态并消除西欧派和斯拉夫派之间的分歧。在杂志的征订广告里这样写道④："我们终于确信我

① 《作家日记》，1873年（第26章）。

② 《作家日记》，1873年（第2章）。

③ 关于在绞刑架上的体验可参阅《作家日记》，1873年，还可参阅《白痴》中著名的段落。

④ 尼·尼·斯特拉霍夫在《陀思妥耶夫斯基的传记、书信以及笔记本里的札记》一书中的回忆，第1卷，第279页。

们同样也是一个独立的民族，并且在高度意义上是具有独特个性的，我们的任务是为自己创造一种我们自己的形式，一种亲切的、来自我们自己土壤的形式。""我们可以预言……俄罗斯理念，或许将会是欧洲所发展的所有理念的一次综合。"《时代》杂志的主要成员有陀思妥耶夫斯基兄弟、阿·格里戈里耶夫、尼·尼·斯特拉霍夫。1863 年，因为斯特拉霍夫关于波兰问题的一篇采用自由派精神写作的文章，杂志被封闭，但过了 1 年后，陀思妥耶夫斯基兄弟又被允许在新的名称下出版另外一份杂志。的确，1864 年，陀思妥耶夫斯基兄弟开始出版《时世》杂志，但因为《时代》杂志此前被封闭而引发的资金困难是如此之严重，以致不得不再次关闭这份杂志。在陀思妥耶夫斯基的创作生涯中这一时期的意义在于作家表现出对于政论这种创作形式的喜好。陀思妥耶夫斯基创造了自己独特的政论风格（罗赞诺夫对他的继承多于其他作家）——比方说，《作家日记》（是在他生命的最后几年中出版的）迄今仍然是研究陀思妥耶夫斯基思想的宝贵资料。和现时生活贴得很近，《作家日记》就其思想的丰富性和分析的深刻性而言，迄今仍然保留着其重要意义。陀思妥耶夫斯基的思想常常在这里达到极度清晰和表现力的极致地步。

然而，在此期间（亦即苦役后期间）作家最主要的创作形式当然还是文学创作。从一流的优秀作品《罪与罚》起，陀思妥耶夫斯基写作了一部接一部的长篇小说——《白痴》、《少年》、《群魔》，最后还有《卡拉玛佐夫兄弟》。上述作品最初构思在哲理上的重要意义如今已经广为人知了，对这些作品各种版本的细致分析表明，陀思妥耶夫斯基在其艺术创作中注入了多么多的内涵。学界已经多次指出，在所有这些作品的"经验"织体下面，都包含着另外一个层次，人们往往跟随在维亚·伊万诺夫之后①，称其

---

① 维亚·伊万诺夫：《犁与界》，还可参阅他用德文写的论述陀思妥耶夫斯基的一部书，里面收集了他关于陀思妥耶夫斯基的所有文章。

为"玄学"小说。的确，在陀思妥耶夫斯基的主要"人物"身上，我们所能看到的，不光是活生生的和具体的个性，而且还有其命运，有其内在的逻辑和陀思妥耶夫斯基追述某种思想的辩证发展过程是人物个性发展的运动过程。陀思妥耶夫斯基创作的思想和哲理内容在艺术创作中寻求着最佳的表达，——而他的艺术才华及其力量恰恰就表现在，他的经验素描所遵循的是纯粹的艺术嗅觉，而不是让艺术创作屈从于自己的理念（正如我们在托尔斯泰那里常能见到的那样）。

陀思妥耶夫斯基生平一个值得关注的事实是他在所谓的"普希金之节"（1880 年 5 月）在莫斯科普希金纪念碑落成仪式上的演讲。所有俄罗斯作家（只有列·托尔斯泰除外）都出席了这次盛典，而这一仪式也的确成为了文学本身的一个节日。在陀思妥耶夫斯基之前的所有发言都令听众赞美不已，但当陀思妥耶夫斯基发言时，人们的印象是如此之恢宏壮丽，以至于在普遍热情高涨精神奋发的情况下，所有从前的思想分歧都烟消云散了。思想的分歧似乎都沉寂并消散了，"全人类的"思想都凝结成为一个新的整体，陀思妥耶夫斯基便是以这样一种热情开始了他的发言的。事情过后各家报刊杂志都纷纷著文尖锐批评这次演说，但这次演说即使算不上是在俄国思想生活中开辟了任何新时代的话，那它本身也真的是一个出色的事件。而在陀思妥耶夫斯基的创作中，这次演说意味着陀思妥耶夫斯基在从西伯利亚返回来后又重新站在了他最初所站的立场上来了。

死神临近了，猝然而至的死神将会在作家创作的盛期让他的创作中断。他逝世于1881年……陀思妥耶夫斯基的死亡以其突然令俄国社会震惊，真诚和深沉的哀伤攫住了每个人的心灵。在采取了全然不同特性的陀思妥耶夫斯基的葬礼上，儿童、大学生以及文学界、科技界、社会各界人士都前来为其送行……

7. 在陀思妥耶夫斯基的全部精神生活和全部体系和探索中，也有宗教探索的位置。陀思妥耶夫斯基终其一生都具有宗教信仰，终其一生都是一个按照他的说法因思念上帝而"痛苦"的人。因此，陀思妥耶夫斯基比其他别的人更有资格代表刚刚从宗教意识的怀抱中挣脱出来的哲学的创造。但陀思妥耶夫斯基整个思想创造的全部特殊意义恰恰在于他以极大的力量和无可比拟的深度揭露了人类学、伦理学、美学和历史学主题里所包含的宗教问题。正是在对这些问题的认识中，从宗教观点看，包含着他本人所说的"上帝折磨"他的含义。我们在陀思妥耶夫斯基的《创作札记》中可以读到这样的话[①]："即使是在欧洲如此强有力的无神论言论过去没有现在也没有过。我不是像男孩子一样信仰基督并崇仰他，而我的赞扬经历了严峻的怀疑的熔炉的考验"。但这些怀疑是从宗教意识自身的深处产生出来的，它们全都与同一个主题有关——即上帝与世界的相互关系和关联问题。陀思妥耶夫斯基从未怀疑过上帝的存在，但在他面前总是横亘着（在不同时期须以不同方式予以解决的）许多问题，即从上帝为了世界，为了人及其历史作用的存在中，究竟能得出什么结论。文化究竟能否参与到宗教的（在基督身上）感受中来？人以其在现实生活中的样子，他的活动和探索究竟是否可以从宗教上予以辩护和思考？人身上的恶，历史中的恶，世界性痛苦究竟是否可以从宗教上予以辩护和接纳？无论如何，我们完全可以把所有这些问题都看作是神正论问题的各种表现形式。不光"上帝折磨了"陀思妥耶夫斯基一生，而且陀思妥耶夫斯基也终生在与上帝斗争——这一私密的宗教过程构成了陀思妥耶夫斯基身上全部精神生活活动过程的基础。

但是，陀思妥耶夫斯基不是从旁观者的立场，而是从内而外地身负着文化的全部问题，其全部幻想和理想，文化的灵感和欢乐，她的真理和非真理。陀思妥耶夫斯基从未肯定基督教与文化内在的非同质性，相反，他身上总是对于基督教与文化的真正结合抱着深

---

① 《陀思妥耶夫斯基的传记、书信以及笔记本里的札记》，第 2 卷，第 375 页。可与第 36 页比较。

刻的信心。因此我们永远也无法在他那里找到对文化的仇视，这种仇视我们却可以比方说在托尔斯泰那里找到。但陀思妥耶夫斯基更以同样的力量从内心拒斥世俗化——拒斥教会与文化的分裂和分离，拒斥激进主义的个人主义（如他喜欢的表述——"孤立化"），拒斥当代的"无神论"文化。世俗化对于陀思妥耶夫斯基来说是潜在的，而更经常的是公然的无神论。

当陀思妥耶夫斯基迷恋社会主义时，他"迷狂地"接受了它[①]，但即使是那时，他也不曾把对于在大地上实现这种"狂热"的信仰与对基督的信仰分割开来。他因此很快就离开了别林斯基（根据他自己坦白，他起先曾经"狂热"地追随别林斯基），因为别林斯基"谩骂"基督。我们可以毫不夸张地说，在陀思妥耶夫斯基身上，对于社会主义的迷恋是与其宗教探索联系在一起的。的确，陀思妥耶夫斯基嗣后的思想永远都是在按照两条对立的路线在运行，他的正面体系总是与尖锐的具有决定性意义的否定并行不悖，但由此而得出的东西却是其思维的力量和高度的表征了。俄国思想家中很少有人能感觉得到理念运行中这种辩证发展的曲折特点……但陀思妥耶夫斯基的二元对立植根于他的宗教意识之中，离开这种宗教意识甚至不可能以应有的方式对陀思妥耶夫斯基理论根据中的二元对立进行评价。

无论如何，早年对社会主义的迷恋把陀思妥耶夫斯基的宗教意识紧密地带到了文化的基本问题面前。而我们正是应该在这里寻找我上文称之为陀思妥耶夫斯基的"基督教自然主义"——对人性本善的信仰，对人的"本性"的信仰——（参见上文有关这个问题的论述）的东西。在写作时间相当晚的一个片段里（1877年《日记》）陀思妥耶夫斯基写道："人最大的美、最大的纯洁性……不会徒劳无益地……这只是因为，要管理这一笔财富，要做到这一切光有天才

---

① 关于这个问题可参阅《日记》1873年（第2节）。

的才华是不够的。"这段话非常清晰地表明在陀思妥耶夫斯基最基本的历史学二元对立中，存在着一极——对"本性"的信仰，对其潜在的"神圣性"的信仰，但却承认，对于这一"神圣性"的成效显著的作用仅仅"善于""操纵和管理"其财富是不够的。在对陀思妥耶夫斯基的哲学理念进行系统分析时，我们还会再次回到这个问题上来的，——此时此刻我们需要予以指出的，他的思想并未固着在基督教自然主义的立场上，而是以极其深刻的方式接近于把有关人的本性的内在二元性——甚至包括美的二元性，关于会引导人犯罪的"本真"自由等——的命题对立起来。像舍斯托夫那样认为的陀思妥耶夫斯基在苦役营以后他先前的观点发生了一次全面新生，说陀思妥耶夫斯基"过去的信念已经荡然无存，连一点儿痕迹都剩不下了"的观点，显然是错误的。相反，他的思想直至其生命的最后一天都是在二元对立中运行的——一方面是基督教自然主义，另一方面是对"本性的"不信任，始终都存在于他的身上，就这样持续下去，始终都未能找到具有终结性和完整性的综合。根基论（作为基督教自然主义的表现之一）和与此同时对于业已跨越民族界限的宇宙基督教的崇高理想，对于个性的激情洋溢的捍卫，伦理学人格主义及其高度紧张的表现形式和对于"地下室人"的揭露，对"美拯救世界"的信仰并行不悖，与有关"美是一件可怕而又令人恐惧的事物"的哀伤的沉思并列而存，所有这些二元对立都并未减弱，而是相反，在陀思妥耶夫斯基生命行将终结时反而越来越强烈了。这些都是陀思妥耶夫斯基宗教意识内在的辩证发展过程。陀思妥耶夫斯基的全部哲学意义，其在俄国思想史上的意义，恰恰在于他以令人匪夷所思的力量和深度揭示了宗教如何看待文化主题的问题。在这个意义上历史学定向在陀思妥耶夫斯基全部思想中占有主导地位——他在人类学、伦理学、美学问题上的深刻洞见，永远都与其历史学思考具有内在的协调一致性。

现在让我们来系统地分析一下陀思妥耶夫斯基的理念①。

8. 陀思妥耶夫斯基的哲学创造不是只有一个，而是有好几个出发点，但对他来说最重要也最具有决定性意义的，是关于人的问题。和整个俄国思想界一样，陀思妥耶夫斯基也是一个人类中心主义者，但他的哲学世界观首先是一种人格主义，当然带有纯伦理色彩的人格主义，但其这一色彩达到了非凡的力度和非凡的深度。对于陀思妥耶夫斯基来说没有任何什么会比人更重要更珍贵，尽管或许也没有任何什么会比人更可怕②。人浑身都是谜，他是由矛盾构成的，但他同时也是——即便是以最渺小可怜的人为代表——一种绝对价值。的确，不仅上帝折磨过陀思妥耶夫斯基，人同样也以这种方式折磨过他，——人以其现实性和深度，以其致命的和罪恶的以及其光明的、善良的动机。通常——而这当然也是公正地——人们都喜欢宣扬什么陀思妥耶夫斯基以其无可比拟的力量揭示了人身上黑暗的一面，破坏的力量和无边无际的利己主义，以及深深植根于人的灵魂深处的可怕的非道德主义。是的，这一切都是对的。陀思妥耶夫斯基的人类学首先是关于人身上有个地下室。然而，如果我们根本不

---

① 与陀思妥耶夫斯基有关的哲学文献非常丰富——但是，迄今为止他的思想遗产都还没有被后人完全掌握。我们只须指出论述陀思妥耶夫斯基哲学著作的最重要的论著即可：罗赞诺夫：《关于宗教大法官的传说》。别尔嘉耶夫：《陀思妥耶夫斯基的世界观》（还有他的《新宗教意识与社会性》，1907）。梅列日柯夫斯基：《托尔斯泰与陀思妥耶夫斯基》，第1—2卷。舍斯托夫：《陀思妥耶夫斯基与尼采》。多里宁主编：《陀思妥耶夫斯基论文集》。施坦因贝格：《费·米·陀思妥耶夫斯基的自由体系》。格森：《陀思妥耶夫斯基的善的悲剧》，《当代纪事》，第35期。《恶的悲剧》，《道路》，第36页。《索洛维约夫与陀思妥耶夫斯基乌托邦与善的自主独立性的斗争》。谢·布尔加科夫：《作为一种哲学类型的伊万·卡拉马佐夫》（见《从马克思主义到唯心主义论文集》）。我的论文：《费·帕·卡拉马佐夫》（由亚·列·别姆主编之《论陀思妥耶夫斯基文集》，第2卷），《陀思妥耶夫斯基世界观中的美的问题》（《道路》）。伊万—拉祖姆尼克：《俄国社会思想史》，第2卷，第4章。弗拉·索洛维约夫：《关于陀思妥耶夫斯基的三次讲话》（《索洛维约夫全集》第3卷）。康·列昂季耶夫：《我们新的基督徒》（《全集》第3卷）。还可参阅弗洛罗夫斯基全集第295—301页。还有 L. Zander. Dostojevsky (1946)。Evdokimoff. Le probleme du mal chez Dostojevsky (1945)。

② 在这一二元对立中陀思妥耶夫斯基与席勒非常接近。我们只需回想一下后者的"Aber das Schrecklichete der Schrecken iet der Mensch in seinem Wahn" 就够了。

去关注陀思妥耶夫斯基是以如此深度揭示了灵魂的光明力量，揭露了灵魂中善的辩证法的话，那也会是一种片面①。在这个问题上，陀思妥耶夫斯基当然与根深蒂固的基督教（亦即圣父们的）人类学相近。而当别尔嘉耶夫断言②，"陀思妥耶夫斯基的人类学与圣父们的人类学有所区别"时，他也完全错了。在陀思妥耶夫斯基那里，不光罪恶、原罪感、利己主义以及人身上一般的"恶魔式的"自然力量，都被以非凡的力量予以揭示，而且，对于真理与善即人身上的"天使"本质在人灵魂中的斗争的揭示，同样得到了深刻的揭示。在陀思妥耶夫斯基那里人类学二元对立之所以颇具力量和重要性，正在于这一对立的二元在他那里是被以高级形式表现出来的。

我们称陀思妥耶夫斯基的人格主义是伦理学的——而这就首先意味着人的生物存在的价值和不可分解性不仅与其"花期"，与其高级创造成果——这种高级创造成果就连小孩子和尚处于弱小无力、无行为能力、还不能进行任何自我表现的婴幼儿身上，也是具有的③。陀思妥耶夫斯基的人格主义与本体论有关，而非与人的心理学有关——与人的本质有关，而非与经验现实有关。但在陀思妥耶夫斯基那里对人的感受本身内在地贯穿着伦理学范畴——他不仅描写善与恶在人身上的斗争，而且还在人身上寻找这些斗争。人当然被包括在自然的秩序里了，需要服从自然的法则，但人也可以和应该不取决于自然。正是在《地下室手记》中，以惊人的力量表达了这

---

① 舍斯托夫在其书中对于陀思妥耶夫斯基人类学的阐释尤其是片面的。但是即使是在专门论著 Lieb'a 在俄国各种思想家论文集中的 Anthropologie Dostojevskis（Kirche, Staat und Mensch. Russischorthodoxe Studien, Genf., 1937）也打上了同样一种片面性的烙印，虽然形式稍稍有所缓和。别尔嘉耶夫指出在陀思妥耶夫斯基的人类学里有两个原则，这种说法比较正确（《陀思妥耶夫斯基的世界观》，第40页）。还可参阅列·亚·扎杰尔的著作。

② 别尔嘉耶夫，同上书，第58页。

③ 在陀思妥耶夫斯基那里，这一观点是在他的第一个孩子去世以后写的那封信中以非凡的力度表达出来的。还可参阅一个女人在其孩子死后向佐西马长老倾诉其失去孩子的无尽悲哀的震撼人心的忏悔的话语。

种人的精神可以不受制于自然的观点①，而且在书中还宣称，人真正的本质在于他的自由，并且只能在其自由之中。"人类的全部事业，看起来的确仅仅在于人必须时时刻刻向自己表明，他是人，而非东西"，——我们在同一本《地下室手记》中读到。这种自我确认就是对其独立于自然的本性的确认，而人的全部尊严正在于此。

但是，正是因为人身上真正重要的只能在其伦理生活中——而在这里并且只有在这里，实质上，人也才有一种新的高尚的和无可比拟的存在。在这个意义上，早在《地下室手记》中，我们就已经可以找到对人的颂歌，它把人如果不是变为世界的中心，那么也是一种最重要最珍贵的现象。那样一种"人本主义"是陀思妥耶夫斯基完全与之格格不入和反感的，我们在从前那些俄国实证主义和半实证主义者们（车尔尼雪夫斯基、拉甫罗夫、卡维林、甚至米哈伊洛夫斯基）身上，已经见到过这种人本主义了。这种人本主义离激情洋溢地肯定人的精神独立于自然的赫尔岑最近。人类学中的自然主义已经受到陀思妥耶夫斯基在《地下室手记》里的无情嘲弄——因此他嗣后全部有关人的学说都如此深刻地有别于（像稍晚些时候那些）那样一些学说，这些学说在关于人的非道德性说上与陀思妥耶夫斯基相近，以一种原始自然主义的精神来阐释这一观点。对于陀思妥耶夫斯基来说，潜藏在人身上深处的非道德主义，同样也是对人的颂歌，这种非道德主义是一种精神系列的现象，而与人身上的生物学过程无关。

然而，对人的本体论表彰越是坚决，陀思妥耶夫斯基对于人类精神令人感到窒息的无从安顿性及人阴暗的动机的揭露，也就越是无情冷酷。人身上最重要的秘密在于按照陀思妥耶夫斯基的思想，他是一种伦理生物，在于人一成不变地和不可遏止地必然会面对善

---

① "天呐，自然法则于我有何意义呢……我当然不会用脑袋去撞墙……可是我也不会仅仅因为这是一堵墙而与之妥协"。（《地下室手记》）。还可以参阅米哈伊洛夫斯基笔下与此几乎完全一致的一段话（见上文第9章）。

与恶的二分法，面对它人无处可逃：谁如果不走从善之路，那就必然会走上从恶之路。人的这一伦理学本质及其基本的伦理学定向，并非陀思妥耶夫斯基的先定理念，而是从其对人的观察中得出的一个结论。

但悖论也是从这里发端的，这种悖论不仅揭示了人的这种基本的伦理学本质，而且也揭示了人的全部问题。陀思妥耶夫斯基首先非常辛辣地嘲笑了对人的理解中的那种知性主义的肤浅性，这种肤浅性在实用主义体系中达到了其平淡表现的极致。《地下室手记》在其不朽的篇章里谈到"人是一种轻信的生物"，是一种最不爱为着自己的利益而活动的生物："在整个千年历史上，什么时候人是出于自己利益的考虑而行动的？"关于人是一种理性因而也就是高尚的生物的观念是一种纯粹的虚构，"因为人的天性是以其所具有的一切整个地发挥作用的，——或自觉或不自觉地"。"愿望当然或许会与理性一致的……但更多的时候甚至是在绝大多数情况下，它完全或固执地与理性歧异。我想生活，"地下室人继续发挥着自己的意见，"仅仅是未来满足我活着的全部能力，——而不是仅只为了满足我的理性能力。理性只能满足人的理性能力，而愿望却是人全部生命的表现。"对人来说最珍贵的是"按照其愚蠢的意志活着"，因此"人，无论他在哪里，都永远喜欢按照自己的愿望行动，而根本不是按照理性或良心的吩咐行动"。

在陀思妥耶夫斯基那里，心理学的唯意志论不知不觉地转变成为非理性主义，转而成为对理解人的钥匙远比人的意识、良心和理性更深的认可——即承认"地下室"是人"本身"所在。陀思妥耶夫斯基的伦理学人格主义包裹了一层真实性的活生生的皮肤：人的核心及其真正的本质在于其自由，在于其个人自我确认的渴望和可能性（"根据自己愚蠢的意志活着"）。人的本体论取决于这一对自由的渴望，成为自己本身的渴望，——但正是因为陀思妥耶夫斯基把自由当作人珍贵的本质，而且任何人也不像他那样深刻地洞察了自由的秘密，任何人也不像他那样清晰地揭示了自由的全部问题及其"无法安顿性"所在。别尔嘉耶夫公正地指出，对于陀思妥耶夫斯基来说，"在地下室人的自由中深藏着死亡的种子"。如果说自由是人所最珍贵的，如果说在自由中包含着人最后的本质的话，那么自由便会成为一种负担，承受它对人来说实在是太艰难了。从另一方面说，在我们的地下室里，——而地下室人恰好正是一个自然人，一个摆脱了任何传统和假定性的自然人，——而在我们的地下室里，按照陀思妥耶夫斯基的说法，能感觉得到一种耻辱感，一种内心的混沌、一种凶险不祥的甚至是罪恶感，无论如何，令人感到耻辱难耐的、卑微下流的动机被暴露了出来。喏，比方说，拉斯科里尼科夫：在理性分析中把先前传统道德全部瓦解了以后，他开始觉得自己面临着一种深深的诱惑，那就是一切都是可以允许的，于是走上了犯罪之路。道德原来在灵魂的深处是一种丧失了的根据，自由也演变成为一种非道德论，以致拉斯科尔尼科夫在苦役营里很长时间都没感觉到有任何忏悔之意。转折到来的非常之晚，当在他身上对索尼亚的爱正蓬勃旺盛时，而在此之前他在自己的自由中并未发现任何从事道德思考的灵感。这揭示了人灵魂中的一个谜底，揭示了我们自由的盲目性，因为它只与赤裸裸的理性结合。向善之路并不仅仅取决于自由，它当然也是非理性的，但只是在特定意义上，即不是理性推动人们向善，而是意志，精神的力量。因此在自由中有与生动的爱的动机脱离了的 quand meme，——还有死亡的种子。为什么恰好是死亡的种子呢？这是因为人实际上是无法离开善的——即使他让自己沉湎于情欲的自由游戏从而离开善，那他也会开始发生灵魂的痛苦的疾病。拉斯科尔尼科夫、斯塔夫罗金、伊万·卡拉马佐夫尽管以不同的方式，但却都在为扑灭了自己身上活生生的善的（亦即上帝）感情而痛苦万分，于是便成为是其所是者。自由如果它会让我们与自己孤独自处的话，便只会揭示灵魂中的混沌，揭露下流阴暗的动机，亦即把我们变成情欲的奴隶，迫使我们痛苦地处于磨难之中……这也就意味着，人是一种伦理学生物，并且也不可能不再是这种生物。陀思妥耶夫斯基以一种非凡的力量和痛苦的声音讲到，罪根本不意味着一种与生俱来的非道德性，而是相反，它证明（以否定的方式）离开善，人就无法生活。早在《死屋手记》中，他就写道："这里有多少伟大的力量白白地死掉了！要知道我们早就该把一切都说出去：是的，这是一个非凡的民族，或许还是一个最具有天才的民族，一个最有力量的民族。"毫无疑问，这是一个不仅具有伟大的力量，而且也拥有自由的人——而自由却让他们脱离了"传统道德"的正路，推动他们走上犯罪之路。而这也就是死亡的种子！在晚年写作①的《作家日记》里，陀思妥耶夫斯基写道："人身上的恶藏得比人们通常以为的更深。"舍斯托夫②徒劳地把这当作是给"地下室人恢复名誉"——然而相反，这是在强调恶在人灵魂中的全部隐秘性。陀思妥耶夫斯基表明人类灵魂的无法安顿性或不如说是灵魂的失魂落魄，与此同时人类灵魂也不可能离开伦理学定向。根植于自由中的"死亡的种子"意味着灵魂的失魂落魄之根源不在于表面，而在于灵魂最深的地方，因为人身上没有任何东西能比自由更深。

　　人身上的自由问题是陀思妥耶夫斯基人类学思想的顶峰，自由不是关于人的终极真理——这种真理取决于人身上的伦理本质，取决于在其自由中的人是向善还是向恶前进。因此在自由之中，或许还有"死亡的种子"和自我毁灭的种子，但自由也可以把人提升到改造的高度。自由为人身上的恶魔主义开辟了广阔空间，但自由也可以提升人身上的天使本质。如果说恶的辩证法在于自由的运动中的话，那么也就会有同样也在自由的运动中的善的辩证法。陀思妥耶夫斯基喜欢谈论的那种对于痛苦的需求的意义，是否就是通过痛苦（往往是通过罪恶）这种善的辩证法才开始运行的呢？

---

① 《作家日记》1877 年 7 月—8 月（第 2 章）。

② 舍斯托夫：《陀思妥耶夫斯基与尼采》，第 91 页。

陀思妥耶夫斯基人类学中的这一方面往往被人们忘记或是评价不够——然而，正是在此之中，包含着解开陀思妥耶夫斯基那里被我们在上文中将其描述为"基督教自然主义"这种理念体系的钥匙。这里我们不妨说上述我们所引用的那段话（出自《白痴》），即"美拯救世界"，揭示了陀思妥耶夫斯基特有的美学乌托邦思想。所有这些有关人的怀疑，对人身上混沌和"死亡的种子"的全部发现，在陀思妥耶夫斯基那里，都被相信人身上蕴藏着伟大的力量，它足以拯救人和世界这样一种信念给综和了，——问题仅仅在于，人类却不善于充分利用这种力量。陀思妥耶夫斯基在《作家日记》（1887）某次写道："人最伟大的美和最伟大的纯洁性……被变成了虚无，变得于人类无丝毫益处，其原因仅仅在于，要管理这笔财富光有这些才华是不够的。"这也就是说，从事改造的钥匙，在世上安顿人的钥匙是有的，而我们只是不善于使用这把钥匙罢了。佐西玛长老表达了这样一种思想："我们不懂得生命就是天堂（即在此时此刻——笔者），因为我们只要刚想要有所理解，天堂便立刻会以其全部的美而出现在我们眼前"。维尔西洛夫在其名言（《少年》）中，就洛伦的一部电影表达了这样一种思想，即光明与真理早就在世上，但世人却始终不曾发现它们。"我从未体验过的幸福感渗透我的心灵，甚至令心口隐隐作痛"。这种对人身上圣殿的感受在天才之作的《一个荒唐人的梦》中以奇妙的形式表达了出来。"基督来到世间是为了让人类知道，人类的尘世本性及其精神实际上既可以以这样一种天国的斑斓色彩出现，也可以实际地寓于肉体之中，而非只在幻想和理想中出现，——而这是本然的和可能的。"由这段话可知，陀思妥耶夫斯基关于人的基本学说与卢梭的人类学（即其关于人身上激进的善的基本原则）十分相近，远比康德的人类学（以其关于"人身上的激进的恶"的学说）更近。

然而，善的"本然的和可能的"的辩证法要以人身上的宗教生活为前提①。"人类生存的全部法则仅仅在于,"《群魔》中的斯特凡·特罗非莫维奇说道。"要让人能够对伟大的不朽顶礼膜拜,永垂不朽。对人来说像他所生存于其上的那个小行星那样必要"。人类的不幸在于在人类身上"审美理念暗淡下去了",正因为此如今美成为了一种"可怕和令人恐惧的东西",同时也是一种"神秘的东西——魔鬼与上帝在此发生了争执,而人的心灵就是战场"(《卡拉马佐夫兄弟》)。而这种当人身上审美愉悦被唤醒时却由于魔鬼俘虏了人而导致"审美理念的暗淡"——足以说明,为什么人们会失去向其心灵敞开的把握圣殿的"能力"。

陀思妥耶夫斯基的人类学涉及人的精神的最深的底层,揭示了人身上伦理本质的战无不胜的力量,但人类心灵的晦暗却会导致直接通向善的道路被封闭。自由吸收了"死亡的种子",在被罪恶变得晦暗的灵魂深处,耻辱感和罪感滋生了——但善的力量却持续地活在人的身上。只有经由痛苦常常还有罪恶,人才能从恶的诱惑下解放出来,重新开始向往上帝。阿辽沙因此之故才会这样对佐西马长老说:"在他的心里包含着让一切人获得更新的谜,包含着那样一种能够在世上复活真理的力量……"以前的社会主义理想,以及关于在人身上"复活"(这是一个取自雨果的术语)善的浪漫主义理想得以保持下来,这样一来,陀思妥耶夫斯基直到其生命的尽头,他的人类学也始终处于关于人的纯教会的和世俗化理念之间的中间立场上。要想让陀思妥耶夫斯基的观点与教会学说全面吻合,仅仅把基督教关于痛苦和死亡是救世主为了能够最终实施拯救式复活而必然得经历的核心学说,放在最高地位是不够的。我们已经谈到过,在陀思妥耶夫斯基的基督教世界观里,可以为我们提供神的化身和变容的关于世界和人的启示,被刻意加以强调,但却没有殉难地的内容……但对人的信仰到底还是在陀思妥耶夫斯基那里得到了胜利,

---

① 参阅《作家日记》,1880 年,第 3 章第 4 节,关于善的活动的"神秘之根"的学说。

这种信仰战胜了所有对混沌的"发现"和人身上令人感到耻辱的地下室状态——陀思妥耶夫斯基的人类学在此关头渗透了复活节体验的光明，这光明对于东正教及其基本音调来说是十分重要的[①]。俄国思想家所特有的审美人道主义表现在陀思妥耶夫斯基身上，但只是陀思妥耶夫斯基对审美体验的本质所做的阐释是新颖的（参阅下文第10节）。

人们往往以为在《关于宗教大法官的传说》中陀思妥耶夫斯基是在严厉而又冷酷地描绘人类的卑微渺小的，因为基督教的自由是人类所无法承受的"负担"。但人们却忘记了这样一段话，即说基督"对人的评判实在是太居高临下"，说"人这个造物实在比基督关于他所想的软弱和下贱得多"，忘记了所有这些话都出自大法官之口，他故意说什么这是为了给他所设想的把教会人民变成奴隶而辩护的。在他那里对人的不信任恰好受到了陀思妥耶夫斯基的否定，《关于宗教大法官的传说》自身包含着如此丰富深刻的有关自由问题的思想。对陀思妥耶夫斯基来说，有关人的基本真理是人不可能活着而没有上帝，谁丧失了对上帝的信仰，谁也就会走上（虽然未必会走到尽头）基里洛夫之路（《群魔》）的。谁否认神人是关于在上帝身上才能获得其完满性的人的启示，谁就必然会撞死在虚无的墙上……

9. 我们已经不止一次地强调指出过，在陀思妥耶夫斯基的人类学里，在他对人的感受本身中，占首位的是伦理学范畴。的确，对于伦理学主题的思考，充斥着他的所有作品，其全部创作也取决于陀思妥耶夫斯基的这种原初的思维伦理学主义。他的伦理学最高纲领主义，他的伦理学探索的全部狂热的紧张张力，赋予其笔下的最主要的艺术形象以如此深刻的内涵和意义，——所有这一切都来源于以下一点，即在他身上，善与向善之路的问题占据着主导一切的

[①] 关于人的东正教感受可参阅我的著作：《在基督教人类学视野下的教育问题》。

崇高地位。他是一个在伦理学探索方面高度自在和深刻独立的人[1]，——而正是在这一领域里，陀思妥耶夫斯基对于俄国哲学思想界的影响非常巨大——嗣后几代俄国思想家中几乎没人没受过陀思妥耶夫斯基的深刻影响的![2] 陀思妥耶夫斯基浑身充满了伦理学激情，而这种激情差不多成为构成其伦理学领域之核心的哲学思考的主根。

当陀思妥耶夫斯基（从苦役营回来后）开始就伦理学问题或在政论性文章中，或在其艺术作品中发表言论时，他被首先当作一个有着这样一种关于人身上的道德观的人，这种道德观也就是我们是根据车尔尼雪夫斯基、卡维林以及其他实证主义或半实证主义代表人物那里了解到的平淡而又简化了的那种道德观。陀思妥耶夫斯基本人在某些方面（仅在某些方面）与这些流派相近，那是在他生命中醉心于社会主义的那个时期的事。回忆录里关于受乔治·桑（在《作家日记》1876 年 7 月）影响的时期的回忆，字里行间都渗透着一股激情。但从卢梭到傅立叶的自然主义的成分的传统，仅在陀思妥耶夫斯基的宗教观里有所保留（在我们所称之为他的"基督教自然主义"里），而在其苦役营以后的伦理心理学观中则荡然无存。在如《地下室手记》这样的早期作品中，我们可以看到对于实用主义和道德理性主义的十分尖锐的和无情的批判。在《罪与罚》里，伦理学主题已经带有如此的深度，以至于它的新意已经不单只在俄国思想界的事了。在分析陀思妥耶夫斯基的人类学时我们已经看到过，他如何揭示了人身上的伦理学定向的断然不可排除性，揭示了人类

---

[1] 谢·格森在其论述陀思妥耶夫斯基和弗拉·索洛维约夫的文章（《陀思妥耶夫斯基和弗拉·索洛维约夫世界观中乌托邦与善的独立性的斗争》（当代札记），1931 年，第 45—46 卷）中，指出陀思妥耶夫斯基与弗拉·索洛维约夫从 1877 年起便十分亲近，在承认陀思妥耶夫斯受过索洛维约夫的影响（在善的理念的辩证法方面）的同时，相反地也认为陀思妥耶夫斯基对索洛维约夫的反向影响倒是也很可观。

[2] 关于这个问题还是别尔嘉耶夫的说法最直截了当（"陀思妥耶夫斯基对于我的精神生活具有决定性的影响……"）。《陀思妥耶夫斯基的世界观》前言。可与维亚·伊万诺夫的《家园的与宇宙的》（莫斯科，1917，第 147 页）比较。

灵魂中善的内在辩证法问题。

　　陀思妥耶夫斯基的伦理学最高纲领主义获得了最鲜明最有力的表达。伊万·卡拉马佐夫反对上帝的全部反抗，都正是取决于伦理学最高纲领主义，这种主义不接受世界的原因，是因为世界"未来的和谐"必须以痛苦为基础。尤其是孩子们的痛苦是一个极其令陀思妥耶夫斯基激动的母题——对于道德意识而言，这是绝对不可以接受的。弗拉·索洛维约夫写作《善的证明》的灵感，究竟是不是疏导了伊万·卡拉马佐夫一番言论的影响尚可置疑？如论如何，在陀思妥耶夫斯基身上，伦理学最高纲领主义达到了最深刻、最强烈的表现，并且还以一种不可排除的成分的身份进入以后思想家们的伦理学体系中去了。

　　我们在陀思妥耶夫斯基那里，也可以找到如此尖锐、如此不可逾越的深刻表达，而自由主题则已成为人的最终本质。大法官所竭力予以反对的对自由的那种观点，的确是对基督身上所启示的自由之谜的最高尚的洞悉：任何人在这个问题上也不会高于陀思妥耶夫斯基。但整个自由的问题任何人也不像陀思妥耶夫斯基那样揭示得如此有力，——我们只需在上一小节中稍稍谈谈这个问题就够了。我们可以这么说，即任何人——无论是在陀思妥耶夫斯基之前还是在陀思妥耶夫斯基之后——都未曾像他那样在对善恶运动的分析上，亦即在对人的道德心理学的分析上，达到过如此深度。在陀思妥耶夫斯基那里，对人的信仰不是潜藏在对人的感伤主义歌颂中——相反，信仰正是在沉浸在人的灵魂最黑暗的深处时才大获全胜。应当承认格森对于陀思妥耶夫斯基伦理观的描述，是夸大了的[1]。但说陀思妥耶夫斯基不仅否定了理性伦理学，而且也否定了自主伦理学的观点，却是正确的；他还说陀思妥耶夫斯基自觉地捍卫着神秘主义

---

　　① 可参见其论文《"卡拉马佐夫兄弟"中善的悲剧》（《当代纪事》，1928，第36卷）和《恶的首当其冲的悲剧》（《道路》，1932，第36期）。还可参阅上文提及的论述陀思妥耶夫斯基和弗拉·索洛维约夫的文章。

伦理学①。对于陀思妥耶夫斯基来说，这首先意味着道德活动受制于感情，而非是受制于理智和理性，首先是对上帝的活生生的感觉，什么地方没有这种感觉，那里也就必然会有甚嚣尘上横无羁勒的下流无耻，它导致灵魂或人神的堕落。另一方面，陀思妥耶夫斯基（在这个问题上他与斯拉夫派是一致的）非常深刻地感觉到自我封闭的个人主义的非真理性（"按照他喜欢采用的说法，是"孤立化"）。陀思妥耶夫斯基说过这样一个公式，即"所有人对所有人都有错"，即所有人都以一种神秘的统一体的方式而相互关联，他们身上都潜藏着一种真正实现博爱的潜在可能性。陀思妥耶夫斯基非常热烈地接受了尼·费·费多罗夫关于在当代生活中的"非博爱"精神的理念（关于他可参阅本书第 2 卷第 5 章）——我们只需回想一下他在《夏天记的冬天的印象》中那些无情的语言就可以了。以下就摘自此文："除了抽象的学说家，谁会接受我们在欧洲所能看到的资产阶级的统一性喜剧呢，谁会把这一喜剧当作是人类在大地上达到统一团结的正常的公式呢？"是的，真正的兄弟博爱构成了陀思妥耶夫斯基早年社会主义的基础，这一理想持续了他的整个一生——并决定着陀思妥耶夫斯基的世界观所带有的那种宗教乌托邦色彩（亦即把尘世的全部秩序纳入教会）。

道德的神秘基础在临死的佐西马长老的演说中，以极大的力度和勇气被和盘托出（《卡拉马佐夫兄弟》）："上帝从另外一个世界拿来了种子，把它们撒在这片土地上……种子全都发芽了……但长出来的新苗就单只靠其与另外一个神秘世界的关联活着"。"地上有许多东西是瞒着我们的，但取代这种东西的，是我们被赋予了一种对于我们与另外一个世界的生动关联的十分珍贵的隐秘的感觉"。这就是陀思妥耶夫斯基神秘主义伦理学的全部公式：的确，对待生命的生动的和真正的态度，对于我们来说，仅只靠跨越理智和理性之边

---

① 上文我们已经引用了陀思妥耶夫斯基的决绝的观点，说人身上的道德领域只以其神秘之根为营养源。

界的爱来衡量的。爱成为一种超理性的东西，它上升到了与所有世界甚至与死者的世界，与物体的世界都具有一种内在关联的感觉地步（"兄弟们啊，爱万物吧。你一旦爱上了万物——也就必然能知悉万物之谜"），这一爱的普遍主义全部都靠同一种对于上帝的活生生的感受来支撑。

10. 陀思妥耶夫斯基早年曾经就"基督教在艺术中的使命"问题有过许多思考。当他思考美学问题时我们不能不从中看出席勒及其对人身上美学本质的崇拜以及对善与美统一的深刻信仰观念，对他的影响。我认为在这个问题上，《时代》杂志以前的合作者阿·格里戈里耶夫的影响也是十分强烈的。例如，正是在那个时候陀思妥耶夫斯基写出了这样的句子："我们相信，艺术有其自身的，完整的和有机的生命……艺术是人的这样一种需求，就像人要吃喝一样。对美和创造的需求与人是不可分开的……人渴望美，并且不带任何条件地接受美，只是因为她是美而已"。"美是任何健康者所固有的……美是和谐，美包含着宁静"；"美已然是永恒了……"——陀思妥耶夫斯基在同一篇文章（见《时代》1864 年）这样写道。还需指出的是陀思妥耶夫斯基后来在《群魔》中发挥的一个思想："如果美的理想在人民中间得以保存，这也就是说，人民中间有对健康、规范的需求，因而该民族的高度发展以此也就有了保障"。"人类离开科学也照样可以过得下去，"——老头子维尔霍文斯基（《群魔》）如是说。"没有面包，就连一定点儿美也没有——却是不可能的。全部秘密在于此，全部历史也在于此"。理想的体现，在历史现实中实现理想，按照陀思妥耶夫斯基的说法，"因世界有美"而"得到了保障"。"人民在前进，"我们从《群魔》里可以读到这样的话。"但其动力却不知从何而来，且不可理喻。这……就是美学的本质，正如哲学家所言，这就是道德的本质，诚如他们将它们同一化那样。这就是在寻找上帝，诚如我所简单称呼的那样"。审美体验实质上是十分神秘的，因为是它们在推动我们的灵魂走向上帝。在如今公布的新材料里，我们可以找到这样的思想："神圣的精神是对美的直接理解，是对和谐的预言性意识，因而也是对美的不可遏止的追求"。

对审美体验的这种宗教阐释战胜了世界的所有诱惑，削弱了世间的所有的非真理，赋予文化的全部内容以高尚的宗教意义。这不仅是文化的接受，这已然是对文化的宗教阐释了，对宗教的改革就寓于这种阐释之中。俄国在陀思妥耶夫斯基之前有这种想法的人只有修士大祭司布哈列夫，在陀思妥耶夫斯基以后从"盲目"的历史进程中生发而来的从宗教阐释文化的主题，解说文化的主题，成为历史体系中最重要的主题之一。早在陀思妥耶夫斯基那里，我们就可以找到对于此类探索而言具有的典型特征：亦即改造文化的钥匙就包含在文化自身之中，就包含在文化的深层，而且只是因为罪孽而对我们呈封闭状态。这也就是那种"基督教自然主义"，在陀思妥耶夫斯基身上，这种主义具有很强的诱惑力。

在陀思妥耶夫斯基身上，从很早时候起就渗透了一种怀疑，怀疑"美能拯救世界"。小维尔霍文斯基早就说过："我是一个虚无主义者，但我爱美"，——这话突出强调了美的双重性意义。而在《卡拉马佐夫兄弟》里，在德米特里·卡拉马佐夫的有名的那段话里，对美的创造力的怀疑已经是以极端强烈的力量表达了出来。"美，"他说道，"是可怕而又令人感到恐惧的东西……岸与岸在这里交集，所有矛盾在这里共存……令人感到害怕的仅仅只是理性（亦即道德意识——笔者）以为耻辱的，心灵却认为是纯粹的美"。这是美在道德上的双重含义，这种美与善缺乏内在关联的形象同时也是一种"神秘"的事物，因为在此"魔鬼与上帝争战不已，而战场就是人心"。斗争是在美的掩护下进行的，仅此我们就可以说：不是美拯救世界，而是必须拯救世界之美①。

----

① 可参阅我的文章《陀思妥耶夫斯基世界观中的美的问题》（《道路》）。还可参阅伊·伊·拉普申的专著《陀思妥耶夫斯基的美学》，见由多里宁主编：《陀思妥耶夫斯基论文集》，第1卷，及其单行本。

11. 陀思妥耶夫斯基的思想以具有辩证法的力量而见长——他在其他人会对某种假设片面地和非法地被扩展而感到心安理得的地方，揭示了严重的对立性。只有搞清楚现实中所包含的对立性，甚至激活这种对立性，一个人才可以高于其上，俯视现实。这一所有矛盾"都迎刃而解"的最高领域到处都被称之为"崇高的领域"，亦即宗教领域。常常上升到宗教的高度使得陀思妥耶夫斯基成为了嗣后几代人（别尔嘉耶夫、布尔加科夫等人）的俄国宗教哲学的鼓舞者。在陀思妥耶夫斯基自己哪里，他的宗教探索在其历史学中达到了最尖锐的程度。

我们已经从《群魔》中引用了论述"历史之谜"的一段引文，它认为各个民族都是靠"审美"和"道德"为动力前进的，而这些东西归根结底也就是"寻找上帝"。每个民族都以"寻找上帝"为生（而且都寻找"自己的"上帝）。陀思妥耶夫斯基的"根基派理论"当然是一种独特形式的民粹派理论，但这一理论更多地是与赫尔德、谢林的理念（在其俄罗斯式的阐释之中）有关，他们总的认为各个民族都有其自己特殊的"历史使命"。这一使命的秘密隐藏在人民精神的深处——以此而有了"独特性"这一母题，而陀思妥耶夫斯基通过阿·格里戈里耶夫的关系而与《莫斯科人》杂志关系很近，该杂志所谓"年轻的编辑部"就是在固执地贯彻着这一"独特性"母题。但陀思妥耶夫斯基的根基派理论正如别尔嘉耶夫[①]所公正地强调指出的那样，要远比这更深远——它不是由经验主义的历史编织而成，而是比这走得更远——走向民族精神的深处。

俄国在历史中的特殊任务是早已就预订好了的——不光斯拉夫派和赫尔岑对此深信不疑，而且就连陀思妥耶夫斯基也是如此，在这一关于俄国的思想的发展过程中，一个至高点是陀思妥耶夫

---

① 别尔嘉耶夫：《陀思妥耶夫斯基的世界观》，第178页。

斯基关于普希金的著名演讲。在陀思妥耶夫斯基的所有作品中，还一条红线把西方和俄国的精神无所不包地综合起来的理念，贯穿着"我们俄国人有两个祖国——欧洲和我们的罗斯"理念。尽管这么说并不排除这样一点，即欧洲对于陀思妥耶夫斯基来说，用伊万·卡拉马佐夫的话说，只是"珍贵的墓地"，而对欧洲的批判在陀思妥耶夫斯基笔下到处都占据十分重要的地位——例如，我们只需回想一下维尔西洛夫就此题目所说过的话就够了①。俄国强就强在她的东正教——陀思妥耶夫斯基笔下的历史学主题之所以能一下子就上升到宗教历史观的高度，其源盖在于此。对于这一主题，陀思妥耶夫斯基在其《作家日记》中写了很多也写得很深刻，——但其历史思考的最高峰则无疑是《宗教大法官的传说》。这是一次十分特殊的从基督教观点出发揭示历史问题的尝试。俄国历史学如果说是从赫尔岑那里开始就具有一种强烈地非逻辑论倾向的话，那么与此同时她也承认——正如米哈伊洛夫斯基比所有人都更加清晰地指出的那样——给历史带来意义的，就只有人。不光黑格尔的泛理论，而且就连基督教的天命论也被在此决绝地给抛弃了。

在陀思妥耶夫斯基那里俄国的历史学思想回归了宗教历史观，但是，人的自由按照神的构思，恰好正是历史辩证法的基础。把人的意义带入历史的设想便呈现在大法官的宏大构思之中。陀思妥耶夫斯基在此以十分尖锐的笔锋强调指出，历史进程的和谐化必然会把压抑人的自由纳入自身，——他认为这与任何历史理性主义都有着最为深刻的关联。这种对人的方法的不可取，对于基督教关于自由的福音的深层辩护，都能把陀思妥耶夫斯基抛到基督教非理性主义的怀抱里去。对他来说（如同对弗拉·索洛维约夫一样）出路在于各个民族都自由运动并将大地上的一切秩序都"加以教会化"，格

---

① 详情可参阅我的《俄国思想家与欧洲》一书，第9章。

森公正地批评陀思妥耶夫斯基的这已公式，说这是乌托邦形式。但陀思妥耶夫斯基的特点（与马克思主义历史学不同[①]，部分也与社会学决定论不同[②]）在于，在他的乌托邦里，没有关于什么样的理想根据历史必然性规律而会在历史中实现的引文论述。相反，陀思妥耶夫斯基非常深刻和尖锐地揭露了自由理念的辩证法，斯塔夫罗金、基里洛夫形象都十分凶险地说明了这一辩证法。陀思妥耶夫斯基的乌托邦在哲学理性主义的成分中得以保存下来（在上述体系那样），以他根本不在乎救赎问题的形式加以保存的。他的"拯救"观念，正如我们已经不止一次地指出过的那样，回避了各各他之谜。不但如此，宗教大法官所描绘的那样宏伟壮观的画面，是迄今为止就其深度而言仍然不可超越的一次理解"历史之谜"的尝试。的确，陀思妥耶夫斯基对于"天主教理念"和任何一种历史理性主义的批判很强烈，缘于此他对"东正教文化"的康庄正道的指示也就越是游移不定，模棱两可。但我们也应该承认，陀思妥耶夫斯基对于"历史形而上学"的阐释带有天才的力度，是任何别人都无法比拟的。

12. 让我们对陀思妥耶夫斯基的思想的分析做一个粗略的总结。

陀思妥耶夫斯基的哲学创作以其最深刻的灵感，看起来似乎只是些"精神哲学"，但其在这一领域里，却取得了极其特殊的重要意义。人类学、伦理学、历史学、神正论问题——陀思妥耶夫斯基对所有这一切问题的阐释都是极其尖锐而又深刻的。对于俄国（仅仅只有俄国吗？）思想界来说，陀思妥耶夫斯基提供了许许多多的思想——无怪乎以后几代思想家中的绝大多数人都把自己的创作与陀思妥耶夫斯基联系起来。但具有特殊意义的是，陀思妥耶夫斯基以如此巨大的力量提出了宗教意识自身内部的文化问题。最初在果戈

---

① 关于这个问题可参阅帕·伊·诺夫戈罗德采夫：《论社会理想》，第3版，柏林，1921。

② 我指的是谢·布尔加科夫的体系。

理那里产生的对"东正教文化"的预言家式的期待，后来果真为历史运动规划了一条新路，并且首次在陀思妥耶夫斯基那里成为探索和体系的核心主题。早在斯拉夫派那里就被理解西方宗教进程的必然出路的世俗化，在陀思妥耶夫斯基那里被彻底变成了具有其片面性的人类精神的永恒定向，变成宗教定向之一。拉斯科尔尼科夫体现了人类精神脱离宗教意识的激进状态，而基里洛夫则揭示了人神意识形态中对于与上帝的这种脱离状态的宗教阐释的必然性。世俗化早已在西方哲学中被变成宗教内在论，而在陀思妥耶夫斯基的人物身上，则理念变成了现实，但却是一种与宗教本质从辩证法上不可脱离的现实性。思想从抽象激进主义到其根深蒂固的宗教怀抱的回归并不足以压抑也无法排除任何一个有关人类精神的问题，而只会把全部问题放置在其基本的出发点上去。在陀思妥耶夫斯基身上，实质上开辟了俄国思想史上的一个新的时期，虽然其宗教定向的全部意义和基本含义始终都被俄国思想家加以肯定，但只有在陀思妥耶夫斯基那里，有关人类精神的所有问题，才真正成为宗教系列的问题。当然，这会一下子就使得宗教定向复杂化，并且具有会脱离从神圣教父那里传承下来的传统表述的可能性，但它同时也是成效极其显著的嗣后俄国宗教哲学思想繁荣的基础。

所有这一切已经都开始与俄国思想史上的一个新时期有关了，该时期构成了本书第2卷的内容，但我们还想让读者在下一章里，认识一下两位个性鲜明的思想家——列昂季耶夫和罗赞诺夫，其创作同样会把我们带入俄国思想的一个新的时期。

第十二章
康·尼·列昂季耶夫，瓦·瓦·罗赞诺夫

1. 我们已经接近于在真正的体系出现以前的哲学体系的探讨的终点了。整个这个时期开始于 50 年代亚历山大二世统治时期，就其内在风格而言，已经出现了将意识形态探索、体系和构思提升到体系形式的需求。如果说无论是车尔尼雪夫斯基还是米哈伊洛夫斯基以及这个时代的其他思想家都未能成功的话，那么，未能成功的原因是不是可以认为是哲学才华弱小的缘故呢——几乎这个时期的所有思想家都具有无可争议的和真正的哲学才华。然而体系的建构要知道绝不仅仅只是单纯的理性工作中坚韧顽强就能够奏效的，这里不仅有一个个性的问题，也有在道路发展上的历史辩证法问题，因而我们必须这样来看待体系，即看特定时代里在俄国文化的条件下思想是如何形成的。唯物主义根据其根本信念，车尔尼雪夫斯基相信在其伦理学和美学中，他忠实于自己的根本原则，而在现实生活中，在同样的问题上，他却是从完全外在于可以被纳入唯物主义范围以外的东西的本质中汲取灵感的。这并不单单是直接性而已——这是思想的内在狭隘性，这是一种非常诚实而又真挚的狭隘性，它会为了某种公式而压迫那些不为自己所涵盖的东西。整个俄国实证主义其两条腿都是瘸的，他顽强地坚持贫乏的实证主义观点，以便当下就能平行地提出与实证主义本质绝然无关的自由哲学。这个时代最严格最彻底的思想家帕·列·拉甫罗夫，指望通过"人本主义"

找到实证主义与社会唯心主义之间的联系环节，但他的成功率极低，因为缺乏找到人类学或心理学中的体系性的原则的可能性。无论如何，所有这一切都可以说是建构体系的不成功的尝试（从形式观点看），但失败本身从辩证法说对于嗣后的体系而言是十分重要的。本章中我们将要探讨的思想家，同样也可以把他们的基本观点纳入体系的形式中，但他们都追求体系，并爱内心上以系统性原则为生，其在辩证法上的重要意义端在于此。让我们先探讨一下康·尼·列昂季耶夫。

2. 康斯坦丁·尼古拉耶维奇·列昂季耶夫（1831—1891）出生于库吉诺沃（卡鲁加省）的一个地主家庭①。他的母亲是一个宗教信仰极其虔诚的人，其全家人的生活是在她的影响下形成的。列昂季耶夫从母亲那里继承了生动而又深刻的宗教感情，并且一生心里都燃着炽热的这种感情，——但与此同时（同样也是在母亲的影响下）他的审美感受力也发展了起来。对待世界、生活和人们的审美

---

① 读者可以在别尔嘉耶夫的《康·尼·列昂季耶夫》（巴黎，1926）一书中找到最完整的列昂季耶夫的书目。从别尔嘉耶夫的书面世以来，据我所知，新的传记资料再未出现过，除了列昂季耶夫非常珍贵的自传（《我的文学命运》，《文学遗产》，莫斯科，1935，第22—24页、第427—496页）。除了别尔嘉耶夫的书以外，还可参阅列昂季耶夫：《回忆录》（1922），题名为《康·尼·列昂季耶夫的论文集》，书中有科诺普良采夫关于列昂季耶夫的传记问题的文章。书中还有瓦·瓦·罗赞诺夫关于他的出色的文章（《一个尚不可知的现象》）。还有一本（根据《文学遗产》第472页注3的指示）未刊本，由列昂季耶夫本人亲手编辑的传记叫《我一生的编年史》。

列昂季耶夫的著作一共出版过9卷（1913—1914），第10卷已经准备付印了，但突然爆发的战争使工作中断。列昂季耶夫的书信还未全部出版，据我所知（参阅别尔嘉耶夫和阿格耶夫《基督教及其与尘世生活幸福的关系——康·尼·列昂季耶夫学说的神学评价和批评研究尝试》著作中的参考文献），评价列昂季耶夫本人，可以参阅谢·布尔加科夫的文章《胜者即败者》（见《静静的沉思论文集》，1918），还可参阅富德尔：《列昂季耶夫与弗拉·索洛维约夫》（见《俄罗斯思想》，1817年第11—12期）。列·亚·赞德的文章《列昂季耶夫论进步的学说》（见《东方概论》杂志1921年的校样）。《马萨利克文集》，第2卷，第209—221页。《弗洛罗夫斯基文集》，第300—308页。还可参阅我的著作《俄国思想家与欧洲》，第11章。谢·特鲁别茨科依的文章：《绝望的斯拉夫派》（《特鲁别茨科依全集》，第1卷，第173—312页）。帕·米留科夫的文章：《斯拉夫派的解体》（《俄国知识分子史论文集》）。此外还有《哲学与心理学问题》，1893，第18卷，第46—97页。为正确评价列昂季耶夫提供的资料实在太少了。

态度，在列昂季耶夫身上保持了整个一生，作为一种特殊而又独立的精神生活形式。在列昂季耶夫的内心世界里，唯美主义的根扎得是那么深，以致他在某种意义上成为了一个"独立的"人，倾向于以唯美主义来决定精神生活的其他所有领域。列昂季耶夫一篇短篇小说的主人公某次居然说出这样的话，这话对于青年时期的列昂季耶夫本人来说是十分典型的："我爱上了浑身充满矛盾的生活，我甚至以为我能激情洋溢地参与尘世存在这幕令人惊奇不已的戏剧，几乎是我最神圣的行动……"① 从古典文科中学毕业后，列昂季耶夫进了莫斯科大学医学系，可没等念完 5 年级，就当了医生，并参加了克里姆米亚战争。他很早就成为了一名（50 年代）作家，他发表在杂志上的短篇小说曾获得成功（屠格涅夫曾帮过他的忙，列昂季耶夫终生都对屠格涅夫恭恭敬敬）。早在克里米亚他就构思了一部长篇小说，等到终于能摆脱军务后，他当上了罗森老爷的家庭医生，以便能有空闲时间从事文学工作。但列昂季耶夫在此并不感到舒服，后来他尝试想要把自己安顿在彼得堡——而在此期间（在 1861 年）他却突然与一位半文盲但却非常漂亮的来自费奥多西亚的小市民结了婚（此人后来成为了一个精神病人）。1863 年他最终彻底抛弃了医学这个职业，转行从事外交工作。很快他就被派遣到近东地区。列昂季耶夫在土耳其的各个城市里担任领事达 10 年之久，熟悉近东事物，而他的哲学和政治观点也是在此期间最终形成的。后来，由于与俄国负责对外政策的领导有原则分歧，他又抛弃了外交工作，先去了雅典（Афон），但很快又回到俄国。在与其政治观点一致的文学圈子里，他无法找到自己的位置②，他曾经想试试当一名审查官，干了几年就又丢掉了，去了一家以拥有"长老"著称的修道院——奥普塔（圣母进堂）小修道院。在此期间著名的长老阿姆弗

①　《列昂季耶夫全集》，第 3 卷，第 3397 页（小说《埃及的鸽子》）。
②　他的自传体文章《我的文学命运》恰好在此期间写成，后来发表在《文学遗产》上。

罗西正在那里，他为列昂季耶夫能够继续文学创作而祝福。尽管列昂季耶夫的妻子（很早就患有精神疾患）和他一块儿生活在奥普塔小修道院，但他们实际上已经根据一心想出家的列昂季耶夫自己的意愿办理了正式的离婚手续①。果不其然，1891 年 8 月他秘密正式接受剃度，同年 11 月就去世了。

列昂季耶夫的一生充满了失败，他的独特的思想把他抛进了俄国反动派阵营（卡特科夫等人），但和他们的接近只限于政治观点方面。实际上列昂季耶夫的宗教哲学观点始终是这个圈子里的人感到格格不入的。正因为此他朋友很少，而气味相投的更是少之又少。列昂季耶夫孤独而又哀伤地度过了一生时光——个中原因与其说在于他的思想本身，倒不如说在于他深刻的原则性。列昂季耶夫以热烈而激昂的态度对待自己的体系，要说明原则分歧对他来说究竟意味着什么，最鲜明的例子莫过于他和弗拉·索洛维约夫的关系始末了。列昂季耶夫非常热烈地爱戴索洛维约夫，常常处于后者的强烈影响之下，而索洛维约夫对他也很喜欢，但稍稍有些冷淡，但毕竟还是对他有很高的评价。可是，当索洛维约夫在莫斯科做了一次题名为《论中世纪世界观的衰落》报告②，宣扬进步（以西方民主的精神）时，列昂季耶夫则如我们下文所说，开始态度决绝毫不妥协地反对任何"均产主义"运动，并与索洛维约夫彻底断交。列昂季耶夫对如罗赞诺夫这样独特而又个性鲜明的人给予高度评价（关于他可参见下文），但列昂季耶夫的常常带有真正的非道德主义外部特征的反人文主义，不仅与罗赞诺夫格格不入，而且也是他所无法理解的。

3. 在探讨列昂季耶夫的思想以前，让我们先来粗略地谈谈在其创作中表现出来的影响问题。这里占据首位的问题是列昂季耶夫与

---

① 列昂季耶夫的妻子比他活得长久，是在 1917 年革命后才去世的（参阅《文学遗产》，第 493 页注 93）。

② 参阅《索洛维约夫文集》，第 6 卷。

斯拉夫派的关系问题。列昂季耶夫常常被人归入斯拉夫派，但由于他对斯拉夫性一直持排斥态度（列昂季耶夫在当外交官期间对斯拉夫性颇有一些了解），所以，他又被人们归入"失望的斯拉夫派"，认为他的体系是斯拉夫派"解体的表征"。所有这一切言论都没有多少道理。列昂季耶夫完全是在老一代斯拉夫派的直接影响之外发展起来的，尽管处于与其相同的精神宗教堪称十分牢固的俄罗斯环境下，这个环境崇尚教会传统主义和真正的虔诚恭敬。当然，在他身上我们可以找到不少同情老一代斯拉夫派的言论，但在他的著作里也有很多反对老一代斯拉夫派的言论。对列昂季耶夫深有研究的别尔嘉耶夫写作了一本有关他的优秀专著，决绝地断言"列昂季耶夫当然从来都不是一个斯拉夫派，而且在许多方面是斯拉夫派的反对派"①。弗洛连斯基②把列昂季耶夫描述为"失望的浪漫派"，这种说法很有道理。列昂季耶夫令马萨利克③想起 Hamann'a, Carlyle——一个行为独特，无法被归类为任何一类的作家……关于列昂季耶夫的各种判断总的说来非常符合他的命运——关于他与斯拉夫派的关系我们完全不可能仅以其对西方的批判为根据来加以判断。唯一无可争议的一点是列昂季耶夫自己已经加以证实了的④，名著《俄罗斯与欧洲》的作者尼·德·达尼列夫斯基对他的影响。但这种影响发生之际，列昂季耶夫的基本思想已然形成：达尼列夫斯基只是巩固了列昂季耶夫的历史学和政治学观点，而这些观点在列昂季耶夫身上是独立形成的。

我们已经谈到列昂季耶夫对弗拉·索洛维约夫非常崇拜，而后

---

① 别尔嘉耶夫：《康斯坦丁·列昂季耶夫》，第8页。列昂季耶夫本人某次称自己是一个斯拉夫派（《列昂季耶夫全集》，第6卷，第118页），但也只是在热爱独特的俄罗斯文化的意义上这么说而已。还可比较《文学遗产》，第451页。

② 《弗洛连斯基全集》，第305页。

③ 《马萨利克文集》，第215页。

④ 《列昂季耶夫文集》，第5卷，第420页："达尼列夫斯基的著作成为我的主要论据"。稍往下一点（同上书，第433页）列昂季耶夫称达尼列夫斯基的著作"是伟大的真理"。《列昂季耶夫文集》，第6卷，第335页。

者无疑对他有过影响，在他眼里曾经是个权威，但与索洛维约夫的接近同样也发生在列昂季耶夫的世界观的基本特征业已形成之际。还需指出的是赫尔岑以其对小市民的评价而对列昂季耶夫的影响，列昂季耶夫即使是在雅典时也手不释卷地捧着赫尔岑的著作，但是，对于列昂季耶夫思想的起源学来说，赫尔岑也未曾发生过任何影响①。

所有这一切只能使我们认识到一点，即列昂季耶夫是一个极其自主独立的思想家。对于这一点的最好证明是列昂季耶夫的语言——总是那么鲜明，那么独特、那么充满了炽热甚至是情欲一般的感情。列昂季耶夫总是能找得到自己的语言——他的思想也总是异常尖锐炽热的情感往往融合成为一种具有音乐美感的语言组合："这样一种刀锋般的、尖锐锋利的、极端肃杀的风格，"别尔嘉耶夫就列昂季耶夫如此说道②，"很少有人能写得出来"。话说得完全正确，列昂季耶夫语言鲜明的独特性表现了他思维的内在独特性和自主独立性。

4. 在研究列昂季耶夫的思想时，人们常常会犯一个错误，认为其思想的主要实质和基本要旨包含在他的历史学体系里及其关于"三位一体进程"的学说里了。但实际上列昂季耶夫的历史学观点形成得相当晚，而最主要的是它们并未构成其思想探索的作为出发点的基础。列昂季耶夫的全部智力工作都是在其宗教意识的界限内进行的——而我们正是需要在这里寻找他体系的主根。但是，虽然列昂季耶夫曾是一个完整的人，他的思想探索却并非从同一个根系来的（虽然也在宗教意识的范围内）。我们发现列昂季耶夫在其早期阶段采用的是把宗教理念与他的其他思想用一种非批判的、天真的方法综合起来（参阅下文）。在其一生的中途，列昂季耶夫曾经经历了

① 布尔加科夫在其论述列昂季耶夫的文章（《静静的沉思》，第117页）正确地指出，列昂季耶夫极其卓越和无情地"善于从欧洲的外表看出得意洋洋的小市民的特征"。

② 别尔嘉耶夫：《论列昂季耶夫》，见 Sub specie aeternitatis（1907）论文集。

一次非常深刻而又沉重的精神危机，危机的结果是以前的思想情结崩溃了，而产生了一种新的严峻而又阴郁的观念，就是这种观念决定着他的各种观点，而当人们每每说起列昂季耶夫时，通常所谈的也就是此类观点。构成其思想体系之基础的宗教意识的辩证法，便是如此。而这也就是为什么研究列昂季耶夫的思想应当先着手研究其宗教世界的原因。某些学者（其中尤以阿格耶夫最为鲜明）认为在列昂季耶夫那里占据首位的应当是他的唯美主义，而非宗教探索。而以其著作的第一卷专门研究列昂季耶夫的阿格耶夫则坚决断言："作为宗教人格①，列昂季耶夫是以一个唯美派分子的身份走入生活的"。按照阿格耶夫的观点，列昂季耶夫甚至在宗教生活十分繁荣的时代里也在为了"美学"而曲解着和抽空着信仰的内容②。在另一处地方③，阿格耶夫以另一种方式阐释着列昂季耶夫那里美学与宗教生活之间的关系，但也还是坚持认为："……是审美感推动着列昂季耶夫走向东正教"，亦即依然还是在肯定美学本质在他那里的首位地位。

别尔嘉耶夫说明这一问题的方式与之略有区别——他认为在列昂季耶夫的灵魂里，这两种本质都根深蒂固，互不相关，按照他的话，在列昂季耶夫那里，"最初的宗教体验是与审美体验生长在一起的"④。如果我们想引用列昂季耶夫自己本人的话来做证明的话，那么这些话的含义似乎是在为阿格耶夫的命题解释："唉，我的教育，是一种并不十分严格的基督教教育……我必须要到 40 岁才会经历一次剧烈的转折，然后才重新回归到正面宗教上来。"他在晚年回忆录里这样写道。列昂季耶夫接着回忆道，"有一段时期"，当他还是一名大学生—医士时，他的灵魂里滋生了对宗教的怀疑情绪，——

---

① 引文出自《基辅神学院著作丛书》，1909，第 4 卷，第 579 页。
② 同上书，第 6 卷，第 323 页。
③ 同上书，第 301 页。
④ 别尔嘉耶夫：《康斯坦丁·列昂季耶夫》，第 12 页。

"一段时期以来他安于一种十分模糊的自然神论——即一种审美的和自由的自然神论"。然而，所有这些文字都是在晚年写下的，那时列昂季耶夫的宗教生活已经带有了严峻的禁欲主义特征。例如，在关于自己母亲的回忆录里，列昂季耶夫以真诚的满足和惬意写到自己："后来，当我还是个少年的时候，我为欧洲自由派付出了代价，但也是在这个没头没脑的时期里，我居然就连一次也没有——无论是用亵渎的讥笑还是对恶劣的自由派哲学的锋利的论据来折辱我母亲的理想"。

有一点无可争议：当列昂季耶夫经历"转折"之际，他"回归了"早年的宗教生活（对染有这种生活在转折之后也开始带有一些新的特征），但是，实质上，宗教转折仅仅只是从儿童似的宗教信仰转向成年人的宗教信仰罢了。列昂季耶夫本人曾经就他所经历的这次转折说过①，说这是一次"情感炽热地向着个人东正教的一次转折"。我们下文中还会有所涉及的个人的震荡，结束了一个在列昂季耶夫身上从青年时期就已经开始了的深刻的过程，这一过程的结尾则是一个有利于宗教坚定信仰的双重信仰时期。但这也仅仅只是其宗教发展的最后一个阶段了，而非其宗教探索的"产生"或"诞生"了。

列昂季耶夫的精神世界从童年早期开始就散发着宗教体验的气息——但它们虽然也触及到了灵魂的深处，但毕竟主要只涉及教会生活的"外部形式"，诚如列昂季耶夫本人在上文所述的那封写给罗赞诺夫的信里亲口承认的那样。列昂季耶夫早在还是一个小孩子时，就喜欢礼拜仪式，并以审美的方式体验这些仪式——而恰好他对教会性的审美感受和对教会的审美关切也都是内在完整性的一种表现，虽然是非批判性的和天真的，但同时也是真挚的。他从童年时代就不是呼吸着被世俗化毒害了的文化气息，而是吸纳着处于教会审美

---

① 《给罗赞诺夫的信》，《俄罗斯信使报》，1903，第6期。

欣赏的埃奎斯宙斯等的神盾下的文化的全部内容，还未及想到文化内在的不和谐和不谐调问题。我们已经看到，他在晚年回忆里里把早年的宗教信仰描述为"不很清晰的自然神论"。但自然神论是以天意感的脱落为特征的，是一种对上帝直接参与我们生活的理念的缺失。列昂季耶夫青年时期的特点便系如此——正因为此在他身上所发生的转折，也就被体验为一种"个人的东正教"，体验为个人与上帝的关系意识。

列昂季耶夫青年时期的宗教意识有多么"天真幼稚"，以下这一点清晰地说明了，那就是审美因素排挤并且压抑着他身上的道德定向。列昂季耶夫本人在回忆其最初的艺术作品时曾就此说道："在此期间，一个有害的念头渐渐地侵入我的大脑，那就是没有什么无条件道德的东西，而一切道德的或是不道德的东西，都只是在审美意义上才有意义"。如果我们认为列昂季耶夫持有一种个人的"非道德论"的话，那可就大错特错了，关于他缺乏道德动机，有时候某些讲述列昂季耶夫的文字在回忆其"反人本主义"时倾向于这样认为。问题不在于在他的灵魂里缺乏道德动机①，而在于在列昂季耶夫的宗教意识里，审美因素占了上风。通过灵魂的这种审美构造，在宗教意识也难以觉察的情况下，也就是说在与宗教意识密不可分的情况下，世俗化文化不知不觉地渗入了列昂季耶夫的灵魂。始终具有宗教信仰的列昂季耶夫后来贪婪地吸纳着世俗化文化的所有内容——而在从青年到转折前的整个时期，在他身上，把宗教以外的和反宗教文化与对于教会的外在忠诚极不和谐地组合在一起便成为了他的特点。在这种不和谐的组合中各种本质是不可能和谐相处的，因而必然导致一场危机——导致在真正的宗教和对待世界和文化的非宗教态度中的选择。

喏，当他的灵魂开始贪婪地吸纳文化的所有内容时，诚如列昂

---

① 别尔嘉耶夫关于列昂季耶夫身上"严肃的道德性格"的论述，是非常恰当和贴切的（见第 146 页全篇）。

季耶夫本人对这一时期中"诗意与道德的斗争"的描述①："我认识第一种因素往往在我身上占上风，这不是因为本然的善和诚实不足（它们从一降生起在我身上就很强烈）在我身上不够强，而是因为美学观的特殊性使然。歌德、拜伦、贝朗瑞、普希金、巴丘什科夫、莱蒙托夫从这方面看在很高的意义上是把我给惯坏了……宗教诗歌只能从一个有着广阔而又多方面发展的想象力的人身上，炸出精美的非道德是诗意来……"在后一段极其简短而又鲜明的话里，极其准确地传达了早已从18世纪中叶起就在欧洲文化中开始形成的那一"审美定向"的最深的底层意蕴②。在洪堡和席勒（Schöne Seele）那里得到其表现的审美人道主义，只是在掩饰道德的内在解体而已。非道德主义的有毒的流水不知不觉变得真的比被美和优雅的形式所覆盖的东西更加强大。在果戈理和陀思妥耶夫斯基之后（其中也包括托尔斯泰及其论艺术的论文）的俄国文学中，究竟是否有必要搞清楚审美与道德本质的异质性吗？但俄国思想家和俄国艺术活动家们根本的伦理学主义，一般说曾经不止一次地以其良善的乐观主义掩饰过这种异质性……列昂季耶夫对整个这一氛围进行了严厉的评述，把它描述为"优雅的非道德性的诗意"，但他的这一观点已经是在宗教转折以后的事了。在此以前他的宗教感情丝毫也没有让他对反对"优雅的非道德性的诗意"提高警觉。在致亚历山大洛夫的同一封信中，我们还可以找到这样的字句③："我（在宗教转折以前）非常热爱东正教及其礼拜仪式，她的历史和他的礼仪，热爱基督，喜欢阅读福音书，尽管我的思想深处永远都是极其放荡的，但当时我还是受到了极大的震撼。我也热爱在同情、宽容、慈善的意义上的对邻人的爱，但也在同情所有情欲的意义上这么做……"在把善

---

① 《列昂季耶夫与亚历山大罗夫的通信》，《神学通讯》，1914年第3期，第456页。

② 参阅上文已经提到过的 Obernauer 的优秀著作 *Der aesthetische Mensch in d. deutsch. Literatur* 。

③ 《神学通信》，1914年，第3期，第458页。

和"优雅的非道德性"以优良的方式组合在一起的过程中，在对教会的爱的全面覆盖下，仍然还是有一些纯审美因素处于主导一切的地位。我们可以毫不夸张地说：世俗化文化的影响从内部改变了他的全部精神结构，尽管他的精神结构覆盖着唯美主义和良善的宗教信仰（"玫瑰色的基督教"——正如后来的列昂季耶夫关于陀思妥耶夫斯基和托尔斯泰所说的那样）。在列昂季耶夫早年的一部艺术作品中，主人公（我们往往可以从他身上发现列昂季耶夫本人的自传体特征）说道："道德性仅仅只是美的一个角落，美的一极而已。"

道德本质从一般生活观中的脱落仅仅只是彻底贯彻美学立场首位原则——为教会权威所捍卫的首位原则——的一个结果而已。列昂季耶夫就连自己也丝毫没有察觉地置身于世俗唯美主义的俘虏营里了，亦即已经与伦理学因而也就与以之为基础的伦理学领域分离开来。教会性外部的覆盖物仍然攫住了列昂季耶夫的灵魂，使他无法不看到宗教领域的逐渐死亡过程（由于道德本质的脱落之故）。他身上宗教危机的结局即在于此。

列昂季耶夫本人曾就自己的宗教危机问题说过下述一段话[1]："这一切的基础，一方面，是哲学对于最新欧洲生活方式和精神的依赖（彼得堡，文学的鄙俗，铁路，制服和圆筒形礼帽、理性主义等等），而从另一方面看，则是美学和儿童对于东正教外部形式的忠诚，而在此之外还要加上最危险以及最以外的疾病这样的偶然性"。在列昂季耶夫身上，在他生病期间，他身上爆发了对上帝的"个人信仰之火"，为圣母辩护的感情之火，他以热烈地祈祷向着圣母祷告。两小时后他的病霍然痊愈，第三天已经到了雅典，他想在那里剃度为僧。对死亡的恐惧在他身上召唤来了沉睡中的信仰："我妥协了，"他写道，"我当下就理解了偶然性最高的目的论。生理的恐惧过去了，而精神的恐惧却依然如故——从那以来我已经再也无法拒

---

① 引自阿格耶夫：《神学通信》，第 296 页。

斥信仰和对主的恐惧了"。这种"对主的恐惧"不是什么别的，正是对道德的回归，对原始道德的回归，对全面和彻底地决定着宗教生活观的原始道德的回归。然而，宗教本质从一开始的得胜是与对于当代文化的怀疑态度相联系的。值得注意的是列昂季耶夫就此问题说过的另外一段话："我在激烈地转向个人东正教以后，我个人的信仰不知为何忽然把我的政治和艺术教育给结束了。这件事至今仍然令我惊奇不已，这对我是一件神秘和不可理解的事。"这是宗教意识中真正的危机，是对真正的上帝信仰的回归，是对神秘道德的回归，也是与世俗化文化最彻底的决裂。

如今，由于有了这次宗教转折，我们就可以比较容易地理解列昂季耶夫的思想的辩证法了。

5. 解开其思想辩证法的钥匙完全不应在列昂季耶夫的历史或政治观中寻找，而应当在其人类学中寻找，这种人类学（是其新宗教意识的一个结果）原来与世俗化意识形态里乐观主义的人观、与对人的信仰处于绝对对立状态。列昂季耶夫不止一次非常尖锐地起而反抗"人类学中心主义"——"对大地之人和大地人类、对理想的、自主的、自立的人的尊严（所有这些都有相应的表述法）的新的信仰……从18世纪末起就统治着欧洲的……个人主义、人的权利和尊严的魅力"[1]。"如今欧洲的思想之所以会对人顶礼膜拜仅仅是因为他也是人"[2]。这是反抗当代文化中把人绝对化的做法的一次起义，它当然命中了教会为了人的自满自足而竭力否认的世俗化的核心中点。对于列昂季耶夫来说把人这样夸大既无经验也无形而上学依据。他在其自传中写道[3]："如果我和解了的话，那也无论如何不是因为我对自己的理性减少了信任，而是我对一般人类的理性减少了信仰"。"理性主义的贯彻（换言之，即推广对想象性理解的更大

---

① 《列昂季耶夫全集》，第7卷，第160页。
② 同上书，第7卷，第132页。
③ 《文学遗产》，第467页。

觊觎以取代旧的）仅只会导致破坏性情欲的被激发而已"①。"在权威们眼中那些天真幼稚而又恭顺和平的人，"列昂季耶夫接着写道，"经过严格检验，比那些自负骄傲的人，距真理更近"。"自由的个人主义（该主义事实上已经被令人讨厌的分子主义给取代了）②，正在扼杀当代社会"③。这样的引语我们可以列举不少出来——所有这些引语都表达了列昂季耶夫对于人类中心主义的坚决的反对派立场，后者与世俗化体系有着十分密切的联系，并且正是在俄国思想界和俄罗斯人的灵魂中，拥有十分强大的势力。对人的不信任，对人类理性和当代文化及其"优雅的非道德主义的诗意"的缺乏信仰，正如我们刚才所见，在在其一生中曾经体验过"神秘而又费解"的力量之影响的列昂季耶夫身上越发变得强烈了。"我如今发现（《自传》中的一封信）④，最深刻最辉煌的大脑不会产生任何东西，如果没有上天的命运的话"。列昂季耶夫最喜爱的一个思想变成了"历史宿命论"，即承认"一种不可见的、神秘的和超乎人类的"力量的存在⑤。"沉重的、充满荆棘的基督教的顶峰"⑥ 首次向人和人的道路抛出应有的光来——而在列昂季耶夫看来正是基督教才坚决地与对人的崇拜不可调和，与对人的信仰不可调和。列昂季耶夫以前所未有的力量在俄国文学中提出了关于拯救的问题——虽然他本人常常强调指出自己是在超验和彼岸的意义上理解拯救的，但如果我们深入读一读他的著作，我们就会清楚，他的内在含义要比表层的说法更加深广。列昂季耶夫拒绝阐释人的问题，人的生命问题仅仅在于其在尘世间生存的那一小段而已。列昂季耶夫有一个深刻的意识，即人也同时在彼岸世界生存，而人在彼岸的生活取决于其在此世的

---

① 《列昂季耶夫全集》，第 5 卷，第 237 页。
② 同上书，第 7 卷，第 169 页。
③ 同上书，第 6 卷，第 21 页。
④ 《文学遗产》，第 467 页。
⑤ 《列昂季耶夫全集》，第 6 卷，第 121 页。
⑥ 《文学遗产》，第 465 页。

生活。这是一种根深蒂固的基督教信念，从转折以后完全渗透进了列昂季耶夫的思想和灵魂，决定着他对于流行的实用主义道德和资产阶级理想的态度。对于精神市侩小市民和外在平等的极端厌恶，当然决定着他从审美上疏远当代的态度，但问题不仅出在美学上。人们常说在列昂季耶夫及其"新浪漫主义"里我们拥有一条（来自阿·格里戈里耶夫的）"对东正教的审美再阐释"的线索①，——这里面当然有真理的成分，但更重要的是要能从列昂季耶夫那里感觉得到，这种对于世界和生活的审美感受本身是从宗教意识中获得灵感的。还是那位允许自己把列昂季耶夫与康·巴尔特拉近，因为在他的宗教意识的核心地方，有一个拯救的理念——的历史学家②说："列昂季耶夫在基督教和信仰中所寻求的，不是真理，而仅仅只是拯救罢了。"这一"仅仅只是"在神学中是非常令人惊奇的，说话人似乎忘了，сотериологический 母题总是恰好是基督教真理研究中的最主要的标准。

无论如何，列昂季耶夫果真可以对当代文化燃起"哲学仇恨"之火，也就是说，这不仅仅只是对当代文化的审美疏离，而是对其的"哲学上的"厌恶，因而也是对其在拯救理念之外、在永恒生命之外建构的"意义"的否定。充满了忙忙叨叨的有关如何在大地之上，并且只在大地之上安排把精神从有关永恒的生命的思念中解脱出来的焦虑的当代文化，首先在宗教上开始对列昂季耶夫来说变得格格不入起来。对此世生活的陶醉在审美上的渺小可怜只有具有基督教意识的人是清楚的，而如果说固执地把拯救问题放在首位的列昂季耶夫，终究没有多少人听到他的声音（迄今为止）的话，那么我们毕竟还是得承认其宗教意识的全部力量和深度的。奇怪的是，几乎任何人（除了别尔嘉耶夫以外）为未曾感觉到列昂季耶夫身上的这种伦理激情。要知道拯救的理念就其实质而言似乎是一个纯粹

---

① 《弗洛连斯基文集》，第 305 页。
② 同上书，第 304 页。

的伦理学理念，只不过它面对的不光只有尘世生活，而且也针对阴间生活。的确，在列昂季耶夫那里，我们常常可以见到与此论点相反的极端论调——对他来说，尘世生活中的一切都是琐碎的和空虚的，因而他非常容易成为反人道主义的诱惑力的牺牲品。但在基督教视野里（亦即有关永恒生活的理念里）生活中的审美领域在他那里黯淡了。他否认"优雅的非道德主义的诗意"，而在《自传》中某次甚至非常尖锐地说出这样一种思想，说只有人身上神的形象的理念才可以让我们与"许许多多平淡无奇、蠢头巴脑、俗丁伧父"之流的鄙俗和解①。这就是说，在宗教的视野里，人在审美上的渺小可怜还会比这更加尖锐和病态地表现出来。

列昂季耶夫（和人们常常拿他相比较的尼采一样）与其说是为了审美理想的缘故，倒不如说相反是因为他的审美"吹毛求疵"癖性受制于过分高尚的有关"真正的"人的宗教性质的观念的缘故。在列昂季耶夫的人类学里我们可以看到人的宗教观与通常世俗化人的观点之间的斗争，后者并不寻求人的崇高任务，也不是在永恒生命的视野下衡量人，而不过是在人与其理想的关系之外对人膜拜而已。列昂季耶夫的人类学中的伦理学与审美上的吹毛求疵正是取决于他的宗教定向。所有这一切如果我们更深入地对列昂季耶夫的伦理学思考进行探索，便会变得很清楚了。

6. 所有关于列昂季耶夫的问题写过一些东西的人都会说一说他的非道德主义——但是这里发生了一些很大的误会，但导致误会的理由却是列昂季耶夫本人提供的。比方说且以他的系列文章《我们的新的基督徒》（论托尔斯泰与陀思妥耶夫斯基）为例，文中对于"感伤主义的和玫瑰色的基督教"进行了尖锐和严厉的抨击，还以不同方式肯定"新欧洲的人文精神和基督教的人文精神毫无疑问是对立的"②。论证列昂季耶夫的"非道德主义"的材料我们可以在他的

———————

① 《文学遗产》，第 455 页。
② 《列昂季耶夫全集》，第 8 卷，第 203 页。

著作中找到许多许多。人们其至常常说"列昂季耶夫的道德感情彻底萎缩了"①。

那么我们找到的究竟是什么呢？列昂季耶夫决绝地把"爱邻人"和"爱远人"（即一般的爱人类）区分开来（在尼采之前！）。爱邻人指的是爱真实的活人，而非爱"集合的和抽象的人"及其"多种多样的需求和愿望"②。第一种爱（爱人）是列昂季耶夫热烈加以捍卫的，第二种爱（爱人类）则因其矫揉造作和非真理性，因其"对于生活的无可挽回的悲剧性"的不理解而受到他的激烈嘲讽。列昂季耶夫著作中凡是被我们认作是"非道德主义"之表现的地方，的确只与"远人"、与"一般的人类"有关，的确与其自身的总的历史观有关，对此，我们下文将有所涉及。然而，在爱"邻人"方面，列昂季耶夫也与任何"近视的感伤主义"格格不入——他（和陀思妥耶夫斯基一样）认为痛苦是必不可免的，而且常常还是生活中最具有疗治意义的时刻。列昂季耶夫非常辛辣地嘲笑那种"安慰人的孩子气"，有人以之来安慰自己保持一种良好的乐观主义心态，他号召人们在"面对尘世生活的无可挽回性时要转向严峻和哀伤的悲观主义，转向勇敢的恭顺和平"③，否认"缺乏理性的幸福论宗教"④。

列昂季耶夫自己也常常为人提供口实，而人们常讨论其"超验利己主义"⑤问题，认为在他身上，对于个人阴间生活的关切似乎已经把任何直接的道德感情推延或是压抑下去了。如我们所知，这种说法只有当在列昂季耶夫灵魂中拯救问题占据核心地位时才是准确的，但也根本不是在纯粹利己主义的关头：拯救理念对于列昂季

① 赞德：《康斯坦京·列昂季耶夫论进步》（《俄国评论》，1921），第9页。布尔加科夫认为列昂季耶夫是一个"道德上的畸形儿"——《静静的沉思》，第119页。

② 《列昂季耶夫全集》，第8卷，第207页。

③ 同上书，第189页。

④ 同上书，第5卷，第251页。

⑤ 同上书，第8卷，第207页。

耶夫来说阐释了说明了历史学和政治学的基本问题。我们下文便会看到。

要想理解列昂季耶夫的伦理学观点，了解其有关爱的学说是非常重要的。列昂季耶夫在赞扬个人的仁慈的同时，坚决断言"对人们的爱如果不伴随着对上帝的恐惧或不建基于其上的话，——这样的爱就已经不是什么纯粹的基督教之爱了"。没有对上帝的敬畏，爱人们便会失去其深刻的来源，很容易变成感伤主义，变成表面肤浅的怜悯惋惜。这种"本然"的善是主观的，往往也是有限的，因此只有从宗教的源泉中汲取营养的爱人们是珍贵的和深刻的——甚至就连那些心肠冷酷的人，如果它们以对上帝的信仰为生的话，就也能够理解这种爱①。按照列昂季耶夫的说法，同样重要的是区分爱道德和爱审美②——前者是一种真正的仁慈，后者则不过是一种"赞美"罢了。对于列昂季耶夫来说，"爱远人"（它构成了整个欧洲人道主义及其普遍幸福理想的基础）恰好正是一种"对于人的一般理念"的幻想性赞美——既不要求什么也不引导什么的对人类的崇拜。这里根本就没有什么善良可言，因此在新的人道主义中有许多非常易于转变成为革命精神的炽烈感情，但却没有名符其实的善。列昂季耶夫非常深刻地感觉到"普遍"幸福理想中所包含的幻想性，并且不认为这种理想包含有任何真正的道德价值。在列昂季耶夫那里，陀思妥耶夫斯基的普希金演讲的全部辛辣的批判建基在"对于未来人类尘世福利的心急难耐的关切之上"的③，是对历史的悲剧主题的一种简化④。列昂季耶夫从近代人道主义中感受到了一种"心理学主义"，一种感伤主义，而他自己本人则感觉到一种"对于更为严峻的道德的一种需求"⑤。在其宗教转折之后的确为列昂季耶夫所具

① 《列昂季耶夫全集》，第179页。
② 这是一种对于理解列昂季耶夫来说十分重要的区别。
③ 《列昂季耶夫全集》，第7卷，第189页。
④ 同上书，第203页。
⑤ 《上帝信使》，1914，第3卷，第457页（致亚历山大洛夫的信）。

有的内心的严峻性根本就不意味着道德的缺失，而是因为受制于这样一种认识，即在近代道德意识中潜藏着许多真正的（尽管不失其"优雅"的）非道德性。另一方面，近代"哭哭啼啼的人道主义"是一种宗教和历史内在论的普通产物（即"不用上帝帮助而成为善的"构思）。如果说我们指的是对于列昂季耶夫理念辩证法的理解问题，而不去研究外形问题——正如我们在所有写过有关列昂季耶夫的东西的人那里所看到的那样——的话，则我们应当注意对他而言道德真理（在其生命的第二个时期中）完全不在于人类不曾有过痛苦，而在于在生活和历史中实现神的神秘意志。关于个人道德标准很难应用到历史之中的思想在他那里并非 a propos（恰当）的思想，而是其世界观的原则之一。我们马上会转入对这个问题的讨论，但此刻暂时还是让我们强调指出：列昂季耶夫的道德理念渗透着当代人和当代文化（及其"优雅的非道德主义的诗意"）已然被败坏了的意识。列昂季耶夫比一个审美化的思想家更其是一位道德论者（正如人们对他所描述的那样），但他的严峻的、染有生活悲剧意识之色彩的道德，是从他对当代文化的宗教感受中来的。

7. 在列昂季耶夫历史观的形成中一个事实具有很重大的意义，那就是他曾是一个自然论者。当"三位一体过程"理念最终在其头脑里形成时，这不过只是把作为一个自然论者的他的观点简单地转移到历史学领域里来而已。另一方面，对列昂季耶夫观点了如指掌的罗赞诺夫，评论他的历史学观点是"对历史的审美关注"。列昂季耶夫本人某一次也写道："美学拯救了我身上的公民感情"①。这也就是说，生活的美不在没有等级制的地方，而在于那些，没有"势力"的地方。列昂季耶夫无疑对于历史的政治方面有浓厚的兴趣，这不是当代意义上的国家主义，因为列昂季耶夫并不让教会服从于

---

① 《列昂季耶夫全集》，第 8 卷，第 267 页。

国家①，也没有把国家性提升为最高原则。在列昂季耶夫那里对国家主义的崇拜意味着它正是一种他从美的本体论（"形式是一种不让材料散失的专制主义"②）中所赋予了"形式"元素的那种"连接转换"要素。国家形式保障了人民或各个民族的发展，但国家性力量本身取决于其遗产在精神和意识形态上健康的程度。国家的生成和各民族精神的生成是并行不悖的——在此列昂季耶夫身上的自然论者向他提示了有关"分解的宇宙法则"③的思想，正是这个作为自然论者的列昂季耶夫向他提示了"三位一体进程"的理念。列昂季耶夫邀请所有人"像一个自然论者那样看待自然那样勇敢无畏地盯紧生活和国家发展中的规律问题"。按照他的意见，同一个法则或规律决定着植物和生物、人类世界和历史世界的发展水平④：任何有机体都从始初的简单性进化到"繁盛的复杂性"，然而再从后者通过"二次简化"和"混合式均衡"走向死亡。"这个三位一体的进程，"列昂季耶夫在此写道，"不仅为那个被人们一般称之为的有机世界所具有，而且也为所有现存的空间和时间所具有"。对于列昂季耶夫来说最重要和最有意义的事，是这一"三位一体进程"在历史存在中也在发生，也就是说，在种族的生活中，在国家机构和整个文化世界里，也都在发生⑤。列昂季耶夫对自己的这一理念给予了极其高度的评价，因为它已经远远超出了它从中抽象出来的有机世界的范围，——而当他患重病时，他"被一种恐惧感所攫住——害怕自己会在一切刚刚想到但还没来得及写下来的那一时刻死去——无论事

---

① 关于服从于国家"这一神秘势力"的必要性问题可参阅《列昂季耶夫全集》，第5卷，第332页的态度鲜明的公式。列昂季耶夫在这个问题上与俄国思想界"国家主义"典型的代表人物卡特科夫有着尖锐的分歧。

② 《列昂季耶夫全集》，第5卷，第197页。

③ 同上书，第249页。

④ 更详尽全面的阐述可参阅《什么是发展进程》（《列昂季耶夫全集》，第5卷，第187页）一章。

⑤ 《列昂季耶夫全集》，第5卷，第194页。

关他三位一体的假设，还是某些艺术作品"①。在列昂季耶夫的公式里有两个因素同等重要：一方面是搞清楚任何个性在其发展过程中所须遵循的那些法则或规律——这在列昂季耶夫那里出现了那样一个"为个性而斗争"的主题，这也正是米哈伊洛夫斯基以如此大力量予以发挥的同一个主题，——换言之，即人格主义主题②。另一方面，在列昂季耶夫的公式里，就如何把有机生命范畴彻底移用到在其之前已经由尼·雅·达尼列夫斯基在其《俄国与欧洲》中以足够力量发挥了的历史存在问题，讲好了条件。在俄国哲学中达尼列夫斯基首次论述了历史存在也要服从于自然（在有机界）所服从的那一规律的主题，他对于俄国历史学的意义和他那无可争议的影响，不仅与"文化类型"学说有关，而且也与自然与历史法则的统一性问题有关。李凯尔特下大力气发挥有关自然和历史法则的差异主题时，他的学说被整整一系列俄国思想家（关于这一点参阅第 2 卷）所附和。然而，赫尔岑早已肯定历史以及历史进程非逻辑学说中的"即兴式"问题，在此之后，米哈伊洛夫斯基则在反对社会学中的"类比方法"时更加尖锐地予以肯定（亦即反对把自然与历史法则混同起来），我们从中看到的是同一个主题，后来李凯尔特予以更加有力的发挥。但对个性繁荣、个性繁荣和凋萎问题有深入研究的列昂季耶夫，却并未感觉得到自然与历史的差异问题，而是让人和历史存在完全服从于统治有机世界的那些规律和法则。

这里包含着理解列昂季耶夫历史审美观的钥匙。正是把审美而非道德原则应用于历史现象才是自然主义在历史学中的必然结果。如果说在自然中没有道德评价的地位的话，那也就是说，在历史存在的辩证法中，也不会有道德因素的地位。历史中的道德因素（在对历史的这样一种理解中）是被从上而下地，凭借上帝的力量、凭

---

① 参阅阿格耶夫：《基辅神学院著作丛书》，1909 年，第 6 卷，第 296 页。
② 当然，在人格繁荣和力量问题上对于列昂季耶夫来说最主要的重点是放在人身上的——这一点从我们下文援引的片段中即可看出。

借上帝的旨意给纳入历史中的，但自然运行的历史进程以及历史中"本然"的规律性是处于道德因素之外的……列昂季耶夫以其思维所特有的无畏精神从这一原则中引导出一些结论，丝毫也不担心这些结论可能会令我们的道德意识遭到震惊。例如，他全付武装地起而反对平等理想，因为平等（"均产主义本质"）是与自然格格不入的，——"均产主义进程到处都具有破坏性"①。自然主义和美学主义观点对于列昂季耶夫来说是十分庄重的——下列话语可以说就是对此的历史学表述："和谐并非平和的齐唱，而是一种富于成果的、具有极度创造力的、有时甚至非常残酷的斗争"②。自然中的和谐包含在斗争中，美学意义上的和谐则是稍稍有些停滞的向心力的"形式的专制"。在所有这一切里，没有道德本身的位置："在社会的可见的非真里，"列昂季耶夫在一处地方这样写道，"隐藏着不可见的一个社会真理，社会健康深刻的、神秘的和有机的真理，对于这样的真理，甚至就是为了善良和同情的感情而与之作对也是不可能不受到惩罚的。道德有其自己的领域和自己的界限"。这后一句话的含义我们不难理解：道德是个性和个人意识中真正的和最高的价值，但就是在这里也有其界限：历史存在非服从于其自身的规律（这些规律凭借审美嗅觉对之加以猜测），但却非服从于道德。

列昂季耶夫以欧洲和俄国的问题来检验其历史学的一般原则，但这里已经有"政治"——亦即什么该做什么应该避免从而不致堕入凋萎和瓦解之途——在介入纯粹的理论分析。至于对于当代欧洲文化的批判③，那么可以说列昂季耶夫的这种批判是非常尖锐和无情的，辛辣的和严厉的。他的批判有两个基本的命题：一方面是民主化，另一方面，是民族主义的发展——所有这一切实质上都是"二次简化和混合型简单化"的表现，亦即是欧洲公然的生物学凋萎和

---

① 《列昂季耶夫全集》，第 5 卷，第 383 页。
② 同上书，第 223 页。
③ 关于这一点可以参阅我的著作《俄罗斯思想家与欧洲》。

分化的特征。列昂季耶夫非常尖锐和恶狠狠地指出了令人恐慌的欧洲"死亡"的所有特征，在欧洲人们狂热地想要"在全世界普遍实行平等普及世界性自由的结果是使得"人在尘世间的生活变得完全不可能了"①。列昂季耶夫对于当代文化的审美批判还要比这更锐利更顽强，列昂季耶夫在批判中深化了其有关赫尔岑关于"市侩不可抹煞的鄙俗"所说的一切（列昂季耶夫非常尊重赫尔岑，称其是"天才的唯美派"）美学标尺——对此列昂季耶夫是深信不疑的——是最可靠的，因为它"在历史存在的所有方面都是唯一一般性的"②。"文化只有在那时才是高尚的和具有影响力的，"列昂季耶夫写道，"那就是当在我们面前展开的历史画面呈现出许许多多的美和诗意时——而美的基本法则是多样中的统一"。一旦有了多样性，也就有了道德：普遍平等与平均福利会毁掉"道德"的。

列昂季耶夫"勇敢无畏"地捍卫着国家严肃的权利，从而成为一个"反动派的使徒"，并且从国家的立场上出发歌颂着"暴力的神圣权利"。"人的自由只会把个人带到极端不负责任的道路上来"。有关平等和普遍福利的闲谈，只是把所有一切和所有人都放在平淡和鄙俗的伪人道主义的里乱捣一气的一个巨人的白……均产主义的进步方式是很复杂的，其目标是很粗陋的，思想是很简单的。这一切的目的是中等人，是在如此这般的成千上万个中等人，一个安安静静的资产者而已。对平均福利的理想的仇恨和厌恶导致列昂季耶夫时常说出一些十分尖锐、不共戴天的决绝的话语来。"我们是不是不该仇恨人本身，"在某处文字中他这样写道③，"走入迷途者和愚蠢者，应仇恨此类人的未来？""在我们之前历史中还从未见到过把一个单纯和平淡简单的工人对上帝的理性自豪和一个心中没有上帝，无欲无求的

---

① 《列昂季耶夫全集》，第6卷，第47页（摘自标题极富于特点的文章《作为毁灭世界之武器和理想的中等欧洲人》）。
② 同上书，第63页。
③ 同上书，第6卷，第269页。

全人类对理想的道德恭顺这样如此丑陋地组合在一起的情形"。

8. 列昂季耶夫思想的辩证法最后以对宗教神秘主义的人和历史观的肯定作结的，这是当体验宗教危机的列昂季耶夫彻彻底底地感觉得到当代文化最深刻的非道德主义和"对上帝敬畏"的丧失，亦即对于生活和真理之超世界源泉的意识时发生的。在宗教转折的过程中列昂季耶夫吸纳了基督教关于在基督及其所有严峻性中拯救世界的启示，但他也同样如此深刻地开始面对文化和历史的宗教含义问题，以及基督教的历史道路问题。在这一点上，列昂季耶夫与果戈理、恰达耶夫、托尔斯泰、陀思妥耶夫斯基相近，而间接地也与俄国社会政治激进主义"预言焦虑"有关。他为索洛维约夫所鼓舞了的所有人的主题开了先河，——这也就无怪乎有关他的最好的专著则出自布尔加科夫之手的缘故。列昂季耶夫以一种稍嫌过分但却成效显著的尖锐从基督教立场上提出了文化的可能性、意义及内容的问题。把列昂季耶夫的宗教理念归结为"超验利己主义"是十分可笑的，实际上列昂季耶夫深深地介入了俄国历史学思维的全部发展过程中来。列昂季耶夫的确善于"勇敢无畏"地对待最困难最基本的当代文化问题，如果说他也以激烈的方式提出了有关所有当代文化与基督教无法结合的问题的话，那这也并不意味着他不曾为俄国哲学探索的这一基本主题而患上心病。另一方面，如果他可以允许为了国家的生活和历史的力量而有"政治上的狡黠"的话，那么与此同时他也不否认基督教，正如他所理解的那样，"对待政治本身是十分冷淡的"①。他为了文化问题（而政治是一个最困难的文化领域）而患了心病，他为了"对上帝的敬畏"而否认"平淡"的普遍福利的理想，态度坚决地声称，"新欧洲的人道主义精神和基督教的人道主义精神无疑是相互对立的"②，——而与此同时，他还不止一次说过：credo quia absurdum……

基督教意识的非全面性并未赋予其以根据宗教原则来发挥历史

---

① 《列昂季耶夫全集》，第 5 卷，第 333 页。
② 同上书，第 8 卷，第 203 页。

作为的正面纲领的可能性。有一次他甚至（在给罗赞诺夫的信中）在"一大堆疯狂的名言警句"里说出了这样一种思想："基督教最成功最无所不在的布道词"会引导"生活美学在大地上的消亡，亦即引向生活本身的消亡"[1]。列昂季耶夫在这一尖锐的问题上是站在基督教一边的，他这样做为的是他的"超验主义"真理，——亦即他停留在那个由于其宗教意识的非完整性而使他置身于其中悲剧的死胡同里，他不善于接受这样一种思想，即基督教是生活的拯救，而非从生活中拯救……但在尖锐地提出这一俄国哲学最根本的问题时，列昂季耶夫在俄国思想界发展过程中的全部重要意义也就包含于其中了。鲜明的作家的才华，头脑的冷静清明，对当代文化所处的根本困境的"勇敢"揭露，赋予列昂季耶夫在这一发展过程中处于一个非常重要的地位之一。

另外一位杰出的思想家和作家——瓦·瓦·罗赞诺夫——的宗教意识，其戏剧性和内在的矛盾性也丝毫不亚于前者，我们现在就来探讨一下。

9. 对罗赞诺夫创作思想内容的描述是极端困难的，因为他曾是一个典型的新闻记者。虽然他有足够完整的世界观，虽然在他多样的创作中存在一定的统一性，但罗赞诺夫的写作风格本身却为我们解读这一内在统一性制造了困难。罗赞诺夫给人留下的印象是他是一个刁钻古怪的印象主义者，故意不愿意赋予其言论以逻辑严谨性，但实际上他是一个性格非常完整的人和思想家。他观察的准确性和深刻性，与此同时包括他对任何思维甚至包括偶然闯进其脑中的念头的"信任度"，构成其著作外表的鲜明和五彩斑斓。但在俄国作家中，很少有人能像他那样具有如此高度的话语的魅力。他让自己的读者首先臣服于这一直接性之下，有时臣服于其思维的"外露性"下，他的思维不会隐藏在话语后面，也不会在话语中寻找对其含义的掩盖手段。

---

① 引文来自阿格耶夫：《基辅神学院著作丛书》，1909，第 6 期，第 315 页。

罗赞诺夫在俄国思想家中未见得算得上最杰出的作家，但他却是一位真正的思想家，一位顽强地和执拗地为自己开辟道路，在当代生活和思想的丛莽中为自己开辟出一道羊肠小道来的思想家。根据其大脑不知疲倦的思维工作的基本内容，可以说罗赞诺夫是最富于才华和最强有力的俄国宗教哲学家，一个勇敢无畏的、具有多方面教养的和始终对自己万分忠诚的人。也正因为此他才对于20世纪俄国哲学思想界拥有如此巨大（虽然往往也是地下的）影响。和列昂季耶夫一样，罗赞诺夫同样也钻研上帝与俗世以及二者之间的关系和关联问题。把罗赞诺夫看成一个为了俗世而忘掉上帝的人是不准确的，他在自己身上深深地迷恋和寻觅着上帝，以至于他的宗教意识也被变形和改造，以便不让世上的任何有价值的东西死掉。在世界与上帝的争论中，罗赞诺夫（和列昂季耶夫一样）始终停留在宗教平台上，但如果列昂季耶夫为了他所理解的上帝的真理情愿回避世界让世界"稍稍上冻"的话，那么，罗赞诺夫则相反，为了世上的真理而否认了基督教，因为正如他所想的那样基督教"没有能力"去接纳世界的这一真理。列昂季耶夫和罗赞诺夫在这一点上是一个对子，但却也在这同一点上相互接近到了令人震惊的地步。值得注意的是，前者和后者都被人们有时比作"俄国的尼采"，——而的确，这两人身上都有些特征是与尼采相近的（尽管是在不同的方面）。

罗赞诺夫的传记并不很复杂。瓦西里·瓦西里耶维奇·罗赞诺夫1856年出生于①韦特卢加一个贫穷的外省家庭。他的童年是在艰难的环境中度过的。从孩提时代罗赞诺夫就已经习惯于在家庭环境之外自行发展。从古典中学毕业后考入莫斯科大学语文系，结业后，获得一个在穷乡僻壤外省城市讲授历史的职位。在此罗赞诺夫开始构思一部哲学著作并为此工作了5年。一部题名为《论理解》的巨著（共737页）于1856年问世，但在当时的俄国出版界却完全默默

---

① 罗赞诺夫的传记至今没有写完，除了埃·费·列尔巴赫的一本小书《瓦·瓦·罗赞诺夫——生平与创作》（布拉格，1918年，第50页）以外。

无闻。与此同时，罗赞诺夫走上了新闻工作之路，后来成为了他的主业。在《启蒙的黄昏》这篇对教育事业充满辛辣和严厉描述的文章引起了反对罗赞诺夫的一片声浪，使得罗赞诺夫很难把教育机构的公职与自由写作的作家职业和谐统一起来。最后，由于尼·尼·斯特拉霍夫（罗赞诺夫是其热烈的崇拜者）的斡旋下①，1893 年起，罗赞诺夫获得了在彼得堡（在国家监督部门）工作的职位。在此罗赞诺夫落入了"斯拉夫派模仿者的圈子里"，更确切地说，是落入了与当时俄国占据统治地位的激进派进行斗争的新闻记者和作家们的圈子里了。1903—1904 年间，罗赞诺夫写作了一部大部头的论述陀思妥耶夫斯基的著作（《宗教大法官的传说》），这是一部引起普遍关注的著作。一系列其他文章的发表给罗赞诺夫带来了巨大的声誉——与此相关他的物质生活待遇也有了相应的改善（罗赞诺夫开始为《新时代》报纸写稿，这项工作带给他丰厚的报酬）。后来他的论文集开始一部接一部出版：《宗教与文化》、《自然与历史》，再后来甚至还有《俄国的家庭问题》（两卷集）、《基督教在历史中的地位》。其嗣后的著作中尤其值得一提的是《基督教形而上学》（《基督教的黑暗面目》中有一篇轰动一时的文章《论甜蜜的耶稣》及其第 2 部《月光下的人》），《在教会的墙外》（2 卷集）；嗣后还有——《孤独》和《落叶》（2 卷集）。在革命时代里罗赞诺夫到了谢尔吉关厢（谢尔吉圣三一大修道院也在那里），他在此出版了其出色的末世论②。

罗赞诺夫对于德·谢·梅列日柯夫斯基有过巨大影响（在其宗

---

① 对于罗赞诺夫的传记来说尼·尼·斯特拉霍夫写给罗赞诺夫的书信以及罗赞诺夫对这些书信所做的注释是十分重要的（见《文学界的流浪汉们》）。

② 重印于 1927 年的巴黎《俄里》杂志（第 2 期）上。罗赞诺夫的全集暂付阙如。需要指出的是论述罗赞诺夫的著作有：戈列尔巴赫：《罗赞诺夫：生平与创作》。库尔久莫夫：《罗赞诺夫》（巴黎，1929）。沃尔日斯基：《罗赞诺夫神秘泛神论》（见《文学探索界摘要》）。还可参阅尼·尼·卢索夫的描写罗赞诺夫的长篇小说：《金色的幸福》。丘科夫斯基：《关于当代作家的一本书》。别尔嘉耶夫早年的宗教哲学论文。还可参阅我的著作《俄国思想家与欧洲》（第 8 章）。

教哲学探索中），部分地也对尼·亚·别尔嘉耶夫（及其人类学），部分地也对住在谢尔吉圣三一大修道院的帕·弗洛罗夫斯基（他与后者早在迁居谢尔吉圣三一大修道院以前就关系很好），后者乃莫斯科神学院教授。但是，除了朋友们以外，罗赞诺夫还有许多文学界的敌人，一方面是因为他特殊的写作风格招致的——这种风格引发了许多人的极度不满；另一方面，则是由于在他身上常常有所表现的无原则性[①]。

1919 年，罗赞诺夫于谢尔吉关厢在极度贫寒和严重的窘境下去世（在谢尔吉圣三一大修道院附近）去世。

10. 罗赞诺夫精神演变过程十分复杂。从一种特殊的理性主义（带有超验主义的回声）起步的罗赞诺夫，其最初的哲学著作《论理解》的基础就是理性主义的，很快就以相当快的速度背离这部著作的主旨，尽管从前那种理性主义的个别痕迹在他身上保留到了生命的最后一息。但从一开始起（亦即从《论理解》这部书起），罗赞诺夫就表现为一个宗教思想家。终其一生他都是这么一个宗教思想家，而他精神生活的演变过程可以说就是在其宗教意识之内进行的。罗赞诺夫在其发展的最初阶段完全属于东正教——他在东正教的光照之下评价一般的文化主题，其中包括西方的问题。该时期最鲜明的纪念碑是他的题为《宗教大法官的传说》的著作，和他收集在《在模糊和难以解决的问题的世界》、《宗教与文化》文集中的论文等等。然而，早在这个时期罗赞诺夫就已有了一些想法，表明他灵魂里涌现出许多怀疑。一方面，罗赞诺夫严厉地把基督教西方与东方对立起来：他觉得西方基督教"离世界非常遥远"，是"反世

---

① 弗拉·索洛维约夫关于罗赞诺夫的文章可以作为与罗赞诺夫进行严峻论战的样板（《文集》第 6 卷）。由于罗赞诺夫以一种极不"舒适"的语调写作的论述托尔斯泰的文章，在俄国社会和文学界引起了非常激烈的愤怒情绪。帕·鲍·斯特卢威建议"把罗赞诺夫从文学界开除出去"。罗赞诺夫被从彼得堡宗教哲学协会开除，同样也是因为他有关欧洲问题的激烈言论所致……

界"的①。而东正教"却要比这光明多了和欢乐多了"——因此教会的精神"在西方还是圣经的，而在东方——却已是福音书式的了"②。在东正教光照下，罗赞诺夫觉得基督教"充满了精神的欢乐和令人惊奇的轻盈——没有丝毫沮丧颓萎，也没有丝毫沉重艰难"③，稍晚些时候他又写道："仅仅坚持认为基督教是欢乐的——只有欢乐永远欢乐除了欢乐没别的了是远远不够的"。但也就是在这些年中，他写了一篇出色的文章叫《基督教唯名论》，文中以激烈的方式讨论了有关基督教的所有问题，说基督教"已然变成了一种学说"，变成一种唯名论，一种修辞学——这不是基督教里的偶然现象，而正是"在历史中得以表现的基督教自身"④。接着我们又能读到下列句子："基督教直截了当地说是还没有开端，它根本就不存在，我们对他顶礼膜拜就像在对一个传说在顶礼膜拜一样"⑤。"宗教在大地上的全部痛苦和全部任务，就是要成为现实的，就是实现"，——我们在此读到⑥。在这段话里，在这种对于基督教现实主义的捍卫中，恰好包含着罗赞诺夫宗教探索发展过程中的动力。我们已经完全站在了其创作第二个时期的门槛上了——罗赞诺夫已然被关于"历史"的基督教的疑心完全包裹，他把"历史"的基督教与真正的和这是的基督教相互对立起来。的确，这里还有一些从前那种西方与东方对立起来的做法的回音，例如，比方说我们可以几乎立刻就听到，除了对于基督教现实主义的呵护以外，还能听到："基督教的深层任何人也无法理解——这是一个甚至就连天光刚刚见晓的西方也无法问津的任务，但或许却是俄罗斯天才的独特任务"。无论如何罗赞诺夫已经开始以怀疑态度对待"历史"基督教了，这

---

① 罗赞诺夫：《宗教与文化》，1901，第 64 页。

② 同上书，第 65、66 页。

③ 同上书，第 243 页。

④ 《在模糊和难以解决的问题的世界里》，1901，第 47 页。

⑤ 同上书，第 267 页。

⑥ 同上书，第 103 页。

也就是他头脑里涌现出来的新的神学理念。在此他首次开始把"殉难地的宗教"与"伯利恒的宗教"① 对立了起来，后者自身也包含着基督教，但其表达是如此富于生活的甜蜜感，以至于即使是在其禁欲主义的各各他附近，它给人的感觉也煞像是一种新的宗教②。

在此我们已经完全步入了罗赞诺夫创作的第二个时期了，在此期间，各各他与伯利恒呈现为相互对立的状态。罗赞诺夫成为了一个为了"伯利恒"而对"历史"基督教进行批判的批评家，而且家庭问题成为其神学和哲学思考的中心。此时的他还未离开教会，他仍然还是"在教会院墙之外"（诚如他为自己的两卷集所起的名称那样），但在基督教与文化的"争论"中，在他那里，基督教渐渐地黯然失色了，丧失了生命的甜蜜的力量，渐渐地走到一边去，以便把位置让给"教父的宗教"——"旧约"。值得指出的是，在《在教会院墙之外》论文集的第一篇文章（文章的题目是《作为光明与欢乐的宗教》）中，罗赞诺夫还写道："精细的考察令我们确信，在所有哲学和宗教学说中，没有比基督教更充满光明、更充满了快乐的乐观主义世界观的宗教了"③。但也就是在这里，问题牵涉到"在各各他关头在基督教的命运里形成的巨大误会"，因为"正是在各各他时刻，从对基督的模仿中，形成了不可遏止的对于痛苦的寻求"。通过"所有这些从人身旁走过訇然一声跌进深渊和虚无中，无论什么人和无论什么都无法拯救"的这一幕④。这段话以辩证法的方式表现了向第二个时期的过度性质，只不过此时罗赞诺夫的批判的对象已然不是基督教本身，而是对于教会的不准确的理解了。"教会的本质甚至基督教的本质都被定义为，"他在另一篇文章中这样写道⑤，"定义为对死亡的崇拜"。"从基督的存在中，任何东

---

① 《在模糊和难以解决的问题的世界里》，第 57 页。
② 同上书，第 61 页。
③ 《在教会的院墙外》，1906，第 1 卷，第 15 页。
④ 同上书，第 18 页。
⑤ 《在教会院墙的外》，1906，第 2 卷，第 446 页。

西也不如死亡那样，被抽取为如此伟大和常在的象征。死亡被比作一种力量，死亡是根本就不活，不再有动作，不再有呼吸——死亡是教会最普遍和伟大的理想"。

但很快当罗赞诺夫的思考集中在家庭问题时，对于教会的全力抨击就转变为与教会的一场斗争。有一次罗赞诺夫这样写道[①]："我的整个一生都将用于破坏我在世上只能爱一个的法则——何人可曾有悲惨的命运？"这话是对的：罗赞诺夫的确无法脱离教会，况且他就连去死也会到"教会的院墙之外"（在圣三一大修道院附近），但思维的内在运动过程却导向与教会的尖锐无情的斗争，后来更是导向与上帝的斗争。为了能理解罗赞诺夫身上的这一运动过程，评价其理念的全部重要意义，就必须深入研究罗赞诺夫关于人的问题的思考。在其人类学中包含着解开其所有思想和精神演变问题的一把钥匙。

11. 我们所讨论的正是罗赞诺夫的整体人类学，而非仅仅只讨论其所建构的"性的形而上学"问题，虽然后者乃是其人类学中最重要的一个部分，但却并不能覆盖其人类学的全部。

罗赞诺夫在人类学领域里的探索和建构的出发点，是这样一种直觉，即对人的"本然"的一种信仰，和对人的一种温柔的爱心。罗赞诺夫一般说十分喜欢"本然"和自然——后者总是十分强烈地鸣响在他的身上，以致人们常常会把的他的世界观界定为一种"神秘主义的泛神论"[②]，但话说回来，却并不准确。"自然是朋友，但却是不可食的，"罗赞诺夫以一种嘲讽的语气说道[③]，"世上所有人都相互爱戴，但这是一种盲目的爱，无所关切的爱，愚蠢的爱，也是一种无法审视的爱……每个事物甚至能从里往外地从

---

① 《孤独》，彼得堡，1912，第213页。
② 关于这个问题可特别参阅沃尔日斯基的文章：《神秘主义泛神论》（这是关于罗赞诺夫所写的论著中最好的一篇），载文集《摘自文学探索的世界里》。
③ 《在教会的院墙外》，第1卷，第12页。

自己身上反映他者……而这种事物之间相互为'镜像'现象甚至会延伸到文明中来，延伸到文明的每个细节中来，成为自然风景中的一些细节"[1]。罗赞诺夫对于自然生命的感觉的确十分特殊（尽管全然不是什么泛神论式的）。在出色的文章《存在的神圣奇迹》里，有一段描述，的确与我们在真的泛神论里所能见到的那种对于自然的感觉很相近[2]："的确有某些秘密的根据使我们可以接纳整个世界，我们在其中出生的躲藏在神秘的母亲肚腹里的宇宙，以及我们的太阳和从太阳而来的大地"。关于"神秘的根据"我认为这里说的是一个索菲亚学的观念，对于这种观念，一般说来，据我所知，罗赞诺夫除了在上文所引的这处地方以外，没有在任何其他地方说过类似的话。但此刻的问题并不在于此，而在于常常出现于罗赞诺夫身上的对世界中的生命以及人与自然的关联的感觉。他写道[3]："我们的大地是由每一所茅屋构成的，在世界所诞生的每一个新的'我'中，都会有一束光线射出来，——而整个大地也就会闪耀着短暂的、虽然达不到天空，但却拥有其自身的光照。由于大地总在诞生，总是在浮现着肉体的平面上滑行，却闪耀着宗教的光"。"世界不光是理性的构成的，"罗赞诺夫在另外一处文字中这样写道[4]，"而且也是神圣地创造出来的——按照亚里士多德什么样，也就是按照圣经怎么样……整个世界被温暖了，并被用爱而关联起来"。

从罗赞诺夫这种非常深刻的"自然感觉"中，滋养着各种各样的思考。这样一种根本的生物学中心主义（在罗赞诺夫的第一部著作《论理解》中就已经有所表述）并未把他彻底引向"神秘泛神论"，如人们经常以为的那样，而是引向了另外一种结论，他

---

[1] 《在教会的院墙外》，第77—79页。
[2] 《俄国的家庭问题》，1903，第2卷，第53页。
[3] 《家庭问题》，第1卷，第54页。
[4] 《文学界的流浪汉们》，第248页（斯特拉霍夫给罗赞诺夫的信的注释）。

本人某次曾将其表述为①："任何形而上学都是对自然认识的一种深化"。这就是宇宙中心主义。但由于在罗赞诺夫那里对于造物主的感觉永远都是非常强烈的，而且世界被造的理念也总是处于十分重要的地位，那么，宇宙中心主义在他那里便并未成为泛神论。

罗赞诺夫的全部人类学同样也具有以宇宙中心主义为定向的特点。我同意沃尔日斯基的观点②，即"在罗赞诺夫那里对生命的热爱是处于人和上帝的个性之外的"。相反，在罗赞诺夫那里，对于（人身上的）个性的感觉是十分强烈的，但这种感觉在他那里却带有宇宙中心主义的色彩。人的任何形而上学对于罗赞诺夫来说都集中在性的秘密之中，但这却距离弗洛伊德的泛性论绝对相当遥远，因为在罗赞诺夫那里性的秘密全部都被人性化了。我们还将有机会接触到他出色的公式："人在创世中失去的，会在历史中找回来"③。对我们来说这一公式中现在最重要的是它指出人会在创世中"失去"什么，——人不是迷失在创世中，人被包含在自然的秩序里，而这一被包含的观点也就是性，它是新生命诞生之谜。正是性的这一"创造"的功能才为罗赞诺夫所必须和珍重，须知按照罗赞诺夫的观点，性"也就是我们的灵魂"④。正因为此罗赞诺夫甚至断言，人一般说是"性的变形"⑤，但这却根本不是什么人类学"唯物主义"，而恰恰相反。"我们身上没有丝毫东西，指甲、一根毛发、一滴血"，罗赞诺夫接着写道，"没有什么东西身上不是包含着精神本质的"⑥。个性的出现是宇宙生活中一个十分巨大的事件，因为在无论什么样的'我'身上我们都可以找到一种孤零零的、与一切非'我'的东

---

① 《俄罗斯信使》，1892，第 8 期，第 196 页。
② 沃尔日斯基：《选自文学探索的世界》，第 363 页。
③ 《宗教与文化》论文集，第 21 页。
④ 《在模糊和不可解决的问题的世界里》，第 7 页。
⑤ 《月光下的人》，1911，第 71 页。
⑥ 同上书，第 74 页。

西相互敌对的东西"①。

把性作为人身上的这样一个领域，人通过这个领域与全部自然相关，亦即以形而上学的方式来理解它，罗赞诺夫认为人身上一切"其他"的东西，都是性之谜的表现和发展而已。"性已然开始超出自然的边界，性是外自然的和超自然的"②。如果一般说来"只有那些有性的地方才会产生人的话，那么在其深处性是"人身上第 2 个、阴暗的、本体的面貌（人 лицо）"③："……这里有一个深渊，一个深入存在之反世界的深渊，这是一个彼世的形象"④。"人身上的性犹如一片新生的林子，亦即一片被魔法锁定的林子，人拼命想要恐惧地跑出林子，而被魔法咒诅的林子却始终是个谜"⑤。

在出色的文章《种子与生命》（见《宗教与文化》论文集）里，散布着许多罗赞诺夫对于这些题目的极有特点又极其重要的思考。"性不是功能和器官，"——罗赞诺夫在此反对有关性的学说中的肤浅的经验主义道。对待性的态度如果把性作为一个器官，"就是对人的毁坏"⑥。这段深刻的话语清晰地表明了这一形而上学的全部人性，任何人都不会像罗赞诺夫那样深刻地感觉到人身上的"神圣性"，这正是因为他能感觉得到性的神圣之谜。他的著作充满了对"婴儿"的爱（尤其值得注意的是他对"非婚生"孩子的关切）——当代文明"颓丧"的最后一个源泉罗赞诺夫认为在于家庭的解体，因为正是家庭的解体在销蚀着文明，这种看法显然不是偶然为之。

在罗赞诺夫那里，对性的问题的深化一般被纳入一个总的框架

---

① 《月光下的人》，1911，第 28 页。
② 《在模糊和不可解决的问题的世界里》，第 110 页。
③ 同上书，第 5 页。
④ 同上书，第 110 页。
⑤ 《摘自东方的母题》（笔记本），第 24 页。
⑥ 《宗教与文化》，第 173 页。

里去，即纳入人格主义体系中——罗赞诺夫思考的全部意义端在于此。人的形而上学在他那里是从承认性领域玄学核心性开始的。"性根本不是肉体，"罗赞诺夫某次这样写道①，"肉体围绕着性旋转并从中生发出来……"在这段予以与此相近的表述中，罗赞诺夫要比所有那些"肉体之谜的窥见者们"无可比拟地深刻得多，例如梅列日柯夫斯基曾经在论述托尔斯泰的文字中夸奖道：任何人都不像罗赞诺夫那样深刻地感觉到了性的"秘密"，性与超验领域的关联（"性与上帝的关联，要比理性与上帝的关联大，甚至也比良心与上帝的关联大"）②。

12. 在深入思考家庭的命运是如何在基督教历史发展过程中形成的问题时，罗赞诺夫起初倾向于，正如我们已经看到的那样，谴责教会和所有的"历史基督教"片面倾向于禁欲主义的"鄙弃"世界的偏向。但逐渐地他的观点也开始转变——他已经开始把自己的怀疑转移到基督教本质上面来。"基督教早已就不再是粉碎机和酵母了"，它早已就被"确立了"③，正因为此"我们身边的风景都被封冻了，实际上，基督教文明一切都是本体的"④。按照罗赞诺夫本人的新的意识，这种现象的来源在于"从福音书文本中自然而然地引导出来的就只有修道院"⑤。"教会没有对于孩子的感觉，"罗赞诺夫在另一处地方断言⑥。这些疑心在其轰动一时的文章《论耶稣斯拉德恰伊舍姆》（见《基督教的阴暗面孔》文集）达到了至高点。罗赞诺夫在文中断言，"在耶稣身上世界变得哈喇了"⑦。在罗赞诺夫那里开始了一个与基督斗争的时期，即坚决转

---

① 《在模糊和不可解决的问题的世界里》，第 123 页。

② 《孤独》，第 169 页。

③ 《在教会的墙外》，第 1 卷，第 91 页。

④ 《宗教与文化》，第 150 页。

⑤ 致戈列尔巴赫的一封信。可参阅戈列尔巴赫：《罗赞诺夫（给他的信）》，第 44 页。

⑥ 《家庭问题》，第 1 卷，第 35 页。

⑦ 《基督教的阴暗的面孔》，第 265 页。

向旧约（圣父的宗教）的时期。原来此刻才看出他"从刚生下来就不喜欢阅读福音书——而旧约也无法令他得到满足"①，"异样性构成了基督教形而上学"②。如今他把基督教称为"基督有神论"，其中"有神论"的真理只占三分之一③。罗赞诺夫临终前写的著作《我们时代的末世论》表明其与基督的斗争达到了最大的力度和最大的表现力。这是一本非常可怕的书，文中充满了许多尖锐和可怕的说法。"基督令人无法忍受地减轻了人生活的负担"，基督是"一个神秘的日渐消瘦的像牧草的影子"，基督教"没有能力按照其狭隘的福音书的真理来安排人类的生活"。文中还有这样的话："……基督到来之恶……"④。

基督教是"真实的，但却是软弱的"，——罗赞诺夫某次这样写道。教会的历史"软弱无力"，以及它并未把握历史过程这一事实，无法把自己的光明带入教会，以便在一切方面对其进行改造，——所有这一切对于罗赞诺夫来说都是教会的"罪孽"。也就是在我们面前出现了一个从未彻底搞清楚的他的历史学观念。我们已经引用过他的一个非常深刻的思想，即"人在创世中失去的会在历史中得到"。然而，这根本就不是在揄扬人，把人作为历史的创造者来加以揄扬的：人在宇宙中失去的帝王般的意义却会在历史中重新获得，而历史却完全不是人所创造的。"人并不会创造历史，"我们从刚才所引用的那段话所出的同一本书中又读到，"人只是在历史中生活着，迷路着而已，他根本不可能知道是为了什么，前方又有什么"⑤。这已然不是简单的不可知论了——这是历史神秘主义，常常与赫尔岑的历史非逻辑论或列夫·托尔斯泰

---

① 《落叶》，第1栏，第255页。

② 《月光下的人》，第194页。

③ 《我们时代的末日论》，《俄里》，1927年第2期，第303、307、316、336、345页。

④ 同上书，第305页。

⑤ 《宗教与文化》，第126页。

的哲学史人格主义十分相近。在同一本书中的同一处地方，罗赞诺夫又谈到"不可靠的历史巨浪"，会在修道院身上撞得粉碎，但在人的个人意识中历史的统治远比我们所以为的那样更加强大得多。"在历史中成为一个受骗者这乃是人在世上常常会碰到的命运。我们可以说，人所被赋予的希望在于在受希望蛊惑的同时，他可以完成某些事功，这些事情对于使其状态良好是十分必要的，尽管这些事功与这些希望没有任何关系，但却非常的和谐，在全世界历史的总的结构中显然是十分必要的"①。人在其中可以表现个人创造的唯一"位置"，是家庭，孩子的出生，如我们所知，罗赞诺夫千方百计地力求揭示家庭和孩子出生的神圣意义。罗赞诺夫常常肯定家庭所特有的神秘主义的深层含义及其超经验主义的本质（"家庭是不能采用理性的方式加以建构的"，"家庭实质上是非理性主义的和神秘主义的"）②。

13. 我们开始接触到罗赞诺夫所以之为依据的纯粹哲学前提问题了。他的整个在他那里就与其新闻记者职责有关的"偶然问题"而形成的世界观，尽管有着极为特殊的"真实性"（常常跨越"体面"的界限的），往往忠实于始初的直觉，这种直觉构成了其第一部著作《论理解》的基础。彻头彻尾渗透着理性主义的对于存在的"理性主义的先定的和谐"的信心，与此同时也是一种对于理性主义的一种非常独特的神秘主义的阐释。存在是理性的，其理性是在我们的理性思维中呈现出来的，一切可以认知者都包含在理解中，都含纳在其形式中，但尚未被开启。存在与我们的理性的这种"平行并列性"根据罗赞诺夫自己认可的那样③，不知为何在他看来恰恰是在视觉中的，并且决定着他的《论理解》这部著作的构思本身。正如植物是从一粒种子发育而来一样，所有知识都是从理性的深层中发

---

① 《宗教与文化》，第 126 页。
② 《家庭问题》，第 1 卷，第 75、78 页。
③ 《文学界的流浪汉们》一书中对斯特拉霍夫一封信的注释，第 342—343 页。

展而来的，这一构成第一部著作的基础的"种子"的形象，对于罗赞诺夫来说成为其永久的基础。在一篇文章①中他这样写道："任何感觉对于人而言都是无法予以说明的和黑暗的，其含义只要它不被提升到与某种业已爱精神中存在的意义相关的地步就是无法穿透的"。"我们应当，"罗赞诺夫紧接着就本着超验主义的路线写道，"只要自己原初意识中的过程和状态刚一重复就应当理解外部自然的现象"。但罗赞诺夫比别人更加深刻地感觉到了宇宙中的神性之光，感觉得到与超验领域里的直接相关性。但这并不意味着我们有权谈论罗赞诺夫的泛神论，而我们可以说的就只是一点，即他已经走在了建构索菲亚学观念的半路上了，这种学说根据其直觉（而非根据其实际上的表述——比方说，像弗拉·索洛维约夫所做的那种表述）是自外于泛神论的。但摆在我们面前的罗赞诺夫的世界观中的神秘主义表现得越是鲜明，伴随着透明的理性主义的外表，有一个超验领域展现开来的明显感觉。

14. 罗赞诺夫的宇宙中心主义对于各种俄国思想家们具有非常特殊的影响，而且不光是那些比较接近于他的，而且也包括那些与其精神相敌对的人。在俄国思想界的发展过程中与罗赞诺夫不可分割地相关的正面的一切，并非性和家庭的问题（无论罗赞诺夫在这一领域里所推出的一切有多么重要和主要也罢），而是他的宇宙中心主义。人们是不是正因为此而倾向于认为他是一个泛神论者呢？罗赞诺夫为未来的俄国哲学家们尚未来得及彻底建构完毕的索菲亚学做出了自己的贡献，这一学说应当以哲学的方式来思考在东正教及其宇宙主义中所包含的生动的宗教感受和体验。

罗赞诺夫主要为俄国哲学中有关"世俗化"运动的主题的发展过程，有关以教会为基础建构文化体系的可能性问题所做的贡献，也丝毫不亚于此。和列昂季耶夫一样，罗赞诺夫始终都以基

---

① 《理性主义自然科学的理念》，《俄罗斯信使》，1892 年第 8 期，第 196—197 页。

督教为出发点，并且总是徘徊在"教会院墙之外"，也和列昂季耶夫一样，是世俗化的欧洲自觉的敌人，但这并不妨碍他悲剧性地表达在教会中世俗化主题自身的不可解决性问题。在这条道路上，罗赞诺夫并未向世俗化让步，但他却走到了如此激烈尖锐地批判教会的地步，以至于就连世俗化运动本身也做不出这样的批判来。罗赞诺夫复杂而又紧张的创作根本不是运行在有利于世俗化的道路上，但他仍然还是实质上的正面人物。他的这种尖锐理念本身对于俄国宗教探索的更新和复苏的正面影响力是完全不可否定的——而且也正是沿着一条既定的方向，即以宗教方式思考和说明文化创造的"自发"过程。绕过罗赞诺夫的主题，教会文化问题不可能被解决，也就等于绕过罗赞诺夫的宇宙中心主义。甚至比这更多：常常过分倾向于单一的伦理主义一方的俄国人格主义，应当把罗赞诺夫的主题吸纳到自身中来，以便能够攀登上像他那样提出索菲亚学问题的高度。在这条道路上，罗赞诺夫思想遗产对于未来的索菲亚学是特别重要的。

15. 我们就要结束对于俄国哲学史第二个时期的探讨了。在对这一时期的研究中，我们漏掉了一些内容——即未能涉及个别的哲学著作，而这些著作在 60 年代以后开始越来越多地涌现出来。但对其进行总的概览如果将其与论述"大学哲学"派别的章节联系起来的话，也许会更加方便一些，而此派的论述本应该在"体系"的第一个时期中就进行的。另一方面，我们还应给予俄国诗歌中的哲学派别进行一番巡览，但这个题目要求专门另写一部书。

我们已经接近于"体系"的时期了。实际上，我们将在亚历山大二世时代与之打交道的几乎所有的体系和架构，已经可以提供"体系"，某些（比方说帕·列·拉甫罗夫）几乎已经站在了创造体系的门槛上了。如果这一点终究未能发生的话，那也是由于各种历史状况的缘故使然，而不是因为缺乏必要的才华，但在历史成熟的道路上"阶梯型"是必不可免的。

但稍稍与超验主义接近的理性主义，在罗赞诺夫那里，马上又被给以超验现实主义的阐释。"现实是一种比理性和真理更高尚的东西"①。而现实主义又马上被给以有神论式的解释，而非对于罗赞诺夫的泛有神论推断给以直截了当的和决绝的否定。"正如思维着的理性有其相应的思维世界一样，道德感情也有与之相应的职责，而宗教知觉也有其所知觉的神性"②。这在罗赞诺夫那里绝不是一种偶然的表达，因为他终其一生都以上帝为其生命③。

---

① 《文学概论》，1899，第 39 页。
② 同上书，第 42 页。
③ 参阅《孤独》中的鲜明段落，第 117 页。

俄国哲学史

瓦·瓦·津科夫斯基 著

张冰 译

下卷

人民出版社

目　　录

下　卷

第三篇

创建体系的时期

第一章

总的概论

弗拉基米尔·索洛维约夫

1. 我们即将予以讨论的创建体系的时期，与我们在前面几章中所探讨的哲学体系之间，有着十分密切的联系。实际上，俄国思想界早已站在创建体系的门槛上了，而如果说车尔尼雪夫斯基和拉甫罗夫、米哈伊洛夫斯基和斯特拉霍夫尚未创造真正的体系的话，那么个中原因不在于他们不够有才华，而在于他们的哲学才华被耗费了，被用来对付具体的生活问题和日常生活中的紧迫事务了。我们有多少思想深邃和真正的哲学创造被消耗在了政论上呀！上文所提到过的那些思想家中，就拿最勇敢、最独特的尼·康·米哈依洛夫斯基来说，他尽管也留下了许多有价值的哲学论文和草稿，但他的灵感却被他完全地以其所特有的激情献给了杂志工作，被用来写作批评论文一类的东西。俄国思想家所担负的思考当前生活问题的这一负担当然不会完全压抑俄国思想，甚至还在其历史中留下了正面的记录，因为俄国思想的精华恰好正是那些来自于生活本身的活生生的灵感给提供的，生活本身提出了一些并非抽象而是具体鲜活的问题。因此，在我们所研究的这个时代，哲学思维不光是简单地触及到了所有极其重要的哲学问题，而且是以很大的深度和紧张感触及到这些几乎总是以其提出问题的片面性为特点的问题的。但正因为此，在俄国哲学面前，很早便产生了将前此所有思想家们已经在其体系里说出的一切加以有机综合的任务，这当然是指以"体系"的形式对其加以综合。而这就意味着我们首先必须找到一个适当的基础即一个总的根据，一个能够成为建筑大厦根基的东西。俄国哲学界需要的不是新的思想，而是需要将业已说出的一切都有机地贯穿起来。这样一来，俄国思想界的体系时代便来临了：材料已经备齐，重要的只是这样一个问题，即从这些材料里究竟能够搞出一个什么样的建筑出来。

对于我们现在开始讨论的这些体系的这样一种形式辩证法，我们只有从体系的任务并不在于对于问题的新的理解，而在于如何将其纳入一个完整体系的观点出发，才能正确评价它们与前此时代的历史关联问题。有两个主要流派决定着俄国哲学嗣后的道路：一个流派（其在俄国思想中的表现相比较弱）在认识论中寻找基本出发点，即在对认识的分析中，在对那些应该成为所有体系之基础的那些基本原则的探索中寻找出发点。属于这类哲学家的首先有俄国哲学中的康德学派，即俄国批判主义，其最鲜明的代表人物是亚历山大·维杰斯基，随后还包括俄国实证主义者（真正意义上的），其最卓越的代表人物是列谢维奇。比此派人数更多、创作更丰富，影响更巨大的是另外一个流派，即不是从认识论出发（尽管也给予认识论以一定的地位），而是从对现实生活的某种总的直觉出发的流派。这不是反认识论流派，甚至也不是一种认识论以外的流派，而是一种我们已经很熟悉的、非常典型的以本体论为定向坐标的流派：此类流派的一个基本特点是对存在的直觉，与存在的生动关联，而非认识论理念。弗拉基米尔·索洛维约夫同样也属于这个流派，他以其"带有正面特征的万物统一论"为特点。另一位是洛斯基，他的特点是把世界当作一个"有机整体"来加以接受。此外还有谢·布尔加科夫，他的特点是以社会学体系见长。关于其他那些经验主义大思想家们我们就不提了。但属于此派的，我们认为还有俄国唯物主义者们（即列宁及其辩证唯物主义在当代的追随者们）。经验主义和唯物主义在我们所考察的这段时期的俄国哲学中是如此对立的本体论直觉类型，而且它们相互之间也处于严重的相互对立状态，但却恰恰是理解俄国思想界内在斗争的一把钥匙，而要克服这种倾向使之和谐起来，现在显然还不到时候。

2. 如果我们从我们将要对之加以研究的俄国哲学学说的形式辩证法转入对其内在辩证法的分析的话，我们立刻就会看出整个情境远比我们所想的要复杂得多。如果说在60年代里，最具有典型特征的是我们称之为"半实证主义"（是实证主义与唯心主义伦理学的结合形态）的话，那么这种不彻底性在体系时期就彻底消失了。这里发生了一个哲学思维明确的和循序渐进的世俗化过程。把（自由的和独立的）伦理主义与实证主义非法地嫁接在一起的趋向已经很难阻止了，世俗化倾向已经得到了鲜明充分的表现，但与世俗化倾向进行系统和自觉斗争的倾向，也表现得更加鲜明。因此，我们一方面看到世俗化倾向得意洋洋，而另一方面，则可以看到坚决回归宗教哲学立场的倾向。（在正面和负面意义上）不取决于宗教领域的"纯"哲学，同样也有其代表人物，但这种人物并不多：而且他们主要由具有某种超验主义形式的人物所组成。

无论如何，坚决彻底的世俗化与同样坚决彻底的捍卫宗教世界观的倾向的尖锐对立，发端于18世纪，即从教会世界观开始衰落时期的俄国思想中世俗化进程的一个终结。在俄国发端于17世纪的世俗化进程，把国家意识与教会政治意识形态割断了联系，让其深入到了思想和精神探索的深层中去，因此，世俗化的基本主题（与教会决裂）嗣后在俄国思想界开始占据首要地位。当然，这一进程仅仅决定着发展的路线，而根本不会影响到多种多样的"内涵"，因为这些"内涵"是从文化的各个领域中来的，它们要求与思维和良心的基本主题达成"和谐"的统一。世俗化的主导力量所能带给激情洋溢的创造性精神工作的，也只有具有决定性意义的发展路线而已。正因为此，这种基本的而且常常是隐秘的同时往往也是已经被人们意识到了的俄国哲学创作的发动机，提出了这种生动的、惶惶不安的甚至也可以说是强加给其的（为整个俄国精神生活的传统所强加的）主题：与教会一起或是丢开教会，反抗教会？

实际上我们迄今所研究过的那些思想家们，都是这样并且也一直就这样持续了下去。在这场仍然尚未结束的俄国精神与其自身的争论中，哲学的"中性化特点"我们未能在任何人身上找到，更确切地说，几乎在任何人身上都无法找到。或许，唯有列·米·洛帕金一个人善于在其著作中（或多或少）坚持其"中性化"哲学立场，但根据他在其论述弗拉·索洛维约夫的文章和演说中已经半承认了的与弗拉·索洛维约夫的诚挚友谊①，使我们可以断言，在他的哲学"中性化"立场中，更多的是学院派的"学究气"，而非对于世俗化主题的真正的淡漠。至于俄国哲学界中的"左翼"，那么此派对于宗教主题的显著淡漠在十月革命以后却被一种狂暴和激烈好战的无神论所取代，以至于我们根本不可能谈论什么对世俗化主题的所谓淡漠问题。相反，我们倒是值得从俄国实证主义稍稍"向右"拐一拐，宗教主题作为一种占据统治地位的力量出现的频率越来越高，在弗拉·索洛维约夫、弗洛连斯基、布尔加科夫及其他热烈宣扬在哲学形式中发现基督教真理的构思的思想家那里，形成一种气候……对于个别思想家及其创作的研究会更加充分地证明这一点。

为了使表述清晰之故，我们决定不按照编年纪事的线索叙述，而仍然把整个"体系时期"的概述分为两部分：第一部分讲述 19 世纪，第二部分讲述 20 世纪。恰好去世于 20 世纪门槛（1900 年 7 月 31 日）的弗拉·索洛维约夫，带有象征意味地把自己与那些主要创作是在 19 世纪成熟和那些主要创作发生在 20 世纪的思想家区分开来。我清醒地意识到自己在这卷著作中这种划分的人为性，但我希望这种做法会使我在叙述中能真正达到一种清晰性，并能揭示其辩

① 参阅康·叶利佐娃的回忆录《彼岸之梦》，见《当代纪事》，第 28 卷，1926。

证的关联性。

我们就从探讨弗拉·索洛维约夫——一个在我们所研究的这个"体系时期"的的确确最鲜明最具有影响力的哲学家——来开始吧。

3. 让我们先来谈谈弗拉·索洛维约夫的生平传记①。

弗拉基米尔·谢尔盖耶维奇·索洛维约夫（1853—1900）出生于一个著名历史学家、莫斯科大学教授谢·米·索洛维约夫的家庭。根据父亲一支，弗拉·索洛维约夫的祖上是神职人员（其祖父是莫斯科神父），母系则出生于一个古老的乌克兰家族。弗拉·索洛维约夫的家庭人口众多，家里共有 9 个孩子②。家庭生活很和睦，只是笼罩在一种"严峻的宗教气氛"中③，未来的哲学家在家里长期沉浸在儿童式的幻想和遐思中。

　　我那时是一个很奇特的孩子，

　　常常做一些很奇特的怪梦，

弗拉·索洛维约夫后来关于自己是这样写的。这些"很奇特的怪梦"从未丧失对其心灵的统治。在弗拉·索洛维约夫的精神气质里，生活着一个"神秘幻想的王国"，的确，他在其中占据着一个很重要的位置。无论如何，索洛维约夫本人初次见识"索菲亚"是在他年仅 9 岁的时候。认为这些以及其他所有"很奇特的怪梦"在弗

---

　　① 弗拉·索洛维约夫的传记写得非常之糟糕。最重要的是谢·米·鲁基杨诺夫的基本著作《论弗拉·索洛维约夫的青年时代》，第 1—3 卷，布拉格，1918—1921。弗·列·维利契科：《弗拉·索洛维约夫·生平与创作》（1904）。谢·米·索洛维约夫（弗拉·索洛维约夫的侄儿子）：《弗·谢诗歌作品中的弗拉·索洛维约夫的生平》，第 7 版，1921，第 1—58 页。弗·谢同时还在康·瓦·莫丘利斯基的书《弗拉·索洛维约夫》（巴黎，1936）中很好地讲述了弗拉·索洛维约夫的生平故事。还可参阅弗拉·索洛维约夫的妹妹米·谢·别佐勃拉佐娃的回忆录，《过往的时代》，1908，第 5 期。康·叶利佐娃：（列·米·洛帕金的妹妹）《当代纪事》，第 28 卷，1926。还可参阅埃·列·拉德洛夫：《弗拉·索洛维约夫·生平与学说》，布拉格，1913。弗洛罗夫斯基：《关于弗拉·索洛维约夫的新书》、《敖德萨图书馆学会通讯》，1912。此后的传记可参阅文集《弗拉·索洛维约夫》，"道路"出版社版，莫斯科，1911，以及 Stremooukhow. W. Soloview et son oeuvre messianique. Strasbourg, 1935。

　　② 参阅康·叶利佐娃：《当代纪事》，第 28 卷，第 228 页。

　　③ 谢·米·索洛维约夫：《弗拉·索洛维约夫传记》，诗歌，第 7 版，第 3 页。

拉·索洛维约夫的精神生活中具有决定性的意义（如比方说康·瓦·莫丘利斯基①所做的那样），当然是一种夸张，这种说法是无法加以证实的，但要轻视这一事实同样也是对于弗拉·索洛维约夫的神秘个性研究来说不必要的②。

弗拉·索洛维约夫11岁时进入古典中学学习，18岁时从中学毕业。中学时代对于弗拉·索洛维约夫个性的形成来说具有决定性的意义：在此期间，他从儿童时期的宗教信仰转入非常激烈和狂暴的无神论。早在13岁时他就开始怀疑，按照弗拉·索洛维约夫自己的说法，他在"14到18岁期间经历了否认各种理论的阶段"："想起来甚至都感到愧疚，"几年后他这样写道，"我当时所说所做的一切的是多么的渎神啊"③。弗拉·索洛维约夫少年时代的好友、著名哲学家列·米·洛帕金关于他这样写道："在他的一生中，15岁以后，曾经有过一个时期，他曾是一个彻头彻尾的唯物主义者……像他那样激烈而且信仰坚定的唯物主义者，我在后来还从未遇见过。他曾是一个典型的60年代那种虚无主义者。"

但也是在少年时代，他开始信仰苏醒和回归信仰。根据同一个洛帕金的证词，弗拉·索洛维约夫在16岁时认识了斯宾诺莎，他成为了弗拉·索洛维约夫在哲学上的"初恋"④，斯宾诺莎以其宗教方面对弗拉·索洛维约夫无疑产生了深刻的影响，关于这一点，弗拉·索洛维约夫本人也在关于斯宾诺莎的文章中提供了很好的证词（第9卷）。按照莫丘利斯基诚恳正确的意见⑤，弗拉·索洛维约夫从斯宾诺莎那里不仅拿来了对于上帝真实性的生动感受，而且也拿

---

① 参阅莫丘利斯基的上文，见《弗拉·索洛维约夫传记》，第14—15页。

② "在全部俄国文学中，"莫丘利斯基指出（同上书，第7页）。"没有比他更神秘的人物了，而只有果戈里和他好有一比"。

③ 《弗拉·索洛维约夫的书信》（1911），第3卷，第74页。

④ 见弗拉·索洛维约夫的文章：《为斯宾诺莎的哲学辩护》，《索洛维约夫全集》，教育部版，第9卷，第3页。

⑤ 莫丘利斯基的引文出自《弗拉·索洛维约夫传记》，第27页。

来了对于"世界在精神上的万物统一论"的鲜明体验和感受。弗拉·索洛维约夫关于认识论的三分法（经验、理性与神秘）也来自斯宾诺莎。

精神转折一旦发生便开始急遽而又果决地进行。转折恰好是在弗拉·索洛维约夫的大学时代（1869—1874）年发生的，转折的前三年弗拉·索洛维约夫在自然科学系就读，但还未结业他就抛弃了。旋即转入历史语文学系，并且只过了一年就开始准备参加国家考试，并于 1873 年顺利通过。此后的一个学年（从 1873 年秋季学期到 1874 年夏季）弗拉·索洛维约夫是在莫斯科神学院度过的。在神学院的一年中，弗拉·索洛维约夫非常专注地研究哲学，此外还专门研究宗教哲学文献，而其未来体系最初的基础就是在这个时期形成的。弗拉·索洛维约夫的候补博士论文修订版发表于 1873 年《东正教评论》杂志上，发表时的题目是《古代多神教中的神话进程》（参阅全集著作第 1 卷）。此时的弗拉·索洛维约夫已经成为一个热情洋溢感情炽烈的基督教学说的追随者（但这并不妨碍他同时也受到叔本华的强烈影响，关于这个问题下文将会叙及）。弗拉·索洛维约夫宏伟的计划也是在此期间形成的。1874 年他发表了他的硕士学位论文，题目是《实证主义哲学的危机——反实证主义论》，并在彼得堡大学答辩。当时这位年轻的学者年仅 21 岁，但他的博览群书、对于自己理念和构思的深刻信仰，以及他在答辩中几乎充满预言的演讲——所有这一切都为他赢得了巨大的声誉。值得注意的是，著名历史学家别斯图热夫—留明在答辩之后说道："我们庆幸俄国出现了一位天才。"次年年初弗拉·索洛维约夫便开始在莫斯科大学和高等女子讲习班授课，而夏天他申请到英国进修，并于 1875 年成行。

接下来的那些年中，弗拉·索洛维约夫的知性兴趣不是集中在精确意义上的哲学上，而是神秘主义文献，对此类文献他在这之前也很关注，而在伦敦则全身心投身于这个题目。可是，刚刚过了几个月，他却突然离开伦敦，去了埃及。他此次出行的正式理由至今仍是个谜①，似乎是出于到埃及研究某些文献的必要性。当然，对于这种借口的真实性大可怀疑，同样也值得怀疑的，是弗拉·索洛维约夫本人对其一位友人做出的解释，说他是去参加一个招魂术聚会（这些年中弗拉·索洛维约夫对于通灵术非常感兴趣），说神祇通知他在埃及存在着一个秘密的喀巴拉学会（话说回来，弗拉·索洛维约夫在伦敦努力研究过喀巴拉教义，关于这种教义在弗拉·索洛维约夫宗教哲学创作中所具有的意义，我们下文中还会有机会加以论述）。弗拉·索洛维约夫本人在著名的《三次会面》一诗中，对其突然到埃及所做出的解释是，他是在"听从索菲亚的神秘召唤"。关于弗拉·索洛维约夫的"幻影"我们稍后再谈，我们暂时不介入这个混乱不堪的题目，不管怎么说，弗拉·索洛维约夫在大英博物馆的研究正在热火朝天的时候忽然丢下伦敦，前往开罗进行一次"神秘的约会"（根据弗拉·索洛维约夫自己的讲述，这种会面竟然真的发生了。参阅《三次会面》②）。几个月后弗拉·索洛维约夫回到了欧洲，1876 年夏，已经回到莫斯科。1876 年秋天，他恢复了在大学的教学工作，但 1877 年春天，由于与教授们的争执，他离开了大学，去了彼得堡，并在人民教育部学术委员会获得一个职位。1880 年春天，他异常成功地在彼得堡大学通过了博士学位论文《抽象本质批判》，但即使在这里他也未能获得教职，而是作为大学和女子讲习班的副教授开办讲座课。

需要指出的是，早在 1877 年，弗拉·索洛维约夫的《论完整知识的哲学本质》著作就正式出版了。这部著作是对弗拉·索洛维约夫哲学体系的首次概论，极其鲜明地揭示了其创作思维所遵循的方向。而实际上弗拉·索洛维约夫也终其一生都忠实于自己在这部著作中所表述的理念。稍晚些时候（1878 年初），他上了一门公开课，

① 关于此问题的争议性可参阅鲁基杨诺夫，第 1 卷，第 149 页。
② 对于这些幻影的绝对最真实最鲜明的描述见莫丘利斯基关于弗拉·索洛维约夫的著作，还可参阅谢·米·索洛维约夫的《弗拉·索洛维夫传记》。

题目是《神人类讲座》，在这部著作里，我们已经可以找到所有（准确地说是几乎所有）索洛维约夫的形而上学理念。《神人类讲座》吸引了众多听众，并为整个巨大、迄今仍未说出自己最后的话的、与索洛维约夫自己的名字相关联的宗教—哲学思想运动，开辟了道路。

1881 年，在亚历山大二世被刺（3 月 1 日）后，索洛维约夫在公开课上，谈到批判启蒙主义运动问题时，以对革命行动的谴责结束其讲座，随后高呼："沙皇应当饶恕凶手"。索洛维约夫对于拒绝死刑的必要性所发出的这一呼吁，导致他被迫辞去大学教席的结果，并且他被禁止发表公开演讲。索洛维约夫从此离开大学，完全投身于著作和文章的写作，而直到临终前每年只发表一次公开演讲。从那以后，索洛维约夫投身于教会社会活动，这也因此而被公正地认为是索洛维约夫一生中的转折点。其生平和创作的新时期（我们可以跟随叶·特鲁别茨科依之后认为这个时期是乌托邦时期），他并未脱离哲学著述，而是仍然密切关注具体的生活问题。继许多俄国思想家之后，索洛维约夫对于政论文的写作投入了很多灵感，写作了一系列针对当代最迫切问题的文章。当然，赋予其这个时期的创作以乌托邦性质的，并非主要是因为他所从事的杂志工作导致的，而是神权政治乌托邦，他的意识从 80 年代初起就被这种思想所攫取。1884 年，他写作了深思熟虑的著作《神权政治的历史与未来》（原拟写三卷）。第 1 卷未能在俄国出版（由于审查制度的缘故），而是直到 1881 年才在扎格勒布出版（俄文版）。这部著作的若干章节发表于俄国的《东正教评论》（1885 和 1886 年间），但全书由于索洛维约夫在书中所表现的对于天主教的同情态度的缘故，始终未获准出版。应当注意的是，早在 1883 年，索洛维约夫就发表了许多长文，冠以总标题《一场大争论和基督教政治》，他在文中以极大的热情，以丰富的论据表达了捍卫罗马优先地位的观点。索洛维约夫的这一立场更加巩固了他与著名天主教红衣大主教斯特罗斯麦伊尔的关系，和其人的会面对于索洛维约夫及其对于教会合并的追求无疑有着很大的影响①。

弗拉·索洛维约夫为了捍卫天主教会而和他与之关系密切的整个斯拉夫派，断绝了关系——但他并未抛弃东正教②。

但是，1887年弗拉·索洛维约夫去巴黎，在一位俄国公爵夫人的沙龙里，做了一次有关俄国的报告，在这次报告里，他如此激烈地抨击了俄国教会，以致使人觉得他对俄国教会的批判和揭露，比恰达耶夫更加激烈……这次报告后来经过加工以后，构成了一部题为《Lidee russe》（巴黎，1888）小型著作的内容，该书的俄文译本（《俄罗斯思想》）直到1909年才得以面世。稍晚些时候，又出版了一部法文著作（《La Russie et Ieglise Universelle》）（1889），此书的俄文版也是直到1909年才问世。这是弗拉·索洛维约夫迷恋天主教巅峰时期的著作，在此之后，弗拉·索洛维约夫的神权政治乌托邦便开始逐渐消退。弗拉·索洛维约夫抛弃了直接期待历史教会发动变革的立场，他甚至写道（1892）："我和拉丁教会和拜占庭教会的距离同样遥远……我所宣扬的圣灵宗教要比所有个别宗教的含义都更广。"③

弗拉·索洛维约夫的乌托邦因素从未彻底消失，但神权政治乌托邦的主要理念，以及把罗马教皇的统治与俄国沙皇的统治合并起来的理想，并将这种合并作为在大地上实现天国的基础的理想，直到90年代才最终消失④。弗拉·索洛维约夫的世界感受开始带有消极悲观色彩。其哲学观发生了重大变化（我们稍后还将涉及这个问题），其最初表现，我们可以在其巨著《善的证明》（1897）中找

---

① 但对斯特罗斯麦伊尔的影响也不应该加以夸大——格利维茨教授在其专著《弗拉·索洛维约夫和叶·斯特罗斯麦伊尔》在这个问题上的观点是正确的。

② 在给大主教（未来的都主教）安东尼的信中（1886年4月8日），弗拉·索洛维约夫写道："我永远不会转而皈依天主教（《书信集》，第3卷，第187页）。"在扎格勒布之行以后，他给同一位大主教安东尼写信说："我回到俄国时，比我离开她时更是一个东正教徒（同上书，第189页）。"

③ 致瓦·瓦·罗赞诺夫的信，《书信集》，第3卷，第43—44页。

④ 关于这个问题的详情可参阅叶·特鲁别茨科依公爵和莫丘利斯基的著作。

到，而更加鲜明的表现，则可以在其未完成的论述《理论哲学》（1897—1899）的系列文章中找到。在此期间，弗拉·索洛维约夫的末日论专著《三次谈话》和与之相关的《敌基督的故事》（1900）也同样表现得很明显。1900 年 7 月，本来身体欠佳的弗拉·索洛维约夫，突然在谢·特鲁别茨科依伯爵的庄园患病，并很快就阖然长逝（1900 年 7 月 31 日），临终前向圣灵做了忏悔并领了圣餐。

4. 弗拉·索洛维约夫的外在生平便系如此，但要理解其哲学体系，我们还必须先研究一下他的个性，也就是说，还需研究其内在传记。我们已经提到过，弗拉·索洛维约夫的一生可以分为几个时期，他的传记研究者叶·特鲁别茨科依伯爵把弗拉·索洛维约夫的一生分为三个时期（第一时期是准备时期，第二时期是乌托邦时期，第三时期是神权政治理念破产的时期。）另一位传记研究者斯特列莫乌霍夫①分为四个时期（在神权政治乌托邦破产时期之后又加了一个末日论时期）。弗拉·索洛维约夫生平不同时期划分的不同十分重要，因为他有关许多重大问题上的论点在不同时期各有不同的变化。无论如何，那些认为弗拉·索洛维约夫在各个时期的不同体系具有重大意义的人，在评述其学说时应当分外小心谨慎才是，也就是说，切记不要把弗拉·索洛维约夫不同时期的思想结合起来，而对其分属于不同时期这一事实不管不顾。当然，弗拉·索洛维约夫观点中最重大的变化只发生在历史学领域和评价教会现实生活方面：例如，在第一时期中，弗拉·索洛维约夫与斯拉夫派过从甚密，而在第二时期中，又激烈而又严峻地与之决裂。但在其前不久发表的一篇论述弗拉·索洛维约夫的文章②中，弗洛罗夫斯基犀利地表明，在对教会生活的评价中抛弃了斯拉夫派的弗拉·索洛维约夫又受到了丘特切夫历史观的强烈影响，这一点在弗拉·索洛维约夫关于天主教的思想里，引起了根本的变化。换言之，甚至在这个问题上，我们也

---

① Stremooukhow, op. cit, p. 9.
② 弗洛罗夫斯基：《丘特切夫和索洛维约夫》，《道路》，第 41 期。

可以确定弗拉·索洛维约夫观点的发展中，有一种不间断性：（对比方说天主教的）评价的确有所变化，但他始终不间断地在修正其基本思想，因此，是真正意义上的思想的演化，而非急剧的改变。弗拉·索洛维约夫精神发展过程的严谨有序性，以及其哲学主题的整一贯穿性，足以使人感到惊奇不已——莫丘利斯基写道①。但在这里，恰好就正是这个所谓的"主题的整一贯穿性"（即便可以这么认为，那也是有条件的）与按照莫丘利斯基的观点，决定着其精神生活基本统一性的东西——即索菲亚的神秘直觉——完全不相吻合。索菲亚问题在弗拉·索洛维约夫的哲学中毋宁说是一个"第二级的"主题，如果说我们可以在其生平的各个时期都能见到这个主题的话，那这也压根儿就不意味着，这里包含着其探索的创造之结果。

斯特列莫乌霍夫②同样认为在弗拉·索洛维约夫哲学的中心，是其索菲亚学说，"索菲亚直觉是索洛维约夫哲学的来源"。但无论莫丘利斯基还是斯特列莫乌霍夫，都未能从弗拉·索洛维约夫的索菲亚学中推导出其全部基本体系来。恰好相反的是，弗拉·索洛维约夫本人曾经不止一次试图从另外一些一般性观点出发对其索菲亚学说加以论证。他执拗地坚持索菲亚学说——而这当然也就意味着索菲亚观念在他对世界的感受和阐释中，是基本的观点之一，但根本就不是什么唯一起决定性作用的创造性力量。

弗拉·索洛维约夫的哲学创作一般说不是从某一个根，而是从若干个根而来，但与此同时，他的大脑又以极其巨大的力量永远都服从于有机综合的任务。弗拉·索洛维约夫具有一种非凡的建构哲学架构的能力，他对范式的趣味极大地促进了他在这方面的能力。在此之上还要加上极大的文学才华：弗拉·索洛维约夫的文笔总是令人惊讶得清晰、准确，富于表现力。任何模棱两可含糊不明都与他格格不入，在这一点上，弗拉·索洛维约夫的特点非常接近于法

---

① 莫丘利斯基：《弗拉·索洛维约夫》，巴黎，1936，第107页。
② Stremooukhow, op. cit., p. 8.

国哲学的风格。我们可以说，就其思维方式而言，弗拉·索洛维约夫具有一种理性主义和逻辑架构的倾向，以及善于把各种思想辩证地关联起来的倾向……所有这一切构成了弗拉·索洛维约夫创作的外部特点，而且还往往是其从未充当思维和写作方式本身的俘虏——但是，当然他是有一些始终的和具有决定性意义的理念，我们也应当在这些理念中寻找打开其哲学的钥匙。唯一需要做的，正是应当在此类始初理念及其最初的内在关联中进行探索。

奥·谢·布尔加科夫认为弗拉·索洛维约夫的体系有一个核心理念——即"正面的万物统一"理念，它构成了"弗拉·索洛维约夫全部哲学的主要本质及其主要基础"①。但我们从这个架构里所能看到的，依然是那种想要从同一个根从同一个作为出发点的基础出发，推导弗拉·索洛维约夫全部哲学的企图。这正如比方说我们能从斯宾塞那里看到的那样。对于弗拉·索洛维约夫来说，这种说法是如此之不确，以致我们似乎倒不如坚持叶·特鲁别茨科依伯爵的模式，说弗拉·索洛维约夫创作发展的内在统一性问题始终未能揭示，但这种观点至少并未歪曲任何东西，并保持了弗拉·索洛维约夫创作活动中的内在多样性。然而，如果我们说弗拉·索洛维约夫的创作从若干个根而来的话，有机综合问题也曾经是他自己的内在任务的话，那么，我们也就无法把他纳入到我们的某种模式的普罗克洛斯忒斯的床上去了。

现在我们尝试着确定那些我们能够毫不费力地在弗拉·索洛维约夫那里找到的最核心的原初理念。首先，我们应该坚决地强调指出一点，即索菲亚理念（或直觉）并非这样的核心理念。在特定时期中（在动身出国前）弗拉·索洛维约夫开始在研究神秘学说（伯麦等）的基础上对索菲亚理念感到入迷。而弗洛连斯基在给鲁基扬诺夫的信

---

① 布尔加科夫：《弗拉·索洛维约夫哲学能给当代意识带来什么》，见《从马克思主义到唯心主义》，第 195 页。

中①写道："我觉得索洛维约夫考入神学院不过就是为了研究神学和教会史，可是后来，当他在灵魂里遇到他命中注定的索菲亚理念后，他抛弃了神学院，开始专门研究起索菲亚来。"我们不知道弗洛连斯基的猜想是否确实（他本人又连忙写道："显然，索洛维约夫把索菲亚理念从神学院带了出来"），但是，他的那句话，说"索洛维约夫遇到了索菲亚理念"的说法，我觉得很不合适。当然，在索洛维约夫那里不可能有任何理念是"命中注定的"（?），而且，当他"遇到"索菲亚理念时，他童年时代的幻影与他身上的索菲亚同一化起来了（参阅他的《三次约会》）。年轻时代的弗拉·索洛维约夫对唯灵论（在这个问题上不能说他没有受到他的导师德·帕·尤尔凯维奇教授的影响）和通神论很感兴趣，而且永远生活在他的灵魂里的非常发达的诗歌自发力量，在他很小时就推出了有关诗意想象的和幻像的现实意义的思想。因此索菲亚理念是索洛维约夫本人常常萦绕心中的理念，但他的哲学灵感却并不是从这种理念中汲取来的，而是相反，倒是索洛维约夫的那些门徒们（尤其是弗洛连斯基、部分的还有布尔加科夫以及几乎所有的处在索洛维约夫影响下的诗人们）却果真是从索洛维约夫关于索菲亚的神话中汲取灵感的。

当我们谈论索洛维约夫哲学创作的几个来源的时候，我们指的是那样一些真正决定其创作的哲学母题。布尔加科夫在上文提到的那篇论述索洛维约夫的文章中成功地指出，索洛维约夫的的哲学体系"是哲学史上所能具有的最完美悦耳的一组和弦"②。但索洛维约夫的哲学体系及其全部创作之所以正是和弦，是因为它是由一系列个别音响组成的。对这一和弦进行分解，我们就可以划分出下列几个方面。

1）首先我们应当承认 60 年代对于索洛维约夫精神气质所具有的总的影响。按照索洛维约夫的友人列·米·洛帕金的话，索洛维

---

① 鲁基扬诺夫：《论弗拉·索洛维约夫的青年时代》，第 1 卷，第 344 页。
② 弗洛罗夫斯基：《俄国神学之路》，第 309 页。

约夫"在少年时代曾经是一个彻头彻尾和信仰坚定的社会主义者"。当然，像弗洛连斯基那样，认为"索洛维约夫的全部创作道路只有从对社会真理的探索角度出发才能获得理解"的说法，也未免有些夸大，但我们却必须承认，在索洛维约夫的精神探索中，社会因素从未退居二线过。这当然仍然还是那种曾经鼓舞了整个 19 世纪的那种"对于进步的信仰"。

2）其次我们应当认识到索洛维约夫很早就有了一种"想要把永恒的基督教内涵提升成为一种新的、与其自身相符的、亦即理性的无条件的形式"的想法①。索洛维约夫在从少年时代一度曾经予以否认的立场回归基督教以后，基督教对他来说已经成为颠扑不破的真理，但基督教在历史上所具有的那种形式，索洛维约夫却总是觉得与其内容不相吻合。这也仍然还是我们已经从俄国思想史上熟知的那种关于有必要借助于当代学术和哲学，从根本上"改造"、论证历史基督教的必要性母题。当弗洛罗夫斯基说索洛维约夫力求"从非基督教经验中进行教会的综合"时，他的说法并不完全错②。我们从索洛维约夫的一封信（1873）中可以读到："西方哲学和科学所取得的全部伟大的发展成果，表面看上去似乎对基督教十分冷淡甚至常常与基督教处于对立状态，而实际上它们只是为基督教提供了一个新的、真正配得上它的形式而已，对这一点，如今我像二加二等于四一样心知肚明。"③ 索洛维约夫从未完全能摆脱对待基督教的这种态度 ——不是从内而是从外，从旁观者的立场出发。这里隐藏着索洛维约夫神学理性主义及其对于基督教意识"新形式"的追求之根源。无可置疑的是，后来决定着梅列日柯夫斯基尤其是别尔嘉耶夫之探索的"新宗教意识"这个固执的理念④，也导源于弗拉·

---

① 《书信集》，第 2 卷，第 89 页。
② 弗洛罗夫斯基，同上书，第 316 页。
③ 《书信集》，第 3 卷，第 89 页。
④ 参阅别尔嘉耶夫的文章《论新宗教意识》，见 *Sub specie seternitatis*，1907。

索洛维约夫。

3）从斯拉夫派，其中包括从基列耶夫斯基那里，索洛维约夫吸取了"完整知识"这一理念，对此，他在虽未完成，但却在非常杰出的片断论著《论完整知识的哲学基础》中，首次进行了阐述。这一片断论著实际上是一次对于哲学体系的真正的尝试——因此我们应当将这部著作视为有关这个问题的基础著作。但在这里我们指的却是另外一个问题——对于"万物统一"的探索，以及把宗教、哲学与科学（即信仰、思维和经验）加以综合，理应回答这样一个问题："一般说人类存在的目的究竟是什么，归根结底，人类存在究竟是为什么？"问题所涉及的，恰好就是人类，即作为"唯一存在体"的人类的[1]："（历史）发展的主体是全体人类，是作为一个真实的尽管是集合有机体的"人类[2]。"历史发展的终结基础是改造全部生活的组织，形成有目的的生活，这种生活应能回答情感、思维和意志的需求"。摆在我们面前的是一种明确无误的乌托邦定向，索洛维约夫终其一生都忠实于这一定向，而这一定向也决定着他哲学的全部构思。"万物统一"理念渐渐成为索洛维约夫哲学的核心理念和指导原则。

4）索洛维约夫哲学创作的下一个独立的来源是对于历史的非凡敏锐的感受。索洛维约夫是历史学家的儿子这一点绝非偶然，也正因为此，我们常常能从索洛维约夫的哲学体系里感觉得到黑格尔的存在，对他来说，"历史性"是存在及其繁荣的主要形式。决定索洛维约夫对于所有问题的看法的，不是宇宙中心论，也不是人类中心论，而是历史中心论，这不是说他把问题转化到用历史概述的解决办法加以解决，而是说对他来说，存在的所有"面目"都是在历史中得到揭示的，是在人类的发展中得到揭示的。这里所说的与其说是伦理学（索洛维约夫在伦理学领域里是在建构着对于历史中的善的"证明"），倒不如说是与认识论有关（在这一领域里，对于存在

---

[1] 《索洛维约夫全集》（教育部版 10 卷本的第 2 版，下同），第 1 卷，第 292 页。
[2] 同上书，第 255 页。

之"意义"的把握，只有通过揭示历史活动中的人类精神才可以实现），倒不如说是与形而上学有关（正如早在《神人类讲座》中就已经以非凡的力度加以展现过的那样）。正如我们已经知道的那样，索洛维约夫认为人类历史的"主体"是一个完整的概念，是所有人类（活着的和死去的以及将要出生的人的世界的）统一体。人类"统一完整性"这一理念被他在关于奥·孔德的演讲中，进行了出色的和辉煌的发挥，与此同时，他的出发点却并非他自己的索菲亚学说，因此这一理念在索洛维约夫的心灵中有其自身的根源。除此之外，还要加上索洛维约夫自己也具有非凡的历史综合的才华，当然，这种才华在他那里，通常是以黑格尔的辩证法的形式表现出来的（关于这一点可以参阅他的第一部著作《西方哲学的危机》）。

5）需要特意加以指出的是，在索洛维约夫的体系中，"神人类"这个概念具有基础的意义①。从这个概念开始占据索洛维约夫的大脑起，它就进入了"万物统一"体系中，并且成为其哲学灵感的来源，并在其辩证体系中发挥着决定性的作用。抛开神人类理念这一体系便像是一个"马赛克拼贴"②，相互之间毫无关联，神人类理念不简单的是其思想结晶化的核心或其思想相互融合和相互组合的交集点，而且也是一条生动的创作之路，或者可以说是一个具有启发性的原则。

6）后来与此相关的索菲亚理念便也成为这种哲学灵感的来源，但我们已经提到过，我们认为它的地位在确定索洛维约夫哲学的根源这个问题上比较起来是次要的。我们稍晚些时候会在研究索洛维约夫创作的各个不同时期的时候涉及这个理念，到那时我们便会确

---

① 许多索洛维约夫哲学的研究者们都倾向于认为其哲学的核心概念是"正面的万物统一论"理念，而实际上这个概念仅仅只是其体系的终结性概念，但却并不是索洛维约夫的核心概念。相反，神人类这个概念却能够把索洛维约夫的宇宙论、人类学和历史学全都统合起来。

② 瓦·斯别兰斯基教授的说法见其发表在《道路》第2期上的论述索洛维约夫的文章。

信，我们可以将其与其体系"分隔开来"。索洛维约夫的基本学说可以说即使没有他的索菲亚学也能得到阐述。

这样一来，在把索洛维约夫哲学创作的各种根源分离出来的同时，我们还要再次提醒一下布尔加科夫的一个公式，即索洛维约夫的哲学是"一组最完整优雅的和弦"，索洛维约夫的体系的确是对其种种理念加以有机综合的一次尝试。

5. 在阐述索洛维约夫的学说之前，我们应该再次谈一谈有关索洛维约夫所受到的影响的问题。在这个问题上索洛维约夫一再提到莱布尼茨及其善于把各种不同的思想家的体系吸纳到自己身上、并将其融合成为一个真正的新的体系的统一体的天才的能力。索洛维约夫自身接受了非常多的影响，而且是来自各种不同的思想家的影响，——而且这一点并未妨碍他创造真正的体系。的确，初看上去非常难以理解的是，比方说，索洛维约夫竟然能够在其体系中把斯宾诺莎、奥·孔德、康德和喀巴拉结合在一起，——而且，除了具有哲学建构的巨大天才以外，索洛维约夫的确善于把神人类理念确定为其"完整知识"体系的基础，并将许多各种理念辩证地关联起来。

按照时间，正如其青年时代的好友列·米·洛帕金所证实的那样，他所受到的第一个影响源是斯宾诺莎。"16 岁时，"他写道，"索洛维约夫读到了斯宾诺莎的著作，于是便开始认真地阅读和研究他，而且对他极其入迷，起先他按照唯物主义精神对他进行解读，可后来他认识到斯宾诺莎是完全站不住脚的……只是由于斯宾诺莎，尽管还是非常抽象的和自然形态的上帝，开始首次回归索洛维约夫的世界观"。索洛维约夫本人也证实，斯宾诺莎是其"哲学领域里的初恋"①。索洛维约夫对于泛神论的迷恋同样毫无疑问应当归咎于斯宾诺莎的影响，这在他的体系中看得很清楚②，——总的说来，"万

---

① 瓦·谢·索洛维约夫：《论上帝的概念》，《索洛维约夫全集》，第 9 卷，第 3 页。
② 叶·特鲁别茨科依公爵正确地指出对于索洛维约夫来说，其他泛神论倾向的引进载体是谢林（同上书，第 1 卷，第 89 页）。

物统一"理念，以及常常提及的关于宇宙、关于宇宙的神性一面的学说，后来都进入到有关索菲亚的学说中来。

对于索洛维约夫影响很大也很深刻的接下来的一个来源，就是康德还有叔本华的影响了。关于这一点对于索洛维约夫的青年时代深有了解的洛帕金态度坚决地证实道，说在叔本华之后，索洛维约夫还研究过费希特、随后又研究过哈特曼，对后者，索洛维约夫非常重视，他甚至在出国时还专门亲自结识后者。当然，在上文所提及的所有影响源中，最重要的是谢林，正如叶·特鲁别茨科依在其有关索洛维约夫的著作①中令人极其信服地表明的那样：这一点甚至与索洛维约夫的神学有关，同样也涉及到他的美学和形而上学。顺便说说，索洛维约夫与巴德拉的结交似乎也应当归结到这一点上来，虽然按照洛帕金的证词，索洛维约夫与后者的结识时间上比较晚。索洛维约夫从黑格尔那里拿来了形式辩证法及其理性主义，而从叔本华那里则更多地是受到了其关于伦理学的早期著作以及一般末日论的影响。神秘主义文献对于索洛维约夫的影响是极其强烈而且多样的，因为索洛维约夫曾经下功夫研究过神秘论，而且首先是喀巴拉，后者的理念贯穿于索洛维约夫形而上学和人类学。索洛维约夫的人类学理念同样就其基础和最初的形式而言可以追溯到神秘主义文献，在这方面，老实说索洛维约夫做出的独特贡献很少（如果不把他的"幻影"算在内的话），但他却极其固执地想要把这一理念与俄国宗教意识中的各种流派关联起来。无论如何，索洛维约夫非常仔细认真地研究过所有神秘论者。

关于俄国哲学对于索洛维约夫观点的影响，我们应当分开来说。叶·特鲁别茨科依公爵对这个问题的研究相当深入②，我们推荐读者读一读他的著作。斯拉夫派的影响也非常之大，其中包括霍米亚科夫和基列耶夫斯基。关于丘特切夫对于索洛维约夫神学政治乌托邦

---

① 《索洛维约夫全集》，第1卷，第50—59页。还可参阅斯特列莫乌霍夫的著作。
② 同上书，第1卷，第59—72页。

形成中的影响，我们上文已经有所提及。索洛维约夫与恰达耶夫有许多共同的交集点，尤其是他们两个人都期待着能在历史中实现神的王国，他们对于天主教的评价也有许多相似之处（当时索洛维约夫正在为他自己的乌托邦而"患病在身"），但却根本谈不到恰达耶夫对他有什么影响。

叶·特鲁别茨科依公爵在其著作中对于尼·费·费多罗夫影响的问题，专门写了一章（特鲁别茨科依，第1卷，第78—85页），他的观点是正确的，但关于这个问题，我们稍后在讨论尼·费·费多罗夫学说时还将谈到（参阅下文第5章）。最后，我们要谈一谈索洛维约夫在神学院曾经向之学习过的那些神学家们和哲学家们对于索洛维约夫所产生的无可置疑的影响问题，他们是德·帕·尤尔凯维奇和瓦·德·库德里亚夫采夫（关于后者请参见下文第3章）。最后关于作为一个文学家的索洛维约夫，我们还要说两句——这对于下文中的全部阐述来说是很有意义的。我们已经不止一次地指出，索洛维约夫对于写作政论文有一种爱好。他喜欢这种形式的活动，也写作了一系列杰出的的确非常辉煌的政论文。他关于民族问题的杰作（收集在《全集》第5卷里），是对于俄国有关民族问题的文献的一个真正的贡献。索洛维约夫的文学才华在这里表现得非常充分。贯穿于其全部著作中的政论文因素是各种各样的，其中也包括其纯粹的哲学著作，——他鲜明的语言，激烈尖锐的评价，频繁涌现的真正的激情——所有这一切加起来，就构成了索洛维约夫作为一位杰出作家应有的声誉。而他那些出色的批评论文，则与其美学有着非常直接的关系，也和他博览群书不无关联，今天读起来也会令人有无穷的兴致。

索洛维约夫文学才华中不乏对于讥讽和嘲弄的爱好。他甚至就连在最真挚的体验（如在讲述其索菲亚幻影的诗歌《三次会面》）中，也喜欢采用一些笑谈、有时甚至稍稍有些粗鲁的笑谈的形式。他还非常喜欢采用讽刺性模拟的笔法，他本人之所以采用这种笔法，只是为了减弱内在的激情，因为他需要把内在的激情羞涩地掩盖在嘲讽的话语中去。一般说索洛维约夫写得非常犀利和鲜明，有时甚至是无情和冷酷，但无论何时在文学方面都是非常出色的。

诗歌在索洛维约夫的创作中占据着一个特殊的位置。这些诗歌在纯粹的诗歌格律方面也许并不算好，但作为一种哲理抒情诗类型却又非常之重要，这种抒情诗在索洛维约夫以前在俄国文学中就已经有了非常鲜明的表现（尤其是在丘特切夫和亚历山大·托尔斯泰那里），但索洛维约夫善于点燃许许多多年轻诗人对于新体诗歌的追求。我们可以认为索洛维约夫对于整整一代俄国诗人群体具有无可争议的巨大影响①。

现在我们来探讨索洛维约夫的哲学②。

6. 首先必须理清一点，即索洛维约夫是把哲学纳入精神生活中

---

① A关于索洛维约夫的诗歌，还可参阅，比方说，谢·布尔加科夫的出色概论（见《静静的沉思》一书）。

② 索洛维约夫的哲学已经不止一次被阐述。我们这里只列举最重要的著作：1. 叶·特鲁别茨科依公爵的：《索洛维约夫的世界观》，第1—2卷；2. 列·米·洛帕金：《弗·索洛维约夫的哲学观》，载《哲学评价与演说》一书；3. 谢·布尔加科夫：《弗拉·索洛维约夫哲学为当代意识究竟提供了什么？》，载《从马克思主义到唯心主义》一书；4. 亚历山大·维杰斯基：《论弗拉·索洛维约夫认识论中的神秘主义与批判主义》，见《哲学概论》一书，1924；5.《论弗拉·索洛维约夫文集》，见《道路》，1911；6. 谢·布尔加科夫的重要论文：《论索洛维约夫哲学中的自然》和弗拉·埃伦：《论索洛维约夫的认识论》。这部文集所提供的文献到1911年为止；7. 沃尔日斯基：《索洛维约夫笔下的恶的问题》见《宗教问题》，第1册；8. 沃尔日斯基：《索洛维约夫体系中的人的问题》，见《文学探索世界文集》；9. 舍斯托夫：《思辨与末日论》，见《当代纪事》第33和第34期；10. 洛斯基：《弗·谢·索洛维约夫及其后继者们》，见《道路》第2—3期；11. Usnadze. W. Soloview, seine Erkenntnistheorie und Metaphysik; Halle, 1909；12. Stremooukhow. W. Soloview et son oeuvre messianique. Paris, 1935；13. Schyljarsky. Soloview's Philosophie；14. Al. von Men sbrugghe. From Dyad to Tryad（London, 1935）；15. 特皮叶夫：《索洛维约夫哲学中的宗教综合》。《基督教读本》，1908，第1卷；16. 鲍·齐切林：《论学术界的神秘主义》，莫斯科，1880，1901，第54期；17. 发表在《哲学与心理学问题》杂志上有关索洛维约夫的文章，1901，第54期，尤其是谢·特鲁别茨科依、拉钦斯基及其他人的文章；18. Massaryk. Zur Rus. Geschichts und Religionsphil，第2卷，第18章；19. 此外还有弗洛罗夫斯基在《俄国神学之路》一书中的评论，第308—321页，第463—470页。此后的索引见埃伦和斯特列莫乌霍夫著作。

去的：那么，对于俄国思想界我们曾经不止一次指出过的那个问题，即哲学的独立性及其与教会世界观的关系问题，索洛维约夫究竟采用一种什么态度呢？在初次接触索洛维约夫的著作时，给人的第一眼印象，是他似乎远离了近代哲学发展所遵循的那一方向，亦即他背离了激进的分立主义，背离了纯粹思辨的定向，而后者对于近代而言是极其富于特点的。索洛维约夫早在其第一部大作《西方哲学的危机》中，就在文中处处指出"抽象的，在专门进行理论认识的意义上的哲学已经在结束其发展，并且义无反顾地过度到一个过去的世界里了"①。这一"一去不复返了的哲学定向"之所以如此，原因在于，这种哲学始终总是瞄准"认识的主体"——而与具有一定愿望的主体的要求没有任何关系②。索洛维约夫是这样结束他的第一部著作的，他指出我们必须"对于科学、哲学和宗教进行一种无所不包的综合"，从而"完全恢复理性世界的内在统一性"③。索洛维约夫的这段话在其另外一部题为《完整认识的哲学本质》（1877）的早期著作中，得到了充分的表达。索洛维约夫在此彻底（？）背离了哲学分立化原则，并尝试上升到思辨世界观以上而超越之。哲学可以也应该具有相对独立性，但这仅仅只是为了让它与科学一起"把自己的所有手段都用来取得关于神学的认识的总的最高目标"④。这里的最后一段话十分明确地指出，哲学是她为之服务的宗教领域的功能，因为哲学正是从宗教那里获得自己的任务的。而他所谓"相对独立性"则尚不清晰，但重要的一点是，哲学并不具有自己独立的任务。而且索洛维约夫还进一步发挥了这样一种思想，即哲学、科学与宗教的综合为"完整认识"创造了条件和可能，而完整认识与"有目的的创造"构成了"完整的社会"和"完整的生活"。"完

---

① 本书采用的所有引文都出自《索洛维约夫全集》、（教育部版 10 卷本的第 2 版），第 1 卷，第 27 页。

② 同上书，第 120 页。

③ 同上书，第 151 页。

④ 同上书，第 287 页。

整生活"这一概念是最高级概念，我们也正是应当在这个概念里，寻找解决当前哲学应当遵循什么样道路问题的钥匙。"完整生活"不是纯粹主观的完整性，亦即不是把理性的、情感的和创造的成果在内心上简单的统一到一起来，而是一种与绝对者的生动的和真正的交往。"只有当人的意志和理性，"我们在索洛维约夫那里读到[①]，"进入与永恒的和真正的本质的交往中时，只有那时，我们生活和认识的所有个别的形式和因素才能获得自己正面的意义和价值，所有这一切都是同一个完整生活所必不可少的器官"。这一"完整生活的"概念当然是对神性王国理念的一种独特的改写，但有一个重大区别在于索洛维约夫思维中所谓"完整生活"，不是一种神赐的（从上而下的）对生活的改造，而是"历史发展的终极阶段"[②]。历史学中的这一决定论主题，曾经在黑格尔那里鸣响过胜利的号角，但却也提出了一个问题，那就是索洛维约夫的宗教理念究竟具有什么含义 ——我们在此与之打交道的，究竟是不是思辨文化中所典型具有的宗教内在论主题呢？这里我们就不展开对这个问题的探讨了 ——接下来我们还会涉及它的。

让我们回头再来解释一下索洛维约夫究竟有着怎样的作为出发点的哲学定向的问题。我们应该承认，总的说来，索洛维约夫是在力求以宗教的方式来思考的，并以宗教的方式来说明哲学的道路问题的，并让哲学概念从属于完整认识的概念，而后者则又从属于完整生活的概念。尽管有着这样的语境，我们也仍然不得不承认，对于索洛维约夫来说，占据首位的是要把认识与伦理学领域紧密联系起来，——因为要知道只有通过这一点，先前哲学所具有的那种"抽象"的性质才能得到克服。的确，把理论和伦理领域联系起来这种做法本身，一般说来是俄国思想界典型具有的特征 ——索洛维约夫在这个问题上明显是在继续着基列耶夫斯基和霍米亚科夫的路线，

---

① 《索洛维约夫全集》，第285页。
② 《索洛维约夫全集》，第1卷，第288页。

至于他那个时代其他那些思想家（如拉甫罗夫、米哈伊洛夫斯基、托尔斯泰）那就更不用说了。但对索洛维约夫来说，问题并不在于简单地把理论和伦理领域联系起来而已，而在于某种比之更重要更本质的东西。例如，索洛维约夫在其第二部大作中，并非偶然地分析了伦理领域先于认识论的问题。对于齐契林来说（关于他可参见下文第6章），总的说来，就其自身观点而言，是倾向于《抽象本质批判》一书中的主要思想的，索洛维约夫的伦理优先性观点似乎显得不可理解，因为"在哲学中通常做法是在理论之后才开始阐述实践本质问题的"①。叶·特鲁别茨科依公爵对于伦理在索洛维约夫体系中所占的优先地位所做出的解释是，"从始至终在索洛维约夫的哲学工作中在实践中真正地实现生活中的万物统一问题占据着首位"②。这种说法比较接近真相，但对于揭示索洛维约夫把理论与伦理联系起来的宗教意义来说，还是很不够的。且看他在同一本著作《论完整知识的哲学基础》一书中值得注意的一段话："理论需求本身，"我们读到③，"仅仅只是诸多需求中一个个别的、单独的需求，人还有一个总的最高的需求，那就是对于包罗万象和绝对的生活的需求"。正如这段话本身已经表明的那样，这也就是纯粹的宗教需求 ——而正是这种需求，才被命名为"最高的"需求，它决定着精神中位于较低层次所推出的"低级"需求。下面一段话则更值得关注（出自同一篇文章）："真正哲学的目标是在自己的领域亦即在认识领域里协助把人的存在的中心从这一特定本质转移到绝对超验的世界"④。这段话里，索洛维约夫在如何看待哲学的任务本身的观点上的反思辨立场似乎已经和盘托出了，它直截了当地承认（认识）从属于宗教领域。因此索洛维约夫把"单纯依靠人的认识能力"⑤

---

① 齐契林：《科学中的神秘主义》，莫斯科，1880，第23页。
② 叶·特鲁别茨科依公爵：《弗拉·索洛维约夫的世界观》，第1卷，第107页。
③ 《索洛维约夫全集》，第1卷，第310页。
④ 同上书，第311页。
⑤ 同上书，第291页。

的哲学观，与被他命名为"生活哲学"的，力求使哲学成为"生活的形成和管理力量"①的哲学观，对立了起来。

这样一种观点在索洛维约夫的《抽象本质批判》中同样得到了表述，只不过在这本书里，作者特别强调一点，即人类精神所追求的绝对领域，是一种"正面的万物统一"。这一公式在强调绝对者中个别"本质"的根基性的同时，当然仍然保留着哲学在先前已经具有的宗教意义，但它在这里却被"中立化了"，而且，逐渐地通过"万物统一"原则，把索洛维约夫的体系改造成为一种内在论体系。但也正是在这里，在索洛维约夫那里，出乎意料地出现了思辨主义的回声，这一点猛一下并不容易察觉，但如果不把他所具有的内在的无可争议的双重性性质考虑进去，我们也就无法彻底地理解其体系的辩证法。

首先应当指出的是，早在《论完整知识的哲学基础》这篇文章中，索洛维约夫就明显是在谢林的影响下（在其关于 intellektuelle An-shauung 学说的影响下），承认现实性和所有"理想直觉"的可以允许性，因为它是"理性的思辨"，"确切地说，是绝对者对其'本质'的直接观照"②。原来这样一种"理想的直觉"能够构成"真正意义上的完整认识的最初形式"③。接下来我们又读到"作为完整认识的哲学……只能建基于对理念的理性直觉之上"④。众所周知，在谢林的学说中，理想直觉学说并不要求走出超验范围以外，而是必然导致对于绝对者的纯粹的内在论理解上来。在这一对于概念的精细把玩中，关于"理想的直觉的"学说应当把"启示"的概念排除掉，然后把启示在真正的宗教体系中所掌握的东西吸纳进来。关于人类精神中存在着与"神秘主义经验"有关的"理想直觉"的学说自己本身被"中立化

---

① 《索洛维约夫全集》，第 1 卷，第 291 页。
② 同上书，第 340 页。
③ 同上书，第 316 页。
④ 同上书，第 319 页。

了"，在宗教领域没有被排除，而是与其一起扩展了作为一种独立学科的哲学领域，因为一旦进入按照索洛维约夫的主张，对于任何认识都如此之必要的超验世界，宗教领域以外的一切，便都会向人类的精神敞开并呈现出来。因此对此我们不必惊奇，索洛维约夫总是在不断地追求对于同一性的表现，或是追求相近性，追求通过启示而向宗教信仰所披露的东西，然后把它们与我们的理性所趋向的东西，以"理想的直觉"为根据的东西，联系起来。这看起来像是两个截然不同的领域——其体系的"吻合"仅只强调出它们相互之间的个别性而已。思辨主义的回声在这一初看上去似乎极其严肃的学说中得到了解释。当舍斯托夫证明启示在索洛维约夫那里完全退居于背景的说法，其实并不完全正确①。例如，在《神权政治的历史与未来》的前言②中，我们可以读到："我的著作的任务是为我们父辈的信仰而加以论证，将其提升到理性认识的新阶段，并且表明，古老的信仰……与永恒的和全宇宙的真理是吻合的"，由此可见，上述对信仰的"论证"来说，理性是最高的审级，理性也应该能够以一种新的形式来呈现一种"古老的信仰……"。在《抽象本质批判》中，我们还可以见到索洛维约夫的另外一个更加重要的思想，那就是：原来教父神学尚未完全取得"真理的完整概念"，因为"它把理性对于宗教内涵的自由的态度"给排除出去了，——因此，任务在于"要把理性真理转换成为自由理性思维的形式"③。

有一点从所有这一切论述中看得很清楚，即上面所说的哲学从属于生活中的宗教主题这一观点，丝毫也无法减弱索洛维约夫身上关于"自由的理性思维"的命题本身，后者构成了思辨主义的基础，因为它所赖以为据的，恰好正是理性的最高审级这一观点。我们已经开始接触到如何确定索洛维约夫无可争议的内在双重性——"理

---

① 舍斯托夫：《思辨与启示》，《当代纪事》，第33卷，第293页。
② 《索洛维约夫全集》，第4卷，第243页。
③ 《索洛维约夫全集》，第2卷，第349—350页。

性"和"信仰"——问题的地步了。当然,当弗洛罗夫斯基断言索洛维约夫总的来说总是力求"从非宗教的经验出发来建构教会的综合"[①] 的说法,看起来是走得太远了。而塔列耶夫的错误也不亚于此,关于索洛维约夫,塔列耶夫是这样说的:"这也就是你想要的一切,但却不是宗教,也不是对待世界的宗教观……是索洛维约夫哲学幻想的千奇百怪的形象证实,在他那里,抽象思维对于宗教创作绝对具有很大的优势"[②]。

有一点是正确的,即索洛维约夫的哲学体系真的有其自身的根源(或根部),并且也非从其宗教直观中而来,对于后者,他只是把其哲学体系归结到这一点而已。这不是对于精神直觉的一种宗教综合(因为充当最高审级的并非宗教经验),而是一种纯粹的哲学综合,它把包括信仰在内的其他东西纳入到自身中来。实际上,索洛维约夫在俄国思想史上的巨大意义,正在于此——索洛维约夫使基督教信仰的内容更加贴近于世俗化思维,从而以此发动了一次深刻的进步,这种进步在索洛维约夫之后才在俄国思想界全面展现出来。布尔加科夫说索洛维约夫的哲学是"一组完全和谐悦耳的和弦"的说法,是完全正确的,也就是说,它是各种不同声音的组合。在索洛维约夫身上,哲学和信仰似乎过着各自独立的生活。但索洛维约夫始终致力于把处于分立中的世俗化——但所有这一切都不是克服世俗化,也不是排除世俗化的前提,而仅仅只是固执地想要把其与哲学和信仰结合起来。在这一点上,正如我们将进一步证实的那样,包含着索洛维约夫及其最主要的"事业"的影响力所在。这是一个真正意义上的功勋,并且这种功勋始终都与紧张而又巨大的劳动相关,因为索洛维约夫总是清楚地意识到,他这是在"反潮流",意识到他是十分孤独的。而如果他无法把哲学和信仰真正有机地加以综

---

① 弗洛罗夫斯基:《俄罗斯神学之路》,第316页。

② 塔列耶夫:《索洛维约夫哲学中的宗教综合》,《基督教读本》,1908,第1卷,第47页。

合的目标的话，那也只是因为 ——尽管他曾经不止一次地大声疾呼，"抽象"哲学的时代已经过去了，而他自己却是在走着一条已经被前人踩出来的道路，而这条道路呢，却是一条已经被他把"抽象"哲学埋葬了的道路。哲学与信仰的接近毫无疑问对于索洛维约夫的纯粹哲学创作具有新鲜血液和灵感勃发的作用，它帮助他把一系列纯粹的宗教理念纳入哲学的术语体系中来（而其中尤其是"神人类"理念在哲学上非常之多产）。而我们也正是应当在这个概念里寻找那一固执的伦理主义之根，它在许多方面决定着索洛维约夫的哲学立场。上文我们已经提到过，在索洛维约夫那里，这一伦理主义在其宗教定向中有其根源，但在这一点上，他的伦理主义又与赫尔岑、米哈伊洛夫斯基和拉甫罗夫有着显著的区别。在索洛维约夫的伦理主义中，包含着理解其在《抽象本质批判》一书中一个非常绝妙的构思的钥匙。"抽象本质批判，"我们在这本书中读到①，"仅仅只是……对于正面本质的一种预先论证……因为这些正面本质，在绝对领域里有其永恒的存在，而在我们生活的相对领域里，则还不具有可见的存在形式。从真正的现实真实性观点看，我们必需更多地谈论应有，而非谈论既有的一切"。因此，对于其全部《抽象本质批判》而言，"正面的万物统一"理念比本体论范畴更具有伦理意义，也比纯粹的哲学理念更具有宗教性。但我们也必需承认，在索洛维约夫那里，在把哲学与信仰接近起来的尝试中，受益更多的是哲学，而非信仰，——换句话说，他的哲学从信仰中拿走很多东西，而不是相反。这当然可以说是哲学向珍贵的信仰的一次真正意义上的转折，但还不是真正的，有机的，从内生发出来的基督教哲学体系。但也或许正因为此，索洛维约夫在俄国探索史中的意义，更多的是在哲学领域，而非在宗教意识领域（但我们认为这丝毫也没有弱化其充满宗教灵感的政论写作的特殊意义，比方说，在其论述民

①　《抽象本质批判》前言，《索洛维约夫全集》，第2卷，第6页。

族问题的那些文章中的）。因此，索洛维约夫提出的问题，不是用西方哲学发展的总的成果去论证信仰，就丝毫也不会令我们感到奇怪了。索洛维约夫的第一部著作（《西方哲学的危机》）的用意即在于此，用意相同的还有《抽象本质批判》（"我们的任务不在于要恢复传统神学，而是相反……是要把宗教真理归结为自由理性思维的形式"）①。我们可以说，在索洛维约夫身上，哲学首次开始从信仰宝库中生发出深刻而又珍贵的果实来，而且这一进程在他身上燃烧了整个一生，并在他临终之际，产生了非常杰出但遗憾的是并未完成的概论《神学哲学》，关于这部著作我们稍后再谈。换句话说，索洛维约夫试图建构一种与基督教原则相符的哲学体系，这不是世俗化的投降，而仅仅只是恢复哲学与信仰世界的一种尝试而已。

对于索洛维约夫哲学和宗教本质的内在多样性问题，以及它们在索洛维约夫那里的接近问题，以及索洛维约夫那种来源于世俗化定向的哲学学说的制约性问题，我们已经谈得很多了，现在我们可以阐述其哲学体系的体系形式问题了。

7. 阐述索洛维约夫的哲学体系，按照我的看法，必须先从他的形而上学开始讨论。我不想以此来否认也可以先从分析索洛维约夫的认识论观点开始阐述的可能性②，但形而上学（和伦理学）在其思维工作中，却是一个创作的中心，而非认识论，——而这一点我们可以从其认识论体系的基础是明确的形而上学理念这一点上看出，在这种理念的观照之下，索洛维约夫的认识论观点也变得异常清晰起来了。

柏格森曾经说过这样一个观点，说任何真正的哲学体系的基础，都是一种基本的直觉。那么，索洛维约夫是否曾经有过这么一个作为出发点的直觉呢？虽然有几个传记学者和好友③断言索洛维约夫有

---

① 《索洛维约夫全集》，第 2 卷，第 350 页。

② 例如，布尔加科夫就是这样做的，他在其文章《弗拉·索洛维约夫的哲学究竟为当代意识提供了什么》以及叶·特鲁别茨科依在其著作中，就是这么做的。

③ 尤其值得指出的是洛帕金（参阅他在《哲学评价与演讲》文集里论述索洛维约夫的文章）。

一种基本和统一的直觉，但我们却如上文所说，坚持认为他的哲学体系的生长有许多个根系。而且我们在索洛维约夫的形而上学里，可以非常清晰地感觉到有双重系列的理念：一方面，在他的形而上学里，占据主导一切体系地位的，是有关作为"万物统一"的绝对者的学说，和有关其绝对"他者"的学说——在这个问题上，给予索洛维约夫以灵感的，是他从青年时代就服膺的斯宾诺莎学说和谢林的学说。另一方面，神人类学说同样很早就成为其体系的核心概念，亦即一种纯基督教学说（但却是经过他以独特方式修订过的）。这两种不同观念的首次相会是在《神人类讲座》中出现的，并且从此以后直到临终一直都是索洛维约夫具有决定性意义的一种定向。索洛维约夫形而上学中的这种根本的两重性是不可妥协和调和的①。在其有关"万物统一"的学说中发出响亮声音的泛神论主题，与三位一体教条中的哲学演绎法并行不悖……

因此，让我们首先探讨一下索洛维约夫关于绝对者的论述。

按照索洛维约夫的说法，绝对者体现在我们生活中的所有方面。"绝对实体……是我们在任何认识中所认识的东西"，索洛维约夫如是说（在《抽象本质批判》中）。"任何认识都是被不可认识所推动而前进的……任何现实性都可以归结到无条件的现实"②。在这个问题上，索洛维约夫认为任何存在的绝对者的最后基础是柏拉图定义通向绝对者的路径——在此，绝对者是与宇宙不可分隔的，我们是"通过"世界来观察它的，而这也就是唯一者，同时"万物"也包含在它的身上。因此，绝对者是"万物一体的——绝对者和宇宙在这一形而上学的框架里相互关联，亦即是'本质同一'的"。"因此无论何处，"我们从《论完整知识的哲学基础》中读到③，"我们对

---

① 叶·特鲁别茨科依公爵在其论述索洛维约夫的著作中非常鲜明地指出了这一点。
② 《索洛维约夫全集》，第2卷，第306、308页。
③ 《索洛维约夫全集》，第1卷，第347页。这句话一句不差地重复出现在《抽象本质批判》的第2卷，第308页。

绝对现实性的直觉感觉在我们身上要比任何明确的感觉、观念和意志都更深的"。在《神人类讲座》里，索洛维约夫写道①："作为不取决于我们而存在的绝对本质的真实性自身即上帝的真实性（与一般说来任何无论什么存在的真实性一样）是不可能被从纯粹理性中推导出来的，也不可能以纯粹逻辑的方式来加以证明。"这种对于绝对者对于我们的直接给定性的信仰，索洛维约夫一生中都保留了下来。在对任何对于上帝存在加以证明的方法加以否定的同时，索洛维约夫写道："上帝本质的存在只有通过信仰活动才可以得到证实。"而在其最晚的一部著作中，在《善的证明》中，他写道②："在真正的宗教感觉中有对所感觉物真实性的存在……神性的真实性不是从宗教感觉中推导出来的，而是这一感觉的内容，亦即被感觉物。"

通过世界被直接感觉到的绝对者，对于索洛维约夫来说，当然是与上帝概念同一的，问题却在于，我们可以在多大程度上能接近，而不是把在我们的现实性深处的"绝对真实性"与对神性的宗教感受更多地混淆起来。索洛维约夫却并未给自己提出这样一个问题。然而，这却是一个在古代哲学（看起来是在斯多葛派的中期，无论如何，也是从菲洛起）就已提出的一个问题，即把我们在世界（即等于柏拉图的理念）里找到的绝对与上帝的"思考"同一起来，可见，在索洛维约夫身上隐藏着辩证法的混乱的来源。我们必须即刻就深入探讨一下这个问题，以便搞清其这些论断的前提究竟是什么。

索洛维约夫形而上学是一种"万物统一论"形而上学，因此，在这种理论中，毫无疑问可以看出斯宾诺莎和谢林的影响——即不是把绝对者当作与世界分离的。因此，在他的体系里我们无论在哪儿都看不到创造世界的清晰理念，而且也看不到把这种理念当作绝对者与世界之关系问题的发端于圣经—基督教的理念，就毫不奇怪了。相反，对索洛维约夫来说，世界的存在没有他所谓的绝对者的

---

① 《索洛维约夫全集》，第3卷，第32页。
② 同上书，第8卷，第191、193页。

本质是绝对不可能的，相反的却是：离开世界绝对者也同样是不可思议的。真的，"绝对的最高本质应当不是以是否存在而是以是否本质的方式来加以思考"①，甚至我们可以更确切地说，它就是"最高的本质"②。但是，虽然索洛维约夫也曾断言，绝对者的"真实性"不可能不是"从理性"中得来，但在对其真实性加以论证一番以后，索洛维约夫却当即转入理性演绎的道路（即去揭示绝对者的内容自身）。这一点在"第二绝对"或"形成中的绝对"概念的建构中表现得十分明显。索洛维约夫从《论完整知识的哲学基础》到生命的尽头，都主张绝对概念"两极"的差异③问题，但是，如果说"第一绝对"（绝对本质或超本质），按照索洛维约夫的信念，是在其现实性中直接为我们呈现的话，那么，"第二绝对的现实性"则完全是"从理性"中揭示出来的——即理性演绎的结果④。顺便说说，在这里⑤，索洛维约夫对泛神论提出了指责，因为泛神论总是把"第一绝对"和"第二绝对"混淆或等同起来，然而索洛维约夫自己又在何种程度上可以免受这种谴责呢？我们暂时不去分析关于绝对的这两个概念，但却必须斗胆在这里立即予以指出，即作为不是什么别的，而是完整宇宙的"第二绝对"，也许应该以其将要"成为的样子"来加以描述，只有这样，才能揭示这种绝对究竟具有什么意义？如果这一概念是真正绝对的，那么在这一概念身上"形成"究竟具有什么意义，我们是否可以把它与"第一绝对"截然分开？如果说在索洛维约夫那里，绝对的两种"类型"的区别是虚拟的，或只具有纯粹语词的性质的话，那么，则索洛维约夫本人是否也距离泛神

---

① 《索洛维约夫全集》，第 1 卷，第 333 页。可与第 2 卷，第 305 页比较。

② 同上书，第 334 页，第 2 卷，第 306 页。

③ 这里可以明显看出喀巴拉解放主义的影响（正如从对"эн—соф"这一概念的纯粹使用中所能看出的那样。见同上书，第 1 卷，第 375 页）。

④ 在《抽象本质批判》中，这些概念的辩证性质尤其明显，见同上书，第 2 卷，第 317 页。

⑤ 同上书，第 319 页。

论不十分遥远了呢？

"第二绝对"实质上就是柏拉图的"理想宇宙"（kosmos noetos），即"存在的动力和本质，或即形式的多样性"[1]，或"理念"[2]。但接下来我们却看到，"第二绝对""就其自身而言，一旦与原初绝对隔离开来"，便即无法生存。对这一学说的某些特有的补充，我们可以在《抽象本质批判》中找到，在那里，"第二绝对"获得了一种双重性质——在其身上，"有作为万物统一之形式的神性理念，有物质的元素，也有可以感觉得到的自然存在的多样性"[3]。索洛维约夫自己认为这是一种"双重本质"（亦即指全部第二绝对）"是神秘莫测的"[4]。应当指出的一点是，索洛维约夫说得很明白，对他自己本人而言，"第二绝对"始终是"神秘莫测"的。"第二绝对"这一理念本身，是他从谢林那里拿来的[5]，而这一概念立即显示出对他来说十分必要（以便证实万物统一论原则）。谢林启发索洛维约夫要接受绝对身上的"两极"，而一旦这一学说得以证实，索洛维约夫便始终围绕作为绝对者的世界的"神秘莫测性"兜圈子……索洛维约夫的思想究竟是在何种方向上使用了与基督教的"形成中的绝对"这一理念的，对于这一点，早在《神人类讲座》中即已给出充分解释，在那本书里，绝对的这一"形成过程"与基督教的上帝化身理念相关联。但索洛维约夫的思想并没有仅仅停留在斯宾诺莎和谢林那里，而是还吸收了喀巴拉和其他神秘主义学说，其所建构的，是一种非常混乱的理念体系。一方面（处于晚期谢林的无可置疑的影响之下），索洛维约夫建构了有关世界在绝对中如此"形

---

① 《索洛维约夫全集》，第 1 卷，第 350 页。

② 同上书，第 355 页。

③ 同上书，第 2 卷，第 318 页。

④ 同上书，第 318 页。

⑤ 实际上，这一有关"另一种绝对"的神话的奠基人应当是费希特，他驱逐了"物自体"的概念，建立了有关"我"如何建构"非我"（没有非我我就不具有活动的客体）。"非我"不是创造出来的，而是"推断的"，是按照"我"的内在辩证法推断产生的。

成"的概念，以便能把这一形成过程与恶的问题，与创世前的某种"灾难"或"堕落"的学说联系起来。另一方面，在这一混乱理念的运动过程中，索洛维约夫把全部重心转移到了有关人的主题上来。我们可以认为，《神人类讲座》的全部复杂构思就是这样产生的，在这本书中，索洛维约夫的全部形而上学得到了具体详尽的阐述（以其最原始的版本①）。对于索洛维约夫有关索菲亚和世界灵魂的学说具有极其重大意义的其他变体，我们暂时不予阐述，为的是不使我们的叙述过分复杂，——稍后我们还将讨论这些变体的问题。现在让我们先来阐述一下索洛维约夫在《神人类讲座》中所阐述的形而上学问题。

8. 根据其总的提纲，《神人类讲座》阐述人类的宗教哲学进程。"宗教发展是……上帝与人的现实的相互作用——是一种神人类进程"②。另一方面（完全是以一种黑格尔的精神），索洛维约夫以"其内容的历史和逻辑秩序为出发点，亦即根据其内在关联，以显而易见（！）相互吻合的历史和逻辑秩序为出发点"③。但在此刻我们则只对"逻辑秩序"感兴趣，以便能进而分析索洛维约夫的形而上学。

原初本质，上帝是在三位一体中向我们呈现出来的，这一理念，按照索洛维约夫的表述，是"和启示一样的思辨理性的真理"④，因而索洛维约夫（他常常一再回到这个问题上来）力求通过"理性"的途径揭示神性三位一体的真理。无论如何，在有关绝对者的学说中应当拒绝纯粹的一元论，从而确定绝对者中的三位一体。索洛维约夫实际上是以下述论点为出发点的，即绝对者需要"理想现实"，需要"他者"，以便能够在其身上显现自身，——只有通过这一途径

---

① 在另外一本《俄罗斯与全宇宙宗教》中，索洛维约夫的形而上学所呈现的版本与之略有不同。关于这一点可参见下文。

② 《索洛维约夫全集》，第 3 卷，第 37 页。

③ 同上书，第 39 页。

④ 同上书，第 96 页。

绝对者才能从唯一者变为"万物统一者"。这样一来，这一演绎过程便会引导我们走出绝对者的边界，而这也就是为什么在这一演绎（第6讲）过程的发展过程中，索洛维约夫会说，"任何特定的存在就其原初而言都只可能是绝对本质的自我确立"①。

但这样一来我们又应当如何理解可见世界（自然）的产生问题呢，而且这一可见世界与绝对者的关系又当如何呢？在其繁复多样性中的可见世界是真实的，但要使绝对者不致显得比可见世界"更贫乏和更抽象"，我们就应当承认在其身上"有其自己特殊的、永恒的世界"，有一个理想世界和永恒理念的领域②。对这一神性世界的演绎取决于"万物统一论"概念的辩证运动（即多样统一性），而在 索洛维约夫看来，却并非"理性之谜"。相反，可见世界的存在受制于有终点和有条件的时间——而时间也正是真正的理性之谜，而理性在此所面临的任务是"从无条件中引导出条件"③。而索洛维约夫自己究竟是怎样解决这一"理性之谜"的呢？索洛维约夫认为有条件与无条件的关联在于人，在于人的双重本性，但索洛维约夫所指出的基本问题，在于从无条件中"引导"出条件，亦即在于"条件的超验演绎"。

我们已经看到索洛维约夫的这一做法不过是在效法费希特—谢林的辩证法而已，而任何时候和任何地方都不对"绝对者必须具有"他者"这一点进行"论证"。而当索洛维约夫（同样继谢林之后）对"他者"（世界），即把其当作为完结的存在进行描述时，他的议论开始带有异样的特征。对任何个别存在的自我论证，都会从中导出一场永恒的斗争和异样性和相互消灭的结果——所有这一切对于自然是很有特点的，都是自然中"内在分裂性的直接结果"④。但这

---

① 《索洛维约夫全集》，第3卷，第87页。
② 同上书，第116页。
③ 同上书，第120页。
④ 同上书，第3卷，第134页。

一分裂性是自然存在中分崩离析性的必然结果，这也就是说，经验的恶是从形而上学的恶中产生出来的。而由于世界以上帝（以其自己本身）为前提，并且将其作为他的"他者"，所以，索洛维约夫态度坚决地肯定，自然世界"仅仅只是他者，是那些构成神性世界之存在的那些因素本身不必要的相互作用的结果"①。而由于"没有一种生物有可能在上帝之外具有其自己的存在之根据，或是在神性世界之外具有其实质性，"——所以，"自然（以其与神性的对立）只有在实体性上处于神性世界的其他条件或因素的排列组合下才有可能。"索洛维约夫的这一思考，对于嗣后所有"索菲亚学体系"（弗洛连斯基、布尔加科夫）都产生了极其重大的影响，而且，一般地说，也对那些对于万物统一论形而上学感到入迷的人，对于那些显然完全站在基督教关于创世的形而上学基本理念之外的人，也都产生了极其重大的影响。创世当然意味着创造新的东西，而非将以前的因素简单地重新排列组合一番……无论如何，索洛维约夫坚定地站在这样一种原则立场上，即神性的和神性以外的世界"相互之间的区别不是就其实质，而是就其地位而言的"②。

但这显然还不是全部问题之所在。呈现在理念领域里的理念的多样性对于绝对者而言是否够用了呢？要知道这种多样性同样也是一种就其对绝对者的原初统一体而言的一个"他者"？但在这种情况下，"他者"的全部演绎不可能不以现实存在的出现为依据，而正是此种存在是一种"有条件"的存在。索洛维约夫的下述一段话正是针对这个问题写的："元素的理想特征对于作为统一体的神性本质自身是远远不够的，对于它而言最必要的是，要让生物多样性获得其现实的特点——因为不然的话，神性统一体或爱的力量，就无法凭借任何东西得以展现自身了"。尽管为什么恰好正是存在的现实个别性可以首次满足绝对者中对于表现其爱的需求这一点还没有完全搞

---

① 《索洛维约夫全集》，第 132 页。
② 同上书，第 132—133 页。

清楚，但我们应当指出的一点是，索洛维约夫勇敢地动手去解决一个最困难的问题——，作为世界之谜中补充对于多样性问题的主题而言，"现实性"（意指感性可以问津的现实性）从何而来？而以下就是索洛维约夫如何从"无条件中"引导出"条件"的解决办法："神性生物不可能满足于对于理想本质（亦即单纯作为多样性本身的——作者）的永恒观照——而是会个别地停留在它们中间的每一个身上，肯定并且记录其独立存在……而这也就是神性的创造活动……神性以其意志，作为存在的无限潜能，要求以所有的他者为条件，而不局限于作为唯一者的自己身上，而是实现或是将其对于自己进行客体化……每个生物（在此之中）都会丧失其与上帝的直接统一性，以及神性观照的永恒对象……而在灵魂中生存"①。统一性即使在这里也并未消失，但由于统一性只有经由人类才能实现，所以，它已经带有"次要"性质。"人类的所有要素构成一个统一的——同时既是普遍的也是个别的——机体，此即全人类的机体"，这也就是"神性与世界永恒灵魂的永恒身体"，而在《神人类讲座》中，即为索菲亚②。神性逻各斯即应当与之相关联，因此基督即逻各斯和索菲亚③。

　　神性在可能性中所具有的无限性在个别生物身上"其存在的根本自然势力的意义，是全部造物生活的中心和基础"④。世界灵魂虽然具有一切，但它的被满足却并不是无条件的和彻底的——因为它具有不是来自自身的"一切"，而是具有神性本质的"一切"……因此，在具有一切的同时，世界灵魂可以通过别的方式来具有这一切，亦即具有不是来自自身，而是来自上帝的一切。正因为此，世界灵魂可以……在上帝之外来确证自身。但与上帝分离的世界灵魂

---

①　《索洛维约夫全集》，第 3 卷，第 137—140 页。
②　同上书，第 127 页。
③　同上书，第 115 页。
④　同上书，第 136 页。

由于只具有对于万物统一的不明确的追求，因而可以成为"天性"①——而只有在与神性本质的结合中世界灵魂才会成为全宇宙的机体，成为神性理念的体现，亦即索菲亚②。而也正是在人身上世界灵魂才能内在地与神性逻各斯在意识中结合，成为万物统一的纯粹形式③。人是"上帝和物质存在之间天然的中介者"④。这一"人通过内在掌握和神性本质的发展渐渐被灌输生气的过程，实在说，就构成了人类的历史进程"⑤。

"神性的体现，"我们接着读到，"不是某种实在意义上的奇迹，亦即不是一种与存在的整个秩序格格不入的东西，而相反，它在本质上与世界和人类的全部历史相关……全部自然都在奔向和趋向于人，人类的全部历史也都趋向于神人类"。

如果对全部这一其在形而上学、宇宙论、人类学和历史学综合体中的重要性无可否认，也无可置疑的（尽管只是部分地）观念做一个深入思考的话，我们就会发现，对于这一形而上学万物统一论的基本误解不可能有丝毫消除。在索洛维约夫的阐释中——我们不要忘记这一点——在上帝和世界之间没有"本质上的"区别，换言之，上帝和世界的"本质"是同一个。正因为此，由于世界的多样性（与理念领域里的多样性相应）原来是被孤立的倾向所包容了呢？我们看到，按照索洛维约夫的说法，连上帝自己也会向存在的每个点上输送自我认识的力量（没有这一点也就无法达到外在于上帝之外的全部现实的多样性）；这样一来，也就从原初绝对者的核心诞生了存在中的根本的双重性。上帝和世界的双重性因此被打上了在逻辑上不可克服的必然性的烙印：上帝需要"他者"（世界）的，正在于其"现实性"，因而，显然，这一双重性在取决于上帝身上的内

---

① 《索洛维约夫全集》，第3卷，第136—146页。
② 同上书，第146页。
③ 同上书，第149页。
④ 同上书，第150页。
⑤ 同上书，第155页。

在辩证法的同时，是永恒的。接下来我们还会看到，索洛维约夫笔下对于形而上学的进一步阐述还会使双重性变得更加尖锐化、但这一纯粹本体论双重性同时也与世界上所笼罩着的分离性和相互斗争相关，——自然存在的这一罪孽以直截了当的方式取决于其产生的条件。但在这种场合下，恶的根源在于绝对者自身，在于其无法回避的必然在其身边拥有一个作为"现实"世界的"他者"的需要。因此我们可以说，世界在绝对者中的产生是有"裂缝"的（关于这一点可以参阅弗兰克笔下的同一主题，见第4卷，第5章），有失误的和非真实的……如果世界是神性的异质同构体的话，也就是说，如果世界真的是"造物"的存在的话，那么，它的不完善就可以通过上帝化身来得到改善。但对于索洛维约夫来说，总而言之与对于所有万物统一论形而上学者来说，世界与上帝是本质同一的。从普罗提诺到库萨的尼古拉以及后来的谢林，"万物统一论"理念坚定不移地走向对于上帝与世界本质同一性的肯定——而索洛维约夫（正如叶·特鲁别茨科伊伯爵①那样），完全是沿着泛神论路线建构了自己的形而上学。然而，如此一来我们又该如何将其与基督教有关上帝化身的学说联系起来呢？在这个问题上，神人类理念与世界"回归"上帝的学说在纯粹语词方面的接近，在间接表现方式方面便是虚假的，因为正是在人身上，发生着世界灵魂与逻各斯的内在结合。我们之所以说这是"虚假的"，是因为在索洛维约夫那里，自然中的恶与堕落取决于下述一点，即对于上帝来说，它必须在其自身之外拥有一个现实的多样性，而按照基督教学说（早在使徒保罗时候）"罪通过人进入世界"，而只有经由人的拯救，世界才可以摆脱罪恶。在索洛维约夫的体系里，世界之谜只有在人身上才可以揭示和解释，而世界和前人类自然却带有罪和非真的特征。在索洛维约夫那里，"神人类"概念因此与基督教学说并不吻合；在索洛维约夫的形而上

---

① 叶·特鲁别茨科伊伯爵，见同上书，第1卷，第283页。

学里，有一种世界回归上帝的层级阶梯，而在基督教学说里，人身上隐藏着解开世界上的恶究竟从何而来这一问题的钥匙，还可以解答如何才能战胜恶的问题。索洛维约夫的形而上学是泛神论的——而这也就是为什么基督教有关神人类的学说会有内在曲解的原因，后者我们在其身上也可以发现。对哲学的偏爱从一方面吸引着索洛维约夫，而宗教意识则把他吸引向另外一个方向……

所有这一切都极其尖锐和严厉地出现在索洛维约夫的《俄罗斯与宇宙宗教》这部著作中，但在我们着手阐述索洛维约夫在这部著作里所提供的新的变体以前，我们先来根据其在《神人类讲座》里的阐述，讨论其形而上学中的几个问题。

9. 我们不会在索洛维约夫的"第一物质"这个概念上多做讨论，因为实在说来这个概念对他的形而上学而言，并未提供任何新东西，——而且，正如叶·特鲁别茨科伊所指出的那样[1]，这是一个从谢林那里借用来的概念。而我们已经多次涉及到的索菲亚概念却远比这要重要得多：这一概念在那些受到过索洛维约夫影响的思想家们的体系里，扎下了广泛的根系。但关于索菲亚概念我们以为还是放在索洛维约夫宇宙论研究之后进行比较合适，读者接下来将会看到对其的讨论。现在，让我们仅仅讨论一下索洛维约夫有关"理念"的学说。

这一学说当然不是对柏拉图学说的直接接受：因此，对于索洛维约夫来说，重要的是判明这样一点，即构成"可见自然"之基础的，是"理念的王国"。理念宇宙是"可见世界的本质，是其形而上学的基础"。但接下来索洛维约夫相当突然地把"原子"、"单子"和"理念"混淆了起来[2]。构成现象之"基础"（意指现实的而非理想的基础）的，是"永恒的和不变的最基础的本质或原因的总和"[3]

---

① 《叶·特鲁别茨科伊》，第 1 卷，第 181—184 页。
② 《神人类讲座》，第 2 卷，第 4 和第 5 版。
③ 同上书，第 3 卷，第 51 页。

"……而这些本质就叫原子"。但接下来，这些原子却被解释为一种力量，甚至比力量意义更广：这实际上就是"物质"[①]，而且可以和莱布尼茨一样称其为"单子"。此外还有一个地方值得注意[②]："构成无条件本质之内涵的基本物质[③]，实际上不仅仅只是不可划分的单子或原子——它们实际上是些明确的物质或理念的无条件的性质"。

把"原子"与"单子"混淆起来还可以通过纯粹的作为存在的最后一级单位的"原子"这一形式概念来加以论证，但是，这里所说的"原子"，却并非物理学或化学所经常使用的那个概念。但为什么索洛维约夫需要把单子——活的物质或发展中的现实的物质——与理念——正如我们上文已经足够清晰地看出的那样，并不属于现实世界的理念——同一化起来呢，而这一点却既未加以解释，也不可能加以论证。对于索洛维约夫笔下对纯粹语词上的混淆使用即使在这里也充分表现了出来……

讲到此处，我们就可以结束对于索洛维约夫全部形而上学的阐述了，接下来我们会涉及其技术方面的问题了，那就是他的宇宙论。

---

① 《神人类讲座》，第 3 卷，第 53 页。
② 同上书，第 55 页。
③ 这是索洛维约夫在以斯宾诺莎的精神阐述问题时所发生的一个比较典型的"一个笔误"。参阅叶·特鲁别茨科依伯爵正确的意见，他认为在索洛维约夫的学说中，"在神秘主义和自然论之间缺乏边界"（同上书，第 1 卷，第 293 页）。特鲁别茨科依伯爵很好地揭示了索洛维约夫笔下的矛盾和错误。

第二章

弗拉基米尔·索洛维约夫（续）

1. 索洛维约夫的形而上学，正如我们所见到的那样，是他从其有关绝对者的总体学说中推导出来的，在这个问题上，他以独特的方式把谢林和斯宾诺莎结合了起来，某些地方甚至还引入了柏拉图主义的元素。而在其宇宙论中，虽然其在基本原则上受制于他的形而上学，但索洛维约夫无疑更具有独立性一些，而不止一次地修改了自己的体系，而也正是在宇宙论方面，索洛维约夫对嗣后俄罗斯思想界探索的影响更大。关于世界灵魂的学说，关于索菲亚的学说，在索洛维约夫那里，就其实质而言，是宇宙论的（这一点当然会把他有关索菲亚学说中的人类学问题移置到次要地位，而让这一问题从属于他的宇宙论观念的）。与此同时，在索洛维约夫那里，恶和混沌的问题，也与宇宙论有关，这个问题折磨了他整个一生，并在其生命的晚期带有特殊尖锐的性质。

要研究索洛维约夫的宇宙论，重要的是他的两部著作——《神人类讲座》（第3讲）和《俄罗斯与宇宙宗教》（第3卷）。我们这里的阐述也正是以这两部著作为依据。

按照索洛维约夫的学说，自然同时既是多样的也是统一的。一方面，自然中占据统治地位的，是分裂的本质——时间和空间把存在的各个点相互隔离开了。自然中的多样性实质上是理念领域里原初多样性的重复现象，在这个意义上，自然就其实质而言与绝对者并无任何区别。无怪乎自然会被称作绝对者的"他者"。即使自然中的元素和本初一样,但在自然中,这些元素却处于一种"非应有的相互关系中"①:相互排斥,相互仇恨和斗争、"内在的分裂"显现出自然阴暗的本质,混沌的本质,后者对于"自外于神性的存在"而言是特有的现象。与此同时,在自然中狂暴的力量并未破坏自然,自然维持着自己的统一性,混沌常常会被作为整个真正宇宙一个部分的自然本身所缩减。这样一来,我们面前便产生了两个任务:一是理解现实多样性的产生本身,从"无条件中推导出条件"来②,而另一方面,则是理解自然统一的条件究竟是什么。

让我们先讨论第一个主题。

我们已经知道,按照索洛维约夫的观点,对于本初而言,仅有理想的多样性是远远不够的,因为本初(对于爱的显现而言)所需要的恰好正是"现实的"存在。这里我们不妨再次引用一下索洛维约夫的公式:"神性存在物不可能只满足于对于理想本质的永恒观照——神性存在物会在它们当中的每一个身上个别地加以逗留,以证实其独立存在"③。如我们所知,现实多样性以其存在本身受制于本初自身,后者的内在辩证法导致分裂性的产生,因此导致在现实存在中的分裂性。索洛维约夫写道:"每个生物都会丧失其与神性的直接统一性……而获得一种为了自己(而行动)的神性意志,并在此之中获得一种生动的现实性。这已经不是一种理想的生物(理念),而是一种活生生有其现实性的生物。"自我孤立的本质,因此而显得是无边界的。索洛维约夫写道:"在神性中只表现为潜能的无边界性在个别生物身上获得了根本自然力量的意义,乃是全部造物生命的核心和基础。"④

---

① 《索洛维约夫全集》,第 3 卷,第 132 页。
② 同上书,第 120、129 页。
③ 同上书,第 137 页。
④ 同上书,第 134—136 页。

但现实多样性并不排除自然的统一性——这种统一性是靠"世界灵魂"实现的。"世界灵魂"这一概念的首倡者是柏拉图，起先并未进入基督教形而上学，但它却早已在中世纪哲学中开始渐渐占据其先前在宇宙学中所占据的地位，而从文艺复兴时期起，开始获得许多热情的拥护者，尽管它与对于自然的机械论理解有着尖锐的差别，但却从14世纪起得到了巩固。可以理解，索洛维约夫是从谢林那里拿来的这个概念，但却比谢林走得更要远得多。索洛维约夫写道："世界灵魂是一和多，它在活的生物和神性的无条件统一性的多样性之间，占据着中介地位。"对"世界灵魂"的这一形式定义，还要加上一些说明其功能的一些特有特征。首先，"世界灵魂是全部造物的活的交点——是造物存在的实质性主体"；正是来自于索洛维约夫的世界灵魂这个概念嗣后进入一系列俄罗斯思想家笔下（谢和叶·特鲁别茨科依、弗洛连斯基、布尔加科夫、部分还有洛斯基）。与此同时，世界灵魂概念早在《神人类讲座》中，就已被索洛维约夫用来阐释存在中所存在的根本的双重性问题。在把世界统一并保持其统一性的同时，世界灵魂本身与绝对者对立，并与世界呈现对立状态。索洛维约夫写道①："世界灵魂是双重性存在物：它包含着神性的本质和造物的存在，但却既不受制于前者也不受制于后者，而是自由的。"索洛维约夫引入这一自由因素是为了揭示绝对者中发生的分化（在创造其"他者"的时候）是如何转变成为世界与绝对者的双重性对立的。"世界灵魂对于'一切'的拥有，可以以另一种不同的方式来拥有，即可以不是从自己身上，亦即像上帝一样拥有'一切'。这是在自由中既以预订好了的，是世界灵魂所固有的，'可能性'随后成为事实上的现实性——世界灵魂以此将其自己存在的相对中心与绝对者分离开来，而在上帝之外来肯定自身。但它也因此在创造方面丧失了自己的自由，丧失了对创造的统治（因为它

---

① 《索洛维约夫全集》，第3卷，第139—142页。

完全沉浸于其中）。创世的统一性消失了，普世的有机体变成原子的机械总和，全部造物都要经受空虚和腐烂的奴役……按照作为自然生命统一的自由本质的世界灵魂的意志……通过世界灵魂的自由活动而联合起来的世界脱离了神性，分裂成为多种多样的相互敌对的分子"。

在此我们不去关注这一宇宙论过程所经历的每个阶梯了——经由这些阶梯，存在中的内在分裂性逐渐被努力克服。重要的是，当在大地上出现人的时候，世界历史开始出现了深刻而又重要的变化——世界灵魂正是在人的新的活动和意义中得以揭示出来，而且不是在个别人身上，而是在作为整体的人类身上。世界灵魂作为"理想的人类"被展现出来，因此世界在此之前所发生的宇宙进程之上，现在开始高耸着一个历史进程，这是一个同样被世界灵魂所推动的进程（此时已经被命名为索菲亚）。世界灵魂根据其与神性的相关本性，在通过宇宙进程寻求着克服双重性的途径（世界灵魂本身对此负有责任）而与神性实现结合——更确切地说，是与逻各斯实现结合。这种结合是在意识中实现的，并且在基督身上达到了完满境界——"索菲亚的核心和完满的个性的实现"。

新术语、新概念"索菲亚"[1]的引进为索洛维约夫开辟了新的前景。但在《神人类讲座》中，索菲亚概念还与世界灵魂概念是同一的，而嗣后，索洛维约夫摒弃了这种同一化。为了追溯这一概念的演化，我们可以读一读《俄罗斯与宇宙宗教》这部书，在此之后，索菲亚概念在索洛维约夫那里已经发生了实质性的变化。

2. 于是我们在《俄罗斯与宇宙宗教》里读到："几个世纪以来包含在上帝身上的混沌存在的可能性，永远都受到了上帝强大的压迫，受到上帝真理的谴责，并且也被上帝的神赐所消灭。但上帝喜欢在其非存在中的混沌，他还喜欢让混沌能够存在下去……因此，

---

[1]　需要指出的是，这一概念早在《论完整知识的哲学基础》（第 1 章第 376 页）中即已出现，但在那里完全没有得到发展。

他给混沌以自由……从而得以把世界从混沌的非存在中拯救出来。"① "非神性自然或混沌的实质本身"在于"追求对于宇宙机体的分化和解体"——而世界的灵魂，混沌力量的载体，"世代以来一直都以纯粹力量的状态存在于上帝身上"②。但此时此刻世界灵魂不仅不和索菲亚同一，而且还相反，被宣称为是"神性智慧的对立面"③。按照索洛维约夫的新学说，索菲亚是"普世实体"，"神性三位一体的实体"④。索菲亚不仅是"上帝的实体"，而且还是"上帝创造的真实原因和目标，是上帝创造天空和大地时的原则（本质）"⑤。因此，在索菲亚身上，以理想的方式包含着"世界存在隔离和分化的统一和结合的力量"，而且在世界进程的终点她终将作为"神性王国"而被呈现出来。因此，索菲亚虽然不是世界灵魂，但却是"世界的天使—守护神"，是"在诞生世界的一切水面的黑暗之上的圣灵的实体"⑥，是"与大地上的黑暗物质分离的会发光的天空的物体"⑦。

将索菲亚与世界灵魂分离开来的关于索菲亚的这一学说，在索洛维约夫那里，此后直到其生命的终点，都始终再没有过变化。更重要的是，索菲亚是一种"天空的物质"。但她对世界产生的参与破坏了这一观念的完整性——而在这里在索洛维约夫那里（如同在他的其他追随者那里一样），早在《神人类讲座》里已经阐述过的母题，又再次回归了。

对于索洛维约夫来说，创世"不是上帝的直接事业"，促使上帝创造"天空和大地"的创世的真实"原因和原则"，是索菲亚。但

---

① 《俄罗斯与宇宙宗教》（引文来自俄文版），莫斯科，1911，第335页。
② 同上书，第339—340页。
③ 同上书，第339页。
④ 我们可以从谢·布尔加科夫那里看到对于这一理念的接受。
⑤ 《俄罗斯与宇宙宗教》，第347页。
⑥ 同上书，第347页。
⑦ 同上书，第347页。

作为"世世代代以实体的方式存在于上帝身上"的索菲亚,"的确是在世界上得以实现的,而且是循序渐进地逐步体现于世界上的"。世界灵魂同样也世世代代以"纯粹力量的形态,作为潜在的永恒智慧的本质(!)"存在于上帝身上[1]。这就再一次出乎意料地把索菲亚与世界灵魂拉近了,因为世界灵魂在此甚至被称为未来的"非神性世界的母亲"。索菲亚已经被索洛维约夫从混沌中分离出来(尽管在上文[2]中,索菲亚被宣称为"非神性自然或混沌的主体",因为"只有行动和反神性的本质才可以接近她"[3]。混沌的本质("永恒的和无时间性的")从上帝那里获得了自由——上帝亲自"在世界灵魂中"把她唤醒,这就开始了索菲亚与混沌之间"为了争夺对于世界灵魂的支配权"而进行的一场斗争(根据另外一个版本:"神性话语与地狱本质之间")[4]。

"创世是一个循序渐进的和顽强执著的过程"(由于有了这场斗争),创世得以把"越来越多物质元素和无政府主义的力量在把混沌改造成为宇宙的过程中深刻的和充分地结合在一起"。对此的证明就在于"宇宙史就是一个缓慢而痛苦的诞生过程",对于索洛维约夫来说,就是大洪水以前各种怪物(鱼龙、多核细胞等)的存在。"它们难道能够属于上帝的一种完美的和直接的创造吗?"索洛维约夫如此问道。

所有这些观点都带有不够明确和不无矛盾的特点[5]。我们在《论爱的意义》这篇文章或在论述丘特切夫和阿里克谢·托尔斯泰的文章(第7卷)中所能找到的最晚近的变体形式,也未能给这个问题带来任何新意。恐怕值得关注的就只有"有机体结合"

---

[1] 《俄罗斯与宇宙宗教》,第340页。
[2] 同上书,第339页。
[3] 同上书,第356页。
[4] 同上书,第356页。
[5] 叶·特鲁别茨科依伯爵足够鲜明地揭示了这一点,《论索洛维约夫的世界观》,第1卷,第383—384页。

（сизигия）这个术语，或把世界的理想方面与其现实方面结合起来，把个人的积极本质与全宇宙的理念结合起来这些方面了①。这里，我们只从我们已经熟知的那些思想中列举几条非常值得注意的几种说法。"整个自然现象，无论其机械构成如何，都在以其关于生命和伟大世界的灵魂的真实性在向我们诉说着什么"②。这一信念在于世界是一个有灵性的整体，而这的确是索洛维约夫一个根深蒂固的信念③。顺便需要指出的一点是：索洛维约夫据以把世界灵魂从索菲亚理念中分离出来的那种东西，对于嗣后的俄罗斯思想界发展宇宙论原则来说是极其富于成效的（甚至在你不把世界灵魂与混沌等量齐观的情况下也是如此）。还需指出索洛维约夫的另外一个重要的观点，即"有机世界与非有机世界之间的不可分割的关联"问题④。

索洛维约夫在其晚近著作中关于被他称之为"存在的阴暗之根"的"原始的混沌"的论述，是十分清晰的："混沌，亦即否定性的无边界性，犹如高悬在任何疯狂和丑陋之上的深渊，以及魔鬼的起而反抗所有正面的和应有之物的激情——这就是世界灵魂最深刻的本质和一切创世的基础"⑤。"双重性无疑是世界生活的基本事实，"——我们在另一处地方读到⑥。这一形而上学双重性母题随着年月的增长在索洛维约夫那里越来越加强了，并且导致他对其整个体系进行重新考察的地步，——但在这一新方向上他只来得及在有

---

① 《索洛维约夫全集》，第 7 卷，第 57 页。

② 同上书，第 122 页。

③ 关于这一点，索洛维约夫的密友列·米·洛帕金可以提供补充证明（哲学描述，第 133 页）。

④ "在整个宇宙中没有那样一种边缘特征可以把它分隔成为完全特殊的、在存在的领域里相互之间没有关联的东西"（《索洛维约夫全集》，第 7 卷，第 123 页）。

⑤ 《索洛维约夫全集》，第 7 卷，第 125、126 页。

⑥ 见《论阿·托尔斯泰的文章》，同上书，第 146 页。

关"理论哲学"的几篇文章中加以表述①。我们还有机会不止一次涉及这个问题。

这里需要指出的是，索菲亚概念除了宇宙学和人类学问题（关于后一个问题可以参看下一节）外，还有神学方面的问题——在索洛维约夫那里，索菲亚与圣母十分接近，而在俄罗斯宗教哲学文献里，索洛维约夫的这一观点获得了特别重要的意义，尤其是喜欢重建乌斯片斯基神殿的俄罗斯人民，在这个问题上表达了将圣母与索菲亚结合起来的理念。而索洛维约夫关于（在同一本《俄罗斯与宇宙宗教》中）"俄罗斯人民知道并且热爱以圣索菲亚的名义在教会中社会地体现神性"这一观点，也获得了许多反响（可以参见下文中弗洛连斯基和布尔加科夫对这一理念的发挥）。

3. 索洛维约夫的人类学与其形而上学和宇宙学有着十分密切的联系，无论如何，在这个领域里，我们应当把这些理念与其生动具体的建构区分开来。实质上，只在某一点上，索洛维约夫抽象的人类学理念与其具体的建构十分接近。这就是关于人身上的混沌的学说，关于人身上"阴暗的"和"夜间的"自然力量的学说——但在这里，我们很难把作为诗人的索洛维约夫和作为思想家的索洛维约夫分隔开来。

让我们先来讨论一下索洛维约夫在人类学中的一般理念。

索洛维约夫的形而上学体系如我们所知，其基础是关于宇宙是上帝身上的"他者"的学说，即它同样也是一种绝对存在，但却止于是"形成中的绝对"而已。这的确是索洛维约夫的一个根本观点，他把这种观点与基督教有关神人类的学说拉近了。早在《抽象本质批判》里，索洛维约夫就指出了这一点，而在《神人类讲座》里，这一学说已经获得了完备的形态。按照索洛维约夫的观点，人正好应该被安置在这两个绝对者之间，因为在这个位置上，"形成中的绝

---

① 关于这一点可以参阅索洛维约夫本人在为《三次谈话》写的序言中的论述，《索洛维约夫全集》，第10卷，第83页。

对者的"全部秘密都将完全充分地被展现无遗。索洛维约夫在指出（在《抽象本质批判》里）"第二绝对者"是"一种神秘莫测的生物"的同时，写道①："对这一秘密的解答，对这一谜底的揭穿，我们可以在自己身上找到答案②"，因为每一个真实的人，作为无条件的实体……都具有一种自然的和经验的状态，索洛维约夫从未离开人类学领域具有一种根深蒂固的双重性（从其全部形而上学公式里推导出来）的立场，而在其最晚期的文章中，本体论的双重性（在有关人的学说中），已经被认识论的双重性（处于善恶之间的人）所取代，这种双重性尽管是新的，但其表述还要更加尖锐。

在《神人类讲座》里，整个世界进程被阐释为神性本质与世界灵魂的结合和统一（在一系列阶梯层面上）③，而关于人的学说也被这一总的宇宙学理念照得更加明亮，远比索洛维约夫以前的著作明确得多，——在这里，索洛维约夫有关"在人身上的世界灵魂最初从内在论上与意识中神性的逻各斯产生内在结合——作为一种纯粹的万物统一论形式"的观点，得到了最为彻底的揭示④。"在人身上，自然不再是自己本身了，而过度到（在意识中）绝对者存在的领域"⑤。"人不光具有那种生命的内在本质——即上帝所具有的万物统一，而且还可以像上帝一样自由地希望它"，也就是说，人可以"离开上帝，在上帝之外去独立地证实自己"。人的这次起义搅乱了整个宇宙，如果先前的人作为精神创世的核心，不以其灵魂拥抱整个自然，并且和自然共同着生命，热爱并且理解自然，并且因此也就能够支配自然的话，那么，现在，在其自我本身中对自己加以确证后的人，把自己的灵魂向外界封闭起来，便会发现自己处在一个

---

① 《索洛维约夫全集》，第2卷，第318页。

② 这里叔本华对其把人的"秘密"推导出来（从其直接的自我认知中）的方法有着十分明显的影响。

③ 可特别参看《神人类讲座》，第10讲。

④ 《索洛维约夫全集》，第3卷，第149页。

⑤ 此言出自黑格尔。

异己和敌对的世界里，这个世界已经不再以他所能够听懂的语言和他说话了，而他自己也不再能够理解这个世界了"。在自己身上有着（在犯下原罪以前）对于普遍关联的直接表达的人的意识，"丧失了自己的内容"，现在则开始"寻找其自己的内容"——而在这条道路上（在自己之外寻求自己的内容）开始了一个"神学过程"（寻找上帝）。"这种通过内在的把握和神性本质的发展给人逐渐灌输生气的过程，实在说就构成了一个历史进程"，在这一过程中，发生着上帝化身，亦即神性逻各斯与世界灵魂的真正而又个人的结合和统一①。"整个自然都在奔向和趋向于人，整个人类历史都在趋向于神人类"②，——索洛维约夫如此结束了他的人的形而上学。

索洛维约夫关于"永恒的人"，关于"作为统一生物体的人类"的学说，也属于人的形而上学。

早在《抽象本质批判》中我们便可以读到③："在自然中，每个生物都有局限性，都是有条件的和转瞬即逝的，只有在上帝身上，在其绝对本质身上的东西，才是无条件的和永恒的。而人是不光在上帝身上，而且即使是在自己身上，也都是永恒的和无条件的……每个'我'都是某种无条件的和唯一的，都代表着某种无条件的，只为其所具有的自己的本性，都是一种无条件的理念。"在《神人类讲座》里，索洛维约夫关于"永恒的人"的议论，便显得不是那么坚决（亦即更少倾向于多元论）。"说到永恒的人或人类，我们所指的并非作为一种现象的自然的人……""人作为一种经验现象，要以人为条件，作为一种可以理喻的生物，——我们所说的正是这样的人"④。甚至就连个别的自我认识如今在索洛维约夫看来也只是"心理生活活动中的一种"，亦即它不是一种无条件的本质⑤。"理想"

---

① 参阅《索洛维约夫全集》，第 3 卷，第 150—159 页。
② 同上书，第 165 页。
③ 《索洛维约夫全集》，第 2 卷，第 320—321 页。
④ 同上书，第 3 卷，第 122—123 页。
⑤ 同上书，第 124 页。

的人但也因此而完全是本质的人和现实的人，不是"普遍的、一般的全体人类体的本质，而是普遍而又个别的生物"①。在进一步阐述索洛维约夫人类学的这个方面以前，我们首先关注一下索洛维约夫如何在人类学中态度坚决地否认形而上学多元论的问题，以及否认人格主义母题的问题。在其思维发展的这个方面，形成最高点的是他的《神学哲学》一文（早在其晚期岁月里即写成），他在文中讨论了"虚假的自我认识这一事实"②，嘲笑了"被笛卡尔所搞坏了的"，关于"我"的"实体性"的自信而又绝多错误的学说③。索洛维约夫在此承认"而我在此却不得不审视这一观点"④。在此，他这样写道⑤："关于'我'，我个人认为，这是一个真正的实体性主体……可是，在回头审视理论哲学的基本概念时，我发现，这种观点已经不再具有我曾经以为其具有的那样一种自明真理性了。""我们的'我'尽管是超验地发展而来的，却不可能成为真正认识的交点和正面的出发点"⑥，"只有主观的意识状态"才可能是真实的⑦。——"心理物质，思维一般的逻辑形式，是真实的，最后，哲学构思，或认识真理的决心，是真实的"⑧。索洛维约夫这些纯认识论议论如今对于我们来说，其重要性在于人类学方面，即在其人格主义母题方面：破坏作为封闭存在的个性，肯定个别人以之为据的超个人的领域。按照叶·特鲁别茨科依伯爵的观点⑨，现在对于索洛维约夫来说，"认识主体自己本身，也就是说在无条件的真理之

---

① 《索洛维约夫全集》，第 3 卷，第 126 页。

② 《索洛维约夫全集》，第 4 卷，第 118 页。在此之前还可参阅第 107—118 页、第 128 页。

③ 同上书，第 155 页。

④ 同上书，第 108 页。

⑤ 同上书，第 126 页。

⑥ 同上书，第 157 页。

⑦ 同上书，第 157 页。

⑧ 同上书，第 164 页。

⑨ 试比较叶·特鲁别茨科依伯爵同上书，第 2 卷，第 237 页。还可参阅同上书：《索洛维约夫与列昂季耶夫关于实体性的多样性问题》）（第 247—259 页）。

外，等于零"。在人类学领域里索洛维约夫的这一新体系最有价值的补充，我们可以在关于斯宾诺莎的文章中找到（第4章《关于上帝的概念》）。我们在这里读到①："（通常）被称之为灵魂的东西，也就是我们所谓的'我'或我们的个性，是非封闭于自身的和完全的生活圈，它具有自己的内容，实质或自己存在的意义，而只是某种别的更高级的东西的载体或托架（实在、实体、人格——hyposta-sis）。""把自己投身于这个他者而忘记自己的'我'的同时，人……实际上会把自己锁定在真实的意义中"。"我们的个性的独立性或独立内容仅仅只是形式上的，而实际上只有当肯定自身，肯定自己作为一个他者和高级者的托架时，他才具有独立性和内容"。所有这一切作为对于索洛维约夫人格主义母题的一种深化都是很值得注意的，实在说，也是不足为奇的，如果我们注意到索洛维约夫早已就从斯宾诺莎那里一劳永逸地接受来的泛神论一般观念的话。

索洛维约夫还没有来得及发挥其所形成的有关个性的新学说。在破坏形而上学个性主义的同时，索洛维约夫或许会走向对于人格主义的新观点（正如叶·特鲁别茨科依伯爵所认为的那样），但所有这一切都只不过是一种推断而已。事实上索洛维约夫的注意力甚至在这些年里也仍然更多地投注于修改有关"人类是一个整体"的主题。但这一学说自身包含着和后来引导索洛维约夫走向克服形而上学个人主义的那一辩证法之根。

4. 索洛维约夫关于人类作为一个整体是一种统一体（元经验的或形而上学的）的观点，属于其最顽固的观点之一。在《论完整知识的哲学基础》中，比方说，我们读到："历史发展的主体是人类，是作为真实的和集合的有机体的人类。"② 这一"集合有机体"（保留在《抽象本质批判》中）的概念，显然，表达了这样一个观点，即个性因素具有这样一种意义，即人在人类"有机体"中的集合。

① 《索洛维约夫全集》，第4卷，第20页。
② 同上书，第1卷，第255页。

但早在《神人类讲座》（从第 8 讲开始）就说到，"永恒的人的"概念，不能理解作人类，不能理解作集合名词①。接下来："全体人类因素构成了这样一个整体，他同时包含普遍和个别有机体——全人类有机体"②。索洛维约夫在发展其"全人类有机体"概念时写道③："世界灵魂或理想的人类自身包含着并且把所有活的生物和灵魂联接在一起。"这就是"造物存在的实质性主体"，与此同时（正如索洛维约夫前此所认为的那样）"也是双重性生物"：其所固有的神性本质"会把他从被造物的自然中解放出来，而后者则使其成为相对于神祇的自由者"。重要的问题在于，"全人类有机体"后来指代好几种"全体一致的个性"④。对索洛维约夫这种社会学现实主义的解释，我们比方说可以在其研究专著《爱的意义》（第 6 章）里找到。在此，比方说我们可以读到："这个人的存在（亦即个别人——作者）在超验领域里并非在此在现实存在的意义上是个别的。那里，亦即在真理中，个别人仅仅只是活的和真实的，但却又是不可分化的同一个理想发光体——全体一致的实质——射出的光线。个别人仅仅只是万物统一的个别化，这种万物统一不可分割地出现在其个别化的每一个场合下。"⑤ 在稍后一处地方我们还可以读到⑥："我们有必要像对待真实的生物那样对待社会和全世界环境。"而在临逝世前两年所写的一篇文章——《奥古斯丁·孔德》——中，索洛维约夫对这一主题的表述则更加明确和清晰。索洛维约夫在此写道：由于整体优于所有部分，并且要求以部分为前提，所以，"最初的现实是人类，而非个别人，人类是本质，是通过普遍进步而正在形成中

---

① 《索洛维约夫全集》，第 3 卷，第 123 页。
② 同上书，第 127 页。
③ 同上书，第 140 页。
④ 同上书，第 163 页。
⑤ 同上书，第 7 卷，第 45 页。
⑥ 同上书，第 58 页。

的绝对"①。孔德所说的"伟大的生物（Grand Etre）"，按照索洛维约夫的观点，"是完全真实的，如果不是完全个性的话，在经验人类体的意义上，那么，就会更要非个性化一些。要想一言以蔽之，这可以说是一种超个性的生物"。作为一个整体的人类，"人类是真实的，纯粹的和完整的，是最高的和最无所不包的形式，是在时间进程中与上帝永恒地结为一体的自然和宇宙的活的灵魂，是与上帝结为一体的一切"。而这也就是"索菲亚——伟大、帝王一般的女性生物"，"接受了神性的"女性生物②。就是这样，在索洛维约夫那里，人类学以形而上学为依据——或反之，即形而上学引向人类学。因此，形而上学双重性引导索洛维约夫走上坚定地解释人身上的双重本质的道路——正因为此，他是那么喜欢强调人身上那种混沌的本质本身，其在神性身上则为"他者"。"上帝喜欢在其非存在中的混沌，"——索洛维约夫在其《La Russie……》一书中宣扬道③，——要想让它存在下去……所以上帝才会放任自由"。人身上的混沌本质特别鲜明地表现在索洛维约夫在其论丘特切夫的文章（第7章）中。"早在人生活和意识的最高阶梯上，人身上的阴暗本质便即得以揭示，我们灵魂中这种阴暗力量的致命遗产不是某种个人的东西，而同样地属于整个人类"。

5. 在索洛维约夫的人类学中，还有一个要点需要我们略作讨论，这就是他的男女同体说，这种学说很独特，但却并未被他充分揭示，却对他的后继者们（最主要的是别尔嘉耶夫和梅列日柯夫斯基）的某些哲学体系产生了重要的影响。索洛维约夫的男女同体说与其有关索菲亚的学说，以及其某些乌托邦理念有着十分紧密的联系，而只在表面上，甚至是在误会的基础上，才可能将其比附于德国浪漫

---

① 按照索洛维约夫的观点，孔德的理念便是这样的，"的确，人类对于孔德来说就是这样一种生物"。《索洛维约夫全集》，第9卷，第189页。

② 同上书，第188—189页。

③ La Russie……，第335页。

主义者的男女同体说①。甚至就连巴德尔（Баадер）——在这个问题上，叶·特鲁别茨科依伯爵和莫丘利斯基特别强调其与索洛维约夫的接近——在男女同体问题上也与索洛维约夫很少有多少共同点②。当然，在某一要点上，索洛维约夫与浪漫主义自然哲学实质上非常接近，尤其是与巴德尔（正如与喀巴拉及其在神秘论中的各种联想）——此即指琐罗亚斯德教教义因素。迄今为止索洛维约夫身上的这一特点仍未被人所指出，虽然迄今为止我们说过，我们不止一次接近于索洛维约夫体系中的这个特点。这个特点当然以其特殊的力量表现在索洛维约夫论述爱情的学说（在其按照叶·特鲁别茨科依伯爵的说法——"情色乌托邦"）中。但首先还是让我们阐述一下索洛维约夫的男女同体论学说。

我不会逐条逐段地分析索洛维约夫"论爱的意义"的论述中全部十分有趣的内容的，这些内容出自索洛维约夫的两篇长文——《论爱的意义》（第7节）和《柏拉图的人生戏剧》（第9节）。索洛维约夫在这两篇文章中，以非常独特的方式充分阐释了柏拉图在《宴饮篇》中"迪奥迪梅的思想"，但其思想远远超出了柏拉图观念的范围，因为他把爱的"意义"不是与个人主义的"改造"，而是与在过去、现在和未来中包含了全部人类的历史的终极目标结合了起来。在这个问题上，索洛维约夫无疑受到了尼·费·费奥多罗夫（关于他可以参见下文第5章）理念的影响。但索洛维约夫仍然掌握了某种魔术般的爱的力量。虽然在其中一处文字中他也写道，人不可能凭借自己的力量解决爱的问题③，但索洛维约夫的全部分析恰好

---

① 德国浪漫主义者的男女同体说问题在 *Giese Die Entwicklung des Andrognenproblems in Fruhromantik* 一书里，得到了详尽的讨论。

② 关于巴德尔，除了 Giese 外，还可参阅 Lieb（Fr. Baader Jugengeschichte），后者在揭示巴德尔非取决于 St. Martin u Baumhardt, Fr. Baader und die Philosophische Romantik 的独立性上，尤其重要。目前还可参阅 Eug. Susini——Fr. Baader er le Romantisme mystique, Paris, 1942（尤其是该书的第2卷）。

③ 《索洛维约夫全集》，第7卷，第42页。

可以归结于揭示解决"爱的问题"的可能性问题。柏拉图的戏剧恰好在于,按照索洛维约夫的观点,"在思考爱的问题时",他在现实生活中没有赋予爱的本质"以在实际中获胜"的可能,并且在摆在自己面前的任务面前退缩了①。索洛维约夫承认"爱目前仅仅存在于其萌芽或刚刚发芽的状态",但正如理性意识尚不能一下子达到最高的创造形式一样,爱也只在其刚刚有所萌芽的地方生存,但却无法在那里获得实现。恰好是在这里索洛维约夫强调指出,与在人身上不是通过理性本身揭示自身的理性不同(索洛维约夫在此说的是人是从上天那里获得理性的),爱可以达到充分被揭示的程度(作为一种创造不朽的力量),"通过理性本身,也就是说,按照自然努力的程度"②。而这也就是上文中所说过的索洛维约夫独特的情色乌托邦③,也就是在爱之中战胜死亡的力量终将获胜的论点,尽管是以稍稍弱化了的形式说出的,即"唯一的人只能通过共同努力,并和全体人一起努力"④,才能达到这一目标。虽然索洛维约夫接着又承认"个别人(亦即个别的——单独一个人或单独一代人)在生理上是不可能解决爱的基本任务的"⑤,但他依然还是在其《论爱的意义》一文中以非常醒目的几行文字强调指出,爱(作为一种"有机体结合"的形式)"可以释放或是产生一种精神——肉体的电能,它们能够逐渐掌握物质环境,使其被生气灌注,在其身上体现某种万物统一的形象"。这样一种真正意义上的爱的魔力观念(与诺瓦里斯的"魔力唯心主义"非常相像,而且也非常接近于费奥多罗夫的理念),当然与索洛维约夫神秘主义形而上学有着十分密切的联系,也与他有关"形成中的绝对者"学说关系密切。

① 《索洛维约夫全集》,第9卷,第231—235页。
② 《索洛维约夫全集》,第7卷,第24页。
③ 在对索洛维约夫关于爱的学说中乌托邦的意义的理解上,我和叶·特鲁别茨科依的观点不同(见同上书,第1卷,第617页),但我不想就这个问题加以展开了。
④ 同上书,第7卷,第50页。
⑤ 同上书,第52页。

我们不准备详尽涉及索洛维约夫全部关于爱的思想体系的详情细节了，我们涉及这个问题仅仅是为了讨论索洛维约夫的男女同体学说问题而已。应当承认的是，索洛维约夫对于这个问题的讨论非常简略简短，但其男女同体说理念的观点，仍然还是在俄罗斯宗教—哲学文献中留下了很大的痕迹。

通常有关男女同体的学说是与人的原初雌雄同体说联系在一起的，而人们对于性的双态现象的认可则要比这晚得多（按照神秘主义思想文献，是作为堕落的结果出现的）。柏拉图早就指出雌雄同体的原始性，男性和女性本质的原初合一的分化，或不如说，是"原始雌雄一体的两极化"①。在索洛维约夫笔下也曾提到这一两极化观念，但却非常简略，对他来说，雌雄同体不是既定的，而是给定的，不是与过去有关，而是与未来有关。"真正的人，"我们在《论爱的意义》一文中读到②，"在于其理想个性的完整性，显然，不可能仅仅只是男人或仅仅只是女人，而应该成为两者的最高统一。创造真正的人，即作为男性本质和女性本质的自由统一体，而同时又保留其在形式上的独立性，但却克服其自身的十分重要的分裂性和退化性，——这也就是爱情本身最迫切的任务"。虽然索洛维约夫常常强调指出，这里所说的是性爱，而且只涉及性爱，但与此同时，他又执拗地指出，在（男人和女人）"日常生活以及生理上的统一和结合，对于爱情没有什么明确的关系：这种结合也可以没有爱情，而爱情也可以没有两性的交合"③。而在《柏拉图的生活戏剧》中，索洛维约夫发挥了关于五种类型（性）爱的学说，而其最高形式（"通过最完美最彻底的途径达到真正的重生和神圣的爱情"④）不是外在的交合，而是内心的交合，但这种交合并不否认也不消灭肉体

①　对于巴德尔来说，两极化原则非常之重要。参见 Giese（同上书，第350—380页）。
②　《索洛维约夫全集》，第7卷，第24页。
③　同上书，第29页。
④　同上书，第9卷，第234页。

性，而是相反，它促进"自然为了永恒的生命而复活"①，是对"完整"的人的更新。索洛维约夫本人在此使用了"雌雄同体"这个词，该词被放置在"更新"这个词的旁边，这可能便意味着，雌雄同体可能早于性的两性合一。然而这样一种理解可能会是一种纯粹的误解，因为"更新"不是与历史上还不曾有过的雌雄同体有关，而是和上帝的形象有关。人作为一种自然生物，通过性的两性合一途径走进世界，但由于他却作为"自然的普遍意识的中心，作为世界的灵魂和绝对万物统一的潜力"②，但在他身上，这些潜力开始以新的力量发挥作用。爱情（性爱）也就正是这样一种力量，它可以引导整个世界（通过人）走向万物统一的实现。"上帝的神秘形象"，索洛维约夫思考道③，"与其这两个方面——男性和女性——的真正统一有关。"换言之，他已经被"写定"为人，作为他的任务，而非作为现实性（因此用在这里的"更新"一词实际上并不适合）。"上帝之爱的活的理想，先现于我们的爱情，在自身包含着其理想化的秘密，"——索洛维约夫如是说④。

但这还不够。接下来我们看到，爱的任务无论如何也不可能被整个人类割裂开来："我们的重生（按照索洛维约夫的观点，这是性爱的任务）是与宇宙的更新不可分割地联系在一起的……是与全世界生活的发展联系在一起的……在万物最完整的统一之中"⑤。况且就连爱情本身，以其所特有的将所爱理想化的特点，仅仅只是"万物统一的个性化"而已，在所爱对象的形式下，"万物统一的本质在向我们传递"⑥。因此，索洛维约夫在结束其《论爱的意义》这篇文章时，强调指出，他会履行自己的职责，"把性爱与普遍生活的真正

---

① 《索洛维约夫全集》，第 9 卷，第 235 页。
② 《索洛维约夫全集》，第 7 卷，第 14 页。
③ 同上书，第 41 页。
④ 同上书，第 45 页。
⑤ 同上书，第 52 页。
⑥ 同上书，第 45 页。

本质联系起来的"①。

6. 我们不会继续深入分析索洛维约夫的形而上学和人类学的，而要转向对其认识论的研究，正如我们上文所说，他的认识论恰恰是受其形而上学所支配的（而非相反）。如果我们说索洛维约夫对于其认识论观点的建构，并不仅仅只是将其与形而上学联系起来而已，而是让认识论适用于其形而上学。这一点甚至适用于其最后一批出色的文章，如《神学哲学》，关于这批文章，正如我们已经指出的那样，索洛维约夫本人证实，这些文章与其对于恶的问题的研究有关②。

关于索洛维约夫的认识论人们已经写了很多东西③，但关于其认识论迄今为止人们未能达成一致意见。当然，把索洛维约夫前期著作与后期著作分隔开来而阐述其认识论观点的叶·特鲁别茨科依伯爵是正确的。索洛维约夫写于不同时期的著作之间有一定的相近性，某些地方甚至呈现出体系的一致性来，这当然是不消说的，但其间的区别也很明显，以致我们不能轻易加以忽视。无论如何，我们需要指出的是，索洛维约夫在其哲学体系构建的所有时期中，其认识都有三个不同的来源：经验、理性和"神秘主义领域"——与三种存在类型一一对应（现象，理想领域，绝对存在）。根据我们的观点，索洛维约夫在此不过是在步斯宾诺莎的后尘，后者对于三种认识类型的划分被索洛维约夫永久地保存了下来。实在说，在他那里，

①　但是，由此可以得出结论，即按照索洛维约夫的观点，不光"像上帝"是给定给我们的，而且就连上帝的形象也仅仅只是一种理想，也就是说，是我们的任务向我们揭示的，而不是某种"既定性"。

②　《索洛维约夫全集》，第10卷，第83页（注）。还可参阅特鲁别茨科依的著作：见同上书，第2卷，第23章，第1节。

③　除了叶·特鲁别茨科依的著作外，还可参阅尤其是阿·伊·维杰斯基的概论。《关于弗·索洛维约夫认识论里的神秘主义和批判主义问题》，《哲学概论》，布拉格，1924。埃尔恩的文章《论弗·索洛维约夫的认识论》，见《道路》文集，莫斯科，1911。还可参阅 Ust. 第7卷，第14页，nadze——W. Soloview, seino Erkenntnistheorie und Meta-physik, Halle, 1909 年。还可参阅上述文集中关于索洛维约夫的传记。

只有在对待神秘主义认识方面才有各种不同的类型。早在索洛维约夫的第一部著作《西方哲学的危机》里，我们就读到："毫无疑问……形而上学本质并非直接给定给我们的"①，但也早就在这里，就已固执地贯彻着一种关于纯粹理性（逻辑）认识的复杂性的思想，而且在此还指责抽象哲学，说它的罪过就在于它"与整个现实生活格格不入"②。这种对于"抽象—逻辑认识"的批判，嗣后究竟意有何指，这我们可以从索洛维约夫的第二部巨著《论完整知识的哲学基础》中看出来，在这部著作中，处处散发着斯宾诺莎气息的公式，引导索洛维约夫走向对谢林的某种认识论理念的接受。索洛维约夫肯定除了经验主义和理性主义外，神秘主义也是有必要加以接受的，因为神秘主义乃是"真正哲学的基础"。"神秘主义认识对于哲学是十分必要的，"我们在索洛维约夫笔下读到这样的话③。"——因为没有神秘主义，采用完全彻底的经验主义和完全彻底的理性主义哲学，同样都会达到荒谬绝伦的地步"。在此，索洛维约夫还把神秘主义经验与其他认识材料并列起来，因此他关心的，仅仅只是把所有这一切联接为一个整体，为此他不惜采用谢林的"理性知觉"概念（intellektuelle Anschuung），并且在此将其描述为一种"真正的最初的完整认识的形式"④。接下来我们读到的是关于"对于绝对现实生活的直接感受"⑤，而认识的目的正如我们所知，在于按照索洛维约夫的观点⑥，"把人类存在的焦点从其自然转入绝对超验世界，亦即与真实实体的内在统一和结合"。所有这些母题嗣后都在《抽象本质批判》中得到了发展。在这里，与"抽象认识"不同的"完整认识"概念得到了深化，而后者的基础建立在某种个别材料掌握了全

---

① 《索洛维约夫全集》，第 1 卷，第 141 页。
② 同上书，第 304 页。
③ 同上书，第 305、306 页。
④ 同上书，第 316 页。
⑤ 同上书，第 347 页。
⑥ 同上书，第 311 页。

部真理的意义之上。这里仍然肯定一点，即"真正认识的基础是神秘的和宗教的感受，我们的逻辑思维只能从此之中获得其无条件的理性，而我们的经验——获得无条件现实性的意义"[1]。"经验科学的根据不足和抽象哲学的毫无结果'要求'用神秘主义本质来发展和充实理性和自然的因素，以便将其作为多与一的统一体来加以实现"——这就是其工作的全部大纲。

在完成这一使命的过程中，索洛维约夫坚决回避内在论的认识论，亦即肯定"真理的标准在于我们身外，在认识者之外——外在客体也取决于它"[2]。为了说明这一标准，索洛维约夫首先依据感性经验对"抽象现实主义"的批判进行了发挥，——而在这个问题上，索洛维约夫完全采用黑格尔的方法（指其"精神现象学"）[3]。索洛维约夫对于抽象现实主义的批判达到了很深刻和很强烈的地步——你如果不认可它就无法避免它的打击和逼问。在认识论上建基于理性主义之上的对于抽象唯心主义的巧妙批判，使得我们最后不得不承认，"没有一种现实经验，没有一种我们的理性，不会为我们提供真理的尺度和根据……因为对象不会成为真理，其原因在于我在思考它：我能够感受和思考的同样也不是真理"[4]。作为认识的来源经验和理性的个别价值，不应当在我们的眼前把有关"事实现实性和理性形式"如何能够"保障我们认识的客观现实性和普遍一致性"展现出来，亦即这些种类各异的材料是如何实现综合的呢[5]。索洛维约夫思考道："这只是因为这两种本质一个和另一个长在一起了，我们拥有直接感受绝对现实生活的能力，什么东西可以被以另一种方

---

① 《索洛维约夫全集》，第 2 卷，第 10 页。
② 同上书，第 195 页。
③ 叶·特鲁别茨科依伯爵（同上书，第 1 卷，第 197 页）公正地指出，"泛神论在此构成了索洛维约夫全部论据隐秘的前提"。
④ 《索洛维约夫全集》，第 2 卷，第 287 页。
⑤ 同上书，第 301 页。

式命名为信仰①，这种东西可以把我们从内心与认识对象联系起来，渗透到对象内部。"一般说我们以两种方式来认识对象，"索洛维约夫这样写道，"由外而内的方式，是指这样两种类型的认识，即经验的和理性的；由内而外方式，是指无条件地和神秘的认识方式"②。而恰好是肯定无条件者之存在的信仰，使经验和理性认识成为可能：缺乏对于对象无条件现实性的信仰，经验就与纯粹主观体验无任何区别，如同概念就不会被我们当作客观材料去思考。以"信仰"所带给我们的东西为依据，我们的理性（在想象力的工作中）就可以上升到对象的理念，而在同一个理性的创作过程中，便会有经验实现。信仰，想象力，创造——这是认识的三种功能，这三种功能中信仰具有最核心的和原初的意义（这里对信仰的理解完全是本着霍米亚科夫和基列耶夫斯基精神的）。

在《论完整知识的基础》这部著作中，索洛维约夫如我们所知，还引入了另外一个补充因素，这就是："理性直觉"（如所周知，这个概念是谢林在与康德关于"理性直觉"的不可能性学说直接对立的情况下提出来的）。索洛维约夫在上述著作中认为这种理性直觉是"真正的完整认识最本质的形式"③，他认为理性直觉的功能在于赋予那些材料以一种"普遍完整真理的形式"，这种材料是在灵魂中通过经验积累而来的（包括神秘主义经验④）。通过理性直觉我们接受理念领域，即宇宙理想的一面，——理性建构（亦即概念）与对理念的直接观照的区别这种观点，索洛维约夫显然是遵循了其导师德·帕·尤尔凯维奇的教导的结果。另一方面，在把理念直觉与神秘主义经验区别开来这一点上，索洛维约夫非常接近于瓦·尼·卡尔波夫的体系（可以参阅关于他的第1卷，第2章，第7节），后者

---

① 《索洛维约夫全集》，第2卷，第326页。
② 同上书，第331页。
③ 《索洛维约夫全集》，第1卷，第316页。
④ 同上书。

的观点在我们这个时代已经由尼·奥·洛斯基加以详尽地发挥过了（尤其是在其论述直觉主义的新版的早期著作中——这部著作新版的名称是《论感性、理性和神秘主义直觉》），但在索洛维约夫那里，这一纯粹柏拉图式的概念"理性直觉"，却是从谢林那里拿来的，而且这个属于谢林的术语本身①，不知为何完全从《抽象本质批判》一书中脱落了，而恰好是在这部书中，可以期待有对于"理念的理性直觉"的详尽分析。如我们所知，在《抽象本质批判》一书中，索洛维约夫的全部注意力都用来阐明信仰的基本意义了，因此而使我们对存在的现实性（在经验和理性中）充满了信心。但是，无论这有多么奇特也罢，在《神人类讲座》中，索洛维约夫重新回到肯定在我们的精神中有"理性直觉"存在的立场上来②。的确，在《神人类讲座》里，我们经常可以见到对于其在《论完整知识的哲学基础》中所阐述思想的逐字逐句的再现这种现象，但这种做法本身丝毫也不足以说明——无论索洛维约夫如何努力也罢——在《抽象本质批判》一书中发挥认识论观点时，不会涉及有关"对于理念的理性直觉"的问题，也不足以说明，为什么这个概念会出现在《神人类讲座》中。无论是叶·特鲁别茨科依还是阿·伊·维杰斯基③，还是埃恩，在有关索洛维约夫认识论的专门著作中，都未对此加以关注。这就更加显得奇特了，因为在《抽象本质批判》中，对理念的接受，或更确切地说，"为我们的真理形象或（！）对象的理念提供理性观照"，是被想象力所掌握的，但这里的想象力与通常的概念不同，被称之为"形而上学的想象力"④。

　　这样一来，在索洛维约夫最基本的认识论体系里，我们没有发现统一性存在。

---

　　① 非常值得关注的一点是，在索洛维约夫那里，对"理念的理性观照"与艺术直觉是以早期谢林的精神给拉近的，见《索洛维约夫全集》，第 318 页。

　　② 同上书，第 3 卷，第 654 页。

　　③ 参见他的著作：《论索洛维约夫认识论中的神秘主义和批判主义（哲学概论）》。

　　④ 《索洛维约夫全集》，第 2 卷，第 341 页。

至于那些在索洛维约夫那里在其生命的尽头开始形成，以及他在其未完成的专著《神学哲学》（第9节）里加以巩固加强的认识论理念，实质上，更多涉及的是哲学人类学，而非认识论本身。这些专著我们已经讨论过并且也知道，它们是对于形而上学个人主义的批判的，是对认识中的"我"的实体性的否定。根据叶·特鲁别茨科依伯爵公正的看法①，索洛维约夫这些分析意义在于"离开无条件真理认识主体就等于零"。在把个性概念归结为实在意义上的"实体"概念时②，亦即在排除关于个性的实体性质的同时，索洛维约夫当然以重要的方式批判了导源于笛卡尔的认识论个人主义。然而《神学哲学》的最主要内容却在于以新的方式提出了人类学和与人类学相关的伦理学问题，而认识论分析尽管非常重要，但在这里却只具有偶然的意义。

7. 让我们对于索洛维约夫的伦理学观点进行一番阐述。我们已经知道索洛维约夫写了好多有关伦理学的著作，——除了其著作《抽象本质批判》的最主要的部分外，我们还拥有索洛维约夫《善的证明》这样的鸿篇巨构。但索洛维约夫几乎所有的政论文也都与伦理学有着最为密切的关系，尤其是他论述民族问题的文章。在《论生活的精神基础》这部著作中，也涉及许多伦理学主题。

我们不会阐述所有这些主题的，因为这会把有关索洛维约夫的这两章抻得太长。我们仅仅介绍一下索洛维约夫关于这一领域的思想中最有趣最重要的一部分，在阐述过程中我们不得不涉及索洛维约夫的历史观，但正如读者已经知道的那样，他的这些观点根植于他的伦理学。

在《善的证明》中，吸引我们注意的是整整一系列很少与索洛维约夫的整个体系有关联的悖论，首先必须指出的是，索洛维约夫在此意外地成了独立于宗教和形而上学的伦理学独立地位论的捍卫

---

① 《叶·特鲁别茨科依伯爵全集》，第2卷，第237页。
② 参阅《关于上帝的概念》，《索洛维约夫全集》，第9卷，第20页。

者。在《抽象本质批判》一书中，索洛维约夫还不够坚决地与伦理学自主地位理念作斗争："我们应当，"他在这里写道①，"排除这样一种把道德领域孤立出来，并赋予其以无条件意义、否认任何独立于实有的应区分的独立性，否认伦理学独立于形而上学的独立性的观点……这就是抽象伦理学"。但在《善的证明》中，索洛维约夫的议论已经变了——在此，道德领域原来已经不再独立于宗教、形而上学。"在创立道德哲学时，"在此我们读到②，"理性只是发展了它原本具有的善的理念，因此不会超出其内在论领域的范围。用中学生的语言说，理性的运用在此是内在论的"。稍后我们会对索洛维约夫笔下居然会出现足以令人感到意外的悖论作出解释，而这种悖论更使人感到奇特，因为实质上，正如叶·特鲁别茨科依伯爵公正地指出的那样③，索洛维约夫的全部著作实际上都仅仅揭示了形而上学对于伦理学的制约性。

第二个悖论同样使人感到意外并且也很少与其整个体系协调，那就是索洛维约夫的论点，即伦理学可以完全"被决定论所包容"④，而且索洛维约夫在此所指的，不是机械论的，也不是心理学的，而是"理性的和理念性的决定论"。索洛维约夫并未否认意志的自由，但"善并不是自主选择的直接对象"（"善"，索洛维约夫写道："以其全部正面内涵的无穷性以有利于自己的方式决定着我的选择，因而，这一选择是无限地被决定的"）。如果我们对于善缺乏敏感，那么在此便会出现一种纯粹非理性的因素（按照索洛维约夫的观点，只有纯粹非理性行为概念，完全符合无条件的意志自由这个概念）⑤。换言之，自由只有当选择恶时才会出现……我们应当把索洛维约夫的这样一种独特的学说与其在生命的最后几年中对于恶的

---

① 《索洛维约夫全集》，第 2 卷，第 191 页。
② 同上书，第 8 卷，第 32 页。
③ 《叶·特鲁别茨科依伯爵全集》，第 2 卷，第 51 页。
④ 《索洛维约夫全集》，第 8 卷，第 39、45 页。
⑤ 同上书，第 46 页。

势力的悲剧性体验联系起来，正如我们从著名的《三次谈话》中可以清晰地看出的那样。按照索洛维约夫的思想，如果"在道德行为中没有意志自由"的话，那么，相反，在对道德本质的否认中也恰好体现出了意志自由，由此可见，这种意志自由，作为一种独立于道德性的、自己本身就是恶或恶产生的意志自由，被叶·特鲁别茨科依伯爵将所有这一切与"索洛维约夫那里的神权政治理念开始衰落"联系了起来①——而这，当然在某种意义上是正确的，即神权政治乌托邦是没有的，的确，在《善的证明》中连一句话也没有提到。整个历史哲学（在《通过历史的善》）在此书中的阐释，已经是以一种远离任何乌托邦的语调进行的了。所有这些说法都是正确的，但应当注意到，在远离神权政治乌托邦的同时，索洛维约夫根本不拒绝决定论。对于恶的主题的关注，对于恶的势力的悲剧性体验，只是强化了索洛维约夫形而上学双重性的基本倾向而已，而如果在对待恶的关系上，他给予自由本质以更重要的地位的话，那么，在对待如何走向善的问题上，则决定论保留着自己的力量。由此便得出一种奇特而又悖论式的历史道路的分歧——在善的道路上历史的运动是决定论的，而在恶的道路上历史的运动则相反是自由的。索洛维约夫伦理学中的悖论这样一来便与历史哲学的悖论相关联了。我们暂时偏离这一领域，以便说明索洛维约夫在《善的证明》中所阐述的伦理学观点。

值得给予特殊关注②的是索洛维约夫历史学观点有过许多出色的和有价值的理念。无怪乎他是杰出的历史学家的儿子，索洛维约夫本人从其父亲那里接受过来的一个其父最珍爱的理念之一③，就是全世界历史正在走向终结。我们仅仅从索洛维约夫丰富的历史哲学思

———————

① 《叶·特鲁别茨科依伯爵全集》，第8卷，第44页。

② 除了各种作者的小篇幅著作外，以我们所知，还没有人认真地研究过索洛维约夫的历史观问题。

③ 《索洛维约夫全集》，第10卷，第227页。

想宝库中撷取那些我们此刻最必要的主题来加以讨论。

　　首先需要提醒的一点，是我们在研究索洛维约夫形而上学时已经指出过了的。按照索洛维约夫的一般观念，宇宙进程过度到历史进程，——即历史实质上以那样一些本质为其基础，那就是宇宙生活的本质，此即"绝对"在"他者"中的"形成"，和在混沌中的"形成"。这实质上就是一个神人类进程，但在人身上达到了新的力度。我们已经援引了索洛维约夫的一个公式："宇宙进程以自然人的诞生为结束的标志，而在自然人之后则继之以为精神人做准备为特点的历史进程"[①]。宇宙和历史的统一性（上升到其形而上学的统一性）必然使索洛维约夫的历史观服从于决定论倾向。的确，整个历史进程，按照索洛维约夫的观点，不可避免地和必然地（根据其形而上学实质本身）导向善的胜利，亦即导向"神性理念在世界上的体现"。虽然索洛维约夫也承认（在《神人类讲座》中），正如"世界灵魂的自由行动使世界脱离了神性"，"所有多样性存在也应以其漫长的自由行动的系列与上帝妥协，并在绝对有机体的形式下复活"[②]，但世界灵魂的这些"自由行为"则应当以一种内在的吸引力必然导致其想望的终结（根据斯多葛学派的公式——volentem fata ducunt, nolentem rahunt）。在诡辩论派的历史进程中发挥切实作用的是索菲亚，即"理想人类"：这一点决定着全世界历史的统一，而对于"历史的终结"的索菲亚阐释即由此而来——这里黑格尔的理念转变成为对索菲亚学的颂扬。"历史的终结"——这是上帝的王国，亦即"形成中的绝对者"与原始本质的完全彻底的结合。在此，索菲亚决定论以一种特殊的方式与启蒙时代对于进步的信仰产生了呼应，正如其与其他决定论、与马克思主义的历史决定论产生呼应一样，后者的形成恰好是在索洛维约夫时代发生的……对于善的胜利的深刻信仰在索洛维约夫那里内在地与其历史决定论相关，这种决

---

① 《索洛维约夫全集》，第 3 卷，第 165 页。
② 同上书，第 147 页。

定论我们已经在对陀思妥耶夫斯基的讨论中见识过了。世界的"拯救",亦即宇宙与绝对者的结合,必然会在宇宙的核心发生,尤其更多的是在人身上发生——但这个问题对于我们来说,始终是不可理解的和难以认识的①,其中还有构成拯救整个世界之基础的色情。当然,当索洛维约夫临终对恶的力量和现实性的体验最痛苦的时刻,他曾写道,"地狱、大地和天空都在怀着特殊的关切之情关注着在俄罗斯开始注入人身上的那一致命时刻的人"②;强调指出人身上"对于恶的自由"的意义,他以此把那一"必然性的"力量加以限制,这种必然性力量支配着"神性在宇宙和历史中的体现"过程。然而要知道就连恶的力量也以天命的方式被输入世界了——按照索洛维约夫的观点,——因此"万物统一"的胜利和决定论的胜利是彻底的和完整的。如果说索洛维约夫在其生命的尽头尖锐地感受到了"历史正在终结",并且开始思考反基督主题(为此他在《三次谈话》里写了《反基督的故事》)的话,那么,所有这一切无论如何丝毫也不会排除他的一般哲学和历史决定论主题。索菲亚作为"理想的人类"在历史中发挥着作用,而"个别人的自由努力"也绝然掩盖不了索菲亚的作用。这就是历史和宇宙的真正力量,而在世界进程中这种力量的在场把索洛维约夫的思想引向决定论,和只承认与"向恶的自由"相比,他更应该首先挣脱历史决定论狭窄锁链的束缚。

无论索洛维约夫对于神权政治乌托邦多么迷恋,这种乌托邦都不是构成其历史学最活跃的基础,而是那种对他来说把存在的宇宙和历史领域在索菲亚概念中联接起来的那样一种形而上学。

这样一来,索洛维约夫那里的伦理学决定论便与其一般形而上学与历史学建立起了十分密切的关联——甚至直接就是从它们当中

---

① 这里隐藏着索洛维约夫一个经常重复的观点,即"基督的事业"是在我们的世界完成的,并且在很大程度上是由那些在其意识中拒绝基督的人完成的。

② 《柏拉图的生命戏剧》,《索洛维约夫全集》,第9卷。

推导出来的。因此，叶·特鲁别茨科依伯爵在关于"伦理学不取决于神权政治哲学的独立性"一章之后将其著作的下一章命名为"索洛维约夫伦理学真正的独立性（摆脱了宗教和形而上学）"时，他是对的。的确，整个《善的证明》这部著作都是为了善是历史现实的力量的辩护而写作的。

我们不会详尽分析索洛维约夫的伦理学，而转向其体系的最后一部分——美学。

8. 索洛维约夫终生都在想望写作一部关于美学的巨著，但除了几篇关于美学问题的一般性文章和散见于各处的关于美学主题的零星意见外，他在这一领域里没有来得及写作任何完整的著作。导致这一结果的原因或许在于这样一个事实——叶·特鲁别茨科依伯爵也曾关注到这个事实——即在索洛维约夫那里，美学观点从其早期著作（《论完整知识的哲学基础》）到晚期的文章，其美学观点没有发生任何变化。我们不会继叶·特鲁别茨科依伯爵之后认为索洛维约夫哲学思想的一般运动未能触及其美学体系的根基本身，按照我们的观点，索洛维约夫美学一定程度上存在的一成不变性的原因，仅仅在于他不曾有过任何一次不得不建构美学体系的机会，这一点毫无疑问会导致对其观点的重新审视。无论如何，叶·特鲁别茨科依伯爵所指出的这一事实，依旧是事实。

索洛维约夫在美学问题上的基本定向的特点，或许可以说是预言式的。早在《论完整知识的哲学基础》中，索洛维约夫就把艺术创作与神秘论结合起来，因为他的目的是"通过内在的创作活动与崇高的世界交流"①。当然，在这部著作中，索洛维约夫不是把艺术观照与神秘经验拉近，而是与"理性直觉"拉近关系，因为正如我们所知，在索洛维约夫那里，"理性直觉"实质上是一个辅助理念——柏拉图—谢林观念的一种独特的残余。这里我们不打算深入

---

① 《索洛维约夫全集》，第 1 卷，第 286 页。

探讨细节（话说回来，这些细节都十分有趣），无论如何，对待美学主题的预言式方法和把艺术观照与神秘经验关联起来的做法，始终在索洛维约夫那里占据主导地位。"艺术应当，"索洛维约夫在此之后很快就写道①，"成为一种现实的力量，一种能够使整个人类世界被照亮并获得新生的力量"。此外还有关于喜爱的人的"审美启示"性质的对于情色的理想化，如我们所知，同样也带有预言性，亦即同样也在号召我们走向人的改造——美学的"非此世的神秘主义基础"就寓于此②。如我们所知，索洛维约夫高度评价车尔尼雪夫斯基的哲学论著（《论艺术对现实的审美关系》），因为该文是在与"美学分离主义"斗争，而且，它还捍卫了这样一种思想，即"艺术以其自己的方式，以其自己的手段，为人类共同的生活目标而服务"③。"美的对象应当引导人们走向对于现实生活的改善"④。

为了理解索洛维约夫的美学，我们应当从索洛维约夫的这样一种美学乌托邦出发，索洛维约夫以这种乌托邦继续了德国浪漫主义的俄罗斯变体，只须提及诺瓦里斯的"魔力唯心主义"就够了，而在我们这里，也只要提一提果戈里的这样一个公式，即"我们不能重复普希金"，以及陀思妥耶夫斯基的审美乌托邦等等就够了。但是，要成为一种改造的真实的力量，美应当能被人所理解，应当成为一种现实性，而非一种"可视性"，在这一点上，索洛维约夫在继承柏拉图、普罗提诺、谢林的同时，激进地否定了超验主义美学（其最高形式可以以哈特曼在这一领域里的体系为代表，该体系的公式是，审美欣赏的对象是 Schein——"可视性"）。索洛维约夫在《论自然中的美》⑤以极其出色的力度奠定了"自然美学"的基础。

---

① 《索洛维约夫全集》，第 3 卷，第 189 页（《纪念陀思妥耶夫斯基的三次演讲》）。
② 同上书，第 7 卷，第 48 页。
③ 同上书，第 74 页。
④ 同上书，第 6 卷。
⑤ 同上书，第 6 卷。

"自然的创造性本质对于其作品的美是无动于衷的，"索洛维约夫写道①。但是，与其形而上学双重性相应，索洛维约夫认为正是在美学标准方面，原始的混沌对于美构成了矛盾，因此他情愿甚至承认，"宇宙标准并不符合美学标准，而部分地甚至与美学标准处于直接对立和矛盾中"②。"宇宙智慧，"我们在同一篇《论自然中的美》中读到③，"在于与原始混沌的明显对立，而世界灵魂又与这种撕裂的混沌秘密协调，在其身上创造出我们宇宙的复杂的和宏伟的躯体"。以这样一种对于自然中美的现实理解为背景，艺术的任务就在于"不是重复，而是继续自然所开创的艺术事业"④。因此艺术的"意义"被索洛维约夫定义为："任何对于任何对象和现象的感性描写，从其最终状态或未来世界观照方面看，都是艺术作品。"⑤

我们不打算在此深入探讨以后的细节了。现在该对拖得过长的阐述索洛维约夫体系的这一章的内容做个小结，并对其体系做一个总的评价了。

在对索洛维约夫体系做整体概论时，我们应当承认它们不仅在俄国思想史范围内，而且远在这个范围以外，都具有很高的价值。假如说这一点尚未被世界各国哲学家们所认可的话，那也首先是因为迄今为止他的所有著作都没有任何一种大家都熟知的语言的译本，而另一方面，索洛维约夫的体系，作为宗教、哲学和科学从索洛维约夫自己所发展的形而上学、人类学和历史学立场出发所做的一种综合的实验，对于当代哲学家们而言，实在是太陌生了。索洛维约夫体系的最大价值恰好在于其综合方面。当然，如果把索洛维约夫的体系称为"基督教哲学"这肯定是错误的——这种哲学中非基督教的音调实在是太强烈了，它里面包含着许多泛神论的因素。但索

---

① 《索洛维约夫全集》，第 6 卷，第 57 页。
② 同上书，第 61 页。
③ 同上书，第 73 页。
④ 同上书，第 75 页（这是一种纯粹谢林式的观念）。
⑤ 同上书，第 85 页。

洛维约夫毕竟仍不失为一个真正具有信仰的人，一个自觉而又热烈地接受了基督教的基本真理的人，——但在其综合构思里，也包含这样一些无论如何也不会见容于基督教的理念。我们已经谈到过，在索洛维约夫那里，不是基督教学说因哲学而得到丰富充实，而是相反，索洛维约夫向哲学输入了基督教理念，并以之使哲学思维大大获得丰富充实并富于成效。即便索洛维约夫把自觉偏离世俗化的前提和经常采用从世俗化土壤中产生出来的论点融合在一起的方法不知为何稍稍显得有些奇特，即便索洛维约夫把真正认可基督教的教义与"对教父们的信仰加以论证"的徒劳愿望结合在一起——总而言之，即便在对其创作进行总结，以及在其所有前提之中包含着许多不太协调甚至是相互矛盾的本质也罢。即便所有这一切都是真的，但他所建立起来的大厦，仍然令人叹为观止，因而更加重要的一点是，这座大厦充满了灵感的力量，散发着推动人们进行创造的能量。

无论如何，索洛维约夫尽管未能给予在他之前业已成熟的俄罗斯哲学提供对于所有成果的一个综合，但他把俄罗斯思想引向了全人类的广阔道路……索洛维约夫创作的根源不仅是俄罗斯，而且也不仅是西欧的——而更多的是全世界的。他那种综合的无所不届的力量使得人类在哲学探索领域里所能提供的一切中，没有任何稍稍显得重要一些的东西，被他轻易放过，——而我们因而也就可以重复一下谢·布尔加科夫当年关于他说过的一句话，即索洛维约夫的体系在哲学史上是"一组最和谐的和声"。

与此同时索洛维约夫在俄国哲学史本身上，也同样十分伟大。除此之外，他出色的文学才华得以使得最艰深的哲学命题可以为广大的俄国社会各界所接受，对于整整一代又一代人来说，他曾经是而且现在也依然是某一哲学流派的领袖人物。索洛维约夫并未为俄罗斯哲学意识（甚至在其体系的最为独特的部分里——在索菲亚学说中——索洛维约夫也仅仅只是学会了如何为一些问题提供新的名称而已，而在他之前，俄国思想家们已经不止一次提出过这类问题）提出新的命题，但他以极其令人震惊的力量，而且还以无可置疑的巨大的才华，把有关哲学体系的问题，放在了首位。在他建构其体系的方法中，有过许多不足和弱点，但哲学的系统任务却被他以极其特殊的力量给予了充分的论证。

在评价索洛维约夫的哲学创造时，我们对他体系的缺点方面也不能不置一词。首先，我想指出的一点是，索洛维约夫不善于对其精心研究的本质问题进行有机的综合。在我们的阐述过程中，我们已经不止一次指出，他对哲学的理解本身也带有双重性的特征：在他那里，哲学时而要服从于最高的宗教本质（"完整生活"的理想），时而又相反，哲学被用来为"论证"教父们的信仰，将信仰提升到"自由理性思维"的形式。这一在方法论上的双重性特点与其形而上学双重性特点是相互适应的：一方面，他的整个体系（"万物统一论形而上学"）是沿着斯宾诺莎—谢林方向进行的一种现代化的泛神论；而另一方面，他真正希望把基督教原则奠定成为所有体系的基础。万物统一论形而上学引导他走向一元论：世界同样也是绝对存在，虽然只不过是一种"形成中的绝对"而已。从另外一方面来说，他回避使用对于创造概念的哲学式用法，而越来越倾向于形而上学的双重性一面。索洛维约夫的基督教学说使用了神人类这个概念，但随后这个概念，却又从一个与关于人和历史的主题，从一个关于罪恶和拯救的主题有关的概念，演化成为一个一般形而上学概念，因此而丧失了几乎全部基督教的内涵。在语言上索洛维约夫得以到处都自圆其说，但却并未达到真正的综合。我们只须提及有关绝对者所"要求"的"他者"问题的全部神话就够了。

不光形而上学，而且就连索洛维约夫的人类学，也都是未完成的，是充满了内在的不协调的。关于个人与人类、个别性与世界灵魂相互关系的基本问题，索洛维约夫却并未在任何地方予以提出。因此在他身上，一方面，深深保留着绝对个性感，但这种感觉很快又被无人称的个性的解体而弱化了。如果说作为理想人类的索菲亚是历史的动力的话，那么为什么以及在何种程度上，个人要为自己参与或是不参与历史负责？如果说在爱情之中揭示了所爱之人个性中永恒的一面的话，那么为什么爱的意义在与"万物统一"？如果说个性仅仅只是一个"实体"（如索洛维约夫对于这个概念的阐释）的话，那么，个性如何才能成为向恶的自由的主体，成为通向混沌力量的导体？

最后，如果说世界灵魂是"造物存在的活的交点"的话，为什么她又带有双重性，亦即不完全是造物的？世界灵魂如何才能形而上学地同时既属于造物又属于非造物存在？另一方面，如果世界灵魂是"天国的存在"的话，索菲亚（从《俄罗斯与宇宙宗教》一书起）又是什么，她与作为理想人类的索菲亚又是什么关系？

我们就不再罗列这类问题了，而提出这些问题仅仅是因为在索洛维约夫理念辩证发展的过程中，在他的那些后继者们中间，这类问题以其尖锐性一再被提出来。然而，显而易见，索洛维约夫毋庸置疑的历史影响力不仅与其综合性构思本身有关，而且也与其构思里所包含的这些问题有关。无论如何，索洛维约夫在其短暂的一生中所做出的一切告诉我们，对于俄罗斯思想界哲学体系的建构来说，一个应有的时代已经来临。

现在，让我们进一步讨论其他人对于哲学体系建构的经验，而首先谈谈那样一些在与索洛维约夫在宗教定向方面十分相近的思想家们。

第三章

瓦·德·库德里亚夫采夫、尼康诺尔大主教

1. 弗拉基米尔·索洛维约夫出身于世俗家庭，受的是世俗教育（如果把他在神学院学习一年的经历忽略不计的话），总而言之，他完全属于一个在俄国自由的世俗思想得以发展的知性环境。但也正因为此，他对基督教的诉求，以及他把基督教学说与当代科学—哲学思想结合的尝试，从他那方面来说，的确是一个真正的功勋。他转向俄罗斯知识界自身，并且在其各种探索中，他正是在俄国知识界获得了支持，而在教会界和我国神学院圈子里，他的体系并没有引起什么反响。但始终给索洛维约夫以灵感的那一任务，却是教会界非常熟悉和珍重的，而在我国神学院则进行着与之平行的工作。但来自神学院的哲学家们认为，不应讨论基督教与当代的"结合"问题，而应当致力于完全来自基督教基础，但却在体系的建构上十分自由的基督教哲学体系的建构。哲学不是 ancilla theologiae，而是在思想领域里的，按照理性的规律，对于基督教信仰所依赖的东西的一种发现——在那些与我国神学学派有密切联系的思想家那里，过去是，而且迄今为止也一直都是其哲学体系的主题。整整一系列一流的思想家，具有创造性思维能力的思想家，为了完成这一任务而开辟着道路：瓦·德·库德里亚夫采夫、尼康诺尔大主教、米·伊·卡林斯基、瓦·涅斯缅洛夫、塔列耶夫以及一系列 diii minores 都在沿着这个方向努力工作，并且为俄罗斯思想界贡献了许多成果。

即便他们所有人的名字始终不为俄国社会所知晓（或许除了米·伊·卡林斯基以外，——即使是他，也仅仅是因为他那部出色的关于逻辑学的著作《结论的分类》的缘故）：俄国神学学派不仅在外在方面似乎与俄国生活割裂，而且在内在方面自己本身也在规避俄国社会生活中汹涌起伏的世俗化浪潮。更何况在俄国哲学思想界的历史发展过程中，上文提到的那些思想家们占有显著地位，其著作的影响力是会随着时间增长的，而不会随着时间而消减。

我们把整整一个学院派哲学家群体与费·阿·戈鲁宾斯基的名字联系起来，而关于此人，我们已经有所论及（第 2 卷第 7 章），虽然只有库德里亚夫采夫是费·阿·戈鲁宾斯基的直接学生。但是就连库德里亚夫采夫也不简单地是费·阿·戈鲁宾斯基的继承者而已，而是在创造中继续前行，——他的体系创造性地正是发展了由费·阿·戈鲁宾斯基洒下的种子。至于其他上文所提到的思想家，那么，虽然从外在一面说他们好像是与费·阿·戈鲁宾斯基完全独立的，但实质上他们所遵循的，依然还是由费·阿·戈鲁宾斯基所开创的思想路线。现在我们首先介绍大家认识一下学院派哲学家瓦·德·库德里亚夫采夫。

2. 维克多·季米特里耶维奇·库德里亚夫采夫—普拉东诺夫（1828—1891）①，出身于一个神父家庭，启蒙教育是在神学校进行的。从神学校毕业后，他考入了莫斯科神学院（1848 年），从神学院毕业后，开始准备进入哲学教研室，而在 1854 年，当费·阿·戈鲁宾斯基离开学院后，哲学教研室的位置便给了库德里亚夫采夫。随后库德里亚夫采夫相继获得了副博士和博士学位，最终在教研室的位置上站稳了脚跟，并且直到临终始终未曾离开这个岗位。他曾两次被大学征召（先是莫斯科大学，后来是彼得堡大学），但库德里

---

① 我们可以在维·德·库德里亚夫采夫—普拉东诺夫生平概述里找到其传记材料，见其著作全集第 1 卷书后的附录（《库德里亚夫采夫全集》，第 1—3 卷，1893—1894），以及《俄罗斯传记辞典》。

亚夫采夫不愿离开亲爱的神学院。

由于身体羸弱，库德里亚夫采夫无力与他在晚年得的肺炎抗争，在经历过漫长的缠绵病榻后，他逝世了，他的去世令众多朋友和学生非常痛苦。

库德里亚夫采夫撰写的著作很多。他的收集为三大卷的著作（共3000多页），涉及各种哲学问题——其中只有实质上被打上了他关于真理（参见下文）的学说的独特烙印的伦理学，未完成，如果我们对于在其已出版的教学参考书《哲学最基本的原理》（1895年第4版）中关于伦理学问题的简短概述的话。库德里亚夫采夫文笔清晰简洁，按照他的一位学生的说法，他的文笔"庄重挺拔"。库德里亚夫采夫对于在文学界扬名根本没有兴趣，对于修辞更不感兴趣，而后者在哲学著作中常常是比比皆是。虽然库德里亚夫采夫总是写得很详尽，但其特有的哲学式的实事求是笔锋（деловитость，Sachlichkeit——正如德国人所说）兴许使他的文笔略有减色。但另一方面库德里亚夫采夫却并未疏漏任何重要的内容，语调认真"谦和"——如果可以这么说的话——认真分析梳理在某种立场统帅下的所有基本论点。我们甚至可以说，在库德里亚夫采夫的思想后面，你感觉不到哲学的激情——他的话语总是那么平易沉稳，波澜不惊，庄重典雅。但如果以为这种内在的和谐和精神的清晰是其语言所固有的特点的话，那就错了，在他笔下，时不时地会迸发出火焰，而这火焰通常总是隐藏在表面之下。作为一名教师——我从一位听过他的课亲眼见到过他本人的人那里得知——库德里亚夫采夫拥有的不是迷人的魅力（例如比方说著名历史学家克留切夫斯基便具有这样的特点），但却能让别人在理智和心灵上屈服于他：库德里亚夫采夫的个人影响力在这方面是无以言喻的。

至于说到库德里亚夫采夫所受到的影响，那么，关于这个问题，是很难判断的。他在纯粹哲学和自然科学以及宗教历史方面的知识非常广博：库德里亚夫采夫无论研究什么，都会研究得非常精细到位。但在影响这个词的确切含义上说，则对他产生过影响的，就只有一个费·阿·戈鲁宾斯基了，后者的思想最终由库德里亚夫采夫说了出来，而且是以自己特有的方式，同时还将其发展成为一个完整的体系。在他同时代的哲学界，库德里亚夫采夫更看重他那个时代的德国哲学（和索洛维约夫一样）。但我们还看到，库德里亚夫采夫的体系在架构方面、在基本思想上是完全独特的，超验主义的总体构思（以其各种形式出现的）被他彻底克服了。

库德里亚夫采夫哲学思维的一个独有的特点是具有内在的自由。对于基督教和自由思想的真正统一的最深刻的内心体验把库德里亚夫采夫从曾经使索洛维约夫如此焦虑的那样一个任务中解脱了出来：那就是"论证"教父们的信仰。在这方面，根据其思维类型，库德里亚夫采夫与霍米亚科夫最为接近——他总是自由的和勇敢的发挥自己的思想到了不遗余力的地步。建构体系的才华在库德里亚夫采夫身上得到了充分的表现。

关于库德里亚夫采夫的文献引人注目的并不很多①。除了学术圈，知道他的人并不多。在库德里亚夫采夫时代整个俄国全部紧张而又激烈的社会生活，似乎也并未察觉到他的存在，他的体系被默默地忽略。但这对于历史学家来说，探讨其著作搞清其意义就更加有价值了。

3. 阐述库德里亚夫采夫的体系并不难——这不仅是因为他总是写得很简洁清晰而又详尽无余，而且也因为他的哲学创作从头到尾都坚持同一种观点，而这种观点在他那里显然早已就形成，一般说我们没有理由讨论其创作的各个时期问题。但是，应当指出的是，库德里亚夫采夫最重要的著作（关于认识论和形而上学）是在其晚

---

① 除了库德里亚夫采夫最亲密的学生——阿列克谢·维杰斯基（在库德里亚夫采夫去世后担任其教研室主任之职）所写的长文外——在《库德里亚夫采夫文集》第1卷里，还可以参见其所写的文章《超验一元论体系的奠基人》，见《哲学问题与心理学问题》第14—15期。

年才得以出版的。

库德里亚夫采夫曾经不止一次强调指出系统修订和系统阐述哲学问题的意义和重要性问题。"我们应当承认，"他在专著《论哲学方法》①中这样写道，"哲学世界观体系的正面建构对于我们的科学来说是至关重要的"。但是"哲学世界观的完整性和充实性只有当我们从统一的最高原则出发对所有已有的进行概述时才有可能实现"②。而且库德里亚夫采夫固执地捍卫哲学研究的自由："宗教对于哲学思维进程的影响，"他在《我们是否需要哲学》③这篇文章中写道，"影响应当成为给出主意的朋友或导师，而非对于思维自由的一种专制式的压力和挤迫"。在另外一处论述启示的文字中，他指出："启示之光不应当消灭人的思维的独立性，不应当使人眼睛晃得睁不开，而是使其视力更加清晰。"④我们还可以援引另外一段引文⑤："哲学的特点在于她不是从直接作为信仰加以接受的前提或本质出发，而是从其真理性业已得到论证和证明的前提或本质出发。如果哲学从重要的和内涵丰富的（比方说，关于存在的绝对本质的概念）出发，但却对这些概念不加以论证的话，哲学就会自相矛盾。"后一句话更加突出地强调指出了哲学研究的自由，这在我们下文看来，库德里亚夫采夫这是在确认，"绝对完善的生物的理念，就是我们理性最根本也最基础的理念"。

库德里亚夫采夫建构了基督教哲学体系，但却是以近代批判主义的精神来加以建构的，而且在哲学中他恰好很少依赖"直接感受"的声音。有一次他写道："认识真理不仅仅是直接承认它或确认它，而是清晰的、理性的认识我们为什么会把这种或那种东西当作真

---

① 《库德里亚夫采夫全集》，第1卷，第1册，第226页。
② 同上书，第199页。
③ 同上书，第113页。
④ 同上书，第107页。
⑤ 《论哲学方法》一文，同上书，第250页。

理。"① 因此他对于特别易于轻信和特别易于不信都非常警觉②。库德里亚夫采夫非常看重沉稳深思的批判分析，和认真诚恳地检验，因此当他嘲讽地对待谢林关于"对其突然而又不知从何而来地展现出来的认识和存在的原初本质的理性观点"，就丝毫也不足以令我们惊奇了③。库德里亚夫采夫对待雅可比关于作为认识之基础的信仰的学说同样也很矜持——关于这一点我们下文还将论述到。"哲学开端，"我们在他论述哲学方法论的一篇文章④中读到，"不在于哲学之外的某个地方，而正是在于构成其起源的那种能力本身中，——在于理性：对于理性的研究本身对于哲学事业来说是最初的和最重要的。哲学的命运本身取决于这种研究"。

库德里亚夫采夫的这种清晰的批判主义立场被其有关所谓的"理想认识"的重要学说所补充和充实，但关于这一点我们可以在探讨库德里亚夫采夫的认识论的下文中讨论。而此刻，在分析其主要哲学定向时，我们必须先涉及他独特的"真理"概念。什么是关于任何对象的真理呢？把真理当作在有关对象的意义上没有矛盾的所谓真理的"内在论"标准，根植于特定的认识论形而上学——此即唯心主义认识论学说，这种学说本身建立在思维向真理的运动基础上。如果我们不以真理的内在论标准为依据，而以"超验"标准为依据的话，亦即对象的概念与其"真实现实""相符"的话，那么，则在某种意义上，这么做仍然是不够的，因为通常的"现实生活"概念意在指经验的现实生活，这种现实生活不仅是流动的，而且常常"并不符合"其"规范"（正如经验材料所表明的那样）。例如，一棵正在生长中的"长得丑陋"的树，我们常常会把它与一棵正在生长中的"正常"的树分别开来。正是这种经验材料的五花八门揭

---

① 《库德里亚夫采夫全集》，第 1 卷，第 2 册，第 17 页。
② 同上书，第 44 页。
③ 同上书，第 1 册，第 207 页。
④ 同上书，第 213 页。

示了其"不充分性"。因此，根据库德里亚夫采夫的思想，真理是"对象的应有与其实有或常态的符合"①，或像他当即指出的那样，"对象与其自身相符"。对象的"应有"状态（在其理念中）可能在实际存在中表现得并不充分、片面甚或"丑陋"。库德里亚夫采夫和几乎所有我们的"学院派"哲学家们一样（亦即与神学院有联系的那些人），接受了柏拉图主义，将其当作一种关于宇宙中理想一面的学说。这种形而上学的定向决定着库德里亚夫采夫及其有关真理的学说：经验现实并未揭示存在的全部秘密，在其之下，有一个理念的领域。因此有关事物的真理要求把经验现实与在这一现实中体现的理念加以比较：只有"理念与现象的相符才能为我们提供有关存在的真理"。"经验认识，"库德里亚夫采夫在此写道②，"要求以认识在广度和深度上包容了真理（关于世界的）最高的认识为前提"，亦即能够达到对于某种事物的理念的理解。而这也就是作为"关于理念的科学"的哲学所应提供的③。库德里亚夫采夫随即写道："从感性上向我们呈现出来的存在的理念的基础，我们是通过理性认识的，但却不能从经验上感受到。"由于"理念的真实性与经验的真实性不同，所以，我们可以称之为超经验的，所以，我们可以把哲学定义为一种有关超感觉、形而上学存在的科学"。这里需要当即予以指出的是，对于宇宙理念一面的认识被库德里亚夫采夫当作理性认识，和理性认识并列和高于理性认识的，按照库德里亚夫采夫的术语，是"理念"认识，他用这个术语指称通常被人们当作是"神秘主义"认识的东西。根据下文将要予以解释的原因，库德里亚夫采夫并不接受这种认识——"神秘主义认识"，被指称为"理念"认识的认识的，不是宇宙的理念一面，而是超于宇宙的一面，毫无疑问，库德里亚夫采夫只是使得人们理解他的体系变得更加困难了而

---

① 《库德里亚夫采夫全集》，第 1 卷，第 1 册，第 23 页。
② 同上书，第 24 页。
③ 同上书，第 25 页。

不是容易了。

无论如何，真理在理念与现象的比较之中，在于在经验现象中"对象之应有与已有之比较"。必须承认库德里亚夫采夫的这个公式本身并未超出他本人纳入里面的内容范围（这是根据其著作所能推断的而言）。首先，库德里亚夫采夫以其关于真理的学说已经非常接近于米哈伊洛夫斯基及其后继者们以及其后继者们的对手们所说的"主观主义方法"（指社会学中的）。而被米哈伊洛夫斯基所表述的这一学说，是不可能在俄国思想界站稳脚跟的，虽然许多人也从中感受到有一枚真理的种子。而库德里亚夫采夫关于真理的学说，却可以作为揭示认识存在中的评价因素参与的程度的一个真正的和足够的基点。可遗憾的是，这两组理念系列的相会却并未发生——不同类型的思想家们之间相互之间根本就什么都不知道。但库德里亚夫采夫的学说却可以富于成效地被用于更加深刻地分析认识问题。库德里亚夫采夫本人并未比上述公式走得更远，而他自己对于神秘主义观照的那个并不成功的名称（即"理念认识"）却遮挡住了自己继续研究其自己的理念的道路。稍后我们会在塔列耶夫那里（他显然并未受到库德里亚夫采夫的影响）见到发展这一观念的尝试（即把评价因素纳入认识中来）。为了清晰起见，这里我们需要指出的是，这一思维方向在一定程度上，接近于所谓 Werturtheile 问题，接近于关于情感认识①学说的问题，但却不是接近于所谓的伦理认识论（里克特及与其相似的思想家）。

另外一个同样与上面提到库德里亚夫采夫的公式有关，但同样也没有被他本人在其体系里所发挥问题，则牵涉到经验主义现实与其理想基础之间的分歧的一般主题。这实质上是与"社会学"理念体系相关的宇宙学中的核心主题。但库德里亚夫采夫在其形而上学中有时仅仅接近于这些问题而已，但也不仅如此。

---

① 关于这个问题可以参见本书第 2 篇，第 9 章注 92。

下面我们阐述库德里亚夫采夫的体系。

4. 库德里亚夫采夫某次写道："哲学认识论应当先于对于哲学世界观的正面的和综合的建构。"[①] 而我们在阐述库德里亚夫采夫体系时也遵循这个方案，尽管随后我们便会确信，认识论的优先地位在他那里实质上仅只牵涉到体系的阐述，而非其内在辩证法。

库德里亚夫采夫总是把他的认识论分析以这样的方式题名："经验主义认识的形而上学分析"。根据库德里亚夫采夫的解释，对经验主义认识论的"形而上学分析"，比方说，牵涉到有关我们的感性观念对于真实存在的关系问题[②]。换言之，我们这位作者感兴趣的，主要是关于认识能力的问题，关于对于我们的认识能力而言如何深入到"真实存在"中去的问题。这并不意味着，对于认识过程的内在论—批判分析问题他不感兴趣，——我们马上就会看到，他是非常认真地研究这个问题的——但他的认识论分析仍然首先旨在说明我们究竟可以在多大程度上认识真实现实存在的问题。这还算不上是一种特定的本体论定向，虽然库德里亚夫采夫坚定地捍卫认识论现实主义，但他走进这个问题的方式是这样的，即无论如何，他是在自己建构自己的体系。

库德里亚夫采夫的出发点是笛卡尔的 cogito ergo sum。他写道[③]："自我存在的真理的确是一种普遍必然和毋庸置疑的真理。"就此他还补充道："自我存在的概念不是从某种别的更切实的概念中推导而来，而是一种直接的、原始的和无可置疑的自我认识的事实。"在对激进主义怀疑主义的立场进行分析时，库德里亚夫采夫把认识的"我"与"非—我存在"的这样一种无可置疑性确定为并列关系，这种关系与主观状态有所区别。他写道[④]："我们的意识以这样一种

① 《库德里亚夫采夫全集》，第 1 卷，第 1 册，第 212 页。
② 同上书，第 2 册，第 69 页。
③ 《库德里亚夫采夫全集》，第 1 卷，第 2 册，第 47 页。
④ 同上书，第 51 页。

必然性和无可置疑性确证自己之我及其状态的存在，确证非—我的存在，或是在我之外存在的对象的存在。"但除了这两种类型的存在外，还应当承认，按照库德里亚夫采夫的思想，还有第三种存在，这就是绝对存在。这种存在状态的发展对于库德里亚夫采夫来说是极其重要的（在其研究的开端！），而且这样一来它会导致①：首先，应当确立"真正认识"的理念（即使对于怀疑论者来说）的不可排除性。任何对于认识可能性的否定都包含着"真理"认识的理念（怀疑论者认为这是不可能实现的，但它作为一种理念，也同样摆在他面前，既然他也在谈论它的话）。但与此相仿，"真理"存在的理念也同样会摆在我们理性的面前——这样一种理念是不可排除的，这从以下这点就可以看出，即对于存在的某些方面的现实性或构成关于存在中某种不完善性或缺点的判断所构成的有所怀疑的我们，显然，在此之中也面临着摆脱了存在之局限性的"真理"的理念。这两种理念（真理认识和真理存在）非常容易联接为一个（"真理"认识可以仅仅只和真理存在有关）："绝对的，完美的存在理念包含着绝对认识的因素，是把基础建立在我们的认识之上的第三位因素"（和认识之"我"的认识，现实与"我"之外的存在并列）。

这样一来，还在分析认识以前，我们已经在自己面前拥有我们的认识关注的三种类型的存在。在保留对于笛卡尔的忠实的同时，库德里亚夫采夫坚决地为了理性主义而出场（但并不否认其他认识来源）。他写道②："对于认识感性的和精神上有局限性的人的世界来说，应当发挥作用的不仅有观照和启示，而且也有理性及其法则。""但对于超感性存在的认识，如果这种认识想要成为真实的认识，就应当首先成为理性的认识"。当然，这里说的是哲学，而非科学也不是宗教。

这里我们不打算深入分析库德里亚夫采夫在研究经验、理性和

---

① 《库德里亚夫采夫采夫全集》，第 1 卷，第 2 册，第 51—58 页。
② 同上书，第 64 页。

理念认识问题上非常精细的辩证法的精微细节了（如上所说，"理念"认识在库德里亚夫采夫那里意味着对于绝对存在的认识），而对其分析做一个总结。

根据有关认识来源的基本问题，库德里亚夫采夫赋予经验材料以特殊重要的地位，正如我们下文中将要看到的那样，他以极大的力度为固执精神发挥了认识论现实主义的原则。但却以很少的力量表达了关于在解释认识问题时，经验材料的不足性。"我们应当承认一个不正确的公式，"他写道[1]，"我们所知道的一切都是通过感觉知道的。""我们应该承认，"他在另一处文字中这样写道[2]，"我们的感性认识在某些方面具有局限性，即不是物质世界中存在的一切都能为感觉所知会……一切都导向思维，我们的直接感性认识在历史发展过程中（渐渐地）越来越快地收缩，而不是扩大"[3]。总而言之感性认识是"粗陋的材料"，它要求理性的加工，这一点引导库德里亚夫采夫得出这样一个公式："我们关于外部世界的认识的真实来源，作为一种认识（而非仅仅只是材料的收集——作者），在于理性"[4]。

在开始分析认识中的理性因素时，库德里亚夫采夫首先详尽地表明，概念的表述不可能与形象领域有关（观念）："我们应当承认灵魂里有一种特殊的复合的比接受和形象更加出色的能力"[5] ——形象和概念的关联不是一种起源学顺序：通过概念思维具有"一种独立的现实性"[6]。"我们的理性在经验材料的基础上形成概念，但这种经验材料并非仅仅来自我们的经验"[7]。库德里亚夫采夫在这种

---

① 《库德里亚夫采夫全集》，第 1 卷，第 2 册，第 127 页。
② 同上书，第 205 页。
③ 同上书，第 207 页。
④ 同上书，第 209 页。
⑤ 《库德里亚夫采夫全集》，第 1 卷，第 3 册，第 23 页。
⑥ 同上书，第 20 页。
⑦ 同上书，第 27 页。

有关概念的学说中，摆脱了心理学主义的危险，而接近于那样一种"理想化"过程观念，即当代心理学在胡塞尔影响下发展出来的那种观念。库德里亚夫采夫以后还会一再回到这个有关我们认识的经验以外材料的主题上来——对于他嗣后的所有体系而言，他感到非常重要的，是表明认识中经验以外材料的现实性。在有关认识中的"先天"因素学说的问题上，他走得是如此之远，以致坚决捍卫这样一种学说，即"应当允许在我们的头脑里有认识的非意识到的或更确切地说，是没有认识到的因素的存在"①。库德里亚夫采夫特别详尽地在对基本思维"范畴"的分析中表明了这一点。需要当即指出的一点是，库德里亚夫采夫还发挥了一个非常有趣非常成功地对于康德关于范畴的"超验"演化问题的学说的批判②。更加重要的一点在于库德里亚夫采夫捍卫了这样一个论点，即"在范畴的起源学上，范畴的先天根据在于我们理性的本质，在于经验的参与"③。

除了感性经验和理性材料、理性在经验的基础上对于经验的"重复"外，库德里亚夫采夫还承认在我们的精神中，有"一种特殊的接受超感性存在的能力"④。在高度评价在这个问题上雅各比的体系的同时，库德里亚夫采夫仍然认为雅各比"在有关认识超感性存在的问题上完全否认理性的权利"是犯了一个大错⑤。"如果按照雅各比的原则办，则不会导致得出任何确切的知识，个中原因仅仅在于，由于排除了理性的权威，对于把真理与错误分辨开来缺乏任何标准"⑥。例如，"在形成神祇的理念"过程中，"会有对于上帝的直接感受"，库德里亚夫采夫把这种感受称之为"自然的启示"，但

---

① 《库德里亚夫采夫全集》，第1卷，第3册，第64页，这一公式后来被尼·奥·罗斯基所发挥。
② 同上书，第104页。
③ 同上书，第158页。
④ 同上书，第257页。
⑤ 同上书，第312页。
⑥ 同上书，第321页。

还有其他因素参与，比如：我们对于这种"自然的启示"的接受和我们的认识对于自然相应法则的掌握"①。"我们不能，"在另一处地方库德里亚夫采夫写道②，"不可能拥有等值的、完全精确的和完整的对于神祇的认识，而只拥有一种局限于主观法则和机体的那样一种形式的有条件的认识，这种认识是掌握超感性世界印象时的一种环境"。在库德里亚夫采夫的这段足以阻碍他采取神学理性主义的话里，可以感觉得到无可置疑的"否定神学"理念的回声（阿列奥帕吉克）。

接受超感性存在的能力库德里亚夫采夫不倾向于将其命名为"感觉"或"理性"（雅各比），或"理性直觉"（谢林）。他最喜欢的是爱国主义的术语"ум"（nus）③，但他又感到害怕，怕这个术语会片面地赋予高级能力以理论性质，这样一来（我们还会回到这个问题上来的）对于库德里亚夫采夫来说认识真理也包括评价因素。在库德里亚夫采夫那里，对于超感性世界的认识的通常描述是"理念认识"，这个术语正如我们已经指出过的，并不成功。

库德里亚夫采夫关于人身上认识能力的构成学说便是这样的，接下来我们阐述他关于作为认识对象的存在的学说，揭示导致其转向形而上学基本主题的认识论现实主义。

5. 库德里亚夫采夫坚决禁止自己沾染幼稚的现实主义④，而以几乎同样的力度批判唯心主义（在其早期形式中的）——尤其对于超验唯心主义高度关注，其中包括黑格尔⑤。尤其值得关注的是在库德里亚夫采夫对于绝对唯心主义的批判中反对非—我⑥的"超验演化"的机智意见——我们指出这一点是因为从弗拉基米尔·索洛维约夫开始，俄罗斯哲学家群体常常认为这样一个思想是"自明"的，

①　《库德里亚夫采夫全集》，第 1 卷，第 3 册，第 325 页。
②　同上书，第 343 页。
③　同上书，第 351 页。
④　同上书，第 2 册，第 89、96、102 页。
⑤　同上书，第 140—181 页。
⑥　特别参见同上书，第 149—151 页。

即绝对"要求"非—我，以便能够拥有积极的"客体"。"贯彻始终的唯心主义，"库德里亚夫采夫在结束其议论时说道①，"常常迷失于毫无出路的矛盾之中：随着认识世界一起消失的还有认识主体本身——我们的'我'"。"一般说对于唯心主义来说具体感性存在是无法解释的——这种存在只有在假设现实生存可以在我们之外并且不取决于我们的感性对象中才能获得解释"②。

库德里亚夫采夫执拗地甚至是不厌其烦地在各种场合否定唯心主义，因为他要在这个问题上奠定认识论现实主义的总的基础。库德里亚夫采夫在总结自己以各种形式发表的有关唯心主义无法成立的所有言论时，以这样一个公式作结："如果我们所有知识都只涉及现象的话，那么它就不配享有知识的名称"③。

但是，在把握现实主义立场的同时，我们又该如何思考这一现实存在的问题呢？库德里亚夫采夫非常谨慎地研究了唯物主义原则——也正是在这方面，他的批判非常彻底、非常独立，其批判旨在在承认物质的现实性的同时，给有关物质存在的学说输入更多的准确性。首先，库德里亚夫采夫非常令人信服地在分析力量概念和法律概念的基础上，表明"在物质存在领域里有某种不可能被赋予物质特性的东西"④。值得注意的是库德里亚夫采夫部分地回归洛克的立场，即把"物质现实性的属性"划分为"客观"的和"主观"的两种。然而，库德里亚夫采夫还在一本专门著作中确立了空间和时间的客观现实性。

至于唯心主义，库德里亚夫采夫在承认其"对于唯物主义的优越性的"同时，坚决表示反对感性现实性。库德里亚夫采夫甚至情愿承认"物质世界并非我们感觉得那样那么与我们的精神异质"，我

① 《库德里亚夫采夫全集》，第1卷，第2册，第154页。
② 同上书，第156页。
③ 同上书，第156页。
④ 同上书，第109页。

们甚至可以承认"在精神和物质世界之间有着更加紧密的内在关联"①。库德里亚夫采夫对于唯心主义的批判非常强烈也非常精彩——他在这个问题上的出发点是"对于唯心主义来说，具体感性存在的观念是不可予以解释的"，唯物主义和唯心主义都有错，按照库德里亚夫采夫的思想②，"两者都否认我们的'我'的具体的精神存在"（尽管其根据各有不同）。

但精神和物质尖锐的二元论及其相互之间的互不兼容性，毕竟仍然还是不可调和的：库德里亚夫采夫写道："很难想象在世界存在的基础上竟然有两个无条件的同样出色的、相互独立相互对立的本质。"按照库德里亚夫采夫的观点，迄今为止所有想要理解存在统一性的曾经有过的尝试，都没有成功，原因在于"把存在的两个方面统一起来的本质，理性是在世界存在本身中去寻找"③。需要走出世界的范围，必须"寻找世界之外世界的统一——亦即在有别于世界的物质中……在承认有一种有别于世界的最高物质的同时，我们得到的不是充当唯物主义与唯心主义片面观点之基础的实体一元论，而是超验一元论，它把本质统一了起来，并且高距于有条件存在的领域之上"④。这样解决有关存在的问题固然有其全部哲学上的重要意义，但是我们仍然很难接受库德里亚夫采夫所提出的该体系的名称本身。要知道"超验性"概念具有特定内涵，而且可能与该术语所包含的认识论观念隔离。为了避免这样一种含义含糊同时也为了足够清晰地表达库德里亚夫采夫的基本思想，我们将把他的体系描述为上自然主义一元论。这个术语足以表达库德里亚夫采夫关于世界统一的本质在世界之外的基本思想。

绝对存在概念正如库德里亚夫采夫的系统最高级概念一样，对

---

① 《库德里亚夫采夫全集》，第 1 卷，第 2 册，第 144 页。
② 同上书，第 168 页。
③ 同上书，第 184 页。
④ 同上书，第 185 页。

他来说也正是在哲学上是必要的。世界存在并不拥有无穷性，"我们赋予时间和空间以无穷性特征，而这样做最深刻的根据我们应当不是在别处，而应当在属于我们理性的无穷性理念中去寻找"①。库德里亚夫采夫以其这样一种学说回归到了戈鲁宾斯基（第1卷，第7章）的基本理念。按照库德里亚夫采夫的观点，如果哲学"没有权利直接从有关绝对者的学说开始的话"②，那么，作为自己研究的结果，哲学就得承认处于世界之上的绝对生物概念是其基本概念"。"绝对完善生物的理念是那样一种我们的理性从古至今根深蒂固的一种基础理念，在它身上，所有其他理念全都在它身上达到集合和统一"，——库德里亚夫采夫这样写道③。这样一来，他提出了哲学有神论的根据，正如我们已经指出过的那样，而不是完全站在神学理性主义的立场上："自然神学"如我们所知，从来就不可能觊觎绝对可靠性。但对于哲学体系来说，重要的只有一点：确立无条件存在高于世界的概念本身。但是神祇概念不应当被解释作一个"调节"概念，用康德的话说，就是在现实生活中它无疑拥有"宪法"的性质，但神祇的正面揭示离开启示是无法想象的。

到此我们可以结束对于库德里亚夫采夫形而上学的阐述了，需要指出的只有一点，即库德里亚夫采夫还会经常回到神祇概念的逻辑问题，亦即哲学有神论的根据问题上来的。在这方面，他的著作最重要的有：《宗教及其本质和起源》（第2卷，第1册，第88—315页）以及《宗教哲学讲义》的最后几章（第5—9章）。而分析上帝存在之证明问题的那些文章，则思想特别深刻，哲理内涵极其丰富（第205—509页）。

6. 现在我们来简短谈谈库德里亚夫采夫的宇宙学和人类学（这些题目的文章收集在《全集》第3卷里）。

---

① 《库德里亚夫采夫全集》，第1卷，第2册，第271页。
② 同上书，第1册，第250页。
③ 同上书，第3册，第181页。

库德里亚夫采夫关于捍卫创世理念问题写过许多应当说非常成功非常深刻的文章①，到处都在强调，说正是在创世概念里，"包含着世界及其法则的足够必要的独立的保障"②。在这个问题上，库德里亚夫采夫承认，这一有关创造世界的学说是"对于理性来说唯一必要"的学说③。库德里亚夫采夫非常机智地批判了世界的偶然性理论，表明"循序渐进与合乎规律发展的必然性无论如何也无法与偶然性概念相融"④。自然法则本身并不拥有内在的必然性，它们甚至可能被称之为"偶然的"⑤，——确定其只有在"实现宇宙理念，将其作为多样统一时才可以理解。——这就导致有关这些法则的自由的、理性的原因的思想"。这进而引导我们承认这些法则的必然性（将其作为唯一合乎目标的），但却已经不是内在论的了，而是形而上学必然性了。但这引导我们走进关于世界的理念基础，关于理念问题的主题上来。库德里亚夫采夫就此题目所说的言论，非常富于教益。他批判这样一种学说，即"理念，"他写道⑥，"就是世界从中创造出来的东西"。"应当区分一下：理念作为上帝创造出来的超感性的、现实的现象学存在的本质和作为有关事物的神性思维的理念"。但是，根据他的思想，甚至就是把世界的理念一面与上帝身上的理念分开，我们仍然还是会在这一有关世界理念一面的学说中堕入一系列困难之中无以自拔⑦。库德里亚夫采夫以更加决绝的态度否定有关世界灵魂的学说，或许他指的是索洛维约夫的体系⑧。鉴于俄

---

① 《库德里亚夫采夫全集》，第 3 卷，第 1 册，第 202—358 页。

② 同上书，第 297 页。

③ 同上书，第 312 页。

④ 同上书，第 215 页。

⑤ 同上书，第 260 页。值得注意的是与 Boutroux 理念的吻合！库德里亚夫采夫本人在此也引用了莱布尼茨的话（第 26 页）。

⑥ 同上书，第 357 页。

⑦ 详情参见《库德里亚夫采夫全集》，第 3 卷，第 1 册，第 358 页。

⑧ 关于库德里亚夫采夫了解索洛维约夫形而上学的情形，可参见比方说第 1 卷，第 2 册，第 98、163 页。

国其他宗教形而上学者们倾向于把世界灵魂概念引入哲学的情形，我们这里援引库德里亚夫采夫就此问题发表的言论。"说在世界生活的当前潮流中并非每一个重新产生的东西都是上帝直接创造的，"库德里亚夫采夫写道①，"说世界上有某种自我创造的东西……这当然是对的……可是，自然生活原始条件的产生（物质、力量、法则……），这些东西里就不可能有什么自我创造了。在把某种中间形态的本质植入上帝和世界之间时，我们会碰到一系列困难问题，而其中最重要的问题是这一本质是自觉的呢还是无意识的呢。"在分析这一问题并确定②"世界理念的发展只可能是无意识的"后，库德里亚夫采夫继而强调指出，如果"世界理念或本质是无意识的，那么它不可能允许这种或那种潮流自由放任地发展的"。而在这种情况下，世界灵魂概念引入的最重要的母题之一——对世界之恶的解释——就是不可能有答案的。

在库德里亚夫采夫篇幅很长而内容又很简括的文章《论灵魂的不朽》③中，有许多见解，可以以有利于人格主义形而上学的形式予以解读，但他的言论都太简短，所以，我们似乎没必要深入讨论它们。

至于伦理学问题，那么，库德里亚夫采夫就此问题仅写过一部书，那就是《哲学的最初本质》。书中有许多有趣的想法——比方说，对于"相对决定论"的辩护④。

7. 我们对于库德里亚夫采夫体系的简短阐述，要想让读者自己确信他拥有无可置疑的哲学论据来说当然是不够的，但为此需要读一读库德里亚夫采夫的著作本身。但对俄国哲学的发展和我们所说过的话做一次总的概述，我希望这就足够了，足够使我们承认我们

————————

① 《库德里亚夫采夫全集》，第3卷，第1册，第339页。
② 同上书，第340—341页。
③ 同上书，第3册，第138—280页。
④ 《哲学的最初本质》，第401—419页。

在这一场合下与之打交道的，是真正的哲学体系。作为一个有着深刻的宗教感情的人，库德里亚夫采夫在思想方面始终是自由的，而在体系的建构方面，他顽强而又坚决地坚持从对认识的批判分析立场出发。然而，在体系建构认识论的首要地位不应当遮蔽我们的眼睛，使我们看不到库德里亚夫采夫极其重要的本体论。对他来说，绝对存在的理念（如同对于戈鲁宾斯基来说）是最高和最后的理念，而他只在按照体系建构的需要力求对之加以论证。实质上，在"理念认识"（亦即在神秘主义经验中，按照通常的术语）中向我们展现出来的绝对存在的理念对于库德里亚夫采夫来说是核心理念。确立认识论现实主义立场并以此在哲学上为自己开辟通向形而上学的道路，库德里亚夫采夫随后建构了自己的超验（亦即上自然主义）的一元论，这种一元论从哲学上——而应当说，是以极大的信心——克服了形而上学中尖锐的二元论，克服了一元论形式的片面性（唯物主义和唯灵论）。

库德里亚夫采夫具有出色的自由的精神。他勇敢地投身于那个时代哲学史领域思想的海洋里那些尚未被人所知晓的空间去远航。他具有完整的宗教观念的储备，但他所写的不是教义体系，而是哲学体系。他宁静平稳而又谨慎踏实地建构着自己的大厦，而这已经不是 fides quaerens intellectum，而是自由批判的研究直接呈现在一个信仰者面前的东西。我们可以说这是真正的一次基督教哲学的尝试，是从"理念认识"的材料中生发出来的哲学，但他不经过耐心审慎的研究是不肯轻易接受任何现成的结论的。需要指出的是，最后，库德里亚夫采夫关于真理的学说虽然没有发展到终极形态，但却具有高度价值，这个学说提出了存在中的"有"要和存在中的"应有"吻合，亦即把评价因素纳入认识的工作中来。

我们对于库德里亚夫采夫的介绍就在这里结束，下面转向对大主教尼卡诺尔哲学体系的研究[1]。

8. 亚历山大·伊万诺维奇·勃洛夫科维奇出身于莫吉廖夫省[2]一个神父家庭。中学毕业后进入彼得堡神学院学习，在那里，还是一个大学生的他剃度为僧，取名尼卡诺尔。神学院毕业后大司祭尼卡诺尔领导过各种课堂讨论班，而在1868年，被任命为喀山神学院院长。应当指出的是，当大主教尼卡诺尔在彼得堡神学院结业时（1850年），起先在学院担任教师，可却并未干多长时间，因为他被指责"无权义能力"（因为在他所教的《神学导论课》里引进了当代元素）。到他被任命喀山神学院院长时，大主教尼卡诺尔已经是神学博士（他因一部关于罗马教皇领袖地位说的巨著而获得学位）。大主教尼卡诺尔活跃而又富于创造性的大脑即使在喀山神学院也不止一次显得勇敢无畏，超出了传统的界限，——以致他作为学院院长在喀山统共只待了三年。他旋即被以光荣地任命为教会学校主教的职位的借口被从院长职位上赶了下来。他作为大主教待的最后一个地方，是奥德萨（从1883年起到1890年），并也在那里逝世。

大主教尼卡诺尔所受教育极其广博全面，在科研工作中既非常谨慎又非常多产，而他的博士学位论文就是对此的证明。他非常认真地关注着当代文化中的所有现象，但却以特殊的爱心和令人惊讶的不知疲倦的精神关注哲学的流向。他有关哲学的基础论著带有一个稍稍有些片面色彩的名称：《实证主义哲学与超感性存在》（第1—3卷，总共有1358页的密排文本），却无法让人对其极其丰富的内涵有一个正确的概念。这部著作尚未完成，正如第2

---

[1] 大主教尼卡诺尔的基本哲学著作是两卷本的《实证主义哲学与超感性存在》，在他当主教时即已出版，因此在学术文献中人们在引用他的话时经常称其为"尼卡诺尔主教"。

[2] 关于他，可参见传记材料（第1卷），奥德萨，1900（有两个传记概论很重要）：《俄国哲学史史料》（雅·尼·科鲁博夫斯基），《哲学与心理学问题》，第8册（1891）——书中对于大主教尼卡诺尔的文章有一个简短的概述。还可参阅发表在《俄罗斯传记辞典》的词条。

卷结尾处的一句话所证实的那样，这句话揭示了嗣后这部著作的大纲（这部大纲中只有一部分体现在第 3 卷中）。大主教尼卡诺尔的写作风格稍嫌沉闷，对于各种细节或某种理念的精微色彩的精细分析，妨碍读者密切关注作者的主要思想。形式上此书是关于认识论的，但实际上它包含着关于本体论、伦理学和人类学的丰富建构。

至于大主教尼卡诺尔的体系究竟受到谁的影响最大的问题，根据我们的看法，他接受费·阿·戈鲁宾斯基的影响最大，对于后者，我们已经介绍过了。而他只在部分方面受到过尤尔凯维奇、瓦·尼·卡尔波夫的影响①。在外国哲学家和神学家中，大主教尼卡诺尔最与之接近的是洛泽，但除了洛泽以外，他还吸取了所有西方哲学的所有重要体系。他的体系与马勒伯朗士体系的相似性特征并非那么具有决定性意义，所以不能说他与之直接认识的马勒伯朗士的影响无论在哪里都看不到。

在转而探讨大主教尼卡诺尔体系前，我们首先讨论一下他哲学探索中的基本本体论。遵循戈鲁宾斯基脚印（但他却在任何地方都不提后者的名字），大主教尼卡诺尔完全可以被定义为这样一个人，对此人来说"绝对透过假定性放光，而假定性则被作为真理的存在而被知觉，而非作为假象——即建基在不是什么别的，而是无条件之上的"②。因此对于大主教尼卡诺尔来说（完全与库萨的尼古拉一样）"在任何有限的存在中……总是有一个整体，统一的无限的存在"③。"无限不是以自己的一份份额，不是以分子和部分，而是以其全部完整性进入每一个诞生者中"④。这种从有条件中看出绝对，从多中看出一的能力就是大主教尼卡诺尔的基本直觉——而哲学的

---

① 参见：《实证主义哲学与超感性存在》，第 2 卷，第 201—207 页。但还可以参见《传记史料》一书中关于卡尔波夫的尖锐反响，第 308 页。

② 《实证主义哲学与超感性存在》，第 2 卷，第 271 页。

③ 同上书，第 2 卷，第 41 页。

④ 《实证主义哲学与超感性存在》，第 2 卷，第 84 页。

任务，按照他的定义，就是"要以严格的实证主义方法表明形而上学理性知觉方式的犯法性质"①。因此，对他来说，"在最普通的现象的内在本质中有绝对存在"②。在经历过长期细致有时甚至是吹毛求疵式的探究以后，大主教尼卡诺尔对于他心目中的起始直觉作出了这样的表述："绝对、宇宙和无意识的理性，到处都渗透在自然之中，到处都等同于自己，在整个万物中，犹如在其每个最小的部分中一样，都是一丝不差的。"③

这一基本的、纯粹本体论定向决定着大主教尼卡诺尔的所有体系——在他那里，在所有一切之上，笼罩着这样一种对于绝对存在的生动的知觉。他的思想在这些场合下常常并不能达到必要的清晰地步，他的话语，散见于其书各处，也并非总是能轻易地与另外一些内容相互协调一致，但要解开其在认识论和本体论各种体系之谜的钥匙，在于他的形而上学。老实说，仅就其著作的标题本身，就已表明，把"实证主义哲学"与"超感性存在"进行比较，并不需要以对超感性存在的现实性的怀疑为前提，而只需留意到分析"实证主义哲学"对待超感性存在的理念的态度问题即可。大主教尼卡诺尔的阐述系统也是从此得来的——这种系统相当不便，令读者分外头疼：在分析各种肯定"实证主义哲学"的观点时，他把自己对于世界的看法与之对立起来，而他的观点却不是采用系统方法表述的，而是 ad hoc。正因为此，粗略阅读他的著作是不会得出足够清晰的画面的，但如果仔细分析大主教尼卡诺尔的著作，深入思考其思维内在的体系性，其深刻的深思熟虑和其学说的系统的完结性，便会一下子一目了然了。

在大主教尼卡诺尔那里，对于绝对存在的直觉性理解不具有那种"直接关照绝对"的性质，后者像，比方说，库德里亚夫采夫那

---

① 《实证主义哲学与超感性存在》，第 2 卷，第 9 页。
② 同上书，第 213 页。
③ 同上书，第 223 页。

样。"直接经验，"大主教尼卡诺尔坚决肯定说①，"并不能为我们提供绝对存在，但却引导到绝对存在，虽然是间接的，但却是不可遏制地"。但也因此我们从一开始起就固有一种（"有生以来"——按照大主教尼卡诺尔的术语）绝对存在的理念，这是任何……探索的"primum movens"②。这一与生俱来的理念是根深蒂固的和基础的，但从中引导出了一些其他的"生成性的"理念，这些理念可以帮助我们认识任何个别的存在："在任何人类精神中……都有一个宝贵的理念——即对于客观真理的先定性理解"③。我们下面还要回到这个公式上来，现在我们只想强调指出一点，即在他那里，基本直觉所取决于的，不是经验，而正是"与生俱来的理念"。因此很清楚，对于大主教尼卡诺尔来说，"宇宙中每个现象的本质和所有宇宙以及人一样，构成了一个统一的和完整的绝对的存在"④。这完全不是什么印度哲学的无宇宙论，也不是像比方说 Мейстер Экгардта 的世界上那种对神祇的泛神论式的感受，这甚至也不是"泛神论"，像后来的谢·布尔加科夫所确证的那样。对于绝对存在的独特的、纯粹直觉式的感受在大主教尼卡诺尔那里（如同在费·阿·戈鲁宾斯基那里一样），首先的确是甚至与泛神论的影子也格格不入，而且他还态度坚决地肯定"在有限存在中的那种相当平和的、非内在论的绝对生物的存在"⑤。大主教尼卡诺尔接近于（但也只是接近于而已）神圣教父们已经不止一次发展了的那样一种学说（比方说神圣而又伟大的阿芳纳西），即可见存在形而上学地包含着"绝对存在与虚无的不可思议的结合"，这是上帝"通过创造行为"创造出来的。因此，在造物的存在中，我们看不到"绝对者的流失，也看不到绝对者的

---

① 《实证主义哲学与超感性存在》，第 2 卷，第 48 页。
② 同上书，第 2 卷，第 311 页。
③ 同上书，第 309 页。
④ 同上书，第 2 卷，第 219 页。
⑤ 同上书，第 401 页。

分化，更看不到绝对者的发展"①。

让我们探讨一下大主教尼卡诺尔关于可见（造物）存在的学说。在每一种个别存在中，都应当区分"基础性本质"和所有万物都一样的本质——这就是用绝对非存在局限自己的无限存在"②，而个别本质是一种独特的、个别性的存在与非存在的统一③。大主教尼卡诺尔把这种个别存在描述为"形"（эйдос）（作为存在的类型）是永恒的，亦即"形"的概念并不与刚一产生又旋即消亡的具体事物概念吻合，但在每一种具体事物身上都有其自己的形——即具体存在的"理念，计划、法则"④。与此同时，形还是"相当平和的创造性天意的理念"，是"永恒的、从永恒中先天性确定了的世界秩序的法则"⑤。因此"在绝对中根植着任何造物的法则，"大主教尼卡诺尔这样写道⑥。"但却丝毫也不是在绝对存在是"具体存在的"实体"那样的意义上说的。具体存在永远都是个人的⑦，在其"基础本质中"（到处与永远都是一致的）与绝对存在相关，而在其个别性中（形、在其类型中）是"神秘的"对绝对存在的自我限制——"任何现实性都扎根于无限之中"⑧，但这绝对存在"不是以其份额、以其分数，以其部分进入其每个生成中，而是以其全部整体"⑨，而且，它的进入方式不是别的，而是在与否定（非存在）联盟的条件之下。

---

① 《实证主义哲学与超感性存在》，第 2 卷，第 401 页。

② 同上书，第 84 页。

③ 同上书，第 82 页。

④ 同上书，第 99 页。

⑤ 同上书，第 117 页。这一学说与神圣教父们的形而上学的相近是无可置疑的，关于神圣教父的造物形而上学，可以参见比方说弗洛罗夫斯基的文章《造物与创世》，《东正教思想》，1928，第 1 期。

⑥ 同上书，第 220 页。

⑦ "我们的分析表明，在客体中存在着个别的超感性的形……它一方面分化成为部分和分数，分化成为微不足道的粒子，而凝聚成为另一种可见的统一体，亲属的，最后还是无所不在的和宇宙的生命。同上书，第 381 页。

⑧ 《实证主义哲学与超感性存在》，第 1 卷，第 187 页。

⑨ 这与库萨的尼古拉何其相似！

因此无限变得一成不变，而实现了对于绝对的自我限制的世界，成为有限存在，因此与绝对有着深刻的区别"①。在大主教尼卡诺尔的这段话后，还可以补充一句为他的认识论所特有的话："这是我们大脑的这种对立统一之结，但也是理解不可理解者之结"……我们则还要补充另外一个公式，它多少能够说明绝对与具体在个别存在中的相互关系的秘密。"上帝参与存在的整个和每个基点，但任何地方都不是以自己的实体（亦即不是具体事物的实体。——作者），而是到处都以其创造理性，以其创造性理念，力量和神赐……"。这是对于"创造性的、造物者与其造物的天意性的共在"的肯定②。作者说所有这一切，都是为了甚至防护自己不受泛神论幽灵的蛊惑，但如果泛神论的危险真地被有关造物者与造物的"共在"学说在相当程度上给排除了的话，那么，我们就不能说，造物主与造物存在的相互关系在大主教尼卡诺尔那里已经足够清晰了。如果说在个别形中我们拥有绝对存在的"自我限制"（与此同时又"完整地"进入形）的话，那么，造物存在尽管是有所区别的，但却不是与绝对分立的……，大主教尼卡诺尔当然坚决地与对于科研意识如此富于特点的形而上学多元论斗争③，——反对把事物、把整个自然当作完全独立的、自在的存在来接受（"经验领域"），形而上学形的领域（亦即世界上在造物存在中的形而上学领域）绝对存在。大主教尼卡诺尔不知为何有点奇特地关于第一存在（经验存在）几乎只字未提④，以为他不过是幽灵而已⑤。

但世界仍然还是一个相互联接的整体——宇宙，而某次大主教尼卡诺尔也正是表达了关于宇宙是一个"创造的自然—母亲"的想

---

① 《实证主义哲学与超感性存在》，第 2 卷，第 83 页。
② 同上书，第 398 页。这与形而上学的万物统一论区别多大呀！
③ 同上书，第 69 页。
④ 参见《实证主义哲学与超感性存在》，第 1 卷，第 379—380 页。
⑤ "一切感觉以外的都仅仅是真实实在的逃跑的影子"，同上书，第 387 页。

法①。这在一定程度上可以说与弗拉·索洛维约夫的索菲亚观念十分接近，更何况大主教尼卡诺尔立即予以补充，说"创造的自然—母亲是原始绝对力量的反映"。但是，应当指出的是，在大主教尼卡诺尔那里，有时宇宙和神祇之间的界限变得不分明了。一方面在谈到"对于唯一的普世力量"的关照时，他旋即又补充道②："我们距离在普世的世界力量中看出绝对者还十分遥远，——我们从中所能看出的，仅仅只是在上升到真正绝对者的最高统一体最后阶梯的倒数两个阶梯的其中之一上"。除了"普世力量"外，第二个"倒数"阶梯（就其对"真正的绝对者的关系而言"），应当认为（如果我们正确地理解大主教尼卡诺尔的话），"宇宙理性"，关于它作者在其著作的第2卷里说了那么多的话，——而这个"宇宙理性"常常被他阐释为"绝对者"。因为对于理解我们这位作者的宇宙学来说，问题的这个方面非常重要，所以，我们就对"宇宙理性"学说做一个比较详细的阐述。以下就是比方说一个非常重要的公式③："绝对、宇宙和无意识的理性到处在自然中是异质的"。说这里谈的就正是"宇宙"（在其准确意义上）理性，这从所有上下文中就可以看出，而且是无可争议的，但为什么他会对"绝对"进行描述呢？在大主教尼卡诺尔那里，世界上的任何形而上学与有关不具有灵魂的存在拥有"心理生活"和"对号召进行感应"的能力的有趣学说④（不知为何有点像是中世纪的"potential oboedientialist"概念），"宇宙普世理性"即以这一概念为依据⑤（类似的概念还有晚期索菲亚学学者们的"造物索菲亚"概念）。"在外部自然中⑥，"我们的这位作者在一处地方写道，"在创造出所有活的生物的内在自然的自然中，有

---

① 《实证主义哲学与超感性存在》，第1卷，第276页。
② 同上书，第85页。
③ 同上书，第2卷，第223页。
④ 同上书，第223页。
⑤ 同上书，第194页。
⑥ 同上书，第333页。

一种宇宙理性"，正是这种理性的在场，使世界头一次成为宇宙，成为活的整体，其最深的根系深深扎在绝对者之中的宇宙。稍后我们又看到："自然在人类灵魂身上最珍贵的理性身上以晦涩的感觉和预感的、不易捕捉但却是催化的理念的形式，打上了宇宙理性最完美的烙印"。所有这一切都活画出了大主教尼卡诺尔的宇宙学轮廓，从而使得我们眼中以前那种把宇宙和绝对理性等同起来的观念显得那么不合时宜，尤其是上文所引的那段有关造物者只是在造物中"共在"的话语。

9. 现在，我们已经为理解大主教尼卡诺尔的同样有时也会陷入混乱中的认识论做好了足够的准备。大主教尼卡诺尔一般说是认识论现实主义的捍卫者，但他还以同样坚定的决心批判纯粹经验主义的认识论——这种批判可以说充满了他的著作。在理性的自足论是"任何真理的标准"这一点上，他完全接近于笛卡尔①。大主教尼卡诺尔在另一处地方写道②："我的我是世界观的核心焦点：我关照世界本身。"但大主教尼卡诺尔并未因此走上理性主义之路，因为他坚决地把"理性"认识和"理智"认识分而论之，继康德③之后他承认，在根本问题上理性和理智相互之间是以对立统一的面目见面的，由此产生了两个系列的思维，这两种思维在形式上都正确，但相互之间却是对立和排斥的"。这一对于理智认识和理性认识（有时又被称之为"理念"的）④的区别对于大主教尼卡诺尔来说具有基础性意义，因为理智认识总是具有，按照他的话，"实际"⑤性质，它与我们的经验完全相关——总是部分的，有局限性的。然而"任何认识过程的""推动力"是理念——一种预感、一种对于客观真理的

---

① 《实证主义哲学与超感性存在》，第 1 卷，第 43 页。
② 同上书，第 69 页。
③ 同上书，第 2 卷，第 28 页。
④ 同上书，第 194 页。
⑤ 同上书，第 2 卷，第 248 页。

预先感觉"①。"而理念呢,"大主教尼卡诺尔连忙进行了解释,"理念不是抽象的事物的观念,而是活的和完整的——面向所有的完整的现实性的——在其可以理解和可以知会的方面"。在任何条件下,正如我们所知,按照大主教尼卡诺尔的公式,无条件会向我们发光,而存在的无穷性理念也正如我们所知,按照他的学说,是一种核心的和基础性理念,而其余的一切,则实质上是生成性的理念。在此大主教尼卡诺尔始终与柏拉图十分相近②,他非常独特地充分利用了柏拉图体系以便建构基督教关于认识的学说。在理念中的理性观照着在其完整充分性中(包括宇宙和神祇)的现实性,"拥抱着不可解释的和理解着不可理解的"。如果我们能理解具有双重意义的事物——在理智和无边的理性理念的工作中的话③,那么,"我们便会通过每一步走向绝对者存在的统一性,朝着这种存在,空间性和时间性的理智形式和任何偶然性和可运用性,任何局限性的消失"④。大主教尼卡诺尔在其著作中到处都用很大篇幅纵论有关和我们与生俱来的理念学说——不是以现成的公式出现的理念,而是作为"前理解的"理念。"最客观和最现实的认识,"我们这位作者断定说,"恰好包含在理念中"⑤。这种认识的本能形式也是动物所固有的——在此,大主教尼卡诺尔援引了 Кювье 公式,说"生物本能实质上是昏睡的理念"。

在理念里我们接近于绝对存在,因而,也接近于上文所说的"有形(在类型里)存在的基础本质"。"理念的理性(亦即在理念中的认识者——作者),"—— 大主教尼卡诺尔写道⑥,"只是以其高峰才能深入到形的"个人本质"中去,而又以分化的基础在不可穷

① 《实证主义哲学与超感性存在》,第 2 卷,第 184 页。
② 参见大主教尼卡诺尔自己的指示,见同上书,第 1 卷,第 187 页。
③ 同上书,第 189 页。
④ 同上书,第 191 页。
⑤ 同上书,第 2 卷,第 9 页。
⑥ 大主教尼卡诺尔自己的说法,见同上书,第 1 卷,第 199 页。

尽无穷无尽的形的基本元素里消失"。大主教尼卡诺尔在外表上接近于超验主义的同时，甚至还说①："我们的灵魂在其自身中在隐蔽的状态下隐藏着外部自然的奥秘。"然而，大主教尼卡诺尔却距超验主义十分遥远，因为对他来说，只有在上帝身上的存在和思维才是等值的。

然而，"与生俱来的理念却并非认识的实质"——它们只是"出发点，是任何科学探索的 primum movens，而与此同时也是大脑追求绝对的目标"，它们构成了一种特殊的、个别的我们大脑的领域，从"预先推断"上升到以理念形态出现的对于现实性的"理解"。大主教尼卡诺尔甚至尝试在精神的认识工作中尝试为内在论辩证法——在对现实性的理解过程中循序渐进的阶段法则——勾勒一个轮廓。我们在此不拟深入详情细节了②，我们只需指出一点，即这一现实性并不包含在感觉材料里并且被其所覆盖。材料本身"原来就是超感性的存在"③，而"外部感性知觉则会在我们内部唤起精神活动的领域……而由于这一点形就是比任何最具体的外部感觉印象都更加客观的现实"④。"最不客观的现实是内在感觉所加以证明的东西……最后，最无条件的现实，是作为无条件的前提而被感觉到的东西……最超感觉的就是最客观的现实……而一切外部感觉都仅仅只是真实实体的幽灵"⑤。大主教尼卡诺尔甚至还发挥了一种特殊的关于各种"现实性等级"的学说："一般说现实的拥有现实性的各种等级"，——他如是说⑥。

大主教尼卡诺尔关于存在的"规范"学说也很值得注意（将其作为真理与善的吻合），但我们不会讨论详情细节了，因为我们还得

---

① 《实证主义哲学与超感性存在》，第 1 卷，第 213 页。
② 参见关于这个问题的论述，见同上书，第 365—387 页。
③ 同上书，第 380 页。
④ 同上书，第 384 页。
⑤ 同上书，第 386—387 页。
⑥ 这是他自己本人的说法，第 126 页，还可参阅第 3 卷，第 292—293 页。

阐述我们这位作者的人类学问题呢。

10. 我们已经谈到大主教尼卡诺尔所使用的这种方法的"不方便性"了：在对实证主义进行批判的同时，他只是"偶然顺便说说地"就便阐述了自己的观点。他那些最珍贵的思想消失在了精细的，有时甚至十分琐碎的对于其所分析的学说的细节中了。这在一种特殊程度上恰好与其人类学有关，而读者却不得不为了作者而将其有关人类学的散在言论进行一番体系化的整理……但有一点我们可以说：读者在做完这一工作后，却是不会感到后悔的……

首先，我们会涉及大主教尼卡诺尔关于人与宇宙的关联学说。我们已经谈到过，对于大主教尼卡诺尔来说，整个世界（甚至就连非有机世界）都赋有灵性。整个世界的这种内在关联性通过心理本质他深刻地感知到了，并且常常说到这一点。下面就是他涉及这个问题的一处文字[①]："有机体的灵魂实质上不是什么别的，就是完整世界体系的产品，个别有机体也不是什么别的，而就是一般宇宙有机体活着的神经元"[②]。"在感觉物质里只有分布在全部化学分子中的自我感觉在凝结，——而在它们里边，整个世界都在感觉着自身，而认识着认识者。我们的灵魂作为世界生活的最高产品……以其自己的意识和感觉出现在所有这些空间中，那里回荡着我们的世界生活激发出来的思想"[③]。在此引文之后大主教尼卡诺尔的论断也就变得可以理解了："作为理性生物的人，在一定相对的意义上是世界的灵魂，而世界则是人的躯体，人的理性意识则是世界的自我感觉"[④]。

与有关普遍灵性的学说相应，大主教尼卡诺尔认为理性的表现到处存在于自然中，但却并非理论理性（认识理性），而是如其所说

---

① 《实证主义哲学与超感性存在》，第 2 卷，第 79 页。

② 这一理念，与费希特体系非常接近。20 世纪俄国的阿·尼·吉里亚罗夫在其《虹膜粘连术》体系中做了发挥。

③ 这里需要指出的是与皮罗戈夫生理中心主义世界观的相似性（第 2 卷，第 10 章）。

④ 《实证主义哲学与超感性存在》，第 1 卷，第 69 页。

的"实践理性"。这一在自然中"无意识地"发挥作用的"实践"理性的概念,对于宇宙学非常重要,而对于大主教尼卡诺尔的人类学来说也同样重要。应当注意到的是,他坚决为意识和意识外心理辩护。"这两种活动(意识到的和没有被意识到的)构成了一个不可分割的完整的心理统一体,"他写道①,"我们可以勇敢地说与在可见的自然中,在所有人和所有物之前,人类的精神拥有意识和无意识的理性的统一性,随后整个可见自然也成为这样的一个统一体"。即使是生物也除了本能以外还有观念,无论前者还是后者都是认识——前者在此被命名为"理念的",亦即无意识地上升到理念的(我们已经提到过,大主教尼卡诺尔同情地援引过 Кювье 的话,即"本能实质上是昏睡着的理念"),而后者则是"理智的"②。"没有被意识到的宇宙理性,"这段引文我们已经引过一次了,"在每个形中都与基础本质相吻合,而意识到的理性则与个人本质相吻合"③。"人和人类密切地、从发生学上与整个世界体系相关联,在自己身上,可以这么说,表现出整个世界最发达的大脑系统,在自己身上表现为世界理性、世界自我意识和自我感觉的贮存器"④。

　　"有意识的理论理性,"大主教尼卡诺尔继而指出⑤,"从各个方面被理性的'实践宇宙'性的理性所包围着、包含着、渗入着、唤醒着和指向着"。宇宙的和"无意识的"理性决定着原子的"行为",更何况还有有机体⑥,而在人身上,它的活动的意义也不亚于此——正是"从外部感受生发出来的观念与处于自然之中(理论理性)事物存在规范的不协调或不确定符合的感受,以本能观念的形态或理念的形态"出现的是真理的唯一标准。由于这个原因"关于

<hr />

① 《实证主义哲学与超感性存在》,第 1 卷,第 177—178 页。
② 同上书,第 194 页。
③ 同上书,第 199 页。
④ 同上书,第 200 页。
⑤ 同上书,第 231 页。
⑥ 同上书,第 233—235 页。

存在和所认识事物的判决具有意识的人类和生物的理性，表现出……尚未意识到的宇宙理性"①。认识的形而上学就是这样，正如其在当前在大主教尼卡诺尔的人类学那里所说明的那样。

由此引发出一个研究伦理学问题的独特根据问题。从"意识理性与实践宇宙理性的不可分享性"，从"其吻合性"可以得出一个结论，即对人来说"真理应当在生命规范所在的地方，亦即在于理论理性有意识地服从那一实践宇宙理性……""数世纪以来的经验强迫我们，"我们当即读到，"去真理与善的吻合中去寻找这些规范——因此智慧高于认识，对于绝对真理的完整的精神追求高于特殊的知性的观照的追求"②。

下面我们不打算深入探讨大主教尼卡诺尔体系的细节了——现在该对我们的阐述做一个小结了。

11. 在对大主教尼卡诺尔的体系做总的评价以前，我们首先应当承认，我们与之打交道的，是一个真正的体系，当然，这个体系的阐述并不符合体系的形式，但实质上，他的建构是一个真正的体系性建构。在这个体系里，有一个活跃而又富于创造性的中心，这就是非同寻常的和强大的与上帝世界的亲近感，"一种在造物身上的共在感"。从此种感觉（"预订感觉"）产生出了一个公式，一个与费·阿·戈鲁宾斯基关于认识论原始理念上帝（"绝对存在理念"）的总的观念如此适应的公式，它们全都与造物的世界有关，尽管当然也是通过理念，但这是"形"世界里的感受——因此我们不应当把绝对者和其所创造的形混淆起来。的确，这一形的创造还不是经验存在的实现，而仅仅只是"个人本质"的创造，有关"现象"世界的问题和形领域的问题在此始终是没有得到应有解释的未决问题。但在大主教尼卡诺尔那里形却可以合法地与洛谢夫——一个极其纯粹的现象学者（参阅下文的洛谢夫，第 4 卷，第 4 章）的形靠近，

---

① 《实证主义哲学与超感性存在》，第 1 卷，第 247 页。
② 同上书，第 249、251 页。

而这种现象学（在胡塞尔的意义上）对于大主教尼卡诺尔体系的阐释可以给造物问题带来某种光明。无论如何，造物存在的理念作为"自我局限的绝对"，对于自己个别理念以"非存在"的方式限制之，在形式上大主教尼卡诺尔把自己的体系甚至与泛神论划清了界限——尽管在他那种"无所不届的"绝对者的特殊的感情中。

大主教尼卡诺尔的认识论观点正如我们所述，果真是极其有趣地先现于胡塞尔的体系，而他精细的，虽然有时不无琐碎和吹毛求疵之嫌的对于实证主义的批判，在其各种认识论观念里，提供了非常丰富的、常常是真正具有创造性地对于实证主义的克服。大主教尼卡诺尔的总的宇宙学极其接近于皮罗戈夫出色的生物中心主义观念或吉里亚罗夫的"虹膜粘连术"，而他的令人惊奇地对于人在自然中的地位的理解给予他有关人的思考极其有趣的观点提供了灵感。我们不能不感到惋惜的是，大主教尼卡诺尔的所有思想财富不知为何被埋没在其总的体系之中了。从这种"造物主在造物中的共在"的鲜明感情中，大主教尼卡诺尔只是稍稍轻微地提及到有关逻各斯的学说，有关其对于创世的参与的学说——正是在这一点上，他变得非常接近于马勒伯朗士，——但在大主教尼卡诺尔那里，神学和哲学观念终究未能予以彻底研究。在一系列观点上与晚期"索菲亚学者"接近的大主教尼卡诺尔比未来的索菲亚学者们都更好地划定了一条确定未来的索菲亚学基本问题的路线——关于"宇宙理性"对于绝对者的关系问题。如果不算一两个不够谨慎的地方——在这些地方这些概念全都被等同起来了——大主教尼卡诺尔实质上对它们进行了精细的区分。

尼卡诺尔的体系是真正的和创造性的对于基督教哲学的一次尝试，亦即一种由生动的上帝观照作为在基督教中已经给定的一种哲学。

现在我们向大家介绍嗣后几位哲学界代表人物，其中来自神学院的代表有米·伊·卡林斯基、瓦·涅斯缅洛夫、米·米·塔列耶夫、都主教安东尼。

第四章

涅斯缅洛夫、塔列耶夫、卡林斯基、都主教安东尼

1. 在官方形式上或只是间接地与教会机构（神学院、教区）有关系的哲学家的创造，毫无疑问，可以与西方繁琐哲学（在此词的最好意义上）十分接近。在两种情况下，作为出发点的，都是信仰的不可动摇性，因哲学创造的任务或是揭示和"思考"信仰的内容（"Fides quaerens intellectum"），或是"论证"信仰抑或使信仰与哲学的本质"协调"。只有在第一种场合下，我们可以讨论创造的内在自由问题，而也只有在这里，我们才可以在准确的意义上讨论"基督教哲学"的建构体系问题。一方面，哲学创造在此为自己提出了在概念体系中表达向信仰观照直接呈现出来的东西的目的，而并未给自己提出另外一个任务。哲学创造内在地服从信仰的辩证法——正如在由观照信仰中生发出来的理念本身的辩证法中一样。创造的自由就寓于此，哲学创造到处都是自由的，因为它只服从于观照和理念的内在论的辩证法而已。如果信仰材料纳入理性的形式与在基督教之外形成的理念交合的话，那么，这种"交合"自己本身并不能赋予从信仰中产生的理念以巨大的力量，而只能从新的方面来照亮它们。正是只有在这条道路上，"基督教哲学"才有可能产生，在精确的意义上，哲学的任务在于说明理念内在的辩证法并以系统的方式发展这些理念。哲学不同于教义学之处仅仅在于它不仅仅只以启示材料为出发点，而且还以从信仰的深处产生的所有直觉的总和

作为出发点，因此，教义学体系实质上是带有一般教会性质的创造（在这方面它取决于教会的"聚和性"意识），与此同时作为基督教哲学体系它是从个人基督教意识的深处产生出来的，因而在任何情况下也不可能具有对于教会意识是"必要"的特点。

俄国神学院或俄国主教阶层出身的哲学家们的哲学体系从前力求而现在也力求（比如弗洛连斯基、布尔加科夫）走的就正是这样一条路。历史分析的任务是表明各个哲学家所体验的东西，将其当作信仰的直觉，而实际上却与某种基督教之外的影响源有关。但是，从费·阿·戈鲁宾斯基开始，俄国基督教哲学仍然力求尽可能更多地赋予信仰的基本直觉以"理性的形式"。这在多大程度上可以以戈鲁宾斯基本人为例证实，也就在多大程度上可以以大主教费奥凡·阿夫谢尼耶夫、库德里亚夫采夫、大主教尼卡诺尔身上加以证实。但我们即使是在我们即将转入对其的研究探讨的那些思想家们身上，也同样如此。在此，瓦·伊·涅斯缅洛夫和米·米·塔列耶夫比肩而立（在许多方面与其正好相反），米·伊·卡林斯基和德波利斯基与都主教安东尼、且不说那些比较而言不太重要的像阿列克谢·维杰斯基、季哈米洛夫等人并列。我们可以不怕略有些夸张地说，在所有这些思想家的创造中（从费·阿·戈鲁宾斯基开始）我们开始与之打交道的，是俄国（东正教）类型的繁琐哲学（在这个历史术语最好的意义上）。

下面，我们开始对个别思想家进行探讨，而首先谈一谈瓦·伊·涅斯缅洛夫。

2. 维克多·伊万诺维奇·涅斯缅洛夫[①]（1863—1937），喀山神

---

① 关于瓦·伊·涅斯缅洛夫的传记材料只有《百科辞典》（勃洛克豪斯版）里有粗略的记载；还可参阅弗洛罗夫斯基（同上书）说的几句话。瓦·伊·涅斯缅洛夫的著作有：《论人的科学》，第1卷，第3版，1905；第2卷，第2版，1907。《信仰与知识》，喀山，1913；关于涅斯缅洛夫的文献同样很少：弗洛罗夫斯基，同上书，第445—459页。别尔嘉耶夫：《知识分子的精神危机》，彼得堡，1910（文章《基督教哲学论证尝试》，第274—299页）；都主教安东尼：《安东尼全集》，第3卷，第377—387页。

学院教授，在那里完成学业，并在大学教书直到1924年。

他最初的哲学工作倾向于经验主义，起先否定形而上学的可能性，怀疑主义地对待宗教信仰的"理性"根据。嗣后，在准备其学位论文（《圣格里戈利·尼斯基的繁琐哲学体系》）期间，涅斯缅洛夫开始深入探讨哲学人类学问题，——在这些研究工作中，开始确立了他作为体系之基础的基督教的基本直觉。他在两卷本的著作中，表达了他哲学体系的基础：《论关于人的科学》，第1卷。《心理学史试论和生活基本问题批判》以及第2卷《生活的形而上学与基督教的启示》。嗣后，他还出版过一本篇幅不大的书，题名为《信仰与知识》。

涅斯缅洛夫的构思非常接近于目前被称作"存在主义哲学"的那种理论。在涅斯缅洛夫那里，宗教意识以独特的方式向他说明了人的问题，而从涅斯缅洛夫这一基本和特有的直觉中，产生了他全部的宗教和哲学意识。涅斯缅洛夫是在建构体系，但为的是"科学地"表达自己基本的直觉，而我们就应当在其基本直觉中寻找打开其全部哲学和宗教体系的钥匙，也正是在这里，包含着涅斯缅洛夫所能提供的最重要、最有价值的东西。但是，重要的不是涅斯缅洛夫如何力求哲学地表达基督教的基本学说，因此在这个问题上存在许多争议和片面性——重要的问题在于他力求哲学地表达基督教在人身上所启示的东西。在此我们可以看到米·米·塔列耶夫的任务，其哲学倾向引导他走到另外一个不同于涅斯缅洛夫的方向上了，但对于这两人来说，都具有把人的精神经验的核心性学说置于首位的特点，其次是关于这一精神经验向我们启示的内涵和意义学说，以及关于人靠什么活着，什么是人的现实性的学说。在人身上，在人的精神经验中，在人的存在和生活本身中，对于涅斯缅洛夫来说，包含着全部存在的主要之谜，但也包含着存在之谜的答案。关于人的"真理"以及关于人应当如何按照"有关人的真理"生活的问题，这就是涅斯缅洛夫的主题，其全部宗教灵感也都用于思考这个主题。问题不仅在于要"认识"人，而且还在于要按照这种认识来思考、指导自己的生活。纯理论（认识）主题因此要服从于道德主题："认识过程的产生，"涅斯缅洛夫就此写道[1]，"实在说，不是来自思维的需要，而是来自生活的需要"。人力求"首先确定和解释的不是世界，而是自己本身在世界上的地位"，因此，"哲学真正的根不在于关于世界的正面知识材料，而是人对于自己的认识，哲学真正的任务不是通过建构一般的科学世界观体系来表达的，而是通过科学地建构生活的世界观来表达的"[2]。因此涅斯缅洛夫得出结论[3]："哲学是关于人的专门科学——它不是把人当作动物标本，而是当作理性基础的载体和理想生活目标的表达者"。这就把全部哲学归结为人学，对于涅斯缅洛夫来说，这当然意味着不是缩小哲学的范围，而只是对于以对道德方面的关注为特点的哲学的一种人类学论证罢了。（"在人身上应当寻找生活的理性基础和理想生活的目标"）。为了解释涅斯缅洛夫的哲学构思我们还需指出一点，即按照他的思想，哲学与宗教的区别在于"宗教是按照对上帝的信仰生活，而哲学是关于按照真正的对于上帝的信仰的真理生活的思考"[4]。

"在哲学认识的科学发展领域里没有也不可能有其他通向解决意义和生活终极问题的真实途径，除了关于活人的科学研究以外"，——涅斯缅洛夫在其著作第 1 卷的末尾如此对其研究做了总结[5]。但人的"本质"并非当代哲学人类学所经常研究的那样，而是活生生的完整生活及其"意义"——这也就是研究的方法，这也就是涅斯缅洛夫研究的理念。但在这里我们已经走上了他个人的哲学倾向之路，这种倾向在辩证法上与其对于人的宗教关切并没有关联。在涅斯缅洛夫身上，最强烈地表现了纯粹经验主义（英国类型

---

[1] 《关于人的科学》，第 1 卷，第 81 页。
[2] 同上书，第 300—301 页。
[3] 同上书，第 305 页。
[4] 同上书，第 317 页。
[5] 同上书，第 411 页。

的）影响的痕迹，也表现出了德国哲学中所谓"意识心理学"（Be-wusstseinsychologie）影响的痕迹。这当然不是在降低涅斯缅洛夫基本定向的价值——我们马上就会看到，他是如何独特而又富于创造性地建构着自己的"人类学"（专门撷取他所固有的对于人类学的广泛理解）。但在涅斯缅洛夫那里，把基本直觉发展成为体系也与一些辅助性结构的影响相关。但此刻我们要谈一谈我们所认为的他的主要直觉问题。

3. 对于这一由对人及其生存"命运"的宗教洞察而来的基本直觉，涅斯缅洛夫是这样表述的[①]："为什么人必须意识到自己不是按照我们对他的判断的他实际所是的样子呢？"人的谜正是在这里揭示出他的内在矛盾，这种矛盾涅斯缅洛夫曾经顽强而又尖锐地多次予以强调指出。"人的真实生活，"他写道[②]，"不是取决于他的个性的天性，而是取决于他的生理机体的天性。同一个与其精神天性相适应的理想生活不可能被他所达到，这是因为这种理想生活与他生理生活的天性和条件矛盾。在这些时代矛盾中的体验和意识中生活的人，必然会走向对自己的认识，认识到自己是世界之谜"。"人在其用文化改造现实生活的伟大成就中"[③]，"仍然停留在生理世界的范围和条件之内，而止于只是世界的一个普通事物而已，这个事物只是由于生理天性的必然法则才会产生和破坏，因此我们不知道我们为什么要以个性的形式存在下去"。这最后一段话极其尖锐当然也极其准确地揭示了人的谜底，和人身上的矛盾，——而涅斯缅洛夫的整个分析就是沿着存在主义问题的线索运行的。涅斯缅洛夫的特点在此取决于他以极其尖锐的方法指出了人在生理世界生存的极端"脆弱性"。涅斯缅洛夫还以同样的力度肯定在人精神深处产生的人的理想追求的不可遏止性和真实性。这些追求是不可排除的，也是

---

① 《关于人的科学》，第 1 卷，第 200 页。
② 同上书，第 239—240 页。
③ 同上书，第 243 页。

不可减弱的，但也是不可能彻底实现的，在这个问题上，涅斯缅洛夫与所有肯定道德"法庭"对于自己和对于现实生活的权利和真理的俄罗斯思想家们，是何其相似乃尔！特别是赫尔岑、拉甫罗夫、米哈伊洛夫斯基（俄国的"半实证主义者们"），也都与涅斯缅洛夫的出色论断非常接近。他写道①："人在其内心自然中的真实性是他意识到自己时的那种样子，是对于自己而言的自由——而又理性的存在，——是一个实体性个性……如果人不是把自己当作现象来思考，而是当作在自己身上的存在来思考的话，亦即当作本质来思考的话，那他的思考便是正确的。"

但还是让我们继续往前走一段。"人根据其个人意识的内容，自然而然地会追求把自己确定为自由的原因和自己的目的的——亦即追求作为无条件本质来肯定自己"②。接下来我们读到③："人把自己从对这种理想存在的意识中解放出来的事，是永远也不可能的……但意识和思考这种理想存在方式也只有当他把这当作是不可问津的时才有可能。因此，在对无条件的思考中人必须意识到他在自己身上反映的真实性，这就是决定着涅斯缅洛夫所有其他体系的命题。"人永远也意识不到自己④，意识不到自己是意识现象"，——也就是说，他能意识到自己的"我"，将"我"当作"形而上学这个词本义上的"实体。这一对于无条件性的定向，这一"超自然性"和不取决于现实生活条件、内心探索的独立性，道德需求和理念的理想性质——所有这一切都现实地存在于人身上，但却又永远与认为他不过是简单的"心灵状态"观点相矛盾。"从内心推动着人的一切的不可实现性，不过意味着，人属于"双重存在"——有条件的、流动中的——而另一方面，人又属于一个异样的世界，一个无条件

① 《关于人的科学》，第 1 卷，第 213 页。
② 同上书，第 244 页。
③ 同上书，第 245 页。
④ 同上书，第 202 页。

的、一个不取决于时间和空间的世界。"人把自己表现为无条件的本质"，而这个"无条件存在并非人自己在某种抽象思维里创造出来的，而是其个性的天性所现实地给定的"①。"人根据其个性的天性本身把自己表现为无条件的本质，而与此同时，却又真实地作为物理世界的普通的事物存在着……人似乎就只是为了活着而已，以便能在自己身上反映现实的有条件和无条件的对立性……他意识到自己的个性，意识到自己是个性完善的现实形象，其存在与其意识是吻合的"②。

早在这一公式里，就已鲜明地表现出在人身上展现出来的双重性在形而上学意义上的扩展，这成为我们建构目标系统的一个理由。"人不是在某种推理中才要求以理想世界的存在为前提条件的，但人直接意识到在自己身上真的存在着两个世界——感性与超感性、物理与精神世界……人直接认识超感性存在，因为他对自己本身不可能不认识为别的，而只能是一种在其个性中的超感性内涵"③。在这段话里已经包含着涅斯缅洛夫形而上学的基础，但在谈论其形而上学以前首先让我们还是先深入讨论一下他的人类学。"人的自我认识，"涅斯缅洛夫写道④，"不简单仅仅只是心理现象相互关系的理想交点，而且也是意识的理性生活的创造性能量，因此它不简单仅仅只是人所有意识行为的常在主体，而且还是素有其理性行为的现实原因"。"人的创造把他从自然中分化了出来"："人在创造中不仅是特殊现象的世界，而且还是特殊活动的一个独立世界"⑤。道德意识的一种表现"改造着人的全部心灵生活"……通过道德因素介入"人的精神生活变成为一个人的个性本身精神发展的一个复杂过

---

① 《关于人的科学》，第 1 卷，第 246 页。
② 同上书，第 247 页。
③ 同上书，第 247 页。
④ 同上书，第 2 卷，第 144 页。
⑤ 同上书，第 147 页。

程"①。自由的意识和对于理性的追求把人从自然中分化了出来，以此指出了我们的精神与无条件存在的关联——而人在"世界这种作为无条件存在的形象的特殊地位对于从哲学上解释全部存在的秘密来说具有极其重大的意义"②。涅斯缅洛夫立即对这做了补充："可以理解，人只是无条件存在的形象，因为这只是在寻找真理，只是在追求自由，——但人到底还不失为无条件存在的活生生的和真理的形象，因为在其有限自然的范围内条件下，他真地是在世界上实现着这种存在的真实属性（亦即无条件的存在的属性）"。"人的双重本质在于人时而屈服于自然世界，并且"被迫按照其法则生活"，而与此同时，人又经常地在道德上评价自己和他人的活动。这种"人的双重本性"大家全都知道它们属于自然世界，但道德本质的不可排除性，第一律令性，自由意识的不可排除性和对于理性的追求，不可遏止地推动我们的意识走向存在，而在存在中，自由不会被任何东西所挤掉，在存在中，理性在一切方面都是现实的，——亦即走向无条件的存在。我们应当承认——而且任何东西都无法使之减弱——"虽然我们的个性只是存在于物理世界的必然性条件下，但个性仍以其本性表达的不是世界——而是无穷和无条件的真实本性，因为无穷和无条件不是什么别的，而就是对于自己的自由存在。自由地对待自己才可能成为自我实体的个性的存在"③。这段话不仅在哲学上对基督教—圣经有关上帝在人身上的形象的学说进行了思考和肯定，而且也从人的本性中推导出了"自我实体的个性"的理念的不可排除性，亦即上帝。对于涅斯缅洛夫来说，人类学有一把打开上帝和人的秘密的钥匙。"由于缺乏实体性存在自我实体的个性，"——涅斯缅洛夫在此写道，"我们自己的个性在其现实存在中曾经是那么的不可能实现，正如在物质的镜子里反映那种根本不可

---

① 《关于人的科学》，第2卷，第148页。
② 同上书，第167页。
③ 同上书，第172页。

能存在的对象的不可能性一样"。

在涅斯缅洛夫那里,人类学双重性与本体论双重性是融合在一起的——本体论中的一元论仅仅是对物质和精神存在多样性的不可排除性实施的暴力而已[1]:"世界存在的真实内容仅只符合世界的双重性观念"。涅斯缅洛夫在转向人的问题时,得出结论说"人是被赋予了的肉体性,但肉体有机体却是精神创造出来的"[2];"正如人的存在的特定条件身体就其对精神的关系而言是外部的一样,在已经被精神本身所创造出来的人靠其实施的生产活动的武器,是精神的仆人,并构成精神自己的肉体"。在对后一句话的解释中,我们应当指出涅斯缅洛夫的下列思想。在指出在人和生物之间存在着一个无法估量的精神差异(虽然"在它们之间的来源方面任何区别都没有"),人的精神"在其在世界存在期间没有一刻能够离开肉体,亦即在与物质种子的躯体共在,在全部一生中必然在对待物质世界的活动方面处于与物质种子躯体的共在的情况下生存"。涅斯缅洛夫得出结论,即人的精神在世界上是在通过物理—化学途径作为物质本性为其准备了肉体的空间,而相反,"人正是自己在为自己创造了自己的肉体的"[3]。

对于涅斯缅洛夫的人类学中,具有最高意义的,是他所写的有关人身上的恶的问题的文字,——实在说,其著作的整个第 2 卷就是论述这个问题的。涅斯缅洛夫在这个问题上非常勇敢也非常独特地阐述了这个问题的神学方面,而在哲学方面值得关注的,是他关于我们应当承认"在精神上服务于恶的可能性和真实性问题"[4]。
"在人类生活中,"涅斯缅洛夫写道[5],"存在的不是单单只有完美的缺点,而是也有道德意识的无可置疑的矛盾和不应实现的东西的实

---

① 《关于人的科学》,第 2 卷,第 149—166 页。
② 同上书,第 164 页。
③ 同上书,第 161 页。
④ 同上书,第 211 页。
⑤ 同上书,第 209 页。

现问题。人类生活的这样一种发展构成了我们世界的真正的恶，而其中包含着人的无可置疑的过错"。遵循着圣经中有关恶在大地上出现的学说，并且赋予这一主题以独特的和出色的阐释的同时①，涅斯缅洛夫坚持这样一个事实，即人类的始祖出于自主意志抛弃了上天赋予他们的统治世界的地位，并且以其向物质存在的"魔力"的诉求，"腐化了世界与个性之间正常的相互关系"。人的堕落"在其中实现了肉体与精神的致命矛盾"，而人从此便"不得不按照物理需求的法则生活"，——从以前所具有的精神本性中保留下来的就只有道德评价的能力，认识道德理想真理的能力②。对待世界的态度必然沾染上实用主义的色彩，人所谓的"文化"活动实质上取决于和受制于人对于世界法则的服从，受制于自然力为了其物理生存而被人滥用的必然性。"在所有这些活动中没有也不可能有对待自然关系的道德态度的可能性"，因此"给予文化活动以宗教的许可可能会是一个明显的错误，但为了生活的宗教基础而否认这些活动则同样也会是一个不亚于此的错误，因为这种活动的实现不是根据人的否认宗教世界观为真理的愿望，而只是因为人具有想要保存自己的生活，逃避不由自主的生活中的痛苦的愿望而已。"③

人身上根深蒂固的我们前此刚刚看到过的双重性的来源，就是这样被揭示出来的。

4. 人身上的谜终于被解开了，按照涅斯缅洛夫的观点，是通过确定"在人的有限有条件的存在中存在着某种与真正无条件存在的关联"而确定的④。不是本质，而是人的生存本身引导我们确证无条件存在和"自身为实体的个性的"，即上帝的。这样一来，人类学在涅斯缅洛夫存在主义的阐释中，引导我们进入形而上学领域。在

---

① 特别参阅《关于人的科学》，第 2 卷，第 238—257 页。
② 同上书，第 201 页。
③ 同上书，第 260—261 页。
④ 同上书，第 1 卷，第 247 页。

这里对于所有辩证法而言，涅斯缅洛夫的第二级认识论理念究竟具有什么意义呢，我们下文将会讨论。在第一种场合下，从自我认识的深处产生的"自身为实体的个性"的生动的直觉，是涅斯缅洛夫的主要直觉。"上帝的客观存在，"涅斯缅洛夫写道①，"以及对他的忠实认识是通过他自己的个性的现实存在和自然内涵直接给定给人的"。"人的个性，"在稍后一些地方我们又读到②，"不是一面就其对上帝的关系而言的镜子，而是上帝自己的影像，而上帝在人身上的形象是不会在某种意识现象的形式下产生的，而是会以人的个性本身及其全部规模与其自然内涵的形象出现的，所以，这一内涵直接向我们呈现为上帝的自然属性，就像他在自己本身中生存的那样……我们忠实地知道在对自己本身的认识中，上帝在自己身上是一种活跃的自身为实体的个性"。但涅斯缅洛夫坚决地区分上帝理念（直接向我们在自我认识中呈现的）和关于上帝的概念，他还否定关于"超感觉经验"的思想（这是在与我们已经有所了解的瓦·德·库德里亚夫采夫的体系在直接争论)③。"在上帝的理念中，"接下来我们读到④，"我们可以找到……那种东西……而且也只能找到那种东西……对人来说，为什么以及如何才可能意识到它的客观现实性呢"。"认识到自己是无限本质的形象，与此同时也是现实存在在人之外认识到自己是这样的本质"⑤。在此之上，还得补充上涅斯缅洛夫的这样一句坚决的断言⑥："无穷不可能成为表现的客体，而绝对则不可能被人在感性观照中所接受……应当讨论的只有从事实上（sic——作者）在人的现实存在中论证上帝理念"。涅斯缅洛夫还抛弃了所谓的"宇宙学对于上帝存在的证明"。"绝对原因本身是哲学

---

① 《关于人的科学》，第 1 卷，第 265 页。
② 同上书，第 270 页。
③ 同上书，第 249 页。
④ 同上书，第 255 页。
⑤ 同上书，第 261 页。
⑥ 同上书，第 266 页。

创造出来的，"他如此这般地论证道①，"但也不是以宇宙学观点为依据，而仅仅以圣经有关上帝即世界的造物主的学说为依据"。

涅斯缅洛夫比这走得更远。"所有哲学思维在世界上寻找上帝的追求都完全是徒劳的。世界并不和上帝一样，而且世界身上也不包含任何神性的东西，因此世界与其说可以揭示上帝，倒不如说是在把上帝遮蔽在自己的身后"②。是的，关于人及其向上帝的诉求同样也有界限："人并不能，"涅斯缅洛夫写道③，"直接地知道他与绝对存在的关联，但这一关联的事实本身仍然在自我认识的自然内容中给定了"。因此"宗教不可能从外部输入给人，而却可以并且只能在人本身生成，像在人的有限存在和神的绝对存在之间的某种关联的活的意识一样"④。但关于绝对存在我们可以以这种与绝对者的"某种关联"的经验为依据进行思考。比方说，我们可以思考，"绝对存在构成了所有的现实基础，它是在世界中通过自我发展过程而被揭示的"，但为了反对这种泛神论式的观念我们也可以说，把世界现象的基础理念与绝对存在的理念等同化便会导致一系列不可思议的结果⑤。泛神论（任何形式的）的不可思议性按照涅斯缅洛夫的观点，都与下列一点相关联，即"人的个性的独立性（其以其存在本身，老实说，绝对存在的真实性得以被揭示）使得世界现象的万物一统的基础成为完全毫无用处的思维的虚构"。"个性不可能从绝对存在中推导出来，如同现象不可能被从其基础里推导出来一样"，由此可见，"我们的世界与自身即实体的个性之间的关系是别样的"，也就是说，世界既不是绝对者现象，或作品与其绝对原因之间的关系⑥。但是，在承认世界的独立性的同时，我们不能将其绝对化（没有世

① 《关于人的科学》，第 1 卷，第 347 页。
② 同上书，第 348—349 页。
③ 同上书，第 373 页。
④ 同上书，第 2 卷，第 178—179 页。
⑤ 同上书，第 178—179 页。
⑥ 同上书，第 180 页。

界就不可能有世界与上帝的相互互动）。只有创世的理念才能给我们解释世界的真实性，而至于说到人，那么，在人身上并不是所有的一切都可以归结为人的造物性的，——人的自由引导他走出造物世界的范围，而只有在"承认个性人的与创造力量的本质（上帝）的相似性的前提下"，世界才可能被理解①。"世界的确具有独立存在，"涅斯缅洛夫写道②，"但他的独立性毕竟是无可置疑的，有条件的，"——因此，关于世界的学说，如同关于"第二绝对"（显然指的是弗·索洛维约夫的学说），是不可能被接受的。

涅斯缅洛夫情愿接受"万物统一的"理念③，但只在一种意义上，即"唯一的绝对事实是一切的绝对原因，而一切是唯一的启示"。但由于只有在人身上才有自己与绝对者关联的意识，世界"本身是自在的"——亦即没有人——有的是"无意义"，既然只有人才能意识到与绝对者的关联，那么，"也只有人才可以实现世界存在的总体目标"，"成为绝对存在的启示"。但"如果当代人"，涅斯缅洛夫写道④，"甚至也想看见上帝在世上，那么，他无论如何，也不想生活在上帝出席的地方，因为实际上他的生活不是本着全体一致的存在的永恒意义，而仅仅本着其在世界上出现的偶然顺序"。"他所追逐的，只是自己的目标……而不是在实现世界存在的全体一致的目标……"，因此，"正如人自身的生活一样，整个世界存在的实现本身，毫无疑问，也不具有任何意义"。这些尖锐的言词加强了我们已经熟知的那个公式，即"由于人的过失世界存在并未达到其目的地。""世界存在的非正常状态"，人的痛苦把那样一个主题推至前台，这主题就是为什么世界和人不实现被纳入上帝创造世界的意义。而另外一个问题也显得更加强烈，那就是关于"拯救"世界和

---

① 《关于人的科学》，第 2 卷，第 183 页。
② 同上书，第 183 页。
③ 同上书，第 183 页。
④ 同上书，第 185 页。

人的问题——但这些理念对于涅斯缅洛夫来说，正如我们现在已经清楚的那样，具有宇宙学和甚至更深刻的——一般本体论的性质。拯救的核心理念，按照涅斯缅洛夫的观点，取决于下列一点，即"拯救的事业既要求上帝的永恒真理，也要求有世界存在的前时间性意义"①。但这也以此揭示了对于涅斯缅洛夫的所有体系来说道德主题所具有的核心意义。实在说从以前的叙述中这一点已经变得足够清晰了，而通过对其伦理学理念的分析，这一点将变得更加清晰。

5. 从我们以上所说涅斯缅洛夫所理解的有关人身上的根本矛盾的一切，很清楚，他不简单地把自然的"天然"生活与我们的道德意识对立起来——后者在使我们的精神走向理想——对于涅斯缅洛夫来说，这里已经包含着一把打开理解"世界存在之非正常状态的"钥匙。"人的道德意志"，他在一处地方这样写道，"对于世界是一个令人惊奇的奇迹，——只有道德生活的发展才能表现人的特殊意义"②。在人身上的所有其他形式和创造力都不可能与道德活动相提并论。就此他这样写道："物理世界唯一不创造也不可能创造的唯一价值，恰好也正是单独只有一个人的个性所能给世界生活贡献的唯一价值，而这就是人的道德活动。"科学仅只在思维的概念中反映自然，而艺术则以感情的符号模仿自然。只有在人的道德生活中实现着精神的物理创造的秘密③。而这也就是对世界存在的更新与拯救。按照涅斯缅洛夫的观点，这赋予全部伦理以宇宙意义，——在人的道德生活中，而且也只有通过道德生活，新生力量才会走进世界。而这一切是如何实现的呢——我们马上就会看到涅斯缅洛夫关于这个问题的思考，但首先我们要强调指出在道德生活的道路上，自由因素具有最基本的和具有决定性的意义。人可以或是在自己身上实现个性——那时他将走上在世界上实施创造的道路（只指在道德领

---

① 《关于人的科学》，第 2 卷，第 185—189 页。
② 同上书，第 1 卷，第 388 页。
③ 同上书，第 2 卷，第 389 页。

域实施），或是可以完全停留在自然的框架里，也就是成为"人—物体"——那时他对待自然的态度不会超出"实用主义理性世界观"的范围。初人正是在这个问题上堕落的——"他们让自己的精神生活屈服于机械的因果律并以此使自己的精神被纳入世界事物的总的锁链里去"①。但在人的道路上自由的现实性始终对于这两条生活之路发挥着影响力——但也由此引导出一个结论，即在对世界理解中的一般决定论是错误的：人身上自由的事实及其不可排除性——一目了然。这里清晰地强调一点，即自由的生存取决于他者存在的因素——这是这样一种存在，它不进入世界事物的构成中，而为世界上的自由的真实性奠定基础②。无论如何，人的面前永远摆着道德活动的任务，其意义根本不会以社会主题为限，而是面向整个宇宙。换言之，道德生活根本不包含在文化创造中，因为文化创造几乎并不能使我们摆脱"物理秩序"的统治。人在其文化活动的发展过程中，根本不会把自己作为自由—理性的个性来加以实现，而只会在无穷的变体中表明其自愿服从生活致命的法则……文化改造现实生活尽管取得了伟大的成功，但人却仍然停留在物理世界的界限和条件下③。我们真正的道德活动只有当人"不是思考生活的福利，而专门只思考生活的真理时"，才会得以实现。"真理的生活"是个性在其物理生存的条件、目标和利益之外的生活，而个性生活是无条件的。因此涅斯缅洛夫认为，"道德法则"，亦即道德活动的内涵的定义，不可能直接从道德意识自身中产生④。涅斯缅洛夫的这一非常有意义、非常独特的观点，当然，与人的形而上学有关：因为个性最终只能把自己当作上帝的形象来加以认识，所以，"人只能在按照上帝的形象的生活中找到真理的生活。"文化与创造的社会主题在此

---

① 《关于人的科学》，第 2 卷，第 257 页。
② 同上书，第 177 页。
③ 同上书，第 1 卷，第 243 页。
④ 同上书，第 289 页。

情况下获得了道德的性质，如果它们被纳入"真理的生活"中去的话。"道德法则，"涅斯缅洛夫得出结论说①，"不是 priori（预先）给予人的——而是从人的宗教意识中产生的，其所有内涵都只能从这一意识中获得其所有的内涵；应该予以实现的道德仅仅只是似神性，所以似神性理念乃是道德唯一的基础，也是人在道德方面所有行为的唯一标准，最后，它还是人的道德发展的唯一基础"。"道德性并不会创造宗教，"涅斯洛夫反对康德道，"而只是实现宗教而已，而宗教也不会直接和正面地决定生活中所有的道德内容"。

这种对于道德生活的纯粹宗教式的理解，对于我们来说，对其的阐释仍然尚未穷尽。涅斯缅洛夫以其全部力量强调指出下列一点②，"对人来说，致力于生活真正的目标取得的意义，和致力于意识到实现这一目标的不可能性具有同样的意义"。但这并不意味着"人们需要的不是真理生活的智慧的导师，而是（把人）从非真理生活中拯救出来的拯救者"③。"在我们生活的条件下对于绝对理想的谜一般的意识，"涅斯缅洛夫连忙又非常尖锐地指出，"仅只意味着人在自己身上带有对自己的谴责，带有这样一种意识，即人以自己的力量是无法实现他的道德意识默默地召唤他去做的那些事情。我们必须从这种无法忍受的双重性中得到拯救，而这种拯救只有那个在世界上实施了普遍复活和改造的拯救法则的人，才能实施"。这样一来，涅斯缅洛夫的全部伦理学便都被基督—拯救者的形象给照亮了，离开这一道德意识只会使得我们的生存及其理想认识深刻的双重性和我们在现实中只会服从自然盲目的法则……得以凸显出来。

6. 现在我们该以对涅斯缅洛夫认识论的分析来结束对其体系的阐释了。

我们已经足够确信涅斯缅洛夫的人类学究竟有多么严谨多么深

---

① 《关于人的科学》，第 1 卷，第 291 页。
② 同上书，第 377 页。
③ 同上书，第 2 卷，第 285 页。

刻了，确信人身上根深蒂固的双重性根本直觉在多大程度上决定着涅斯缅洛夫的形而上学、宇宙学和伦理学。初看上去，他的伦理学似乎处于与所有这些的关联之外，应当承认，涅斯缅洛夫本人也努力给人造成这样的印象。和近代哲学一样，他的著作也是从认识论分析开始起步的，这种分析长期以来都令人感到似乎独立于其所有的形而上学。然而其目的只有一个，那就是把读者引向形而上学……给人以强烈印象的似乎是"自己本身"的认识论分析表面上的独立性，实际上并非其全部体系的一个 prius，而是相反，是从中推导出来的。但所有这一切远非当下就变得清清楚楚的，况且还被极其巧妙地隐藏在总的面纱之下。

为了把其基本直觉从歪曲的可能性中解放出来，为了强调其全部力量和现实性，涅斯缅洛夫开始站在了存在主义的观点上来（我们使用这个术语是为了清晰，涅斯缅洛夫本人并未使用这个术语）。"意识的最初世界，"他写道①，"在意识本身中，可以不作为主观的也可以不作为客观的而仅仅只是存在的来加以确定"。接下来我们读到："存在与对存在的认识是在同一个意识的活动中发展的"。这话听起来完全符合纯粹超验主义的口气，但是，通过上帝的超验主义存在来肯定的超验主义，与涅斯缅洛夫绝对格格不入。为了让读者确信这一点，让我们且看涅斯缅洛夫是如何分析的吧。

涅斯缅洛夫固执地要把"我"的概念与个性概念分离开来。要知道"大地上生活着的一切都必然具有其自我意识，自己的活生生的'我'"②。人"同样也有其活生生的'我'，这个'我'会在生理上痛苦，会高兴"，但这仍然还构不成个性的本质。个性的开端"依赖的是意识及其价值"，是自由、理性元素，因此，是在"个性本质在世上向着理性活动运动的自由的自我确立"。个性的本质正是在道德意识中形成的，是靠完整性意识和职责意识来实现这些价

---

① 《关于人的科学》，第 1 卷，第 189、191 页。
② 同上书，第 2 卷，第 145 页。

值的。

个性的这种在活生生的生存中的自我展开，这种"活生生的世界所尚未知晓的自由的理念"①意味着，人"不会成为个性，而是作为个性而生存着"②。因此"在人身上——并且也只有在人身上——才可能有认识，因为在人身上，在人的自我意识里实施着自我存在和异我存在的解体：自我存在和对异我存在的认识是不可分割地相互关联和相互决定着的"③。涅斯缅洛夫再次以超验主义的音调和术语断然肯定道④："事物的内容不是靠从外面进入的精神接受的，而是它自己创造出来的"。但也正因为此在我们自己本身身上恰好就有那种双重性——关于它我们已经谈得如此多了——这就是"人—个性"和"人—物体"的双重性，以及在个性之"我"和"非—我"本身中的双重性。

认识行为通常从一般被描述为"信仰"的行动开始，——但这并非认识活动中"最低"的台阶。"信仰"不是一种简单的认识，就其内容而言，信仰是"将其作为真实的可能性加以肯定"，是赋予那种在特定条件下只作为可能性而呈现在我们面前的东西的"真实性"的获得⑤。"认识实在说就是信仰，"涅斯缅洛夫如是说⑥，"但它不仅不是一般的信仰，而是具有全部根据的高度的信仰"。

"存在的基础，"涅斯缅洛夫接下来又说⑦，"在于存在本身之中，关于存在的认识的基础在于人本身之中……这一认识的确切性的根据不能在人之外去寻找，而只能在人本身寻找，因为确切性涉及的不是存在，而仅仅是人类有关存在的认识"。但也正因为此，"主体

---

① 《关于人的科学》，第 1 卷，第 197 页。
② 同上书，第 196 页。
③ 同上书，第 135 页。
④ 同上书，第 47 页。
⑤ 同上书，第 90—92 页。
⑥ 同上书，第 103 页。
⑦ 同上书，第 122 页。

的存在，作为唯一的存在，是它自己本身所知晓它必然处于一切可能有的证明之外"①。"人的个性存在的事实作为物体本身，不是在人的自我认识中直接给定的，而是因为如果人思考自己时不是把自己当作现象，而是当作存在本身，当作实质本身，则其思考是正确的"②。

由于在道德意识中人不可遏止地追求理想，绝对存在，所以，这也就是为什么人的追求带有毋庸置疑的绝对命令性，人由此走向对于绝对存在的现实性的肯定，而其形象即活在人身上。我们已经知道由于这一点，按照涅斯缅洛夫的观点，"绝对存在的形象并不是人在某种抽象思维中创造出来的，而是其个性的本性现实地给予人的"③——因而"人以其理想个性的事实本身直接肯定着上帝作为真理个性的存在"。

涅斯缅洛夫的这一基本直觉在其独特的认识论里得到了反映。

7. 为了对涅斯缅洛夫的体系做一个总体评价，非常重要的一点，是正确阐释其"人类学"，而如果可以的话，还要阐释其"人类学中心主义"。例如，弗洛罗夫斯基认为在涅斯缅洛夫那里，理智获得了胜利，但对历史却缺乏感觉："涅斯缅洛夫所说的人，不是生活在历史中，而是与其沉重的令人压抑的思考单独相处，他的心理分析被某种道德实用主义给毒化了"。弗洛罗夫斯基的结论是这样的："涅斯缅洛夫的体系正是因为它是体系因而才并未成功"④。而当时对涅斯缅洛夫体系有很高评价的别尔嘉耶夫，则特别强调指出一点，即在涅斯缅洛夫那里，获胜的是在人类学中的本体论：对于涅斯缅洛夫来说，"哲学应予研究的客体，是存在的事实，而非思维，是人

① 《关于人的科学》，第1卷，第210页。
② 同上书，第213页。
③ 同上书，第246页。
④ 语出弗洛罗夫斯基，同上书，第448—450页。

类存在的生活之谜，而非认识主体的秘密"①。但别尔嘉耶夫却把涅斯缅洛夫的体系与费尔巴哈联系了起来，他是这么说的："费尔巴哈有关宗教的人类学之谜的基本思想被他转化为为基督教辩护的武器。"② 而关于涅斯缅洛夫别尔嘉耶夫甚至说过这样的话："这是新的和永恒的基督教"，在涅斯缅洛夫体系的照耀下，人"在基督身上认出了前永恒的、已经实现了的、神性的人性"。弗洛罗夫斯基的指责和别尔嘉耶夫的赞扬当然都有其一定的根据，但实质上，在这两种场合下，仅仅指出和说明在涅斯缅洛夫那里，我们与之打交道的，是人的原始宗教直觉是远远不够的。我们应当把涅斯缅洛夫那里的科学—哲学"装置"以及其体系，与其根本直觉分而论之，这样一来弗洛罗夫斯基和别尔嘉耶夫的片面性甚至非正确性也就变得昭然若揭了。

在涅斯缅洛夫那里充当其根本直觉之基础的那种二元论，全部都充斥着基督教对于世界和人的观点之光——它以极其尖锐和准确的形式表达了人身上的那一矛盾，这种矛盾包含在自然世界与理想世界的相互之间不可分隔的关联之中。如果说在赫尔岑、拉甫罗夫、米哈伊洛夫斯基那里，是把狭隘的实证主义（在对自然的理解中）与对道德活动（在人身上）的高度评价结合起来的话，那么，在涅斯缅洛夫那里，这一内在本体论的双重性则相反，是一把打开所有宇宙学、人类学随后还有形而上学的钥匙。涅斯缅洛夫没有能够把自己原则性的人类学提升为哲学上的人类学中心主义，如果他对于"人的过失"——指世界并未过上其应有的生活——没有纯粹基督教的感受的话。离开被涅斯缅洛夫如此深刻阐释的"原罪"理念，道德领域就仅仅只是附丽于人的本性的一个不可理解的"附庸"——而所有那些有关人有进行道德评价的权利的高傲自豪的大话（尤其

---

① 别尔嘉耶夫关于涅斯缅洛夫的文章见《知识分子的精神危机》文集（1910），第277页。

② 语出别尔嘉耶夫，同上书，第295页。

是米哈伊洛夫斯基），便都会高悬在空中，缺少了离开人以后的支柱。只有在涅斯缅洛夫那里，正是在"原罪"理念的照耀下，这个观念才变得不仅是异常清晰，而且道德领域还获得了"绝对律令"（它曾经被康德所歌颂但却并未被他所理解）的性质。按照涅斯缅洛夫的观点，人身上的双重性是人丧失其精神王国性的结果——这一丧失征服了人的本性，但在这一双重性中也展现了有关由于人而堕落到了病态状态的世界的真理，和有关作为"上帝形象"的人的真理。因此，在涅斯缅洛夫那里（再次像在神圣教父们的著作一样），拯救理念获得了其核心的意义。如此为别尔嘉耶夫所珍视的费尔巴哈的人类学是宗教内在论的产品和繁荣的结果，——而涅斯缅洛夫的人类学则要求上升到作为绝对者的上帝的超验论。如果说涅斯缅洛夫未给历史哲学完整地提出历史学的问题的话，那也是因为，在把拯救主题置于历史的核心的同时，涅斯缅洛夫远比——比方说，索洛维约夫及其历史学体系——更加深入地探讨了历史之谜的缘故……在涅斯缅洛夫的体系里有许多"渣滓"——就是那些有关心理学主义路线的个别插笔，而这一般地说对于任何存在主义体系而言都是非常典型的，——但所有这一切都因其微不足道而淹没在涅斯缅洛夫总的体系中了。涅斯缅洛夫在其人类学中，实质上比比方说瓦·德·库德里亚夫采夫更加深刻地继续了由费·阿·戈鲁宾斯基开创的路线。

下面我们不拟深入分析涅斯缅洛夫的理念了，现在该转向另一位"存在主义神学家—哲学家"——米·米·塔列耶夫了。

8. 马克西姆·马特维耶维奇·塔列耶夫（1866—1934）从莫斯科神学院毕业后，通过了学位论文答辩，获得"道德神学"的教职。根据其实际才华，塔列耶夫实在说是个神学家，他的主要激情在于根据他的学说确定主要的神学概念，但从这些概念中，按照塔列耶夫的观点，得出了造物世界与神赐世界不可调和地分裂的结论。这引导塔列耶夫走向一系列一般哲学体系的建构，我们接下来便会讨论这些体系。与此同时，塔列耶夫逐渐走向独特的认识论的建构，但这种认识论却既非其神学的基础，也非其哲学的基础——而是他的再生和延伸产品。

我们不拟深入研究 塔列耶夫的神学理念①而只指出一点，作为引导我们进入塔列耶夫哲学体系的入门向导。构成塔列耶夫所有体系的基础的，是基本的神学二元论，这与其对于上帝化身理念的理解有关。在一处地方②他说到"神人类的法则问题，说按照这种法则，神的荣光不是与人类的荣光结合，而是与人类的屈辱结合"。用神学语言说这个"кенозиза"，塔列耶夫紧接着说道，表达了"指导整个世界历史的神性真理"。对于塔列耶夫来说，处于天意统治之下的全部"自然"存在，服从于其（"天然的"）必然性之下，在这种必然性中，按照塔列耶夫勇敢的说法③，上帝的自然—历史的天意都可以向我们显现。根据塔列耶夫的思想④，福音书只是加强了对于天然的（和历史的）存在的"对于道德价值的淡漠"的关注而已。但也正是这一点向我们说明了上述"神人类法则"——人成为最高精神生活独立于自然的"冷漠"和历史对于精神生活的冷漠的载体（在基督身上向世界展现的）。这里包含着一个用以思考自然与神赐世界的基本的二元论的 кенезиса 法则。应当"承认生命领域的多种类性，"塔列耶夫写道⑤，"承认除了基督教精神外，还有按照其法则发展的天然生活、自然生活和社会历史生活。话说到此，塔列耶

---

① 塔列耶夫来不及出版他构思的许多著作（参见一本关于其体系的小书《生命的哲学》，1916 年，第 126—148 页），4 卷本的《基督教原理》比较重要，还有刚才提到的那本文集《生命的哲学》；还有一本题名为《基督教哲学》（莫斯科，1917，第 126 页）的著作也很重要。关于塔列耶夫还可参阅弗洛罗夫斯基的《俄罗斯神学之路》，第 439—444 页，该书还有一篇篇幅不大的关于塔列耶夫的传记。塔列耶夫本人非常尖锐地对待人们对其体系的批评，在《生命哲学》一书中的许多文章中对其论敌说了很多话。
② 《基督教原理》，第 1 卷，第 161 页。可比较第 3 卷，第 159 页。
③ 同上书，第 2 卷，第 189 页。
④ 参见同上书，第 190 页。
⑤ 同上书，第 4 卷，第 331 页。

夫不无某种狡猾地补充道，说"天然"生活（如我们所知，以其法则"对道德价值十分冷漠"），"但却是天国之父所爱（！）"。

这样一来，神学二元论立即获得了本体论的力量——而且塔列耶夫立即像涅斯缅洛夫一样，但完全采取另外一条路线，使人成为两种"不同种类"的领域的交叉点。自然和历史以其发展的"冷漠"进程而被上帝"所爱"——而人呢，却相反，在这里却受到两个世界矛盾的撕裂，因为人在同等程度上属于这两个世界。人被纳入"天然"生活（自然和历史生活，但后者同样也被认为是"冷漠"的）中，但在人身上却向我们呈现着神性的光荣，其光明如我们所知，人越是被"消灭"的多，这种光辉也就越是明亮。这两个领域在人身上的悲剧性的交融在涅斯缅洛夫那里导致对于"自身即实体的个性"——上帝——现实性的说明，而在塔列耶夫那里，却从人的实质性的双重性里，引导出"绝对律令"来，这在我们身上的精神领域里是特有的，它通向"伦理学神秘主义"体系，以及某种人为的在自己身上呈现"神的荣耀"的"自我上十字架"[①]。正是在这个交叉点上，在有关人的学说中和有关两个领域的学说中，神学在塔列耶夫那里转变成为了哲学。

但关于他的神学还有两句话需要说，以便彻底揭示塔列耶夫哲学体系的纯粹宗教之根变得更加清晰。我们可以不无夸张地说，只有在塔列耶夫那里，他的哲学理念是完全从其宗教世界里生长出来的——在俄国神学学派活动家们的类似体系中，这是一种类型最纯粹的"基督教哲学"。

神赐和造物存在的神学二元论当然排除了其关联和相互关系的问题。然而，从这两个领域重要的异质性中得出的结论，首先是我们不可能把精神生活当作历史发展的"产品"。"天然"生活为精神生活做了准备，但却只是发展了我们自然卑微的意识，——而在这

---

① 特别参见《基督教原理》，第 3 卷，第 67 页。

一点上隐藏着天然发展的"意义"①。"对于福音书来说,"塔列耶夫在一处地方这样写道②,"历史是一个海洋,福音书向海里投入鱼钩(мрежи)以便从海里捕捉活的灵魂"。教会最初对待"天然"存在的态度是通过"象征性说明的体系"来表达的。这些说明恰好就正是象征的,在其身上任何改造作用也看不到——它也随着时间的迁移应该转变成为"把精神基督教逐渐的解放(从世界中),使其摆脱形象和象征"。精神基督教的这种胜利并未使天然存在作废,但却最终使这两个领域一个和另一个分开了③。对于生活的象征性说明"应该从宗教精神和世俗生活与其欢乐和不幸的自由结合中再生出来"④。甚至在未来"流动的双重性也依然保留着——天然必要的和自由理性的,儿子爱(上帝)的王国和绝对追求永远也不会融化在自然的王国里"。我们应当承认这一悲剧性根植于人类生活的实质本身之中"⑤。在这段话里,神学二元论转变成为了人类学二元论——而且还以此揭示了塔列耶夫所有哲学体系与涅斯缅洛夫二元论之间非常重要的相似性(虽然在后者那里它具有另外的内涵)。我们还需立即指出的一点是,对于塔列耶夫来说,悲剧性的双重性在人身上仍然不能排除两种异质"电流"的"和平"("和谐"⑥)融合。这在一定程度上令我们想起哈尔金顿关于在个性的统一性中两种本性的公式——只是在塔列耶夫那里,把两种"自然势力"连接在一起的本质,隐藏在人的心里⑦,但关于这一点我们容后再谈。

9. 对于塔列耶夫的虽然未完成但却非常有意思的的哲学体系的系统阐述,正如上文已经搞清楚的那样,应当从其人类学开始。

---

① 《基督教原理》,第 3 卷,第 80—81 页。
② 同上书,第 4 卷,第 181 页。
③ 同上书,第 143 页。
④ 同上书,第 4 卷,第 391 页。
⑤ 同上书,第 394 页。
⑥ 同上书,第 395 页。
⑦ 同上书,第 2 卷,第 259 页。

塔列耶夫的人类学并不构成其神学的基础。在人身上重要的双重性，以及神赐在"天然"生活领域里的在场，相反，是塔列耶夫最主要的直觉，我们正是应该将其毫不犹豫地当作是他的出发点。

　　在塔列耶夫那里，对存在之谜的掌握，不是向人本身呈现，而是向基督徒呈现。"上帝在行动，"我们从他笔下读到①，"但不是通过自然对人，而是通过（基督徒）对自然……"这就是基督徒世界的（在"宇宙的"意义上——作者）和全人类核心意义之所在。塔列耶夫因此建构的不是总体人类学，而是基督徒人类学本身。这是他和涅斯缅洛夫最大区别之所在，对于后者来说，灵魂对于理想的追求，使人从自然中分化了出来，因而这是所有人都共同具有的一种追求。塔列耶夫当然也在基督徒身上划分出他和所有人共同具有的"天性"，而且当然也承认，所有人都有一个上帝的形象，但对于塔列耶夫来说，上帝的形象进入了"天性的"概念里去了，因为在我们局限性的条件下，上帝的形象在给我们以我们参与神的生活的意识的同时，却又并未根植于其中。在对于无穷行动天然追求中，人可以寻找的，不是上帝的荣耀，而是"追求个人对于绝对完善的拥有"，亦即离开上帝。按照塔列耶夫的观点，精神的绝对性"隐藏在"上帝的形象下——隐藏"在天然完善的象征的外皮下"，因此可能会造成"亵渎"——即想要绕过上帝的追求②。只有经过与基督的交往才可以巩固我们身上的精神本质。"天然的神子"，——塔列耶夫写道③。"（只是）在宗教福音书的经验中才会在个性身上得以深入渗透"。"天然的神子自己本身是赋予了所有人的，将其作为保障和力量，但只有经过福音书的道路，我们才能在自己身上实现精神生活"。"因此，"塔列耶夫就此写道，"福音书的神子与自然的共性格格不入"。然而，精神生活并不在于对天性的漠视："如果基

---

① 《基督教原理》，第 4 卷，第 383 页。
② 同上书，第 3 卷，第 164 页。
③ 同上书，第 2 卷，第 173—174 页。

督教与宗教魔力不具有任何共同点的话，那么这还并不就意味着，让拒绝了世界目的……基督教在其世界秩序中代表着一种完全崭新的力量：不是世俗的人的力量，而是精神和神性的力量"①。

这样一来，精神生活是现实的，实在说，是只在基督教中才有的②，而这就意味着，人身上的基本的双重性（精神和天然的），实在说也是现实的，但塔列耶夫只在基督教意义上谈论它。精神的双重性不是天然发展的"产品"，也不是对其的破坏。"重要而又激烈的是，"塔列耶夫在一处文字中指出③，"基督教只有在个人信仰和情感的天空的深处才会走进世界"，换言之，两种本质的"冲突"（精神的和天然的）仅仅只是在人的心里完成的④。实在说，早在"天然意识"中就已展开一场绝对本质与死亡本质之间的斗争⑤，但作为一种力量，精神生活只有在我们与基督的交往中才能成熟。

对于塔列耶夫来说，值得注意的是，他承认并且看重"天性的"自由发展，根本不愿意禁欲主义地压抑"天性"，也不愿意以各种方式反向促进精神领域向天性运动。在基督徒身上（而且也只有在他身上），在重要的双重性中展开着一种深刻的悲剧的一面，我们不值得将其抹平或是对之沉默不语⑥。因此自由应当为人身上的两方面提供。"精神的自由，"塔列耶夫在其勇敢的格言中这样说道⑦，"只在肉体的自由中有其支撑点。而肉体的自由，"他又连忙补充道，"在于个人本质的自由，并且是在其各类天性的全面发展中的个人本质的自由——在家庭、民族、国家和艺术中"。文化的整个体系，因而

---

① 《基督教原理》，第 2 卷，第 197 页。
② 可特别参见同上书，第 2 卷《精神的正义》和《永恒的生活》两章。
③ 《基督教原理》，第 4 卷，第 335 页。
④ 同上书，第 2 卷，第 259 页。
⑤ 同上书，第 3 卷，第 162 页。
⑥ 值得注意的是对这一基本悲剧醒的深刻的、以独特方式进行的神学解释，是通过基督教进入世界的，塔列耶夫在批评意见中指出了这一点。见同上书，第 4 卷，第 395 页。
⑦ 同上书，第 123 页。

全部历史存在对他来说是"肉体"的领域、"天性"的领域，完全是"异类自然的精神"。"基督，"我们在其一处文字中读到①，"是绝对精神生活的奠基者，但从其所完成的事业里既无法解释自然，也无法解释历史"，虽然它们（亦即自然和历史）"要求以基督的事业为前提"。在这一点上，完全鲜明地表现出了塔列耶夫那种被认为是"非历史主义的"东西，——这种"非历史主义"常常被认为是其体系特有的特征。但塔列耶夫老实说并没有什么"非历史主义"——他只是在捍卫历史有别于"绝对精神生活"的独立性而已，捍卫历史的非基督教性和"肉体的自由"而已。如果说在基督身上历史的意义并未得到揭示（虽然历史也有其自己的意义，即可以上升到上帝天父在其用天意管理世界的活动）的话，那么，在基督身上则揭示出了另外的东西——即个性命运与之相关的精神生活的秘密。我们已经看到，对于塔列耶夫来说，"天性"生活不应受到美学评价。我们还可以提及上文已经引述过的塔列耶夫的一句话，即"天性生活的伦理面貌只有从它进入与永恒生活和精神的福利的关系中那一刻起，才可以出现"。塔列耶夫同意弗拉·索洛维约夫关于审美意识"优先性"（在对待宗教方面）的观点②，但"对绝对者的外在臣服"，尽管把我们与绝对者领域联系了起来，因而在其身上拥有精神性的本质，但还"没有神子的自由"，这种自由只有在基督教中才能展现出来。

弗洛罗夫斯基认为③塔列耶夫是"俄罗斯神学界一位极端道德主义的代表人物"，这是片面的，但总的说来，也是准确的，但塔列耶夫的道德主义在其人类学二元论（只在基督徒身上才得以最终展现）里具有其根源，在严峻而又固执地把任何天性与精神生活分开甚至使之对立里，有其根源。因此塔列耶夫反对禁欲主义对于基督

---

① 《基督教原理》，第 4 卷，第 328 页。
② 同上书，第 3 卷，第 72 页。
③ 同上书，第 4 卷，第 375 页。

教的解释，嘲讽地对待在象征主义对于"天性"的说明中对于基督教主题的歪曲。在捍卫基督教各个领域的异质性和"天性发展"的同时，塔列耶夫甚至作出了妥协，即承认"在社会形式中自觉地服务于基督教会导向反对基督教的结果——相反，这些形式的自由发展则会与基督教的最终目标相吻合"①。接下来他又说："把宗教引向生活的核心中去……只有在个人宗教和社会条件下生活领域异质性理念的基础上才有可能。"

我们不会去关注从塔列耶夫在神学、伦理学、文化哲学的所有这些立场中所能引出的结论了。我们只关注一下在其核心理念的观照下他阐释认识论问题的尝试结果。

9. 从那样一种只有在基督徒灵魂中才有的精神生活与"天性"对立的立场出发，塔列耶夫建构着基督教认识理论，而非"总体"的认识。在这条道路上，他走向体系的建构，这体系非常接近认识的那一"主观"方法，即米哈伊洛夫斯基、拉甫罗夫、卡列耶夫等人（为了社会学）而确定的那种。与这些思想家的接近，如狄尔泰、里克特等人，塔列耶夫自己也曾指出过②。塔列耶夫自己也运用这些思想家的术语，在讨论"道德—主体方法"时。虽然在这一领域里塔列耶夫在阐述自己的观点时无法达到完全清晰，但他就此题目已经说出的那些，是极其有趣的和宝贵的。

塔列耶夫把"做"和"知识"区分了开来：我们在科学中拥有认识，他用来判明存在中的"客观性"，——而做（在此塔列耶夫称之为"神秘主义的、直觉性的认识"）是"对于现实生活的直接体验，是被意识所照亮的"③。这里的解释十分重要，而塔列耶夫立即给出了解释："生命的内容是靠评价的原则性给联接和形成起来的"。"在这个世界上（亦即在精神世界里）一切，每个时刻都不是

---

① 《基督教原理》，第 4 卷，第 375 页。
② 《基督教哲学》，第 11—12 页。
③ 《生命哲学》，第 72 页。

从真实存在的观点出发被审视的，而是在赞扬或是不赞扬、接近心灵还是远离心灵……的前景下审视的，这已经不是真实存在的前景，而是真理存在的、价值存在的前景"。"这样一来，会得出非常珍贵的拥有，私密的、内心的珍宝，这珍宝对人本身来说是比太阳的光辉更加是无可置疑的，但却无法被翻译成论战性思维和客观的知识"。

"所有过去的一切，"稍后我们又读到①，"都被我们的意识在双重方面去捕捉：在客观认识方面和主观评价方面。我们对待外部世界的态度是双重的——既是科学的，也是私密的……我们的精神领域也同样被我们从双重性上认识——客观的亦即教条认识（塔列耶夫这里指的是基督教教义学体系），和在私密方面，即伦理—神秘感受方面"。"基督教的做，"接下来塔列耶夫写道②，是对真理和神性现实的真理和体验的拥有……对于精神真理而言，除了辩证法以外没有别的途径"。

因此对于塔列耶夫来说，"基督教哲学不是纯粹理性推举出来的，她不是逻辑体系……但她仍然是一种智慧，一个拥抱经验的概念综合体，她是生命的理性"③。塔列耶夫珍爱的这个思想始终在和"为教义学以外"（亦即教义学以外）对待基督教真理的方法一起，回荡在塔列耶夫的头脑里。基督教当然可以研究，"像科学研究历史事实或像一系列教义学公式一样去研究"，但基督教向我们展示了其全部的丰满性和真理性，"只是作为内心经验的事实、作为精神的福利，作为价值"④。"主观方法，"塔列耶夫写道⑤。"被克服，而抽象教条主义、基督教理解中的实证主义历史主义和有关基督教的神秘主义学说，则保留着其全部基督教经验的神性的独特性，保留着其

---

① 《生命哲学》，第76页。
② 同上书，第85页。
③ 同上书，第124页。
④ 同上书，第120页。
⑤ 同上书，第124页。

全部在尘世地平线上的与人类经验的平行对照性"。

塔列耶夫根本不否定理性在认识超验世界方面的补偿性（虽然"理性对于神学的参与只能极端小心翼翼地加以证实"）[1]，但基督教哲学应当成为"基督教经验的理性，基督教精神的辩证法"，"并用唯一的主观方法来加以建构"[2]。塔列耶夫紧接着写道[3]："在坚持主观—神秘主义认识的同时，我们不否认任何必然性，任何理性思维方式的有益性……但基督教哲学的主观—神秘主义定向……仅仅不允许理性被认为是独立于精神—神秘主义经验的宗教认识的来源。"神赐和"天性"秩序的二元论如我们所知，被塔列耶夫转移到了认识领域，在他那里并排安置的，还有"神秘主义的功"。

塔列耶夫的体系并没有被他完成，但这一纯粹基督教人类学基本特征以极其特殊的力量和精细的风格被表达得淋漓尽致。

11. 与神学学派有关的哲学家还有很多，但我们却不可能在我们的概述里把曾经写过哲学题材的每个人都一一涉及到。我们必然会把我们对于哲学产品的阐述限制在最重要的神学学派代表人物上。因此我们这里仅只限于再介绍两个思想家——米·伊·卡林斯基和都主教安东尼。关于德波尔斯基我们在有关晚期俄国黑格尔主义者的有关章节里有涉及（第 5 章）。

米哈伊尔·伊万诺维奇·卡林斯基（1840—1917），出生于莫斯科[4]一个神父家庭。从莫斯科神学院毕业（1862）后，被留校作为预备晋升的教授，并担任教员。从 1867 年，瓦·尼·拉卡尔波夫（关于他可参见第 1 卷第 7 章）逝世后，他向彼得堡神学院教授院提

---

① 《基督教哲学》，第 15 页。

② 同上书，第 21 页。

③ 同上书，第 26 页。

④ 关于米·伊·卡林斯基，可参阅德·米尔托夫的基础性概论，见格·格·施佩特主编之《思维与语言》文集，第 2 册，莫斯科，1918—1921。还可参阅拉德洛夫的小册子《卡林斯基：俄罗斯批判哲学的创始人》，布拉格，1917。还可参阅帕·瓦·季哈米罗夫关于卡林斯基在《神学百科全书》中写的词条，见第 8 卷。在上述所有文章里，也都对卡林斯基的体系做了介绍。

交了求职申请，并于 1869 年受邀到那里从事教学。后来得到出国出差机会，卡林斯基在德国过了 1 年，作为 1 年的总结，出版了一部珍贵的著作《对后期德国哲学的批判性考察》。紧接着便获得了硕士学位，随后成为哲学博士（其博士学位论文《结论的分类》不是在神学院答辩的，而是在大学答辩的），卡林斯基一生都担任神学院教授（直到 1894），而从神学院离开后还又在师范和高等女子讲习班授课。1917 年逝世。

卡林斯基出版的著作并不多——总共 18 部，而且全都写得非常简洁、概要，以下笔啬啬著称。他的书读起来非常吃力，他的著作需要研究，但却内容丰厚，特别有价值也特别深刻睿智。遗憾的是，卡林斯基拥有的，更多的是批判而非建构的理性。他最出色的著作是《结论的分类》（博士学位论文）。这篇论文是关于纯粹（形式）逻辑的，应当承认，卡林斯基在逻辑学里开辟了一条崭新的大路。还应当顺便说说的是，俄国哲学总的说来应当为整整一系列杰出的逻辑学著作而骄傲（亚历山大·维杰斯基：《作为认识论一部分的逻辑学》、尼·洛斯基：《逻辑学与其他》①），而在此类著作中，卡林斯基的著作以其思维的力量、分析的深邃而如鹤立鸡群。我们就不深入细节分析了，我们只需指出一点，即除了对于结论作了出色的经得起考验的分类外，卡林斯基首次揭示了那些特殊类型的结论的本质（除了归纳和演绎法外），以致一位俄国逻辑学家称之为"横扫一切"的——如同一律、类比律等等。卡林斯基还揭示了所有这些结论之间的关联。但卡林斯基逻辑—认识论著作的主要主题是"自明真理"问题。尤其重要的卡林斯基的著作是出版于人民教育部学报，1897、1901、1908、1910、1914 的论著，其总标题是《在有关见证者真理问题上新经验主义学派的学术分歧》。艰深晦涩（由于阐述简洁的缘故）的卡林斯基的著作（是对米勒和斯宾塞观点进行

---

① 参阅塔瓦涅茨的最新著作：《推理的分类》，《哲学笔记》，第 1 卷，莫斯科，1946，书中有一些（虽然并不彻底完整）关于俄国逻辑学著作的索引。

的分析）仍然极其珍贵、审慎谨严、分析深刻。卡林斯基的第一部著作是论述"自我见证者的真理"问题的，是论述康德的，此文在亚历山大·维杰斯基和卡林斯基之间引起一场非常有趣的争论①。

卡林斯基的正面观点在其早期论文《现象与现实生活》中还很难看得出来，在此文中卡林斯基捍卫认识论现实主义的立场。

12. 我们这里还要提及几位与神学校有关的哲学领域的代表人物，——首先要提及的是成果等身、但却很少独创性的阿列克塞·维杰斯基（1861—1913），总的说来，他对其导师瓦·德·库德里亚夫采夫亦步亦趋②。但在认识论领域里他却倾向于谢·尼·特鲁别茨科依伯爵的"聚和"认识论（关于他可参见下文第4卷第3章），当然，他对自己的观点缺乏论证③。我们这位作者所固有的一定的折中主义倾向④，减弱了其体系（数量不多）的价值⑤。

著名的都主教安东尼（赫拉波维茨基）（1864—1934）的哲学才华是毋庸置疑的，其硕士学位论文是论述意志自由问题的⑥。早在这篇文章中，都主教安东尼人类学特有的特点便初显端倪，虽然他很少写作，而且写的都是纯神学主题，但其创造性思维甚至体系与有关人的主题如此相关，以致甚至在纯神学问题上，他也以人类学中心主义定向为特点。我们还是需要指出他的若干神学理念，它们

---

① 关于这场争论的文献索引，可以参见米尔托夫：《思维与语言》（施佩特主编），第2卷，第1期，第57页。

② 参见阿·维杰斯基的一本小书《多神教的宗教意识》的引论。在这篇引论中，阿列克塞·维杰斯基为俄国宗教哲学提供了一个概述。

③ 参见比方说文章《论当代哲学的任务》，《哲学与心理学问题》，1893，第20期，第155—156页。

④ 在这方面典型的文章是阿列克塞·维杰斯基论傅立叶的文章。见《哲学与心理学问题》，1891，第10期。

⑤ 对于阿列克塞·维杰斯基哲学工作的最高评价，见之于他的学生费·安德烈耶夫（参见《神学通报》，1914，第10—12期）发表的论述阿·维杰斯基的文章，它只证实了安德烈耶夫对其学生的态度。

⑥ 大主教安东尼（赫拉波维茨基）著作，第3卷。对于都主教安东尼哲学与神学思想的平价，可参见弗洛罗夫斯基：《俄罗斯神学之路》：第426—439页。

都具有重要的哲学性质。

批判地抛弃自然主义（都主教安东尼俏皮地写了"关于自然的多神教法则"① 问题），暗示科学有独特的宗教式的对自然的崇拜，捍卫有神论学说，都主教安东尼不害怕（在这个问题上他的立场非常接近于大主教尼卡诺尔，——参阅前 1 章）向世界谈论上帝的内在论问题："在向世界推出上帝的内在论问题时，"都主教安东尼写道②，"我们所接受的，不是泛神论本身，而是真理的那样一个部分，这个部分包含在它之中、有神论不再是有神论，而成为泛神论，但不是通过在世界上深入贯彻上帝，而是通过否定上帝身上的生命"，当生命的本质仅仅被世界掌握时，而神性被人们当作是静态的。都主教安东尼强调指出"本质的静态范畴"的片面性③，对他来说，"作为所有物理现象之主体的上帝为道德现象的主体提供了独立的存在"④。因此都主教安东尼从自己的立场出发描述了"道德一元论"的特点，而他所说的"道德一元论"，指的是个人灵魂的自由，因为没有破坏存在的统一性，因为自由只属于"道德现象的主体"，亦即被爱所推动的生物。与此相关是都主教安东尼独特的人格主义，他首先把这种一元论的基督学最基本的区分标准用在人身上，从而把个性概念与自然（在人身上）的概念区分开来，或如都主教安东尼自己所说，——同"人的天性"概念区分开来。"在我们身上区分开脸和天性不是某种不可思议和特别抽象的事，"他说道⑤，"而是被自我观察和经验所直接证实的真理"。"应当否定，"我们在另一处地方读到⑥，"有关每个个性的概念，将其作为完结了的、自我封闭的整体，而开始寻找所有人是不是都出自同一个根，在这个

---

① 《赫拉波维茨基全集》，第 3 卷，第 104 页。
② 同上书，第 105 页。
③ 同上书，第 112 页。
④ 同上书，第 111 页。
⑤ 同上书，第 2 卷，第 22 页。
⑥ 同上书，第 126 页。

根上保留了我们自然的统一性，在对其的关系上，每个个别灵魂都是一个分权，虽然这些分叉也可能拥有独立性和自由"。按照都主教安东尼的思想（参见下文），我们必须接受"关于人类天性统一性的学说，根据这种学说（亦即统一性——作者）一个个性可以直接把自己的内容输入另外一个部分中去"。应当承认，这一对于"天性"和"个性"的认可对于人格主义哲学是十分重要的。在出色的《牧师神学布道文》中阐述了都主教安东尼许多关于一般哲学理念里，——都主教安东尼成为未来的谢·列·弗兰克（关于他可参见第4卷，第5章）体系的先声，他坚持一点，即在人精神成熟的过程中"他的个人的'我'总是在一切方面可以被'我们'所取代"①。都主教安东尼还在文中②教导说，关于"废止处于人与人之间的不可见到的交点"的可能性问题。按照都主教安东尼的学说，只有在教会中"其他人——作为'非—我'——不再是与我对立，与我的'我'对立的，在此，每个个性的自由可以——对泛神论不管不顾地——与其存在的形而上学的统一性相融合"③。不但如此，都主教安东尼还以独特的方式涉及到了"动态认识论"问题，他认为开始探讨这个问题的始祖是伊·瓦·基列耶夫斯基。对于都主教安东尼来说，"减弱'我'与'非—我'的直接对立……显然，会促进人的自我意识的基本属性的变形"……"真正的人的理性，迄今为止一直被我们堕落的天性的罪过所遮蔽，在此却得以展现出来。由此可见"，都主教安东尼对其有关这个问题的所有议论做了一个小结④。都主教都主教安东尼安东尼的判断"我们个性的孤立性是一个法则，不是绝对的，也不是原始的，但却是堕落者意识的一个法则"。

---

① 《赫拉波维茨基全集》，第2卷，第233页。
② 同上书，第487页。
③ 同上书，第20页。
④ 同上书，第65—67页。

都主教安东尼的哲学才华甚至在那样一些简短的言论里也鲜明地展示了出来，但他却并未把自己的理念发展成为体系的形式，但他也依然值得我们在一部关于俄国哲学思想史的书中提及。

在我国神学院学派里，一般说有过不少具有哲学才华的哲学家，仅仅只以一些个别论著（带有系统性质的）表现自我，但在我们总括性的叙述中我们不可能一一涉及他们中间的每一个。稍后，在探讨最近俄国的黑格尔派时，我们会涉及尼·格·德波尔斯基的哲学体系，而在这卷的下半部分，我们还会阐述帕·弗洛罗夫斯基的哲学观点——这两个人都与神学院有关。

第五章
尼·费·费奥多罗夫

1. 我们开始研究的哲学体系，虽然与"宗教哲学"主题相关，但却超出了基督教原则的范围了。这里我们将其放在首位的，是尼·费·费奥多罗夫的《共同事业哲学》，这是一位十分独特和具有创造性的俄国思想家，在他那里，货真价实的基督教灵感出乎意外地与自然主义母题，与纯粹的"启蒙主义"对于科学的力量，对于人的创造潜能的信仰，出乎意外地融合了起来。但是，应当认真阅读费奥多罗夫的哲学著作（这些著作的语言极其晦涩拗口），才能得以确证其体系的基础是货真价实的基督教，尽管我们也应当承认，走马观花地读费奥多罗夫，有时仍然能给人留下那样一种印象，即摆在我们面前的，不过是一份"人道主义能动主义"大纲罢了——像弗洛罗夫斯基所说的那样①。然而，对于费奥多罗夫的体系，我们应当设身处地地深入研究，才能避免对其理念的错误解读。在这方面，对于费奥多罗夫基本理念的相当粗陋的不理解，比方说，像弗拉基米尔·索洛维约夫，就是一个极其沉痛的教训。无可争议的是，弗拉基米尔·索洛维约夫也曾受到过费奥多罗夫非常深刻的影响，

---

① 弗洛罗夫斯基：《俄罗斯神学之路》，第327页。

并且他对其理念有着很高的评价①。下文中我们还将涉及这个细节，因为这里所发生的误解是十分典型的，但为了公正起见，应当说费奥多罗夫本人也为对其理念的非准确阐释提供了许多口实。

我们已经不止一次指出过，为了对于俄国哲学的内在辩证法有应有的理解，一个非常重要的一点，是要关注其"预言家的焦虑"，早从 18 世纪以来，这就成为俄国思想界典型具有的特征，而这种"预言家的焦虑"恰好在费奥多罗夫身上得到了其最高表现，或者可以说，在他身上找到了最完备的形式。对于索洛维约夫以及许多其他俄国哲学家来说，和对于费奥多罗夫一样，最为重要的任务是理解我们在历史中的道路和可能性——费奥多罗夫很早就指出历史学定向对他理解宇宙学、人类学和甚至认识论的影响（认识论在当代苏联哲学中得到了最鲜明的表现，关于这一点可参阅第 4 卷第 1 章）。在这个意义上，费奥多罗夫压根儿不是自外于总的俄国哲学思想辩证法的，对其观点的详尽分析（对此我们手头还没有有关费奥多罗夫的研究著作）表明，费奥多罗夫与俄国思想史上的各个流派有着怎样紧密而又深刻的关系。这丝毫也未曾减弱费奥多罗夫的独创性，这种独创性彻底取决于他的最初理念。费奥多罗夫像普希金笔下那位骑士一样，老实说，一生中都只有一个念头：

……他有一个幻象

一个理性无法理解的幻象，

普希金关于他笔下那位"可怜的骑士"这样写道。而费奥多罗夫尽管有着丰富的思想，实际上，一生中也就只有一个思想，那就是如何克服死亡的力量的问题……

让我们先来探讨一下费奥多罗夫的传记。

----

① 叶·特鲁别茨科依伯爵否认费奥多罗夫对索洛维约夫有影响（叶·特鲁别茨科依伯爵：《弗·索洛维约夫的世界观》，第 1 卷，第 79 页），而实际上这种影响是毋庸置疑的。弗洛罗夫斯基正确地把比方说索洛维约夫关于爱情的学说，与费奥多罗夫的理念联系了起来（该书第 464 页）。但是应当承认，弗洛罗夫斯基本人在与费奥多罗夫的关系中，在许多论点和阐释上，也有不准确的毛病。

2. 尼古拉·费奥多罗维奇·费奥多罗夫是帕·伊·加加林与一位农民女子于 1828 年生下的非婚生的儿子（根据别的来源的材料——此人是一个被俘的车尔凯斯女人）。当加加林伯爵逝世（1832）后，小男孩从教父那里获得了姓氏，并且和母亲一起以及母亲的其他孩子们一起，本应离开父亲的家。但是，这个家庭足够富裕，因为我们看到，尼古拉·费奥多罗夫甚至可以在古典中学受到教育（在坦波夫市）。中学毕业后，他进入在奥德萨的里舍利耶夫寄宿中学法律系，但却只在那里待了 3 年。从此之后开始了他的漂泊时期——从 1854 年到 1868 年，他换过 7 个城市，时而在低等学校担任历史和地理教员——而也正是在这些年中，他的世界观的基础开始形成，正如其忠实的继承者尼·彼特尔松所证实的那样（此人后来成为尼·费·费奥多罗夫全集的出版人之一）。从 1868 年起，费奥多罗夫开始到莫斯科担任公职，并且很快就在鲁缅采夫博物馆获得了位置，他在那里工作了 25 年。退休以后（每月津贴为 17 卢布 50 戈比）的晚年岁月里，费奥多罗夫重新开始在外交部档案馆所属图书馆工作。

在担任公职期间，尼·费奥多罗夫日子过得极其贫寒，的确可以说是一种禁欲主义生活。他的年薪不超过 400 卢布，但他却常常拒领追加薪水。而且费奥多罗夫还常常从他那点微薄的薪水里，把自己的钱分出一小部分赈济博物馆里的工作人员以及各种“领津贴者”——乞丐也常常在特定时期里来找他领自己的“津贴”。

上文提到的尼·彼特尔松，在尼·费·费奥多罗夫不知情的情况下，给陀思妥耶夫斯基写过一封信，阐述了费奥多罗夫的观点。这封信给陀思妥耶夫斯基留下了极其深刻的印象，他旋即把这封信读给弗拉基米尔·索洛维约夫听。“我要说的是，实际上，”陀思妥耶夫斯基在给向其转述费奥多罗夫观点的那个人写信说，“我完全同意这些思想。”索洛维约夫本人也给费奥多罗夫写信，下面就是信中的一个片断：“我贪婪并怀着喜悦之情读完了您的手稿，并且整整读了一夜和早晨的一半时间。您的方案我无条件接受，二话不说……您的方案是在走向基督的道路上人类精神取得的一流成果。我从我这方面来说，只能承认您是我的导师和精神之父"。费特在稍晚些时候在给费奥多罗夫的信中写道："我永远也忘不掉列夫·尼古拉耶维奇（托尔斯泰）关于您所说的：'我为自己和这样的人生活在同一个时代而骄傲'。"

所有这些反响自己本身便足以说明问题了，应当承认费奥多罗夫的体系在俄国精神探索史上是一个杰出现象，而就连陀思妥耶夫斯基尤其是索洛维约夫——如我们所知——也都毫不勉强地立即对费奥多罗夫的影响做了评价。

费奥多罗夫生前没有出版过任何著作，而即使出版过，也全都是不署名的，但他写的很多。与他关系比较亲密的人瓦·阿·科热夫尼科夫①和尼·彼特尔松出版了 2 卷本②的费奥多罗夫文集，而且与其学说的精神相符，这些著作不是为了出售出版的——人们可以免费从出版商那里领取，因为作者放弃了自己的一切权利。

1903 年 12 月，费奥多罗夫因患肺炎逝世③。

3. 我们已经谈到过，对费奥多罗夫的研究是那么少，因此，鉴

---

① 瓦·阿·科热夫尼科夫——系列出色著作的作者（关于欧洲 18 世纪哲学史的标题是《感觉与信仰哲学》，第 1 卷；还有一部篇幅不大的论述佛教的著作等）；——此外他还写过一部关于费奥多罗夫的生平与创作的出色概论。这部概论起先发表于俄罗斯档案（1904—1906），后来出版了单行本（同样是非卖本）。

② 第 3 卷本来已经开始在哈尔滨筹备出版了，但据我们所知，这第 3 卷终究未能正式出版。只有其中报告的一些片断发表在杂志（《道路》）。

③ 关于费奥多罗夫著作的出版问题，上文已经有所叙及。在有关费奥多罗夫的文献中，除了上文已经提到的科热夫尼科夫的著作（莫斯科，1908）外，还可参阅：彼特尔松：《尼·费·费奥多罗夫：忠实的》（1912），《宇宙事业》文集（奥德萨，1914）。奥斯特罗乌米罗夫：《费奥多罗夫与当代》，第 1—4 册，1928—1933。戈尔诺斯塔耶夫：《地上天堂——陀思妥耶夫斯基与费奥多罗夫》。布尔加科夫：《一个谜一样的思想家》，见文集《双城》，第 2 卷。别尔嘉耶夫：《宗教的复活》，见《俄罗斯思想》，1915，第 7 卷，以及其发表在《道路》1928 第 11 期上的文章。弗洛罗夫斯基：《一个虚拟事业的方案》（第 322—330 页）。戈洛瓦年科：系列文章发表在《神学通报》1913—1915年。还可参阅别尔嘉耶夫：《俄罗斯理念》，1946 年（第 9 章）。

于在我们看来一些错误观点流行，涉及对其学说的阐释问题，对其体系的阐释问题，所以，我们先来谈谈费奥多罗夫所受影响问题，但不是现在，而是在阐述其理念时顺便提及。

在正式开始探讨以前，让我们从费奥多罗夫的下述意见开始讨论①。"当前，"他写道，"问题在于要最终找到生命所丧失掉的意义，理解人为什么活着的目的，并按照这样的目的来建构生活。我们只要这么做了，那么，当代生活中一切混乱不堪的污浊，一切毫无意义的举措，便都会自行消除"。刚才那段话非常清晰的表达了费奥多罗夫的乐观主义信心，他相信只要给予我们生活的意义以应有的关注，当代混乱不堪的污浊便会"自行……"消除。一般说来，在启蒙主义大繁荣的时代人们也大都具有这样的信心（相信"从根本上改造"历史的可能性），我们在费奥多罗夫那里，便常常能找到对这个时代的回声，实际上所有捍卫"进步"的人们也都具有同样的信心。在所有这一切之中，根据别尔嘉耶夫公正的意见②，源于对世界上的恶缺乏感受，相信人们只要理解了真理何在，恶就会消于无形……但是上述所引费奥多罗夫的话，其意义不仅于此，而且也在于另外一个他所刻意强调的重点，那就是我们的任务，在于确定生活的意义之后，——"按照生活的意义来安排生活"。

对于费奥多罗夫来说，具有决定性意义的问题在于，为了确定对于生活的正确理解：就必须从理解生活走向实现我们所理解的。因此他称自己的定向是"规划式的"。"对于历史，"他写道③，"应当采取的态度不是客观态度，亦即无关痛痒的态度，也不是主观的，即只带有内心的同情感的态度；而应该是规划式的，亦即将知识转变为关于一个更美好世界的方案"。"不如此，"他又写道④，"把知

---

① 《共同事业哲学》，第 2 卷，第 237 页。
② 《道路》，第 11 期，第 94 页。
③ 《共同事业哲学》，第 1 卷，第 136 页。
④ 同上书，第 22 页。

识当作终极目标，用世界观来取代事业，我们面前便会呈现出一个纯粹的意识形态游戏（идеолатрия），或是一种理念崇拜仪式"。费奥多罗夫指责哲学家们的恰好正在于，他们"赋予思想以比行动更多的意义"①。关于苏格拉底，他说，苏格拉底从"对偶像的崇拜"转到对理念的崇拜，——而这种崇拜在柏拉图那里转变成为把思想和行动决绝地分隔开来②。因此，按照费奥多罗夫的思想，我们"实际参与了哲学的死亡"③。"为了能成为具体和活生生的知识，哲学应当成为不仅是关于有什么的知识，而且还应当成为什么应该有的知识④，亦即哲学应当从消极的思辨解释本质问题成为积极地应该成为和应该有的方案，关于总体事业的方案"。

不但如此，使自己成为对实际所是的描述、亦即把自己变成对于世界的观察（而不是成为把实际改变成为理想的方案）时的哲学（和科学一样），使自己处于在对目前秩序的关系上的奴隶地位，而这也就是对于当前社会制度的奴从态度⑤。而在对待自然的关系上，科学和哲学也必然会把自己置于这样的奴从关系上。费奥多罗夫严厉批判"对于所有天性的崇拜"⑥。自然本身在人身上寻找其"主人"，而不仅仅是"研究者"："宇宙需要理性，"费奥多罗夫写道⑦，"以便成其为宇宙，而非混沌"。"对于理性生物来说，向自然请罪则意味着支配自然，因为自然在理性生物中获得了自己的荣誉和管理者"⑧。费奥多罗夫不害怕自己的"规划"所能得出的任何结论，亦即创造性地对待自然和历史——并将其称为"对存在和创造的美

---

① 《共同事业哲学》，第 1 卷，第 181 页。
② 同上书，第 225 页。
③ 同上书，第 334 页。
④ 这一点与我们已经熟知的瓦·德·库德里亚采夫关于有关世界的真理在于什么的论述十分相近。
⑤ 《共同事业哲学》，第 1 卷，第 250 页。
⑥ 同上书，第 91 页。
⑦ 同上书，第 2 卷，第 55 页。
⑧ 同上书，第 1 卷，第 406 页。

学阐释"。"我们的生活，"紧接着他又写道，"是审美创造活动"①。从另一方面说，按照他的思想，"自然以其所是的那样一种不完善形态，由于人的不理解和不道德，目前仍然处于我们甚至不能在严格的意义上说它是上帝的作品——因为在它身上，造物主先前划定的目标部分地尚未完成，而部分地甚至被歪曲了"②。费奥多罗夫采用了神正论中心主义和人类学中心主义的形而上学观点，谈论"拯救无限宇宙"的问题，认为拯救应当在"像地球这样的微不足道的一片羽毛上实现"③。稍后我们还会看到这一体系的基础和根据，而目前暂时让我们权且先讨论这个问题。"目前的宇宙，"费奥多罗夫紧接着又写道，"已经成为一个盲者，正在走向毁灭，走向混沌——因为相信了撒旦的人，判定自己只知道没有行动的知识，这就从相反一面把知识树变成了十字架树"。这样一来，科学和哲学的"抽象"性质及其"无为"便与原罪相关联起来了。然而费奥多罗夫不认为这注定使我们的思维被锁定在与行动分离的状态已经是无可挽回的了。用人的力量，恢复认识的完整性，亦即恢复思维和行动的内在关联是可能的，只要人彻底认识到自己精神所患的疾病就可以了。在此，费奥多罗夫的宗教意识完全与那样一种"基督教自然主义"接近，关于后者我们在陀思妥耶夫斯基那里早已经见识过了。这不是最重要的内在论，而是对于在基督之后的一切的认可，对于基督所完成的拯救世界的认可，因为拯救的力量已经存在于世界上了。"人类命定成为拯救世界这一事业中上帝的工具"——费奥多罗夫如此写道④。人们常常并未发现费奥多罗夫笔下的这类文字——他的全部体系要知道都建基于这样一个论点之上，即基督已经"为人赎了罪"，我们面临着"掌握"这一赎罪的任务。换言之，当前，亦即

① 《共同事业哲学》，第 2 卷，第 155 页。
② 同上书，第 191 页。
③ 同上书，第 242—243 页。
④ 同上书，第 387 页。

在基督之后，拯救的实现，按照费奥多罗夫的观点，已经完全取决于人自己。下面就是费奥多罗夫就此问题所说的最具有决定性意义的话："如果说原罪判定我们只能理解没有行动的知识的话，并且把认识树变成了十字架树的话，那么，十字架树则把我们所有人都联合了起来，让我们把知识转化为行动"①。这也正就是"基督教自然主义"，它当然认可各各他，但将其作为过去的事情，而非作为"永远在延续的基督的临终状态"，按照帕斯卡尔的话，目前在世界上有一种拯救的力量，它已经完全被世界内在化了（其自然主义特征也就表现在这里）。这根本不是什么对于超验存在的否定，甚至相反：认识到拯救世界的力量是世界内在化了的，我们（当前）将会全身心地献身给拯救的事业——要知道这也就是"让人类的意志服从于神的意志"②。因此，"把人的意志与神的意志对立起来从根上说"，按照费奥多罗夫的说法，是不正确的，这不是因为一般说没有神性，而是因为目前（在基督的事业之后）"成为神的计划的工具的能力和可能性"已经向人敞开了③。福音书不单单是"福音"而已，亦即它"并不仅仅只提供知识"，它还是从事行动的"纲领"④。如果"思维和存在不同一"的话，那么，这仅仅意味着"思维没有被实现，而思维是应该被实现的"⑤。

所有这些都可以归结为这样一个认识论命题："理念不是主观的，但也不是客观的——理念是规划式的"⑥。对于认识的这种理解在费奥多罗夫那里达到如此深入的地步，以致他认为既然我们赋有认识宇宙的使命，那么也就意味着我们也赋有掌握宇宙的使命，我们面临的任务"不仅造访宇宙，而且还要让宇宙中的所有世界都住

---

① 《共同事业哲学》，第 2 卷，第 243 页。
② 同上书，第 1 卷，第 187 页。
③ 同上书，第 213 页。
④ 同上书，第 264 页。
⑤ 同上书，第 334 页。
⑥ 同上书，第 336 页。

满了居民"。"人就是为此才被创造出来的"，——关于对这个问题的思考，费奥多罗夫做出这样的小结。

在对待思维和认识可能性的关系问题上，费奥多罗夫的立场便是这样的。从批判"认识的无为"开始，他的立场由于在他那里已经成熟了的那一共同的形而上学，导致他走向一种认识论乌托邦，对此，我们刚才已经对之进行了描述。现在，让我们转入对费奥多罗夫基本理念的阐述。

4. 我们已经说过费奥多罗夫的形而上学人类学的问题，现在我们看到，正如在对人类存在的分析中那样，费奥多罗夫也找到一些建构所有形而上学体系的基本元素。

如果深入阅读费奥多罗夫的著作，我们会很快就理解，有两种病态的感觉始终在啃噬着他的心灵，并使他痛苦不堪，——这就是人们之间的分裂性，以及人们之间缺乏博爱的问题。第二种感觉或许对他心灵的掌控并不亚于前者——我们不可能忘记所有那些已经从生活中离开的人们。就如同我们不可能不思考在活人之间的关系中，通常世界上占据统治地位的，是冷漠的互不相关——还有就是我们不能不思考在死者的相互关系中，世界上笼罩着同样的疏离感，这时候一种从所有人都把自己封闭在自己身上而来的一种自我凝聚。实质上，这里的问题涉及到同一个被应用于两个范畴的核心理念——用于活人和用于死者，这一理念都是对于每个人封闭在自己身上，让自己远离活人和远离死者是一种非真的认可。费奥多罗夫的主要文章之一（见第 1 卷）的标题就非常具有典型性：《关于博爱或亲情以及关于非博爱、非亲情、以及世界的非平和状态和复活亲情关系的手段问题》。"我们必须活着，"费奥多罗夫在这篇文章中写道[①]，"但不是为了自己（利己主义），也不是为了他人（利他主义），而是与所有人在一起并且为了所有人"。这是费奥多罗夫典型

---

① 《共同事业哲学》，第 1 卷，第 96 页。还可参阅第 118、314 页。

的公式，它引导我们走入其理念的出发点：他需要"所有人"——不但包括所有的活人，也包括所有的死者，他需要，换言之，那样一种"完整性"，这种完整性会走进上帝之国的概念里来。因此，我们可以毫不夸张地说，在费奥多罗夫那里，有一种特殊的和十分紧张地面向天国说话的特点，并且，他对那些无论如何对于世界上没有天国已经妥协的人，都充满了深深的厌恶之情。这种对于天国的无以遏制的渴望，作为完整性，作为"与所有人以及为了所有人"的生活，并非仅仅只是一些简单的思想而已，而且也是其全部内心工作的动力，也是推动其所有探索进行的最炽热最火热的推动力——他对于周围生活的批判，他关于如何使天国临近并实现的思考，全都源出于此。正因此我们也就有充分权利说，在费奥多罗夫的创作中，所有的灵感都取决于这一宇宙的和火热的对于天国的向往和追求。这使得他的所有创作都变成了基督教哲学，而如果费奥多罗夫在其一系列体系中常常远离教会和教会世界观的话，那么这并不能减弱其宇宙思考中基督教主题的真实性。

现在让我们转向对其基础理念的详尽探讨，而首先是他关于世界的"非博爱"状态的思考。

对于世界上"非博爱"的尖锐感受决定着他对待当代、对待历史的严峻态度，因为"历史，"他在一处文字中这样写道[1]，"是（实质上）是自然的垮台和相互消灭"。在我们这个时代常常能够见到的那个"博爱"口号，就其实质而言，是个谎言，因为"自由满足各自的任性古怪念头和令人嫉恨地寻求平等不会导致博爱：只有爱能导致博爱"[2]。"个性的极端发展，工作的分化引导人们走向完全的内心分裂"[3]——这就是当代文明的本质，它导致"这样一个结果，即一切作为预言的灾难，在终结的开端之处，——在革命、

---

① 《共同事业哲学》，第 1 卷，第 135 页。
② 同上书，第 196 页。
③ 同上书，第 216 页。

反对派、论战、或一般的斗争——的外表掩盖下，都开始被当作是进步的条件"①。"世界在走向终结，"—— 费奥多罗夫立即补充道，"而人以其活动甚至在促进终结的尽快到来"。

对于费奥多罗夫来说，有一点很清楚，即由于从"非博爱"的生活中滋生出来的当代文明基本的非真，它"只能靠永恒的恐惧和暴力来支撑"，而所谓"道德"在当代世界实质上却是"商人的道德或实用主义的道德"②。"当代一切都在为战争服务，"我们在另一处地方读到③，"没有任何发明不是军人以用于战争为目的在充分利用的，显然人所做的一切都是恶，无论他能做多少也罢，在对待自然的关系上（耗竭、荒漠化、掠夺）和相互对待的关系上，都是恶……就连交通和道路，也只是为了战略或商业、战争或贩马服务的"。

费奥多罗夫的这段揭露的话，往往与当代资本主义批判家们的言论相近，他们批判资本主义④野蛮掠夺，批判资本主义只为了满足骄奢淫逸的欲望（"……工业化"，——费奥多罗夫某次这样写道⑤，"是性欲的产生，是化妆情欲的产生，也是想要年轻、刮胡子、扑粉的欲望的产生"），批判资本主义追逐积累，爱和博爱的遗训在现代文明中最终转变成为缺乏任何内容的话语，而这在大城市里看得更加明显，因为那里是人群的聚集地："城市，"费奥多罗夫某次这样写道⑥，"是非博爱状态的总和"。这一"可怕的非博爱势力"⑦ 与"根植于任性刁蛮中的非博爱"有关，这是"一种顽疾，一种在人

① 《共同事业哲学》，第 1 卷，第 210 页。
② 同上书，第 203 页。
③ 同上书，第 4 页。
④ "科学处于工厂主和商人的统治束缚下……就连科学的献身者们也甘愿承受这一锁链，而且非常珍视成为商业合作者或咨询师的机会"（同上书，第 1 卷，第 395 页）。"从前曾经充当神学之婢女的科学，现在开始成为商业的婢女"（同上书，第 250 页）。
⑤ 同上书，第 2 卷，第 199 页。
⑥ 同上书，第 455 页。
⑦ 同上书，第 1 卷，第 8 页。

之内部和人之外部都有其根部的顽疾"。而且我们应当注意到,"当代非博爱状态的不可排除性是学者们根深蒂固的教条"。

除了"人际关系之间的非亲情"外,不应疏漏的欢愉"自然与人关系中的非亲情"关系①——在自然中"感受者被送给无感受者作为祭品"(亦即活的被作为死的的祭品),因此有关克服"人与人之间关系的非亲情"问题,不能将其与自然在对待我们之关系方面的"盲目性"分而论之。费奥多罗夫不止一次回到这个关于"把人类学与宇宙学分开来的不正确性"主题上来②。如果"自然暂时还是一种地狱般的力量"③的话,那么,这种事物秩序是非"天然的"和"非一成不变的"——人赋有支配自然和把"混沌"改造成为宇宙存在的使命。

但在这条完成所有这一切任务的道路上,站立着一个"最后的敌人"——死亡:费奥多罗夫在对待当代的态度方面如此病态体验的"非亲情性",在此已经开始带有悲剧的意义,当我们想起那些其生命被永远中断而成为死神的牺牲品的人时。费奥多罗夫思维的全部特点正是在这一点上达到了其最高紧张度和最大开放度。

5. 费奥多罗夫在这个问题上,当然完全站在基督教观点上,这种观点,首先是关于战胜死神的福音,是关于人面临着在"未来"生活中通过复活获得其存在的全部完整性的福音。费奥多罗夫以特殊的力度感受到了全部非真,全部死神的恶,而与此同时,全部未来复活的真理。他在对待死神方面的决绝的绝不妥协精神,他的这种感觉的激情洋溢的紧张度使他睁开了眼睛,看见了通常的宗教意识,却相反,这种意识非常易于与死神"妥协",在面向未来复活中寻求着安慰。从这个几乎已经对于死神的全部非真的无感觉中,费奥多罗夫找到了我们文化的一个重要的特征:那样一种"非亲情

---

① 《共同事业哲学》,第 1 卷,第 7 页。
② 同上书,第 251 页。
③ 同上书,第 307 页。

性"，那样一种"缺乏真正的博爱"，他在人们身上在对待活人的态度中找到了，这种特征与对待死者的冷漠和淡漠并无二致。在这两种场合下，都是同一个定向在当代人身上起作用，都是同一个内心的非真，同一个在对待当代人悲惨命运上的恭顺乐天精神，就如同在对待那些被死神带走的人一样冷漠恭顺。如果说在对待第一个"非亲情"关系方面他的"规划性"定向，要求克服当代社会的非真的活跃的和有计划的积极能动性的话，那么，在对待第二种"非亲情"方面，费奥多罗夫产生了一个必须同样积极克服死神的非真性的念头。既然采取了这样的立场，费奥多罗夫的思想开始在这个方面紧张地工作起来。

社会主题与关于死神的主题、以及关于在这个和那个领域里的非真问题的内在交织，固执地萦绕在费奥多罗夫心头。"人的贫穷在于他的死亡"，——我们从他笔下读到这样一个经常重复出现的公式①。抑或："只要存在死神，便会有贫穷存在"②。

作为一个在对待恶（和死神）方面一个消极性恭顺的深刻的敌人，费奥多罗夫以其全部力量抨击这种消极性。他认为任何 amor fati（爱命运——译者）都是"非道德的顶峰"，而提出"对于命运的极其巨大的、无条件的仇恨"而与 amor fati 对立——odium fati③，费奥多罗夫号召与死神斗争。"死亡，"他写道，"是盲目的、非道德的④力量的得胜，谁如果不把生命还给从其那里得到生命的那个人，谁就不配生活和自由"。"自然本身，"在一处地方他这样写道⑤，"在人身上认识到了死神的恶，认识到了自己的不完善"。

基督靠为人类赎罪而完成的基督的复活，为我们开辟了一条道路，只有一点需要注意，即"基督教实质上不仅仅是有关赎罪的学

---

① 《共同事业哲学》，第 1 卷，第 148 页。
② 同上书，第 194 页。
③ 同上书，第 2 卷，第 162 页。
④ 同上书，第 1 卷，第 339 页。
⑤ 同上书，第 2 卷，第 239 页。

说，而正是赎罪的事业本身"①。这一思想几乎以完全一样的话语，如我们所见，罗赞诺夫也说过（参见第 1 卷，第 461 页）。因此按照费奥多罗夫的意见，"基督复活对于信教者还是一个深刻的秘密"②。"基督教完全没有拯救世界，"我们在另一处地方读到③，因此也就根本还没有被我们所掌握"。

正是从这一点上开始了费奥多罗夫与基督教传统的分歧，他和基督教的决裂对他来说不能说没有痛苦，之后他转向勇敢地"内在复活"方案。如果说基督已经为世界赎罪并且复活了的话，那么，他以此在号召我们彻底追随他的足迹。基督号召人类采取行动参与与死神的斗争——在这里费奥多罗夫，应当承认，从以尖锐地提出有关与死神斗争的论题而攀登上的令人头晕目眩的顶峰，一下子滑落到了乌托邦的、混合着魔力论和纯粹幻想的体系的平地。

首先④："自然对于我们是暂时的敌人"——"目前宇宙开始成为盲目的了"。"尽管有所有的战争，"我们在另一处地方读到⑤，我们（暂时）的真正的敌人始终是盲目的、能够带来死神的力量，这种力量似乎"被达尔文主义给合法化了"。但是，正如"自然的斗争法则没有永远存在的权利一样"⑥，人类对待自然的态度也不应该是奴隶般的服从其现有的状态："服从自然，"费奥多罗夫说道⑦，"也就意味着支配自然，意味着用非理性的力量支配自然"。折磨人的恶，"无论什么样的社会变革也无法排除——恶处于更深的地方，在自然本身之中，——在其无意识性中"⑧。在此费奥多罗夫分享了启蒙主义对于价值和意识的改造力量的总的信仰，和对作为创造者

---

① 《共同事业哲学》，第 1 卷，第 112 页。
② 同上书，第 142 页。
③ 同上书，第 170 页。
④ 同上书，第 2 卷，第 247 页。
⑤ 同上书，第 1 卷，第 117 页。
⑥ 同上书，第 262 页。
⑦ 同上书，第 406 页。
⑧ 同上书，第 320 页。

的人的信心。在此费奥多罗夫的乌托邦希望变得无边无际了——其思维的勇敢在此过度到了纯粹的幻想境界，但在这里，又出乎意料地与我们的当代人骄傲的希冀发生了呼应。他不害怕说通过人的通灵和支配所有巨大的天国世界来"拯救（全部）无边无际的宇宙"①。他幻想"以全世界的力量"来支配"把我们固着在（地球上）的吸引力"②。"理性生物对待非理性生物（自然）的真正态度是调节自然进程"。关于这一调节作用（这是费奥多罗夫喜爱的说法之一）他常常挂在嘴边，但他需要的"调节"不是只在知识领域——而在存在本身中，这一调节应当把人的统治扩展到"所有的世界中去，扩展到所有世界的体系中去，直到宇宙彻底被通灵化为止"③。

所有这些幻想都指的是对于死亡的胜利，对于自然带来死亡的力量的胜利而言。"无论死亡的原因多么深刻，"费奥多罗夫说道④，"死亡不是一开始就有的，它并非无条件的必然性：理性生物取决于其盲目的力量，自己本身也可以被理性所支配"。但是怎样支配呢？费奥多罗夫首先捍卫"内在复活"的理念本身：在救世主的赎罪功勋以后，这条道路不仅已经向我们敞开了，而且它还是我们的职责，"是给我们的遗训，是神的吩咐"⑤。费奥多罗夫甚至提出了这样的问题："在基督复活后却并未继之以所有人的复活，这该怎么理解呢？"——并且认为原因在于基督徒倾向于纯粹的对于复活的超验主义理解，以及没有人的积极参与。当然，"拯救就是没有人的参与也可以发生，如果人们并没有在共同事业（复活）中团结起来的话"，也就是说，如果复活不是内在的，便将会是超验的。但是，请注意福音书的警告，费奥多罗夫认为纯超验主义的复活只对优选者才是

---

① 《共同事业哲学》，第 2 卷，第 242 页。
② 同上书，第 365 页。
③ 同上书，第 1 卷，第 406—407 页。
④ 同上书，第 2 卷，第 203 页。
⑤ 同上书，第 1 卷，第 139 页，可与第 13 页比较。

拯救——而对于其他人来说，便将会是"上帝愤怒"的表达①。费奥多罗夫就此题目写过许多东西，说基督关于谴责不义者的话，完全具有假定的意义——亦即谴责未见得真实有效，"如果我们不为了完成我们的拯救而团结起来的话，如果福音书的布道不被我们所接受的话"②。费奥多罗夫紧张而又固执地推出了人们以劳动参与拯救世界的理念（"一切都应该被劳动所改造，任何东西都不应该对人成为白得的、不劳而获的"）③，无怪乎在这个问题上别尔嘉耶夫会超过费奥多罗夫，其对于人积极参与拯救世界的理念表达得更加强烈和激进……

但人如何表明他参与对自然生活的"调节"和对于死亡的胜利呢？费奥多罗夫首先建构了一个相当古怪的气象学乌托邦④，在他那里已经成为所有科学都应该服从天文学的地步：通过调节气象现象（排除干旱等的可能性）应当走向"盲目的行星运动和所有太阳系运动的调节"，进而把调节扩展到"其他星系"⑤。但这一对于宇宙的"通灵"化（通过使其服从人的理性）涉及自然生活的外部方面，但如何才能停止自然中的"死亡力量"呢？费奥多罗夫常常求助于这样一个主题，但他的所有在这个领域里的体系都是模棱两可的，语焉不详的和奇思异想的。他时而谈论"用复活来取代出生"，生育力，按照他的说法，仅仅是"对于可以用于复活或更新的那种生命力的一种滥用罢了"⑥。时而又说：通过"把无意识的出生过程转变成为普遍复活人类会使得全世界都成为生存的手段"⑦；时而又说，"所有物质都是先辈们的尘埃"，"在最小的分子里……我们可

---

① 《共同事业哲学》，第 1 卷，第 486 页。
② 同上书，第 451 页。关于世界末日的假定性还可参见同上书，第 471 页。
③ 同上书，第 2 卷，第 123 页。还可参阅第 189 页。关于"五天劳动"还可参见第 1 卷，第 162、256 页。
④ 关于这一点可参阅第 3 部分的一系列文章，见同上书，第 2 卷，第 247 页。
⑤ 同上书，第 2 卷，第 252 页。
⑥ 同上书，第 1 卷，第 121、345 页。
⑦ 同上书，第 2 卷，第 252 页。

以找到我们祖先的痕迹"；他还说"收集散落的分子"以便复苏死者的身体①。时而费奥多罗夫又说什么通过发展科学我们应当达到"支配世界上全部分子和原子的地步，以便把散落的收集起来，分解的联接起来，亦即重组祖辈们的身体"②。

所有这类语义模棱两可的思想常常给各类误解提供了口实，而首先是（而这或许部分原因即出于此）不由自主地产生了一个想法，即在费奥多罗夫那里，我们找到的是（无意识地？）对早在18世纪初俄国的共济会里流行的那一通灵术理念的接受。"魔力论"因素，某种"魔力"我们常常可以在费奥多罗夫那里感觉得到，尽管他有着纯粹的启蒙主义的对于自然科学增长的信仰。弗洛罗夫斯基（在我看来不无根据）断言，而在费奥多罗夫那里，有"对于用阴灵占卦无疑有着某种偏好"③。弗洛罗夫斯基的论点在我看来同样也是缺乏论证的，他说费奥多罗夫"在已做和诞生、人工和自然两者中，永远都更加青睐后者而非前者"。但最有趣的应当说是费奥多罗夫在弗拉基米尔·索洛维约夫那里引起的误解，总的说来，正如我们所知，后者对费奥多罗夫的体系一直怀有最真挚的同情。可是我们看索洛维约夫在给费奥多罗夫的信中是怎么说的吧："死人在生理上的简单复活本身不可能是目的。当人们正准备相互扑击相互撕咬时将他们复活，当人类正处于汉尼拔习气的顶峰时复活他是不可能的，也是人们不希望有的……"应当承认即费奥多罗夫毕竟还是为诸如此类的对其基本理念的庸俗理解提供了口实——也就是他那"科学—魔力""复活"法的布道辞。顺便说说，"内在论复活"理念的确把费奥多罗夫的思想引向弄清这种"内在论复活"实现的现实途径的方向。但如果仔细对待费奥多罗夫的构思本身，那么，则索洛维约夫的意见我们就不能不承认不是什么别的，只有误解除外。且看

---

① 《共同事业哲学》，第 1 卷，第 329 页。
② 同上书，第 442 页。
③ 弗洛罗夫斯基：《俄罗斯神学之路》，第 326 页。

费奥多罗夫在一条意见中是怎么写的吧①："精确地盲目地复现过去的生活连带其所有琐碎，当然不具有任何吸引力的"。而费奥多罗夫在另一处地方的表述则比这更加强烈②："普遍复活是终极目的，是在履行上帝的意志，是在实现形而上学的完善和普遍幸福"。当然，费奥多罗夫多少有点天真地相信，在"共同事业"中团结起来的所有人通过这种"共同事业"（死者的复活）会从内心得到改造，致使所有"卑污"会变得不再可能重现。但显然在这个问题上，发挥作用的是这样一个信念，即把人团结起来本身（为了"共同事业"）已经排除了人与人之间的"非博爱"。"除了总和行动的途径以外别无他途，"某次费奥多罗夫这样写道③，"理想会变为现实，世界会变为世界"。稍后我们又读到（在关于"康德的道德决疑法"的札记里）："这样一种必然会引发某种恶的地位会变得不可能（！）在把所有活人为了共同事业而组织起来复活所有死人时出现"。而在另一处地方我们读到："复活是理性、道德和艺术生命的圆满"④。

我们不要忘记，按照费奥多罗夫的思想，如果没有内在论复活的话，便会发生超验主义的复活，但后者却会引发将配享永恒欢乐和不配享永恒欢乐而只应予以谴责的分开。费奥多罗夫完全接受关于"为了永恒的惩罚而复活"的可能性学说（"我名符其实地相信这件事"，——他就此写道。）⑤，但他也在寻找着，如他所说，"完整而又全面的拯救"——不是不完整和不全面的拯救——即一些人（罪人）被谴责受永恒的痛苦，而另一些人（义人）永远观照别人的这些痛苦⑥。

6. 在对费奥多罗夫基础理念和基本激情理解中的误解，当然不

---

① 《费奥多罗夫全集》，第 2 卷，第 103 页注 2。
② 同上书，第 77 页。
③ 同上书，第 80 页。
④ 同上书，第 207 页。
⑤ 同上书，第 43 页。
⑥ 同上书，第 1 卷，第 403 页。

是只有弗拉·索洛维约夫一个人而已。尽管费奥多罗夫在回答索洛维约夫的上述那封信时从侧面做了回答："复活汉尼拔习气，也就是复活死亡！多么荒谬绝伦！"但正如我们指出的那样，费奥多罗夫遗憾的是不止一次为这类误解提供了口实……布尔加科夫公正地指出[1]，"把费奥多罗夫的宗教理念用当代科学实证主义精神（梅奇尼科瓦等人）加以阐释和把宗教理想变为无法忍受的卑俗都是极其危险的"。弗洛罗夫斯基也写道[2]，"对于费奥多罗夫来说，'共同事业'的魔力要比最神圣的圣餐仪式现实得多……"，而在另一处地方又写道，说费奥多罗夫的世界观"根本就不是基督教的"，说他的"激情是社会建设的"。我们再重复一遍：费奥多罗夫为人们以"人道主义能动主义"精神阐释其体系提供了足够多的口实，但弗洛罗夫斯基说的对，而布尔加科夫在承认费奥多罗夫理念具有极其重大的宗教意义（而根本不是社会—能动主义）时也是对的。弗洛罗夫斯基的另外一条意见也距真理不远[3]，说费奥多罗夫"拿劳动与神赐做对比"，但要知道费奥多罗夫那里所谈论的"劳动"，恰恰在于"把握"神赐。费奥多罗夫——在这个问题上与其关系最近的不只有托尔斯泰一个人，而且也包括一系列俄国思想家——坚决反对把"思想"和"行动"分隔开来，反对把基督教变为"世界观"，而非"神的行动"[4]。费奥多罗夫的基本信念，即"人类赋有成为上帝拯救世界的工具的使命"[5]，当然根本不排除上帝在这种拯救中的神赐。

费奥多罗夫建构了《共同事业哲学》，建构了"规划性"哲学，亦即"行动"哲学，而非消极的观照世界的哲学。正是这一特点把费奥多罗夫与所有俄国哲学联系了起来，而在俄国哲学探索的辩证法中，费奥多罗夫自有其合法的地位。费奥多罗夫全部体系的弱点，

---

[1]　见《谜一般的思想家》一文，《双城》文集，第 2 卷，第 268 页。
[2]　《俄罗斯神学之路》，第 330 页。
[3]　同上书，第 327 页。
[4]　同上书，第 2 卷，第 184 页。
[5]　同上书，第 387 页。

不在于他作为出发点的灵感，也不在于他对于"圆满全面拯救"的渴望，甚至也不在于他注重人类在这一拯救中的"劳动任务"，而在于他天真地（和整个启蒙主义一样）相信，人的理性和意识可以自行实现这一任务。人在历史中的悲剧性的迷途的混乱，人类悲剧性的自我消弱被他拿来与其对于"总体行动"的治疗性效果的信心，对于自然实施技术调节的乐观主义的信心做对比。这当然是天真的，但这却符合启蒙主义精神，是他无法取消的定向，但费奥多罗夫最主要的激情是关于与死亡斗争的号召，它闪耀着基督教关于复活的福音之光，这种光明却无法减弱其天真幼稚的形式，而他却以这种形式表达了人积极参与拯救的思想，揭示了基督为人类立下的功勋，我们应当看重费奥多罗夫的，不是因为在拯救理念的照耀下他以深刻的真理性揭露了当代文化的罪孽，而是因为他把"普遍拯救"理念当作全部体系的基础。这一闪耀着天国之光的观点以其圆满的力量处于费奥多罗夫思想的核心地位，因而在永远都包含着宗教主题的俄国哲学史上，费奥多罗夫自有其特殊的地位。

乌托邦主义精神在整个俄国思想界上空飘荡[1]——这证明他是如此激进地面对俄国历史的"终极"目标，但却无法将其与在活跃的历史现实生活（而无须对其实施暴力）中实现这些目标联系起来。然而，历史的道路一般说来取决于理想和现实，历史的终结及其当前的运动发展过程的相互不可排除性。费奥多罗夫的乌托邦主义证明的，不是他哲学才华的软弱，而是暂时还无法克服把理想和历史，把"普遍拯救"和我们存在的活跃的现实结合起来的困难。

---

[1] 参见我的拙作《Geist d. Utopie in d. russischen Denken；（Occident und Orient）》，H. 16，1934.

第六章
晚期黑格尔主义者
奇契林
德波尔斯基
帕·巴枯宁

1. 我们从俄国宗教哲学家转入其他思想家，这些思想家虽然在个人生活中是宗教的，甚至也肯定基督教的真理和价值，但他们在建构其哲学观点时，却独立于其宗教信念。实质上这也与世俗化定向相吻合，由于纯思维和纯科学的研究工作被认作是在内心上独立自主的，所以，在这种定向的支配下，可以有也可以没有宗教体验的参与。这或许可以称之为"修正的"世俗化运动，他根本不向宗教领域施压，甚至倾向于捍卫信仰容忍原则和良心自由原则。如果说在俄国思想史上，我们迄今为止如许经常地遇见过把世俗化与宗教内在论倾向结合起来的话，那么，要知道把世俗化与真正的、真挚的宗教体验结合起来也是完全有可能实现的。世俗化运动的实质就在于最重要的认识领域与信仰、文化与教会的分化。

对于这种类型的"修正"的世俗化，我们还将不止一次见到，而此刻我们面临的任务，是把它在晚期俄国黑格尔主义运动中有趣的反映介绍给读者。在俄国黑格尔主义的基础上，在所谓"苏联哲学"中，产生和发展了一种富于进攻性的反宗教流派（参见本书第4卷，第1章），但这老实说已经是黑格尔主义的再生了——与这次再生相似的（而从起源学上又取决于它的）运动，就是俄国的新马克思主义。我们在本章中将要介绍的晚期俄国黑格尔主义的同样一些代表人物，相互之间有一个共同观点，即在把信仰领域从认识领域分开后，他们与此同时又捍卫信仰的权利。

在这些晚期黑格尔主义者中，最重要而且在创作上最多产的，应该说是鲍里斯·尼古拉耶维奇·奇契林，他创造了一种（在黑格尔主义的基础上）独特的体系。

2. 首先我们要涉及的，是奇契林（1828—1903）的传记——其传记在许多方面都非常富于意义①。出身于世袭贵族和富裕家庭的奇契林，在家里受到了精细的培养并且很早就考入莫斯科大学。在大学教授群中，对他产生重大影响的（如奇契林自己所说）② 特·德·格拉诺夫斯基，以其严格而又冷峻的学养和深厚的高尚气质吸引了他。一般说来，奇契林在少年时代总是围绕着他那个时代一些最杰出的人物转悠，并与之有密切交往，比方说，一度曾与我们已经知道的康·德·卡维林（参见第1卷第9章），但只有格拉诺夫斯基一个人的确在许多方面有恩于他。和我国40年代所有那些西方派一样，格拉诺夫斯基曾经是个浪漫主义者，而奇契林本人对于格

---

① 对于鲍·尼·奇契林的传记而言，最重要的材料是他的回忆录（迄今未能全文出版：出版了3卷，其中最重要的是第1卷）。还可参阅叶·特鲁别茨科依伯爵的回忆录（索菲亚，1921）。对于奇契林个性的描述，可参阅的专著有——尼·尼·阿列克谢耶夫：《鲍·尼·奇契林的宗教—哲学理念与个性》。《道路》，1930，第24期。还有奇热夫斯基：《黑格尔在俄国》，第3卷，第5章。

至于奇契林的著作，那么，把他所写的法学性质的著作放在一边，我们要提出的是：《科学与宗教》（1879，第2版，1901）；《科学中的神秘主义》（1892）；《逻辑学与形而上学的基础》（1894）；《法哲学》（1900）；《哲学问题》（1904）。论述奇契林哲学的著作有：奇热夫斯基：《黑格尔在俄国》（第3卷，第5章）；Jakovenko. Dejiny rusko filosofie, c. 277—285；Gurvitch. Die zvei grossten russische Rechtsphilosophen（Philosophie u. Recht Ⅱ Jahrg. 2 Heft 1922/3.）。叶·特鲁别茨科依伯爵的3篇文章见于《哲学与心理学问题》，1905，第80期。Spectorsky：Festschriift fur Lossky, 1931。季哈米洛夫：《神学通报》，1894，第8期。

② 《回忆录：40年代的莫斯科》，"格拉诺夫斯基对我的影响比任何人都大"，第9页。

拉诺夫斯基的倾倒，也提示给我们一个想法，即在奇契林自己身上，也有浪漫主义特征。初看上去，无论这有多么乖谬，却是地道真实的，这点我们随后便将会看到。

考入大学给奇契林带来了一次宗教危机："很快我的宗教大厦，"奇契林在《回忆录》中写道①，"便分崩离析了，从我年幼时的信仰中，没有留下任何残余"。根据其心理气质，奇契林的天性属于那种最看重知性生活并且首先是知性生活的人，虽然他学的是法律专业，但却对哲学非常感兴趣，对自然科学和数学也兴味盎然。奇契林的大脑非常倾向于"体系化"，正如叶·特鲁别茨科依伯爵关于他所说的那样②，因此他的兴趣的确是百科全书式的，但也正是这个原因引导他产生了宗教危机，以致靠自己的力量居然不能当即就摆脱这个危机。

奇契林很早就拜读了黑格尔的著作，并且被其所完全俘获。虽然后来他令人注目地离开了黑格尔（叶·特鲁别茨科依伯爵某次公正地指出③，奇契林"比他自己所以为的更远离黑格尔"），但实质上，他终生都始终是一个黑格尔主义者，当然，他也对黑格尔主义做出了许多重大修正。有一次，他（已经是在晚年了）写了这样一段话："我相信谁如果没有掌握黑格尔的逻辑学，谁就永远成不了哲学家。"④ 最初奇契林倾向于"极端主义派别"，如他所写的那样⑤，但是很快他就完全离开了社会—政治激进派："我对民主派的生命力和在创造意义上的社会主义感到失望。"他接着写道。离开激进派以后，奇契林一劳永逸地确定了自己独特地把自由主义和保守主义结合为一体的道路。首先，奇契林在俄国历史学和政治学说上，表现为一个纯正的、在俄国非常罕见的 quand meme 的个性自由的捍卫

---

① 《回忆录：40 年代的莫斯科》，第 49 页。

② 叶·特鲁别茨科依伯爵：《论鲍·尼·奇契林的新书》，《谢·尼·特鲁别茨科依全集》，第 2 卷，第 602 页。

③ 同上书，第 605 页。

④ 《回忆录：40 年代的莫斯科》，第 74 页。

⑤ 同上书，第 70 页。

者。无论在黑格尔的范围内发展人格主义基础有多么困难，但奇契林却在这个问题上，非常接近于康德和费希特，而非黑格尔。奇契林的全部人类学是建基在这样一种认识之上的，即人身上有一种"绝对本质"——对他来说，从人的形而上学中可以推导出人身上道德本质的绝对意义。下文中我们将详尽讲述这一点，现在我们提到这一点仅仅是为了强调指出一点，即奇契林那里的自由主义体系与关于个性绝对价值的学说有着密切关联。但是，奇契林在坚定而又执着地捍卫个性权利的同时，把它与"秩序"理念结合了起来——他非常自觉地拥护强力政权，坚决而又尖锐地谴责革命精神的一切表现。这使得俄国社会疏离了奇契林，相反，也使得他在政府眼中很有价值。奇契林给他在彼得堡工作的弟弟写的信，被人向亚历山大二世作了汇报，这表明围绕着年轻沙皇身边的保守派阵营对他们是如何重视。因此，刚刚在莫斯科大学获得教席的奇契林，就接到邀请担任皇储尼古拉·亚历山大罗维奇（亚历山大二世的大儿子死得很早，因此他的二儿子——亚历山大三世——成为皇储，继而当上了沙皇）的太傅，就丝毫也不足为奇了。但围绕着奇契林很早就形成的保守派的名望，当然只有部分是正确的：正如奇契林也严厉谴责革命运动绝非偶然一样，他成为莫斯科大学自由派教授（当时人数不多）的首领也非偶然。对手的胜利导致奇契林辞职……后来当他被遴选为莫斯科市长时，他便不得不在亚历山大三世的登基仪式上致辞表示欢迎，而他的发言尽管充满忠诚的语言，但仍然还是暗示了对于立宪机构的青睐，因而引发了一场出乎意料之外的骚乱——于是奇契林又不得不离职……实质上奇契林永远都忠实于自己——无论是自己的保守主义，还是自己的自由主义，——但正是这种对于自己信念的固执的秉性与他那个时代不安动荡和紧张激烈的社会生活之间，很难和谐一致起来。在这方面，卡维林在一封给奇契林的信中所说的话，非常富于教益和典型。他和奇契林一度曾经走得很近，甚至可以说是朋友（卡维林在奇契林大学生时代曾经是他的教授），可后来他们分手了，而且很决绝——值得注意的是，顺便说说，奇契林颇为他俩的分手伤心，而卡维林呢，却相反，却似乎有意激化矛盾……于是，就这样，在一封给奇契林的信中，卡维林写道："怎能和您比呢，你是在奥林匹斯山上，永恒的交谈者……"① 奇契林内心的平衡，宁静和恬然，心绪平和一直都给同时代人留下了很深的印象，似乎他从无畏惧，毫无感情，但实际上正如我们从回忆录里能够看得出来的那样，奇契林的性格是火热的、炽烈的。他的感觉深邃而又强烈，但内心的平衡似乎总是能很好地掩饰心灵的激动。因此人们常常不理解他或是以为他很放荡。在这里比较一下对于奇契林的两种描述想必很有趣：前者出自叶甫盖尼·特鲁别茨科依，另一个出自莫斯科神学院教授帕·瓦·季哈米洛夫手笔。下面看看叶·特鲁别茨科依是怎么写的吧②："鲍·尼·奇契林的形象终生铭刻在我的记忆里了，因为他是一个心灵高尚、非常完美的人……他不能忍受任何黏糊劲儿，从不善于做出任何妥协，协议或让步。"然而，但似乎叶·特鲁别茨科依从奇契林身上发现的内在矛盾，似乎更值得注意："他相信一切现在存在的，都是合理的，而另一方面，由于毫不妥协地否认当代的一切，所以，当代生活中的一切在他看来都是疯狂和荒谬……他给人以这样的印象，似乎对他来说，世界理性全部都在过去"③。后一句话非常准确地表达的印象，和我们今天阅读奇契林作品所得印象高度一致。而下面是帕·瓦·季哈米洛夫教授在分析奇契林著作《逻辑学与形而上学的基础》一文中，常常指责"后者常说一些不着边际完全无根无据的话的坏习惯"④。季哈米洛夫对于奇契林叙述风格的严厉指责，特别强调了他那种"对待别的思想家那种不公正、带有倾向性的态

① 《回忆录：莫斯科大学》，莫斯科，1929，第 61 页。
② 叶·尼·特鲁别茨科依伯爵：《回忆录》，索菲亚，1921，第 9 章，第 118 页。
③ 同上书，第 121—122 页。
④ 帕·瓦·季哈米洛夫：《对于奇契林著作的若干批评意见》，《神学通报》，1894 年 8 月刊，第 310—311 页。

度"。像帕·鲍·斯特鲁威这样敏感深邃的人（关于他可参见下文第4卷第4章），有一次，在论战激烈的时刻，说奇契林是"文学界僵化的石头"这样的话①……因此，当叶·特鲁别茨科依说"奇契林的一生是俄国文化史异常忧郁的一页……奇契林既不招俄国宫廷喜欢，又被生活抛在了船舷之外，因为他是一个水晶般的、大理石一般的纯粹完整的人"。

是的，我国人没有理解奇契林，也没有高度评价奇契林，而这和他陈腐的黑格尔主义没有丝毫关系（要知道"陈腐"的黑格尔主义后来还曾经以极其巨大的力量实施过一次突围——在俄国马克思主义中），而与奇契林与俄国社会之间某种深刻的心理分歧有关。叶·特鲁别茨科依伯爵——关于这个问题他在其回忆录里讲得非常之好——和奇契林有过许多个人之间的接触，这使他有机会透视其内心世界，但那些和他没有个人接触的人，甚至都不曾想过，在这个人表面平静、清晰而又安详的叙述后面，不仅隐藏着清晰的思想，也隐藏着深刻而又火热的感情。奇契林只是在《回忆录》里，揭示了他的内心世界——初看上去，甚至会觉得也许尼·尼·阿列克塞耶夫说得对，当他提出一种假设，说"存在着似乎两种奇契林哲学：一种是书面语的、深思熟虑的、黑格尔式的；另一种是生活哲学、直接直诉胸臆的哲学，是在自己内心经验基础上创造的哲学"② ——兴许是对的。但尼·尼·阿列克塞耶夫毕竟说得是对的——这比方说瞧一眼奇契林的宗教世界就足以确证了。我们以为对于以后的叙述亦即一般说对于理解奇契林来说，介绍一下作为其核心的他的宗教世界是有益的，为此，我们接下来讨论一下这个问题。

3. 我们已经说过，在考入大学时，奇契林完全离开了宗教生活，从而走进一个无神论时期。但研究哲学引导奇契林的意识走向宗教内在论，后者甚至成为其全部超验唯心主义体系的基础。奇契林在

---

① 斯特鲁威·帕·鲍：《关于各种题目》（文集），圣彼得堡，1902，第94页。
② 尼·阿列克塞耶夫：《奇契林的个性与理念》，《道路》，1930，第24期，第99页。

其回忆录中这样写道："在我面前展现了一种全新的世界观，在这种世界观里，存在的最高本质不是从外部支配他所创造的这个世界的以个性神的形态出现的"，而是以宇宙所固有的内心无穷的精神的形态出现的。奇契林在这种模棱两可，不取决于任何东西，也不给予任何东西的宗教信仰支配下状态，持续很长时间。然而，对他来说，考验的时刻来临。奇契林在给王子皇储教了一年课后，斯特洛加诺夫伯爵（全面掌管王位继承人全部教育问题的负责人）邀请奇契林和皇储一块出国，而此时已经真挚地喜爱这个少年人的奇契林，接受了这项建议。在《回忆录》中有关这次旅行的篇章，对于描述奇契林本人性格来说，非常有趣：广阔的智慧，内心的严峻，对于一切光明的和有价值的东西的积极响应的性格，在此得到了充分的展现。可是，当他和皇储抵达意大利后，奇契林得了重病。奇契林写道："我确信自己是在死去，确信生命正在像汩汩流淌的静静的小溪从我身上流失……我不怕死……我不曾有过那种迫使人们死死抓住生命不放的本能的感情。那个时候的我也不相信阴间生活……但在漫漫长夜里，当我似乎与所有尘世的东西隔绝，沉浸在一种特殊状态下我的内心中时，——我的全部过去情景竟一一展现在我的眼前。细节消失了，但一切珍贵的、一切隐密的东西，一切暂时蒙蔽着我的东西，但实际上又是永恒的、构成人类存在的不可动摇的基础的东西，全都浮现出来，带着不可遏止的力量。一种迄今为止不可动摇的感觉攫住了我：一种对于一个速朽的人简直不可能的意识产生了：斩断一切生命的活的源泉，斩断赋予其以意义和存在的一切。我似乎觉得我究竟是怎么搞的，居然在长达 15 年中，能够没有任何宗教信仰地活过来，于是，我转向宗教，心里有一个深刻的信念，我的思维中一切此前的发展，都在对这一转变做好准备"①。

我们援引这一片断，不仅仅是为了表明"有着冷漠而又平静的"

---

① 《回忆录：莫斯科大学》，第 147—148 页。

头脑的奇契林，并未受到这个大脑的干扰，大脑并未妨碍他的精神的内在运动重获意识。这里重要的是指出一点，即这次宗教转折在奇契林的整个世界观里打下了深刻的烙印。更重要的一点是，在宗教体验的影响下，奇契林完全抛弃了黑格尔的根本理念之一，即关于"形成中的绝对者"的理念。在《回忆录》里，在讲述完宗教转折这段故事以后，奇契林这样写道："我明白了。如果精神是绝对者的终极形式的话，那它也就是原初形式，从来不会贫乏的、全能的一种力量，是所有实体的源泉。"[1] 我们接下来还会看到，应当把奇契林对于黑格尔体系的所有最重要的改变，都归咎于这个公式。但比这还要更多：奇契林思想与其宗教体验的真正的、深刻的关联出乎意料地揭示了在他身上一直深藏不露的浪漫主义特征。这听上去似乎有些匪夷所思：这样一个理性主义者，一个充满自信和骄傲的人，一个把一切都归纳进其理性的公式里去的人，如何可能与浪漫主义接近呢？但在浪漫主义中一个基本特征之一被赋予了非常重要的地位，这就是内心工作中属于感情，属于情感活动的那个特征。而我们应该承认，即在奇契林冷漠的心灵表层下面，隐藏着永远都炽热的、甚至激情洋溢的情感的生命：只需深入读一读他的全部回忆录，就会同意这种说法。我们可以说得更多一些：奇契林在著作中以及在生活中所固有的外表冷静的理智，妨碍所有人看清他身上充实而又丰盈的情感生活。值得注意的是，在经历过宗教危机以后，奇契林并未停留在纯粹从理智上"接受"宗教的立场上——他毫不犹豫地走上了神秘主义生活之路，参与秘密聚会。在同一本回忆录中，他还写道："我明白了，任何宗教都是人和神祇之间联系的活的纽带……在我身上燃烧起了炽热的想要参加基督教的愿望……于是我在经过多年的间断后，做了忏悔、领了圣餐。"[2]

现在我们开始探讨奇契林的体系，而把有关黑格尔对其影响的

---

[1] 《回忆录》，第 148 页。
[2] 同上书，第 149 页。

范围问题暂时搁置一边：以后在方便的时候，在阐述过奇契林的观点以后，我们还会回到这个问题上来的。

4. 上文中我们已经引用过叶·特鲁别茨科依伯爵关于奇契林哲学说过的话，说他的哲学"是一种绝对体系哲学"。这个公式忠实地揭示了在奇契林那里，"系统性"因素占据统治地位的特点，我甚至倾向于认为奇契林之所以对黑格尔顶礼膜拜，其最根本的原因之一，就在于他认为自己是一个黑格尔主义者，而这也就意味着也包括了黑格尔那种不寻常的无可比拟的"体系性"力量。对于奇契林来说，内在的统一和内在的彻底完整性是被放在首位的，但在这之上还要加上辩证法原则，黑格尔曾经以大师的力量揭示了这一原则。的确，奇契林用四项公式取代了黑格尔辩证法过程的三段论式的公式（命题—反命题—合题）：（1）包含将一般和个别直接包容在一起的最初的统一性；（2）和（3）统一体分裂为抽象的一般和个别；（4）以及最高的或终结的两者的统一性[1]，但由此开始他却极其卖力地把他自己的四项式公式坚定不移地推广到一切领域里去[2]。一般说，在黑格尔那里的一切，奇契林几乎全都按照自己的方式给改造了，而且，改造的是那么多，以至于甚至我们完全可以根据十足地提出这样一个问题：我们可不可以把奇契林当作一个黑格尔主义者？奇契林对黑格尔坚决地亦步亦趋的地方只有一处：即在有关辩证法的学说中。奇契林如此高度评价辩证法，某次甚至称其为"最高哲学科学"[3]；奇契林还完全按照黑格尔的说法，认为"本质自身的内在矛盾是推动事物的动力因"[4]。与此同时，对于奇契林

---

① 比方说参阅奇契林：《科学与宗教》，第 2 版，1901，第 62 页。

② 季哈米洛夫以讥嘲的口气说到奇契林的"四方形的魔力"（тетрахотомический）。同上书，第 319 页。

③ 《科学与宗教》，第 5 章，第 49 页。

④ 同上书，第 52 页。试比较《实在哲学与科学的统一》："在有机发展过程中，"奇契林说："揭示了一个法则，一个早已被形而上学揭示了的法则，发展是从最初的统一体中分化出对立面来，随后反之——将其归入信的统一体中"（第 155 页）。

来说，——他始终都是超验主义的俘虏——存在和理性的统一性实质上是一个公理。 "理性的基本法则也是物质世界的基本法则"，——奇契林态度坚决地断言①。这一"绝对理性主义"从心理学上把奇契林与黑格尔联系了起来，后者的逻辑学按照他的论断，"是不可能被动摇的"②。但黑格尔体系中究竟是什么对奇契林产生影响了呢，——这就是的确令人瞩目的把辩证法用于历史的理解中这一举措，它构成了黑格尔主义最本质的表现。"所有历史发展，"奇契林就此问题写道，"对我来说就获得了意义，历史在我看来真的是精神的表现，它根据其所特有的理性的永恒法则阐述自己的定义"。

所有这一切，当然证实了奇契林作为黑格尔主义者的观点的特点：奇契林固执而又顽强地到处贯彻自己的"四项式"公式，到处（这一点尤其强烈地表现在《实在哲学与科学的统一》中）力求表明理性法则和存在法则的统一性。但是奇契林从另一方面说，在一系列最重大最实质性的点上，却又如此偏离了黑格尔，在这些点上如此遵循着完全是另外一些绝对不同于黑格尔的直觉，以致在我们看来，应当研究奇契林的，不是他如何遵循黑格尔，而是他如何以及在哪些方面偏离黑格尔。在这个问题上具有决定性意义的是：（1）绝对者问题；（2）人的问题。正是在这些点上，我们不能谈论什么"对于黑格尔的修正"或"对于黑格尔辩证法的改革"③，因为这些修正和改革恰好对于黑格尔来说是至关重要的：正是在这里，用我们观点说，包含着理解奇契林的关键因素。让我们试着更贴近一些来看这些问题。

5. 奇契林是一个非常完全彻底非常固执顽强的理性主义者，但他的理性主义当然不是康德以前的甚至也不是康德的，而完全取决于后康德时代的超验主义。按照奇契林的说法，"思辨"是"所有

---

① 《实在哲学与科学的统一》，第 97 页。
② 同上书，第 329 页。
③ 奇热夫斯基：《黑格尔在俄国》，第 293 页。

哲学的基础"，它不是什么别的，而是"纯粹理性的自我运动"①。任何"超感觉的经验"都是不可能有的②，然而，"我们的理性是为了认识绝对者而被创造出来的"。理性对于绝对者的这一取向，当然既不是"超验主义的幻想"，如康德所以为的那样，也不是"实践理性优先性的"表达："人注定追求不可知的东西，如果全人类的认识局限于经验的话，那么世界上就不会有比人更可怜的生物了。人注定走入没有出路的矛盾中，在其追求和其手段、在其无可比拟的任务和任务的不可能完成的矛盾中难以自拔"③。

对于绝对者的追求是我们精神的本性本身，甚至比这更甚：老实说，"认识的真正对象构成了无穷性本身"，因为我们在把理性法则用于认识现象，实际上就是在有限中认识无限。因此我们不仅赋有对于绝对者的追求（这一点就连康德在其《超验主义辩证法》中也是承认的），但在必然会进入任何认识的理性形式下，绝对者掌握了我们④。在人身上的这一绝对本质也就是理性——奇契林如是想⑤。完全准确地步黑格尔之后尘，奇契林认为"人类的历史发展恰好取决于在人类身上发展着的绝对意识"，亦即哲学和宗教："在这里绝对本身成为现象"⑥。

迄今为止奇契林都忠实于黑格尔及其独特的超验主义唯心主义发展路线，对于奇契林来说，绝对"存在的完满性"——不是终极的，而是初始的因素："我们不能从纯粹存在的极端抽象开始"。初

---

① 《科学与宗教》，第 2 版，第 13 页。
② 同上书，第 99 页。
③ 同上书，第 5 页。
④ 奇契林的这一思考几乎与后来叶·特鲁别茨科依伯爵在其出色的著作《论生命的意义》里所发挥的思想吻合，也与《认识的形而上学前提》吻合。还可参阅下文第 4 篇，第 3 章。
⑤ 比方说可参见《科学与宗教》，第 80 页。
⑥ 同上书，第 83 页。

始统一成为全部实体或自生原因，它也就是"实体"①。奇契林这样一来也就回归到了对于绝对的超验性的认可，而在这一点上，绝对而又深刻地与黑格尔分道扬镳。我们不会下最终判断，但仍然还是倾向于断言，在这一与黑格尔的决裂中，理解他的钥匙不在于奇契林所发挥的辩证法法则的改变②，而是相反：从对绝对者超验主义的认可中必然得出克服黑格尔辩证法公式的必然性结论来。换言之，奇契林最初的超验性在他那里随后转变为超验主义，而在其后却又不得不将其改造成为辩证法进程的基本公式。我们还会回到这个问题上来，暂时停留在这样一个问题上，即在奇契林那里，回归绝对者概念有着怎样的母题呢？毫无疑问——这样的母题在于宗教领域。对于奇契林来说，宗教内在论成为不可接受的了。我们已经涉及到奇契林身上的宗教转折，在其所有著作中，都能感觉得到对于上帝超世界性的尖锐感觉，但特别具有表现力的是奇契林的这样一句话，这句话出自《科学与宗教》一书。我们再次引用已为大家所熟知的这句话，因为它是奇契林《回忆录》中说得非常明确的一句话③："我明白了，如果精神就是绝对的终极消失，那么它也就是初始形式——是永远不会贫乏的全能的力量，是所有实体的源泉"。

奇契林毫不犹豫地把绝对的形而上学概念与宗教的神祇概念等同起来。"存在的绝对开端，"——奇契林坚定地断言④。不可能仅仅被作为"抽象范畴被理解"——因此有关绝对的学说如同"所有实体的源泉"一样，毫无困难地过度成为宗教学说，过度成为有关世界的造物主和天意的学说。在世界上占据统治地位的是"最高理性，亦即个性的上帝"，"最高理性就是全世界本质"，"全部可见宇宙都是居住神祇的本质，它们从四面八方渗透其中，并将其与最高

---

① 《科学与宗教》，第 62 页。还可参阅奇契林的著作《政治学说史》，在此书第 4 卷里，提出了对于黑格尔的详尽批评。还可参阅其《逻辑学与形而上学基础》。

② 比方说奇热夫斯基就是这样认为的，部分地还有叶·特鲁别茨科依。

③ 《回忆录：莫斯科大学》，第 148 页。

④ 《科学与宗教》，第 98 页。

的、不可见的结挽结起来"①。

奇契林不愿意在其著作中走得超出《关于绝对者或上帝的哲学概念》的范围②，但他在哲学上捍卫着有关上帝身上的三位一体性学说，和有关复活的学说。然而，神祇的"全世界"性，他的超验性不会排除——对于奇契林来说——他的理性主义，要知道神祇作为绝对者，是在理性中向我们呈现的，另一方面，理性又是靠面向绝对者而运行的。在有关绝对者的学说中，挣脱了超验主义范围以后，确定了绝对者的超验性以后，奇契林随后回归辨证法原则，回归在哲学本质领域里的黑格尔体系。某些问题我们稍后会有所涉及，但暂时转入对奇契林人类学的讨论，在这里，他同样与黑格尔有极大分歧。

6. "在人类意识中绝对理念的发展指明了在人身上存在着绝对本质，"——奇契林写道③。这一论点可以完全被纳入黑格尔体系中去，对他来说，每个个性都在自身体现着绝对本质——但个性本身却并未由此——在黑格尔那里——变成绝对者。而奇契林却在回归康德的同时，不仅承认"绝对本质在人身上的存在"，而且还谈论"人的形而上学本质问题"④，谈论"人的本性的超感觉性"问题。甚至更甚："人的个性的意义，"奇契林坚定不移地在公开与黑格尔的对立中声明道，"不会局限于只成为全世界历史进程的器官。作为绝对本质的载体，人本身自己身上就拥有绝对意义"⑤。接下来在几页过后，奇契林强调指出人身上个性的实体性质以后，肯定人的精神的不朽。"人甚至……拒绝尘世的一切……在这种完全的更新中毕竟还是有个别生物……其个别存在只有奇迹才能予以中止"。

这一论点引导向纯粹的人格主义。我们不会涉及奇契林人类学

---

① 《科学与宗教》，第 95、96、98 页。

② 同上书，第 94 页。以下引文见第 95、172 页。

③ 同上书，第 80 页。

④ 同上书，第 122、125 页。

⑤ 同上书，第 132 页。下面引文见 159 页。

的细节——他的人类学非常有趣也非常深刻，思维缜密，对我们来说，现在重要的是指出奇契林与黑格尔在有关人的学说中的真正深刻的分歧点。但是，奇契林在这一领域里有另外一些有趣的思想，与其宇宙学关联。现在我们就粗略地谈谈他的体系。

作为一个超验主义者，奇契林不害怕在黑格尔之后肯定"理性的基本法则和物质世界的基本法则"[1]，因为辩证法公式对于所有存在都是共同的，而这个公式按照奇契林的观点，是由四项组成的，宇宙问题在他那里同样也由四项组成（空间、力量、物质、运动）。应当注意到的一点是，奇契林在他那个时代可以说对自然科学十分精通，因此他的某些体系在这方面的确很有趣，因而值得予以关注。他有关"宇宙拥有共同的中心"的思想[2]就是这样，他传承了亚里士多德关于灵魂的学说和关于"终极因果"的学说，对于达尔文主义也有极其敏锐的评论。而他关于理念的学说也非常有意思，更确切地说，是关于属于绝对理性[3]的"理念世界"的学说，和关于"思维本质"的现实意义的论述。所有这一切有时仅仅只是提出但却未能给予充分论证，但却总是非常适合于其所被纳入的范畴体系。

由于篇幅的关系我们就不涉及细节了，这里仅就奇契林的伦理学说几句。

在奇契林的当然接近于康德而不是黑格尔的伦理学里，仅就其承认个性的绝对意义和关于人的"形而上学本质"的学说，就可以断定其属性了。因此，关于自由的学说在他那里是与这些人格主义母题联系在一起的。人的自由的意义在于——直接情感已经以决绝的方式肯定了其现实性[4]——在于对人"上升到对其绝对本质的意识并以此"进而上升到——对其独立于无论什么，只有自己除外的

---

[1]　《实在哲学与科学的统一》，第97页。
[2]　同上书，第108页。下文参见同书，第155、179页。
[3]　参见奇契林《空间与时间》一文，《哲学与心理学问题》，1895，第26期，第48页。
[4]　《科学与宗教》，第24页。

意识"。"可以认为人是唯一自由的，因为他自身带有绝对本质"①。但由于所有绝对，按照奇契林的观点，都是理性的——是自由的"来源"，所以仍然不是在自己绝对的本质中，这不过是因为自由"为偏离法则（亦即理性）提供了可能性"。因此奇契林走向对于自由的独特解释，其理由是在人身上，有"两种相互对立的本质——无穷和终极"。"彻底的唯灵论，"奇契林接着说道②，"必然导致决定论，导致对于自由的否定"。只有"低级"本性的在场才能提供表现自由的可能，只有人身上感性方面的在场才能揭示自由在人身上的超感性本质中自由的秘密。

但是，同一个从人身上超感性和感性的本质的相互对立中产生的自由的本质，——它预先防止个性被其社会和国家所吞噬。而就在这个问题上，人格主义因素尖锐地把奇契林与黑格尔划分了开来③。应当认为人格主义母题在奇契林那里主要取决于他的伦理学观点，甚至更确切地说，取决于他关于权利的本质与意义的思考。在《权利哲学》④的一处文字中，有一个成功的公式，以我之见，揭示了奇契林人格主义形而上学的最后来源。"个性，"他在这里写道，"不仅仅是转瞬即逝的现象，而也是一定的、持续的本质，他对从其过去和未来的行为中得出的结论进行认可"。但个性同时也以此被作为形而上学本质而被决定。个性的权利和责任转变成为纯粹的无意义，如果我们不承认个性的统一性，如果个性对于我们来说不可以被纳入时刻在变化中的状况的话。接下来："个性就是单个的本质。这不是一般的本质，而是分散在许多个体身上的本质，是在自己身上得以集中、与其他人隔离的，作为力量和活动之独立中心的本质"。

<hr>

① 《科学与宗教》，第 122 页。

② 同上书，第 117 页。

③ 关于奇契林对于权利问题的观点（参阅其著作《权利哲学》）。还可参阅叶·特鲁别茨科依伯爵的文章《奇契林关于权利的本质和意义的学说》，《哲学与心理学问题》，1905，第 80 期。

④ 《权利哲学》，第 54 页。

7. 接下来我们就奇契林的认识论说几句，并做一个总结。

在奇契林的认识论里，实在说，没有任何独特的东西：它全部都取决于他的超验主义。当然，超验主义中那样一种倾向，即在所谓"马堡"学派（柯亨、纳特洛普等人）得到了表现（无疑是在黑格尔的影响下）的倾向，和他是格格不入的。奇契林承认经验的绝对的非理性性，亦即其不可能对之进行超验主义的演绎的性质[①]，但这却无法动摇其总的理性主义。我们已经引用过他的一个公式，即"理性的基本法则就是物质世界的基本法则"。最基本的理性主义导致这样一个结果，即到处都能揭示出存在的"第四个"结构，也就是说辩证法过程到处都具有四个阶段。奇契林甚至情愿区分"处于现象之基础的现实的统一性和把这些现象在人的认识中关联起来的逻辑的统一性"。比较这两种统一性，在我们来说是不可能的，因为"现实的统一性不是在经验中给予我们的"，因为它导向这样一种认识，即"我们不能直接认识事物的本质本身"。但所有这一切不会局限我们的认识——而只会限制充实了我们的理性的经验的意义。经验主义方法因此被辩证法方法所充实，这种方法把概念联接为一个系统。这种把概念联接为一个系统的做法对于奇契林来说要服从于一个特殊的法则，它是辩证法进程的推动力，并在黑格尔那里达到了其最高的表现。"哲学史，"奇契林完全按照黑格尔的腔调写道，"使我们确信，推动发展的弹簧是本质自身的内在矛盾"[②]。但奇契林正如我们所知，对其辩证法运动的公式进行了改造：取代三段式，他确立了四段式原则。

A、初始统一

分解为多个在下列形式中进行：

B、或是要素之间的关系，

或是要素之间的组合，

---

① 比方说可参阅《科学与宗教》，第67页。
② 同上书，第92页。

这就提供了多种范畴（在两种场合下）。

按公式化表达是这样：

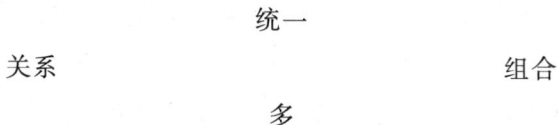

统一

关系 组合

多

不难看出，在此在辩证法公式中，引入了亚里士多德关于四种因果律的学说，虽然它们的相互关系在奇契林那里给出的不是那么清晰明确。无论如何，任何来自初始统一，通过分析和综合会上升到"最高或终极统一"。

我们不会继续深入讨论细节问题了，现在我们该做总结了，并对奇契林体系做一个总体评价。

摆在我们面前的不仅是一个体系的"实验"，而且也是一个以高度技巧完成的深思熟虑的体系，但所有这一切仍然只是一种独特的黑格尔的变体——对此我们不能否认。当然，奇契林向黑格尔体系里注入了许多重大改变，经过他的加工，这个体系成为人格主义形而上学的一次成功之举。但黑格尔的精神仍然生活在奇契林的体系中。

然而仅此一点完全不足以抹煞奇契林哲学的特点。正如在其个性中，在平稳、坚定和冷漠平静的外表下，我们不能不看到深刻的有时甚至是激情洋溢的情感生活一样，在其理性主义的外表下，也隐藏着浪漫主义的特征，而有时甚至还有堂·吉诃德精神，在奇契林的黑格尔主义后面，有其特有的、独特的、勇敢的、创造性的思维。黑格尔主义给他提供了恢宏的形式，而奇契林对这一形式的掌握任何人都无法比拟，但他的哲学直觉是独特的和具有创造性的。通过奇契林的所有著作贯穿着一个隐密的，常常被推至道德激情地步，而从另一方面说，也是对于世界结构性及其"辩证法"的结构的活生生的和鲜明的感受。这种把数理化的直觉与道德激情组合起来的做法，凝结为一种被包裹在干枯的、散文式的黑格尔主义的形式中的人格主义体系。但我们不应受此诱惑：在形式上被黑格尔所俘虏了的奇契林，并未以此杀死自己身上创造力，黑格尔主义只是遮蔽了奇契林的真实的面目和哲学的警觉性而已。

8. 下面我们转入对另外一个同样非常独特的黑格尔主义在俄国本土的代表人物——尼·格·德波尔斯基的介绍。

尼古拉·格利戈利耶维奇·德波尔斯基（1842—1918）[①]——是神父（在彼得堡）的儿子，在矿业学院获得高等教育，随后进入彼得堡大学自然科学系。曾在各类教学机构讲授教学法，而从1882到1887年，在彼得堡神学院（1897）讲授形而上学、逻辑学和心理学，编辑过贝克莱哲学著作的译文，自己也翻译了黑格尔的《逻辑学》（3卷本）——这些译著都是由彼得堡哲学学会出版的。

德波尔斯基哲学的发展过程由他自己亲自在《未来哲学》的序言里，做了很好的讲述[②]。"和大多数我这一代人一样，"他写道[③]，"我坚持把唯物主义与经验主义信念混合起来，这种方法至今仍然是差不多几乎是绝大多数我国知识分子的哲学的特点（写于1878年）"。德波尔斯基逐渐摆脱了唯物主义，而转入纯经验主义，但是很快纯粹经验主义也很难满足他了：德波尔斯基开始对康德感兴趣了。在此期间（1870年）他写作了《认识论导论》，书中表明仅在经验主义的基础上是不够的，应当必须承认感觉中有形式因素存在，这些形式因素是不可能从感觉本身中推导出来的，而是"与认识主

[①] 关于尼·格·德波尔斯基传记材料的贫乏可以比方说在悼词中找到，这个悼词是熟知他的埃·拉德洛夫写的（《思想》，1922，第1期，第148—149页）；还可以参阅奇热夫斯基《黑格尔在俄国》关于德波尔斯基一章。

德波尔斯基的著作从未被放在一起出版过。这里指出其主要著作：1. 关于辩证法方法（1872）；2. 未来哲学（1880）；3. 关于高级福利问题（1886）；4. 现象学形式主义哲学（1892—1895）及一系列小文章。

关于德波尔斯基可参阅奇热夫斯基书中的一章（第300—305页）。《国民教育部通报》，1900，第4期；还可参阅Jakovenko的著作，第306页。

[②] 《未来哲学》，第3—21页。

[③] 同上书，第4页。

体的统一体有关"。

　　但德波尔斯基甚至也很快就抛弃了这一学说，继续前行，承认刚刚谈过的"意识的统一体"，不可能被包含在个人意识的边界内，这种意识的统一体应当成为能理解的，成为"普遍意识的功能"。德波尔斯基在这一（第二个）时期里，已经开始对黑格尔感兴趣，接受了他的辩证法方法（他以这一方法为题于 1872 年写作了一部著作），但他依然还是在前面提到的那篇序言中写道："但有一点我无法同意黑格尔，即哲学体系的发展是逻辑秩序在宇宙发展中的再现"。仅从这里就已经可以看出，在对黑格尔感兴趣的同时，德波尔斯基无法接受其超验主义。他仍然坚持"意识哲学"，正如他所说的那样，但"理性活动在宇宙和人身上的非一致性……对我来说持续地，"他写道[①]，"始终是不可理解的"。德波尔斯基在深化对于认识的原理和基础的分析的同时，得出这样一个思想，并在最新心理学中得到了最充分的证实，即在所谓的"结构心理学"中，——即承认感觉不是第一位的，而是接受是第一位的：对他来说，现在，有一点很清楚了，即"认识不是来源于无形式的感觉和形成感觉的意识，但意识所找到的感觉是已经成型的了，因而，理性的基本形式和意识不是一回事"。这就揭示了承认"无意识或如果可以的话，超意识理性的可能性，意识原来仅仅只是我们理性经验属性"。但如果意识并不构成感觉的统一，而只是对感觉的"观照"的话，那么"对于在宇宙中的统一性的存在而言，不要求普遍的或是世界的意识"。

　　然而，黑格尔主义的酵母在德波尔斯基那里并未脱落，尽管有对超验主义的否认，有对我们理性和绝对者理性的多样性的肯定。我们在其著作《现象学形式主义哲学》中找到了其思考的完备形态，并且这一点给人的感受是充分的。对于德波尔斯基来说，"哲学不是

---

　　① 《未来哲学》，第 14 页。

第一真理的科学"，亦即不是将其对象的研究提升到第一本质的科学①，而是"初始的"，当然不可能在感觉领域里被找到，"这也就是理性"。德波尔斯基完全否认把它作为"对于初始的直接观照"的有关"神秘主义经验"的学说。初始是通过我们的感觉经验在以经验所特有的形式因素中向我们呈现出来的，但也仅此而已。但正是因为"'物自体'与我们的感觉不相似，而且也与我们的理性不相似"②：物自体的世界"在其自身并不包含任何非理性的东西，但也不是某种别的，而是完整的、具体的理性"。由此可见，按照德波尔斯基的观点，对于认识论观点极其重要的一系列观点，首先是在这里得以深化的，让我们继续深入分析一下他的形而上学。

有限的终极的理性——与无限的理性不同——只具有如我们所知，"观照的而非创造的力量"。上升到初始的哲学，不可能为我们提供关于初始的知识，这种知识"仍然对于我们来说是不可能认知的本质"③，但这一初始我们已经界定过了，就是理性，就是"最高理性生物"。德波尔斯基在此坚定而又固执地把自己与黑格尔分开④，他指责黑格尔的无神论（"上帝在黑格尔那里成了理念，而非实体"），"把终极和无限理性等同起来的黑格尔，没有为其最后的领域留下任何遗训"。德波尔斯基再次写道："黑格尔的错误在于他承认最高的、无限的理性不仅与，而且也与我们有限导论理性相似。"

但如果承认在理性主义的道路上最高理性（最高理性生物上帝）的话，那么，她和我们理性的关系又将是什么样的呢？我们知道，在其创作的最后一个时期里，德波尔斯基否认了"普遍或世界意识的"理念。他还否认了最高理性掌握终极理性特性的可能性，比方

---

① 《现象学形式主义哲学》，第 1 册，第 5 页。
② 《未来哲学》，第 78 页。
③ 同上书，第 86 页。
④ 同上书，第 144 页。

说，掌握与我们的意识相似的意识的可能性。"的确，"德波尔斯基如是说①，"称最高理性是无意识的，是缺乏意识的，会带有双重含义：它缺乏意识但却又高于和优于意识"。这些有神论母题在德波尔斯基那里，更多是被指出，而非发挥，但他本人也意识到这里的全部问题之所在，这些问题与有关作为最高理性的超验世界学说有关。为什么，他问道，我们的理性，作为与最高理性相似的理性，是有限的呢？为什么我们的理性仅仅观照，而非创造呢（它被赋予）世界的内容呢？如果现象的原因是理性，那么现象本身就是理性的，可我们身上的现象和理性的双重性又是从何而来的呢②？另一方面，如果"无限的、渗透一切的理性在我们身上缺乏其完满的力量并限制我们的话，那么，理性自身就也应是理性的"。德波尔斯基的理性主义引导他更贴近地走向那一问题，即在从斯多葛派开始就在任何泛神论中都极其尖锐地产生的问题：为什么个别"逻各斯"不拥有世界逻各斯的全部力量，为什么它们与世界逻各斯并不相符？世界理性与个别理性的相互关系是一个对于泛神论来说的不解之谜！德波尔斯基与把终极理性和无限理性等同视之的观点疏离了，但却承认二者的相似性，因此也就堕入了死胡同。"我们应当找到那样一个基础，"他写道③，"由于这个原因最高理性似乎并不满意于自己的完满性，而在多种有限理性中个别化了。我们应当在一定的理性功能中找到这样一种个性化的本质"。这一构思很勇敢，但与此同时却又完全堕入了"超验主义演绎"的泥坑。这是找到（人）对于创作的理性解释的一次尝试……德波尔斯基的答案以其与所提任务的不想符合而令人惊讶，这个答案的实质是这样的④：由于最高理性的创造力是无限的，因此它产生了无限多样的与自己不同的有限的理性

---

① 比方说可参阅《未来哲学》，第 144 页。
② 同上书，第 82 页。
③ 同上书，第 83 页。
④ 同上书，第 85 页。

不可分割体。最高理性的个性化因而找到了自己对于其功能的解释。应当指出一点，即这样一个"格言"仅仅只是轻轻地触动了问题，但根本无以解决问题，更别说所说理念的双重性问题了："个人主义的创造"在此与"放射"并无什么不同。

现在谈谈德波尔斯基的认识论。

10. 行文简洁压缩赋予德波尔斯基的议论和分析以极其巨大的力度和深意。在德波尔斯基笔下，没有冗长而又扩展的结构，他就连思考问题也是尽量简洁，但与此同时，又带有极大的警觉性和小心谨慎对待其分析。鉴于上文已经指出在德波尔斯基哲学创作的几个时期问题，我们将叙述他的认识论观点，而其只谈其最后一个时期（第3时期）的他的创作。

德波尔斯基认识论中最有价值的方面，是他对于经验主义的全面批判，和非常准确和鲜明的对于经验主义学说关于我们可以认识的仅仅只是"现象"的学说的含糊性揭露。德波尔斯基非常出色地表明，不否认认识现象之规律之可能性的经验主义，以此越出了直接感受的边界，如果这样坚持"现象"的话。那么任何认识一般说都是不可能的。早已被柏拉图深刻研讨过的这一思想，在我们这个时代要求为之提供新而又新的论据，以便符合近代以来经验主义自身，德波尔斯基已经为自己掌握了新的形式这种说法。恰好在德波尔斯基那里，在其最新著作中非常成功地解释了不可能完全坚持纯经验主义立场的问题。"如果除了现象之外没有任何东西的话，"德波尔斯基写道，"那么也就不可能有现象之间的联系了，因而也就搞不懂，毫无疑问，现象秩序的现有规律究竟是从何而来的问题了"。"无论如何，"——在另一处地方德波尔斯基写道[①]，"应当有两个不可分割的方面——即经验主义的和元经验主义的，现象学的和元现象学的"。

---

① 《未来哲学》，第34页。

应当承认，德波尔斯基继续议论道，这两个认识因素始终（对我们来说）"不完全融合"的两个方面：一方面我们被给予感觉，"它对于理性是不可穿透的"，而另一方面，在认识中我们具有形式上的因素，"不向感性呈现的"因素。"这种双重性，"德波尔斯基说道①，"就是人的本性自身，是不可能被任何认识的艺术给消灭的……虽然给我们的经验提供的世界不会从理性推导出来（指我们思维的活动），但它却到处被理性所形成，并且服从其规律性。对于理性本质在我们所认识的自然中的法则的这种揭示，也就是哲学的对象，"德波尔斯基说道，"自然法则与自然的要求之间的终极和最高的协议形成了那种所谓的哲学方法"。在此在德波尔斯基那里，我们找到了一系列非常敏锐的关于逻辑法则的见解（关于"我们能在任何认识经验找到对于矛盾的形式原则的否认的论点"——在这个问题上，德波尔斯基与赫尔巴特十分接近）。德波尔斯基关于"被排除的矛盾通过排除概念的有限性，亦即允许它们之间有无穷的小的通道"。

由于"哲学体系可以指向有关理性在现象世界的统治地位的具体概念"，由于哲学追求"现象世界的理性论证"的建构，哲学由此成为"现象形式主义的体系"，以局限于认识现象及其理性（它对现象而言只是形式上的）。这是一个现实主义体系——正如我们所知，但在德波尔斯基那里，哲学仍然不可能把我们引导向超验主义世界："她向世界总的理性轮廓投下了微弱的光，但却把那个神秘的领域，即从中向我们喷发出各种属性的领域留在了阴影里"②。

德波尔斯基在早期著作（《论辩证法方法》）中，相比较而言距黑格尔较近（因此也给人以认为他是黑格尔主义者的口实），尤其在他身上为他所固有的"逗留"了很久的关于概念由于内在矛盾而"运动"的学说。这种概念"运动"引导我们走出纯粹逻辑规范的

①　《未来哲学》，第 92—93 页。
②　同上书，第 105 页。

边界，要求"具有辩证法方法"。然而，德波尔斯基后来取消了这一术语，这绝非偶然，而且他开始教导人们"哲学方法"，这种方法"应当上升到经验之上，如同上升到形式逻辑规范之上一样"①。在此德波尔斯基写道："逻辑学教人们规避矛盾，而哲学教人们解决矛盾。"在逻辑学中每个概念都是"封闭在自身中"的，通过定义划清自己与他者的关系，亦即不允许向别的概念发生过渡。而哲学却利用这些概念，"其内涵是一系列无穷小的变体和过渡"，以致创造出一种在认识中"解决"矛盾的可能。这已经不是概念，而是理念，按照德波尔斯基的术语说。

奇热夫斯基认为在这个问题上，黑格尔有"疏漏"②，但这里不过是没有黑格尔什么事了而已，这里剩下的仅仅是有关理念"运动"的学说问题，有关以矛盾的在场来促进这一运动的问题，但这里并没有实在意义上的辩证法问题。

我们不拟深入探讨以后的细节问题了，现在就来做个总结。德波尔斯基的哲学分析表明其才华无可置疑的精细和谨慎，无可置疑的另外一点，是他站在创造自己体系的道路上，而这个体系的总的轮廓（以"现象学形式主义"为标题）他已经提出来了。但从以极其简略的笔墨提供的一般概述到完整体系的建构，德波尔斯基毕竟没有走完这段路程。至于说德波尔斯基在何等程度上可以被归入黑格尔主义者，那么，在我们就他说过那么多话以后，已经看得很清楚了，要下如此断言还缺乏根据。如果说关于奇契林，如我们所知，我们不得不在他究竟是否是个黑格尔主义者的问题上，作出极大让步的话，那么，关于德波尔斯基，我们却只能说，在其哲学发展的某个时期里，他曾受到黑格尔的重大影响，但就是这样的时期，他也未曾失去独立性。在其创作的最后一个时期中，德波尔斯基只在极少几个论点上，与黑格尔相近。

---

① 《未来哲学》，第 105 页。
② 奇热夫斯基：《黑格尔在俄国》，第 301 页。

10. 现在我们开始探讨帕·阿·巴枯宁的体系，他同样也可以被认为是晚期稳健的黑格尔主义者中的代表人物。

巴维尔·亚历山大罗维奇·巴枯宁是我们已经熟知的米哈伊尔·亚·巴枯宁（见第2卷，第5章）的弟弟，写的著作并不多：只在1881年写了一部极其有趣的著作《迟到的40年代的回声》，此外在1886年，出版了一部标题是《知识与信仰的基础》的书。这两部书，都充满丰富的内容，可以认为是晚期黑格尔主义独特的回声，我们从中能够找到俄国哲学史上许多早已被遗忘了的东西。

巴维尔·亚历山大罗维奇·巴枯宁（1820—1900）[①] 处于其兄长的强烈影响下，而其兄则与黑格尔哲学有着密切联系。巴维尔·巴枯宁早先曾在莫斯科研究过黑格尔哲学，随后又去柏林，在那里待了整整一年（1841—1842），吸取了兄长的理念（即他那个时代黑格尔的理念）。回国后巴维尔·巴枯宁尝试去各个部门任职，后来在克里米亚战争期间自愿参军，随后又在地方自治部门工作过一段时间，最后在特维尔省的庄园隐居，在克里米亚度过了晚年岁月，并在那里逝世。

巴维尔·巴枯宁并未创造体系，但他在上文所述的那两部书以及书信（只有科尔尼洛夫利用过部分书信）所阐述的的体系，仍然是非常有趣的，它们是俄国土壤上黑格尔主义最后的表现[②]。对于巴维尔·巴枯宁来说——在此的确他从黑格尔那里汲取灵感——除了与绝对者的关联外没有任何其他关联，只是对于巴维尔·巴枯宁来

---

① 巴·亚·巴枯宁的传记在奇热夫斯基的著作《黑格尔在俄国》中有所叙述（第7章）。参阅科尔尼科夫关于米·巴枯宁的著作。参阅帕·米·比奇里在《道路》（1932）发表的文章。在瓦·阿·奥勃连斯基的《逝者随笔》（1931）中，有几页是关于巴·亚·巴枯宁的。

② 分析巴维尔·巴枯宁的体系，除了已经提到的奇热夫斯基的著作外，还可参阅雅科文科（上引书，第285—289页）的相应篇章，文中给予巴维尔·巴枯宁的观点以非常成功地概述。遗憾的是，巴维尔·巴枯宁最重要的著作《知识和信仰的基础》，我没能找到。反出自该书的引文都是从我从俄国带来的书中转引的，其他材料是我可以问津的，因此引文的准确性只可归咎于这些书。

说，上帝是存在的活的交点，是任何现实生活的来源，是永恒的自我意识。在黑格尔那里如此明确的内在论母题，在巴维尔·巴枯宁那里却完全没有消失。巴维尔·巴枯宁直截了当地说："我承认黑格尔是我的导师而我是他忠实的学生。"但是，在宣扬自己对于黑格尔的忠诚的同时，巴维尔·巴枯宁又在重大问题上远离了黑格尔。比方说，在这样一段话里："……生活不是别的，就是建基在无穷性上的"内在论母题可以在没有对于文本的暴力加以考察的话；那么，在另外一段话里（而且此类话非常之多）超验主义因素同样也不是无可争议的。巴维尔·巴枯宁被从其根本的超验主义中解救出来，从而不致总是动摇不定。对他来说，上帝是"普遍理性"，因此巴维尔·巴枯宁写出了比方说这样的话："自然在其每种表现中都服从在其中发挥作用的普遍理性的法则"①。"如果物质不是死的，"在另一处地方我们读到②，"现实性也不是迟钝的，原子不是没有意义的，那么就只有无穷的生命"。绝对者的呼吸向所有"异在"、向所有"他者"传达了意义和现实生活性，这限制了绝对者，产生了现实世界。但绝对者尽管是任何现实生活的源泉，没有"异在"也就不可能表现自身，因此需要异在。"与外部世界完全割断了联系的纯粹意义，由此而远离任何必要性，而只是不明确的意义"③。所有这一切还是只能让我们停留在内在论范畴里，尤其是当巴维尔·巴枯宁涉及自然问题时，这一点显得更清楚。所有现实存在都服从相互产生的法则，这就是他所说的"世界争论"，是绝对者在世界上显现的辩证过程。"世界争论"，他写道，"在所有方面都只是由于这一点才有可能，那就是它在无穷和无限的本质中有其自己的根据，这根据是整个世界建基的基础，没有这个基础，它的任何一个存在者都不可能在世界争论进行时经受得住那种可怕的压力"。只有在"美的现

---

① 《迟到的40年代的回声》，第12页。
② 同上书，第365页。
③ 同上书，第191页。

象中世界争论才会止息"，美是按照巴维尔·巴枯宁的话说，是"无边的矛盾的无边的和谐"①。

但是当巴·巴枯宁转向有关人的主题时，他便开始离开黑格尔。"人……不仅充满一切普遍意义上存在的使命……而且，作为一种特殊的、唯一的生物，他在其唯一性中还是一种特殊的、不可替代的存在的真理，由此他是既不可能取代，也不可能被从现实生活中勾销：他不变地、以其永恒的特征存在于现实生活中"。这也就是人格主义的母题——与我们在奇契林那里看到的不同，但仍然还是把巴维尔·巴枯宁从黑格尔那里拉了开去。由于对人的浪漫主义信仰——这种信仰在两个巴枯宁身上，都是从费希特那里来的（关于这一点参见第2卷，第5章），而在巴维尔·巴枯宁那里，找到了最出色的表达的，还有对女性的歌颂（在《迟到的40年代的回声》里），巴维尔·巴枯宁相信人身上创造的可能性，认为在创造中有人的使命："每个人都赋有成为现实生活的艺术家或创造者的使命"②。当然，这里说的是关于在黑格尔的意义上的"真实"生活问题，是一种有别于现存生活的真实生活。按照巴维尔·巴枯宁的话，"现实生活不仅仅是直接面对着我们，——他总是在被创造中，而且也是人的作品"③。

"所有系列的存在和存在的形象本身，都只能从人那里获得解释"④。这一命题已经在巴维尔·巴枯宁那里，从人格主义和形而上学上加以发展了，发展成为一种"人的永恒存在"的论点。根据奇热夫斯基成功的公式⑤，我们面对的"是从宗教上改造过了的黑格尔主义"。然而，应当指出，在此的宗教性本身确是浪漫主义的。这

---

① 《迟到的40年代的回声》，第213页。
② 同上书，第215页。
③ 同上书，第215页、
④ 同上书，第242页。
⑤ 奇热夫斯基：《黑格尔在俄国》，第317页。

一点以极其特殊的力度在独特的死亡哲学中得到了表现①，也在女性崇拜中得到了表现（"世界和存在的真理……只有爱情掌握着……而爱情的实现不是采用别的方式，而是通过心灵在女性心灵里进行"②）。

"我无限信仰上帝，"巴维尔·巴枯宁写道，"整个哲学不是什么别的，就是上帝的推断，对此推断所有人全都无意识地信仰……而对上帝的信仰又只能支持我对科学的信仰"。在此，宗教领域原来还是占据主导地位——从中生发出针对所有创造领域里的的意义。"信仰是活生生的意义或生活本身"，巴·巴枯宁写道。——而对于他的这一定向，被奇热夫斯基和雅科文科当作是对于"存在主义哲学的"一种预感，——而实际上这不过是在黑格尔基础上生发出来的宗教浪漫主义习气罢了。在巴维尔·巴枯宁那里，还有一个极其有趣的对于施莱马赫的变调，而上帝的情感本身对他来说是去往无限。"人都有热爱彼岸之情，"他在一封信中这样写道③，"当他们从视野里消失时，他的灵魂会被彼岸的非尘世的意义的海浪所包裹"。

人在多大程度上是人，也在多大程度上处于上帝怀中，——因此死亡只不过是把人从挤压他精神生活的东西中解放出来而已④："人不是在他身上死去的东西，而是靠他活着的东西"。而人靠把他与上帝——唯一和万有——联系起来的东西活着……这种对于黑格尔"直觉主义"⑤的宗教阐释，当然，比黑格尔主义的"变体"内容更多……尽管在巴维尔·巴枯宁的宗教言论里经常出现内在

---

① 奇热夫斯基：《黑格尔在俄国》，第 317 页。

② 《迟到的 40 年代的回声》，第 457 页。

③ 引文出自比奇利的文章著作（《道路》，第 34 期，第 24 页）。

④ 在此巴维尔·巴枯宁非常接近于托尔斯泰的关于个性的学说——而无怪乎托尔斯泰如此赞扬巴维尔·巴枯宁的这本书（参见奇热夫斯基，同上书，第 311 页）。

⑤ 关于黑格尔的直觉主义参见洛斯基的专著：《作为直觉主义者的黑格尔》，《俄罗斯科学院在贝尔格莱德的学报》，1933，第 9 期。此外还有伊·阿·伊里因关于黑格尔的著作。

论的声音，尽管他寻求信仰和知识的统一，在他那里，还是可以常常看到超验主义的母题，——他毕竟仍是在其对于人格主义的希冀中，在对个人不朽的捍卫中抛弃了黑格尔主义的土壤。在巴维尔·巴枯宁那里，也和在奇契林那里，与以前的赫尔岑、别林斯基那里一样，人格主义母题和对个性绝对价值的认可——都使他过分远离黑格尔。

我们对于巴维尔·巴枯宁体系的粗略阐述就到此打住。

关于与俄国新马克思主义相关的晚期黑格尔主义和所谓"苏联哲学"，我们将在下文以特殊章节阐述（第4卷第1章）。

第七章

俄国哲学中的新莱布尼茨主义
科兹洛夫、阿斯科利多夫、洛帕金、洛斯基

我们已经提到莱布尼茨对于拉吉舍夫哲学探索的影响，在一定
根据下我们也可以追索莱布尼茨对于嗣后俄国哲学现象的影响，何
况在他们身上可以明显看出来哲学人格主义的母题。但在 19 世纪下
半叶，更确切地说，是最后的个四分之一里，几位强大而又独特的
俄国哲学家出乎意外地在其著作中推出了一些实质上是继续莱布尼
茨天才理念的体系。但是必须指出的一点是，一位杰出的莱布尼茨
（和洛泽）的追随者 Teichmuller——一个德国哲学家、曾任尤里耶夫
（杰尔普特——塔尔图的旧名——译者）俄国大学教授，他在那里用
德语授课（为什么完全属于德国哲学界的 Teichmuller 可以在那里授
课?），他极大地促进了俄国思想家们对于莱布尼茨的兴趣。Teich-
muller 的两个学生：谢·阿·勃勃罗夫（1867—1933）和伊·费·
奥泽（1860—1919），曾经受到 Teichmuller 的直接影响，但却什么著
作都没写。但是，Teichmuller 却对阿·亚·科兹洛夫——哲学人格
主义（莱布尼茨精神的）在俄国的第一位鲜明代表——产生了巨大
影响，而通过科兹洛夫，莱布尼茨主义开始在俄国哲学界广泛传播。
莱布尼茨理念在俄国的捍卫者和继承者首先是谢·阿·阿斯科利多
夫，随后有列·米·洛帕金，最后是尼·奥·洛斯基。后两位思想
家的体系无法被纳入莱布尼茨主义的范围内，尤其针对尼·奥·洛

斯基更其如是，但是，实质上，我们与之打交道的是同一个思想路线，同一个形而上学倾向和流派。应当被纳入这个潮流中的还有另外一个俄国杰出的数学家之一——尼·阿·布加耶夫，他留下一部概论《演化单子论》①。

现在我们开始探讨阿·阿·科兹洛夫的体系②。

2. 阿列克塞·亚历山大罗维奇·科兹洛夫（1831—1900）出生于莫斯科，其父是伊·阿·普希金（来自同一个普希金家族，即我们伟大的诗人亚·谢·普希金所属的那个家族），其母曾是个农妇，在孩子出生后很快就嫁给了小市民科兹洛夫，从而给孩子起了这么个名字。科兹洛夫年仅7岁时，其母去世，小男孩被送给祖母抚养，祖母又很快就把他送进了莫斯科一家古典文科中学。中学毕业后，少年科兹洛夫考进莫斯科大学，主要研究政治经济学，此时他处于一方面是费尔巴哈，另一方面是傅立叶的影响下。科兹洛夫对于社会主义的兴趣导致他丧失了教师职位（大学毕业后获得此职位），甚至被关进监狱半年。出狱后，已经有了家庭的科兹洛夫完全投身于乡村经营中，而恰好此时他对哲学的兴趣被唤醒了。科兹洛夫年过

---

① 关于俄国莱布尼茨主义历史的粗略概论，可参见莱诺夫的《19世纪下半叶俄国哲学界的莱布尼茨》一文，《欧洲导报》，1916，第7期。上文提及的 Teichmuller 的直接学生的著作中，还有：叶·阿·勃勃罗夫：《批判个人主义史论》、《论存在概念》、《论艺术概念》。伊·费·奥泽多夫主要著作有：《论洛泽哲学中的规划主义与人格主义》。此外还有米尔诺夫的：《洛泽关于人类精神和绝对精神的论述》（圣彼得堡，1914）。此外还有瓦·米·卡林斯基（第4章中提到的米·伊·卡林斯基的儿子）：《论莱布尼茨体系中的思辨知识》（圣彼得堡，1912）。关于尼·瓦·布加耶夫的单子论文本，第19节，有所论列。

② 要研究科兹洛夫的哲学，除了他的著作外——我们下文将会论述——特别重要的还有他的儿子谢·阿·阿斯科里多夫写他的书：《阿·亚·科兹洛夫》（莫斯科，1912）。还可参阅上文提及的莱诺夫的文章；尼·费·洛斯基的文章：《阿·亚·科兹洛夫及其泛心理学主义》，《哲学与心理学问题》，第58期。

在阿·亚·科兹洛夫的著作中，特别重要的有：《自己的话》（出版了5期，1888—1898），文中叙述了科兹洛夫最主要的思想，以及一篇论述莱布尼茨的文章；《哲学与心理学问题》，第3期；一本《康德空间时间理论的起源》（1884）。还可参考《列·尼·托尔斯泰的宗教：他关于生活和爱情的学说》（1895）；参考《上帝意识与关于上帝的意义》，《哲学与心理学问题》，第29期、第30期。还有一篇文章是论述 Teichmuller 的（同上，第24期、第25期）。

40，才偶然得到 Fraunstadt 论述叔本华的一本书。随后又读了哈特曼，后者的主要著作（Philosophic des Unbewussten）被他翻译（有些许删节）成了俄语。1875 年科兹洛夫决定与全家去法国，但还在巴黎时，就接到了来自基辅大学要他担任哲学教研室工作的邀请函（职称是副教授）。即使没有这件事也已经决定把自己的一生献给哲学研究的科兹洛夫，非常高兴，当即回国。在基辅他通过了硕士和博士论文答辩（前者论述柏拉图哲学，后者则以康德时间空间理论的起源为题）。1887 年，经历过一次中风的科兹洛夫退休，很快回到彼得堡，在那里出版不定期杂志《自己的话》。还在这之前，作为基辅大学教授，他就出版了《哲学季刊》——用俄语出版的第一个哲学期刊。在新杂志《自己的话》里，科兹洛夫系统阐述了自己的观点。科兹洛夫直到生命的尽头著述颇丰，他非常精细地研究了当代哲学文献。1901 年，患大叶性肺炎去世。

至于科兹洛夫所受的影响，在他第一个时期的哲学探索中，如我们所知，处于叔本华的影响下。老实说，这一影响从未消失过，而叔本华关于可见世界的透明性的论述，关于只有内心世界的现实性（被叔本华归诸于意志）的总体观念，一直读被科兹洛夫所分享。

在叔本华之后是康德影响期。关于这一点科兹洛夫是这样写的[1]："我是从唯物主义和实证主义转向叔本华哲学的……而又在叔本华哲学的影响下转向康德的。康德对我的影响远不如叔本华那么强烈"。很快科兹洛夫就在许多问题上疏离叔本华和康德[2]，这时被排在首位的是莱布尼茨的影响，正如科兹洛夫后来关于这点所证实的那样，"从康德—叔本华唯心主义的泛心论我又转而潜心研究莱布尼茨，随后贯彻始终地——读到了 Тейхмюллер"。

熟知科兹洛夫的 尼·奥·洛斯基，在他晚年认识他并和他交往

---

① 《自己的话》，第 2 册，第 34 页。
② 参阅《自己的话》，第 3 册，第 19 页。

密切，他决绝地声称，说"科兹洛夫回归莱布尼茨主义"是错的①。"科兹洛夫，"他写道②，"更感兴趣的是关于上帝的问题及其与世界的关系问题"。这一判断的单纯性我们从以后的叙述中就可以看得出来。在我们所引的上文科兹洛夫自己关于"潜心研究莱布尼茨"的话，以及关于 Тейхмюллер 的话。关于后者，科兹洛夫说过，说他是"一级星"。他写道："我意识到自己在许多方面都有赖于他的著作。"③ 阿斯科利多夫（科兹洛夫的儿子）认为在科兹洛夫哲学世界观的形成过程中，决定的影响不是 Тейхмюллер，而是在他生病期间那种沉重体验，"强化了他的宗教意识"④。

我们对于科兹洛夫哲学发展内在辩证法的观点从下叙述中自然会呈现出来的。

3. 科兹洛夫（和目前所有莱布尼茨的追随者一样），实质上处于宗教—哲学思考之外，其创作的激情是纯哲学的。我丝毫也不想以此说科兹洛夫完全与宗教世界格格不入，相反，应当承认，尼·奥·洛斯基关于科兹洛夫宗教思维所说的话是正确的，但科兹洛夫哲学发展的辩证法哪怕是在最微小的层面上，如我们所见，也与他的宗教世界无丝毫关系。他生活在那个与世俗化相关联、思维和信仰分离的氛围里——而且为科兹洛夫所珍重的绝对存在理念本身，也是思维本身的需求推出来的，而非信仰之功。宗教理念与其——这么说吧——哲学探索交织成一条链条，我们只需想一想宗教理念在叔本华体系里的渗透就够了，而后者对科兹洛夫的思想毫无疑问有着决定性的影响。

据我所判断，科兹洛夫哲学探索的内在辩证法取决于两个思想之流，它们长期以来一直在他那里相互独立地发展着。一方面，科

① 洛斯基：《科兹洛夫和他的泛心论》，《哲学问题与心理学问题》，第24期。
② 同上书，第202页。
③ 科兹洛夫：《Тейхмюллер》，《哲学问题与心理学问题》，第24期。
④ 阿斯科利多夫：《阿·亚·科兹洛夫》，第82页。

兹洛夫对为之入迷的认识论主题思考很多，而另一方面，他曾有过十分深刻的"形而上学需求"。这是两个内心工作的动力因，两个支配着他的思想的创作的主题。然而，决定着科兹洛夫思维工作的认识论思考，主要出现在他哲学探索的第一个时期，那时他在叔本华、而后来又是康德的影响下，离开了幼稚的现实主义和唯物主义形而上学。在此期间科兹洛夫的主要注意力的确指向认识论主题的解决，但很快形而上学问题开始完全占据他的心灵。在丝毫也不抛弃自己耐心细致的非常精致的认识论性质的分析工作的同时，科兹洛夫一劳永逸地确定了自己的形而上学立场（以莱布尼茨的精神），而且从此再未离开过。这一形而上学立场也就构成了科兹洛夫全部体系的基础及其终极形式，而由于我们不研究科兹洛夫的传记，我们认为我们从其形而上学出发叙述一下科兹洛夫的哲学应当是最为合理的。

实质上科兹洛夫接受了莱布尼茨的单子论，只是对它部分地以Тейхмюллер 的精神做了一定程度上的改造，部分写进了自己独立的新见解，以便为自己的体系辩护，他称自己的体系为"泛心论"。"莱布尼茨单子论体系的许多观点构成了泛心论的内在核心"，——科兹洛夫这样写道[1]。科兹洛夫还在为其术语"泛心论"做注释时写道[2]："在泛心论里一切实体都被认为是心理的和意识的，甚至在意识强度最小的时候。"科兹洛夫紧跟莱布尼茨之后，坚决否定了精神和物质的二元论，首先否定了唯物主义形而上学。"在精神和物质的激烈分化中，"科兹洛夫说道[3]，"完全无法理解其相互作用：思维、意志和感觉是如何可以产生变化，让我们的肢体或是器官发生动作，然后再通过它们——在整个世界，反之，这是不可思议的，肢体的状态或动作又可以影响精神？我们的肢体，和任何肢体一样，只有通过接触、推动或打击才可以活动，——而精神呢，精神并不

---

① 《自己的话》，第 5 册，第 123 页。
② 同上书，第 124 页。
③ 同上书，第 1 册，第 55 页。同上书，第 56 页。

处于空间中，但也不排除这类动作方法"。接下来："这就是说，我们不得不承认，精神现象实质上是在空间中运动的物质的产品或活动——抑或反之：物质现象实质上是思维着的精神的产品或表象活动"。科兹洛夫由此得出结论，"自然科学从来都不与任何现实的接触……如果我们在有条件概念的基础上思考现实性建构真正实体的科学的话，那么除了粗陋的唯物主义以外不可能得出任何别的结果"①。"物质世界的东西及其运动，"科兹洛夫接着写道②，"实质上仅仅只是那种实体的标识或符号，我们与之打交道和相互作用的便是这种东西"。这引导我们走向认识论象征主义，走向承认感性经验不会引导我们走进真正的存在，而是相反，会遮蔽真正的存在。下文我们将会看到，在对科兹洛夫认识论进行研究时，空间和时间以及运动实质上对他来说"只是现存现实生活及其关系的符号"。科兹洛夫最不可能被纳入认识论唯心主义行列里去——他坚定地宣扬现实主义，但却只把感性经验当作是"补裁的真理"③。

但是，如果真正的现实生活，是以符号的方式、以精神的方式呈现在我们的感觉经验中的话，那么，我们就必须承认，我们"不可能没有动作者的活动"④。这是科兹洛夫体系中的基本论点之一，它从实质上把他和莱布尼茨的形而上学联系了起来。科兹洛夫就存在概念写了很多著作⑤，他对这个概念的分析十分深刻，内容丰富，其分析结论被他凝缩成这样一个公式："存在就是概念，其内涵由对于我们实体的认识构成……存在概念的来源是初始的，简单的和直接的意识"⑥。这也就是说，在存在概念里，我们可以合法地注入

---

① 《自己的话》，第 1 册，第 14 页。
② 同上书，第 31 页。
③ 同上书，第 31 页。
④ 同上书，第 151 页。
⑤ 特别参阅《自己的话》，第 2 册。
⑥ 同上书，第 2 册，第 53 页。

的，就只有我们在这个"直接意识中"找到的东西①。因此科兹洛夫才态度坚决地肯定，不可能会有"没有动作者的活动"。科兹洛夫还以同样的力度反驳黑格尔——而通过黑格尔又直指柏拉图——，说"理念自己本身是不存在的，它们实质上仅仅只是思维着的生物的思维活动而已"②。因此仅仅这么说是不够的，即说"构成感性所接受的世界之""基础的"，"是精神现实"（一如一般唯灵论所说的那样）。我们应当承认这一"精神现实"的"实体性本质"。按照科兹洛夫的思路，这就迫使我们承认莱布尼茨关于实体性存在的多样性、关于"实体性活动者的多样性"的形而上学的基本观点。形而上学多元论至少在我们最初开始理解什么是真正的存在时，是形而上学的基本论点。科兹洛夫在与洛帕金的有趣争论（关于他参见本章下文）中，固执地强调一点，即在分析存在概念与因果律概念的关联时，说我们应当承认存在概念的原初性。"存在概念是不可能被因果律概念所确定的，"他写道③，"而是相反，换言之，因果律概念实际上已经在要求以存在概念为前提"。科兹洛夫责备洛帕金，说他把原因和结果概念给实体化了。"而这些概念自己本身，"他写道，"却不是没有原因没有结果的"。对于存在概念原初性的这样一种刻意的固执的强调，与承认实体性活动者多样性有关，它们构成了科兹洛夫形而上学研究的出发点。但是，与莱布尼茨不同，科兹洛夫接近于洛泽，讨论实体的相互作用问题。科兹洛夫不止一次强调指出，在我们的经验中，我们并未被赋予直接感受"我们世界关联的形而上学活动或相互作用的能力"。"在我们的世界关联的形而上学环节，"他接下来写道④，"被反映在极不充分和片断的意识中"。"在我们的意识里只有我们的实体与其他实体的相互作用的微不足道

---

① 关于这个概念对于理解科兹洛夫的认识论是如何重要，可参阅下文。
② 《自己的话》，第 3 册，第 148 页。
③ 同上书，第 4 册，第 157 页。下文同上书，第 159—160 页。
④ 同上书，第 5 册，第 7 页。见上文，同上书，第 2 页。

的片断被反映出来了"。科兹洛夫接受了莱布尼茨的这样一个思想①，即"在其整体中存在的一切都是完全封闭的世界性整体"。这一有关存在、有关世界的统一性的学说，和关于某种"整体"的学说一起，在洛泽那里得到了比在莱布尼茨那里更加强烈的反映（及其有关"内在因果律"的学说），而科兹洛夫则毫无疑问，在此接近于洛泽，甚于莱布尼茨。在承认"现实生物的多样性"的同时②，科兹洛夫千方百计地不仅强调指出它们之间经常的相互关联，而且一再强调它们之间的统一性，认为世界整体"是和肢体长在一起的"。"实体，"科兹洛夫写道③，"不是分散存在着的，而是构成了一个统一的世界体系"。因此，他也把自己的泛心论体系加以一番描述，说这是一种"多元一元论"④。个别实体的关联，世界统一的来源，按照科兹洛夫的观点，在上帝身上（最高实体），而关于上帝和世界的关系科兹洛夫从未言说，显然，在这个问题上，他认同莱布尼茨关于这个问题的看法。

科兹洛夫的形而上学并不限于人格主义多元论，他对存在概念的分析和有关感性认识的符号性学说，引导科兹洛夫面对空间和时间问题。值得注意的是科兹洛夫的下述意见："存在概念是什么样的，那么哲学体系也便是什么样的——或反之"⑤。这里对于存在概念的核心意义有了忠实的掌握，但问题恰好也在这里，即有时候存在概念决定着哲学体系（这一点在科兹洛夫身上表现得尤为明显，而在俄国哲学界所有晚期莱布尼茨主义者身上，也同样如此），而有时候具有决定性意义的路线不是从本体论、不是从存在的直觉，而是从伦理学或是直觉出发。但在科兹洛夫那里，他的总的、引导他走向人格主义形而上学体系的本体论，仅只决定着他对待本体论的

---

① 参阅《自己的话》，第 2 册，第 155 页。
② 同上书，第 5 册，第 130 页。
③ 同上书，第 131 页。
④ 同上书，第 131 页。
⑤ 同上书，第 2 册，第 108 页。

个别单独问题时的态度。在被感性经验为其提供的坏现实性概念的同时，科兹洛夫必然走向对于空间和时间的现实性的否定。在其体系的这些部分里，科兹洛夫常常是非常强悍尖锐而俏皮的。我们不打算深入探讨其有关时间和空间学说的详情细节了，无论科兹洛夫就此问题所发表的意见多么珍贵也罢，但我们却不可能不深入细部，所以，仅就科兹洛夫对这些问题的总的结论，做个介绍（主要材料包含在《自己的话》第 3 和第 4 册里）。"真正的实体，"科兹洛夫教导说①，"是没有时间性的现成的实体。""现实实体世界的统一性只有在下列场合下才有可能，即如果时间并不现实"，——科兹洛夫就此补充道②。"真正存在的这种无时间性根本不排除发展"——按照科兹洛夫的观点。"从无时间性中发展不会失去任何东西，"科兹洛夫这样思考道③，"因为那种我们用来思考的秩序，作为发展，不取决于时间……发展的所有阶段或等级都可以一下子就给提供，而这不妨碍它们作为发展的不同阶段相互之间有所区别"。至于说到真正存在的无空间性学说，那么实体并非在空间中存在的，科兹洛夫如是说④。空间实际上是"秩序的前景"（洛泽的术语）⑤。在此科兹洛夫对于空间现实性学说的批评是精细的和尖锐俏皮的。对他来说，空间和时间和一般的全部感性一样——是"人思维活动的一种创造"⑥。在此科兹洛夫根本不是在捍卫康德的先验性⑦——他在有关空间和时间感受之起源问题上的立场与经验主义十分接近。但是，科兹洛夫毕竟不坚决否认我们感受的"符号性"，不否认空间和时

---

① 《自己的话》，第 2 册，第 92 页。

② 同上书，第 98 页。

③ 同上书，第 102—103 页。

④ 同上书，第 37 页。

⑤ 同上书，第 4 册。毫无疑问，洛泽关于空间感受的学说（"地域法则"理论）对于科兹洛夫产生了影响。

⑥ 同上书，第 77 页。

⑦ 需要指出的是科兹洛夫（和斯宾塞一样）以关于认识中的先验和唯经验论因素来教导人们。

间，——在我们身后（如同在感性之后）隐藏着一种现实性，尽管它和在感性经验中呈现在我们眼前的样子比是异样的。"在空间中，"科兹洛夫写道①，"我们可以看到现实实体非孤立存在的符号，但处于一个把它们全都包容在里面的关联中。时间可以成为实体之间唯一的关联，用空间来将其符号化，但这不是不动的等值性，在保留其一致的同时，这种关联常常会在其所包含的东西的秩序和分配上发生变化……已变化了的自己本身的实体在其偶然性上是生动活跃的……"所有这些都非常有趣，它为我们揭示了对于建构形而上学现实主义来说非常珍贵的前景，但应当承认一点，即对于感性现实性的全部否认的精细性，在科兹洛夫那里并未从其形而上学现实主义的正面建构中以清晰性获得补偿。我们只需举出"无时间发展……"概念的模糊性和争议性就足以证实这一点了。下文我们不打算深入阐述科兹洛夫非常值得关注的体系，比方说，关于运动体系，我们以后还有机会回到科兹洛夫形而上学问题上来，现在，我们该转入下一个题目，即从其总的本体论中生发出来的东西——即他的认识论问题了。

4. 我们已经特别关注过科兹洛夫对于认识论问题的看法，他在这个问题上做过许多思考，并且常常回到这个问题上来。首先，正如我们已经就此说过的那样，在这些问题上，叔本华曾经对科兹洛夫发生过影响，稍晚一些则还有康德，他们使科兹洛夫永远远离幼稚的现实主义。但在形成认识论观点方面对他产生过决定性影响的，毫无疑问，是Тейхмюллер，他有关如何区分意识概念和认识概念的做法，后来成为科兹洛夫的主要方法。

"我们的全部意识，"科兹洛夫写道，"我们可以区分为两个领域：原初的或简单的意识和意识产品，或复杂的意识"②。稍后这一区分在科兹洛夫那里继续向前发展了。原初意识"自己本身就是某

---

① 《自己的话》，第5册，第31页。
② 同上书，第2册，第42页。

种不可表达的和不可言喻的东西……它先于任何认识……它是无意识的，而任何认识都由关系构成"①。"'直接认识'这种说法，"我们在《自己的话》的第5册里读到②，"是错误的，和不准确的：认识永远都只能是间接的"。在科兹洛夫那里，由此得出下述对于经验的定义③："我所说的经验是指原初的、不清晰地意识到的大脑活动，它把简单的直接的意识因素联接起来"。科兹洛夫如我们所见，小心翼翼地区分在"原初意识"中给予我们的和一切由大脑的活动带给我们的东西，这些东西把我们的特定意识改造成为认识，因而认识永远都是二手的，永远都是"间接的"。科兹洛夫在其文章《上帝意识和对于上帝认识》中所做的所有这些分析达到十分清晰的地步④。在原初意识中我们可以找到，按照科兹洛夫的说法，一方面，是对于上帝的直接意识。这种上帝意识始终都是自己本身，如同所有在原初意识中的一切一样，是"无以言喻的"——而这种上帝意识，正如对于感性材料的直接性一样，是任何东西也无法将其从灵魂的构成中排除出去的。但我们还应当把任何有关上帝的概念与"上帝意识"严格地区分开来，其发展和多样性构成了所有我们在人类的宗教信仰中所能找到的一切。

由于任何认识"都是间接的"，因此，一方面，幼稚的现实主义垮台了，而另一方面，却证实了任何认识（关于外部世界）的符号性。换言之，认识根本就不会丧失与真正存在的关联，"对于现象法则的研究无论如何也不会把个别科学的内涵降低到某种幻想的和匪夷所思的和毫无益处的东西，"科兹洛夫写道⑤，"因为我们所研究的现象，毕竟不是与现实性格格不入的……而在现象中我们不是在与

---

① 《自己的话》，第3册，第71页。
② 同上书，第5册，第47页。
③ 同上书，第3册，第19页。
④ 《哲学问题与心理学问题》，第29期、第30期。还可参阅《自己的话》第3册，第62页。
⑤ 《自己的话》，第5册，第85页。

它们自己就是它们的实质本身的真正的生物或事物在打交道，也不是在与这些生物的活动在直接打交道，而毕竟是在接触其在我们的意识中的带有规律性的反映在打交道"。"物质世界，"科兹洛夫在另一处地方写道①，"仅仅是由存在于我们的意识中的形象构成的，但我们不能否认这一表面世界与形象的某种相似性，那就是它们都是在真实的实体世界里进行的，所以，在第一种现象里独特地反映着术语第二类生物的活动的现实事件和秩序"。

由于"原初意识"自身包含着"直接材料"，它按照科兹洛夫的术语，是绝对的，于是，和任何认识的关系便是相对的了："它由我们所思考的原初意识中的各个点之间的关系构成，在其之中没有任何认识"②。这一认识论立场，如我们所见，基本上（带有一定的变体和让步地）为所有俄国的莱布尼茨主义的拥护者们所分享。在这方面，科兹洛夫对于 Тейхмюллер 亦步亦趋，也毫无疑问地对于若干思想家产生影响。

5. 科兹洛夫并未完成自己的哲学体系。在其著作中，我们可以找到对于应当如何解决哲学人类学问题的提示③，这种提示对于人格主义形而上学是非常重要的。此外他还暗示我们应当如何思考在世界整体中心理发展的阶梯问题④。还有（未加以任何论证）关于似乎必然与人格主义形而上学相关的原初体现学说⑤。在有关 Дюринг 的早期著作以及在《列·尼·托尔斯泰的宗教》中，科兹洛夫勾划了伦理学的基础，在此在他那里有时会碰到一些把他和吉热拉近的特征，有时则是一些把他和尼采拉近的特征。科兹洛夫还时而会就美学问题偶然发言。而在宗教问题上，在他那里，发生着向正面评价基督教一方的运动，这甚至给阿斯科利多夫以理由，称科兹洛夫

---

① 《自己的话》，第 136 页。
② 同上书，第 4 册，第 95 页。
③ 同上书，第 26 页；此外还有第 5 册，第 3 页。
④ 比方说第 5 册，第 135 页。
⑤ 同上书，第 133 页。

是"基督教哲学在俄国的奠基人之一"①。但这当然是夸大了。实际上就连阿斯科利多夫本人也称科兹洛夫与基督教的关系是"复杂"的②。"在科兹洛夫的哲学中基督教还没有来得及介入。"在另一处地方阿斯科利多夫这样说道③。这是对的,虽然科兹洛夫承认神祇的现实性,相信灵魂的不朽,一般说也非常勤于思考——根据上文所引尼·奥·洛斯基的证词——思考上帝与世界的关系问题。

就科兹洛夫哲学体系整体而言,我们应当首先指出其形而上学和认识论分析具有很高的价值。阅读科兹洛夫的著作给人留下了深刻印象的,不光是他的真正的哲学才华和深邃的思考,而且,从他身上还永远都散发着特有的清晰性和思维的诚实性气息。科兹洛夫从来不建构"概念之诗",他的分析永远都非常精细,诚恳,以其谨慎缜密和尖锐深刻见长。但在俄国哲学思想史上,在其发展的辩证过程中,他的著作为人格主义形而上学开辟了道路的体系,具有特殊的价值。科兹洛夫研究问题并不简单以提供解答为前提,他的著作是非常好的一所哲学批判主义的学校。正是由于这一在哲学上十分诚实和谨慎缜密的特点,其体系的价值在与其他人格主义形而上学体系并列的情况下,也不失其价值。

下面我们转而去探讨阿·亚·科兹洛夫的儿子和他哲学方向的继承者——谢·阿·阿斯科利多夫——的哲学创作。

6. 谢尔盖·阿列克塞耶维奇·阿斯科利多夫(1871—1945)是在与其父阿·亚·科兹洛夫的直接交往和其深刻影响下成长起来的。作为一个海关官员,他在革命后被流放到北方,随后又到诺夫哥罗德,在战争期间前往西方,在柏林逝世。他的第一部著作是完全本着科兹洛夫的"泛心论"的精神写作的,其标题是《认识论和本体论的基础》(1900)。随后他出版了不少纯批判性质的文章(比方说关于阿·

---

① 阿斯科利多夫:《阿·亚·科兹洛夫》,第218页。
② 同上书,第167页。
③ 同上书,第183页。

伊·维杰斯基的——参见本书最后一章关于尼·奥·洛斯基的章节），常常发挥自己的观点①。1914 年他出版了新著标题为：《思维与现实》。

在阿斯科利多夫的所有著作中，他都遵循科兹洛夫的方向，但如果说他的最初著作（尤其是《认识论和本体论的基础》）完全受制于形而上学立场（泛心论）的话，那么，在其嗣后的发展过程中，在不离开基本立场的同时，阿斯科利多夫对认识论问题给予了越来越多的关注。他最后一部著作（《思维与现实》）应当认为是一部就其分析的清晰和精细而言非常有价值的以当代最困难的认识论问题为题的著作。与此同时，肯定宗教的定向也越来越强烈地在阿斯科利多夫的著作中表现出来，但是，在他那里，与世俗化斗争的倾向也旗帜鲜明。"实证主义和形而上学，"他在一处地方这样写道②，"实质上只是旧的与之对立的科学与神学、人道主义与神正论的变体"。阿斯科利多夫在最新认识论潮流中所发现的反形而上学定向（以里克特及其学派为代表的马堡学派），按照阿斯科利多夫的观点，正是受制于世俗化立场，后者几乎可以说包容了整体时代。但是，除了一般否认世俗化运动以外，阿斯科利多夫本人的反世俗化立场比较而言很少在其著作中表现出来。

阿斯科利多夫完全认可科兹洛夫的泛心论，并且把许多新的母题引入其中。从我们之"我"的初始现实性出发，阿斯科利多夫相当周密地捍卫世界的普遍灵化，虽然他承认这种学说只是一种假设，但没有这种假设就不可能思考外部世界的现实性问题③。因此世界整体的统一性理念，有关灵魂相互关系的学说（"灵魂"概念向世界

① 这样的例子比方说有：《为奇迹辩护》，《哲学与心理学问题》，第 71 期；《思维是客观决定的过程》，同上，第 66 期；《超验主义唯心主义的内在危机》，同上，第 125 期；《时代及其宗教意义》，同上，第 117 期；《类比律是认识的基本方法》，《思维》，圣彼得堡，1922，第 1 期；《时代及其克服》，同上，1922，第 3 期；《基督教中的公正的理念（纪念列·米·洛帕金哲学纪念文集）》。

② 《思维与现实》，第 108—109 页，尤其是第 113 页。

③ 《认识论和本体论的基本问题》，第 181 页。

万物的扩张，按照"普遍生灵化原则"），是阿斯科利多夫形而上学的基础。"我们所说的相互关系是指，"他写道①，"这样一种本质之间相互消灭独特性并将它们融为一体的的状态，在这种状态中，一种状态 不断地过度到另一种状态……"而如果说"世界统一体理念作为生动的个性按照阿斯科利多夫的信念②其始终是一种假设的话，如果说"世界灵魂存在的逻辑表达真理的实证性实质上是没有希望的话"③，但他仍然还是接受这种学说④。就此需要指出的一点是阿斯科利多夫这样一个有趣的观点，即认为"低级实体是被高级实体所结合的"⑤，这一法则的一个个别例子是——按照阿斯科利多夫——"全世界在高级灵魂中的统一性"。

在《思维与现实》这部著作中，很少就有关形而上学的问题发言，但在一系列地方，书中可以感觉得到阿斯科利多夫有一种严峻的修正主义倾向。在依旧捍卫泛心论体系的同时，阿斯科利多夫在一处地方承认，"客观结构和世界自然不会在'精神性'或'心灵性'概念中获得完满解释"⑥。甚至比这走得更远：在不拒绝为本体论一元论辩护的情况下，阿斯科利多夫承认"形式与物质两极对立性"不允许它们之间相互归结，因而有论证其独特的"功能二元论"⑦。阿斯科利多夫甚至谈论对于"纯"物质来说与精神在绝对统一体中结合的可能性问题⑧，谈论摆脱了多样性本质，亦即"在其致密性形成中，物质与统一性原则相吻合的问题。在此阿斯科利多夫说的已经不是"亚里士多德关于物质的概念能为泛心论所接受"的问题了⑨，从而拒绝了

---

① 《认识论和本体论的基本问题》，第 240 页。
② 同上书，第 243 页。
③ 同上书，第 245 页。
④ 同上书，第 246 页。
⑤ 同上书，第 246 页。
⑥ 《思维与现实》，第 280 页。
⑦ 同上书，第 281—292 页。
⑧ 同上书，第 283—284 页。
⑨ 同上书，第 285 页。

以前关于我们的"我"的外空间性学说（我们的'我'无论如何不会外在于世界的延展）①。但所有这一切倒不如说是对于新的（或是再修正的）阿斯科利多夫的形而上学体系的一个提示，而这些提示却没有得到如我们所知，嗣后应有的发展。

7. 阿斯科利多夫就认识论问题所发表的言论远比以上所说更加重要也更加丰富。总之，他在此遵循着科兹洛夫的基本路线，但在读过最新认识论体系以后，大大加深了阿斯科利多夫的科兹洛夫立场。首先，应当指出阿斯科利多夫对于那一"总体意识"或"认识主体"概念的尖锐和精细的批判，这些概念从康德以来就常常替换了对于认识现实过程的研究。顺便说说，阿斯科利多夫非常固执地到处都贯彻"认识"这一术语，以取代"知识"这个术语。如果说问题涉及到（比方说在洛斯基那里——关于他可参阅本书第 12 章）关于分析或认识理论的话，那么，认识会与其个性心理语境相脱节，从而成为无人称的和当然的，也会轻易允许个性意识被"一般意识"所取代。在认识论中所说的"认识主体"，美其名曰走上了创新性思维之路，但它还是"个人主体"②。阿斯科利多夫一般说非常尖锐地反驳目前十分时髦的"反心理学主义"，在其对于使真正的和唯一现实的个人意识成为认识论分析的基础的追求中，阿斯科利多夫在其中寻找的，正是那种"纯粹经验"，即所有经验主义者都幻想拥有的那种——从阿维纳里乌斯到洛斯基。和科兹洛夫一样，阿斯科利多夫强调指出我们的直接意识的首位性，而他也常常向之发出吁求。"我们，"他写道③。"所有认识来自两个来源：（1）来自直接意识。对于我们它也是最原初的现实，能够给我们的认识提供必要的基础和出发点。（2）来自思维"。"认识开始于，"在另一处地方我们读到④。"不是从认识关系开始，而

---

① 《思维与现实》，第 291 页。
② 同上书，第 29 页。
③ 同上书，第 116 页。
④ 同上书，第 130 页。

是从任何认识的原初状态开始，——即从现实性开始，也就是说，从那任何明确的认识论分支对于认识主体和认识对象尚且还是格格不入时开始"。由于把认识和思维混淆了起来，"从各种现实和思维中脱落"，换言之，由于超验主义的根本定向，"超验的像可能如同经验的对象一样脱落了"①。阿斯科利多夫总而言之非常精细的分析表明，所有"超验的，和某种处于特定意识之外的东西一样，不可遏止地会冲破重围冲向认识论"②。"无论如何用认识论术语扼杀超人的和宇宙的认识来源，"我们在阿斯科利多夫的一篇文章中读到③，"这一来源都必然像某种'物自体'一样向人们呈现的"。

阿斯科利多夫不仅与各种形式的超验主义斗争，而且也和洛斯基的直觉主义斗争。我们没必要走进这种批判的细节了④。我们只需指出一点，即如果说在阿斯科利多夫的第一部著作中，还曾坚决地断言我们"无论如何不会认为我们的'我'是某种隐藏更深的自我本质的反映"⑤，我们应当否定"任何在我们之'我的'基础上推断某种不可认识本质或是'物自体'"⑥，那么，在其最后一部著作中，我们找到的已经是更坚实的公式了，比方说："我们之'我'是毋庸置疑的实体，尽管意识，或许不允许其全部深度"⑦。

阿斯科利多夫继科兹洛夫之后，一般说主张认识对象的超验性，因为关于我们认识的符号性问题，在这个问题上，阿斯科利多夫与科兹洛夫相比，提出的新观点很少。但他却又有许多珍贵的和有趣的观点，是在关于真正的现实性究竟是什么样的的问题上提出来的。这这一卷里（尤其参见《思维与现实》的第 11 章中）阿斯科利多

---

① 《思维与现实》，第 44 页。
② 同上书，第 72 页。
③ 《超验主义唯心主义的内在危机》，《哲学与心理学问题》，第 125 期，第 793 页。
④ 《思维与现实》，第 6 章。
⑤ 《认识论和本体论的基本问题》，第 89 页。
⑥ 同上书，第 104 页。
⑦ 《思维与现实》，第 287 页。

夫，虽然仅仅只是发挥科兹洛夫的相应观点而言，但还是推出了及其有趣的关于空间的观点。他认为通常人们对于空间的理解（把空间当作外部事物的延展）在存在的这个方面"是贫乏的和符号化的，并未充分利用纯粹经验的全部富矿"。而有关空间的客观的科学的概念他则简单地认为是虚假的。

阿斯科利多夫并未把在生命的下半期里在他那里已经成熟了的形而上学和认识论理念都彻底说出来、他即使在这里也始终实质上忠实于科兹洛夫，分享着他的"泛心论"，亦即某种单子论的变体。但是，毫无疑问，他巨大的哲学才华开始结出一个本着科兹洛夫精神的独立体系之花的时候，已经晚了，无论如何，在俄国哲学思想史上，阿斯科利多夫的创作不可能被忘怀。

下面我们探讨列·米·洛帕金体系。

8. 列夫·米哈伊洛维奇·洛帕金（1855—1920）是弗拉·索洛维约夫早年的好友。他是一个根据叶·特鲁别茨科依伯爵的描述①，"怪人，一个独特的人，无论怎样的光投在他身上，他身上那种精细的清晰的头脑和几乎儿童般无助的个性的组合都使人万分惊奇"。具有很高天赋，思维个性非常独立，洛帕金，唉，却并未提供根据其具有的哲学才华本应提供的成果。他为社会生活付出了太多的精力，是一个各种沙龙和集会的常客和造访者，但也因此而成为莫斯科大学活动家中最知名的一个。在尼·雅·格罗特去世（关于他可参阅第9章）后，洛帕金成为从始至终的莫斯科心理学会的主席，直到1917年革命后学会活动中止为止。1920年，在全俄国那个可怕的饥

---

① 叶·特鲁别茨科依伯爵：《回忆录》，索菲亚，1921，第183页。还可参阅列·米·洛帕金的妹妹的回忆录，叶·米·叶利佐娃：《非此世的梦》，《当代纪事》，第28卷。对于洛帕金传记来说非常重要的还有他自己的文章：《弗拉·索洛维约夫》和《叶·特鲁别茨科依伯爵》（针对后者关于索洛维约夫的著作所写），《哲学与心理学问题》，第119期、第120期、第123期、第124期。"我有负于索洛维约夫的地方颇多，"洛帕金在此写道。"无论是在道德上，还是在智力上。在17岁时我成了一个真正的索洛维约夫的思想同道者"（《哲学与心理学问题》，第119期，第340期、第346页）。

馑与严寒的生活条件下，他由于饥寒交迫而去世……

洛帕金的著作写得极其清晰而又有趣，写得很多，但在他生前却未能出版全集（而他完全有资格出版全集），而在他去世后，笼罩全社会的氛围已经极其不利于自由和独立思想的发展了。洛帕金的两次答辩推出了两卷本的一部著作，其标题是《哲学是实在任务》（莫斯科，1886 和 1891）①。科研工作 30 年纪念时，出版了厚厚的 1 卷书，里面包含了洛帕金就哲学问题写的文章，标题是《哲学描述与演讲》（莫斯科，1911）。同年，朋友们、崇拜者们和洛帕金的学生们，出版了《哲学论文集》用以纪念。遗憾的是，洛帕金关于心理学和伦理学的大量最珍贵的文章终究未能出版面世——它们全都发表在《哲学问题与心理学问题》杂志上，本来可以汇集为非常体面的两卷本的。我们还要提及洛帕金的一篇关于意志自由问题的长文，发表于莫斯科心理学会会刊第 3 辑上（所有这一辑都是论述意志自由问题的）。应当注意的还有，即我们可以把洛帕金称之为——而且是不夸张地——最杰出的俄国心理学家，他的有关心理学一般问题和个别问题的文章，至今保有很高的价值。

关于洛帕金的文献遗憾的是非常贫乏，我们将在注释中罗列一二②。

---

① 第 1 卷，1911 年出了第 2 版，里面有一个非常珍贵的序言，据我所知，第 2 卷始终未能出版。

② 雅科文科在其俄国哲学史中，对洛帕金给予了较大关注——对洛帕金理念的阐述在此书中是带着爱心和关注之情做的（Jakovenko, op. cit. p. 252—265）。在尼·奥·罗斯基的文章《20 世纪俄国哲学》（俄国科学院贝尔格莱德通报，第 3 册，1931）中，我们只能找到关于洛帕金的粗略介绍。在科兹洛夫那里（《自己的话》，第 4 册，第 131—167 页），可以找到对于洛帕金学说的详尽分析（还可参阅同上书，第 25 册，第 141—146 页）。阿斯科利多夫在许多方面非常接近于洛帕金。但在其书中却只偶然谈到他。有关洛帕金哲学的许多重要的意见在叶·特鲁别茨科依伯爵的《回忆录》里可以找到。还可参阅后者关于弗拉·索洛维约夫的著作。还有一篇小文章也值得一提，即谢·列·弗兰克论洛帕金（《道路》，第 19 期），文中有几页涉及洛帕金。在叶尔绍夫的俄国哲学简论也涉及洛帕金（《俄国哲学发展之路》，弗拉季沃斯托克，1922，第 31—34 页）。还有就是在洛帕金周年纪念日发表的纪念讲话（《哲学问题与心理学问题》，1912，第 111 期）和帕·伊·诺夫哥罗德采夫的文章：《俄国哲学的节日》（《俄罗斯思想》，1912，第 2 期）。还可参阅阿·别雷：《在两个世纪之交》（1936），书中记叙了许多和洛帕金有关的日常生活逸事（第 256—289 页）。

现在关于洛帕金所受的影响问题略说几句。对这个问题的准确指示无论何地都没有揭示，如果不算洛帕金本人的粗略指引的话，如果不算洛帕金与弗拉·索洛维约夫的亲密友谊的话，而后者，毫无疑问，对于洛帕金思想发展的内在辩证过程有着巨大的意义。洛帕金在许多问题上与索洛维约夫并不一致，而与此同时又高度评价后者，这从他论述后者的文章中就可以看出来（见《哲学描述与演讲》一书）。首先，以纯客观材料为依据我们必须承认，莱布尼茨和洛泽——关于这一点大量的来自他们的引文也证实了（尤其是来自洛泽的引文），——而洛帕金果真与他们在思想上很接近。我认为，洛帕金还受到了叔本华的巨大影响，——而且我这么说的根据是洛帕金关于后者写过一篇灵感勃发的文章（在以上所说的那本书中），文中洛帕金谈到"叔本华伦理学的迷人魅力"①。

雅科文科还讲到 I. Fichte 和 Fechner，以及尤尔克维奇（Jakovenko，op. cit. p. 253），但是洛帕金与上述思想家思想的相似性还不足以使我们有权谈论影响问题。至于尤尔克维奇，他的听众除了索洛维约夫外，还有洛帕金，因此看起来或许是有过影响的。

现在让我们探讨一下洛帕金的体系。

在洛帕金的观点中，什么可以称之为其创作的核心呢？据我们看来，在其所有该体系中，人类学和对人的理解是其所有体系的基础。洛帕金形而上学的核心理念是精神的创造力，和其伦理学的基本信念，被他不止一次地充满灵感地声明过了的，就是"道德转"的可能性问题，亦即道德的创造，这两个原则都可以上升到洛帕金有关人的学说中。精神的创造力是在我们直接的自我感受中被揭示出来的，"现实生活的可塑性"②，自由创造的的可能性，都深藏在一个深刻的信念上，即"道德行为应该具有世界意义，应该向全宇

---

① 《叔本华的道德学说》，见《哲学描述与演讲》，第 84 页。
② 《哲学描述和演讲》，第 114 页。

宙扩展"①。在洛帕金那里，这一高尚的伦理学理念甚至起源更早——只需读一读他出色文章《道德生活的理论家基础》②，就能够感觉到这一点。所有写过有关洛帕金的文章的作者，都不能不被其主要论著飞扬的文采所折服（《哲学的实在任务》），但对其早期伦理学文章却不感兴趣，因此在洛帕金对一般哲学的描绘中，这个方面通常根本不被人们所涉及，而实际上，以我之见，里面包含着打开理解洛帕金哲学之门的钥匙。我们已经指出过，他的哲学创作处于远离宗教主题的旁边位置。他的《理性主义有神论》无论何种程度上都不能说为宗教生活开辟了广阔前景，而在他的认识论里，理性的工作被放在那样的位置，我们下文将看到，放在高于信仰的位置。但在洛帕金身上，伦理本质越鲜明越深刻，他身上燃烧的激情就越炽烈。正是因为这个原因，我们应当从研究洛帕金的伦理学来开始研究其哲学，因为伦理学与此同时也是其人类学的第一部分。

10. 洛帕金有关伦理学和人类学问题的最重要的文章是他的专著《自觉道德生活的理论基础》（《哲学与心理学问题》，第 5 期）。"道德生活不是高距于我们头上的，而是我们实施的"，——洛帕金在此写道③。这种对于道德活动的创造性本质的强调，是洛帕金最富于激情的信念，并且被他把这一信念带到了形而上学领域。"精神性与创造，"——他就此写道④，是不可分离的概念，但这种创造道德的定向，这一对于理想的忠诚——它构成了我们精神的动力——虽然也会导致对于"道德性的根本本质是在精神个性的内在尊严中被赋予的"的认可⑤，但世界上恶的现实性以及善的某种程度上的软弱无力，是否会把道德创造变成空洞的幻想呢？"自发的偶然性的统治，活的生物痛苦的无结果性，以及其毫无意义的死亡——这就是常常

---

① 《哲学描述和演讲》，第 80 页。
② 《哲学问题与心理学问题》，1980，第 5 期。
③ 同上书，第 50 页。
④ 《哲学问题与心理学问题》，第 64 页。
⑤ 同上书，第 69 页。

围绕着我们的一切"。而与此同时，"宇宙的生活，据我们所能研究的而言，在所有阶段上，都是真实的，虽然非常缓慢和渐进的，内在统一性终究会战胜混沌的分裂性，一切都配享有目标明确战胜偶然和无意义的成果"。我们面临着一个艰巨的任务：思考伦理行为的创造和灵感力量，在恶在尘世生活中大获全胜的背景之下。要知道我们不能不承认"人类存在的意义在于完成不能完成的任务"是"极不合理"的一件事①。显然，道德生活只有在那种情况下才能获得其意义，即如果我们可以承认"善是自然的属性和法则"②。显然，我们应当承认，"对于解决伦理学问题"来说，我们需要"道德世界秩序的现实性"。"人类意志的自由和世界生活的道德理性是伦理学的两个最根本的推断"，——洛帕金如是说③。但我们究竟是如何确信"世界生活的道德理性"的呢？经验一直在反对这一点，而这仅仅意味着，经验也不可能成为那样的一个审级，借助于它，可以揭示道德活动的意义，解决在现实生活和道德意识之间所存在着的矛盾（如同在经验中这些向我们显现的矛盾那样）。"关于伦理理想对于世界现实生活的关系问题，"——洛帕金写道，"要求为了解决它有某种更一般的已经经过思辨性的材料"④。洛帕金继而写道："我们可不可以找到某种根据……好思考，善在自然和人类历史中的逐渐胜利，是不是一种虚假的现象和骗人的现象呢，而根本的和目的论世界之基础，对于道德理想是否实现根本就是十分冷漠的呢？"对于这个问题的答案，就是洛帕金全部体系所要回答的问题，它是从他的人类学中生发出来的，是从他对人的理解中产生的，因此通过理性和道德创造，"人获得了自然中的最高的意义"……于是……"自觉实现其在世界上的使命"便成为人的任务⑤。

---

① 《哲学问题与心理学问题》，第70页。
② 同上书，第56页。
③ 同上书，第87页。
④ 同上书，第60页。
⑤ 同上书，第65页。

关于人的主要真理恰恰在于人的创造能动性，在于这种能动性的改造力量。洛帕金不止一次回到这同一个思想上来，这思想他感到非常珍贵，不仅因为它是关于人的道德生活的真理，而且还因为它揭示了全部存在之谜。我指的是不止一次在他那里见到的关于"对我们来说道德变革的可能性，从根本上说，是一种我们活动的动力"①。"道德变革的可能性就是人类本性中的伟大的和根本的事实……在人类精神的本性中根植着从事根本的道德变革的可能性"②。而洛帕金在此特别颂扬叔本华，因为"在任何地方他的叙述也未曾达到如此辉煌、如此扣人心弦的力度，那就是当他在哪些篇章里描述全人类存在的内心启蒙的篇章"。

但什么意味着这一一"人类本性的伟大的、根本的事实呢"？什么样的形而上学前景被他所揭示了呢？这又会引导我们走向怎样的"思辨性的材料"了呢？为了理解洛帕金思维的内在辩证法，必须注意到其体系里的这样两个基本母题：首先，是对于人类精神的实体本性的深刻信念（这构成了洛帕金人类学的基本理念），而从另一方面说，这构成了他有关自由的创造活动"在任何必然性的存在中都是先决的"③。正如洛帕金本人所强调指出的那样，这最后一种学说，构成了其全部形而上学的的、洋溢着谢林精神的基础④。

但是，让我们还是先来谈谈他的人类学，谈谈他的人类精神的实体性本质的学说。通过洛帕金的全部议论——在其文章及其著作中——都贯穿着一个命题，表达了他对于现实性的理解：他有关实体和现象概念的学说。洛帕金到处并且总是强调现象与实体的相对性："没有离开实体的现象，正如没有离开其属性、状态和行为……

---

① 《关于意志自由问题》，莫斯科心理学会辑刊第 3 辑，莫斯科，1889，第 132 页。
② 同上书，第 168—169 页。
③ 《哲学问题与心理学问题》，第 5 期，第 64 页。
④ 同上书，第 64 页。

的实体一样……换言之，实体不是超验的，而是内在于现象的"①。洛帕金经常强调指出，这一论点是不会在对待物理本质的问题上引起争论的②，但它在对待心理学领域里却并不因此而缺少确实性。"灵魂的实体不是超验的，而是内在于现象的"，——洛帕金这样写道③。"心灵生活的实体性因素不在于其直接可意识到的内容的边界之外的某个地方，而是在其自身中表现出来的"④。"我们的内心经验，"洛帕金在文章《心理学中的自我观察法》⑤ 里说道，"是唯一的点，在这个点上，毫无疑问，真正的现实生活开始对我们直接呈现出来"。我们再引另外一个值得注意的地方："我们内心经验的经常和唯一的对象永远都是我们的意识多样表达中的实体性同一"⑥。洛帕金所有这些在其各类文章中多次重复的思考被他以一个论点做了一个概括："我们拥有我们精神的具体直觉"⑦。

摆在我们面前的是这样一个观念，这个观念引导我们走向人格主义，而且是在与小费希特体系十分接近的形式里的人格主义。叶·特鲁别茨科依伯爵在其《回忆录》关于洛帕金的一章中，关于洛帕金写道："人类精神自我肯定的人格在洛帕金那里变成了绝对的心灵实体，人格性按照他的理解，变成了某种封闭的、自足的单子。"⑧ 特鲁别茨科依毫无疑问，有所夸大，当他把洛帕金的立场描述为一种有关个性的学说时，说个性是"封闭的单子"时，更准确的说法是特鲁别茨科依的另外一番话，也是在那本书中，特鲁别茨

---

① 特别参阅《按照内心经验看关于灵魂的概念》这篇文章，《哲学问题与心理学问题》，第 32 期，第 265 页。还有《意识生活里的现象与本质》，同上，第 30 期，第 650 页。

② 这一观点在《哲学的公理》中表达的最鲜明，同上书，第 80 期，第 343 页。

③ 同上书，第 30 期，第 649 页。

④ 同上书，第 32 期，第 277 页。

⑤ 同上书，第 62 期，第 1035 页。

⑥ 《哲学问题与心理学问题》，第 32 期，第 284 页。

⑦ 同上书，第 297 页。

⑧ 叶·特鲁别茨科依伯爵：《回忆录》，第 189 页。

科依说，"洛帕金单子论的激情是精神的人格性感觉，他竭力无论如何把他支撑起来"。早在科兹洛夫那里，如我们所知，莱布尼茨关于单子封闭性的学说就被代之以有关实体的相互作用学说了，而洛帕金首先坚决捍卫的，是"有关异己的生气灌注性"（反对阿·伊·维杰斯基——关于他，可参见下一章）。在早年一篇文章中，洛帕金提出这样一个问题：承认"全世界到处充斥着心理力，而这种心理力在不间断地创造性地产生着个人精神生活的内在生活，或是承认意识的个人中心本身拥有其独立的创造"①——并且对泛神论与人格主义之间的争论以有益于人格主义的方式予以解答。而在《哲学的实在任务》中，他坚决捍卫个别意识的关联和交往。"我断定……不仅共同意识，而且也承认在各种意识中每种状态的相互反映"②。

这样一来，应当彻底否定叶·特鲁别茨科依的断言，说在洛帕金的单子论里，单子是"封闭于自身中的"。洛帕金在其反对索洛维约夫后期文章中无人称性的论战中（而且也在其各类文章中），的确断言"人格的超时间性本质"，但这一有关灵魂的超时间性学说根本不否认其共创造性或其与绝对者的独立性。洛帕金并未把人格心灵绝对化（如比方说小费希特那样），而是断言灵魂的实体性，正如灵魂的不朽性一样③。这也就是人格主义，是摆脱了形而上学多元论的人格主义，——而最重要的、建基在洛帕金这一人格主义之上的，是这样一个肯定精神的创造能动性这一论点。这一创造的能动性，按照洛帕金的观点，早在感觉中即已产生了④，而在道德领域达到其最高表现。洛帕金的人类学因此可以被描述为一种伦理人格主义，因为精神的独立性、力量和创造，最鲜明不过地被揭示了出来，按照洛帕金的说法，是在"道德意识"中和"道德变革的可能性中"。

---

① 《道德生活的理论基础》，《哲学问题与心理学问题》，第 5 期，第 79 页。

② 《哲学的实在任务》，第 1 卷，第 2 版第 109 页。

③ 洛帕金的这一论点叶·特鲁别茨科依伯爵也是承认的（论弗拉·索洛维约夫的世界知觉），第 2 卷，第 249 页。

④ 《哲学问题与心理学问题》，第 32 期，第 281—282 页。

但洛帕金同样也为了人格主义的形而上学做了许多——他哪些辉煌而又深刻的《论意识的现实统一性》，《论意识生活中的现象与本质》及其他许多文章，还有《论哲学是的实在任务》中的光辉篇章，包含着具有很高价值的，对于人格主义形而上学分外重要的材料。而在出色的文章《根据内心经验的材料讨论灵魂概念》中，洛帕金特别清晰地表明灵魂的实体性，以及灵魂"走向超时间观照"的能力。"时间意识，"——他在总结异常精细的分析结果时说，"是灵魂的实体性功能"①。而且不止于此：形而上学的所有主题洛帕金都是在其人格主义的观照下予以解决的，这一点尤其适合于认识的基本范畴——实体性和因果律，"我们在我们那能干的'我'持续的统一性活生生的意识中拥有本体的实体性和因果律"②。对于洛帕金来说尤为重要的是，因果律概念的改造问题，他在自己那部厚重的著作的第 2 卷里，特别深刻地发挥了这个问题。对他来说，不仅有关"创造性因果律"的学说值得注意，而这也的确是他对俄国哲学最有价值的贡献，但是，他同时也指出该学说与所谓机械因果律相比的首位性。我们马上就会阐述洛帕金的形而上学，暂时我们只想强调一点，即他的形而上学是在其人格主义中扎下了根的。

10. 洛帕金形而上学的基础同样如我们所知，是由科兹洛夫提出的那个论点为基础——亦即"任何活动都要求以活动者为前提"。"任何活动都要求活动者，"洛帕金如是说，"任何表现出来的现实性都会意指体现于其中的力量"③。这当然是单子论的奠基论点，或多元主义唯灵论的奠基论点，而现在已经清楚的一点是，科兹洛夫有一个意见④，说洛帕金"把存在概念与因果律概念等同起来了"（捍卫存在首位性的科兹洛夫的反驳也正是针对此点的）其实是个误解。

---

① 《哲学问题与心理学问题》，第 5 期，第 288 页。
② 同上书，第 296 页。
③ 《论意志自由》文集，第 134 页。
④ 《自己的话》，第 4 册，第 142 页。

对于洛帕金来说，"活动家"与活动、存在与表现的不可分离和不可隔绝是十分重要的，但这绝不等于将二者等同起来。

任何形而上学的最困难的问题是物质与精神的问题，而在这个问题上，洛帕金首先确定了任何机械运动在本体论的第二位性或次生性。"任何机械关联，"他写道①，"都意指物质，它的规律和运动是已经给定的，亦即已经是全世界存在着的了，任何机械运动都仅仅是过去在某些因素中开始的运动过程的延续"。因此，"运动、躯体的分子构成、以及其重量——所有这一切都应该先于创造过程而给定。初始的、原初的因果律是创造的，任何别的都是第二位的和次生的"。与此相关，洛帕金还精细分析了物质问题。早在《哲学是实在任务》的第 1 卷里，他就出色地表明，唯物主义是一种"形而上学学说"，是建基在对于物质的信仰之上的。在全面分析了唯物主义和原子论（第 1 卷，第 2 章）以后②，洛帕金得出了结论："物质机械定义的全部条件性"③，强调指出"重量不是物体属性初始的和基本的，而是次生的和第二位的属性"④。此外还要加上具有认识论性质的另外一个观点，即"我们不能直接知道物质现象。在天真的物质形而上学的位置上，我们应该推出唯灵论，因为它能看出在精神本质中存在最后的基础——我们可以说，"现存物的超感性的基础不仅是物质普遍的属性，而且也是其中所能察觉的所有个别和单独的属性的来源"。这也就是单子论原则（没有有关单子封闭于自身的学说）或是换言之，具体唯灵论体系。在一处地方⑤，洛帕金称这个观念是"具体动态"体系。

洛帕金的多元论不具有绝对的性质，尽管他倾向于说"永恒的多样性"（这一表达法的意义需要阐释），但接着又补充道："永恒

---

① 《哲学问题与心理学问题》，第 5 期，第 62—64 页。
② 参阅第 1 卷，第 162 页的分析意见。
③ 同上书，第 169、177 页。
④ 同上书，第 179 页。
⑤ 论《具体动态》，参阅洛帕金：《实在哲学基础》，第 1 卷，第 186 页。

的一是在永恒的多中被揭示出来的——柏拉图理念论永远不过时的真理就寓于此"①。然而，在洛帕金那里，一与多处于不同层面。"在上帝身上，"洛帕金说道②，"包含着所有物质，但是却处于其前时间和理念统一的状态下。上帝在自身观照所有存在的……将其作为永恒理念的世界"。而世界却"根植于最初秩序里，但它不会与之俱变，这也正是那个原始形象的世界，但自我本质以及特别的自我肯定也会进入这个世界——因此，在这个世界里，一切都分化了，都分解了，都变动了"。这是什么，实质上，这与弗拉·索洛维约夫十分接近，或与弗洛连斯基和布尔加科夫也都十分相近！只是在洛帕金那里，没有索菲亚理念……但洛帕金的有神论有其纯粹的民族之根——他在一处地方（在《民族形而上学范围内的有神论》一章里）说过这样的话："或是哲学一劳永逸地摒弃关于绝对者的理念——这是可能的，——或是哲学走向有神论，将其作为牢固的和不变的真理"。就在此处③，洛帕金的说法还要更加强烈："在世界是从无中创造出来的这个推断里，包含着深刻的哲学理念"。但是，我们应该如何协调形而上学多元论（尽管是其软化形式的）与洛帕金十分看重的创造世界的理念的关系呢——对此洛帕金在任何地方也不置一词，——而由于这个原因在他的单子论里，在这个问题上，始终存在着不明确、缺乏根据的毛病。而就连洛帕金本人某次也承认，我们"不能仅仅满足于这样一个观点，即绝对本质不过是最一般的现实法则"④。"伦理生活的思辨根据"对此我们已经谈到过，向洛帕金提示道（在《道德生活的理论基础》一文中）更加明确和具体的对于上帝与世界之关系的观点。在此洛帕金接近于索洛维约夫，即开始重新赋予人以"在自然中的最高的、最目标明确的使

---

① 《实在哲学基础》，第 406 页。
② 同上书，第 407 页。
③ 《实在哲学的基础》，第 408 页。
④ 《哲学问题与心理学问题》，第 5 期，第 63 页。

命"，但关于一和多的本质的关联和关系（与上帝和世界的关系相应）问题，在洛帕金那里始终未能解决。

洛帕金对于宇宙学投入了更多的关注，而在这里；他的哲学灵感（在《实在哲学基础》的第2卷里）达到罕见的高峰状态。洛帕金宇宙学的核心概念是创造因果律概念，是一个与几年后柏格森在《创造演化 Evolution creatrice》发挥的理论非常接近而且相似，只是在柏格森那里，更多的是其宇宙论里的自然科学，而在洛帕金那里，更多是哲学。

"物质作为任何别的真实现实，"我们从洛帕金的一篇文章中读到①，"具有内在的，或是主观的存在，这内在的一面在于其外部表现和属性的基础中"。就中"唯灵论不是分解物理本质——它只是认为，它自己本身还不是通常有关它人们所想的那种东西"②。从这样一种本体论出发，洛帕金以一种特别固执的精神倾向于承认宇宙生活中创造的，而非逻辑的必然性。洛帕金之所以情愿承认存在的非理性一面，在这个问题上，尤其值得注意的，是他的文章《哲学的今天与未来》，文章表现了洛帕金的同情心是给予实用主义的——其源盖在于此。使洛帕金惊奇的是，"现实生活的多样性和不可穷竭的丰富性"，对之应当承认已经到达了无穷可塑性的地步"。"知识所揭示的现实生活，"洛帕金接着写道，"根本不在于其法则和力量的完整性"。他对于"我们不可遏止地想要赋予全世界比经验所能赋予其的更多的理性形式的"愿望，表示不屑③。"辩证进程的可能性，"在另一处地方洛帕金写道④，"根植于那样一种非理性因素之上，这种因素自身包含着存在。再明显不过的是，在现存之中，除了理性

---

① 《作为心理假设唯灵论》，《哲学问题与心理学问题》，第38期，第520页。
② 摘自《作为哲学一元论体系的唯灵论》，《哲学问题与心理学问题》，第115期，第457页。
③ 洛帕金：《哲学描述与演讲》，第112—115页。
④ 《哲学描述与演讲》，第1卷，第356、397页。

因素以外，还存在着非理性因素，超逻辑因素"①。

理性主义者洛帕金的注意力指向存在的理性一面的方法本身却是非理性主义的——这种方法，毫无疑问，根植于其对于道德意识的要求。在洛帕金那里，这一决定着形而上学"道德思辨"作用并非那么清晰，而这是无可置疑的。洛帕金不止一次在各类著作中回到莱布尼茨关于存在的道德基础的思想，自然，对于洛帕金来说，世界上这一道德本质的行为的外理性本质是无可置疑的②。

世界上的创造过程的特点，按照洛帕金的说法，是不可能在理性模式里被约定好的。"哲学，"他在批判黑格尔的一节里写道，"不可能哪怕就连一丁点儿想要建构绝对体系，亦即这样一种体系，这种体系能够以逻辑的自明性把存在的所有个别法则都推导出来的愿望也没有的"③。"创造"因果律这一概念逼额百年历史吸引洛帕金走向对其的描绘，把其当作理性的，尽管在此他又补充道，说它的"被揭示不是为了反对理性的法则也不是自外于理性，而是与之协调"④。

但是，应当承认，对于理性因素的这种诉求，对于"绝对化"某种观念的担心，向洛帕金的体系注入了修正主义的因素，这因素并未每次都能被他自己所发现。这一点尤其是在他涉及形而上学一元论的地方特别明显。我们已经谈到过这个问题——对于洛帕金的单子论如此典型的多元论，和一元论一样，——如果说在一种秩序下它与其联合，而且只是和存在的各种层面融合的话，那么，在另一个秩序里，它又软化了它们之间的对立性，认为"概念的统一和多样性"是相对的⑤。这里必须指出的是，洛帕金在对待上帝和世界的关系上拒绝使用因果律理念⑥，而且在这个问题上，布尔加科夫

---

① 《哲学描述与演讲》，第 258 页。
② 特别参阅《实在哲学基础》，第 395—397 页。
③ 《实在哲学的基础》，第 397 页。
④ 同上书，第 396 页。
⑤ 参阅比方说《一元论与多元论》，《哲学问题与心理学问题》，第 116 期。
⑥ 《实在哲学基础》，第 1 卷，第 263—275 页。

的哲学体系和他非常相近。"在世界和它产生的力量之间，只有创造关系是可以思考的，而任何别的关系（都是不可思议的）。"——在一处地方洛帕金写道①。但难道不正是他本人以如此充分和令人信服的力量发展了"创造因果律"理念的吗？我认为上文中引导我们回到对于因果律的理性主义观点去的那段引文，恰好意味着洛帕金拒绝将创造理念理性主义化。但是，就是在这里也出现了对于洛帕金相当典型的对于其哲学的偏离，也就是说偏离了哲学与神学密切关联的哲学话语……而相反，每次当洛帕金可以强调指出存在中道德本质的现实性时，他的话都会说得分外有力和执著……

现在让我们转向洛帕金体系的下一章——谈他的认识论。

10. 洛帕金未能在其认识论里，提出任何重要的见解。他的理性主义与否定经验及其在认识世界中的极端重大的意义无关，但认为经验是认识唯一的来源的纯粹的经验主义，在他那里却受到了充分的，也可以说是毁灭性的批判。"经验哲学，"洛帕金写道②，"因其所具有的本质，的确在任何情况下也无法提供确实的知识"。关于实证主义他这样写道③："实证主义会杀死自己的，如果它成为了它所想成为的那种哲学的话，也就是说，成为自觉而又公开的经验主义的话。"因为在纯粹经验主义的基础上，我们不可能接受现存的物质（因为经验主义仅仅是以我们的感觉为材料构成的），那么，唯物主义却无可争议地是形而上学，而且是建基在对于物质的信仰之上的形而上学④。"信仰"在洛帕金的人类学中一般说具有其特殊功能——在他那里，它处于经验和理性之间。老实说，对于洛帕金来说，信仰不是一种"认识的特殊来源"——而是"我们所有的理性活动完全不可分割的内在的成分"⑤。"信仰"在洛帕金那里被描述

---

① 《哲学问题与心理学问题》，第 5 期，第 63 页。
② 《实在哲学基础》，第 1 卷，第 121 页。
③ 同上书，第 133 页。
④ 同上书，第 133 页。
⑤ 关于这一点可特别参阅《实在哲学基础》第 2 版前言中的清晰表述。

为"晦暗不明的东西",亦即需要理性加工的东西,以便能够进入认识的构成。按照洛帕金的观点,真正的认识只能是理性的。洛帕金甚至情愿允许理性和信仰在"相互之间完全独立的情况下"发展,但是"它们的存在本身所提出的任务却在于它们之间的和谐相处"①。"哲学领域,"洛帕金接着写道,"从来就不曾被宗教所占据,但在其边界地带,它应该自己为自己拟定法则"。但是构成哲学之基础的思辨,洛帕金将其不是理解为"片面的—理性主义的",而是"在生活和具体的意义上的"②,更详尽更明确的揭示,就是对于"片面—理性主义的"克服,但洛帕金却未能提供什么。

至于洛帕金的伦理学,那么,关于它我们已经说得够多的了。重要的是,在他那里不光有对于意志自由的热烈宣扬,有对于创造能动性的歌颂,而且,比这更重要的是,在洛帕金那里,伦理学定向在对待哲学基本问题的解决上具有决定性的意义。我们从中看出洛帕金创作的崇高的哲学价值更多地是在其伦理学人格主义里,在其有关人的学说中。莱布尼茨主义在俄国的土壤上正是在洛帕金那里开放出了其伦理学的一面,而其形而上学一面正是取决于伦理学人格主义。

下面我们开始介绍最后一个莱布尼茨主义在俄国哲学中的重要代表人物——尼·奥·洛斯基。

12. 尼古拉·奥努弗里耶维奇·洛斯基(1870 年出生于维捷布斯克附近,1960 年在巴黎支世)。

由于宣扬无神论(当他还在中学学习时),洛斯基被迫离开中学到德国波恩学习。回到俄国后,进入彼得堡自然科学和历史语文学系学习。29 岁时被留校做预备教授,而再次出国,在 Виндельбанд,Вундт,G. E. Muller 的指导下进修。1903 年成为哲学硕士,1907 年成为哲学博士,以后成为副教授,再往后成为彼得堡大学编外教授。

---

① 《实在哲学基础》,第 1 卷,第 44 页。
② 同上书,第 431 页。

1921 年因宗教倾向被驱逐出彼得堡大学，1922 年被驱逐出国。受马萨利克之邀在布拉格定居。1942 年被遴选为勃拉迪斯拉夫大学教授，直到战争结束。1945 年移居法国，从 1946—1952 年住在美国。

尼·奥·洛斯基是俄国哲学作家中最多产的之一，写过许多著作，其中绝大部分曾多次再版，并且几乎全都被译成外国文本（英语、德语、法语）。洛斯基可以被公正地认为是当代俄国哲学的首脑，什么地方有对哲学学兴趣，那里他的名字就广为传扬。与此同时他差不多还是俄国哲学家中唯一建构了真正意义上的哲学体系的人，除了在美学问题上他暂时（如我们所知）还没有过比较系统的表述，而且在宗教哲学问题上他也在其各类著作中仅只涉及其中一些问题而已——其中主要是些个别问题。洛斯基的第一部著作是从唯意志论观点出发对于心理学基本问题进行分析的，而早在这部著作中，就已表现出其作者的的哲学才华的特点来：思想的独立性，目光敏锐勇气可嘉的建构，表现出对于与特定领域有关的当代哲学文献的熟稔。此书出版后，他又出版了最重要的著作（使其获得博士学位的）：《直觉主义论证》（第 3 版，柏林，1924），洛斯基在此书中的哲学才华达到了辉煌灿烂的程度。这部书主要论述认识论问题，该问题一般说来如果不是当时最核心的问题，那也是在总而言之非出自同一个根系的体系中最核心的问题之一。洛斯基的综合构思取决于，的确，如我们所见，所受到的各类影响，各种基本理念。因此，对于洛斯基的体系，我们不能仅从其中某一个根系、从某个理念出发来加以解释，而比方说我们把它纳入俄国莱布尼茨主义流派（因其形而上学的缘故）的话，那也不是因为我们就是想从这个根系出发来对其体系加以解释。和莱布尼茨在其体系中以新的方式把多个思想家的各种理念拉近并重新建构一样，洛斯基同样也是非常多面的和复杂的——在其该体系本身中和在其基本理念中。的确，随着他的《直觉主义论证》的出版，他又出版了他最有趣的著作《作为有机整体的世界》（1915 年在《哲学问题与心理学问题》发表了此书的个别章节）。稍后，1919 年，以《认识论基本问题》为题出版了一本文集，当然，其中若干文章也涉及到形而上学问题。后来则出版了洛斯基大部头出色的著作《逻辑学》（2 卷本，第 2 版，1923）。洛斯基嗣后的著作值得一提的还有《感性的、知性的和神秘主义的直觉》（巴黎，1938），这是一部在许多方面填补和发展了早先在《直觉主义论证》中所提出的观点的著作。对于理解洛斯基的思想来说，非常重要的是一部小书《存在与价值》，以及《论意志自由》。除这些著作外，洛斯基还写有大量单独专著（需要指出的有，比方说，《上帝与世界之恶》）。此外还有《伦理学的基础（绝对善的条件）》、《世界观的类型》（《形而上学导论》）和出色的关于认识论的著作《哲学导论》）。

我们称洛斯基为多产作家，但更重要的是，在他那里，有一种综合的力量，凭借着他所特有的这种力量，他把"理想—现实主义"纳入（正如洛斯基本人常常这样描述其体系的那样）若干截然不同的、并未总是与其他体系那么协调的各种体系之中。洛斯基非常善于采用无所不包的综合法，而他在哲学上的善于发现问题以及巨大的文学才华在这个问题上为他提供了极大帮助。叙述的清晰明朗，对于与作者个人格格不入思想的专注而又诚实审慎的考察，给读者留下了深刻的印象，而善于借助于这些思想的帮助从最困难的处境中摆脱出来的勇气和能力，也为作者争取到了哲学界的同情。

据我对于洛斯基著作的理解判断，无疑对他有过影响的俄国思想家中恐怕只有一个科兹洛夫（关于他可参见上文）。的确，作为一个信念坚定的莱布尼茨主义者，洛斯基几乎也是在科兹洛夫所采取的方向上对其体系加以建构的。和科兹洛夫一样，洛斯基特别在认识论问题上下了很多功夫，而且从这个问题上也可以看出他哲学创作的根系之一。除了这两个洛斯基哲学灵感的主要来源以外，还应该加上宗教领域。终其一生一直都是一个自由的宗教思想家的洛斯基，在自己认为该退却的地方不惮于从正统教条退却，但他仍然还是严肃而又深刻地以基督教学说为生。在这方面，除了无可争议的科兹洛夫的影响——关于这一点洛斯基本人也在其上文已经提到的论述科兹洛夫的文章中加以证实了——外，洛斯基还毫无疑问地受到过弗拉·索洛维约夫的影响（其中包括索菲亚的学说，对此，洛斯基以索洛维约夫这一学说的初版表现的最初的精神来加以解释）。

下面我们对洛斯基的体系进行系统阐述①。

13. 我们已经说过，在洛斯基的体系中，我们可以找到许多各种各样的思想，虽然它们之间的关联十分巧妙，但却有着不同的根系，因而属于不同的学科的。正如我们所见，洛斯基的有机综合的确未见得那么成功，虽然他直到其生命的最后一刻，都竭力想要把各种不同的本质从内在论上加以贯穿接近，将其融合为一个统一的体系。无论如何，随着他体系的逐渐发展，在他笔下变得越来越清晰的那一总的方法论原则，最终拯救了他。无论有多么奇怪，我们在洛斯基那里终究找不到某种直觉（这此词的通常意义上），而取代直觉的，却是他提出的各种各样的用于解释各种主题的构造性假设。这随举一例，比方说，"理性直觉"，亦即通常的结构，即一种假设。洛帕金早就指出②，洛斯基最主要的证明方法是反驳别人的体系，但却不是重在揭示自己的某种主要直觉。在洛斯基那里，直觉概念在名义上是解决一切问题的钥匙，而实际上呢，根据别尔嘉耶夫的正确意见，在洛斯基的认识论里，"直觉认识领域远比洛斯基所自以为的狭隘得多"③。初看上去，可能会觉得这简直太不可思议了，简直

---

① 关于洛斯基体系的批评文献，就我们所能加以解释的，并不很多。首先要提到的是洛帕金的文章《哲学问题与心理学问题》，第87期；阿斯科利多夫《国民教育部通报》，1906，第10期；别尔嘉耶夫《哲学问题与心理学问题》，第93期。对于前两篇文章，洛斯基在《哲学问题与心理学问题》，第93期，做了回答，而这回答本身也引发了阿斯科利多夫一篇也作为回答的小文，刊登在同一期杂志上。后来阿斯科利多夫在其著作《思维与现实》中有一章的一部分，是关于洛斯基的（第6章，第150—165页）。还可参阅同一本书，第10章，第246页。

② 洛帕金：《认识论新论》，《哲学问题与心理学问题》，1908，第93期。

③ 别尔嘉耶夫：《论本体论认识论》，《哲学问题与心理学问题》，1908，第93期。

令人难以置信，洛斯基那里居然没有为其建构了完整的直觉主义体系的真正的直觉，然而实际上这的的确确是真的。在直觉概念上建构起来的体系，到处都显得（按照洛斯基的说法）都比别的体系更方便也更灵活，——这说法也会间接地有利于洛斯基自己的形而上学，但在他那里我们却到处都找不到在柏格森那里所能找到的类似的出色篇章（在其著作《Les donnes immediates de la conscience》中）。我们从洛斯基那里援引一个典型的"间接证明"的例子，下面是我们从他的一篇文章中读到的："有机的和理想—现实的世界观（正如洛斯基对其体系的描述那样）比其对手的世界观更加彻底"。这当然非同小可，因为间接是在为洛斯基自己的体系说话，但这里却没有那种直接的"真理的闪光"，这种闪光对于直觉来说是那么典型。的确，取代"真理的闪光"的，我们被建议与另一个体系去比较，但由此而来的是，在所有借助于此类论据推出来的论点中，都必然带上假定性的印章。如果某种体系一般说更好更成功地涵盖了各类问题的话，那么这种"成功"当然不是偶然的，但为什么要在这里大谈什么直觉不直觉呢？

在这方面，非常值得注意的是洛斯基晚年著作观察《感觉、知性与神秘主义直觉》中的一个带有传记性的片断。在这里，洛斯基讲述了他是如何"数十次地想要尝试建构一种世界观"，以及又是如何怎么也搞不成功。但有一次，当他一而再再而三地沉浸在对于"指导性理念"的探索中时，他"头脑里闪现了一个念头，即一切对于一切都是内在论的"。"于是，我立即感觉到，"洛斯基写道[①]，"谜底揭穿了，对这个理念的加工为所有问题提供了答案，这令我激动，而且从那时起，无所不届的世界统一性理念成为我思维的指导性理念……直觉主义的基本构思就是这样在我头脑里产生的"。

所有这段讲述对于洛斯基来说是非常典型和透明的：他寻求对

---

① 洛斯基：《感觉的、知性的与神秘主义的直觉》，巴黎，1938，第156—157页。

哲学问题的解答，如我们所见，根本不是在直觉里，像向其直接呈现出来的"观察"材料一样，而是在各种构造和体系中。关于"一切对一切都是内在论的"这一学说，也正是这样一种构造，这种构造在同等程度上是真理性的，而它也就是在这样的程度上，帮助洛斯基摆脱了他闯入进去的死胡同。我们还可以换一种说法：上述学说（关于"一切对一切都是内在论的"）却原来不过是一个"工作假设"。这其实根本就不会降低（自己本身）特定理念的意义和价值，只不过任何直觉在这里都是找不到的。

我说所有这一切都根本不是想减弱洛斯基体系的价值，而且，在刚才所说的他从事创作的能力，其实很早就表现得非常鲜明，以致在为直觉和"有机"世界观辩护时，洛斯基自己却并未出发去寻找任何直觉，就这样他创造了自己的非"有机"的体系。

洛斯基自己描述自己的体系是"直觉主义的"，是"理想—现实主义"的，那么，作为一种"有机"世界观，——其体系的所有各类问题，顺便说说，相互之间都不具有任何内在关联，尽管外在的关联非常巧妙。洛斯基一般说是一个话语大师，而这种技巧常常会拯救他。无论如何，洛斯基的形而上学观点（在这种观点中的他是一个莱布尼茨主义者——在莱布尼茨所阐释的那种意义上，即我们已经从科兹洛夫那里见识到的那种）在全部时间里都始终保持不变的状态——与此同时他的认识论体系，毫无疑问，却时时在变（正如阿斯科里多夫特别清楚地强调指出过的那样[1]），而且，甚至，按照后者正确的意见，在最新版本中，它们已经就连在外表上也与其形而上学相互无关了……从我们观念点看，洛斯基最有价值的哲学创作，在于其形而上学，而这启发我们恰好从其形而上学开始阐述洛斯基的体系。

14. 洛斯基的形而上学是莱布尼茨体系的变体，这是在这样一种

---

① 阿斯科利多夫：《思维与现实》，第164页。

意义上说的，即洛斯基原则上捍卫多元主义，亦即不可分解的和不会过时的存在中的多样性。然而，和莱布尼茨一样，洛斯基认为"存在的单位"（即莱布尼茨的单子）是和绝对者（上帝）共同被创造出来的。在洛斯基那里，对于绝对者存在的论证我们稍后再谈，而现在我们想说说另一个问题。洛斯基不是把创造理念用于作为整体的世界，而是仅仅用于"存在的基本单位"，他把后者描述为"实体性活动者"。这在洛斯基的形而上学中是一个核心概念，因此需要我们稍稍细致地探讨一下这个问题。洛斯基——即科兹洛夫之后——改造了莱布尼茨的单子理念，但他的改造方式是去掉了单子理念的封闭性。按照莱布尼茨的观点，单子"没有窗户"，但每一个单子都在自身包含着整个世界（以观念的形式）。而科兹洛夫呢，包括继其之后的洛斯基，则相反，他们允许单子之间的相互作用。洛斯基认为他在这一基础之上发展的关于直觉的学说（亦即对于世界直接感知），"丧失了其与莱布尼茨哲学的特殊关系"[1]，但这一点仅在这种意义上是确实的，即洛斯基的认识论无论如何也和他的形而上学无关，因为在他的形而上学中，他本人只是一个莱布尼茨主义者。如果说分享莱布尼茨的单子在他那里变成了如同以前在科兹洛夫那里一样，变成了"实体性活动者"的话，那么。莱布尼茨的总的形而上学多元论再次以便保留着完全的意义。术语学的变化尚未能引起概念意义的变化。

但是在洛斯基那里，对于莱布尼茨的单子论仍然还是有重大补充的。洛斯基赋予实体活动者以巨大的创造力。"实体活动者"，他在其晚期著作之一中这样写道[2]，"是直接创造的……上帝在创造它们的时候，让它们分享了不假思索地从事必要的生命活动的能力，但却没有赋予它们任何经验的性格……生活的全部类型都是由实体

---

① 洛斯基：《直觉主义论证》，第 3 版，1924，第 184 页。

② 洛斯基：《上帝与世界之恶》，第 23、24 页。亦可参阅其文章《上帝创造世界》，《道路》，1937，第 54 页。

性活动者逐渐地在世界的发展过程中、在自由创造的演化过程中创造出来的"。但是，上帝仅仅创造个性，但"从神的手中出来的仅仅是作为个性之潜能的造物，而远非真的个性"①。"实体活动者的全部命运在以后都取决于他们自己，"洛斯基在此以其所特有的思维的勇气，不害怕提出最荒诞不经的假设（然而，这对他来说却完全无此必要）。于是，还在存在的门槛上（与谢林完全一样，——还可参阅布尔加科夫的体系）实体活动者拥有自由的选择，甚至如果它们的存在本身（例如以质子的形式）只是以潜能的形式在其自身包含着"活动者"。由于这个原因，"选择的自由"只有一部分实体活动者选择走向上帝之路，另一些则选择"大地"，即离开上帝的存在。第二类实体活动者以这样一种自由的行为（还是"在存在的门槛上"！）离开上帝，以此构成"我们有罪的存在王国"，——于是对他们来说，某种演化的可能性展现了出来，这种可能性将包含在存在的个别"点"的在形成某种统一体过程中的融合。这种演化只有在那样一种程度上才有可能，即每个实体活动者能够"部分地摒弃爱自己"。摆在我们面前的是极端匪夷所思的实体活动者"自我创造"画面。从这同一本书中撷取几个令人分外瞩目的地方，我们刚刚从那里举过例子了。"每个实体活动者，"洛斯基写道②，可以发展并登攀到存在的越来越高的台阶上去，一边创造性地进行加工，一边模仿地掌握越来越复杂的生活类型。这样一来，人类的"我"就是活动者，他可以在数百亿年前就过上质子的生活，随后，围绕自己形成几个电子，再掌握了氧气的生活类型，再以后则使自己的身体更形复杂，攀登到新的生活类型，比方说，水的结晶体的，以后过度到单细胞生物的生活，在经历过一系列变化以后，或是更好的话，用莱布尼茨的术语说，在经过一系列变形以后……成为了人类的'我'"。应该承认，我完全搞不懂：为什么洛斯基需要这一荒诞的幻想。

---

① 《上帝与世界之恶》，第 21 页。
② 同上书，第 33 页。

莱布尼茨最基本的唯灵论引导洛斯基走向有关死亡的相应学说。洛斯基区分了"两种存在层次"，如他所说①，实体活动者以其力量和"次生层次"——物质性。"物质的存在是一个过程，"洛斯基连忙说道，"这个过程是在实体活动者的相互作用过程中产生的（这同时引发空间和时间的产生）"②。但在《作为有机整体的世界》一书（非常精细的一本书）中，已经勾勒了这一学说的全部，我们能够找到（在弗拉·索洛维约夫的明显影响下，虽然洛斯基往里输入了许多变形的理念）补充形的形而上学理念。绝对者所创造的、一下子就选择了在上帝身上的生活的实体活动者，原来构成了"精神王国"，这个王国，按照洛斯基的说法，是"活的智慧，是索菲亚"③。同样一些实体活动者"肯定了自己的自我"，并以此，如我们所见，停留在"精神王国"之外，——在他们中间，产生了进行斗争和相互排斥的倾向。"相互斗争导致物质存在的产生，"洛斯基写道④，"这样一来，物质存在便会带来'非真'的本质"。按照洛斯基的思想⑤，由于"任何个性理念都不是自然的，而仅仅是规范理念"，亦即仅只表达了被输入到每个实体活动者身上的使命，那么，有一点很清楚，即离开上帝（在存在的门槛上）就是堕落，"原罪"。

从这一理论中产生物质的存在，正如洛斯基所说，引导出"宇宙存在的道德意义"⑥。但是，由于"善的普遍的终极胜利是世界的结构保障的"⑦，所以，显然，物质世界没有未来。"是的，"洛斯基回答道，"在精神王国（即对于宇宙过程的终极总结）不可能有物质物体⑧，但对于存在的解物质化不意味着肉体性在存在中的缺

---

① 《世界观的三种类型（形而上学导论）》，1931，第44页。
② 《世界观的三种类型》，第41—45页及其他著作。
③ 《作为有机整体的世界》，第75页。
④ 同上书，第92页。
⑤ 《价值与存在》，第64页、第75页。
⑥ 《作为有机整体的世界》，第143页。
⑦ 《上帝与世界之恶》，第79页。
⑧ 《作为有机整体的世界》，第105页。

席"。关于神祇王国每个成员的"全世界身体"的独特学说，在洛斯基那里在多处地方进行了发挥①，但我们不拟跟踪这一学说了。

15. 到现在为止我们所叙述的一切，都可以称之为洛斯基形而上学导论，——现在我们将更为系统地阐述他学说的这个部分。

首先，在洛斯基那里，我们可以找到足够清晰的有关绝对者作为"超系统本质"的学说。把绝对者作为超世界本质来接受，洛斯基给出的理由是，必须避开激进的多元主义以便为自己搞清楚世界的统一性（"哪里有系统，"洛斯基总结自己的思考道②，"那里就理应有某种超系统的东西"）。绝对者与造物世界的关系不可能被用因果律术语表达，因为在因果关系中"总是存在着部分同一性"，而这在绝对者与世界的关系中是不可能有的。

在转向宇宙时，应该把它同我们上文已经说过的精神王国分开。而在有多种实体活动者而且它们之间又处于相互斗争中宇宙中，我们与之打交道的，是一种物质存在。

但是，由于实体活动者不可能丧失自己本性的超时间性（是通过创造行为而为所有存在所特有的），而由于这个原因，以及"宇宙不会变成混沌"，存在中到处都出现了"抽象逻各斯"，它们把秩序本质带到了世界。洛斯基不愿意赋予逻各斯的这一行为（保护宇宙免于最终毁灭）以"世界灵魂"概念。虽然洛斯基情愿承认，在他的逻各斯（精神）系统里，"在其他系统里被赋予世界灵魂的作用，由与其相仿的力量实施着"，但是，他摒弃了术语本身，以便让被精神在世界上实现了的"唯一实体"的本质，与灵魂也特有的斗争的本质有所区别③。

这样一来，世界存在就是宇宙，在其中的相互斗争不会消灭统

----

① 更多的是在专著《上帝与世界之恶》中，还可参阅其文章《肉体的复活》，《道路》，1931。

② 《作为有机整体的世界》，第58页。

③ 所有这一切都以减缩的方式在《作为有机整体的世界》第98—105页有所叙述。还可参阅《感性的、知性的和神秘主义的直觉》，第120页。

一性和统一实体，但在这里这一统一实体暂时体现为"抽象理性"，而非"活生生的智慧——索菲亚"。作为一种动力，这一统一实体本质以"心理"活动的方式表现出来。在这一基础上，产生了对于高级生活的"本能追求"，于是逐渐产生了原子、分子、"发明了"①有机生活，最后，是符合人性的新型生活："发展成人性的潜在个性成为真正的个性"②。如洛斯基所说，这就是宇宙"演化的正常途径"。

"个性是世界的核心本体论因素"，——洛斯基肯定道③。"基本存在是实体活动者，亦即或是个性的潜力，或是真实的个性。所有其他的，都是抽象的理念和现实的过程——它们存在着理由，或是作为属性或是作为由这些活动者再生的某种东西"。摆在我们面前的体系，如洛斯基所说④，"等级秩序的人格主义"或"泛活力论"。我们在此处于敌对和斗争的的王国，而由于实体活动者的相互关系产生了物质存在，但其基本属性是不可穿透的，仍然具有相对性质。由于这一点物体的空间形式同样也是相对的，甚至（由于这一点）而具有"多副面孔"，亦即任何物质的存在都是"多种形式的"。但作为"物质性"（作为实体活动者相互关系的产物）存在着"只有在世界内部，亦即在相互关系中"存在的⑤，所以，"空间性是世界只有在世界内部关系中所固有的"⑥。"由于，"洛斯基在此写道，"世界是由实体活动者组成的，他们全都是超时间的和超空间的活动者，所以时间继而空间实质上是这些活动者发挥作用的方式，那么，世界也就不处于时间和空间中了"。但是，应当指出，对于洛斯基来说，他的基本命题，即"空间和时间实质上是实体活动者发挥作用

---

① 《上帝与世界之恶》，第26—27页。
② 同上书，第27页。
③ 《价值于存在》，第74页。
④ 同上书，第75页。
⑤ 《作为有机整体的世界》，第105页。
⑥ 《感性的、知性的和神秘主义的直觉》，第122页。

的方式"，他不过肯定好像这是一种不言而喻的事，丝毫不用怀疑，他在这里以科兹洛夫为依据，但我们已经看到，在科兹洛夫那里，却竭力尝试确定空间和时间的"再生性"……

洛斯基宇宙学的一个独特特征，在于他尝试确定中世纪的唯实主义（或实在论）（在对存在中的"一般"方面）。早在第一部著作《直觉主义论证》中，洛斯基就确定，在事物中的"一般"不是某种东西，而是在各种事物中"重复出现"的东西。"一般和个别也是唯一的，"他在此写道，"区别仅仅在于，一般是多样统一的个体，而个体在此词的狭义上说，则是多样统一个体中不可分解的成分。例如，物质在世界上是不可重复的，是在唯一善本中存在的，但多样统一个体……多样性不在其中，而在于与其相关的伴随情况中"。"一般的实现，"洛斯基在另一处地方写道①，"不在于它变成流动的事件，而在于它在形成某种内容时被利用"。考虑到在人格主义体系中严肃地论证一般的"单独性"和"不可重复性"的全部困难，洛斯基确定用人工方法把存在和生存（esse he existere）区别开来，但在此我们同样也不愿意深入细节了②。

现在，在对洛斯基形而上学有所认识以后，我们可以转而讨论他的认识论了。

16. 我们已经说过，洛斯基一生都在修改加工其认识论观点，但他的认识论却并非来自其形而上学。其认识论之根不在形而上学，而在当代认识论的辩证法中③，——而这绝非偶然，洛斯基认识论观点的发展始终都与认识论领域里某种新流派有关，而非与其哲学体系的辩证法有关。至于说洛斯基力求将其认识论与其形而上学联系起来，我们稍后在叙述其认识论问题时再谈。

---

① 《感性的、知性的和神秘主义的直觉》，第132页。
② 同上书，第134页。
③ 参阅别尔嘉耶夫在其文章《论本体论认识论》中关于这个问题的正确意见，见《哲学问题与心理学问题》，第93期，第422页。

当然，在叙述洛斯基的认识论体系时，最正确的做法——是从其最后一部著作（《感性的、知性的和神秘主义的直觉》）出发，在这部著作里，洛斯基在各个时期就这一领域所发表的言论，达到了最大程度的协调。

洛斯基的认识论体系的基本基础始终未变。这就是变成绝对直觉主义的绝对内在论——这是"一种世界统一无所不届的理念"，它认为"一切对一切都是内在的"。的确，在世界整体之上，按照洛斯基的观点，有一种"超世界本质"，亦即绝对者，但就连绝对者也可以是直觉的对象（洛斯基上述著作的第 3 卷，就是讨论这个问题的），而且在此洛斯基大胆断言"神秘主义直觉和其他类型的直觉一样，不可能导向彻底错误的观念"①。这样一来，洛斯基的认识论的确成为"绝对直觉"，——而为了论证其心爱的直觉是所有认识过程的唯一基础，洛斯基用直觉概念拥抱了通常被用"经验"和"理性"涵盖的一切。我们接下来将会看到洛斯基将会怎样阐述这一观点的，暂时让我们先讨论一下他本人称之为"其认识论立场的"根据"。

我们上文已经说过，洛斯基通常是通过指出其他观念的错误或不足来为自己的立场辩护的。在这方面，洛斯基以极其出色和极其巨大的力量批判了所谓"认识论个人主义"，其实质被他归结为三点（错误）论点：（1）"我"和"非—我"相互之间完全独立；（2）经验是"非—我"对"我"的因果作用的结果；（3）认识的全部内容实质上是认识者个体的主观心理状态②。实在说，认识论中的"个人主义"实质上可以归结为第一和第三个命题：这两种命题对他来说都很重要，而与此同时，它们又相互排斥。如果把认识的主体与认识的客体分离开来，那么我们就会肯定认识的超验性（其客体自外于主体），但主体从中构成有关其超验客体的认识的材料，却完全是内

①《感性的、知性的和神秘主义的直觉》，第 198 页。
②《直觉主义论证》，第 18 页。

在于他的（而材料的内在性质恰好是从主体认识与客体的分离中引导出来的）。在此，洛斯基重复了下列思想（来自费希特），即"没有'物自体'概念就不能走进康德的体系，但却不能带着这个概念停留在这个体系内……"和费希特以及所有超验主义唯心主义一样，牢牢把握内在论原则，排除所有的超验性，洛斯基就是这么做的。认识论个人主义的上述矛盾决定性地和彻底地把他引向纯内在论一边，亦即他抛弃了实质上任何意识中的超验因素。"对象是以其所是而被人认识的，"洛斯基写道，"在意识中出现的不是摹本，也不是符号，不是所认识事物的现象，而是这一在真本中的事物本身"①。这是一个基本观点，洛斯基在认识论领域里的所有其他体系都是建立在这个观点的基点之上的。由这一论点推导出他的第二个重要理念是，主体与客体的相互关系不具有原因性质②，它们事实上不过是不会再生的材料，"认识论协调学"也不是从它之中推导出来的。应当认为这一公式是成功的，但只在这样意义上是成功的，即它不过是简单地废黜了客体与主体的相互关系问题罢了……早在《直觉主义论证》的第一版中，以及在早期著作中，洛斯基对这个问题还强调得很不够，但在新版《直觉主义论证》和晚近对其认识论的阐述中，洛斯基非常精细地修订了"认识论协调学"概念。"不取决于时间和空间的协调学，"洛斯基在晚期著作中写道③，"不是什么别的，就是超时间和超空间活动者相互之间的关系本身，由于这种关系，一个活动者所体验到的一切，作为一种表现，不仅对他存在，而且也对全世界所有其他活动者存在"。这一认识本体论（在这种理论中，顺便说说，在主体与客体之间，取代"因果律"概念的，是

---

① 《直觉主义论证》，第 67 页。
② 《感性的、知性的和神秘主义的直觉》，第 16 页。
③ 同上书，第 18 页。

"关联"概念)①，是不是就解释了"认识论协调学"的秘密了呢？未见得。在洛斯基的第一部著作《直觉主义论证》（第 79 页）中，认识论协调学是"客体与主体在前意识的组合性"，而且在这里对于"意识和认识产生的可能性条件"的阐释（是正确的）。但是，如果"前意识的组合性"果真意味着认识的可能性的话，那么，则它本身就还不是认识。洛斯基经常引用这样一句话，即"意识中的材料是世界各种成分"和……"实体活动者"统一实体性"之间独特的相互排除的表现"②，但这一本体论命题自己本身却无法排除主体和客体之间"距离"的概念，亦即认识论的"一切对一切是内在性的"。从洛泽时代以来，经过彻底修订的"内在论因果律"概念（无之则无法思考作为整体的世界），一般说没有任何必要求助于"一切对于一切是内在论的"，以便解释认识的可能性。"世界各个要素的相互排斥性"，世界的总的有机结构，完全不会引向莱布尼茨—洛斯基的命题，即"任何实体都是一个微型宇宙，既过着自身独立的生活，也过着所有其余世界的生活"。从世界结构的有机性中更不会引导出这样的观点，即把直觉理解为洛斯基所给定的那样，而是"在认识中出席的在其真本中的事物本身"。

　　洛斯基认识论的第三个特点是有关"理念观照"的学说（在柏拉图的意义上）③。洛斯基在其最后一部著作中，将其这一学说描述为一种"关于知性直觉"的学说。的确，在此他是把"知性直觉"与思维等同起来了④，但这丝毫也无助于解释知性直觉本身，亦即世界向我们呈现的理想一面的"直接材料"。"思维并不在对象身上创

---

　　① 洛斯基在批判因果律概念的同时，有时几乎倾向于把因果律概念与"机械因果律"概念等同起来（比方说可以参阅《感性的、知性的和神秘主义的直觉》的第 8 章），虽然在其他地方（例如在《意志自由》，第 76—78 页）中，他对因果律概念的理解比较宽泛。

　　② 《感性的、知性的与神秘主义的直觉》，第 23 页。

　　③ 《直觉主义论证》，第 78 页。

　　④ "这一（亦即知性的）直觉还可以被称为思辨，或简单称做思维"，见《感性的、知性的和神秘主义的直觉》，第 92 页。

造（超主体的关系），"洛斯基继而写道①，"而是通过知性观照加以揭示……""他对待对象的态度是消极的，纯观照的"②。我们不进一步深入分析洛斯基认识论的这个部分了，我们只想指出一点，即其著作（《感性的、知性的和神秘主义的直觉》）全部有关理念直觉这部分，绝不是偶然出现的，事实上这部分是从认识论变成了本体论，变成了有关世界理念一面的学说，而理念直觉概念不过是他拿来作为基本知觉，说明认识问题的，而非所研究的对象本身。这当然与洛斯基全部体系的假设性有关，关于这一点，我们上文已经谈到过了，但从此之中所能得出的结论是，他的全部体系缺乏令人信服的力量。

就这样，所有认识都根植于对于感性的、理念的和神秘的存在方面的直接观照。这一立场，如洛斯基所肯定的那样③，"排除了认识与存在之间的对立性"。在所有这些观念之上占据主导地位的，是本体论定向，（"一切对于一切都是内在论的"），虽然从形式方面说，回到天真的唯实主义在洛斯基看来，就是走出困境的出路，而这出路是有关世界是为我们给定的，是一系列现象的学说。认识对象的超验性和内在性，认识的构成似乎被洛斯基所发挥的学说给排除了……所有这一切都使得认识主题变得可疑和晦暗。因此我们不能不说在洛斯基的体系里，与其说包含着得胜了的内在论的话语，不如说是对上文所说认识中的双重性的一种克服……

17. 下面转入对洛斯基伦理学的探讨。他就伦理学在其各类著作中写过许多篇章，但专门就这一问题进行阐述的，是他的四部著作：《论意志自由》、《价值与存在》、《上帝与世界之恶》，最后，则是在其著作《绝对善的条件》、《伦理学基础》。

洛斯基在其形而上学中所发展起来的等级秩序人格主义，在此

---

① 《感性的、知性的和神秘主义的直觉》，第95页。
② 同上书，第98页。
③ 《直觉主义论证》，第270页。

被对于存在与价值不可分开的原则性认可所充实了。它们的不可分开性在于上帝自身，即上帝作为活生生的现实性①，而非在人身上（亦即在任何个性身上，在任何实体活动者身上）这一不可分开性是在理念的形式中表达的，它无意识地保留在每个个体的深处②。这一"每个生物与理念及其个性的下意识关联"③ 似乎在创造着某种对于第一选择来说的形而上学根据，这根据据我们从对洛斯基形而上学的阐述所知，在实体活动者的创造本身中也出现了（选择就是或与上帝或与"大地"在一起）。由于洛斯基在其形而上学中承认每个实体活动者直到其最高形式（人性）的演化，所以，他承认，如我们所见，"反复现身"和"灵魂的先现"④。但是，"最初选择"的可能性也为"其他个性选择自己"创造了可能，而这也就是"基本的道德之恶——被造的造物的堕落"⑤。恶一般说是"第二位的在善之上的结构"，"最初创造出来的仍然是善"⑥。但由于实体活动者的演化是自由的——他们可以走向上帝也可以反对上帝，在后一种情况下，会发生"力量和能力的集聚，以便能够在恶中成长，这已经就是撒旦式的演化了"⑦。在与经验的关系方面，洛斯基某次说出一个思想，即关于"自然的阴暗面孔"，但这一理念并未在洛斯基的形而上学中有任何表现，更何况在他前此写作的一部书里，他还说过这样一个思想，即"宇宙秩序的道德意义"⑧。

　　洛斯基非常细心详尽地研究分析了自由问题（在《意志自由》

---

① 《价值与存在》，第 39 页。
② 《上帝与世界之恶》，第 51 页。
③ 同上书，第 66 页。
④ 同上书，第 63 页、第 66 页。
⑤ 同上书，第 42 页。
⑥ 同上书，第 60 页。
⑦ 《绝对善的条件》，第 47 页（引文出自布拉格版）。
⑧ 《作为整体的世界》，第 143 页。还可比较：《意志自由》，第 171 页。自然的演化在洛斯基那里就是爱情的演化。

一书里）。自由我们已经知道的，是任何实体活动者的基本属性①：他的'我'作为他身上的最高力量，可以是离开其身体而自由的，离开其性格而自由的。"个体理念，"洛斯基就此题目写道②，"是个体的'我'，但不是在这样的形态中，即作为其理想使命……但是，理想实现的"我"，亦即上帝在人身上的形象，并不构成人的自然属性——上帝的形象是非自然的，是他的规范实质"。这就是"意志的金相学家的创造力量"，它存在于人身上③。在这里洛斯基走得那么远，以致甚至说出了乌托邦式的理念，即关于奇迹般改造人的可能性，从精神上掌握盲目的自然力的可能性④。

总之，洛斯基是一个伦理学修正主义的重要敌人⑤。

现在做一个总结。

18. 洛斯基毫无疑问拥有出色的哲学才华和文学才华。他写得永远都是那么清晰准确，而他那极其勇敢的思想也为此提供了许多帮助。当洛斯基面临困难的问题时，他非常机智和勇敢地寻求着走出死胡同的出路，而他的每个理念都义无反顾地奔向前方。对于假设的癖好在他那里，和哈特曼所发展的"演绎形而上学"绝少相似之处：对于哈特曼来说，形而上学建构的权利仅限于在"说出"我们在经验中所找到的片断时非常小心翼翼。洛斯基则勇敢地前行，不仅对经验不回头观望，而且直截了当地建构纯粹的体系。无论如何，他经常接近于"概念之诗"（这是阿·兰格的说法），而在这个问题上，直觉理念在他手里变得极其灵活，像认识的普遍来源，非常听话，成了一个非常方便的助手。正如我们已经说过的那样，某种在其直义上的直觉，亦即那样一些 illuminatio mentis 作为从上天发出的真理之光，指导着我们所有的思维，这我们在洛斯基那里是找不到

---

① 这从《意志自由》一书的叙述中看得很清楚，第87页。
② 同上书，第102—103页。
③ 同上书，第105页。
④ 同上书，第118—119页。
⑤ 《价值与存在》，第83页。

的。在这个意义上，直觉概念在他那里是极其双重性的——当问题涉及到"理念的"直觉时，这一点变得尤为明显。我们已经援引过洛斯基的话，即直觉的顿悟从来不可能是"彻头彻尾错误"的。是的，他应该这样来肯定，既然在认识中就连客体本身也在我们的意识中出现了，那么，我们在此之中进行观照，当然就不可能是"彻头彻尾错误的"了。然而，我们的思维（如我们所见，在洛斯基那里是与"理念直觉"，还与对于存在的理念一面的观察等同起来的），所以，常常会是"彻头彻尾的错误"，这同样也无论如何无可否认。我们不会忘记，根据洛斯基的理论，在"直接观察"（任何！）对象时，我们不会把对象与我们分离，一般说对象乃在于我们，所以我们"不会是消极地"观察对象。至于说错误，在此词的完全意义上说，这里是绝对不可能的……然而，正是在思维中，我们不是消极的，我们永远"在建构"（有时还建构马赛克小屋），而且根本"不顾"任何一切。但不应否认我们思维中的"知性直觉"，但在哪怕是胡塞尔之后，区分一下"走向理念"和思维本身，还是应该做的。

但对于感性直觉来说，问题就不那么轻松了。我不会重复阿斯科利多夫非常成功的一句（在其《思维与现实》一书中）反对直觉概念中那种我们可以在洛斯基那里找到的"普世主义"的话了。但除了阿斯科利多夫指出的那些困难外，把直觉概念应用于一切感性经验也完全是在几个世纪以来不断重复的观点，"我们的经验"的"被腌制"论，这种观点指出了一个真实的事实。在我们的经验中什么是纯粹经验呢，亦即什么是真正的直觉，而什么是我们带到"经验"形成中去的东西呢？众所周知，阿维纳利乌斯求助于一种多么复杂多么混乱的构造呀，以便把"纯粹经验"离析出来。这一主题即使在今天也依然保留着其全部的意义，而且只要提一句关于"统觉"的话就够了，尤其是在其扩展阐释中的"统觉"，即其在文特（Вундт）之后所获得的那种意义，以便承认，"感性直觉"在所谓的经验中是与大量异己的材料结合在一起的，这些材料在结构上是与——话说回来——"纯粹经验"紧密联系在一起的。借助于"一切对于一切都是内在的原则"来唤醒这一高尔吉耶夫之结一同样是可能的：在这一原则中只有建构"纯粹经验"概念会变得困难一些。

一般说回忆对于感受的参与的复杂性也不亚于此。阿斯科利多夫公正地指出，过去在回忆中的"在场"（这在洛斯基那里是其总的直觉理论所要求的）会引向不可思议的幻想，以为过去一而再而三地不断成为一种特殊的"今天"，没完没了地死去同时又在此复活。当然，在回忆中的过去，让我们说话小心一点，"是在复活"，但这里的全部谜底无论如何也无法解答洛斯基的学说。

但最严肃的反驳是由绝对的"一切对于一切都是内在的"这一原则引起的。如果就这个命题的实质谈的话，那么，它当然在（有局限的）意义上是正确的，即人被包含在世界里，犹如被包含在宇宙中，犹如被包含在活的和整体的存在中。作为造物世界的属物的人，通过无数的线索与所有造物的存在相关联，而这些线索"是内在的"，在活的整体的完整意义上。的确，人能够上升到超越世界的地步，不仅可以向绝对者上升，而且一般说在其精神世界里，与世界的关联他依然从未丧失过。但与此同时，在对世界的认识中，人不知为何却与世界隔离开来，在这种"远离"中和把自己与世界的"对立"中，开始了人的认识，而认识也在人身上存在。洛斯基的观点，说我们在认识中"在自己身上"（亦即在意识中）拥有自己本身的"真本"，自己本身的客体，听起来似乎是一个无稽之谈。认识本身把客体与主体分开（这甚至涉及对自己灵魂生活的认识），这一认识客体的认识论的超验性不可能排除本体论的把我们纳入整个世界存在中去的观点。

现在就尼·瓦·布加耶夫说几句话，他发展了独特的"演化单子论"体系，我们以此结束对于俄国莱布尼茨主义者的评述。

19. 尼·瓦·布加耶夫（1837—1902）是莫斯科大学数学教授，

和其他俄国数学家一起发展了所谓"断续功能"（"аритмология"）学说。"断续"功能与一切现实（或纯数学）的关联有别，因为那里占统治地位的是不间断性和致密性——这应该被放在与下列情形的关联中看，即只要有"个体"存在本身出现的地方，那里就有"不间断性"存在。"分析真理，"布加耶夫写道，"有别于共性和普遍性，而算术的真理自身带有独特的个体性烙印"。布加耶夫捍卫稳健的非决定论。"世界上占据统治地位的不是只有一个确实性，"布加耶夫断言，"世界上还有一种力量和或然性"。布加耶夫因此从其数学理念出发，捍卫"意志的自由"。

但最为有趣的是布加耶夫的建构涉及本体论的地方——其中包括有关单子的学说。"单子是活生生的单位，活生生的要素，它是独立的和自足的个体"。按照布加耶夫的观点，存在着"各种系列"的单子，存在着"复杂的单子"（在这种单子中产生了新的统一体，新的个体）。在复杂的单子中，其相融性条件也在形成中——按照布加耶夫的说法——这是自然的物理法则。这在高度意义上是布加耶夫的独特观点，它使得他一方面把自然现象与社会现象联系起来，另一方面，使他得以把道德原则扩展到所有的世界整体中去。"世界"，布加耶夫说道，"不会永远停留在'自己本身'中，世界时常在完善自身和改善自身"。这就是对"演化单子论"的最佳描述。

遗憾的是，布加耶夫的所有这些观点是在极其简短的形式中表达的，但尽管如此，其中仍然包含着值得最严肃关注的理念。

第八章

俄国哲学中的新康德主义

维杰斯基

拉普申

切尔帕托夫

格森

古尔维奇

雅科文科

斯捷蓬

1. 从俄国新莱布尼茨主义（其所有代表人物都如我们所见受批判主义的影响而变得复杂化了）我们现在转入对纯康德主义的讨论——更确切地说，是俄国土壤上的新康德主义。这一流派是在晚期俄国哲学界出现的，一出现就非常鲜明而且强大，其首脑人物（亚·维杰斯基）提出了一个高度意义上非常有趣而又完结了的体系。俄国哲学思想界在这个时期（即"体系时期"）总的说来充满了如此丰富的分化现象，以致个别流派常给人以有一堵厚厚的墙把它们相互之间隔绝开来了的感觉。各种各样的体系都以一个"总和点"为支撑，散播开来像一把扇子，相互之间缺乏沟通和联络的通道。但即便这样的描述去事实不远，我们也还是不得不承认，所有流派不单单都"归属"于某个民族—文化统一体，而且，在其深处，相互之间也还是有着某种辩证关联。俄国新康德主义如我们将要看到的那样，尽管有其在哲学上的过分拘谨和严格遵守批判主义要求的缺点，但也同样未曾与俄罗斯精神的根本问题绝缘。例如，我们在亚历山大·维杰斯基——公认的俄国新康德主义的首脑——那里，便可以找到值得注意的对于我们已然熟知的"泛道德主义"的回声。这些主题，如我们所知，在其他新康德主义代表人物那里，也常常重复出现（虽然不像在他那里那么明显）。不但如此：除了纯粹的新康德主义外，我们（在其他首脑人物那里）竟然还可以见到一种力求建构形而上学体系的新康德主义！另一方面，俄国批判主义不知不觉间与"批判实证主义"接近了起来，而再过一些时候——干脆与实证主义挽起手来……这些把各种流派辩证地联系起来的线索，如我们所确信的那样，竟然像异样的电流的活导体。在此期间，世俗化问题持续成为在这一理念分化背景下的一种活生生的和真实的现象，虽然这一问题的全部紧张性是深藏不露的，有时从外表上甚至完全看不出来。正是在此时此刻，当在对新康德主义进行研究时，我们关注到有一种明确表现出来的对于批判主义所要求的遵守边界的注重倾向，而当我们出乎意料地感受到一种熟悉的脉搏跳动，感受到它依然决定着思想道路的精神趋向时，我们感到特别欣慰。甚至在官方的亵渎神圣行为已经达到令人发指地步的所谓"苏联哲学"中，世俗化的这种燃烧的火焰和暴风骤雨也表明，即使在这里，世俗化主题也依然在点亮着思想并给人以启发。

现在我们首先研究亚历山大·维杰斯基的哲学创作，他无可争议地在所有新康德主义者中占据着头把交椅。

2. 亚历山大·伊万诺维奇·维杰斯基（1856—1925）① 从坦波夫古典文科中学毕业后，考入莫斯科大学数学系，一年后，转入彼得堡大学的同一个系，再转历史—语文学系，在弗拉季斯拉夫列夫教授的指导下专攻哲学。1890 年成为（在弗拉季斯拉夫列夫去世后）彼得堡大学哲学教授，这一职称保持终生。

维杰斯基头脑敏锐，思维清晰，思想敏捷，具有很高的文学才华。他的所有文章都写得鲜明准确，文采斐然，——他习惯于对自己笃信不疑的信念执著追求到底，在表述勇气方面他也是一个罕见的趣味盎然的思想家。维杰斯基写得并不多（例如，他的以《在批判哲学原则基础上建构物质理论》为题的学位论文竟然终究未能完成，第 1 卷出版后以后各卷竟告阙如），但却涉猎哲学上许多各种题目，因此我们完全可以有权说维杰斯基有其哲学体系。当然，整整一系列重大的哲学问题是被他在一些短小的概论或文章里涉及的，但这些文章和概论却是那么完美，那么明确，以致挽救了短小的弊病。

说到维杰斯基所曾受到的影响，那么，当然最主要最具有决定意义的，是康德的影响。对康德及其批判认识论和批判形而上学的基础的理解，维杰斯基也有独到之处，但在基本论点上，他又是一个忠实而又严格的彻头彻尾的康德主义者。新康德主义中没有一个

---

① 据我们所知，关于亚·伊·维杰斯基既没有一部著作，也没有一篇文章评价其所有著作的，如果不算洛斯基的一篇粗略的札记的话——《20 世纪俄国哲学》（《俄国科学院贝尔格莱德分院通报》，第 3 册，1931，第 72—73 页）；Jakovenko（op. cit. p. 315—321）；叶尔绍夫：《俄国哲学发展之路》（第 42—47 页）。亚·伊·维杰斯基的传记就只有百科辞典里一篇短小的词条。

这里指出亚·伊·维杰斯基的主要论著：1. 《在批判哲学原则基础上建构物质理论的尝试》，圣彼得堡，1888（硕士学位论文）；2. 《论灵气的边界和特征》，《国民教育部通报》，1892，第 3 期；3. 文章：《论康德（与米·伊·卡林斯基商榷）》，《哲学与心理学问题》，第 25 期；《论斯宾诺莎的无神论》（同上，第 37 期）；关于这篇文章可以参见弗拉·索洛维约夫的专著（第 9 卷）；《哲学批判主义的新的和轻松的证明》，《国民教育部通报》，1909；4. 《作为认识理论之部分的逻辑学》（最后第 4 版，1922）；5. 《没有任何形而上学的心理学》（已出第 3 版）。一系列文章收集在《哲学概论》文集中，布拉格，1924。

流派显然是不曾对维杰斯基发生过影响的，但他仍然还是与柯亨最近，即在对于认识的构造的阐释上。在维杰斯基写的最新的概论中，我们不难发现休谟无可置疑的影响，对休谟他常常挂在嘴上①，而在关于"信仰"是"认识的独特来源"这一学说方面，他和休谟完全一致。在早期著作之一中，维杰斯基甚至认为在我们身上除了有经验领域外还有一个"特殊的认识器官"——"形而上学感觉"，诚如他在这里所指出的那样②，在这篇文章中，"形而上学感觉"与道德感情接近，并与之部分地等同了起来。"通过对于道德感情的前提的研究，"维杰斯基在此肯定道③，"可以牢固地解决形而上学的任务，甚至可以建构形而上学体系"。所有这些话都是以康德的"实践理性的优先性"口气，部分地还有休谟，但却完全不是雅各比的精神或俄国斯拉夫派的精神坚定不移地说出来的。

现在我们阐述维杰斯基学说。

3. 在维杰斯基认识论观点的发展过程中，可以注意到的有两个日期。在早期著作（《建构物质理论的尝试》）中，维杰斯基老实说，并未超出纯粹批判主义的藩篱，而是极其明确和小心谨慎地使用了批判哲学的基础。但是，出现在这里的康德已经是费希特版的康德了：康德有关"物自体"存在的前提在此很早就被否定了。"很可能甚至或许就是，在我们之外存在着某种东西（物自体），"维杰斯基在此写道④，"但是，暂时还未找到把先验概念（原因、实体等）迁移到现象世界之外去的理由，迄今为止在对于物自体究竟是存在还是不存在的问题上，在各种答案之间还没有做出选择……可以做出一些事的，不是科学，而是信仰"。因此，"批判哲学的第一个区别就在于我们的先验的和任何建基于其上的认识的确实性，"批

---

① 维杰斯基甚至确立了"休谟法则"（在否定原因与结果的关联可以被理性化这一观点的意义上）。参阅《哲学概论》，第 167 页。

② 《关于灵气的边界和特征》，《国民教育部通报》，1892，第 7 期，第 93 页。

③ 《论灵气的边界和特征》，第 116、118 页。

④ 《建构物质理论的尝试》，第 37—51 页。

判哲学都只限制在意识的边界内"①。这里已经指出了某种回归（当然，是在康德区别先验和后天认识的前提下）笛卡尔，回归其出发点（关于理性的自足性，亦即在特定场合下的意识）。维杰斯基思考的过程引导他走向笛卡尔，并从笛卡尔又重新回到康德——维杰斯基的思维就是这样运动的（参阅其《在批判哲学原则基础上建构物质理论的尝试》一书中《批判认识论的原则》一整章）。首先，他确定如他所说的那样，"意识的基本法则"在于"我"与"非—我"的不可分离性："'我'没有'非—我'是空洞的，所以存在只是在相互对立的时刻才存在"②。"换言之，"维杰斯基继续写道，"关于自己之'我'或意识，恰恰在于承认或是理解以其非—我……（感觉）什么……这不是法则，不是意识所服从的那一法则"③。不难看出，这一"法则"的灵活性及其在哲学上的不圆满性究竟在什么地方：如果我们不被允许真地观察我们的"我"，也可以说，在其完全的"纯洁性"中，亦即在摆脱了任何内涵的自由中，那么，从这一观点中我们要知道还无法得出我们的"我"的接受永远都与"感受"交织在一起的结论。为什么"回忆"必须面向外部世界，像维杰斯基没有任何根据地想望的那样呢？"自我感受"意味着对于内心世界的直接接受——当然，是在其完整性中（哪怕在这一完整的内心世界里只有一部分用来针对关注视野），因此真实的"纯粹的我"，亦即从任何内涵中抽象出来的"我"，在经验中从来不会被赋予（休谟很早就在强调指出这一点，但他的结论却并不可靠）。可是，当维杰斯基确定其自己的"意识法则"时，却认为它是"事实"④，于是接下来他已经开始勇敢地把这个"事实"变成奠定唯心主义的基础（以笛卡尔的精神）。"我们的意识，"他说，"服从于这

---

① 《在批判哲学原则基础上建构物质理论的尝试》，第72页。
② 同上书，第301页。
③ 同上书，第52页。
④ 同上书，第48页。

样一个法则，由于这个法则它理应把事物表象为似乎存在着的，尽管这还不足以证明它们是在观念之外存在着的"①。"我们无法解决这个问题，"维杰斯基抑郁地声称②，"为什么意识的基本法则是这样的而非那样的"。早在这里维杰斯基就按照逻辑学的矛盾律引入了"意识的基本法则"，而在以后（如我们从其著作《作为认识论一部分的逻辑学》）中，这对他来说变成了"哲学批判主义新的轻松证明的"一个转折点。从此开始批判哲学被维杰斯基称为"логоцизм"（逻各斯批判主义）。从矛盾律观点出发，"对于我们的观念的自然和对于我们的思维的规范"③，从此之中，另一方面，任何结论（亦即思维的工作）都深藏在矛盾律中，维杰斯基得出结论说，结论是适用的，而法则仅仅只是在我们的观念里而已，但它们在对待一切方面却是无力的和不适用的，即在对待处于观念界限之外的，也就是说，在对待物自体方面（因为矛盾律是"自然的"，亦即只在对于观念领域方面是正确的）……但如果说这就是对于批判主义的"轻松"证明的话，那么，我们应当承认，这是不足以使人信服的，因为在从矛盾律出发得出认识论结论时，像维杰斯基所做的那样，至少是成功的。难道矛盾律的"规范性"在对待思维方面取消了它在思维中的力量（亦即处于观念的边界之外）了吗？抑或是正好相反？即使不采用巩固（像康德那样）理性的二元对立性的方法，我们也应该更多地承认，思维的"辩证"运动通过矛盾证实了一点，即思维渗透了（尽管不完全）到了我们的观念领域终结的地方。

但值得注意的是，在维杰斯基那里，他有一个突出特征就在于他的表述永远都是那么清晰明确，我们可以出乎意料地找到独特的后天意识的类似物。"由于通过先天途径物自体是不可认知的（由于

---

① 《在批判哲学原则基础上建构物质理论的尝试》，第 53 页。
② 同上书，第 56 页。
③ 同上书，第 67 页。

不可能把思维范畴用于它们——作者)，"维杰斯基写道①，"那么，我们应该寻找另外一个非先天的认识……后天成分(亦即经验——作者)在认识中的存在这一事实本身，证明，"维杰斯基继续写道，"经验不是从单一的认识活动中产生的，而更是从某种东西中产生的，亦即存在不单单只局限于意识的活动……无论如何，后天成分证明物自体"。实质上，这里要知道没有任何出乎意料之外的东西：要知道这是对于所有康德关于"名义"存在的建构的前提的回归。只是为什么这样一来要按费希特来结构理论，亦即仅仅从对意识材料的分析出发呢？维杰斯基走得是那么远，以致说出下列的话来②："至于彼岸世界，那么，关于它我们可以做的判断只有这么多，即它是如何用后天的经验成分来证实自己是什么样的，亦即认识它应该是纯粹后天的"。维杰斯基的勇气不能不令人佩服！要知道对于高度感性世界的认识局限于在直接经验中对它的"接触"——这实质上是对于高度感性存在的可认识性的一种肯定！无论对什么也不如对在经验(宗教、审美等)中对于高度感性世界的参与，要知道任何人也不需要觊觎，而在形而上学中理性主义的不可接受性(由于对一般范畴的可应用性缺乏信心，对矛盾律对高度感性存在缺乏信心)③，小心谨慎的形而上学者中无论谁都不会被吓着。

这里我们走近维杰斯基哲学中一个非常重要的观点。"对我们来说被纳入现象世界里是不可忍受的，"维杰斯基态度坚决地声称④，"而正是哲学把我们从现象的范围内解救了出来！""我的阐述与康德本人的阐述区别在于，"维杰斯基在其出色的专著《论意志自由》中写道⑤，"我是从被康德疏忽的推断出发的，在我们这里存在着……的不仅有关于时间的观念，而且还存在着时间自己本身。谁

---

① 《在批判哲学原则基础上建构物质理论的尝试》，第76页。
② 同上书，第78页。
③ 同上书，第78页。
④ 同上书，第280页。
⑤ 《哲学概论》，第98页。

若相信意志自由，那么，如果他相信是本着康德相信意志自由的同样的理由的话，"维杰斯基在这里写道，"谁就应该在完整世界观的批判建构中允许时间自己本身的存在"。维杰斯基在这里做了一个他所特有的补充："当然，只是在无可辩驳但也是无以言喻的信仰的形态下，而非在业已说出的知识的形态下"。但是，我们上文中已经看到，除了"信仰"，我们还可以有经验对于认识物自体的接近。在缜密写作的文章《论信仰及其与知识的关系》中，维杰斯基称信仰是"不是以别的方式，而是以知识中所采用的方式排除怀疑的一种状态"①。但在这种定义里还是有不清楚的地方，那就是该把"后天知识成分"往哪里放呢？它们可以是经过经验精细检验过的，但也可以是并未达到"后天"知识地步的形式。莱布尼茨早就很好地区分了 verites de fait 和 verites rationelles……知识的"无疑性"是批判主义所要求的，但只是在我们达到知识的地方才会实现，只是当知识向我们揭示为必然的地方它才会实现。要知道先天材料（例如，对"奇迹"事实的确认）可以不被纳入思维范畴（奇迹概念是无法被纳入其中的），但是这仍然还不是"信仰"，而只是非理性被认识到的知识。

因此我们可以说，维杰斯基允许有三种形态的理解：

（1）无疑的（以先天成分为基础）知识；

（2）后天知识；

（3）信仰系列的理解。

"无疑的知识"这是最高一层，但它根本不是悬挂在空中，而是在其下面还有两层。而哲学并未抛弃下面这些材料，而是相反："批判的认识论证明，在完整世界观的构成中必然包含除知识以外还有信仰，哲学应该研究上帝、自由、不朽是否存在，而至于在我们的世界观中，各种信仰依据这些事物的理由而相互纠结起来，可是却

---

① 《哲学概论》，第209页。

以此决定着它们"①。而如果"认识物自体最终是不可能的"②（虽然我们看到，后天因素自身带有知识，只不过是非理性化的），但"康德仍然还是为信仰以其所考察和诚实假设的批判理性开辟了一个广阔的领域"③。当然，对于信仰我们不能"强制"，像理性那么强制是不行的，但是信仰带有自己的根据，自己的母题，它们"强迫"我们（虽然是以别的不同于理性强迫的方式）。因此哲学无神论实质上是不可想象的，虽然它是如此不可辩驳，像不可辩驳的信仰一样，——它本身实质上就是信仰（"无神论是上帝不存在的信仰，而根本不是知识"④），但哲学却是它不能允许的。对于这样的论点来说根据在于伦理学领域，而在这里维杰斯基却原来与无数俄国思想家们——在其之前和在其之后——完全一样。

4. 在维杰斯基的著作里，没有伦理学论著，但他的两篇文章（在《哲学概论》里）——《在批判哲学的法庭上关于意志自由的一场争论》、《生活的意义中信仰被允许介入的条件》——渗透着这样一种真正的和深刻的道德激情，以致穿透话语的节制表层这里有一股真理和严峻的道德布道辞破空而来。上面所引的文章标题，很可能令读者心头一紧，再加上全篇给人的总的印象，读者会以为维杰斯基小心翼翼地爱护着批判主义的声誉，非常担心在某一点上破坏了批判主义的原则。但从一开始写作起，在哲学领域里，维杰斯基就如我们所见，对康德步步紧跟，"为信仰开辟了广阔的空间"，只是别让信仰把自己当作知识就好。伦理学甚至和宗教灵感在他那里获得了充分的空间，但其条件是，它要完全服从批判主义的要求，而在走向"信仰的广阔空间"时，维杰斯基已经在勇敢和激情洋溢地开辟自己的精神世界。"我们对于其他事物存在的信心，"维杰斯

---

① 《哲学概论》，第 111 页。
② 同上书，第 174 页。
③ 同上书，第 176 页。
④ 同上书，第 218 页。

基写道①，"在信仰，即有关其他事物存在的神秘知识中，获得了解释！"这里也包括对于其他人存在的信心。在专题著作《论灵性的边界和特征》② 中，维杰斯基非常严厉和固执地发挥了一个命题，即"心灵生活不具有客观特征"，"任何人都可以在任何地方否认精神生活的存在但只有自己除外"。但是，维杰斯基连忙③又安慰我们："任何人都无法否认可以允许别人身上有精神生活而无须与事实有任何矛盾，不但如此，我们还不能怀疑其存在。因为对于我们当中的每一个人来说，别人的灵性存在构成了一个不可辩驳的真理（！——作者），那么，应当承认，对我们来说，经验感觉也是真理的来源"④，此外还有形而上学感觉⑤。特殊认识器官的存在也正是因为有这种以具有形而上学性为特点的器官，——就有了逻辑必然结论，即承认灵化的客观特征的缺席法则"⑥。

的确，在批判主义的边界外一个多么广阔的空间展现了出来！很清楚，所有体系都建基在：（1）后天材料之上，（2）建基在感觉材料之上，（3）建基在不触及批判主义的基础而是从批判主义中推导出来的信仰之上。维杰斯基的体系就是这样形成的，用中学逻辑学的语言说，从"逻辑表达必然真理"材料（"先天材料"）和从"有问题的"材料中（从批判主义观点出发），这种方法我们刚才已经见识过了，但也仍然可以认为其是"无可辩驳的真理"。那种我们在"半实证主义者"那里已经不止一次发现过的二元论，在此在其

① 《哲学概论》，第277页。
② 《国民教育部通报》杂志，1892，第5期、第6期、第7期，后来出版了单行本。维杰斯基的专著引起了广泛争论，主要发生在《哲学与心理学问题》（阿斯塔菲耶夫、谢·特鲁别茨科依、洛帕金等人的文章）；在《欧洲信使报》上还有拉德洛夫的文章。可参阅维杰斯基的文章《对于灵性问题的第二次挑战》，《哲学与心理学问题》，第18期。
③ 同上杂志，1892，第6期，第277页。
④ 亦即我们已经拥有两个真理的来源：1. 先天材料；2. 后天材料。
⑤ 这是第三个真理的来源！
⑥ 《国民教育部通报》杂志，1892，第7期，第93页。

认识论版本中获得了复活：有两条真理之路——除了从批判主义出发的法则外，还可以通过另外一条路（非法的走向真理，这条路同样也是真正的，因为它能给我们"无可辩驳的真理"）。这第二条道路对于维杰斯基来说完全与道德领域有关（"形而上学感觉和道德感情是一回事"——他写道①）。因此，当我们读到下文中这样的话时是不奇怪的："通过研究道德感情的前提可以得出牢固（！）解决形而上学问题的答案"② 和甚至"形而上学体系"（！）③ 的建构来。例如，忽然你会突然思考中止生命即中止人在尘世间的生存，也就是说，不朽只是在'非文化性'中才有可能④。这句关于"文化"意义的引文在解决如不朽这样的形而上学的问题时，在一个批判主义最可怕的监督者那里，会显得十分奇特，而从另一方面看，这是活着的心脏的跳动的脉搏，只不过戴着一顶狭小的批判主义的帽子，但却为人的精神探索开辟了更加广阔的领域。如果说在我国那些半实证主义者们那里，曾经就认识理论和道德活动的自主性问题始终未能达成协议的话，那么，维杰斯基的立场其特点却在于，在这里，在这两个领域之间的根本区别（从认识论观点看）被合法化了，而且被给予了准确的批判主义的表达。而实质上，这一我们所熟知的"实践理性优先性"，这一在"道德意识的前提"中有其根据的形而上学，不会为我们提供足够的理由使我们不怀疑批判主义严格限定的正当性？实际上：如果道德感情的吩咐不是从关于：（1）"人对于无条件价值目标的先定性"，（2）关于全世界总体构造的服从性（在认为其中不是单只有现象，而是还有在自身中的存在）这一目标——推导出来的论断的话。当然，确定这样的论断只是深藏在对

---

① 《国民教育通报》杂志，1892，第 7 期，第 103 页。

② 同上杂志，第 116 页。

③ 同上杂志，第 118 页。对于维杰斯基逻辑学中这一有趣的段落（第 4 期，第 41 页）我可以补充一点："认识论的发展'必须不是为了让形而上学信念审慎植根于我们的灵魂中，而是为了为对待这些信念的道德—必要态度清理地基'"。

④ 《哲学概论》，第 131 页。

于"不是没有意义"的宇宙道德意识的认可上，但我们已经从别的地方知道，这些论断对于维杰斯基来说是无可辩驳的，这和承认上帝的存在是一样的①。在此维杰斯基引入了一个"普遍拯救"理念②，亦即天国理念……

于是，有两种认识（对于"文化意识"来说是批判的建构的和非批判的，广阔的、存在的、必然的）。一个认识是我们精神的"合法的孩子"，另一个认识则是"非法"的，但同样也是无可辩驳的，一种存在只是现象的，而另一种存在则是超验的。应当认识到，这样的二元论，尽管是表面的，却能提供一个和谐的体系，它显然无法令人满意，而是要求批判主义本身，批判主义能够如此自信地把两种类型的认识和两种类型的存在区别开来。

4. 维杰斯基在发展其体系时经常援引别人的话，他称之为"休谟法则"③，亦即原因和结果的关联，不可能是理性化了的，而是带有"综合性"特征。在狭隘的先天知识领域里，因此得为后天非理性认识开辟出一个广阔的空间。这实质上是非理性的同一性——这是必然的和出乎意料之外的对于维杰斯基体系的一个总结。不足为奇的是，在"后天知识"、"信仰"、"道德意识的前提"的秩序里，维杰斯基的体系充满了整整一系列无法加以证明的、"非法的"东西，但却是异常珍贵的理念——关于人的精神的不朽和关于人的自由，上帝的存在。除了这些异常珍贵的理念外，还有这样一个信念，即世界是一个"整体"④，世界的自我存在从自然法则出发是无法给予说明和解释的（亦即是先天知识）⑤。维杰斯基常常观望批判主义严峻的凝然不动的堡垒，并开始使我们确信上帝信仰、不朽信仰的"非必要性"等（从批判主义和无神论观点看，他提醒我们，逻辑

---

① 《哲学概论》，第 203 页。
② 同上书，第 205 页。
③ 同上书，第 167、174 页。
④ 同上书，第 185 页。
⑤ 同上书，第 221 页。

上完全是可能的)①。但他又以同样的力度要我们确信"上帝信仰永远都不会消失"②。

他的体系就是这样的。在这种版本的批判主义里，有一个奇特的盲区：如果说对于维杰斯基来说从狭隘的批判主义观点看一切都是"非理性的"，这为我们开辟了"一个广阔的空间"的话，那么，有一点就很清楚，即他并未看到批判主义对于解释人的认识过程的不足之处。但是，如果在他身上"心灵的声音"有那么强大的话，如果"道德意识的前提"在我们面前开辟了"广阔的空间"的话，那么，我们的确应当成为盲人，以便对"批判主义"立场的正当性不致产生怀疑。而从另一方面讲，整个这一"非理性化的理念把维杰斯基的哲学体系变成了一个真正的（虽然有其二元论论证不足的弊病）体系的总和，——它们的总和证实了其哲学观点的力量和真实性（的确，在其"批判主义的"界限以外）。在成为批判主义的俘虏后，在建构了似乎是一个不可摧毁的堡垒后，对他来说，维杰斯基便成为了一个远远超出这个堡垒范围而非在堡垒内部的更加重要得多的哲学家。

6. 维杰斯基最近的学生和追随者是伊万·伊万诺维奇·拉普申（1870—1955）。

从彼得堡大学毕业后，又通过了硕士考试的拉普申不止一次出国进行科研。他的学位论文《思维的法则与认识的形式》使他一下子就获得了博士学位和哲学教席。1922年他和其他哲学家一起被驱逐出俄国，在布拉格定居。

拉普申在科研上非常多产，品类繁多。除了哲学论著外，他还写有好多心理学、文学史和有关音乐问题的研究专著③。拉普申令人惊讶的读书广博，他的著作常常援引各种引文文集，或许，在其自

① 《哲学概论》，第223页。
② 同上书，第217、218页。
③ 拉普申最重要的心理学著作是他的2卷本的著作《哲学发明与哲学中的发明》，第2版，布拉格，1924。

己写作的著作中，也不乏累赘，但援引别人的观察，引述差异显著形态各异的作者与拉普申自己关于哲学的科研性质的理念是相符的。但这种写作风格无论如何会令读者备受折磨……我不想以此贬低拉普申的分析和体系的无可争议的兴趣和巨大的哲学价值，但应该承认，拉普申自己的思想常常被淹没在许多引文和准引文的语言的滥觞中。

除了基本哲学著作外，拉普申还写了许多篇幅不大，但在哲学上意义重大的专著。例如：（1）《他人之"我"在最新哲学中的问题》，1910；（2）《关系与三段论逻辑学》，1916；（3）《论弗兰克神秘主义理性主义》——发表在《思维》杂志，1922，第3期、第4期；（4）《反驳唯我论》——布拉格科学院学报，第1卷，第1册，1924。上面提到的著作《哲学发明与哲学中的发明》，实质上是论述一般创作心理学的，其中也包括哲学，而且，其中有不少纯哲学见解①。

如果说在维杰斯基那里，对于批判主义的严格性恪守不殆的话，那么，我们在拉普申那里，却再也找不到同样的形而上学基础，也就是说，在拉普申那里，已经没有一丁点儿对于形而上学的兴趣，也没有对于形而上学的需求。这是对于形而上学的真正摒弃，后来，在实证主义中，我们还将发现对于形而上学的公然否定……拉普申当然不会否认哲学史上充满了形而上学体系这一点，但对他来说，这里的问题不是涉及到"思维的问题对象的"。"在此我们碰到的，"拉普申在一处地方这样写道②，"在思维的符号程序进程中，思维并非在其本身的意义上，其目的论意义在节省劳动的（？——作者）意义上在某些论证程序中是无可争议的，但对其的逻辑证明却迄今

---

① 关于拉普申，除了雅科文科书中有几页涉及到（引文，第284、389、464页）外，还有洛斯基篇幅短小的批评概论（《哲学问题与心理学问题》，1907，第88期）。其他有关拉普申的文章，暂告阙如。

② 《思维法则与认识形式》，1906，第228页。

为止尚未被认识理论所提出"。这是我们能在拉普申那里所找到的拉普申关于形而上学最温和的意见了。在其他场合下，拉普申把有关物自体的学说描述为"大洪水"[①] 以前的，大谈"形而上学假象"，"虚假的物自体形而上学二元论和认识主体"[②]。这种对于形而上学的摒弃迫使他有时即使在对待自己的体系时也小心翼翼：例如，某次他写道："如果说批判哲学无力克服怀疑主义唯我论并解决他人之'我'的问题的话，那么，它就完全证明了自己是不能成立的"[③]。我们终将看到，拉普申究竟"克服了唯我论"没有，但上文所引述的那段话，的确，却是拉普申笔下十分罕见的缺乏哲学自信心的表现……

　　"批判哲学最重要的目标，"拉普申某次写道[④]，"是精神的和谐"。但他却又连忙补充道："但和谐只能在形而上学基础上取得"。在拉普申那里，我们发现，的的确确，不是出于其认识论观点而简单排除形而上学的问题，而正是对于形而上学的摒弃，甚至比这更加厉害：horror metaphysics（对形而上学的恐惧）。他总感觉到在形而上学之后隐藏着一个凝然不动的压迫着自由思想的教条，任何"超验存在"几乎都会引起他迷信一般的恐惧感。正是为此他才歌颂批判主义，说在批判主义中，思维"从教条的锁链下被解放了出来，在这种教条的束缚下，哲学思维萎缩了，失去了自己的新鲜活力和创造的生气"[⑤]。在把批判现象学与经验唯识论结合起来的同时，拉普申认为"现象有着不可穷竭的意义"，因而往往被人们当作是"物自体"[⑥]。"批判主义，"他写道[⑦]，"用贫乏的形而上学公式把我

---

① 《论弗兰克的神秘主义理性主义》，见《思维》杂志，1922，第 3 期，第 145 页。
② 《思维法则与认识形式》，第 233 页。
③ 《他人之"我"在最新哲学中的问题》，1910，第 192 页。
④ 《驳唯我论》，第 40 页。
⑤ 《驳唯我论》，第 66 页。
⑥ 在此拉普申与柯亨及其对于任何"Vorsein"的否定都十分接近。
⑦ 《驳唯我论》，第 66 页。

们从现象的'不可穷尽性'的置换情景下拯救了出来，使我们有可能感受到存在的全部美感"（这种美感按照拉普申的思想，在形而上学那里是完全消失了的）。

我们下文将会看到，拉普申是如何处理大家公认的只有在承认超验存在的前提下才能加以解决的不可解决的问题的。此刻，我们只想指出一点，即在他那里，在维杰斯基那里占据如此重要地位的道德意识问题的前提，在他笔下却连一处地方也没有提及。关于道德领域问题拉普申即使在什么地方涉及到，也只是在心理分析的程序下进行的，但在他笔下倒是有好多被提得十分鲜明的对于美学领域的吁求。例如，以下这段话就十分典型①："色情和神秘是在哲学创作中生发成为全世界感的，生发成为对于作为整体世界的鉴赏的"。关于道德主题对世界的关系问题干脆不置一词……这在很大程度上是值得注意的，当然，也绝非偶然的。正是道德意识的要求不仅固执地，而且是态度坚决地提出了有关他人之'我'的现实性问题——正如我们在比方说维杰斯基那里所看到的那样。对于拉普申来说，所有这一切都是缺席的，道德意识的绝对律令他在其自己的著作中任何地方都从未提出过，或许，是根本就不曾对其有所体验，无论如何，对他来说，道德要素不会比"情感思维"（格·马耶尔的术语）②走得更远，后者按照拉普申的说法，"仅只停留在纯粹思维的门槛上"。我不认为伦理意识可以被如此这般地描述，但美学史表明，在这个领域里的确经常可以看到一些反形而上学体系③。无论如何，拉普申的反形而上学批判主义被彻底和盘推出，正如我们对此已经有所确信的那样，当下文涉及到唯我论问题时，——而当然，

① 《哲学发明与哲学中的发明》，第2卷，第313—314页。

② 关于他的著作，拉普申写了一部专著，详尽地阐述了马耶尔的理念，见《哲学中的新理念》，圣彼得堡，1914，第16期。

③ 这一点在哈特曼（Hartmann）和Schetn有关美的学说中看得最为明显。关于美学中的唯实论（形而上学）在我国写得最多的是弗拉基米尔·索洛维约夫（参见上文第3卷第1—3章）。

宗教意识需求对他来说纯粹是空洞的。"肯定宗教的事业已经无法挽回地失败了，在哲学今后的进步中这一点将变得日益明显，但宗教信仰的储备在人类身上也将会日益巨大 'mundus vult decipi——ergo decipiatur'"。

现在，让我们来系统阐述一下拉普申的体系。

7. 拉普申的认识论在形式上接近康德和整个批判主义，但其基本特征却又无法被纳入这一定义里去。首先，认识论的任务本身其中包括拉普申对于认识论的研究，按照他的思想，在于"搞清楚有关思维法则与认识法则的"关系的问题①。更确切地说，拉普申为自己提出了搞清楚在经验领域以外运用思维法则分析"物自体"的权利问题。为了解决这个问题——当然全部有关形而上学的主题都和这个问题的解决有关——拉普申利用了一些以前曾经被排除出"物自体"研究中去的思维法则：他研究感觉②以及认识的所有元素（形式、直觉、范畴、思维法则）与其的紧密关联问题，并认为（公正地），我们任何时候都不会有"纯粹的感觉"③。在其分析中占据核心位置的是确定（公正的）"感觉"不可脱离思维法则那一章（第7章）。从中拉普申得出的结论——而这一结论根本就不是从所有这些分析中得出来的——是：思维法则完全依赖于认识形式，除了承认后者的必要性以外它们根本就没有权利存在④。当然，从这两个结论中很容易就能得出第三个结论⑤，这结论就是："思维法则从认识形式中获得其 raisonn detre"，因而，离开我们的认识形式，任何力量也不具有。但这却煞像所有狗熊都是动物，而从这一论断中

① 《思维法则与认识形式》，第5页。
② 拉普申完全忽略了在心理学界日益成长的一个流派，按照该流派的观点，有关世界的认识的出发点不是感觉，而是接受。对于谢·列·弗兰克对于接受的深刻而又忠实的分析（关于他可参见下文，第4卷，第5章），拉普申含讥带讽地加以否定（"谁信他谁就得着福气了。"他写道）。还可参阅《论弗兰克的神秘主义理性主义》，第142页。
③ 拉普申毫不犹豫地承认康德认识论的公式，却不对其进行分析。
④ 《思维法则与认识形式》，第152页。
⑤ 同上书，第183页，还可参阅第185页。

却无法逻辑上合理地推出所有动物都是狗熊的结论来一样，同此一理，从所有认识形式都与思维法则有关的前提，无论如何也推导不出来思维法则总是只与我们的认识形式有关的结论来一样。这样一来，这一对于拉普申最重要的结论——正是为了得出这个结论才进行了所有这一切研究的——在他那里却悬挂在半空中：从感性认识的材料与思维法则有着"虚拟"[①]的紧密联系这一点，无论如何也要知道得不出离开感性认识它们就没有力量的结论来。拉普申本人也说[②]："也许，思维法则也会向存在本身扩展，但同样也许的是，它们却不可能被应用在物自体身上"。当然，在另外一处地方，我们读到更加有力的表达："我们拒绝把思维法则延伸到与我们的意识没有任何关系的物体本身中去"[③]。这样一来作者的反形而上学立场也就昭然若揭了——他不过是对形而上学主题不感兴趣而已。但从其怀疑主义的"节制"中，拉普申却并未得出应有的结论，却拒绝了形而上学，可他当即又用肯定形而上学的非法性来取代对于形而上学的简单拒绝："因为已经揭示出（！——作者）对我们来说思维法则不可应用于非可能经验的领域，所以，raison detre xesx 形而上学本身也就即刻消失了"[④]。现在，就连拉普申的实践观点，即在这里也有所表现的"哲学思维在神话领域里的退化"也就变得一目了然了。

在拉普申的著作里，散落着许多有趣而又往往非常俏皮有时又很深刻的言论，但这却无法拯救其基础理念及其纯粹的内在论。当然，认识论内在论无论如何不可能与幻想等同视之（拉普申的这句话说得很对）[⑤]——对于内在论而言，经验唯实论是完全经过证明

---

① 拉普申极其轻松地确定（？）了其"虚拟的先验主义"，甚至都不想想这里所存在的最困难的问题（见其著作的第3章）。

② 《思维法则与认识形式》，第8页。试与第115页比较。

③ 同上书，第135页。

④ 同上书，第160页。

⑤ 比方说参见：《思维法则与认识形式》，第147页。

了的。"认识形式……和思维法则一样……可以应用于作为现象的外部自然，因而，它们实质上也是自然法则"①。认识本身可以的确足够成功地被纳入绝对内在论框架内，或是（同样地）被纳入绝对唯心主义的框架内，——但是向现实性的突破是可以找到的，当然，是在认识本身之中（柏拉图！），而我们在研究弗兰克所建构的哲学体系时，对这一点会看得很清楚（第4卷，第4章）。但离开这一对于现实性的突破也完全是必然的，正如天才的康德所指出的那样，在道德意识领域里，但在拉普申那里却恰好相反，道德问题是缺席的……但在他那里也有一个阿喀琉斯的脚踵，却是他在不经意间自己给揭露出来的——这就是他人之"我"的问题。这个问题显然对于拉普申来说足够严肃，除了在那里仅仅只是提出问题的大部头专著《他人之"我"在最新哲学中的问题》外，他还在专著《驳唯我论》里，也涉及了这个问题。现在我们谈谈这个拉普申体系里的转折点问题。

8. 如果我们的全部认识都局限于我们意识的范围内的话，那么，这也就是对于我的意识的"现实性的"一种证明，可是，我们又该如何对待其他人的现实性呢，亦即这一现实性究竟在什么地方呢？我们已经看到维杰斯基是如何尖锐地提出了这个问题的，但我们也知道，对他来说，他人灵化（以及这一论点的全部形而上学性）的存在是一个"无可辩驳的真理"。我们已经注意到，拉普申认为唯我论问题的立场的一切都具有决定性意义：应当如何在不离开内在论范围的前提下来解决它呢？如何哲学地演绎"意识的多样性"呢？如果对于我们中间的每个人来说，只要有他的意识就足够了呢？

起初拉普申把三个不同的问题都放在同一个层面：（1）他人之"我"的现实性，（2）我的过去；（3）物理世界②。而实际上，这完全是截然不同的问题，而把它们全都纳入一个层面无论如何是缺乏根

---

① 《思维法则与认识形式》，第197页。
② 《驳唯我论》，第26页。

据的……但让我们不妨谈谈对于他人灵性和他人之"我"的问题。

拉普申非常正确地指出[1]："在个别意识之间似乎存在着绝对分离性，而从另一方面说，又能感觉得到一种深刻的私密的和内在的关联"。完全正确！问题就在于此，既给我们"提供"也"不提供"的他人的灵魂，它对于我们的意识而言是部分内在的，即作为进入经验的成分，但它又永远都处于界外。而认为这一处于界外的现实性意味着走出内在论的边界，亦即毁掉其全部的批判主义，——于是，拉普申才会果敢地说出这样的话[2]："在精神交往中我们常常体验到一种他人之'我'的直接材料的幻觉"。"对于他人之'我'的直接接受是一种幻觉"，他接着又说[3]，"这种幻觉的基础在于一种发达的审美再现性倾向"。拉普申赋予后者成分以关于他人精神生活问题中的一种决定性意义。但当然这一"审美再现性倾向"在我们对于他人灵魂的洞悉中无论取得怎样的高度，它永远都不可能在他人灵魂对于现实性的粗硬体验的"再现性中"把所有的体验都加以传达，而他人的灵魂在我们与人们的交往中却是特有的。奇怪的是，拉普申作为一个足够细致的心理学家，却没有察觉"审美再现性"（在不同人身上是不一样的，而在每个人身上在其生活的不同时段也是不一样的）之间的绝对的不可穿透性，而且他也没有清晰而又坚定地感觉到摆在我们面前的是个活人，——有其自己的内心世界，有其自身之"我"。拉普申所列举的解释的全部非自然性，因其拯救了他的反形而上学立场但却得以抵消……"他人之'我'"，拉普申无畏地指出——而毫不忌惮与事实的明显矛盾。"作为一个不间断的同一个性，是一种思维构造[4]，事实上我只能作为在我身上的他人之

---

[1] 《驳唯我论》，第41页。
[2] 同上书，第42页。
[3] 同上书，第50页。
[4] 如果这种说法是正确的，那么这也就意味着他人的灵化对我们来说是在取决于或大或小的从事"斯维构造"的能力而摇摆的。

'我'与灵魂状态不间断的延续来认识"①。因此拉普申才会教人以他人之"我"的"内在论"现实性说，教人以否认他人之"我"的"独立"现实性说，他甚至冒险断言，说什么"信仰对于他人之'我'的超验性是无人需要的，也是无从从哲学上加以证实的"②。下面就是拉普申分析中的结论性的最后一段："超验的他人之'我'的内在论被有关意识的多元性和有关全部精神核心的重要性的观念所取代，被代之以同一个认识论主体构成了深刻的宏观宇宙与微观宇宙之间私密的关联感"③。由于在拉普申那里没有任何有关"一般意识的"学说或是有关认识论主体（超个人的）的学说④，所以，谁是这个"认识论主体"，在其名下存在着多样的、虚拟独立的、完全内在于该主体的个别之"我"呢？拉普申本人无论如何，也不愿意融化在这样一种"认识论主体"中，"把自己变成虚拟的体系"的。

拉普申未能在其绝对内在论范围内解决他人之"我"的问题，而这也就意味着根据他自己的说法，他的全部体系是摇晃不已的。在拉普申名下，这样一来，就还有一个功劳，即他以其 reductio ad absurdumjie 以全部信服力揭示了接受绝对内在论体系的全部不可能性。

10. 和拉普申立场非常接近的，是另一个独特的哲学家斯皮尔（什彼尔），出生在俄罗斯，但却用德语写作其主要著作。我们当然不仅有外在理由也有内在理由将其纳入俄国哲学史领域，但斯皮尔的体系，是全部建基于内在论体系上的，却出乎意料地转变为一种形而上学，而且是带有泛道德主义色彩的形而上学。我们随后来探讨斯皮尔，即在关于俄国形而上学主义的一章（参见下文第4卷，

① 《驳唯我论》，第55页。
② 同上书，第63页。
③ 比方说可以参阅：《思维法则与认识形式》，第87页。
④ 《思维法则与认识形式》，第66页。

第 4 章）中，现在先来继续讨论俄国新康德主义者，而首先要探讨的是格·伊·切尔帕诺夫。

格奥尔基·伊万诺维奇·切尔帕诺夫（1863—1936）出生于马里乌波尔，在那里获得中等教育，然后考入敖德萨大学，在尼·雅·格罗特指导下学习。在通过副博士学位考试后，切尔帕诺夫在基辅大学获得副教授职位，并很快获得哲学教席，并通过了博士学位论文答辩（《空间的接受问题》，第 1 卷）。切尔帕诺夫的哲学才华得以在基辅广泛展开，首先应当提到的是他出色的著作《大脑与心灵》（1890），曾再版多次，这是一部不但在俄国而且也是在世界文学中批判形而上学唯物主义的名著。在这些年中，切尔帕诺夫出版了许多论述和分析当代认识论流派的专著，这些专著即使在今天也依然保留其价值，但遗憾的是迄今没有被收集整理成一卷书出版。在基辅工作期间，切尔帕诺夫以其出色的教学才华而引人注目——在大学总是坐满了人的大礼堂里发表的公开演讲中，也有在所组织的出色的哲学研讨班上所做的发言，此外还有在心理学实验室里所做的发言。在通过博士学位论文答辩（《空间的接受问题》第 2 卷）以后，切尔帕诺夫转入莫斯科大学，在那里，由于得到一笔慷慨的捐款，得以创办一所宏伟的心理学研究所。1917 年革命后，切尔帕诺夫应其学生的请求，转到新政权一边，但被从其创办的研究所解职。他的晚年是被迫赋闲、只是偶然得以出版一本两本专著。

在转入对切尔帕诺夫哲学观点的阐述前[①]，首先需要指出一点，即我们必须对其哲学立场做一个比较严肃的论证。在切尔帕诺夫身

———————

① 除了两部大部头的研究专著《空间的接受问题》（而且第 2 卷完全是关于认识论问题的）以外，要分析切尔帕诺夫的哲学观点，作者本人发表在《基辅大学学报》（1898年及嗣后各期）上对于其哲学新意的概论非常重要，此外还有大部头著作《哲学导论》。1917 年以后出版的著作与所谓"苏联哲学"有关。此外还有切尔帕诺夫有关心理学的重要著作：《大脑与心灵》，《实验心理学导论》，第 3 版，1924；《心理学概论》，1926；以及发表在《哲学问题与心理学问题》上的文章。

上，有一种非常深刻地对科研和哲学的诚实性的需求，无怪乎他对科学心理学的发展付出了如许多的心力①，但他的小心谨慎毫无疑问压制了纯哲学创作。从切尔帕诺夫本人的谈话中我们知道，他在形而上学中接近于莱布尼茨主义，但在已出版的著作中，我们却到处都无法找到影响的痕迹。切尔帕诺夫留下的哲学遗产，以其超验主义唯实论为根基，但在这方面，他的分析又以具有严格性和严谨性而著称：对于认识论唯实论的辩护他的发挥是不遗余力的。而特别有价值的是这与切尔帕诺夫大著（《空间的接受问题》）的篇幅很大的第 7 章（《论几何公式的起源》，第 299—391 页）有关。在这一章里，作者以极其令人信服的口气表明，"只有先验理论能够满意地解释几何公式的起源"问题②。切尔帕诺夫非常仔细而又简短地（在该书最后一章里）为超验唯实论辩护③。然而，切尔帕诺夫的超验主义与文德尔班和齐格瓦尔德对目的论的阐释非常接近。切尔帕诺夫以其平常特有的谨慎为"空间的客观基础"的现实性而辩护④，而且⑤，他还补充道："或许，这一客观基础不是空间，而只不过是与空间类似的某种东西，据我所见，关于空间的客观基础我们可以说的只有一句，即我们的空间与其是相符的"。正是这一点迫使切尔帕诺夫宁愿选择通常的术语"超验唯实论"而非"理念—唯实论"⑥。

在切尔帕诺夫的先验论里，目的论观点表现在作为一种"解释"（还需要解释吗？）为什么在我们的意识里有一种"与现实生活不相

---

① 切尔帕诺夫为了真正的心理学奋斗了终生——起先是反对阿·帕·涅恰耶夫及其追随者过于粗率简陋的体系，而 1917 年以后，则是反对如别赫捷列夫、科尔尼洛夫等人"心理学家"的粗陋的唯物主义。可特别参阅其论述所谓《客观心理学》的小册子。

② 《空间的接受问题》，第 2 卷，第 382 页。

③ 可特别参阅同上书，第 396—399 页。

④ 同上书，第 415 页。

⑤ 同上书，第 416—417 页。

⑥ 同上书，第 418 页。

符合的成分"，他由此得出一个结论，即它们实质上都是"公理"①，这种公理只有"作为公理本身"才具有存在权。"因果公理的应用，"切尔帕诺夫继续其分析道，"是靠非逻辑性质的观点证实的"②。为什么？因为我们利用公理是为了达到真理。虽然我们不可能不追求真理，包括价值，但既然我们"承认提出这种或那种目的的必要性，那么自然就应该承认有利于实现这些目标的条件的必然性"。我们在此可以提到维杰斯基关于公理的学说与此非常接近。切尔帕诺夫继而断言，对认识的"论证""不在于逻辑证明领域，而在于信仰领域"③。对于认识体系而言其必要性在于一系列公理使全部哲学体系具有了目的论的性质（因为这些公理必须让认识成为可能），而可以归属到这里的，按照切尔帕诺夫本人的说法④，还有怀疑论成分……

切尔帕诺夫的超验主义就是这么复杂同时又是这么更具有责任感。

10. 超验主义一般说来在俄国思想界植下了深根。早在霍米亚科夫那里就已经开始，正如我们所见！但在一系列最新思想家那里，它不知何故却以一种独特的方式与形而上学经验交织在了一起。我们在下面几章里将会看到，而目前我们暂时先谈谈超验主义在当代的几位捍卫者，他们都表达了极其纯粹的超验主义的基本任务。第一个要提出的，是谢·伊·格森——一个最鲜明同时也最富于哲学才华的思想家，下面我们就转入对他的研究。

谢尔盖·约西福维奇·格森（1887—1950）是俄国著名记者伊·瓦·格森的儿子。作为一个受过职业训练的律师，谢·伊·格森后来投身于哲学研究，并在国外期间，与里克特学派过从甚密。

① 《空间的接受问题》，第 242 页。
② 同上书，第 426 页。
③ 同上书，第 427 页。
④ 同上书，第 428—429 页。

早在这个时期，谢·伊·格森就以其处女作吸引了普遍关注《Ueber die individuelle Kausalitat》。为了克服被里克特在其有关"自然科学教育概念的边界"中如此辉煌地予以发挥的柏拉图主义，在此他以勇敢精神和哲学的穿透力提出了分析因果理念的问题。格森的这一工作在因果律问题研究史上是难以被人所忘怀的……从国外回到俄国后，格森在托姆斯克大学哲学与教育学教研室获得了教席。格森以其讲稿为基础写成了杰出的巨著《教育学的基础》（1923 年在柏林出版）。这部著作有一个副标题《实用哲学导论》，而此书也的确以极高的技巧把各种教育学问题与最重大的哲学主题联系了起来。对于这部著作的重要意义我们还会有机会加以确证。在侨居国外期间格森一方面主要研究社会学与法学问题（一系列出色的文章发表在《当代札记》），另一方面，他写作了许多教育学著作——他在设在布拉格的俄国高等师范学院居留的三年中曾担任教育学教研室主任。他的内容丰富的论文《概念体系里的一元论与多元论》则属于哲学领域①。1939 年战争开始前，格森移居波兰，在一系列教学机构任教。当"铁幕"降临，华沙堕入苏维埃俄国的影响圈时，从那边来的信息中断了，但我们知道他还活着，并可以做专业工作。

在格森的哲学创作方面，我们找不到一个完成的体系，但构成体系的一切材料都是具备的。格森毫无疑问具有巨大的哲学天赋：思维的真诚，表述的圆满，对于概念体系性的经常追求——所有这一切本来都可以提供（而或许已经提供了，如果格森可以在战争年代和战后继续从事哲学研究工作的话）真正的体系的。无论如何，他的巨著《教育学原理》包含着哲学体系的基础。

格森首先是一个热烈的超验主义的捍卫者。在他已经发表的著作中，的确，他确是未在任何地方对超验主义进行发挥：或许是因为在他看来超验主义是无可争议的和自在自明的吧……但在格森那

---

① 《布拉格俄罗斯人民大学著作选辑》，第 1 卷，1928。还要提及的是格森关于陀思妥耶夫斯基和索洛维约夫的文章（《当代札记》和《道路》）。

里，超验主义又是和一种被他到处都给予鲜明表达的贯彻始终的辩证方法结合在一起的。我不认为格森受到过黑格尔的直接影响：毋宁说晚期黑格尔主义者和半黑格尔主义者对他产生了影响。无论如何，辩证方法在格森那里如此紧密地与超验主义结合在一起，以至于要把前者与后者分割开来都不能不是人为的划分。但恰恰是辩证法迫使他接受"概念体系里的多元论"，亦即给予各类"概念的种属"以足够的独立性。哲学的任务就在于要辩证地把这些不同的概念联系起来。首先，按照格森的观点，"概念的多元论导致隐藏在其中的等级阶梯关系的被揭露"①，而"概念的真正的等级阶梯关系应当成为一元论与多元论的必然综合"②。但如何才能达到这一点呢？按照格森的观点，"个别与一般的综合是概念的具体性"③，而它们的相互分离性就是抽象性"。利用这一观点（老实说，在他那里是缺乏论证的），格森为作为一元论与多元论的辩证展开的基础的"方法的圆满性"奠定了基础。导致等级阶梯辩证法原则的统一性的概念的等级阶梯秩序，为如何"消减具体性"提供了一幅画面。

据我所知，格森并未沿着这条纯形式的指示范畴前行，也没有尝试发展"概念的等级阶梯秩序"。但是，在其有关教育学的著作中，格森为如何应用辩证法原则提供了经验。在他那里（在论述陀思妥耶夫斯基和索洛维约夫的文章中），应用这些原则的经验和"论证"伦理学的经验都有，但所有这一切都是随机（en oassant）提供的。同样一些理念（在有关伦理学论证的问题上）古列维奇（关于他参见下文）以极其高超的技巧做了发挥，根据外部材料据我所能做个判断，古列维奇在这个问题上更多地有赖于格森，而不是相反。但所有这些问题我们都会在下文在分析古列维奇的体系时涉及到，

---

① 《一元论与多元论》，第 215 页。
② 同上书，第 211 页。
③ 在这个问题上，格森（这一点他本人在这部著作里也承认的）可以说受到过卡西尔著作的影响（Cassierer's〈Ueber d. Functionsbegriff〉）。

至于格森，他在人类学领域里拥有一系列有趣的体系。格森在这个领域里的立场在我看来更有趣的地方，在于他比别人更明确尖锐地表达了超验主义在人类学领域里的立场。

而如何在超验主义的基础上建构个性概念呢（作为伦理学的核心概念）呢？要知道我们无法否认在超越主义的路线上，我们是在向着个人主义一方前行：在个性中一切"有价值的"都比它优越，而应该将其与超验主义"领域"关联起来。早在康德那里，个性原则就已只在伦理学层面获得了力量（个性从来就不应是"手段"），而对于个性"形而上学"在他那里也没有任何材料。自由和不朽仅仅只是道德意识的"公理"……在其他带有俄国思想界一般具有的人格主义倾向的超验主义的捍卫者那里，对其进行论证的困难在于超验主义成为了具有决定性意义的基础。而格森所提供的解决办法，在我们看来，是最有力的，虽然如我们所见，这一切仍然是不够的。

关于个性的学说在格森那里是由一系列论点形成的。最基本的论点是"个性只有通过对于超个性任务的工作才能获得"[1]。"个人性的强大之处在于，"格森在另一个地方说道[2]。"不是根植于他自己本身之中，也不是在其心理生理有机体的自然力量中，而在于那样一些精神价值中，这种价值渗透了身体和灵魂，并通过身体和灵魂渗透出来，如同其创作追求的任务一般"。这个论点和弗拉基米尔·索洛维约夫在其生命的后期有关个性的非常近似的学说（参阅上文第3卷，第2章）的区别之处在于，对于索洛维约夫来说，在经验主义的人身上，有两个"由内而外渗透出来的"本质：即善与恶。而在古列维奇那里（下文即将讲到古列维奇）"精神"世界总是被思考做善（确切地说，恶不是精神的本质……）。格森在一处地方直截了当地写道[3]："世界不会穷尽于物理和心理的现实性，除了生理

---

① 《教育学原理》，第67页。
② 同上书，第365页。
③ 同上书，第228页。

和心理之外，还有第三个王国——即价值和意义的王国"。自然，这"第三个王国"不是超验的，而也只是超验的……

就这样，在个性中没有任何本质，除了其经验构成以外，个性（在其"可能具有"的完满现实性中）总是"在被创造之中"①——通过参与世界的"超个性"价值。但这要知道需要以自我创造的自由为前提吗？是的，格森和每个正当的超验主义者一样，把决定论的枷锁抛弃掉，但人身上的"自由本质"本身是超验的，是从生活在他身上的精神的"自主的"力量中的潜能中产生出来的。在此格森完全对康德亦步亦趋，但区别仅仅在于，他的论证同样也是出乎意料的和未加论证的，他突然抛弃了决定论的酒杯，说"自由的行为由于其无条件的新颖性而是不可预见的"②。超验本质，按照他的基本原则，无论如何也不应被"自然化"，不能被思考作"本体论的"，这里的阐释完全是自然主义的，是在"冲向"经验主义（决定论化了的！）秩序和"创造新意"。自由的激情在格森那里完全笼罩在一种新费希特主义的精神中（犹如比方说 Munsterberg 等人那里一样）。对他来说，自由"不是事实——而是目的，不是材料，而是任务"③，但她却原来"既不会破坏自然的法则"（不像格森那样已经用非决定论限制住了自己）④。但"自由和个性毕竟还是不是一下子给定的，而是逐渐养成的（！）"⑤。

所有这一切实质上都是很不清晰的——而原因当然在于格森害怕形而上学。虽然雅各文科在格森那里找到了"超验本体论"⑥，但这里有的仅仅只是超验主义，而非任何本体论。在格森那里，个别篇章真的看起来像是渗透着"本体论"，尤其是鉴于"完整方法"

---

① 《教育学原理》，第 67 页。
② 同上书，第 63 页。
③ 同上书，第 57 页。
④ 同上书，第 64 页。
⑤ 同上书，第 80 页。
⑥ Jakovenko. Op. cit., p. 455.

（亦即绝对初始本质，即从中辩证地推导出多元论范畴，但也仅仅只是范畴而已！）。实质上，格森并未离开超验主义的土壤，但有一个重要补充，那就是他给超验主义加上了创造本体论外观的辩证方法（实际上这仅仅只是外观而已）。格森总是维持"透视"亦即现实地阐释过去的很高的新的水平，因为这里牵涉到的是他的一部关于教育学的著作和有关社会问题的文章，而所谓社会问题也就是有关"经验现实"的问题。格森总是处于形而上学的门槛上，但只是在门槛上而已。例如，他有时会讨论到绝对者，讨论"中柱原"（плерома），亦即讨论那些明显具有形而上学性质的概念[1]，而实际上这在格森那里仅仅只是"极限"概念而已。在他那里始终不变的"不是真理"，而是寻找真理的道路[2]，而且他还完全本着柯亨的精神断言，为了超验逻辑的理念，"认识的对象必须由认识来建构"[3]。就连"人类"概念也是如此这般地由捉摸不定变成不确定概念，同此一理，"活的"的整体性[4]也是一样，——但这只是"共同创造和给定的无限移动中的总和而已"。

格森无可置疑和强大有力的哲学天赋只是在哲学地思考经验现实时才会焕发光彩，但超验主义的毒药始终未能获得清除，从而大大制约了他的体系的成果产出。

11. 关于另外一个无可置疑富于天赋的思想家格·德·古列维奇（1894—1988），我们也说几句。他是波尔多教授，随后又在巴黎任教。如果我没弄错的话，古列维奇毕业于彼得堡大学，随后又在德国进修学业，并在那里写作了他的哲学处女作《Die Einheit d. Fichteschen Philosophie》（1922），最终据此写作了《Ficheit Szstem d. Konkreten Ethik》（1924）。古列维奇随后去法国研究"社会法"问

---

① 比方说可以参阅：《教育学原理》，第 253—254、319、390 页。
② 同上书，第 224 页。
③ 同上书，第 227 页。
④ 同上书，第 183 页。

题。但与哲学主题关系最近的是他出色的著作《伦理学与宗教》①，此书虽然很小，但这部在许多方面与格森体系关系密切的著作，对于俄国思想家的超验主义辩证法来说是非常典型的。

对于超验主义来说，存在和对于存在的关系是和"范畴"纠结在一起的。如果说在格森身上（按照他的"完整性"方法）我们应当从"中柱原"亦即统一体中辩证地推导出各种范畴的话，那么，对于古列维奇来说却相反，他力求捍卫范畴本身的多元性。古列维奇以极大的技巧（和最后一段时期中的弗拉基米尔·索洛维约夫一样）坚持主张伦理学领域的独立性，主张伦理学不取决于形而上学取决于宗教的特点。"善是，"他说，"一种特殊的'品质'②，同时也是走向绝对者的特殊的道路"。绝对者的理念几乎已经被形而上学的阐释了（非常接近于斯皮尔所发挥的观点，——参见下文第4卷第4章），而在古列维奇那里占据着一个非常重要的地位。但伦理学对待绝对者的关系是特殊的，和科学艺术活动对待绝对者的关系一样有其自身的特点。古列维奇正是在这里以哲学的方式深化了以哲学的方式奠定基础的世俗化原则，他与该原则在超验主义中的内在亲和性是不可否认的。"世俗化，"他写道③，"肯定通向绝对者的道路的多样性，因此最不可能受到不敬神的指责：它的真正意义恰好在于相反方面，亦即寻找新的、不可穷尽的与绝对者的关联的宗教"。古列维奇高度评价宗教领域，因为在这个领域里，"与神祇的融合和关联"得以揭示④，但比这更加重要的是，非宗教（科学的、审美的和道德的）创作对他来说也是亲近的和珍贵的，他把后者称之为"世俗的敬神仪式"⑤。古列维奇在此以高度的激情力求为文艺

---

① 《现代札记》（第29期，1926）。古列维奇的《Les tendances actuelle de la philosophic allmande》（巴黎，1930）也颇有价值。

② 《伦理学与宗教》，《当代札记》，第29期，第271页。

③ 同上书，第269页。

④ 同上书，第278页。

⑤ 同上书，第277页。

复兴恢复名誉，他认为后者的意义在于肯定了非宗教创作形式的独立性：这一点之所以值得注意是因为在这种超验主义中，世俗化的终极意义和原理得以揭示……古列维奇采用了格森的术语，情愿承认在非宗教行为中绝对者得以"渗透出来"，如同相应无穷性的完结一样"。这是一种"自我预言"体系，但按照古列维奇狡猾的（但却很不成功的——按我们的看法）说法，"自我预言"的体系的意义在于它肯定了"独立参与——通过独立的道德行为——参与神性的创造"。古尔维奇甚至肯定"意志思辨"（волезрение 与 умозрение 对举）的特殊能力，这种能力（通过道德行为）人可以"上升到直接观照创造之洪流"的境界①。而这距离谢林的"理想直觉"已经相当遥远了……

格森和古列维奇一样，坚定地站在超验主义立场上，不惮于提供形而上学公式（尽管实质上这种超验主义是反形而上学的）。这一metabasis eis allo genos，这种把不同层面混淆起来的做法我们还将会在论述形而上学最新发展的章节（参见第 4 卷第 4 章）中见到。古列维奇讨论，比方说，"存在的多层次性"②，讨论世界是非完结的，"是持续进行创造的，人赋有尽力帮助上帝创造世界的使命"③。在此他还讨论了"小预言"（Демиурга）的问题，后者通过其日常工作"参与了创造的洪流"。"道德意志，"我们在他那里还可以读到④，"不可能脱离宇宙存在"，但却不是在存在须取决于伦理学领域的意义上，而是相反，存在取决于道德创造的意义上。

古列维奇的体系本身是很值得关注的，根据其与世俗化问题的内在关联而言。超验主义甚至在它尊敬地给宗教划拨一块作为精神的特殊范畴的"特殊"领地的地方。在这方面，古列维奇的"自我

---

① 《伦理学与宗教》，第 276 页。
② 同上书，第 272 页。
③ 同上书，第 282 页。
④ 同上书，第 480 页。

预言”在高度程度上是透明的和出色的。

12. 关于另外两个“纯粹”超验主义代表人物——鲍·瓦·雅科文科和费·阿·斯捷蓬——我们也得说几句。鲍·瓦·雅科文科（1884—1948），可以说，是浑身渗透着典型的德国唯心主义范畴之特点的一位。作为一个非常多产的作家①，雅科文科更多地从事对别人观点的批判，而非发展自己的观点。他对别人体系的意见和批判评价有时是很成功的，尤其值得指出的是他对胡塞尔现象学的批评，有时是很中肯的（雅科文科不无根据地认为后者有新的高级的“心理学主义”倾向）。雅科文科本人提出认识论的任务是“释放对象”，亦即把各种“奇思妙想”从认识材料里清除出去。但在雅科文科那里这毕竟只是刚刚指出而已，因此他自己的自我评价是极其含糊的（关于他自己的，他曾说过，超验主义怀疑主义立场，他说是超验主义本体论（！）的，而在其他场合下，他又说自己是“本体论批判主义”，甚至说是“批判主义神秘主义”等等）。这些宣言式的描述始终是极不确定的。

13. 说到费多尔·阿夫古斯托维奇·斯捷蓬（1884—1965），那么，他唯一的一部著作是关于哲学的（《生平与创作》〈柏林，1923，文集〉）。此书证明他思维缜密，具有活跃的哲学激情，但其表述太简洁，很难就此提炼出有关其观点的明确定义。对他来说，“批判超验主义是不可战胜的”②，他仅只承认“对待绝对者的绝对性”③和自然，“否认任何有关……可以以某种形而上学理论形式完结世界观照……的思想”。但是在这种反形而上学论点里，尚未展现出斯捷蓬的全部立场，接下来在他那里，在不取决于其他任何超验

---

① 雅科文科的著作，据我所知，有下列：1. Dejiny ruske Filosophie（捷克语），布拉格，1938。2. Geschichte d. . Hegelianismus in Russlang，布拉格，1938。3.《俄国哲学简史》（俄文，意大利文）。4. Vom Wesen d. Pluralismus, Bonn, 1928。5. 在《Russische Gedanken》、《逻各斯》、《哲学与心理学问题》杂志发表的诸多文章（其编辑为雅科文科）。

② 《生平与创作》，第 136 页。

③ 同上书，第 177 页。

主义边界的条件下，出乎意料而又毫无根据地，推出了"上帝的宗教体验"说，所以，斯捷蓬甚至还大谈某种"神秘主义先验性"①。对于斯捷蓬来说，宗教性甚至可以是作为一种外超验定向的原始力量，它能提供有关"活的上帝的知识"。遗憾的是，这一很难与超验主义形态的专制力量相互协调的论点，始终只是一种草稿。斯捷蓬的创作毫无疑问在哲学上是警觉而又敏锐的一个思想家，也思考一些其他题目，结果从此再未回到哲学中来。

但是，斯捷蓬却将在其他超验主义者（斯皮尔、维舍斯拉夫采夫等）那里发展起来的暗示和草稿发展成为真正的形而上学。本书第4卷第4章将讨论这些思想家。

----

① 《生平与创作》，第201页。

第九章

俄国最新实证主义和 "科学哲学" 探讨

列谢维奇、格罗特及其他人

维尔纳茨基

梅齐尼科夫

Dii minores

1. 除了最新的批判主义以外，在俄国哲学界还有一个与实证主义接近的思想流派。但是，"实证主义"这个术语在此应当取其广义，也就是说倒不如说它是一种以科学为基础，常常超出科学概括综合范围的科学哲学的探索。我们甚至可以说：在此更多的兴趣是针对"科学世界观的"，而不是针对哲学，而且这个流派的创造探索的基础，其不可动摇的基座是对于科学对于存在的理解，是对于科学之成就和方法的崇拜。在这种几乎可以说是喜气洋洋的对于科学的崇拜中，我们往往可以发现有许多天真幼稚的东西，甚至还有盲目的教条主义的倾向：要知道正是在 19—20 世纪的科学界，除了杰出的有时甚至天才的体系外，也有许多令人无法忍受的自我崇拜，以及对于存在全部秘密的非批判性的简化倾向。实际上科学体系里几乎永远都充斥着非科学的元素，其中包括哲学理念，因此对于科学中哲学的建构追求而言，只以科学为基础，会具有一定的片面性和近视性。当然，哲学不可能忽视科学认识的发展所带来的所有这一切，但科学也有其自己特殊的主题和自己发展哲学思维的道路。"科学哲学"这一术语变成了一种

ancilla scientiae，并且证实哲学嗅觉的钝化。

　　俄国文化中对于科学的幼稚崇拜特别强烈地表现在 19 世纪下半叶（参见本书第 2 卷，第 8 章），我们只须提及车尔尼雪夫斯基、皮萨列夫等人就足够证实这一点了。但在此期间，俄国科学也取得了辉煌的进展，尤其是自然科学。像皮罗戈夫、门捷列夫、科瓦列夫斯基、梅奇尼科夫、谢切诺夫这样一些伟大的名字（如果只以最光辉的名字为限的话）标志着俄国科学的辉煌成就，因而自然而然，对科学知识的崇拜，以及全部思想界连忙拜倒在自然科学脚下，达到鼎盛时期。实证主义成为不止一类学者的哲学 credo（信念），而且还令俄国广大社会各界也都拜倒在它的脚下。无怪乎也正是在 60 年代里，开始了一场俄国的"启蒙运动"，这个运动以其对于科学知识的崇拜，以其对于广泛传播此类知识的追求，席卷了整个 60 年代。在伦理学和美学人道主义中找到其表达形式的俄国世俗主义运动，在俄国知识分子身上打上了不可磨灭的烙印，并且获得了前所未有的胜利，而且看起来这是以此对于宗教和形而上学"幽灵"的一次最终的胜利。这种天真的自我陶醉调门再好不过地说明了整个"启蒙运动"的狭隘性和局限性。

　　实证主义正如它的创造者奥古斯丁·孔德一样，在俄国各界几乎没有获得任何成功——让我们只需回想一下，比方说，车尔尼雪夫斯基关于孔德的反应，就足够令人回味的了，但是那一场可以被称作是俄国实证主义的运动，当然毕竟还是与孔德的名字联系在一起的。我们已经在帕·列·拉甫罗夫和尼·康·米哈伊洛夫斯基那里看到了这一点，而在比他们更晚一些的俄国实证主义者——瓦·瓦·列谢维奇——身上，对这一点就看得更清楚。在我国当然有过一些孔德的狂热的追随者，这样的追随者可以比方说把维鲁勃夫（他是 ЛИТТРЕ 最亲密的合作者，也是孔德最鲜明的一个追随者）算一个，部分地还有——Де—Роберти。然而俄国实证主义主要流派只是来自孔德和 Дж. Ст. Милля，在同等程度上也来自康德的批判主义及其追随者而已。

如果把倾向于"科学哲学"的整个流派都算上，那么，在他们中间，可以发现有三个最重要的特征。首先，就是对于科学方法在理解存在上的唯一性信仰，对于科学思维程序的顶礼膜拜，天真的理性主义，亦即（预先）承认我们的思维与存在之结构的"相符性"。另一方面，可以归诸于第二个特征的是科学所散播的对于我们知识相对性的信念，对知识经常处于演化过程的信念，以及我们不可能达到任何"绝对"知识的信念，亦即对于任何知识的"历史性"的信念。所有这一思维潮流的第三个特有特征是否定（事先）任何形而上学。这一反形而上学倾向往往并不妨碍人们"为了科学的名义"论证显系形而上学的唯物主义，但唯物主义与实证主义的内在相互关联要知道是一个到处都能看到的现象……

这也正是我们所研究的对于"科学哲学"的趋向的一般特征。现在，我们来对个别思想家首先是弗·维·列谢维奇做一个评述。

2. 弗拉基米尔·维特多罗维奇·列谢维奇（1837—1905）从（军事）工程学校毕业后，起先在位于高加索的工兵部队服役，随后考入总参谋部学院，但从这里毕业后（1861），却辞掉了军职。在移居自己的庄园（在波尔达瓦省）后，列谢维奇创办了一所农民学校，为其提供了可观的资金，随后又移居彼得堡。从 1880 年起，他因为与革命组织的联系而受到政治迫害，被流放到西伯利亚。直到 1888 年才终于得以回到彼得堡。

列谢维奇非常早（从 21 岁时起）就开始在杂志上发表文章，出版了一部名为《关于科学哲学的书信》的书。次年，他又出版了一部教育学专著。后来，他开始以《什么是科学哲学》为题发表了系列文章，还发表了一系列关于宗教史的文章。1915 年，列谢维奇的全集出版①。

---

① 关于列谢维奇著作的详尽书目参阅雅·科鲁勃夫斯基论述列谢维奇的文章《俄国哲学史史料》，见《哲学问题与心理学问题》，1891，第 8 期。此外还有各种百科全书。

至于在列谢维奇体系中所表现出的其所受影响，首先应当强调指出的，是根据其社会—政治观点，列谢维奇属于拉甫罗夫和米哈伊洛夫斯基派，对此点的最值得注意的反响，是他的论文答辩《论社会学中的主观主义方法》。我们还会有机会涉及这个问题，此刻我们只是提到一点，即对列谢维奇围绕其活动的那个精神氛围做一个描述。列谢维奇非常彻底地研究过奥古斯丁·孔德，但是（或许是在拉甫罗夫的影响下）很早就转而研究康德。他研究康德更多地是根据康德的追随者们，而其中又特别对亚·兰格、A. Ланге Рилю Паульсен 感兴趣。光是把这些名字稍稍比较一下就足以证实，这些影响对于列谢维奇哲学的敏锐性来说并不是十分有利——上述三位新康德主义者全都属于一些彼此非常不同的流派，而对此列谢维奇居然竟没有察觉，而从他们那里仅仅摘引有助于他形成其自己的"批判"观点的东西。对于列谢维奇影响最大的（这已经是在他创作的晚期了）是阿维纳里乌斯，再后来是 Петцольдт（这是一位阿维纳里乌斯的追随者）。

在转入对于列谢维奇哲学观点的评述以前，让我们首先探讨一下他的哲学概念，以及他有关哲学与科学之关系的认识，这在其哲学体系中是最基本的和具有决定性意义的观点。

3. 在对认识任务的形式定义方面，一般说来列谢维奇接近于赫尔巴特（Гербарт）[1]，认为"认识是有序化的思维"。这里所强调的——而这对于列谢维奇非常典型——仅仅只是认识的内在论一面，而对认识的"对象"问题却不曾给予丝毫关注。按照列谢维奇的观点，全部认识的发展，都完全仅仅受制于认识的结构。因此，根据列谢维奇的观点，观念早就在其身上包含着"最初的和直接的认识"[2]，因为接受（"最简单的起码的事实"）而在成为观念的同时，

---

① 列谢维奇对于赫尔巴特一直都十分关注。参阅《批判主义研究试论》，1877，第133 页。

② 《关于科学哲学的书信》，1878，第 127 页。

已经有了思维的开端①。如我们所知，列谢维奇在认识概念体系的建构上的出发点，是纯内在论的物质，而在这里，毫无疑问，康德的认识论对他很有影响。列谢维奇对阿维纳里乌斯的第一部著作非常入迷，这是毫不奇怪的，阿维纳里乌斯在这部著作中已经表述了他关于"纯粹经验"的思想②，还说他情愿承认自己的立场是"经验现象学"体系③。

但是，在否认天真的唯实论的同时，列谢维奇却把唯心主义也否认了，而捍卫"批判唯实论"观点，在他眼里，后者是"认识学说发展的最高阶段，是完结性阶段"④。在另一处地方他又写道⑤："经过批判主义改造并达到完全成熟阶段的实证主义变成了批判唯实论。"

但列谢维奇的批判主义与有关理性的超验功能的学说完全格格不入。在他看来，心理学的发展排除了谈论认识的先验成分的可能性⑥，他要我们确信，"哲学批判主义在当代的代表人物否认了康德的先验主义"⑦。而他本人越来越看重康德的反形而上学倾向，并把经验当作认识的边界："批判主义的基本特征，"他写道，"这样一来，就是反形而上学的，批判主义力求排除肯定哲学的超验和论据"⑧。列谢维奇大谈"先验主义的缺乏根据"，大谈"先验迷途的被排除"⑨，并且要求"不是以认识的先验性为根据而是以认识的科学论证为依据来确定"认识⑩。对于概念的先验性和"科学论证"

---

① 《关于科学哲学的书信》，第 23 页。

② 同上书，第 9 页。

③ 同上书，第 202 页。

④ 《批判主义研究试论》，第 193 页。

⑤ 同上书，第 293 页。

⑥ 《关于科学哲学的书信》，第 179 页。

⑦ 《关于科学哲学的试论》，第 164 页。列谢维奇对于有关康德的文献了解十分有限，这一点从他提出比方说柯亨（同上书，第 160 页注）时，甚至都不屑再读一下就可以看出问题所在。不然的话，他肯定不会断言"当代批判主义否定了先验论"的。

⑧ 《关于科学哲学的书信》，第 6 页。

⑨ 或许是指康德关于"超验幻想"的学说。

⑩ 《批判主义研究试论》，第 175 页。

之间的比较只能引我们发笑，但问题恰恰在于列谢维奇的"批判主义"正好是以排除形而上学为限的（"当先验思辨被公认是无足轻重（！）的以后，"他写道①，"哲学成为以批判为主要职能的了"）。因此列谢维奇持续不断地推出并以之与康德对立的认识论，"是建基于心理学所取得的成果之上的，"他这样认为，"心理学是认识论的出发点"②。

"实证主义不与形而上学对立就没有意义。"列谢维奇不厌其烦地无休止地说道③。他甚至害怕现实主义因果律观，因为它可能会把因果律当作"一种神秘主义的本质"。列谢维奇用"因果与行为的相互依存性"来取代"因果律的神秘—形而上学属性"学说④（这与后来他用"功能依存性"概念来取代经验批判主义中的因果律概念是相符的）。列谢维奇如此害怕形而上学对于"规律"概念的阐释："任何永恒的、不变地、统治世界的规律都是不可能有的，而在科学批判主义哲学中，让其摆脱日常思维中的所有特征（！）这从形而上学的意义上说应该是完全彻底的和最终的"⑤。

从所有这一切我们可以得出关于"认识的相对性的"结论，以及关于"科学哲学只是有条件地接受认识的真实性"的结论⑥。这一有关认识的相对性的命题，有关科学概念演化的命题，对于列谢维奇来说，具有奠基性意义，而且一般说对于所有所谓"科学哲学"来说也同样如此。我们在此所碰到的，是一种非常深刻的反对任何对于"无条件的"和"其真实性毋庸置疑的认识"的觊觎之心的偏见，而看起来对于实证主义来说唯一绝对的意义只有"事实"具有。但列谢维奇甚至在对待"事实"的问题上也害怕"绝对"的幽灵。

---

① 《批判主义研究试论》，第 99 页。
② 同上书，第 124 页。
③ 特别参阅《批判主义研究试论》，第 151 页和第 145—149 页。
④ 《关于科学哲学的书信》第 32 页。
⑤ 《批判主义研究试论》，第 172 页。
⑥ 《关于科学哲学的书信》，第 86 页。

"事实的价值，"他写道，"是某种完全相对的东西①，而如果我想防止形而上学对于事实的轻视的话，那么，我就更要防止拘泥于字面的对于无意义地堆积事实……而不做任何概括的偏好"。列谢维奇果真摆脱了"崇拜事实"并且仅只赋予"正确形成概念"以重大意义②。正是在这个问题上科学与哲学的关系问题开始在列谢维奇学说中鲜明地显现出来了。

　　"哲学，"列谢维奇写道③，"是直接和直接继续发展和完成科学认识的结果"。从历史上说这种观点无论如何也不可能被论证，但它却不是列谢维奇从其历史观点中推导出来的，而是另有其根源。"在科学还在研究具体分类现象时，它就止于是具体科学，但如果科学不是以此类现象的联动机组，而是以整体的现象为其对象的话，科学便开始带有哲学的性质了"④。因此"与世界现象的具体类别相应的概念的总和对于有关世界——宇宙学——的具体科学来说是材料，而概念思辨类别的总和……决定着有关世界的抽象科学或哲学在确切意义上的对象"⑤。在另外一处地方我们读到⑥："经验科学是专门科学，而哲学则是各门学科所研究出来的概念联接起来的一般科学，它把这些概念归结为一个高级的一般的概念"。我们还可以读到列谢维奇就科学与哲学相互关系问题所发表的若干论断。例如，他有这样的论点⑦："任何科学根据其内涵，都与哲学没有区别，但研究它（即科学）却既可以本着哲学的方向，也可以本着经验的方向来研究"。哲学方向应当认为就是力求走向知识的终极统一性的方向，而经验则是停留在作为最终真理的个别事实之上的方向。

---

　　① 《关于科学哲学的书信》，第 84 页。
　　② 《批判主义研究试论》，第 120 页。
　　③ 同上书，第 139 页。
　　④ 同上书，第 229 页。
　　⑤ 同上书，第 291 页。
　　⑥ 《关于科学哲学的书信》，第 97 页。
　　⑦ 同上书，第 111 页。

如果分析一下所有这些论断，那么便会很清楚，即有关哲学的对象是"作为整体的世界"的学说，压根儿就不是在有关"知识的终极统一性"命题中被肯定的那种东西。实质上第一个母题对于列谢维奇来说应当认为是偶然出现的——他在确定科学与哲学之间的相互关系问题上，是不会接受任何影响的，相反，第二个母题在很大程度上是如此被列谢维奇所一再重复和注释，以致我们可以认为这正是他所表达的真实思想。"科学哲学实际上也就是科学理念的高度综合，亦即一种科学世界观。"列谢维奇宁愿说："科学—哲学的世界理性思考[1]。实证—哲学体系的重心"，我们从他笔下读到[2]，"在于个别学科采用哲学方法研究出来的基础原理的总和和总结"。有一次列谢维奇竟然还这样说："当代知识状况有充分理由认为各种哲学和科学是相对的，所以根本不会为把这两个领域严格区分出来而白忙乎"[3]。当然，在列谢维奇那里，哲学并非知识的百科全书[4]，它仍然应该成为概念"体系"，但实质上哲学在他那里是被融化在科学世界观里去了。

对于"批判实证主义"的总结就是如此之贫乏……

我们还需要对列谢维奇的"主观主义方法"略微说几句。

4. 在论述"主观主义方法"学说时，列谢维奇并非独特的，而是根据他本人的说法，是跟着拉甫罗夫亦步亦趋的[5]。"主观主义方法"的意义，也就是把评价带进有关现实生活的判断中去，它包含，按照列谢维奇的观点，这样一层意思，即评价并非纯粹的知识，而是"作为行为之理由的知识"[6]。按照列谢维奇的观点，实证主义的不足之处，就在于在有关人类活动的判断中没有给道德评价留足地

---

[1]　《批判主义研究试论》，第191页。

[2]　同上书，第193页。

[3]　发表在《北方信使报》上的文章，1886年第2期（引文出自科鲁勃夫斯基的文章《哲学问题与心理学问题》，1891，5月号，第154页）。

[4]　《批判主义研究试论》，第95页。

[5]　同上书，第242页。

[6]　同上书，第242页。

位①，但这一缺陷，列谢维奇连忙补充说，或许也可以被排除。列谢维奇要求②，在人类活动方面，"有我们人的动机和目的在大施身手"，所以，用得上伦理学评价，因此必须"对我们对于具体事实的主观态度在科学观察中予以论证"。

在这些胆怯拥护把评价充分纳入关于社会存在的判断的语句里，道德判断的绝对必要性其实也在显现，如我们所见，拉甫罗夫（参阅上文第 2 卷，第 8 章）也曾以同样的力度对此做过申诉。列谢维奇并未察觉的是，评价成分根本不是隐藏在"科学观察"中的，而是在我们的灵魂里有其自己的根源，——而在这里，他直接与我们已经在赫尔岑、拉甫罗夫、米哈伊洛夫斯基、卡维林那里见到的"半实证主义"相接近。但列谢维奇又说自己完全同意拉甫罗夫和米哈伊洛夫斯基的观点，随后他却又抛弃了关于主观主义方法的主题，甚至都不屑于提出这样一个问题，即他是如何将自己与这种主观化方法联系在一起的。只是在发表于《俄罗斯思想》杂志 1888—1889 年间的更晚期的文章中，列谢维奇才重新涉及上述题目。"科学哲学，"他说，"拥抱的不仅是思辨，而且还有行为。她的任务是在全部生活领域里推行变化的理念……唤醒对于研究能够促进人类福利问题的兴趣。理论思维却似乎看不到这一基本的（！）和充满生命力的目标，竟然没有能力利用自己更新的力量而重新转向空虚而又毫无结果的观照"③。但从这些尚能看出明显伦理学独立和绝对性质的论断里，列谢维奇却在对其自己关于科学哲学的"基本论断"进行价值重估中并未得出任何结论。

在列谢维奇之后本应稍微讨论一下俄国忠实于大陆学术传统的维鲁勃夫、以及德—罗伯蒂和波列基克体系，但他们在哲学上全都很弱，所以，我们也就没必要去阐述他们的观点了。我们略过去的

---

① 《批判主义研究试论》，第 253 页。
② 同上书，第 255 页。
③ 引文出自科鲁勃夫斯基发表在《北方信使报》上的文章，第 158 页。

还有米·米·费力波夫的很少得到评价的"现实生活哲学",甚至也略过了米·米·特洛伊茨基的创作。特洛伊茨基（曾长期担任莫斯科大学教授）曾经是纯粹经验主义的捍卫者①，是任何形而上学的激烈反对者②，而在这个意义上可以把他归诸于实证主义者③，但特洛伊茨基在哲学上很弱，并且也没有能提供任何稍稍重要一点的著作。

但我们应该稍稍多讨论一下尼·雅·格罗特的哲学创作，的确，在其创作的第二个时期里，他远离了实证主义，但在其哲学工作的开端，他曾是实证主义的捍卫者。

4. 尼古拉·雅科夫列维奇·格罗特（1852—1899）④ 出生于雅·康·格罗特院士家庭。古典文科中学毕业后，考入彼得堡大学，而且早在此时就表现出了非凡的对于哲学和心理学的兴趣，但此时的他全身心地投入实证主义研究中，并对自然科学万分崇拜。在德国做了一年科研工作后，格罗特成为涅仁历史—语言学院哲学教研室的教授。作为一位非常干练和天性十分好动的人，格罗特非常积极地参加了学院的生活，在这些年中，他为学位论文《感觉心理学》的出版做了准备工作。很快他的博士学位论文（《论逻辑学的改革》）也出版了，而实际上，这部著作也是论述心理学的。1883 年，格罗特担任敖德萨哲学教研室主任，在这里，科研和文学活动开始日益吸引了他的全部注意力，并且很快就被邀请担任莫斯科哲学教研室主任职务，他在这最后一个岗位上一直工作到临终。在莫斯科格罗特的科研和组织才能得到充分的展现，他成为了莫斯科心理学

① 其基本著作是论述心理学的。

② 特别参阅米·米·特洛伊茨基：《当代德国心理学》，第1—2卷。

③ 要总体评价米·米·特洛伊茨基的创作，可参阅弗拉基米尔·索洛维约夫论述他的短文章，见《当代德国心理学》第 8 卷，1903，第 414—419 页；还可参阅瓦·尼·伊万诺夫斯基的文章见《哲学问题与心理学问题》，1897，第 47 期。

④ 关于他可参阅《尼·雅·格罗特》一书（多位作者的文集），圣彼得堡，1911。书中援引了详尽的文章和书籍的书目，有关于格罗特本人的，也有关于他的词条，第349—373 页。

会的主席（在俄国是最古老的教授学会），参加了《哲学与心理学问题》（如果不算科兹洛夫的《自己的话》的话，那么，这是俄国第一份哲学杂志）杂志的出版工作。格罗特与他那个时代许多杰出的哲学家有着十分密切的联系（弗拉基米尔·索洛维约夫、洛帕金、谢和叶·特鲁别茨科依伯爵兄弟等），而也是在此期间，他和列·托尔斯泰交往密切，这对格罗特伦理学观点产生了很大影响。应当指出的是，早在敖德萨期间，格罗特的哲学观点就已经在发生转变——他离开了实证主义，成为形而上学的捍卫者（虽然许多第一个时期的特征在他身上保留到了他创作的第二个时期来了）。格罗特一直身体羸弱，在极端疲惫的情况下他的生命突然夭折时，他正处于创作的鼎盛时期。

格罗特活跃而又富于创造性的天性表现在其哲学观点的多变性上，表现在他观点的时常演变中。起初他处于实证主义（即以格·斯宾塞所赋予这一主义的那种形态）的巨大影响之下，部分地处于阿·兰格的影响下，而后来对于乔纳多·布鲁诺的研究终于逐渐排挤掉了斯宾塞的影响，随后格罗特又体验过一次非常深刻的柏拉图理念的影响，部分的还有亚里士多德。他从一个实证主义者成为形而上学者，在最后一个时期中，则力求把实证主义和唯心主义调和起来①。

现在我们探讨一下格罗特的观点。

还在当大学生时，格罗特就对卡维林和谢切诺夫之间的一场论

① 对于格罗特哲学发展最完整最详尽的评述，参见索科洛夫教授发表在献给格罗特的文集中的文章，第99—135页。此外还有同一位索科洛夫发表在《神学信使报》（《哲学漂泊者》），1899，第6—7期，第11—12期的文章。洛帕金以不同于索科洛夫的方式对格罗特哲学的发展做了评述（见献给格罗特的文集第88—98页）。洛帕金还有另外一篇文章发表在他的《哲学评述与演讲》。

格罗特本人早在1886年就对其哲学观点的演变做了极其出色而有价值的描述（《我的哲学的方向和任务》一文，莫斯科，1886；后来重新发表于格罗特文集《哲学及其总的任务》，《莫斯科心理学会》，圣彼得堡，1904）。格罗特的若干篇文章被收集在这部文集中。对其著作的完整书目参见上文所述的《尼·雅·格罗特》（圣彼得堡，1911）一书。

战有着非凡的兴趣。这场争论所围绕的问题是，谁应该以及应该如何研究心理学①。格罗特与卡维林有着长期私人交往，但他的全部同情心却放在谢切诺夫一边。后者研究心理世界的纯粹的生理学方法与格罗特的实证主义倾向十分吻合，而他的第一部巨著《论感觉心理学》正是采取这样一种调门。但格罗特哲学思维的特点却又把他引向建构完整的世界观体系一边，因此他的著作有一个很有特点的副标题：《未来心理学感觉综合和分析的原理》。格罗特在其著作中发展了斯宾塞对于心理的观点，而在他看来，心理渗透了生活的全部过程中。因此对于格罗特来说，感觉不是什么别的，就是"对于我们机体中物质的丧失和集聚之间的和谐或不和谐的主观评价"。格罗特的"心理循环"理论就是从这里面发展而来的：精神过程是从外部印象开始的，然后"转变"为内在的（心理的）活动，引起意志的追求，最后又以外部印象来结束②。与这种物质倾向相应，格罗特认为思维过程是形象的简单联想。的确，除了"机械"联想外，格罗特还描述了"有机"联想，而形象的"整合"和"分化"就是在后者中进行的。而正是在这里成为格罗特其他一些理念的萌芽之处。但摆在我们面前的，仍然是一幅极端简化了的心理生活图景，而如果这就是"未来心理学的基础"的话，那么，整个完整体系又该会是什么样呢？对于格罗特来说，在此期间，哲学绝对是不可以和科学分割开来的，而且实际上，哲学也没有别的任务，除了仅仅是成为科学认识的综合外。我们很容易从格罗特在此期间所从事的逻辑学"改革"中得出一个他此时的哲学理念极端有限的结论。"哲学作为一种特殊的有关世界及其整体的科学，"我们在格罗特论

---

① 关于卡维林参阅本书第 2 篇第 4 章；关于谢切诺夫参阅本书第 4 篇第 1 章。

② 这一公式构成了格罗特："逻辑学改革"的基础。但在有关逻辑学的著作中，作者所谈的实质上同样也还是思维心理学，仅此而已，对此书评者科兹洛夫教授也予以指出过（参阅本书上文第 3 卷，第 7 章）："您和您的著作绕过了逻辑学……"（参阅《尼·雅·格罗特》第 75 页）。

述科兹洛夫的文章里读到①。"不光是不必要的，而且也是不可能的"。甚至在创作的第二个时期，当格罗特已经承认形而上学的可能性时，他还写道②："使得哲学硕果累累的水分，就是科学真理，就是精确知识。"

当然，作为一个真正的实证主义者，格罗特否认意志自由理念，捍卫伦理学中的实用主义，坚决抛弃了形而上学，捍卫哲学从"知识里清除形而上学的痕迹"的任务。在此期间他害怕谈论"灵魂"和"意识"，为的是不致引起形而上学的联想，取代形而上学的，是他引入了"сенсо риум"术语。格罗特相信演变原则无所不包的适用性……格罗特的这种立场，就是实证主义者的立场。但在此期间，他还有一个观点，其中跳动着另外一些思想的脉搏，——而首先是其有关感觉的学说。感觉对他来说在此期间就是主观评价的开端，仅此而已，但恰好正是感觉创造了"概念之诗"的需求，正如格罗特继兰格之后对哲学所下的定义那样。但后来在格罗特那里，关于哲学和科学都有其特殊的 raison detre 的思想开始形成，因为哲学满足了感觉的需求。而这种需求在格罗特那里是真正深刻的和严肃的，并且逐渐从中生长出来了一种独特的感觉哲学，并必然引导他走向对于形而上学现实性的肯定之路。

格罗特本人证实（在其论述"我的哲学的方向和任务"一文中），引导他走向对于形而上学现实性的肯定之路的推动力，来自于乔纳多·布鲁诺："乔纳多·布鲁诺，"他说道，"以其宇宙意识启发了我，没有这种意识，美和善就仅仅只是空洞的声音"。布鲁诺的美学泛神论及其"英雄主义"的道德，从人格方面令格罗特感到亲近和珍贵，而感觉的纯"主观"世界也越来越令他觉得会把我们引入存在之谜里。格罗特长期一直都小心翼翼——他的实证主义的酵母始终都可以令人感觉得到。哲学如今在他看来竟然是"艺术的一

---

① 格罗特：《哲学及其总的任务》，第 10 页。
② 同上书，第 145 页。

个分支"，但哲学他又写道，在主观主义意义上又高于科学，而科学
在客观主义意义上高于哲学。两者可以互补，他补充道。格罗特甚
至尝试发挥关于"感觉方法"的学说（"我曾经长期抵抗感觉方
法"，他在上文所述那篇哲学自传中写道）。稍晚些时候他已经开始
肯定，形而上学的"先验"方法就是"感觉方法"。在他有关感觉
在认识中的意义的著作中他走得更远。"真理和谎言的最后标准，"
他已经在断言。"在于感觉"[1]。格罗特已经开始承认"宇宙意识"
和"世界灵魂"（"在我们身上跳动着同一个世界主体……这就是在
认识自身的同时，认识世界中的自己"）。

可以归诸于此的还有日益响亮的道德母题。埃亨瓦尔德公正地
指出（在其论述格罗特的文章中）[2]，"格罗特全部理论的理性底蕴
建基于对作为一种伦理学序列现象的世界的观点上"。的确，不光只
是泛神论形而上学，而且还有道德意识的内在演变破坏了格罗特狭
隘的实证主义。这一演变在认为道德世界观的现实性上达到了最高
点，而在这里格罗特不仅与其最亲密的朋友——洛帕金、弗拉基米
尔·索洛维约夫、叶·特鲁别茨科依伯爵、而且也与往往在道德意
识的鲜明性和真实性上超过了这些人的那些人，发生了和谐共鸣。
绝对肯定意志自由（以前格罗特曾经激烈否认的）也正是由此而来，
这一点非常令人信服地在格罗特最优秀的专著之一中得到了鲜明的
表现[3]。以前被格罗特从实证主义角度予以阐述的进步的理念（采
用了斯宾塞式的风格），现在对他来说获得了新意，它意味着宇宙生
活和历史的发展要服从于道德目标。

现在格罗特所建构的形而上学核心理念（虽然并未完成），就是
力量的理念。在这个问题上，以前在格罗特那里以最为鲜明的方式

---

① 《哲学及其总的任务》，第 164 页（引自《感觉在人的认识和活动中的意义》一
文）。

② 见《尼·雅·格罗特》（文集），第 157 页。

③ 参阅《论意志自由》文集，第 3 册，载《莫斯科心理学学会著作丛书》。

凸显出来的那种对于存在的"能量的"理解和唯灵论倾向融合在了一起①。在形而上学唯意志论方面格罗特对叔本华亦步亦趋，但对于格罗特来说，只有一点不同，即"世界意志"不是存在的"终极本质"，而是"被植入自然中的"上帝的意志。这里值得予以指出的是格罗特倾向于对于存在的"迫切"（актуалистический）、即被文特（Вундт）所发挥的概念②。另一些在其《论时间》的系列文章中（同样也未完结的）系列理念，则与形而上学的个性问题有关。"人是宇宙本质的载体，"格罗特在《什么是形而上学？》一文中写道，"是世界理性的体现之一，但与此同时，人也是一个个性，是一个独特的和主观—完整的个性"。在人身上有一种超时间的本质，即格罗特在其论述时间的文章中所揭示的。

对于格罗特观点的这样一种粗略的概述（在其创作的第二个时期），虚拟世界是不可能脱离宇宙存在……是否能够从一个新的方面揭示其创作的实证主义时期的特点呢？如果说在其第二个时期中格罗特就一系列问题提出了一些与其在第一个时期所说过的完全相反和对立的公式的话，那这丝毫也不会撕裂在他那里作为主要直觉的根本统一性。在一处地方（在《什么是形而上学？》中），格罗特说"人类的意志从一开始就拥有几种理性本能"，而暂时格罗特把这一理性本能限制在对感觉的主观评价的范围内，但他本来可以停留在实证主义的边界内的，可是，当"理性本能"在全世界、在宇宙生命中向其显现时，那么，他已经再也无法停留在实证主义的边界里（甚至在斯宾塞版的实证主义）里了。

格罗特"科学哲学"探索的命运便系如此。

6. 作为让哲学服从于科学的一场实验的实证主义，在欧洲无论在哪里，也不如在 par excellence 的哲学家们那里，获得的成功大，而

---

① 帕·帕·索科洛夫（《格罗特文集》，第111页）正确地指出格罗特形而上学体系的建构是"一首未唱完的歌"。

② 索科洛夫在同一篇文章中（同上，第128页）公正地指出了这一点。

且，在俄国，它也未能把一个稍稍重要一些的哲学家吸引到自己身上来。但是实证主义却非常适合于从事各种专业的学者们，并且成为他们的一种哲学 credo（信念）。这一现象即使在欧洲也得到了广泛的普及，而在俄国表现得异常鲜明，尤其是在从事自然科学实验的人们中间。的确，我国曾经有过一些克服了狭隘的实证主义的学者，——而在他们中间，占据首位的应当是尼·伊·皮罗戈夫，对其哲学体系，我们已经有所了解了（参阅上文第 2 卷，第 10 章）。但相当大一部分俄国学者都倾向于哲学概括，倾向于以哲学的方式思考科学的成就，但毕竟也还是以这样那样的方式与实证主义有关联，与实证主义的基本倾向有关联。但是，在这个问题上我们应当区分两类学者。一类（尤其是在从事自然科学实验的那些人中）不仅全身心地接受了实证主义的原理和基础，而且还以某种让步的方式接近于唯物主义（却未清醒地意识到唯物主义也是一种形而上学学说）。这种"科学哲学"流派早在 19 世纪末就与所谓的"历史唯物主义"实现了相会。后来（已经是在革命之后了），如我们所见，历史的（或是辩证的）唯物主义成为了苏维埃制度下的必然世界观，这种唯物主义被俄国马克思主义栽种在了我国。我们将在本书第 4 卷里探讨所有这类体系，因为所有这类理念的繁荣期都辩证地与俄国历史中制造了 1917 年革命的那次变革相关联。现在我们开始探讨摆脱了粗陋的唯物主义的"科学世界观"的探索者们的探索，此类探索在经典实证主义方面显得足够强大而独立。但我们在此却同样无法深入细节探讨俄国科学哲学创作给我们在这方面提供的全部成果。这个题目非常之大非常之广，要求用一本专著来加以探讨，而我们却只能对其中最有趣最重大的体系做个讨论。需要指出的只有一点，即为我们提供了许多颇有价值的科学哲学专著的，不是只有在俄国从事自然科学实验的那些人，而且也包括历史学家、语文学家、律师和数学家。

我们将要谈到的这个人，是"科学世界观"探索的最鲜明的代表人物——瓦·伊·维尔纳茨基。

弗拉基米尔·伊万诺维奇·维尔纳茨基（1863—1937）是政治经济学教授伊·瓦·维尔纳茨基的儿子。从彼得堡大学毕业后，瓦·伊·维尔纳茨基很快就当上了副教授，随后又当上了莫斯科大学教授。晚年作为科学院院士，居住在彼得堡。维尔纳茨基的科研工作（在地质学、矿物学、晶体学以及在他自己所创建的地球化学学科领域里）可以说是成就辉煌，而且很早就在其所从事的专业领域里暂露头角。但维尔纳茨基一生都对科学史兴味颇浓，而这也成为促使其科学哲学理念成长的一个很重要的因素。与此同时，维尔纳茨基又对哲学非常感兴趣，1904 年，他在莫斯科心理学学会所做的报告，给听众留下了不可磨灭的印象①，——《论科学世界观》②。维尔纳茨基的其他哲学专著中尤其值得关注的是他的文章《当代科学中的时间问题》③。

维尔纳茨基有着非常强烈的宇宙感，这是一种自然是个统一体的意识④。在这个问题上他毫不犹豫地摒弃了经典实证主义，他把它描述为一种"并不符合现实生活的模式"⑤。维尔纳茨基认为——无论是根据科学史规范还是本着问题的实质——"科学世界观"都取决于科学以外的精神潮流：他认为我们"必然经常地看到科学从产生于宗教以及哲学领域里的理念或概念中汲取营养"⑥。但与此同时维尔纳茨基又常常强调科学体系的流动性。"我们不能仅仅只讨论，"

① 洛帕金在其关于维尔纳茨基这次报告的文章（《科学世界观与哲学》，《哲学问题与心理学问题》，第 70、71、72 期）中对此做了见证。

② 发表于《哲学问题与心理学问题》，后来又以加了丰富注释的形式重新出版于《瓦·伊·维尔纳茨基文集》，《概述与演讲》，第 2 卷，布拉格，1922；其次还发表在《自然科学哲学文集》，莫斯科，1906。

③ 发表于《科学院通报》1932 年，第 4 期。

④ 维尔纳茨基总是把"自然"一词用大写来标识（《论科学世界观》·《概述与演讲》，第 2 册，第 6 页）。

⑤ 同上书，第 23 页。

⑥ 同上书，第 23 页。在论述时间的文章中，维尔纳茨基数次指出一个时代的精神潮流对于科学认识的成长的重大意义，这观点当即引起官方"苏联哲学"代表人物德波林的批驳。参阅《科学院通报》，1932 年，第 4 期，第 543—571 页。

他写道①，"科学世界观：历史进程包含在其不断的变动之中"。这个具有原则性的修正并不妨碍维尔纳茨基承认在理念发展过程中有一种"不变的东西"，属于此类的首先是"世界现实性的公理"，用维尔纳茨基的说法，就是"对世界为我们所表现出来的现实性的意识"②。"经验概念不但不断地被作为话语遭到逻辑分析，而且也遭到经验和观察的实在分析，后一种分析将其仅仅作为现实性的肉体"③。但在科学认识中，只有其一个部分可以有权觊觎无可争议性（对于此时此刻而言），另一个部分在此时此刻却并不具有哪怕是相对的无可争议性。由此导致维尔纳茨基的一个非常强烈的意识，即"科学世界观不是有关全世界的科学——真实的观念——我们不具有这种观念"④。"经验概括"，他在另一处地方写道⑤，"只能部分地含纳那种曾经被称作而现在有时也被称作"自然规律"的那种东西。对于科学方法之威力的信仰和对于知识日益增长的可能性的信仰并不妨碍维尔纳茨基，如我们所见，认识到科学求知途径的有限性。"科学世界观中只有某些依旧还不十分大的部分，"他写道⑥，"不可辩驳地被证实了或是完全与现实……相符"。"这样一来，'科学世界观，'"维尔纳茨基得出结论道⑦，"并不是真理的同义词，与此相仿，他也不是宗教或哲学体系中的真理"。

除了"现实性的公理"外，按照维尔纳茨基的观点⑧，在理念经常的演变过程中，探索的方法是不变的——这也就是对待周围事物的科学态度。这是一种批判主义原则，但不是在专业意义上，即不是在康德以来的哲学界所赋予这个概念的那种意义上，而是用在

---

① 《论科学世界观》，《概述与演讲》，第 2 册，第 34 页。
② 《论时间问题》，《科学院通报》，第 517 页。
③ 同上书，第 518 页。
④ 《概述与演讲》，第 2 册，第 34 页。
⑤ 《论时间问题》，《科学院通报》，第 518 页。
⑥ 《概述与演讲》，第 2 册，第 10 页。
⑦ 同上书，第 13 页。
⑧ 同上书，第 35 页。

更一般更模糊的意义上。维尔纳茨基甚至赋予"对待世界的科学态度"以一个出乎意料之外的术语——"科学信仰"①，同时他又认为"科学信仰"在文化发展中起着十分重大的作用。从其上下文中可以理解，这里说的其实不是指"科学信仰"，而是指"对于科学的信仰"，对于科学威力的信仰。但是，正如我们所见，维尔纳茨基一般说来认为科学以外的体系对于科学有着无可争议的影响。"科学活动，"他写道②，"不仅通过逻辑思维方式……来扩展和普及……科学世界观最重要方面的来源，"维尔纳茨基在此立即写道，"是在科学思维之外产生的"。

在维尔纳茨基的全部蕴藏着对于科学的信仰并且渗透着"科学世界观"真正激情的体系里，我们看到一种非常小心谨慎、甚至有些谨小慎微地对待处于科学之外的领域的态度，——即哲学与宗教。维尔纳茨基体系无可辩驳的价值就在于此，正如洛帕金在其论述维尔纳茨基理念的文章中所指出的那样。

7. "科学世界观"的另外一些颇有意义并十分独特的拥护者是著名的生物学家和病理学家伊·伊·梅奇尼科夫。他的名字与一系列理论医学领域里最重大的体系相关联（噬细胞理论，免疫学等等），但其在生理学、胚胎学和相邻学科里的杰出著作的意义，也丝毫不亚于此。梅奇尼科夫是一个有着世界声誉的学者，是一个 19 和 20 世纪典型的和鲜明的对于科学知识充满信仰的代表人物。但与此同时梅奇尼科夫终其一生都在思考伦理学问题，作为对于这种思考的总结，他写作了著名的《论人的本性》和《论乐观主义》③。

伊利亚·伊里奇·梅奇尼科夫（1845—1916），出生于一个地主家庭，很早（在上中学时）就已投身于自然科学研究④，从哈尔科

---

① 《概述与演讲》，第 55 页（《18 世纪俄国自然科学史概论》）。
② 同上书，第 18 页。
③ 应当归属于这里的还有他的论文集《探索理性世界观的 40 年》，莫斯科，1925。
④ 参阅其夫人奥·尼·梅奇尼科娃具有极高价值的《伊·伊·梅奇尼科夫生平》，莫斯科，1926，以及发表在《伊·伊·梅奇尼科夫——回忆篇章》中的回忆片断，莫斯科，1946。

夫大学毕业（1864）后，梅奇尼科夫出国进修，和谢切诺夫、阿·奥·科瓦列夫斯基在一起工作。1867 年成为敖德萨大学副教授，继而担任彼得堡大学副教授、敖德萨大学教授。前妻的去世以及悲观主义思想情绪，再加上眼疾——所有这一切如此折磨着梅奇尼科夫，以致使他做出了自杀的决定。但无论是用吗啡来止疼，还是故意想要让自己染上肺炎[1]，都未能摧毁其生理的能量。很快就在梅奇尼科夫灵魂里发生了一次道德转折，但他却始终未能一下子就把悲观主义思想情绪的统治从自己身上抛弃掉。疾病时不时的发作（心脏病性质的），第二个妻子的重病——所有这一切再次导致他做出自杀的决定（梅奇尼科夫使自己染上了回归热）。而这一次（1881 年）[2] 他身上蕴藏的生命力获得了胜利，并使他一劳永逸地发生了一次向着乐观主义一方的彻底转折。从 1888 年起，他开始在彼得格勒学院工作直至临终。梅奇尼科夫的晚年被 1914 年爆发的世界大战给毁坏了，他无论如何也不能与这场战争妥协，认为战争是"无意义的"，对于他的"卫生学"和"理性世界观"来说，这场战争是一次严重的打击。

在对这位杰出人物的生平进行的简短描述中，吸引我们关注的，是常常诉诸于价值判断的他的精神定向问题。在这方面最值得注意的，是梅奇尼科夫的科学研究中核心主题之一，就是关于人身上的不和谐问题。就此题目他写了《论人的本性》这部著作（第二部著作《论乐观主义》是对第一部的补充）。承认人的本性中有不和谐存在这使他背离了达尔文主义的路线（总的说来他热烈捍卫这种学说）。梅奇尼科夫嘲笑那种号召人们"按照本性"生活的道德，因为在本性中没有任何东西是常在的[3]。在承认"人……是一种不正常的、病态的、应予进行医学养护的生物"的同时，梅奇尼科夫实

---

① 奥·尼·梅奇尼科夫：《伊·伊·梅奇尼科夫生平》，莫斯科，1946。
② 同上书，第 85 页。
③ 《探索理性世界观的 40 年》，第 206 页。

质上已经非常接近于基督教关于"天性受到戕害"的学说了。但作为一个对于科学的威力充满了信仰的人，梅奇尼科夫深刻地相信，"人在科学的帮助下有能力改正自己本性中的不完善"①。梅奇尼科夫世界观中的一个核心概念——"卫生学"即对生命的科学调节——即由此而来。在得出这样一种死亡由于生命的漫长而成为人们的一种想望的信念的同时（但梅奇尼科夫从来就不承认人的灵魂在死亡之后仍然能够延续其生命的真实性），梅奇尼科夫得出结论，即人的理想在于要"活到长久的、活跃而又干练的、精神饱满的老年，并在人生的最后一个时期，走向充满生命力的感情的发展，走向所愿的死亡"。"最大的幸福，"梅奇尼科夫接着写道②。"在生命感受的正常演变过程中，走向平静的老年，最后，走向生命的充盈感"。

在梅奇尼科夫那里经过长期的伦理学领域里的探索而得出的"卫生学"，是不是仅仅只是与梅奇尼科夫为之斗争了一生的那种"科学世界观""相符"而已，还是这种学说受制于从逻辑上予以排除了的世界观中的那个部分？梅奇尼科夫常常提出的那一"严格的实证主义"，是不是能够给"道德提供科学的论证"③，抑或道德问题不能被纳入"理想世界观"里去？

为了回答这个问题，让我们先来粗略描述一下梅奇尼科夫的科学—哲学理念，而首先得指出一点，即他具有明确的反形而上学立场。在这个问题上非常值得一提的是梅奇尼科夫与柏格森的唯灵论和詹姆斯形而上学的斗争④。对于梅奇尼科夫来说，只有科学方法可以把我们带到对于存在的认识中来⑤。在"本性"的自然而然的发

---

① 引自《世界观与医学》，见《探索理性世界观的40年》文集。

② 《论乐观主义》，莫斯科，1919，第273、278页。

③ "应当把道德建立在科学的材料之上"，——我们从《论乐观主义》里读到，第269页。

④ 《探索理性世界观的40年》，第6页。

⑤ 同上书，第190页。

展过程中"所产生"的理想本身，是生命的功能，但对于梅奇尼科夫来说，理性仍然不能也不应积极地使本性服从自身。"我不知道"，他写道①，"本性有没有什么理想，以及人在世界上的出现究竟是否符合这种理想"。"我搞不懂，"紧接着梅奇尼科夫又以极度绝对的口气补充道，"什么是自然的'目的'，什么是自然的'母题'，我从来都不曾站在形而上学的观点上看这些问题"。但在所有理性的能动性都被调动起来用于改变自然（"卫生学"）的情况下，要知道即使在存在自身中也是缺乏根据的呀！梅奇尼科夫认识到这一点："我很少相信自然会有某种想要把我们的灾难变成福利把不和谐变成和谐的先验意图，而如果这个理想从来都未曾达到过的话，那也丝毫无足为奇"②。对于梅奇尼科夫来说，在自然之外没有任何事物——而在这个问题上，他和比方说我们已经熟知的其他伟大的俄国学者——皮罗戈夫——的分歧是如此之大。梅奇尼科夫是一个纯粹的实证主义者，因此断言："我们无法达到未知及其计划和意图。让我们把'自然'放在一边（！）而只研究我们的理性所能知会的东西吧"③。这个立场接近于赫尔岑的悲剧观点④。实质上，梅奇尼科夫的"乐观主义"是悬在空中的。在号召建立卫生学时要把"自然"放在一边的同时，我们请问，不光是梅奇尼科夫的自己的卫生学，而且就连他的总的道德定向，又当以什么为根据呢？梅奇尼科夫本人在一处地方承认，他把道德行为的根据建立在利己主义上⑤，但在其他地方他又非常尖锐地批判道德的实用主义根据⑥。梅奇尼科夫号召人进行积极的自我调节："和人改变生物和植物的本性一样，人也

---

① 《论乐观主义》，第283页。

② 同上书，第283页。

③ 同上书，第284页。

④ 虽然梅奇尼科夫在年轻时代和赫尔岑见过面，但未见得可以说赫尔岑对梅奇尼科夫有什么影响。

⑤ 《论乐观主义》，第281页。

⑥ 参阅科学与道道卷中的全部第一章，见《论乐观主义》，第259页。

应该改变自己本身的本性，以便让其变得和谐"。可是，为什么人就"应该"呢？当梅奇尼科夫继续大谈未来特殊的宗教时①，那么，这里所谈的，不也仍然是"对于科学的信仰"吗？未来的科学正如自己本身便已表明那样，只会更加尖锐而又明确地表明问津"不可知"的不可能性……

一位在俄国学者中间追索唯物主义（哲学的）最微细的轨迹的历史学家②，有一个很不成熟的概括，把梅奇尼科夫的观点归咎为唯物主义。但活力论和把心理与神经系统联系起来，根本就算不上唯物主义……总的说来，梅奇尼科夫的世界观是与试图限制科学所能提供的成果联系在一起的，这种成果染有伦理学的色彩，并且与"理想"（与"自然"格格不入的）概念紧密相关，而这种世界观的这种值得注意的特点，应当认为仅仅只是一个处于"卫生学"理念之后的悲剧性的断裂。1914—1918 年间的战争是如何悲剧性地推翻了梅奇尼科夫的全部的"乐观主义"的，是如何悲剧性地打碎了他对于人们的"理智"的希望的呀！他在《论乐观主义》一书中最后说的一句话是多么的恳切呀，他写道："应当指望人能改变人的本性并使不和谐变成和谐，"这里一直在鼓舞着梅奇尼科夫的那一真实的、创造性的唯心主义，变得多么清晰了呀，因此不可能不给予其以应有的理解，更何况它是建立在科学理解存在的基础之上的呢！

8. 我们略过了（采用"科学世界观的"精神）伊·帕·巴甫洛夫院士所做的概论，因为这些概论不会给"科学哲学"增添丝毫光荣。在俄国学者那里我们一般说常常会碰到以哲学的方式表达科学的专业探索所能提供给他们的知识的企图。但几乎所有这些体系都受到在"实证主义"中得到其表现的时代倾向的局限性。由于个别

---

① "如果像人们常说的那样生活不能没有信仰是正确的话，那么，最后的信仰不可能是别的，就只能是对于知识之力量的信仰"。——他写道（《论人的本性》）。

② 亚·亚·马克西莫夫：《俄国自然科学中为唯物主义而斗争的历史概述》，莫斯科，1947，第341—350 页。

杰出的学者依然追求以其自身的专业科研工作为依据发挥其完整的"世界观"的缘故，我们便会与相当多各种各样的、不容我们进行系统化整理的个别归纳和概括相会。

　　一系列历史学家倾向于一般哲学观念的建构，但只有列·帕·卡尔萨文（参阅第4卷）可以也应该被称之为哲学家。甚至就连具有很高天赋的、在《历史方法论》里表现了无可争议的哲学才华的拉波—达尼列夫斯基，也终究未能发展出任何完整的世界观，而那些规模更小一些的学者们就更不待说了。波捷勃尼亚的学生德·尼·奥夫相尼科—库里科夫斯基力图从波捷勃尼亚的一些天才的体系中（在语言学领域里）勾勒出从中引导出来的世界观轮廓，但其结果在哲学上非常贫乏。具有很高天赋的法学理论家彼特拉日茨基曾非常接近于一个明确的哲学观念，但竟然也未能进一步发展出世界观。所有这些俄国大学者们力求挣脱走上哲学之"正道"的"坡道"，仍然仅仅只有为数不多几个人最终走向了体系的建构，从哲学观点看，都或多或少有其价值或意义。但是，他们当然对于整个俄国在19世纪下半叶所形成的当时的文化时代而言是极其富于特点的，而且更多地与俄国文化史有关，而非与俄国哲学有关。因此，我们应当把所有这类的专著和 论文放在一边不予讨论为是①。

---

　　① 我们不能不指望某人将来会在一部专著中，对我们往往未能在俄国学者那里碰到的有关哲学题目的所有的一切，甚至包括一些偶然出现但颇有价值的著作，做一个总体性的概述。

第四篇

晚期俄国生活的总的特点

第一章
  唯物主义、新马克思主义
  普列汉诺夫、博格丹诺夫、列宁
  苏联哲学

    1. 俄国进入20世纪以来走入了一个充满沉重考验灾难重重的时期，甚至至今都未彻底从中走出来。外部震荡彻底改变了俄国的整个国家和社会经济体制，既涉及到全体人民的全部私人生活，同时也在俄国精神文化生活中有所反映。当代俄国的确处于一种专制的"意识形态统治"体制下，它一直到最微末的细节都决定着人民外在行为和全部世界观……所有这一切使我们有理由问一句其发展日益丰富和全面的俄国文化，其中包括哲学文化，究竟是否在19世纪末和20世纪初有过一次中断？但在历史中也和在自然中一样，即便真有所谓飞跃和断裂的话，那么飞跃和断裂也绝对不会取消过去，而且飞跃越激烈越强大，则生活后来向过去的回归便会更加鲜明地表现出来，从而恢复历史洪流的完整性。当托克维尔（在《古代社会》一书中）以对法兰西革命及其历史成果的研究为基础确立这一命题时，他说的完全对。而对于尚未走出革命阶段的俄国来说，这一命题当然或许暂时尚未得到确证，但在俄国，要知道在不自由的、被挤压到一个狭小空间中去的俄国生活之外，还存在大量的俄国侨民现象，目前侨民的人数已经达到数百万之众，而且，侨民还拥有在自由条件下发挥其创造力的可能。而俄国侨民在文化创造的各个领域里所曾提供和正在提供的成就表明，俄国的精神道路由于它是自由地在不受官方干预的情况下形成起来的，所以，至今仍和先前一样是自由的。在这个意义上，在俄国演变为"积极的不敬神论"，演变为官方组织的反宗教宣传活动的俄国特有的世俗化运动的猛烈爆发，和整个新马克思主义战斗的无神论一起，毫无疑问，是一种意识形态统治的产物，是一种外来现象。这一现象在往昔的俄国过去和现在都不曾有过任何根基，因此，在俄国本土，虽然人们曾经强制性地灌输无神论思想，但宗教活动目前仍然在民间以不可遏止的力量发展起来，因而苏维埃政府不得不对这些活动做了让步，从这一角度看，这一事实也就可以理解了。而这也就是为什么在自由侨民中，在侨民高度紧张的哲学创作中，我们竟然找不到一个辩证唯物主义的代表，竟然找不到一个咄咄逼人的无神论的捍卫者的原因！当苏维埃政权在1922年把大批俄国宗教和哲学思想界杰出的代表人物（如谢·布尔加科夫、尼·亚·别尔嘉耶夫、鲍·帕·维舍斯拉夫采夫、伊·亚·伊利因、尼·尼·阿列克谢耶夫、谢·列·弗兰克、列·帕·卡尔萨文、尼·奥·洛斯基）驱逐出俄国后，他们那在俄国一度陷入沉寂中的哲学创造，恰好是在侨居地达到繁荣地步，结出了丰硕的果实，捧出了一系列杰出的哲学著作。而那些留在俄国的哲学家们（如死于饥馑的洛帕金、被流放到西伯利亚的弗洛连斯基，被放逐的施佩特、被迫沉默的洛谢夫）相继退出舞台，而为了发展这一学说特意在科学院设立了专门研究所（和隶属于中央政府的马克思—恩格斯—列宁学院平行）的"苏联哲学"体系，实际上是在政府严密的指导和警觉地监视下组建起来的……俄国今日的生活与1917年革命前的俄国生活，发生了显而易见的断裂，而在侨民中毫无疑问有着显著发展的自由的创造活动尤其是这样，因此，俄罗斯的道路就其发展的主干道而言，也主要与1917年以前的俄国精神生活，有着十分密切的联系。

2. 在1917年革命以前的岁月里，曾经有过许多现象，成为了行

将到来的变革的征象性事件。但在此处我所指出的，既非是指
1904—1905 年间不成功的俄日战争以后所发生的政治事件，也非指
1905——1906 年间名符其实的暴风雨般席卷全俄的日益激烈的政治
动乱和土地骚乱，更非指在俄国边疆地区新近掀起的社会运动，但
所有此类的外在事实自身就已表明革命的来临和旧制度的分崩离析，
但对我们而言，最值得加以关注的，仅仅只是那些我们可以从中分
辨出俄国精神生活之新现象的，标志着一场暴风雨行将到来的征象
性事件。

这里首先应当予以指出的，一方面是革命思想（从 20 世纪初开
始）的日益增强，它们表现在此时此刻出现于舞台上的两大思潮
（即革命民粹派和社会民主派）中。这些革命思潮都与特定的意识形
态前提相关，而且这两种思潮之间的斗争也恰好是在整个一系列哲
学和思想体系中表现出来的。例如，革命民粹派日益背离实证主
义①，嗣后，甚至倾向于以宗教方式深化其思想前提。② 而与之对立
的社会民主派（马克思主义），则忠实于马克思和恩格斯的传统，不
仅加强了其历史唯物主义，而且也加强了其哲学唯物主义倾向。普
列汉诺夫、列宁、博格丹诺夫在伦敦代表大会（1903）年以后，其
著述活动有了明显增多，但也是在此次代表大会以后，社会民主党
分裂为两大派别——"孟什维克"（纯马克思主义）和"布尔什维
克"（新马克思主义）。

另一方面，在俄国革命派别有了显著增长的同时，另外一种与
日俱增的宗教哲学运动也开始有了发展。在这一领域里，弗拉·索
洛维约夫和瓦·瓦·罗赞诺夫的创作和学说，毫无疑问拥有巨大影

---

① 而只有瓦·米·切尔诺夫是个例外，他竭力把革命民粹派奠基人的学说与阿维纳
留斯和马赫的实证主义理论联系起来。切尔诺夫著作中值得一提的，有《哲学社会学论
稿》（莫斯科，1907）和《构成主义社会学》（布拉格，1925）对切尔诺夫思想的分析，
可参见《Massaryk 全集》第 2 卷，第 349—353 页。

② 这一点在革命派的那些"模仿者们"——如冯达明斯基—布纳科夫，部分的还有
瓦·瓦·鲁德涅夫——看得更加明显。

响。例如，1901 年在彼得堡，在德·谢·梅列日柯夫斯基为首的一群作家的倡议下，启动了以宗教—哲学问题为题的定期讨论会，这些讨论会的纪要大都发表在《新路》杂志上，后者成为俄国思想家的新精神变革的最初征候。在此之后，很快在莫斯科和基辅也建立了宗教—哲学学会，开展了紧张激烈的研究工作，并且吸引了大量富于同情心的公众的关注。1902 年，出版了一部以《唯心主义问题》为题的论文集（参加者有谢·布尔加科夫、叶·特鲁别茨科依、斯特鲁威、别尔嘉耶夫、弗兰克，谢·特鲁别茨科依、诺夫哥罗德采夫、阿斯科尔多夫等人）。而在这部首先是论述道德问题的文集中，实际上已经十分现实地提出了有关"如何把人类业已丧失了的活的上帝还给人类"的核心问题。[1] 1909 年，出版了著名的论文集《路标》，对俄国虚无主义进行了深刻的批判和揭露，同时也批判和揭露了世俗化意识形态在精神上的右翼立场和毫无根据：这本文集（内收别尔嘉耶夫、布尔加科夫、格尔申宗、伊兹格夫、基思嘉科夫斯基、斯特鲁威和弗兰克的文章）在数月之内销售一空：以致刚过了两个月就不得不出了第 2 版。这部充满宗教—哲学思想的文集的成功之处，从俄国知识界对它的反应也可以看出来，这些主张世俗化或坚持革命英雄主义的知识分子的反应，显得异乎寻常的平淡和冷漠[2]。

在本书下一章里，我们将探讨 20 世纪俄国的宗教—哲学观，而在这里，我们将探讨与革命运动有关的那些哲学派别，即与追随马克思主义的俄国学生们有关的那些哲学体系。

3. 那些与新马克思主义哲学的概述有关的书籍——与当代苏维

---

① 摘自谢·布尔加科夫文章：《进步理论的基本问题》，见《唯心主义问题》，第 46 页。

② 参见《知识分子与人民》文集。该文集收录了米留科夫、奥夫相尼科、库里科夫斯基、马克西姆、科瓦列夫斯基等人的论文。此外还有社会革命党出版的切尔诺夫等人的文章和文集《作为时代标志的路标》和接近马克思主义派别出版的文集《现实主义世界观概论》。

埃制度相适应——力求成为辩证唯物主义的代表，在俄国思想史上把唯物主义思想发展到了顶峰。从这样一种阐释角度看，唯物主义差不多已经成为俄国最主要的民族运动，而且还是独立于西方影响之外发展起来的……。在这方面，前不久刚刚出版的亚·亚·马克西莫夫论述《为唯心主义而斗争》的历史的著作，在俄国学术界，显得十分典型，作者在这部著作里，列举并且简要评述了整整一系列俄国学者（从罗蒙诺索夫开始），似乎他们都曾为唯物主义进行过斗争。而实际上作者这是把自然主义①与唯物主义混为一谈，而唯物主义则是一种把全部存在归结为物质及其嬗变的学说。现在，为了检验上述俄国学者天生固有一种唯物主义这一命题，我们简要探讨一下俄国大物理学家之一——伊·米·谢切诺夫——的观点，后者的个别论述毫无疑问使我们有理由将其归入唯物主义行列。而我们都确信甚至就连谢切诺夫，其实也不可以在精确的意义上归结为一个唯物主义者……在我国，应当认为第一位真正的唯物主义者是普列汉诺夫，他曾经顽强而又执着地想要把哲学和历史唯物主义结为一体（车尔尼雪夫斯基除外），而这一结合倾向随后又在列宁和"苏联哲学"的创作中，以"辩证唯物主义"的形式得以继续……难怪马克思在俄国的那些追随者们，后来表现出巨大的哲学创造能力的学生们（如布尔加科夫、弗兰克、别尔嘉耶夫、还有帕·鲍·斯特鲁威），从一开始起就力求把历史唯物主义与康德主义结合起来，总之是想把历史唯物主义从哲学唯物主义下解放出来。上文提及到的那些俄国思想家们的哲学命运，受到脱离哲学唯物主义这一点的制约。

至于俄国学者身上的"唯物主义"问题，如果不怕个别话说得勉强，也不在乎是否能提供有关某些学者的真实画面的话，那么，我们可以就实际上并不存在的问题写出整整一部书来。为了几个特

---

① 作为排除了所有"超自然物"的、与俄国实证主义代表人物的"反形而上学"立场相符的一种学说，参见本书第2篇和第3篇。

殊的例证把俄国学者统统归入唯物主义者，这种做法缺乏根据，我们选择了伊·米·谢切诺夫体系为分析对象，此人的某些表述法和他人相比似乎更接近于唯物主义。

4. 伊万·米哈伊洛维奇·谢切诺夫（1829—1905）[1]，曾就学于工程学校，毕业后担任工兵军官，此后，在一个激进派小组的影响下，他很快就辞了军职，考入莫斯科大学，想当一名医生，但从医学系毕业后，却对物理学产生了浓厚兴趣。一度曾迷恋德国唯心主义思想，后又渐渐脱离唯心主义。他从大学毕业出国后，选择了物理学作为自己的专业。1863年他发表了自己的名著《论青蛙大脑中压迫后脑反应的机制问题》（用俄文、法文和德文出版）。这部首次确定制动中心作用问题的著作，对于谢切诺夫心理学和哲学观点的形成起着决定性作用。同年他还出版了概论性著作《论大脑反应》（此著作最初的标题是《心理现象的生物学起源说试论》，但审查机构却不允许论文用这么一个标题）。这篇论文立即吸引了社会各界的广泛关注并且被认为——按照皮萨列夫当时的表述——具有"新鲜的主义的气息"。谢切诺夫最初发表在一本专业杂志，《医学通报》上的著作，1866年出版了单行本，此书引发了一场风波，书被没收，谢切诺夫本人也被法庭起诉。谢切诺夫于是不得不离开彼得堡的医学院，而转入奥德萨大学。谢切诺夫于1876年开始担任彼得堡大学教授，可是12年后，却又被迫离开彼得堡。一段时间后，他又在莫斯科大学执掌教席。谢切诺夫在生命中的最后四年虽然已退休，但仍然继续科研工作。

谢切诺夫的科学—哲学概论的基本思想，是不能把心理过程与神经过程分而论之。他说："我们不能把一个完整动作的中间环节与

---

① 参见谢切诺夫：《自传体札记》，科学院版，1945，第199—231页。谢切诺夫的哲学著作收集在：《谢切诺夫哲学与心理学著作选集》，1947，第637页。

其自然的开端和终结分割开来"。① 按照谢切诺夫的观点，所谓"中间"环节也就是一般人们所认为的"心理现象"。为什么这么说呢？因为谢切诺夫认为，无论是心理和神经过程"平行"论还是两者作为"截然不同"的本质而相互作用论，都与事实不符。谢切诺夫告诉我们，在人身上永远都可以看到"一个完整的自然过程"②。因此，在把"不掺杂心理因素的纯粹反射"与"带有心理因素的反射"区分开来的同时③，谢切诺夫把心理过程纳入到了反射系统中，他倾向于这样一种思想，即离开反射系统就不会有什么心理现象。④谢切诺夫愿意承认在成年人身上，心理现象对于反射系统的"可纳入性"会由于"一种思维状态向另一种的漫长转化链而消失"。⑤ 而这恰好也与其对于思维的阐释有关。在这个问题上，谢切诺夫遵循的是斯宾诺莎的分析法，及其"心理演化"理念，但我们却毫无必要阐述谢切诺夫有关思维问题的观点体系。⑥

所有这些有关"心理现象与所谓神经过程的相似性"的体系和公式⑦，似乎已经给我们提供了足够的根据，好让我们毫不犹豫地把谢切诺夫归入纯粹唯物主义者的行列。他难道不认为"唯心主义者"有关思维可以引起身体动作的思想是"一个巨大的谎言嘛"⑧。我们可以在谢切诺夫那里发现另一种思想，它们表明，谢切诺夫的基本信念压根不在于对于心理的唯物主义阐释上，而在于对精神过程合理存在性的否认上。他写道⑨："由于精神生活可以成为科学研究的

① 摘自《什么人以及究竟应当如何研究心理学》一文。《哲学心理学著作选》，第239页。

② 出自上文第255页。

③ 引自《论大脑反射》，《哲学与心理学论著选》，第109页。

④ 可特别参阅《什么人以及究竟应该如何研究心理学》，同上书，第258页注2。

⑤ 引自《论思维要素》一文，同上书，第399页。

⑥ 可以参阅《什么人以及究竟应当如何研究心理学》，第428页注2中对其分析所做的总结。还可参阅谢切诺夫有关"超感性思维"的学说。同上书，第515页注2。

⑦ 引自《什么人以及究竟应该如何研究心理学》，同上书，第228页。

⑧ 引自《论大脑反应》一文，同上书，第157页。

⑨ 《什么人以及究竟应该如何研究心理学》，第285页。

对象，所以，它也就是一种尘世现象。"换言之，研究心理不应将其与物质存在分割开来。但谢切诺夫在这个问题上还是足够谨慎的，也就是说，他并没有把这一纯经验论断变成形而上学唯物主义。在一处地方他甚至这样说道："心理现象的本质由于是靠意识性表达的，因此，是几乎无一例外的在所有场合下，都始终是一个不解之谜。"① 谢切诺夫是只从意识材料构建心理学的极端反对派②——这是理解为什么谢切诺夫会对他那个时代的心理学大肆挞伐的原因的一把钥匙。因此，应当承认，将谢切诺夫划归唯物主义者行列是缺乏根据的。谢切诺夫《哲学心理学论著选》前言的作者卡甘诺夫先生也持这种意见，（以谢切诺夫未经刊发的书信为据）。谢切诺夫认为，心理学是"一门完全独立的学科"。③

我们已经简要分析了谢切诺夫的观点并且表明我们根本不能将他归入精确意义上的唯物主义者行列。谢切诺夫的立场，是自然主义的立场，而根本不是什么唯物主义。准确意义上的唯物主义观念——我们不是在俄国从事自然科学实验的学者们身上发现的，而恰好是在俄国的马克思主义者身上，尤其是在新马克思主义者身上发现的。无论是辩证的还是历史的"唯物主义"，"唯物主义"自身与形而上学唯物主义不是一回事，后来，才首先在普列汉诺夫那里，继而又在苏联哲学中，我们的确发现有一种对形而上学唯物主义狂热的追求……

现在我们来探讨普列汉诺夫的哲学观点。

5. 格奥尔基·瓦连京诺维奇·普列汉诺夫（1857—1918）起先就学于彼得堡矿业学院，但很早就开始对民意党人的理念产生兴趣，并开始在工人中做工作，从而迫使他早在 1876 年就转入非法的地下状态。他在参加"土地与自由社"革命党之前，就发表言论，反对

---

① 《什么人以及究竟应该如何研究心理学》，第 243 页。
② 同上书，第 243 页。
③ 《哲学心理学论著选》，前言，第 35 页。

恐怖主义。后来当该党内部因这一问题而发生分裂时，普列汉诺夫退出了该党派：前者即未来的社会民主党的前身。1880 年普列汉诺夫出国，在国外期间，进行了大量的文学和政治活动，并在俄国以各种笔名出版书籍发表文章。1885 年出版了他的第一部巨著《论一元论历史观的发展问题》（以"别利托夫"的名义），他在此书中对米哈伊洛夫斯基[①]及其学派的历史体系进行了批判。普列汉诺夫的著作和帕·鲍·斯特鲁威的著作（《批评札记》）一起，为马克思主义在俄国社会日益增长的影响力开了先河。一系列杰出的俄国思想家和学者（布尔加科夫、别尔嘉耶夫、弗兰克、图甘—巴拉诺夫斯基等人）开始接近马克思主义，这给予社会民主党的发展以极大的推动。而普列汉诺夫则似乎是这个政党在国外组织的核心，他出版了一系列杂志。当分裂发生时（1903 年在伦敦召开的党的代表大会上），开始出现了所谓的"孟什维克"和"布尔什维克"（列宁是后者的领导人），普列汉诺夫起先隶属于"布尔什维克"，但很快就又脱离了"孟什维克"，而采取一种既非前者也非后者的特殊立场。

普列汉诺夫一直进行着紧张而又繁重的文学和科研工作。他写有论述车尔尼雪夫斯基、别林斯基的非常厚重而又扎实的著作，写了论述俄国社会思想史的三卷本巨著，还写有上文提到过的《论一元论历史观的发展问题》、《唯物主义概论》及其他著作。由其学生和追随者梁赞诺夫主编的《普列汉诺夫全集》出版于莫斯科[②]。

在研究普列汉诺夫观点时，首先吸引我们注意力的，恰好是他

---

① 参见本书第 1 篇第 9 章。

② 有关普列汉诺夫的文献可以指出的有 Jakovenko 上书，第 356—360 页。Massaryk 上书第 2 卷第 309 页注 2。瓦·约法的文章，载《思想》，1922 年第 2 期，圣彼得堡。还可参阅列宁全集第 13 卷：《唯物主义与经验批判主义》，第 124 页。

力求把哲学与历史唯物主义结合起来的这种执着追求。他写道①：
"唯物主义复活了，它充实了唯心主义所取得的一切成果——而其中
最重要的，就是辩证法。"应当指出的是，普列汉诺夫的确熟知法国
唯物主义，他的著作《唯物主义史概论》就证明了这一点。普列汉
诺夫不止一次指出霍尔巴赫和爱尔维修的体系的错误，但对其最重
要的哲学唯物主义却无条件地附和。他在第一部书②中指出："法兰
西形而上学唯物主义是无力解决发展问题的"，亦即无力解决历史存
在问题。普列汉诺夫认为法兰西唯物主义的另外一个重大缺陷是
"宿命的"，即缺乏有关自由的学说③。法兰西唯物主义者力求从人
的本性出发来解释历史，也就是说根本不顾及社会环境和生产关系：
在这个问题上，根据普列汉诺夫的想法，他们的立场可以由马克思
主义学说来加以补充。

马克思"不是意识决定存在，而是存在决定意识"的命题——
对于普列汉诺夫来说，既是历史学也是人类学的出发点。他并不否
认纯理念辩证法④在一定程度上的独立性，甚至愿意承认"对于自
然科学领域里规律的发现并不取决于社会关系"。普列汉诺夫承认人
身上自由的现实性，但只限于马克思对自由的阐释，下文我们还会
谈到这个问题。现在我们要指出的是，普列汉诺夫的人类学也就是
马克思的人类学。人的内心世界的形成受到经济关系的制约——而
这也就是普列汉诺夫全部体系的基础，也是他对法兰西唯物主义学
说的重大更正，但普列汉诺夫却并未堕入另外一种粗俗观点中去，
即认为人的心理"取决于"经济关系。他指出⑤："在意识形态领域
里，许多现象只能以间接的方式通过经济发展的影响力来加以解

① 列利托夫—普列汉诺夫：《论一元论历史观的发展问题》，圣彼得堡，1895，第
117 页。
② 同上书，第 179 页。
③ 同上书，第 232 页。
④ 同上书，第 196 页。
⑤ 《唯物主义史概论》，1923，第 192 页。

释"。我们试看一下他竟然会走到多远地步："文明社会制度是如此之复杂，以至于我们无法在严格的意义上讨论与特定的社会体制相互适应的精神和道德状态问题"①。但他仍然还是重申了马克思的这样一句话，即"理念不是什么别的，就只是在人的头脑里被翻译和改造过的物质的东西"②。马克思关于"上层建筑"（是对费尔巴哈关于宗教之本质的理念的概括化表述）的学说，被普列汉诺夫继承了下来。因此，他愿意教导人们如何在生产关系的影响下改造人的天性。他写道③："人在通过自己的劳动作用外在于自己的自然的同时，也对自己自身的天性实施着改造。"

在诸如此类的改造中，最奇特的一种，是把服从于一种复杂的规律网络的人，变成一种自由的生物，自由的创造者。普列汉诺夫写道④："人的自然的生产力产生了一种新型的人的局限性——即经济必然性……可是当人一旦认识到这一点时，就有可能实现意识对于必然，理性对于规律自身的新的和终极性的胜利。"我们接着读到："当人让生产关系服从于自己的意志时，必然的王国也就终结了，自由王国的统治也就开始了"。如所周知，普列汉诺夫这完全是在重申马克思的乌托邦，而马克思在此则是在重复斯宾诺莎在其学说中一再重复的老一代知识分子的立场，区别仅仅在于，在斯宾诺莎那里，乌托邦主义仅仅表现为一种调门（在有关人的学说中），而在马克思那里（而普列汉诺夫则是继马克思之后），有关自由王国的学说是整个革命纲领的基础。⑤ 历史的整个辩证发展过程都被这一有关自由王国的乌托邦所照亮（它又根据辩证法的法则而与必然性吻合……）。

普列汉诺夫的伦理学观点也与辩证唯物主义的这些观点有着十

① 《唯物主义史概论》，第187页。
② 同上书，第152页。
③ 同上书，第159页。
④ 《一元论历史观的发展问题》，第230—231页。
⑤ 关于这一点可以参阅诺夫哥罗德采夫：《论社会理想》，第2章，第3—5节。

分密切的关联。作为一个受过多方面教养，对当代文化的所有问题都有浓厚兴趣的人，普列汉诺夫是在为人上十分高尚、道德十分崇高的人。普列汉诺夫虽然在理论观点上捍卫阶级道德论，但在《论战争》这部著作里，却采取了康德的立场（在其有关个性乃目的本身的学说中），为"把工人从资本的奴役下解放出来"而斗争，因为资本把人当做工具，而非目的本身，这种斗争在他那里开始具有纯道德内涵（本着伦理学唯心主义精神）①。普列汉诺夫在对待世界大战的态度问题上的"民族主义"立场，其出乎意料性也丝毫不亚于此——普列汉诺夫在这个问题上表现出一种健康的民族感情。普列汉诺夫基本上持有一种非道德主题这也是决定性因素之一。如果说，普列汉诺夫决绝地声称"在道德观念里没有任何东西是绝对的"②的话，那么，对他本人而言，全人类道德及其绝对原则，却是存在着的。如果说某次他曾态度决绝地声称"19世纪的唯心主义曾经是阶级统治的精神武器之一"③的话，那么，在实践中他本人却如我们上文所说，倾向于以康德的伦理学唯心主义为依据。我甚至认为在普列汉诺夫全部政治和思想演变中，构成其基础的只是道德母题（就此词的真正含义而言）。

普列汉诺夫就宗教问题所发表的言论也同样典型。他否认宗教需求的先天性，并且和康德一样，认为宗教思维是文化发展的"低级"阶段，并坚决地把道德领域与宗教分割开来。他写道："宗教信仰对于工人阶级自我意识的成长是有害的。"④ 在谈及加蓬的演讲时，捍卫良心的自由以一种真挚热情崇高的精神表现出一种与其在党内的许多同志在有关宗教问题上截然不同的立场。

现在，我们还得就普列汉诺夫的认识论观点稍稍谈几句。借助

---

① 可以参阅约法关于这个问题的准确评论，《思维》，1922，第2期，第100—101页。

② 《普列汉诺夫文集》，第14卷，第10页。

③ 同上书，第347页。

④ 《普列汉诺夫全集》，第8卷，第198页。

于列宁的①，苏联哲学对待普列汉诺夫的认识论即其所发展出来的认识论象征主义（"象形文字论"）② 采取了一种既鄙视又宽容的态度。可实际上普列汉诺夫始终坚持马克思认识论立场所坚持的路线。这首先是一种实在论。"如果事物本身会像康德所说那样对我们发挥作用，那也就是说，至少我们能够知道，尽管只是部分地，对我们和事物之间的关系，能够有所了解。而既然我们能对这种关系有所了解，那我们也就会知道——通过我们的感觉知道——事物本身相互之间的关系"③。普列汉诺夫在为恩格斯论费尔巴哈著作的译本所写的一条注释中写道："我们的感觉犹如一种象形文字，会把我们的认识引导到现实生活中去。象形文字和我们所传达的事件无相似之处。"由于象形文字理论与认识论唯心主义无疑十分接近，所以，正统的辩证唯物主义的拥护者们，当然会对普列汉诺夫实施猛烈的攻击。

总之应当指出的一点是，在忠实于马克思和恩格斯为其建构的辩证唯物主义的同时，普列汉诺夫又始终都坚持内心的自由。巨大的文学才华和敏锐的批判嗅觉，使普列汉诺夫成为一个活跃而又有趣的作家，在他身上，对于马克思主义的忠诚，既从未压倒道德上的真挚和崇高，也未压倒对于真理及其进步的热烈追求④。

另外一些作家则本着马克思主义的精神，发展了另外一套观点，他们竭力按照修正主义方法，把辩证唯物主义理论与经济主义结合起来。此类作家中最杰出的一位，毫无疑问，是博格丹诺夫，现在我们就来讨论他。

---

① 参阅列宁的《唯物主义与经验批判主义》，第 4 章，第 6 节，第 190 页注 2。

② 关于这一点，可参阅谢切诺夫《哲学与心理学论著选》的编者卡甘诺夫的意见。普列汉诺夫在其"象形文字"论中的确曾以谢切诺夫为例证。

③ 《唯物主义史概论》，第 240 页。

④ 杰博林完全接近于普列汉诺夫的哲学立场。在其《辩证唯物主义哲学导论》以及各类文章中。列·阿克雪里罗德：《哲学概论·反唯心主义论纲》。至于杰博林，那么，如果我们没弄错的话，他曾是普列汉诺夫的学生。

6. 亚·亚·博格丹诺夫（是亚·米·马利诺夫斯基（1873—1928）的笔名）从布尔什维克刚一诞生起，便属于该党，但在哲学基本问题上，却很早就与列宁产生了分歧。博格丹诺夫始终倾向于"修正主义"，但在其发展过程中也曾经经历过几个不同阶段：他起初醉心于奥斯特瓦德的唯能论，并写了一部《历史自然观的基本原理》（1899）。继而又从奥斯特瓦尔德转向经验批判主义，并主要阐述马赫的路线。在马赫的影响下，写了一部《经验一元论》（1904—1915）。他的最后一个体系名为《组织形态学》（1913—1915），也是由此而来。此外，《活的经验哲学》及一系列小册子也都是属于这个时期的著作。

博格丹诺夫的观点从始至终都在其新马克思主义代表人物那里引起激烈的反对之声。反对博格丹诺夫的主要著作出自列宁之手（《唯物主义与经验批判主义》）[1]，从1917年革命时代起，没有一部有关辩证唯物主义的著作，不是从正统苏联哲学代表人物的立场出发，对博格丹诺夫进行严厉批判的[2]。但在新马克思主义的拥护者中，博格丹诺夫毕竟是一个极其罕见而又幸运的例外，他没有"生拉硬扯地"让其体系迁就某种结论，博格丹诺夫始终不失为一个自由思想家，一个真挚而又严肃的接受了马克思主义，但也同时而倾向于最为坚决的修正主义的思想家。

博格丹诺夫最重要的灵感，或不妨说也可以说其最主要的直觉[3]取决于马克思主义的两个主要观点：一方面，博格丹诺夫接受了黑格尔有关存在的"秘密"只有在历史中才能得以揭示的学说的马克思式的阐释；另一方面，他又接受了"有为哲学"（采用赫尔岑的术语）的说法，这种哲学的使命与其说是为了"解释"世界，倒不

---

① 此书出版于1909年，署的笔名是弗拉·伊里奇。

② 杰博林在上文所提那本书中，也用大量篇幅对博格丹诺夫进行了批判。别尔嘉耶夫也在《哲学与心理学问题》杂志上发表的一篇评论中（见第65期），对博格丹诺夫的立场进行了虽然简略，但深刻的分析和批判。

③ 在新马克思主义者中间，只有在博格丹诺夫身上可以采用哲学直觉这个概念。

如说是为了"改造"世界（马克思的公式），亦即以创造的方式干预世界。博格丹诺夫的这两个观点都完全没有背离马克思主义的原理，但他们的问题在于他在入党后，"居然敢于有其自己的判断"。当博格丹诺夫开始其文学活动时，许多杰出思想家和作家（斯特鲁威、布尔加科夫、别尔嘉耶夫、弗兰克）却对马克思主义十分入迷，对于这些思想家而言，马克思主义是其发展中的一个特定阶段——但 mutatis mutandis（变其可变，变通）也适用于博格丹诺夫。

博格丹诺夫在其第一部巨著《历史自然观的基本因素》中对于马克思主义的强调还不十分明显——只在有关认识的社会制约性问题上是个例外①。他在这一问题上的唯物主义倾向十分明显。虽然按照他的观点，"物质的假说业已开始过时"，但这一假说"尚未完全过时"②，对他来说，"意识仍然只是一种生物功能"③。博格丹诺夫在这部书中处处突出一种决绝的"修正主义"，将其作为"贯彻始终的对于认识领域中的绝对的一种否定"④。博格丹诺夫在竭力想要把马克思主义原理与进化理念结合起来的同时，想要描述出一副心理在与"社会"条件的关联中发展的总的模式，根据他的观点，"真理"和"谎言"的概念身上反映着业已过时的静态的世界观⑤，只有"认识的历史观是绝对忠实的——即毫无矛盾地与其自身相符的"⑥。

但在博格丹诺夫以后的著作中，他才得以极其鲜明地表明自己的观点。首先，他附和马赫的观点，背离了把心理存在与物质存在对立起来的通常做法（心理经验要素一般说是与任何经验要素是

---

① 《博格丹诺夫全集》，第 2 卷，第 11 页。
② 同上书，第 1 卷，第 39 页。
③ 同上书，第 2 卷第 66 页、第 77 页，尤其是第 85 页。
④ 同上书，第 1 卷，第 206 页。
⑤ 同上书，第 2 卷，第 141 页。
⑥ 同上书，第 1 卷，第 206 页。

"同一的")①。的确，普列汉诺夫曾在其想象中责备博格丹诺夫成了一名"马赫主义的信徒"，而博格丹诺夫却写道②："我不承认自己在哲学上是一个马赫主义者：在总的哲学观念方面我从马赫那里只取了一点——即经验因素就其与'物理'和'心理'的关系上的中立性概念，以及经验关联对于这些评价因素的制约性概念。"应当承认博格丹诺夫的这个意见是中肯的，而如果说列宁以及盲目追随列宁的嗣后所有那些苏联哲学家们仍然认为博格丹诺夫是一个"马赫主义者"的话，那也仅仅只是出于保护和捍卫辩证唯物主义的"纯洁性"的目的……前此有关认识的"社会性"理念以及认识取决于"劳动"过程的理念，使博格丹诺夫保持在了新马克思主义认识论的轨道上。在旨在通俗阐释博格丹诺夫的观点的《活的经验哲学》(1913)这部有趣的书中，仍然肯定"思维取决于社会—劳动关系"这一观点③。"经验的本质在于劳动，经验产生于劳动，在劳动中，人的努力（非个体性而是集体性的）克服了自然的自发的抵抗力"④。因此，"而当思维抽象的主观能动性取代了劳动的生动的主观能动性时，就不会产生真的能够改造世界的哲学"⑤——而后者按照马克思的说法，只是哲学的任务所在。但是，博格丹诺夫仍然在继续背离马克思，他甚至断言"辩证法的概念尚未达到完全清晰完备的地步"：按照博格丹诺夫的观点，比方说，生命的辩证性并不在于"与自己本身产生矛盾的有机体，在同一时间内'既是此'而'又非此'——有机体是'又非此'在与环境斗争中形成的"⑥。而这正如马克思——和如我们现在所知——列宁——所阐释的那样，已然是对辩证方法的严重背离。因此，博格丹诺夫的立场会遭到正

---

① 《经验一元论》第 1 卷，第 90 页。
② 同上书，第 3 章，第 XLI 节。
③ 《活的经验哲学》，第 24 页。
④ 同上书，第 174—175 页。
⑤ 同上书，第 194 页。
⑥ 同上书，第 200—204 页。

统新马克思主义阵营的严厉抨击。博格丹诺夫否认新马克思主义的辩证法的核心概念，即"物质自我运动"这一概念。对于博格丹诺夫来说，"辩证法根本就不是什么普通的东西……而是有机过程中的个别现象，这种现象完全也有可能按照另一种方式发生"①。老实说在博格丹诺夫那里取代先前意义上的辩证法的，是"有机过程"概念：马克思的辩证法讲的是"发展"，而在博格丹诺夫那里，占据首位的是"对于存在的创造性改造"——"有机过程"。博格丹诺夫的"组织形态学"理念，亦即关于有机过程的一种学说，就是从这里产生的。博格丹诺夫断言，组织形态学正是一种有关在存在中"实际掌握"的、"可能性的"学说，因而"全部存在于实践中"②。取代在自然和人类生活中所"自发的"发生的改造过程的，是"有意识地"对于存在的干预③。"组织形态学"也就是一种"关于建设的科学"，而"仅只"倾向于"解释"世界的那种哲学，按照博格丹诺夫的说法，则仅仅只是"哲学的先声"④。

应当承认，在哲学中所发生的所有这一切"变革"都微不足道根本不是因为博格丹诺夫个人的无能造成的，而是由于不恰当地对于"改造"世界（不光指历史，而且也指宇宙）的觊觎之心所致。博格丹诺夫关于"组织形态学"的鸿篇巨著（572 页）以其微不足道性最好地证明了想要建构"事业哲学"这种企图的徒劳无益。然而，在新马克思主义的迷误中，博格丹诺夫毕竟也还是有些名符其实的真正严肃的建树的——他直到生命的最后一息都不失为一位自由思想家，任何时候以及在任何地方都不被别人的思想所左右。对于物质概念的批判，甚至常常否认"唯物主义"这一术语本身⑤。

---

① 《活的经验哲学》，第 216—217 页。
② 《组织形态学》，第 10 页。
③ 同上书，第 24 页。
④ 同上书，第 97 页。
⑤ 博格丹诺夫关于"量变"变"质变"问题所提出的论据，也同样十分珍贵而令人信服。见《活的经验哲学》，第 201 页。

最后，是他想要彻底研究"事业哲学"（这构成了把"辩证法"变为"有机过程"思想的基础）——所有这一切都令博格丹诺夫在新马克思主义代表人物中显得鹤立鸡群。

现在让我们探讨一下新马克思主义的代表人物弗·伊·列宁。

7. 弗拉基米尔·伊里奇·列宁（乌里扬诺夫）（1870—1924）就学于喀山大学，但在其兄（"民意党人"）被处死后从大学开除。1891年通过大学考试（法律系）。1894年列宁发表了他的第一篇反对民粹派的政论文（《什么是"人民之友"？……》），列宁在文中已然是一位马克思主义和唯物主义历史观的捍卫者[1]，并且毫不掩饰地鄙视任何形而上学[2]。这一时期的列宁就已经掌握了马克思关于"上层建筑"的学说[3]。也是在此时期中，列宁表述了嗣后所有"苏联哲学界"的一个基本思想，即"历史必然性理念丝毫也不会伤及个人在历史中的作用的思想"[4]。

列宁评论帕·鲍·斯特鲁威著作的文章（是关于批判民粹派的）发表于1894年。可是，列宁很快就因参与非法活动而被捕，继而被流放到西伯利亚。但他很快又到了国外，并且密切参与了俄国社会民主党外国组织的活动，而在伦敦大会（1903）上，成为"布尔什维克"派的首领。也是在此期间，列宁初次开始比较系统地研究哲学史——其中包括唯物主义史[5]，也是在1903年，在普列汉诺夫影响下[6]，列宁和普列汉诺夫曾就哲学问题有过多次谈话——列宁开始对博格丹诺夫及其对马赫思想的入迷，提高了警觉。1911年，列宁因对普列汉诺夫领导的反对俄国某些新马克思主义者迷恋马赫思想

---

[1] 别尔托夫即普列汉诺夫的著作《一元论历史观的发展论》则如上文所说，发表于1895年。

[2] 《列宁全集》，第1卷，第64页，1935年版。

[3] 同上书，第70页。

[4] 同上书，第77页。

[5] 关于列宁究竟在哪个时期研究哲学的总的概述，可参阅《全集》，第13卷，第335—345页。

[6] 《列宁全集》，第13卷，第338页。

的斗争不力感到不满①，出版了他精心撰著的《唯物主义与经验批判主义》一书。早在1908年，列宁就在给高尔基的信中写道："一连几天我都在阅读臭名远扬的马赫分子的著作。"② 1909年6月，在"布尔什维克核心圈"召开的会上，决定与博格丹诺夫和卢那察尔斯基彻底决裂（而后者当时正全力以赴地研究"社会主义宗教问题"）："与形态各异的宗教意识的斗争……是必要而又迫切的任务"——我们从十分强调哲学斗争之必要性的会议决议中读到③。会后博格丹诺夫、巴扎罗夫和卢那察尔斯基，出版了文集《集体哲学概论》。

列宁的《唯物主义与经验批判主义》一书——其内容我们将在下文中涉及——实在说，是列宁唯一的一部哲学著作。后来发表了与哲学问题相近的单篇文章（如1913年列宁写的《论马克思主义的三个来源和三个组成部分》）④，而且，列宁甚至在当上了苏联政府的领袖以后，仍然未曾中断其哲学研究。

最后，我们还可以谈一谈列宁的《哲学笔记》的价值问题⑤。

在转入对列宁体系的系统阐述以前，我们首先需要强调指出一点，即列宁的哲学兴趣几乎完全投注在历史哲学问题上——他对其他所有学说和理论的兴趣，仅限于它们究竟在何种程度上对历史哲学构成影响。但即使是在历史哲学领域里，列宁也一劳永逸地终其一生地接受了马克思的体系——而且非马克思主义的任何东西都已经不再能够打动他的内心了。与辩证唯物主义"相符"的一切都在巩固着这种哲学——并被无条件地予以接受；而一切与之不相符的

---

① 《列宁全集》，第13卷，第341页，《列宁致高尔基的一封信》。
② 同上书，第341页，还在1908年列宁就写信给高尔基："我整日在读极端可恶的马赫主义著作。"
③ 同上书，第343页。
④ 列宁在此文中写道，"只有马克思的哲学唯物主义才为无产阶级指出了一条摆脱迄今为止所有被压迫阶级都在蒙受的精神奴役之路"。
⑤ 书中收录了列宁所做的摘录——多出自黑格尔——也有列宁自己的某些见解。

东西，则被仅仅根据这一个特征而加以摒弃。和普希金笔下那位"贫穷的骑士"一样，"就因为曾经做过一个匪夷所思的不可理喻的梦"，从此以后除了那梦境外一无所见一无所知一样，列宁也只有一个关注点，同样也处处只能看见一点：什么东西与马克思主义体系或更确切地说，是与新马克思主义能否兼容，相近或是相反。我们把他在布尔什维克主义中所认可的那种版本的马克思主义，称之为"新马克思主义"，这是一种在马克思那里获得强烈表现的、背离经典决定论的主义。渗透列宁意识里的那一"梦境"，非与生产关系"自我运动"的辩证法有关，而是与革命的 Zusammenbruch（崩溃）与向"无产阶级专政"所实施的"飞跃"有关。列宁敏锐而又执著的大脑的全部工作，都被仅仅用于将所有思想体系都纳入他心目中的一个核心点上，而把围绕这个点的一切不和谐不驯服的东西，统统抛弃掉。反对"马赫主义者"的斗争恰好取决于列宁认为马赫学说（而这当然是公正的）是"唯心主义的"，而唯心主义（即"波波夫习气"）不仅从外在方面，而且在内在方面都不可能与辩证唯物主义协调一致。只有在"唯心主义"体系的语境下才可以允许甚至可以把个人向"无产阶级专政"的广阔空间的"飞跃"的任务放在首位，但这压根不是哪怕是以弱化形式出现的什么人格主义，而是诚如别尔嘉耶夫在其论述"苏联哲学"的文章①中所公正地指出的那样，是巨人主义。

历史学问题对于列宁而言不光是核心问题，而且，在他那里，它也是唯一的问题。在《哲学笔记》这本札记中，我们可以读到这样一段话："我力求以唯物主义方式来解读黑格尔"②。对于列宁来说，这在很大程度上是十分典型的：他在哲学领域里的博览群书和通识就这样被这样一个任务给压倒了——那就是"以唯物主义的方式"来看待一切。唉，好一个唯物主义的"贫穷的骑士"呀！而完

---

① 别尔嘉耶夫：《苏联哲学的总路线》，巴黎，1932，第 11 页。
② 《哲学笔记》，第 104 页。

完全全处于一种理念，一种思维的统治之下的列宁，他的大脑从来就不曾自由过……

"飞跃"这一核心理念，亦即向无产阶级专政的革命性转变，决定着列宁的全部哲学立场：一切可以阻碍抑或取消向无产阶级专政的"飞跃"的因素，都以此表明其"非真理性"。值得注意的是，列宁很早就摒弃了哲学上的修正主义——因为修正主义消弱了他对革命性"飞跃"的"绝对"价值的信仰①。列宁还以同样坚决的态度捍卫认识实在论②，因为"飞跃"的全部激情都与"改造存在"的希望有关——这是马克思的遗训。因此，列宁（继普列汉诺夫之后）毫不犹豫地接受了"物自体"的现实性，只加了一个补充，即"物自体"变成了"为我们之物"。列宁评价真理的标准是"实践"，是能够把"物自体"转化为"为我们之物"的"实践"③。

所有这些基本观点都应成为为"飞跃"辩护的可靠基石。列宁全副武装地起而反抗普列汉诺夫的"象形文字说"，因为对我们的认识存在某种"象征主义"稍做认可就会剥夺我们对于"物自体"的坚定信念④，而"事物的辩证法"恰好也创造出了理念的辩证法，而非相反⑤。超验主义及其有关理念系列的"原初性"的学说，引起了列宁的恐惧和厌恶——对他来说，这不啻为一种"极度纯粹的波波夫习气哲学"⑥。列宁写道："如果否认在我们的感觉中所提供的客观现实性的话，那么，您就已经丧失了用以反对信仰主义的任何武器"⑦，对列宁来说，还有什么比这更可怕的吗！

上文所述即可涵盖列宁的认识论观点，仅就此处所述即可看出，

---

① 《列宁全集》，第13卷，第111页，尤其是第252—253页注2和第112页。
② 同上书，第67页、第56页。
③ 《哲学笔记》，第2章，第6节，第112—117页。
④ 同上书，第4章，第6节，第190—195页。
⑤ 同上书，第189页。
⑥ 《列宁全集》，第13卷，第187页；还可参阅同上书，第278页注2。
⑦ 同上书，第281页。

"存在"占有主导地位，它优先于"意识"，而且把"辩证法"简单地宣称为"认识论"①（因为"及物的辩证法先于理念的辩证法"）。这样一来，批判主义不过就是回归最素朴幼稚的空在主义，从而为"跨跃"开辟了广阔的道路。

从"一个梦境"——按照普希金格言警句式的表述——一个不可理喻的梦境——的角度出发，列宁探讨了（更确切地说是"宣告了"）本体论领域里的体系。列宁是一个唯物主义者，而且，他还是一个有着我们曾在普列汉诺夫身上发现过了的形而上学唯物主义观念的唯物主义者。然而，首要的问题却是：什么是物质呢？列宁在这个问题上是足够谨慎的，对于那些侈谈什么"物质的非物质化"的最新体系，他是十分熟稔的。他写道②："物质的唯一'属性'——对该属性的认可即与哲学唯物主义有关——是成为客观现实性的属性，是在我们的意识之外存在的属性。"与最新的原子裂变学说有关的下述一段话，就显得更加小心翼翼了："电子和原子一样也是无可穷尽的，自然是无可穷尽的，而且也是无限存在着的，而这种唯一绝对的、唯一无条件地对其外在于人的意识和感觉的存在的认可，使得辩证唯物主义得以有别于修正主义的不可知论和唯心主义"③。而接下来便已经是出乎意料的绝对的形而上学了。我指的是有关"物质自我运动"这一学说。这是有关存在——物质和历史——的全部学说中的一个核心概念，在列宁那里，它是从有关"辩证法"的本质论述中推导出来的。列宁写道④："辩证法是一种有关对立面如何可以统一的学说，但对立面的统一是有条件的，暂时的，过度性的，而对立面的相互排斥的斗争却是绝对的，是一种绝对发展和绝对运动。"列宁在另外一个地方写道⑤："黑格尔无法理解从物质到运动

① 《哲学笔记》，《列宁全集》，第 13 卷，第 303 页。
② 同上书，第 213 页。
③ 同上书，第 214 页。
④ 同上书，第 109 页。
⑤ 同上书，第 289 页。

的辩证，从物质到意识的过度问题①"，"辩证转化则与非辩证法的飞跃相区别，它是渐进和断续的，是存在和非存在的统一"。实在说，早在这里就已足够清晰地显现出整个这一学说的思想之根：这也就是把"突变"（亦即革命的"量变突变论"）理论应用到自然观中被提升为一种原则的话。我们在"苏联哲学"嗣后的发展中可以看到，这一原则被从历史学领域"提升"到了宇宙学领域里了。

这样一来，则列宁的下述论断也就变得可以理解了："……否定是自我运动和生命力的内在脉搏"②。但是，如果说对于从物质转化为运动应当加以"辩证"的理解的话，那么，这岂不是说，运动是与物质相对立的吗？然而，运动和物质的概念相互之间是不可分离的——列宁这么认为③——也就是说，这里并未发生任何转化。而对于"物质向意识"的转化问题，我们其实也应当这样说：这里同样包含着"物质的自我运动"问题④。尽管在这个问题上，按照辩证法法则，应当给予"质变"（突变）以认可的，但实际上，取代"突变"（质变）被肯定的，是"把我们外在怒火的能量转化成为意识的事实"⑤。列宁教导我们说⑥："以唯物主义方式排除精神与肉体的二元对立，就在于不取决于肉体的精神是不存在的，精神是第二位的，是大脑的功能。"但是，对于列宁来说，形而上学唯物主义（如同对于普列汉诺夫一样）是不够的，它应当被辩证唯物主义所充实⑦。实际上，把"外在能量"转化成为"意识事实"的全部秘密，

———————

① 因而，"物质的自我运动"为客观存在物奠定了运动的基础。这一论断除了 petitio principii 一无所有！

② 《哲学笔记》，第141页。需要提醒的是，在巴枯宁那里，也有与此相接近的对于否定的歌颂言论。

③ 《列宁全集》，第13卷，第5章，第3节。

④ 列宁塞给苏联哲学的"物质的自我运动"，究其实，充其量不过是对于黑格尔"概念的自我运动"的运用罢了。而在这个问题上他不过是在 deus ex macjina……

⑤ 《列宁全集》，第13卷，第41页。

⑥ 同上书，第73页。

⑦ 《列宁全集》，第304页。

就在于将其纳入到被"突变"辩证地制约的框架中去，而"突变论"已经不再能打扰辩证唯物主义的崇拜者们了。

当然，列宁同样也十分关注历史学问题（只不过这只是在重复马克思的公式而已），而非关注历史学"自己本身"的哲学前提：对于列宁来说，"自己本身"是不必要的也是毫无趣味的。至于说列宁的历史学嘛，那么，其独创性充其量也未超出固执地强调"突变和飞跃"论——即采取直截了当的革命行动——的地步。而这也就是被我们描述为"新马克思主义"的那种东西，而要想理解新马克思主义在马克思主义演变过程以及分化的辩证过程中所占据的内在"地位"，只需读一读帕·尼·诺夫哥罗德采夫具有出色的纪实性和清晰的哲理性的著作《论社会理想》就够了。在此我们就没必要深入探讨这些问题了。

在一本典型因而乏味但也因此极具特点的著作《认识过程的辩证法的基本因素》[1] 中我们可以找到下列话："如果我们站在否认有正确认识世界之可能性的理论立场上的话，那又怎么有资格侈谈什么改造世界呢？"这段话特点鲜明地表现出了"苏联哲学"的最基本的特点：那就是它只有一个真理的标准，那就是捍卫"革命地改造世界"的立场。它不懂得什么是对于问题的自由讨论，而其思维的全部力量都被聚焦于下列一点，即全力以赴地杜绝对于基本"信仰"哪怕在极其微小的程度上产生怀疑的可能性。当然，对于自由的需求是不可能被扼杀的，因此，在必要的论断的掩盖之下，有时也会出乎意料地让人感觉得到活生生的思想的脉搏，而每到此时，我们就不能不为作者担心，生怕他接着就会被"揭露"。而那些下定决心绝不扼杀自身寻求真理的追求者，则只能被迫陷于沉默……在下一章里，我们将会对我们所知道的苏维埃俄国自由思想的寥若晨星的代表人物，做个介绍。

---

① 《Огиз》，1933 年。

第二章

20 世纪俄国的宗教—哲学复苏
梅列日科夫斯基及其派别
宗教新浪漫主义（别尔嘉耶夫）
非理性主义（舍斯托夫）

1. 20 世纪俄国生活的特点不光有社会政治领域里的革命运动——该运动在哲学上的反响我们在上一章里已经做过探讨了——但比这个更有特点的，是在宗教哲学领域里的革命或革新运动。这一运动是在"新宗教意识"的旗帜下发展起来的，并且还建构了将其自身与历史基督教有意识地对立起来的纲领，它期待新的启示，创造出了（在弗拉·索洛维约夫的影响下）"宗教社会性"的乌托邦，与此同时，它又充满了末世论的期待。所有这一切都是十分复杂的，丰富的，有时甚至是模糊笼统的，但我们当然只想涉及 20 世纪俄国生活这一出色时期在哲学上的反映问题。这一反映非常丰富多彩，同时对于俄国哲学思想的发展而言，又成果丰硕。

弗拉·索洛维约夫在所有这些方面都具有很大影响力，而且这一影响力很难"衡量"，因为究竟其创作中的哪些方面影响力更大一些——是他作为一个宗教思想家和哲学家呢，还是作为一个诗人的影响力更大一些。我们可以毫不夸张地说，弗拉·索洛维约夫的诗歌，在俄国诗歌史上开辟了一个全新的时期：该时期最伟大的诗人勃洛克和维亚·伊万诺夫，以及许许多多的二流才子们（如吉皮乌斯等），都曾受到过其影响。随着所有这些诗人群体的到来，俄国诗歌发展史上一个新的时期果真拉开了序幕，俄罗斯浪漫主义，更确切地说，是新浪漫主义——达到了真正的繁荣。而这一新浪漫主义的典型表现就是象征主义，她鲜明而又勇敢，雄奇豪迈而又细致绵密，她时而任性而又调皮，常常有奇思异想，但永远都追求着"神秘的远方"，追求着隐藏更深的理智和理性体系。在俄国新浪漫主义的凯歌行进中，也有过许多混乱不堪，阴森可怕①的东西，有对于"彼岸世界"的关注常常会被有意在双重性道路上所发生的迷误、游戏或堕入神秘主义所取代，从而常常转变成为一种纯粹的"唯美主义"。但是，甚至就连在技巧高超的"精神的飞扬"里，在其深处有时也能令人听出一种真正发自心灵的声音，能让人感觉得到一种活跃的探索……索洛维约夫关于"索菲亚"的理想深深地扎入这个时期人们深刻的诗歌意识中去，而罗赞诺夫有关肉体"真理"的敏锐思想的作用也不亚于此，所有人全都受到了关于如何把基督教和多神教综合起来的思想的蛊惑，而且就中主要涉及的，更多的是多神教而非基督教的问题……

无论如何评价俄国的新浪漫主义，我们都必须承认一点，即一个即将来临的新时代的脉搏已经在其身上跳动，它揭示了新的远景，把我们的头脑和心灵从先前的定势中引导开来了。在这个问题上，所有俄国颓废派就是十分典型的现象，对于此派，梅列日科夫斯基曾经公正地写道："俄国颓废派是一种深刻的生命现象"——从而与西欧颓废派截然不同，后者（按照梅列日科夫斯基的观点），"曾经主要是一种唯美主义派别"。梅列日科夫斯基接着写道："俄国颓废派首次在有教养的俄国社会中出现，在远离任何教会传说的情况下自发产生的神秘论者。"这段话有其对的一面，即关于俄国"启蒙主

———————

① 关于这一点可以参阅康·瓦·莫丘利斯基关于勃洛克的长文，文中出色地揭示了不仅象征主义，而且，实际上包括整个俄国新浪漫主义重大思潮中最基本的双重性特征问题。

义运动"的深刻危机，以及公然地、常常以圣愚的方式宣扬"存在之谜"的实证主义的危机和半实证主义的危机，这一点也与俄国颓废派有关。但俄国颓废派毕竟仍然还是与——在此问题上我们应当对梅列日科夫斯基的意见加以一定限制——当代的美学探索和美学期待有着深刻的关联，而这一点是十分重要的，不如此便不足以搞清在那些"自发产生的神秘论者"那里，真正的浪漫主义具有什么样的特征。而"新宗教意识"的理念就恰好是从这里产生的，这一理念把梅列日科夫斯基与别尔嘉耶夫联系了起来①，构成了早期梅列日科夫斯基和别尔嘉耶夫理论基础的理念，又把他们两个人与潜藏在"新宗教意识"运动深层次中的那一被作为其动力的、染有"革命神秘主义"色彩的倾向②联系了起来。在这个问题上，当然还有一种非常强大的反世俗化定势，这种定势在同一时间内又把意识与"历史"基督教（像人们通常对其的理解那样）分离开来。别尔嘉耶夫写道③："具有新宗教意识的人……对于实证主义的生活建设采取鄙视态度，其之所以如此，正是因为这种对于生活的实证主义建设，与忘记生活之谜的关系实在太紧密，即把注意力世俗化地凝聚在尘世的天平上。"这里我们还是援引同一个别尔嘉耶夫（他在年轻时代比别人更加鲜明地与新浪漫主义关联）的话："具有新宗教意识的人……想要把自己的宗教与全世界历史的意义关联起来，想要从宗教出发解释全世界文化"④。

这种反世俗化定势最终（不但在梅列日科夫斯基身上而且也在别尔嘉耶夫身上，关于后者可特别参阅其临终前写作的著作《末世论形而上学论稿》）与对于历史的终结感相关联——即与在历史辩证

---

① 在别尔嘉耶夫一篇早期写作的论述梅列日科夫斯基的文章中，这一点显得特别明显（《论新宗教意识》。见文集《Sub specie aeternitatis》，圣彼得堡，1907，第 338—374 页），此外还有文集《知识分子的精神危机》。

② 别尔嘉耶夫:《Sub specie aeternitatis》，第 360 页。

③ 同上书，第 363 页。

④ 同上书，第 365 页。

法中把重心从过去转移到未来有关。末世论预感几乎总是模糊的和朦胧的，但在此期间却在形形色色俄国人的圈子和小组里显出非常强劲的势头，从而抑制了在此期间从四面八方闯入俄国颓废派中的各种通灵术的影响"①。

在 20 世纪俄国哲学运动史上，所有这一切都曾具有十分巨大的意义。关于这一点人们却常常忘记或是想要忘记，但是，如果不对构成宗教—哲学复苏的最初基础的一切加以考虑的话，那也就根本不可能理解在这一基础之上所形成的那些纯粹哲学体系。这也就是为什么我们觉得在此稍稍讨论一下梅列日科夫斯基的宗教—哲学观念是适当的原因，因为他是"革命—神秘主义思想运动"代表人物的"前驱者"中，最有才华也最为鲜明的一位。

2. 德米特里·谢尔盖耶维奇·梅列日科夫斯基（1865—1940）②才华出众，具有过人的文学才能，一生进行着紧张的宗教探索，贪婪地从古典文化和当代全部有价值的流派中汲取营养。被他在一生中毫不间断地不断加以补充的广泛的知识素养，竟然并未使其成为一个学者，而仅只造就了一个门外汉，但这却是一个具有高尚质量的门外汉：梅列日科夫斯基浏览和钻研过难以数计的书籍和专著，但却到处都只撷取他所需要的和与其主题相适应的知识。他所撰写的最优秀的著作之一，带有一个特点鲜明的标题："永恒的伴侣"，书中汇集了他关于"永恒的伴侣"的、关于世界各国文学天才们的文笔出色、笔致婉约风格典雅的随笔札记。梅列日科夫斯基的确时时刻刻都在关注这些"永恒的伴侣"，但与此同时他又始终都忠实于

---

① 目前还没有一部哪怕是粗略地、但却是摆脱了臆想的对于各种通灵术流派发展历史的概述，此类流派使得俄国知识分子中的宗教和思想探索变得晦暗不明起来了。不光只有安德烈·别雷一个人因其对于人智学的迷恋而为人所诟病。

② 如果把梅列日科夫斯基的纯文学作品以及为数众多的关于宗教史的著作，和如诸神的诞生，大西洲与欧洲等历史著作撇在一边的话，那么，需要予以指出的有：1.《永恒的伴侣》，圣彼得堡，1899。2.《托尔斯泰与陀思妥耶夫斯基》，第 1 卷和第 2 卷，圣彼得堡。3.《未来的无耻汉》，圣彼得堡，1906。4.《不要和平而要剑》，圣彼得堡，1908。

自己，而正是这一点妨碍他最终成为他所想望成为的那种人，亦即妨碍他成为一个真正的历史学家。在他那些包含着许许多多真正的bons mots、令人过目难忘的格言警句的全部著作里，他的身影总是会把他所写的对象给遮蔽在自己的身后。

梅列日科夫斯基的思维是在二元对立中、在尖锐的矛盾中运行的，但他最重要的主题突出了宗教与历史基督教的对立特点。梅列日科夫斯基感觉到自己身上有一种"新的"宗教意识，因为在他的灵魂里基督教与对于古典性和古代文化的迷恋相安无事。如果说罗赞诺夫曾经以旧约的名义对于"历史"基督教给予严厉批判的话，那么梅列日科夫斯基却是以基督教与古典文化的对立为出发点的。梅列日科夫斯基把"历史基督教"的所有难点都归结到这种对立性质上，但却又在弗拉·索洛维约夫的影响下，在他那里，嗣后又产生了探索"基督教社会性"的追求。

按照梅列日科夫斯基的思想，"历史"基督教（亦即教会）已经过时，已经成为对于基督教福音的一种片面表达，因为它无法把"关于尘世的真理"和"关于肉体的真理"容纳进来。基督教就其实质本身而言具有片面的禁欲主义的特征。梅列日科夫斯基写道①："禁欲主义的亦即真正的基督教，是一种不能相互渗透的文化。"梅列日科夫斯基之所以需要采用这样一种把基督教与禁欲主义②等同视之的做法，是为了思考"新宗教意识"问题，因为只有这后一种意识，才能从精神上满足他的需求。他曾在一处地方这样写道③："从今往后，一个在全世界历史上……不仅有关精神，而且有关肉体，不仅有关天空而且有关大地的真理，应该大白于天下了。"我们可以说这在梅列日科夫斯基那里是他一个根深蒂固的一个理念，他需要

---

① 《不要和平而要剑》，第29页。
② "肉体在基督教里是被消灭了的（！）"。同上书，第28—29页。
③ 《未来的无耻汉》，第123页。

"新的启示"①，而对于教会，对于作为基督教的"历史"形式的教会，他却很难适应。他之所以不仅对于基督教里"禁欲主义的非真理"给予如此强化的关注，其源盖出于此，而且，他执拗地断言"专制政体与东正教有着神秘联系"的结论，也是出于同样原因②。对于梅列日科夫斯基来说，东正教与俄国国家政体如此紧密的融合在一起，以致他甚至忘记了应该论述的，还有其他国家的东正教问题。

在本卷第 1 章里提及到的宗教—哲学学会（发起其的最初的动议正是来自于梅列日科夫斯基及其同道者们）有两个母题——把历史基督教与禁欲主义的否认甚或"消灭"肉体以及对于专制政体与东正教关系的信仰——以千百种形式被一再重复。性格鲜明，才华横溢的宗教思想家捷尔纳夫采夫在其报告中极其出色而又充满灵感发挥了这些母题。他说道："现在，是该揭示基督教有关尘世的最珍贵的真理……基督身上的社会拯救和俗世政权的宗教使命的时候了。"③ 所有这一切都是非常值得关注的，正如有关世俗化的宗教（虽然是片面的）的真理（亦即"关于尘世的真理"），在这里，世俗化和历史基督教被当作是同一个二元对立中的、相互制约的两极。在这个问题上，只有在其对立面的综合中才能考虑如何克服这种二元对立性的问题，而在这个问题上，无论是梅列日科夫斯基还是捷尔纳夫采夫以及其他人，全都以弗拉·索洛维约夫关于"自由的神权政治"的浪漫主义思潮为生。梅列日科夫斯基把"绝望的反社会的基督教"与"神圣化了的社会性"对立，他常常把这种对立当作是无政府主义的表现方式之一④。因此梅列日科夫斯基情愿承认

①　《未来的无耻汉》，第 184 页。
②　《不要和平而要剑》，第 113 页。
③　关于宗教哲学学会的会议纪要可以参阅《新路》（1902—1903）杂志，但也有单行本。
④　"确立新宗教而没有国家性参与的社会性就是新宗教意识……"。同上书，第 207页。

"历史基督教"是非教会式的，因为在历史基督教里已经黯然失色的"孤苦伶仃的个性的宗教"① 压根儿就不是什么教会。"基督教仅仅只是对于神人类和教会的期待和预言，但教会现象本身却是在基督教边缘以外进行的"②。

梅列日科夫斯基喜爱的、关于"三个约言"的公式之所以如此浅显易懂（而且，在该时期包括他和其他宗教探索者们——例如别尔嘉耶夫在其宗教哲学的早年时期——的影响下），其源盖在于此。"第一个约言是上帝在世界上的宗教；第二个是儿子的约言，是指上帝在人——神人——身上的宗教；第三个约言是上帝在人类——神人类——身上的宗教"。"天父在宇宙中得以体现；而天子则在逻各斯中得以体现"。

精神在于逻各斯与宇宙的结合，在于在统一和聚和性的全宇宙的实体中的结合——即"神人类"。

梅列日科夫斯基及其学派的"期待和预言"便是如此。这是一种典型的宗教浪漫主义，一种染有非常鲜明的"革命神秘主义色彩"的宗教浪漫主义。

但除了这种在俄国社会上目前只与在"暗室"中进行的"革命神秘主义动机"有关的宗教过程外，还有另外一种形式——这种形式在宗教和历史实在论方面更加久经考验。早在文集《唯心主义问题》（1902）中，我们就能找到对于道德唯心主义的非常鲜明的表达，这种主义在号召人们走向精神的清醒性，走向用劳动来对生活加以严肃的改造之路。而在出色的文集《路标》（第二版，1909 年）里，这些母题的声音显得更加嘹亮更加强大，在后一本文集中，观点最鲜明的文章是谢·布尔加科夫的《英雄主义与舍己为人》。这本文集中的作者们从神秘主义的自我期待，从奋不顾身的奔向理想和朦胧模糊的探索的立场上，号召人们从事劳动，"建功立业"，走向

① 《不要和平而要剑》，第 37 页。
② 同上书，第 37 页。

历史的现实主义……

我们不会在此深入分析在上述两本文集里发表的这些文章了，更何况我们在以后的有关章节里，还会与在这两本文集中所提到的几乎所有作者相遇的。因此，在此，我们把注意力转向对于个别哲学家体系问题的探讨，而首先是探讨比其他人都更加接近于宗教哲学运动的两个思想家，对于他们，我们刚才刚提到过：那就是尼·亚·别尔嘉耶夫和列·伊·舍斯托夫。

3. 尼古拉·亚历山大罗维奇·别尔嘉耶夫（1874—1948）出身于军人家庭，最初就学于一所军校。考入大学后不久，他就因为参加社会主义小组被流放到沃洛格达，并因此而永远地中断了其大学教育。但这却并未妨碍他成为一个罕见的受过高等教育的人，他的兴趣广泛无边，向四面八方伸展，虽然在其异常丰富和多样的创作中，道德主题永远处于基础地位（正如舍斯托夫在其论述别尔嘉耶夫的文章中公正地指出的那样）[1]。别尔嘉耶夫巨大的文学和哲学才华以及其宗教探索——所有这一切都成果辉煌地丰硕地在其创作中得到了反映，而别尔嘉耶夫也得以在其创作中彻底展现自己。

别尔嘉耶夫的精神演化之路是从其早期对于马克思主义的迷恋开始起步的，但很快对哲学的钻研就引导他开始对马克思主义的哲学方面进行重估[2]。别尔嘉耶夫和其他俄国马克思主义者们成为超验主义唯心主义的追随者，但他又在很长一段时期中，将这种唯心主

---

① 参阅其发表在《当代札记》，(1938) 总第 38 期，第 204 页）关于别尔嘉耶夫的文章。顺便需要指出的是，有关别尔嘉耶夫的文献非常浩瀚，但在这里我们只能指出其中一些最重要的文献：安东诺夫：《俄国世俗神学家们》，1912；Dennert. Die Krisis d. Gegenwart. Einfuhrung in die B. Geschichtsphilosophie. Leipzig，1928；Kopf————N. Berdiaeff. Theologie d. Zeit. Folge 2，Wien，1937；Schultze, Die Schau d. Kirche bei Berdiaeff. Roma，1938；Jakovenko. Deiny russ. philosophie. 洛斯基：《20 世纪俄国哲学》，《贝尔格莱德俄罗斯科学学院学报》，1931年第 3 期；洛斯基：《弗拉·索洛维约夫及其在俄国宗教哲学界的继承者们》，《道路》，第 2 和第 3 期；此外还有费多托夫的文章（《新杂志》，1948 年第 19 期）。还可参阅 Davy 发表在 Esprit 上的文章（1948）。

② 参阅别尔嘉耶夫的自传《自我认识》，（巴黎，1949）。

义与马克思主义的社会纲领结合起来。构成这一过度阶段的纪念碑的，是别尔嘉耶夫的第一部哲学巨著，内容是批判俄国"民粹派"哲学的（《社会哲学中的主观主义和个人主义——关于尼·康·米哈伊洛夫斯基的批判论稿》，由彼得·斯特鲁威作序，彼得堡，1901）。早在 1907 年，别尔嘉耶夫就在文集《Sub specie aeternitatis》、《新宗教意识和社会性》和《知识分子的精神危机》（1910），同样还在《自由哲学》（1911）一书中，从唯心主义走向宗教意识形态，并且还受到了俄国宗教浪漫主义（梅列日科夫斯基等人）的极其强烈的影响。别尔嘉耶夫在俄国出版的最后一部著作，已经有了一个系统的任务，名称是《创造的意义——为人辩护试论》 （莫斯科，1916）。别尔嘉耶夫在这部著作中的宗教立场，在经历过一个短暂的宗教实在论时期以后（而且可以明显看出涅斯缅洛夫的影响，关于他，可以参见本书第 3 卷第 4 章），开始倾向于神秘—浪漫主义一面，并且明显带有伯麦影响的痕迹。在革命年代（1918—1922）里，别尔嘉耶夫与其他哲学家和作家们一起，创立了自由宗教哲学学院，撰写了出色的著作《论不平等的哲学》 （旨在反对苏联意识形态，却在被驱逐出国以后的 1923 年才得以在柏林问世）。1922 年，别尔嘉耶夫和其他唯心主义哲学家们一起被从俄国驱逐，起先安顿在柏林，在那里，在美国基督教青年联合会出版社的协助下，创办了宗教哲学学院（1925 年迁移到巴黎），并成为《道路》杂志的编辑，当上了基督教青年联合会出版社的宗教哲学出版社社长。别尔嘉耶夫在巴黎的创作达到了极其繁荣的阶段，他的主要著作都是在这里写成的。早在到巴黎之前，在逗留于柏林期间，别尔嘉耶夫就写了一本在国外读者群中大获成功的书——《论历史的意义》，而在巴黎，他的写作工作是从出版一本小型专著《论新中世纪》开始起步的。这本小型专著很快就被译为一系列外语，为别尔嘉耶夫赢得了世界性声望。随后他的专著便开始一本接着一本出版——《自由精神哲学》、《精神与现实性》、《我与客体世界》、《论人的使命》

（《悖谬伦理学试稿》）、《俄罗斯思想》、《末世论形而上学试论》（这是别尔嘉耶夫的最后一部专著）。别尔嘉耶夫去世后，他的自传（《自我认识》）才出版。他还有许多小型著作我就不打算罗列了（《共产主义的真理与谎言》、《论自杀》等等），此类小型著作中最成功的，当属一部篇幅不大，但笔锋凌厉的专著《人在当代世界中的命运》。最后，我们还要提一提别尔嘉耶夫发表在各类杂志《道路》、《当代札记》以及在各类文集的为数众多的文章。此外，他自己亲自写的传记也很出色①。

别尔嘉耶夫在文学上的多产必然导致这样一个缺点，那就是在他著作中，有许多重复性文字，但这个缺点无法掩盖下列一点，即在别尔嘉耶夫的每部著作中，都有其特意加以强调的重点。别尔嘉耶夫的文字和笔法有一定的艰涩之处，读者常常因此而难以捕捉他的意图，搞不懂一个句子是怎么接续着前一句的：有时甚至令人感到，个别句子可以轻易地从一个地方挪到另一个地方，因为两个相邻的句子之间的关联看上去本就不那么明显似的②。然而，别尔嘉耶夫究竟在什么地方表现得十分辉煌呢——这就是在提炼个别公式，打磨独特的 bone mots 上，此类公式可以被读者铭记终生。

别尔嘉耶夫的创作的明显特征是在他身上政论的力量十分强大。我甚至认为别尔嘉耶夫创作中的这个方面，非常有助于他产生世界性影响力。当然，别尔嘉耶夫的政论性总是带有哲学的性质，总是与巨大的生命问题密切相关，但这毕竟也还是一种政论性。但是，在别尔嘉耶夫那里，政论元素又是与宣教布道紧密结合在一起的，是与对于未来的渴望和追求紧密结合在一起的，对于自己身上后一个特点，别尔嘉耶夫将之称为"野狐禅式的"（профетический）。

---

① 《论霍米亚科夫》、《论列昂季耶夫》。论陀思妥耶夫斯基的著作是以分析陀思妥耶夫斯基的思想为主旨的，但并非关于作家的一部传记。

② 别尔嘉耶夫在其《自传》中写道："我的思维是直觉的和格言警句式的，我也并不在思维中以论战的方式来发展思想。我无法合乎条理地发挥或证明任何观点"（第92页）。

这不是精确意义上的什么预言，毋宁说这是宣教布道，和乌托邦式的启示，而且，根据某位写有关于别尔嘉耶夫的著作的作家的说法，其中永远都有"训诫式"的元素。别尔嘉耶夫永远都在教导人们，指引人们，揭露人们，号召人们，他身上永远都有一个道德论者的身影。

现在，让我们探讨一下别尔嘉耶夫所受的影响问题，应当首先指出的一点是，别尔嘉耶夫有着非凡的综合的才能，因此他能够把截然不同的影响吸纳进来。俄国思想家中的弗拉基米尔·索洛维约夫和涅斯缅洛夫、罗赞诺夫和梅列日科夫斯基在别尔嘉耶夫的创作中留下的影响的痕迹最为明显，但陀思妥耶夫斯基的影响也同样很大，这一点别尔嘉耶夫自己也是承认的。外国作家中对别尔嘉耶夫影响最大的，有叔本华、尼采和伯麦，但他同样也深入吸取了超验主义的基本思想。哲学兴趣的广泛和多样性，对于他人思想和他人体系的持续和紧张的关注——所有这一切都综合了他从事综合概括的能力，而就此种能力而言，别尔嘉耶夫与弗拉·索洛维约夫非常相近。

按照其精神定势而言，别尔嘉耶夫是一个真正的浪漫派，并且终其一生都是一个浪漫派。在别尔嘉耶夫身上，这种作为基调的浪漫主义定势，似乎往往被"存在主义"的分析给遮盖住了，但是，存在主义如果离开浪漫主义精神定向几乎是不可能的。无论如何，别尔嘉耶夫至少是在研究自己，研究自己的并且也为自己所珍视的探索，他似乎在自己身上培植起了一种探索的精神，并且把对自己的评价、自己感觉和体验的研究进行到极端地步。哲学思考的需求深深地植根于他的天性之中，但浪漫主义定向在他身上则要比前者更加鲜明，这种定向导致他常常把自己的注意力，凝聚在自己的体验和探索方面。别尔嘉耶夫探讨任何主题都是从非常个人化的角度进行的，他似乎始终是在从个人立场出发衡量着一切，评价着一切，并且在这种无法走出自己本人的边界的不可能性中，在这种精神被令人惊讶万分地固着于个人探索的边界中，包含着解开其精神演化之路的钥匙。在他身上有一种辩证发展过程，但这并非思想的辩证法，而是"存在主义"的辩证法，是一种非常主观的辩证法。

别尔嘉耶夫的浪漫主义[①]，首先染有道德论色彩，另一方面，他身上总能令人感觉得到自我风格化倾向。广博睿智的大脑，博览群书的博学，无可置疑的哲学才华都决定着他的内心世界，但其全部著作在一定意义上也可以说是关于他自己本人的一个故事，关于他自己的怀疑和悲剧冲突的一个故事。敏锐的良心，深刻的人性和对于理想的渴望——这种渴望刻不容缓，不容妥协——赋予别尔嘉耶夫的思考以深度，敏锐性，但他同时又无论在哪里又都始终忠实于自己。他刚一走近宗教，首先就立刻脱离了宗教传统而躲藏在"新的"宗教意识的荫庇下。"新"宗教意识对于别尔嘉耶夫本人来说当然是新的，但实际上，在他身上又根本不可能有任何东西是什么新的。但在别尔嘉耶夫身上，给所有的一切都打上自己个性的烙印的需求实在是太强烈了。

对于西方来说，别尔嘉耶夫或许曾经在很长一段时期都曾是东正教精神的表达者。当然，别尔嘉耶夫是从东正教里吸收了许多元素，并且深入洞悉了东正教的精神，——但他也在同时重复伯麦，有时还有巴德尔、谢林思想时不曾感到有任何为难之处。在繁琐哲学领域里别尔嘉耶夫丝毫也看不起教会传统，毫不犹豫地摒弃了这一传统，而轻而易举地吸纳了另外一些宗教定势，因此他产生了一种信念，即他是在捍卫一种"普世的"（或是"永恒的"）基督教。当别尔嘉耶夫最终确立了有关"自由对于存在的优先地位"思想（有关这一点请参见下文）时，他完全可以轻松裕如地走向自由的体

---

① 别尔嘉耶夫本人曾经否认自己身上有浪漫主义（参见其《自传》），他在此书中写道（第41页）："如果可以称我为浪漫派的话，那么，也只能是完全在另外一种意义上的浪漫派"。但紧接着他自己又补充道，在他的一生中（第43页），"非理性的力量和作用"明显可见。"我更多的是一个好幻想的人"，在《自传》的另一处地方（第196页）他写道，而这种说法是十分中肯的。

系的建构。或许，别尔嘉耶夫全部宗教哲学著作的魅力就在于它们是基督教思想和外基督教本质的一种独特的混合物：许多人也真地以为摆在我们面前的是宗教意识领域里的"新路"的本质。现在我们转而探讨一下别尔嘉耶夫创作中的哲学内容。

4. 阐述别尔嘉耶夫的哲学思想是很困难的，这不光因为在他身上有很多矛盾之处，以及他本人非常鄙视地对待哲学的体系性，而且还因为他的思维方式，按照他自己的供白，是"格言警句式的"和片断式的。别尔嘉耶夫最具有体系性的著作往往是这样建构的，即构成整部著作之基础的是（常常是随机选出的）一个理念，在这个理念的观照下，他分析某种哲学主题。《论创造的意义》、《论人的劳动与自由》以及部分的还有《论人的使命》就是这样写成的。然而，你若以为在此类著作里别尔嘉耶夫的思想该会达到体系性阶段了的话那就错了，在此类著作里，虽然他对某些思想做了发挥，但你也会出乎意外地遇到整段整段的、与主要思维进程压根没有任何关联的文字。

为了对别尔嘉耶夫就哲学主题发表的主要言论做一个概述，我（稍稍有些人为地）将其整个创作分成四个时期，但这四个时期与其说标志着别尔嘉耶夫哲学发展的各个阶段（按照时间顺序），倒不如说标志着其哲学的不同方面。每个时期都可以按照他所强调的重点加以描述，但这也根本不能排除在这一特定时期中，他在别的时期中才强调其重点的那些体系或思想就不出现。第一个时期中被推到首位的是伦理主题，虽然别尔嘉耶夫直到其生命的终点都始终首先是一个道德论者①，但以纯粹的形式出现的、没有参杂别的本质问题的道德主题，只在其创作的第一个时期中出现过。他创作的第二个时期的特点在于在别尔嘉耶夫身上发生了一次宗教—神秘主义转折，而且，自此以后，宗教—神秘主义主题已经再也未曾离开过他的意

———————

① 别尔嘉耶夫在其《自传》中写道："道德哲学问题对我来说永远都处于中心地位"（第103页）。

识，但对该主题以最为纯粹的形式加以特别强调，却已是别尔嘉耶夫创作的第二个时期中的事了。第三个时期的强调重点落实在历史主题上（其中包括别尔嘉耶夫晚年对于末世论的特殊关注）。最后，第四个时期（或第四个强调重点）则与其人格主义理念有关。在这个四个强调重点之外，还应加上若干种按照别尔嘉耶夫关于其哲学所说的那样"核心"理念。此类理念老实说有两个：1）客观化法则；2）"自由对于存在的优先地位"。然而，实际上这都是些"只具有辅助性的"理念，它们和别尔嘉耶夫的人格主义体系有关。

虽然别尔嘉耶夫常常就认识论主题发表言论，和他也常发表言论论述形而上学问题一样，但值得注意的是，认识论和形而上学问题对他来说永远都只具有第二位的和派生的意义。实际上别尔嘉耶夫更多的是一个浪漫派的道德论者，对他来说，最重要的问题是"表达"自我，"展现自我"，把自我和他人分开，——也正因为此，别尔嘉耶夫总是为反对"小市民习气"而"拍案而起"。他公然承认"我终其一生都是一个造反派"①。此外还要加上在表达体验时的激情洋溢和慷慨激昂，而这种居于支配地位的"激情"（别尔嘉耶夫本人在其《自传》中亲笔写道，说他的一生"充满了激情"）② 对于精神的清明不能不有所妨碍。在思想斗争最激烈的时刻，别尔嘉耶夫主要是遵循着自己的感情——正因为此他才会即使是当他在原则上站在实在论和处于精神清明状态下（当在创作的第二阶段的时候）时，也是一个不可救药的浪漫派③的原因。在他哪里，认识论和形而上学都十分灵活，它们全都顺从地听从其情感的吩咐，而他在感情上则首先并且更多的是一位道德论者。

现在我们来研究一下别尔嘉耶夫的观点。

---

① 《自传》，第 67 页。

② 同上书，第 11 页。还可参阅第 80 页。

③ 参阅《创造的意义》一书第 113 页里对于浪漫主义的一段值得关注的歌颂；在《知识分子的精神危机》第 17 页里则又有反对浪漫主义的激烈言辞。我们可以在别尔嘉耶夫的各种著作里找到许许多多在前后两种立场之间呈现出来的类似歧异。

如果对于别尔嘉耶夫的道德观点仔细关注一下的话，便会看得很清楚，那就是他本人并非一下子就认出了自己所特有的道德理念的。在其第一部著作（《社会学哲学中的主观主义》）里，别尔嘉耶夫还未最终认识到伦理意识的"独立性"：他希望"理想能够获得科学的核准"①，他认为人身上的自由只有当"必然性对我们的理想表示青睐"② 时才会展现，而且他还会接受马克思主义关于"自由是对于必然性的认识"的学说。但在这本书中作为被批判的唯心主义的追随者的别尔嘉耶夫，却逐渐抛开了对于"科学对于理想的核准"的探索，而在写作了上述那本书的一年以后，在发表在上文所述那本文集《唯心主义问题》③ 中的一篇文章中，别尔嘉耶夫教导人们"道德法则是绝对的和永恒的"，还说什么这一法则是"为这个世界"颁赐的，而非"来自于这个世界"。人身上的自由根本而且无论如何也不可能与必然性有关（"道德法则属于自由王国，而非属于必然性王国"）④。摆在我们面前的是典型的超验主义唯心主义的论断，但也早在这个时期中，在别尔嘉耶夫的道德体系里，便已经出现了新的音调。别尔嘉耶夫以其所特有的炽烈感情写道："我们早就该彻底消灭作为伦理幻想的'你'了……人与人的关系在伦理学上是派生性的，而且是取决于人对其自己本身的关系的。"⑤ 在别尔嘉耶夫那里，道德意识由于其所具有的宗教和神秘主义理念而被复杂化了：在他那里已经开始出现了"新时代"（эона）的理念，他已经在寻找"新的宗教意识"⑥。因此，按照别尔嘉耶夫的思想（目前他的思想已经一劳永逸地成为其道德意识的前提），具有新宗

---

　　① 《社会学哲学中的主观主义和个人主义——关于尼·康·米哈伊洛夫斯基的批判稿》，第 63 页。

　　② 同上书，第 118 页。

　　③ 这篇文章再版于《Sub specie aeternitatis》。下文出现的那段话见第 70 页。

　　④ 同上书，第 95 页。

　　⑤ 同上书，第 77 页。这对于别尔嘉耶夫的浪漫主义的自我孤立主义来说是多么典型呀！

　　⑥ 参阅很有特点的《论新宗教意识》一文，同上书，第 338—374 页。

教意识的"人既不可能摒弃多神教，也不可能摒弃基督教"①，在他那里，时而又会发生与基督教文化的分裂，而后来甚至会发生与基督教文化的斗争和对其的厌恶②（为了"新"宗教意识的缘故）。

在别尔嘉耶夫道德意识的演变过程中出现的新阶段，最清晰不过地表现在《创造的意义》这部著作里。二元论时期就是从这部著作开始的（二元论在别尔嘉耶夫那里一直持续到其生命的尽头，虽然对其的表述在其一生之中有过多次变化）。我们读到③："世界是恶，应当走出恶。自由来自世界——这就是我这部著作的激情。"道德领域在别尔嘉耶夫全部创作中的奠基意义在这段话里被揭示得淋漓尽致（因此，从道德原理中推导出来的二元论正如我们下文中将要看到的那样，成为其全部言论中具有决定性意义的前提）。另一方面，这部著作整个就是对人的颂歌，是对人的颂扬，而在俄国哲学中，我们已经熟知的列昂季耶夫对于人类学（антрополятрия）的指责（亦即把人抬高到崇拜的物件的地步），正与别尔嘉耶夫有关。我们在这部著作里读到④："人的无穷的精神想往绝对的和超自然的人类中心主义，他认识到自己不光是这一封闭的宇宙系统的绝对中心，而且还是全部存在的中心和全部世界的中心。"在这样一种立场（决定这一立场的，根本不是人的本体论，而是人在道德上的自我揄扬）看来，人的基本任务（甚至是职责）就是创造。别尔嘉耶夫写道⑤："人的目的不是拯救，而是创造"，但他即刻又软化自己的思想（暂时！），承认"对于创造的上升来说，从恶和罪中拯救是十分必要

---

① 《社会学哲学中的主观主义和个人主义——关于尼·康·米哈伊洛夫斯基的批判稿》，第342页。别尔嘉耶夫接着写道（第341页）："我们不仅为个个他，同时也为奥林匹亚而迷醉，召唤和吸引我们的，不仅有在十字架上濒临死亡的处于痛苦中的上帝，而且也有神祇潘，大地上自然力量的神祇……和古代的女神阿芙洛狄特。"

② 关于对于"实证主义的建设生活"的厌恶，可以参阅上书第363页。比较："仅靠基督的一句话是不足以为家庭辩护（！）的"，见同上书，第357页。

③ 《创造的意义》，第11页。

④ 同上书，第71页。

⑤ 同上书，第93页。

的"。别尔嘉耶夫接着写道:"我们不是应当为创造辩护,而是相反:我们应当用创造来为生命辩护。""旧的宗教意识"不懂得对待创造的这样一种态度①,别尔嘉耶夫强调指出②。因此,拥有对待创造的新的态度的我们也就进入了一个"新的、史无前例的宗教意识"的时代,因为"创作行为是目的本身,它是不懂得有什么外在的裁判可以对它进行裁判的"③。"对于神圣的崇拜应当补充以对于天才(作为一种创造力)的崇拜"④。但别尔嘉耶夫的思想在继续前行。对他来说,"创造活动由于世上的补偿而延宕"⑤,而在道德意识里,按照别尔嘉耶夫的思想,则会呈现出一种内在的双重性来:"基督教作为一种补偿的道德,并未展开为一种道德上的创造"⑥。摆在我们面前的是两条道德之路,"别尔嘉耶夫在《创作伦理学》这一章的结尾部分写道:"恭顺即创作,即改造世界,即对世界的升华。"⑦这已然不是什么对于"建基在反对自身罪孽斗争之基础上的道德"的脱离⑧,亦即实际上,是在反对基督教道德。别尔嘉耶夫接着写道:"我们不能活在世上而仅靠服从听话这一种道德来创造新生活"。这已然就是在试图寻找新的"创造伦理学"了("把对其命运和世界之命运的责任赋予人……")。别尔嘉耶夫接着发出预言⑨:"有关人的创造性启示是业已僵死的教会生命发展和复苏的唯一之路"。

所有这些新的体系都以极其鲜明的方式在《自由精神的哲学》这部著作中得到了表现,而新的世界形而上学也是在这部书中出现的(但其成分在此之前也有所显现):这首先是有关自然存在的

① 因此别尔嘉耶夫目前只谈"世界的前创世时代",《论人的使命》,第448页。
② 同上书,第155页。
③ 《创造的意义》,第159页。
④ 同上书,第169页。
⑤ 同上书,第230页。
⑥ 同上书,第250页。
⑦ 同上书,第265页。
⑧ 同上书,第250页。
⑨ 同上书,第323页。

"象征主义"的学说（是为嗣后有关精神的"客观化"的学说，参见下文）的先声，然后是有关"人的能量"的神性的学说①，和有关道德意识中的"神名学本质"的学说，（这种学说是从有关人的新学说中推导出来的）②。而嗣后发展起来的体系的萌芽就包含在这里：即关于"我们可以通过恶走向高度的善"③。但在别尔嘉耶夫那里，新的道德定势是在其杰出的著作《论人的使命》中达到其鼎盛阶段的（《悖论伦理学试论》，1931）④。

首先，应当在此指出在别尔嘉耶夫那里真正的"泛道德主义"⑤当然已经和托尔斯泰的截然不同了。别尔嘉耶夫在此写道："伦理学要比人们一般界定它的范围更广"，而稍后我们又读到，"道德经验构成了哲学的基点"。对于别尔嘉耶夫来说，"按照善与恶的标准进行评价仅只带有象征性质"："在其自身中的存在的深度，生命的深度完全不是什么'善'的或是'恶'的……它只不过是被表征为这样罢了"⑥。我们在一页后又读到："我们的伦理学具有象征性，因为它是由悖论构成的：它的基本问题根本不是关于善的问题……而是关于上帝身上的自由和人身上的自由的关系问题。"别尔嘉耶夫此刻在伦理学演化过程中区分了三个阶梯：法则伦理学（旧约），救赎伦理学（新约）和创造伦理学⑦。至于说法则伦理学属于低级阶梯，这对别尔嘉耶夫来说是无可争议的——这种伦理学"是社会日常生活中的伦理学"，它不关涉个性，它是"来源于宗教恐惧感"，虽然它也

---

① 在来自上帝之子的神赐中，起作用的不光有上帝的恩赐，而且还有人类的能量，永恒天国的人类的能量（《自由精神哲学》，第1卷，第204页）。

② 然而，这一新的（"神名学的"）意识仍然太接近于"独立自主的"（例如，可以参阅下列话："我同意执行上帝的意志，如果上帝是无限的爱的话，尽管这对于我来说并不容易"（《自由精神哲学》，第217页）。

③ 同上书，第266页。

④ 《论人的使命》，第18页。

⑤ 同上书，第104页译注。

⑥ 同上书，第22页。

⑦ 同上书，第86页。

为个人生活提供保护，但它也在戕害个人生活，在基督教时代就存在着这样的伦理学——它在此期间创造了基督教清规戒律的心理学①。即便我们把善的理念当作伦理学的基础，那伦理学也依然会成为"清规戒律式的和规范法则式的"——福音书道德乃是法则所不知道的"神赐力量的道德"，也就是说，它已然不是什么道德了……因为基督教认为人高于善的理念"②。别尔嘉耶夫花费很大力气揭示了这样一个道理，即我们不能以法则的方式来理解福音书，但在通常的最高纲领主义中，却又常常走到有意把"活生生的个性"与"善的理念"对立起来的地步。关于"救赎之谜"的出色思想，以及关于"过去的可克服性"在神赐的救赎的力量中的秘密，在别尔嘉耶夫那里，很快便转变为有关"救赎伦理学在一切方面都与世界相对立"的学说③，转变成为"一个国家、一种经济、一个家庭和一个文化，是不可能建立在福音书的基础上的"，转变成为"精神生活的真理是与自然的生活两不兼容的"。实际上，救赎伦理学，老实说，不是伦理学，因为基督教自己本身"不是什么别的，而是在基督身上和通过基督获得的一种力量"，真正的基督教伦理学因此是一种创造伦理学。实在说，如我们所知，按照别尔嘉耶夫的思想，在伦理学演化过程中，并不曾有过三个阶梯，而是一共只有两个……但究竟什么是创造伦理学呢？

别尔嘉耶夫写道④："创造似乎外在于法则伦理学和救赎伦理学而构成一种别样的伦理学。创造者以其自身的创造为自己进行辩护……创造者和创造与拯救和死亡无关"。"创造意味着灵魂转入另外一个存在领域：对于惩罚的恐惧和永恒痛苦的恐惧不可能不在创造伦理学中发挥作用"。别尔嘉耶夫相信"创造力的勃发和神性的性力终将战胜淫欲和恶的欲念"⑤，相信"性欲的升华或转移（似乎在

---

① 参阅论述"法则伦理学"的整个章节（《论人的使命》，第91—110页）。
② 《论人的使命》，第113页。
③ 同上书，第118、131页。
④ 同上书，第139页。
⑤ 同上书，第147、149、150页。

所有创造行为中都有这种东西——作者原注）意味着把情欲从淫欲和在淫欲中确认自由的创造本能中解脱出来"。创造伦理学是一种创造力伦理学，因而，正如我们的"法则锻造（！）善的力量"，创造伦理学则克服着法则伦理学，"用无穷无尽的创造能量来取代绝对律令……"① 别尔嘉耶夫要我们相信②，创造"是一种慈善的力量，它会使意识摆脱恐惧和法则"，创造"是第一生命"，它面向的"不是旧的而是新的和永恒的东西"。

要想正确理解对于创造的这样一番颂扬，就必须把它与别尔嘉耶夫后来所发展的人格主义形而上学联系起来看。这种人格主义主要表现在《论人的奴役与自由》（以及《我与客体世界》一书）中，别尔嘉耶夫在书中断言"存在于世便已是堕落了"③。按照别尔嘉耶夫的说法，在他身上永远都保存着"对于崇高世界的爱慕"，而"对于卑鄙的世界却只有怜悯"④，而这是对于这样一个世界的怜悯，这个世界仅仅只是"精神的客体化"，而非"真正的存在，也不是什么原初现实"。因此个性要想走出自己本身的束缚就只有两条路可走：第一条是客观化⑤，即指人走向社会，走近"日常琐事"和生活"普遍必然的"形式，以及超越之路，这条路使"自由中的生命"得以保留。客观化永远都是"反人格主义的"，因为它会剥夺人的个性，在人身上唤醒适应日常琐事的能力，创造出"奴隶"的心理，客观化永远都是奴役的来源⑥。"个性一般说先于存在"，——如今别尔嘉耶夫在与各类本体论论争的同时如是说。对于他的这些论断，我们稍后再谈，现在我们只谈谈这样一种"存在主义"定势是如何在别尔

---

① 《论人的使命》，第 155 页。
② 同上书，第 159、160、162 页。
③ 《我与客体世界》，第 48 页。
④ 《论人的奴役与自由》，第 11 页。
⑤ "客观化"这个概念无疑是别尔嘉耶夫从叔本华那里拿来的，关于叔本华对他（还在其童年时期）的影响，可以参阅《自传》第 48 页和《论人的奴役与自由》第 13 页。
⑥ 《论人的奴役与自由》，第 51—52 页。

嘉耶夫的道德思想中反映的。

别尔嘉耶夫早在教导人们有关作为天主的上帝的"神学"中，便已发现了"奴役"（这是一种面对上帝的"奴役"，因而是可能容忍的，是对人的"羞辱"）。"从社会生活中提炼出来的主人与奴隶的关系被转移到了神与人的关系中来"①。至于这种说法是对宗教本质的一种非常不准确的理解这一点，我们这里就不赘言了，我们只想强调一点：别尔嘉耶夫处处都能看到对人及其自由精神的"未遂侵犯"，而对"客观化"的鄙弃和厌恶要求人们与"客观世界"隔离开来。别尔嘉耶夫承认②："创造行为向外在方面的任何一种表现都会落入这个世界的掌握之中"。按照他的思想，这也就是为什么一般说来创造带有悲剧的烙印的原因。我们从别尔嘉耶夫的最后一部著作中读到③："精神的客体化就是对其的歪曲和自我感觉"。而在另外一个地方，我们又读到，客体化引向"堕落"，"现象界也就是其在客体化中的诞生"④。

这样一来，个性在其真正的和创造性的运动中被这种致命而又不可避免的客体化给排挤出去了，因此，别尔嘉耶夫断言"存在于世上也就是堕落"⑤（别尔嘉耶夫的这种说法不过是在重复海德格尔的体系建构）⑥。但这一有关作为一个领域的客体化的思想，在对待个性的问题上，却具有异样的性质，它在内在论上与别尔嘉耶夫的人格主义形而上学相互关联。总之，有关客体化的全部学说（别尔嘉耶夫自己本人也讨论过"客体化的神秘进程问题"）⑦，而要知道，在别尔嘉耶夫那里，他的全部支撑点只有一个，那就是要把个性与

---

① 《论人的奴役与自由》，第 71 页。

② 同上书，第 108 页。

③ 《末世论形而上学试论》，第 33 页。

④ 同上书，第 54、56 页。

⑤ 同上书，第 54、56 页。

⑥ 别尔嘉耶夫直截了当地断言，"客体化首先是解人格化"（《末世论形而上学试论》，第 73 页）。

⑦ 同上书，第 58、63 页。

世界隔离开来，把个性从世界中解放出来，把全部创造（其中包括道德的力量）全都彻底凝结于人的内心。可这样一来，永远都在企求"掌握"世界（在其某一方面）的创造，也就失去了其意义，既然创造的结果重新把我们与一个"堕落"的世界联系了起来的话。别尔嘉耶夫很长时间以来一直未察觉他所谓的人格主义在把个性与世界隔离开来的同时，创造出的，不是简单的创造的悲剧性（这一点正如我们已经知道的别尔嘉耶夫自己也曾指出过了），而且也是在把它无意义化：如果创造只能把我们巩固在一个"堕落"的世界的话，那么，我们也就不值得去追求在世上的创造了。而如果创造是自外于世界的呢？然而，别尔嘉耶夫在其最后一部著作中，指出了摆脱困境的若干条出路：他把"表现性"这个新概念引入了进来，以之来取代"客体化"①。

"表现性"引导我们进入创造，当然这同样也是一个外部世界，但它却对于个性身上一切珍贵的东西，都予以"保护"。但别尔嘉耶夫接下来的评论却表明，在摒弃"堕落"的世界的同时，他却最终无法完整透彻地思考创造的问题。别尔嘉耶夫建议把"创造的体现和客观化"区分开来②，但他自己却又亲手写道，"体现可以成为精神的客体化"，而且，显然，"创造的体现是双重的"，甚至会使人觉得，"创造行为的体现堕入客观世界的法则中了"。但这样一来创造也就失去其意义了……而别尔嘉耶夫的另一种论断也无济于事，即说什么"任何创造性的道德行为实际上都是这个建基（！）在对善的诅咒之上的世界的终结"③。而正如别尔嘉耶夫接下来所写的那样，如果"任何创造行为（道德的、艺术的等等）"都是导致世界末日来临的行为的话，都是"向一个异样的、新的存在层面的飞跃"的话，那么，则所有这一切就都是虚构的了，因为创造行为的"结果"会把我们反向地纳入

---

① 《末世论形而上学试论》，第 57 页。
② 同上书，第 159 页。接下来的引文见第 162、166、167 页。
③ 同上书，第 163 页。

世界（堕落）中去，并以此而使其得到巩固……

道德理念在别尔嘉耶夫那里的演化过程更是如此。这一过程的核心是道德唯心主义，但那时的别尔嘉耶夫，正如我们已经知道的那样，也承认，虽然道德法则并非"来自世界"，但却毕竟是"为了世界"的。然而，接下来却可以看出，我们"必须离开世界"——而这也正是别尔嘉耶夫道德哲学体系致命的二元论的来源。对于"创造"之道德的歌颂，如我们所知，起初把别尔嘉耶夫置于与神秘的救赎相互矛盾的地步（这种救赎如我们所知智慧"迟滞"（！）创造），而随后创造的颂歌却又把我们引到冷漠地对待现实的境地。在别尔嘉耶夫那里，纯粹的浪漫主义引向对于任何"客观化"的鄙视——并以此必然创造出一种特定死胡同的注定无法彻底摆脱的印象。别尔嘉耶夫的确正是由于其对于只会对我们的"我"构成障碍的现实世界的鄙视而的确在对道德的探索中迷了路……

5. 假如我们转而探讨别尔嘉耶夫的宗教理念及其演化步骤的话，我们会发现同样的进程。

我们从别尔嘉耶夫的自传中已经得知，实话说，他在家庭范围内并不曾得到宗教教育①，而当"精神觉醒"的时刻来临时，按照别尔嘉耶夫自己的说法，在其头脑里觉醒的，也不是圣经，而是叔本华深深地植入了他的灵魂②。在较晚的时候，当别尔嘉耶夫已经离开马克思主义以后，在他身上发生了名符其实的对于宗教的"转向"，但却是在"新宗教意识"的标志下进行的，而且，还是"非基督教的"③。别尔嘉耶夫立刻倾向于否认"历史基督教"，因为"世界历史的新时代"④ 到来了。他（继梅列日科夫斯基之后）接受

① 他写道："我的童年缺乏宗教环境，我没有终生铭记的宗教回忆"，《自传》，第89、182 页。

② 同上书，第 53 页。

③ Sub specie aeternitatis，第 4 页。

④ 同上书，第 51 页。

了作为一种纯粹的禁欲主义宗教的"历史基督教"，可对于"新宗教意识的人来说……需要的是多神教和基督教的结合形态"。别尔嘉耶夫所企求的新的远景是非常诱人的："空间和时间即将消失"，"'大地'即将被改造为……超时间的和超空间的"，国家是"魔鬼的诱惑之一"，而在末世论的基督教里那些不曾被历史基督教所容纳的则将会被容纳"，"人神、反对上帝和恶魔主义都是神性的本质"……别尔嘉耶夫甚至大谈"宗教的酒神节"[①]……而稍晚些时候却已然是态度谦虚头脑清醒的言论，说什么"新宗教意识"应当与在"圣物与神父职务"的不可分割地关联中来加以思考。别尔嘉耶夫已经不愿意"涉足于人类自我评估的神圣领域里去了"。但别尔嘉耶夫仍然在期待着"一场意义极为深刻的革命"，他相信一种新的宗教原则将会进入世界，相信"一种带有预言性质的、能够改造存在的艺术"的时代正在到来[②]。在令人读起来不忍释手的《自由哲学》一书中，我们读到"哲学不可能没有宗教"，哲学应当成为"宗教生活的有机功能"，甚至应当"成为教会"。在此别尔嘉耶夫关于教会这样写道，说教会"是世界的灵魂"，是与逻各斯结合在一起的"世界的灵魂"。知识原来是"信仰的一种形式"。别尔嘉耶夫以一种巴德尔式的精神——这里特别能够感受得到他的影响力——别尔嘉耶夫认为"逻辑的法则是存在之病"，个人理性低于教会理性，而"认识论所忙于对之进行反射的那些范畴，有其罪恶的根源"；"历史的意义就在于罪孽的救赎"。别尔嘉耶夫在这部书中甚至走到如此之远的地步（此乃他关注教会问题的最密切的关头），以致于他此刻认为"教会的更新"不在于与多神教的综合，而是相反，在于把基督教从多神教的日常生活中解放出来[③]。

---

① 摘自同一本书的第352—353、361、366、370页。

② 引文摘自《知识分子的精神危机》，第10—11、25页。

③ 《自由的哲学》，第8、14、16、17（试比较第95、225页）、46、55、80、119（试比较第140、150页）。

可是，当《创造的意义》（1915）一书正在写作中时，我们已经迈进了一个新的时期，一个几乎已经渗透着"摩尼教派式的二元论精神"的时期，按照别尔嘉耶夫自己的说法①，这个时期也是伯麦的影响开始发挥作用的时期，是对世界之恶有着敏锐感觉的时期，也是"预言"被分外看重的时期："不仅人需要上帝，而且上帝也需要人"。"人应当从消极接受宗教的状态转向积极和创造性的接受宗教的状态"——这不是一种"新的、异乎寻常的或宗教的意识"。"上帝期待于人的是创造的启示"……生命的意义"不是拯救，而是创造性的上升"。

所有这些母题在别尔嘉耶夫最重要的（指有关宗教问题的）著作——《自由精神哲学》——中，得到了最高度的表现。别尔嘉耶夫不仅不愿意成为一个神学家，他允许自己即使是实际上是在阐释神学主题时也能始终保持哲学家的本色。无足惊奇的是，在这个问题上他常常会堕入"异端邪说"中去（其辩证法依然具有神学的意义），而放任自己"为所欲为"，而为所欲为则又表现为从一个层面跳到另一个层面。别尔嘉耶夫关于圣三位一体以及其他神学问题……的"意见"便是如此。在《自由精神哲学》一书中，纯粹的形而上学仍然远比"自由的基督教"因素多得多，关于后者，别尔嘉耶夫曾经想要将其作为"基督教权威"②或作为"独特的基督教实证主义"③的对立面来大谈特谈的。别尔嘉耶夫思考道："自由的基督教作为一种精神的和神秘的东西——是比在自然—历史层面上被符号化了的精神的东西的理解更加真切和更加真实的现实。"④

强调的重点在此应当放在后一条上："正在历史中、在空间和时间中实现的东西的现实性是象征性的现实性"⑤。全部自然存在都是

---

① 《创造的意义》，第11、14、92、99、102、156页。
② 《自由精神哲学》，第1卷，第9页。
③ 同上书，第60页。
④ 同上书，第65页。
⑤ 同上书，第66页。

象征性的，但不是指普通的现象学意义上的象征性（此即别尔嘉耶夫所说的"唯心主义的象征主义"）①，而是在"象征地反映"原初现实的意义上。"世界的全部肉体都是世界的象征（符号）"，因此上帝的化身以及在救世主一生中所发生的全部事件（诞生、死亡、复活）都只是象征（符号），虽然这却是"核心的和绝对的符号"（?）②。"我们生活在第二级的被反映的世界上"③。

和索洛维约夫一样，别尔嘉耶夫（但却是以其特有的方式，对索洛维约夫的形而上学做了特别的阐释）教导我们说，"上帝教会'他者'以回报式的爱心，因此才得以创造出世界来"，但"创世"则"仅在精神层面"进行④，而我们的自然世界"却已然是堕落原罪的结果了"（因此才使得"堕落原罪不可能在自然世界里发生"，亦即它是在自然世界产生之前发生的（如伯麦所说)⑤。按照别尔嘉耶夫的说法，由此可见，"在封闭于自身之中的自然世界里（也就是说如果自然不被看作是符号的话——原作者注），我们也就无法揭示关联的意义，而人的自然生命也就会失去意义了"⑥。

别尔嘉耶夫害怕任何有关上帝学说中的"自然主义"——他反对关于上帝的"静态"概念，因为它感觉不到上帝身上的"神秘宗教仪式"。接着，别尔嘉耶夫紧步埃克哈特的后尘，说什么"神的诞生"，"神的深不可测的神谱学过程"⑦。我们没必要深入探讨别尔嘉耶夫对这些神学思想进行分析的细致过程了——对我们来说，重要的是要表明其宗教观点的演变过程，而且这一演变过程的发展是从

---

① 《自由精神哲学》，第 1 卷，第 91 页。
② 同上书，第 99 页。
③ 同上书，第 184 页。
④ 同上书，第 49 页。可与第 71、203 页比较。
⑤ 同上书，第 50 页。
⑥ 同上书，第 89 页。
⑦ 同上书，第 2 卷第 12 页。第 1 卷，第 202—206 页。

揄扬人走向对于神的现实性的弱化的①。别尔嘉耶夫为此而倾向于人类学，这种人类学与伯麦的人类学几乎类同，他还经常教导人们关于"精神"的原初性的道理，否定"存在"的原初性——这一点的重要性恰好表现在其对人的关系方面，自由在其中"并非共造"的。而由于"上帝的力量强大到足以支配存在，但还未强大到足以支配自由的地步"②，因此，对此问题的解决是神正论的：由于"上帝的内在生活是通过人与世界实现的"③，因此，"宇宙和神谱中阴暗本质的被启蒙就也是在历史中实现的"④，"恶的经验甚至会导致最伟大的善"⑤。

对于"自然化"的恐惧，亦即对于"客体"性质存在的被掌握的恐惧（会导致存在转移到"客观化"领域——原作者注）或"自然"（转移到"客观化"领域)⑥，这把别尔嘉耶夫引导到关于世界即"象征主义的存在"的学说，引导到关于不可能把"存在"范畴应用到精神领域里的学说⑦，引导到关于在对待作为"堕落的"真实世界的鄙视态度上来。因此，对于存在的任何一种神圣化都是绝对不可能的（"宗教礼仪化永远都是象征化的"⑧，仅此而已，岂有他哉！）——应当寻找"新的精神性"，它能够把我们从客观化⑨中解放出来（如何解放呢？——原作者注）。

实际上我们又一次陷入死胡同了。把基督教改造为一种"新基

---

① 舍斯托夫在论述别尔嘉耶夫的文章（《当代札记》，第67期，第98页）中公正地指出了这一点："人在别尔嘉耶夫哲学中生长得越快，则上帝的身影便越苍白越卑微化"。

② 《自由精神哲学》，第1卷，第232，240页。

③ 同上书，第21页。在另一处文字（第29页）中，我们得知，人"通过基督……深入到神的生活中去"（同上书，第29页）。

④ 《历史的意义》，第70页。

⑤ 《自由精神哲学》，第1卷，第266页。

⑥ 在别尔嘉耶夫那里，"自然"，"自然的"总是被评价得非常之低，对他来说，似乎自然的模式是在机械过程中给定的。

⑦ 《精神与现实性》，第10页。

⑧ 同上书，第61页。

⑨ 同上书，第161页。

督教"以便揄扬人，引导别尔嘉耶夫走向对现实生活感到厌恶的地步，他似乎并未察觉，关于"客观化"的必然性的学说剥夺了创造的任何意义，使得宗教生活或是失去了与改造世界的关联，或是完全只与"精神的飞扬"有关。在宗教领域里的浪漫主义必然导致宗教体验的客观化，亦即使灵魂丧失对于现实力量中的上帝的关涉性①。

6. 实际上，我们在别尔嘉耶夫的历史哲学中也可以发现一个同样的自我约束的过程，虽然他总是特别下足力气加以研究的正好就是历史学问题（在其学术研究鼎盛的第三个时期中）。他早期的马克思主义首先是一种历史学观念，但却充满了对于"科学核准性"的让步，对于这个概念，上文我们已经谈到过了。但是，在克服了马克思主义并转向"宗教社会性"理念以后，别尔嘉耶夫首先是从肤浅的历史决定论转向了有关"现实生活非理性性"的学说②，历史学问题必然获得一种新的阐释。"历史的作用包含在绝对者的核心中，而历史的真正基础在于恶的自由"③。当然，在《不平等哲学》里，别尔嘉耶夫从历史的非理性性出发，讨论什么"政权的不可理喻的秘密"问题，讨论什么"来自于上帝的政权的本体论"④ 问题，但这在别尔嘉耶夫对于历史问题的思考中仅仅只是一个过度性因素：对于历史的另外一种全新的理解完全地攫住了他的心身。起初他似乎觉得历史现实生活是"对于本体论领域的发现"⑤，因此"人的命运不仅不是尘世的，而且（同时也是——原作者注）天国的命运，不仅是历史的，而且也是形而上学的"⑥。在此期间，别尔嘉耶夫就

---

① 这给别尔嘉耶夫的全部宗教世界打上了宗教内在论的致命烙印。参阅《自由精神哲学》，第1卷，第145页。
② 《自由哲学》，第26页。
③ 《论历史的意义》，第56、95页。
④ 《论不平等哲学》，第52、54、64页。
⑤ 《论历史的意义》，第24页。
⑥ 同上书，第53页。

已经把"被毁坏的时代"（真实的）和"深层的"时代区分了开来①，但它们在他那里相互之间尚未分开。但这一断裂在别尔嘉耶夫嗣后的发展过程中成为必然的了——在这个问题上，对其产生影响的，首先是对于现实生活的浪漫主义疏离（即对于"客观化"的疏离），这种疏离永远都是"小市民的"②；对他产生影响的，首先是"像世界一样久远的精神自由对于世界必然性的对抗和对立"。历史（真实的）被作为"精神的失败，天国未能在精神中形成的失败"来加以描述③。客观化就已经把现象与本体领域分割开来了（不光是制造区别而已，虽然还有从本体"突变"到现象领域里的可能性)④，而此时的别尔嘉耶夫断言，在"政权里没有任何本体论的东西"⑤，没有任何"神圣的东西"。但也因此由于上述本体论现象的"突变"因而能使"元历史走近历史"，但实际上，这仅仅只会破坏历史：在对"客观世界的终结"的追求中就构成了末世论过程的形而上学⑥。我们已经知道，任何创造都标志着"终结"对于现实生活的进入，标志着客观世界的被破坏，因此"创造过程似乎是在基督教之外进行的，但无论如何，是在可见的教会之外进行的"⑦。

现在别尔嘉耶夫区分了三种时间：（1）宇宙时间；（2）历史时间；（3）"存在时间"（"元历史时间"）⑧。

由于"客观化中无上帝可言"⑨，也由于任何客观化（等于现象界）都应通过形而上学本质向历史的"突变"而被破坏，也就是

---

① 《论历史的意义》，第 79 页。
② 《论人的奴役与自由》，第 11、18 页。
③ 同上书，第 218 页。
④ 《末世论形而上学试论》，第 67 页。
⑤ 同上书，第 134 页。
⑥ 同上书，第 93 页。还可参阅第 34、53、54 页。
⑦ 同上书，第 178 页。
⑧ 可特别参阅上书第 178 页。
⑨ 同上书，第 44 页。

说，创造能动性的全部意义就在于"一种弥赛亚激情"①，在于加速"终结"的到来……因而别尔嘉耶夫在其历史学中离开了现实生活，渴望毁灭现实生活——并以此即使是在这个问题上也为自己营造了一个死胡同。创造必然导向客观化，虽然它的使命是毁坏客观化……

7. 现在我们谈谈别尔嘉耶夫体系中的最后一个方面的问题——即其人格主义形而上学。这种形而上学的根源在于别尔嘉耶夫早年对于现实生活及其散文性以及历史束缚性、非真理性和恶意的浪漫主义的疏离。关于他早年曾经否认"你"的原初性的情况我们已经有所了解（参阅上文第4节），但在早年时代，别尔嘉耶夫（明显是在科兹洛夫的影响下）情愿接受通过释放存在中原初性的多样性而……被灌输了灵性的单子的"等级性统一体"，原初的神性单子被结合为一个宇宙统一体……的学说②。别尔嘉耶夫接着写道："个性的理念应当在新宗教意识中占据核心地位"，虽然对于别尔嘉耶夫来说，在这个（早期）时期中，他对"宗教社会性"尚情有独钟。但于此并列的还有谢林关于"处于存在之边缘的自由"的学说观念（这种学说实际上引导到形而上学的多元主义）。别尔嘉耶夫在《自由哲学》中写道③："所有单子都自己选择了自己在世上的命运，自由地决定了自己在世上屈服于必然性和腐烂法则的存在。"在《论创造的意义》中，作者用火热的对于创造的颂扬和对于天才的歌颂深化了人格主义主题。而在《自由精神哲学》中，别尔嘉耶夫已经坚决否认了形而上学多元主义，但因为"个性的秘密是……在抽象的形而上学语言中……是不可言喻的"。关于个性不可能建构任何形而上学学说④。别尔嘉耶夫对于科兹洛夫关于"原初"和"二级"（等

---

① 《末世论刑而上学试论》，第105页。
② Sub specie aeternitatis，第352页。
③ 《自由哲学》，第160页。
④ 《自由精神哲学》，第1卷，第72页。

于日常生活的）意识的区别的学说进行过评论①，说这里已经完整地表现出别尔嘉耶夫自己关于"自由先于存在"的学说，因为"我的本性不可能不是我的自由的源泉"②。别尔嘉耶夫此时企求破坏作为形而上学的基本理念的实体理念，对他来说，物质存在是"精神自由的丧失"。自由的原初性导致嗣后别尔嘉耶夫弱化人与上帝的关系，因为"人是上帝的孩子，而非自由的孩子"③，而对于自由，"就连上帝也无能为力"。别尔嘉耶夫出乎意料地援引了巴枯宁的话："如果人被赋予上帝—造物主的自由而又丝毫也不包含任何神性（亦即不取决于上帝的独立性——原作者注）的话，那么，人就是不自由的"④。这是一种隐蔽的多元主义，尽管别尔嘉耶夫固执地不愿意承认这一点，但却被他以隐蔽的方式称之为"反等级化人格主义"⑤，而仅只强调个性中的伦理学因素。但实际上在他那里，人格主义是在把人和人孤立开来，而非联合起来的——因为个性"先于存在"，而且又不是"从存在的怀抱里"挣脱出来的，随意、多元主义的因素在此也就显现无遗了。另外一种对于多元主义的"掩护"，我们是在有关自由"онтична а меонична"⑥，也就是说，事实上多样性最初是在潜能中被给定的。在此从别尔嘉耶夫嘴里脱口说出同情莱布尼茨关于单子相互之间（在现实生活的世界里）⑦ "封闭"的思想，或同情关于灵魂的前存在学说的言论⑧。

为了减轻这一把一个个性与其他个性孤立起来的倾向并为"创造者伦理学"提供根据，别尔嘉耶夫引入了"公共性"（коммюнотарность）或"共性"的概念。实话说，"完整彻底地克

---

① 《自由精神哲学》，第152—155页、第159页。参阅《自由哲学》，第67、68、71页。
② 同上书，第177、174页。
③ 《论人的使命》，第29页。
④ 同上书，第38页。
⑤ 《论人的奴役与自由》，第12、20页。
⑥ 《末世论形而上学试论》，第104页。
⑦ 同上书，第120页。
⑧ 同上书，第180页。

服孤独（唯我论！——原作者注），按照别尔嘉耶夫的思想，只有在神秘主义经验里才有可能发生，也就是说在所有人在我身上而我在所有人身上的经验中，才有可能发生"①，如若不然，则交际很容易便会堕入客观化的世界（"修道院是社会客体化的一种形式"②）。但对于日常琐事的恐惧使得"创造性"的社会交际变成虚构，而在别尔嘉耶夫笔下，关于这种交际他写了好多页文字。在别尔嘉耶夫那里，人格主义这样一来，便成为一种自我封闭，它害怕千方百计接触世界，以便不让"精神的飞翔"失去动力，也就是说，事实上变为形而上学的多元主义和唯我论。

8. 又一次别尔嘉耶夫写道："我不大相信哲学体系的可能性和必要性。"③ 我认为对于别尔嘉耶夫本人来说，体系既是不可能实现的，也是没有意思的。别尔嘉耶夫作为一个实际上的浪漫主义者，他很少对现实性感兴趣，他的思想一直处于紧张的工作中，常常处于其探索的支配之下。在他身上最深刻的东西，都与其伦理学探索有关，与其政论性主题有关。他的全部形而上学才华在这个问题上全都得以表现。从这个意义上说别尔嘉耶夫有权具有世界性影响力，而且，也的确从世界各地都有人在谛听着他的声音。但如果我们对别尔嘉耶夫在道德领域里提出的一切做一番深入而又认真的思考（尽管正如我们所知，他的伦理学立场被他自己那种并未彻底谨慎思考过的关于"客体化"的理念给动摇了）的话，那么，他对俄国思想界辩证法的贡献，实在说，也就仅只局限在仅此一点了。别尔嘉耶夫就认识论、形而上学、人类学和历史学问题都发表过不少深刻而重要的、个别的思想和见解，但所有这些言论都停留在 membra disjecta 的地步。别尔嘉耶夫的哲学才华以及他在思维上的无可争议的谨慎细致和敏锐深刻，都被其

---

① 《我与客体世界》，第 115 页。
② 同上书，第 171 页。
③ 《论人的奴役和自由》，第 10 页。

灵魂的由于其精神的浪漫主义定向而具有一种不合比例的真实性的各种活动给抵消了。

在西方别尔嘉耶夫常常被认为是"东正教哲学"的代表人物。对别尔嘉耶夫的这样一种评价形式是完全不适当的，但是，别尔嘉耶夫当然与东正教及其全部精神定向有着非常深刻的关联。但遗憾的是，别尔嘉耶夫实际上始终对于无比丰富的正教思想世界格格不入，虽然别尔嘉耶夫曾有一段时期对之非常入迷。然而，一旦把东正教的个别特征吸纳进来，别尔嘉耶夫便不再认为自己还有必要顾及教会传统了……曾经给他以鼓舞的自由精神，推动着他在思想领域里走向无政府主义，深刻而又真挚的道德激情，则在对待真实的现实生活极其冷淡的"创造的伦理学"中获得了新生；而人格主义则渐渐变为唯我论……我认为别尔嘉耶夫的这种思维的自我发展的原因更多在于其浪漫主义，在于其时时处处准备抛弃现实生活（他认为现实生活是"无法忍受的日常琐事"）。别尔嘉耶夫著作的全部光辉和鲜明性常常会令读者感到入迷，可在对其理念进行分析的过程中，它们只会黯然失色，而且，它们给人的印象是阴郁的，因为在俄国哲学的运动过程中，别尔嘉耶夫的体系不知为何仅以其边缘进入主流。他那无可争议的哲学才华并没有一刻获得过内在的自由，他的哲学才华被他的各种各样的"激情"和"非理性主义的活动"给俘虏了。但这一严峻的判决并不足以抵消其个别思想的价值，抵消其 bons mots，也无法抵消渗透其全部著作中的真挚的道德关怀，然而，这一切对于一个哲学家来说当然是太少了……

9. 现在我们来探讨列·伊·舍斯托夫的哲学创作，他在许多方面与别尔嘉耶夫接近，但却又比别尔嘉耶夫更加深刻也更加重要[①]。

---

① 关于舍斯托夫的文献十分贫乏。我们所知道的，仅仅只有别尔嘉耶夫在《道路》（第50期和第58期）杂志上发表的小型札记，以及笔者的短文《纪念列·伊·舍斯托夫》（《信使报》青年基督教会出版社，巴黎，1939，第1期）；以及亚·米·拉扎列夫发表在文集《Vie et connaissance》（巴黎，1942）中的文章。

列夫·伊萨科维奇·舍斯托夫（什瓦茨曼）（1866—1938）出生于基辅，并在那里受到初等教育。从莫斯科大学（法律系）毕业后，转到彼得堡，在那里撰写了一部论述莎士比亚的小册子，随后又写了一系列文学哲学著作（《托尔斯泰与尼采学说中的善》、《悲剧哲学——陀思妥耶夫斯基与尼采》。而在文集《开端与终结》、《伟大的前夜》中同样也收集了舍斯托夫的文学哲学论文）。1905年，舍斯托夫以《无根据颂》为名出版了一部纯哲学著作（其副标题是《非教条主义思维论纲》）。侨居国外期间，舍斯托夫在《当代札记》上发表了一系列杰出的论文（在这些论文中，对于理解舍斯托夫最重要的文章，是论述弗拉·索洛维约夫的、标题为《对于末世论的思辨》的文章）（《当代札记》，第33卷和34卷，以及《论永恒的书》，同上书，第24卷）。而在《俄国札记》上，他也发表了一系列文章，其中最重要的，是关于胡塞尔的（《俄国札记》，1938年第12期，1939年第1期）。在那些年中，舍斯托夫还出版了专著《钥匙的统治》、《在约伯的天平上》、《克尔凯戈尔与存在主义哲学》。他的最后一部著作《雅典与耶路撒冷》在他生前只出版过德文版（1938），俄文版直到1951年才出版。

研究舍斯托夫首先吸引我们关注的，是他那特出的文学才华：舍斯托夫文笔非常出色，引人入胜而又清澈无比；对读者来说，感受最深的却是作家那种罕见的简洁朴素，没有任何文饰和辞藻，也不刻意追求"风格"。其语言的华澹和力量在舍斯托夫那里似乎与话语形式的凌厉准确相得益彰——其文字之所以给人以无以言喻的真实和真确的印象，起源盖在于此。或许也正是因为舍斯托夫著作的这样一个特点，才促使文学界对舍斯托夫的评价，远比哲学界对他的评价高的原因吧。但舍斯托夫创作中最主要的激情正是哲学的激情：一种探索真理的内在的激情一线贯穿于他的全部作品，这种对于真理的探索表现为一种哲学上的"穷根究底"精神和严厉揭露任何背离真正现实的言论的精神。文学界不止一次表达过这样一个意思，即舍斯托夫是一个"思想单一的人"，就是说他这个人只有一个思想，"一个无所不包的真理"①，但这种说法根本就是错误的，完全不符合舍斯托夫创作的实际内容。如果我们认真仔细地读一读舍斯托夫的全部著作，我们就会清楚，他所涉及到的主题有多么广泛了。顺便说说，这里需要指出的一点是，舍斯托夫本人（而继其之后还有他的若干朋友）把他的体系与如今非常时髦的"存在主义"哲学拉近了关系，但对于这一极其可疑的对于舍斯托夫的"恭维话"我们必须指出的一点，是除了个别母题外，舍斯托夫的创作完全偏离了"存在主义"的中心（在存在主义的两种形式——无神论的和宗教的——中）。而实际上，舍斯托夫是一个宗教思想家，他根本就不是什么人类中心主义者，而是一个理论中心主义者（或许在俄国哲学界无人可与之相比，当然，恐怕只有戈鲁宾斯基宗教哲学学派和我国总的"学院派"哲学除外）。

舍斯托夫创作中最出色最突出的特征，是他在与世俗化体系的、与近代非宗教和反宗教哲学的斗争中所表现出来的非同寻常的尖锐和敏锐。舍斯托夫正是以其创作极其雄辩地证实世俗化问题在俄国思想发展过程中的确具有奠基性意义。因此，离开俄国哲学，离开俄国哲学内在的运动过程，就无法正确地理解舍斯托夫——舍斯托夫的创作似乎对俄国思想界与世俗化的全部紧张斗争做了一个总结。舍斯托夫是我们所能在俄国思想界主河道上所发现的发展的最高点——而这也就包含着他在俄国哲学史上全部无可估价的意义，包含着其创作的全部创造力，后者我们可以在其全部创作中都能感觉得到。虽然在舍斯托夫那里，显然从未在宗教问题上的有过动摇和彷徨，虽然其全部内心生活都与应以应有的方式掌握在宗教生活中所启示的一切有关，但其创作越是先前发展，他的理解也就越是深刻，而在宗教意识的光照之下，有许多东西失去了意义和价值，就

---

① 别尔嘉耶夫：《道路》，第50期，第50页。

好像无望地"失落了"似的。舍斯托夫从青年时代起就吸纳了欧洲文化的各种思潮，而这些思潮又与其内心的探索根深蒂固地长在了一起，正因为此，在舍斯托夫笔下，文化批评也就演变成为了对其自身的一场斗争。在俄国由斯拉夫派最先提出的主题，在舍斯托夫笔下重新复活了，那就是关于理性主义及其核心的非真理性主题，但舍斯托夫对于理性主义的理解远比斯拉夫派更加深刻和精细。舍斯托夫从理性主义的外部表现走向其最原始的基本论点，他批判基督教理性主义[①]，但他对古代理性主义和近代理性主义（斯宾诺莎）的批判则要更加尖锐。但是，奇怪的是：在一部著作中庄严地"埋葬"了理性主义以后，在下一部著作中，他却又重新回到对于理性主义的批判上来，就好像理性主义在此期间又有所复活似的。但造成所有这些现象的原因是，在自己身上毁灭理性主义观点的一个"层次"的同时，舍斯托夫却又在自己身上碰到了一个新的、同一个理性主义的更加深刻的另一个层次。研究的主题由此得到深化，并因此而变得更加重要也更加困难起来。因此，舍斯托夫的创作始终都与其本人的内心生活密切相关，都与其主题的最隐密最珍贵相关——他的研究之所以与存在主义者们的"思维练习"及其不可战胜的主观主义相近，其原因就在于此。舍斯托夫本人从未犯过主观主义的错误，他与存在主义者的相似性，是纯外在的。

舍斯托夫无疑接受过许多影响，首先是来自尼采的（这包括对舍斯托夫阐述形式的影响）。在世界哲学界，实在说，只有舍斯托夫对尼采的主题进行了呼应，并继续对之进行发挥，揭示其宗教含义。陀思妥耶夫斯基同样也对舍斯托夫有着强烈的影响[②]，舍斯托夫特别高度评价陀思妥耶夫斯基的《地下室手记》，他还经常引用帕斯卡尔与其相近的言论。而对于舍斯托夫本人将其思想与之在体系上拉近

[①] 可特别参阅《雅典与耶路撒冷》的第3章。

[②] 舍斯托夫本人认为莎士比亚是其"第一位哲学导师"。参阅论述胡塞尔的文章，《俄国札记》，1938，第7期，第131页。

的克尔凯戈尔①，他其实很晚才认识，当其时也，几乎全部他的主要著作都已写成，因此，说克尔凯戈尔影响了他根本就是无稽之谈。舍斯托夫经常引用的，还有柏拉图、普罗提诺和斯宾诺莎，他对斯宾诺莎非常重视和尊重，但舍斯托夫在哲学上的博览群书的阅读量是非常广泛的，而且一件事除非他不知道，一旦知道那就知道得非常详尽。当然，舍斯托夫——正如其全部创作所表明的那样——非常深刻地受到19世纪哲学文化的总的影响——而且最主要的是德国超验主义唯心主义的影响，后者的一般原理始终对他的思维形成了一种压力：而且，实话说，舍斯托夫终究未能将其对自己思维的控制，彻底抛弃掉。他越是疏离这些思想的统治，这些思想对其意识的神秘统治就变得越是明显。

10. 在对舍斯托夫的理念进行阐述的时候，捕捉其思维运行的主流大道是非常不容易的一件事，而我甚至倾向于认为由于纯粹内在性格的原因，舍斯托夫比较易于展现其思考的终端，而非其出发时的基点和原理。正因为此，有时候甚至使人觉得，构成舍斯托夫全部创作的基础的，是认识论主题（及其非理性主义），而其余的一切只是构成其风格的因素而已——况且舍斯托夫本人部分地也倾向于这一点——即戴着存在主义者的桂冠。我不否认把舍斯托夫的创作中心确定在上述两点上的可能性，而且尤其准确的是说舍斯托夫的非理性主义可以说构成了其全部阐述的基础这种说法。但仔细琢磨一下舍斯托夫的思想世界，仍然不能不促使我们把他的非理性主义当作其创作的第二个层面；而应把他的宗教世界当作第一层面。遗憾的是，业已被人们所指出的舍斯托夫的宗教智慧，却因为我们终究对其宗教世界很少了解而得不出统一见解，其中另一个原因是我们对其内在的传记也同样知之甚少。他的至友亚·米·拉扎列夫在其文章的一处文字中有一个模糊的暗示，说在舍斯托夫的内在生活

---

① 参见其著作《克尔凯戈尔及其存在主义哲学》，1939。

中曾经发生过一次"沉重的事件"①。毫无疑问，在舍斯托夫的生命中，曾经发生过一次悲剧性的山崩地裂，并一劳永逸地在他身上埋葬了理性主义的魅力，但究竟是什么事呢，我们却不甚了了。舍斯托夫本人有一次曾经写道②："为了能找到上帝，一切都可以牺牲"。我以为这段话很容易引导我们走近可以称之为舍斯托夫"个人戏剧"中去：他的精神之路永远都与痛苦的内心折磨，与和自己的艰苦斗争，与常常需要做出的"牺牲"有关。舍斯托夫也的确是牺牲了一切，抛弃了被他最为珍视和最基本的文化才华，以便能够"找到上帝"。在舍斯托夫的创作中——从其第一部有关莎士比亚的著作到最后一部《雅典与耶路撒冷》——我们所能找到的，很少有这种内心的"自我刑戮"的回声（而在《在约伯的天平上》却有许多这样的文字）。但只有在这种"回声"的观照之下才可以理解舍斯托夫关于"纯粹理性的可怕统治"③ 或是关于"灵魂很少能从理性的自明性中苏醒过来"④ 这样的话。

可无论在舍斯托夫那里宗教探索的全部回声有多么微弱，归根结底我们还是得对之加以讨论：因为在这些回声中，并且只有在这些回声中，才能找到打开舍斯托夫创作的那把钥匙。

如果说在舍斯托夫的第一部哲学著作中他曾这样写道："全部问题就在于上帝是否存在"⑤ 的话，如果说他在这部著作里还曾就普希金笔下的萨里耶里的话（"地上没有真理，可天上也没有真理呀"）说"我们自己也十分痛苦地怀疑"⑥ 的话，那么，在此期间，实际上，在他身上已经开始有了对于科学认识的信仰，有了对于存

---

① Lazareff Vie et connaissance. 第 11 页。
② 《在约伯的天平上》，第 300 页。
③ 同上书，第 51 页。
④ 同上书，第 355 页。
⑤ 《无根据颂》，第 201 页。
⑥ 同上书，第 68 页。

在的理性构造的信仰了。他不光认为逻辑不会是"认识的唯一工具"①，认为"存在的规律性早就令我们感到厌烦了"②，但却又直截了当地宣称"规律性是存在中最神秘的谜"③，或是像舍斯托夫在较晚时写的另外一部著作中说的那样："存在被永恒的谜包裹着"④。他接着说道⑤："我们丝毫也不怀疑宇宙中正在创造着什么。我们生活着，而有多得数不胜数的谜包裹着我们"——舍斯托夫在其最后一部著作中重复说道⑥。

可以理解，早在其第一部著作中，舍斯托夫就认为"哲学的任务是教会我们在未知中生存"⑦。他接着写道⑧："哲学竭力想要穿过思辨的逻辑链条而突围"，以便使我们逼近现实，逼近真实的存在。舍斯托夫在其最后一部著作中对这层意思做了彻底表述："真正的哲学来源于存在上帝这一原理"⑨。舍斯托夫接着写道⑩："近代'基督教哲学家'中，无人不试图建构一种以启示为出发点的哲学。"如我们所知，舍斯托夫不害怕在此把话说到底，直至说出任何理性主义的"秘密"，而理性主义很早就已把特定的信仰和特定的启示给抛弃了。近代的世俗化运动只是彻底地揭露了这一倾向而已，因而我们应当承认舍斯托夫的上述话语是完全公正的，而且还非常深刻地把握住了真理问题的实质本身。他以一种极其执著的精神始终坚持这样一种思想，即中世纪人们致力于寻找的信仰的理性化（"credo ut intelligam"），实际上演变成为对信仰的否定，演变成为以神学来取

---

① 《无根据颂》，第 104 页。
② 同上书，第 102 页。
③ 同上书，第 24 页。
④ 《钥匙的统治》，第 200 页。
⑤ 同上书，第 145 页。
⑥ 《被缚的巴门尼德》（即《雅典与耶路撒冷》的第 1 卷），第 7 页。
⑦ 《无根据颂》，第 30 页。
⑧ 同上书，第 41 页。《在约伯的天平上》，第 143、149、159 页。
⑨ 《雅典与耶路撒冷》，第 35 页。
⑩ 同上书，第 412 页。

代信仰。我们接着还要回头来谈论舍斯托夫的这类思考，他对于批判理性主义来说可以说是很有特点的，现在暂时让我们回到其宗教理念上来。

在舍斯托夫那里，我们很少能见到坚定而又清晰的信仰意识。对其信仰的内容我们所知极为有限，虽然我们若说他既接受了旧约也接受了新约的话，不至于就说了错话，但无论如何，在他那里有许多言论，说明他已经接纳了基督教的启示①。但在披露自己的信仰方面，舍斯托夫总是做得十分明智，而相反：他以其思维的全部力量力求强调指出和表明宗教信仰与知识之间的区别。如果说舍斯托夫不止一次说到过如同"神话"一般的圣经的理念的话，那么，在他笔下根本不会羞辱宗教意识。而这在其有关"神话"的言论中，在其有关堕落之原罪的言论中，看得尤为明显，后者对他而言是一次真正的启示，是一个"最大的谜"②。舍斯托夫在结束其有关"堕落原罪之谜"的思考时写道："圣经哲学要远比当代哲学——我就说出来吧（！）——更要深刻得多也透彻得多。甚至有关原罪堕落的传说也不是什么犹太人的杜撰，而是你们从最新认识论里无论如何也无法了解到的为他们所搞到的诸多方法之一……"如我们所知，舍斯托夫在此真的说出了"一切"，也就是说，他在完整的意义上彻底接受了启示。我们在舍斯托夫笔下读到这样的字句③："我们必须敢于胆大妄为，这才能说出有关真正的上帝，即在圣经和在信仰的符号里被称之为天和地的创造者的真话来"，而这种胆大妄为精神在他本人身上也有所体现，这种精神驱使他和当代知识界的基础本身进行斗争。"信仰会把一切都召唤到它的法庭上来的"，——舍斯托夫

---

① 我们可以指出他已经接受了基督化身说（《雅典与耶路撒冷》第 255 页），圣经（《在约伯的天平上》，第 24 页）。在《雅典与耶路撒冷》里，我们能感觉得到他已经整体地接受了圣经。关于作为救世主的耶稣基督，参见《当代札记》，1938，第 67 期，第 219页。

② 《在约伯的天平上》，第 80、224—227 页。

③ 《钥匙的统治》，第 260 页。

如是断言道①。因为信仰是思维的新的维度，是一条通向上帝之路②。而实际上比这更甚："信仰是一种不可理喻的创造力，是一种伟大的甚至超伟大的任何东西都无法与之比拟的上帝的才华"③，而且，关于信仰"我们绝对不能说它是认识的低级形态"④。因此，任何神学理性主义（舍斯托夫将其视作"雅典精神"对于启示的胜利），遭到了他的坚决否定。"信仰不可能也不愿意变成知识……而在把信仰按照'自明真理'的路线加以阐释的地方，我们应当将其看作这样一种标志，即我们已经丧失了信仰"⑤。

信仰的这种优先地位恰好要求建构这样一种哲学，这种哲学的出发点是有上帝——"一个活生生的、最为完美的存在物，一个创造了人并且也为人祝福的上帝"⑥。因此舍斯托夫不可能不接受理性的自主独立性这种观点，因为这种自主独立性很快就会变成理性的精神折磨。而这也就是舍斯托夫终其一生的内在生活中一个具有决定性意义的基础理念："不是信仰，而是哲学要求服从"，——舍斯托夫如此这般地坚决认为。"在纯粹理性的界限内可以建构科学，崇高的道德，甚至宗教，但却无法找到上帝"⑦。信仰是生命力的源泉，是自由的源泉，而作为理性之原则的认识"sub specie aeternitatis"及其"由必然性和普遍必要性所要求"的"无条件的服从"——之所以会有精神折磨，其源端在于此。"理性导向必然性，信仰导向自由"，——舍斯托夫断言⑧。但我们已经接近于断言他身上具有非理性主义了，接近于对于理性主义的批判了，现在，我们

---

① 《克尔凯戈尔与存在主义哲学》，第 15 页。
② 同上书，第 22 页。
③ 《雅典与耶路撒冷》，第 359 页。
④ 同上书，第 356 页。
⑤ 同上书，第 351 页。
⑥ 摘自临终前写的那篇论述胡塞尔的文章，见《俄国札记》，1939，第 1 期，第 110 页。
⑦ 《雅典与耶路撒冷》，第 35 页。
⑧ 同上书，第 207 页。

会更加贴近地探讨一下舍斯托夫的这个主题。

11. "人类是被安顿在理性认识的理念上的"，——舍斯托夫曾就当代认识论的野心和觊觎加以嘲讽道①。显然他过分热情和过分彻底地吸纳了整个批判主义及其对于理性自主独立性的信心，而当他在必然性和普遍必然真理的范围里感到狭小逼仄时，于是便把其批判的全部力量指向与"纯粹理性的可怕力量"的严峻斗争中。他在早期著作中写道②："理性主义不可能压抑感情，而终极真理就是理性彼岸的真理。"舍斯托夫常常回忆亚里士多德关于认识仅只掌握必然性的学说，而这也就意味着（他援引亚里士多德道），"偶然性是被纯粹理性所掩盖了的"③。与只顾在世界上寻求必然性并因而抛弃一切偶然性和独特性的不可重复的④理性相反，也与科学相反，因为科学所寻求的不是真正的现实生活⑤（因为科学只是为了建构理论才去寻找事实），舍斯托夫断言，"经验中没有必然性的位置"⑥，在此，他实际上是在重复了康德在其有关先验认识要素的学说时以之为依据的那些话。经验在为理性从自己身上提取了"必然性"以后，必然变得枯涩起来，其结果是，"科学并不描写现实生活，而是在创造真理"⑦。在这种情况下，请问还有什么能比科学更贫乏的嘛？舍斯托夫说理性为我们提供的，"实际上是没有灵魂和对待一切都冷漠置之的真理"⑧。科学把真实的"变为"必然的⑨，亦即歪曲真实生

---

① 《无根据颂》，第108页。

② 同上书，第215页。

③ 同上书，第9页。

④ 舍斯托夫写道（同上书，第207页）："单一的现象要比时常重复的现象所能告诉我们的更多更丰富。哲学无力对付个别性"（《钥匙的统治》，第263页）。

⑤ 《在约伯的天平上》，第22页。

⑥ 《雅典与耶路撒冷》，第230页。比较《被缚的巴门尼德》（俄文版），第15、31页。

⑦ 《在约伯的天平上》，第52页。科学永远都是关于一般和普遍的（《被缚的巴门尼德》，俄文版，第13页）。

⑧ 《雅典与耶路撒冷》，第34页。

⑨ 同上书，第285页。

活，以其自己的体系来取代真实生活，因为，正如我们刚才所看到的那样，在真正的现实中，我们是找不到什么必然性的。舍斯托夫以讥讽和哀伤的口气不止一次谈到"通过对于真理的绝对化我们在对存在进行着修正"①。舍斯托夫写道②："或是在创世时不是一切都那么顺利，或是我们对待真理的方法在根本上就带有某种先天性缺陷。"知识和真正的现实的不成比例性（及其在事实中寻求必然和永恒的特点），而怀疑的不是科学的实际价值（在这一点上，舍斯托夫当然毫不怀疑），而是置疑理性是否适宜于把我们引向真实现实。舍斯托夫断言③："无论我们在科学中取得多少成就，我们必须记住，科学不可能为我们提供真理的，因为科学就其本性而言不愿意也不可能去寻求真理。要知道真理……在于唯一的、不可重复的、不可理喻的和'偶然性'中"。这也就是说，"理性所觊觎的统治权，理性并不拥有"，——舍斯托夫得出结论④。

然而，舍斯托夫不仅否定理性建构中的"永恒"因素，而且还以更加坚决的态度反对伦理学的"永恒"本质，无论前者还是后者在他看来都是相互不可分割的。舍斯托夫执拗地重申"伦理是和理性一起诞生的"⑤。他写道⑥："任何创造性的 fiat 都会令我们感到害怕"。"我们取得了'知识'对于生活的支配和统治"，也就是说，在我们这里，生活的创造通过伦理学的加工而服从于"永恒"的本质，并由于这而变得晦暗。要知道我们的"公正"原则实质上是"平衡"原则⑦，是静态原则，而非创造性原则，其意义在于"束缚"创作，压抑自由。舍斯托夫写道："生活的基本特征是大胆妄

---

① 《雅典与耶路撒冷》，第 226 页。还可参阅论述胡塞尔的文章，见《当代札记》，1938 年，第 16 期，第 144 页。

② 《被缚的巴门尼德》，第 7 页（《雅典与耶路撒冷》，第 43 页）。

③ 《在约伯的天平上》，第 188 页。

④ 同上书，第 371 页。

⑤ 《克尔凯戈尔与存在主义哲学》，第 38 页。《无根据颂》，第 4 页。

⑥ 《在约伯的天平上》，第 157 页。

⑦ 同上书，第 58 页。

为，全部生活都是创造性的胆大妄为，因此而是永恒的，也是不可以归结为现成的和可以理解的宗教神秘剧的"①。这段话明确无误地表明了说话人对于神秘伦理的探索，而对任何伦理学理性主义提出了谴责。"永恒的本质"是人的真正的敌人，而相反，时间不是敌人，而是人的盟友②。每走一步都要回头看看，并请求"真理"的允许，人在多大程度上属于一个经验世界，也就在多大程度上有必要这么做，而在经验世界里，也的确是一些法则、规范和规则……在实施着统治……但人却在寻找自由，他在向神性冲去"③。舍斯托夫走得更远，他写道④："人是摆脱了落在我们命运中（由于堕落的原罪）的一切限制而自由的，他从来不会问，什么是真理和谎言，什么是善与恶，他甚至还会就在真理也在善之中。"舍斯托夫补充道"如果说上帝是我们的终结目标的话，那么我们的道德斗争，就也和我们的理性探索一样，会引导我们不仅从道德评价，而且也从理性的永恒真理走向自由"。我们一旦成为伦理理性主义的信徒以后，"我们就会害怕混沌……我们的灵魂的构造与秩序的理念结合得是如此紧密。但混沌不是有局限性的可能性，而是不受任何限制的可能性"⑤，并且还为自由和创造开辟了广阔的空间。我们紧跟在斯宾诺莎之后，以为"道德规诫和法则可以取代上帝"，亦即取代自由的道路，让我们得以选择一条"永恒的"和"不变"的规则的道路。正是在伦理学领域里，背离自由的现象才开始产生（而按照舍斯托夫的说法，堕落的原罪恰在于此），而我们应当找到使理性腐化的根源，它们遮盖了我们走向真实现实之路，用"永恒的必然性"覆盖了它。我们知道"通向启示的路正是被理性真理的僵死和冷淡给堵

---

① 《在约伯的天平上》，第 158 页。
② 同上书，第 220 页。
③ 同上书，第 168 页。
④ 同上书，第 208 页。
⑤ 同上书，第 215 页。

住的"①, 由于"信仰就意味着必然性终结的来临"②, 所以, 对于神秘主义伦理（在信仰中的生活）的背离和对于伦理学理性主义的诉求, 让我们对于真理的感受屈从于对于必然性的崇拜, 亦即创造出我们的通常的认识体系, 将我们带离真实的现实。对于舍斯托夫来说, 雅典（在古代哲学中的"永恒真理"的崇拜）和耶路撒冷（作为启示的领域）的对立, 其根源即在于此。

要知道舍斯托夫所进行的这类分析, 并非总是那么足够清晰和明确, 但他的意义在于, 理性的非真并不在于它实际上拥有的, 而在于在对自由的弃绝中（这一弃绝的根源我们应当在——按照舍斯托夫的说法——在伦理领域里寻找）, 人在理性中推出的, 不是人的创造性的顿悟, 而是其在不变和必然中的止步不前, 由此而真实的存在也就逃离了我们的意识。舍斯托头之所以把雅典（指在古代哲学中对"永恒真理"的崇拜）③和耶路撒冷（即指启示领域）对举, 其根本原因, 即在于此。

12. 关于舍斯托夫我们不能说他创造了"体系", 但他的功绩比这还要大：他为体系（宗教哲学）的创造奠定了牢固的基础。在俄国哲学界深刻体验到了存在和人身上的非理性主义的, 绝非只有舍斯托夫一个人, 也并非只有他一个人在为知识与信仰道路的分歧而深深地痛苦, 同样, 也并非只有他一个人把信仰推至前台, 并肯定了信仰对于建构知识和哲学体系而言所具有的奠基性意义。斯克沃洛达、随后是霍米亚科夫、基列耶夫斯基和萨马林、更不要说戈鲁宾斯基、大主教尼康诺尔、塔列耶夫、都曾肯定在启示和信仰的基础上建构哲学的必要性问题。但上述哲学家中没有一个人像舍斯托夫那样, 对理性主义的前提做了如此深入而又透彻的分析。这种分

---

① 《克尔凯戈尔与存在主义哲学》, 第 194 页。

② 同上书, 第 195 页。

③ 在这个问题上, 舍斯托夫对普里塔戈拉所做的, 独特的恢复名誉之举, 是非常值得予以关注的。见《在约伯的的天平上》, 第 164—168 页。——原注

析的深度和意义并非取决于舍斯托夫自己本人的非理性主义本身，因为他的非理性主义，正如我们已经说过的那样，是第二级的和再生性的。舍斯托夫言论的创造性核心在于其非凡而又深刻的对于信仰之"异在"的体验。他并非简单地把知识和理性原则抛弃在岸边，而是，已经脚踩着彼岸的他，业已以极其巨大的力量体验到了"彼岸"为其展现的新的可能性。舍斯托夫常常重复说一句话："哲学不应当成为科学"（尤其是在抨击胡塞尔众所周知的傲慢的抱负时更其如此）。问题不在于哲学可以为所欲为，而在于哲学如果不否认理性"规范"的假定价值，应当引导我们走出理性的范围，应当紧跟信仰，"教会我们如何在未知中生活"。舍斯托夫是反对"理性"的，因为理性限制了我们，排挤了信仰的启示，但它也期待着哲学，期待着一种"从上帝存在生发出来的"的哲学，而非如弗拉·索洛维约夫所想往的那种专门从事为"教父们的信仰"进行"论证"（在理性面前）的哲学。舍斯托夫有幸以不可比拟的力量肯定存在甚至包括上帝的超理性本质。舍斯托夫以极其巨大的力量感觉到，"很有可能，人类终将会拒绝雅典世界的真理和善，而重新回归到被忘却了的上帝身上来"①。当然，会有好多人，当他们读到舍斯托夫笔下的下述文字——"最后的审判压根儿就不是自私自利而又愚昧无知的僧侣们的杜撰，而是最伟大的现实"② ——时，只会耸耸肩而已。舍斯托夫感觉到了启示所包含的全部真理，而且，批判主义在圣经方面所取得的微小的战绩也吓不倒他，正如同当代科学所取得的所谓"成就"也未曾给他留下什么印象一样。在我们这个时代，一个人需要有非凡的勇气，才敢于写下如下文字③："任何人也不会想到（这里说的是进化论），不会想到过了数百万数千万年以后，人们还会这样来谈论自然……想到所有这一切言谈，都是荒唐的妙想"。

---

① 《钥匙的统治》，第 36 页。
② 《在约伯的天平上》，第 195 页。
③ 同上书，第 151 页。

En-passant 舍斯托夫射出的箭又稳又准，不偏不倚地命中在当代知识界被视为无可争议但却又是"匪夷所思"的论断。但问题并不在于他那分散在各处的讥讽和议论，以及他创造性地参与了俄国哲学的探索，因而有时具有杀人的力量，问题在于他若无其事地揭开了古代、近代和现在理性主义的全部非真性，在于他揭露了理性的独立自主性（"超验主义"）必然转变成为理性的专制，而由于理性的专制，一切无法被纳入理性主义体系中的东西，必然会从视野里脱落。舍斯托夫常常走到接近于亚历山大·维杰斯基的地步，此人小心翼翼地构建了一座理性主义的堡垒，以便于一旦抛弃这座堡垒，就可以更加自由地在其范围以外活动了。只不过在舍斯托夫那里，理性的真理已经完全不受任何思维"法则"和"规范"的实用主义用途的限制.（多少有些本着柏格森的路线）了。

舍斯托夫对于伦理理性主义的批判也十分重要，他十分执拗地企求走向神秘主义伦理学。这不是那种"悖论型"的伦理学，此中的强者是别尔嘉耶夫，对这种伦理学，舍斯托夫已经有过公正的评价，说它渗透着"斯宾诺莎主义"（正如舍斯托夫所理解的那样）①。舍斯托夫所需要的伦理学应当全部都取决于宗教意识，在上帝身上的生活，亦即应当是一种神秘主义伦理学。粉碎理论和伦理理性主义便为"以上帝存在为出发点的"体系的建构铺平了道路。舍斯托夫令人难以忘怀的贡献因此在于他的反世俗化，在于他对建基于启示和信仰之上的宗教哲学的热情宣传。即使他在坚持自己的基本思想方面有时不免走极端，但所有这些缺点，都淹没在其基本"事业"的伟大意义和创造性的深度中了。

---

① 见论述别尔嘉耶夫的文章。见《当代札记》，1938 年第 67 期，第 202 页。

第三章

谢和叶·特鲁别茨科依兄弟

1. 现在我们转入对那些虽然与 20 世纪俄国的宗教复兴有关，但其创作更多表现在纯粹哲学领域里的思想家的研讨。一大批性格鲜明，才华卓越的人士，常常从完全相异的立场出发，不仅把自己的哲学理念与基督教联系起来，而且还试图采用宗教的方式思考哲学的道路和任务本身。这些人士中的绝大多数实际并不赞同世俗化运动的定向，仍然把哲学与宗教"世界"等量齐观，这样一来，便产生一种特殊的"不稳定的均衡态"，时时伴有必然会出现的在某些观点上，在某个方面的超重或过量……我们将要对之进行研究的那些思想家的特点同样也值得关注，因为他们全体总的来说全都忠实于超验主义，但却是本着实在论的路线来推动超验主义，并且主要探讨形而上学问题。

当然，我们将要讲到的所有思想家，都在某种程度上受到了弗拉·索洛维约夫的影响，并且总的说来他们也全都是在继续着索洛维约夫所开创的把宗教理念引入哲学学术中的事业。而只有斯皮尔和部分的还有帕·鲍·斯特鲁威（关于此二人可参阅下一章），其他所有人虽然方式不同，全都继承了索洛维约夫所昭示的方向。弗拉·索洛维约夫的密友，特鲁别茨科依兄弟在这个意义上正是应当被推至前台的人物。

谢尔盖·尼古拉耶维奇·特鲁别茨科依伯爵（1862—1905）属

于俄国最有教养的世袭贵族家庭之一，生活优裕到了罕见地步的家庭环境极其有助于天才少年精神和智力的成长。中学学业（在其父服务的卡鲁加）丝毫也难不倒他，而且早在这些年中，他就对哲学产生了浓厚的兴趣（但是在阅读别林斯基著作的影响下）。谢·尼·特鲁别茨科依很早（在他年仅16岁时）就对宗教产生了怀疑——他成为了"虚无主义者"，随后又对奥·孔德和斯宾塞入迷。但随着他对哲学研究的深入（尤其是对于库诺·费舍尔①哲学史著作的研究），渐渐把他从早年的兴趣中引开——而到了古典文科中学的最高年级时（当时他18岁），谢·尼·特鲁别茨科依已经在阅读霍米亚科夫，并开始对斯拉夫派和陀思妥耶夫斯基感兴趣，最后他终于拜倒在弗拉·索洛维约夫的影响之下，后者的著作《抽象本质批判》结束了谢·尼·特鲁别茨科依向基督教和宗教形而上学的回归历程。从古典文科中学毕业后，谢·尼·特鲁别茨科依考入莫斯科大学——起先就学于法律系，随后又转入历史语文系。在这些年中，他仔细地研究了康德、费希特、谢林、黑格尔、叔本华、此外还有柏拉图和亚里士多德，稍晚些时候（但却是在他还是一个大学生时），他还研究过米·埃克哈特、雅·伯麦及其他16—17世纪的神秘论者和费·巴德尔。

从大学毕业一年后，特鲁别茨科依通过了哲学硕士的考试，成为莫斯科大学的教师，然后出国，在国外与加尔纳克友善（此人对他有着毋庸置疑的影响），并与著名语文学家迪尔森（Diels）有着密切交往。特鲁别茨科依的硕士论文（《古希腊形而上学》）答辩使其作为历史学家和哲学家的名声大噪，也是在这些年中（1890—1900），他出版

---

① 费舍尔（1899—1972），德国哲学史学家，黑格尔的信徒。其著作《近代哲学史》1—8卷提供了关于培根、笛卡尔、斯宾诺莎、莱布尼茨、康德、费希特、谢林、黑格尔、叔本华等人的大量材料。——译注

了论述认识论和形而上学问题的出色著作①，确定了他的世界观。谢·特鲁别茨科依的博士学位论文《逻各斯学说及其历史》（莫斯科，1900），除了更加鲜明地表现了他渊博的学识外，也表现了他巨大的哲学才华。从 1901 年起，谢·尼·特鲁别茨科依开始积极参加学术活动，并为捍卫大学的独立地位而工作。他创意建立了大学生历史语文学学会，从而吸引了很多学生参加。在此期间，他作为政论家的生涯也有了进展，对于他那个时代所有尖锐问题都能有所反映②。1904—1905 年事件把谢·尼·特鲁别茨科依作为一个政治活动家推至前台。1905 年以他为首的社会活动家代表团受到了君主的接见。谢·尼·特鲁别茨科依的活动从此开始带有广泛的民族性质……1905 年秋，虽然他人尚年轻，但却仍被选为莫斯科大学校长，但他将在这一岗位上经受严峻的考验③，所有这些繁重的工作最终摧毁了他的健康，结果使他在被遴选为校长的 27 天后就去世了。

现在我们来探讨一下他的哲学体系。

2. 谢·特鲁别茨科依伯爵可以在毫不贬低其独特性的条件下被称之为弗拉·索洛维约夫的信徒——他在许多方面都受惠于后者。我们可以毫不夸张地说，谢·特鲁别茨科依伯爵基本哲学灵感都来

---

① 我们列举一下谢·特鲁别茨科依最重要的哲学论文（文章全都收集在其著作的第 2 卷里，第 1 卷里包含一部分）：《论人的意识的本质》、《唯心主义的根据》、《决定论和道德自由》（第 2 卷）、《论勒南及其哲学》、《绝望的斯拉夫派（论列昂季耶夫）》（第 1 卷）。

顺便说说有关谢·特鲁别茨科依的少量文献。首先，最重要的是他弟弟叶甫盖尼·特鲁别茨科依伯爵写的《回忆录》（索菲亚，1921），书中对于两兄弟共同生活的全部做了生动的讲述，并且描述了他们所生活的那个环境。然后可参阅《哲学与心理学问题》1906 年专号（总第 81 期），是为纪念谢·尼·特鲁别茨科依（尤为重要的是洛帕金的文章），以及该刊物的第 82 期（登载了梅里奥兰斯科基教授的文章《谢·尼·特鲁别茨科依的理论哲学》，还有谢·布尔加科夫的文章《两个城》，第 2 卷，第 234—259 页）。还可参阅《Jakovenko 文集》，第 265—270 页，叶尔绍夫的文章《俄国哲学发展之路》，第 34—38 页。Seliber, *La pensee Russe. Rev. philos*. 1914，第 8 期。还可参阅洛帕金发表在《哲学与心理学问题》上的文章，见第 131 期。洛斯基：《直觉主义的根据》。

② 参阅其著作第 1 卷。

③ 关于这一点可参阅洛帕金和阿尼西莫夫的文章，《哲学与心理学问题》，第 81 期。

自于索洛维约夫。但在深入研究过谢·特鲁别茨科依的创作以后，我们会确信，索洛维约夫的影响仅只限于"提供灵感"的性质，这种影响唤醒了我们这位哲学家自身的直觉，无论如何，在接受索洛维约夫一系列思想的同时，谢·特鲁别茨科依总是以自己独特的方式对之加以论证。在这种可以说是"派生性"的体系里，恰好就表现了谢·特鲁别茨科依的独特性，而他本人则时时处处都保持着这种独特性。作为一位希腊哲学领域里出色的专家，而且对于宗教史拥有广博知识的学者，谢·特鲁别茨科依不喜欢公然道出自己心中他认为还不够成熟、对其的论证在他那里尚未找到对他来说无可争议的论据的那些哲学理念（最值得关注的证明这一特点的例证是有关索菲亚的学说——关于这个问题可以参见下文）。然而，凡是他捍卫的那些理念，他总是会以独特令人信服的方式加以发挥，这表明这些理念是如何深入地渗透了他的灵魂。

谢·特鲁别茨科依的第一部而且依我们之见也是其最重要的纯哲学论文，是论述人类学的论文，只是后来人类学才决定了他的认识论和形而上学体系。实际上，早在其第一篇学位论文（《古希腊形而上学》）中，谢·特鲁别茨科依就发挥了他所特有的有关"聚和性"意识的学说，但只是在《论人类意识的本质》这些文章中，他才得以彻底地说出自己的颇富于教益的思想。这里我们不能不指出他的这类思考与霍米亚科夫和基列耶夫斯基的理念，与恰达耶夫体系和后来的皮罗戈夫体系（在其有关"世界意识"的学说中）的极端相似性，然而，特鲁别茨科依当然既不可能知道恰达耶夫有关世界意识的学说（该学说只是在20世纪才开始为人所知，因为此时其全部《哲学书简》都已被找到），也不可能了解皮罗戈夫的学说，因为在谢·特鲁别茨科依生前，还根本谈不到皮罗戈夫有什么哲学理念。因此，如果说到谢·特鲁别茨科依在人类学领域里所曾受到的影响的话，那也仅限于斯拉夫派的影响。的确，谢·特鲁别茨科依关于"意识的聚和性本质"的基本理念的发展，深化了早已在霍米亚科夫和基列耶夫斯基那里已有的东西。

谢·特鲁别茨科依对个性（及其意识）和个别性概念做了区分。对他来说，个人意识不可能不与个别性意识同一。他写道①："人的意识既不可能不被解释为个人的经验取向，也不可能不被解释为普遍、亲属的无意识本质的产品。"这一带有预言性的论断构成了他研究我们意识之"本质"的基础。

为什么我们不能把我们的个人意识与我们的个别性意识相等同和同一呢？认识的事实本身（现在暂时不提出有关在人身上发生的认识过程的价值和力度问题）总是会把我们从我们个别性的范围内引导出来，事实是面向处于我们身外的客体的。除此之外，还要加上另外一个就其重要性丝毫也不亚于此的情况：那就是任何认识活动都无法排除对于拥有一个共同的、甚至是普遍必然意义的觊觎之心。特鲁别茨科依非常仔细地分析了有关意识的纯经验主义学说（他将其完全纳入个别性的框架里去了），并且公正地指出"彻底的经验主义应当否认意识逻辑功能的影响"②。他写道③："没有绝对的主观意识，也没有绝对的孤立的意识领域。即使是分析道德领域时，我们也能得出同样的结论，而在这里，我们精神的原初'先验性'也会有所显示。"④ 顺便说说，在这个问题上，谢·特鲁别茨科依与亚历山大·维杰斯基有了严重的分歧，后者把"他人之我"从道德意识的要求提升为对于现实的一种信念，而按照特鲁别茨科依的思想，一切则正好相反：道德生活所受到的制约恰好在于"我们对于'他人之我'的现实性有着直接的信念"⑤。但我们毕竟还是在道德生活中同样也是从我们的"我"的范围内走出来——或是像谢·特鲁别茨科依著名的备受赞誉的公式所说的那样：我们在一切活动

① 《谢·特鲁别茨科依全集》，第2卷，第12页。
② 同上书，第2卷，第20页。
③ 同上书，第65页。
④ 同上书，第414页。
⑤ 同上书，第228—232、316页。

（在理论和道德性质的活动）中，"都会坚持在自己身上对一切做好准备"①。这种初始性的对于"所有人"的关怀，对于认识的觊觎，对于普遍甚至普遍必然意义的道德评价，都是对于特鲁别茨科依来说依然保有其力量的超验主义所已考虑到了的因素②。但有可能在超验主义基础上建构起来的那种人类学（其最佳典范我们可以在胡塞尔学说中见到），堕入了另外一种极端中：对于这种人类学来说，个人意识在其所有活动中，都只依靠超验主义因素来支撑，它只有在"先验层面"上才是"独立自主"的。把我们从个性与个别性同一律带到对于个别性的无个性的阐释的人格主义母题，却令特鲁别茨科依感到疏远，他写道③："意识既不可能是无个性的，也不可能是单一个性的，因为意识要比个人的更多更大——意识是聚和性的。"谢·特鲁别茨科依本人称自己的这种学说是一个"假说"④，但这一能够引导向一种独特的"形而上学社会主义"的假说（它部分地与别尔嘉耶夫关于"公社人格主义"（коммюнотарный социализм）的公式相吻合——关于这个问题可以参见下文），被特鲁别茨科依以极其有趣的方式予以了解释。

意识是非个性的，但也不是无个性的——意识是聚和性的，但在此种情况下，我们又该到哪儿去寻找它的来源呢，又该如何解释意识如何在不履行个性功能却又不是非个性的情况下，又是如何被"纳入"到个性中去的呢？按照特鲁别茨科依的说法，我们应当在"全宇宙本质"中寻找第一个问题的答案（这一点以下就对在认识过程中所推出的东西的普遍必然性质做了解释和说明）。特鲁别茨科

---

① 《谢·特鲁别茨科依全集》，第13页。

② 谢·特鲁别茨科依写道（同上书，第57页）："康德的伟大发现在于解释了意识中超验的功能问题。"

③ 《谢·特鲁别茨科依全集》，第2卷，第16页。

④ 他写道（同上书，第37页）："我们所捍卫的这一假说，即全宇宙意识的原则当然具有其自己特殊的难处。"

依说道①："真实认识的客观普遍性是由认识过程的形而上学性质加以解释和说明的"。"意识的形而上学本质"② 首先意味着任何"个别"意识（亦即个别人的意识），都是建立在某种"全宇宙意识"的基础之上的③。特鲁别茨科依立即加以补充道："没有这样一种全宇宙意识，也就不会有任何意识。"而正是在这个问题上，谢·特鲁别茨科依（作为未来的洛斯基观点的先声）决绝地与认识论人格主义决裂了，否认了个别意识的自主独立性④，也就是说，否认了超验主义的基本前提⑤。

但特鲁别茨科依感到仅仅这样还是很不够的，为了要揭示意识"聚和性"的秘密——他显然担心在其自己的新构造中所能提供的也仅仅只是超验主义的新的变体而已（就中个别与宇宙意识的关系得到了未被以后的事实研究者的承认），于是，他向着"宇宙"意识方面迈出了一步，而当年叔本华也曾朝着个别意识方面迈出了同样的一步（为先验论提供了"生理学上的"阐释）。瞧特鲁别茨科依是怎么写的吧⑥："我们终于应当承认具有意识的宇宙组织的存在，这种组织是在自然中实现其功能的，它身上包含着个别意识的总的规范及其再生性本质。"这是一个勇敢的假说（它把我们带回到了普罗提诺那里）……毫不奇怪的是，很快就在特鲁别茨科依笔下出现了"全宇宙感性"的概念⑦，而且他还紧跟在斯宾诺莎后面认为"个别生物的意识和感性是……前此存在的一般有机感性的一种继续……感性不是自生的，而是作为原生质的生命在持续中的……意

---

① 《古希腊形而上学》，《谢·特鲁别茨科依全集》，第 1 卷，第 12 页。试与第 14 页比较。

② 同上书，第 28 页。

③ 《谢·特鲁别茨科依全集》，第 2 卷，第 61 页。

④ 同上书，第 55 页。

⑤ 特鲁别茨科依写道（同上书，第 57 页）："康德的错误就在于他把超验意识与主观意识给混淆了。"

⑥ 《谢·特鲁别茨科依全集》，第 2 卷，第 36 页。

⑦ 同上书，第 83 页。

识是从生育的本质中继承来的一种过程"①。"非个人的、生育性的、本能的意识如同一个低级层次一般构成了人的意识的基础"②。特鲁别茨科依的结论性公式已经与斯宾塞的理念完全吻合（只是对于意识的社会制约性做了重点强调而已）："从经验观点出发，有两个因素决定着人的心理发展的程度：他的大脑和社会"③。就这样，在特鲁别茨科依那里，他那种原本非常出色的有关个别意识取决于"全宇宙"④、有关"个别意识领域的相互渗透性"的学说忽然出乎意料之外地变得粗俗起来了⑤。特鲁别茨科依不害怕公然谈论"社会观念"的问题⑥，他揭示了个别意识中的"非个性因素"（"在我们每个人身上都似乎隐藏着好几种各个不同的潜在个性"）⑦。特鲁别茨科依写道⑧："人的个性不是一种个别的东西。"但他承认——在建构了如此这般的人类学体系以后这显得有几分突兀——"人的个性以其自己本身为目的"，但接着就又补充道："这是道德意识的一种基础性推理。"⑨应当承认的是，对于特鲁别茨科依的人类学中此类推理来说，老实说，它们是缺乏根据的，——而且，当特鲁别茨科依接下来继续提出问题，即我们如何才能实现"潜在的聚和性"，亦即如何把个别意识提高到他以之为生命并凭借其推动从事活动的聚和性的理念的高度的问题时，那么，这一任务本身还尚未得到任何论证呢。特鲁别茨科依自己也认为"关于意识本质的问题会引导我们走向伦理学任务"（也就是说，走向实现聚和性意识⑩之理想的任

---

① 《谢·特鲁别茨科依全集》，第 2 卷，第 66—67 页。

② 同上书，第 73 页。

③ 同上书，第 74 页。

④ 我们要再次指出一点即这个架构与恰达耶夫、皮罗戈夫、部分的还有列·托尔斯泰的理念十分相近。

⑤ 《谢·特鲁别茨科依全集》，第 2 卷，第 82 页。

⑥ 同上书，第 89 页。

⑦ 同上书，第 90 页。

⑧ 同上书，第 91 页。

⑨ 同上书，第 94 页。

⑩ 同上书，第 104 页。

务），但我们在他那里所无法找到的，恰好就是这个东西：对个别意识本身所做的分析，在他那里，无论如何也不可能与作为"目的本身"的个性概念相关联，因而也就无法引导我们走向"伦理学任务"。在他那里，这样一个出乎意料之外的论点①，即聚和性理念只有在"教会的神人类有机体中"才有可能实现的论点，也同样缺乏根据和论证。

特鲁别茨科依同样也未给予通过对其的分析而得以对"全宇宙意识"加以辩护的"形而上学社会主义"以足够的论证。然而，在特鲁别茨科依那里，有一处地方的文字说得很清楚，因此之故他不仅没有把话说完，而且也没有对所有与"宇宙意识"概念相关的一切予以解释和说明。在针对鲍·尼·契切林就其文章《唯心主义的根据》一文所做的反驳进行答复时，特鲁别茨科依稍稍详尽地对其有关"宇宙意识"或"普遍主体"的学说做了解释和说明，提供了一些详情细节（对此，我们马上便会转入对其的讨论），他写道②："我不愿意扩散在许多人眼里被当作是幻想的东西……"令我们感到遗憾的仅仅是，特鲁别茨科依由于一种奇特的担心，即被人看作是一个"幻想家"而没有彻底说出自己的理念：他的人类学也许就会在内在论上更加彻底完整，而没有彻底完整性，则人的本体论及其想要成为"目的本身"的伦理学觊觎，便会处于相互无关的状态。现在让我们还是先来谈论一下我们所能在特鲁别茨科依那里找到的些许暗示吧。

在确定了在特鲁别茨科依的第二部著作中常常被称之为"普遍主体"的"宇宙意识"的概念以后，他首先把"普遍主体"与绝对或上帝概念区分开来③。可是，这种所谓的"普遍主体"究竟又是

---

① 《谢·特鲁别茨科依全集》，第2卷，第81页。
② 同上书，第299页。
③ 同上书，第298页。

个什么概念呢？对此，特鲁别茨科依是这样回答的①："首先应当解决这样一个问题：是否有一个简单的宇宙机械，在这种机械里，偶然产生了个别的有机体，或是宇宙是一个活生生的、生气关注的整体？"特鲁别茨科依接着写道："我认为世界是有灵性的。"他认为有利于证明这一点的一个"具有决定意义的证据"之一，就是康德对于空间和时间的"发现"（亦即对于空间和时间的"客观性"在于其超验性的阐释和说明）。特鲁别茨科依接下来继续写道，说有一种"普遍的、包容世界的感性"（因为空间和时间先于任何经验，是"先验"的，但这种先验性不是一种主观感性形式，而是作为一种一般物，它应当被提升到"普遍感性"的地步）。但究竟谁才是这一普遍感性的主体呢？特鲁别茨科依即刻这样写道："如果说这种感性的主体既不可能是有限的个别的生物，也不可能是绝对生物的话，那么，我们就只能假定，这种感性的主体或许只能是这样一种心理生理生物，这种生物是如此之普遍，以至于就像空间和时间一样，但与此同时，它也像空间和时间一样，并不具有绝对存在的特征：而这就是宇宙生物，或是在其心理基础中的世界，——也就是柏拉图所称谓的那种世界灵魂。"

我们不能不感到惋惜的是，上述片断就只限于特鲁别茨科依关于"普遍主体"所写下的一切文字。我们可以毫不夸张地说，他仅仅只是停留在这个对于人类学如同对于宇宙学一样十分重要的问题的门坎上而已。叶·尼·特鲁别茨科依在其未完成的著作《来自过去》②中关于其兄长这样写道，说他从很小的时候起（显然，是在弗拉·索洛维约夫及其《神人类讲座》的影响下）就在思考如何"先行在宇宙中创造混沌"来。叶·特鲁别茨科依写道："我知道我的哥哥在从大学毕业前不久一直在研究和写作一部有关圣索菲亚的著作……但我不知道他的手稿是否完整保存了下来。"在《道路》

---

① 《谢·特鲁别茨科依全集》，第 2 卷，第 298 页。比较第 319—320 页。
② 叶·尼·特鲁别茨科依公爵：《来自过去》，《罗斯》（维也纳），第 82 页。

（第47期，1935年第4—6月号）中，谢·特鲁别茨科依的妹妹奥·特鲁别茨科娅伯爵发表了上述著作中的一个片断（第12章）。我们从中可以读到："宇宙索菲亚（是否亦即'世界灵魂'呢？这一点尚不清楚。——原作者）是创造性原型或理念的总和。"[1] 这段简要的补充，把谢·特鲁别茨科依与弗拉·索洛维约夫的关系连接得更加紧密了，但却丝毫也不曾向我们说明何谓"普遍主体"这一观念，而这个观点乃是谢·特鲁别茨科依人类学的结穴处，也是其宇宙学的论证基础。因此"实体的内在论的万物统一论"[2] 也就说明了何以会把"物质存在提升到最高形式"的原因[3]，同时也说明了世界是"一个有灵性的生物"，在其身上，存在着"感性形式"。所有这一切作为一种假说都是很有趣的，但也正是作为假说老实说它也才刚刚站在问题的门槛上而已。

3. 在谢·特鲁别茨科依那里，其认识论和形而上学与其人类学有着最为密切的关系，但由于特鲁别茨科依的形而上学论点与认识论的分析有着密切的关联，所以，我们首先来对其认识论进行一番阐释。

谢·特鲁别茨科依在这个问题上遵循着弗拉·索洛维约夫的榜样，这不仅表现在他把作为认识之来源的经验和理性，而且还把信仰与其并列起来，——这类学说我们在哲学史上经常能够见到，所以，也就不见得非得把它说成是特鲁别茨科依受制于弗拉·索洛维约夫的证明——更加说明问题的是，他究竟是如何发挥其认识论理念的。特鲁别茨科依效法弗拉·索洛维约夫最多的地方，是其《抽象本质批判》。

特鲁别茨科依在其基本著作《唯心主义的根据》里试图对"思

---

[1]　这一点与弗洛连斯基的体系非常之接近（参见本事第4卷，第6章）。
[2]　《谢·特鲁别茨科依全集》，第2卷，第317页。
[3]　同上书，第318页。

辨唯心主义在形而上学领域里的正面发现做出一个评价"①，换言之，他试图揭示这种认识论立场之间的辩证关系，以便在这种辩证关系中，搞清楚"实体的本质"问题。他写道②："如果实体是可以认知的，哪怕只是部分地认知，实体是按照我们理性的法则建构的，也就是说，它符合我们思维的一般的逻辑法则，因而，这些我们的思维必须对之加以服从的一般逻辑规范和范畴，与此同时实际上也是实体的内在法则，形式和范畴。我们认识的逻辑规则与此同时也是我们所认识的实体的普遍本质。"

纯粹理性主义的原则——而且这里还包括超验主义的本质③——再次得到了最为鲜明的表达。摆在我们面前的，是一种独特的黑格尔主义的变体——但其最本质的区别在于特鲁别茨科依并未停留在把思维和存在同一化的立场上。和大主教尼康诺尔一样（关于他可以参见上文第 2 卷第 3 章），特鲁别茨科依是在教导我们关于现实的阶梯性问题，表明现实性在认识的各种途径中是如何向我们展现出来的。在经验主义认识中——而就是在这里，特鲁别茨科依也与弗拉·索洛维约夫的《抽象本质批判》十分相近——实体就是"那些被表现出来的东西"④。但是，事实上关于空间和时间的"理念性"，关于实体和因果律概念的超验主义意义的批判学说，早已就向我们揭示了实体的理想一面——实体像理念一样向我们展现出来⑤，但"实体却不可以被归结为逻辑理念"，因为"在黑格尔的冲积层和经验主义的现实之间存在着一种毫无疑问的对立"——"从抽象概念出发我们既无法推论，也无法理解任何具体的东西"⑥。特鲁别茨科

①　《谢·特鲁别茨科依全集》，第 2 卷，第 164 页。
②　同上书，第 163 页。
③　同上书，第 163 页。
④　同上书，第 164 页。
⑤　同上书，第 180 页。
⑥　同上书，第 190—191 页。

依指出①："从永恒的理念根据必然性走向个别的主体同样也是非理性主义的。"总而言之，"现实性以其感性，以其个别具体性，以其独一无二的现实性而有别于理念"②。

特鲁别茨科依遵循着"系统批判抽象实体概念"的方法③，走到承认实体是"具体统一体"的地步④，——实体是"符合我们的逻辑概念的，但与此同时它又与我们的思维有所区别"⑤。而这也就意味着我们已经不仅在感性中，也不仅在思维中，而且还以某种另外的方式，在走近现实，也就是说，我们已经拥有了一种直接掌握实体的能力。特鲁别茨科依在重复霍米亚科夫和基列耶夫斯基学说的同时，特别强调了这种直接掌握现实的能力——即信仰（虽然他认为这个术语并不很贴切）⑥。只是由于有了这种"信仰"，实体才会像"现实"一样向我们展现出来——而这也与外部世界有关，也与陌生的灵性有关⑦，信仰甚至就是"我们自我认识的条件"⑧。但在分析从有关作为一种"特殊的绝对知识之来源的"⑨ 信仰的学说中而来的"神秘唯心主义"体系时，特鲁别茨科依抛弃了这一企图。就让现实是精神的吧，甚至就让在信仰中绝对本质——在这种本质中，世界的五光十色五花八门都在其中被"淹没了"——也向我们展现吧，但为什么与绝对者并列的，到底还是它的"他者"——为理性所认知的感性的"现实"呢？

认识的三条道路，全都展现了实体的某一个方面，那么，我们又该如何把它们联接为一体呢？特鲁别茨科依将其与"普遍相对性

---

① 《谢·特鲁别茨科依全集》，第 2 卷，第 193 页。
② 同上书，第 195 页。
③ 同上书，第 215 页。
④ 同上书，第 209 页。
⑤ 同上书，第 217 页。
⑥ 同上书，第 225 页。
⑦ 同上书，第 228—232 页。
⑧ 同上书，第 225、233 页。
⑨ 同上书，第 237 页。

法则"① 联系在一起，也就是说，与"自我表征为实体"的存在是没有的（按照特鲁别茨科依的观点，绝对者是存在的来源，而不是存在），在存在中一切都相互"关联"。特鲁别茨科依写道②："关系是我们意识的基本范畴，也是实体的基本范畴。具体的相对性，'我'与'非我'的相互作用，自然与精神③，主体与客体都要求以其区别中的基本统一为前提，以精神与其对立面的普遍的万物统一为前提，以思维与现实存在的统一为前提。"④ 但是，普遍相对性在巩固存在的多样性的同时，也巩固着认识的各种类别，并以此只会更加鲜明更加突出地把绝对者概念引入逻辑必然性，"这个概念既不能说是相对的，也不能说是非相对的——它是超乎于相对性之上的"⑤。特鲁别茨科依指出⑥："我们对于'他者'（即现实性——原作者）的认识——在其与绝对者的所有区别中，在其所有的自我确立方面，在其所有的个别因素方面——越现实越具体，我们有关绝对者的对其加以论证的观念也就越具体。"

由于有了"普遍相对性"法则，在空间和时间问题上的艰难性便被排除了出去："时间和空间是事物内在相对性的感性形式而已，这与普遍感性的组织有关"。特鲁别茨科依自己对其宇宙学进行了描述，认为它是一种"形而上学社会主义"，也就是说，它是自然多样性的统一体：特鲁别茨科依对于单子论感到格格不入，对于形而上学多元主义也感到格格不入，并且他还以其"普遍相对性"法则与后者划清界限。我们已经知道，在特鲁别茨科依那里，有一种关于"普遍感性"的主体的学说，——此即世界灵魂（"宇宙生物"）。但

---

① 《谢·特鲁别茨科依全集》，第 2 卷，第 262 页注 2。

② 同上书，第 264 页。

③ "普遍相对性"法则帮助特鲁别茨科依抛弃了心理生理平行论（同上书，第 269 页），并以此回避了有关精神与物质的关联的本体论最艰难的问题。

④ 同上书，第 274 页。在此，特鲁别茨科依实际上与库德里亚夫采夫的"超自然主义—元论"（参阅第 3 卷，第 3 章）十分相近，但对前者，他显然是一无所知的。

⑤ 同上书，第 276 页。

⑥ 同上书，第 274 页。

是，超验主义的音调在特鲁别茨科依笔下也常常能够被人所听到——而这是因为他与弗拉·索洛维约夫，并通过后者又与谢林相近的缘故导致的（这一点我们从其弟弟叶·特鲁别茨科依那里也可以看到）。对于他来说，绝对者的现实性是毋庸置疑的，但却是在理性的秩序下，而且这种现实性可以为所有存在提供论据，——这就是"在自身包含着对其他者提供论据的绝对精神①。但是，奇怪的是，在特鲁别茨科依的分析中，任何地方也没有创造的理念，不但如此："在对他者的实际存在中包含着对于无条件绝对者的内在的正面根据"，按照特鲁别茨科依的思想②。对于这样一种绝对者的概念，无论是以神学方式还是以哲学方式，都是很难加以辩护的，而对于特鲁别茨科依来说，绝对者是一个极限概念，只有在这个意义上，它才具有原初现实性。对他来说，"实体与我们精神的超验相对性"③ 实在是太重要了，其思维的整个辩证法机制都与我们精神的"超验性"有关④。

关于特鲁别茨科依的伦理学观点我们还要赘言几句。他对此类观点的表述在其政论文中，远比在其哲学论文中表述得更加鲜明，可是，由于问题涉及哲学伦理学，涉及道德原则问题，所以，在特鲁别茨科依的著作中，此类原则只是会偶然闪现。正如我们已经指出过的那样，特鲁别茨科依在此类文章中，明显处于弗拉·索洛维约夫的影响之下，区别仅仅在于，按照特鲁别茨科依的观点，道德生活的"自然"基础是我们意识的聚和性⑤，而伦理学的终极任务重新使其走近索洛维约夫（走近后者的《完整知识的哲学本质》）：

---

① 《谢·特鲁别茨科依全集》，第 2 卷，第 320 页。

② 同上书，第 277 页。还可以比较："绝对者只需确证其他者的潜能并使其真实性得以揭示就足以确证其自身了"（同上书，第 280 页）。在第 5 章和第 6 章行将讲到的万物统一形而上学的致命后果，在此却已显示无遗了。

③ 同上书，第 316—317 页。

④ 同上书，第 414 页。

⑤ 同上书，第 107 页。

意识的潜在聚和性应当在"普遍的、聚和性的意识中被实现"①。

在对以上所述进行小结时，首先我们应当强调指出特鲁别茨科依的体系在哲学上的和谐性。他终究无法彻底挣脱狭隘的超验主义的观念，无法更改弗拉·索洛维约夫的影响，但他的"形而上学社会主义"，以及有关"意识的聚和性本质"的全部学说包含着一颗富于成果的种子，后来在嗣后的哲学思想界得以发芽生长。如果我们把在谢·特鲁别茨科依笔下依然显得强烈的超验主义的外壳取掉的话，那么，在其人类学与宇宙学中，仍然含有许多独特而且富于创造性的东西。但是，对于体系性的爱好，毫无疑问，在很大程度上削弱了谢·特鲁别茨科依的思想——他的思想本来就足够强大和勇敢的了，足以为哲学探索开辟一条新的道路的。

现在让我们来探讨一下叶·特鲁别茨科依伯爵的哲学体系。

4. 叶甫盖尼·尼古拉耶维奇·特鲁别茨科依伯爵（1863—1920），是我们刚才研讨过的谢·特鲁别茨科依的弟弟，他本人在其回忆录②里讲到了自己的少年时代的往事。叶·尼·特鲁别茨科依伯爵从古典文科中学毕业后，进入莫斯科大学法律系学习，从法律系毕业后，很快就当上了设在雅罗斯拉夫尔的法政学校任编外副教授。在两次论文答辩（硕士和博士学位论文）以后，叶·特鲁别茨科依伯爵在基辅大学获得教授席位，几年后转入莫斯科大学。1917年10月革命后，叶·特鲁别茨科依伯爵离开了莫斯科，并与所谓的志愿军建立了联系，志愿军的被摧毁使其在俄国逗留成为不可能的了。叶·特鲁别茨科依伯爵不愿意死在异国他乡的强烈愿望终于实现了：他在高加索被完全疏散以前不久就去世了（他当时正在那里）。

叶·特鲁别茨科依精神的成熟被他自己本人在其《回忆录》里做了生动而又鲜活的描写。两兄弟在走上独立的知性生活之路以前，

---

① 《谢·特鲁别茨科依全集》，第104页。

② 叶·尼·特鲁别茨科依伯爵：《回忆录》（索菲亚，1921年）。还可参阅：叶·尼·特鲁别茨科依伯爵：《来自过去》（维也纳）。

就已经开始对实证主义（"斯宾塞式的"——叶·特鲁别茨科依如是而言道）①——并且，顺理成章地，走向了无神论。叶·特鲁别茨科依证实道："我向无信仰的转变是非常突然的，就好像是一个瞬间的事，轻易得不可思议。"无论是谢·特鲁别茨科依还是他的弟弟叶·特鲁别茨科依，都把近代哲学史研究从实证主义的原始主义（库诺·费舍尔）中解放了出来。但从实证主义者的教条主义中解放出来以后，对于哲学史的研究起初只是在散布普遍的怀疑主义②。但是，其实早在古典文科中学的最后一年级时，叶·特鲁别茨科依就已经读过叔本华的《作为意志和表象的世界》，而作为对叔本华感到入迷的一个结果，是他的突然向宗教主题的转向。正如叶·特鲁别茨科依在嗣后的回忆录里对于这次转向的回忆所说的那样③："这个世界在喧嚣中沉沦着，它以完整性为其追求的目标，并把完整性作为一种高于自身的他者……"如果这还算不上是后来那种对于自我的风格化，那么，实际上早在这个时期中，在叶·特鲁别茨科依那里，其关于世界的基本观念便已经开始形成了，我们可以在其嗣后的体系里找到这些观念。按照叶·特鲁别茨科依本人的意见，弗拉·索洛维约夫对他的影响就发生在这个时代。叶·特鲁别茨科依没有他的哥哥那么独立性强，因此长期处在弗拉·索洛维约夫的强烈影响之下，索洛维约夫去世后，有人请他为索洛维约夫纪念文集写一篇文章，却被他拒绝了。后来，他在其论述索洛维约夫的两卷本著作的前言中写道④："在那个时候，我既无力凭借自己的观点来和他抗衡，也无法把他的世界观当作我自己的世界观来予以阐述。"只是在后来，正如叶·特鲁别茨科依自己所写的那样，他"感觉到自己有力量走到离索洛维约夫一定距离以外的地方了"，而这也就形

---

① 《回忆录》，第45页。
② 同上书，第60页。
③ 同上书，第65页。
④ 《弗拉·索洛维约夫的世界观》，第1卷，第6页。

成了他写作论述索洛维约夫的著作的提纲。

叶·特鲁别茨科依始终在花费大量时间用来研究哲学，并在大学长期开设法律百科知识和法哲学史课程。他的两部学位论文（前一篇是论述奥古斯丁的，后一篇的题目是《论11世纪西方基督教的宗教社会理想》）都是研究西方宗教思想的，但叶·特鲁别茨科依的主要关注重心仍然在哲学领域。为着要对特鲁别茨科依兄弟两人处于其他俄罗斯文化精英群体中所过的那种充满哲学意蕴和深刻内涵的生活有所感受，我们应当读一读出色的《回忆录》的最后一章。

在叶·特鲁别茨科依身上，从很早的时候起，就形成了一个十分鲜明的特征，而这个特征对其作家才华的养成产生了良好的影响——我指的是他对艺术的兴趣。要想评判叶·特鲁别茨科依是如何深刻而又富于成效地从音乐中吸取营养的，我们也应当读一读他的《回忆录》，此书有好多篇幅是关于音乐的。而要想了解他与绘画的关系，就应当读一读他出色的专著《古俄圣像画中的两个世界》。叶·特鲁别茨科依具有一般说来很高的、非凡的文学才华，他笔下的文字永远都十分鲜明、形象和可读性强。或许这是因为其创造力的一部分被用到这里来了，因而减弱了他的纯粹哲学方面的才能……但叶·特鲁别茨科依毕竟还是写作了好几部哲学方面的著作，这些著作并不以独特性见长，其原因是叶·特鲁别茨科依过分依赖弗拉·索洛维约夫的强大影响力。但在自己的著作里他在思想观点的表述上达到了如此清晰、如此条理的地步，从而为其著作添加了无可争议的价值。

在一般性的评论之后，让我们现在来研究一下叶·特鲁别茨科依的体系。

5. 叶·特鲁别茨科依最重要的哲学著作是他的《生命的意义》。在这部著作的前言里，他说"这部著作表达了作者的全部世界观"[1]，鉴于这部书是叶·特鲁别茨科依的最后一部著作，因此此话说得就越

---

[1] 《生命的意义》，第7页。

发有道理了（此书是在他死后才得以出版的）。而我认为关于生命的意义这一主题本身，也一直都是叶·特鲁别茨科依关注的主要的核心问题，他的哲学分析正是在对于揭示生命之意义的重要性的大小的辩证依赖中发展起来的。但对于叶·特鲁别茨科依来说也同样很早的是——这是在弗拉·索洛维约夫的无可置疑的强烈影响下——这一有关生命的意义的问题，其之所以被提出来，却不是出于要在主观世界里寻找和谐的这种需求，而且也不是将其作为一个道德主题，而是作为一个本体论的主题。叶·特鲁别茨科依断言①："意义实际上应当是不变的和永恒的"。这一柏拉图式的定向对他来说是十分典型的——这里包含着理解其哲学探索和体系的钥匙。

如果说寻找生命的意义——就意味着，我们的意识不是在"猜测"生命的意义，而是"拥有"生命的意义②，但与此同时，意义的不变形和永恒性的前提条件是，这意义及其动摇和边界，不是仅仅为我的意识所了解，而是并不取决于"我的"意识——这就把我们引向了"对于某种绝对意识的推测"③，——叶·特鲁别茨科依认为④。"而这种推测对于我们意识的任何活动而言都是必要的前提条件"。与把"实体的万物统一"当作基本原理的弗拉·索洛维约夫不同，叶·特鲁别茨科依则又回归到了我们已经熟知的费·阿·戈鲁宾斯基（参见第1卷第2部第5章）关于对于我们来说绝对理念的原初性的立场上来。叶·特鲁别茨科依在其著作的结尾一章中写道⑤："真理是一种万物统一的意识，而非万物统一的实体，因为意识在其自身中包含着存在和非存在——和现在我们所拥有的夜和已经不复存在的昼。只有在这样一种观点之上，关于产生和消灭——

---

① 《生命的意义》，第13页。
② 同上书，第16页。
③ 同上书，第20页。
④ 同上书，第21页。
⑤ 《认识的形而上学推断》，第321页。叶·特鲁别茨科依认为这一点是他与谢·列·弗兰克立场的主要区别之所在（关于他可参见下文）。同上书，第29页注。

亦即从存在向非存在的过度或反之——的真理才有可能出现"。这段话表达了叶·特鲁别茨科依对于"生命"的真实"意义"的最基本的前提。可是，我们又该如何才能确证这种对于"万物统一意识的推断"是现实的呢？但是，在讨论这个问题以前，还是让我们先探讨一下，我们的意识究竟是否"拥有""真理"的问题。叶·特鲁别茨科依写道[1]："探索真理就是尝试在我的意识中寻找一种绝对意识。"这就首先意味着，我们的思想具有一种绝对性的形式（"任何认识判断都在肯定某种特定的意识内容，将其作为真理的内容，作为绝对的内容"[2]。而由于有关转瞬即逝的存在本身我们不能够拥有"绝对的"知识（在这个问题上叶·特鲁别茨科依则又在重复柏拉图的言论），而有关转瞬即逝的存在的知识觊觎绝对性，所以，我们应当承认，"在绝对意识中，任何临时性的事实都真的可以被永恒化……抑或有一些真正绝对的意识，它们观察着过去和未来，或是所有有时间性的东西都是谎言"[3]（亦即关于它我们无论什么都无法予以"绝对的"肯定）。而这就已然是对于有关"绝对意识"的现实性问题的一个回答了，但目前我们暂时还并未穷尽这个问题，那就是我的意识如何才可以"拥有"真理的问题。

叶·特鲁别茨科依写道[4]："我们的意识从中形成的材料，全部都存在于时间中，但关于它的真理本身却存在于永恒中……这样一来，我们的认识便只有作为不可分享的和不可融合的人类的和绝对的思想的统一体才有可能产生。"但是，认识的单一活动仍然是单一的，而"万物统一的意义对于无意义的胜利只有在彼岸与此岸的边界彻底取消时才会出现"[5]。探索意义的事实本身就"证明了在我们的思维和我们

---

① 《生命的意义》，第 23 页。
② 《认识的形而上学推断》，第 23 页。
③ 同上书，第 33 页。
④ 同上书，第 316 页。
⑤ 《生命的意义》，第 76 页。

的生活中是没有我们所寻找的那种意义的"①，但这同一个寻找意义的事实自身也包含着一个推断即这个意义是存在的——可它究竟在哪儿呢？很清楚：在绝对意识之中。如果说"万物统一（等于意义）在同一时间内既有又没有的话"②，那么，这一矛盾却仅涉及我们的意识，因为我们的意识"拥有"我们曾经失去的意义。

我们已经看到，单单一个对于绝对意识的"推断"就可以含纳所有这些发生在我们的认识构思里的事实③。另外一个公式也是特鲁别茨科依愿意承认的：真理不仅讲述着我们的意识里已有的东西，而且还讲述着在任何个别意识界限以外所有的东西，亦即真理"是实体和真实"的统一，而这也就是"万物统一的智慧"④，这种智慧"拥有全部真实和可以思考到的意义……万物统一的智慧的活动直接就是无所不能和无所不知……而我们通过它能够看见并且也能够和它一起意识"⑤。叶·特鲁别茨科依说道（在回答洛帕金针对他论述弗拉·索洛维约夫的著作中关于索洛维约夫的意见的批评）："应当注意的只有一点，在绝对意识中，应当寻找的不是对于我们的意识所发生的事实的解释，而是对其真实性进行论证"⑥。这一点是十分重要的，以便能够正确地理解叶·特鲁别茨科依的哲学立场。

绝对意识，万物统一的智慧亦即绝对上帝⑦，不仅"在其自身中包含着已有的意义，而且也包含着神关于应有的构思"⑧。可是，如果说"上帝是世界进化的开端和终结、及其无所不届的中心和

---

① 《生命的意义》，第 85 页。

② 同上书，第 164 页。

③ 同上书，第 20 页。

④ 在这一有关"绝对意识"主体的学说中，叶·特鲁别茨科依自觉地背离了柏拉图。见同上书，第 24 页。

⑤ 同上书，第 29 页。

⑥ 《认识的形而上学推断》，第 41 页。洛帕金的意见见于《哲学问题与心理学问题》，第 119 期和 120 期。

⑦ 参阅叶·特鲁别茨科依在《生命的意义》一书中关于"绝对者"术语的限定性意见，见第 28 页。

⑧ 同上书，第 126 页。

意义的话，但却绝非其主体"①，但这却取消了泛神论，亦即肯定了上帝与世界根深蒂固的区别。我们应当在本来的世界上区分"现象"以及"其（现象）的本质"，但这一世界性的本质是"实体性的形成中的"东西②。而绝对者呢，则被世界向我们隐瞒了：取代绝对者"我们处处都能找到'他者'，而他者不光能把它遮蔽，而且还在积极地与它作对"③。特鲁别茨科依在接受了"索菲亚"问题的同时，却对弗拉·索洛维约夫和谢尔盖·布尔加科夫④的索菲亚学嗤之以鼻，因为后者把绝对者和世界的本质在泛神论的意义上给混淆起来了。叶·特鲁别茨科依早在其早年著作《论弗拉·索洛维约夫的世界观》中就到处执拗地揭露在索洛维约夫那里将两大系列的存在混淆起来的错误。他写道⑤："我们应当永远清醒地认识到把神性与神性以外的东西，把天然秩序和绝对秩序区分开来的那个特征。"

对于泛神论的这样一种克服是非常准确的和彻底的，并且被叶·特鲁别茨科依到处都加以贯彻，而首先是在其认识论中予以贯彻。他写道⑥："在经验中向我们展现的不是绝对实体本身，而仅仅只是有关'他者'的绝对意识……这是一种形成中的，未完结的意识……因为我们认识的整个过程的实现不是以别的方式，而正是通过绝对意识在我们的意识中的启示来进行。"我们马上就可以读到"绝对意识积极参与着人类的意识"。这一思想令我们油然想起恰达耶夫、皮罗戈夫关于"世界理性"的思想，部分地也令我们想起大主教尼康诺尔关于"绝对理性"的思想！"思维在永恒真理中的超时间性关联的直觉"对于永恒的思维过程而言是必然的："它也正是

---

① 《生命的意义》，第 101 页。
② 《认识的形而上学推断》，第 140 页。
③ 《生命的意义》，第 105 页。
④ 对于谢·布尔加科夫的索菲亚学，叶·特鲁别茨科依只是通过其早年版本了解的。
⑤ 《论弗拉·索洛维约夫的世界观》，第 2 卷，第 140 页。第 1 卷，第 293—294 页。
⑥ 《生命的意义》，第 211 页。

把判断变成逻辑的那种东西"①。这一巩固了逻辑法并且保留着知识的理性本质的判断，使得叶·特鲁别茨科依与"神秘主义非逻辑论"学派截然有别，诚如他在描述弗洛连斯基、布尔加科夫、别尔嘉耶夫派时所说的那样。叶·特鲁别茨科依写道②："逻辑统一性是真理的形式"，他以此捍卫着逻各斯的无所不届的力量：启示自身也是要由逻各斯来加以评价的，因而是不可以和逻各斯分割开来的③。但绝对者形式和逻各斯与直接性直觉的这一"不可分割性"并不会把我们引导到世界的界限以外去：在认识形式中的绝对性根本就不意味着我们是在参与着世界对于绝对者的认识活动（"在自然认知中绝对者不是被作为一切被认知者的本质被给定的，而是作为普遍的思维和有关一切的意识被给定的"）④。

可是，如果我们的认识是凭借绝对意识才变得"成果辉煌"的话，那么，难道对于这一绝对意识而言深入渗透一个不变之存在的世界，深入渗透一个与"时间"关联的世界（也就是我们的世界），难道是可能的嘛？对于这个问题，叶·特鲁别茨科依以明确的、甚至是非常清晰的有关时间的学说，或者可以说是对于绝对意识极其"富于洞察力的"学说，做了回答："对于其时间系列早在数世纪以前就已完结的万物统一意识，毫无任何限制地在它们中间看到了存在的完整性。"⑤

6. 在叶·特鲁别茨科依的宇宙学中，继其兄长之后，接近于弗拉·索洛维约夫的学说（在其《神人类讲座》的第1版中）。我们在叶·特鲁别茨科依那里读到⑥："对我们来说世界是混沌，但在永

---

① 《生命的意义》，第220页。
② 同上书，第242页。
③ 同上书，第243页。
④ 《论弗拉·索洛维约夫的世界观》，第1卷，第262页。
⑤ 《生命的意义》，第147页。在第2章中我们所能找到的一切，也都非常重要（即万物统一与时间存在）。
⑥ 同上书，第99页。

恒的真理中，世界是宇宙，是被集聚于基督身上的神的世界"。"在时间中形成的世界是未完结的，但在神性意识里一切时间系列在其作为其基础的原始形象和神性光环的光照之下都是可以看得见的"①，——也就是说，"在索菲亚的光照下"。叶·特鲁别茨科依写文章反驳了布尔加科夫："索菲亚压根就不是什么位于上帝和被造物之间的东西，她是与上帝不可分割的神的力量，而在时间形成的世界，则是一种就其对于索菲亚的关系而言的他者"②。叶·特鲁别茨科依继续发挥着这一观点（以符合教会传统的方式）："每个被造生物的理念，都不是其本性，而是另一种，与其自身有别的现实……理念是未来的、新的造物的形象，它应当被在自由中予以实现"③。"但是，与索菲亚并不同一的世界，却在自身中拥有其自己的本质……他真的与索菲亚有关联，并以某种方式，参与其存在……索菲亚自身真的是在世界中的"④。

有关恶的学说，神正论的尝试，对于世界和人向着改造的目标前进的描写——所有这一切都被叶·特鲁别茨科依以极其鲜明的笔触和条理清晰的线条勾勒了出来。在此我们没必要深入探讨其体系——该体系与其说以其独特性，倒不如说以其基本思想的扎实性，一般观念的清晰性见长——的这些方面的问题了。总而言之，叶·特鲁别茨科依毕竟只是"完结"和"梳理"了一下弗拉·索洛维约夫的理念而已⑤，尽管又在坚决地排除所有泛神论因素方面背离了索

----

① 《生命的意义》，第 127 页。

② 同上书，第 130 页。

③ 同上书，第 133 页。

④ 同上书，第 138—141 页。这些篇章差不多并不是在俄国哲学史上有关索菲亚（神性）概念所说的话语中写得最明确最清晰的文字。但我们需要指出的一点是，在世界的形而上学中，特别是在叶·特鲁别茨科依所鲜明勾勒出来的世界形而上学中（第 3 和第 4 章），是没有教会有关上帝身上富于"能量"的学说的地位的。

⑤ 叶·特鲁别茨科依在一处地方写道："我的思想和弗拉·索洛维约夫的'理论哲学'有着'直接继承性联系'，而且我是在努力准确完成索洛维约夫拟定的纲领"（《认识的形而上学推断》，第 306 页）。

洛维约夫，而且还错误地拉近了"自然"和神性世界之间的距离。早在论述弗拉·索洛维约夫的著作中，叶·特鲁别茨科依的全部批判，就正是指向这一点的。同样，在其两部哲学著作以及文章中①，反映了他与宗教哲学思想界其他代表人物之间的争论。在这方面，尤其值得关注的是叶·特鲁别茨科依有关索菲亚学问题的思考——及其与布尔加科夫、弗洛连斯基以及埃恩思想（此处指的是其思想的早期版本）之间的论战。

叶·特鲁别茨科依的哲学创作是从索洛维约夫体系中生发出来的——它给索洛维约夫的某些观念带来了严整的条理和内在的统一。我们在叶·特鲁别茨科依体系的认识论领域里，不仅发现他思想的准确和清晰，而且，还可以看出无可置疑的哲学上的独立性。但是，由于在其他领域里缺乏独创性，所以，叶·特鲁别茨科依在复杂的最新的俄国哲学思想的动态发展过程中占据着一个个别的地位。他对艺术（圣像绘画、音乐）领域的跨界旅游，带来了令人惊奇而又鲜明的成果，但即使在这方面，他也更多的是以语言的典雅、思维的缜密清晰，而非以哲学分析的深度见长。或许在叶·特鲁别茨科依的哲学创作中起了内部制动作用的，是他受制于弗拉·索洛维约夫，后者的观念似乎晃得他眼睛都睁不开了。叶·特鲁别茨科依逐渐摆脱了这种奇特的魅力，而且，他越是摆脱这种魅力，他的哲学才华也就表现得越强烈。但他却注定无法彻底抛弃索洛维约夫的魔力棒——叶·特鲁别茨科依的哲学创作身上明显带有未完结和言犹未尽的烙印……

---

① 可以特别参阅分析柯亨之理念的珍贵论文《伦理学中的 Пачметодизм》，《哲学问题与心理学问题》，第 67 期。

第四章

以超验主义为基础的形而上学

斯皮尔

维舍斯拉夫采夫

斯特鲁威

诺夫戈罗德采夫

伊·亚·伊利因的哲学探索

胡塞尔分子（施佩特、洛谢夫）

1. 我们即将展开探讨的这些思想家，并未直接受到过弗拉·索洛维约夫的影响，但其间接影响至少是在某些代表人物身上，表现得十分强烈。本章中所要讨论的所有思想家，全都来自超验主义，但又不以超验主义为限，而是勇敢地跨上了形而上学创作的道路（只有一个施佩特除外）。但这次对于形而上学的转向，既非对于超验主义的简单"补充"（像亚历山大·维杰斯基），也非次要的（像批判主义的其他代表人物那样）：本章中我们要讨论的那些哲学家，在不抛弃而仅仅只是改造了超验主义的前提下，坚决而又果断地走向形而上学。只在施佩特一个人身上，把胡塞尔式的对于超验主义的改造与对基督教本质的否认结合了起来，而其他所有我们将要开始讨论的那些思想家，全都受到了宗教体验的鼓舞，鼓舞他们走向形而上学观念的建构。

我们把一些纯粹的形而上学者和胡塞尔的信徒全都归为一类，

虽然在俄国胡塞尔分子中，只有洛谢夫一个人明确地站在捍卫形而上学的立场上，而施佩特却否认形而上学，将其当作"伪哲学"，而且，他还否认"奄奄一息的基督教文化"。然而，胡塞尔对于俄国思想界的影响远远超出了纯胡塞尔主义的范围，而对于维舍斯拉夫采夫，部分的还有伊利因的影响则非常明显。由于这个缘故，我们觉得把纯粹的形而上学者和胡塞尔信徒放在同一章里探讨是适合的。

2. 在以超验主义为基础的形而上学者中，按照时间顺序，第一个应该是斯皮尔（Spir）①（1837—1890），现在我们就开始研究他的思想。

阿夫里坎·叶甫·斯皮尔出生于一个俄国医生家庭。少年时代曾具有虔诚的宗教信仰，甚至想要献身于神学研究，但在读过《纯粹理性批判》以后，立志决心只研究哲学。25 岁时曾出国，经过几年漫游后定居于德国（从 1867 年起）。1873 年出版了他的主要著作《Wirklichkeit》（用德文），1876 年出版《Empirie und Philosophie》，1883 年出版《关于宗教的谈话》。

我们已经提到过（参见第 1 卷里有关托尔斯泰的专章），托尔斯泰对斯皮尔非常入迷——斯皮尔（批判）现象学的清晰性和缜密性对他构成了无穷的魅力。斯皮尔的确是一个严格意义上的康德信徒，他认为"意识的直接材料"是哲学的基本出发点。但是，在全盘接受超验主义原则的同时，斯皮尔又不惮于接受"物自体"的现实性（将其作为经验现象的隐密基础）。它们是不可以被认识的②，但是，作为一个并不纯粹的超验主义者，斯皮尔肯定"自然正在发挥作用

---

① 斯皮尔的传记是她女儿写的，登载在其著作德文版第 1 卷的前言里，出版了德文版全集（两卷集）。主要著作：《思维与现实》用法文出版（里尔，1896），后来他还用法文出版了他的其他著作。俄文版如果我们没搞错的话，他出版过一本简要阐述其哲学观点的著作。斯皮尔最完整的著作目录以及关于他的书籍和文章目录，由其女儿写成了一部专门的小册子。还可以参阅 Ueberweg. B. Ⅳ，P. 617，721 Gesch. d. neueren Philosophie，12. Aufl.（Berlin，1923）

② 这一点有时使我们有理由把斯皮尔当作是不可知论的代表人物，但这么看只在非常有限的意义上才是正确的。

的形成原则与我们生物"的"亲和性"①。这一发挥作用的原则"不可能是经验的对象,它对我们而言将始终是隐蔽的"②,它也就是真正的"物自体",拥有"正常的存在方式"③。把道德原则出乎意料之外地运用在对于"真实"存在的描述中,这对于斯皮尔来说是十分典型的。斯皮尔认为世界作为现象的体系(Geschen),具有"abnorme Art des Existierens",也正因为此,在这个问题上一切皆是可变的。但由此也可以得出一个结论,即我们无论如何也不能从"真实"的存在中推导出现象界来。斯皮尔断言④:"绝对是一种规范,而非(现象)存在的根据。"斯皮尔使用宗教术语说,我们既不能把上帝拟想为造物主也不能拟想为一个统治者,而只能拟想为理想⑤。斯皮尔对于上帝概念(即作为根本就不是"世界之原因"⑥的"绝对领域",而仅仅只是理想的)和"正在发挥作用的自然的原则"做了严格的区分——因而他认为泛神论在哲学上是不可接受的。总而言之,"作为理想的上帝和作为造物主的上帝,这原本都是同一个词儿,但实际上二者之间没有任何共同之处"⑦。自然中的创造力("发挥作用的原因")同时也是自然中恶的基础⑧。恶一般说"是事物自然秩序中一个必不可少的部分"⑨。

真实世界(即现象界)的不可理喻性,以及在解释现象和绝对本质之间的关联时又不可能使用原因这个概念,按照斯皮尔的思想,并不妨碍我们认为绝对就是理想,人正是应该为了它的名义采取行动,我们应该带着这样的理想"通过"真实的存在。

---

① Samtliche Werke. B. I. , p. 446.

② Ibid. , p. 441.

③ Ibid. , P. 216.

④ Samtliche Werke. B. I. , p. 302.

⑤ B. II. ,第 117 页。

⑥ B. I. ,第 292 页。

⑦ B. II. ,第 120 页。

⑧ 同上书,第 121 页。

⑨ 同上书,B. I. ,第 446 页。

如我们所知，斯皮尔倾向于形而上学，但对他而言，绝对只有在伦理学领域才得以揭示。斯皮尔的这样一个体系在对世界的描述上不免有些散漫，但却能够鼓舞人们从伦理学上追求绝对者。

3. 鲍里斯·彼得罗维奇·维舍斯拉夫采夫（1877—莫斯科；1954—日内瓦）。从莫斯科大学法律系毕业后，留校参加教授预备班，后在德国工作，1914 年通过以《费希特的伦理学》为题的学位论文答辩。从 1917 年起，担任莫斯科大学教授。1922 年被驱逐出国，开始在柏林的宗教哲学学院工作（由尼·亚·别尔嘉耶夫开创的），在基督教青年会出版社工作，并为普世教会运动做了许多工作[1]。

维舍斯拉夫采夫起初曾是一个具有费希特精神的超验主义唯心主义的严格捍卫者，但却早在其论述费希特的巨著中，就以极其巨大的力量强调指出费希特身上的非理性主义因素，以及他对于绝对者的深刻向往[2]。原来严格谨严的内在论体系早在费希特那里就已从内而外地推出了形而上学主题。维舍斯拉夫采夫在此断言[3]："形而上学主题就是在直觉中发展的全部神秘的无边无际性，而直觉和理性思维是不可分割开来的。"[4] 维舍斯拉夫采夫坚决认为直觉的价值意味着"绝对不是在概念中被给定的"。这种公然与传统观点决裂的对于费希特的阐释，为维舍斯拉夫采夫增光添彩了[5]。

按照维舍斯拉夫采夫的观点[6]，哲学必须与之打交道的基础性的二元对立，是体系与无穷性，理性和非理性的对立。虽然在其著作

---

① 除了《论费希特的伦理学》外，维舍斯拉夫采夫还出版过《被变容的埃洛斯伦理学》，以及一系列专著和论文（尤其是在人类学和具有荣格精神的"深层心理学"方面）。他还写有有关大众心理学和有关辩证唯物主义问题的著作。

② 《论费希特的伦理学》，第 17 页。

③ 同上书，第 77 页。

④ 同上书，第 74 页。

⑤ 稍晚些时候伊·伊利因发表于《哲学问题与心理学问题》的系列论文里发挥了这一观点（关于他可参见下文）。尤其是参阅其《作为良心之宗教的费希特哲学》（《哲学问题与心理学问题》，第 122 期）。

⑥ 《论费希特的伦理学》，第 137、143 页。

的前言中，维舍斯拉夫采夫说过，说正是超验主义为经营哲学、法哲学和道德哲学奠定了基础①，但实际上他更感兴趣的，是非理性存在，而非理性存在。维舍斯拉夫采夫在以最新的数学哲学为依据提出潜在的和现实的无穷大概念的同时，深信正是在"现实无限大"概念里，体系和无穷大之间的对立，获得了解决②。但早在这个时期中，维舍斯拉夫采夫就承认，我们"不能说，在找到现实无穷性以后，我们就能接着找到绝对者"③。我们可以在维舍斯拉夫采夫以后的体系里发现这一思想嗣后的发展轨迹。

所有这一切都极其准确地说明了维舍斯拉夫采夫作为哲学史家的敏锐性，但这对于证实其哲学的洞察力，善于关注横亘在我们面前的"全部神秘的无穷性"来说，也是十分珍贵的。在其第二部系统著作、主要论述伦理学和人类学问题的《被变容的埃洛斯的伦理学》中，维舍斯拉夫采夫又回到了他在有关费希特的著作中所曾涉及的宏大的哲学主题上来④。在这部书中，他更加强烈和激昂地说，"我们被不可认知和不可证实的东西所包围"，说存在的非理性主义的深处的"自明性"在从四面八方望着我们。"人永远都在以其判断、行为和感觉意指着绝对者"⑤。"这个作为非理性的绝对者构成了理性的基础，并成为其底座……"因此，"非理性的绝对者绝对不是理性的破产，不是对理性的否定，而是相反，是理性自己把我们引导到这里来的"，"而对非理性的否定、蔑视则是反理性的：这样的理性主义乃是对于理性边界的无知，因此是自高自大的局限性"⑥。维舍斯拉夫采夫再次强调指出⑦："绝对者之谜就在我们周围

---

① 《论费希特的伦理学》，第18页。
② 同上书，第186页。
③ 同上书，第186页。
④ 遗憾的是，《被变容的埃罗斯伦理学》的第2卷未曾面世。
⑤ 同上书，第236页。
⑥ 同上书，第242页。
⑦ 同上书，第231页。

存在这一点是无可置疑的"。绝对者就是"第三维度的存在"①。维舍斯拉夫采夫在海德格尔之后确定了"绝对的超验本质",因其而使我们不可能停留在纯粹内在论的界限内②。

遗憾的是,所有这些对于"闯入"形而上学存在"边界外"领域而特有的论点,在维舍斯拉夫采夫那里都仅仅只是一些草稿,态度鲜明的草图,尽管写得才气横溢——但就此时而言,维舍斯拉夫采夫并未超越这个限度。由于问题主要涉及《被变容的埃罗斯伦理学》,所以,在实际上是论述伦理学和人类学问题的论文中,他不可能说得更多一些了,但这并未改变问题的实质。

在转而讨论维舍斯拉夫采夫出色的著作《被变容的埃罗斯的伦理学》的其他部分时,我们在这里找到了建构"新伦理学"③的经验和对于规范伦理学的否定④,但所有这一切都与维舍斯拉夫采夫在其著作中所发展了的独特而又有趣的人类学有关。他的主题是精神动态问题,是寻找在人身上决定着任何"意义"的实现的"动力"问题。维舍斯拉夫采夫的功勋与其说在于其独特性(因为他是以弗洛伊德、荣格,部分的还有库耶夫、勃都恩的著作为依据的),倒不如说在于他对新的心理学观念的出色阐释及其在伦理学问题中的出色应用。

4. 维舍斯拉夫采夫接受了一系列新心理学的体系(Tiefpszchologie),而又有一大批心理学家否认意志的基本意义,而把"非理性主义的反抗法则"("loi de l'effort converti")加以否定。在谈及"绝对命令规范的失败"时⑤,维舍斯拉夫采夫在那样一个事实中寻

---

① "第一维度"存在是时间空间的世界,"第二维度"存在是理念或超空间和超时间的存在;绝对者是"第三维度存在"(《论费希特的伦理学》,第224—225页)。
② 《论费希特的伦理学》,第229页。
③ 同上书,第108页。
④ 同上书,第5章。
⑤ 同上书,第6章。

找伦理生活的支柱，即"想象的形象具有变容的力量"①。由于对于绝对命令规范——由于上述法则的存在——潜意识始终是"被隐蔽的"，所以，伦理动态中的全部问题都可以归结到要寻找打开潜意识的钥匙。这把钥匙——而在这个问题上维舍斯拉夫采夫完全走近了新的心理学——正包含在想象中，因为它能把心理能量提高到最高阶段。按照维舍斯拉夫采夫的阐释②，"升华"过程是符合于基督教神秘学说论人在其精神道路上的变容的学说的，人的裸身就是在走向上帝③。这种对于升华的诉求，作为灵魂的动力，是由于想象而得以实现的，它给予维舍斯拉夫采夫以理由大谈"新伦理学"，大谈"克服伦理学主义"④，他写道⑤："古老的感恩伦理是一种能够变容和升华的伦理。"但我们不要忘记，始终都存在着一个问题，那就是我们的灵魂对于理想的追求是靠什么为动力的，理想的意义、价值和吸引力并不取决于（在其分析中）真正的精神动态是怎样的。因此我们无论如何也无法在此规避自由的问题：仅靠一种有关精神的新学说还不足以建构一种"新伦理学"。维舍斯拉夫采夫起初竭力想要规避这个困难，他指出任何劝诫和教诲（"而潜意识中的埃罗斯的升华在想象的帮助下是借助于劝诫和教诲完成的"）⑥，永远都是在自己对自己的劝诫。维舍斯拉夫采夫写道："这一发现是对'自我本身'、对自由的主权的一次最大的恢复主权行动。"⑦ 维舍斯拉夫采夫又连忙补充道："有意识的自由就是这样得到恢复的。"但是，要想认为"新伦理"的原则已经得到彻底解释了，仅靠这一声明还是不够的。

维舍斯拉夫采夫和他那个时代头脑敏锐的思想家尼古拉·哈特曼

---

① 《论费希特的伦理学》，第109页。
② 参阅《被变容的埃罗斯的伦理学》，第4章，第4节。
③ 特别参阅该书第106页。
④ 同上书。
⑤ 同上书，第104页。
⑥ 同上书，第119页。
⑦ 同上书，第134页。

走到了一起，他认为他的功劳，在于他在其法律中"恢复"了任性的自由和绝对选择的因素①。维舍斯拉夫采夫对于哈特曼嗣后的体系做了一个很好的注释，他用了这样一个公式：在理想方面我们是被价值所决定了的，但实际上（在"任性的自由"中），我们却始终是未曾被决定的。对他来说，问题的解决（在这组二元对立中），仅仅完整地给出了"自由的升华"（作为任性），因为"如果任性的自由被升华了的话"，那么，这一在真理里的自由（而任性的自由是通过真理才得以升华的）自身早已在被变容的形态里就包含着任性的自由②。

维舍斯拉夫采夫接下来提出一个问题：升华如何可能（这里指的正是任性的自由的升华）并且回答道：这是可能的，如果有"崇高"的话，那么它正在把我们召唤。维舍斯拉夫采夫公正地指出，对于弗洛伊德来说，升华之所以不可能正是因为他不具有形而上学，也不具有超然于人之上的绝对者。在此维舍斯拉夫采夫以哲学高度的精确性确定了"制约性的公理"③，对此公理，我们无论如何也不能以泛神论自然主义的精神来加以阐释④。这里所谈的这一"制约性"并非内在论的，而是超验的——它把我们之"我"放置在绝对者的面前，而非放置在宇宙的面前⑤。

继海德格尔之后，维舍斯拉夫采夫肯定说"超越（即超出特定边界）对于自我意识来说是绝对重要的，它是精神的本质，是自由的本质"⑥。而且最后⑦，"超越还为我们揭示了第三维度的存在——

---

①　《被变容的埃罗斯的伦理学》，第 157 页。

②　同上书，第 174 页。

③　对于这一思想的出色揭示见第 8 章（同上书，第 200 页）。

④　同上书，第 216 页。

⑤　维舍斯拉夫采夫有这样一段名言："我们之'我'的独立性、主权性和崇高性要比对于绝对者的受制约性容易观察得多。自己本人的直觉要比绝对者的直觉容易得多"（同上书，第 216 页）。但也正是在这一点上，维舍斯拉夫采夫笔下出现了形而上学多元主义的调门，并且他终究无法得以将其彻底消除。

⑥　同上书，第 229 页。

⑦　同上书，第 225 页。

绝对者的存在"。在我们之"我"之上矗立着绝对者，而且只有它在那里矗立着，而在对于绝对者的原初性的肯定中，我们得到了对于我们"制约性公理"的最终的和最无可指责的揭示，和对于有关最后能够改造我们之"我"，改造"任性的自由"的升华如何可能问题的解答。维舍斯拉夫采夫在结束其分析时说道："包围着我们的绝对者的秘密的存在是显而易见的和无可置疑的"，我们不能否认"存在的非理性主义深度的显而易见性"①。如今维舍斯拉夫采夫断言②："人只能生活在、存在于、思考和行动在对于绝对者的诉求中。"甚至还说："如果没有任何来自于'他者'（亦即绝对者——原作者）的制约性的话，那么这就意味着我们被束缚于自己本身之中了，意味着我们在自我认识的怪圈给俘虏了，换言之，也就意味着自由穿越、自由走出绝对者自由空间的边界是绝对不可能的……也就意味着有一种自由的受制约性。"③

这样一来，伦理分析会把我们完全引导向形而上学问题④，而维舍斯拉夫采夫著作的价值也正在于此。然而，并非所有的"疑心"都能被升华理论所排除。对于维舍斯拉夫采夫来说，仅有把拯救概念当作伦理灵感的来源是不够的，而且与此相关，所有意志问题在精神生活的动态过程中，劳动和"做功"却从维舍斯拉夫采夫的道德理论中脱落掉了⑤。与此相关，还应该指出维舍斯拉夫采夫人类学中的片面性问题⑥。尽管如此，维舍斯拉夫采夫的哲学体系依然保留

---

① 《被变容的埃罗斯的伦理学》，第 231 页。

② 同上书，第 237 页。

③ 同上书，第 273 页。

④ 维舍斯拉夫采夫非常喜欢从当代科学思维出发阐述和说明哲学中的平行现象问题（同上书，第 9 章），而这早在《论费希特的伦理学》中就已经出现过。

⑤ 参阅我的专著《论想象在精神生活中的作用——由维舍斯拉夫采夫的著作谈起》（《道路》）。

⑥ 除了《被变容的埃罗斯的伦理学》以外，还有两部著作：《原罪中的神的形象》和《人的存在中的神的形象》，起初登载于德文版著作 Kirche, Staat und Mensch Russ. Orthodoxes Szmposion，Genf. 1937（后载于《道路》）。

着其重要意义，甚至比这更重要：其中还包含着一粒种子，它能带来丰硕的果实。语言的华美，思维的清晰，分析的精准——所有这一切都应无可争议地归诸于维舍斯拉夫采夫的优点。或许只有一点使人遗憾，那就是他对于一系列基础性主题都只匆匆一笔带过，而并未足够完整地发挥自己的思想。

5. 现在我们转入对于帕·鲍·斯特鲁威哲学思想的讨论。彼得·贝尔加尔多维奇·斯特鲁威[①]（1870—1944）属于高级知识分子家庭出身，家族中涌现出了许许多多杰出的学者，本人则从年轻时代就与一群性格鲜明的文学活动家过从甚密。24 岁时他出版了自己的第一部著作《关于俄国经济发展问题的批评札记》——是对当时的民粹主义的批判。后来，斯特鲁威又写道（在为《种种话题》写的前言中），在创作《批评札记》的年月里，他在哲学上"还只是一个批判的实证主义者，在社会和政治经济学方面，则是一个坚决但却并不很虔诚的马克思主义者"。斯特鲁威精神的演变过程取决于一方面是他有关理论和历史经济学问题的科研著作；另一方面，则取决于其哲学理念的发展。在《批判札记》面世 3 年以后，斯特

---

① 有关作为一个思想家斯特鲁威的文献并不是很多。在列宁的著作《唯物主义与经验批判主义》里，我们可以发现在俄语文献中对于斯德鲁威历史哲学体系进行分析的首次尝试（从虔诚的经济唯物主义观点出发）。斯特鲁威的的经济学著作总是会在报刊上引起众多争议。而其第一批著作外国俄国就与哲学有关（以个别探查的形式，在论述经济问题的论文中），这就是为别尔嘉耶夫所著论述米哈伊洛夫斯基的著作所写的前言（在这部著作重不高前言占到了 84 页）和与布尔加科夫就有关"自由和必然"的问题所进行的论战（《哲学与心理学问题》，第 36 期）。还有一系列哲学论文收集在两卷本中：《关于种种话题》（1902），《Patritica》（1911）。需要指出的斯特鲁威的文章还有：《关于多元主义的札记》（国外俄国学者著作选，柏林，1923），《形而上学与社会学》（俄罗斯科学院学报，贝尔格莱德，1925），论述俄国思想史的文章：1. 论陀思妥耶夫斯基（《俄罗斯思想》，1921 年第 2 期）；2. 论述伊·谢·阿克萨可夫的文章（《俄罗斯思想》，1923 年第 3 期）；3. 论述舍维廖夫的文章（俄罗斯科学院学报，贝尔格莱德，1940）。对于作为一个思想家的斯特鲁威的总的评述中，最重要的文章是谢·列·弗兰克的《观点》（1949 年第 2 期）。关于帕·鲍·斯特鲁威的书目文献还可参阅达瓦特查的《关于斯德鲁威的真相》（贝尔格莱德）。

鲁威写道："现在我宣扬形而上学唯心主义"①，虽然与此同时他仍然还是经济唯物主义的崇拜者②。这些年中的斯特鲁威还写道③："我不怕人们说我'野蛮掠夺'，只要需要我都拿，从康德和费希特那里拿，从马克思和布伦塔诺拿，从洛贝尔图斯和米勒拿。"斯特鲁威以极其罕见的、超乎寻常的执拗精神，持续不断地从事对于经济学、总体历史、哲学和法学的研究工作。斯特鲁威的学问与年俱增，越来越宽广越来越渊博——我们只需列举一下斯特鲁威所撰著的书籍和专著目录，就可以看出他的大脑如何像百科全书一样广博了。而与此同时斯特鲁威所撰写的著作，又只能在很小的程度上表达其在科学研究和哲学思考中所积累的成果。令人遗憾的是，斯特鲁威并未把在同一个领域里丰富的研究成果和知识归纳为一个体系……而且，不光为数众多的科研兴趣从内而外地妨碍了斯特鲁威的大脑工作的凝聚，而且，热情洋溢地积极参与政治和社会生活活动，也给他的科研工作和哲学生产力造成了一定困难。来到国外后，斯特鲁威开始着手出版其（在 1902 年）杂志《解放》，（围绕这份杂志产生了那个"解放同盟"——此即未来的立宪—民主党的基础）向自由主义的转向，老实说这在斯特鲁威身上很早就已经开始发生了④，而这次转向已经是一劳永逸地，直到其生命的终点地决定了斯特鲁威的政治观点。

与此同时，斯特鲁威在进行紧张的政治和社会活动的同时，仍然持续不断地进行着激烈紧张的哲学和科学研究工作。在我们已经不止一次提到的《唯心主义问题》（1902）文集中，出现了斯特鲁威的文章（笔名是帕·格——当时的斯特鲁威，作为《解放》的出版家，不能在俄国以其真名发表文章）《我国哲学发展概述》，而在

---

① 《种种话题》，第 187 页。
② 同上书，第 489 页。
③ 同上书，第 302 页。
④ 详情可参阅谢·列·弗兰克的文章，《复活》，第 2 期。

此之前的一年，斯特鲁威还为别尔嘉耶夫论述米哈伊洛夫斯基的著作撰写了前言。这两部著作和文章《论自由和历史必然性问题》（《哲学问题与心理学问题》，第 36 期）一样，斯特鲁威逐渐与其自身残留的"批判实证主义"决裂，而坚决地转入捍卫形而上学（仍然是以批判主义为基础）的立场上来。在整整一系列嗣后被收入《Patriotica》的著作中，斯特鲁威摆脱了狭隘的批判主义学说，深化了自己对于存在的理解，并且越来越倾向于对于宗教问题的提法。根据谢·列·弗兰克的权威证词，斯特鲁威在几乎 50 年中，"就其天性拥有一个宗教的灵魂"①，尽管也是根据谢·列·弗兰克的证词②，他也倾向于"一种独特而又智慧的不可知论"。无论如何，帕·鲍·斯特鲁威明确地加入了其晚年由谢·布尔加科夫担任领袖的宗教—哲学运动。

斯特鲁威于 1905 年回到俄国，并且很快成为各种科研和文学活动的中心。他当上了《俄罗斯思想》杂志编辑，被选入第二届国家杜马成员，参加了《路标》文集，还在各类杂志任职。他连续获得经济学硕士和博士学位，并成为综合技术学院教授，后来还当上了科学院编内院士。1917 年革命爆发时，斯特鲁威，热情参加了所谓的"白卫运动"，运动垮台后，他被迫去了西欧。在国外斯特鲁威再次展开了火热沸腾的政治、科学和哲学活动，在贝尔格莱德被德国人占领期间，他被关进监狱，人们费了好大劲才把他从监狱里释放出来。斯特鲁威生命的最后两年是在巴黎度过的。

斯特鲁威非凡复杂而又充实的外在生活，与其不知疲倦的、同时又是多方面的，丰富广博的科研和哲学工作适相吻合。遗憾的是，斯特鲁威终究没有来得及把自己的观点归纳为一个体系——他的创作，正如谢·列·弗兰克十分准确的说法，始终停留在片断式，对

---

① 上述文章第 124 页。

② 弗兰克写道，斯特鲁威在生命的最后几年曾写了《批判哲学体系》，这部书稿显然是在贝尔格莱德被毁掉的。

此不能不令人感到惋惜。无论如何，在俄国哲学探索史上，斯特鲁威具有一个特殊的地位。现在让我们转入对其哲学观点的评述上来。

6. 当斯特鲁威从"批判实证主义"立场转向超验主义时，他并未一下子就得以从旧有的由实证主义养成的习惯中摆脱出来。和别尔嘉耶夫一样，斯特鲁威在这个过度时期也同样认为，"虽然理想……在科学之外，但它需要科学的核准。"① 接下来："……理想就在于在它那边，有现实。"甚至还说："……在心理学领域里认识论的矛盾被解决为和谐。"在更晚些时候的文章《唯心主义问题》中，斯特鲁威关于自己本身这样写道，说他在此期间"仅有哲学的清晰的穿透力还是不够的"，因为他确定了"应当服从于存在"②。在写作《唯心主义问题》的时期，斯特鲁威认为"科学伦理学是一个怪异的理念"——正是它把存在和应有混为一谈，他感叹道③："就如同已有可以为应有辩护和论证似的！"紧接着他就说出了一个新的思想，这些思想表明他越来越深入到了形而上学问题的核心中了。他采用"对于因果律原则的盲目崇拜"来为伦理学中的实证主义做解释。他写道④："人们忘掉了一点，即如果在经验或科学中因果律是作为存在的法则而向我们揭示出来的话，那么，存在作为自己本身，却意味着未知……存在的这种未知性恰好也就意味着否认没有原因的存在的不可能性……没有原因的存在，亦即绝对者（causa sui——原作者），当然始终是隐密的，但要知道任何存在自己本身也都始终是隐密的呀。"斯特鲁威接着又说到自己⑤，说他"将坚持其形而上学的立场"。

---

① 摘自文章《论自由和历史必然性问题》，《哲学问题与心理学问题》，第36期，第136页。

② 《唯心主义问题》，第85页。

③ 同上书，第79页。

④ 同上书，第79页。

⑤ 同上书，第80页。还可以参阅别尔嘉耶夫论述米哈伊罗夫斯基的著作的前言，第35页。他在这篇前言中写道："我不明白为什么别尔嘉耶夫已经站在了先验论和唯心主义的基点上了，却仍然可以抛弃超验主义的形而上学呢。"同上书，第53页。

斯特鲁威如今倾向于一种更加深刻的对于历史进程的理解，更加坚决地肯定历史进程的形而上学性质。他指出①："对于非理性的历史进程的理解差不多是 19 世纪哲学思想界最重要的成果。"斯特鲁威已经谈到国家神秘的一面②。在另外一个地方他这样写道③："宇宙是非理性的，而且也与理性和道德并不吻合对称。"早在给别尔嘉耶夫的著作写的《前言》中，关于人的问题，斯特鲁威就曾以一种形而上学多元主义的精神讲到④，但后来我们再次见到他的议论时，其调子却已经发生变化了："离开对于最高者、绝对者的本质的关系，人类生活就是一种盲目力量的盲目游戏"——我们从斯特鲁威晚年一篇文章中读到这样的话⑤。当然了，这一附加句与形而上学多元主义完全不相吻合。斯特鲁威现在认为只有在作为"建设和说明生活的一种力量"的宗教中，才可以找到唯一正确的理念⑥。

我们从谢·列·弗兰克嘴里知道⑦，斯特鲁威晚年一直在写作《哲学体系》一书。如果这部书稿真的被毁掉了的话，那我们的确不能不为之感到惋惜。虽然斯特鲁威并未将自己全身心地献给哲学，但我认为他永远并且时时处处都带有哲学性，而这种哲学性就是打开其思想演变轨迹的一把钥匙。而在我国哲学探索史上，斯特鲁威坚决地站在批判主义的基础上坚定不移地转向形而上学立场，也同样是值得高度关注的重要现象。

7. 与斯特鲁威精神气质相近，并且也和他一样特点突出，而且也和他一样是在批判主义基础上转向形而上学的代表人物，就是帕·伊·诺夫哥罗德采夫，现在我们就转入对他的讨论。

---

① Patriotica, p. 55.
② 同上书，第 100 页。
③ 同上书，第 474 页。
④ 同上书前言。
⑤ 同上书，第 446 页。
⑥ 同上书，第 445 页。
⑦ 《复活》，第 2 期，第 121 页。

巴维尔·伊万诺维奇·诺夫哥罗德采夫（1863—1924）是一位出色的律师，莫斯科大学教授，1917年十月巨变后离开了俄国，在侨民时期在巴黎担任巴黎大学俄国法律系系主任。诺夫哥罗德采夫属于俄国顶尖律师，他们大都站在哲学文化的高度俯瞰，并且为解决哲学问题付出了不少心力。我们已经说到过鲍·尼·契切林（参见第3卷第6章），讲到叶·尼·特鲁别茨科依，而且，除了帕·伊·诺夫哥罗德采夫外，我们还提到鲍·亚·基思嘉科夫斯基、尼·尼·阿列克谢耶夫、叶·瓦·斯别克托尔斯基、费·瓦·塔拉诺夫斯基、伊·亚·伊利因。法学领域里的这个哲学流派①，和俄国自然科学实验者和历史学家中的类似流派一样，同样也是非常独特和珍贵的，而关于后者，我们在本书第3卷第4章已经讲到过了。

至于帕·伊·诺夫哥罗德采夫，他的最初著作是论述法哲学（以及法哲学史）问题的②——那就是《法学中的历史学派》（诺夫哥罗德采夫在文中首次出面捍卫"自然法"的理念），《康德、黑格尔及其有关法和国家的学说》。属于此类的还有具有奠基意义的文章《法哲学领域里的道德唯心主义》③。在此之后，诺夫哥罗德采夫还撰写了两部出色的研究著作：《当代法律意识的危机》和《论社会理想》（第1卷，第2卷未能写完）。在临终前不久，诺夫哥罗德采夫还为文集《法律与文化》撰写了论述俄国宗教意识的论文，该文极其鲜明地反映了诺夫哥罗德采夫从捍卫"自然法"的形而上学转入直截了当地宣扬宗教本质的思想演变过程。

在《法哲学中的道德理想主义》一文中，诺夫哥罗德采夫以极其高度的技巧揭示了"自然法"理念的真实基础，并认为这基础在

---

① 我们把具有很高天才的别特拉日茨基教授也算做此派，这位学者将其对法律的有趣分析不是与哲学而是与心理学材料结合起来加以阐释。

② 关于诺夫哥罗德采夫关于法哲学史问题的著作，可参阅格·德·古尔维奇的札记《作为法哲学家的诺夫哥罗德采夫》，《当代札记》，1924，第20期。

③ 参阅我们已经不止一次提到过的文集《唯心主义问题》，该文集由帕·伊·诺夫哥罗德采夫主编。

于伦理学。在早期文章中，诺夫哥罗德采夫就一直在与完全彻底的"历史主义"斗争不已，同时也与必然从中引导出来的修正主义斗争不已。对他来说，伦理学只能建基于"绝对价值"的理念①上，他非常罕见的激情大谈其如何非常"乐于承认绝对本质的存在"②。与此同时，站在超验主义唯心主义立场上的诺夫哥罗德采夫毫不动摇地肯定"形而上学体系的必要性"③。诺夫哥罗德采夫在其杰出的著作《论社会理想》的最后一章里写道④："人渴望绝对，而在相对形式的世界里，他无法得到满足，他于是要求能够站立在绝对者的面前。"⑤ 对于诺夫哥罗德采夫来说，《论社会理想》的全部主题实际上都与绝对者问题有关，但却不是在其抽象形式下，而是在社会思想方面。在掌握各种有关社会生活问题文献方面无人能与之比拟的诺夫哥罗德采夫，作为"不合法的绝对化"⑥ 和社会生活的相对形式之产物的"地上天堂乌托邦"瓦解。诺夫哥罗德采夫写道⑦："在对待假定性现实世界的关系上，绝对理想永远都只是一种要求……但这一要求从不可能被完全实现，因此它的实现只能通过无穷发展的形式来实现。"最后一句话里，表达了诺夫哥罗德采夫的一个基本思想，及其对于"非法绝对化"的反对态度。在另外一个地方诺夫哥罗德采夫写道⑧："关于绝对理想的真实概念把思想从其全部存在中带到了终极现象的边界之外。"此外还有⑨："在相对形式的循环演变中社会问题不可能找到绝对的解决办法。"

所有这一切都意味着我们不可能把两种如此歧异的范畴，如

---

① 《唯心主义问题》，第 187—296 页。
② 同上书，第 296 页。
③ 同上书，第 294 页。
④ 《论社会理想》，第 372 页。
⑤ 同上书，第 378 页。
⑥ 同上书，第 69 页。
⑦ 同上书，第 55 页。
⑧ 同上书，第 143 页。
⑨ 同上书，第 371 页。

"绝对的"和"相对的"混淆或同一化。在推动它们的同时，我们不能让它们相互脱离开来（因为支持相对性的只有其对于绝对性的追求这一点而已）①，我们应当否认"地上天堂"的理念，将其作为相对的绝对化产物。诺夫哥罗德采夫写道②："处在社会哲学体系的中心的，不是未来历史的和谐，也不是善的理念，而是善的永恒理想，因为它不是与未来，而是与永恒关联，而且每个时代都从这种与永恒的关联中获得了意义和辩护。"

所有这些论点老实说都超出了单纯的社会哲学的范围，而与一般的历史编撰学和伦理学及其原理直接有关。诺夫哥罗德采夫经常而又执拗地肯定，"道德世界的中心和目的是人，是人的活的灵魂"③，这一目的是不可能被为了社会，为了社会的除了建构个性及其对于自我自由自我肯定的需求而牺牲的，正如我们在所有乌托邦中所能看到的那样。诺夫哥罗德采夫断言④，"从个性概念中推导出来的绝对平均的要求从来就不可能达到……自由社会性的理想从来都不可能彻底的实现"（在历史的条件下）。

现在，关于和诺夫哥罗德采夫关系很近的思想家鲍·亚·基思嘉科夫斯基我们也就顺便说几句。

博格丹·亚历山大罗维奇·基思嘉科夫斯基（1869—1920）出生于一个涌现了众多在各个领域里的天才活动家的家庭，他首先是以其出色的著作 Einzelwesen，而随后又发表了一系列有关社会方法论著作（《论必然性和正义的范畴》等），后来被收集在《社会科学与法律》这部书中。基思嘉科夫斯基坚决主张超验唯心主义的立场——对他来说，伦理学主题只有或是"以超验的规范方式或以形而上学的观点出发"来加以解决。遗憾的是，基思嘉科夫斯基所固

---

① 《唯心主义问题》，第41页。这也就是诺夫哥罗德采夫的进步公式。同上书，第63—144页。

② 同上书，第36、37页。

③ 《论社会理想》，第70页注释。

④ 同上书，第75页。

有的哲学才华并未在任何一部纯粹的哲学著作中得到足够的展现。

这句话同样也适用于尼古拉·尼古拉耶维奇·阿列克谢耶夫（1880—1964），其主要著作是关于学科——社会科学与自然科学——之间关系问题的。在这部充斥着对于当代认识论流派的分析的著作中，尼·尼·阿列克谢耶夫的哲学创作却显然因此而中断了：他的最后一部著作是关于法律问题的，阿列克谢耶夫在其晚年还写了一部论述形而上学问题的著作（《论终极问题》），但始终停留在手稿阶段。

8. 伊万·亚历山大罗维奇·伊利因（1882—1954），莫斯科大学教授，后被与其他哲学家们一起于1922年从俄国驱逐，起先参加了位于柏林的宗教—哲学学院的工作（由尼·阿·别尔嘉耶夫领导的）。在离开学院后，伊利因转而从事政治活动，同时为政论的写作付出了大量心力。

伊利因首次以其对于黑格尔基本学说[1]的独特和新颖的阐释而成名，他认为黑格尔是"哲学中最伟大的直觉主义者之一"[2]。在以这种方式阐释黑格尔的同时，他还把众所周知的黑格尔的体系按照他的"基本直觉"进行划分，这样一来，伊利因的确是以新颖的方式对黑格尔体系进行了一番阐释和说明，无论如何，他克服了一系列漂浮无根严重不符合实际的公式和套话。伊利因的某些观点争议颇多，但我们就不深入对其作为一个历史学家的观点进行批判了——我们在此的任务是阐述其自身的观点。他的观点当然强烈地反映了黑格尔的影响（正如伊利因对其的阐释那样），但也毫无疑问具有近

---

① 伊·阿·伊利因：《作为一种关于上帝和人的具体性之学说的黑格尔哲学》，第1—3卷，莫斯科，1918。还可以列举一下伊利因的其他一些著作：1.《哲学的宗教意义》，巴黎，1925。2.《论以暴力抗恶》，贝尔格莱德，1926；3.《艺术的基础》，里加，1937；4.《精神更新之路》，贝尔格莱德，1937年。在三年期间（1927—1930）伊利因出版了《俄罗斯钟声》杂志，其中发表了几篇带有哲学性质的论文。在伊利因的所有著作中，尤其值得我们关注的是他的著作《论以暴力抗恶》，针对此文，当时各种报刊发表了许多批评性的文章与之呼应。

② 《论黑格尔的哲学》，第9页。

代德国思想家影响的痕迹——比方说，Husserri，Cohen，部分的还有 Lipps（即其有关"我们认识的对象""要求"我们对它采取一定的态度①）。

无论如何，在有关黑格尔的著作和《哲学的宗教意义》的专著之间我们不难揭示二者之间在理念和术语学方面的近似性。

现在，让我们来探讨一下伊利因的哲学观点。

在伊利因的全部体系里，有这样一个思想，即哲学是"一种经验科学"，是一种特殊的"哲学实验"。在论述黑格尔著作的前言中他这样写道②："哲学实际上是一种经验认识，就对象而言是一种形而上学的认识"，而这一定义与稍晚些（在这同一本书中③）时候的观点是十分吻合的，即"哲学是有关对象绝对性质的一个等值概念"。伊利因未能把"思辨"与经验区分开来，因为，按照他的信念，"在任何真正深刻的哲学中"，"思辨"都潜藏在对于对象的体系性关照之中，它把这一经验接受为营养，从其身上强调其自身的内涵④。显然，问题当然不仅涉及经验的感性方面："哲学正是为非感性经验所创造出来的"⑤。在这个问题上，伊利因直接援引了胡塞尔学说⑥，——他毫不犹豫地教导说，"通向真理之路是通过对非感性内容的接受前行的"⑦。对于伊利因来说，甚至就连"想象也可以充满非感性内容"。这一命题⑧本身是否包含对于感性材料的象征性暗示（因为想象创造着自己的形象，无论如何，是在感性材料的基础上）——从本文中是看不出来的。

---

① 伊利因其至非常喜欢说"为对象而痴迷"。例如《哲学的宗教意义》的第45、89、92、93 页。
② 《论黑格尔哲学》，第 8 页。
③ 《论黑格尔的哲学》，第 1 卷，第 173 页。
④ 《论哲学的宗教意义》，第 47 页。
⑤ 同上书，第 50 页。
⑥ 同上书，第 53 页。
⑦ 同上书，第 54 页。
⑧ 同上书，第 56 页。

这样一来，"在经验之外或之上的哲学就成为了一种令人感到困惑的东西或是一个传说"①，哲学全部建基于经验之上："只有真正的对象的自明性才能产生真正的哲学"②。伊利因完全以一种超验主义精神（只是换用了别的术语而已）也在同等程度上把哲学与经验等量齐观，以致对他来说，甚至就连人的灵魂，如果它"在对象中肯定自己"的话，那么，也会变成"他的居所"③，因为在"精神经验的完满性"中，我们所拥有的，是"精神对象与主观精神的同一化"④。我们从这句话可以看出，为什么伊利因喜欢谈论对于对象的"痴迷"了。因为"哲学经验只能通过精神与对象的自我同一呈现"⑤，所以，在经验的这个阶段上，当"对象"还被灵魂掌握着的时候，是对象在"吩咐"，而非理性，也不是认识中的精神的构思。

为了要能够走到"痴迷于对象"的阶段，亦即在认识过程中给予"对象"以一定空间，就必须在自己身上培养"仔细谛听超感性对象"的能力——而在这个问题上，伊利因完全遵循着胡塞尔有关"理念化抽象化"的学说⑥，而与此同时，他又要求哲学家"掌握其无意识的力量"，以便能够达到"净化理性和灵魂"的目的⑦。

可这究竟是个什么居然能够给灵魂提供足够充足的空间的"对象"呢？（"对于对象的忠实"⑧，要知道对于哲学家来说就是最重要的了——按照伊利因的思想）？哲学的"对象"就是上帝。伊利因写道⑨："哲学研究与其神性相符的一切，哲学在其自身中接受宗教的对象"——我们接着在伊利因笔下读到这样的对黑格尔亦步亦趋

---

① 《论哲学的宗教意义》，第 45 页。
② 同上书，第 100 页。
③ 同上书，第 108 页。
④ 同上书，第 88 页。
⑤ 同上书，第 90 页。
⑥ 同上书，第 59 页。
⑦ 同上书，第 60 页。
⑧ 《论黑格尔的哲学》，第 9 页。
⑨ 《论哲学的宗教意义》，第 65 页。

的话。当然，在另一处地方，伊利因也谈到精神经验的"诸对象"，说所有这些对象都是"在精神上穿着的神性在尘世间的可见的袈裟"①，但这一"神性的袈裟"莫非就是宇宙吗？抑或这就是我们的意识所知悉的神性的"肯定"领域？伊利因又在另外一处地方要我们相信②，"精神经验会向人启示神的本性"，所以，显而易见，他（与黑格尔一样！）对于肯定神学和否定神学的区别是格格不入的——因而"神的可见的袈裟"显然和"神的本性"是一丘之貉？抑或这是语言的游戏，或是这揭示了伊利因的真正思想？在这种情况下，摆在我们面前的，便会是纯粹的黑格尔主义。要知道伊利因还写（在为论述黑格尔的著作所写的前言里）过类似的话，说"哲学应当找到通向有关神的本性的科学知识之路"③，还说对于接受黑格尔学说的人来说，任何彻底的超验都是不存在的。伊利因在重复黑格尔的话的同时，在论述黑格尔的著作中写道④，"哲学是绝对对象的概念"。在所有这些言论里，除了平常（尤其是在黑格尔笔下）常能见到的对于哲学可能性的夸大外，对于黑格尔来说哲学高于宗教（在其对象一致的条件下——按照黑格尔！——哲学还能在概念中给予宗教只能在形象中给予的那种东西）。至于说伊利因一般说来对黑格尔的绝对内在论十分入迷的话，这反倒再好不过地表明，即他实质上也对宗教领域感到格格不入的。但这一点却对早期的伊利因，而尤其是在其哲学创作的最后一个时期中，这都并不妨碍伊利因在专著中使用宗教用语。他特别喜欢说"信仰知识和知性信仰"⑤——"实质上信仰和知识是一回事"⑥。伊利因紧接着说："哲学就其内容而言就是宗教"。伊利因大谈"哲学的宗教意义"，却未

---

① 《论哲学的宗教意义》，第76页。
② 同上书，第91页。
③ 《论黑格尔哲学》，第10页。
④ 同上书，第173页。
⑤ 《论哲学的宗教意义》，第23页。
⑥ 同上书，第24、25页。

察觉在这个说法里，实际上宗教领域是被取消了的：要知道只需说"哲学的宗教意义"就足矣了，而且，这对于内在论体系而言也是准确的。因此，在他笔下"神性的和上帝"尽管是分开来表述的，但却是吻合的：在世界上展现开来的绝对者（"神性可见的袈裟"）正是绝对者的完满性……在充满了宗教用语的《精神更新之路》这部著作里，我们得知"通过精神经验（即创造了哲学的那种精神——原作者），人是在与世界的神性自然力交往，从而得以进入与上帝的活生生的关联里"①。伊利因接着写道②："精神文化的终极根据就是我们身上的神性，它是仁慈而又活生生的上帝在启示中赠与我们的，也正是在此之时，人类的激情开始闪耀着无所不届的神性之光，而人本身也成为了神性之火的一部分。"③ 所有这些言论都非常相似于具有真正宗教本质的用语，但其实质却又不可能与对神性超验本质的生动感受相脱离：而在内在论体系里这仅仅只是用语罢了。

在做小结时，我们要强调指出一点，即伊利因的黑格尔主义由于结合了一些最新思想家们的学说而变得成果丰硕，是（和斯皮尔一样）对于形而上学在特定意识内在论范围内的一种诉求。世界的"不可知"掌握着我们，它宛如"对象"，宛如"绝对者"——让我们全身心地服从于它们自身，而这就赋予了哲学以"宗教的意义"——但却并未超出内在论领域的边界，亦即并未把我们引向宗教世界。这种特有的在超验主义面前的逗留我们还将在伊利因那里看到（但这种立场却又不仅以此为限），而对于伊利因来说，它标志着其哲学视野的边界和范围。任何东西都不能像这种东西——这样一种以内在论术语对于特定精神经验予以阐释——那样揭示了以"精神经验"为依据的体系的缺陷。和黑格尔一样，伊利因的内在论体系成了非理性主义的牺牲品，因为在内在论依据上的逗留（无论

---

① 《精神更新之路》，第42页。
② 同上书，第44页。
③ 《论勿以暴力抗恶》，第123页。

对于那种"不可知"的在这些依据中所能进行的揭示能够走多远）
都不会是理性的胜利，而正是非理性的胜利，是对处于"经验"界
限之内的不可知的胜利。有一种愿意为了超验主义而牺牲知识的直
接依据的非理性主义，但也有一种封闭在这些直接依据边界以内的
非理性主义：离开超验主义同样也是非理性主义的，同样也是在把
我们从真实的存在引开，它和否认内在论领域所固有的逻辑一样也
是非理性主义的。

9. 现在我们来探讨最后一类思想家——即俄国的胡塞尔主义者。
古斯塔夫·古斯塔沃维奇·施佩特（1879—1940，死于集中营）。从
基辅大学毕业后，跟随其老师格·伊·切尔巴诺夫教授来到莫斯科，
在此通过了硕士学位考试，当上了教师，随后任大学教授。施佩特
写有许多哲学史类著作，尤其是有关 18 世纪哲学史的（其论述"18
世纪理性主义史"的文章发表在《哲学问题与心理学问题》）。1918
年，他出版了一部标题为《作为逻辑问题的历史》的巨著。在此期
间，他还发表了许多论述俄国哲学史的著作——论述尤尔凯维奇哲
学观点的出色的专著（《哲学问题与心理学问题》），论述赫尔岑，
稍晚些时候还有论述拉甫罗夫的论著出版。1922 年，施佩特出版了
《俄国哲学发展史概论》，此书在第 1 卷里曾多次引用。令人感到多
少有些遗憾的是，施佩特仅只写了第 1 卷。虽然施佩特的文风尖锐
得令人往往感到不快，常常带有鄙视的意味，而且无论何时都带有
一种吹毛求疵的口气，但这却并不妨碍人们对这部著作的高度评价，
大家普遍认为作者对于一手材料做了认真细致的研究。除了有关哲
学史的著作外，施佩特还有论述其他一般问题的著作——可以归入
此类的，首先是《现象与意义》（《作为一门基础学科的现象学及其
意义》，莫斯科，1914）一书，以及论文《意识及其所有者》（纪念
格·伊·切尔帕诺夫文集，莫斯科，1916），论文《怀疑论者及其灵
魂》（《思维和语言》1918 年第 1—2 期），著作《伦理心理学导论》
(1927)，《话语的内在形式》(1927)，《美学片断》（第 1—3 卷，莫

斯科，1922—1923）。1927年以后，显然未出版任何著作——他被捕后死于集中营。

在讨论施佩特的理论著作前[1]，我们应当承认他是胡塞尔最正统的信徒——不只限于他对待胡塞尔现象学一般理念的态度而言。对于施佩特来说，我们所能认识的，都是由"现象"和处于现象中的（通过现象学的还原）"意义"构成的，因此，对他来说，形而上学和"物自体"概念本身的世纪难题实际上简简单单地脱落了。在现象中，在现象的"深层"里，"理念"或"形"的世界向我们展现出来，于是我们便可以拥有 transcensus，但按照施佩特的观点，再往下就无路可走了。在一篇文章中，施佩特写道[2]："对象仅仅只是在某一可以思考其的内核中被联接为一个结的多种内容的不确定的载体。"[3] 施佩特不敢于比这种小心翼翼的断言走得更远，对他来说，形而上学不过只是"哲学的失败"而已。施佩特接着写道："我所说的形而上学，是指任何想要把意见（доска[4]）提升为严格知识的追求。反对作为一种文学创作形式的形而上学。"施佩特在重复兰格关于"概念之诗"的著名表述的时候指出，"对于这样一种形而上学，我是并不反对的。形而上学对于知识的觊觎是伪哲学的特征"，——施佩特接着教导我们说，哲学应当成为"一门"有关"意义"的、有关处于"现象"中的"理念之存在"的"精密科学"。施佩特坚决反对把"现象"和"意义"的双重性提升到形而上学阐释的高度，并否认"对于现象的彼岸世界和物自体的彼岸世界的二元论肯定"[5]。施佩特肯定被在经验（"现象"和"意义"）中所提供的"物的统一性"，它们已经足够完整，从而不要求"走出"

---

① 施佩特的著作《思维与语言》我早在俄国时就读过，可在国外我无论怎么用心搜索也找不到此书。

② 《哲学问题与心理学问题》，第134期，第436页。

③ 《怀疑论者及其灵魂》，《思维与语言》，第2卷，第1册，第114页。

④ 亦即"意见"（古希腊语的"doxa"）。比较《怀疑论者及其灵魂》，第142页。

⑤ 《怀疑论者及其灵魂》，第125页。

经验的边界①。正如我们所知，我们可以创造一种关于"意义"的"意见"，说有一种"物的统一性"，但从这样的"意见"却无法上升为哲学，哲学作为"知识"和我们隔着遥远的距离。施佩特写道②："作为一种知识的哲学是哲学最高的历史和辩证的阶段，因此我并不否认，而是相反，我肯定历史的存在，因为在历史存在的过程中，哲学才成为一种知识。"这种观点，只是在胡塞尔体系里才会具有其应有的意义，对于施佩特来说，是其对于胡塞尔以前的所有体系表示宽容的一种表态，因而是十分客气的，而且（显而易见是在取悦于苏联审查机构，）施佩特突然承认，"我们未见得能找到一种比马克思主义更方便的工具（！）"，以便确立"历史的语境"③。应当立即予以补充的是，在施佩特的书中，"任何比马克思主义更方便"的工具，即这段引文所出自的那本书里，连一点影子也没有。

这样一来，我们便有了"现象"和"意义"，嗣后施佩特认为也可以归入此类的，还有物的名称④，在洛谢夫那里，我们也可以看到对于这个主题的发展。在现象学基础上的实在论仍然可以归诸于非常谨慎地肯定在经验材料中被给予我们的双重性，并且无论如何也不可能自己本身变成为反形而上学的论断。施佩特和许多其他思想家（参见上文中拉普申的立场）一样，只需在"现象"和"意义"的边界内研究材料就足够了，但是，任何人也还未能令人信服地证实转入在存在中的"绝对的"主题的无意义性。施佩特当然非

---

① 《怀疑论者及其灵魂》，第121页。

② 施佩特也没有想到胡塞尔关于哲学是"一门精密科学"的构思会注定失败。维舍斯拉夫采夫有一次公正地指出，在胡塞尔所有的杰出的学生中，现象学还原竟然导致了截然不同的论点（《被变容的埃罗斯的伦理学》，第208页），要比这一方法的不完整性所能确定得多得多。对于"精密科学"的高傲的觊觎之心事实上已经分崩离析了，没有留下任何"尚有待争议"的残余。

③ 《俄国哲学史发展概论》，第8页。

④ "我们所说的物从语言的观点看是指的一切可以被命名的东西"（《语言的内在形式》，第94页）。

常同情阿维纳里乌斯确定"纯经验"① 材料的努力和尝试，而且他非常执拗地从"主体"身上，剥夺了其这样一种野心，即他是"其意识的所有者"②。在此，毫无疑问，表现了伯麦对他的影响，施佩特早在大学时代的著作中就阐述过后者的学说。

显然，施佩特"对于作为个性的上帝的绝对的有神论阐释"③非但是格格不入，而且还深恶痛绝，虽然"绝对者"这一范畴本身早已就被他出于抵抗"经验"和"物自体"的必要而否定了。施佩特时而讨论"正在熄灭和奄奄一息的基督教文化"④，时而又毫不客气地断言，基督徒拥有一种"关于爱情的腐化（！）的概念"⑤，在怀疑论者身上（实质上，在只要承认"彼岸存在"的所有人身上）施佩特都能找到对于"非真理"的探索，其是一些与"想象的（！）彼岸性、超理性和超日常性相关"的体验和感受⑥。

我们不必要继续援引证据以证实我们所能在施佩特那里找到的，无非是其所具有的自满自足的、教派式的、对于胡塞尔主义的宣扬了。令人惊奇的是，施佩特十分入迷地信仰哲学，而且是信仰作为"一门精密科学"的哲学，既然抨击他反形而上学的人的根据和理由就是他鄙视基督教……但从这种对于"内在的"存在的自满自足式的沉醉中，透出的消息依然是他无力走出自我的藩篱这一点，却是我们不能不说的：在这方面，最为典型的是施佩特论述怀疑论者的那篇文章，施佩特甚至以享乐主义作为这篇文章论述的基础……与以教派方式宣扬胡塞尔主义相关联的实实在在的失败，迫使施佩特以鄙视和恼怒的态度对待一切异见主义者。但是，唉，施佩特本人

---

① 参阅《语言的内在形式》一书，第178—190页。
② 在《意识及其所有者》中施佩特非常接近于索洛维约夫在有关个性学说中的否定主义（在索洛维约夫关于"理论哲学"的晚期论文中）。
③ 《怀疑论者及其灵魂》，第158页。
④ 《俄国哲学发展概论》，第12页。
⑤ 《怀疑论者及其灵魂》，第142页。
⑥ 同上书，第145页。

却未能从对于现象学（符合胡塞尔精神的）的信仰中汲取任何于哲学有益的东西——而是简单地转入纯粹知识领域（他关于伦理心理学和语言的论著就是如此）。

另外一位俄国思想家身上的胡塞尔主义却要远比他更加成果卓著，更加思想深刻一些，因为他把胡塞尔的现象学与黑格尔的辨证法联系了起来。我指的就是洛谢夫。

10. 亚·费·洛谢夫（1892—诺沃切尔卡斯克；1988——莫斯科）。是切尔帕诺夫的学生，1916年在纪念柏拉图的文集上发表论文《柏拉图笔下的埃罗斯》。他的第一部著作是《古代宇宙与当代科学》，出版于1927年，同年，还出版了他的第二部著作《称名哲学》（虽然根据作者本人的说法①，此书早在1923年就已经竣稿）。同在1927年，还出版了他的两部著作《艺术形式的辩证法》和《作为逻辑对象的音乐》。1930年，又出版了一部《古代象征主义与神话学概论》（第1卷）和《神话辩证法》。同年，他被捕，并被判10年监禁，并被流放到白海运河，但1933年却又未经审判，被发配回家即莫斯科。1953年以前，洛谢夫完全陷于沉默，随后却一下子出版了8卷本的《古代美学史》，而到其生命的尽头，他还完成了一部论述弗拉·索洛维约夫的巨著。

在洛谢夫所写的全部著作里，给人以突出印象的，是他非凡的博学（令人想起弗洛连斯基），而且是关于他的第一部著作，尤其可以这么说，在这部著作里，洛谢夫提供了对于普罗提诺和普罗克勒的绝妙译文，而我们据此可以毫不夸张地称洛谢夫是行家里手，而在《古代宇宙》一书中，一般说其注释自身便足以构成整整一部研究专著②。

---

① 洛谢夫：《称名哲学》，第5页。
② 关于洛谢夫，除了雅科文克的短小札记外（见同上书，第441页），还可以参阅奇热夫斯基《苏维埃俄国的哲学探索》一文中的若干页（《当代札记》，1928年第37期第510—523页）。还可参阅洛谢夫发表在《当代札记》中的札记。

洛谢夫是胡塞尔的信徒，但却又用黑格尔补充了胡塞尔，洛谢夫自己的全部特点都取决于下列一点，即把辩证法应用于现象学分析的材料中。洛谢夫写道①："胡塞尔停在半路上了，在他那里，是没有遗觉关联的。"在另外一个地方他写道②："我应当承认在一些观点上，我的方法从来就无法和纯现象学的方法天衣无缝地结合起来，但我认为我的主要方法是纯辩证法的。""我们应当在其语意关联中来对'意义'进行阐释，在其全部的语意相互关联和自我产生的结构中对'意义'进行阐释"。后一段话极好地表达了其全部体系的基本原理及其基本直觉。对于洛谢夫而言，在现象学分析过程中所揭示的那些"意义"，都会联接成为一个语意整体，而我们很容易从洛谢夫的这一基本直觉中看出索洛维约夫"万物统一"学说的反映。和弗兰克以及卡尔萨文一样，洛谢夫在其思维活动中处处以"万物统一"直觉为指导。他深信只有"辩证法才是唯一的能够完整地囊括生动的现实生活的方法"③。对于作为"一个整体"的现实生活的这样一种原初性接受本身并非是从"现象学还原"中推导出来的，而对于辩证方法而言它却是 prius——亦即不是从辩证法中推导而来，而是相反，辩证法自身也是只有当我们推断有一种"语意关联和语意自生"时才有可能。应当承认，施佩特的"自外于形而上学"的立场更加符合纯粹的胡塞尔主义——而洛谢夫呢，在向现象学补充了辩证法以后，之所以还这么做，是因为无论对于任何"严格"的方法而言，他都是一个形而上学学者。例如，洛谢夫有一个论点的意义实质上就是如此，他说"辩证法是真正的和唯一可能的哲学现实主义"④。对于苏联哲学审查机构而言，学会使用"现实主义"这个术语是十分必要的，但在洛谢夫那里，这里说的显然不

---

① 《古代宇宙》，第17—18页。
② 《称名哲学》，第6—8页。
③ 同上书，第8页。参阅《古代宇宙》，第63页。
④ 同上书，第12页。

是那种被新马克思主义理论教条所解释的"现实主义"（纯经验主义的）。在这个意义上，洛谢夫接下来写的一句话，非常值得我们关注："仅靠直接性（亦即纯粹的经验唯物主义。——原作者）是不够的"①。在另外一处地方，在肯定辩证法体系的真理性的同时，洛谢夫写道："这是一种'真正的理性的自发势力，望不到边际的大洋，也是奇思妙想的放肆飞扬'，是奇妙而又迷人的意义和理性的自我肯定的画面。"② 辩证法分析引导洛谢夫坚定不移地走向完整的嗣后的、纯粹形而上学论断系列，它们为我们展现了在他身上"万物统一"的原初性直觉的意义。他教导我们"什么是超理性思维的主体"，什么是"我们应当向其寻求拯救的原初本质的名称，以其全部未曾被人所触动过的前光明时代的光明在闪耀"③。华彩的语句已经开始压倒宗教的定势——洛谢夫那里原初直觉的宗教意义。关于"否定的自发势力的意义"，关于"索菲亚性质"，关于"人身上的否定性质"他就是这么讲解的，他区分了（不顾布尔加科夫和弗洛连斯基，而所有这些术语对于后二者的依赖性是如此醒目）"本质和索菲亚性质"（亦即把非造物的和造物的索菲亚区分开来——关于这个问题可参见第 6 章），甚至简单地把索菲亚和宗教等同起来④。而当我们读到"本质的取之不尽的大海"，"冲刷着现象之形的坚硬的岸边"⑤ 的话时，我们又怎么能不回想起圣格里戈里·博格斯洛夫的《Corpus Areopagiticum》，后者的影响在此昭然若揭呢？另一方面，当您读到同一本《称名哲学》（一般说来这是一部关于形而上学的哲学论著，是故意采用艰涩的语言写成的，目的就是要让苏联

---

① 参阅对于"纯感觉"理念的批判。《古代宇宙》，第 184 页。

② 《称名哲学》，第 18 页。洛谢夫关于"辩证法的反形而上学性"的论断（同上书，第 52 页）旨在反对把 меонияность 因素从实体中剔除出去。

③ 同上书，第 91—92 页。

④ 同上书，第 155、164、237、242 页。

⑤ 同上书，第 165 页。

审查官们看不懂的）中，作者采用讥讽的手法捍卫唯物主义[①]的话时，那么，从这些草率的言论里（和其他系列的言论一样），我们可以清晰地看出洛谢夫的形而上学立场，这立场如果不是完完整整的，那么也是在主要方面隶属于弗洛连斯基和布尔加科夫的形而上学体系（关于后二者可参阅第 6 章）。

洛谢夫本人把自己的形而上学立场描述为象征主义的[②]（亦即"关于在其坚硬轮廓里的具有否定本质的现象的学说"）。并且还会紧接着就援引一句话，对这一立场进行根本的论证，这句话完全是从基督教形而上学中引来的。洛谢夫写道："否定要求以本质的象征主义观念为前提。"如果我们说不是否定受制于象征主义观念而是相反的话，那兴许就说对了。在洛谢夫那里，否定一般说不是结论，而是第二位的原初直觉，它是在深化第一位的万物统一直觉。象征主义的价值就在于——按照洛谢夫的说法[③]——它把现象既从"主观主义的幻想主义中，也从盲目的神话物质中"拯救了出来。

辩证法的否定主义被洛谢夫以非常精细的手法与有关"meoн"的概念的不可剔除性联系了起来（"meoн 是实体中的一个因素"，——洛谢夫写道）[④]。对于洛谢夫来说，"meoн 与实体的不可分割性"表达并且决定了他的"反形而上学辩证法"，但实际上，这恰恰就是一种极端形而上学的立场（我们马上就可以读到："meoн 在实体的理性主义中是一种必然会有的非理性主义因素"）[⑤]。

---

① 《称名哲学》，第 217 页。洛谢夫笔下有许多地方的文字，是关于有关身体的肯定学说（完全采取基督教形而上学的精神）的，而我们之所以放过这些地方，目的仅仅只是不愿意拖长我们的叙述。尤其参阅第 183、第 237 页。（"人的身体是表达永恒的未知之谜的一个工具"等等）。

② 同上书，第 165 页。

③ 同上书，第 121 页。

④ 同上书，第 52 页。这一问题在卡尔萨文的辩证法分析中得到了强烈的表现（参阅第 5 章）。

⑤ 我们不可能摆脱这样一个印象，即所有这些有关 meoн 的学说在洛谢夫那里都散发着索洛维约夫关于绝对者及其"他者"学说的气息。

而由于"在思维中一切都是永恒的"①，所以，меон 主义的原则也被导入永恒中去。在这个问题上，洛谢夫以极其混乱的表达方式引入了他最初的有关绝对者即主体的学说（"我们以辩证法的必然性得出这样一个概念……这就是完整地出现于和绝对不可分割地出现于纯粹的和不可分割的思维中的每个因素中出现的超理性思维的概念"）②。"超理性思维的主体仍然保留在自己身上"③，——洛谢夫透彻地讲解了这一学说，但却不在任何地方提及"上帝"这个词。而世界在对上帝的关系方面（和在弗拉·索洛维约夫那里完全一样）是其"异在"（按索洛维约夫的术语学即"他者"）。正如有所谓绝对主体一说一样，也有世界灵魂或世界的主体（洛谢夫以隐密的方式称其为"绝对知识分子"，以与所谓的"原初本质的知识分子"相区别），因为"原初的本质"（亦即坚硬的存在，坚硬的索菲亚，——原作者）"完全再现了原初本质，并坚决地保留了其全部辩证法的因素"④。

在洛谢夫那里，否定因素是与各种本质和能量的关系（在这个学说中，明显使用了格列高利·帕拉马斯⑤的形而上学），因为"只有在其能量中的本质才是可以被认知的"——我们从洛谢夫笔下读到⑥，这句话实际上是在重复格列高利·帕拉马斯的话，而这种区别也就显示了本质中的"否定因素"。而从对于原初本质的"否定自发势力"的认可中引导出了象征主义的必然性来。要知道"本质渗透了意义和存在，从其核心中喷涌着生命和日益更新的定义的泉

---

① 《称名哲学》，第 87 页。
② 同上书，第 90 页。
③ 同上书，第 91 页。
④ 同上书，第 90—91 页。
⑤ 格列高利·帕拉马斯（1296—1359）拜占庭神学家和宗教活动家，对宁静主义做了系统研究，发展了关于区别上帝本质（无边际和触及不到的）及其贯穿世界并传布于人的能量（自我显示）的思想。其学说于 1351 年被拜占庭教会定为官方理论。——译注
⑥ 同上书，第 115 页。

水"①。

洛谢夫有关名称、形、和逻各斯的学说充满了诸如此类非常复杂而又歧异的附加理念。我们不可能深入探讨所有这些构造的全部细节，这里我们只简短谈一谈洛谢夫是如何建构称名哲学的。

早在《古代宇宙》一书里，洛谢夫就多次谈论过名称的问题（"我们只有在名称中才能现实地与事物相会"，"名称具有预言的潜能"，"本质的名称是本质自身自我认识的器官"② 等等），但在这部著作里，有关称名哲学的个别意见听起来并不十分响亮。而在《称名哲学》里，洛谢夫的观点却以其极端鲜明和极端的表现力得到了表达。他的分析常常令人感到琐碎到了使人烦闷的地步，但总的说来，他是在引导我们走向一种明确的称名哲学。或许在这个问题上也表现了那一神学流派的影响，此派在 20 世纪的第二个十年中已经有了十分鲜明的表现③，其代表人物是弗洛连斯基、布尔加科夫等，无论如何，我们有足够的材料把洛谢夫与这一流派的关系拉近。对于洛谢夫来说，"称名哲学是哲学最核心的和最基本的部分"④，没有名称，在存在中就"只会有又聋又哑的大众在绝对黑暗的深渊里的毫无意义的和疯狂无谓的碰撞"。这里明显地表现出称名的形而上学（正是为了它，存在才被"命名"和被"照亮"）与光明的形而上学的接近⑤。而如果洛谢夫断言"世界就是靠名称和话语而被创造出来的"⑥ 的话，则这一与神学观念如此相近的公式，就会把称名主题与光明主题拉得更近了。无论如何，在对其复杂而又艰涩的现象学体系做结语时，洛谢夫得出的结论是"本质自身不是什么别

---

① 《称名哲学》，第 163 页。

② 《古代宇宙》，第 20、111、325 页。

③ 尤其要参阅亚历山大·布拉托维奇《论对上帝名称的敬畏》一书写的有趣而又值得关注的序言。

④ 《称名哲学》，第 181 页。

⑤ 从洛谢夫的著作里我们看不出，他是否了解著名的光明的形而上学学说，是否了解此学说是如何自中世纪哲学中建构起来的，以我之见，他很可能是不了解的。

⑥ 《称名哲学》，第 181—182 页。

的，而就是名称：名称和话语恰好就是本质对于自身以及对于所有一切的那种东西"①。可洛谢夫紧接着又说："但如果这样的话，那也就意味着，整个世界和整个宇宙都是名称和话语……宇宙是各种话语形的不同阶梯……从人的最高理性开始到非灵性世界的分裂和形，摆在我们面前的是话语的各种阶梯，是意义的各种阶梯，是实体和存在的各种阶梯……世界是存在的各种阶梯和意义和称名的各种阶梯。"② 在洛谢夫那里，就连下列公式也多少带有现象学的气息，就是说关于对象和关于本质的话语就是对象本身和本质本身③，但这当然只是表面上像是一种心理学主义。洛谢夫在另外一个地方写道④："名称是最高点，最高本质一直都是在向它发展"。而这一纯粹形而上学的公式彻底无遗地勾勒出了洛谢夫究竟是如何理解名称的，正是为了名称，存在才被"命名"，也因而也才被"照亮"。洛谢夫写道⑤："话语就是事物本身，但在其可以被理性显现的那些个层面里。"而由于"知道事物的名称也就意味着有能力走近事物或是离开事物"，所以，"名称的本质在于它具有魔力"——洛谢夫断言⑥。洛谢夫在此找到了非常鲜明和成功的话语，从而得以揭示出我们（通过名称）走向事物、走向存在的途径⑦。洛谢夫在另一处地方写道⑧："对象的名称是接受者和被接受者、认识者和被认识者相会的地方。"

洛谢夫断言⑨："在对话语的分析中应当能够产生有关科学分化

---

① 《称名哲学》，第166页。
② 同上书，第169—170页。
③ 同上书，第172页。
④ 同上书，第180页。
⑤ 同上书，第194页。
⑥ 同上书，第203页。
⑦ 比方说可以参阅《称名哲学》，第202页，还有第201—202页，有关"与事物、与人的可以理解的共性……只有在事物的名称里才有可能"的学说。
⑧ 同上书，第47页。
⑨ 同上书，第206—212、223、240页。

的学说"，但他自己在其著作中却只局限于区分有关"意义"的科学和有关"事实"的科学而已。

在对洛谢夫的观点进行总的描述时，我们应当首先指出其总体上的言犹未尽性，其原因在于在苏维埃俄国根本缺乏思想的自由。洛谢夫十分明显地被迫隐藏其真正的思想，避免直截了当和明白如话地表达自己的思想体系。他的形而上学唯心主义覆盖着一层复杂的、很少有人能够了解的现象学分析，而其对于宇宙的宗教感受及其"索菲亚"理念，却似乎是不经意间说出来的。但洛谢夫思维的力量是如此之大，以至于隐密的表达方法并不会减弱其体系所能给予人们的强烈印象。

从形式方面说，洛谢夫是术语现象学方法论信徒，但这个方法在他那里却并未停留在不结果实和毫无成效的状态下，像在施佩特那里那样，而是从内而外地充实了"万物统一"的生动直觉。对于洛谢夫而言，他那种辩证探索的必然性就是由此而来，但他对于揭示从存在中找到的"意义"的内在辩证关联的追求，尽管使其接近于黑格尔，但根本不是使其成为一个黑格尔主义分子，像比方说洛斯基所以为的那样①。洛谢夫的辩证方法使其更加接近于柏拉图而不是黑格尔，但有一个特有的区别在于，洛谢夫的柏拉图主义由于有了那个从柏拉图主义的基督教观念中生发而来的问题而被极度地复杂化了而已。因此，在洛谢夫那里，关于上帝的学说（虽然这个名称任何地方也未曾指明）却不曾在任何地方被有关理想宇宙的学说所取代，而对于作为一个活的整体的宇宙（索菲亚观念）的接受，决定性地与把 kosmos noetos 和绝对者同一化的观点相区别的。我们不能不感到惋惜的一点是，对于神学和哲学的分野和分界如此重要的否定问题，在他那里仅仅只是刚被他指出来，其象征主义始终有一些模糊不定的色彩。在《称名哲学》里散落着许多对于形而上学

---

① 洛斯基：《当代俄国的哲学与心理学》（《当代札记》）。

观念的暗示，洛谢夫对此类暗示明显有一定的倾向，但所有这些都还只是暗示而已，而非彻底表述无遗的理念的体系。所有这一切都极大程度上减弱了洛谢夫体系的成效性，虽然其重要意义是无可争议的。在洛谢夫身上，俄国哲学思想表现出如此巨大如此强大的才华，如此精细的分析能力，如此强烈的直觉观照力，所有这一切都无可争议地满足了弗拉·索洛维约夫极其鲜明地首次予以指出的那一哲学潮流的宏伟意义。

第五章

万物统一形而上学

1. **列·帕·卡尔萨文和谢·列·弗兰克的体系**

1. 我们现在开始讨论的最后一批大思想家，全都带有弗拉·索洛维约夫所发展了的"万物统一形而上学"的标志。弗拉·索洛维约夫的影响，如我们所知，已经非常强烈地表现在谢和叶·特鲁别茨科依兄弟身上，此外，我们也可以在带有一定附加条件地在别尔嘉耶夫（当然包括以德·谢·梅列日科夫斯基为首的整个流派）身上，也可以看得到，这种影响力以极其强烈的力度表现在我们现在即将对之进行探讨的那些思想家身上：我们指的是列·帕·卡尔萨文、谢·列·弗兰克、帕·弗洛连斯基和谢·布尔加科夫。这里，值得注意的是，我们时代的这些大思想家，主要从弗拉·索洛维约夫身上吸取了他有关"万物统一"的学说，而正是这一形而上学观念，虽然每个人是以自己特有的方式对之加以发展的，却决定了上述思想家的哲学思维之路。但是，为了要了解"万物统一"这一理念在发展中的内在运动过程，就应当特别关注其索菲亚方面——按照我们的观点，这里隐藏着打开其辩证法的钥匙。因此，我们放任自己稍稍偏离一些题目，以便能引导读者进入与索菲亚理念有关的问题领域里来①。

"索菲亚学"术语或许仍然只会妨碍而不是帮助我们理解全部问

---

① 更多详情可参见我的拙作《索菲亚世界观问题和克服柏拉图主义问题》（《路》）。

题的症结所在。但问题当然并不在于术语（术语自身也在要求阐释甚至"辩护"），而在于问题的实质，而如果我们保留"索菲亚学"这个术语的话，那么，这不过是因为俄国思想史要求我们在这部著作中这么做而已。而如果根据问题的实质来看的话，那么，这里应当予以关注的，是问题牵涉到的是各种题目如何综合的问题，而这些题目却彼此相关，彼此渗透。问题牵涉到三个题目，其内在整合的可能性即构成了任何"索菲亚学"的"核心"①：A、自然哲学主题，及把世界理解为一个"活着的整体"（即如今人们所称的"对于世界的生物中心主义"观）以及与"世界灵魂"这一问题相关的，和关于世界的"理念基础"非受制于时间学说相关的；B、人类学主题，与人及其精神和自然和绝对者有关的谜底的主题；C、最后，是有关世界上的"神性"一面的主题，它与世界上理念领域与处于"存在之彼岸的"——按照普罗提诺的说法——东西——有关。在此，我们没必要对这些主题本身进行一番诠释——对上述这四位哲学家体系的阐述本身就能够提供丰富的诠释性材料，在这里我们只需指出一点，即我们在弗拉·索洛维约夫以前的俄国哲学界所发现的索菲亚学体系（有时候甚至只是对其的简单"暗示"而已）都在弗拉·索洛维约夫的体系里，都在发展俄国思想方面，发挥了新的和巨大的作用，而俄国思想界恰好具有一种趋向于把上述主题从内在方面予以拉近的趋势。值得注意的还有，某些俄国思想家在弗拉·索洛维约夫之前固执的逗留在索菲亚学问题上绝非偶然：这个问题本身在我国只是在谢林的影响下部分地有所发展，而还有一部分则独立于谢林。

---

① 为了正确引导读者起见，我们还需指出，对于理解全部索菲亚学问题及其历史由来，我们应当区分：1. 前基督教索菲亚学体系——在雅典主义中以神秘运动的方式存在的（对 Magna materdeorum 及与之相似的的崇拜活动）；2. 认识论索菲亚学体系（从关于这个问题的我们已知的书籍中，我认为最好的书 Busse 的著作《Probelme d. Gnosis》）；3. 基督教索菲亚学，其成分在神圣教父文献里，在各种异端邪说和半异端邪说的体系里，以及在从伯麦开始的近代哲学，尤其是从弗拉·索洛维约夫开始的近代俄国哲学中，屡见不鲜。

最初在恰达耶夫那里（我们就不说维兰斯基了，因为他是一个纯粹的谢林分子，而且并未提出任何新东西）我们可以在其有关"世界意识"和"世界理性"的学说中找到接近索菲亚学问题的路径来（详情敬请参阅第1卷和第2卷第3章）。这一学说把个性与世界整体关联了起来（同时又不排除个性因素。参阅恰达耶夫有关自由的学说），远比自然科学所能确定的要深刻得多。世界整体本身，按照恰达耶夫的说法，在世界理性中具有其自己的根系和自己的"高峰"①。相反，霍米亚科夫却只强调自然哲学一面，在其有关"原初物质"、"第一推动力"的简要概述里，以及在其关于作为一个整体的世界不是个别现象的总和，而是其"怀抱"的学说里（详情参阅第1卷和第2卷第3章）。与这些哲学主题内容相近的许多暗示，我们可以在赫尔岑（第2卷第6章）找到。对于索菲亚学问题的新的观点是由皮罗戈夫（第2卷第10章）带来的，他在不取决于所有人的情况下，完全独立地得出有关"世界理性"、"世界思维"的学说的结论。表现在其《日记》中的皮罗戈夫的体系，长期以来一直不为任何人所知，但也正因为此，其体系与俄国思想家们在同一个主题上的一般趋向的高度一致才更令人感兴趣。列·托尔斯泰（第2卷第10章）② 在其独特的有关"理性认识"的学说中首次把人类精神之谜（及其"个性"的活动）与绝对者相关联起来，亦即把人类学主题与宗教关联起来。科兹洛夫在其体系中所发展起来的一切学说也都很有意义也很重要，毫无疑问，它们受到了爱德华·哈特曼笔下谢林观念的影响③，此外还有与其相近的阿斯科尔德

---

① 需要提醒的一点是，如果我们要寻找这一学说的来源的话，那么，无论如何，在这个问题上不是谢林对恰达耶夫产生了影响，而毋宁说是法国"传统主义者"学派对他的影响。

② 众所周知，弗拉·索洛维约夫对于列·托尔斯泰思想的发展未曾产生过任何影响，我们只可以说斯皮尔（还有19世纪西方最大的"索菲亚学者"叔本华）对其有过影响。

③ 在此我们已经提到过作为新莱布尼茨分子的洛斯基了，因为他在其索菲亚学体系中是弗拉·索洛维约夫的直接继承者。

（第 3 卷第 7 章）。

至于说到来自神学院系统的俄国思想家们，那么，除了戈鲁宾斯基（"索菲亚学"理念在他那里的存在是有争议的，而无论如何，对此尚未有过应有的研究）和瓦·德·库德里亚夫采夫——此两人如我们所知，有时都很接近于索菲亚学体系——外，我们在大主教尼康诺尔那里，也可以找到整整一系列索菲亚系列的理念（这里尤其显得重要的，是他有关"世界理性"的学说，和关于上帝"与造物共在"学说等等——参阅第 2 卷第 3 章第 3 节）。总的索菲亚学"定向"在大主教费多尔·布哈列夫（第 1 卷第 2 章第 7 节）的创作中也显得很突出。

在弗拉·索洛维约夫那里，所有这一切都被他凝结成为一个完整的观念，对其起源，我们已经指出过的那样（参见第 2 卷第 3 章第 1—2 节），产生影响的，主要不光有谢林，而且还有卡巴拉，还有神秘论者如波尔杰日，伯麦。但尤为重要的，是要让"万物统一"理念像在索洛维约夫那里那样与其索菲亚学的阐释联系起来，与其傀偏学理念，与俄国圣像画学联系起来。由于索洛维约夫，索菲亚学主题走进了——就其实质而言在术语学中——与"万物统一"理念的最为密切的关联中，而在这个问题上，弗拉·索洛维约夫至今仍对俄国思想界拥有着最为强烈的影响力。关于洛斯基，关于谢和叶·特鲁别茨科依兄弟，我们已经谈到过了，但所有这一切全都以独特和有趣的方式反映在卡尔萨文，弗洛连斯基和布尔加科夫的创作中。

"索菲亚学"主题首次以极其巨大的力量被表达出来，是经过普罗提诺加工过的斯多葛派，但在西方，这个主题实质上在托马斯主义中被歪曲了。而对于在东正教特有的定向中发展起来的俄国哲学来说，索菲亚学主题因此是一个具有决定性意义的主题……现在我们就来探讨上述这些思想家。

2. 列夫·普拉东诺维奇·卡尔萨文（1882—1952）如果我没弄

错的话，曾经是俄国杰出的历史学家伊·米·格列夫斯（彼得堡大学教授）的学生①。卡尔萨文曾经是一位西欧历史专家，主要研究西方宗教史问题。但是，卡尔萨文很早就倾向于哲学和神学，他贪婪地吸取着这方面的知识——而在这方面，弗拉·索洛维约夫对其有着十分强烈的影响，尤其是后者的《神人类讲座》——一部关于西方和俄国神学和哲学体系的著作。1922年卡尔萨文在彼得堡出版了他的著作《Noctes Petropolitanae》，这是一部不能说没有受到过帕·弗洛连斯基（但却主要是在叙事方式上）著作《真理的柱石与证明》影响的著作。在这部著作里，以足够清晰的方式表现出了卡尔萨文的全部理念。后来在1922年他和其他哲学家们一起被从俄国流放以后，他在经历过在柏林的短暂逗留以后（他在那里参加了别尔嘉耶夫所创办的宗教—哲学学院的工作），最后在科夫诺大学历史教研室任教。1948年，他被捕，并死于集中营，死于极北地区的阿别兹，死于"铁幕"的那一面。

1923年在柏林出版了卡尔萨文的一部巨著《历史哲学》，后来又出版了基督教青年会出版社版（巴黎）的一部有关教父著作研究的小型著作（《圣教父学》），最后，1925年出版了《论起源》（是对于奥利根主要著作标题的模仿）。在此之后，卡尔萨文全身心地投入所谓的"欧亚主义运动"，出版了几部小型专著②，此外还出版了一部书，是关于乔治·布鲁诺的③。卡尔萨文即使是在集中营期间也仍然孜孜不倦地专研哲学。

在开始着手探讨卡尔萨文的哲学体系以前，我们首先要说的是，除了索洛维约夫的影响之外，对他毫无疑问的还有老一代斯拉夫派的影响。作为一个研究欧洲宗教生活的历史学家，卡尔萨文非但对

---

①　关于格列夫斯以及在其周围所形成的全部精神氛围，参阅大主教卡西扬关于康·瓦·莫丘里斯基的札记，《东正教思想》，1949年，第7辑。

②　我们只列举最有趣的几种：《东方、西方与俄罗斯理念》。

③　1923年出版于柏林。

这一丰厚的历史不感兴趣，而且相反，却和那些斯拉夫主义者们一样，对西方充满了反感。他唯一对之有好感的一个人（当然是仅仅只根据他的著作来判断），是乔治·布鲁诺，他为此人写了一部巨著，而且，他当然是捍卫乔治·布鲁诺的——库萨的尼古拉①。但除此之外卡尔萨文在其对于西方的判断中，总是十分偏激而又严厉的②，无怪乎在其创作的最后十年里，他会加入欧亚派。卡尔萨文在一处文字中说出了这样的思想③："历史（亦即历史学科——原作者）应当成为东正教的"。为了理解这一带有倾向性的论断，我们必须留意到，即对于卡尔萨文来说，"思考人类的发展只有在历史形而上学中才有可能，任何历史研究的价值都取决于与此种历史形而上学接近的程度"。我们还会有机会重新回到这个如此具有方法论意义和认识论原则意味的问题上来的，在此，我们只需指出一点，即这种把经验材料与形而上学的"思考"嫁接起来对于卡尔萨文来说，已经成为其思考的特点，其对科学的独特的信仰主义也是从这种形而上学中推导出来的④。卡尔萨文的"纯粹"认识一般说来总是显得"抽象"，他写道⑤："把知识从其他性质描述中分割出来必然会

———————

① （库萨的）尼古拉（1401—1464）亦称尼古拉·克列勃斯，哲学家、神学家、科学家、教会活动家，教皇庇护二世的亲密顾问，枢机主教（1448）。他坚持新柏拉图主义辩证法和德国神秘主义（爱克哈特），发展关于绝对就是诸对立性的并发的学说（无限"绝对大"与无限"绝对小"等同论）。人类知识就是"对于无知的知识"（"有学问的无知"）。人类知识是对于包含在绝对之中的真理的无限的接近，它是借助于"猜想"和"假设"来实现的。他著有一些数学专题论文，是哥白尼宇宙学说的先驱者之一和实验自然科学的先驱。——译注又：值得指出的是，库萨的尼古拉的名字在俄国思想家那里总是带着一种荣耀被提及的，我们在谢·列·弗兰克那里看到尤其是这样。

② 我们在卡尔萨文的《历史哲学》（第217页）中读到："西方基督教文化显然正在死掉。"卡尔萨文明显怀着偏激和仇恨的心情说道："在其身上正在苏醒的宗教信仰是一种旧式（！）的宗教信仰。"还可参阅其在第215页的值得注意的一段话。

③ 同上书，第175页。

④ 我们可以援引一下卡尔萨文的一段有趣的话（《历史哲学》，第175页）："只有那个对其而言宗教不是存在和生活的基础，而是个人的事业的人，这个问题才是一个可以争议的问题，因此，信仰主义的区别看起来是无法实现的"。

⑤ 《论本质》，第68页。

贬低知识的性质"。卡尔萨文在另外一处地方这样写道[①]："异在
（亦即在人之外的存在。——原作者）是被我们在与我们的自我认识
和上帝认识的必然关联中理解的。"[②] 对他来说[③]"信仰是知识的基
础，它存在于认识的每次活动之中，存在于对于某种东西为真理的
认可之中"。我们在另外一处文字中读到[④]："当科学（哲学）力求
不要信仰而找到自己的根据和基础时，便会发现在其深处隐藏着的
宗教信仰，因为我们存在的基础，我们生命活动的基础和我们知识
的基础，包含在信仰之中，因此它完全与真理相关，只有信仰可以
最终地为知识奠基。" 在卡尔萨文那里，科学与哲学对待神学的关
系，便取决于这一点。"科学无论她愿意与否，而科学尤其是处于其
哲学性质的最高阶段的科学，都会具有若干种想往成为绝对价值的
基础原理作为出发点，它们就是一些关于绝对者的言论"，亦即都走
上了信仰之路。哲学如果没有以信仰为根据的话，就注定使自己只
能成为一种"假设性知识"，因此，"哲学知识想要成为哲学（和科
学）的"，就必须说："哲学应当成为神学的仆人"[⑤]。卡尔萨文紧接
着又做了解释："是仆人但不是奴隶"。接着他又写道[⑥]："神学是一
种自由认识探索的自发势力，以之为出发点，哲学不可能是自由
的。"紧接着卡尔萨文又问道："如果说不顾不管真理，承认前提是
非宗教的，并以此限定其对象和方法，难道她就会变得自由一些
吗？"如果说"宗教与哲学的经验主义仇恨是必不可免的"的话，
那么，这错误在于神学，因为神学低估了哲学的怀疑，渴望奴隶式
的顺从……卡尔萨文在结束时讲道："这种专制主义精神（指神学

---

① 《论本质》，第 12 页。

② 这一点与基列耶夫斯基的思想非常接近。还可参阅卡尔萨文的专著《东方、西方
和俄罗斯思想》，布拉格，1922。

③ 《论本质》，第 77 页。

④ 同上书，第 87 页。

⑤ 同上书，第 88 页。

⑥ 同上书，第 90 页。

的——原作者）只要存在一天，自由的激情精神就是必然的和必要的（指哲学——原作者）"[1]。

我们刻意指出卡尔萨文为"自由神学"所采取的这种辩护立场，思辨主题对他来说是格格不入的（与所有我们当前正在探讨的那些哲学家相同），因为神学自身也被认为是自由的。这一点对于卡尔萨文来说则更其重要，因为理性主义母题在他身上十分强烈。他写道[2]："我们捍卫被理性主义地表达出来的、部分地又被理性加以证实了的上帝学。"甚至神秘主义经验，如果并非总是能被"以理性的方式加以证实"（！）的话——因为"部分被以理性的方式给予论证的神秘是不可能存在的，更何况在这种情况下，神秘在理性上是得到表达的或是被象征了的"[3]。在捍卫"理性"的权利同时，卡尔萨文同时也在捍卫神学中的"自由认识探索的自发势力"，对神圣教父神学的忠诚对他来说不是对自由"探索"的限制，而是灵感的来源。

但是，为了要能彻底理解卡尔萨文的所有这些认识论论断，就必须走进他的认识形而上学——而这种形而上学从自己方面来说也需要有一般形而上学为前提。我们这就来讨论这个问题。

3. 卡尔萨文在其第一部著作中写道[4]："世上的一重于多，而多是在一中获得解决的。"这个观点，排除了形而上学的多元论，实质上是有争议的，但却是数百年来哲学的基础本质。实话说，在上述这段话里，问题不仅在于"世上的一"，而是对于卡尔萨文来说，一也就是万物统一，亦即拥抱世界和世界以外和世界以上的一切（绝对者）。在这一"位移"中，在一在世界存在中的这次位移从而变成万物统一中，我们所拥有的，实际上不是结论，而是前提——这一点在卡尔萨文早期著作《Noctes Petropolitanae》里，变得尤为明

---

① 《论本质》，第 91 页。
② 同上书，第 9 页。
③ 同上书，第 12 页。
④ 《Noctes Petrop.》，p. 106.

显。"万物统一"的理念一下子就关闭了实体与世界的超越于世界之上的基础原理这一主题——而且是相互关闭的，正如从普罗提诺那里开始，而到今天也一直都在无穷无尽地重复的那样。弗拉·索洛维约夫的强大影响力把万物统一这个观念推进了俄国思想界，使其为之入迷陶醉，使其双眼受到魅惑，从而创造出了神话。万物统一神话学——我们满可以用这个词组来描述整个这一思想运动。"没有什么能够比它更完善的、匪夷所思的生物，身上可谓无所不包。它就是万物统一。我与它站在一起——我就是个零，而我在它身上或成为它——我就什么也不是，如若不然，它就不是完善，不是万物统一了"①。卡尔萨文教导我们说②："绝对存在就是绝对完善的万物统一。万物统一就是凡世上所能存在的一切——就是在一切之中，在每个（存在）之中。万物统一就是一切，因为一切不是什么别的，就是万物统一的一个成分。"

攫住了卡尔萨文全部思绪的万物统一观念，坚定不移地把他引向那样一些体系，正如它曾经引领过索洛维约夫那样。卡尔萨文断言③："上帝身上的宇宙成为上帝，或绝对者。"而这一"形成中的绝对者"理念则和索洛维约夫的理念完全一样，他的理念和索氏的一样，有着同样的辩证法，同样的复杂性和死胡同。我们再次听到了"第二个上帝"④。"我们思考着绝对者——在其对待我们的关系中，我们思考绝对者，把它作为决定着我们的东西，因而也被我们所决定的东西"⑤。"上帝应当决定和克服自己的终极性，亦即从一开始起就成为完善的无穷和终极的二元统一体，到那时世界的创造便会成为可能……神性的自我终结重于创造"⑥。

---

① 《Noctes Petrop.》，p. 116.
② 《哲学史》，第 71 页。
③ 同上书，第 72 页。
④ 同上书，第 72 页。可与《论本质》，第 62 页比较。
⑤ 《论本质》，第 31 页。
⑥ 同上书，第 49 页。

摆在我们面前的，仍然是同一个绝对者与之相关的"他者"和"异己"的形而上学。卡尔萨文——我们在万物统一形而上学的其他崇拜者们身上，也可以看到同样的情形——很清楚，他这是在走近泛神论，当然，他很想小心翼翼地从自己身上抛下这一致命的万物统一形而上学这一旅伴，虽然泛神论，和俄国"悲伤—凶恶—幸福"这则童话一样，如此紧密地"死死纠缠着万物统一"，以至于把它完全彻底地抛下来已经是不可能的了。当然，这不是什么在通常意义上的泛神论，这里没有任何把上帝和世界同一化或等同化的迹象，但这里却有它们之间的这样一种相互关系，在这种关系下，没有世界绝对者就是不可想象的：在对待世界的关系上，在绝对者身上没有自由（无论是在创世的行为中，还是在与世界的相互关系中）。用一句 Krause 的著名术语说，这就是"泛无神论"（панэнтеизм），而老实说，这也就是万物统一形而上学。卡尔萨文写道[1]："基督教里关于绝对者的学说超越了造物主与造物之区的区别……基督教结束了泛神论和有神论。"卡尔萨文抛弃了从神性与经验之间的"不可穿越"的边界而来的学说[2]，因此在历史中，绝对者绝对不会"进入"被称之为"天意"（промысл）[3] 的经验领域。我们可以在卡尔萨文笔下的另外一个地方读到[4]："真正的绝对者概念谈的是绝对性与创造出它来的'异类'完善的万物统一性。"

卡尔萨文保留了"从虚无中创造"的理念，亦即这样一种学说，即"造物不是从上帝，而是从虚无中产生的"学说排除了——根据卡尔萨文的见解[5]——泛神论（如果我们所说的泛神论指的是斯多葛或斯宾诺莎类型的学说体系的话）。然而，世界对于上帝依然只是

---

[1] 《历史哲学》，第 222—223 页。

[2] 同上书，第 232 页。

[3] 同上书，第 316 页。

[4] 同上书，第 351 页。

[5] 同上书，第 351 页。

"异己的"，而为什么世界的生活就是"形成中的绝对者"呢。世界是上帝在自由中创造的，但"上帝创造了世界，而这就是它尚不完善的表现"①，如果上帝的创造行为不是从来自绝对者本质的必然性中推导出来的话，那么，上帝毕竟还能向我们"在我们的二位一体"中得以展现，而这也与"存在与非存在的辩证法"②（亦即绝对者和"他者"）有关。

从这一概念的准确性在其中消失了的"语词的花纹"里，可以推导出另外一种有关"造物自由地自我产生"的补充学说③。"上帝从虚无中创造了我而这与此同时也是我的自由产生"④。卡尔萨文在此在重复布尔加科夫有关"在存在之边界的自由"学说的同时，（和其他人一样）无法避免有关没有自由之主体的自由这一悖论：被造的存在实质上是前此存在的，因为它是绝对者的"异己"，因而它必然是"推断出来的"，——这里，摆在我们面前的，是对死胡同的一种名符其实的重复，在这一死胡同里，索洛维约夫也曾经在里面泥足深陷。既然"万物统一造物亚当成为完善的绝对化了的万物体验体"⑤，"绝对者通过其与宇宙的特殊结合使得……宇宙成为无穷无尽的"⑥，而当然，造物为此而应当成为与绝对者"完全一致的"，亦即应当成为绝对者的"异己者"。"万物统一"观念的内在辩证法便系如此。

4. 在卡尔萨文那里，这一观念的人类学一面非常发达，我甚至觉得，这是他之所以迷恋万物统一形而上学的一个基本出发点。对

---

① 《论本质》，第 40 页。

② 同上书，第 44—45 页。

③ 同上书，第 44 页。比较："上帝似乎（！——原作者）召唤亚当走向存在，而亚当回答了召唤，并以此回答开始了他的存在"（同上书，第 51 页）。比较《历史哲学》，第 351 页。还可比较下文中将要讲到的布尔加科夫。

④ 《论本质》，第 37 页。

⑤ 而这也就是社会学决定论。参阅其在谢·布尔加科夫体系中的发展（下文第 6 章）。这里的引文摘自《历史哲学》，第 48 页。

⑥ 《历史哲学》，第 72 页。

于卡尔萨文来说，"神性与造物——人的关联，不是在神性以外，而就在神性自身中"①。我们在另外一处地方读到②："人的全部存在都具有宗教性，我们身上的一切都处于与上帝的一定的对立和与上帝的一定的统一中。"对人身上的神性的这种感觉构成了整部《Noctes Petropolitanae》著作的基础，书中发挥了人的"爱的形而上学"③学说，从这种爱的形而上学中，如同创世存在的秘密一样，卡尔萨文进一步走向"对于万物统一之谜"的揭示④。通过对于"爱的意义"的进入，首先得以揭示的，是人类的统一，而随后便是关于这一统一体的叙述，即人类"在神性的创造性存在中的永恒存在"⑤。在卡尔萨文笔下，这种向上的飞跃，这种"metabasis eis allo genos"常常出现。例如我们已经知道，在"肉体的融合中向基督和向教会的肉体得以被创造出来，逻各斯在未婚妻身上的化身也得以被重复"⑥。由于卡尔萨文具有纯"思辨神秘论"（我是从中世纪哲学中拿来的这个术语）的倾向，而且，在一种我们前文已经谈到过的"在神学中的自由探索的自发力量"的支配下，为了对于这样一种"爱的形而上学"进行极端神秘主义的再阐释，卡尔萨文可以说是无所不用其极⑦。他还接受了作为创世存在之中心的"Адама Кадмона"这一术语和理念，在"肉体的人身上包含着所有一般的生物王国，人也

---

① 《Noctes Petrop.》，p. 155.

② 《论本质》，第 26 页。

③ 《Noctes Petrop.》，p. 7.

④ 同上书，第 23 页。比较"尘世之爱，其巅峰表现在对于爱人之爱中，会把我们引导到神性之谜的门坎，引导到神性的 триипостасному 统一体"。同上书，第 137 页。

⑤ 同上书，第 71 页。

⑥ 同上书，第 25 页。

⑦ 毫无疑问，卡尔萨文对于索洛维约夫在其《论爱的意义》专著中所表现的"色情乌托邦"（叶·特鲁别茨科依的说法）十分入迷，但在索洛维约夫那里，爱的形而上学不会变成打开神学的一把钥匙的。

就是宇宙"①。卡尔萨文写道②："我的个性（经验主义的——原作者）包含我的高级个性，而我在基督身上的有限性自身成为了真正的存在"。这一救赎之谜的"自然化"是多么值得注意呀！它把万物统一形而上学坚定不移地引导到宗教领域，而陀思妥耶夫斯基当时则将其被我们描述为"基督教自然论"（参见第 1 卷第 2 章第 11 节），亦即描述为一种在造物存在的深处已经被实现了的"一切人身上的一切"的上帝……

由于"人即宇宙"，所以，在人的秘密里，包含着宇宙的秘密。我们从"与爱的二位一体"走向造物存在的统一体，于是，便开始揭示出"只有一种造物的本质"，而"这种本质就是世界的灵魂"③。"一切都在全人中得以共造了"，但全人因为无力保留这种统一性，遂堕落成为人与世界，堕落成为灵魂与肉体，堕落成为丈夫与妻子④。亚当·卡德门（"全人"）是"共造的神的智慧，是堕落的索菲亚——和认识论思辨中的索菲亚·阿哈莫特意义"⑤。但卡尔萨文却又以恰当的谦虚态度连忙又说，"我们还没有完成我们应予完成的一切，而一旦完成，我们也不知道全索菲亚的面容是否清晰，是否把她与基督的面容区分开来会很难"……"一切造物存在都是来自神的（теофания）"⑥，但在造物存在中我们应当区分出"三个领域：精神的、灵魂（生物的）和物质的领域"⑦，但"各种存在领域的相

---

① 《Noctes Petrop.》，p. 73.

② 同上书，第 150 页。"低级"和高级个性（在普罗提诺那里始终是晦暗不明的。但是，可以与拜占庭的列昂基亚的形而上学体系进行比较）的相互关系问题，对卡尔萨文很有吸引力。"上帝所创造的低级个性与此同时也是高级个性在其身上的重复，"——卡尔萨文在《历史哲学》（第 101 页）写道。绝对自身就是个性，因为在其活动中产生了低级个性（同上书，第 101 页）。还可参阅：《论本质》，第 124、132 页。"每个个体都既是亚当的成分，同时又在自己身上包含着高级集体个性的成分"。（同上书，第 144 页）。

③ 《Noctes Petrop.》，p. 130 .

④ 同上书，第 160 页。

⑤ 同上书，第 158 页。在此我们还发现一种隐约闪现的关于索菲亚即教会的学说。

⑥ 《论本质》，第 50 页。

⑦ 同上书，第 133 页。

互关系……可以被具体化，正如精神—灵魂和灵魂—物质领域之间的相互关系也可以被具体化一样"①。卡尔萨文抛弃了平行理论和灵魂和肉体相互作用的理论，这里的全部难点按照卡尔萨文的观点，不是"因为很难把灵魂与肉体区分开来，而是由于很难把我们的肉体与其他肉体分开来"而产生的②。

"我的真实的肉体是整个世界的肉体性，'大地—母亲'就是我们的万物统一的物质性，我们的被造物的性质本身，它只有在我们对于上帝的关切中才会成为实体"③。在卡尔萨文笔下有一些地方的文字，似乎降低了物质的本体论实质，比方说："物质似乎是僵死了的世界的造物性……世界的肉体或物质在其不可穷尽的材料中存在着，因为世界是未完结的"④。但他紧接着又补充报告说："这并不意味着在完善的世界里没有物质性——在这个世界里也有物质性……它否认肉体—物质的那些东西，即否认上帝—造物主及其自身的造物性。"

在有关时间和空间的学说中，卡尔萨文以对于万物统一形而上学者合乎逻辑的方式教导我们"全时间性"和"全空间性"，这些性质在经验存在中都被"减弱了"，都被"分化为"被虚拟地相互排除的各个成分⑤。

从所有这些论点中，可以推导出卡尔萨文历史哲学的基本观点。和所有存在都取决于"一切和零"⑥的辩证法（它同样可以以绝对者和"他者"的相互的辩证关系来表达）一样，历史存在作为一种特殊类型的存在，取决于"一切和无"的这种关系。卡尔萨文写

---

① 《论本质》，第 135 页。
② 同上书，第 137 页。
③ 同上书，第 140 页。
④ 同上书，第 142 页。
⑤ 同上书，第 26 节（第 111—113 页），第 31 节（第 129—130 页）。比较《历史哲学》，第 37 页。
⑥ 《Noctes Petrop.》，p. 131 .

道①："历史的内容是全体统一的、全空间主体的发展过程。"但是，"由于过去是无法挽回的"，所以，对于历史中存在完整性的揭示"只有超经验行为才可以实现：在经验中通过绝对者，即通过在神人类中给定的东西"②。卡尔萨文否定任何深藏于把历史存在与绝对存在分化开来的前提中的天命论，并且当然也否定"有关奇迹、有关历史的神性的计划之类的幼稚的学说"③，而要知道"绝对者自身是内在于历史个人和文化的理念的"。卡尔萨文紧接着写道④："被历史发展进程所小化表达的形成过程就这样成为了绝对者的成分。"而"由于教会是造物的全一体而且离开教会一无所有"⑤，所以，"人类的历史不是别的什么，而是经验的形成和对尘世基督教会的崇拜"⑥，而"对教会的揭露也不是别的什么，而是一种历史发展过程"⑦。

在卡尔萨文的《历史哲学》一书中，有许多非常珍贵的意见，涉及到历史存在本身（尤其是第 2 章和第 4 章），但所有这一切都被浓缩在一个万物统一的形而上学的框架里，为了成就这个框架，卡尔萨文牺牲了自己有趣的关于历史存在本性问题的观察和判断。但这样一种万物统一理念吸引了谁，谁的命运可就立即变得极其可怜了：尽管作者竭力想要维持活生生的存在的完整价值，并赋予其以无所不包的万物统一性——但通常这一努力并未见效。

在进行小结时，我们只需指出卡尔萨文那里促使其理念产生工作的创造力何在的问题：这是一种被封闭在与"一切和无"的关联中的理念。绝对者和异在对他来说首先是一把打开系统之门的令他

① 《历史哲学》，第 85 页。
② 同上书，第 87 页。
③ 同上书，第 171 页。
④ 同上书，第 173—174 页。
⑤ 同上书，第 176 页。
⑥ 同上书，第 214 页。
⑦ 同上书，第 288 页。

激动的问题的钥匙。卡尔萨文是一位历史学家，人的命运及其时常受制于与在其"之上"（上帝、永恒、"万物"）之物之关联的命运，以及时常受制于与在其之下之物（自然、把一切带往"虚无"中去的时间）之关联的命运，他都感到十分亲切。而在万物统一理念里，一切都被安顿到自己应有的位置上，一切都被归诸于一点。索洛维约夫也不曾面对其止步的哲学难题——把"异在"概念引入绝对者概念——同样也难以难住卡尔萨文，此时的他已经被一个伟大的前景给迷住了，这就是已经展现在万物统一理念中的那一前景。而在一系列伟大的宗教思想家们那里（尤其是在库萨的尼古拉那里），卡尔萨文也找到了同样一种理念，而在神圣教父思想中散落在各处的个别见解，却都可以采用万物统一精神来予以阐释，所有这一切都帮助卡尔萨文感受到"自由神学探索的自发力量"。而在宗教领域本身中，卡尔萨文也找到了一种自发力量，而且这种力量是如此适合于"万物统一"的总的定向。从宗教意识的核心中，从"自由神学探索"的深处，产生了一种哲学体系——而从此以后，无论是在卡尔萨文的宗教还是哲学意识中，就再也没有任何内在冲突了。而他的思维围绕其旋转的那个"万物统一"，或许只有在宇宙的土壤中才能令人信服地被发现，而绝对者不仅无法被纳入到宇宙，而且，一般说来也不会与宇宙构成统一体，而只会"在造物中共在"，按照大主教尼康诺尔的说法——但卡尔萨文对此却既无感觉，也不明白。他建构了一个体系，在这个体系里，人和宇宙被封闭于一个统一体中，被统一于"永恒"之中（虽然宇宙中的永恒和人，如同绝对者的光，作为绝对者的造物，根本就不是自己本身的绝对者），虽然一切是在索菲亚观念中形成的，但这是造物存在所给予我们的索菲亚学，仅此而已。在卡尔萨文（却不光在他一个人）那里，这却变成了一种索菲亚学一元论。无论如何，这里是哲学在欢庆胜利（而且还要加上神学对其的全面服从——虽然是虚拟的——顺便说说而已），但神学毕竟还是在事实上被包括在哲学里了。万物统一理念的逻辑却是……

在卡尔萨文那里毕竟说到底只是一个体系的草图而非体系本身。万物统一体系的真正的实验我们是在谢·列·弗兰克那里找到的,现在我们就对他展开讨论。

5. 谢苗·柳德维戈维奇·弗兰克(1877—莫斯科;1950—伦敦),是医生的儿子,早在当中学生时,就参加了"马克思主义小组"的活动——在小组影响下,考入莫斯科大学法律系(曾当过著名教授亚·伊·丘普罗夫的学生)。1899 年被捕,旋即被从有大学的城市流放,于是出国,先后在柏林和慕尼黑工作(学习政治经济学和哲学)。弗兰克出版的第一部著作(《马克思的价值论》)是批判马克思主义的(1900)。1902 年,弗兰克发表了(在《唯心主义问题》文集中——关于此文集参阅本书第 4 卷第 2 章)第一部哲学专着(《尼采与爱远人》),从此时起,其创作开始完全与哲学问题有关。在通过硕士考试(1912)后,弗兰克成为彼得堡大学编外副教授。1915 年,弗兰克通过了硕士学位论文答辩(《认识的物件》)。他的著作《人的灵魂》出版于 1918 年,他曾将其作为博士学位论文提交,但由于俄国生活的外部条件,终究未能举行答辩。1917 年,他担任萨拉托夫大学哲学教研室主任,从 1921 年起,担任莫斯科大学哲学教研室主任。1922 年,和其他思想家一起被从俄国流放,流落到柏林,成为别尔嘉耶夫组建的宗教—哲学学院的成员之一,而他和别尔嘉耶夫曾在莫斯科共过事(在精神—文化书院)。从 1930年到 1937 年,在柏林大学讲授俄国思想史和文学史课程,1937 年,移居法兰西,而后 1945 年又移居伦敦。

弗兰克是许多哲学著作的作者。除了上文已经提到过的《认识的对象》(已经译为法语和英语)外,他还出版了《社会科学方法论》、《哲学导论》、《活的知识》、《哲学与生活》(后两部著作是最初发表在杂志上的论文集)、《生活的意义》、《社会的精神基础》、《Russische Weltanschauung》(德文)、《论不可知》、《黑暗中的光明》、《上帝和我们在一起》、《现实与人》。

弗兰克才华卓著，具有清晰阐述的才能，他的思维永远都是以系统的方式展开，以说理的透彻征服读者的心灵，语言精警，需要很长的推理才能得到明晰的阐释。杰出的文学才华使得弗兰克的分析和推理具有大师般的明晰性——一切道理说得是如此透彻、到位、准确，令人叹为观止。而且，不但如此，其哲学思辨的深度也丝毫不逊色——他的大脑具有综合的特点，而实际上又因万物统一形而上学而变得成效卓著，他又在其著作中永远都以独特而又深刻的方式进一步发展和深化了万物统一观。根据其哲学观点的力度，弗兰克可以毫不勉强地被一般地称为俄国最杰出的哲学家——不光是与思想与其相近的人比。弗兰克的著作为我们呈现了非常严谨匀称的深思熟虑的体系，只不过关于美学问题和关于历史哲学问题，他仅限于偶或发表一些意见而已。但他却对逻辑学、认识论、形而上学、人类学和伦理学都有非常深刻的系统研究（以万物统一的精神），并对基本文献十分熟谙。弗兰克的的哲学立场本身就其基本原则而言是系统化的，并且大都以极其有利的方式反映在对于个别问题的研究过程中。

还需要提及的，是弗兰克还写有一系列论述俄国哲学史、俄国文学史的出色的专著，此外还写有若干种有关德国文学（比方说，发表在《道路》上的关于歌德的出色论文）的专著。

早年对于马克思主义的兴趣在弗兰克哲学思想中表现为写作政论文的喜好。他这一类著作的最杰出代表作是杰作《偶像的垮台》，书中深刻分析了俄国革命前的意识形态和心理学。

很难说弗兰克的创作受了哪些明确的影响，但弗拉·索洛维约夫对他产生的一般作用却很明显。当然，弗兰克的体系本身却是在距索洛维约夫的一般观念有一定距离之外的边缘发展起来的，但比方说在其主要著作（《认识的对象》）里，万物统一形而上学已经达到高度发达的程度，在此书中，弗兰克在为这种形而上学奠定逻辑和认识论基础时，写道①："在我们的认识论观点里我们意识到自己在许多主要问题上都与他（索洛维约夫）极其相近。"在为此书②写的前言中弗兰克写道："如果必定得在某个明确的哲学'教派'那里挂名的话，那我们承认自己属于一个老式的但尚未陈腐的柏拉图分子的教派。"但紧接着在谈到自己对于普罗提诺和库萨的尼古拉崇拜得五体投地时，弗兰克写道："我们亲自去拜访了这些已经被人们遗忘了的思想家，只是在那时我们身上已经形成了的哲学观点迫使我们非常仔细地对待他们的体系。"③ 在同一本书的另外一个地方我们读到："在亚·伊·维杰斯基和伊·伊·拉普申以类似形式发展起来的关于思维法则及其应用中的局限性的一般学说，成为推动我们发展我们自己的理论的推动力，我们在我们自己的理论中也同样得出了逻辑法则在应用上具有局限性的结论。"④ 我们觉得，这里所说的这一"自己的理论"（关于逻辑法则的界限和内涵）其核心是关于"元逻辑统一体"的学说（参见下文第 8 章），仅仅只是万物统一原初理念最主要的产生的结果⑤。无论如何，对于弗兰克的体系而言，万物统一观念不仅是核心的和基础性的，而且，正是这种观念使得决定着弗兰克全部分析工作的那一方法论原则变得清晰透明了。

6. 在弗兰克身上，批判理性主义其中包括超验主义倾向的影响是十分强烈的，而弗兰克本人则倾向于从对我们意识的分析出发来建构其自己的体系：他的两部主要著作——早期（1915）《认识的对象》和较晚时期（1939）《论不可知》——就是这样建构起来的。但在弗兰克那里，对认识的分析却得出了截然不同的结果，"我们寻求的不是一种，而是两种认识：用判断和概念表达的抽象认识和在

---

① 《认识的物件》，第 28 页，注 1。

② 同上书，第 6 页。

③ "对我来说，在某种意义上，库萨的尼古拉是我唯一的一位哲学导师"，《论不可知》，第 71 页。

④ 《认识的物件》，第 211 页注。

⑤ 这一点在第 240 页变得尤为明显。

其元逻辑完整性和致密性中的对象的直接直觉"①。直觉或直观对弗兰克来说是"初级知识"②。无论如何这种知识即使是在弗兰克本人那里也是初级的,而且我们一旦掌握了弗兰克的原初直觉,要想走近他的体系那是再容易不过的事了。弗兰克作为一个哲学家是在为了建构体系而在"证实"和"思考"这一直觉,但正是这种直觉是他思维中的"idee directrice"。我们就从它的研究来起步吧。

弗兰克写道③:"如果说世上的东西都各自独立,相互之间没有任何关联,那这个世界上就会一无所有,什么都是匪夷所思的。存在就是万物统一,在这种万物统一中,所有个别都是只有在其与别的东西的关联中才是可以理解的。""存在"(亦即世界——原作者)的统一性的前提当然是任何认识的自然前提,但在弗兰克那里,也和在其他万物统一理念的崇拜者那里一样,把绝对者也包含在这一统一体中(从而使得存在的统一体变成万物统一)。弗兰克紧接着写道:"甚至就连上帝的概念也不例外……这正是因为上帝被当作是'原始的基础',当作'造物者',当作'世界的掌控者'的缘故。"但这却既未回答基督教学说的历史发展问题(只需指出所有否定神学的存在就足够了),也未回答这里所谈到的概念的"实质"。我们接下来便会看到弗兰克究竟在无所不包的"万物统一"中发现了什么,以及他是怎么探讨宗教主题的,但在"万物统一"对他来说就只是一个基本立场,只是其直观赖以出发的一个前提这个意义上说,所有这一切都是次要的了。在他那里宗教主题完全不曾脱落,相反,随着其世界观的发展,宗教主题在他那里渐渐成为中心,但对于宗教主题的全部关注和说明都早已就取决于万物统一理念了。

弗兰克承认:"万物统一是不可思议的,它应当是被给定的,并

---

① 《论不可知》,第47页。
② 同上书,第49页。
③ 同上书,第51页。

且以其所特有的元逻辑的形式，它还是可以知会的。"① 弗兰克那里万物统一的全部辩证法就包含在这一点上——借助于"元逻辑"的概念，他以极其成功的方式把存在的形形色色的不同领域连接成为一个活的整体——而在这里，我们这位作者常常令人惊叹不止的才华和技巧便显现无遗。可是，在我们着手探讨这个问题以前，我们先得描述一下弗兰克所说的"万物统一"究竟意有何指。

要想分析弗兰克内容丰富的体系，我们就得——多少有些人为地——把万物统一这个概念区分为两个方面——万物统一 ad extra 和 ad intra（把关于上帝学说中的神学区分法搬到了这里来）。关于万物统一中封闭的和"不可知的"一面我们下文——当谈到弗兰克宗教哲学问题时再谈：至于什么是万物统一 ad extra 及其对待世界的关系，我们面对的是一种极其典型的索菲亚学结构（是最成功的结构之一），它把自然哲学、人类学主题和世界上"神性"的一面结合了起来。在这样的语境下，弗兰克并未把"万物统一"与绝对者区分开来。弗兰克写道②："我们应当承认存在的主权性在从自己本身（aseitas）生发而来的绝对存在的意义上，一般说不是任何个别所固有的，而只是绝对无所不包的万物统一或其原始基础所固有的。"③我们在另外一处地方读到④："上帝作为绝对的原始基础或原始本质，是万物统一体，离开这种万物体验体一般说无论什么都是不可思议的。如果与上帝比较世界就是一种'完全不同的异在'的话，那么，这种异在性本身就来自于上帝，并在上帝身上得到证实。"稍晚些时候我们又可以读到："世界不是一种与上帝同一或单质的东西，但世界也不可能是一种与上帝完全不同或与上帝异质的东

---

① 《论不可知》，第 58 页。

② 同上书，第 155 页。

③ 弗兰克在此有过一个注解："下文我们将会看到甚至就连这个观点也只具有相对的意义"。

④ 《论不可知》，第 292 页。

西。"① 因此，"除了作为不可分割不可融合的统一体的神人类以外，并且借助于其帮助②，世界的亵渎神圣和神权宇宙性都同时呈现无遗了"③。

当然，接下来，在弗兰克有关恶的学说中，如我们所知，万物统一既然是一种经验的统一体，所以，它也就是一种"有了小裂纹的统一体"④。然而，"不仅万物统一不可能发生如此剧烈甚至会演变成为整体碎裂为碎块的'裂纹'，而且，由于总的说它已经有过裂纹了，所以，这样的万物统一只能出现在我们人类的层面上"⑤。一般说经验领域是无助于描述存在的，因为"那个被我们称之为'现实生活的'东西，压根儿就不与'一般的存在'或'现实'相吻合，而只是一种从那个无所不包的实体的总和中来的一个断片"⑥。实际上，万物统一"渗透了全部实体，并以其自身现身于现实的哪怕最微小的片断里"⑦。"所有具体实体都植根于作为万物体验体的存在之中，并渗透着它的汁水"⑧。"创造性的绝对存在是晦暗的母亲的子宫，一切被我们称之为对象世界的东西都是首次从那里诞生并且生发出来的"⑨。弗兰克不止一次谈到"存在的致密统一体"⑩，因此在他那里"存在作为一个整体，在创造着自身"⑪ ——"存在最后的神性基础在其对于世界的作用中，引向世界的变容和神性化"⑫。

---

① 《论不可知》，第 293 页。
② "任何索菲亚学的突出特征"。
③ 同上书，第 297 页。
④ 同上书，第 301 页。
⑤ 同上书，第 318 页。
⑥ 同上书，第 72 页。
⑦ 同上书，第 59—60 页。
⑧ 同上书，第 68 页。
⑨ 同上书，第 88 页。
⑩ 同上书，第 46 页。
⑪ 同上书，第 68 页。
⑫ 《社会的精神基础》，第 185 页。关于弗兰克的索菲亚学决定论我们下文还会谈到。

需要提醒的是，对于弗兰克来说，存在的"根深蒂固的统一性"和万物统一是不可分割的，因此，他否认有建构作为在存在中的统一体之基础的"世界灵魂"的可能性①。要想搞清楚弗兰克在这个问题上的思维过程，搞清楚迫使他抛弃"世界意识"或"世界灵魂"（这些概念不光恰达耶夫、皮罗戈夫、托尔斯泰有，而且我们在嗣后的弗洛连斯基和布尔加科夫那里也能看到）概念的那些母题，我们就应当留意到弗兰克关于存在结构的学说。因此，我们此刻不会涉及对这一构成了弗兰克作为一位哲学家的荣誉的学说的逻辑—认识论论证问题——我们稍后来探讨这个问题。在此，我们只概要地阐述一下弗兰克关于存在之构造的学说。

7. 在对"认识的对象"进行过一番研究以后，弗兰克得出一个结论，即"不是只有一种而是有两种认识——即关于用判断和概念表达的对象的抽象认识（第二类认识，和对于在其元逻辑整体性和致密性中的对象的直接直觉〈第一类认识〉）"②。弗兰克断言③：可思考的对象有两个层面，一是明确系统（以概念系统＝抽象认识加以表达的），和这些系统的基础——"根深蒂固的统一体"或是"万物统一体"。用更加确切的说法，我们就应该说认识有三种类型——纯经验型，理性认识型和直觉认识型④。而这三种认识类型在弗兰克那里，又与存在的三种类型是相互适用的。在经验材料里，我们所面对的，按照弗兰克的说法，是处于变化之洪流中的、从未与其自身等同的"可塑的和灵活的""真实现实"。但"真实现实"仅仅只是认识的材料⑤，而"认识的对象"本身是在"真实现实"中给定的，但却非真实现实所能穷尽。弗兰克正确地指出："认识永远都指向特定的、超出内在论材料边界范围以外的并在此种意义上

① 《论不可知》，第93页。
② 同上书，第47页。
③ 《认识的物件》，第240页。
④ 对于我们所列举的这些术语在哲学史上的个别应用的认识论分析我们稍后再做。
⑤ 《认识的物件》，第31页，尤其是第35页。

是超验主义的对象。"① 正如弗兰克所说的那样，而在直接材料中我们所拥有的，除了这种材料以外，还有"丰富的内容"②。对于所有此类材料的加工和再加工，是在"概念"中进行的，它在我们面前创造出了一种"明确性"的总和，它们内部相互关联，构成了一种特殊的统一体。在概念中实现的认识（弗兰克继索洛维约夫之后③称其为"抽象认识"），把我们引向（概念的本质便系如此）时间之外的存在，亦即一种理想性存在：而这样一来，我们在直接材料中所发现的，正如柏拉图所表明的那样，是理念。抽象认识（弗兰克也称其为"象征的"认识，鉴于其与其对象的非等值性）④ 全都面向现实的某一面，但只有我们在认识材料中所能找到的，却只有其面向理念的一面，面向理念系统的一面。而在这个问题上，弗兰克情愿承认超验主义唯心主义有其一定的真实性，因为它把"对象"归诸于在认识活动过程中的"对象性"的缘故⑤。

所以，理性实际上是"从后面"把我们所提供的认识"材料""建构"为概念系统（"定义性"）的，并寻找到理念领域的。但这一理想的方面是在一种内在统一体中⑥展现给我们的，"该统一体则要求以在概念中先于其表达的认识的原理为前提"。这里需要当即指出的，是这一统一体在理念系统中是一个必要的推断，但也仅此而已！没有对于这一统一体的接受，也就不可能把概念归纳为体系，也就不可能有对于存在的嗣后的理性化处理。但弗兰克正如我们所知，却比单纯推断理念领域里的统一体走得更远。"从一个概念推导出另一个概念的问题，也就是各种定义性的综合性关联问题在理念

① 《认识的物件》，第 45 页。
② 同上书，第 103 页。
③ 我指的是索洛维约夫的《抽象本质批判》。
④ 《认识的物件》，第 294 页。
⑤ 同上书，第 172 页。
⑥ 在这个问题上，弗兰克（和洛谢夫一样——参见上一章）克服了胡塞尔的纯现象学，而与黑格尔相接近。

领域自身无法得到'解决'的问题"①。是该有一种"在概念中先于其表达的原理",弗兰克在其出色的分析（第6章）中，非常令人信服地表明，"在根深蒂固的统一体和定义性之间的关系不可能不被整体及其部分之间的关系这个一个个别情况所认可"，因为"根深蒂固的统一体和个别的定义性之间的差别，完全在于另外一个逻辑维度上，和个别定义性之间的差别根本不同"②。根据其对待个别定义性的关系，这个统一体应当被认为是一个元逻辑统一体③。这个"元逻辑统一体"概念含纳了"理念"领域的原理，个别定义性领域并非一种简单的成功的表述法，而是一种非常重要的形而上学概念。但在这里弗兰克又作出另外一个推断，从而结束了他的体系，但这推断却是一种完全自由的前提，是任何理性母题都无法唤醒的。弗兰克紧接着写道④："根深蒂固的统一体自己本身并非定义性，而且在其自身之外也不拥有任何东西，亦即是绝对统一体或万物同一体……由于根深蒂固的统一体就是原理本身（各种定义之间的差别），所以，只有在这样的基点之上，才有可能对定义性进行分辨，所以，某种外在于这个统一体的概念，即就其对其的关系而言的'异己'的概念，会在自己身上包含内在矛盾的。"是的，让"在存在中的真正的统一体"取决于什么东西，取决于一种能够成为存在之成分的东西，这当然会是一个非常严重的错误，但如果在存在的统一体之后寻找"存在的彼岸"，亦即绝对者的话，却是不会有任何矛盾的。将理念领域的"根深蒂固的统一体"归纳为万物统一，是一种自由的前提，恰好正是万物统一观念束缚了弗兰克思想的一个明证——舍此无他！作为一种形而上学的假设，这种自由的前提原则上是可以允许的，但与此同时我们也就必须接受由它而来的全部

---

① 《认识的物件》，第 209 页。
② 同上书，第 235—236 页。
③ 同上书，第 237 页。
④ 同上书，第 239 页。

结论。其中包括必然会脱落的绝对者创世的概念，或绝对者构成了世界之"基础"的概念。我们还会回到这个问题上来的，但目前对我们来说最重要的，是指出被弗兰克引入其论断圈里来的这个万物统一观念自身具有一种非理性性。但承认从后面把存在中的理念领域建构为有其元逻辑性质的"基础"这是一回事，而承认这一"万物统一"，亦即把"存在的根深蒂固的统一体"与绝对者等量齐观，则是另一回事。我们有意不去在此涉及绝对存在概念的逻辑学—认识论根据问题，而弗兰克在其著作《认识的对象》的第 1 卷里则提出过这个问题，而我们则分别去向他的认识论体系去求助，但现在有一点已经很清楚，即万物统一形而上学是弗兰克所有分析的基础。我们刚刚看到过"存在的元逻辑学概念"是如何变为"万物统一"的，我们已经在认识论里见识过这个转变了。万物统一形而上学预先决定着认识的本体论，并必然会对弗兰克的分析进行指导，而至于说他的体系之所以建构得如此成功，则不应忽视把存在归结为"万物统一"级别的条件。

　　我们刚从弗兰克的《认识的对象》一书而阐释的万物统一观念中，引导出一种对万物统一形而上学的一种新阐释，这我们会从《论不可知》（该书中确立了"神秘认识"的概念）[1] 找到。而那些被我们作为"元逻辑统一体"在《认识的对象》一书里找到的东西，在此却成为了同一个学说新版本的一个出发点。弗兰克强调指出，在经验中，除了在对其加工过程中产生概念的材料以外，还可以揭示存在的理念方面，这一面"永远都作为无边无际而存在，而一切有终端的东西之所以会给予我们，一般说也只有在以无边无尽为背景的条件下才有可能"[2]，"对我们来说可认识的世界从四面八方被黑暗的不可知的深渊所包围着"[3]。实在说，这种不可知，是在

---

① 《论不可知》，第 18 页。
② 《论不可知》，第 29 页。
③ 同上书，第 35 页。

世界的内部——如果我们准确地说的话。但弗兰克此刻在把对于存在中的不可知一面进行分析当作其嗣后形而上学体系的主题时，按照万物统一的观念，也把绝对者包括了进去。虽然（正如早在《认识的对象》一书里已经确定的那样——关于这个问题下文我们还会谈到——统一体直觉＝万物统一直觉）①，也就等于给予我们存在之基础的"初步知识"，"而元逻辑领域、超理性知识领域却仍然可以被称之为不可知领域"，——弗兰克这样写道②。弗兰克以其万物统一形而上学为武装，态度坚决地要我们相信，不可知在于"一种无条件的不可分享的致密性，在于一种根深蒂固的原初性整体"③。弗兰克为了描述这个"整体"而抛弃了实体概念，而简单地称之为"超亏空的"（亦即高于一切"定义的"），但紧接着他又引进了"超限的"这个概念④。超限的是指位于一切"定义"之后作为"元逻辑统一体"，作为"理性和非理性主义统一体"⑤的东西，而超限的呢，则是那些位于这一元逻辑统一体之后的东西，"它是一种比这更多更大的异己物，是与一切已有的或现成的和完结的东西不同的东西"⑥，而在这个意义上，超限性也就是"潜在性"——在其身上具有"将会有的和可能会有的一切"⑦。一切是"从黑暗中——不光为了我们而且也是在自己的黑暗本身——潜在能量的怀抱——中"产生的⑧。我们已经援引过弗兰克的观点，即"存在作为整体，是自我创造的"……但所有这一切还都是一种宇宙学（被索菲亚学阐释

---

① 《认识的物件》，第306页。还可参阅弗兰克发表在洛帕金纪念文集里的《具体认识论》（莫斯科，1912）。

② 《论不可知》，第49页。

③ 同上书，第50页。

④ 同上书，第58页。

⑤ 同上书，第52页。

⑥ 同上书，第59页。

⑦ 同上书，第62页。

⑧ 《论不可知》，第64页。弗兰克在另外一个地方写道（同上书，第141页）："直接存在自身是潜在能量的一种形式，在某种意义上，是以追求存在的方式存在的存在。"

的）——而超限本身作为"黑暗的潜在能量的怀抱"与斯宾诺莎的 natura naturans 非常相似，无论如何，它在本体论上可以被纳入宇宙系统中去，亦即可以被纳入那个被称作"造物存在"的东西中去。但我们已经知道在弗兰克那里，"元逻辑统一体"可以任意变为万物统一体，——而毋庸置疑的是，这个"潜在能量的黑暗怀抱"原来竟然是一种"无条件存在"①，亦即绝对者……我们接着读到②："创造的无条件存在是一个黑暗的母亲的子宫，在那里，一切被我们称之为'对象世界'的，最初都是从那里产生的……它是超理性的，而实质上也是不可知的。"这样一来，在作为超亏空的不可知和作为超限的不可知之间，没有任何差别——无论前者还是后者，相互之间都是可以"闪变的"。我们在此再援引一段话③："超理性的不可知实质不在于远方的某个地方，或是向我们隐瞒了的……现实本身是与不可知相互吻合的"。

但"不可知是一种现实，一种自我揭示的现实"④。绝对者的这种自我启示是理解我们自我意识的一把钥匙——"我们只有把自己当作在我们身上的自己对于自己的自我揭示才能意识到我们自身"⑤，但两个世界——"对象"的世界（连同理念领域）和自我意识的世界——都是从一种不同于"存在的形而上学一元论所肯定的"⑥ 共同的最初源头中来的。

弗兰克在这里透露了其全部哲学之路的秘密，他预先就想要获得一种"存在的形而上学一元论"，亦即万物统一形而上学。但由于他承认"两个世界"，所以，对他来说，"我"和"非我"的吻合，在完全保留其对立性质的同时，是最富于表现力的对于对立性质相

---

① 《论不可知》，第 86 页。
② 同上书，第 88 页。
③ 同上书，第 90 页。
④ 同上书，第 121 页。
⑤ 同上书，第 93 页。
⑥ 同上书，第 206 页。

吻合真相的揭露，对此，我们甚至可以将其描述为"一元二元论"①。二元对立性，在一中的差异的现实性，意味着"二"的原始性，它同时也是"一种根深蒂固的不可分享的统一体"②。Da ist der Hund begraben！

　　存在的始基（超理性的）是"原生命"，是一个"交点"，在其之上，一切都交汇，合并，而一切又都从中产生出来。就其对于它的关系而言其余的一切都仅是边缘，是一种自己本身缺乏根据的东西，缺失基点的东西……因此始基自身已经不是什么存在，她是比存在更多的东西，——即原始现实性，与之相比，任何存在都已经是一种再生的、应该给予其论证并对之加以实现的东西……它就是万物统一，或全体一致。至于"从外面看是两个，而从里往外看在其最后的深处却是一个，或是作为从一个中而来的东西"③，为我们提供了"一元二元论"体系。如果我们把这个体系与瓦·德·库德里亚夫采夫（参阅本书第3卷第3章）的另外一个体系（在这个问题上与弗兰克学说相近）比较一番的话，我们就会看出，在库德里亚采夫那里，绝对者与两个存在领域之间的关系是在上帝（绝对者）创世的（"两个领域"）概念中实现的。但弗兰克首先部分地跟随米·爱克哈特，认为"原始现实性"不是上帝，而是神性。弗兰克写道④："至于说宗教生活语言称之为上帝的，其实是我们称之为'神性的'揭露或是启示的一种形式……"上帝即神性，是向我启示的和被我所体验的神性……神性作为'你'向我展现，——而且也只有作为'你'才是上帝。无名氏或是冠有一切名字的神性，在诉诸于我时，才首次获得名字——上帝的名字。"否定因素就是这样开始行使其权利，但只是作为在不可知中的边界外的边界行使权利

---

① 《论不可知》，第 167 页。
② 同上书，第 193 页。
③ 同上书，第 227 页。
④ 同上书，第 236—237 页。

的，它与"进入"世界，与人之交往中的那一不可知是不可分辨的，也是不可分开的。

虽然把创造概念引入这里困难重重，但弗兰克还是使用了这个概念，尽管从"创造"这个概念剩下的，老实说就只有语词而已了①。弗兰克直截了当地声明："作为一个形而上学问题的有关世界存在的原因或根据的问题，一般说是不具有任何意义的"②。而我还要补充一句：在万物统一体系里，而且仅此而已……"世界不是上帝'共造'的甚至也不是他创造的……世界在时间上是无穷无尽的……而且世界的全部组成和全部存在都是以某种'全然不同的'和'超乎于世界之上'的东西为依靠的……在这个意义上，世界又不是永恒的，因为它的存在不是出于自身原因，不是由于 causa sui"③。世界与绝对者（上帝）的区别在他这里当然也和普罗提诺那里一样，只是在弗兰克这里，在这一成分里没有放射，而且一般说也没有动态进程，因为"存在作为一个整体，正如我们已经援引弗兰克的那句话所说，似乎在自己创造自己"④。弗兰克一般说来究竟为什么要研究创造这个概念，这我们完全搞不懂——莫非是想要对传统神学用语表示尊敬？他在某处文字中这样写道⑤："世界是一个无人称存在的总和和统一体"，但"世界作为'上帝的异体'同时也来自上帝……而如果我们说世界拥有存在的话，这种存在是有别于上帝的存在的，而在这个意义上是独立的，但我们不要忘记，这种区别本身是存在于上帝身上的"⑥。弗兰克找不到更好的词来表达自己的思想，他本人就说过，说他有关"无所不包的统一体与世界

---

① 创造概念的分解是在比方说新托马斯主义中发生的，但却有另外的根据。关于这个问题可参见专著：《论上帝对于世界生活的参与》，《东正教思想》，第5辑。

② 《论不可知》，第138页。

③ 同上书，第291页。

④ 同上书，第68页。

⑤ 同上书，第285页

⑥ 《论不可知》，第292页。

存在"的相互关系的学说，"似乎处于放射和创造的中间地段"①。但在这里我们需要指出，放射概念和创造概念是相互排斥的，因而在两者之间的"中间地段"，怎么还会有东西存在呢？

为了结束对于弗兰克形而上学的这段评述，我们还需要探讨他的两个具有辅助意义的形而上学体系，他曾经竭力想要把它们纳入万物统一形而上学中，这就是他的"神人类"概念和他对恶的阐释问题。

8. 在索菲亚学观念中，"神人类"原则总是占据着一个非常重要的位置，没有这个原则，也就不可能有"神权宇宙学"（теокосмизм），后者往往构成（以某种形式）任何索菲亚学的核心②。在人身上，自然会上升到自我意识，上升到"自我启示"，而从另一方面说，人在创造和自由的积极能动性中，会在自己身上找到神性的闪光。弗兰克在这一领域里的体系的独特性与我们即将开始谈论的人类学有关。

弗兰克在俄国哲学界，是为了解决人本性中的聚和性精神问题而用功最勤的人。在谢·特鲁别茨科依伯爵（这里说的是他论述"人的意识的聚和性本性"问题的论文，参阅第 4 卷第 3 章）之后，只有弗兰克不是以豪言壮语式的格言警句，而是以一系列对于谢·特鲁别茨科依所开创的一切进行细致分析的办法，继续承接了他的这一思想。早在《论社会的精神基础》这部著作，而更早则是在专题论文《我与我们》（载斯特鲁威纪念文集，1926）中，随后又在《论不可知》中，弗兰克都详尽无遗地发展了有关"我们"范畴的原初性学说。但只有一个保留条件，即"'我们'是如此之原初，但与'我'比，却又既不多也不少"③。弗兰克用了一个非常成功的表述法④："一般说来，在与'你'相会以前，是不曾有过任何现成

---

① 《论不可知》，第 295 页。
② 参阅比方说谢·布尔加科夫的体系（下文第 6 章）。
③ 《论社会的精神基础》，第 93 页。
④ 《论不可知》，第 148 页。

的'我'的"。在另一处地方弗兰克写道①："'你'的相会现象正是最初在真正的意义上产生'我'本身的地方"②。当然，"我们"的存在似乎具有一种不可遏止地疏离我而成长为对象世界的倾向，"我们"出面把我欢迎，犹如一种外部的，自己对其自身为实体的现实……因此，问题在于一种"我们"的不可见的统一，它含纳并且包容了我们，像一个超时代的统一体③。弗兰克继续其分析道④："我们是本着一种'它们'的现象出现的——与无人称的'它'相似，它构成了对象存在的始初来源和基础……社会和历史成分似乎是人类生活构成中的宇宙成分⑤，因而对人来说具有一种宇宙存在所固有的可怕性和非理性性。"接下来还有："一旦被接受以后（亦即在对象存在中被接受——原作者），'我们'就成为了理性和非理性的统一体，因而它们是超理性的。"而这也就是聚和性，"它构成了任何人的集合的基础"，"其部分可以感觉到自己是个个性的聚和性整体……自己本身就是生动的个性（但不是在个别意识主体的意义上）……在这个范围内，这也就是一种超时间的整体，一种唯一的神人类的聚和性有机体，一个如帕斯卡尔所论证的独一无二的伟大的宇宙人"⑥。"在这个意义上，聚和性在这个概念最深刻最一般的意义上与'教会'概念相吻合"⑦。这一聚和性概念（与原始的"我们"一样）在此是用于其"自然而然"语义层（非神赐的），用于"始初的精神有机体，其隐密的力量会使社会投入运行，而这一始初

---

① 《论不可知》，第 154 页。
② 比较美国心理学家 Boldwin 论自我意识发展的出色体系。关于这一点可以参阅我的《儿童心理学》。
③ 《论不可知》，第 176 页。
④ 同上书，第 176 页。
⑤ 这种表述法显然并不准确，更准确的说法应当是，社会和历史成分是与自然存在一起形成为一个统一体，并与之一起构成"世界"（即宇宙）。
⑥ 《论社会的精神基础》，第 98、116、117 页。
⑦ 同上书，第 182 页。

的精神有机体就是神人类，就是人类灵魂在上帝身上的融合无间"①。从这里就可以清晰地看出，神人类概念无论如何是与基督教的神人类概念不相吻合的，而与基督是不可分开来的②，由此可见，在弗兰克那里，"聚和性"和"教会"是被作为前基督和基督以外的现象进行思考的。但在作为"宗教哲学导论"的《论不可知》一书中，弗兰克稍稍有些偏离了纯索洛维约夫的神人类概念，而接近于基督教的观念。我们已经知道：弗兰克的特点在于，只有"作为'你'的神性才是上帝"，但还要比这更甚："离开或是在神对我的关系之外和独立于其外，神性就是不可思议（！）的"，而这种关系"就是一种自发力量，一种在某种意义上与自身的存在和神性的存在本身交合在一起的自发力量"③。但是，由于个性本身在其自我揭示中是独立的，所以"在其绝对性中的上帝的现实性和在其存在中的我的独立性之间，在理性方面是绝对无法协调的"④。弗兰克并非一个形而上学多元主义的完全忠实的拥护者（而这由于"我们的"始初性也是不可能做到的），在这里，弗兰克不知何故夸大了个性在其对待上帝的关系方面的独立性！比这稍早些时候⑤，弗兰克曾写道："正是在与超验主义本质的相会中，正是在与其的相互交合中，作为'我的'的直接的自我存在才开始建构起来。"我们在此读到，"本体即当其面对最高精神力量时的个性"⑥。显然，自由的成分迫使弗兰克把个性从最高领域里移开，他写道："正是通过自由成分，超理性的融合或超验的和内在论的本质的融合才会发生。"⑦ 弗兰克在另

① 《论社会的精神基础》，第 188 页。

② 关于这个问题可参阅弗兰克本人的《论不可知》，第 278—279 页。

③ 《论不可知》，第 246 页。

④ 同上书，第 265 页。

⑤ 同上书，第 198 页。

⑥ 我们还可以援引另外一个类似的文字："直接的自我存在只是由于它允许不同于它本身的异体在土壤里扎根，才会获得真正的百分之百意义上的现实性"。同上书，第 180 页。

⑦ 《论不可知》，第 200 页。

外一部著作中写道①："自由是人类个性最后的一个自发的深度，因而也就是人类存在的那样一个唯一（！）的点，在这个点上，人类与神祇的直接关联有可能建立起来。"但弗兰克不仅喜欢在任何地方都看见"超验性"——而且其全部万物统一观念和全部"一元二元论"体系都要求这一点。因此在他那里，就连上帝"也不仅是上帝除了是上帝外没别的，而且还是就其实质本身而言②是'上帝与我'，亦即人身上的人性不是纯粹的人性，而恰好是作为其实体本身的神人性"，所以上帝"只是作为神人才是真正的上帝"③。这样一来，在弗兰克那里，在基督教里有其意义的神人类概念，只有在神化身的基础上，才会变为形而上学的一般概念（和索洛维约夫及其所有万物统一形而上学的拥护者们一样）。

我们不想深入探讨弗兰克人类学的细节，其人类学充满了一系列有趣而又深刻的表述法（带有与弗兰克万物统一形而上学思想关联而必然导致的必不可免的歪曲），而是转而讨论其形而上学的最后一个重要的问题——恶的问题。

恶的问题当然是任何万物统一形而上学论者的阿喀琉斯的脚踵，我们在讨论谢·布尔加科夫形而上学时，对此已经看得很清楚了。应当承认，弗兰克并没有像，比方说，别尔嘉耶夫那样，如此为恶的问题而痛苦（恶的问题虽然不是唯一的，但却是别尔嘉耶夫忠实于伯麦体系的最主要的母题）。他甚至承认，哲学似乎拥有一种"趋向于否认恶的现实性的乐观主义的内在论倾向"④，而弗兰克本人也毫无疑问处于这种倾向的支配之下，而他还曾经徒劳地想要赋予这种倾向以哲学的本质性质。想要抹煞恶的问题的倾向主要来源于这个问题的难以在任何一元论（其中也包括一元二元论）范围内获得

---

① 《论社会的精神基础》，第 239 页。
② 这里应当提醒一句，即上文我们已经提到过神祇与上帝有所区别的问题。
③ 《论不可知》，第 280—281 页。
④ 同上书，第 302 页。还可参阅其著作《黑暗中的光明》。

解决。从一元论倾向中永远都会引导出一种抹煞和削弱人身上自由的意义，并与此相关地走向伦理实证主义的倾向。把伦理学纳入本体论的这种倾向的最宏伟壮丽的纪念碑，是弗拉·索洛维约夫在其他方面均十分出色的著作《善的证明》。洛斯基也在继续把伦理学纳入本体论，弗兰克也是同样如此，对后者来说，"内在的客观的价值是与真实的、最后的根据——原始基础——相吻合的"①。需要指出的是，在具有奠基性意义的对于上帝和造物之基本分野的认可中，价值和存在在上帝身上是不可分割的，而在万物统一形而上学中，价值和存在只是在"原始始基"上是不可分割的，但通过它却变得在整个存在中都是不可分割的了②。弗兰克自己亲手写作了许多有关伦理学中彻底自治权的非真理性，关于伦理学建构中神名学上的必然性问题的著作③。有一次弗兰克写下了这样一句话："人不是自己生命的具有自主意志的主人，人仅仅只是最高意志的自由的执行者。"④ 但在同一个地方他还指出⑤："灵魂即个性的秘密在于其能够上升到高于自身地位的能力，能够站在自己的彼岸的能力，能够站在自己的实际状况的彼岸的能力，甚至站在其实际上的一般本性的彼岸的能力。"⑥ 但当弗兰克走向恶的问题时，他实际上是在这个问题前后退了。我们从他笔下读到⑦："在这个问题上我们所面对的，乃是一个绝对不可能有解答的秘密，理性形式的神正论是不可能的，而想要建构这种神正论体系的尝试不仅在逻辑上，而且在道德和精

---

① 《论不可知》，第189页。

② 需要指出的是瓦·德·库德里亚采夫对价值在现实中地位问题的经典定义（即其有关"关于事物的真理不仅关于事物所是，而且也包括事物之应是"的学说）。参阅《论不可知》。

③ 尤其要参阅他的最后一部著作《黑暗中的光明》（巴黎，1949）。还可参阅《论社会的精神基础》，第28页。

④ 同上书，第55页。

⑤ 《论不可知》，第198页。

⑥ 这一思想在我国那些半实证主义者，尤其是帕·列·拉夫罗夫和尼·康·米哈伊洛夫斯基体系里，表现得更加鲜明也更加深刻（参阅第1卷，第2部，第4章）。

⑦ 《论不可知》，第310页。比较《黑暗中的光明》一书中的类似地方。

神上都是不可允许的。"① 弗兰克只忘了说一句话：在万物统一形而上学的范围内……"解释恶也就意味着为恶袒护并以此为恶辩护"——弗兰克如是说②。当然，"袒护"恶——表明恶的内在必要性或必然性还能有什么别的意思呢——肯定意味着为恶"辩护"。但难道"解释"恶也必定应该为恶"进行辩护"吗？对于任何一元论体系而言，从其内部都不可能为恶找到一处不发生自我矛盾的"地方"。因此，对于弗兰克来说，剩下的就只有承认统一体的"裂纹性"，但却只在经验层面！③ 弗兰克在此极好地描述了"黑暗的力量"、"生命的自我挣扎"和"人身上黑暗的本性"，但在转入"深处"的同时，弗兰克却又坚定不移地走向伯麦。"恶初生的绝对（Ungrund！——原作者）位置是一个现实的地方，在那里，它在上帝身上产生并在上帝身上时，不再成为其上帝"（!）④。接着还有："恶是从无以言喻的深渊（!）中产生的，它似乎处于上帝和'非上帝'的门槛。"而把这样一种恶的理论说完，却已经完全是在本着万物统一形而上学的精神了："创造向上帝的通过痛苦的回归是在上帝身上完成的"⑤。

需要马上指出的是，在这个问题上，弗兰克对待圣经—基督教立场是持否定态度的。基督教人类学关于"原罪"的极其深刻的理念，于他而言完全是格格不入的，他对其极不了解，也不能容纳这种理论⑥，并且因此而连带得使得整个恶的主题在他那里都无法被纳入体系中去。

我们就要结束对于弗兰克形而上学的介绍了，现在，可以转入

① 《论不可知》，第300、307页。
② 同上书，第300页。
③ 同上书，第301页。可是，在《黑暗中的光明》一书里，存在中的二元论被深化了，变得非常接近于摩尼教了。
④ 同上书，第312页。
⑤ 同上书，第318页。
⑥ 参阅弗兰克关于这个问题的很不恰当的议论。同上书，第306页。

对其认识论的讨论了，在这里，弗兰克的哲学才华得到了极其辉煌的展示。

9. 弗兰克的认识论立场可以归结为对于认识对象的超验主义性质的肯定，归结为对于知识构成中"允许"和"不允许"（不可知的）成分的确定，对于认识的各种成分在其不容间断的整体中的给定性的确定，归结为对于"对象性"认识（在概念中的认识）之边界的确定，对于在存在中所找到的理念领域（理念，"定义性"）的确定，以及对于在完整性中捕捉存在的"活的知识"的确定。"任何个别知识都是整体的局部知识"①，而认识的真正对象是"处于界限以外"的存在及其在其致密性和完整性中的"元逻辑统一体"，亦即时间以外的统一体，因此也就是在万物统一中。"我们所认识的世界从四面八方被黑暗的不可知的深渊所包围"②，但这还不是"物自体"，因为"不可知"是在"经验"的构成中给予我们的："未知和边界以外的东西，正是在这种以如此这般的，煞像直接经验之内容的自明性和原初性那样，在其未知和未给定的性质中而给定给我们的"③。在概念中的认识是一种善于捕捉"理念成分"的"抽象的认识"，换言之，是一种善于捕捉在"不可知中"的理念领域的"抽象的认识"，但只有在"始初拥有对象的土壤上，就中给定给我们的对象是直觉性的，像不可间断性或万物统一性一样的，这种抽象认识才有可能……抽象认识只有作为完整直觉的再生性小结，才有可能"④。弗兰克多次重申⑤："万物统一直觉是任何认识的最初基石"。在对时间和数的概念进行的出色分析（《认识的对象》第 10 章）中，弗兰克证明对"时间和数的多数"的感受是同时产生的，无论前者还是后者实质上

---

① 《论不可知》，第 36 页。
② 同上书，第 35 页。
③ 《认识的物件》，第 111 页。
④ 同上书，第 241—242 页。
⑤ 同上书，第 265 页。

都是相对的表现——即是从万物统一中生发开来的①。但"存在并不是时间之外的内容（正如在抽象知识和概念中所出现的那样——原作者），而是一种活生生的超时间存在，因此，存在自己本身是从来都不可能仅仅在一个思维中被完整地给出的……存在可以不是向再现型的知识—思维展现，而是仅仅只向活生生的认识展现"②。弗兰克接着写道③："那种被我们称之为与思维认识截然有别的活的认识的东西，是一种普遍的认识形式"，因为这是一种完整存在的直觉："活的知识绝对不会局限于对我们自己心理生活的认识，原则上这种认识会在同等程度上扩展到存在的所有领域里去。而真正的实体，作为一种现实的和理想的统一体，只有在这样一种活生生的经验中才可以被等值地达到，而不是在客观化的意识（亦即在抽象认识中——原作者）达到"④。但毕竟"具体万物统一的直觉似乎自己本身会变成为一种概念系统"⑤。直觉只是"第一级认识，在其之上，抽象认识从中奠基并导出"⑥。

当然，两种类型认识之间的关联并不会使它们之间变得平等起来的，但也不会削弱作为第二级认识的抽象知识的意义，因此通过抽象认识，我们面前会展现出一个超越时间的（在这个意义上即理想的）存在领域，此即理念的世界。在此弗兰克以其对科兹洛夫，部分的还有洛斯基的理念的独特加工，得出一个在我们意识里肯定本体论主义的结论。"我们所能知会的时间理念上的无边无际性……证明，我们矗立在时间之上⑦……我们一下子并以完全直接的力量拥抱了时间及其所有的无边无际性，亦即我们直截了

---

① 《认识的物件》，第361页。
② 同上书，第419页。
③ 同上书，第425页。
④ 同上书，第432、433页。
⑤ 《论不可知》，第57页。
⑥ 同上书，第47页。
⑦ 我们上文已经指出过，在俄国哲学界，最先以极其巨大的力量和鲜明性发展这一论点的，是洛帕金（第2卷第3部第6章）。

当地沉浸在永恒之中"①，尽管这种永恒性内在于我们的意识，但这却并不是那种我们在心理学中所探讨的那种意识。弗兰克写道②："我们所观察的那种超时间统一体，被我们当作是对待对象的基础，它不是在'意识'形式中给予我们的，而是在存在形式中给予我们的。我们的意识应当指向它仅仅是因为它独立于迫切的和切身体验的洪流之外，构成了我们意识的生活，我们原本就是超时间的统一体，我们在其之中，而它也在我们之中。第一个'有'——有的不是意识，而是超时间存在"。如我们所知，弗兰克把"我们沉浸于其中"的那种存在，与绝对存在等量齐观，但这已然是对他上文所指出的那种在万物统一的形而上学的光照下呈现出来的无可争议的认识论事实的一种自由阐释了，这种阐释不具有任何令人信服的力量，除了走向一元论的倾向以外……但是的确，那些"从对象存在概念（亦即理念领域——原作者）而来的一切，作为与意识对立物的一切成分，我们业已走到了第一级存在的概念前面，将其作为意识自身的内部之根和载体"③。从我们已经熟知的具体存在形而上学引出的却是一种对于存在中的因果律的一种新的观点——即其从超验主义范畴转变成为存在本身的范畴，而在这里，弗兰克（在重复洛泽著名的有关"内在"因果律的学说的同时，但却又与其形而上学完全吻合的）教导我们有关"任何理性主义决定论"的错误性问题。弗兰克写道④："如果一切正在产生的东西，都不是从先前曾有过的特定存在中推导出来的，而是从现实性的超限存在中而来的话，如果它是从潜在

① 《认识的物件》，第138页。
② 同上书，第154页。
③ 同上书，第159页。
④ 《论不可知》，第64—66页。比较："在从绝对存在的形成过程中作为必然性而得出的，而与其意义同等的必然律也在其中深深扎根的因果关系，是非时间之外的（此乃抽象思维领域所特有的——原作者），而是一种超时间存在。在存在中根深蒂固的必然性乃是一个整体"，《认识物件》，第407页。

性黑暗的怀抱里而来的话，那么，这已经不是什么把各种定义性关联在一起的决定论，而仅仅只是一个工作假设"，——弗兰克如是说。"任何具体现象都不可能被穷形尽相地从定义性领域获得解释，而只能从对于一般潜在能量的抽象过程中，即我们通常称之为原因的东西中获得解释……"。弗兰克在结束其分析时说道[①]："意识的概念不可能是一个高级概念，不可能是认识论的终极基础。"

我们并未穷尽弗兰克在认识论领域里所做分析的全部丰富内容，而仅仅是指出了他的指导性理念，但我们已经说出的东西，就足以评价其体系在认识论领域里的巨大意义了。而他在逻辑学领域里的体系，其意义也丝毫不亚于此（在《认识的对象》一书中）。但我们的阐述已经拖得够久的了，而且我们还得简要地说一说弗兰克思想的宗教和道德意义。

弗兰克的《论不可知》是建构宗教哲学的一次尝试，但正如我们所知，这实际上仍然是一种万物统一形而上学。弗兰克的个别思想和见解（区分"神性"和"上帝"，关于神人类的学说，论教会）尚未能构成宗教哲学。弗兰克是哲学家，而非神学家，而宗教哲学却只有在神学的土壤上才有可能建构起来，个中原因很简单，那就是对于宗教我们不能从外而内去"理解"，从形而上学去"理解"。但弗兰克的著作仍然渗透着无可争议的和深刻深邃的宗教信仰，渗透着那样一种 R. Otto 所写到的 mysterrium fremendum，这种东西在他笔下到处都能令人非常清晰地看到。弗兰克以其万物统一形而上学（我这里指的当然是他的著作）已经站在了"圣殿的门口"，站在了宗教的门口和"超理性"的门口。我们已经在弗洛连斯基和布尔加科夫那里看到他们的形而上学体系是如何从他们的宗教意识中由内而外地结晶而成的，——而在弗兰克那

---

① 《认识的物件》，第 153 页。

里，在有关宗教主题的问题上，我们唯一可以指责他的地方，就是他太是个哲学家了，却未成为一个神学家，在他笔下，用他自己的话说，宗教主题是在对象层面，而非直觉思维层面上加以思考的，——在弗兰克那里，他的形而上学知觉"遮蔽"了他在宗教信仰领域里的"活生生的认识"。

但弗兰克的道德观，正如他在其最后一部著作《黑暗中的光明》中所阐述的那样，已经完全是在神秘主义道德的语调中建构起来的。

以上便是我们对于弗兰克道德观点的阐述，现在我们开始对其进行总的评价。

10. 我应该毫不迟疑地说，我认为弗兰克的体系是我们在俄国哲学发展史上所能找到的最重要也最深刻的哲学思想。清晰阐述问题的杰出才华，思维的明晰和准确仅仅只是构成了他哲学"成就"的形式基础。更其重要的一点首先在于其系统的令人瞩目的统一性。从他第一部著作《认识的对象》到《论不可知》和《黑暗中的光明》，尽管在表述法上，在个别体系的深化方面毫无疑问有过许多变化，但他始终都忠实于自己成熟了的基本观念。但弗兰克的全部独特性却并不在于他在索洛维约夫、普罗提诺、库萨的尼古拉那里找到，而又由卡尔萨文、弗洛连斯基、布尔加科夫一起发展了的万物统一形而上学本身，——弗兰克的独特性和哲学的力量在于他在其著作中为这一形而上学体系所提供的论证。对于认识对象超验性（逻辑性）的逻辑推演，对于世界超验主义构造（"抽象认识"）的认识论限制，以对于对象知识——知觉知识——的令人信服同时也是深刻的揭示，全部有关"完整直觉"的学说，以及关于任何个别知识都是"对于整体的个别认识"[1]，——所有这一切都已经作为无可替代的成果写进了俄国哲学。而且，所有这些学说都写得如此清晰如此简洁，又如此精辟

---

① 需要指出的是，早在皮罗戈夫那里，就已经有了这种学说（这一点弗兰克自己也在其论述皮罗戈夫的著作中指出过了）。

（有时甚至会令人觉得过分简单了），以至于我们甚至可以把弗兰克当作一个榜样或是典范——我们可以根据他来向俄国哲学家们学习了。弗洛连斯基的典雅华贵、布尔加科夫的板滞沉重（虽然几乎永远都在艺术方面是个性鲜明）的语言，以及卡尔萨文的预言只会以十分有利的方式衬托出弗兰克的哲学才华。但在他的形而上学中，在他的万物统一思想中，尽管有其全部的假定性（和难以接受性），都有一些分外珍贵的部分，经得起历史的考验，而且，也不会受制于万物统一形而上学理念。我指的是弗兰克的索菲亚观念——虽然他本人从未在任何地方使用这个概念。索菲亚观念和对于宇宙学、人类学和神学的独特综合一样，当然可以在基督教形而上学之外（在其东正教的揭示中）得到发展，但这种观念无论在术语学还是在其实质方面，都与这种形而上学有着十分密切的联系。弗兰克的宗教世界究竟在多大程度上与其索菲亚学探索相适应，我这里就不予评论了，但他在其哲学探索中，和我们在俄国索菲亚学者们那里所能发现的相比，相近到了接近隐私的地步。宇宙和宇宙中某种超理性物统一的理念，人的"秘密"与宇宙之间的内在关联，使弗兰克与其他索菲亚学者们相接近。然而，一些负面特征也在使弗兰克接近于他们——通过万物统一理念，弗兰克接近于"神权宇宙主义"，接近于宇宙与上帝，在这样的条件下，创世的理念实际上是不必要的，也是不可接受的……

弗兰克的体系我们已经说过，总的说来，是俄国哲学发展的至高点和最高成就，但它在区分绝对者和世界上，却恰恰缺乏足够的清晰性，而这对于一些基本概念体系而言是十分必要的。弗兰克并非总是清楚哲学对于创世的理念的需求，丝毫也不亚于神学。万物统一以其匀称和谐和内在的协调性而能给人留下深刻的印象，但恶劣的匆匆忙忙的一元论，即便它披着"一元二元主义"术语的外衣，也与存在的秘密不符。无论库萨的尼古拉的威信有多高（这种威信早在我们这个时代之前也在与日俱增），但万物统一观念（来自普罗提诺的），尽管在与创世概念的结合上有其人为的痕迹，因而成为库萨的尼古拉的一个弱点，这个弱点通过乔治·布鲁诺和谢林至今使哲学思想界感到困惑。

对于弗兰克体系，我只限于做所有这些粗略的评论，现在，我们该转入对于另外两个哲学神学思想界的巨人——弗洛连斯基和布尔加科夫——的讨论了。

第六章

万物统一形而上学

2. 帕·弗洛连斯基和谢·布尔加科夫

1. 万物统一形而上学以一种特殊的力量吸引着那些敏锐地不光感觉得到自然存在的完整性及其活生生的统一性，而且也能感觉得到宇宙与存在边界以外的绝对本质之间的关系的人的大脑。在此宇宙学理念转变为神学，世界以其活跃的五光十色及其无穷无尽的多样性不光在其统一性中能被人感觉到，而且，它同时也保留着绝对者的秘密。从宇宙学到神学，从服从于时间的可变存在到不变的、时间之外的存在的这种"上升"过程，通常会导致一种泛神论体系（而这也就是万物统一的神学表达，而万物统一亦即等于"паненизм"也就是从 pan kai hen——一切和唯一——这样的语词构成的一个术语）。从早期斯多葛派起，通过整个古代哲学，一直到普罗提诺和普罗克洛、人们一直都在尝试着建构一种万物统一形而上学，从而使得问题越来越复杂化，基本概念越来越精确。但早在菲洛那里，万物统一体系（以其存在于菲洛那个时代里的那种形式）就碰到了这样一个概念，这是圣经特有的一个概念，后来又从圣经进入基督教，成为基督教形而上学的基础，这就是创世的概念。虽然新柏拉图主义对于基督教形而上学的影响非常大，对于整个基督教哲学或者至少是在名义上，这个创世概念还是保留着其基本奠基性意义。当然，早在托马斯·阿奎那的体系里，我们就已经可以发现创世概念的分化，并且发现原来这个概念只和信仰的要求有着如此全面的关联，而启示在哲学上并不拥有任何根据。但在斯科特·埃里乌根那里，尤其是在天才的库萨的尼古拉那里，创世主题的全部尖锐性（在万物统一形而上学的背景下）全都充分地暴露无遗了。但库萨的尼古拉到底还是未能完成把其创世理念（在其真正的意义上）纳入万物统一体系的任务，而形而上学嗣后在西欧的全部发展，过去和现在都是在朝着某些个别问题因素发展的方向进行，时而偏向于多元主义一面（莱布尼茨），时而偏向于内在论一面（黑格尔等人）。但在库萨的尼古拉以后不久，当自然科学的发展带来了我们有关自然知识的极其非凡丰富的成果时，自然哲学问题，后来则还有人类学问题，已经开始在很大程度上决定着——而且现在也依然决定着——哲学探索的方向，而万物统一主题也就在很大程度上变得晦暗起来了。从另一方面看，"创世"概念重新又被推到了旁边——"演变"理念不光是在一个斯宾塞或柏格森那里，演变成为形而上学理念的基础。

弗拉·索洛维约夫最先开始（不光在俄国，而且也在一般欧洲哲学中）首创了"万物统一"这个概念，也就是从他开始，这个概念的魅力开始在俄国思想界发挥作用，吸引并且征服了好多人的大脑。在俄国哲学界，我们已经提到过这一点，把自然的生活（在其与绝对者的统一中）贯穿起来，这在从前也曾经有过，但索洛维约夫的特殊影响力恰恰在于他的神学母题是如此之强烈，如同对于自然整体性的生动感觉一样（指在谢林自然哲学的影响下）。在卡尔萨文那里，科学与哲学重新又回归到"ancilla theologiae"的地位，而他则投身于"自由神学探索的自发力量"里，当然，自然哲学问题很少使他担忧，他更关注的是人类学，但在他所发展起来的"万物统一的那个神话里"，现实存在似乎减缩进而被淹没了。弗兰克距离世界的直接现实性更近，但在他的体系里，经验存在领域原来仅仅只是世界理想基础的感性覆盖物，在其之下，展现了世界"不可知本质"的一线光明。正如我们所知，关于世界的创造，卡尔萨文和弗兰克都有过论述，但这个概念却依然保留了其在名义上的意义，而在其体系中却并不占有任何实质性的位置。把世界的生动织体与绝对者关联起来的索菲亚学主题，在这两种体系中，虽然方式不同，但都受到执拗的万物统一理念的伤害，而在这种理念中，造物存在只在名义上给予重视了。

在弗洛连斯基和布尔加科夫的体系里（由于问题涉及哲学而非神学体系问题，所以，涉及后者的问题不属于我们任务的范围），我们找到的比在卡尔萨文和弗兰克那里更多的是从宇宙到绝对者的"上升"过程。在弗洛连斯基和布尔加科夫那里，宇宙学因素的表现远更鲜明更重要，我们甚至可以说，在他们两个人身上（尤其是在布尔加科夫那里），我们可以找到在索菲亚学领域里的哲学研究（在宇宙学方面）。如果说在这两位思想家那里，万物统一观念遮蔽了他们思想的运动的话，那么，对于未来在这一特定领域里的综合来说，这两人提供的成果都是十分丰富的。

现在我们来谈论他们的体系。

2. 巴维尔·亚历山大洛维奇·弗洛连斯基（1882—1937）很早就表现出过人的数学才华，从古典文科中学毕业后（在梯夫里斯）考入莫斯科大学数学专业。但他早在大学生时代，就在不抛弃数学的情况下（他直到生命的尽头一直都在研究数学问题，他属于俄罗斯"数理逻辑"（аритмология）学派，从事"间歇功能"学派研究），又转入哲学与神学研究。从大学毕业后，他谢绝了留校在数学领域进一步深造的邀请，进入莫斯科神学院学习。在神学院期间，他和埃恩、斯文奇茨基和布里赫尼切夫一起，创建了"基督教斗争联盟"，旨在积极为激进改良社会制度（本着索洛维约夫关于"基督教社会性"理念的精神）而斗争[1]。后来弗洛连斯基完全脱离开

---

① 在此期间，弗洛连斯基出版了小册子《血的声音》（这是他的布道辞），涉及在 1905 年在莫斯科发生的血腥镇压革命运动事件。

这个"激进"的基督教。

出色的才华和对各个领域知识的出色掌握给弗洛连斯基神学院的高升提供了保障。在通过硕士学位考试后，他开始开设哲学课程，而几年后，撰写了学位论文《真理的柱石与保障——12封有关东正教神权政治论论稿》①。这部著作以其丰富的内容、对于某些理念的大胆宣扬，吸引了社会的广泛关注，引起了人们的兴趣，但也引起人们对其正统性的怀疑，最后，吸引人的，还有俄国社会一些我们在第4卷第2章里谈到过的浪漫主义和神秘主义主题的交相共鸣。这部著作甚至连它的外观，它那显得稍稍与众不同的字体、花体字和插图，书中文字中多种出乎意料之外的"抒情"插笔，以及多少有些"令人感到压抑的学术性"及其无穷无尽的注释——所有这一切都与时代精神若合符契。作者那种不是以自己本人的名义，而是把阐述自己的思想当作是在阐述教会不可动摇的真理的倾向性，使一些人反感，但也吸引了另外一些人。无论如何，这部著作取得了很大的成功。

在1917年革命以前，帕·弗洛连斯基于1911年当了神父以后，在《神学通报》（莫斯科神学院杂志）发表了若干种专论，其中特别重要的，有《唯心主义的人类之根》和《唯心主义的意义》。1929年，弗洛连斯基被流放到尼日尼诺夫哥罗德，从那里回来后，到莫斯科工作（在物理学专业研究所研究物理学问题）。1933年，他再次被流放，起先是西伯利亚，随后是索洛夫基，并显然也于1937年去世于那里（官方日期是1943年12月15日）。

至于说弗洛连斯基创作中所受到的影响问题，那么，首先应当指出的，是一个叫做谢拉皮翁涅·马什金的人②，此人显然同样也是

---

① 1914年出版于莫斯科。1933年在国外出版了第2版（采用柯罗版印刷）。此书最初名为《论精神真理》（莫斯科，1912），可是后来显然是在学位论文答辩以后，书里又增加了出版中本来没有的最后的5章。

② 马什金的著作没有出版过。

一位万物统一观念的捍卫者。但关于马什金（除了弗洛连斯基本人的文章外）①，可以说是一无所知，因此，我们也就无从判断谢·马什金对其的影响究竟达到何种程度了。弗洛连斯基某次亲口说到自己论述斯拉夫派问题的著作，还说他的思想与斯拉夫派的思想"在很大程度上是十分接近"的②，而需要注意的只是，弗洛连斯基在其更晚一些时候相当尖锐地批判了霍米亚科夫的学说③。索洛维约夫思想对于弗洛连斯基有影响，这是毫无疑问的，虽然他谈及索洛维约夫就只有唯一的一次，他原话是："我们只是从形式上从索洛维约夫那里拿来了这个定义（关于'多与一的实体'），但却根本没有把索洛维约夫的内容注入其中"④。弗洛连斯基认为自己从根本上区别于索洛维约夫的地方，就在于他肯定"二律背反"，而在这个问题上，他当然是对的，但所有这些问题都牵涉到向"万物统一实体"上升的路径问题（在弗洛连斯基那里），但却未涉及观念本身。

在一处文字中⑤，弗洛连斯基确定了"俄国"一般的东正教哲学与西方哲学的根本区别问题，并认为这根本区别在于西方在哲学上局限于理性主义（这是斯拉夫派往日指责的再次复活！）。在西方似乎哲学中的一切问题都取决于理性的力量，而且是取决于在概念体系里所表达的理性的力量，而在我们这里，在我们俄国人这里，"理念和理性的哲学"是建构起来的。而在《唯心主义的意义》一文中，弗洛连斯基再次要我们确信，"虽然东方有强大的本体论，西方仍然还是除了负现象（эпифеномен）以外，无法理解世界上的任何东西。从前什么样，现在仍然还是什么样"⑥。

---

① 参阅《宗教问题》文集。还可参阅《真理的柱石与证实》，第619页（注26），第791页（注835）。

② 《真理的柱石与证实》，第608页（注2）。

③ 弗洛连斯基认为霍米亚科夫受到了"民权主义"理念的影响。

④ 《真理的柱石与证实》，第612页（注4）。但应当指出的是，弗洛连斯基用了长达两页的篇幅引用这个索洛维约夫的他的所谓"形式上的"，关于万物统一理念的定义。

⑤ 《真理的柱石与证实》，第80页。

⑥ 《唯心主义的意义》，第34页（注133）。第引文出自手稿清样。

我援引这一片断，就是为了指出，尽管弗洛连斯基对于西方哲学有确切而又深刻的把握，他仍然还是感到与其相当疏远，他始终在东正教意识中寻找支柱。然而，万物统一观念（以其通过索洛维约夫而令俄罗斯人大脑趋之若鹜的那种形式）要知道却出身于西方，在那里，是斯科特·埃利乌根、库萨的尼古拉……发展了这个观念……而且这种方法——即对于西方哲学略略采取居高临下的态度——并非弗洛连斯基专用的——在整个俄国思想史上也未得到过证实，这种方法实际上也是不正确的。这里只有一点是正确的：即基督教的尤其是俄国东正教的东方定向自身包含着一些把思想从西方思想注定不得不体验的沉重的倾向下解放出来。但是，为了使哲学探索获得一个严肃而又现实的基础，就必须进一步揭示东正教中的许多东西，以便以应有的方式表达我国的东正教意识号召我们表达并且也赋予我们以全权表达的东西。

可是，也恰好是万物统一观念妨碍着这个问题，实际上，这是一个不可能不包含基督教形而上学基本原则——创世理念——的问题。弗洛连斯基（而比他更甚的是布尔加科夫）体系中最珍贵的一面在于，他（和布尔加科夫一样）竭力想要从宗教性质的材料出发，当然，整个思维工作在这个问题上都指向这一点，即在这一基础上建构万物统一的形而上学大厦。但弗洛连斯基是自由的，也就是说，他并未受到那种神学理性主义的影响——而卡尔萨文却毫无责任感地把自己与之联系了起来，在与弗兰克的比较（所能得出的仅仅只是"宗教哲学"而已）中，在弗洛连斯基那里，最丰富的是具体宗教材料，此类材料充斥于他的那些著作中，其中不光有仪式书、日常生活传说、摘自教父典籍中的丰富引文，甚至还有似乎在保护弗洛连斯基不受哲学抽象之毒害的圣象学材料。但也就是在这里出现了另外一种极端倾向——弗洛连斯基对于"个人宗教经验"似乎太过于重视了，他竭力想要从中汲取对于神学和哲学体系而言极端必要的一切。他当然非常关心要与"那些所谓的新宗教意识学者"划清界限的问题①，但屡屡出现的对于"神秘经验"的引用（弗洛连斯基甚至会在论着中找到神秘主义因素的记忆）②，在现实生活中却把他与那些"所谓的新宗教意识学者们的关系极度拉近了。他高度重视对于完整存在的精神体验③，把"顿悟、精神充实点和瞬间"提升到"高度把握的闪光点"的地步④。弗洛连斯基自己也承认所有这一切都是漂浮不定的，老实说，是不可能成为"全面把握"的基点的。在一处文字中他写道⑤："我勾画了这样一种思想，对这种思想我更多的是感受，但却无法把它说出来。"而且他还连忙补充了一句对他的思维和写作方式来说十分典型的一句话："就好像一个什么织体，一个什么肉体被在世界的基础上编织起来……人们在期待着什么……但灵魂不知为何在纠结和疼痛……"弗洛连斯基把自己与"新宗教意识人士"隔离开后补充道，说根据的他的意见，他们的基础判断中"有一个真实的理念"⑥。

在弗洛连斯基那里，在与"个人宗教经验的"内在关联中，有对于民间文学材料甚至唯灵论材料的癖好。在其对于人民与自然共同着"同一个生命"的"严整生活"的崇拜中，弗洛连斯基在这一物质⑦中寻找着满足，即"整个自然都赋有灵性，整个都是活着的——无论作为整体还是部分，一切相互之间都有一种紧密的关联……一类事物的能量转移到别的事物的身上，每个东西都生活在所有东西身上，所有在每个东西身上"⑧。由此可见，"这个世界是永远都处于流动中，永远都处于短暂存在和颤颤微微的半存在中，

---

① 《真理的柱石与证实》，第 128 页。
② 同上书，第 201 页。
③ 同上书，第 341 页。
④ 同上书，第 131 页。
⑤ 同上书，第 128 页。
⑥ 同上书，第 129 页。
⑦ 在这个问题上，弗洛连斯基非常接近于 Dacque——指后者在其有趣的著作《Urwelt. Sage und Menschheit》（1927）中表达的思想。
⑧ 《唯心主义的社会根源》，第 11 页（俄罗斯校样）。

而在其后……敏锐的耳朵可以谛听到另一种现实……一切都有其神秘的意义，双重的存在和另外一种在经验主义之外的实质"①，于是"通向彼岸的大门也就洞开了"②。"彼时彼刻，当我们的眼睛开始睁开，当世界变得使我们所看见的森林如一个统一生物、像人类一样深刻——如唯一的 Grand Etre O. Konta③，如尼采笔下的亚当·卡德莫纳·卡巴拉霍如 Uebermensch 一样"④。一般（在事物中）"并非抽象的一般，而是具体的一般——一个一在一群中"⑤。

这种从教会经验向人民"完整"心灵经验甚至向唯灵论的转向，这种把教父和人民意识中"综合视野（亦即整体视野——原作者）拉近的做法——所有这一切对于弗洛连斯基创作心理学而言是非常有特点的。无怪乎他会说出一个非常值得注意的错话：在一段摘自梅特林克的引文之后，弗洛连斯基讲了一个出自《字母顺序体教父传》里的一个故事，并写道："我袭用这个文本是为了色彩丰富一些的缘故。"⑥但是，这个"色彩丰富"的因素却不仅是弗洛连斯基的叙述所固有的，而且毫无疑问，也已进入其思维工作的核心动态过程中去了。的确，弗洛连斯基常常会从教会以外的来源中汲取营养，也总是想从宗教"体验"中发展其自己的思想——因此，才会总是把自己的哲学猜想当作"教会思想"，而非个人的建构。这一点赋予弗洛连斯基的著作以一种故意做作的烙印，似乎是他本人的精神结构（和所谓"色彩丰富"的需求一样）的一种内在需求似的。弗洛连斯基在《答辩会开场白》中说道⑦："关于宗教和在宗教之上，我们发表的哲理议论已经足够多的了，应当在宗教内部，包裹着宗教的衣服进行哲理思考。"弗

---

① 《唯心主义的社会根源》，第 14 页。

② 同上书，第 17 页。

③ 在此弗洛连斯基不过是在遵循弗拉·索洛维约夫对于奥古斯特·孔德的学说出色解说而已。

④ 《唯心主义的意义》，第 67 页。

⑤ 同上书，第 67 页。

⑥ 同上书，第 60 页。

⑦ 《答辩会开场白》（俄文校样）。

洛连斯基的全部著作也正是建基于这一点之上的，但是，虽然其著作中到处都充斥着极其丰富的教会材料，弗洛连斯基仍然还是经常把教会外理念纳入到这些材料中来，而他本人竟然常常未能察觉二者之间原则上的差异性，从而在不知不觉中把读者引入误区……

弗洛连斯基当然在许多问题上是与"新宗教意识"格格不入的，也与我们在比方说别尔嘉耶夫那里所曾见到过的新浪漫主义格格不入，但却有一些不可见的线索从他那里引出而通向这个或那个思想家。

现在我们来系统阐述一下弗洛连斯基的思想体系。

我们已经知道，弗洛连斯基是在宗教意识的范围内发展其哲学观点的，但他的独特性在于他想要保持其对于教会传统的完全忠诚，同时也表达其自己的新思想。在把新酒装入旧瓶子里时，他想要表明旧瓶子所渴望的正是这种新酒，——因此，仅仅对教会的财富表示尊敬，好学深思的敬畏和恭顺睿智的忠诚是不够的，他必定还想要把新的思想当作是旧的、旧得不能再旧的思想来表达不可。例如，比方说，在毫不犹豫地以多神教民间文学材料为依托的同时，他在此之中确立了完全忠实于多神教的观点——但却与传统教会对其的理解格格不入。弗洛连斯基对于唯灵论的某种观点的运用还要比这更加大胆（在其思考中有关身体在人身上构成中的意义的想法更是令人震惊），而这就在具有宗教思维的读者那里引起根据十足的怀疑。从这种教会和唯灵论材料、思辨与民间文学材料的结合中，恰好散发出了"子女宗教意识"的气息（不妨回想一下罗赞诺夫，顺便说说，在其生命的最后几年中，后者对于弗洛连斯基无疑有着很大的影响），而弗洛连斯基却始终在想要与新宗教意识划清界限。弗洛连斯基对于语文学领域的业余爱好者式的跨界旅行（这些旅行只会对于那些从未认真严肃地研究过语文学的人产生深刻的影响）[①]，处于一种无法捕捉的与我们已知的做作风格——"色彩丰富"的爱

---

① 布尔加科夫从弗洛连斯基那里学会了到语文学领域里实施业余爱好者式的跨界旅行的方法，这一点与其通常采用的诚实的科学方法形成了鲜明的对照。

好有关联。读者心中会不由自主地形成一种印象，即从教会传统中撷取而来的全部丰富的材料之所以为弗洛连斯基所必须，一如"教会的祭服"。弗洛连斯基当然要以生动具体的精神经验为依托，但这一经验的来源却常常是非教会的，而如果说弗洛连斯基在其意识中想要成为一个忠实于传统的人的话，想要包裹在教会的衣服里的话，那么，在他笔下那些具有教会形式的内容，毫无疑问，常常会根本不是从教会自身所保留的东西出发来建构的。

而弗洛连斯基的认识论立场便与此相关——他坚决地否认神学理性主义，以便以夸大地强调思维中的二律背反为依托。我们在他笔下读到①："真实是二律背反而且不可能是别的……一种符合逻辑学形式的二律背反理论是我们必须具有的。"② "在理性的范围内是无法而且也不可能解决这个二律背反问题的（问题涉及自由与必然的关系——原作者）——这个问题的解决只有在事实上改造了作为事实和作为经验材料的现实生活本身中才可能获得解决"③。"概念静态的多数及其组合的动态性是无法相互包容的"④。

但理性的这个二律背反性却与"完整全面而又世世代代的真理"的需求相对立。"真理应当成为一种完整的东西，包含一切的东西"——弗洛连斯基紧接着便对真理进行了一番描述，预测今后的全部探索将会是一种"实质性的万物一体"⑤。他写道（第三封信）："我不知道有没有真理，但我却以全副身心感觉到我活着就不能没有真理"⑥。从心理学上引导人们深入到真理的"秘密"中去，这与当代"存在主义者们"的练习非常接近，但在弗洛连斯基那里，这更多是一种叙述方法，而非其思维的现实基础，而后者当然是靠完整

---

① 《真理的柱石与证实》，第147—148页。
② 同上书，第487页。
③ 同上书，第211页。
④ 同上书，第485页。
⑤ 同上书，第12、15页。
⑥ 同上书，第67页。

真理的"需求"所推动的。他认为"理性直觉主义"是一个坚实的基础①……"个人经验要我们确信道路的正确性"②,"我们应当从概念领域走到活生生的经验领域"③。弗洛连斯基因此断言"真理的存在不是被推导出来的,而只是在经验中被表明了的"④。稍后我们便会得知,"对于一个崇高世界的接受器官乃是心灵"⑤,而从另一方面看,上文所说过的那种"完全掌握了的光明"照亮了"永恒的经验",亦即恰好就能给我们提供一种"对于一个崇高世界的感受"。

由于原罪的影响,"我们的理性本身是分裂的和分离的:无论我们看到什么,我们都必然会将我们所见的东西打碎"⑥。可这样一来"理性的直觉",对于"存在的深度"的感受究竟又如何可能呢?对此弗洛连斯基回答说,一方面,他指出"信仰的功勋"(这赋予认识以坚实的理由,从而构成了从"对于世界的明确真理到教条的必然真理"的过度)⑦,而从另一方面说,他又推出了一种关于理性的学说,这种学说在俄国哲学史上最先是由基列耶夫斯基发展出来的。弗洛连斯基在《答辩会开场白》中⑧肯定地说道:"理性是一种具有活力的东西,这是一个动态的概念,而非静态的概念。"理性在一种"理性"的形式中分化为二律背反,而又在其理性存在中变得僵化死板,但当其在被从对于统一体的感受的分裂性中解放出来,而又通过心灵的照耀能够看到分裂的世界之外它的统一性时,它又会变得"繁花似锦和香气氤氲"。在此"认识和信仰的边界融合起来"了⑨,

---

① 《真理的柱石与证实》,第 62 页。
② 同上书,第 72 页。
③ 同上书,第 63 页。
④ 同上书,第 144 页。
⑤ 同上书,第 352 页。
⑥ 同上书,第 159 页。
⑦ 同上书,第 63 页。
⑧ 《答辩会开场表白》(俄文校样),第 8 页。
⑨ 《真理的柱石与证实》,第 62 页。

而我们也能够学会看见"在上帝身上的造物的永恒的根"①，从而得以引导到深入洞悉万物统一的秘密。

所有这些认识论的花纹——在批判了理性和确立了二律背反法则之后——引向"理性直觉和对于统一体的知觉在心灵存在中的"接近，引向认识与信仰的接近甚至引向两者的同一化。正如我们在信仰中"参与真理"并以真理为支柱一样，理性"参与存在，而存在也参与理性"②，特别是理性在其丰富精神的过程中已经不再与信仰分割开来了。在这个问题上，"认识和信仰的边界的确是融合无间"了，哲学也"包裹上了宗教的衣服"——而一切哲学建构都建基在了教会性的坚实根基上。这里已经没有了"自由神学探索的自发力量"，像在卡尔萨文那里那样，这里一切都被风格化为教会性了——而这也就是弗洛连斯基内心的双重性所在。正如同我们不能把油"浇在"水里一样，在弗洛连斯基那里，信仰和知识也是根本无法融合的，而且"知识"常常会被信仰的材料风格化为教会性。在这个意义上，弗洛连斯基的哲学只是想要从教会性的深处生长出来，而在现实生活中，它的基本发动机在弗洛连斯基那里是二律背反，是将其从理性认识的有限性中解放出来的，不取决于信仰的二律背反。甚至结果可能相反，"只有二律背反才可以相信"，信仰的功勋是在对于二律背反的认可中实现的③。这里值得予以指出的是，纯粹的有关理性的"禁欲苦行"的教会学说（被基列耶夫斯基以如此清晰的方式所表达的）仅仅只是被弗洛连斯基偶或闪烁其词地谈到④，同样，关于教会理性的聚和性学说⑤同样也被他仅只偶或谈及（要知道这会在极大程度上降低对于弗洛连斯基来说十分重要的"个人经验"的意义）。但弗洛连斯基却在很大程度上发展了一种有关

---

① 《真理的柱石与证实》，第 323 页。
② 同上书，第 73 页。
③ 同上书，第 147 页。
④ 同上书，第 60 页。《答辩会开场白》，第 8 页。
⑤ 同上书，第 161 页。

"两者的神秘主义统一（亦即友谊——原作者）乃是掌握的条件"的奇特学说①（友谊原来甚至是"认识的前提条件"），而且在这里还引用了教会材料，使得这里的一切都带有了教会性的色调。

以上被我们指出的哲学认识途径和教会管理的不可融合性，以其全部力量表现在弗洛连斯基的形而上学中，对于后者，我们马上就来进行分析。

4. 弗洛连斯基的形而上学也就是他的神学——在他那里两者是不可分割的——但我们却毫无必要深入其纯粹的神学体系内部，我们仅涉及到这些体系中与哲学思想有关的那部分。

在弗洛连斯基那里，通向绝对者之路得穿过怀疑方能抵达，这种怀疑以尖锐的形式构成了真正的"怀疑主义的毒药"。但"怀疑之路并未通向任何地方"，而且，通过盖然说②的阶段以后，意识在向这样一个论点运行，即如果有真理的话，那它也"只能是一种实际的理性，或一种理性的实际"，它应当成为"有关以三种身份出现的唯一实质"的学说，应当成为"三位一体③"。从弗洛连斯基也承认的难点中，他借助于二律背反的帮助再次得出一个"二元论的间断性"结论：在和自我封闭于所赋予我们的存在之中的"一元论的间断论"分手的同时，却未想到超越于造物存在之上的东西，我们"拒绝了思维中的一元论"，以便能够"找到在信仰之功勋中的上帝④"。我们在其中彻底摆脱了由"怀疑的毒药"所产生的"极限绝望"的信仰，会引导我们走向绝对者的⑤。

在所有这一切中都有许多心理学因素（与当代存在主义相近），

---

① 《真理的柱石与证实》，第430页。

② 同上书，第41页注。又：盖然说（пробабилизм）罗马天主教的一种原则：凡对某一事件存在数种可能的主张时，允许教徒选择任意一种主张。——译注

③ 这一三位一体的"演绎法"虽然想要成为理性的，逻辑上具有说服力的（同上书，第48—49页），而实际上，是非常形式的，因此不能提供任何教益。

④ 《真理的柱石与证实》，第65页。

⑤ 同上书，第67—68页。

而这种心理学的烙印极大地减弱了弗洛连斯基的神学立场，因而在这个问题上，舍斯托夫要远比他更深刻，因为舍斯托夫既未为信仰寻找心理学也未寻找逻辑学的"根据"……但是，在"确立了"上帝的现实性以后，弗洛连斯基进而转入人的主题，而这个问题也即刻扩大为关于造物存在的一般问题了。原罪、非真和恶对我们隐瞒了存在的真实本质——而在这里，弗洛连斯基开始与他的同时代人有所接近，这些人"幻想着全体造物在上帝身上的统一"①。在这一点上，弗洛连斯基比其同时代人走得更远——以极其勇敢和独特的方式建构了自己的宇宙学。对宇宙的理解使得弗洛连斯基成为一位"索菲亚学者"，而这次对于索洛维约夫主题的诉诸和转向，不仅使他有理由继续索洛维约夫的事业，而且也最终形成了他自己的体系。宇宙学从而发展成为了一种哲学体系，并立即包裹上了神学材料的外衣，弗洛连斯基于是发现自己竟然走上了这样一条道路。

弗洛连斯基拒绝任何形式的对造物存在的"演绎"——他的道路不是从绝对者"下降"到造物，而是相反，是从造物"上升"到绝对者。他断言："从上帝的本性中，无论如何我们也无法得出世界存在的结论——创世的行为必然应该被认为是自由的，亦即不是从必然性出发而来自上帝的。"② 弗洛连斯基紧接着写道："造物之所以是造物，是因为她不是绝对必然的生物，造物的存在无论如何不仅不是从真理的理念中推导出来的，而且甚至也不是从在上帝身上存在着真理这一事实中得来的。"这一点绝对不会与"造物的天国本性"学说相矛盾，正如弗洛连斯基在此书上一章里所表述的那样③："造物的这一天国本性"应当从对造物存在的分析本身中向我们显现，亦即依旧只是只有在向上帝"上升"的道路上才能得以显现。然而，弗洛连斯基却一意坚持对于造物应有的理解只有在基督教的

---

① 《真理的柱石与证实》，第 390 页。
② 同上书，第 144 页。
③ 同上书，第 111 页。

基础上才有可能，——对于造物存在及其秘密的哲学思考要求以历史中的基督教现象为前提。信仰和认识的边界融合，为弗洛连斯基把新的理念和在其历史揭示中的基督教结合起来提供了保障，而这对他而言是十分重要的。"只有当人们看出造物并非一个简简单单的恶魔的外壳，也不是什么神性的放射，更非如同在水沫里闪现的彩虹现象那样的神性幽灵的幻影，——只有在那个时候，神的自我独立的、自律性的和自我负责的创世行为才变得可以理解（对造物的理解）"①。在这个问题上弗洛连斯基非常忠实地揭示了当代有关自然科学的基本前提，并以此奠定了宇宙学的基本主题：对于当代科学最重要的的确是对自然取之不尽用之不竭之力量的承认，对其无可争议的创世之力量的承认，对这种力量所固有的"本质"的动态性的承认。再次顺便回想一下瓦·伊·维尔纳茨基（第 3 卷第 9 章）上文已经引过的成功的表述，是十分适宜的，他说当代自然科学的基础是"现实性的公理"。对于弗洛连斯基来说，自然同样也不是什么现象，不是"现象"的体系，而是一种真正现实的存在以及在其内部而非外部发挥作用的力量的无限威力的结合。只是在基督教里——弗洛连斯基刻意强调地指出这一点（他坚决认为任何离开基督教的世界观都是无宇宙的和无神的）②——自然不是虚幻的，也不是一种非凡的存在，更不是某种别的存在的影子，而是一种活生生的现实③。

我们在造物存在中可以找到其重要的统一体。"一种贯穿于它们身上的统一的本质"早已在造物存在中"隐隐闪现"了，"这一统一本质贯穿于它们——穿透了它们全部，在它们身上到处都是，永远都是……而这'一'本质就是一种特定类型的能量"④。"一个神

---

① 《真理的柱石与证实》，第 288 页。
② 同上书，第 289 页。
③ 与此有关的有许多用于解释基督教人体观的价值和意义的篇章——特别参阅第 292 页注。
④ 《唯心主义的意义》（俄文校样），第 68 页。

秘的统一体联接着类……类的分享性（亦即特定类型的个体的多样性——原作者）的外观时时处于变化之中，它仅仅只是分化性而已"——而实际上摆在我们面前的，乃是"纯粹神秘的统一体"①。"意识越纯净，越是摆脱感性的迷雾，自在之物的种子也就会变得更加鲜明"②。这种"具体一般或物的被观照的 universale（hen epi pollon）就是理念……就是物的面貌"③——"现实性的面貌"④。弗洛连斯基在对在个别事物之后展现在我们面前的一切做了一番分析之后，在小结中指出⑤："理念实质上是崇高本质的小的面孔"。"理念的概念越是深化，理念的超验主义因素便越会增长"，弗洛连斯基如是说⑥，"理念的能量被转移到远离理念的地方"⑦，"不可见的自在之物的力量"也就呈现了出来，而造物的存在就是从此之中生长出来的⑧。弗洛连斯基对其分析做了这样的总结⑨："理念是自然力量的种子，种子形态的逻各斯，是不会湮灭的逻各斯"。弗洛连斯基把自己的理念观与斯多葛的术语拉近，并赋予斯多葛主义以活力论的色彩。他在《论唯心主义的根源》⑩一文中写道："整个自然都赋有灵性，全都生气勃勃——在其整体和部分之中，一切都以一种神秘的结的方式相互关联，一切都在相互肩并肩地呼吸……到处都有由内而外的发挥作用的招人喜欢的相似性。事物的能量导向别的事物，每个都生活在一切之中，一切都生活在每个之中。"斯多葛主义的活

---

① 《唯心主义的意义》，第 65 页。

② 同上书，第 69 页、第 71 页。

③ 同上书，第 75—76 页。比较洛谢夫在其著作《古代宇宙》对这一学说的鲜明发挥，这迫使我们认为，洛谢夫即使不是弗洛连斯基的学生，那么，至少无论如何也是弗洛连斯基的信徒。关于洛谢夫可参见第 4 卷第 9 章。

④ 同上书，第 78 页。

⑤ 同上书，第 88 页。

⑥ 同上书，第 89 页。

⑦ 同上书，第 90 页。

⑧ 同上书，第 93 页。

⑨ 同上书，第 94 页

⑩ 《唯心主义的社会根源》（俄文校样），第 11 页。

力论在与库萨的尼古拉有关部分与整体之关系的理念结合后，使得我们把宇宙作为一个活生生的整体来加以鲜明的感受。我们应该读一读上述文中（《唯心主义的意义》）充满诗意的篇章，以便得以认识并感受到，弗洛连斯基是如何现实地接受着自然中的生命及其"与此同时对于另一个世界的相关性"①的，感受到"彼岸之门是如何在他面前大敞开来"的。这不是那样一个只能在概念中捕捉的理念领域，按照弗兰克的说法，该领域构成了"对象性存在"（即"抽象知识"的提供者）——而是相反，这种对于存在之动态性的生动感受就其根源来说，是其生动的创造力的感受而已。这里尤为值得关注的，是弗洛连斯基那里对于任何话语、任何名称的神秘力量的体验（这在洛谢夫的名称哲学里达到了令人惊异的鲜明地步）："事物的名称就是事物的实体……事物是名称创造出来的，事物是与名称构成了一种相互作用关系（！），并模仿着名称……名称是存在和认识的形而上学原则"②。我们应当把名称当作"是存在之结，是存在隐藏最深的神经……名称是一种神赐或唯灵论的力量，一种人借以与别的世界关联的神秘之根……名称是神性的实质，它身上带有神秘主义的能量"③。

对于宇宙及其"秘密"的接受就是这样一直在被复杂化的，其最终结果就是有关造物索菲亚学说的形成。"无所不能的造物（并非简单的所谓'一切'造物），其'完整性'都具有'伟大的根'，造物靠这一根系（其名即为索菲亚）在（上帝的）内在的三位一体的生命中扎下根系来，并且通过这条根系从生命唯一的来源那里获得了永恒的生命"④。这样一来，索菲亚概念便终结了弗洛连斯基的宇宙学，在他眼里，宇宙不仅以其统一性和完整性给他以启示，而且，

———————————

① 《唯心主义的社会根源》，第 14 页。
② 同上书，第 25、26 页。
③ 同上书，第 29、30、31、32 页。
④ 《真理的柱石与证实》，第 326 页。

它更多的是一个"多与一统一的生物"①，而理念即"单子"②，它则"以非逻辑的定义"的方式向我们显现，我们是在活生生的经验中对它进行体验的，它被以宗教的方式提供，而且，一般说它非取决于apriori，而取决于 posteriori③。后一句话如此明确地揭示了一点，即弗洛连斯基的思想始终是在沿着从宇宙"上升"到宇宙在绝对者身上的基础的路线在运行，并且也符合其全部哲学的宇宙学。弗洛连斯基肯定"造物本性的形而上学本质"④，但却并非简单地作为一种"理念的系统"（与纯粹的柏拉图主义相符），而是作为"造物理想定义的神造统一体"⑤，他和"其他当代人士一起"，不光"幻想全体造物在'上帝身上'的统一，而且还直截了当地对其加以肯定"。恰好在此我们所熟知的对于"存在的完整性的精神体验"⑥ 激发了弗洛连斯基接受万物统一理念，但对万物统一理念的这一接受弗洛连斯基却必定想要将其作为教会根深蒂固的观念来加以表达……对于理解弗洛连斯基这些体系而言，我们必须稍微详尽一点地走进他的论断。

如果说在造物存在可见的多样性背后有一种"形而上学的统一"的话，有一种"事物的本体论的种子及其造物所固有的"能量"的话，那么，这也完全符合我们在教父们那里，尤其是在格里高利·博格斯洛夫和紧紧跟随其后的那些富有权威的教会作家们关于理念的学说。按照格里高利·博格斯洛夫的观点，"事物的本体论的种子"与其"原始形象"——即上帝在创世以前在其自己身上所观照到的那一形象——并不吻合。换言之，处于世界之中的理念领域，是和其"本体论"一面一样也分属于世界？还是它已经属于绝对者

---

① 《真理的柱石与证实》，第 325 页。
② 同上书，第 323 页。
③ 同上书，第 324 页。
④ 同上书，第 346 页。
⑤ 同上书，第 344 页。
⑥ 同上书，第 341 页。

存在的领域了呢？对于对宇宙学有过鲜明表述的弗洛连斯基来说，要知道值得注意的，是自然的"神秘主义统一体"以及他的观点，就是世界有两个（亦即可见世界和不可见世界）①。他要我们确信②："穿过人类理智的曲折的裂缝常常可以看见永恒的碧蓝"。但是，那时我们也就可以明白，他和他的那些"同时代人们一样，也幻想理解全部造物在上帝身上之统一的问题"③。他果真是这么想的。弗洛连斯基紧跟在古代和近代世界思想家们之后，说："有一种完整造物之根，它就是索菲亚"，就是"先于世界而存在"的造物"始初的自然"④，就是"造物理想定义的神造统一体"⑤。但与教会传统不同，弗洛连斯基紧跟索洛维约夫之后，认为索菲亚"神性原始形象的异常恭顺的身份的集合"⑥。接受了这一论点以后，弗洛连斯基便开始勇敢地继续前行了。对他来说，造物的索菲亚（亦即宇宙的神秘基础）是"造物的天使—保护者，是世界的理想人格"⑦ ——"第三个身份因素……按照上帝的恩赐……是纳入存在之完整性中的三位一体的核心"⑧。弗洛连斯基进一步明确说⑨："它不取决于上帝，它不具有存在，而是分裂为有关造物的理念的碎片。"

在从大阿法纳西及其有关神的超睿智的逻各斯与"我们身上的实体的超睿智"之区别的本文中援引原话时⑩，弗洛连斯基也并未把造物的超睿智与逻各斯混为一谈，而是使索菲亚概念和教会概念相接近，更有甚者的是（紧跟在弗拉·索洛维约夫之后），是将其与

---

① 《真理的柱石与证实》，第483页。
② 同上书，第489页。
③ 同上书，第390页
④ 同上书，第326、332页。
⑤ 同上书，第344页（几乎与格里高利·博格斯洛夫的话一字不差）。
⑥ 同上书，第348页。还可比较同上书，第332页（"神性安抚思想的身份体系"）。
⑦ 同上书，第324页。
⑧ 同上书，第323页。
⑨ 同上书，第329页。
⑩ 同上书，第345页。

神母相接近①，将其作为"索菲亚的女性载体"，和"索菲亚现象"。索菲亚神学就是这样产生的，这种神学后来在谢·布尔加科夫体系里，得到了显著的发展：要知道索菲亚按照弗洛连斯基的观点②，"参与了三位一体的神祇的生命，进入了三位一体的核心"，而和索菲亚"一起"进入绝对者领域里的，还有"在基督身上被清洗过的"宇宙本身。宇宙与绝对者就是这样被封闭为"万物统一"，它被认为是"对于存在之完整性的精神体验"。

如果我们把弗洛连斯基所提供的神学材料抛到一边（其中还包括一些圣像画学的材料）的话，那么，我们就得承认，"万物统一"仍然是不可一得的。当然，如果索菲亚是教会，而教会就是"基督的肉身"的话，那么，万物统一的可见性就可以得到，但是，在缺乏神化肉身形而上学的情况下，"两个世界"的关联便是无法揭示的。关于第四个身份，造物索菲亚，弗洛连斯基亲口说过，说它按照上帝的恩赐进入到了三位一体的核心中了，但却不是因其所具有的实质。弗洛连斯基在一处文字中表明"只有基督教才会产生前所未闻的对于造物的爱恋"，并使心灵蒙受"对于所有实体的怜悯和爱慕"的伤痛③，但要知道这也就意味着，造物的秘密是双重的。弗洛连斯基本人也连忙又采用他一贯采用的对比的（二律背反）的方式说道："当肮脏的东西被以持续不断的功勋从灵魂里洗掉后（如那些禁欲苦修者一样），神的造物便成为了被精神所更新了的意识，如同一个独特而又受苦的、美好的被污染了的生物，如同上帝的迷途的羔羊。"在造物身上，在这个"美好而又被污染了的生物身上"，这两个不同的方面是如何被结合在一起的呢？要知道"生物"就只有这一个：宇宙的统一性要知道是在此地加以证实的，但是，光明与黑暗、善与恶的两极性在此同样对于一双"经过启蒙的眼睛"来

---

① 《真理的柱石与证实》，第 350 页。
② 同上书，第 349 页。
③ 同上书，第 288 页。弗洛连斯基的这段话非常适合于揭示"东正教宇宙学"。

说，也是异常显而易见的。也正因为此，弗洛连斯基也才是正确的，也就是说，他把基督教中的"对于造物的爱怜"和"爱怜与怜悯"并列起来了。然而，如果说造物之"根"是索菲亚=教会①的话，也就是说，它也就是"在基督身上被清洗过的造物的自然"②的话，那么，宇宙中的肮脏和痛苦又是从何而来的呢？一方面，索菲亚是一种"整个造物之根"，是"世界的理想人格"；而另一方面，索菲亚又是造物的天使—保护者（亦即世界上在对"肮脏"的关系方面的光明的一极）。但索菲亚却又并非"世界的简单的和给定的、自发的和实际的统一体"③——这一统一体，弗洛连斯基连忙又补充道"是由永恒的活动实现的"。这也就是为什么在弗洛连斯基笔下的索菲亚概念会有一定的模糊性的原因之所在（索菲亚时而与永恒的活动有关是世界的理想的人格，时而又仅仅只是天使—保护者，保护着世界上的美不受到污染），并造成了这个概念在哲学上的未完结性。甚至充满了丰富的神学材料的"完全洞悉的闪光"，在弗洛连斯基笔下，也仅仅只是把宇宙学母题与绝对者及其"永恒的活动"联系了起来，但却仍然只是一个主题而已，而非明确而又完结了的观念。对于二律背反的接受的确有助于弗洛连斯基把体系整理得有条不紊，但也只是在理性认识层面上，在这个层面上，二律背反是"合法的"，而在完全洞悉层面上，是没有二律背反的地位的。值得注意的是，在弗洛连斯基笔下，全部恶的问题——没有对其的解决"完全的洞悉"就不可能超越个别"闪光"的地步——仅仅是在人类学层面上被观照的，正如罪恶和从罪恶中拯救的问题一样。但我们立刻便会得知，比方说，有关"恶的本体"④，有关人身上经验的

---

① 对于弗洛连斯基来说，教会是以前存在过的，他不允许把神秘主义教会与历史教会分割开来。"这是在史前时代存在过的同一个生物"，《真理的柱石与证实》，第337—338页。

② 《真理的柱石与证实》，第350页。

③ 同上书，第325页。

④ 同上书，第224页。

全部织体都逐渐地获得一种独特的形而上学性——人应当在忏悔中摆脱这种形而上学性而自由——的问题①……

弗洛连斯基体系的价值在我们的观点看来，他以特殊的力量强调指出宇宙的活的统一体，指出自然存在之谜，指出世界上的与可见和不可见存在，与世界上可变和不变的本质相关联的理念领域（的存在），他特别揭示出"造物的完整之根"。在把自己的宇宙学洞见包裹在宗教和神学外衣里以后，他更以此来在名义上解决"万物统一"的问题，当然，弗洛连斯基使自己得以摆脱一些哲学难题，更确切地说，他只是将它们推到了一边，但他却并未解决了这些难题。弗洛连斯基以极大的力量提出了"世界的索菲亚性"问题——而这在他那里也始终存在，尽管在他身后，他后来的全部体系也并未完结。"对于造物的爱怜"在与"对于造物恋爱和怜悯"结合以后，被一种真正的和深刻的宇宙学之光——这种光明在东正教里显得特别明亮——所照亮。在这个意义上，弗洛连斯基是在沿着俄罗斯思想界的"康庄大道"前进的，因而他的宗教和神学注释显得特别珍贵。但主题的价值和一流的意义还不能保证"完全的洞悉"，因为这样一种完全的洞悉的个别"闪光"看起来似乎却那么不起眼。

布尔加科夫也是在同一方向上进行工作的，他的道路的特殊性在于他是从哲学走向神学的。但在其困难而又复杂的道路上，布尔加科夫表现出一种巨大的哲学才华，罕见的科学的严谨缜密（其全部著作都具有这个特点），而当在他身上发生宗教转向时，尤其是当他成为神父以后，他以更加严格严谨苛刻的态度和责任心下功夫掌

---

① 《真理的柱石与证实》，第 236 页。

握了全部丰富的神学资源。现在我们就来探讨其体系。①

5. 奥·谢尔盖·（谢尔盖·尼古拉耶维奇）布尔加科夫（1871—1944）出生于奥廖尔省利夫内城一个神父家庭。布尔加科夫在《自传札记》中，关于他的童年写过一些非常好的篇章，而他的童年是在非常严格的宗教信仰的氛围中度过的。但是，早在他于13岁上神学校时，就发生了一次宗教信仰危机——这次非信仰时期在他身上一直持续到30岁②。这次的无信仰由于神学校"强迫要求品行端正"运动而被特别强化了③。布尔加科夫写道④："我放弃了信仰的立场，没有去起而捍卫它，我不经斗争地接受了虚无主义。"布尔加科夫在距离毕业还有一年时弃学，转入普通文科古典中学最高一年级学习。从中学毕业后（1890），考入莫斯科大学。他早在此时就已经对马克思主义兴味盎然，开始专攻政治经济学，从大学毕业后，很快就通过了硕士考试，之后他结了婚，又出国为写作学位论文做准备。他学位论文的题目是检验马克思主义在农业耕作学中的基本观点问题（《资本主义与农业》，第1、2卷，1900），而同样也早在这部充斥着事实和非常精细的分析的著作中，布尔加科夫就表明，马克思主义的观点在农业进化中未能得到证实。按照布尔加科夫本人的证词⑤，此时的他"是被科学性所俘虏了"，而且还不光是科学性：他那时已经是社会民主党党员，与考茨基、倍倍尔、李卜

---

① 关于谢·布尔加科夫的传记，可以参阅其《自传体札记》（巴黎，1946），可惜只讲述了他一生中的个别关头和时段。还可参阅小册子《纪念谢·布尔加科夫》（巴黎，1945），此书编者（列·阿·赞杰尔）提供了有关谢·布尔加科夫一生最重要的资料，细心地考察了其生平"编年叙事体的骨干线索"（第31、49页）。而在列·阿·赞杰尔的《上帝与世界——论谢·布尔加科夫的世界观》（第1—2卷，巴黎，1948）一书中，在第2卷的末尾，提供了有关布尔加科夫的完整的参考文献书目——对我们来说，他所提供的哲学论文索引尤其重要（第2卷，第349—352页）。遗憾的是，列·阿·赞杰尔没有对布尔加科夫的思想进行分析的书籍和论文进行概述。

② 《自传札记》，第25页。

③ 同上书，第27页。

④ 同上书，第30页。

⑤ 同上书，第62页。

克内西等人过从甚密，写作了政治经济学概论，并且开始逐渐在整个俄罗斯赢得声誉。经过硕士论文答辩后，布尔加科夫被遴选为基辅综合技术学院教授（隶属于政治经济学教研室）。在基辅，布尔加科夫生活了5年（1901—1906），而也恰好是在这时，在他身上发生了第二次精神危机（但这次是朝着宗教的方向发展）。在此期间布尔加科夫所写的一切，被收集在他的出色的文集《从马克思主义到唯心主义》（彼得格勒，1903），此文集成为布尔加科夫哲学转向的一个标志（与在别尔嘉耶夫身上所发生的转向十分相近。参见上文第4卷第2章）。布尔加科夫的演讲（在公众场合下）和文章在此期间在俄国社会上引起了很大反响，他和别尔嘉耶夫（部分的还有斯特鲁威和弗兰克）一起，成为探索宗教哲学更新之路的一部分俄国知识分子中最杰出的领袖。老实说，早在从国外归来时，按照布尔加科夫的说法，他"就由于失去了根基因而对自己的理想信仰也开始破碎了"[1]。《从马克思主义到唯心主义》的转向成为布尔加科夫生平一个新时代开始的标志——而在这次转向中，布尔加科夫在许多方面都有赖于弗拉·索洛维约夫，正如他在其论述索洛维约夫的文章中所证实的那样（尤其是发表在《从马克思主义到唯心主义》这本文集中的《弗拉·索洛维约夫哲学究竟给当代意识带来了什么》这篇文章）。且看布尔加科夫关于这个时代是如何写的："索洛维约夫的哲学给当代意识带来了一种完整彻底地发展基督教世界观的机遇"[2]。布尔加科夫不仅在哲学上摆脱了经济唯物主义学说，不仅接受了唯心主义的基本观点，而且自觉地和完全地转变到了宗教世界观立场上来。布尔加科夫和别尔嘉耶夫一道，创办了《生活问题》杂志（1905），并在此刊发表了一系列以宗教社会为主题的文章。1906年他移居莫斯科，在商学院获得了教席（该学院院长就是我们已经熟知的帕·伊·诺夫哥罗德采夫），并被遴选为第二届国家杜马

①　《自传札记》，第64页。
②　《从马克思主义到唯心主义》，第264页。

议员（作为立宪民主党代表），还写作了一系列后来被收集在《双城记》第1和第2卷（莫斯科，1911）中的出色文章。在这些年中，布尔加科夫与弗洛连斯基非常友好，后者对他有着强烈的影响，布尔加科夫还接受了弗洛连斯基的索菲亚学观念，并且嗣后还对其逐渐做过一些修正。1912年，他出版了专著《经营哲学》（为此著而在莫斯科大学获得政治经济学博士学位），布尔加科夫在此书中首次阐述了他的索菲亚学观点。与此同时，布尔加科夫还为写作政论文花费了大量时间（其政论文最有名的《英雄主义与禁欲苦修主义》一文发表在著名文集《路标》），同时也与俄国宗教复兴运动的最杰出的代表人物交往密切（萨马林、诺沃谢洛夫等等），并最终于1917年出版了一部巨著《非昏暮之光》——是对其新世界观体系的一个概述①。布尔加科夫本人也亲口说过②，说这部书他写了有5年（1911—1916）。布尔加科夫在此书前言中写道："我的著作是一种精神传记或忏悔录，是对我的认识的一次总结，也是对我所走过的如此坎坷如此曲折——实在是太曲折了！——的道路——精神之路——的一次回顾。"实话说这部书实际上是为布尔加科夫的纯哲学时期（其中也包括宗教—哲学时期）创作的一个总结。从此开始，除了一部小型文集《静思》（莫斯科，1918）——此书收集了他论述艺术问题的出色的文章③——外，布尔加科夫开始全身心转向神学创作。1918年布尔加科夫担任神父职位，来到克里木，却已经再也无法从那里返回莫斯科了，一度曾担任辛菲罗波尔大学教授，但是很快就又不得不离开这所大学（由于神父职位的缘故）。1923年苏维埃政权把布尔加科夫驱逐出俄罗斯，起先他去往康斯坦丁诺波尔，然后又从那里到了布拉格，在当时设在那里的俄罗斯法学系讲课。

---

① 此书有一个副标题"知觉与思辨"。

② 《非昏暮之光》，第11页。

③ 《悲剧哲学》（只出过德文版：《Philosophie d. Tragodie》，Darmstadt，1927），虽然是论述19世纪德国哲学中的辩证法问题的，但同时也充斥着神学思想。

1925 年移居巴黎，为的是在那里创办神学院。从神学院创办的最初直到其存在的最后一天，布尔加科夫都是其不变的系主任，并在那里讲授教义学。

布尔加科夫的神学创作在这些年里达到鼎盛时期。除了"一组小型三部曲"（《烧不毁的荆棘》、《未婚夫的朋友》、《雅各的梯子》），和一些个别专著（往往又十分重要，如《圣像与圣像崇拜》），布尔加科夫还写了"一组大型三部曲"——《论神人类》（第 1 卷《上帝的羔羊》，第 2 卷《安慰者》，第 3 卷《羔羊的未婚妻》）。三部曲的最后一部出版时，布尔加科夫已经不在人世了。除了这些著作外，他还遗留下来许多已经写就准备出版的著作，此类著作中，目前已经面世的，只有一部论述末世论的，其余著作则尚未出版过。

对于基督教教条的索菲亚观点的捍卫引起了针对布尔加科夫的一场争论，后来更是引起了都主教谢尔盖（莫斯科）的严厉反应，他谴责布尔加科夫是歪理邪说，而其持论的依据仅仅只是手边有一本由布尔加科夫的对手们收集并寄往莫斯科的详尽的著作摘要。都主教叶夫洛吉，作为神学院院长，认为有必要成立一个专门委员会，以便调查布尔加科夫散布邪门歪道的事情。该委员会的报告总的来说是有利于布尔加科夫的，这使得他得以继续在神学院任教。

1939 年春，布尔加科夫本应做一次大手术（他患了喉癌）。手术很成功，但韧带却被割除了——但是，过了几个月后，布尔加科夫又能说出话来了（声音低得几乎听不见），继而又能作礼拜仪式了，甚至又能讲课了。1944 年，由于脑出血，布尔加科夫阒然长逝。

布尔加科夫丰富、紧张，总是充满创造性的一生，是杰出的一生，也是对于俄国知识分子回归宗教这一精神探索的一个纪念碑，这个运动早在 1917 年革命前就已开始出现，并在最近的 30 年中，达到了极其伟大的地步。然而，布尔加科夫本人的创作，其丰富性和巨大的意义，则丝毫也不亚于此，在此，我们只从其中撷取其哲学观点来加以论述。

6. 首先，我们要谈谈布尔加科夫在哲学上所受到的影响。

早年时期，当他在国外留学期间，布尔加科夫就开始认真研究哲学，尤其接近于康德的理性批判主义。在《从马克思主义到唯心主义》的前言中，布尔加科夫写道①：“我应当承认，康德对我来说永远都比马克思更无可置疑，我认为用康德来劝说马克思，而不是相反。”布尔加科夫的哲学嗅觉在此表露无遗，他与迷恋于法兰西唯物主义者的普列汉诺夫截然不同。但也是在这个时期中，布尔加科夫还曾指望“赋予经济唯物主义学说以可以接受的正面形式，从而将其从荒谬中拯救出来”②。在嗣后的哲学探索过程中，布尔加科夫非常尖锐地为自己提出了一个有关“进步理论”的问题。历史主题一直在他那里占据首要位置，而早在这里，就表现出一种想要冲出纯康德主义范围的需求。摆在布尔加科夫面前的问题是：“我们究竟是否有可能仅仅依靠一种实验科学就建构起一种能够为积极的社会行为和社会进步理想提供理论依据的世界观？”③ 正是在这个问题（带有预言性的，亦即在这个“为了理想而实施的积极的社会行为问题”）上，已经走到超验主义之路上来的布尔加科夫感到有必要以“宗教形而上学前提”为依据④：“关于社会理想的问题变得越来越清晰了……”布尔加科夫写道：“它是作为宗教形而上学问题而这样形成的，并且涉及到了形而上学世界观深刻的根源。”在这个问题上，也可以看得出来弗拉·索洛维约夫对布尔加科夫的巨大影响。布尔加科夫在同一篇《从马克思主义到唯心主义》的前言中写道⑤：“长久以来我都有这么一种观点，即康德一劳永逸地封闭了通向形而上学的大门，并最终确定了批判实证主义的统治地位”，但是，当我

---

① 《从马克思主义到唯心主义》，第11页。
② 同上书，第12页。
③ 同上书，第16页。
④ 同上书，第16页。
⑤ 同上书，第18页。

认识到（在进步理论批判的基础上）对于社会理想而言"宗教形而上学根据"是十分必要的时，布尔加科夫以其所固有的勇敢精神向他长久反对过的理论投诚。他从弗拉·索洛维约夫身上基督教本质与哲学和科学材料的一种广泛的综合出发，毅然走上了宗教形而上学的新路，正如他的文章《弗拉·索洛维约夫哲学究竟给当代意识带来了什么》一文所完全明确地证实的那样[1]。但布尔加科夫从索洛维约夫那里拿来了他有关"万物统一"的基本思想……稍晚些时候，布尔加科夫写道[2]："如今已经变得很清楚，即索洛维约夫作为一个神秘论者，以其所特有的、丰富的和独特的神秘主义经验，要远比作为一个哲学家的索洛维约夫重要得多，独特得多，同时也有趣得多。"但写作这些文字的时候，布尔加科夫已经全身心地投入到了索菲亚学主题上来（在此时期布尔加科夫依然是仅只在其宇宙学方面来思考这个问题的——对他来说，索菲亚在此时期是"一个创世的原则，或是神祇身上创造性能量的总和"）[3]。布尔加科夫在此期间甚至肯定说，"索洛维约夫有关索菲亚的学说是其哲学最独特的特征，但却不曾完结，言犹未尽"[4] ……而所有这一切都已经与弗洛连斯基对于布尔加科夫的影响力最大的时期有关——但这种影响力，更多的是个人的，而非思想上的，但布尔加科夫毕竟还是从索洛维约夫那里，撷取了其有关万物统一的基本观点（同时也把索菲亚学纳入其中），在弗洛连斯基的影响下，布尔加科夫完全转向索菲亚学思考方向。

在《非昏暮之光》这部著作出版后，布尔加科夫担任神父职位，

---

[1] 《从马克思主义到唯心主义》，第195—262页。

[2] 文集《静思》（莫斯科，1918）。参阅《弗拉·索洛维约夫诗集》，第73页。

[3] 同上书，第95页。

[4] 同上书，第103页。

完全献身于教会主题①，而他的全部创作也都开始带有神学叙事的特点。但在其纯粹神学著作中，布尔加科夫始终都不失其哲学家本色——超验主义的性格气质、万物统一形而上学，甚至一些布尔加科夫在科研生活的朝霞期所掌握了的哲学思想的一般本质，都在他的纯神学研究时期得以充分保留。

让我们还是重新回到有关布尔加科夫的超验主义的问题上来吧。如果说在写作《从马克思主义到唯心主义》时期，已经站在超验唯心主义立场上的布尔加科夫开始承认直觉的重要性（他把它等同于信仰）②的话，那么，在《非昏暮之光》中，直觉依旧与对于现实主义超验性的捍卫有关，但却与信仰完全无关③。也是在这里，一个新的母题出现了——对于布尔加科夫来说，如今认识对于自己的起源开始从"存在的罪恶的分裂性"上升④。更何况我们也应当承认，索洛维约夫的体系之所以能对布尔加科夫产生影响，也正是因为它无法毁坏他的超验主义的基础，而只会对其加以补充。批判主义以其各种补充和变形的形式，在布尔加科夫那里始终保持其固有的意义，直至其生命的终点⑤。

索洛维约夫的影响对于布尔加科夫哲学发展具有决定性的意义，这主要是因为索洛维约夫极其善于进行综合——他追求体系的创建，在这种体系中，科学、哲学和宗教相互之间都有着一种内在的和有机的关联。对于布尔加科夫来说也一样，其中也颇值得关注的，是他终其一生都不失为一个学者，终其一生都在从事科研工作——即

---

① 在与这个时期有关的《自传札记》里（第49页），布尔加科夫提到有一段时期他常常把希望"的目光投向罗马"，"可后来他完全克服了自己身上的这种倾向，对罗马失去了精神上的兴趣"。

② 参阅《从马克思主义到唯心主义》，第117页。比较《经营哲学》，第138页，书中我们可以找到对于超验主义所陷身于其中的片面性的批判，因为认识一般说来只有在"人对于神性索菲亚的现实参与下才有可能"。

③ 参阅《非昏暮之光》，第32页。

④ 同上书，第77页。

⑤ 参阅其逝世后出版的著作《羔羊的未婚妻》，第250页。

让自己的工作符合科学思维的一切最严格的要求（即 lege artis——按照他最喜爱的说法）。

我们可以说，对于科研工作及其对于可见世界现实性的不可遏止的感觉①在布尔加科夫的创作中是一个非常重要的因素。另一方面，布尔加科夫很早就表现出了哲学才华——我们已经引用过他的评论，说他总是认为康德要远比马克思更加"无可置疑"……当他甚至在完全转入神学以后，他也依然还不失为一位哲学家——更确切地说，在他身上，我们是不可能把哲学家与神学家分开来的：倒不如说实际情形是这样，即我们可以认为在他的神学中，他更多的是一位哲学家，而非神学家，也即绝非我们蛮可以以为的神学似乎压抑了他的哲学创作的神学家。布尔加科夫把"对于真理的自由探索"称之为"哲学最神圣的财产"，被布尔加科夫视为根的所在。布尔加科夫完全采用一种索洛维约夫精神写道②："哲学必然要追求绝对，追求万物统一③——或是追求神性，既然神性是在思维中得以揭示的，归根结底，哲学有其自己唯一的和普遍的问题——上帝，而且只有上帝。"这段文字写于 1916 年，当时布尔加科夫的世界观开始带有明确的宗教性质，但他依然是一个哲学家，并且也是那个时候，他的哲学开始成为神学……无论如何，索洛维约夫的极其庄严宏伟的综合构思正是以其这个特点而征服了布尔加科夫，因为它非常适合于他自身的探索。在对布尔加科夫形而上学的研究中我们将会看到，索洛维约夫的理念在多大程度上已经深深地渗入于他的大脑。

关于弗洛连斯基对布尔加科夫的影响，也必须予以特别的强调。弗洛连斯基身上的风格化因素远比布尔加科夫身上的多，但弗洛连

---

① 参阅在《非昏暮之光》的"多样性存在的现实性"的生动篇章。

② 同上书，第 76 页。

③ 类似的说法很分散 en passant，但在这种随意偶发的言论里——包含着解读布尔加科夫哲学探索的钥匙。

斯基的那种"旧瓶装新酒"式的笔法在很大程度上也决定着布尔加科夫的创作。但是，应当予以指出的是，当革命使弗洛连斯基与布尔加科夫分道扬镳时（1918），布尔加科夫就开始逐渐越来越摆脱可以被称之为催眠术一般的弗洛连斯基对他施加的影响，这种影响力一直持续了数十年之久。

按照其思维特征及其创作的内在逻辑，布尔加科夫属于"独行侠"一类人——他对别人的意见不感兴趣，总是自己为自己开辟道路，而只有索洛维约夫和弗洛连斯基能够走入他的内心世界，并且在那里发号施令。在布尔加科夫英勇而又富于战斗精神的心灵气质里——无论多么奇怪——有一种总是表现为"要被某人所俘"的女性倾向，正因为此，弗洛连斯基那种活跃的多方面的个性，常常焕发出真正的天才性的个性，会对布尔加科夫产生深刻的影响，而弗洛连斯基所发展的也是弗洛连斯基版的索菲亚学观念，首先征服了布尔加科夫的大脑：只有在这个基点之上，索洛维约夫的体系才能在布尔加科夫那里重新还魂……现在我们就转入对布尔加科夫体系的探讨。

7. 阐述布尔加科夫的学说困难重重，因为他的全部著作都充斥着丰富的内容：只需看看赞德尔论述布尔加科夫的那本书中对于后者的著作所罗列的书目就够了，这使我们确信他的创作是多么丰富多样，深刻深邃而且又是多么的重要啊。但是，由于我们这里主要讨论的是布尔加科夫的哲学问题，所以，对于我们来说，布尔加科夫所写的众多著作中，有许多就不得不被先放在一边了。老实说，他的哲学创作的结束之作是《非昏暮之光》，——在那以后的著作一方面并未与哲学问题脱离内在的关联，但却走入了神学领域。我们于是就不得不采用一种最为明智的做法，就是把我们阐述的基点放在我们在布尔加科夫的神学创作期间所能找到的那种哲学材料上（亦即以其《非昏暮之光》作结）——但我们始终都在相应的部分里以其神学著作所能提供的内容来加以补充。

我们完全可以从分析布尔加科夫的认识论观点来开始阐述其哲学体系，但在其认识论里，布尔加科夫却并非是完全独特的，所以，我们又不能在布尔加科夫的认识论里寻找其哲学探索的创造性基础。要知道问题不在于要揭示其思想的形式上的体系性，而在于要深入洞悉其思想的动态过程本身。如果说布尔加科夫本人在阐述索洛维约夫体系①时，是从阐述其认识论开始（在索洛维约夫那里，这种认识论同样也不是其具有奠基性意义的基础）的话，那么，这是因为布尔加科夫非常想要介绍索洛维约夫的各种学说，并把它们当作一个体系。而在布尔加科夫本人身上，他的认识论（超验现实主义及其各种各样的补充）仅仅只是决定着其体系的形式一面，而未能对其内容有所影响。这一点从他常常强调指出思维中的二律背反这一点上看得尤为明显：二律背反的原则对于布尔加科夫来说具有根本的意义，比方说，在《经营哲学》里，布尔加科夫用了许多篇幅大谈其"在逻辑与非逻辑方面具体的不可分割的整体"②，亦即关于生活的现实的二律背反性问题，但二律背反这个概念还并非是布尔加科夫提出来的。只是在《非昏暮之光》中，布尔加科夫才以直接引语的方式援引了弗洛连斯基③，二律背反概念得到了非常广泛的运用。但是布尔加科夫的哲学体系 in nuce 早已在《经营哲学》里提出来。布尔加科夫之所以对理性主义感到珍贵，只是因为他把它仅仅当作批判主义④，在一处文字中他甚至还强调指出⑤，"关于我们存在的非此世之根（它们构成了布尔加科夫的基本观念——原作者）我们只能通过启示……来了解，随后这种启示我们也可以获得和对之进行哲学加工"。布尔加科夫甚至在谈及认识时还说过，说世界是

---

① 《弗拉·索洛维约夫体系究竟能给当代意识带来什么》《从马克思主义到唯心主义》。

② 《经营哲学》，第 21 页。

③ 《非昏暮之光》，第 238 页。

④ 在《羔羊的未婚妻》中布尔加科夫赞扬了批判的二律背反，第 250 页。

⑤ 《非昏暮之光》，第 238 页。

上帝创造出来的，说这是一个"信仰的公理"①，特别指责弗拉·索洛维约夫对创造做了"过度演绎"，亦即指责其理性主义②。而他还故意反对索洛维约夫而断言"绝对者向相对存在的过度简直是不可思议的"③。

如果深入思考一下，构成布尔加科夫哲学体系之基础④，那么，我们就可以采用他自己在《非昏暮之光》前言里的话说，他在寻求着"通过当代性走向东正教的道路"，布尔加科夫走的也仍然还是那条"上升"的道路（即从宇宙到上帝），正如我们在弗洛连斯基那里已经见到过的那样，甚至比此更甚：布尔加科夫哲学体系的基础在于其宇宙学。宗教转向并未把他与世界脱离开来，而是自己本身取决于（无论如何，在很大程度上）更深刻地理解世界的需求，取决于深入洞悉世界最珍贵的生命和最珍贵的意义的需求。"神性世界的诱惑"⑤ 于他而言是格格不入的，无论如何，绝对者和宇宙以其全部力量在他那里保存到了最后的关头（虽然布尔加科夫在其神学中接受了它们的形而上学的统一），以及"万物统一"理念本身，长期以来它只涉及宇宙。在起手研究布尔加科夫体系之前肯定这一论点是极其重要的，因为隐藏在自然中的"物性的面具"⑥ 也在对布尔加科夫施展着诱惑，它们构成了世界的"不可穿透的"外壳。而在《经营哲学》里已经谈到过的索菲亚学里，对布尔加科夫感到有趣的，首先在于其"宇宙学方面"⑦。布尔加科夫在《非昏暮之

---

① 《羔羊的未婚妻》，第 176 页。
② 同上书，第 179 页注 2。
③ 同上书，第 177 页。
④ 值得指出的一点是，早在《非昏暮之光》里，布尔加科夫就说过："只有作为所追求的，而非业已获得的生活之宗教统一体的寻求者，我才会出现在这本书中"（同上书，第 1 页）。
⑤ 《羔羊的未婚妻》，第 3 页。
⑥ 《经营哲学》，第 41 页。
⑦ 同上书，第 149 页（注释）。

光》里断言①："造物就是万物体验体，她是一与多，一切正面的万物统一都属于她。"② 接下来我们读到："世界的本体论基础在于一种致密的、形而上学的和不间断的基础的索菲亚性。"③

从这样一种在绝对者和宇宙之间极其重要的、任何东西都无法抹煞的区别出发，布尔加科夫在其思考中遵循着菲洛首次确立了的、面对着这样一种二元对立的体系。索菲亚作为世界的理念基础，处于绝对者和宇宙之间（"metaxu"），作为一种在自身身上把神性和造物的本性都结合了起来的"第三种存在"而存在……甚至当布尔加科夫转向与观念绝对者和世界的形而上学一致性的学说时，他也从未曾忽略它们之间的区别问题，并说道（上帝和世界）之间两种现实性的不对称问题④。布尔加科夫紧接着写道⑤："虽然从虚无中召唤到存在中来的造物，在上帝面前不算什么，因为具有……这么说吧，其自身的神性（此即造物索菲亚……自身具有其自身的形而上学弹性……）这种独立性是在世界灵魂中实现的，作为一种普遍关联，和造物存在的万物统一性。"布尔加科夫指责道，比方说，托马斯主义，说托马斯主义中"没有为区分上帝与世界留下余地"⑥，认为新宇宙学（这种学说我们已经在比方说弗兰克那里见到过了）"不是一种基督教学说"⑦，因为"这里没有为世界及其现实性准备好独立的地位"："世界属于自己本身……它的确在其身上具有创造力和动力"⑧。

---

① 《非昏暮之光》，第 205 页。
② 同上书，第 214、215 页，比较第 231 页。
③ 同上书，第 229 页。
④ 《羔羊的未婚妻》，第 211 页。还应当指出的，是《羔羊的未婚妻》（是布尔加科夫的最后一部著作）与《非昏暮之光》直接有关，正如列·阿·赞杰尔所公正地指出的那样（《上帝与世界》，第 1 卷，第 87 页）。
⑤ 《羔羊的未婚妻》，第 212—213 页。
⑥ 同上书，第 231 页，比较第 252 页。
⑦ 同上书，第 241 页。
⑧ 同上书，第 243 页。

布尔加科夫对于世界自己本身的"现实性"的感受越强烈，对他来说，造物的万物统一性表现得也就越鲜明，natura naturans 透过natura naturata 表现得也就越强烈①，他对于自然的"泛性欲论"和动态性的感觉也就越强烈。"自然对其形式—理念的迷恋和追求包裹在其自身形式的外衣，在其自身中就是性欲的追求"②。对于世界强力、其在创造力方面的不可穷尽性和不可耗竭性的生动感受——由于世界的"索菲亚性"（布尔加科夫某次讲到索菲亚（造物）存在的"海洋"）——就是由此而来③。对于布尔加科夫来说，宇宙是一个活生生的、具有灵性的整体④，因此他才会严肃而又固执地早在《经营哲学》里就推出"世界灵魂"的概念⑤。我们在此读到⑥："唯一的世界灵魂 natura naturans 力求掌握自然，将其作为 natura naturata。"我们在另外一处地方读到⑦："世界灵魂在其自身包含着一切，是世界唯一的中心。"在《非昏暮之光》里，所推出的灵魂概念还要比这更加鲜明，我们在此读到⑧："作为世界的隐德莱希（энтелехия）⑨，是把世界的 natura naturans 本质的多样性按照其对于natura naturata 的关系关联和有机组织起来的本质——它是普遍的、本能的—和无意识的或是超意识的 anima mundi，它是在以其有机体的无目的合乎目的性、无意识的功能、种族本性的本能……的匀称性而令人惊奇中被人发现的……这个世界灵魂被许多覆盖物覆盖着，而且这些覆盖物自己本身是随着人在精神上的上升而发散。作为一种把世界关联和有机组织起来的统一力量的世界灵魂，每次都是当

---

① 《非昏暮之光》，第 254 页。
② 同上书，第 253—254 页。
③ 《羔羊的未婚妻》，第 156 页。
④ 参见《经营哲学》，第 79 页。
⑤ 布尔加科夫有一个"世界心灵"概念（《经营哲学》，第 44 页）。
⑥ 同上书，第 125 页。
⑦ 同上书，第 149 页。
⑧ 《非昏暮之光》，第 223—225 页。
⑨ 隐德来希（энтелехия），亚里士多德哲学中的术语，活力论中的活力。——译注

感觉到世界的关联性时才开始释放其力量和作用的，她似乎不会被人感觉非凡，她是多面体的，而在实体方面又是统一的。"在另外一处文字中①，布尔加科夫谈到"世界灵魂的睿智"。在《羔羊的未婚妻》里他写道②："世界灵魂是一种有机的力量，在其演变发展中有其存在的本能的规律性。"但布尔加科夫又指出③："世界的灵魂作为一种不具有自己身份的中心，而仅仅只是非身份本质，在其盲目本能性中，在其创造性的和破坏性的自然力量的冲突冲撞中，似乎是在暗中摸索着地在其可能有的方案和变体中，实现着存在的内在计划。""在世界灵魂中有一种存在的'逻各斯的种子'——但却处于其潜在的无定形状态中。宇宙所固有的多种造物的现实的多样性在世界灵魂的统一体中被关联在了一起"④。"世界灵魂或是推动着它，或是把它当作阴暗的本能，存在在其各种形象中的内在的规律性；或是把它当作一个特殊人物的个体性生活，其所固有的特点是行为的自我生成性，是低级种类的造物的自由和自我创造性"⑤，因为"在不取决于其自身被赋予身份的从而得以摆脱这种身份而独立的世界的灵魂，有其自己的自由，因为他是创造生命的一般本质。世界在生命的演变中实现着自己，听从于模糊朦胧的本能，上升到自由的更高级的形态，亦即不是作为东西，而是作为活的生物"⑥。"一般说在创造中死者是绝对不会存在的，——'死的'还不是被身份化了的自然，这里还有下意识的、尚未被人所意识到的生命的特殊种类的存在"⑦。

布尔加科夫所有这些思考（此类思考可以按照意愿无限增加）

---

① 《静思》，第 136 页。
② 《羔羊的未婚妻》，第 346 页。
③ 《羔羊的未婚妻》，第 188 页。
④ 同上书，第 74—75 页。
⑤ 《羔羊的未婚妻》，第 112 页。
⑥ 同上书，第 143 页。
⑦ 同上书，第 111 页。

我们之所以加以引用，目的就是为了表明，在他那里（一直到其最后一部著作《羔羊的未婚妻》）里，宇宙学主题一直表现得十分强劲。布尔加科夫走得远比弗洛连斯基远，对他来说，造物存在的统一性及其活生生的力量以及自然独特的"泛性欲论"——所有这些都在塑造着它的观点，或更确切地说，塑造着他对自然他将自然当作"活的生物"的接受。但这一"存在的活的统一体"（其万物统一）布尔加科夫却在弗拉·索洛维约夫和弗洛连斯基之后，学会了使用"索菲亚"这个名称——他以此而一下子就走出了纯宇宙学主题的范围，并为自己开启了一系列崭新的问题。由于索菲亚概念在布尔加科夫形而上学中的核心地位，我们应该稍微详细一点地对之加以探讨。

8. 首先，名字本身——"索菲亚"——就令布尔加科夫而且不光是他一个人，产生了强烈的印象。而由索洛维约夫所赋予其充满诗意的面容，使得索菲亚征服了如群星璀璨一般的诗人群体[1]。但继承了索洛维约夫后来还有弗洛连斯基衣钵的布尔加科夫越来越把自己的注意力投注在索菲亚概念上，以此使之成为一个无所不包的概念，以至于把其他所有别的范畴都给吞没了。

现在让我们追踪一下布尔加科夫笔下索菲亚理念的各个方面。首先，有关世界灵魂人们所说的一切言论，也都可以归诸于这个题目。早在《经营哲学》里，世界灵魂就被命名为索菲亚[2]，但也是在这里，我们才得知，"世界从潜在方面说是索菲亚式的，而在实际存在方面则是混沌的，在其时间外存在中世界又是索菲亚本身……世界被与索菲亚隔离开来不是按照本质，而是按照状态进行的……由于索菲亚最初的统一体被破坏了，所以，我们在世界上所能找到的，便只有存在及其形而上学中心的混同了，从而造成了存在之

---

[1] 布尔加科夫这句充满诗情画意、采用了索洛维约夫的索菲亚形象的说法，我们是在其写得十分精彩的索洛维约夫诗歌的文章中找到的（《静思》）。

[2] 《经营哲学》，第119页。

病——成长、时间性、不协调性、矛盾、演变、经营过程"①。"在原始混沌、最初意志、最初物质身上，覆盖着索菲亚性的外衣，它们对于生命有着一种不成形的想往，但它甚至只有这种酷似覆盖物的外衣"②。"机械论的沉重外衣覆盖在世界之上，普遍的因果关联法则成为实体之间关联的普遍形式"③。

索菲亚学的宇宙学方面问题早在《非昏暮之光》里，就已开始逐渐改变。"造物就是万物统一"还和从前一样，亦即万物统一概念仍然还具有纯粹的宇宙学意义（而这是合理合法的），但就在这里也显现出了另外一些新的母题。布尔加科夫写道："世界的秘密在于女性……世界的诞生也就是全部神圣三位一体的行为，在其每一个体位上伸展着可以接受一切的生物，永恒的女性，她通过这一切而成为世界的本质。"约纳④是"第四个身位"⑤。下文中我们还将会涉及到另外一些母题，正是因为这些母题，布尔加科夫才在此将其命名为索菲亚，并认为索菲亚就是永恒的女性，和"第四个身位"存在的母亲的子宫，而目前让我们暂时还是关注一下在布尔加科夫笔下索菲亚的宇宙学方面问题究竟是如何发展的吧。他问道⑥："可到底什么是在其形而上学实质中的永恒的女性呢？她是造物吗？不，不是造物。在上帝和世界之间占据其位的索菲亚，也处于存在和超存在之间……索菲亚虽然不是绝对者或上帝，但却具有直接来自上帝的一切，亦即绝对的形象。""索菲亚自己本身并非永恒，她的一切都具有永恒的形象……她是摆脱时间而自由的，她超然于时间之上，

---

① 《经营哲学》，第146页。

② 同上书，第149页。

③ 同上书，第153页。所有这一切都与索洛维约夫在其《La Russie et l》《Eglise Universelle》表述的学说十分相近。参见上文第3卷第2章。

④ （Иона，？—1461）1448年起为俄罗斯都主教，实际上是第一个不由君士坦丁堡牧首委任的都主教。——译注

⑤ 《非昏暮之光》，第205、213页。

⑥ 同上书，第214页。

但永恒性却并不属于她自己本身。正面的万物统一属于她"①。但是，"世界在同一时间内也是索菲亚，但也与索菲亚区而有别，不是索菲亚"。索菲亚老实说是"理念的世界，亦即是世界的理念方面"②。"索菲亚就其对于世界的多样性方面的关系而言是理念的有机体，在这种有机体中，包含着所有事物的理念的种子"，其中还有"其存在之根"③。这一"理念的世界，理念的'一切'，在实际存在方面，包含在索菲亚中，不仅对于造物世界作为其基础而存在着，而且也作为一种规范，一种极限任务，一种亚里士多德式的隐德来希而存在着"④。"世界是一种被撒满了理念的种子的东西，是一种正在成为索菲亚的东西……有没有（个别的？——原作者）超永恒的神性的索菲亚呢（即'第三种存在'，正如我们上文所说过的那样。——原作者），作为索菲亚的世界，也是正在形成中的索菲亚"。

　　这段话里不难听出一种模糊性。索菲亚概念在不失其为宇宙学概念的同时，也被双重化了：一部分索菲亚还处在世界的范围内，而另一部分却已处于世界之外。但是下文中我们便会得知，"创世的行为是在两个中心的索菲亚的创造行为中实现的：天与地，这就构成了神性索菲亚与宇宙学索菲亚的区别（＝'大地'）"⑤。在把这些区别加深以后我们便会在事实上拥有不是一个，而是两个索菲亚概念，布尔加科夫建构了有趣的关于"肉体性"的学说，提出了"物质"与"肉体"之间的区别问题。布尔加科夫还提出了"精神肉体性"的概念，物质对他来说是"肉体的非实体"，正如唯物主义者们所以为的那样，而只不过是其"性质"——"是使肉体成为身体

---

①　《非昏暮之光》，第 215 页。

②　同上书，第 216 页。

③　同上书，第 221 页。

④　同上书，第 222 页。比较库德里亚夫采夫有关"存在之真"的学说（第 3 卷第 4 章）。

⑤　同上书，第 239、240 页。

的那种力量"①。"精神的肉体性"② 既不与时间也不与空间有关③，而可以把"精神与肉体的对立"应用在她身上，而唯灵论和唯物主义丧失了任何意义：这一对立自身所表现的并非肉体的原初本质，而仅仅只是其模态性，是肉体性的特定状态。

如果我们把造物是唯一的和完整的也加进造物作为"精神肉体性"的形而上学中来的话（"……全部世界，"布尔加科夫写道④，"都是单纯的肉体性和单纯的肉体……"），那么，"世界潜在的索菲亚性"⑤ 和作为"世界的理念基础"（亦即神性的索菲亚）的索菲亚的区别也就昭然若揭了，也就是说，索菲亚这两个方面的区别也就变得可以理解了。对于索菲亚身上有关"这两个中心"的表述法加以如此阐释至少是不成功的……还需立刻加以指出的，布尔加科夫常常在其对于表述法的选择中表现得不够谨慎，在他那里，我们差不多处处都能看见矛盾，很难与其自身协调的表述法——而且恰是在有关索菲亚的言论中。这就形成一种印象，即布尔加科夫似乎是站在一道封闭的门前，并且因此而必然提出一些他的思辨能力所能提出的模棱两可的表述法来。就这样，造物存在在其完整性中既是又不是索菲亚：它在其理念基础方面是索菲亚，但由于这一理念基础仅仅只是决定着世界的生命和世界的演变而已，所以，它又不是索菲亚。但布尔加科夫究竟又为什么而宣扬索菲亚呢，宣扬索菲亚是一种特殊的（"第四种"）身位，这种身位尽管就其实质而言"处于神性世界之外，但却并不进入世界的绝对完整性之中"，但与此同

---

① 《非昏暮之光》，第 268 页。布尔加科夫还有一个"理性所能问津的物质"概念（同上书，第 252 页）。

② 肉体性的生物本身，其决定性的因素布尔加科夫认为在于"作为生命的独立的自然力量的感性之中，它与精神有别，但它却对之并不陌生或与之对立"（同上书，第 249 页）。

③ 《非昏暮之光》，第 255 页。

④ 同上书，第 258 页。

⑤ 同上书，第 239 页。

时，却"又允许其进入其中"①？在此，我们遇见了那样一种神话学因子，这种神话因素我们已经在弗洛连斯基那里见到过了，我甚至认为布尔加科夫在此已经极度堕入弗洛连斯基的影响圈里了②。在接受了"第三种存在"的理念（在上帝和世界之间——"metaxu"）以后，布尔加科夫写道："我们不能只把索菲亚仅仅当作是理念的宇宙。"上帝"不拥有（在形而上学的外位性意义上）索菲亚，而只是向她输送创造生命的三重身份的爱的力量"。这也就意味着，神性之爱的"对象"应当成为"主体、人物、身份……"我们不难看出，在此，"万物统一"观念如何起初明确地只归诸于宇宙，通过"第三种存在"概念走出宇宙的范围的。从现实的概念（作为宇宙的活的统一体的索菲亚概念）通过这一神话因子索菲亚逐渐成为"二重性"概念的。至于说这里有某种自己特殊的根据这一点，用不着争论，只是这种根据处于神学领域（在有关作为上帝身上的超睿智性的索菲亚的学说中），而其自己本身却仅仅只是把两种各个不同的概念（上帝身上的索菲亚和作为造物活的统一体的索菲亚）关联成为而非融合成为同一个概念。

在小型专著《论身份与身份性》③里，布尔加科夫提供了"若干种与《非昏暮之光》截然不同的阐述，虽然实质上无多大差别，但比之更加准确"④。布尔加科夫依然承认索菲亚是"活的生物"，但已经不认为她是身份，"因为这将意味着自足独立的存在，像三位一体的身份一样，因而会给三位一体带来第四位身份"⑤。为了神学的严谨性，仍然称索菲亚为"活的生物"的布尔加科夫，如今为其仅仅确立了"身份性"，即"能够被赋予身份，属于身份，成为对

---

① 《非昏暮之光》，第212页。
② 布尔加科夫本人并不隐瞒这一点，而是直截了当地要读者去读弗洛连斯基（同上书，第213页注2）。
③ 发表于纪念帕·鲍·斯特鲁威文集中。
④ 《论身份与身份性》，第361页（注释）。
⑤ 同上书，第361页。

身份的揭示，并投身于身份的能力"①。可布尔加科夫又为什么需要这个奇特的，而且实质上是虚拟的"身份性"概念呢？这只有在嗣后布尔加科夫著作的光照之下才可以搞清楚，而这首先是指《上帝的羔羊》一书，而表述得更加清晰的，是《羔羊的未婚妻》一书，在这部著作里，万物统一形而上学已经在有关索菲亚的学说的基础上获得了全面的胜利。神性索菲亚（共同属于绝对者的）和造物索菲亚却原来是同一化了的，因为在创世过程中，"神性索菲亚便成为了造物索菲亚了"②。"唯一的索菲亚是在上帝身上和创世中被揭示的"③。颇有些出乎意料之外的若干个论点，恰好与索菲亚业已被身份化有关，因为为了赋予其以存在的形象，布尔加科夫告诉我们，说索菲亚犹如"一根长胡子"，亦即上帝身上的"实质"。早在《论身份和身份性》这部专著中，布尔加科夫就说过，说"我们应当严格地把索菲亚与上帝或自然的实质区分开来"④，但在《上帝的羔羊》里和嗣后的所有著作中，布尔加科夫却断言，"神性索菲亚不是什么别的，就是上帝的自然本性"，"一根胡子"，它被理解为"万物统一"⑤，理解为"神性的世界，上帝的神性，上帝身上的自然本性"⑥。

所有这一切都决定着布尔加科夫笔下新的形而上学的特点，现在我们可以认为这是一个非常协调匀称的体系，但也因为致命的困难而与"万物统一"概念相关联的，与此词的意义完全相符的体系。

9. 布尔加科夫依旧承认世界的造物性，并在这个意义上摆脱了对其泛神论可能有的任何指责——否定了上文刚刚谈到过的、但恰好是在《羔羊的未婚妻》里谈到过的身体宇宙学。布尔加科夫在后

① 《论身份与身份性》，第 362 页。
② 《上帝的羔羊》，第 149 页。
③ 同上书，第 148 页。
④ 《论身份与身份性》，第 360 页。
⑤ 《上帝的羔羊》，第 125 页。
⑥ 《羔羊的未婚妻》，第 46—50 页。

一部著作里，不仅鲜明而又强烈地描述了世界及其"形而上学弹力"的活跃性，不仅强调指出先前那种"造物索菲亚是世界的能量本质"的理念①，而且还非常突出地表明，"在造物世界里恶是造物自我确认过程中的果实"，恶是造物所创造出来的②。"世界的灵魂为被恶魔所掌握而痛苦"，在世界上，我们能找到"在世界的生活中贯穿反自然行为的现象"③。由于世界是一个统一的整体，世界上存在着一个本体论的统一体④，又由于在把绝对者与我们"半明半暗的世界"⑤ 相比较时变得很清楚，所以，"上帝和世界实质上是非均等的现实性"⑥。

但是，尽管如此，对于布尔加科夫来说，如今"世界的本质和神性的世界——是一回事，应当以全付力量肯定理解神性世界与造物世界的'等同性'，或是理解神性索菲亚与造物索菲亚的'等同性'问题"⑦。上帝和世界的这种形而上学的同质性，或其形而上学的一致性，这种万物统一的神话并不能推翻世界与上帝的区别（在其经验现实中），但上帝与世界的相互关系这样一来又该归结到哪里去呢？在不否认这个体系中的若干个神学结论的同时（在搞清神的化身这部神秘剧时——请参阅布尔加科夫的《上帝的羔羊》一书），我们应当承认，从哲学上很难接受这个体系。就此我们还应予以指出的是，布尔加科夫非常严肃地，而非只在名义上的，接受了创世的理念，——但在这个体系中，"创世"这个概念又能意味着什么呢？早在《上帝的羔羊》里，布尔加科夫就隐藏在一大堆困难后面，而在这里，在纯粹话语的帮助下，对其实施了规避动作。他在这里

---

① 《羔羊的未婚妻》，第 342 页。
② 同上书，第 165 页。
③ 同上书，第 173 页。
④ 同上书，第 184 页。
⑤ 同上书，第 177 页。
⑥ 同上书，第 244 页。比较《世界存在中没有上帝》（同上书，第 43 页）。
⑦ 同上书，第 58 页。

写道①："世界的被创造从形而上学意义上说，在于上帝把自己的神性的世界不是作为超永恒的实体奠定的，而是作为成长中的实体奠定的。"在这个意义上，"他把它与虚无嫁接了起来，让其沉浸在成长之中"。这个谜一样的表述法，实质上是没有意义的（因为神性的索菲亚又怎么可能被"沉浸"在"成长之中"呢，要知道成长是世界的形象，是已经被共同创造出来的形象，也就是说，它只能发生在创世之后，但却绝对不会在其之前），而在布尔加科夫的最后一部著作中，又重复说道，虽然正是在这部著作里，布尔加科夫非常执拗地坚持主张，说我们应当接受世界的共同创造性理念②。但接受这个理念是一回事，而对之进行阐释则是另外一回事……布尔加科夫在《羔羊的未婚妻》里再次重复索洛维约夫的话而写道："创世在于在索菲亚身上的神性存在对其自身而言获得了在世界上的异样存在。"③"在创造世界时，亦即在赋予其以独特存在时，上帝以为他似乎在自己之外，因而把他放走了（这是对索洛维约夫脚本的改写），到了一个在神性之外的甚至是非神性的存在中去"④。但是，正因为此，也就必然会不仅得出一个模棱两可的结果，而且还是一个毫不适宜的语词游戏的结果——但是，在万物统一的形而上学中，这一点又未见得能够被排除掉。布尔加科夫写⑤道："造物索菲亚不是另一种或是故意被与世界共同创造出来的东西，对于世界来说，索菲亚只是其存在的特殊形象而已。世界由于其对于神性索菲亚所具有的关系，因而是非共同创造的……但与此同时他又是共同创造出来的。""而由于神性索菲亚和造物索菲亚不是两种实质，而是一个"，所以，从索菲亚在两个形象的统一体中，必然引导出一个不可

---

①　《上帝的羔羊》，第149页。
②　《羔羊的未婚妻》，第12页。
③　同上书，第54页。
④　同上书，第58页。
⑤　同上书，第69页。

理解的表述法，即世界是共同创造的也是非共同创造的①。毫不奇怪的，是从布尔加科夫的这样一种表述法里，可以推导出一种虚假的问题来（例如，"世界是否需要以一种特殊的方式创造，既然它的基础已然存在着——造物索菲亚？"）。我们当然可能会担心在这种类似的二律背反的死胡同里②，但当我们读到，比方说，"造物索菲亚在被创造的过程中，可以这么说吧，是被从神性索菲亚中创造出来的"③，而与之并列④，是"造物索菲亚在一定意义上是不会重复神性索菲亚的，但却可以以其主题为题对创造性的变体（？）进行一种总和"，那么，在所有这一切之中，便会陷入除了从万物统一形而上学中引发的无可克服的困难以外，别的任何什么都无法也不可能找到的地步。布尔加科夫的索菲亚学一元论，虽然在语词上与索菲亚学的二元论是相符的，但实际上，却是在引向这样一个结果，即在其身上，一切在布尔加科夫宇宙学中都曾经是高质量的一切，都会被淹没。这样一来我们应当选择什么——或是万物统一形而上学，或是（正如布尔加科夫以前曾经证实的那样）万物统一仅仅只是宇宙学，而非形而上学。弗兰克称其为自己身上的"一元二元论"的东西，布尔加科夫是不会接受的，而且，最重要的是，它还能够为体系提供一种虚假的完整性。

10. 我们已经看到，恶的问题的解决在弗兰克那里是如何的艰难了。应当承认布尔加科夫远比弗兰克更加清晰地描绘了恶的整个深度——这对于布尔加科夫的历史哲学来说尤为恰当。早在《非昏暮之光》里，恶就被布尔加科夫与"虚无"和"闯入到业已实现了的创世中"的混沌的力量联系了起来（上帝"并未因要和解而停止脚步，从而给暴乱的混沌的虚无以地位"）。这样一来，"恶和原罪的

---

① 《羔羊的未婚妻》，第 70 页。
② 参见比方说同上书的第 88 页。
③ 同上书，第 92 页。
④ 同上书，第 94 页。

可能性，作为虚无的现实化，便早已就被创世化了"①。应当指出的，是这个非常奇特的最后归结为"虚无"似乎即无（亦即纯粹的零）的恶的理论，可以成为一种"混沌化的力量"！过了几页后，布尔加科夫却又以另外一种方式教导我们，说"原罪"只能在索菲亚生活的下层发生②。在《羔羊的未婚妻》里，布尔加科夫常常回到恶的主题上来——而也就是在这里，他笔下也开始凸显出自由的意义问题来。他写道③："恶的基础在于造物的性质本身中，这一性质在于把自由的自我确立和自然的属性结合起来。"布尔加科夫写了许多文字讨论历史中的恶的问题——这个问题始终在折磨着他，并向他提出了末世论问题。他写道④："自然人的正面属性在于其创造性的力量，这种属性是健康的和索菲亚式的，但在其状态上却是病态的。"由此他得出一个结论，即"历史不会在其内在论中结束的，而是会以一种灾难的方式中断的"⑤，历史终止于"一个全世界历史的一次灾难和世界性大火"。但是，如果仔细深入思考这一关于恶的形而上学的话，那么，便会在试图调和宇宙的"索菲亚性"（亦即布尔加科夫的新形而上学的存在的神性）与暴动的本质调和起来时，产生一种不寻常的困难。布尔加科夫情愿承认存在在其自由中"是非索菲亚式的"⑥，但那样一来剩下的出路（继索洛维约夫之后），也就只有诉诸于不是索菲亚存在的"下层中心"，而是纯粹的"虚无"，即一种"混沌化的力量"。在这个问题上的索菲亚一元论显然遭到了失败。

一般说来，布尔加科夫并未把其万物统一的理念扩散到宇宙范围以外去，亦即暂时还站在本体论二元论的基础之上，在其体系中

---

① 《羔羊的未婚妻》，第 260 页。
② 同上书，第 262 页。
③ 《羔羊的未婚妻》，第 168 页。
④ 同上书，第 353 页。
⑤ 同上书，第 361—362 页。
⑥ 同上书，第 480 页。

（正如在《非昏暮之光》里所表现的那样）有着更多的完整性，但索菲亚这个概念（纯宇宙学的）变成了"第四个"身位（但却正如我们所知没有为此而有足够的根据）。当布尔加科夫以神学方式重新建构其体系时，当他站在索菲亚一元论的立场上时，其体系显然并未成功。我们不想以此来减弱其个别但常常是非常出色的理念和表述法的崇高的和无可争议的价值，万物统一体系要知道始终是忠实准确的，因为它只是把宇宙纳入自身中来。万物统一形而上学和弗拉·索洛维约夫的首次建构其本质的尝试一样，是失败了，而继其之后，他的那些新的追随者们，却无法排除或否认宇宙学问题巨大的和极端迫切的现实意义，其全部深度是很难估价过高的。但一个固执的念头，即绝对者的被"席卷进"世界进程中①，而非简单地"共同存在于造物中"（按照大主教尼康诺尔的表述法——参阅第 3 卷第 3 章）并"参与"世界的生活，一元论固执的诱惑妨碍过并且仍然在妨碍着我们在世界和绝对者之间寻找平衡……

我们不会更多地分析布尔加科夫在形而上学领域里的体系了，现在仅就其在其他哲学领域里的体系说几句话。

说到布尔加科夫的人类学问题，那么，应当承认，在这个领域里，他做出的显著贡献很少——更多的是在重复索洛维约夫，部分的是在重复弗洛连斯基。作为一个"世界的主人或预言家"②，人"参与到为自然世界创造灵魂的 natura naturans"③ 中。布尔加科夫常常强调指出人身上的这种具有创造性的自然力量，但是，他的思想仍然过分强烈地倾向于把人类作为一个整体，作为一个创造活动的真正的主体来推出。关于"经营"，亦即一般说关于创造，布尔加科夫写道，"他的真正主体不是人，而是人类"④。布尔加科夫甚至还

---

① 《非昏暮之光》，第 195 页。
② 《经营哲学》，第 122 页。
③ 同上书，第 125 页。
④ 同上书，第 114 页。

说："……人是在如同世界灵魂的眼睛一样认识的"①，而这在部分上与我们已经熟知的谢·特鲁别茨科依伯爵关于"人类意识的聚和性本性"的学说非常接近，但也只是部分而已：对于布尔加科夫来说，人类的"聚和性"及其活的统一体与世界的索菲亚性的联系实在是太密切了，以致它似乎被淹没在这里面去了。对他来说重心仅仅在于人正是"世界灵魂的眼睛"，是其动力的传动装置——一般说索洛维约夫索菲亚学的人类学方面也是如此。谢·特鲁别茨科依的意识的"聚和性"——在这个问题上弗兰克与其相近——首先是或更多的是经验的，而只是后来才成为一种形而上学的事实……对于布尔加科夫来说，人身上最重要的东西，是他"是创世的中心"②，是自然"只有在人身上才能意识到自己，成为眼睛可以看见的，才会被人化"。但在个别人身上，本体常常会表现出来，"他常常会把一袭神秘而又沉重的面纱覆盖在全部生活之上"。正如"人身上的本体只有他对自己本身实行的劳动或是宗教信仰的功勋才可以被解放和被战胜，自然的本体也只有在历史进程中的经营劳动才能被战胜"③。因此，在人身上，人的始祖通过原罪、外在的"劳碌"和自然生活中的非真，有一个拯救原罪的任务——而这也就是人的道路。布尔加科夫紧接着写道④："在作为宇宙的世界和经验的世界（人的世界——原作者）之间，存在着一种活生生的交往"，但人身上还负有从这种交往中汲取创造之母题的责任，以便在自己身上和自然身上自由地克服本体。单靠自由可以帮助"堕入非真状态中的世界，并因此，然后是帮助可死性，最后达到真理的理性"。在布尔加科夫那里，马克思的这种历史决定论（来自黑格尔）并未消失，它保证"在历史的终端"，会有一个"自由的王国"来临，只是在此时此

① 《经营哲学》，第 120 页。
② 同上书，第 106、107 页。
③ 同上书，第 155 页。
④ 同上书，第 139 页。

刻，布尔加科夫的"索菲亚操纵着历史，如同历史的客观规律一般，而只有在历史的索菲亚性中，才会有一种保障，保障从中会有什么结果出来"①。可是在这个历史的索菲亚层面上，在其内在的决定论中，我们又该如何来思考人类身上自由的本质问题呢？布尔加科夫一直都在思考这个问题，而这个问题也常常把他的注意力转向人类学问题。早在其专著《进步理论的基本问题》中，布尔加科夫就坚定地宣扬道德律令对于是否可以将它们纳入现实生活中这个问题的独立性②。在《经营哲学》中，布尔加科夫说道："根据其意识和自由在形式上的无边无际性，人赋有神性"，但是，"与其格格不入的异己的存在"却为自由划定了界限③。自由的现实性这是一回事，它的强力这则又是一回事，而有关自由的意义以及创造性地改造世界的途径的基本问题，就是在这里产生的。布尔加科夫的自由"在形式上的无边无际性"完全是追随谢林的，它把自由的（本体）行为在"我们存在的边缘"结合起来。"在把特定灵魂召唤到生活中来的同时，上帝让他们参与对其自己本身的创造……人们早在诞生行为中就已经是自由的了（不是在编年史的，而是在本体论的顺序上）④。这一有关自由的学说"处在存在的边缘"，并且在布尔加科夫心中存在了整个一生。我们在《非昏暮之光》里读到："在人身上有个性的实体性的意志核心，而这也就是自由的主体。"⑤ "造物的自由，"我们接着又会读到⑥，"有一种倾向于把非存在召唤到存在中来，把'虚无'现实化的意志——这样一来它就能间接地获得生命"。

所有这些学说在布尔加科夫嗣后的著作中都得到了发展，并且

---

① 《经营哲学》，第 157 页。
② 《从马克思主义到唯心主义》，第 146 页。
③ 《经营哲学》，第 226 页。
④ 同上书，第 220 页。
⑤ 《非昏暮之光》，第 249 页。
⑥ 同上书，第 262—263 页。

在《羔羊的未婚妻》里，达到其最高级的表现。在此布尔加科夫首先再次强调指出人身上本体的自由，他写道①："如果'我'也是被造的，那么，它就不可能被造得像东西，这么说吧，不经我同意……在对'我'的创造中，它自己本身是被询问过的。"这一有关自由之主体的奇特的学说之奇特，在于它究竟是如何成为主体的，如果我们承认灵魂此前的存在的话，这一切就都可以理解了，但是布尔加科夫却是否认此前有灵魂的存在的呀②，而且他竭力想要绕过这一他不得不与之打交道的难题。他写道③："（对存在）的同意就是对'我'的自我认同。从虚无中虚无（！）发出了造物的'是的'之声，它在询问自己的存在本身。在这个意义上，虚无真的是一个自由的容器（！）。"布尔加科夫继续写道④："个性的创造必然不仅包含对于存在的神性召唤，而且也包含造物身份对于存在的自我认同或'我'对于上帝所赋予之地位的同意……在这个意义上，'我'的创造同时也是自我创造，人与上帝共同参与对其自己的创造行为。"话当然说得很勇敢，但实话说，缺乏任何意义⑤。布尔加科夫立刻又写道："自由不是自己产生和开始的……她也不是被造的……她是从上帝自由的永恒之光散发出来的，而在这个意义上，她是超平和的和超造物的。"但如果是这样的话，那么，我们就必须直截了当地谈论灵魂的前此存在，因为如果有"超和平的自由"的话，那么，根据同样理由，也就有这个自由的主体。可是现在他的话却又已经变了："人类的个性本身（'我'）并非索菲亚式的，但却是索菲亚所赐予的，被置于其中，被作为个性的主体，或身份。"⑥ 这段

---

① 《羔羊的未婚妻》，第98页。
② 同上书，第124页。
③ 同上书，第98页。
④ 同上书，第103、104页。
⑤ 比较布尔加科夫自己的话（《羔羊的未婚妻》，第137页）："在被造之前虚无根本就不存在……而自由在充当自由之主体的此之前或在此之外，同样也不存在"。
⑥ 《羔羊的未婚妻》，第95页。

话已经是在以另外一种方式描述了人的秘密，在布尔加科夫那里，与人身上的各种本性及其身份有关：人就其本性而言是索菲亚式的（如同整个宇宙是索菲亚式的一样），而其身份并非如此与"本性"有关，像在上帝身上的身份与"本性"（本质）在上帝身上相关一样①：身份"被置于"人的本性中。然而，如果每个"我"都进入世界，"都对此表示同意"的话，那么，这是否会导致形而上学的人格主义呢？布尔加科夫对于这个从有关"处在存在之边缘"的自由学说中合法产生的问题，干脆就根本没有察觉——对他来说，人类是一个整体，而非数字，每个个体"在同一个时间内都是个性的和全人类的"②。这一个性的"全人类性"布尔加科夫甚至认为是"人类学的一个公理"③。

当然，我们本来也可以把"全人类性"归诸于"本性"（在所有人甚至每个人身上都是同样的），而这样一来身份就会成为纯个性本质的载体（自我认同之我）。但是，布尔加科夫认为"在人身上的身份和本性之间在个人生活最深刻的秘密中有一种特殊的关联"④。在另外一处文字中布尔加科夫写道⑤，像是在否定个性的身份有自己特殊的内涵似的："造物（人）的本性虽然是被个性的自我意识所照亮了的，"布尔加科夫写道⑥，"但却并未彻底被它所渗透——她是一种阴暗的、在身份上未被照亮的个体"，而身份理应照亮本性，在本性中"释放"其索菲亚的基础。人身上的身份和自然之间的整个这一切十分密切的关联不允许它们之间的分裂（这种分

---

① 布尔加科夫在《上帝的羔羊》里（第119页）写道："虽然上帝身上的本性是一种不同于身份的另一种东西，但她整个都是被身份化了的。"在人身上（同上书，第159页），有其被共同创造的本性和非造物的本质——身份。

② 同上书，第121页。

③ 同上书，第122页。

④ 《羔羊的未婚妻》，第199页。

⑤ 同上书，第283页。

⑥ 同上书，第334页。

裂比方说是在依次化身中被证实的)①。

就这样，在布尔加科夫那里，有关人和自由的学说就始终都言犹未尽，模糊两可。

但是，我们现在还是先回到有关人身上的自由和必然及其在创造和历史中的关系问题上来。克服外在的必然性是自由的任何行为都需要的——而在这里，正如我们所见，布尔加科夫坚定地站在人的独立性立场和捍卫人的自由的立场之上。但是，除了外在必然性以外，在人面前还矗立着另外一种业已成为形而上学的必然性——那就是秘密的历史逻辑，对其的了解，源于这样一个表述法，即"索菲亚统治着历史"。布尔加科夫在《经营哲学》里写道②："自由之扩展到历史的进程中，但却不扩展到其结局。"布尔加科夫走得要比这还远，在回归马克思主义的公式，同时又给这一公式带来新的内涵："自由是被认识了的必然性"③ 和"神的天意，是通过必然性的途径来对人实施的引导，是历史的最高规律"④。

在这些表述法里此时还感觉不到自由的悲剧性。例如，在《非昏暮之光》里；我们可以发现我们能在《经营哲学》里所能找到的那种索菲亚决定论。"由于世界以其日常生活之根深深扎入上帝之中，所以，世界与自由是格格不入的，它与自由的关联是偶然的和不稳定可靠的。但是，世界又不可能完全不被排除，不可能完全解体，然而，由于其自由的原因，世界可以停留在 меональность 的状态，而无法达到存在的最高阶段"⑤。"自由是无法扼杀甚或从实质上消灭创造的"⑥。布尔加科夫在《非昏暮之光》的结语一章中写

---

① 《羔羊的未婚妻》，第 384 页。
② 《经营哲学》，第 237 页。
③ 同上书，第 242 页。
④ 同上书，第 237 页。
⑤ 《非昏暮之光》，第 205 页。
⑥ 同上书，第 209 页。

道①："我们必须把神的无所不能和造物的自由凝结成为一个整体，并以此最终使得神性和人性协调起来。"然而，布尔加科夫立刻又接着说道②："如果人的自由被全部认可的话，那么，我们就必须以全部严肃性和彻底性来看重这种自由，直到海枯石烂和地狱的磨难……"但是，为了把万物统一形而上学维持在一定的框架内，布尔加科夫这样结束其思考③，说"恶的完全无能为力和被完全中止是完全可以想象的"，"天堂和地狱的对立还不是创世的极限目标"。

在这段话里，我们仍然能够感觉得到——虽然还很微弱——那样一种在对待"万物统一"的关系上的"小小的裂纹"，这我们在对弗兰克的讨论中已经见到过了。

在《羔羊的未婚妻》里，如我们所知，自由被认为是"非索菲亚的"，亦即处于存在中的索菲亚决定论之外。正如布尔加科夫所写的那样④："造物的世界只有在其本体论根据方面才是完全的决定论的"。布尔加科夫又一次相信⑤，"造物的自由的辩证法……应当在自由之路的终端通过在自由之路上为了最高和终极的自由而克服个性的能力而与索菲亚存在的海洋融合为一体——与对于作为目标的索菲亚决定论融合为一体"。然而，由于"原罪在人身上是以本体论的灾难的方式显现的，因而历史的力量……就削弱了人的全部本性"⑥，而由于"恶魔主义深藏在每个造物身上——作为一种应当予以克服的救赎"⑦，一般说由于"自由的易消化性"和作为自由之主体的"我"的索菲亚性，——那种"索菲亚决定论"根本就没有什么保障，甚至是十分可疑的。布尔加科夫非常强烈和尖锐地谈及

---

①　《非昏暮之光》，第 410 页。
②　同上书，第 413 页。
③　同上书，第 417 页。
④　《羔羊的未婚妻》，第 151 页。
⑤　同上书，第 156 页。
⑥　同上书，第 207 页。
⑦　同上书，第 168 页。

"全部人类创造的中毒症状和腐化症状"①，而在这个问题上，他以极其勇敢和求真的勇气承认，"尽管人类具有一体性并且其全部创造有一个统一的根部，但人类却没有一个和谐的实现结果，相反，人类的命运是一场最后的斗争的最令人撕心裂肺的悲剧"②。布尔加科夫紧接着又写道③："在历史本身的范围内，这是一个没有终结和结局的悲剧。"万物统一形而上学在历史范围内，在时间的界限内，这样一来是不忠实的，而"索菲亚的决定论"不过只是一种理想，而非现实性："世界上的一切都会被烧毁，都不会持久和永久化，他的嫁接也非索菲亚式的，——他的索菲亚形象在放射着光芒，所以造物的索菲亚会完全成为神性索菲亚的一个完全透明的启示……世界的灵魂在保留其自身全部的现实性和独特性的同时，不再对精神隐瞒，而是变得听命于精神，对精神而言是透明的，和精神协调的"④。但是，在未来的区域里，仍然将会保留着享乐与痛苦的二律背反⑤，因为那里有在未来区域里无法被排除的自由，虽然自由也应该在其以"本体论的疯狂"⑥反抗上帝的行为得到承认，也可以停留在"凶恶的虚无的永恒中，直到（甚至就连撒旦也）开始面向上帝时为止"⑦。布尔加科夫做出了如下思考："撒旦主义是可以穷尽的，这里撒旦主义终端的可能性被开启了"，但是，这种"本体论前提（受制于'万物统一的形而上学'——原作者）是一个秘密，是我们所完全无法知道的，因此以后也不应拿来讨论"⑧。

　　思维的勇敢始终也未曾抛弃布尔加科夫，尤其是在对于万物统

---

① 《羔羊的未婚妻》，第 352 页。
② 同上书，第 361 页。
③ 同上书，第 362 页。
④ 同上书，第 451 页。
⑤ 参阅《末世论》第 6 节（同上书，第 3 节，第 493—553 页。还可特别参阅第 520、524、537 页）。
⑥ 同上书，第 539 页。
⑦ 同上书，第 543 页。
⑧ 同上书，第 545 页。

一体系十分必要的那个点上，——"索菲亚决定论"原来仅仅只是一种可能，一种与"在其之上自由被任性地寻求的那条道路的疯狂"的意识有关①，但也仅此而已。

我们已经接近于阐述布尔加科夫体系的结尾部分了。我们既不涉及他的伦理学言论——其言论没有任何超出于一般伦理学唯心主义范围和伦理活动神秘主义根据②以外的内容，也不会涉及其美学观点。论述审美体验的散发着芬芳氤氲之气的篇章③，除了对于美学哲学很重要外，其他并没有什么。

11. 现在转入对布尔加科夫的评价。布尔加科夫首先是一位学者——他把科学思维的严谨带到了哲学研究工作中来。他总是"根据充分"，总是思维深刻好学深思——这使得他的著作价值非凡，这甚至对于那些与他有着不同定向、最初的观点也根本不同的人也是如此。但正是由于其"根据十足"，因而布尔加科夫又无法把自己局限在"纯"哲学——形而上学的嗅觉把他的思维引向宗教一面，使其成为一个哲学家—神学家。哲学家与神学家的这种不可分割性在布尔加科夫身上最鲜明不过地证实了他思维的敏锐性和精神的严整性：要知道哲学永远都在研究绝对者问题，亦即永远都站在神学的"门槛上"，因而，实质上我们是不可能停留在"纯"哲学上的。仅就一点而言，即他深化了对于思考存在而言如此重要的宇宙学问题，布尔加科夫对俄国哲学的发展具有十分重大的意义。"造物索菲亚"概念（如果我们不是那么固执地坚持这个由于各种原因而并不十分成功的术语本身的话）在俄国思想界，正是布尔加科夫对之的研究，最深刻，最彻底，最详尽，而他在《经营哲学》里所做的分析更是鼓舞人心。但是，早在《非昏暮之光》里，宇宙学问题便与宗教主

---

① 《羔羊的未婚妻》，第550页。

② 可特别参阅《英雄主义与苦修主义》，起初发表于《路标》文集，再版于《双城记》文集，第2卷。

③ 《静思》文集里多有此类的篇章。

题有着合法的关联，并且成功而又令人信服地克服了任何内在论，布尔加科夫最终堕入了万物统一形而上学的魅力下。弗洛连斯基对于布尔加科夫的影响有正面的一面，这是指他使哲学探索与丰富的教会传统结合了起来，但也有负面的一面，这是指他开动了他的索菲亚一元论的倾向。早在《非昏暮之光》里，布尔加科夫就把"万物统一"只归诸于宇宙，而就在这里他与弗洛连斯基的整个关于"第三种存在"（"nataxu"）没有肉体的神话并驾齐驱。从神学上清洗"索菲亚"概念身上的双重性——这种双重性早在《非昏暮之光》里就已初显端倪——布尔加科夫堕入了索菲亚一元论中，由于这种一元论的困难，因而使他想到要在二律背反中寻找拯救的出路。而实际上所得的只是名义上的，而非现实的二律背反，而这最鲜明不过地表现在最为重要的概念创造中，其全部形而上学体系都有赖于这个概念。一方面，布尔加科夫以全部力量和主动精神捍卫着创造概念的现实性，而在这方面，他取得了很大的成功，但从另一方面说，尽管他的索菲亚一元论特征鲜明，但在把上帝身上的"实质"（神性索菲亚的"一把胡子"）与宇宙的"实质"同一化以后，创造便成为虚拟的概念了，就被神秘的кенозис所取代，被奇特的绝对者的转变（以其丰盈性）为"形成中的绝对者"所取代了。在所有那些科学的诚实精神向布尔加科夫昭示现实主义特征（如有关恶、有关自由的学说）的地方，他都会命中注定地丧失"索菲亚决定论"这条引路的线索，而整个索菲亚学一元论体系也会匍匐在地上，让位于最基本的、创造概念与之相关的本体论的二元论。

布尔加科夫也和索洛维约夫一样，终究未能把科学、宗教哲学综合在一起，——正如他在总的万物统一形而上学路线上也无法成功一样。但是，万物统一形而上学仍与期待中的综合距离最近，而这种综合如能摆脱万物统一的主要错误，一定能和科学、哲学与神学结合——这一综合任务显然是俄国思想界所无法排除的，也未失去与宗教领域的内在关联，——而在这条道路上，如弗兰克和布尔加科夫这样的思想家，每个人都遵循其自己的路线，同时每个人也都能给我们说出"距离终极定论不远"的话。

研究布尔加科夫困难很多。其预言独特的美被铸造在稍稍有些沉重的形式里，但是如果一旦对布尔加科夫总是非常严谨、不要任何修饰、总是那么诚实忠恳的思想有所熟稔的话，你就会不能不对其实验中的思想的内在力量、对于真理的强烈渴求以及其精神的力量而惊叹不止。布尔加科夫和其他人一样，本来不必涉足于俄罗斯精神综合这片"应许之地"，他本来会始终停留在距其最近的地方，却终究无力超越万物统一形而上学的魅力，在他的著作中所包含的大量财富，对于俄国哲学的未来来说，是不会徒劳的——如果她还有未来的话。

对于那些此前阐述中未能涉及的作者的哲学创作所做的简要概论

在我的阐述中，我只涉及那些哲学家，其哲学创作或是本身就很有价值，或是因其在俄国思想发展史上具有某种意义而显得非常重要。但是，在我的阐述之外，必然还会有许多思想家，他们或是离开了哲学从事了别的工作，或是由于各种情况来不及写作哲学著作，或是无法将其哲学理念尽情阐述，而在其书籍和专著中，留下了对于此类哲学理念的诸多暗示或线索。

这里我们首先要谈一谈那样一些学者，他们除了本身所从事的专业外，还为哲学作出了一定的贡献。

以律师为专业的叶·瓦·斯别克托尔斯基撰写过一些非常好的17世纪哲学史著作（《论社会物理学》）。他还出版过一部很少得到评价的著作《基督教与文化》，但是，还有若干种非常珍贵的哲学专著也出自他的手笔（《伦理学与人类学》等）。

研究过哲学问题的数学家中，我们在本书第3卷第7和第9章已经提到过，尤其应当指出的，是帕·阿·涅克拉索夫，其全部著作中有一个大型演讲《莫斯科哲学数学学派及其奠基者》①是不能不提到的，是讲算术逻辑学的，这是一种论述间断功能以及从这一学说中引导出来的哲学结论问题的著作。涅克拉索夫的观点（和与之相近的数学家瓦·阿·阿列克谢耶夫一样），遗憾的是，其表现的语言是如此糟糕，各类概念总结也混乱不堪，有时甚至达到令人感到可笑的地步，一切是如此之可笑，以致所有这一切都把包含在算术逻辑学原则里的那一粒哲学的种子给淹没了。正因为此，我们也就不可能非常严肃地讨论涅克拉索夫的体系问题。

在有关新莱布尼茨主义者的那一章里，我们还没有探讨尼·奥·洛斯基天才的学生、年仅31岁就去世的德·瓦·博尔德列夫。他的一部小型著作《认识与存在》（哈尔滨，1935，死后版）无可争议地证实了博尔德列夫的哲学才华（关于博尔德列夫的崇高评价，请参阅尼·奥·洛斯基为上文提到的那部著作所写的前言），过早的去世打断了博尔德列夫的哲学创作。

前不久谢·阿·列维茨基（1947）出版了一部《有机世界观的基础》，可是，这部书几乎谈不到有什么独立体系。

瓦·费·埃恩（1882—1917）很早就死于不治之症，生前写有两部严谨扎实的意大利哲学史著作（《论罗兹米尼》和《论焦贝蒂》）和一系列观点鲜明的文章，其中部分收集在《为逻各斯而斗争》的文集里②。埃恩有着很灵敏的哲学嗅觉，无可争议的哲学才华，假如他活得更久一些的话，他一定会创造出自己的独特体系来

---

① 参阅献给尼·瓦·布尔加耶夫的纪念文集（莫斯科，1904，第1—249页）。还可参阅涅克拉索夫的文章《哲学与科学逻辑学如何论述人类活动中的群体表现行为问题的》（单行本，莫斯科，1902）。

② 瓦·费·埃恩：《为逻各斯而斗争》，莫斯科，1911，第361页。关于其论述斯克沃洛达的专著，我们在有关斯克沃洛达那一章里已经提到过了。需要提一提的还有埃恩的一篇长文，发表在论述弗拉·索洛维约夫的《弗拉·索洛维约夫的认识论》文集里（《文集》第1卷：《论弗拉·索洛维约夫》，莫斯科，1911，第129—207页）。

的，对此我极有信心。可是，性情急躁妨碍他成大器——他常常会以一位政论家的身份涉足哲学，这极大地降低了他的哲学穿透力。关于他曾经轰动一时（在1914—1918年战争期间）的文章《从康德到克鲁普》以及另外一篇写得同样很精彩、也发表于那些年间的文章《时间有利于斯拉夫人》，我们就不谈了吧，甚至他那些语气显得比较平和的，后来收集到《为逻各斯而斗争》文集里的文章，也以其偏激的倾向性和毫无根据性而令读者震惊不已。例如，对于这部书具有重大意义的ratio和logos的对立，尽管作者一而再再而三地想要把它们之间的区别表述得更加清晰一些，却终究还只是一个尚未来得及实现的哲学构思的大纲而已。另一方面，在埃恩的著作里，还有许多出色的地方，使我们不由得发出真挚的同情，惋惜这位天才作者的早逝。

关于格·弗洛罗夫斯基（1893—1979）的若干篇文章都属于神学领域，它们证实了其作者在哲学上的敏锐性，而其文学才华再和非同一般的博学多思结合起来，使得阅读弗洛罗夫斯基的著作总是成为一种享受。但弗洛罗夫斯基显然完全走近了神学之中[①]。

阿·尼·吉利亚罗夫（1856—1928）（？）为数不多的著作中，特别值得一提的，是《哲学研究指南》（基辅，1916）。吉利亚罗夫发展了一种独特的"蓝色逻辑"（синехология）（与索菲亚体系非常接近）。吉利亚罗夫是费希特哲学的信徒，他最有价值的思想属于宇宙学领域。

瓦·叶·谢泽曼（1884—1940）用俄文撰写的著作较少，他的主要著作是用德文写成的[②]。谢泽曼的思想遵循着近代超验主义的路

---

① 弗洛罗夫斯基的著作《俄国神学之路》充满了如此多的俄国哲学史史料，以至于成为我们常常引用的著作。除了有关俄国哲学史的早期专著外，我们一度还指出过（论述索洛维约夫、丘特切夫、赫尔岑等人）的文章，弗洛罗夫斯基还撰写了许多带有体系性质的专著（《论逻辑相对主义的根据》、《论历史阐释的类型》等）。

② W. Sesemann. Beitrage yum Erkenntnisproblem, 1927. Logische Gesetye und das Sein（《Eranos》，1932）.

线（与谢·伊·盖森十分接近）。

对于米·米·鲁宾斯坦（出生于 1880 年），应该说几句。他在革命后留在了苏维埃俄罗斯（现在是否依然活着——目前还不得知）。他写有许多论述教学法的优秀著作，书中渗透着真正的哲学精神。他最重要的著作是《论生活的意义》（第 1 卷和第 2 卷，莫斯科，1927），至今仍不为我们所知。这部书流落到国外完全是偶然的和罕见的，我们对此书的了解仅仅是根据奇热夫斯基关于此书的一个非常详尽的书评[①]。鲁宾斯坦从前当过李凯尔特的非常正统的学生，在其著作《论生活的意义》中，完全脱离了超验主义，而与当代存在主义非常之接近。对他来说，核心问题是人，而在人身上核心力量那就是从事创造的能力……

德·伊·奇热夫斯基（1895—1977）在（俄国、乌克兰、捷克和德国）哲学史研究的各个领域里，成果突出，功勋卓著。他撰写了若干种有关逻辑学、伦理学、语言哲学和历史哲学的专著。但所有这一切对他来说都仅仅只是某种"期待中的"体系的材料，我们奇热夫斯基的著作中能感觉到这个体系的存在[②]。

瓦·尼·伊利因和列·阿·赞德尔出版了几部著作，与哲学体系有关，但所有这些著作都是 membra disjecta，正如关于尼·阿·莱伊缅尔斯，部分的还有博拉涅茨基（1948 年出版过《价值与人》这部著作）。

我们的"叙述"就在这里画上句号。

[①] 奇热夫斯基：《苏维埃俄罗斯的哲学探索》，《当代札记》，1924，第 37 期，第 501—524 页。

[②] 奇热夫斯基撰写的著作的数量，已经超过了 100 部了，与体系建构有关的专著有《论伦理学中的形式主义》和《逻辑学与伦理学》。

结 论

1. 我们的这部著作就要结束了，现在，对我们究竟在多大程度上实现了最初的构思——这种构思应当成为全部著作的一个基础——做一个总结，可谓正是时候。遗憾的是，我们的路上横亘着很大的难题，——在此我们首先得提一提我们实际上常常不可能搞到写作这部著作所必需的材料的问题。这个难题由于下列原因而显得更加难了，那就是我们为自己树立了一个规则，那就是永远都诉诸于第一手来源，而不接纳第二手材料，——但在巴黎并非总是能找到某个作者的真正的著作的。在某些场合下，我们不得不不由自主地对于个别思想家的体系做非常简要的评述，我常以极其悲痛的心情想起有关尤尔凯维奇和斯特拉霍夫的章节，他们的许多著作我们终究未能找到。自然，由于这个原因，关于此二人的有关文字非常贫乏。另一方面，我们又常常不得不让文字变得非常简要——以致于削弱了叙述……所有这些缺点作者本人的感受都非常强烈，并且希望宽容的读者设身处地考虑到上述情况，原谅来自我们的叙述的简要或不完整或粗心大意。

无论如何，我们都尽可能追求为俄国哲学的历史研究开辟出一条道路来。当然，对于19世纪来说有许多事情在我们之前就已经有人做过了，甚至关于索洛维约夫也已有了众多文献，而且他的许多著作也已经被镶嵌在了历史的框架之中。然而，在我们这部著作的第2卷里关于俄国思想家们无比丰富的发展我们所说的——这些叙述常常还包括那些目前仍然活着的思想家——一切，目前尚未成为历史研究的对象，因而我们在这里也不得不为自己开辟道路。与此相关，我特别想要请读者关注这样一种方法，我在研究个别思想家时始终都采用这种方法，在我看来，这种方法对于历史学家来说，是唯一忠实的方法。在对每个思想家进行研究时，我都要搞清楚他的体系赖以发源的那条创造之根。这不是心理分析主义，而是一种纯粹的客观的历史主义，亦即对于特定作者思想内在辩证法的一种深入洞察，没有对这种辩证法的洞察，我们就不可能对其观点作出正确的评述。要知道历史学家的任务并不是对特定作者的观点进行一种重新建构，赋予其以一定的体系性，而在于要搞清楚在主要方面决定着特定作者之创作的那些个主题，以及指导着这些创作的那些直觉或初始体系。要知道俄国哲学史同时也是个别思想家的创作史。因此我总是 sine ira et studio 地，非常小心翼翼而又谨慎小心地研究个别哲学家，反复重读他们的著作，努力走近他们的思维世界，走近他们理念的内在运动过程中去。

2. 当然，我在自己的叙述中不可能不对个别思想家的观点进行评述——要知道没有价值评判的历史叙述是不可能的。但是，我总是尽可能地努力摆脱我自己的某种偏向，片面性或对于某个思想家的成见。评判他们我没有资格，而且我也总是尽力为之，但我可以说，我诚实地履行了上述规则。但毕竟在评价里免不了要有一些或多或少的主观因素，从而可能引发一些尖锐的意见。

当然，奠定了我的著作之基础的那一最基本的历史学模式"评价性"，我当然也有机会多次对之进行检验。我指的是这样一种观点，即理解俄国哲学思想辩证法的钥匙，以我之见，应当在世俗化问题中寻找。世俗化运动意味着对于研究自由的捍卫，对于哲学科研思维自由的捍卫，以至于它甚至也意味着对于精神的宗教定向的原则性否定。的确，研究的自由是可以站在宗教观点的立场上来加以捍卫的，亦即以宗教传统为出发点，但按照我们已经熟知的卡尔萨文的说法，却听任于"神学研究的自由的自发势力"。但我们也可以事先否认宗教定向，甚至在原则上对于理性的全面自主地位进行捍卫——从而也就以此而必然走上与从宗教出发阐释生活问题进行斗争之路。来自西方的世俗化运动很早就走上了第二条道路，而整个西方文化的全部历史都是在与教会斗争的旗帜下进行的，它态度坚定地否定了可以从某些方面入手来对文化创造领域的"自主独立性"原则实施限制。在这个基础上，在西方文化条件下形成了一种对待教会、对待一般的基督教的非常混乱而又错误的态度。西方文化的全部悖论与此同时也是其全部悲剧性都与下列情形有关，即在那里迄今为止一直在鼓舞创作的那些基本问题，从发生学和实质上而论都与基督教的福音有关——而对此类问题的解决却又必定要在基督教以外寻找。这个悲剧性的死胡同如今已经走到尽头，有理由希望西方人已经有所醒悟，而正因为此，克服世俗化运动而回到教会问题也就变得十分迫切了。

西方世俗化运动及其全部毒素，及其对于其所属各个创作领域"自主独立性"的百般宣扬，恰好是在我们这里先前所有的教会世界观都訇然倒塌之际进入俄罗斯人大脑中的，这种教会世界观以其极端性（但却与西方基督教截然不同的）在我国引起了对于西方的转向。对于世俗化运动——在此词的一般意义上——在我国已经为其准备好了基础，但在 18 世纪，我们却可以看到它的两个流派：一个流派是真的反教会及其传统的（这是在 18 世纪俄国"伏尔泰主义"中开始的，而持续至今，转变成为"积极的无神论运动"和对于教会和一般教会的彻底和原则上的否认），而另一派则离开教会，却又不和基督教彻底决裂，而只是捍卫"神学研究的自由的自发势力"。从斯克沃洛达开始，通过老年斯拉夫派，通过索洛维约夫一直延续到我们今天，理性与信仰、自由研究与教会传统之间的关系，就占据了并且如今也在我们的大脑里占据显要位置。我们只需提到舍斯托夫尖锐而又旗帜鲜明的立场就足够了，他激烈地主张否认理性在涉及"信仰"的事物上的权限，他顽强而又固执地指出精神的自由之路只有在信仰里才可以被打开，而在所有理性主义中，在极端而又被弱化了的理性主义中，我们就都不得不与比教会传统中对于自由的限制都更加沉重而又致命的"逻辑的强迫"打交道。

这场争论在俄国哲学界迄今仍未完结，围绕着有关自由研究和传统之权利的关系问题，围绕着有关"理性"和"信仰"的问题，还在进行着内在的斗争，至今仍未取得平衡。但是，说这个问题已经成为一个代代相传的问题，成为一个从内部决定着哲学探索的各种道路的问题，西方和我国的世俗化运动中所提这个问题的活跃性、激情洋溢性和内在的不可排除性，所有这一切首先都只证实了一点，即应当把这个方向当作俄国思想界发展和关联的辩证关系。但这里也还有另外一些东西，对此，我应当毫不隐讳地公开道出，因为它能给予历史学模式本身带来一定的评价因素。用来解释和说明这一点的若干种观点，在我们来说是必需的，因为它们能够帮助我们彻底搞清楚一个基本观念，而这个观念决定着当下这部著作的路径。

2. 前文我已经说过，欧洲哲学的主题是从基督教神学中来的，但是西方的哲学思想而且部分还有俄国的，其哲学思想界却是在教会之外，在基督教之外寻求解决此类问题的途径。这些问题老实说共有三个，它们全都很有特点，难以排除，而且全都具有悲剧性。这首先是人格主义主题，或也可叫个性主题（基督教在有关复活或复苏人的完整生活的学说中所遗传下来的），接着是自由主题（被基督教否定的人否认任何法则法规所决定的），以及最后，是社会主题（有关天国的福音的遗训）。所有这些主题和问题，在基督教福音里相互之间都具有内在关联和有机关联，都如此深入到基督教人民的内心，以致业已成为一种核心的和具有决定性意义的力量，以致基督教人民所有的创造性灵感，所有火热而又激情洋溢的精神探索，都从这里汲取营养。欧洲（以及西方和东方）整个哲学思想界，无论其多么有赖于无比丰富的古代思想，都仍然从始至终贯穿着上文提到的那些令人忧心忡忡、折磨着我们精神的问题。但结果却是——而且此刻深入讨论细节问题也并非其时——早在中世纪时，更不用说西方的近代哲学了，理性决定性地独立于教会，独立于被照亮的信仰的理念，最终占了上风。哲学陷足于一个死胡同，因为它一直主张理性主义的最初立场，而这种理性主义在笛卡尔那里获得了最鲜明的表现。这个死胡同是由于那样一个内在矛盾而产生的，即哲学思维的真正的活的创造主题可以上升到基督的福音，因此也就不可能在基督之外获得解决。西方哲学史就是对如何才能在基督教和教会之外来解决此类问题的探索。

在东方基督教里，在其历史上，曾经有过一些非常沉重的思维停滞的和繁琐哲学——而且是在此词最坏的意义上——盛行的时期，但是，实际上，这里毕竟从前没有现在也没有一个从原则上否认教会真理的基础。而斯拉夫人却不能不感觉到我们的定向，我们对于自然和人的理解，是不懂得什么叫困难的，而这些难题在西方一度曾经激发了思想界沿着不信任教会的道路前行的动机。甚至比此更甚，——在信仰的照耀下，我们可以找到对于 lumen naturale rationis（"理性的自然之光"）最丰富的补充。这也就是为什么对我们来说，对于我们这些在东正教里获得精神的成熟的俄国人来说，解决核心问题（在我国这些问题也和在西方一样）的途径和方法和西方不一样，是敞开的。我们在两个世纪的俄国思想发展史中所见识过的那场内部斗争，恰恰在于我们凭借着内心的嗅觉转向了另外一个前景，这是一个与我们透过西方世俗化哲学的镜子所看到的截然不同的前景。然而，被历史本身注定要经历深刻的二重化的俄国思想界——要知道今天的我们身上也还是带有西方的部分印记，受制于西方的精神探索，因而必然会堕入西方的死胡同里去，但另一方面，我们又是站在截然不同的另外一条道路上的，这条道路是为我们自己的东正教对于文化和生活，人与自然的感受敞开的。我们似乎站在一道哲学体系门槛上（或许已经部分地跨越这道门槛了），这道门槛受制于东正教所赐给我们的光明和才华……也正因为这个原因，在俄国哲学史上，对于世俗化问题的某种解决方案，竟然会成为一个分水岭，它在某些方面决定着我国思想的某些方面。我在此无法继续深入探讨这个观点了，在此我只是对此稍做暗示而已——我之所以提到它，仅仅是为了强调指出，接受或是否认构成我这部著作之基础的历史学模式，都与接受或是否认作为我国文化最基本的创造力的基督教，与一定的"评价"因素有关。我想补充的只有一句话，即在考察了世俗化主题在俄国哲学发展中的基本意义以后，我开始全力关注并且不带任何成见地关注和研究那些与我的思想不甚协调的思想家的思想。

选题策划:刘丽华
特约编辑:青　川
责任编辑:林　敏
封面设计:徐　晖

图书在版编目(CIP)数据

俄国哲学史:全二册/(俄罗斯)津科夫斯基 著 张冰 译.
　-北京:人民出版社,2013.1
ISBN 978－7－01－011562－7

Ⅰ.①俄…　Ⅱ.①津…②张…　Ⅲ.①哲学史-俄罗斯　Ⅳ.①B512

中国版本图书馆 CIP 数据核字(2012)第 306351 号

俄国哲学史
EGUO ZHEXUESHI
(上、下卷)

(俄罗斯)津科夫斯基 著　张　冰 译

人民出版社 出版发行
(100706　北京市东城区隆福寺街 99 号)

涿州市星河印刷有限公司印刷　新华书店经销

2013 年 1 月第 1 版　2013 年 1 月第 1 次印刷
开本:710 毫米×1000 毫米 1/16　印张:70
字数:850 千字

ISBN 978－7－01－011562－7　定价:150.00 元

邮购地址 100706　北京市东城区隆福寺街 99 号
人民东方图书销售中心　电话 (010)65250042　65289539

版权所有·侵权必究
凡购买本社图书,如有印制质量问题,我社负责调换。
服务电话:(010)65250042